兰台伏脉

中国道路研究

王灵桂 著

中国社会科学出版社

图书在版编目（CIP）数据

兰台伏脉：王灵桂自选文集：全2册／王灵桂著.
—北京：中国社会科学出版社，2022.7

ISBN 978 – 7 – 5227 – 0565 – 1

Ⅰ.①兰…　Ⅱ.①王…　Ⅲ.①社会科学—文集　Ⅳ.①C53

中国版本图书馆 CIP 数据核字（2022）第 129375 号

出 版 人	赵剑英
责任编辑	喻　苗
责任校对	朱研洁
责任印制	王　超

出　　版	中国社会科学出版社
社　　址	北京鼓楼西大街甲 158 号
邮　　编	100720
网　　址	http://www.csspw.cn
发 行 部	010 – 84083685
门 市 部	010 – 84029450
经　　销	新华书店及其他书店

印刷装订	北京君升印刷有限公司
版　　次	2022 年 7 月第 1 版
印　　次	2022 年 7 月第 1 次印刷

开　　本	787×1092　1/16
印　　张	90
字　　数	1258 千字
定　　价	517.00 元（全二册）

凡购买中国社会科学出版社图书，如有质量问题请与本社营销中心联系调换
电话：010 – 84083683

自　序

2022年春节前，我正式调离中国社会科学院，到国务院港澳办工作。屈指一数，自2010年始，从位于旌勇里的当代中国研究所，到位于张自忠路段祺瑞执政府旧址的亚太与全球战略研究院，再到长安街建国门西北侧贡院东西街之间的院机关所在地，我在中国社会科学院已经工作了十二个春秋。身在兰台，时间虽然不太长，但也不太短了。

这十二年里，我相当的精力倾注于行政工作，但始终谨记前辈们的叮嘱，以笃学、慎思、明辨、尚行为循，丝毫不敢放弃读书和写作。正因以此为乐为趣，故十二年里的工作和生活始终是充实而饱满的。这里面，既有历时年余编写《改革开放简史》的通宵达旦之苦乐，有持续不辍解读"一带一路"倡议的笔耕不止之艰辛，有心中纵横暗思国际战略博弈的专业追求之执着，有报纸杂志编辑委婉催稿的忧思无奈之命题，有各种国际学术研讨会上与海内外同行的思想碰撞之偶得，更有夜半人静读书思考的信手涂鸦之小得，等等。粗略捡拾下来，长短不齐居然有数百篇之多。

在中国社会科学院工作期间，按照组织的调度，我大概几年就要转换一个新岗位。这种状态要求尽快融入新单位，熟悉新的研究领域和学术前沿，挑战性极强。这期间我十分羡慕同事们能毕生就某个专业或领域进行深入研究，树立起专业领域内的旗杆，立言立行立德。幸好，虽然隔行如隔山，但隔行不隔理。恩格斯在《反杜林论》中曾说，"原则不是研究的出发点，而是它的最终结果；这些原则不是被应用于自然界和人类历史，而是从它们中抽象出来的；不是自然界和人类去适应原则，而是原则只有在符合自然界和历史的情况下才是正确的。这是对事物的唯一唯物主义的观点。"① 德国哲学家费希特也曾说，"并不是理论能力使实践能力成为可能，相反地，是实践能力才使理论能力成为可能（理性本身纯粹是实践的，只有把自己的规律应用于限制着自己的非我，才成为理论的）"②。哲学的任务是说明一切经验的根据，为一切知识确立基本原则，并以此确立了名为"知识学"的哲学体系。这个体系包括正题、反题和合题三条原理。正题要求自我在纯粹抽象的活动中设定自身，实现自我确立；反题要求自我设定非我，在自我意识中塑造某种非自我本身的东西；合题要求把一个不可分割的非我与可分割的自我融合起来，在意识中相互交融、彼此关联。③ 深奥思想，简而言之就是如果掌握了科学的思想方法与工作方法，在事务之间建立交融式联系，就能从一定程度上解决好自我和非我之间的纠结，进而可缓和工作岗位所限与学术追求之间的矛盾。这种做法固然也会有其不足和短板，但毕竟也能在限制中实现有所作为，也就是中国古话所讲，以小现大，在螺蛳壳里做道场，从哲学意义上能展现出某种程度的学术理论追求和目标。

100 多年前，费希特在与学者们论及学者的使命时，曾大声疾呼，"你们要把我们的证明弄得更精确些""学者有理由成为最谦虚的人，因为摆在他们面前的目标往往是遥远的，因为他应该达到一个很崇高的理想境界，而这种理想境界他通常仅仅是经过一条漫长的道路逐渐接近的"④。恩格斯在《致韦尔纳·桑巴特》中，也谈到，"马克思的整个世界观不是教义，而是方法。它提供的不是现成的教条，而是进一步研究的出发点和提供这种研究使用的方法。"⑤ 今天的世

---

① 《马克思恩格斯选集》，人民出版社 1995 年版，第 3 卷，第 374 页。
② ［德］费希特：《论学者的使命　人的使命》，梁志学、沈真译，商务印书馆 2013 年版，第 10 页。
③ ［德］费希特：《论学者的使命　人的使命》，梁志学、沈真译，商务印书馆 2013 年版，第 9 页。
④ ［德］费希特：《论学者的使命　人的使命》，梁志学、沈真译，商务印书馆 2013 年版，第 9 页。
⑤ 《马克思恩格斯文集》，人民出版社 2009 年版，第 10 卷，第 691 页。

界与费希特时代相比，已经是沧海桑田。但是，对学者的"精确""谦虚"的使命要求却从未改变。列宁曾指出，现在已经到了这样一个历史关头：理论在变为实践，理论由实践赋予活力，由实践来修正，由实践来检验；要知道，"我的朋友，理论是灰色的，但生活之树是常青的"。①

古今中外的治学立场、观念、思维和思路可谓有夏冰之别，但科学的治学技巧和严谨的文体文法，古今中外却殊途同归。总的感觉是在跨学科多领域的治学追求中，关键的是不能自我迷失和初心偏差，不能忘记自己从哪里来、到哪里去。这种定力要求，对任何人来讲，都是不小的挑战。说实在话，我也是一边走路，一边找感觉、找方向。十二年来的探索，虽无大成，但也略有感悟体悟。费希特的"知识学"体系的基本理念，虽盛行于近代，但在我国古代亦可寻踪觅迹。早在我国古代典籍中，就有"草蛇灰线，伏脉千里"的典故出现。明代以后，这种说法开始逐渐转变为对文体文法的评批。脂砚斋在写《红楼梦》批语时，就曾以"草蛇灰线，伏脉千里"描述曹雪芹的独特写作手法和技巧。所谓草蛇，指的是蛇从草丛穿过，虽不会留下脚印，但还是会留下一些不明显却仍存在的踪迹；所谓灰线，指的是拿棉线在炉子里过一下后，虽已无形，但仍存在某种痕迹；所谓伏脉千里，就是一以贯之的初心和谦虚，这恰如孩子们玩的拼图，认真对待每块孤立的图片，都会因心目中的蓝图而变得很有意义。

因此，我理解"草蛇灰线，伏脉千里"，就是说只要保持住初心和定力，有了既定目标和方向，以无比谦逊的心态把精密的逻辑思维和积年累月的点滴所思所得，运筹于笔墨挥泼之间，伏脉于千里之外，就可形散而神不散，就能把内容和风格迥异的文章联系成为某种水准的学术蓝图，涵括学者的不懈初心使命、定力追求和精准、谦逊素质。"我们所感到的就不是可怜的、有限的、自私的乐趣，我们的

---

① 《列宁选集》，人民出版社1995年版，第3卷，第381页。

幸福将属于千百万人，我们的事业将默默地、但是永恒发挥作用地存在下去。"① 正如习近平总书记所指出的，广大哲学社会科学工作者要树立良好学术道德，自觉遵守学术规范，讲究博学、审问、慎思、明辨、笃行，崇尚"士以弘道"的价值追求，真正把做人、做事、做学问统一起来。要有"板凳要坐十年冷，文章不写一句空"的执着坚守，耐得住寂寞，经得起诱惑，守得住底线，立志做大学问、做真学问。要把社会责任放在首位，严肃对待学术研究的社会效果，自觉践行社会主义核心价值观，做真善美的追求者和传播者，以深厚的学识修养赢得尊重，以高尚的人格魅力引领风气，在为祖国、为人民立德立言中成就自我、实现价值。②

党的十八大以来，习近平总书记高度重视哲学社会科学工作，制定政策、采取措施，大力推动哲学社会科学发展。他强调，科学研究既要追求知识和真理，也要服务于经济社会发展和广大人民群众。广大科技工作者要把论文写在祖国的大地上，把科技成果应用在实现现代化的伟大事业中。③ 2016 年 5 月 17 日，习近平总书记在北京主持哲学社会科学工作座谈会并发表了重要讲话。他强调指出，"哲学社会科学是人们认识世界、改造世界的重要工具，是推动历史发展和社会进步的重要力量"④，在坚持和发展中国特色社会主义过程中，"哲学社会科学具有不可替代的重要地位，哲学社会科学工作者具有不可替代的重要作用"⑤ "一切有理想、有抱负的哲学社会科学工作者都应该立时代之潮头、通古今之变化、发思想之先声，积极为党和人民述学立论、建言献策，担负起历史赋予的光荣使命"⑥。这些语重心长、蕴意深刻的重要话语，从战略高度和历史纵深进一步明确了哲学社会

① 《马克思恩格斯全集》，人民出版社 1995 年版，第 1 卷，第 459—460 页。
② 习近平：《论党的宣传思想工作》，中央文献出版社 2020 年版，第 240 页。
③ 习近平：《习近平谈治国理政（第二卷）》，外文出版社 2017 年版，第 270 页。
④ 习近平：《在哲学社会科学工作座谈会上的讲话》，人民出版社 2016 年版，第 2 页。
⑤ 习近平：《在哲学社会科学工作座谈会上的讲话》，人民出版社 2016 年版，第 2 页。
⑥ 习近平：《在哲学社会科学工作座谈会上的讲话》，人民出版社 2016 年版，第 8 页。

科学工作者的初心使命之要旨和时代价值作用之所在，对新时代哲学社会科学工作者提出了政治要求和嘱托。

习近平总书记在座谈会上的重要讲话中强调指出，新形势下，我国哲学社会科学地位更加重要、任务更加繁重。面对社会思想观念和价值取向日趋活跃、主流和非主流同时并存、社会思潮纷纭激荡的新形势，如何巩固马克思主义在意识形态领域的指导地位，培育和践行社会主义核心价值观，巩固全党全国各族人民团结奋斗的共同思想基础，迫切需要哲学社会科学更好地发挥作用；面对我国经济发展进入新常态、国际发展环境深刻变化的新形势，如何贯彻落实新发展理念、加快转变经济发展方式、提高发展质量和效益，如何更好保障和改善民生、促进社会公平正义，迫切需要哲学社会科学更好地发挥作用；面对改革进入攻坚期和深水区、各种深层次矛盾和问题不断呈现、各类风险和挑战不断增多的新形势，如何提高改革决策水平、推进国家治理体系和治理能力现代化，迫切需要哲学社会科学更好地发挥作用；面对世界范围内各种思想文化交流交融交锋的新形势，如何加快建设社会主义文化强国、增强文化软实力、提高我国在国际上的话语权，迫切需要哲学社会科学更好地发挥作用；面对全面从严治党进入重要阶段、党面临的风险和考验集中显现的新形势，如何不断提高党的领导水平和执政水平、增强拒腐防变和抵御风险能力，使党始终成为中国特色社会主义事业的坚强领导核心，迫切需要哲学社会科学更好地发挥作用。

面对习近平总书记对哲学社会科学工作的殷殷嘱托和"五个面对"的时代之问，哲学社会科学工作者坚持立足中国、借鉴国外，挖掘历史、把握当代，关怀人类、面向未来，努力把自己的学术研究融入党和国家工作的大局之中，是构建具有中国特色、中国风格、中国气派哲学社会科学学科体系、学术体系、话语体系的必答之题和必由之径。具体到每个学者，应该做到的是善于在深入思考和理论探索中积跬步、聚腋裘，正如习近平总书记强调的，"哲学社会科学创新可大可小，揭示一条规律是创新，提出一种学说是创新，阐明一个道理是创新，创造一种解决问题的办法也是创新"①。

　　基于这样的思考和认识，我在治学上始终以精确、谦虚自省，以"草蛇灰线，伏脉千里"自律，以博学、审问、慎思、明辨、笃行和士以弘道为追求，以习近平总书记的重要指示要求为初心，不敢懈怠、努力奋进，努力在为祖国、为人民立德立言中成就自我、实现价值的道路上砥砺前行。回首在中国社会科学院工作的十二年，在各位领导、师长、同事和朋友们的关心支持下，我真正感受到了一分耕耘一分收获的至明真谛，真正感受到了"世上无难事，只要肯登攀"的深刻含义，深切体会到了书生可以报国的丰富内涵。为不忘这十二个日夜奋战的春秋，为更好地与各界同行切磋，以求得更多的批评和建议，故将期间部分所思所得所撰之中，初辑部分稿件，以《兰台伏脉》付梓，与大家分享、交流，并以此为新台阶，激励自己继续追求治学之路。身在兰台有时日，治学之路遥无期，伏脉初心亦不移。以此为志为勉，不忘兰台之诲之教。

　　纸短情长，拙笔难表存心。谨以此书向我的家人和所有关心我的领导、师长、同事和朋友谨致谢意敬意，并期望得到大家的指教与指点。

　　是为序。

王灵桂

2022 年 3 月 29 日

---

① 习近平：《在哲学社会科学工作座谈会上的讲话》，人民出版社 2016 年版，第 20 页。

总　目　录

中国道路研究

政论篇

发展道路篇

经济篇

改革开放篇

国际理念篇

文明交流篇

智库建设篇

国际问题研究

国际形势篇

国际合作篇

人类命运共同体篇

"一带一路"篇

中国道路研究

目　　录

经济篇

改革开放篇

文明交流篇

智库建设篇

政　论　篇

中国共产党创造的"三大奇迹"

1921 年中国共产党的成立，开创了中华民族的新纪元，拉开了中国人民迈向民族复兴和国家强盛的时代大幕。这个大事变，对中国意义非凡，对世界同样意义非凡。正如习近平总书记指出的，"深刻改变了近代以后中华民族发展的方向和进程，深刻改变了中国人民和中华民族的前途和命运，深刻改变了世界发展的趋势和格局"①。这"三个深刻改变"的重要标志，就是党创造的实现现代化的经济发展模式、保持稳定和可持续的政治治理模式、兼具自我革命性与开放性的政党完善模式"三大奇迹"。

透视中国共产党"三大奇迹"背后的探索与实践，是正确学思践悟党史的基本路径，也是赓续对外工作百年辉煌、服务中华民族伟大复兴的必由之路。

第一个奇迹，是在 100 年的时间里，中国共产党带领中国人民走上了从半封建半殖民地社会向独立的、现代化社会转变的道路，迎来了从站起来、富起来到强起来的历史性飞跃，使贫穷落后的旧中国步入了现代化国家行列。

第二个奇迹，是在 100 年的时间里，中国共产党经过艰难探索，找到了一条保持经济、政治、社会稳定和可持续的现代化发展之路，解答了困扰世界各国政党的"托克维尔难题"，创造了积极适应变化、积极引导变化、始终保持稳定和可持续的政治治理模式。

---

① 习近平：《在庆祝中国共产党成立 100 周年大会上的讲话》，人民出版社 2021 年版，第 3 页。

第三个奇迹，是在 100 年的时间里，中国共产党历经革命、建设和改革的磨炼考验和艰难探索，找到了一条自我发展、自我净化、自我完善、自我提高的与时俱进的政党发展现代化之路，具备了长期执政、不断创造新的辉煌的领导能力和素质，创造了兼具自我革命性与开放性的政党完善模式。

（"辉煌百年与崭新征程：中国共产党对外工作 100 年"研讨会发言摘编，载《人民日报》2021 年 6 月 16 日第 17 版）

为人民谋幸福　为民族谋复兴
为世界谋大同

习近平总书记强调："我们所做的一切都是为人民谋幸福，为民族谋复兴，为世界谋大同。"[①] 在中国共产党领导下，中国发生了翻天覆地的变化，创造了人类历史上前所未有的发展奇迹。今天，我们实现了第一个百年奋斗目标，在中华大地上全面建成了小康社会，历史性地解决了绝对贫困问题，正在意气风发向着全面建成社会主义现代化强国的第二个百年奋斗目标迈进。这不仅是中国的伟大成就，也是人类社会的巨大进步，更是中国对世界和平与发展的巨大贡献。

为人民谋幸福

习近平总书记强调："为人民而生，因人民而兴，始终同人民在一起，为人民利益而奋斗，是我们党立党兴党强党的根本出发点和落脚点。"[②] 我们党自成立之日起，就把人民放在心中最高位置。在革命、建设、改革各个历史时期，我们党始终坚持全心全意为人民服

---

① 国防大学习近平新时代中国特色社会主义思想研究中心编写：《新时代强国之道》，人民出版社 2021 年版，第 6 页。

② 习近平：《在党史学习教育动员大会上的讲话》，人民出版社 2021 年版，第 15 页。

务。改革开放 40 多年来，我们坚持在发展中保障和改善民生，全面推进幼有所育、学有所教、劳有所得、病有所医、老有所养、住有所居、弱有所扶，不断改善人民生活，增进人民福祉。

居民人均可支配收入不断提升。改革开放破除阻碍国家和民族发展的一切思想和体制障碍，极大激发广大人民群众的创造性，极大解放和发展社会生产力，极大增强社会发展活力，形成了中国特色社会主义道路、理论、制度、文化，使中国大踏步赶上时代。1978—2020年，我国国内生产总值从 3679 亿元增长到超过 100 万亿元，全国居民人均可支配收入由 171 元增加到 3.2 万元。截至 2020 年年底，农村居民人均可支配收入达到 17131 元，增速连续 11 年快于城镇居民。目前，我国中等收入群体规模超过 4 亿人并持续扩大。常住人口城镇化率超过 60%，城镇成为承载人口和高质量发展的主要载体。

脱贫攻坚战取得全面胜利。改革开放以后，我们党团结带领全国各族人民实施了大规模、有计划、有组织的扶贫开发，着力解放和发展社会生产力，着力保障和改善民生。党的十八大以来，我们党把脱贫攻坚摆在治国理政的突出位置，组织开展了声势浩大的脱贫攻坚人民战争，披荆斩棘、栉风沐雨，发扬钉钉子精神，敢于啃硬骨头，攻克了一个又一个贫中之贫、坚中之坚。到 2020 年，现行标准下 9899 万农村贫困人口全部脱贫，832 个贫困县全部摘帽，12.8 万个贫困村全部出列，区域性整体贫困得到解决，完成了消除绝对贫困的艰巨任务，我国提前 10 年实现联合国 2030 年可持续发展议程的减贫目标。

民生保障水平不断提高。我们党始终坚持以人民为中心，聚焦保障与改善民生，实施了一系列重大工程，民生保障水平不断提高。教育事业全面发展，2020 年九年义务教育巩固率达 95.2%。建成世界上规模最大的社会保障体系，基本医疗保险覆盖超过 13 亿人，基本养老保险覆盖超过 10 亿人。居民人均预期寿命由 1981 年的 67.8 岁提高到 2019 年的 77.3 岁。"十三五"时期，我们党坚持把实现更高质量和更充分就业作为重要目标，城镇新增就业超过 6000 万人，城镇调查失业率和城镇登记失业率都保持在较低水平，1 亿农业转移人口和其他常住人口在城镇落户目标顺利实现。高度重视环境保护与治理，主要污染物排放量持续下降，城乡人居环境明显改善，人与自然和谐共生的现代化建设取得重大进展。

为民族谋复兴

习近平总书记强调："一百年来，中国共产党团结带领中国人民进行的一切奋斗、一切牺牲、一切创造，归结起来就是一个主题：实现中华民族伟大复兴。"[1] 经过百年奋斗，今天，我们比历史上任何时期都更接近、更有信心和能力实现中华民族伟大复兴的目标。

在百年奋斗历程中，我们党屡经风雨波折和严酷考验，始终为了中华民族的伟大复兴而勇往直前，不断从胜利走向胜利。党的十一届三中全会开启了改革开放和社会主义现代化的伟大征程，实现新中国成立以来党的历史上具有深远意义的伟大转折。40 多年来，我们党团结带领全国各族人民不懈奋斗，推动我国经济实力、科技实力、国防实力、综合国力进入世界前列，推动我国国际地位实现前所未有的提升，党的面貌、国家的面貌、人民的面貌、军队的面貌、中华民族的面貌发生了前所未有的变化。

中国特色社会主义进入新时代，以习近平同志为核心的党中央统筹中华民族伟大复兴战略全局和世界百年未有之大变局，以巨大的政治勇气和强烈的历史担当，科学把握当今世界和当代中国的发展大势，顺应时代要求和人民愿望，统揽伟大斗争、伟大工程、伟大事业、伟大梦想，统筹推进"五位一体"总体布局、协调推进"四个

---

[1]　习近平：《在庆祝中国共产党成立 100 周年大会上的讲话》，人民出版社 2021 年版，第 3 页。

全面"战略布局，推动党和国家事业取得历史性成就、发生历史性变革。

在党的坚强领导下，中国这个世界最大发展中国家在改革开放后逐步跃升为世界第二大经济体，创造了世所罕见的经济快速发展奇迹和社会长期稳定奇迹。创新型国家建设成果丰硕，在载人航天、探月工程、深海工程、超级计算、量子信息、"复兴号"高速列车、大飞机制造等领域取得一批重大科技成果。农业现代化稳步推进，粮食年产量连续稳定在 1.3 万亿斤以上。对外开放持续扩大，共建"一带一路"成果丰硕。新冠肺炎疫情防控取得重大战略成果，应对突发事件能力和水平大幅提高。公共文化服务水平不断提高，文化事业和文化产业繁荣发展。国防和军队建设水平大幅提升，军队组织形态实现重大变革。国家安全全面加强，社会保持和谐稳定。2021 年是"十四五"开局之年，我们全面建成小康社会，顺利开启全面建设社会主义现代化国家新征程。

为世界谋大同

习近平总书记强调："中国共产党关注人类前途命运，同世界上一切进步力量携手前进，中国始终是世界和平的建设者、全球发展的贡献者、国际秩序的维护者！"① 中华文明历来主张天下大同、协和万邦。中国共产党是为中国人民谋幸福的政党，也是为人类进步事业而奋斗的政党。改革开放以来，我们党团结带领全国各族人民成功开辟了中国特色社会主义道路，取得了举世瞩目的发展成就。中国日益走近世界舞台中央，在全球事务中发挥更大作用，同各国一道为解决

---

① 习近平：《在庆祝中国共产党成立 100 周年大会上的讲话》，人民出版社 2021 年版，第 16 页。

全人类问题作出更大贡献。

为经济全球化注入强劲动力。改革开放以来，我们党统筹国内国际两个大局，坚持对外开放的基本国策，实行积极主动的开放政策，形成全方位、多层次、宽领域的全面开放新格局。中国在开放中与世界共同发展，又在开放中不断回馈世界。2001 年加入世界贸易组织后，我国认真履行承诺，不断扩大市场开放，坚定支持多边贸易体制，推动全球经济治理体系改革完善，在自身发展的同时为世界提供更多机遇。20 年来，我国发展成为全球第二大经济体、第一大货物贸易国、第一大外资吸收国，关税总水平由 15.3% 大幅降至 7.5%，远低于加入世界贸易组织时承诺的 10%。中国对世界经济增长的贡献率连续多年在 30% 左右，中国的开放发展为各国带来重要机遇、为经济全球化注入强劲动力、为世界经济增长作出重要贡献。

为解决人类面临的共同挑战提供中国方案。当今世界处于大发展大变革大调整时期，世界多极化、经济全球化、社会信息化、文化多样化深入发展，全球治理体系和国际秩序变革加速推进。同时，世界面临的不稳定性不确定性突出，世界经济增长乏力，贫富分化日益严重，热点问题此起彼伏，恐怖主义、气候变化、传染病疫情等对人类的威胁有增无减。世界那么大，问题那么多，国际社会期待听到中国声音、看到中国方案。中国推动建设新型国际关系，推动构建人类命运共同体，推动共建"一带一路"高质量发展，在一系列重大国际场合宣布务实合作举措，为破解全球发展难题、推动落实联合国 2030 年可持续发展议程提出中国方案、贡献中国智慧、注入中国力量。

为促进世界和平与发展贡献中国力量。我国是世界上最大的发展中国家，在党的领导下，我国坚定不移走好自己的路，集中力量办好自己的事，让国家更富强、人民更幸福，为复杂多变的世界注入稳定性和确定性，这本身就是对世界和平与发展的最大贡献。中国将在推动自身发展的同时，加强与各国交流合作，开辟经济增长新源泉，壮大经济增长新动能。继续坚定支持多边主义、维护国际公平正义，与各国一道共同推动国际关系民主化、法治化、合理化。积极参与全球治理体系改革和建设，促进全球减贫与发展事业。中国的发展拓展了发展中国家走向现代化的途径，给世界上那些既希望加快发展又希望保持自身独立性的国家和民族提供了全新选择。

（载《人民日报》2021 年 8 月 3 日第 13 版，《当代兵团》2021 年第 18 期转载）

中国特色社会主义站得住行得远

中国道路：历史底蕴无比深厚、时代舞台无比广阔、前进定力无比强大

中国道路鲜明回答了"坚持和发展什么样的中国特色社会主义、怎样坚持和发展中国特色社会主义"的时代课题，丰富了国家治理的理论形态和实践模式，具有无比深厚的历史底蕴、无比广阔的时代舞台和无比强大的前进定力。

中国道路具有无比深厚的历史底蕴。旗帜决定方向，道路决定命运。在革命战争年代，我们党之所以能够赢得新民主主义革命的胜利，建立起中华人民共和国，就是因为团结带领人民走出农村包围城市、武装夺取政权的正确革命道路；在和平发展时期，我们党之所以能够破除阻碍、使中国大踏步赶上时代，就是因为团结带领人民进行改革开放新的伟大革命，开辟了中国特色社会主义道路。改革开放以来，我们曾经经历了苏联解体、东欧剧变带来的冲击和挑战，现在又经历着西方势力主导的在贸易、金融、科技等领域的重重施压，但我们始终坚持和发展中国特色社会主义，始终确保中国经济发展、政治稳定、文化繁荣、社会和谐、生态良好、民族团结，不仅用几十年时间走过了发达国家几百年走过的工业化历程，而且正在走向更加光明的未来。历史已无可辩驳地证明，中国道路是实现中国社会主义现代化、创造中国人民美好生活的必由之路。

中国道路具有无比广阔的时代舞台。必须清醒看到，当今时代仍然处于马克思所判定的资本主义和社会主义两条道路、两大力量、两种前途命运互相角逐和博弈的历史大时代，资本主义国家仍不遗余力地利用其在军事科技、经济贸易、教育文化等方面的主导地位，在经济领域奉行贸易保护主义政策，在文化领域抢夺意识形态话语权。相比而言，中国道路在世界上独树一帜，对发展 21 世纪世界社会主义作出独特贡献：我们坚持的中国特色社会主义是科学社会主义而不是其他什么主义，我们既不走封闭僵化的老路，也不走改旗易帜的邪路；坚信世界上没有完全相同的政治制度模式，政治制度不能脱离特定社会政治条件和历史文化传统来抽象评判，不能生搬硬套外国政治制度模式；坚定奉行独立自主的和平外交政策，坚持走和平发展道路，尊重各国人民自主选择发展道路的权利。

中国道路具有无比强大的前进定力。党的十八大以来，以习近平同志为核心的党中央以坚定的政治定力，提出了一系列治国理政新理念新思想新战略，解决了许多长期想解决而没有解决的难题，办成了许多过去想办而没有办成的大事，推动党和国家事业取得历史性成就、发生历史性变革，理论创新和实践创新都达到了前所未有的高度。在前进的道路上，不可避免地会遇到拦路虎、绊脚石，但邓小平同志早就坚定指出："只要中国社会主义不倒，社会主义在世界将始终站得住。"① 我们党要高举习近平新时代中国特色社会主义思想伟大旗帜，带领我们这个世界上最大的社会主义国家，始终保持永不懈怠的精神状态和一往无前的奋斗姿态，使中国特色社会主义在中国、在全世界焕发出更加强大的生机活力。

---

① 《邓小平文选》第 3 卷，人民出版社 1993 年版，第 346 页。

中国制度：为伟大复兴提供坚实制度保障，对人类社会产生更加广泛深远影响

中国制度鲜明回答了"发展中国家走什么样的现代化道路，怎样走好现代化道路"的实践课题，为"两种制度"的"两种命运"提供了生动对比和鲜活案例，"给世界上那些既希望加快发展又希望保持自身独立性的国家和民族提供了全新选择"。

中国制度为当代中国发展进步提供了根本制度保障。改革开放以来，在坚持四项基本原则基础上，中国特色社会主义逐渐发展完善了根本政治制度、基本政治制度、基本经济制度以及在此基础上建立的其他政治制度、经济制度、文化制度、社会制度，为新时期中国发展进步提供了根本制度保障。进入新时代，为进一步筑牢改革基石、激发发展活力，我们党以"完善和发展中国特色社会主义制度、推进国家治理体系和治理能力现代化"为总目标推进全面深化改革，着力构建更加完备、更加成熟、更加定型的制度体系，在新时代"四个伟大"实践中，在统筹推进"五位一体"总体布局、协调推进"四个全面"战略布局中，在继续推进伟大社会革命和伟大自我革命的历史创造中，进一步为新时代中国发展进步提供更加坚实的制度保障。

中国制度是具有社会主义先天优势、中国特色比较优势的制度模式。一方面，中国特色社会主义制度文明成果，有力地回答了能否在以及如何在落后国家发展社会主义的问题，有力地证明了社会主义制度是人类社会发展的前途和归宿，为处于两种制度迷津中的发展中国家的制度建设提供了全新选择，为丰富发展人类制度文明贡献了中国智慧。另一方面，相比其他社会主义制度，中国特色社会主义制度体

现了独特优势。这是因为中国特色社会主义制度的建设过程，既无可供延续套用的制度母版、模板，也没有对其他国家的制度模式再版、翻版，但却以实际行动和实际效果，为如何更好地治国理政和全球治理积累了丰富经验，推动 21 世纪世界社会主义不断前进。

中国制度正在不断汇聚优势增量，成为"世界上最好的制度"。改革开放初期，邓小平同志就曾指出，"我们的制度将一天天完善起来，它将吸收我们可以从世界各国吸收的进步因素，成为世界上最好的制度"[①]"世界上赞成马克思主义的人会多起来的"[②]。当今世界，资本主义各方面制度越来越呈现出无效衰败迹象：政治问题议而不决、经济发展停滞不前、社会治理低效混乱等。与之相比，新时代中国特色社会主义在世界上独树一帜，以举世瞩目的治理效果和发展成就，谱写着发展中国家、第三世界国家发展的光辉篇章。越来越多的国家正在将目光投向中国，试图解读中国经济稳健、政治清明、社会稳定背后的制度密码，中国特色社会主义正在赢得比资本主义更广泛的制度优势。我们有理由相信，随着新时代中国特色社会主义制度越来越成熟定型，我们的制度能够越来越多地汇聚优势增量、越来越多地释放制度活力，不仅能够为中国社会主义现代化建设和中华民族伟大复兴提供制度保障，还能够对世界社会主义发展、人类社会发展产生更加广泛和深远的影响。

中国方案：为人类社会实现共同发展、
持续繁荣、长治久安绘制蓝图

中国方案鲜明回答了"建设一个什么样的世界、如何建设这样

---

① 《毛泽东选集》第 2 卷，人民出版社 1994 年版，第 287 页。
② 中共中央文献研究室编：《十三大以来重要文献选编》（下），人民出版社 1993 年版，第 1865 页。

的世界"的重大问题，首次提出构建人类命运共同体创新理念，践行共建"一带一路"创新实践，为参与全球治理、打造新型国际关系贡献了中国智慧。

中国方案是充分体现中国特色社会主义"四个自信"的全新方案。中国特色社会主义道路、理论、制度、文化不断发展，为解决人类问题提供了中国方案。中国方案植根于"四个自信"，是中国共产党在深刻把握人类社会发展规律基础上提出的全新方案，为世界上那些希望加快经济社会发展的国家和民族，提供了与西方模式全然不同的视角、理念和主张。中国方案坚持以维护世界和平、促进共同发展为宗旨推动构建人类命运共同体，与西方主导的国际经济政治旧思维旧秩序全然不同，反映了大多数国家的利益和意愿。

中国方案以推动构建人类命运共同体为崇高目标。推动构建人类命运共同体代表了中国共产党的理想追求和为世界和平与发展作出更大贡献的崇高目标，反映了人类社会的共同价值追求，为人类社会实现共同发展、持续繁荣、长治久安绘制了蓝图。它在政治领域倡导相互尊重、平等协商，坚决摒弃冷战思维和强权政治，走对话而不对抗、结伴而不结盟的国与国交往新路；在安全领域倡导坚持以对话解决争端、以协商化解分歧，统筹应对传统和非传统安全威胁，反对一切形式的恐怖主义；在经济领域倡导同舟共济，促进贸易和投资自由化便利化，推动经济全球化朝着更加开放、包容、普惠、平衡、共赢的方向发展；在文化领域倡导尊重世界文明多样性，以文明交流超越文明隔阂、文明互鉴超越文明冲突、文明共存超越文明优越；在生态领域，倡导坚持环境友好，合作应对气候变化，保护好人类赖以生存的地球家园。

中国方案为世界共同发展开辟了康庄大道。当今世界正处在大发展大变革大调整时期，各国相互依存，全球命运与共。与此同时，人类正处在一个挑战层出不穷、风险日益增多的时代，冷战思维和强权政治还没有彻底退出历史舞台，"国强必争、国强必霸"的传统观念依然存在，"颜色革命"的幕后黑手还在蠢蠢欲动。求和平、谋发展、促合作、要进步，已经成为国际社会迫切愿望和不懈追求。纵观当今世界的各种国际治理主张，中国方案和中国行动最契合这一愿望。近年来，我国积极参与全球治理，在推动构建人类命运共同体过程中，把打造全球伙伴关系网络作为重要路径，把共建"一带一路"作为创新实践平台，把积极参与全球治理体系改革和建设作为重要行动。随着越来越多的发展中国家开始在全球治理体系中拥有发言权和话语权，越来越多的中国倡议正在上升为国际共识，越来越多的中国主张正在汇聚成国际行动，越来越多的中国方案正在启迪人类前进方向，全球治理体系也越来越朝着更加公正合理的方向发展。

（载《光明日报》2019 年 9 月 2 日第 16 版）

始终掌握新时代新征程党和国家
事业发展的历史主动

党的十九届六中全会通过的《中共中央关于党的百年奋斗重大成就和历史经验的决议》（以下简称《决议》），全面总结我们党一百年来走过的光辉历程、取得的重大成就、积累的历史经验，是指引我们以史为鉴、开创未来、创造新伟业的马克思主义纲领性文献，是新时代中国共产党人牢记初心使命、坚持和发展中国特色社会主义的政治宣言，是继续推进新时代党的建设新的伟大工程、坚持全面从严治党的科学指南。《决议》向世界展现了中国共产党在百年未有之大变局下如此自信、如此坚毅、如此昂扬的"历史密码"，充分体现了党深刻把握历史发展规律、始终掌握党和国家事业发展的历史自觉和历史主动。

坚持习近平新时代中国特色社会主义思想的
指导，是不断推进新时代党和国家
事业发展的根本思想保证

马克思主义是我们立党立国、兴党强国的根本指导思想。一百年来，我们党坚持解放思想、实事求是、与时俱进、求真务实，坚持把马克思主义基本原理同中国具体实际相结合、同中华优秀传统文化相结合，不断推进马克思主义中国化时代化。毛泽东思想是马克思列宁主义在中国的创造性运用和发展，是被实践证明了的关于中国革命和建设的正确的理论原则和经验总结，是马克思主义中国化的第一次历史性飞跃。在改革开放和社会主义现代化建设新时期，党从新的实践和时代特征出发坚持和发展马克思主义，科学回答了建设中国特色社会主义的一系列基本问题，形成中国特色社会主义理论体系，实现了马克思主义中国化新的飞跃。

党的十八大以来，中国特色社会主义进入新时代。党面临的主要任务是实现第一个百年奋斗目标，开启实现第二个百年奋斗目标新征程，朝着实现中华民族伟大复兴的宏伟目标继续前进。《决议》指出，以习近平同志为主要代表的中国共产党人，坚持把马克思主义基本原理同中国具体实际相结合、同中华优秀传统文化相结合，坚持毛泽东思想、邓小平理论、"三个代表"重要思想、科学发展观，深刻总结并充分运用党成立以来的历史经验，从新的实际出发，创立了习近平新时代中国特色社会主义思想。习近平同志对关系新时代党和国家事业发展的一系列重大理论和实践问题进行了深邃思考和科学判断，就新时代坚持和发展什么样的中国特色社会主义、怎样坚持和发展中国特色社会主义，建设什么样的社会主义现代化强国、怎样建设社会主义现代化强国，建设什么样的长期执政的马克思主义政党、怎样建设长期执政的马克思主义政党等重大时代课题，提出一系列原创性的治国理政新理念新思想新战略，是习近平新时代中国特色社会主义思想的主要创立者。习近平新时代中国特色社会主义思想是当代中国马克思主义、21世纪马克思主义，是中华文化和中国精神的时代精华，实现了马克思主义中国化新的飞跃。党确立了习近平同志为党中央的核心、全党的核心地位，确立习近平新时代中国特色社会主义思想的指导地位，反映了全党全军全国各族人民共同心愿，对新时代党和国家事业发展、对推进中华民族伟大复兴历史进程具有决定性意义。

坚持党的全面领导，加强党中央
权威和集中统一领导，是党和国家事业
发展的根本政治保证

一百年前，中国产生了共产党，这是开天辟地的大事变。中国共产党的诞生，深刻改变了近代以后中华民族发展的方向和进程，深刻改变了中国人民和中华民族的前途和命运，深刻改变了世界发展的趋势和格局。没有中国共产党，没有中国共产党领导中国人民的奋斗、牺牲、创造，就没有新中国，就没有中国特色社会主义，就没有实现中华民族伟大复兴的光明前景。《决议》十分明确地把"坚持党的领导"作为党百年奋斗的第一条宝贵经验。

党政军民学、东西南北中，党是领导一切的。《决议》强调：党的领导是全面的、系统的、整体的，保证党的团结统一是党的生命；党中央集中统一领导是党的领导的最高原则，加强和维护党中央集中统一领导是全党共同的政治责任，坚持党的领导首先要旗帜鲜明讲政治，保证全党服从中央。党的十八届六中全会通过关于新形势下党内政治生活的若干准则，党中央出台中央政治局加强和维护党中央集中统一领导的若干规定，严明党的政治纪律和政治规矩；坚持民主集中制，保证全党在政治立场、政治方向、政治原则、政治道路上同党中央保持高度一致。党的十八大以来，党中央权威和集中统一领导得到有力保证，党的领导制度体系不断完善，党的领导方式更加科学，全党思想上更加统一、政治上更加团结、行动上更加一致，党的政治领导力、思想引领力、群众组织力、社会号召力显著增强。

中国共产党是领导我们事业的核心力量。只要我们坚持党的全面领导不动摇，坚决维护党的核心和党中央权威，充分发挥党的领导政治优势，把党的领导落实到党和国家事业各领域各方面各环节，就一定能够确保全党全军全国各族人民团结一致向前进。

坚持党要管党、全面从严治党，党在革命性锻造中更加坚强，是确保党始终走在时代前列的成功密码

党要管党、全面从严治党，关系党的生死存亡，关系社会主义事业兴衰成败。一百年来，中国共产党人适应不同时代的历史环境和历史任务，坚持把推进党的伟大事业和党的建设伟大工程紧密结合起来，不断提高管党治党水平。1939 年 10 月，毛泽东在《〈共产党人〉发刊词》中，提出"建设一个全国范围的、广大群众性的、思想上政治上组织上完全巩固的布尔什维克化的中国共产党"的重大任务，并将其称之为"伟大的工程"①。新中国成立前夕，毛泽东在党的七届二中全会提出"两个务必"，赋予"从严治党"新的内涵。新中国成立后，我们党着重提出执政条件下党的建设的重大课题，增强了党的纯洁性和全党的团结，密切了党同人民群众的联系，积累了执政党建设的初步经验。改革开放以来，我们党始终强调，治国必先治党，治党务必从严，聚精会神抓好党的建设，开创和推进党的建设新的伟大工程。这些重大举措为党和人民的事业发展提供了坚强保证。

全面从严治党，是党的十八大以来以习近平同志为核心的党中央抓党的建设的鲜明主题。习近平总书记强调，打铁必须自身硬，办好中国的事情，关键在党，关键在党要管党、全面从严治党。《决议》

---

① 《毛泽东选集》第 2 卷，人民出版社 1991 年版，第 602 页。

强调：党的十八大以来，经过坚决斗争，全面从严治党的政治引领和政治保障作用充分发挥，党的自我净化、自我完善、自我革新、自我提高能力显著增强，管党治党宽松软状况得到根本扭转，反腐败斗争取得压倒性胜利并全面巩固，消除了党、国家、军队内部存在的严重隐患，党在革命性锻造中更加坚强。

全面从严治党永远在路上。我们必须始终保持"赶考"的清醒，把严的主基调长期坚持下去，以系统施治、标本兼治的理念正风肃纪反腐，不断增强党自我净化、自我完善、自我革新、自我提高能力，引领和保障新时代中国特色社会主义伟大事业不断胜利前进。

坚持自我革命，始终保持党的先进性
和纯洁性，是我们党区别于其他
政党的重要标志

勇于自我革命是中国共产党区别于其他政党的显著标志。《决议》强调：一百年来，党坚持性质宗旨，坚持理想信念，坚守初心使命，勇于自我革命，在生死斗争和艰苦奋斗中经受住各种风险考验、付出巨大牺牲，锤炼出鲜明政治品格，形成了以伟大建党精神为源头的精神谱系，保持了党的先进性和纯洁性，党的执政能力和领导水平不断提高，正领导中国人民在中国特色社会主义道路上不可逆转地走向中华民族伟大复兴，无愧为伟大光荣正确的党。新民主主义革命时期，我们党坚持理论联系实际、密切联系群众、批评和自我批评三大优良作风，形成统一战线、武装斗争、党的建设三大法宝，努力建设全国范围的、广大群众性的、思想上政治上组织上完全巩固的马克思主义政党。改革开放以后，邓小平要求广大党员干部要"发扬

革命和拼命精神"①。改革开放四十周年之际，习近平同志发表重要讲话，强调改革开放是党的一次伟大觉醒，是中国人民和中华民族发展史上一次伟大革命，发出将改革开放进行到底的伟大号召。

自我革命精神是党永葆青春活力的强大支撑。党的十八大以来，以习近平同志为核心的党中央明确提出新时代党的建设总要求，全面推进党的政治建设、思想建设、组织建设、作风建设、纪律建设，把制度建设贯穿其中，深入推进反腐败斗争，落实管党治党政治责任，以伟大自我革命引领伟大社会革命，推动党和国家事业取得历史性成就、发生历史性变革。《决议》明确把"坚持自我革命"作为党百年奋斗的十条宝贵经验之一，强调先进的马克思主义政党不是天生的，而是在不断自我革命中淬炼而成的。党历经百年沧桑更加充满活力，其奥秘就在于始终坚持真理、修正错误。党的伟大不在于不犯错误，而在于从不讳疾忌医，积极开展批评和自我批评，敢于直面问题，勇于自我革命。只要我们不断清除一切损害党的先进性和纯洁性的因素，不断清除一切侵蚀党的健康肌体的病毒，就一定能够确保党不变质、不变色、不变味，确保党在新时代坚持和发展中国特色社会主义的历史进程中始终成为坚强领导核心。

中国共产党立志于中华民族千秋伟业，百年恰是风华正茂。《决议》提出，全党要牢记中国共产党是什么、要干什么这个根本问题，把握历史发展大势，坚定理想信念，牢记初心使命，始终谦虚谨慎、不骄不躁、艰苦奋斗；以咬定青山不放松的执着奋力实现既定目标，以行百里者半九十的清醒不懈推进中华民族伟大复兴。

（载《学习时报》2021 年 12 月 13 日第 1 版）

---

① 中央财经领导小组办公室编：《邓小平经济理论学习纲要》，人民出版社 1997 年版，第 120 页。

加强党对经济工作的全面领导

坚持高质量发展、坚持以经济建设为中心，推动经济实现质的稳步提升和量的合理增长，必须坚持党中央集中统一领导。这是 2021 年中央经济工作会议对做好经济工作的规律性认识。这个认识，来源于 2021 年我们沉着应对百年变局和新冠肺炎疫情、构建新发展格局迈出新步伐、高质量发展取得新成效的丰富实践。这个认识，来源于对未来我国经济发展面临需求收缩、供给冲击、预期转弱三重压力的科学判断，来源于世纪疫情冲击下百年变局加速演进、外部环境更趋复杂严峻和不确定的风险意识，来源于我们正视困难、坚定信心、坚定不移做好自己事情的自信和定力。

发挥党的全面领导的政治优势

进入新发展阶段，我国发展内外环境发生深刻变化，面临许多新的重大理论和实践问题，例如：如何正确认识和把握实现共同富裕的战略目标和实践途径、正确认识和把握资本的特性和行为规律、正确认识和把握初级产品供给保障、正确认识和把握防范化解重大风险、正确认识和把握碳达峰和碳中和等。同时，当前的经济工作要抗冲击、防风险、保平衡。党中央确立 2022 年经济工作的总基调是"稳字当头、稳中求进"。稳定宏观经济不仅是经济问题,更是政治问题,各地区各部门要担负起稳定宏观经济的责任,各方面要积极推出有利于经济稳定的政策,慎重出台有收缩效应的政策,政策发力适当靠前。

面对如此艰巨的任务,落实好中央经济工作会议各项部署和要求,最为关键的是如何更好发挥党的全面领导的政治优势。党的全面领导是中国共产党百年来成功领导中国革命、建设和改革的经验总结和规律概括,是一个成熟的马克思主义政党的根本建党原则。正是因为始终坚持党的全面领导,我们才能实现伟大历史转折、开启改革开放新时期和中华民族伟大复兴新征程,才能成功应对一系列重大风险挑战、克服无数艰难险阻。在新发展阶段,贯彻新发展理念、推动高质量发展、构建新发展格局,必须坚持和加强党的全面领导,充分发挥党的全面领导的政治优势。这个优势的内在逻辑和实践逻辑是:党通过对经济工作的全面领导,既总揽全局保证党的领导的方向性和原则性,又协调各方充分调动各方面的积极性、主动性和创造性,这必然要求坚持全国一盘棋的思想和部署,必然要坚持党对经济工作的全面领导。

坚持和加强党对经济工作的全面领导是具体的、鲜活的,是政治领导、思想领导、组织领导的有机统一、协调推进,并贯穿于经济工作的全过程,通过各方协同发力,形成整体效应。面对新冠肺炎疫情挑战,2021年前三季度,中国经济同比增长9.8%,高于全球平均增速和主要经济体增速,再次证明党的全面领导的巨大政治优势。因此,中央经济工作会议再次强调指出:必须坚持高质量发展,坚持以经济建设为中心是党的基本路线的要求,全党都要聚精会神贯彻执行,推动经济实现质的稳步提升和量的合理增长;必须坚持稳中求进,调整政策和推动改革要把握好时度效,坚持先立后破、稳扎稳打;必须加强统筹协调,坚持系统观念。

坚持党中央权威和集中统一领导

中央经济工作会议为什么要突出强调"稳字当头"？原因就在于我们既面临中美多方面角逐和博弈、新冠肺炎疫情变化、潜在的国际金融危机等外部威胁，也在于我们面临企业债务违约、可能出现的经济"类滞胀"等内部冲击。面对内外威胁和冲击，我们做到保平衡，就是在保持稳定发展的同时，兼顾多方面目标，在宏观调控政策跨周期和逆周期之间、在环境约束与经济运行之间、在全局统筹与局部实际情况之间等各个方面找到平衡点、把握好尺度。落实中央经济工作会议明确的七大政策，关键在于党中央对经济工作的集中统一领导。

习近平总书记指出："在国家治理体系的大棋局中，党中央是坐镇中军帐的'帅'，车马炮各展其长，一盘棋大局分明。"① 坚持高质量发展、坚持以经济建设为中心，就是坚持全国一盘棋，涉及各个地方、各个部门、各个市场主体的利益调整和动能重塑，涉及生产、分配和再分配、流通、消费和环境保护等各个环节的政策导向和动态平衡。在这个过程中，既需要对既有发展格局和利益格局进行调整，也需要合理取舍一些地方和领域的部分利益。只有把握方向、突出重点、掌握节奏，才能推动经济实现质的稳步提升和量的合理增长。因此，必须坚持党中央集中统一领导，进一步强化全局观和整体思维，沉着应对重大挑战，步调一致向前进。

---

① 《习近平关于社会主义政治建设论述摘编》，中央文献出版社2017年版，第31页。

尊重客观实际和群众需求

　　中央经济工作会议指出，经济社会发展是一个系统工程，必须综合考虑政治和经济、现实和历史、物质和文化、发展和民生、资源和生态、国内和国际等多方面因素。领导干部要加强经济学知识、科技知识学习，特别是要悟透以人民为中心的发展思想，坚持正确政绩观，敬畏历史、敬畏文化、敬畏生态，慎重决策、慎重用权。这就要求各级党委政府在领导经济工作中，必须立足中华民族伟大复兴战略全局和世界百年未有之大变局，心怀"国之大者"，不断提高政治判断力、政治领悟力、政治执行力，不断提高政治能力、战略眼光、专业水平，敢于担当、善于作为，把党中央决策部署贯彻落实好。

　　提高政治判断力，最重要的是坚持正确政治方向，实现政治上的主动，以国家政治安全为大、以人民为重，以坚持高质量发展、坚持以经济建设为中心为本，增强科学把握形势、精准识别现象本质、清醒明辨行为是非、有效抵御风险挑战的能力，善于从一般事务中发现推动经济发展的切入点，善于从倾向性和苗头性问题中发现阻碍高质量发展的风险点，善于在错综复杂的矛盾关系中把握经济工作的着力点。

　　提高政治领悟力，就是要加强调查研究，坚持"三严三实"，坚决防止简单化、乱作为，就是要深刻体察"经济工作要稳字当头、稳中求进"的深刻内涵，跳出事务主义和局部利益，善于思考新发展阶段的大局、大势和大事，从党中央决策部署整体和人民根本利益的高度来认识推动高质量发展问题，防止从部门、地方、行业的角度权衡局部的利弊得失。

　　提高政治执行力，就是要做到党中央提倡的坚决响应、党中央决定的坚决照办、党中央禁止的坚决不做，坚决维护党中央权威和集中统一领导，知责于心、担责于身、履责于行，不回避问题、不掩盖问题，敢于直面问题，做到不掉队、不走偏，不折不扣地贯彻落实党中央重大决策部署。

提高领导经济工作的能力

中央经济工作会议明确，2022 年经济工作的主要任务是坚持稳中求进工作总基调，完整、准确、全面贯彻新发展理念，加快构建新发展格局，全面深化改革开放，坚持创新驱动发展，推动高质量发展，坚持以供给侧结构性改革为主线，统筹疫情防控和经济社会发展，统筹发展和安全，继续做好"六稳""六保"工作，持续改善民生，着力稳定宏观经济大盘，保持经济运行在合理区间，保持社会大局稳定，迎接党的二十大胜利召开。"稳"字要求，不是被动应付，不是权宜之计，而是党中央与时俱进提升我国经济发展水平、塑造我国国际经济合作和竞争新优势的战略决策，是主动作为、直面挑战的战略部署。

习近平总书记在中央经济工作会议上强调："干事业做工作大方向要正确，重点要明确，战略要得当，同时要把控好细节，把政治经济、宏观微观、战略战术有机结合起来，做到谋划时统揽大局、操作中细致精当，防止因为'细节中的魔鬼'损害大局。"会议确定的2022 年经济工作任务，是以习近平同志为核心的党中央根据我国发展阶段、环境、条件变化，审时度势作出的重大战略决策。完成好这些任务是做到"两个维护"的内在要求，其关键是要增强落实党中央决策部署的自觉性和坚定性，强化政治能力、战略眼光和专业水平，不断提高领导经济工作的专业能力。

致广大而尽精微，是成事之道。因此，提高政治能力，就是要求积极适应国内外经济形势新发展新变化，突出主题主线，把领导经济工作的立足点放到提高发展质量和效益、加快形成新的经济发展方式上来，多打大算盘、少打小算盘，多算大账、少算小账，善于把自己领域的工作融入党和国家事业大棋局。提高战略眼光，就是认识大局、把握大局、服从大局，以全局观念和系统思维，自觉在中央决策这个大局下思考、谋划、创造和推进工作，使生产、分配、流通、消费和各领域工作实现动态平衡，做到既不抢跑，又不落后，确保自身工作与大局有效衔接。提高专业能力，就是在我国发展领域不断拓宽、分工日趋复杂、形态更加高级、国内外联动更加紧密的新时代，在市场、产业、科学技术特别是互联网技术快速发展的背景下，对领导经济工作的能力和水平提出了更高要求和标准，需要更高的专业思维、专业素养、专业方法，需要坚持法治思维、增强法治观念、做到于法有据。因此，要更加注重对国内外经济形势的分析研判，完善决策机制，注重发挥智库和专业研究机构作用，提高科学决策能力，要更加自觉地运用法治思维和法治方式来深化改革、推动发展、化解矛盾、维护稳定，依法构建新发展格局，坚决避免"埋钉子""留尾巴"。

（载《旗帜》2022 年第 1 期）

中国的未来发展将更加势不可挡

2019 年 7 月 3 日，美国百余名"中国通"在《华盛顿邮报》发表《把中国当作敌人适得其反》的公开信，表达了对中美关系不断恶化的担心，打破了美国对华鹰派极力营造的"美国上下具有全力打压中国共识"的幻象。但是，仅仅时隔半月，7 月 18 日，美国百余名对华鹰派人士又联名签署《致特朗普总统公开信》，公然将中国共产党和中国视作对人类自由的"致命威胁"，呼吁美国政府坚持目前采取的对抗中国的政策。现就两封信透露出的信息综合分析如下。

一 两封公开信反映出美国国内关于中国发展"怎么看"、中美关系"怎么办"的问题存在严重分歧

两封公开信相继发出，观点针锋相对，反映出美国官方、军方、商界、学界、智库界等对华认知的巨大差异，以及基于认知差异形成的关于当前中美关系走向的复杂心态。进一步说，两封信其实反映出美国决策层、战略界、知识界、舆论场正面临着同样一个问题：怎么看待中国势不可挡的发展势头，怎么处理与正在崛起的中国的关系。"怎么看"和"怎么办"的问题，亟须美国各界提供意见，意见却分歧严重，远未达成共识。

两封信在力图维护美国国家利益的根本立场上是一致的，对中美关系走向的预判却大相径庭。一封信强调中美利益在更大程度、更广范围上具有一致性，认识到"合则两利、斗则俱伤"，鼓励中

美在实现互利共赢的基础上开展战略竞争；另一封信却强调中美之间对抗大于合作，不惜"伤敌一千、自损八百"，支持继续"规锁"中国，谋求两国关系"脱钩"，千方百计企图将两国由"对手"推向"敌手"。

两封信对中国发展势头的"战略忧虑"是相似的，作出的战略取向却背道而驰。一方面看，对华接触派出于对中国发展的"战略忧虑"，在信中呼吁"战略克制"。这是因为他们能够在心理上接受中国已经从"站起来"到"富起来"的既成现实，进而在行动上主动适应中国将继续走向"强起来"的趋势，因而力求美国政府能够做好与"强起来"的中国打交道的准备，树立起中美互不树敌、加强合作的理念。另一方面看，对华强硬派（鹰派）也出于对中国发展的"战略忧虑"，但却在信中呼吁全面对抗。这是因为他们在心理上抵触中国已经逐渐强大的现实，"战略忧虑"已经演变为"战略焦虑"，行动上就要力图剿杀中国。而且，只要能够压倒中国的发展势头，他们可以动用所有政策工具，无所不用其极。

两封信关于当前中美是"战略竞争对手"的认知前提是一致的，但提出的政策建议却截然相反。"战略竞争对手"是特朗普就任总统当年年底在美国《国家安全战略报告》中对中美关系的基本定位。其时，美国战略界已经对中国改革开放取得的成就表示担忧，呼吁遏制中国的声音逐渐走高。正是出于遏制中国发展势头的目的，美国战略界才提出中美"战略竞争对手"的关系定位。但是近两年来，在特定的美国国内政治气氛中，鹰派取得更大的话语权，决策影响力也大幅提升，在经济、政治、安全、意识形态等领域，相继对中国采取系列"规锁"举措，对华贸易战、科技战、舆论战轮番发力，中美较量日趋白热化。与此同时，美国国内关于"怎么看""怎么办"的分歧也加速分化，在"战略竞争对手""共识性"前提下，却衍生出"不与中国为敌"和"坚持对抗"两种截然相反的建议。

二　两封公开信折射出美国各界对中国加速发展的担忧

凡事看两面。无论是美国知华、挺华派提出的放下对抗、加强合作的建议，还是辱华、反华派提出的坚持对抗、加紧围剿的主张，折射出的其实是同样一个事实：中国发展起来了，且发展势不可挡。假设中国没有现在的发展成就和国际地位，美国根本就没有这么大的兴趣、这么多的理由来干涉我们。也正因为中国发展起来了，美国才会出现不同的声音，理性的一面呼吁合作共赢，不理性的一面鼓吹"规锁"脱钩。进一步说，美国反华强硬派叫嚣得越猖狂、挑拨得越起劲、指责得越严厉、抹黑得越离谱，也正表明他们越嫉恨中国已经取得的发展成就，越焦虑新时代的中国会取得更大的发展成就。而对我们来说，现阶段的困扰，不过是经历过近现代史上的挨打、共和国初创时期的挨饿阶段之后，在新时代中国势必要经历的"成长的烦恼"。我们坚信发展中遇到的问题，唯有靠更高质量的发展去解决，而且一定能够得以解决。

两年多来，中美关系的演变也印证了这一判断。美国鹰派不断变换遏制中国的手法，既有总统发布的《国家安全战略报告》、国会通过的《反制中国政府和共产党政治影响力运作法案》的总体部署，又有以公平贸易为由挑起贸易摩擦、以防止中国企业"以投资换技术"为由构建"科技铁幕"的实际行动，还有美国广播理事会以捍卫美国价值观为由出台最新版五年战略计划，以及形形色色的智库肆意抹黑"一带一路"倡议、构建人类命运共同体理念的系列报告，等等。他们可谓挖空了心思、用尽了手段，然而，让他们始料不及的，是也是在这两年多里，中国发展进入新时代，呈现出新的气象：国内领域，我们提出的各项改革举措逐一落地，"十三五"规划纲要如期推进，全面建成小康社会第一个百年奋斗目标决胜在即，中国将在世界历史上首次创造出十几亿人全面脱贫的历史奇迹；国际领域，"一带一路"建设、推动构建人类命运共同体的成效举世瞩目，中国参与全球治理的深度广度大幅提升，已经成为维护世界和平发展的重要力量。

三　两封公开信佐证了中国道路和中国方案的强大生命力

美国对华接触派对中国道路、中国方案保持了一定程度的理解和尊重。对华极端强硬派则力挺对华强硬政策，一方面质疑中国发展权，矛头直指中国道路合法性、合理性；另一方面质疑中国参与制定世界规则的权利，企图扼杀中国方案的影响力、号召力。但无论是接触派，还是强硬派，他们谁都难以无视越来越强大的中国。

美强硬派肆意抹黑我党的厥词，无损于我党形象。中国共产党是全世界执政党里唯一敢于公开宣称没有私利的党，中国政府是唯一始终坚持为人民服务、以人民为中心的政府。中国坚持走和平发展道路，是世界舞台上最坚定、最彻底、最重要的维护和平的力量。中国倡导建设持久和平、普遍安全、共同繁荣、开放包容、清洁美丽的世界，推动建设相互尊重、公平正义、合作共赢的新型国际关系，努力担负起"负责任的大国"需要承担的各种国际责任。

污蔑中国威胁美国及其盟友利益的谣言不值一驳。中国始终奉行永不称霸的政策，他们所谓的"野心"，如果指的是"一带一路"倡议，则我们秉持的原则是共商共建共享，提倡的效果是"倡议源于中国，机会和成果属于世界"；如果指的是推动构建人类命运共同体，则我们坚持的宗旨是"维护世界和平、促进共同发展"；如果指的是中国梦，则我们追求的目标是为人民谋幸福、为民族谋复兴、为世界谋大同。

美国以往对华政策的说辞根本立不住脚。事实上，改革开放40多年来，中国已经成为美国最重要的贸易伙伴，也是美国最大的债权国。中国的改革开放政策，不仅造福了中国自身，而且惠及包括美国在内的世界各国。中国一贯奉行互不干涉内政的政策，从来没有介入过美国国家安全事务。

诋毁中国不承认现有国际秩序原则和规则的谎言更是贻笑大方。中国始终遵守已经参加的联合国及其他国际组织公约、条约和协定，美国倒是为了一己之私，已经或准备退出联合国教科文组织、人权理事会、万国邮政联盟等国际组织，退出《跨太平洋伙伴关系协定》《巴黎气候协定》《全球移民协议》《伊朗核协议》，决定退出《维也纳外交关系公约》，威胁退出 WTO、北美自贸协定、美韩自贸协定等。针对债务陷阱论，众多债务国政府和人民进行了有力反驳，如吉布提国际银行行长就在接受西方媒体采访时义正词严地指出，所谓"债务陷阱"只是部分西方国家的嫉妒声音和片面看法。

污蔑中国压制宗教和言论自由的说法根本立不住脚。事实上，除了要求党员不得信教、言论必须遵守宣传纪律之外，中国人民享有广泛的宗教信仰自由和言论自由，没有人因信仰问题受迫害。香港和澳门特区享有基本法授权范围内的高度自治。中国政府也一直坚持以"一国两制"的方式解决台湾问题。

煽动民粹主义思潮只能自食苦果。在中美两国元首在大阪二十国集团峰会上达成共识后，美国的所谓强硬派不甘心中美关系重回正确轨道，疯狂煽动民粹主义，离间中美关系，妄言"有选择地将美国经济与中国暗中削弱美国经济的努力脱钩"。为达到其目的，他们还妄加臆测"中国当前的策略是推迟、拖延或等待特朗普总统任期结束"，鼓动"必须尽一切努力"，把重新平衡中美经济关系的政策制度化。

总之，在这封公开信中，中国共产党和中国被刻画成一无是处的丑恶形象，足见信件起草者心理之阴暗、心胸之偏狭、心态之极端。一篇信口开河、胡说八道的满纸荒唐言，竟然得到百余人联名，也足见美国对中国发展势头恐惧之深。

与世界唯一超级大国的交锋至此，我们有理由自信：没有什么可以动摇中国发展的决心，也没有什么能够阻挡中国发展的势头。中国是世界上最大的社会主义国家，中国道路不仅成就了中国，也拓展了发展中国家走向现代化的途径，"为世界上那些既希望加快发展又希望保持自身独立性的国家和民族提供了全新选择"；中国方案不仅能够解决中国的发展问题，也为争取后发国家的发展权、改变由于资本的无序扩张导致的1%的人口拥有40%财富的不合理状况，提供了宝贵经验；中国智慧不仅为中国融入世界提供了智力支持，也为世界各国争取更加平等的国际规则制定权，改变在旧的国际政治经济秩序下少数国家既当运动员又当裁判员的不合理现象，提供了有益借鉴。

当前的中美角逐，既是现有国力的较量，更是长期发展理念和执政能力的较量，从根本意义上说，是道路、理论、制度、文化之间的较量。美国对华政策的每一次收紧，对华压力的每一次加大，都在倒逼我们进一步优化提升发展战略，凝聚改革发展的共识和力量。

中国共产党是有着足够战略定力的成熟政党，中国是有着足够战略纵深的东方大国、中华民族是有着足够战略信心的伟大民族。改革开放以来的历史一再证明并将继续证明，中国共产党治国理政和参与全球治理的能力只会越来越强，改革的质量只会越来越高、开放的大门只会越开越大、前进的步伐只会越来越快，发展的势头只会越来越好！美国鹰派鼓噪加紧对中国的围追堵截，只会看到一个结果：中国的发展没有止步，也永远不会止步。

（载《光明日报》2019 年 7 月 27 日第 8 版）

发展道路篇

全面建成小康社会与中国式
现代化新道路

实现小康是中国历代圣哲不懈追求的梦想，是近代以来实现中华民族伟大复兴中国梦的阶段性目标。自从邓小平在改革开放初期重新解释小康概念以来，其内涵从最初的经济领域扩展到涵盖经济、政治、文化、社会、生态等多方面的综合性概念。伴随小康目标从"小康之家"到"小康社会"、从"总体小康"到"全面小康"、从"全面建设小康社会"到"全面建成小康社会"的不断拓展，中国式现代化新道路不断探索、开创和基本定型，推动"实现中华民族伟大复兴进入了不可逆转的历史进程"[①]。

在庆祝中国共产党成立 100 周年大会上，习近平总书记代表党和人民庄严宣告："经过全党全国各族人民持续奋斗，我们实现了第一个百年奋斗目标，在中华大地上全面建成了小康社会，历史性地解决了绝对贫困问题，正在意气风发向着全面建成社会主义现代化强国的第二个百年奋斗目标迈进。"[②]以史为鉴、开创未来，必须坚持和发展中国特色社会主义。他鲜明指出："我们坚持和发展中国特色社会主义，推动物质文明、政治文明、精神文明、社会文明、生态文明协调发展，创造了中国式现代化新道路。"[③] 这一庄严宣告和重要论述，

---

① 习近平：《在庆祝中国共产党成立 100 周年大会上的讲话》，人民出版社 2021 年版，第 7 页。

② 习近平：《在庆祝中国共产党成立 100 周年大会上的讲话》，人民出版社 2021 年版，第 2 页。

③ 习近平：《在庆祝中国共产党成立 100 周年大会上的讲话》，人民出版社 2021 年版，第 13—14 页。

将全面建成小康社会与中国式现代化新道路紧密结合起来，深刻阐明二者之间的历史逻辑、政治逻辑、理论逻辑和实践逻辑。在向第二个百年奋斗目标迈进的新征程上，认真学习领会习近平总书记关于全面建成小康社会和中国式现代化新道路的重要论述及其深刻内涵，全面回顾和总结小康社会建设历程和中国式现代化道路的探索，对我们在新的历史起点上全面建成社会主义现代化强国、实现中华民族伟大复兴，具有重要理论和实践指导意义。

一　工业强国的梦想与社会主义现代化建设的开启

发端于 18 世纪 60 年代的英国工业革命，使工业化成为世界范围内现代化和经济发展的主题。然而，西方凭借着工业革命的优势，以船坚炮利轰开了东方中国的大门。"1840 年鸦片战争以后，中国逐步成为半殖民地半封建社会，国家蒙辱、人民蒙难、文明蒙尘，中华民族遭受了前所未有的劫难。从那时起，实现中华民族伟大复兴，就成为中国人民和中华民族最伟大的梦想"[1]。民族独立、人民解放和国家富强、人民幸福这一时代命题历史地摆在中国人民、中华民族面前，其中"中国工业化是中国自 1840 年以来面临的基本问题之一"[2]。

"世界经济史表明，没有经历成功的工业化进程，就几乎不能成为繁荣富强的发达国家。"[3] 然而，中国的工业化梦想，不管是洋务派发起的以"自强""求富"为口号的洋务运动，还是 1927—1937 年所谓"黄金十年"的工业化，都不过是黄粱一梦。前者因为甲午战争的失败而中断，后一时期更多发展的是轻工业，且因日本帝国主义的入侵再次中断。近代以来的历史表明，由于资产阶级的软弱、短视，由于帝国主义的阻挠、遏制，资本主义工业化道路在中国是行不

① 习近平：《在庆祝中国共产党成立 100 周年大会上的讲话》，人民出版社 2021 年版，第 2 页。
② 朱佳木：《中国工业化与中国共产党》，国史网，2009 年 6 月 28 日。
③ 黄群慧：《中国共产党领导社会主义工业化建设及其历史经验》，《中国社会科学》2021 年第 7 期。

通的。"没有独立、自由、民主和统一，不可能建设真正大规模的工业。"[1] 为了实现工业化、现代化，必须另寻他途，必须有新的政治领导力量。

中国共产党一经诞生，就把为人民谋幸福、为中华民族谋复兴确立为自己的初心和使命，实现中国工业化蕴涵其中，成为"与中国共产党关系极为密切的一个问题"[2]。早在 1921 年年初，李大钊就在《中国社会主义与世界的资本主义》中指出："今日在中国想发展实业，非由纯粹生产者组织政府，以铲除国内的掠夺阶级，抵抗此世界的资本主义，依社会主义的组织经营实业不可。"[3] 一大党纲也明确要求"消灭资本家私有制，没收机器、土地、厂房和半成品等生产资料"，这实质上提出了通过生产资料与生产者相结合实现工业化的主张[4]。1944 年 5 月 26 日，《解放日报》发表《毛泽东同志号召发展工业打倒日寇》文章指出："要打倒日本帝国主义，必需有工业；要中国的民族独立有巩固的保障，就必需工业化。我们共产党是要努力于中国的工业化的。"[5] 党的七大明确提出了工业化的宏伟任务，毛泽东在大会上阐述了"使中国由农业国变为工业国"的主张，提出"中国工人阶级的任务，不但是为着建立新民主主义的国家而斗争，而且是为着中国的工业化和农业近代化而斗争"[6]。

新民主主义革命的胜利、社会主义制度的建立揭开了中国新型工业化探索的序幕，开始了现代意义上的工业化进程。党中央明确强调"工业化——这是我国人民百年来梦寐以求的理想，这是我国人民不再受帝国主义欺侮不再过穷困生活的基本保证，因此这是全国人民的最高利益"[7]。但是，中国工业化历经近百年萌芽，其基础依然极其

---

① 《毛泽东选集》第 3 卷，人民出版社 1991 年版，第 1080 页。
② 朱佳木：《中国工业化与中国共产党》，国史网，2009 年 6 月 28 日。
③ 《李大钊全集》第 3 卷，人民出版社 2006 年版，第 277 页。
④ 参见朱佳木《中国工业化与中国共产党》，国史网，2009 年 6 月 28 日。
⑤ 《毛泽东文集》第 3 卷，第 146 页。
⑥ 《毛泽东选集》第 3 卷，第 1081 页。
⑦ 《迎接一九五三年的伟大任务》，《人民日报》1953 年 1 月 1 日第 1 版。

薄弱，"一辆汽车、一架飞机、一辆坦克、一辆拖拉机都不能造"[①]。落后挨打的历史教训和被帝国主义国家开除球籍的危险，激发了党和人民"强烈的工业化意愿"，也催生了新中国艰难的工业化之路。

第一届全国人民代表大会明确了建设强大的现代化工业、现代化农业、现代化交通运输业和现代化国防的社会主义工业化的总任务定位。在1953—1957年的第一个五年计划时期，在苏联的帮助下，广大人民爆发了前所未有的建设热情，取得了巨大的成就。1956年以来，针对苏联工业化模式日渐暴露出来的不足，毛泽东明确提出要把马克思列宁主义基本原理同中国具体实际进行"第二次结合"，强调要以苏为鉴，正确处理我国社会主义建设的十大关系，走出一条适合我国国情的工业化道路[②]，即在优先发展重工业的条件下，坚持发展工业与发展农业同时并举。

面对以美国为首的帝国主义国家对中国的遏制和威胁，毛泽东在分析中国国情的基础上，提出了中国现代化的百年目标。他指出："中国的人口多、底子薄，经济落后，要使生产力很大地发展起来，要赶上和超过世界上最先进的资本主义国家，没有一百多年的时间，我看是不行的。"[③] 为了更好地实现这个目标，毛泽东在1963年9月召开的中共中央工作会议上提出了分两步走的现代化战略设想：第一步，建立一个独立的、比较完整的工业体系和国民经济体系，使我国工业大体接近世界先进水平；第二步，使我国工业走在世界前列，全面实现农业、工业、国防和科学技术现代化。

1964年12月，根据毛泽东的建议，周恩来在第三届全国人大一次会议的政府工作报告中提出：要在不太长的历史时期内，把我国建设成为一个具有现代农业、现代工业、现代国防和现代科学技术的社

---

① 《毛泽东文集》第6卷，人民出版社1999年版，第329页。
② 《中共中央关于党的百年奋斗重大成就和历史经验的决议》，人民出版社2021年版，第13页。
③ 《毛泽东文集》第8卷，人民出版社1999年版，第302页。

会主义强国。[①] 这是党中央首次完整地提出"四个现代化"目标，"从此成为党和全国各族人民的共同奋斗目标，成为凝聚和团结全国各族人民不懈奋斗的强大精神力量"[②]。同时，周恩来还正式向全党和全国人民宣告了上述两步走的现代化战略部署。1975 年 1 月，在第四届全国人大一次会议上，周恩来重申了在 20 世纪内全面实现农业、工业、国防和科学技术"四个现代化"的宏伟目标，并公布了"两步走"的时间表："第一步，用十五年时间，即在一九八〇年以前，建成一个独立的比较完整的工业体系和国民经济体系；第二步，在本世纪内，全面实现农业、工业、国防和科学技术的现代化，使我国国民经济走在世界的前列。"[③] 这就把全国人民的注意力再次吸引到发展经济、振兴国家的事业上来，反映了饱受"文化大革命"内乱之苦的中国人民的强烈愿望。

总体上说，从新中国成立到改革开放前夕，党领导人民"实现了中华民族有史以来最为广泛而深刻的社会变革，实现了一穷二白、人口众多的东方大国大步迈进社会主义社会的伟大飞跃，为实现中华民族伟大复兴奠定了根本政治前提和制度基础"[④]。这段时间的现代化探索虽然经历了严重曲折，却也取得了巨大的成就。1950—1977 年，在独立自主、自力更生的基础上，我们的工业产值以年均 13.5% 的速度增长，从一个落后的农业国变成了一个粗具规模的工业国，不但建立了独立的比较完整工业体系和国民经济体系，而且在"两弹一星"等国防尖端技术上实现了重大突破，使得我们"有了一个向四个现代化前进的阵地"[⑤]，成为一个有重要影响的大国，站住了脚跟，挺直了脊梁。

---

① 《周恩来选集》下卷，人民出版社 1984 年版，第 439 页。

② 《中国共产党简史》，人民出版社、中央党史出版社 2021 年版，第 198 页。

③ 《周恩来选集》下卷，人民出版社 1984 年版，第 479 页。

④ 习近平：《在庆祝中国共产党成立 100 周年大会上的讲话》，人民出版社 2021 年版，第 5 页。

⑤ 《邓小平文选》第 2 卷，人民出版社 1994 年版，第 232 页。

二 实现小康与中国式现代化新道路的开辟

基于对党和国家前途命运的深刻把握、对社会主义革命和建设实践的深刻总结、对时代潮流的深刻洞察和对人民群众期盼的深刻体悟，党的十一届三中全会作出了改革开放的伟大决策，开启了改革开放和社会主义现代化的伟大征程。"能否实现四个现代化，决定着我们国家的命运、民族的命运"①。在建设什么样的社会主义、实现什么样的现代化的历史思考中，邓小平创造性地赋予传统文化中的小康思想以鲜明的时代特征，将小康社会②上升提炼为反映我国经济社会和现代化发展水平的总体概念，由此开创了中国式的现代化新道路。

（一）"中国式的现代化"与实现小康的历史性决策

1979 年 3 月 30 日，邓小平在理论工作务虚会上提出了一个非常重要的论断："中国式的现代化，必须从中国的特点出发。"③ 他强调，中国现代化建设必须考虑底子薄基础差、科技力量不足、经济贫穷，以及人口多、耕地少、人口压力大、资源短缺等特点，因此"中国式的现代化，就是把标准放低一点""降低原来的设想，完成低的目标"④。

1979 年 12 月 6 日，邓小平在会见日本首相大平正芳时，邓小平首次使用了"小康"一词来描绘 20 世纪末中国的现代化。他说："我们要实现的四个现代化，是中国式的四个现代化。我们的四个现代化的概念，不是像你们那样的现代化的概念，而是'小康之家'。"他指出，到那时"要达到第三世界中比较富裕一点的国家的水平，

---

① 《邓小平文选》第 2 卷，人民出版社 1994 年版，第 162 页。
② 蒋丹溪、陈金龙 2020 年在《当代中国史研究》第 6 期发表《"小康社会"概念演变的历史考察》，列举了从邓小平首次提出小康概念以来，小康社会概念逐步完善的过程，以及其互文、类义词语。他们提出还主要包括：中国式的现代化、中国式的四个现代化、小康水平、小康状态、小康社会、小康国家、总体小康、全面小康、全面建设小康社会、全面建成小康社会等。除此之外，笔者认为，党的十六大提出的生活更加殷实，也应属于类义词汇。因此，本文在表述过程中，视情景和语境灵活使用上述表述。
③ 《三中全会以来重要文献选编》（上），人民出版社 1982 年版，第 87 页。
④ 《邓小平文选》第 2 卷，人民出版社 1994 年版，第 194—195 页。

比如国民生产总值人均一千美元，也还得付出很大的努力。就算达到那样的水平，同西方来比，也还是落后的……也还是一个小康的状态"①。小康社会的提出，是对党的初心使命的阶段化和具体化，是对新中国成立以来经济社会发展目标的具体化和大众化，得到了社会各界的广泛认同，由此拉开了探索中国式现代化新道路的时代大幕。

1980 年 1 月 16 日，邓小平在《目前的形势和任务》讲话中进一步强调，"现代化建设的任务是多方面的，各个方面需要综合平衡，不能单打一。但是说到最后，还是要把经济建设当作中心。离开了经济建设这个中心，就有丧失物质基础的危险"②。中国式现代化虽然降低了经济指标，但一开始就有着全面要求，就超越了西方现代化的单维度，它除了主要的经济的、物质层面的现代化之外，还要包括政治现代化、法制现代化、社会现代化、教育现代化等诸多内容。邓小平曾明确提出："不抓科学、教育，四个现代化就没有希望，就成为一句空话。"③ "没有民主就没有社会主义，就没有社会主义的现代化。"④

（二）小康目标的确立和社会主义现代化建设的展开

在党的十二大上，邓小平提出，"把马克思主义的普遍真理同我国的具体实际结合起来，走自己的道路，建设有中国特色的社会主义"⑤。"建设有中国特色的社会主义"重大命题的提出，回答了改革开放走什么样的道路问题，高高举起了中国特色社会主义现代化的伟大旗帜。党的十二大立足中国经济文化落后的国情，正式作出了将在 20 世纪末实现四个现代化的奋斗目标改为实现小康，确定了从温饱到小康分两步的部署；从战略指导思想上解决了新中国成立后在社会主义建设发展速度和发展目标上长期存在的急于求成问题。这是党中

---

① 《邓小平文选》第 2 卷，人民出版社 1994 年版，第 237 页。
② 《邓小平文选》第 2 卷，人民出版社 1994 年版，第 250 页。
③ 《邓小平文选》第 2 卷，人民出版社 1994 年版，第 68 页。
④ 《邓小平文选》第 2 卷，人民出版社 1994 年版，第 168 页。
⑤ 《邓小平文选》第 3 卷，人民出版社 1994 年版，第 3 页。

央在总结历史经验教训的基础上作出的一个历史性决策。①

为了实现这个小康目标，党的十二大不但从经济层面提出了从1981 年到 20 世纪末我国工农业总产值翻两番的经济建设目标，而且明确强调"我们在建设高度物质文明的同时，一定要努力建设高度的社会主义精神文明。这是建设社会主义的一个战略方针问题"②。党的十二大提出的这些任务和要求，"体现了社会主义现代化建设的全面性要求，丰富和发展科学社会主义理论，也标志着党对社会主义的认识不断深化"③。

邓小平在提出小康社会的同时，还着力推动从农村到城市，从政治体制到经济体制，从乡镇企业、国有企业到非公经济的改革。1984年 10 月党的十二届三中全会审议通过《关于经济体制改革的决定》，突破了把计划经济同商品经济对立起来的传统观念，提出我国社会主义经济是公有制基础上的有计划的商品经济；突破了把全民所有同国家机构直接经营企业混为一谈的传统观念，提出所有权同经营权是可以适当分开的新观念，这赋予了经济社会更多的活力。

（三）社会主义初级阶段理论和现代化"三步走"战略

贫穷不是社会主义，发展太慢也不是社会主义。为了给中国式现代化一个明确的时间表、路线图，继 1979 年提出"小康之家"概念后，邓小平在 1987 年 4 月会见西班牙副首相格拉时，进一步提出了"三步走"现代化战略设想。

1987 年 10 月，党的十三大系统阐述了社会主义初级阶段理论，明确概括了党在社会主义初级阶段的基本路线，明确社会主义初级阶段的主要矛盾是人民日益增长的物质文化需要同落后的社会生产力之间的矛盾，党和国家的主要任务是发展生产力，推进社会主义现代化建设。大会确认了邓小平提出的"三步走"现代化战略设想：第一

---

① 《中国共产党简史》，人民出版社、中央党史出版社 2021 年版，第 241 页。
② 《十二大以来重要文献选编》（上），中央文献出版社 2011 年版，第 21 页。
③ 《中国共产党简史》，人民出版社、中央党史出版社 2021 年版，第 242 页。

步，实现国民生产总值比 1980 年翻一番，解决人民的温饱问题，这个任务已经基本完成。第二步，到 20 世纪末，使国民生产总值再增长一倍，人民生活达到小康水平。第三步，到 21 世纪中叶，人均国民生产总值达到中等发达国家水平，人民生活比较富裕，基本实现现代化。"三步走"发展战略，对中华民族百年图强的宏伟目标作了积极而稳妥的规划，反映了从实际出发、遵循客观规律的科学精神，是中国共产党探索中国特色社会主义现代化建设规律的重大成果。

（四）南方谈话与改革开放和现代化思想的大解放

苏联解体、东欧剧变，使社会主义陷入低谷，给改革开放所开创的中国特色社会主义道路带来了巨大的压力和阻力。为了破除国内外的种种质疑和困惑，总结改革开放的经验，1992 年 1 月 18 日至 2 月 21 日，88 岁高龄的邓小平先后都武昌、深圳、珠海、上海等地考察，发表了一系列重要谈话，提出判断姓"社"姓"资"的标准，主要看是否有利于发展社会主义社会的生产力，是否有利于增强社会主义国家的综合国力，是高否有利于提高人民的生活水平。他指出，"恐怕再有 30 年的时间，我们才会在各方面形成一整套更加成熟、更加定型的制度。在这个制度下的方针、政策，也将更加定型化"[①]。围绕计划和市场这个长期争论的问题，他明确强调，"计划多一点还是市场多一点，不是社会主义与资本主义的本质区别。计划经济不等于社会主义，资本主义也有计划；市场经济不等于资本主义，社会主义也有市场。计划和市场都是经济手段"。他认为，"社会主义的本质是解放生产力，发展生产力，消灭剥削，消除两极分化，最终达到共同富裕"[②]。在总结国外现代化经验的基础上，他还提出："在今后的现代化建设长过程中，出现若干个发展速度比较快、效益比较好的阶段，是必要的，也是能够办到的。我们就是要有这个雄心壮志！"[③]

[①] 《邓小平文选》第 3 卷，人民出版社 1993 年版，第 372 页。
[②] 《邓小平文选》第 3 卷，人民出版社 1993 年版，第 373 页。
[③] 《邓小平文选》第 3 卷，人民出版社 1993 年版，第 377 页。

邓小平南方谈话"从理论上深刻回答了长期困扰和束缚人们思想的许多重大问题，是把改革开放和现代化建设推向新阶段的又一个思想解放、实事求是的宣言书，不仅对即将召开的党的十四大具有十分重要的指导作用，而且对中国整个社会主义现代化建设事业具有重大而深远的意义"[①]。

三　全面建设小康社会和中国式现代化新道路的拓展

当人类社会跨入 21 世纪的时候，党中央把小康社会进一步拓展为全面建设小康社会，迈进了社会主义现代化发展的新阶段。全面建设小康社会作为中国现代化建设的阶段性目标，与邓小平关于小康社会的战略构想一脉相传，又创新发展了邓小平分阶段实现现代化的思想，拓展了其内涵，为提出全面建成小康社会奠定了理论和实践基础，为开创中国式现代化新道路作出了重要贡献。在这个阶段，我们积极探索并确立了社会主义市场经济体制，市场在配置资源中的基础性作用大大强化，产业结构不断升级优化，中国"实现了前所未有的高速发展，创造了经济增长奇迹"[②]。

（一）社会主义市场经济体制的建立与新"三步走"发展战略

党的十四大要求全党抓住机遇，加快发展，集中精力把经济建设搞上去，到 20 世纪末我国国民经济整体素质和综合国力将迈上一个新台阶，国民生产总值将超过原定比 1980 年翻两番的要求，人民生活由温饱进入小康。党的十四大极大地突破了马克思主义经典作家的设想，确定我国经济体制改革的目标是建立社会主义市场经济，使市场在社会主义国家宏观调控下对资源配置起基础性作用，使经济活动遵循价值规律的要求，适应供求关系的变化。社会主义市场经济体制目标的确立，为我们实现小康提供了新的动力机制，开创了中国式现

---

① 《中国共产党简史》，人民出版社、中央党史出版社 2021 年版，第 281 页。
② 黄群慧：《中国共产党领导社会主义工业化建设及其历史经验》，《中国社会科学》2021 年第 7 期。

代化道路的新阶段。

为了积极推动建立社会主义市场经济体制，1993 年 11 月，党的十四届三中全会审议通过《关于建立社会主义市场经济体制若干问题的决定》，制定了建立社会主义市场经济体制的总体规划。其设定的基本框架：在坚持以公有制为主体、多种经济成分共同发展的基础上，建立现代企业制度、全国统一开放的市场体系、完善的宏观调控体系、合理的收入分配制度和多层次的社会保障制度。

党的十四届五中全会通过《关于制定国民经济和社会发展"九五"规划和 2010 年远景目标的建议》（以下简称《建议》），对"九五"时期实现第二步发展战略目标作出新的部署：到 2000 年实现人均国民生产总值比 1980 年翻两番，基本消除贫困现象，人民生活达到小康水平；加快现代企业制度建设，初步建立社会主义市场经济体制。《建议》确定 2010 年的奋斗目标是实现国民生产总值比 2000 年翻一番，使人民的小康生活更加宽裕，形成比较完善的社会主义市场经济体制。[①]

1997 年，党的十五大提出了党在社会主义初级阶段的基本纲领，阐明了建设有中国特色社会主义的经济、政治、文化的基本特征和基本要求。大会提出了新的"三步走"发展战略：到 21 世纪"第一个十年实现国民生产总值比 2000 年翻一番，使人民的小康生活更加宽裕，形成比较完善的社会主义市场经济体制；再经过十年的努力，到建党一百年时，使国民经济更加发展，各项制度更加完善；到世纪中叶建国一百年时，基本实现现代化，建成富强民主文明的社会主义国家"[②]。

在把中国特色社会主义事业推向 21 世纪的进程中，党团结带领全国各族人民坚定不移开创全面改革开放新局面、加快现代化建设，

① 《十四大以来重要文献选编》，人民出版社 1997 年版，第 467—468 页。
② 《十五大以来重要文献选编》（上），中央文献出版社 2011 年版，第 4 页。

成功应对各种严峻风险挑战，取得重大成就。到 2000 年，"九五"计划主要任务超额完成，国内生产总值达 99776 亿元，年均增长 8.6%；人均国民生产总值比 1980 年翻两番的目标在 1997 年提前 3 年完成。到 2000 年，我国成功实现了由计划经济体制向社会主义市场经济体制的转变，社会主义市场经济体制基本框架初步建立，经济和社会发展的体制发生了重大变化。

（二）全面建设小康社会与加快转变经济发展方式

党的十六大明确提出，经过全党和全国各族人民的共同努力，我们胜利实现了现代化建设"三步走"战略的第一步、第二步目标，"人民生活总体上达到小康水平"[1]，这是中华民族发展史上的一个重要里程碑。党中央从社会主义初级阶段的国情出发，清醒地指出总体小康"还是低水平的、不全面的、发展很不平衡的小康"[2]。立足于 21 世纪头 20 年这个重要的战略机遇期，以及顺应人民群众的新期待，党中央进一步提出了一个更高目标——"全面建设惠及十几亿人口的更高水平的小康社会"[3]。

全面建设小康社会是实现现代化建设第三步战略目标的必经阶段，也是完善社会主义市场经济体制和扩大对外开放的关键阶段。经过这个阶段的建设，再奋斗几十年，到本世纪中叶基本实现现代化，把我国建设成为富强民主文明的社会主义国家。全面建设小康社会的目标，不仅强调在优化结构和提高效益的基础上，国内生产总值到 2020 年力争比 2000 年翻两番，而且要求民主更加健全、科教更加进步、文化更加繁荣、社会更加和谐、人民生活更加殷实，充分彰显了中国式现代化的全面性。

为进一步改革完善社会主义市场经济体制，加快全面建设小康，2003 年 10 月，党的十六届三中全会通过《关于完善社会主义市场经

① 《江泽民文选》第 3 卷，人民出版社 2006 年版，第 542 页。
② 《江泽民文选》第 3 卷，人民出版社 2006 年版，第 542 页。
③ 《江泽民文选》第 3 卷，人民出版社 2006 年版，第 544 页。

济体制若干问题的决定》，提出大力发展国有资本、集体资本和非公有资本等参股的混合所有制经济；放宽市场准入，允许非公有资本进入法律法规未禁入的基础设施、公用事业及其他行业领域；建立归属清晰、权责明确、保护严格、流转顺畅的现代产权制度；建立有利于逐步改变城乡二元结构的体制等重大政策举措。针对"十五"时期我国现代化发展和全面建设小康社会呈现出来的重要阶段性特征，2005 年 10 月党的十六届五中全会通过的《关于制定国民经济和社会第十一个五年规划的建议》，对我国经济社会发展提出了新要求，不仅突出强调在优化结构、提高效益、降低能耗的基础上，实现 2010 年人均国内生产总值比 2000 年翻一番，而且"十一五"规划纲要所确定的目标、任务和政策举措，统筹体现了全面建设小康社会目标与经济社会阶段性的有机衔接。2006 年 10 月，党的十六届六中全会，为了贯彻科学发展的要求，进一步提出了"促进经济又好又快发展"的新要求。

加快经济发展方式转变，是我国经济领域的一场深刻革命。党的十七大提出了加快转变经济发展方式的战略任务。把过去的"转变经济增长方式"的表述修改为"转变经济发展方式"，除了涵盖转变经济增长方式的全部内容外，还对经济发展的理念、目的、战略、途径等提出新的更高的要求，充分体现了党对经济发展规律认识的深化。2010 年 10 月，党的十七届五中全会明确强调，加快转变经济发展方式是做好"十二五"时期经济社会发展工作的主线。全会明确了转变经济发展方式的新要求：把经济结构战略性调整作为主攻方向，把科技进步和创新作为重要支撑，把保障和改善民生作为根本出发点和落脚点，把建设资源节约型、环境友好型社会作为重要着力点，把改革开放作为强大动力。

"十一五"规划时期，党中央紧紧抓住发展这个执政兴国的第一要务，充分发挥社会主义制度这个政治优势，充分发挥市场在资源配置中的基础性作用，加速推进改革开放和现代化建设，国家面貌发生新的历史性变化。"十一五"时期，国内生产总值平均增长 11.3%，2010 年超过 40 万亿元，经济总量先后超过德国和日本，跃升至世界第二位，成为仅次于美国的世界第二大经济体。城镇居民人均可支配收入和农村居民人均纯收入平均分别增长 9.7%、8.9%，人民生活明显改善。

（三）中国特色社会主义"四位一体"总体布局的形成和现代化内涵的拓展

实现社会和谐、建设美好社会，是党在小康社会建设中不懈追求的目标。2002 年 11 月，党的十六大在阐述全面建设小康社会目标时，提出了实现社会更加和谐的要求。2004 年 9 月，党的十六届四中全会明确提出了构建社会主义和谐社会的重大战略任务。2006 年 10 月，党的十六届六中全会通过《关于构建社会主义和谐社会若干重大问题的决定》，为构建社会主义和谐社会提供了指导。

构建社会主义和谐社会重大战略目标的提出，使中国特色社会主义事业总体布局增加了社会建设这一重要方面。党的十七大深刻分析国际国内形势发展变化和新世纪新阶段我国发展的一系列新的阶段性特征，顺应各族人民过上更好生活的新期待，把握经济社会发展趋势和规律，把全面建设小康社会的宏伟目标由经济建设、政治建设、文化建设"三位一体"，扩展为经济建设、政治建设、文化建设、社会建设的"四位一体"，使得全面建设小康社会和社会主义现代化建设的目标也进一步拓展为"富强民主文明和谐"，目标更全面、内涵更丰富、要求更具体。

四　全面建成小康社会与中国式现代化新道路的形成

中国特色社会主义新时代，以习近平同志为核心的党中央自信自强、守正创新，统揽伟大斗争、伟大工程、伟大事业、伟大梦想，统筹推动物质文明、政治文明、精神文明、社会文明、生态文明协调发展，创造了中国式现代化新道路，创造了新时代中国特色社会主义的伟大成就，"实现第一个百年奋斗目标，明确实现第二个百年奋斗目标的战略安排，党和国家事业取得历史性成就、发生历史性变革"[①]。

（一）打赢脱贫攻坚战

全面建成小康社会，贫困问题是短板。习近平总书记指出，"全面建成小康社会，最艰巨最繁重的任务在农村、特别是在贫困地区。没有农村的小康，特别是没有贫困地区的小康，就没有全面建成小康社会"[②]。党的十八大之后，面对接近一个亿的"贫中之贫，困中之困"的贫困人群这一最难啃的硬骨头，习近平总书记以巨大的使命感、责任感，提出了"精准扶贫""精准脱贫"的新思路，发起了声势浩大脱贫攻坚战。

党的十九大把打好精准脱贫攻坚战作为决胜全面小康社会的三大攻坚战之一。党中央把农村贫困人脱贫作为全面建成小康社会的基本标志；坚持集中兵力，把打好"三区三州"以及贫困发生率超过18%的贫困县和贫困发生率超过20%的贫困村的深度贫困歼灭战作为打赢脱贫攻坚战的关键、主攻方向；建立健全稳定脱贫长效机制，巩固提升脱贫攻坚质量；统筹推进脱贫攻坚与乡村振兴，实现脱贫攻坚与乡村振兴的平稳接续和有效衔接，取得了显著成效。

2021 年 2 月，习近平总书记在全国脱贫攻坚总结表彰大会上庄严宣告，经过全党全国各族人民的共同努力，在迎来中国共产党成立100 周年的重要时刻，我国脱贫攻坚战取得全面胜利，完成了消除绝对贫困的艰巨任务。打赢脱贫攻坚战，为实现第一个百年奋斗目标打下了坚实基础，强化了党的执政根基、巩固了中国特色社会主义制度，极大增强了人民群众的获得感、幸福感和安全感，向世界展示了中国共产党的领导和中国特色社会主义制度的优越性，为人类减贫事业作出了历史性贡献、提供了中国智慧和中国方案。

---

① 习近平：《在庆祝中国共产党成立 100 周年大会上的讲话》，人民出版社 2021 年版，第 7 页。
② 《习近平谈治国理政》第 1 卷，外文出版社 2018 年版，第 189 页。

（二）全面建成小康社会

新时代，小康社会建设步入快车道。党的十八大提出，在中国共产党成立 100 年时全面建成小康社会，在新中国成立 100 年时建成富强民主文明和谐的社会主义现代化国家。在党的十八大以来历史性成就的基础上，党的十九大进一步发出了决胜全面建成小康社会的动员令。

在庆祝中国共产党成立 100 周年大会上的讲话中，习近平总书记向世界宣布，中国如期全面建成了小康社会，我国的经济实力、科技实力、综合国力和人民生活水平跃上了新的大台阶。2020 年，我国国内生产总值达 101.6 万亿元，占世界经济总量的比重达 17%，稳居世界第二位。人均国内生产总值为 72447 元，连续两年超过 1 万美元，离按照世界银行高收入国家的标准——人均 GDP 达到 1.2 万美元以上的距离只剩下人均 2000 美元。制造业增加值多年稳居世界首位，220 种工业产品产量居世界第一，近年来对世界经济增长年均贡献率达 30%，成为世界经济增长的火车头。社会消费品零售总额达到 40 万亿元规模，即将成为全球最大的消费品零售市场。基础设施建设成就举世瞩目，高速铁路、高速公路、发电装机容量、互联网基础设施规模等居世界第一。同时，我国还是世界第一大货物贸易国、第一大外汇储备国。科技领域取得重大成就，知识产权产出居世界前列，2019 年通过《专利合作条约》途径提交的国际专利申请量居世界第一。《2021 年全球创新指数报告》显示，在参与评价的 132 个经济体中，中国创新指数由 2015 年前的第 29 位跃升到第 12 位，保持较快上升势头。特别值得自豪的是，我国抗疫取得了重要阶段性战略成果，经济保持了健康稳定发展，根据美国最新公布的上半年数据测算，我国 GDP 总量首次接近美国 GDP 总量的 75%，比 2020 年提高了将近 4 个百分点。

全面小康社会的建成，使得人民群众的生活水平显著提高、生活质量显著提升。2020 年，全国居民恩格尔系数为 30.2%，比 2000 年下降 12 个百分点。我国建成了全球规模最大的社会保障体系，截至 2020 年年底，全国基本养老、失业、工伤保险参保人数分别达到 9.99 亿人、2.17 亿人、2.68 亿人，基本医疗保险覆盖超过 13 亿人，社会保障卡持卡人数达 13.35 亿人。2020 年，我国城镇居民和农村居民人均住房建筑面积分别达到 39.9 平方米、49.6 平方米。

全面建成小康社会的理论和实践，深化了对社会主义本质的认识与理解，开拓了社会主义发展新境界，使科学社会主义在 21 世纪焕发出强大生机活力，也给那些既希望加快发展又希望保证自身独立性的发展中国家提供了全新选择，为解决人类发展问题贡献了中国智慧、中国经验和中国方案。

（三）全面深化改革取得重大突破

新时代，以习近平同志为核心的党中央坚持和完善中国特色社会主义制度、推进国家治理体系和治理能力现代化，为实现中华民族伟大复兴提供了更为完善的制度保证。党的十八届三中全会通过《中共中央关于全面深化改革若干重大问题的决定》，明确了全面深化改革的总目标，要求到 2020 年在重要领域和关键环节上取得决定性成果，形成系统完备、科学规范、运行有效的制度体系。国家治理体系和治理能力现代化的提出，深化发展了现代化理论，极大地拓展了中国式现代化的内涵。2013 年 12 月，习近平总书记亲自担任全面深化改革领导小组组长，负责改革总体设计、统筹协调、整体推进、督促落实，发挥党总揽全局、协调各方的领导核心作用，保证了全面深化改革各项任务和各个环节落到实处。

党的十九大进一步明确了制度建设和治理能力建设的目标。党的十九届三中全会指出，必须加快推进国家治理能力和治理体系现代化，努力形成更加成熟更加定型的中国特色社会主义制度。党的十九届四中全会审议通过《中共中央关于坚持和完善中国特色社会主义制度、推进国家治理体系和治理能力现代化若干重大问题的决定》，系统总结了我国国家制度和国家治理体系建设的巨大成就和十三个显著优势，深入回答了在我国国家制度和国家治理上应该坚持和巩固什么、完善和发展什么等重大政治问题，对新时代坚持和完善中国特色社会主义制度、推进国家治理体系和治理能力现代化作出顶层设计和全面部署。截至 2020 年年底，习近平总书记亲自主持召开 40 次中央全面深化改革领导小组会议和 17 次中央全面深化改革委员会会议，审议通过 500 多个重要改革文件，推出 2000 余项改革方案。

中国特色社会主义民主政治本质是全过程的人民民主。作为我国根本政治制度的人民代表大会制度在新时代得到不断完善，人大组织制度和工作制度不断健全，人大常委会和专门委员会组成不断优化，人大依法行使立法权、监督权、决定权、任免权的作用不断加强。政党制度是现代政治文明的核心制度，是一个国家政治制度的支柱之一。中国共产党领导的多党合作和政治协商制度，作为中国共产党创造的新型政党制度得到不断完善。党的十八大以来，以习近平同志为核心的党中央首次明确了各民主党派作为中国特色社会主义参政党的功能定位，进一步明确完善了多党合作和政治协商的内容、形式、程序、保障机制等，人民政协作为社会主义协商民主的重要渠道和专门协商机构的作用，得以不断制度化、规范化、成熟化。民族区域自治制度作为中国特色解决民族问题正确道路的重要内容和制度保障，正在促进各民族像石榴籽一样紧紧抱在一起，共同团结奋斗、共同繁荣发展。坚持把党的领导贯穿于基层群众自治全过程和各方面，实现了法治、德治、自治相结合，确保了基层民主建设始终沿着正确方向前进。

全面依法治国是全面建成小康社会、加快推进社会主义现代化的重要保证。党的十八届四中全会通过《中共中央关于全面推进依法治国若干重大问题的决定》，明确全面推进依法治国的总目标是建设中国特色社会主义法治体系，建设社会主义法治国家。围绕这个总目标，全会提出了 180 多项重大改革举措，涵盖了依法治国各个方面。2015 年 4 月，中央全面深化改革领导小组第十一次会议审议通过

《党的十八届四中全会重要举措实施规划（2015—2020）》，为此后一个时期推进全面依法治国提供了总施工图和总台账。截至 2021 年 6 月，我国现行有效法律 282 件、行政法规 600 余件，以宪法为核心的中国特色社会主义法律体系日臻完善。法治政府建设进入了崭新阶段，《法治政府建设实施纲要（2015—2020）》确立了 2020 年基本建成法治政府的奋斗目标和行动纲领，擘画了新阶段法治政府建设的新蓝图。此外，我国还深入推进司法体制改革，实行法官、检察官员额制，进一步全面落实司法责任制，同时加快构建系统完备、规范高效的执法司法制约监督机制，司法责任制综合配套改革得以不断深化。

党的十八大以来，党中央重点围绕转变职能和理顺职责关系，稳步推进大部门制改革，不断深化党和国家机构改革，为党和国家事业取得历史性成就、发生历史性变革提供了有力保障。党的十九届三中全会通过《中共中央关于深化党和国家机构改革的决定》《深化党和国家机构改革方案》，从完善坚持党的全面领导的制度、优化政府机构设置和职能配置、统筹党政军群机构改革、合理设置地方机构、推进机构编制法定化五个方面，对党和国家机构改革进行了整体部署。到 2019 年 3 月底，按照党中央确定的时间表、路线图，党和国家机构改革任务总体完成，党和国家机构履职更加顺畅高效，改革整体效应进一步增强。

（四）社会主义现代化建设的新目标新部署新征程

坚持现代化战略目标引领和逐步推进相结合，这是中国式现代化新道路取得成功的一个重要经验。党的十九大，习近平总书记立足我国经济快速发展的奇迹，再次提出了建设社会主义现代化强国这一振奋人心的战略目标，并坚持科学规划、逐步推进的原则，勾画了"两步走"的新部署。第一步，提出在 2035 年基本实现现代化；第二步，在第二个百年建设社会主义现代化强国，实现中华民族伟大复兴的中国梦。"两步走"的新部署，为我们全面建设社会主义现代化国家、实现中华民族的伟大复兴提供了路线图和时间表，充分表明了中国共产党的自信。

2020 年 10 月，党的十九届五中全会审议通过了《中共中央关于制定国民经济和社会发展第十四个五年规划和二〇三五年远景目标的建议》，在全面小康决胜之际吹响了全面建设社会主义现代化国家的新号角，标志着我国迈进了全面建设社会主义现代化国家的新发展阶段，开启了第二个百年奋斗目标的新征程。新发展阶段，是社会主义初级阶段中的一个阶段，是其中经过几十年积累、站到了新的起点上的一个阶段，"是我们党带领人民迎来从站起来、富起来到强起来历史性跨越的新阶段"[1]，也是我国社会主义从初级阶段向更高阶段迈进的一个特殊阶段。

面对中华民族伟大复兴的战略全局和世界百年未有之大变局，立足新发展阶段的新矛盾新挑战，以习近平同志为核心的党中央明确强调，要以新发展理念引领高质量发展，构建以国内大循环为主体和国内国际双循环相互促进的新发展格局，这极大地深化了现代化发展的理念，调整了现代化发展的思路。"构建以国内大循环为主体、国内国际双循环相互促进的新发展格局，是根据我国发展阶段、环境、条件变化，特别是基于我国比较优势变化，审时度势作出的重大决策。构建新发展格局是事关全局的系统性、深层次变革，是立足当前、着眼长远的战略谋划。"[2]

五 全面建成小康社会与中国式现代化新道路的历史意义

从小康到总体小康，从全面建设小康社会到全面建成小康社会，是改革开放以来几代中国共产党人把马克思主义基本原理同中国具体实际相结合、同中华优秀传统文化相结合的基础上的重大创新。习近

<hr/>

[1] 习近平：《论把握新发展阶段、贯彻新发展理念、构建新发展格局》，中央文献出版社 2021 年版，第 471 页。

[2] 习近平：《论把握新发展阶段、贯彻新发展理念、构建新发展格局》，中央文献出版社 2021 年版，第 10 页。

平总书记在庆祝中国共产党成立 100 周年大会上指出，"党和国家事业取得历史性成就、发生历史性变革，为实现中华民族伟大复兴提供了更为完善的制度保证、更为坚实的物质基础、更为主动的精神力量"①。

（一）实现中华民族伟大复兴进入了不可逆转进程

在探索中华民族伟大复兴之路的崎岖道路上，只有中国共产党才是主动作为、锐意进取的。习近平总书记指出，党领导人民经过长期艰苦卓绝的斗争建立了新中国、开始了改革开放，"这两件大事大大加快了实现中华民族伟大复兴的历史进程"②。

中国共产党一经诞生，就把为中国人民谋幸福、为中华民族谋复兴确立为自己的初心使命。在 28 年的浴血奋战中，党团结带领中国人民百折不挠，创造了新民主主义革命的伟大成就，实现了民族独立、人民解放，为实现中华民族伟大复兴创造了根本社会条件。新中国成立后，党团结带领中国人民，自力更生、发愤图强，创造的社会主义革命和建设伟大成就，确立了社会主义基本制度，为实现中华民族伟大复兴奠定了根本政治前提和制度基础。自党的十一届三中全会以来，几代中国共产党人解放思想、锐意进取，实现了新中国成立以来党的历史上具有深远意义的伟大转折，开启了改革开放和社会主义现代化建设新时期，开创、坚持、捍卫、发展了中国特色社会主义，为实现中华民族伟大复兴提供了充满新的活力的体制保证和快速发展的物质条件。

进入新时代，面对形形色色的困难和挑战，党领导人民通过全面深化改革、不断提高对外开放水平，用发展的办法不断解决拦路虎、绊脚石，不断开创中国特色社会主义事业崭新局面，推动党和国家的各项事业一步步更加接近中华民族伟大复兴宏伟目标。以习近平同志

---

① 习近平：《在庆祝中国共产党成立 100 周年大会上的讲话》，人民出版社 2021 年版，第 7 页。
② 《习近平关于全面深化改革论述摘编》，中央文献出版社 2014 年版，第 5 页。

为核心的党中央总结实践、展望未来，明确提出全面深化改革总目标是完善和发展中国特色社会主义制度、推进国家治理体系和治理能力现代化，深刻回答了新时代坚持和发展什么样的中国特色社会主义、怎样坚持和发展中国特色社会主义，建设什么样的社会主义现代化强国、怎样建设社会主义现代化强国，建设什么样的长期执政的马克思主义政党、怎样建设长期执政的马克思主义政党等重大时代课题，推动党和国家事业发生历史性变革、取得历史性成就。在新的历史起点上，有中国共产党的坚强领导，有更为完善的制度保证、更为坚实的物质基础、更为主动的精神力量，实现中华民族伟大复兴进入了不可逆转的历史进程。

（二）走出了实现中华民族伟大复兴的正确道路

方向决定道路，道路决定命运。在改革开放四十多年的伟大实践中，党始终坚持解放思想、实事求是、与时俱进、求真务实，坚持马克思主义指导地位不动摇，坚持科学社会主义基本原则不动摇，勇敢推进理论创新、实践创新、制度创新、文化创新以及各方面创新，不断赋予中国特色社会主义以鲜明的实践特色、理论特色、民族特色、时代特色，形成了中国特色社会主义道路、理论、制度、文化。习近平总书记指出，"无论搞革命、搞建设、搞改革，道路问题都是最根本的问题"。改革开放以来，我们党在探索和实践中找到了、坚持了、拓展了中国特色社会主义道路。"我们能够创造出人类历史上前无古人的发展成就，走出正确道路是根本原因。"[①]

马克思曾指出："人们自己创造自己的历史，但是他们并不是随心所欲地创造，并不是在他们自己选定的条件下创造，而是在直接碰到的、既定的、从过去承继下来的条件下创造。"[②] 中国特色社会主义，不但具有广泛的现实基础，而且具有深厚的历史渊源，从历史和

---

① 习近平：《在对历史的深入思考中更好走向未来　交出发展中国特色社会主义合格答卷》，《人民日报》2013 年 6 月 27 日第 1 版。

② 《马克思恩格斯文集》第 2 卷，人民出版社 2009 年版，第 470—471 页。

实践各个方面汲取着丰富的养分。2018 年 1 月 5 日，在新进中央委员会的委员、候补委员和省部级主要领导干部学习贯彻习近平新时代中国特色社会主义思想和党的十九大精神研讨班开班式上，习近平总书记明确指出："中国特色社会主义不是从天上掉下来的，而是在改革开放 40 年的伟大实践中得来的，是在中华人民共和国成立近 70 年的持续探索中得来的，是在我们党领导人民进行伟大社会革命 97 年的实践中得来的，是在近代以来中华民族由衰到盛 170 多年的历史进程中得来的，是对中华文明 5000 多年的传承发展中得来的，是党和人民历经千辛万苦、付出各种代价取得的宝贵成果。"① 中国特色社会主义也并不是以往任何一种历史制度的简单回归，中国式现代化新道路并没有照搬照抄任何外国道路。"当代中国的伟大社会变革，不是简单延续我国历史文化的母版，不是简单套用马克思主义经典作家设想的模板，不是其他国家社会主义实践的再版，也不是国外现代化发展的翻版，不可能找到现成的教科书。"②

在几代中国共产党人积续奋斗下，我们用 70 多年时间走完了西方发达国家二三百年的现代化历程。我们所推进的现代化既有各国现代化的共同特征，更有基于国情的中国特色。中国式现代化与西方现代化具有本质区别，坚持以人民为中心，超越了资本逻辑；坚持以全体人民共同富裕为目的，超越了两极分化；坚持物质文明和精神文明协调发展，超越了单维度、异化；坚持人与自然和谐共生，超越了以牺牲环境为代价；坚持走和平发展道路，超越殖民扩张、暴力掠夺、霸权主义。实践表明，中国式现代化既切合中国实际，体现了社会主义建设规律，也体现了人类社会发展规律。③ 新的征程上，只有坚定走中国特色社会主义发展道路，把中国发展进步的命运牢牢掌握在自

---

① 《习近平关于"不忘初心、牢记使命"重要论述选编》，党建读物出版社、中央文献出版社 2019 年版，第 295—296 页。

② 《习近平谈治国理政》第 2 卷，外文出版社 2017 年版，第 344 页。

③ 习近平：《论把握新发展阶段、贯彻新发展理念、构建新发展格局》，中央文献出版社 2021 年版，第 9—10 页。

己手中，才能实现中华民族的伟大复兴。

（三）为中华民族伟大复兴提供了充满活力的体制制度保证

制度是定国安邦和国家之间竞争的根本，也是国家治理的依据。改革开放之所以取得了举世瞩目的成就，就在于我们改变了原来僵化的体制，积极推进国家治理体系和治理能力现代化，使社会主义展示了前所未有的生机活力，为实现中华民族伟大复兴提供了充满新的活力的体制保证。

当前，中国特色社会主义的根本制度、重要制度、基本制度等各方面制度已经更加成熟、更加定型，表现了显著的优势，实现了经济长期快速发展和社会长期稳定的奇迹，中国之治与西方之乱形成了鲜明对比。到 2035 年时，我国各方面制度将更加完善，基本实现国家治理体系和治理能力现代化。到新中国成立一百年时，全面实现国家治理体系和治理能力现代化，使中国特色社会主义制度更加巩固、优越性充分展现。

办好中国的事情，关键在党。历史充分证明，没有中国共产党，就没有新中国，就没有中华民族伟大复兴。中国共产党的领导是中国特色社会主义最本质的特征，是中国特色社会主义制度的最大优势，是党和国家的根本所在，是全国各族人民的命运所系。正因为始终坚持党中央权威和集中统一领导，我们才能实现伟大历史转折、开启改革开放新时期和中华民族伟大复兴新征程，才能成功应对一系列重大风险挑战、克服无数艰难险阻。"新的征程上，我们必须坚持党的全面领导，不断完善党的领导，增强'四个意识'、坚定'四个自信'、做到'两个维护'，牢记'国之大者'，不断提高党科学执政、民主执政、依法执政水平，充分发挥党总揽全局、协调各方的领导核心作用。"①

"社会主义市场经济体制等社会主义基本经济制度，既体现了社

---

① 习近平：《在庆祝中国共产党成立 100 周年大会上的讲话》，人民出版社 2021 年版，第 11 页。

会主义制度优越性，又同我国社会主义初级阶段社会生产力发展水平相适应，是党和人民的伟大创造。"① 把社会主义和市场经济结合起来的伟大创造，极大地突破了马克思主义经典作家对社会主义的设想，充分表明中国特色社会主义本质上是科学社会主义，而不是其他什么主义。立足社会主义基本经济制度，面对新发展阶段的新要求，习近平总书记明确提出要推动人的全面发展、全体人民共同富裕取得更为明显的实质性进展。共同富裕是中国特色社会主义制度优越性的集中体现，是中国式现代化的重要特征，是对西方现代化和福利社会的一种超越。必须坚定不移地坚持中国特色社会主义基本经济制度，为共同富裕稳步前进提供强有力的制度保障。

中国共产党为什么能，中国特色社会主义为什么好，归根到底是因为马克思主义行。"马克思主义是我们立党立国的根本指导思想，是我们党的灵魂和旗帜。"② 党坚持马克思主义基本原理，坚持从中国实际出发，洞察时代大势，把握历史主动，进行艰辛探索，不断推进马克思主义中国化时代化，指导中国人民不断推进伟大社会革命。我们必须坚持马克思主义在意识形态领域指导地位的根本制度。新的征程上，必须全面贯彻习近平新时代中国特色社会主义思想，坚持把马克思主义基本原理同中国具体实际相结合、同中华优秀传统文化相结合，用马克思主义观察时代、把握时代、引领时代。

（四）为中华民族伟大复兴提供了更为坚实的物质基础

习近平总书记在庆祝中国共产党成立 100 周年大会上的讲话中指出，中国实现了第一个百年奋斗目标，在中华大地上全面建成了小康社会，历史性地解决了绝对贫困问题，正在意气风发向着全面建成社会主义现代化强国的第二个百年奋斗目标迈进。中国共产党和中国人民以英勇顽强的奋斗向世界庄严宣告，中华民族迎来了从站起来、富

---

① 《中国共产党第十九届中央委员会第四次全体会议文件汇编》，人民出版社 2019 年版，第 10 页。
② 习近平：《在庆祝中国共产党成立 100 周年大会上的讲话》，人民出版社 2021 年版，第 12 页。

起来到强起来的伟大飞跃，书写了中华民族几千年历史上最恢宏的史诗。

进入新发展阶段，是中华民族伟大复兴历史进程的大跨越。面对中华民族伟大复兴的战略全局和世界百年未有之大变局，改革发展稳定的任务之重前所未有，风险挑战之多前所未有。虽然我国经济面临周期性因素和结构性因素叠加、短期问题和长期问题交织、外部冲击和新冠肺炎疫情冲击碰头等多重影响，但我国经济长期向好的基本面没有改变，和平发展的时代主题依然没有变，我们仍然处于重要的战略机遇期。特别是，党的坚强领导，是我国社会主义制度能够集中力量办大事的制度优势，是实现经济行稳致远、社会安定的根本保证。而且长期以来，我国积累的雄厚物质基础、丰富人力资源、完整产业体系、强大科技实力，以及我国全球最大最有潜力的市场，是我们推动经济发展和抵御外部风险的根本依托。

（五）为中华民族伟大复兴提供了更为主动的精神力量

中国人民具有伟大梦想精神，中华民族充满变革和开放精神。在庆祝中国共产党成立 100 周年大会上的讲话中，习近平总书记指出，党和国家事业取得的历史性成就、发生的历史性变革，为实现中华民族伟大复兴提供了"更为主动的精神力量"。

中华民族的先民们秉持"周虽旧邦，其命维新"的精神，开启了缔造中华文明的伟大实践。自古以来，中国大地上发生了无数变法变革图强的运动，留下了"治世不一道，便国不法古"等豪迈宣言。自古以来，中华民族就以"天下大同""协和万邦"的宽广胸怀，自信而又大度地开展同域外民族的交往和文化交流。以数千年大历史观之，变革和开放总体上是中国的历史常态。中华民族以改革开放的姿态继续走向未来，有着深远的历史渊源、深厚的文化根基。

改革开放精神是历史积淀和时代实践的集大成者，具有鲜明的马克思主义理论品质，是当今中国道路自信、理论自信、制度自信和文化自信的载体和体现，是伟大的中国共产党建党精神的重要组成部分，极大丰富了中华民族的精神内涵。伟大的改革开放精神之所以能成为实现中华民族伟大复兴更为主动的精神力量，其根本要旨在于为中国人民谋幸福、为中华民族谋复兴，是中国共产党人的初心和使命，也是改革开放的初心和使命。中国 40 多年的改革开放，坚持以最广大人民根本利益为一切工作的根本出发点和落脚点，始终把人民对美好生活的向往作为奋斗目标，充分激发蕴藏在人民群众中的创造伟力，不断促进人的全面发展、全体人民共同富裕。

改革开放只有进行时，没有完成时。站在新的历史起点上，面对中华民族伟大复兴战略全局和百年未有之大变局，我们必须深刻认识新发展阶段的内涵和特点，深刻把握外部环境变化带来的新挑战，深入贯彻新发展理念、构建新发展格局，切实推进全面深化改革，切实提高对外开放水平，为全面建成社会主义现代化国家提供有力支撑，为人类共同事业作出更大贡献。

（六）为中华民族伟大复兴提供根本遵循和信心之源

新征程上，我们处在一个船到中流浪更急、人到半山路更陡的时候，是一个愈进愈难、愈进愈险而又不进则退、非进不可的时候。习近平总书记在庆祝中国共产党成立 100 周年大会上的讲话通篇闪耀着马克思主义真理的光芒，是一篇光辉的马克思主义纲领性文献，是新时代新征程中国共产党人初心使命的政治宣言，是党团结带领人民以史为鉴、开创未来，走新的赶考之路的行动纲领，是实现中华民族伟大复兴的根本遵循和信心之源、信念之基、信仰之本。

信仰、信念、信心，任何时候都至关重要。百年奋斗历程如此，未来新征程更是如此。习近平总书记在庆祝中国共产党成立 100 周年大会上的讲话及其系列论述，充分表明了当代中国共产党人对马克思主义的不变信仰、对中国特色社会主义的坚定信念、对实现中华民族伟大复兴中国梦的无比信心。我们要按照习近平总书记"七一"重要讲话要求，高举中国特色社会主义伟大旗帜，不忘初心、牢记使命，将改革开放进行到底，在实现第二个百年奋斗目标、实现中华民族伟大复兴的新征程上，不断创造中华民族新的更大奇迹，不断创造让世界刮目相看的新的更大奇迹。

总之，中国式现代化新道路本质上是中国共产党人立足中国经济文化落后的国情而开创的中国特色社会主义新道路，是中国共产党创造人民美好生活的必由之路，是实现中华民族伟大复兴的正确道路。这条道路打破了现代化只有西方一条路的神话，对于那些既想保持独立又想发展的广大发展中国家实现现代化具有重要的借鉴意义。中国共产党将团结带领人民坚定不移地走在这条道路上并创造更大的辉煌，为人类文明发展作出更大的贡献。

结　语

2021年8月17日，习近平总书记在中央财经委员会第十次会议上指出，共同富裕是社会主义的本质要求，是中国式现代化的重要特征。实现共同富裕不仅是经济问题，而且是关系党的执政基础的重大政治问题，要坚持以人民为中心的发展思想，在高质量发展中促进共同富裕。事物是不断发展的。从小康到全面小康，从全面建设小康到全面建成小康，再到共同富裕，反映了中国式现代化目标的不断拓展、提升。共同富裕是中国共产党的奋斗目标与初心使命，是中国式现代化新道路的新目标、新要求，是新发展阶段的重要抓手和中心课题，是建成中国特色社会主义现代化强国的重要标志，也是中国式现代化与西方现代化的本质区别。

习近平总书记在关于《中共中央关于制定国民经济和社会发展第十四个五年规划和二〇三五年远景目标的建议》的说明中强调，"促进全体人民共同富裕是一项长期任务，但随着我国全面建成小康社会、开启全面建设社会主义现代化国家新征程，我们必须把促进全体人民共同富裕摆在更加重要的位置，脚踏实地，久久为功，向着这个目标更加积极有为地进行努力"[1]　"到 2035 年，中国将基本实现社会主义现代化。到那时，中国经济实力、科技实力、综合国力将大幅跃升""人民生活更加美好，人的全面发展、全体人民共同富裕取得更为明显的实质性进展""到 21 世纪中叶，中国将建成富强民主文明和谐美丽的社会主义现代化强国。到那时，中国物质文明、政治文明、精神文明、社会文明、生态文明将全面提升，实现国家治理体系和治理能力现代化，成为综合国力和国际影响力领先的国家，全体人民共同富裕基本实现，中国人民将享有更加幸福安康的生活，中华民族将以更加昂扬的姿态屹立于世界民族之林"[2]。

（载《中国社会科学》2022 年第 3 期）

① 《中共中央关于制定国民经济和社会发展第十四个五年规划和二〇三五年远景目标的建议》，人民出版社 2020 年版，第 55 页。

② 中华人民共和国国务院新闻办公室：《中国的全面小康》，人民出版社 2021 年版，第 71—72 页。

中国式现代化新道路与
人类文明新形态

习近平总书记在庆祝中国共产党成立 100 周年大会上强调，"以史为鉴、开创未来，必须坚持和发展中国特色社会主义""我们坚持和发展中国特色社会主义，推动物质文明、政治文明、精神文明、社会文明、生态文明协调发展，创造了中国式现代化新道路，创造了人类文明新形态"。

中国式现代化新道路、人类文明新形态重要论述的提出，是坚持中国特色社会主义的必然结果，同时在具体实践中不断丰富和发展了中国特色社会主义。这一重要论述是对中国实践、中国创造的历史意义和世界意义的高度概括，标注了中国现代化道路的新定位、中华文明发展的新高度。深刻理解和把握这一重要论述的深刻内涵，对更好贯彻落实习近平经济思想，立足新发展阶段、贯彻新发展理念、构建新发展格局，具有极其重要的深远意义。

中国式现代化新道路、人类文明
新形态的鲜明特质和底色

走自己的路，是中国共产党全部理论和实践的立足点，更是党百年奋斗得出的历史结论。中国的现代化道路，就是这样一条自己走出来的新路。习近平总书记强调，"我们的任务是全面建设社会主义现代化国家，当然我们建设的现代化必须是具有中国特色、符合中国实际的"。中国式现代化道路，是中国特色社会主义现代化建设和发展道路。我们要实现的现代化，是人口规模巨大的现代化，是全体人民共同富裕的现代化，是物质文明和精神文明相协调的现代化，是人与自然和谐共生的现代化，是走和平发展道路的现代化。这些历史发展和实践要求彰显了中国式现代化新道路的鲜明特质，构成了人类文明新形态的鲜明底色。

其一，致力于自立自强。1979 年，邓小平在会见日本首相大平正芳时提出："我们要实现的四个现代化，是中国式的四个现代化。我们的四个现代化的概念，不是像你们那样的现代化的概念，而是'小康之家'。"多年来，小康社会建设全面展开、稳步推进。党的十八大根据全面建成小康社会的目标要求，强调加快完善社会主义市场经济体制和加快转变经济发展方式。党的十九大发出了决胜全面建成小康社会的动员令，全面建成小康社会进入决胜阶段。在庆祝中国共产党成立 100 周年大会上，习近平总书记庄严宣告，"经过全党全国各族人民持续奋斗，我们实现了第一个百年奋斗目标，在中华大地上全面建成了小康社会"。

中国式现代化新道路以其自立自强、创新创造的鲜明特质，成就了人类现代化历史上最为壮丽的事业。这条中国式现代化新道路，既体现了近代以来人类社会发展规律和现代化的普遍要求，又同西方的现代化道路有着本质区别，拓展了发展中国家走向现代化的途径，给世界上那些既希望加快发展又希望保持自身独立性的国家和民族提供了全新的选择。

其二，推动全体人民共同富裕。共同富裕是社会主义现代化的一个重要目标。马克思、恩格斯在其经典著作中设想，未来社会"生产将以所有的人富裕为目的"。中国共产党一经诞生，就把为中国人民谋幸福、为中华民族谋复兴确立为自己的初心使命，为促进共同富裕艰辛探索、不懈奋斗。党的十八大以来，以习近平同志为核心的党中央坚持以人民为中心的发展思想，把脱贫攻坚摆到治国理政的重要位置上，充分发挥党的领导和我国社会主义制度的政治优势，组织实施了人类历史上规模最大、力度最强、影响最广的脱贫攻坚战。2021年2月，习近平总书记在全国脱贫攻坚总结表彰大会上庄严宣告：我国脱贫攻坚战取得了全面胜利，现行标准下9899万农村贫困人口全部脱贫，832个贫困县全部摘帽，12.8万个贫困村全部出列，区域性整体贫困得到解决，完成了消除绝对贫困的艰巨任务。打赢脱贫攻坚战，标志着我国提前10年实现《联合国2030年可持续发展议程》减贫目标，解决了西方发达国家数百年未能完全消除的绝对贫困问题，创造了彪炳史册的人间奇迹，走出了一条中国特色减贫道路，为人类减贫事业作出了历史性贡献。

共同富裕是社会主义的本质要求，是中国式现代化的重要特征。习近平总书记强调，"必须把促进全体人民共同富裕摆在更加重要的位置""让改革发展成果更多更公平惠及全体人民"[①]。扎实推动共同富裕，彰显了我们党正确的发展观、现代化观，是我们党坚持全心全意为人民服务根本宗旨的重要体现。共同富裕路上，一个也不能掉队，体现出中国式现代化是全体人民共同富裕的现代化。全体人民共同富裕作为中国式现代化的重要特征，凸显了共同富裕是全体人民共同富裕，是人民群众物质生活和精神生活都富裕，是以共建共治共享为过程的、要分阶段推进和实施的共同富裕，进一步丰富了中国式现代化新道路的内涵。

其三，促进物质文明和精神文明相协调。促进人的全面发展和社会全面进步，是马克思主义的重要观点，是中国式现代化新道路的内

---

① 中共中央党史和文献研究院、中央"不忘初心、牢记使命"主题教育领导小组办公室编：《习近平关于"不忘初心、牢记使命"论述摘编》，中央文献出版社2019年版，第139页。

在要求和必然逻辑。我们党始终高度重视物质文明和精神文明协调发展，并将之贯彻于经济社会发展的全过程。习近平总书记强调："只有物质文明建设和精神文明建设都搞好，国家物质力量和精神力量都增强，全国各族人民物质生活和精神生活都改善，中国特色社会主义事业才能顺利向前推进。"[①] 党的十八大以来，无论是在完善社会主义市场经济体制和转变经济发展方式等方面，还是在脱贫攻坚、推进共同富裕的过程中，党中央始终高度重视处理好"富口袋"和"富脑袋"的关系，既要家家"仓廪实""衣食足"，实现物质生活水平提高，也要人人"知礼节""明荣辱"，实现精神文化生活丰富。正因如此，中国式现代化强调物质文明和精神文明协调发展、物质力量和精神力量全面增强、人民群众物质生活和精神生活同步改善，强调形成生活富裕富足、精神自信自强、环境宜居宜业、社会和谐和睦、公共服务普及普惠的良好局面。

当前，我们正意气风发向着全面建成社会主义现代化强国的第二个百年奋斗目标迈进，比以往任何时候都更加需要价值引领、文化滋养、精神支撑。《中华人民共和国国民经济和社会发展第十四个五年规划和2035年远景目标纲要》提出，"加强社会主义精神文明建设，培育和践行社会主义核心价值观，推动形成适应新时代要求的思想观念、精神面貌、文明风尚、行为规范"，旨在不断满足人民群众多样化、多层次、多方面的物质和精神文化需求，使全体人民共享改革发展成果和幸福美好生活。

其四，实现人与自然和谐共生。大自然孕育抚养了人类，人类应该以自然为根，尊重自然、顺应自然、保护自然。以习近平同志为核心的党中央站在对人类文明负责的高度，积极应对气候变化，构建人与自然生命共同体，推动形成人与自然和谐共生新格局。党的十八大以来，我们贯彻新发展理念，将生态文明建设摆在国家治理更加突出

---

① 《习近平总书记系列重要讲话读本》，学习出版社、人民出版社2014年版，第105页。

的位置，不断强化自主贡献目标，推动经济社会发展全面绿色转型，建设人与自然和谐共生的现代化。

为推动形成绿色发展方式和生活方式，我国制定国家战略性新兴产业发展规划，以绿色低碳技术创新和应用为重点，引导绿色消费，推广绿色产品，推动新能源汽车、新能源和节能环保产业快速发展；积极推进建立统一的绿色产品标准、认证、标识体系，增加绿色产品供给；持续推进产业结构调整，发布并持续修订产业结构调整指导目录，引导社会投资方向，有力支持节能环保、清洁生产、清洁能源等产业发展。正如习近平总书记指出的："中国将力争2030年前实现碳达峰、2060年前实现碳中和。我们将践信守诺，携手各国走绿色、低碳、可持续发展之路。"

其五，坚持和平共赢。历史地看，西方的现代化之路大多是与扩张主义、霸权主义联系在一起的。与之截然不同的是，中国的现代化走的是一条和平共赢之路，中国始终是世界和平的建设者、全球发展的贡献者、国际秩序的维护者、公共产品的提供者。习近平总书记指出："中国人民是崇尚正义、不畏强暴的人民，中华民族是具有强烈民族自豪感和自信心的民族。中国人民从来没有欺负、压迫、奴役过其他国家人民，过去没有，现在没有，将来也不会有。"①

党的十八大以来，习近平总书记不断探索中华优秀传统文化的现代表达，将"和而不同""和衷共济""天下为公""天人合一"等中华传统理念和价值进行创造性转化和创新性发展。习近平总书记提出的"一带一路"倡议是迄今为止中国提供的最大全球公共产品，是推动建设人类命运共同体的重要实践平台。其蕴含的和平合作、开放包容、互学互鉴、互利共赢精神，使数千年来中西方文明交流、互鉴、融合的重要通道再次焕发勃勃生机。共建"一带一路"的成功实践，将中华民族历来秉持的"天下观"和大同世界理念付诸构建

---

① 习近平：《在庆祝中国共产党成立100周年大会上的讲话》，人民出版社2021年版，第17页。

人类命运共同体的伟大实践之中，将中国的发展同沿线国家和世界其他国家的发展结合起来，把中国梦同沿线国家和世界其他国家人民的梦想结合起来。奉行互利共赢的开放战略，谋求开放创新、包容互惠的发展前景，成为中国式现代化新道路的靓丽底色。

中国式现代化新道路、人类文明
新形态重要论述的实践路径

西方现代化的弊病之一，是造成了人与人关系的物化。马克思曾尖锐地指出，工人在自己的劳动中不是肯定自己，而是否定自己，不是感到幸福，而是感到不幸，不是自由地发挥自己的体力和智力，而是自己的肉体受折磨、精神遭摧残。与之不同，中国式现代化新道路、人类文明新形态体现的是以人民为中心的发展思想，始终把人的全面发展放在突出位置，使人与人、人与自然和经济社会各个方面更协调、更和谐。

中国式现代化新道路、人类文明新形态的价值底色，就是和平、发展、公平、正义、民主、自由的全人类共同价值，其实践路径是践行以人民为中心的发展思想，发展全过程人民民主，维护和促进社会公平正义，着力解决发展不平衡不充分问题和人民群众急难愁盼问题，推动人的全面发展、全体人民共同富裕取得更为明显的实质性进展。

其一，践行以人民为中心的发展思想。习近平总书记在庆祝中国共产党成立100周年大会上指出："江山就是人民、人民就是江山，打江山、守江山，守的是人民的心。中国共产党根基在人民、血脉在人民、力量在人民。"为了中国人民的利益和福祉，一代代共产党人把青春和生命、鲜血和汗水，倾注在这片中华大地上。

2012 年 11 月 15 日，习近平总书记在十八届中共中央政治局常委同中外记者见面时说，"人民对美好生活的向往，就是我们的奋斗目标""我们一定要始终与人民心心相印、与人民同甘共苦、与人民团结奋斗，夙夜在公，勤勉工作，努力向历史、向人民交出一份合格的答卷"。党的十八大以来，以习近平同志为核心的党中央顺应人民群众新期盼，赋予小康更高的标准、更丰富的内涵。全面小康是城乡区域共同的小康，是惠及全体人民的小康，是经济、政治、文化、社会、生态文明建设的全面进步。要以增进人民福祉为发展的根本目标，着力在发展中补齐民生短板，把党的领导和我国社会主义制度优势转化为社会治理优势，不断完善中国特色社会主义社会治理体系，推动形成共建共治共享的社会治理格局。

其二，发展全过程人民民主。2019 年 11 月，习近平总书记在上海考察时提出"人民民主是一种全过程的民主"，进一步从理论上阐释了人民如何有效地行使当家作主的民主权利问题。这是中国特色社会主义民主政治的重要特色，是对社会主义和我们党民主政治理论的重大创新。"贯彻党的群众路线，尊重人民首创精神，践行以人民为中心的发展思想，发展全过程人民民主""民主不是装饰品，不是用来做摆设的，而是要用来解决人民需要解决的问题的""一个国家民主不民主，关键在于是不是真正做到了人民当家作主，要看人民有没有投票权，更要看人民有没有广泛参与权；要看人民在选举过程中得到了什么口头许诺，更要看选举后这些承诺实现了多少；要看制度和法律规定了什么样的政治程序和政治规则，更要看这些制度和法律是不是真正得到了执行；要看权力运行规则和程序是否民主，更要看权力是否真正受到人民监督和制约"。习近平总书记的一系列重要论述指明了践行全过程人民民主理论的方向路径。

党的十八大以来，我国始终坚持正确的发展道路，坚持党的领导、人民当家作主、依法治国有机统一，以保证人民当家作主为根本，以增强党和国家活力、调动人民积极性为目标，坚持发挥党总揽全局、协调各方的领导核心作用，坚持和完善中国共产党领导的多党合作和政治协商制度，坚持和完善民族区域自治制度，坚持和完善基层群众自治制度，扩大社会主义民主，发展社会主义政治文明，推进社会主义民主政治制度化、规范化、程序化，巩固和发展了民主团结、生动活泼、安定和谐的政治局面。我国全过程人民民主不仅有完整的制度程序，而且有完整的参与实践。我国全过程人民民主实现了过程民主和成果民主、程序民主和实质民主、直接民主和间接民主、人民民主和国家意志相统一，是全链条、全方位、全覆盖的民主，是最广泛、最真实、最管用的社会主义民主。

其三，维护和促进社会公平正义。全面推进依法治国，是解决党和国家事业发展面临的一系列重大问题，解放和增强社会活力、促进社会公平正义、维护社会和谐稳定、确保党和国家长治久安的根本要求。习近平总书记强调，"要把维护社会大局稳定作为基本任务，把促进社会公平正义作为核心价值追求，把保障人民安居乐业作为根本目标"。①

党的十八届四中全会围绕"建设中国特色社会主义法治体系，建设社会主义法治国家"这个全面推进依法治国总目标，提出了涵盖依法治国各个方面的重大改革举措。《中华人民共和国国民经济和社会发展第十四个五年规划和 2035 年远景目标纲要》将基本建成法治社会作为 2035 年远景目标的重要内容。我们党牢牢把握推进国家治理体系和治理能力现代化的要求，坚持创新社会治理的理念思路、体制机制和方法手段，社会治理体系不断完善，社会安全稳定形势持续向好。

其四，着力解决发展不平衡不充分问题。党中央着眼我国经济已经由高速增长阶段转向高质量发展阶段，强调要贯彻新发展理念，建设现代化经济体系，推进供给侧结构性改革，适应、把握、引领经济

---

① 《党的十八大以来大事记》，人民出版社、中共党史出版社 2017 年版，第 25 页。

发展新常态。一系列重大发展战略和决策部署，对落实新发展理念、推动我国经济发展变革产生了深远而重大的影响。

以习近平同志为核心的党中央坚持稳中求进工作总基调，主动适应、把握、引领经济发展新常态，我国经济发展取得重大成就，发展质量和效率不断提升，成为世界经济增长的主要动力源和稳定器。开放型经济新体制逐步健全，对外贸易、对外投资、外汇储备等稳居世界前列。以新产业、新业态、新模式为核心的新动能不断增强，成为推动我国经济平稳增长和经济结构转型升级的重要力量，增长的包容性和人民群众的获得感不断增强，稳中有进、稳中向好的态势更加明显。我国经济增长从主要依靠工业带动转为工业和服务业共同带动，从主要依靠投资推动转为消费和投资一起推动，从出口大国转为出口和进口并重的大国，我国经济实力、经济结构、经济活力韧性、对全球经济发展影响力，都迈上了新台阶。

创造中国式现代化新道路、人类文明新形态
是中国特色社会主义的重大贡献

无论是中国式现代化新道路，还是人类文明新形态，都是中国特色社会主义发展的结晶，都可以从中国特色社会主义的本质内涵和显著优势中找到根源和根据。

中国式现代化新道路，是中国特色社会主义道路的具体形式，是建设什么样的社会主义、怎样建设社会主义在现代化道路上的探索成果，是新时代坚持和发展中国特色社会主义的创新实践。中国特色社会主义最本质的特征决定了中国式现代化新道路最本质的特征，中国特色社会主义制度的最大优势保证了中国式现代化新道路的最大优势，中国特色社会主义的价值准则规定了中国式现代化新道路的价值

准则。

人类文明新形态，是在中国特色社会主义的创立和发展进程中呈现出来的，是在中国特色社会主义道路、理论、制度、文化的支撑下生长起来的，是在中国特色社会主义各领域全方位建设实践中巩固完善的。

物质文明、政治文明、精神文明、社会文明、生态文明整体推进和全面发展的现代化文明新形态。中国式现代化新道路、人类文明新形态重要论述，体现着全面发展、全面进步的方向目标，蕴含着和平发展、包容互鉴的理念追求。中国式现代化新道路的日臻完善，正在筑基人类文明新形态。这个新形态，代表着历史悠久的中华文明在新时代达至的新境界、呈现的新气象。这个新形态，是物质文明、政治文明、精神文明、社会文明、生态文明整体推进、全面发展的文明形态。全面建设社会主义现代化国家，需使现代化系统得以统筹协调，促使各个领域的文明建设相互促进，每个领域的文明建设都为其他领域的文明建设提供有利条件，又都以其他领域的文明建设为条件。统筹推进"五位一体"总体布局，协调推进"四个全面"战略布局，坚持系统观念，实现发展质量、结构、规模、速度、效益、安全相统一，统筹发展和安全等，都是现代化文明新形态的显著特色和优势。

兼收并蓄和开放包容的现代化文明新形态。现代化代表着18世纪工业革命以来人类社会发展的趋势，是全人类的共同事业、是强国富民的必经之路，其趋势和方向不可逆转。西方发达国家用了近300年时间，让10亿左右人口进入现代化，走出了现代化的西方道路。在过去很长一个时期，西方模式似乎成了现代化的唯一模式。但是，中国共产党的百年奋斗实践证明，现代化不是少数国家的专利，通往现代化的道路可以选择，发展中国家完全可以通过走自己的路，实现跨越式发展、共享现代化发展成果。习近平总书记指出："现代化道路并没有固定模式，适合自己的才是最好的，不能削足适履。每个国家自主探索符合本国国情的现代化道路的努力都应该受到尊重。"①
因此，每个国家自主探索符合本国国情的现代化道路不是替代关系，
而是共存关系。我们并不排斥西方现代化，而是学习借鉴了西方现代
化的有益经验，吸取了教训。在现代性或现代价值上，中国式现代化
新道路具有更大的包容性。

坚持高质量发展的现代化文明新形态。"十四五"时期经济社会
发展要以推动高质量发展为主题，这是根据我国发展阶段、发展环
境、发展条件变化作出的科学判断。习近平总书记强调，"新时代新
阶段的发展必须贯彻新发展理念，必须是高质量发展"②。需要看到，
构建推动经济高质量发展的体制机制是一个系统工程，要通盘考虑、
着眼长远、突出重点、抓住关键，使创新成为高质量发展的强大动
能，以优质的制度供给、服务供给、要素供给和完备的市场体系，增
强发展环境的吸引力和竞争力，提高绿色发展水平。由此，新时代新
阶段的高质量发展成为人类文明新形态的鲜明特色：创新成为第一动
力，协调成为内生特点，绿色成为普遍形态，开放成为必由之路，共
享成为根本目的。而且，推动高质量发展本身就是一场深刻变革，这
场变革既能创造出高质量发展的成果，也能塑造出高质量发展的
文明。

命运与共与和平发展的现代化文明新形态。中国式现代化新道
路，是走和平发展道路，在构建人类命运共同体的进程中全面建成社
会主义现代化强国。全面建设社会主义现代化国家与构建人类命运共
同体同行共存。走和平发展道路，构建人类命运共同体，正是为全面
建成社会主义现代化强国而构建新型国际关系和创造良好国际环境。
在人类社会中，文明多样性是推动文明进步的重要动力。中国共产党
领导中国人民开创的人类文明新形态，就是秉持"美人之美，美美

① 习近平：《加强政党合作　共谋人民幸福——在中国共产党与世界政党领导人峰会上的主旨讲话》，人民
出版社 2021 年版，第 8 页。
② 《中国共产党第十九届中央委员会第五次全体会议文件汇编》，人民出版社 2020 年版，第 80 页。

与共"的主张,充分尊重人类文明多样性,积极倡导文明对话与文明互鉴,充分汲取人类文明一切有益成果的产物。中国在现代化过程中把握历史规律,顺应时代潮流,倡导加强国际合作,携手应对全球性挑战,共同解决全球性问题。当前,中国已经开启全面建设社会主义现代化国家新征程,将继续秉持人类命运共同体理念,推动构建相互尊重、公平正义、合作共赢的新型国际关系,高质量共建"一带一路",积极参与全球治理体系变革,同世界各国一起共同发展、合作共赢,以现代化建设新成就为世界带来更多机遇、作出更大贡献。中国式现代化集中体现了中华文明赓续的客观规律,更在多个维度上探寻着人类文明的普遍规律。

坚持中国共产党领导和中国特色社会主义制度的现代化文明新形态。中国特色社会主义最本质的特征是中国共产党领导,中国特色社会主义制度的最大优势是中国共产党领导。充分发挥中国共产党领导的政治优势和制度优势,才能避免西方现代化的弊端,建设走在时代前列的现代化文明。在党的领导下,通过各项根本制度、基本制度、重要制度的建设完善和贯彻执行,中国式现代化新道路的内涵能够展现、优势能够发挥。

当前,我们党团结带领人民正意气风发迈向全面建成社会主义现代化强国第二个百年奋斗目标。新征程上,不断开创中国式现代化新道路的新局面、丰富人类文明新形态的新内涵,必须以习近平新时代中国特色社会主义思想为指导,立足新发展阶段、贯彻新发展理念、构建新发展格局,特别是要深刻学习领会习近平新时代中国特色社会主义经济思想。我们党领导人民的一系列伟大实践,必将进一步丰富中国式现代化新道路的内涵、进一步涵养人类文明新形态,也必将推动中国式现代化新道路与人类文明新形态的相互促进。

(载《经济日报》2021 年 12 月 2 日第 10 版,《中国经济评论》2022 年第 Z1 期和《社会主义论坛》2022 年第 1 期转载)

发展是解决一切问题的总钥匙

2017 年 5 月 14 日，习近平主席在"一带一路"国际合作高峰论坛主旨演讲中向在座嘉宾和全世界宣示，"我们要将'一带一路'建成繁荣之路"，"要聚焦发展这个根本性问题，释放各国发展潜力，实现经济大融合、发展大联动、成果大共享"。

把"一带一路"建成繁荣之路，符合历史发展规律。人类对美好生活的向往和追求，历来是社会发展进步的动力。在追求幸福安宁和谐美好的过程中，人类既走了许多弯路，也留下了许多宝贵的经验。既往的历史经验证明，"战马和长矛""坚船和利炮"使繁荣成镜中之花，"驼队和善意""宝船和友谊"才能铸就真正持久的繁荣；当前的现实和实践证明，"霸权"和"独享"是击碎人类繁荣之梦的凶器，"共商、共建、共享"方为实现繁荣的根本途径。

把"一带一路"建成繁荣之路，顺应各国人民期待。"古丝绸之路见证了陆上'使者相望于道，商旅不绝于途'的盛况，也见证了海上'舶交海中，不知其数'的繁华。"习近平主席在对古丝路历史深刻回顾的基础上，响亮地告诉全世界，"无论相隔多远，只要我们勇敢迈出第一步，坚持相向而行，就能走出一条相遇相知、共同发展之路，走向幸福安宁和谐美好的远方"。因此，秉持丝路精神的"一带一路"倡议，在短短四年时间里，就唤起了世界各国用善良赢得繁荣、用友谊赢得发展的美好回忆，并以丰硕的成果，迅速从理念转化为行动、从愿景转变为现实、从中国倡议转变为世界共识。

把"一带一路"建成繁荣之路，有着良好的现实基础。过去四年，"一带一路"在消减全球面临的"和平赤字、发展赤字、治理赤字"方面成效显著，按照优势互补的思路，与有关国家的发展战略实现有效战略对接，实现了"一加一大于二"的效果；按照"道路通，百业兴"的思路，稳步推进世界范围内的复合型基础设施网络建设；中国同"一带一路"沿线国家贸易总额超过 3 万亿美元，中国对"一带一路"沿线国家投资累计超过 500 亿美元，中国企业已经在 20 多个国家建设 56 个经贸合作区；为破解世界互联互通的金融瓶颈，中国开发性贷款的规模达到了 57 亿美元，并同世界银行等传统多边金融机构形成了层次清晰、粗具规模的"一带一路"金融合作网络；中国政府每年向相关国家提供 1 万个政府奖学金名额，地方政府也设立了丝绸之路专项奖学金，丝绸之路人文合作项目百花纷呈，人们往来频繁，拓宽了人文繁荣之路。

把"一带一路"建成繁荣之路，有着科学的路径遵循。

——"深入开展产业合作，推动各国产业发展规划相互兼容、相互促进"。唤起各国参与共建"一带一路"的热情，加强国际产能和装备制造合作，抓住新工业革命的发展新机遇，培育新业态，是保持经济增长活力和实现繁荣的重要途径。

——"建立稳定、可持续、风险可控的金融保障体系，创新投资和融资模式，推广政府和社会资本合作，建设多元化融资体系和多层次资本市场，发展普惠金融，完善金融服务网络"。习近平主席的倡议，有助于打破走向繁荣的"金融瓶颈"，使金融这一现代经济的血液顺利流通。

——"互联互通有助于打破制约经济发展的瓶颈，对增强各国发展动力、改善民众福祉具有重要意义。"变亚欧大陆为通途的古丝路梦想，在今天发展成为陆上、海上、天上、网上四位一体联通的时代倡议，驼队和海船等古老工具，也升华为政策、规则、标准三位一体联通的现实政策。

　　历史总是伴随着人们追求美好生活的脚步向前发展的。回首两千多年前，我们的先辈们正是迈着这样的脚步，开辟出联通亚欧大陆的丝绸之路。今天，"一带一路"建设把沿线各国人民紧密联系在一起，致力于合作共赢、共同发展，让各国人民更好共享发展成果。国际社会应携手推进"一带一路"建设国际合作，为构建人类命运共同体注入强劲动力。

（载《解放军报》2017 年 5 月 18 日第 2 版）

中国一定会成功跨越
"中等收入陷阱"

2017 年 10 月 18 日，中国共产党第十九次全国代表大会在北京胜利召开，习近平总书记代表第十八届中央委员会向大会作了长达约 200 分钟的报告。报告中多处谈及全球治理问题，为中国在国际舞台上展现大国风范、承担大国责任、发挥大国作用指明了前行方向，充分展现了中国参与全球治理的中国方案和中国智慧。

党的十八大以来，中国实现了历史性变革。生态环境治理明显加强，环境状况得到改善，积极引导应对气候变化国际合作，成为全球生态文明建设的重要参与者、贡献者、引领者；实施共建"一带一路"，发起创办亚洲基础设施投资银行，设立丝路基金，举办首届"一带一路"国际合作高峰论坛、亚太经合组织领导人非正式会议、二十国集团领导人杭州峰会、金砖国家领导人厦门会晤、亚信峰会；倡导构建人类命运共同体，促进全球治理体系变革，进一步提高中国的国际影响力、感召力、塑造力，为世界和平与发展作出新的重大贡献；中国特色社会主义道路、理论、制度、文化不断发展，拓展了发展中国家走向现代化的途径，给世界上那些既希望加快发展又希望保持自身独立性的国家和民族提供了全新选择，为解决人类问题贡献了中国智慧和中国方案。过去的五年，是中国日益走近世界舞台中央、不断为人类作出更大贡献的时代。

在过去五年里，中国已经具有了相当的国际影响力、感召力、塑造力。未来的岁月里，中国新的更大的国际影响力、感召力、塑造力将表现和体现在什么地方？将如何表现和体现？纵观世界各国，尤其是发展中国家在发展过程中的挑战，可以说面临着怎样实现可持续性发展，以跨越"中等收入陷阱"的重大挑战。

面对世界各国发展普遍面临的难题和挑战，党的十九大立足中国自身国情和发展实际，以沧海横流显砥柱、万山磅礴看主峰的豪迈气概，为在 5000 年文明的画卷中铺展耀眼夺目的"两个一百年"奋斗，用独具特色的"中国智慧"，提出了治愈发展病的"中国药方"，绘就了贡献世界和平的"中国方案"。这不但将成为中国未来更大国际影响力、感召力、塑造力的源泉，而且将为世界发展、国际和平、人类幸福打造一条成功之路。

世界银行在 2007 年主题报告《东亚复兴：关于经济增长的观点》中首次提出关于"中等收入陷阱"的警示，报告中指出，"中等收入国家受到低收入国家低工资竞争者在制造业和高收入国家创新在快速技术变革行业的双重挤压""比起较富或较穷的国家来，中等收入国家的增长会相对较慢"。后来，"中等收入陷阱"这个概念被运用来类比拉丁美洲以及若干亚洲经济体的困境：一些前期增长迅速的低收入国家在进入中等收入水平后，经济增长会陷入长期的停滞或回落，在经历了较长的时间后仍不能进一步发展为高收入国家。如巴西、阿根廷、墨西哥、智利、菲律宾以及中东多国便是陷入"中等收入陷阱"的典型例子。大野健一根据亚洲和拉美经济体发展历史经验，认为经济体可以通过外资引进、规模扩张、技术吸收和技术创新的方式完成五个阶段的产业赶超，但是很多经济体由于无法提升其人力资本，无法完成技术吸收进入第三阶段，这种"天花板"现象就是"中等收入陷阱"。

亚洲发展银行则将"中等收入陷阱"定义为"无法与低收入、低工资经济体在出口制造端竞争，并与发达国家在高技术创新端竞争，这些国家无法及时从廉价的劳动力和资本的资源驱动型增长转变为生产力驱动型增长";国际经济合作组织将"中等收入陷阱"描述为:达到(中等)收入水平,(一些)国家从历史上在发展中出现一系列新挑战,导致低增长而陷入所谓的"中等收入陷阱";国际货币基金组织把为"中等收入陷阱"定义为"高速增长经济体停滞在中等收入水平,并无法跨入高收入国家行列的现象",其本质是"增长放缓的一种特殊情况,即突然性巨大且持续的波动背离于条件收敛下预期的增长路径"。虽然有关"中等收入陷阱"的概念并不统一,但其基本含义是描述一个经济体从中等收入向高等收入迈进的过程中,容易出现经济增长的停滞和徘徊的现象。因此,"中等收入陷阱"问题在本质上是一个经济增长及其动力问题,从中长期增长来看,经济增长速度回落,增长缺乏新的动力。"中等收入陷阱"的提法在学界研究中一直存在争议,但也正是反复、激烈的学术争论,使这个概念成为社会普遍知晓的一个经济学概念。

同时,"中等收入陷阱"在中国也引起了决策者的高度重视。自改革开放以来,中国经济高速增长,从一个人均国民总收入低于200美元的贫穷农业国成长为世界上最大的最具活力的制造业中心。2010年中国人均国民总收入达到4300美元,按照世界银行定义的标准,中国可被称为"中等收入"国家,后又经过5年中高速增长成为中等偏上收入国家。中国在近一代人的时间内,几乎取得了西方国家几百年的工业成就,但同时也在极短时间内积累了西方国家经历过的腐败、环境污染、产能过剩等诸多问题,而且中国同时也面临着老龄化和人口红利消失等压力,经济增速开始放缓,一个很自然的问题就是,中国会不会也像绝大多数的中等收入国家那样掉入"中等收入陷阱"?如何采取措施以尽量避免这种情况发生?这些问题不仅在业界和经济学界被广泛提及,而且在政策界也备受关注,因而进入新常态后中国能否跨越"中等收入陷阱"成为一个重要的经济学问题。

在近年来的学术讨论中,"中等收入陷阱"似乎成了发展中国家走向繁荣和富强的魔咒和难以逾越的"天堑"。作为世界上最大的发展中国家，中国似乎也将成为"中等收入陷阱"的"猎物"而难以脱身。但是，在习近平总书记带领下，中国近五年来的发展成效已经把"陷阱"成功转变为通途。党的十八大以来，以习近平同志为核心的党中央高度重视"中等收入陷阱"可能带来的风险，围绕什么是中国梦、怎样实现中国梦等重大问题，在实践中面对生产力与生产关系、经济基础与上层建筑、国内经济与国际经济的深刻调整和变革等，审时度势，深入思考和把握中国经济社会发展的历史方位，提出了创新、协调、绿色、开放、共享的新发展理念，将改革开放看作"伟大觉醒""活力之源""重要法宝""必由之路"。习近平总书记亲自担任中央全面深化改革领导小组组长，既挂帅又亲征，重要工作亲自部署，重大问题亲自过问，重要环节亲自协调。在这种持续努力下，各领域四梁八柱性质的改革主体框架基本确立起来，改革局面在奋力前行中积厚成势，全面深化改革使国家治理体系和治理能力现代化水平全面提升，人民群众的获得感显著增强，中国特色社会主义制度的优越性进一步彰显。

也正是如此，在党的十九大报告中，习近平总书记提出了贯彻新发展理念，建设现代化经济体系的新时代规划。他指出，既要决胜全面建成小康社会、实现第一个百年奋斗目标，又要乘势而上向第二个百年奋斗目标进军，开启全面建设社会主义现代化强国新征程。

从党的十九大到党的二十大，是"两个一百年"奋斗目标的历史交汇期。为此，在综合分析国际国内形势和我国发展条件的基础上，习近平总书记在党的十九大报告中指出，从二〇二〇年到本世纪中叶可以分两个阶段来安排。

第一个阶段，从二〇二〇年到二〇三五年，在全面建成小康社会的基础上，再奋斗十五年，基本实现社会主义现代化。第二个阶段，从二〇三五年到本世纪中叶，在基本实现现代化的基础上，再奋斗十五年，把我国建成富强民主文明和谐美丽的社会主义现代化强国。

将"陷阱"变为通途，不能坐而论道，不能等天上掉馅饼，不能夸夸其谈。为此，习近平总书记强调，从全面建成小康社会到基本实现现代化，再到全面建成社会主义现代化强国，是新时代中国特色社会主义发展的战略安排。[①] 我们要坚忍不拔、锲而不舍，奋力谱写社会主义现代化新征程的壮丽篇章。习近平总书记在党的十九大报告中强调，"解放和发展社会生产力，是社会主义的本质要求。我们要激发全社会创造力和发展活力，努力实现更高质量、更有效率、更加公平、更可持续的发展"。

　　党的十八大以来的丰硕成绩，党的十九大描绘的宏伟发展蓝图，使中国这艘巨轮增加了更多劈风斩浪的动力。我们相信，在这种气吞山河的宏大气魄面前，在中国共产党团结带领人民苦干实干的奋斗面前，挑战将变机遇、"陷阱"必成通途，国外某些学术界的所谓预测将会永远停留在纸上。

（载中国青年网 2017 年 10 月 30 日）

[①] 冯俊：《学习新思想》，人民出版社 2019 年版，第 37 页。

中国智慧助力破解三大世界难题

党的十九大刚刚闭幕，大会通过关于《中国共产党章程（修正案）》的决议，将习近平新时代中国特色社会主义思想写入党章，习近平新时期中国特色社会主义思想诞生并形成于世界上最大的发展中国家，这种物质对发展中国家来说，既易"消化"，也易"吸收"，很容易引起发展中国家的思想共鸣。中国特色社会主义所包含的中国智慧、中国方案，为发展中国家实现现代化梦想带来重要启迪，成为广大发展中国家争相研究借鉴、学习尝试的具有世界影响的发展模式。

概括来说，习近平新时代中国特色社会主义思想对发展中国家的重要贡献，是他以独特优势开辟了破解政党治理、国家治理、全球治理这三大世界性难题的道路。

中国共产党在党建方面的探索和经验，尤其是党的十八大以来全面从严治党的实践和成效，是一些发展中国家解决党纪松弛、人心涣散、相互攻讦、丑闻迭现，政见和行动难以统一的难得借鉴。近年来，中国共产党和发展中国家政党之间的交流日益频繁、深入，中共的治党理念成为许多发展中国家治党的理念。

在国家治理方面，西方国家治理模式造成的社会矛盾和社会难题，不但导致政府治理效率低下，而且社会分裂加剧，难以达成共识。反观中国，党的十八大以来，以习近平同志为核心的党中央坚持以人民为中心的发展思想，统筹推进"五位一体"总体布局，协调推进"四个全面"战略布局，坚定不移推进供给侧结构性改革，全面做好稳增长、促改革、调结构、惠民生、防风险各项工作，全面带动中国特色社会主义各项事业稳步走向质的飞跃。中国之治与西方之乱恰成鲜明对比，进一步彰显出中国制度优越性。

在当下全球治理面临着"逆全球化"干扰的情况下，习近平总书记在党的十九大报告中向世界承诺：中国坚持对外开放的基本国策，坚持打开国门搞建设，积极促进"一带一路"国际合作。加大对发展中国家特别是最不发达国家援助力度，促进缩小南北发展差距。支持多边贸易体系，促进自由贸易区建设，推进建设开放型世界经济。中国方案为陷入窘境的全球治理指明了前进方向，一些发展中国家领导人表示，因为中国的努力和引领，发展中国家间的联系从未向今天这样紧密，战胜困难的信心从未像今天这样坚定。

党的十九大报告指出，中国共产党"也是为人类进步事业而奋斗的政党"，并"始终把人类作出新的更大的贡献作为自己的使命"。报告呼吁全国人民同心协力，构建人类命运共同体。2017 年 8 月，巴西总统米歇尔·特梅尔在访华前夕表示，"中国一直是第一流的伙伴"，金砖国家合作的重要性前所未有，不仅为各自民众带来发展机遇，而且推动全球治理等核心问题的解决与完善。"中国一直是第一流的伙伴"这个朴实而简单的评价，其蕴含的政治信任和合作信心，彰显了新时代中国特色社会主义思想之于发展中国家的重大意义。随着党的十九大的胜利召开，中国共产党在马克思主义中国化的道路上将迈向更加深入、全面、完善的新阶段。因此，我们也深信习近平新时代中国特色社会主义思想将会为发展中国家迈向现代化提供更多的实践榜样和理论借鉴。

（载《参考消息》2017 年 11 月 14 日）

深刻认识非公经济的时代价值

学习领会与贯彻落实习近平总书记关于非公经济发展的重要论述，前提是正确看待非公经济的作用，处理好公有制经济发展与非公经济发展的关系。

我们党历来高度重视非公经济的健康发展。特别是党的十八大以来，以习近平同志为核心的党中央多次对非公经济作出重要部署。2018 年 11 月 1 日，习近平总书记在民营企业座谈会上发表重要讲话，系统地就非公经济重要作用、民营企业健康发展、非公人士健康成长、构建亲清新型政商关系等重大理论与实践问题进行了全面阐述。这个重要讲话是做好非公经济领域各项工作的根本遵循和行动指南，是习近平新时代中国特色社会主义思想的重要组成部分。

不断深化对非公经济重要作用的认识

习近平总书记关于非公经济重要作用的论述，涉及其性质、地位、与公有制经济关系等各个方面。2018 年 11 月 1 日，习近平总书记在民营企业座谈会上再次强调，改革开放 40 年来，民营企业蓬勃发展，民营经济从小到大、由弱变强，在稳定增长、促进创新、增加就业、改善民生等方面发挥了重要作用，成为推动经济社会发展的重要力量。公有制经济和非公有制经济都是社会主义市场经济的重要组成部分，都是我国经济社会发展的重要基础；公有制经济财产权不可侵犯，非公有制经济财产权同样不可侵犯；国家保护各种所有制经济产权和合法利益，坚持权利平等、机会平等、规则平等，废除对非公有制经济各种形式的不合理规定，消除各种隐性壁垒，激发非公有制经济活力和创造力。

学习领会与贯彻落实习近平总书记关于非公经济发展的重要论述，前提是正确看待非公经济的作用，处理好公有制经济发展与非公经济发展的关系，既不能否定公有制经济的地位，也不能否定非公经济的作用，要真正把"两个毫不动摇"体现在思想认识和实际工作中，既毫不动摇巩固和发展公有制经济，又毫不动摇鼓励、支持、引导非公有制经济发展。

不断深化对民营企业面临机遇
与挑战的认识

习近平总书记关于民营企业发展面临形势及任务的论述，涉及主要矛盾、解决方法、技术创新、拓展国际市场等内容。2016 年，习近平总书记在分析"十三五"时期我国经济发展面临的机遇和挑战时指出，民营企业应该发挥主观能动性和创新创造精神，正确认识、积极适应新常态，争取新常态下的新作为、新提升、新发展。2018 年 11 月 1 日，习近平总书记在民营企业座谈会上说，部分民营企业遇到困难和问题是难免的，是客观环境变化带来的长期调整压力。对高质量发展的要求，民营企业和国有企业一样都需要逐步适应。

学习领会与贯彻落实习近平总书记关于非公经济发展的重要论述，基础是科学判断非公经济面临的环境与形势、机遇与挑战，引导民营企业将企业的微观战略与国家的宏观战略和制度优势结合起来，积极适应复杂环境，变压力为动力，让创新源泉充分涌流，让创造活力充分迸发，让高质量发展引领未来。

不断深化对支持民营经济发展
举措的认识

习近平总书记关于支持民营经济发展举措的论述，涉及降低税费、金融支持、公平竞争、保护产权等方面。早在 2002 年，他就提出"三个彻底、三个给予、五个平等"等一系列支持民营经济发展的措施。2018 年 11 月 1 日，习近平总书记在民营企业座谈会上提出支持民营企业发展的六大措施：一是减轻企业税费负担，二是解决民营企业融资难融资贵问题，三是营造公平竞争环境，四是完善政策执行方式，五是构建亲清新型政商关系，六是保护企业家人身和财产安全。

学习领会与贯彻落实习近平总书记关于非公经济发展的重要论述，关键是各级政府部门要扎实推进稳就业、稳金融、稳外贸、稳外资、稳投资、稳预期的各项部署，把积极财政政策、稳健货币政策以及就业政策、产业政策和区域政策结合起来，优化营商环境，实施负面清单，减轻税费负担，让民营企业真正从政策执行中增强获得感。

不断深化对非公经济人士
健康成长的认识

习近平总书记历来高度重视非公经济人士的作用，关心非公经济人士的成长。2018 年 11 月 1 日，习近平总书记在民营企业座谈会上对非公经济人士提出，希望非公有制经济要健康发展，前提是非公有制经济人士要健康成长。希望广大民营经济人士加强自我学习、自我教育、自我提升。民营企业家要珍视自身的社会形象，热爱祖国、热爱人民、热爱中国共产党，践行社会主义核心价值观，弘扬企业家精神，做爱国敬业、守法经营、创业创新、回报社会的典范。

学习领会与贯彻落实习近平总书记关于非公经济发展的重要论述，核心是要坚持团结、服务、引导、教育的方针，关注非公经济人士的思想，关注他们的现实困难，一手抓鼓励支持，一手抓教育引导，释放他们的发展动力和创新潜力，更好地激发他们为实现中华民族伟大复兴作出更大贡献。

不断深化对构建亲清新型政商
关系的认识

习近平总书记对如何处理好政商关系有着长期深入系统的思考。2016 年 3 月，他在全国政协民建、工商联界委员联组会上首次使用"亲""清"二字系统阐述了新型政商关系。2018 年 11 月 1 日，习近平总书记在民营企业座谈会上再次强调，各级党委和政府要把构建亲清新型政商关系的要求落到实处，把支持民营企业发展作为一项重要任务，花更多时间和精力关心民营企业发展、民营企业家成长，不能成为挂在嘴边的口号。

学习领会与贯彻落实习近平总书记关于非公经济发展的重要论述，重点要处理好企业与政府管理部门或管理体制的关系、企业家与政府官员的关系，只有构建良好的政商关系，才能既有利于政治权力在其边界范围内按照党的要求和人民的期待正确使用，又有利于企业按经济规律健康经营，促进经济社会发展。

不断深化对加强民企党建的认识

习近平总书记关于民营企业党建的论述，涉及组织建设、职能定位、发挥作用等各个方面。2016年10月，习近平总书记在全国非公企业党的建设工作会议上明确提出，要通过加强和完善党对国有企业的领导、加强和改进国有企业党的建设，使国有企业成为党和国家最可信赖的依靠力量，成为坚决贯彻执行党中央决策部署的重要力量，成为贯彻新发展理念、全面深化改革的重要力量，成为实施"走出去"战略、"一带一路"建设等的重要力量，成为壮大综合国力、促进经济社会发展、保障和改善民生的重要力量，成为我们党赢得具有许多新的历史特点的伟大斗争胜利的重要力量。

学习领会与贯彻落实习近平总书记关于非公经济发展的重要论述，要从内心上重视和加强非公企业党建工作，立足巩固和扩大党执政的群众基础和社会基础，善于把党的政治优势、组织优势和制度优势转化为企业的发展优势，把非公企业党建与塑造企业文化建设相结合，使其成为体现中国特色社会主义本质特征的重要环节和推进非公经济健康发展的源动力。

（载《浙江日报》2018年11月21日第6版）

实现共同富裕:新发展阶段的 崭新目标

2021 年 6 月 10 日《中共中央国务院关于支持浙江高质量发展建设共同富裕示范区的意见》发布,"共同富裕"再次成为公众与学术界关注的焦点。2020 年 8 月,习近平总书记在经济社会领域专家座谈会上指出,在全面建成小康社会以后,"我国将进入新发展阶段"。在新发展阶段再提共同富裕,有哪些时代内涵;在新的历史方位下,如何推动共同富裕取得实质性进展,本文试分析之。

一 共同富裕思想的演进与实践

实现共同富裕,是中华民族五千年的理想追求与伟大梦想,是中国人民长久以来的共同期盼,更是马克思主义的基本主张,是社会主义的本质要求和我们党始终不变的初心、始终不渝的奋斗目标。作为马克思主义政党,中国共产党自成立以来,在革命、建设和改革的不同历史发展阶段,对共同富裕理论和实践进行了艰辛探索,形成了行之有效的宝贵经验和精神财富。

(一) 马克思恩格斯科学社会主义是共同富裕思想的理论之源

马克思和恩格斯在《共产党宣言》《资本论》《反杜林论》等著作中,从生产力与生产关系相互作用的视角,探讨了劳动者摆脱剥削和压迫的现实途径,提出通过生产方式的变革,使得"生产将以所有的人富裕为目的"的重大论断。马克思在论及社会生产力发展时,在《1857—1858 年经济学手稿》中写道：社会生产力的发展将如此迅速，……生产将以所有人的共同富裕为目的。同时，马克思恩格斯对未来的共同富裕之路也做了设想，他们认为，社会主义初级阶段（共产主义第一阶段）消费资料的分配，还是实行不同形式的劳动量交换，这一阶段的共同富裕不代表平均富裕，只有到了共产主义的高级阶段，才能各尽所能，按需分配，只有生产力极度发达，才能成为未来社会共同富裕的基础。

（二）中国共产党成立以来共同富裕成为矢志不渝的奋斗目标

多灾多难的中华民族在自强发展中，形成了独特的整体观，重视集体利益、整体利益成为赓续几千年的传统。"社会大同""兼爱天下""不患寡而患不均，不患贫而患不安"思想早就深入人心。

中国共产党成立后，一代代的共产党人对共同富裕的实现进行了艰苦卓绝的探索。早在中国共产党成立之初，李大钊就指出，社会主义"是使生产消费分配适合的发展，人人均能享受平均的供给，得最大的幸福"。党的一大提出了打破生产资料私有制、大力发展社会所有制的主张。1928 年，党制定了我国第一部土地法，提出了依靠贫雇农、联合中农、限制富农的政策。社会主义革命与建设时期，以毛泽东同志为核心的党的第一代中央领导集体就已经注意到了共同富裕问题，还进一步提出社会主义制度与共同富裕的内在关系，并将党在农村工作中的最根本任务聚焦在教育和促进农民群众逐步联合组织起来，逐步实行农业的社会主义改造问题上。毛泽东曾指出，"我们不搞资本主义，这是定了的"[1]。不搞资本主义，就是为了避免两极分化、实现共同富裕。

邓小平提出的社会主义本质包括社会主义两大根本要素：快速发展生产力和实现共同富裕。"两大要素"论是党在坚持和发展社会主义制度问题上的首倡。1992 年，邓小平指出，社会主义的本质是

————————

[1] 《毛泽东文集》第 6 卷，人民出版社 1999 年版，第 299 页。

"解放生产力，发展生产力，消灭剥削，消除两极分化，最终达到共同富裕"①。改革开放以来，通过推进农村改革、启动扶贫攻坚计划；发挥"先富带动后富"的示范力量，并不断增加中央财政投入；坚持以按劳分配为主体、多种分配方式并存的制度等，党领导的中国特色社会主义伟大实践，不仅推动实现共同富裕的实践逐步深入，也蓄积了使之不断获得实现的物质财富和精神财富。

（三）新时代脱贫攻坚为实现共同富裕奠定了坚实的物质基础

贫困是人类社会的顽疾，反贫困始终是古今中外治国安邦的一件大事。《联合国2030年可持续发展议程》提出17项可持续发展目标，第一项就是在全世界消除一切形式的贫困。在迎来中国共产党成立一百周年的重要时刻，我国脱贫攻坚战取得了全面胜利，全面小康社会如期建成。现行标准下9899万农村贫困人口全部脱贫，832个贫困县全部摘帽，12.8万个贫困村全部脱贫，区域性整体贫困问题得到彻底解决，完成了消除绝对贫困的艰巨任务，创造了又一个彪炳史册的人间奇迹。

改革开放以来，按照现行贫困标准计算，我国7.7亿农村贫困人口摆脱贫困；按照世界银行国际贫困标准，我国减贫人口占同期全球减贫人口70%以上。党的十八大以来，平均每年1000多万人脱贫，相当于一个中等国家的人口脱贫。在全球贫困状况依然严峻、一些国家贫富分化加剧的背景下，我国提前10年实现《联合国2030年可持续发展议程》减贫目标，赢得了国际社会的广泛赞誉。

根据国际国币基金组织（IMF）2020年发布的统计数据，2019年共有70个国家和地区的人均国内生产总值（GDP）超过1万美元，包括中国14亿人口在内，总数约为29亿人口。正是中国全面建成小康社会，使人均国内生产总值超过1万美元的经济体人口数量翻了将近一番，14亿人口从低人类发展水平组别跃升至高人类发展水平组

---

① 全国干部培训教材编审指导委员会组织编写：《邓小平理论基本问题》，人民出版社2002年版，第74页。

别。纵览古今，环顾全球，没有哪一个国家能在这么短的时间内实现几亿人脱贫，并全面建成小康社会，这个成绩属于中国，也属于世界，为推动构建人类命运共同体贡献了中国力量。

党的十八大以来，在继承和发展多年来党在共同富裕实践探索和理论创新经验的基础上，习近平总书记进一步强调指出，实现共同富裕是建成中国特色社会主义现代化强国的重要标志，开创性地提出一系列关于推动全体人民共同富裕取得更为明显的实质性进展的建设思路，形成了一系列重要做法和原则，制定促进共同富裕的行动纲要，推动共同富裕取得重大进展，取得了许多突破性成果，形成了实现共同富裕的基本方略，走先富带动后富、最终实现共同富裕的发展道路。2020 年 11 月，习近平总书记在江苏考察期间专门谈到，要"增强家国情怀、担当社会责任，发挥先富帮后富的作用"。要走东部扶持西部、最终实现共同发展的道路。习近平总书记指出，"推进东部产业向西部梯度转移，实现产业互补、人员互动、技术互学、观念互通、作风互鉴，共同发展"①。要走外力帮扶、动力内生的道路。经过持续奋斗，我们如期完成了新时代脱贫攻坚目标任务，取得了举世瞩目的成绩。

党的十九届五中全会向着更远的目标谋划共同富裕，提出了"全体人民共同富裕取得更为明显的实质性进展"的新目标。习近平总书记在关于《中共中央关于制定国民经济和社会发展第十四个五年规划和二〇三五年远景目标的建议》的说明中强调："促进全体人民共同富裕是一项长期任务，但随着我国全面建成小康社会、开启全面建设社会主义现代化国家新征程，我们必须把促进全体人民共同富裕摆在更加重要的位置，脚踏实地，久久为功，向着这个目标更加积极有为地进行努力。"十三届全国人大第四次会议通过的《中华人民共和国国民经济和社会发展第十四个五年规划和 2035 年远景目标纲

---

① 习近平：《在决战决胜脱贫攻坚座谈会上的讲话》，人民出版社 2020 年版，第 13 页。

要》将"人的全面发展、全体人民共同富裕取得更为明显的实质性进展"，列入基本实现社会主义现代化的远景目标。

当前，我国处于近代以来最好的发展时期，与此同时，世界正经历百年未有之大变局，两者相互激荡、同步交织，既给我国发展提供了难得的战略机遇，也给我国带来严峻的挑战冲击。未来一段时期，我国既有着光明的发展前景，也面临着重大的内外风险，这是当前我国推进共同富裕的时代背景。共同富裕美好社会是社会结构更优化、体制机制更完善的社会形态。共同富裕不仅是社会发展概念，更是一场以缩小地区差距、城乡差距、收入差距为标志的社会变革。核心在于通过大力推进科技创新、数字化与绿色低碳的融合聚变，创造前所未有的新机遇和核心驱动力，推动生产力和生产关系、经济基础和上层建筑的深刻变革。共同富裕具有鲜明的时代特征和中国特色，是全体人民通过辛勤劳动和相互帮助，普遍达到生活富裕富足、精神自信自强、环境宜居宜业、社会和谐和睦、公共服务普及普惠，共享发展成果和幸福美好生活。共同富裕是中国特色社会主义制度优越性的集中体现，是对西方现代化和福利社会的一种超越，是共建共治共享的共同富裕，是以高质量发展为基石的共同富裕，是普遍富裕基础上的差别富裕，是在做大"蛋糕"的基础上分好"蛋糕"的共同富裕，是效率与公平、发展与共享的辩证统一。共同富裕是"五位一体"的全面跃升，既包括物质富裕，又涵盖人民对美好生活向往的方方面面。习近平总书记指出，共同富裕是社会主义现代化的一个重要目标，既是一项长期任务，也是一项现实任务，要在高质量发展中实现共同富裕，要以改革创新为根本动力，以解决地区差距、城乡差距、收入差距问题为主攻方向，突出推动体制机制创新，尽力而为、量力而行。

二 新发展阶段必须扎实推进共同富裕

脱贫攻坚战全面胜利，全面小康社会建成，标志着我们党在团结带领中国人民创造美好生活、实现共同富裕的道路上迈出了坚实的一大步。同时，脱贫摘帽不是终点，而是新生活、新奋斗的起点。在中央政治局第二十七次集体学习时，习近平总书记专门强调指出："进入新发展阶段，完整准确全面贯彻新发展理念，必须更加注重共同富裕问题。"

（一）新发展阶段是共同富裕的关键节点

从马克思恩格斯的科学社会主义共同富裕思想源头，到今天进入新时代，共同富裕在不同历史时期、不同历史阶段，有着不同的内涵和目标。在新的历史方位下，共同富裕有着深刻的时代内涵。

1. 制度优势为共同富裕提供根本保证

多年来经济社会高质量发展，以及一系列"黑天鹅"事件的有效应对，充分体现出中国制度和国家治理体系与治理能力的优越性。中国共产党为什么"能"、马克思主义为什么"行"、中国特色社会主义为什么"好"，在不断的实践中被回答。"天下将兴，其积必有源"，创造历史伟业，并进一步带领中国人民走向共同富裕，制度优势是其中最重要的成功密码。

2. 新时代共同富裕有了坚实物质基础

2010 年，中国国内生产总值超过日本，成为仅次于美国的世界第二大经济体。据推算，2021 年中国 GDP 有望达到世界总量的 20%，成为百年来第二个达 20% 国家。2020 年，全国人均可支配收入达 32189 元，实现共同富裕具备了非常好的经济基础。同时，乡村振兴战略有序推进，城乡差距逐步缩小；工业门类齐全、农业现代化快速推进；科技攻关、科技研发不断取得新突破，教育水平逐年提升等，也为共同富裕奠定了基础。

3. 有了解决共同富裕实际问题的能力

2020 年，习近平总书记在中青年干部培训班上指出："面对复杂形势和艰巨任务，我们要在危机中育先机、于变局中开新局，干部特别是年轻干部要提高政治能力、调查研究能力、科学决策能力、改革攻坚能力、应急处突能力、群众工作能力、抓落实能力，勇于直面问题，想干事、能干事、干成事，不断解决问题、破解难题。"这既是对中青年干部的要求，也是中国共产党人一直的实践。经过一百年的发展历程，中国共产党正在成为成熟的执政党，党员干部政治能力，发现问题、研究问题、解决问题的能力，都得到了极大提升。在面对实现共同富裕过程中出现的问题，相信也能从容应对，妥善解决。

（二）共同富裕取得更为明显的实质性进展

习近平总书记在庆祝中国共产党成立 100 周年大会上的重要讲话中强调，"着力解决发展不平衡不充分问题和人民群众急难愁盼问题，推动人的全面发展、全体人民共同富裕取得更为明显的实质性进展"。"全体人民共同富裕取得更为明显的实质性进展"的目标，为下一步工作指明了发展方向。

"更为明显的实质性进展"体现在主观感受上，也即人民群众的获得感、幸福感、安全感不断提升。达到这个目的，不仅需要经济的高质量发展，还要让更多改革发展成果更公平、更广泛地惠及人民；要更加关注人民群众需求，从需求度、满意度方面，提升群众的幸福感；要注重国内、国际安全，强化保障老百姓安全。

（三）推动新发展阶段实现共同富裕

推动新发展阶段实现共同富裕，也需谨防超前论和僵化论。超前论认为我国还没有进入新发展阶段，其理由是缺乏足够的事实和数据支持。对新发展阶段的判断既需要数量指标，但更需要质量指标。例如，根据世界银行有关美国的统计数据，2019 年美国人均 GDP 已超6.5 万美元，但仍有大量的人口生活在低收入水平上，代表收入差距的美国基尼系数早已超过国际标准警戒线，但是也不能因低收入人口的存在就否定美国是一个发达国家。同样，不能因为一部分人群收入水平较低，就此否定我们进入新发展阶段这一判断。应该既要认识到收入差距带给我们的挑战，也要看到不同收入水平群体对经济社会发展的促进作用。我国 GDP 超过 100 万亿元，对世界经济增长的贡献率超过 30%；人均 GDP 已达 1 万美元，其中，相当一部分人收入达到中产水准。

僵化论认为，我国已经发展很好了，不需要再发展了，或者按照过去的发展道路，我国已经取得了伟大成就，今后仍然可以继续按照传统的发展道路前行。今天的中国必须走向新的发展阶段，这一新阶段是由新的发展事实和国内外条件决定的。我国发展不能再走传统发展老路，而必须以新的发展视野制定新的发展政策，这样才能带动国家的整体发展，促进低收入群体实现收入更快增长。如果不思进取，依然停留在传统的发展阶段上，不仅没有办法解决新发展阶段人们对日益增长的美好生活需要的问题，还容易同低收入群体抢资源，造成低收入群体难以实现收入增长。因此，新发展阶段不仅仅代表国家进入新的发展时期，更主要的是发展思维、发展模式要调整，要通过新的发展思维、新的发展模式带动不同收入群体的共同发展，从而实现共同富裕。

三　以新发展理念推动共同富裕取得实质性进展

推动实现共同富裕，需要破解发展不均衡、不充分的难题，关注社会利益分配格局，在新发展理念推动下，开创适应现代化强国要求的共同富裕新局面。在新的历史条件下，需要我们既坚定把握良好的经济发展契机，也要冷静应对和妥善处理各种内外风险和挑战；既要发挥好中国的制度优势和治理优势，又要积极补全各方面的发展短板。特别是要发挥政治优势、制度优势、人才优势，为推进共同富裕提供有力支撑；要加快构建新发展格局，推动城乡区域协调发展，为推进共同富裕提供强大动力；要加快推动产业结构升级，推动提高居民收入水平；补全产业链和创新链薄弱环节，精准推动各区域产业高质量发展；重视劳动价值，尊重劳动创造，切实保障劳动者合法权益；关注弱势群体的失业与再就业问题；发展"社会保险型"社会保障体系，补强社会保障调节再分配效能；推进民生领域供给侧结构性改革，解决民生领域供给问题；大力发展社会文化生产，拓宽精神文化产品供给渠道，推动实现精神共富。

（一）发挥新发展理念引领作用

坚持创新、协调、绿色、开放、共享的新发展理念，推动经济社会各领域持续发展，为共同富裕奠定经济基础。

1. 创新

推动共同富裕取得实质性进展，基础是经济，只有经济的高质量发展，才能为共同富裕注入动力。创新是一个民族进步的灵魂，是一个国家兴旺发达的不竭源泉，也是中华民族最深沉的民族禀赋。实施创新驱动发展战略，是加快转变经济发展方式、提高我国综合国力和国际竞争力的必然要求和战略举措，要"把创新驱动发展作为面向未来的一项重大战略实施好"①。推进共同富裕取得实质性进展，必须把创新摆在发展的核心位置。通过创新，促使经济保持高质量发展。通过建设创新型国家，破解"卡脖子"难题。通过实施创新驱动发展战略，提高社会劳动生产率，提高群众收入水平，为共同富裕打下坚实基础。

2. 协调

协调发展是共同富裕的内在要求，也是经济社会健康持续发展的必备要素。必须处理好经济社会发展中区域、城乡、阶层、行业的关系，统筹推动欠发达地区实现跨越式发展。要找到发展中的薄弱方面、环节，补足短板、重点突破。要充分发挥发达地区经济、科技、人才、机制等优势，通过帮扶、结对等方式，实现共同发展。

3. 绿色

共同富裕不以牺牲环境为代价，相反，良好的生态是共享发展成果的重要组成部分。要坚持既要金山银山又要绿水青山的辩证发展理念，坚持可持续发展。当前，要深入学习贯彻习近平生态文明思想，

---

① 《习近平总书记系列重要讲话读本》，学习出版社、人民出版社 2014 年版，第 65 页。

持之以恒推动生态环境改善，让绿水青山造福人民、泽被后人。要以碳达峰、碳中和为抓手，推动绿色低碳发展理念深入人心，形成人与自然和谐发展新格局。

4. 开放

在全球化背景下，我们的产业链和需求市场已经嵌入全球经济体系，中国离不开世界，世界更离不开中国。当前，虽然部分国家逆全球化浪潮，走贸易保护主义之路，但是整个世界的开放、融合，互相依赖的格局不会变。要坚持对外开放的基本国策，推动形成国内国际双循环格局，更好推动经济发展。

5. 共享

坚持以人民为中心，在发展中维护好人民的利益，增加全体人民的获得感、幸福感、安全感，推动共同富裕取得实质进展。要继续坚持按劳分配为主体、多种分配方式共存的分配制度，增加一线劳动者报酬，体现劳有所获、劳有所得。建立健全与经济社会发展相适应的社会保障机制和公共服务体系，保障低收入群体生活权益；通过税收等政策，调节高收入群体收入，降低收入分配差距，建立有利于实现共同富裕的制度体系和分配体系。

（二）发挥贫困治理经验关键作用

习近平总书记在中共中央政治局第八次集体学习时指出："2020年全面建成小康社会之后，我们将消除绝对贫困，但相对贫困仍将长期存在。"因此，要"巩固脱贫攻坚成果，建立解决相对贫困的长效机制"。党的十八大以来，平均每年1000多万人脱贫，贫困人口收入水平显著提高。多年的贫困治理经验，将为推动实现共同富裕发挥关键作用。

巩固脱贫攻坚成效。脱贫攻坚战取得胜利只是第一步，下一步要守住脱贫攻坚成果，确保小康底色，进一步推动实现共同富裕。要积极推动乡村振兴战略的实施。实现共同富裕的大部分人口在农村，重点难点也在农村，要花大力气建设好农村基础公共设施，提升医疗、教育水平，吸引人才回乡创业，为乡村振兴提供内生动力。要强化对相对贫困人口的监测力度，特别是边缘群体、因病因学因灾致贫群体、低收入群体，要予以精准帮扶、动态管理，防止返贫。要构建技术、知识、信息、技能帮扶机制，激发乡村发展活力。

提升低收入群体实现共同富裕能力。贫困治理与推动实现共同富裕，除了政府主导外，还要提升低收入群体的自主富裕能力。政府在实施公共服务体系基础设施建设的同时，引导社会力量参与贫困治理，推动实现共同富裕，政府在提供就业、医疗、养老、教育等社会保障的基础上，发挥体制机制引导作用，鼓励相对贫困人口自主创业。

推动乡村振兴战略。通过农业农村现代化，使农民与市民同步迈向共同富裕的美好社会，是党的初心使命，也是实现共同富裕的必由之路。推动乡村振兴战略、实现农业农村现代化，要以习近平总书记关于推动共同富裕建设美好社会系列重要论述为指引，深入推进以人为核心的新型城镇化，高质量实施乡村振兴战略，健全城乡融合发展体制机制，重塑以工补农、以城带乡，构建城乡发展新格局。在目前城乡发展差距仍然十分明显的背景下，推进实现共同富裕的重点难点就是农业农村，必然要把农业农村现代化摆在更加突出的位置。2021年6月10日印发的《中共中央国务院关于支持浙江高质量发展建设共同富裕示范区的意见》，就此作出了一列部署和要求。明确要努力实现转移更便捷、就业更稳定、增收更显著、居住更安定、服务更优质、保障更有力、权益更平等，有序推进农业转移人口全面融入城市；要树立系统观念，培育新优势、注入新动能、激发新活力，将乡村优势转化为共同富裕的全局胜势；要大力实施强村惠民行动，推进农业数字化、机械化、绿色化发展，健全村级集体经济收入增长长效机制，引导支持村集体在带动公共服务普及普惠上发挥更大作用；要建立大中城市反哺小城镇机制，建设现代化小城市，打造成为城乡融合的重要平台；等等。浙江示范区的建设，必将对推动乡村振兴战略、实现农业农村现代化产生巨大的引领和示范效应。

（三）发挥中国特色新型智库在推动共同富裕之路上的应有作用

习近平总书记围绕如何建设中国特色新型智库、怎样建设中国特色新型智库、建设怎么样的中国特色新型智库提出了明确要求，强调要建设一批国家急需、特色鲜明、制度创新、引领发展的高端智库，重点围绕国家重大战略需求开展前瞻性、针对性、储备性政策研究，要把重点放在提高研究质量、推动内容创新上，要加强决策部门同智库的信息共享和互动交流，把党政部门政策研究同智库对策研究紧密结合起来，引导和推动智库健康发展、更好发挥作用。以习近平同志为核心的党中央关于加强中国特色新型智库建设的要求，为智库在推进共同富裕新征程上发挥应有作用指明了方向。

一是胸怀"国之大者"，共同探索构建中国特色共同富裕理论体系。习近平总书记在哲学社会科学工作座谈会上的讲话中指出："这是一个需要理论而且一定能够产生理论的时代，这是一个需要思想而且一定能够产生思想的时代。"胸怀"国之大者"，找准领域，汇集学者智慧，为共同探索构建中国特色共同富裕理论体系贡献力量。

二是勇做时代的"大先生"，共同探索推动共同富裕实现路径。建设中国特色新型智库，是以习近平同志为核心的党中央，立足党和国家事业全局作出的重要部署，是全面深化改革的重要举措，对于推动科学民主决策、推进国家治理体系和治理能力现代化、提升国家软实力，具有十分重要的意义。习近平总书记多次就智库建设服务决策、支撑决策问题作出重要指示批示，要求智库"为党中央科学决策建言献策，为推进决策科学化、民主化多做贡献"，建言献策工作要多在务实管用上狠下功夫。要充分发挥新型智库作用，探索共同富裕路径，为党和国家决策做参考。

三是讲好共享与发展的共同富裕故事，向世界发出中国声音。如何推动世界可持续发展、共同建设美好世界，是各国的共同任务。在新冠肺炎疫情仍在全球蔓延的背景下，讲好中国共产党的减贫故事，深化中外减贫经验的交流分享，对世界更好读懂中国和中国共产党，促进世界可持续发展和现代化进程，无疑具有重要意义。

为促进世界可持续发展，中国一直在行动。中国共产党将扶贫工作上升为全党全国战略，实施了大规模、有计划、有组织的扶贫开发，成功使 7.7 亿农村贫困人口摆脱贫困。特别是 2020 年以来，中国迅速克服新冠肺炎疫情带来的不利影响，如期实现脱贫攻坚任务。中国的现代化进程以减贫为基础，以乡村振兴为关键性工程，深化了对国家现代化发展规律的认识，丰富发展了现代化理论，为加快发展中国家的现代化进程提供了中国方案。同时，中国始终在力所能及的范围内，以直接援助、优惠贷款、基础设施建设等方式，为广大发展中国家的减贫事业和经济社会发展提供支持，为推进世界可持续发展提供了强大动力。世界银行的研究报告显示，共建"一带一路"将使相关国家 760 万人摆脱极端贫困，3200 万人摆脱中度贫困。其中，在"东亚减贫合作倡议"框架下，中国以扶贫开发"整村推进"和"精准扶贫"的工作经验为基础，在柬埔寨、老挝、缅甸三国的 6 个村实施减贫示范合作项目，共惠及当地村民 1.2 万余人，被东盟国家部长、联合国粮农组织等国际组织代表誉为"减贫合作的标杆"。因此，为推进全球贫困治理与现代化发展，在国际减贫交流合作中，应重点讲好中国共产党治理贫困的成就和经验，以促进全球贫困治理和全球共同发展进步。

2021 年，中央提出以浙江为共同富裕示范区有着深刻的考量。浙江在推进共同富裕方面的很多指标位于全国前列，各地实现共同富裕的模式机制具有普遍性、代表性。特别是习近平总书记担任浙江省主要领导以及其后的 18 年，历届省委和省政府团结带领全省人民，坚持一张蓝图绘到底，实施"八八战略"，不断深化实践，推动了中国特色社会主义在浙江的生动实践，也不断开辟了干在实处、走在前列、勇立潮头的新局面。新型智库应善于总结浙江共同富裕发展的模式和经验，讲好浙江高质量发展建设共同富裕示范区故事。从经济、政治、文化、社会、生态等多个维度，讲好新时代共享与发展的中国故事，把中国的发展故事讲给世界听，为促进世界经济增长、世界和平稳定、世界公平有序贡献中国智慧，这是中国特色新型智库在新时代新阶段推进共同富裕征程上的新使命新责任。

四是在新阶段实现共同富裕的道路上，找准定位、发挥作用。消除贫困、改善民生、实现共同富裕是社会主义的本质要求，是我们党坚持全心全意为人民服务根本宗旨的重要体现。这种前无古人的伟大实践，必将给理论创造、学术繁荣提供强大动力和广阔空间。讲好浙江乃至全国共同富裕故事，构建中国特色共同富裕理论体系，是时代赋予我们的历史重任。在新发展阶段，更好地推动实现共同富裕，必须坚持从中国国情出发，从中国实践中来，到中国实践中去，使理论创新符合中国实际，不断发展繁荣中国哲学社会科学。通过坚持深入调研，察实情、出实招，充分反映实际情况，使理论和学术创新有根有据，使我们的对策研究务实管用；要善于把握规律，透过现象看本质，善于从个别案例中窥一斑而见全豹，善于从短期波动中把握未来大势，谋经世济用之学问；要树立国际视野，善于从中国与世界的互动中探讨人类面临的共同课题，为构建人类命运共同体贡献中国智慧、中国方案。

（载《江淮论坛》2021 年第 4 期）

中国包容坚定执着的脚步

中国经济上的快速崛起，已是不辩自明的事实。中国经济于"2010 年超过日本，成为仅次于美国的第二大经济体"，"在 1997—1998 年的金融危机之后，东亚奇迹或许失去了一些光彩，但中国的表现依然令人印象深刻。即使未来中国经济的增速比之前慢 1/3（即年均 6.6%，过去 30 年为 9.9%），中国仍将在 2030 年之前的某个时刻成为一个高收入国家，并在经济规模上超过美国——虽然届时其人均收入水平只相当于经合组织（OECO）成员国的一个较小比例。迈过这一里程碑就意味着中国将可以跨越'中等收入陷阱'，并在一代半人的时间内跨过低收入社会和高收入社会之间的鸿沟——这对任何国家而言都是了不起的成就，更不用说像中国这样的大国"。[①] 实事求是地看，中国的经济崛起已经改变世界。未来的发展前景将更加深刻地影响和改变世界。有学者甚至预言，"中国迎来'大国马太效应'"，中国政府"正积极把这种压力转变为新的经济发展动力，加快'结构性改革'和供给侧改革，促进国企改革，培育新的经济业态，从供给侧和需求侧同时下手，促进经济的健康发展。这些努力正取得积极成效，中国经济发展开始趋于稳定"，"中国消费作为经济稳定器，正发挥出越来越大的潜力。2015 年，中国社会消费品零售总额超过 30 万亿元，仅次于美国，成为全球第二大消费国。如果未

---

① 世界银行、国务院发展研究中心联合课题组：《2030 年的中国：建设现代、和谐、有创造力的社会》，中国财政经济出版社 2013 年版，第 3 页。

来几年中国 GDP 增速保持在 6.5%—7.0%，到 2020 年全国居民的人均可支配收入将上升到 3 万—3.1 万元人民币。中国 14 亿城乡居民，将成为世界最大、增长最快的居民消费群体"。

但是，要成为与经济地位相称的世界性领导力量，中国任重而道远，还需在新的长征中翻越若干雪山、跨过若干草地、冲过若干火线。美国和中国，"作为最大的发达国家和最大的新兴经济体成为世界经济结构中最为举足轻重的一对（2011 年中美两国 GDP 加起来约占世界 GDP 总量的 1/3）"，"多极格局下的大国关系竞争与合作交织，复杂性与不确定性大大上升，多边合作的需求增加，但难度增大。短时期内看不到建立一个较为稳定的全球合作架构的前景"。2014 年 10 月，国际货币基金组织（IMF）总裁拉加德使用"新平庸"来概括当时的全球经济；2015 年 4 月，拉加德又进一步称，世界经济处在低增长、低通胀、高失业和高负债的泥沼中，各国应采取措施，避免"新平庸"变为"新现实"。2016 年，以特朗普当选美国总统为典型标志，欧美出现了英国"脱欧"、意大利修宪公投等一系列足以改变历史的"黑天鹅"事件，"去全球化"或者说"反全球化"以及所谓的"民粹主义"似乎成为一股突如其来、席卷世界的风潮。

但是，仔细分析欧美的一系列"黑天鹅"事件以及种种光怪陆离的思潮，其背后反映的实际上是世界领导力量的转换，"全球化的动力并未减弱，'民粹主义'兴起本身也来自像移动互联网这样的全球化产物，变化的不是全球化的趋势，而是全球化的推动力量"，"不难认识到，2016 年风起云涌的西方民粹主义浪潮，其实际的矛头指向是西方的'建制'，可以说这是一场具有全球性影响的反建制化浪潮，但其本身仍然是全球化的一部分。只不过今后全球化的动力可能改变，像 2016 年中国杭州 G20 峰会显示的那样，变为新兴市场国家与全球市场推动的全球化"。

特朗普总统在竞选期间和执政初期倡导的"美国第一"和"再

现美国荣光"观念，其主旨是要为美国卸掉已经力不从心的"全球责任"。有学者风趣地评论说，美国这个"世界交通警察"准备只开罚单，不再负责交通疏导和管理了。但是，这个世界要由谁来管？近年来，习近平总书记提出"一带一路"倡议，与沿线各国分享中国发展机遇，实现共同繁荣；中国发起成立亚洲基础设施投资银行、金砖国家新开发银行，开创了发展中国家组建新型多边金融机构的先河；人民币进入国际货币基金组织特别提款权货币篮子，提升了发展中国家货币的国际地位；促成国际货币基金组织完成份额改革和治理机制改革，改变以往不公正、不合理的安排；加强中非论坛、中阿论坛，建立中拉论坛，拓宽与发展中国家的合作渠道。习近平主席在二十国集团工商峰会（B20）开幕式上发表的主旨演讲中指出，中国有信心、有能力保持经济中高速增长，继续在实现自身发展的同时为世界带来更多发展机遇。诸如此类，世界把目光投向了中国，中国也越来越明显地成为全球治理的主要动力，"中国智慧""中国方案""中国药方""中国模式""中国经验"正在成为世界各大智库关注和研究的显学。

2017 年 1 月 17 日，中国国家主席习近平出席在欧洲海拔最高的城市达沃斯举行的世界经济论坛 2017 年年会开幕式时，发表了题为《共担时代责任　共促全球发展》的主旨演讲。在世界经济持续低迷、"黑天鹅"事件频出、各界普遍迷茫的背景下，中国领导人在欧洲海拔最高的城市，清晰地向全世界阐述了中国对经济全球化的立场观点和主张，既让人耳目一新、柳暗花明，又展现了中国的积极姿态和具体发展行动，充分展示了中国在世界舞台上的独特领导力和坚定历史担当。高山发声、气势宏伟，论坛宣示、一呼百应，山高人为峰、信心传世界。习近平总书记的达沃斯主旨演讲，以其谦逊又饱含力量的宣示，从回答全世界的困惑和迷茫入手，条分缕析，体现出了以下四个鲜明特点。

一是准确为经济全球化全面地"把脉"、对症下药地开"药方"。

毋庸讳言,当今世界经济的发展得益于全球化,诸多难题也源于全球化。由于全球化的蓬勃发展,物质财富不断积累、科技进步日新月异、人类文明发展到历史最高水平。但是,与此同时,地区冲突、恐怖主义、难民潮等全球性挑战此起彼伏,贫困、失业、收入差距拉大,使世界面临的不确定性上升。那么,全球化到底是童话中装满财宝的"阿里巴巴山洞",还是被认为令人闻之色变的"潘多拉盒子"?面对全世界的普遍困惑,习近平总书记高屋建瓴地告诉人们,"困扰世界的很多问题,并不是经济全球化造成的","历史地看,经济全球化是社会生产力发展的客观要求和科技进步的必然结果,不是哪些人、哪些国家人为造出来的。经济全球化为世界经济增长提供了强劲动力,促进了商品和资本流动、科技和文明进步、各国人民交往"。为此,习近平总书记针对让欧洲各国政府头痛不已的难民问题指出,源自中东、北非的难民潮牵动全球,数以百万计的民众颠沛流离,甚至不少年幼的孩子在路途中葬身大海,让我们痛心疾首,但是"导致这一问题的原因,是战乱、冲突、地区动荡",而不是全球化,解决问题的出路是"谋求和平、推动和解、恢复稳定"。针对让包括欧美国家在内的各国难以招架的国际金融危机,习近平总书记深刻地指出,"国际金融危机也不是经济全球化发展的必然产物,而是金融资本过度逐利、金融监管严重缺失的结果。把困扰世界的问题简单归咎于经济全球化,既不符合事实,也无助于问题解决"。[①]

就像硬币一定有两个面一样,任何事情只要有利必有弊,这是一个基本的哲学认识问题。习近平总书记援引古老的谚语阐述说,"'甘瓜抱苦蒂,美枣生荆棘'。从哲学上说,世界上没有十全十美的事物,因为事物存在优点就把它看得完美无缺是不全面的,因为事物存在缺点就把它看得一无是处也是不全面的"。因此,从哲学高度

---

① 习近平:《共担时代责任 共促全球发展——在世界经济论坛 2017 年年会开幕式上的主旨演讲》,《人民日报》2017 年 1 月 18 日第 3 版。

看，"经济全球化确实带来了新问题"，我们承认"经济全球化是一把'双刃剑'。当世界经济处于下行期的时候，全球经济'蛋糕'不容易做大，甚至变小了，增长和分配、资本和劳动、效率和公平的矛盾就会更加突出，发达国家和发展中国家都会感受到压力和冲击"。由此，世界上一些国家和地区出现了反全球化的呼声，这反映了经济全球化进程中的不足。

全球化固存的利弊，尤其是其弊的一面，值得我们重视和深思，"但我们不能就此把经济全球化一棍子打死，而是要适应和引导好经济全球化，消解经济全球化的负面影响，让它更好惠及每个国家、每个民族"。习近平总书记一分为二的分析和言之有据的立场，廓清了人们对全球化的困惑，其正本清源之效，得到了世界的普遍认同和赞赏。新加坡国立大学李光耀公共政策学院马凯硕教授在现场聆听演讲后评论说，习近平主席放眼全球的远见，与一些试图推行封闭政策的国家领导人形成强烈反差；德国 Senvion 首席执行官盖斯纳由衷地赞叹道，习近平主席富有远见的演讲，是对世界未来、全球化和开放世界的最新表达，让人备受鼓舞。

二是推己及人、语重心长地告诉世界中国对全球化的切身感受和经验。外国舆论普遍认为，中国是全球化的受益者。此话不假，但是在中国的对外开放进程中，在逐渐融入全球化的过程中，我们也不是一步到位、一蹴而就的。其间，不但经历了诸多磨难，也经历过许多激烈的思想斗争。习近平主席真诚地告诉全世界，"当年，中国对经济全球化也有过疑虑，对加入世界贸易组织也有过忐忑。但是，我们认为，融入世界经济是历史大方向，中国经济要发展，就要敢于到世界市场的汪洋大海中去游泳，如果永远不敢到大海中去经风雨、见世面，总有一天会在大海中溺水而亡。所以，中国勇敢迈向了世界市场。在这个过程中，我们呛过水，遇到过漩涡，遇到过风浪，但我们在游泳中学会了游泳"。① 在困惑中选择、在挫折中奋起、在风雨中发展，中国政府和中国人民最终选择了拥抱世界的道路，事实证明，"这是正确的战略抉择"，在全球化的未来发展进程中，中国政府和中国人民基于过去三十多年的经历和经验，绝不会畏首畏尾，绝不会回避问题和困难，"面对经济全球化带来的机遇和挑战，正确的选择是，充分利用一切机遇，合作应对一切挑战，引导好经济全球化走向"。同样，也是基于中国快速发展的丰富经验和深厚底气，习近平主席坚定地告诉全世界，"人类历史告诉我们，有问题不可怕，可怕的是不敢直面问题，找不到解决问题的思路"，"世界经济的大海，你要还是不要，都在那儿，是回避不了的。想人为切断各国经济的资金流、技术流、产品流、产业流、人员流，让世界经济的大海退回到一个一个孤立的小湖泊、小河流，是不可能的，也是不符合历史潮流的"。中国的实践，已经为世界贡献了丰富的"中国经验"，那就是通过各国政府的主动作为、适度管理，让经济全球化的正面效应更多释放出来，实现经济全球化进程再平衡，让经济全球化进程更有活力、更加包容、更可持续。习近平主席由此提出了"中国方案"："我们要顺应大势、结合国情，正确选择融入经济全球化的路径和节奏；我们要讲求效率、注重公平，让不同国家、不同阶层、不同人群共享经济全球化的好处。"② 这个方案和习近平总书记此番掷地有声的铿锵话语，展示了中国政府在世界难题面前应有的担当，准确反映了世界人民的期待，让世界迷惑的眼睛增添了久盼的希望之光、力量之光。难怪美国有线电视新闻网（CNN）称习近平主席出席世界经济论坛 2017 年年会时发表的主旨演讲表明，"中国正日益成为世界的领导者"；而货币金融机构官方论坛达纳埃教授则称习近平总书记的

———————

　　① 习近平：《共担时代责任　共促全球发展——在世界经济论坛 2017 年年会开幕式上的主旨演讲》，《人民日报》2017 年 1 月 18 日第 3 版。

　　② 习近平：《共担时代责任　共促全球发展——在世界经济论坛 2017 年年会开幕式上的主旨演讲》，《人民日报》2017 年 1 月 18 日第 3 版。

演讲令人印象深刻，"展示了他在世界舞台上的领导力"。

三是坚定而清晰地告诉全世界如何破全球经济困境之局。反全球化思潮必定事出有因。面对全世界的困惑，坐而论道只会徒增烦恼。只有下力气解决问题，才能使全球化进程更有活力，造福世界人民。当前，最迫切的任务是如何解决世界经济困境问题。重点问题是世界经济长期低迷、贫富差距拉大、南北差距拉大。困境的根源在于全球增长动能不足，难以支撑世界经济持续稳定增长；全球经济治理滞后，难以适应世界经济新变化；全球发展失衡，难以满足人们对美好生活的期待。困境的症结既在于短期性政策刺激效果不佳、深层次结构性改革尚在推进、传统增长引擎对经济的拉动作用减弱、新的经济增长点尚未形成，也在于全球治理体系代表性和包容性很不够、贸易和投资机制封闭化和规则碎片化问题突出、全球金融市场抗风险能力难以有效化解国际金融市场频繁动荡和资产泡沫积聚等问题，还在于资本回报和劳动力回报差距的不断拉大，一方面全球最富有的1%人口拥有的财富量超过其余99%人口财富的总和，另一方面全球仍有7亿多人口生活在极端贫困之中，拥有温暖住房、充足食物、稳定工作对很多家庭来说还是一种奢望，而这既是当今世界面临的最大挑战，也是一些国家社会和政局动荡的重要原因。如何破全球经济困境之局？切入点是如何改造和创新世界经济增长、治理、发展模式问题，关键点是如何做到既有发现和分析问题的智慧，又有果断采取行动的担当和勇气。对此，习近平主席代表中国政府和中国人民为世界开出了四剂"良药"，吁请世界各国和各国人民以人类命运共同体为理念，携手奋斗、共同担当，同舟共济、共渡难关，努力让世界更美好、让人民更幸福。

首先，要"坚持创新驱动，打造富有活力的增长模式"，解决增长动力不足问题，必须在创新中寻找出路，要以创新为重要抓手，挖掘经济增长新动力，"只有敢于创新、勇于变革，才能突破世界经济增长和发展的瓶颈"，并"在培育新产业新业态新模式过程中注意创造新的就业机会，让各国人民重拾信心和希望"。

其次，要"坚持协同联动，打造开放共赢的合作模式"，解决全球经济治理之弊端，必须要坚定不移地发展开放型世界经济，在开放中分享机会和利益、实现互利共赢；要下大气力发展全球互联互通，让世界各国实现联动增长，走向共同繁荣；要坚定不移发展全球自由贸易和投资，在开放中推动贸易和投资自由化、便利化，旗帜鲜明反对保护主义。习近平总书记语重心长地告诉全世界，"人类已经成为你中有我、我中有你的命运共同体，利益高度融合，彼此相互依存。每个国家都有发展权利，同时都应该在更加广阔的层面考虑自身利益，不能以损害其他国家利益为代价"，习近平总书记循循善诱地告诫道，"不能一遇到风浪就退回到港湾中去，那是永远不能到达彼岸的"。"搞保护主义如同把自己关进黑屋子，看似躲过了风吹雨打，但也隔绝了阳光和空气。打贸易战的结果只能是两败俱伤。"

再次，要"坚持与时俱进，打造公正合理的治理模式"。在造成全球经济困境的诸多原因之中，全球经济治理体系之中的弊端已经越来越突出，变革的紧迫性也越来越突出，国际社会的呼声也越来越高。全球治理体系只有适应国际经济格局新要求，才能为全球经济提供有力保障。为此，习近平主席真诚地呼吁说，"国家不分大小、强弱、贫富，都是国际社会平等成员，理应平等参与决策、享受权利、履行义务"；"要赋予新兴市场国家和发展中国家更多代表性和发言权"；"要坚持多边主义，维护多边体制权威性和有效性"；"要践行承诺、遵守规则，不能按照自己的意愿取舍或选择"。就最后一点，习近平主席还向有关国家发出了真诚的告诫，"《巴黎协定》符合全球发展大方向，成果来之不易，应该共同坚守，不能轻言放弃。这是我们对子孙后代必须担负的责任！"

最后，要"坚持公平包容，打造平衡普惠的发展模式"。为什么要注重发展？发展的目的是什么？这在过去全球化的进程中，实际上是一个被忽略的问题，全球化成了让极少数利益集团得利的捷径。也正是这个原因，造成了全球化今天的发展窘局。因此，在全球化的未来发展中，只有完善发展理念和模式，不断提升发展的公平性、有效性、协同性，切实解决好如何造福更广大人民的福祉问题，让发展更加平衡、让发展机会更加均等、让发展成果人人共享，才能让全球化再绽活力和风采。为此，习近平主席希望世界各国政府和领导人，"要倡导勤劳俭朴、努力奋进的社会风气，让所有人的劳动成果得到尊重"；"要着力解决贫困、失业、收入差距拉大等问题，照顾好弱势人群的关切，促进社会公平正义"；"要保护好生态环境，推动经济、社会、环境协调发展，实现人与自然、人与社会和谐"；"要落实联合国 2030 年可持续发展议程，实现全球范围平衡发展"。

四是向全世界作出了中国政府和中国人民的庄严承诺。在中国共产党领导下，中国人民走出了一条适合中国国情的发展道路。经过 38 年多的改革开放，中国已经成为世界第二大经济体。在这个奋斗历程中，中国立足自身国情和实践，汲取中华文明历史智慧、博采东西方各家之长，在不断探索中形成了自己的发展道路。这条道路是以人民为中心的发展道路，致力于改善人民生活、增进人民福祉、在发展中不断造福人民，正因如此，中国政府成功地让 7 亿多人口摆脱贫困、走向小康；这条道路是改革创新的道路，坚持通过改革破解前进中遇到的困难和挑战，勇于破除妨碍发展的体制机制障碍，不断解放和发展社会生产力，不断解放和增强社会活力，中国政府最新推出的 1200 多项改革举措，将继续为中国发展注入强大动力；这条道路是谋求共同发展的道路，中国历来奉行对外开放的基本国策，奉行互利共赢的开放战略，不断提升发展的内外联动性，在实现自身发展的同时更多地惠及其他国家和人民，1950—2016 年，中国已经累计对外提供援款 4000 多亿元人民币、实施各类援外项目 5000 多个、为发展中国家培训各类人员 26 万多名，特别是国际金融危机爆发以来，中国经济增长对世界经济增长的贡献率年均都在 30% 以上。这条道路成功的经验说明，中国是经济全球化的受益者，更是贡献者，中国经济的快速增长为全球经济稳定和增长提供了持续强大的推动力，中国同一大批国家的联动发展使全球经济发展更加平衡，中国减贫事业的巨大成就使全球经济增长更加包容，中国改革开放持续推进为开放型世界经济发展提供了重要动力。从这个意义上说，中国的发展，也是世界的机遇，中国现在已经有能力为世界经济提供搭乘中国经济快速发展列车的机会。"中国人民深知实现国家繁荣富强的艰辛，对各国人民取得的发展成就都点赞，都为他们祝福，都希望他们的日子越过越好，不会犯'红眼病'，不会抱怨他人从中国发展中得到了巨大机遇和丰厚回报。中国人民张开双臂欢迎各国人民搭乘中国发展的'快车'、'便车'。"习近平主席在达沃斯论坛开幕式的主旨演讲中，如此诙谐而真诚地道出了中国人民的心声。

　　针对世界对中国经济发展趋势的关注，习近平主席清楚地告诉全世界，"中国经济发展进入了新常态，经济增速、经济发展方式、经济结构、经济发展动力都正在发生重大变化。但中国经济长期向好的基本面没有改变"，中国将继续以自己的努力和拼搏，"不断适应、把握、引领中国经济发展新常态，统筹抓好稳增长、促改革、调结构、惠民生、防风险工作，推动中国经济保持中高速增长、迈向中高端水平"。而这将为世界经济破解困局继续作出中国应有的重要贡献。

　　习近平主席在主旨演讲中庄严向全世界承诺，中国政府将继续"着力提升经济增长质量和效益，围绕供给侧结构性改革这条主线，转变经济发展方式，优化经济结构，积极推进去产能、去库存、去杠杆、降成本、补短板，培育增长新动能，发展先进制造业，实现实体经济升级，深入实施'互联网＋'行动计划，扩大有效需求，更好满足人们个性化、多样化的需求，更好保护生态环境"，中国政府将继续"不断激发增长动力和市场活力，加大重要领域和关键环节改革力度，让市场在资源配置中起决定性作用，牵住创新这个'牛鼻子'，推进创新驱动发展战略，推动战略性新兴产业发展，注重用新技术新业态改造提升传统产业，促进新动能发展壮大、传统动能焕发生机"。中国政府将继续"积极营造宽松有序的投资环境，放宽外商投资准入，建设高标准自由贸易试验区，加强产权保护，促进公平竞争，让中国市场更加透明、更加规范。预计未来5年，中国将进口8万亿美元的商品、吸收6000亿美元的外来投资，对外投资总额将达到7500亿美元，出境旅游将达到7亿人次。这将为世界各国提供更广阔市场、更充足资本、更丰富产品、更宝贵合作契机。对各国工商界来说，中国发展仍然是大家的机遇。中国的大门对世界始终是打开的，不会关上"。中国政府将继续"大力建设共同发展的对外开放格局，推进亚太自由贸易区建设和区域全面经济伙伴关系协定谈判，构建面向全球的自由贸易区网络。中国一贯主张建设开放透明、互利共赢的区域自由贸易安排，而不是搞排他性、碎片化的小圈子。中国无意通过人民币贬值提升贸易竞争力，更不会主动打货币战。3年多前，我提出了'一带一路'倡议"。"3年多来，已经有100多个国家和国际组织积极响应支持，40多个国家和国际组织同中国签署合作协议，'一带一路'的'朋友圈'正在不断扩大。中国企业对沿线国家投资达到500多亿美元，一系列重大项目落地开花，带动了各国经济发展，创造了大量就业机会。可以说，'一带一路'倡议来自中国，但成效惠及世界"，"今年5月，中国将在北京主办'一带一路'国际合作高峰论坛，共商合作大计，共建合作平台，共享合作成果，为解决当前世界和区域经济面临的问题寻找方案，为实现联动式发展注入新能量，让'一带一路'建设更好造福各国人民"。

　　信笔至此，令人禁不住遐想的是，达沃斯的成名发展史，实际上也是全球化发展的结晶和代表之一。瑞士小镇达沃斯虽风景秀丽、气候宜人、空气清爽，但也曾长期默默无闻。直到19世纪末，才因铁路的开通，而成为欧洲闻名的旅游健康度假村。1971年，瑞士日内瓦商学院教授克劳斯·M.施瓦布创建"欧洲管理论坛"，并于当年邀请444位西欧公司领导人在达沃斯召开了首届"欧洲管理讨论会"。1987年，"欧洲管理论坛"正式更名为世界经济论坛（World Economic Forum，WEF），但因年会每年都在达沃斯召开，故又称"达沃斯论坛"。目前，"达沃斯论坛"已经成为全球各界领袖商讨全球问题的重要论坛，达沃斯小镇才真正名闻天下。习近平主席的到访和演讲，使这个欧洲小镇再次声名大振。

在这个全球化进程造就的著名城市里，世界各界领袖齐聚共议全球化的未来，就具有了独特的意义。在这个独特的背景下，习近平主席1月17日的主旨演讲从历史纵深和人类未来的高度"把脉"全球化，其开出的"药方"和承诺的"中国方案"，得到了世界各方人士的高度赞誉，这也将在达沃斯的历史上再次锦上添花、再壮声势新高。难怪美国康奈尔大学普拉萨德教授就此评论说，习近平主席新年伊始的首次出访，再次说明"中国正在成为成熟、值得信赖的力量"。美国罗伯特基金会的施瓦茨更是兴奋地对媒体说，"本届达沃斯论坛可谓是一个激动人心的时刻。今天习近平主席再度传递了共赢的信息，给人留下深刻印象。习近平主席的到来不仅刻意密切美中之间的关系，还有助于中国和世界各国增进理解"。据现场许多聆听者的观察，习近平主席的真诚呼吁引起了与会者的强烈共鸣，达沃斯论坛创始人施瓦布认为"习近平主席的演讲具有重大历史和现实意义，为全球经济注入了全球信心"。信心自何处来？当然是源于中国扎实的综合国力、锐意进取的开放胸怀、不畏艰难的使命和担当精神。这再次印证了习近平主席在演讲中强调的，"世界历史发展告诉我们，人类文明进步历程从来没有平坦的大道可走，人类就是在同困难的斗争中前进的。再大的困难，都不可能阻挡人类前行的步伐。遇到了困难，不要埋怨自己，不要指责他人，不要放弃信心，不要逃避责任，而是要一起来战胜困难"。因此，我们相信，历史是勇敢者创造的，有习近平主席和中国政府的信心与行动，高山之城达沃斯展示的中国自信、开放、包容、合作形象，一定会成为引领世界经济不断向好的灯塔，中国经济一定不断释放利好消息，中国发展红利一定会惠及世界各国人民，未来在中国引导下符合生产力发展要求、符合各方利益的全球化将是大势所趋，其明天也一定会更加美好。

习近平主席在达沃斯论坛上的主旨演讲，给已经平静的 2017 年，增加了许多继续繁荣发展的希望。这个希望中，最重要的一环，是中国的发展。中国包容、坚定、执着的脚步，正成为世界舞台上越来越强劲的足音。已经成为世界重要一极的中国，其前进的步伐必将敲动世界紧张的心弦。也正是因为如此，中国对世界的影响必将越来越大，也会受到世界越来越多的关注。在这个波澜壮阔的时代背景下，世界各个国家的顶尖智库自然顺理成章地纷纷把自己的研究重点确定在"一带一路"、亚投行、RCEP、亚洲和人类命运共同体等中国倡议的议题上，聚焦在习近平总书记倡导的系列重要概念和观念上，并陆续发布了系列有见地的研究报告。这也算是中国这个巨人在前进道路上铿锵脚步声的回音，值得我们重视和研究。当然，外国智库的这些回音之中，难免会有杂音，也难免有不怀好意的干扰之声。但是，听而辨之、闻而思之、退而择之，也将是我们借鉴"他山之石"的科学研究方法之一，有利于我们从不同角度去关注相关问题及其发展前景，从而可以做到避害趋利。这也是中国社会科学院国家全球战略智库近年来坚忍不拔地推进"全球战略智库观察项目"的原因之所在。本书作为该项目 2017 年度的开山之作，希望得到读者和专家们拨冗点评和指正。

（本文系王灵桂主编《中国：喷薄欲出的世界性领导力量——国外战略智库纵论中国的前进步伐（之一）》前言，社会科学文献出版社 2017 年 5 月版）

引领包容性世界经济增长潮流

2016 年是世界喧嚣的一年，美国大选搅动世界舆论。特别是自 2017 年 1 月 20 日以来，世界经济前进的方向迅速成为各国共同高度关注的话题。喧嚣一时的 TPP 的陨落更是加剧了人们的这种担忧。由此，对所谓"逆全球化"等问题的热议成为当下学界的焦点和各国决策者心头难以挥去的阴影。

在普遍焦虑之中，中国未来所展示的前景，似乎正在成为世界经济的"定心丸"。种种数据和现象表明，中国在实现可持续发展方面有可能跨越让许多国家无法摆脱的"中等收入陷阱"；中国政府在促进国内区域均衡发展方面的不懈努力有可能破除让意大利束手无策的"梅佐乔诺陷阱"咒语；中国完整全面的工业制造体系和茁壮成长的创新因子正在国际产业分工体系的第二个方阵中迅速扩大"滩头阵地"，并正在努力向第一方阵迈进；中国与发达国家不断缩小的差距，既表明中国在可预期未来的实力前景，又表明经济学家们津津乐道的"比较优势陷阱"，对中国来说有可能被证明仅仅是一种毫无分量的学说。供给侧结构性改革的推进和中共十八大以来中国政府在优化产业结构方面的持续努力，使中国的制造业产业体系正在进入创新升级的快车道，"去工业化陷阱"对中国来说，或许正在成为一个历史事件。在美元霸权依然存在的情况下，人民币国际化的许多努力以及人民币汇率制度的逐步完善，正在让"弗里德曼陷阱"所散发的恐怖预言渐渐褪去，人们正在思考浮动汇率机制是否适合中国经济。美国大选引发的"后真相时代"让许多西方国家政府的公信力尽失、执行力萎缩，陷入"塔西佗陷阱"。面对中国的道路自信、理论自信、制度自信、文化自信，西方国家政府也不得不承认中国特色社会主义充满生机活力的现实与意义。正在崛起的中国努力以自身的不懈奋斗为世界做贡献，但是这种贡献应当是量力而行、符合中国国情和利益的，"金德尔伯格陷阱"的提出和热议，实际上从另一个侧面验证了西方国家对中国崛起的责难，其本质是一种有政治图谋的"羁縻思想"。

能够跨越各种发展预想"陷阱"的中国将成为世界经济未来发展的信心保障。而尤其难能可贵的是，中国提倡的包容性增长为普遍低迷的世界经济开出了"中国药方"和"中国方案"。除在瑞士达沃斯论坛上沉稳而坚定地阐述中国的立场、观点和思路外，2016 年 10 月 16 日，习近平主席还在印度果阿举行的主题为"打造有效、包容、共同的解决方案"的金砖国家领导人第八次会晤大范围会议上发表题为"坚定信心，共谋发展"重要讲话，积极评价了金砖国家 10 年来合作发展取得的丰硕成果，并就加强金砖国家合作提出了五点倡议。这个讲话最重要的就是首次阐述和回答了世界经济应如何发展和向何方发展等关键问题。

国际社会普遍认为，金砖国家在国际金融危机湍流中走过的是共谋发展的 10 年、互利共赢的 10 年，更是有所作为、收获丰硕、不断发展壮大的 10 年。10 年来，五国经济总量在世界经济中的比重从 12% 上升到 23%、贸易总额比重从 11% 上升到 16%、对外投资比重从 7% 上升到 12%、对世界经济增长的贡献率超过 50%，经济发展成果惠及五国的 30 亿人口，这不但彰显了金砖国家合作的行动力和有效性，开辟了南南合作的新路径，而且为改变世界经济低迷、提振世界经济信心产生了强大推力。有评论指出，习近平主席的讲话反映了金砖国家坚定信心、提振士气、同舟共济、共克时艰的普遍心声和愿望；标志着面对全球经济的困局，金砖国家完全有能力化挑战为机遇，化压力为动力，以更实际的行动促进合作，继续做世界经济及金融变革的开拓者。习近平主席倡议的金砖国家要共同合作、共同建设开放世界，共同勾画发展愿景，共同应对全球性挑战，共同维护公平正义，共同深化伙伴关系等主张，预示着金砖国家之间的务实、合作、开放之路将越走越宽、越来越光明。

习近平主席的这个讲话准确回答了如何共同建设开放世界的时代命题。当前，世界经济复苏势头仍然脆弱，全球贸易和投资低迷，大宗商品价格持续波动，引发国际金融危机的深层次矛盾远未解决。一些国家政策内顾倾向加重，保护主义抬头，"逆全球化"思潮暗流涌动。地缘政治因素错综复杂，传统和非传统安全风险相互交织，恐怖主义、传染性疾病、气候变化等全球性挑战更加凸显。金砖国家发展面临着复杂、严峻的外部环境。在这种背景下，如何打造开放的世界，再铸经济辉煌？古今中外的历史经验证明，开放是实现国家繁荣富强的根本出路。新的时期，金砖国家要打造世界经济的新增长极，就要遵循历史发展的客观规律，顺应当今时代发展潮流，推进结构性改革，创新增长方式，构建开放型经济，旗帜鲜明地反对各种形式的保护主义。2014年7月，在出席金砖国家领导人第六次会晤前夕，习近平主席在接受拉美媒体联合采访时就指出，"金砖国家合作不是独善其身，而是致力于同世界各国共同发展。只要金砖国家增进政治互信，凝聚战略共识，发出更多声音，提出更多方案，就能够为推动世界经济增长、完善全球经济治理、促进世界和平与发展贡献更多正能量"。在2016年10月16日的金砖国家领导人第八次会晤大范围会议上习近平主席发表的重要讲话中就此作出了进一步阐述，金砖国家必须要"加强宏观经济政策协调，以推进经贸大市场、金融大流通、基础设施大联通、人文大交流为抓手，走向国际开放合作最前沿，在国际舞台上积极发挥引领作用"。

讲话准确顺应了金砖国家共同谋划未来发展的愿景。在过去的10年里，金砖国家"十年磨一剑"，一步一个脚印地推动合作不断走深走实。在理念上坚持发展优先，致力于集中精力发展经济、改善民生；在原则上坚持开放、包容、合作、共赢，致力于构建全方位、多层次的合作架构和机制；在道义上秉持国际公平正义，致力于在重大国际和地区问题上共同发声、仗义执言。目前，金砖国家已经发展成为具有重要影响的国际机制，这大大推进了全球经济治理的改革进程，大大提升了新兴市场国家和发展中国家的代表性和发言权。正如2014年7月15日在巴西福塔莱萨出席金砖国家领导人第六次会晤时习近平主席的讲话中指出的那样，"金砖国家在许多重大国际和地区问题上共同发声、贡献力量，致力于推动世界经济增长、完善全球经济治理、推动国际关系民主化，成为国际关系中的重要力量和国际体系的积极建设者"。

当前，国际形势错综复杂，金砖国家在机遇和挑战并存的局面下，如何进一步加强合作、携手并进，继续做推动全球发展的领跑者？如何不为风雨所动、不为杂音所扰、不为困难所阻，不断构建和强化维护世界和平的伙伴关系、促进共同发展的伙伴关系、弘扬多元文明的伙伴关系、加强全球经济治理的伙伴关系，以实现更大的发展？为此，习近平主席在金砖国家领导人第八次会晤大范围会议的讲话中明确提出，金砖国家"要继续高举发展旗帜，结合落实2030年可持续发展议程和二十国集团领导人杭州峰会成果，加强南北对话和南南合作，用新思路、新理念、新举措为国际发展合作注入新动力、开辟新空间，推动全球经济实现强劲、可持续、平衡、包容增长"。

习近平主席准确回应了如何共同应对全球性挑战的世界性课题。金砖国家既是息息相关的利益共同体，也是携手前行的行动共同体。怎样发挥各自比较优势，加强相互经济合作，培育全球大市场，完善全球价值链？怎样坚持包容精神，推动不同社会制度互容、不同文化文明互鉴、不同发展模式互惠？怎样坚持合作精神，照顾彼此关切，携手为各国谋求经济增长，为完善全球治理提供动力？怎样坚持共赢精神，在追求本国利益的同时兼顾别国利益，做到惠本国、利天下，以走出一条大国合作共赢、良性互动的路子？这些世界性的难题也是金砖国家必须面对且应致力于解决的问题。在金砖国家应对全球挑战时，习近平主席倡议，"要加强在重大国际问题以及地区热点上的协调沟通，共同行动，推动热点问题的政治解决，携手应对自然灾害、气候变化、传染病疫情、恐怖主义等全球性问题。既要联合发声，倡导国际社会加大投入，也要采取务实行动，推动解决实际问题，注重标本兼治、综合施策，从根源上化解矛盾，为国际社会实现长治久安作出贡献"。

习近平主席重要讲话准确阐述和表达了如何共同维护世界公平正义的原则与立场。公平正义的全球治理是实现各国共同发展的必要条件。早在2013年3月27日的南非德班金砖国家领导人第五次会晤时，习近平主席就在讲话中指出，"我们来自世界四大洲的5个国家，为了构筑伙伴关系、实现共同发展的宏伟目标走到了一起，为了推动国际关系民主化、推进人类和平与发展的崇高事业走到了一起。求和平、谋发展、促合作、图共赢，是我们共同的愿望和责任"。近四年来，金砖国家付出了艰苦的努力，在维护世界公平正义方面取得了巨大成绩。但是，霸权政治、不公平的国际政治经济秩序依然束缚着新兴国家和发展中国家追求发展的努力。为此，习近平主席再次阐述了中国的立场和态度，呼吁"我们要继续做全球治理变革进程的参与者、推动者、引领者，推动国际秩序朝着更加公正合理的方向发展，继续提升新兴市场国家和发展中国家的代表性和发言权。我们要继续做国际和平事业的捍卫者，坚持按照联合国宪章宗旨、原则和国际关系准则，按照事情本身的是非曲直处理问题，释放正能量，推动构建合作共赢的新型国际关系"。

习近平主席在金砖国家领导人第八次会晤大范围会议上的讲话，准确定位了金砖国家共同深化伙伴关系的发展目标。金砖国家未来的发展取决于其自身定位。在今后的发展过程中，如何共同提升新兴市场国家在全球经济治理中的代表性和发言权、推动落实国际货币基金组织份额改革决定、制定反映各国经济总量在世界经济中权重的新份额公式？如何实现政治和经济"双轮"驱动，既做世界经济动力引擎，又做国际和平之盾？如何以史为鉴，摒弃冷战思维，拒绝零和博弈，共同维护地区和世界和平稳定？如何加强南南合作，帮助其他发展中国家增强发展能力，让他们搭上金砖国家发展快车？等等。这些课题的解决与其自身定位息息相关。习近平主席在金砖国家领导人第八次会晤大范围会议的讲话中，将金砖国家关系定位为"真诚相待的好朋友、好兄弟、好伙伴"，并就不断深化的友谊和合作提出，"要以落实《金砖国家经济伙伴战略》为契机，深化拓展各领域经济合作，提升金砖国家整体竞争力。我们要把金砖国家新开发银行和应急储备安排这两个机制建设好、维护好、发展好，为发展中国家经济发展提供有力保障。我们要加强人文交流，促进民心相通，夯实金砖国家合作的民意基础。我们要继续扩大和巩固金砖国家'朋友圈'，保持开放、包容，谋求共同发展"。

中国有两句古话，即"是金子总会发光""真金不怕火炼"。10年的合作发展历程证明，金砖国家这个称呼确实名副其实。五个新兴国家既能在顺境中共襄盛举，又能在逆境中携手并行，更能在攻坚克难中让相互关系愈发坚韧。习近平主席2016年10月16日的重要讲话得到了其他金砖国家领导人的高度赞同，必将成为金砖国家坚定信心、加强协调的新动力和助推力，也预示着金砖国家的合作一定能乘风破浪、穿云破雾，到达胜利的彼岸。在这个变挑战为机遇、变压力为动力的携手前行的过程中，中国领导人所发出的倡议一定会让世界对金砖国家有新的认识，中国政府倡导的包容性增长理念一定会成为有识之士的共识，并将成为世界经济增长的新动力。

世界各重要智库对包容性增长进行了多方位、多角度的研究和探索。它们始终高度关注"一带一路"倡议的推进和实施，关心中国力主的区域经济合作发展，将亚洲基础设施投资银行列为自身的研究重点，并陆续发布了一大批研究报告。其中，既有讲中国故事的，也有试图破解中国发展谜题的，还有抱着成见或戴着有色眼镜来看待中国的。见博则不迷，听聪则不惑，作为中国高端智库学者，我们应当有胸怀和气魄，去认真研究这些"中国通"如何思考、如何研究、如何评述中国的现状及未来。这对我们增强定力、破解发展难题和困局，可能会有一些"他山之石"之效，进而为我们的智库建设提供借鉴和启示，因此，这不无益处。当然，在这个过程中，如何扬、如何弃，如何取其精华、去其糟粕，也需要我们不断增强敏锐性和鉴别力。近两年来，笔者在工作团队的帮助下，对国外战略智库发表的报告进行了仔细研读。本书即为 2017 年度的第二份成果。

是为序。

（本文系王灵桂主编《中国：引领包容性世界经济增长潮流——国外战略智库纵论中国的前进步伐（之二）》前言，社会科学文献出版社 2017 年 7 月版；《中国民商》2017 年第 9 期转载）

中国为什么能推动世界经济

中国经济的快速崛起，已是不辨自明的事实。2010 年，中国超过日本，成为仅次于美国的第二大经济体。在 1997—1998 年的金融危机之后，东亚奇迹或许失去了光彩，但中国的表现依然令人印象深刻，"迈过这一里程碑就意味着中国将可以跨越'中等收入陷阱'，并在一代半人的时间内跨过低收入社会和高收入社会之间的鸿沟——这对任何国家而言都是了不起的成就，更不用说像中国这样的大国"。中国的崛起已改变世界，未来的发展前景将更深刻地影响和改变世界。

然而，对于中国的崛起，世界舆论褒贬皆有。目前"中国虽然是一个大国，但还算不上一个强国。这正是当今世界舞台上的明星、正在崛起中的中国最焦虑的一点。今天的中国，一个深切的夙愿就是'要成为一个不容外国小看的真正强国'"。对类似的言论，我们虽可姑妄听之，但是对于正在自信而坚定地走近世界舞台中央的中国来说，我们要回答好"为什么"的时代课题。

纵观近代世界经济发展史，仅有 13 个经济体成功地在 25 年或者更长时间内实现了年均 7% 或更高的经济持续增长。过去 30 多年，中国是历史上唯一长时间经济持续高位发展的人口大国。对中国未来经济实力变化的预测，决定性的因素是经济增长率。而影响潜在经济增长率的因素主要是劳动、资本以及全要素生产率。目前，中国经济进入新常态，以人口红利为基础，以固定资产投资为主要手段的服务外包市场的生产型增长模式面临巨大挑战，人口红利的结束、资本投资边际报酬的递减、能源和环境的约束等，都意味着中国曾长期保持的高速经济增长，将转为更强调结构优化和增长质量的中高速增长。

根据国家统计局的数据，中国的劳动年龄人口（15—64 岁）总数在 2013 年达到峰值，为 10.0582 亿人，从 2014 年开始呈下降趋势，2015 年中国的劳动年龄人口总数已减至 10.0361 亿人。到 2050 年，中国总人口将减至 14 亿人，届时印度将以 17.1 亿的人口规模位居世界第一。"人口红利"渐行渐远，劳动力市场日益凸显的规模缩减和年龄结构老化正在掣肘中国经济转型升级和持续增长。这是我们要回答好的第一个重要问题。

在拉动中国经济增长的三驾马车中，投资始终处于最重要的位置，但在经济转型过程中，随着消费比重的提高，投资占比将显著下降。需求侧投资与消费的此消彼长也会对供给侧的长期资本形成变动产生重大影响，从而影响中国长期的经济增长。工业主导中国产业格局的情况将在未来长期存在。因此，固定资产投资未来仍是中国经济增长的重要动能，中国必须提高投资的质量和效率。2017—2030 年，中国在投资仍保持一定速度增长的同时，实际产出的增长将维持中高速，但速度会缓慢下降，很难回到曾经的高速增长时代，对世界经济增长的贡献率也会逐步下降。中国的投资增速在 2030—2050 年仍会保持在 5% 左右。但考虑到未来由于人口年龄结构带来的人口红利消失，中国的劳动力供给将走向紧缺，在劳动力短缺的条件下，继续投入物质资本将在很大程度上造成资本报酬递减。这是我们要回答好的第二个重要问题。

过去 30 多年，中国在长期经济增长过程中通过持续的研发投入，打下了坚实的产业科技基础。中国的研发投入强度也已可比肩发达国家。2015 年，全年研究与发展（R&D）经费支出 14169.9 亿元，总规模仅次于美国，位居世界第二，R&D 经费投入占 GDP 的 2.07%，虽落后于美国的 2.8% 和日本的 3.5%，但高于欧盟整体的 1.9% 和英国的 1.6%。中国的 R&D 经费支出在全球 R&D 经费支出总额中的占比为 20%，仅次于美国的 28%，高于欧盟和日本。中国的科研人员数量在全球科研人员总量中的占比为 19.1%，仅次于欧盟的 22.2%，高于美国和日本。中国在三方专利数量方面仍与日美两国有较大差距，但差距正在不断缩小。随着中国 R&D 经费投入的不断增加和产业技术水平的提升，预计 2020 年，中国将在这一指标上超过韩国，在 2050 年之前，中国有望在此指标上超过美日，位居世界第一。在全球竞争力指数方面，根据 2016 年世界经济论坛（World Economic Forum）发布的全球竞争力指数报告，在创新方面，中国排在第 28 位，预计 2030 年，中国在该项中的排名会进入全球前 20 之列，2050 年应该可以进入世界前 10 之列。中国甚至有可能成为引领下一轮重大科技革命的主导力量。可以预计这一时期中国技术增长率处于稳定上升期，年增速会在 2.5%—3%。这使我们对前景充满信心。这是我们要回答好的第三个问题。

　　根据权威测算和评估，2030 年全球 GDP 预计约为 130 万亿美元。即使按照最为保守的估计，中国经济将保持 5.5%—6% 的年均增速，2030 年，中国 GDP 也会增至 26.5 万亿美元，占全球 GDP 的比重将提高到 20.6%。美国经济乐观估计将保持 2.5% 的年均增速，到 2030 年，其 GDP 将达到 25.9 万亿美元，占全球 GDP 的比重下降到 20.1%；印度经济如保持 5% 左右的年均增速，其 GDP 将在 2030 年之前连续超过英国、德国和日本，排到世界第三的位置，占全球 GDP 的比重约为 3.6%。罗马俱乐部认为，"到 2052 年，中国的人均 GDP 将达到大约 34000 美元，为同期美国水平的四分之三"，但届时"中国 GDP 总量将相当于所有 33 个 OECD 国家 GDP 的总和"。这使我们自信而坚定。这是我们要回答好的第四个问题。

　　相对于美国的亚太盟友在人均 GDP 上快速提升，周边国家对中国的复杂情绪也十分明显。一个更具有购买力的中国当然对资源性产品出口国是好的，但是对于同处一个发展阶段的其他国家来说，各国都要竞争同一个出口市场，由于小型经济体缺乏规模效应，其很容易被中国吸附，从而形成了一个以中国为中心的经济圈。一旦这种情况发生，那么作为霸权国的美国是不容易接受的。与此同时，我们也可能获得另外一种相对优势，由于中国文化在海外的影响力仍相对弱小，中国与周边国家的关系可能较为深厚，中国不用担心在意识形态上过早与周边国家发生冲突。特别是就若干亲近西方的国家而言，中国文化的相对弱势地位可以减少亨廷顿所谓的"文明冲突"，从而大大减少"中国威胁论"的不利影响。中国在经济层面提出了互利共赢、义利观等新的指导理念；在安全秩序理念上不仅坚持总体国家安全观，还与时俱进地提出了共同安全、综合安全、合作安全、可持续安全概念，形成了亚洲新安全观。在理念上，中国的创新也被地区内国家接受。难点在于，我们在制度和机制上怎么来落实。中国可能还是向老祖宗学习，在沟通、协商过程中逐步完善。从这个意义上说，未来一个时期，我们应将一部分精力花费在地区国别问题上，真正从地区角度来理解这些国家的需求，根据需求与供给的差别来调整我们的周边外交战略，而不是从英美人给我们开辟的知识框架中寻求与周边国家的共同认识。这也是我们必须考虑和解决的。这是我们要回答好的第五个问题。

针对上述事关中国为什么能走近世界舞台中央的重大问题，我们作为学者正在努力进行回答和阐述。依据自然是习近平总书记治国理政的新理念、新思想、新战略。其中，习近平主席于2016年11月19日在亚太经合组织工商领导人峰会上发表的题为"深化伙伴关系增强发展动力"的主旨演讲，以及20日在亚太经合组织第二十四次领导人非正式会议第一阶段会议上的题为"面向未来开拓进取促进亚太发展繁荣"的发言，全面阐述了中国政府对亚太地区未来发展的理念、信念和措施。这既给予因美国乱局而惴惴不安的亚太地区一剂"定心剂"，也是亚太地区各经济体继续大力落实"北京共识"，以开放谋共赢、以融合促繁荣、加速亚太一体化进程的强大助推力，更是我们作为研究者回答好上述时代课题的指针和依据。

　　饱受国际金融危机的持续影响，全球经济振兴的信心不足、世界经济复苏乏力，一些国家出于一己私利，从历史垃圾箱中重新捡起了保护主义的"旗子"，使全球化进程遭受挫折、再遇困难。因此，面对新情况，亚太经合组织第二十四次领导人非正式会议将"高质量增长和人类发展"确定为会议主题，将聚合各方努力来巩固亚太地区在全球经济中的引擎地位、以更加开放包容的精神深化亚太区域一体化，作为会议凝聚共识的方向。其中，习近平主席在会议期间的强力发声和卓有成效的一系列双边、多边会谈成果，全面系统地阐述了中国政府推动亚太区域合作的"中国方案""中国模式"，为亚太地区乃至全球的经济发展、打造全球化2.0版本注入了强大的中国动力，贡献了中国智慧。有评论指出，习近平总书记在APEC利马会议上的外交努力，"将强有力推动APEC北京会议成果落实，从最高层面推进亚太自贸区和互联互通尽早由愿景变为现实"，"中国已成为亚太区域合作进程的重要引领者，中国的推动将有利于APEC成员求同存异，迎来更大的发展机遇"。在中国政府和习近平主席的推动下，APEC正在给世界以信心，正在给世界经济复苏注入强大动力。习近平主席APEC利马之行，再次向世界宣示了中国"为什么能"的六个明确信号。

　　中国将始终是APEC和世界经济发展的信心之源。面对当前世界经济正在深度调整、复苏动力不足、增长分化加剧等突出问题，以及全球化遭遇波折、国际贸易和投资低迷、保护主义抬头等现实难题，中国政府不断将强大的信心传递给世界。在2016年9月于杭州举行的G20峰会上，习近平主席为与会领导人描绘了强劲、可持续、平衡、包容的世界经济增长蓝图，展现了同舟共济、合作共赢、共迎挑战的伙伴关系精神和加强宏观政策协调、创新经济增长方式、谋求共同发展的决心。在APEC利马会议上，习近平主席再次强调，"亚太是世界经济的重要阵地，孕育着无限希望，也承载着重大责任。亚太经合组织是亚太和全球经济合作的先行者、引领者、开拓者，对促进亚太区域和全球经济发展具有重要作用。面对新形势新挑战，我们要采取有力举措，发挥亚太引擎作用，推动发展创新、活力、联动、包容的世界经济"，"作为全球经济规模最大、最具发展活力的地区，亚太要勇于担当，发挥引领作用，采取有力协调行动，为世界经济复苏注入新动力，为世界经济增长开辟新道路"。这些掷地有声的政策宣示，将像春风一样融化覆盖人们心头的寒冰，焕发出无限的勃勃生机。

中国将始终是全球化正确进程的坚定引领者。从世界经济的运行规律看，发展与停滞是客观存在的两种现象。当前，经济全球化进程遇到的挫折，固然有经济规律在起作用。但是，从更大程度上讲，全球化曲折发展的根本原因，在于一些国家在很长时间里试图把全球化作为实现一己之私的工具，试图把全球化当作输出自己"模式"的载体，试图把全球化当作少数人发财致富的捷径。由此，带来了各国、各地区经济发展不平衡的问题，带来了本国贫富差距拉大、民众怨声载道的社会现象，也带来了一些对经济全球化的怀疑、质疑，乃至反对。但是，从长远和世界经济发展规律看，"经济全球化符合生产力发展要求，符合各方利益，是大势所趋"。从 APEC 的实践看，开放始终是亚太经济发展的生命线。"20 多年来，亚太经合组织成员坚持贸易自由化和便利化，贸易量年均增长 8%，是同期世界经济增速的两倍多，为亚太经济增长提供了稳定动力。"APEC 的发展经验证明，在全球化和区域贸易安排中，必须敢于迎接区域经济合作碎片化等挑战，必须坚持开放、包容、普惠、共赢原则，必须走构建平等协商、共同参与、普遍受益的区域合作框架之路，封闭和排他性安排不是正确选择，也有违经济全球化的内在发展规律。"历史表明，搞保护主义是没有出路的。八年前，在应对国际金融危机的紧要关头，亚太经合组织领导人在利马发出反对保护主义的一致声音。两年前，我们在北京庄严重申，不采取新的保护主义措施。在当前亚太发展的关键当口，我们要携手合作、促进共赢，反对一切形式的保护主义，为经济全球化注入正能量"，"我们不能因为一时困难停下脚步，要在参与经济全球化进程中，注重同各自发展实践相结合，注重解决公平公正问题，引领经济全球化向更加包容普惠的方向发展。我们要用行动向世界宣示，亚太对经济全球化决心不变、信心不减"。当然，经济全球化是一把双刃剑，既为全球发展提供强劲动能，也给全球发展带来一些新情况、新挑战，中国需要认真面对。新一轮科技和产业革命正孕育和兴起，国际分工体系正在加速演变，全球价值链正在深度重塑，这些都为经济全球化赋予新的内涵。亚太经合组织成立于经济全球化不断推进的时期，亚太取得的发展成就同经济全球化密不可分。因此，"我们要认识和把握自身发展和外部环境的互动变化，捕捉新机遇，定位新角色，创立新优势。同时，全球化也提出需要深入研究的新问题，我们要积极引导经济全球化发展方向，着力解决公平公正问题，让经济全球化进程更有活力、更加包容、更可持续"。习近平总书记对全球化发展的理论阐述，切中了过去全球化进程中的弊端。这个"中国药方"将使全球化在正确的轨道上，为亚太和世界经济作出更加辉煌的贡献。

中国将始终是亚太自贸区建设的坚定推进者。亚太自贸区设想最早于 2004 年由亚太工商界人士提出，后经 APEC 领导人峰会多次讨论，于 2010 年取得较大的进展，《横滨宣言》的附件明确提出将三大机制作为推进亚太自贸区建设的有效路径。亚太经济一体化成为 APEC 的宗旨，反映的是 APEC 成员的共同呼声。在艰难的进程中，APEC 围绕亚太自贸区建设做了大量基础工作，在贸易投资便利化、通过合作提升成员市场开放的能力等方面取得了显著成效，并形成了多个双边或多边自贸区安排，为不同类型的成员之间开展自贸区谈判提供了经验和借鉴，2014 年亚太经合组织第 26 届部长级会议就《亚太经合组织推动实现亚太自贸区北京路线图》达成共识，APEC 北京会议也将亚太自贸区列为峰会的三大议题之一，并达成了诸多共识。

建设亚太自由贸易区，是事关亚太长远繁荣的战略举措，是"亚太经合组织之梦"。中国政府正在坚定推进亚太自由贸易区建设，为亚太开放型经济提供制度保障，为重振贸易和投资的引擎作用、增强自由贸易安排开放性和包容性、维护多边贸易体制等持续不懈努力。正如习近平总书记指出的那样，"两年前，我们在北京启动亚太自由贸易区进程。在各方共同努力下，今年集体战略研究顺利完成，标志着亚太自由贸易区建设步入新阶段。建成亚太自由贸易区并非易事，需要长期努力。我们要以一张蓝图干到底的精神，采取更加有力的行动，早日建成亚太自由贸易区，把开放型亚太经济水平推向新高度"。我们相信，凭着一张蓝图干到底的韧劲，中国政府和 APEC 成员一定会在开放型亚太经济建设中"增强广大民众参与感、获得感、幸福感"。

中国将始终是互联互通的坚定实践者。互联互通是释放发展潜力的重要手段，也是实现联动发展的基础。国外有学者更进一步指出，"互联互通是人权的重要组成部分"。自习近平总书记于 2013 年提出"一带一路"倡议以来，互联互通建设从无到有、由点及面，取得长足进展，在顶层设计、政策沟通、设施联通、贸易畅通、资金融通、民心相通等方面都取得了显著的成果，已形成了各国共商、共建、共享的合作局面。中国携手"一带一路"沿线国家和地区打造绿色丝绸之路、健康丝绸之路、智力丝绸之路、和平丝绸之路，为沿线国家和地区注入新的增长动力，并开辟共同发展的巨大空间。目前，已经有 100 多个国家和国际组织参与其中；中国同 30 多个沿线国家签署了共建"一带一路"合作协议，同 20 多个国家开展国际产能合作；联合国等国际组织也态度积极；以亚投行、丝路基金为代表的金融合作不断深入；一批有影响力的标志性项目逐步落地。中国与"一带一路"沿线国家和地区的合作步伐不断加快。习近平主席在 APEC 利马会议上强调指出，"中国将同各方一道，秉持共商、共建、共享原则，推进政策沟通、道路联通、贸易畅通、货币流通、民心相通，实现发展战略对接，深化互利合作，为区域经济发展和民生改善注入强大动力。我们欢迎各方参与到合作中来，共享机遇，共迎挑战，共谋发展"。同时，习近平主席也就敞开怀抱提出了更高要求，"我们要推动建立覆盖整个亚太的全方位、复合型互联互通网络。今年，亚太经合组织会议时隔 8 年重回拉美举行，我们要把握这一契机，推动太平洋两岸互联互通建设彼此对接，在更广范围内辐射和带动实体经济发展。要深入落实北京会议制定的互联互通蓝图，完善基础设施、制度规章、人员交流三位一体的互联互通架构，确保 2025 年实现全面联接的目标"。三年多来，"一带一路"倡议顺应了国际经济发展的内在规律，代表了全球经济合作的新趋势，获得了广泛国际共识，打开了良好的局面。在此次 APEC 利马会议之后，"一带一路"倡议所代表的互联互通精神，不但会"让亚太经济血脉更加通畅"，而且将成为跨太平洋的宏大倡议，也必将一并惠及拉美地区的广大人民。

中国将始终是改革创新的锐意倡导者。面对世界经济发展的诸多难题，老办法已经不管用了，回头路也注定是走不通的。因此，面对新课题、新难题、新挑战，必须与时俱进地以锐意创新的精神破解发展难题，必须以改革创新增强经济发展的内生动力，必须以改革创新打开通往长久繁荣的必由之路。如在亚太自贸区建设中，各成员要达成共识，既要面对成员之间相差 20 倍的人均 GDP 的巨大差距，也要面对成员之间社会制度、管理水平、人民承受能力迥异的挑战，更要应对各地区大国不同战略安排重点和差异的现状。正如习近平主席所说，"亚太发展到今天，每迈出一步都要向改革要动力，向创新要活力。改革创新是好事，也是难事"。2014 年，APEC 领导人在北京批准《经济创新发展、改革与增长共识》，其为亚太地区走创新发展之路指明了方向，2016 年，G20 领导人杭州峰会通过《创新增长蓝图》，强调改革创新的重要意义，并制订了具体行动计划。因此，习近平主席在 APEC 利马会议上再次强调，"亚太各成员要落实好这些共识和原则，推进发展方式转变，下决心用改革推进经济结构调整，提高全要素生产率。要加强宏观政策协调，坚定推进结构性改革，强化正面溢出效应。要加快发展理念、模式、路径创新，激发社会创造力和市场活力，推动产业和产品向全球价值链中高端跃升，拓展发展新空间"，特别是"要抓住关键问题，精准发力，要实施《服务业竞争力路线图》，深化服务业合作，补齐这一长期短板。要抓住新一轮科技和产业革命的机遇，打造互联网和数字经济、蓝色经济、绿色经济等新增长点"。从创新的总体要求到创新的精准发力点，习近平主席的讲话内容既高屋建瓴，又具有可操作性，进一步表明中国既是改革创新的坚定倡导者和推进者，又是改革创新的积极实践者和经验提供者。

　　中国将始终是亚太和世界共同繁荣的积极维护者和缔造者。中国古语说得好，"独行快，众行远""一花独放不是春，百花齐放春满园"。作为一个有着5000多年悠久文明的古老国家，在与其他国家一并维护和创造亚太共同繁荣的进程中，这种古老深厚的文化基因更是表现得淋漓尽致。习近平主席在利马APEC会议上积中华民族文化之优秀基因，就APEC成员如何促进合作共赢、深化伙伴关系问题指出，"伙伴关系是亚太合作的重要纽带，也是共同应对当前挑战的必然选择。大家都认为21世纪是亚太世纪，但幸福不会从天而降"，"我们要深化命运共同体意识，让彼此越走越近，而非渐行渐远。要不断提升区域合作的深度和广度，共同搭建平台，共同制定规则，共享发展成果，绝不应该相互拆台、相互排斥。要平等参与、充分协商，要相互帮助、共同发展，全力营造健康稳定的发展环境，不让任何因素干扰亚太发展进程"。实现亚太共同发展繁荣，既需要加强区域层面合作，又需要每一个成员付诸行动。作为人口最多的发展中国家，中国经济保持平稳健康发展，有力带动了亚太和全球经济增长。国际金融危机爆发后的几年里，中国为全球经济贡献了接近40%的增量，对世界经济复苏起到重要支撑作用。在未来的发展进程中，中国政府将一如既往地为地区和世界经济作出自己的贡献。正如习近平主席在会议上明确指出的那样，中国政府将"以创新、协调、绿色、开放、共享五大发展理念为指引，以供给侧结构性改革为主线，培育新的经济结构，强化新的发展动能，推动中国经济平稳健康发展"。发展的中国并不是一家独富，"中国经济发展前景是光明的。中国发展是世界的机遇。预计未来 5 年，中国进口总额将达到 8 万亿美元，利用外资总额将达到 6000 亿美元，对外投资总额将达到 7500 亿美元，出境旅游将达到 7 亿人次。这将为世界各国提供更广阔的市场、更充足的资本、更丰富的产品、更宝贵的合作契机"，习近平主席在亚太经合组织工商领导人峰会上向与会者如是说。

改革开放以来，特别是自 26 年前正式成为亚太经合组织成员以来，中国同各成员风雨同舟、共克时艰，共同绘制亚太合作的宏伟画卷，一起走出了一条聚焦发展、共谋繁荣之路，走出了一条持续开放、深度融合之路，走出了一条锐意进取、勇于创新之路，走出了一条互敬互助、共同发展之路。在这个波澜壮阔的伟大进程中，中国一步步走向亚太和世界，亚太和世界也一步步走向中国。我们相信，正在自信而坚定地走近世界舞台中央的中国，一定能为亚太和世界作出更大贡献。正如习近平主席所说，"无论发展到什么程度，中国都将扎根亚太、建设亚太、造福亚太。中国坚定不移走和平发展道路，奉行互利共赢的开放战略，在谋求自身发展的同时积极带动亚太国家共同发展，为本地区人民创造更多机遇"，"在合作中实现共赢，在耕耘中收获果实，为亚太乃至全球经济发展作出新贡献"。

习近平主席利马 APEC 会议上的讲话再次表明，中国包容、坚定、执着的脚步，正成为世界舞台上越来越强劲的足音，其矫健的步伐必将使世界很多国家和地区紧张而忐忑。正因如此，世界各国顶尖智库都把研究重点设定在"一带一路"倡议、亚投行、RCEP 等中国议题上，聚焦在习近平主席提出的一系列重要概念和观念上，并陆续发布了一系列有见地的研究报告。对中国不断前进的这些时代回音，我们应当重视和研究；对其中的杂声、噪声，乃至不怀好意的干扰之声，我们应当听而辨之、闻而思之、退而择之，这也是国家高端智库借鉴"他山之石"的科学研究方法，有利于我们从不同角度去关注相关问题及其发展前景，从而可以做到避害趋利。而这恰恰是中国社会科学院国家全球战略智库近年来坚韧不拔地推进"全球战略智库观察项目"的原因之所在。本书作为该项目 2017 年度的第三部，希望继续得到读者和专家们拨冗点评和指正。

随笔至此，是为序。

（本文系王灵桂主编《中国：自信坚定地走近世界舞台中央——国外战略智库纵论中国的前进步伐（之三）》前言，社会科学文献出版社 2017 年 8 月版）

经济篇

无法撼动中国经济光明前景

　　世界卫生组织的此项决定引发广泛关注。国际社会大多数国家对此有着正确判断。柬埔寨首相洪森就曾表示坚定支持中国。他指出，柬埔寨人民与中国人民站在一起，共同抗击新冠肺炎疫情。柬埔寨政府决定不限制飞来柬埔寨的中国航班，也不会劝在中国留学的柬埔寨学生回国。而美国商务部长罗斯却把新冠肺炎疫情视为加速制造业回流美国的"机会"，无视世界各国是一个命运共同体的基本事实。此后，美国、意大利又宣布进入公共卫生紧急状态，这一行动与世卫组织"不赞成甚至反对对中国采取旅行或贸易禁令"的倡导背道而驰，令人遗憾。

　　公道自在人心。综合国外智库及媒体的反映看，国际共识是清晰的：此次疫情难以撼动中国经济基础，也难以改变中国经济光明前景。主流声音认为，新冠肺炎疫情对中国乃至全球的经济增长会带来一定的负面影响，但可防可控，属于正常影响范围。

　　新冠肺炎疫情对中国经济的影响是短暂的。多数国外智库对此次暴发的疫情认知较为客观，认为此次疫情对中国经济只有短暂的负面影响，此后经济增长会出现反弹。如美国马可波罗智库在 2020 年 1 月 29 日指出："对现有数据的仔细分析表明，担忧可能被夸大了。如果当前的形势保持稳定，且新冠肺炎疫情控制措施在未来两到三周内有效，那么人们的担忧可能会减弱，其对经济的影响也将降至最低。"

　　新冠肺炎疫情难以改变中国经济对投资的吸引力。海外普遍认为，一是中国庞大的经济体量完全有能力应对暂时的困难。如美国马可波罗智库在 2020 年 1 月 29 日的报告中指出，新冠肺炎疫情的影响带有一定的结构性，对中国的出口和服务业影响较大，但对网络等虚拟空间的经济活动存在正向影响。美国财富管理公司 2020 年 1 月 26 日表示："除非病毒大幅扩散，情况变得非常糟糕，否则目前它不应主导任何人的投资决策。"

　　新冠肺炎疫情有助于中国经济加速转型。国外智库媒体认为，在中国政府的强力动员和科学组织下，人们已经走出了最初的慌乱和惊恐。应对新冠肺炎疫情的过程中，中国自然会发现平时难以发现的问题，同时也为改善经济结构、加速经济转型创造了条件和氛围。美国智库詹姆斯敦基金会 2020 年 1 月 29 日发表报告指出："面对此次疫情蔓延，中国政府的反应比'非典'暴发时更为迅速和透明；展望未来，中共领导层可能会在后续工作中发挥更积极作用。"

　　认可中国应对新冠肺炎疫情的成效。海外舆论对我国新冠肺炎疫情应对成效普遍认可。2020 年 1 月 28 日，挪威发展与环境研究中心发表报告认为："事实上，中国不仅开发了一种诊断测试方法，而且还提供了有关这种疾病的大量临床信息，展示了中国日益增长的科学实力……这是令人印象深刻的。"

（载《光明日报》2020 年 2 月 2 日第 3 版）

18

应更多关注后疫情时代的
经济增长

2020 年作为 21 世纪第三个十年的起步年，在世界经济低迷持续和新冠肺炎疫情冲击等多重挑战下，中国发展的外部环境并不理想；作为人均 GDP 跨越 1 万美元关口的首个确认年、巩固年，在实现全面建成小康社会、打赢脱贫攻坚战、"十三五"规划目标收官等多重目标下，我国发展政策运筹帷幄、化解难题的压力之大可想而知；作为承上启下之年，在经济向好条件与制约条件并存的情况下，我国经济加速转型面临的挑战不可小觑。

中国经济素以体量大、潜力厚、市场广、韧性强、链条长、构成富等特点著称于世，这是我们能确保多重目标同时实现的底气和信心。但在我国已经深度融入国际经济的时代背景下，世界经济低迷和持续恶化的"回头浪"，不可能不对中国经济产生深刻影响。因此，如何在世界经济低迷的背景下做好趋利避害的政策设计和实施，是对我国治理能力的新挑战。

我国在新旧动能转换方面正处于重要爬坡期。一方面 5G、人工智能等高技术正在领跑世界；另一方面，老旧产业尚未实现彻底升级换代。一方面，国内消费需求旺盛；另一方面，收入差距也在不断加大。一方面，我国应对贸易摩擦的各项举措开始产生成效，初步稳住局面；另一方面，2020 年伊始的新冠肺炎疫情，对中国国内经济造成的短期冲击明显，对我国在全球产业链中的定位带来了新的挑战。

尽管我国当前经济发展面临一定的不确定性，但 2020 年中国经济仍将保持良好的发展态势。一是体制机制优势。面对 2020 年的内外因素，在党中央领导下，我们一定会化挑战为机遇，圆满完成各项年度目标。二是国际对华信心不变。根据多个国内国际机构对 2020 年中国经济增长的预测，中国经济增长保持 5% 甚至更高的增长率仍有望实现。三是疫情压力将会趋弱。2020 年第一季度过后，我国面临的短期经济冲击压力在下降，包括中美贸易摩擦初步结果已经以达成第一阶段贸易协议为标志、新冠肺炎疫情对民众健康威胁的危险期已初步过去，未来有望在短期内结束。四是疫后的反弹将趋于强劲。疫后，我们将迎来消费爆炸阶段，被疫情抑制的消费能力将在疫情基本结束后进入全面扩张阶段。同时，疫情也给国内民众带来新的消费理念和消费模式。

在坚定发展信心的同时，我们也应看到，当前全球疫情处于全面总暴发时期，外部产业链中断与国内产业链续接问题均较为突出。考虑到国际应对疫情的举措，疫情的控制难度以及疫情持续的周期，我们有必要转变思维，积极利用国内疫情好转这一有利条件，边继续加强疫情防控，边推进经济增长，即在有约束的条件下，完成经济增长的目标。

一是加大对中小微企业，特别是就业比重较高的微小企业的扶持。疫情的暴发实际上也是对微小企业进行一次更新换代。今后可通过多种途径加强对关系到民生、就业、创新的微小企业扶持力度，激发人们的创业热情，使微小企业能够真正起到保障社会稳定和经济发展的作用。

二是加快高技术领跑新经济的推进力度。要进一步加大对高技术的扶持力度，减弱甚至消除疫情带来的负面影响。

三是加速物流基础设施升级，适应国内消费扩张的需要。物流是保障国内消费最终实现的"最后一公里"，特别是在网上消费激增的情况下，物流比以往更占据重要的位置。可考虑加强对物流基础设施的升级和制度升级建设。

四是加强国内外供应链断链的衔接工作。国外新冠肺炎疫情的大暴发直接导致全球供应链再次遭到冲击。考虑到我国经济体系与结构的独立完整，可加大过去由国外供应的产能力度，弥补供应链的断链风险，一方面可继续维持全球产业链条的完整性，另一方面进一步提升我国在国际分工中的地位。

五是加强境外疫情输入的防控，防止"二次过草地"，最大限度地减少疫情再度暴发的可能性，以有力的防控举措为我国经济发展保驾护航。

（载中国经济新闻网 2020 年 4 月 17 日）

以稳定政策应对各种变化

2019 年，影响中国经济增长的"干扰"项可能会比以往增多，经济增长也可能变得更为艰难。但是，经过多年发展，中国已奠定了自己的经济"家底"。中央提出的"六稳"，实际上就是积极应对各种变化。

做好稳就业。不是被动地"稳"，而是要在结构动态变化中求"稳"，这就要求政策着力点要放在推进新产业、朝阳产业或战略产业、新兴服务产业的人员就业上，而不是为了稳而稳。

做好稳外贸。联合国亚太经合理事会 2017 年的一份报告认为，"对于整个亚太地区而言，区域一体化可以抵消正在进行的贸易摩擦的不良影响。大型的区域贸易协定（RCEP、CPTPP 和欧盟日本经济伙伴关系协定）可推动该区域出口增加 1.3% —2.9% 。即使是在最严重的贸易摩擦情况下，区域一体化依旧可以帮助增加 350 万的就业岗位"。因此，积极加快开放进程、积极扩大朋友圈，利用发展中国家和新兴国家提供的市场机遇，是稳外贸的根本大计。

做好稳外资。2018 年 6 月，国家发改委、商务部联合发布《外商投资准入特别管理措施（负面清单）（2018 年版）》，该负面清单大幅度放宽了市场准入，其清单长度由 63 条减至 48 条。应充分利用好这一负面清单，积极创造更加符合国际规范的外商投资环境，加大招商引资工作，确保外资进入的有效增长。

做好稳预期。应积极加大正面宣传力度，对中国经济增长保持信心，上下一心。同时，保持战略定力，对"黑天鹅"胸中有预案，处变不惊；对"灰犀牛"心中有应对，不断改革前行。

（载《中国经济时报》2019 年 3 月 1 日第 12 版）

防范和纠正新发展阶段、新发展理念、新发展格局认识误区

深入学习、坚决贯彻党的十九届五中全会精神，准确把握新发展阶段，深入贯彻新发展理念，加快构建新发展格局，对于推动"十四五"时期高质量发展，确保全面建设社会主义现代化国家开好局、起好步，具有重要意义。在实践中，如何做到"准确把握新发展阶段，深入贯彻新发展理念，加快构建新发展格局"，是摆在我们面前的一项重要任务，有必要注意防范和纠正对"三新"的几点认识误区，以对下一步开展工作提供有益借鉴。

新发展阶段的认识误区：超前论、僵化论

对新发展阶段的认识不足是当前对"三新"存在的认识误区之一，主要表现为超前论和僵化论。这些认识误区的存在不利于今后齐心协力做好新发展阶段的工作，也容易使我们错失新发展阶段带来的新的良机。

超前论：这种观点认为，对我国进入新发展阶段的战略判断是一种超前判断，即认为我国还没有进入新发展阶段。其理由是缺乏足够的事实和数据支持。如收入是一国民众富裕水平、福利水平的决定性

因素，也是判断一国处于什么样发展阶段的重要指标。改革开放前很长一段时期，我国居民收入水平基本上处在温饱状态，按国际上设定的收入水平划分，我国绝大部分人口处在低收入水平上。随着经济实力的逐步提升，我国居民的收入差距也随之扩大。按收入水平划分，我国已从一个由单一收入水平构成的群体组转变为由多个不同收入水平构成的群体组。收入差距的扩大对判断我国究竟处在什么样的发展阶段带来了一定的挑战。应该说，对新发展阶段的判断既需要数量指标，但更需要质量指标。例如，根据世界银行有关美国的统计数据，2019 年美国人均 GDP 已超 6.5 万美元，但仍有大量的人口生活在低收入水平上，代表收入差距的美国基尼系数早已超过国际标准警戒线，但是也不能因低收入人口的存在就否定美国是一个发达国家。同样，不能因为一部分人群收入水平较低，就此否定我们进入新发展阶段这一判断，而是应该既要认识到收入差距带给我们的挑战，也要看到不同收入水平群体对经济社会发展的促进作用。判断我国是否达到新发展阶段，关键是看生产力水平是符合新发展阶段要求，看我国人民的总体收入水平是否到达一个具有转折意义的时点上。经过 70 多年的发展，中华民族迎来了从站起来、富起来到强起来的伟大飞跃。我国 GDP 超过 100 万亿元，对世界经济增长的贡献率超过 30%；人均 GDP 已达 1 万美元，其中，相当一部分人收入达到国外中产阶级的水准。在这样的背景下，我国进入新发展阶段已是不争的事实，这是由多重因素决定的，不能因某一方面存在问题，就否定全局发展、大局发展。即使就收入指标而言，我国也已不再停留在过去的状态上。因此，适时调整发展目标，对经济发展所处的阶段作出新的判断，不仅是个理论问题，更有现实作为支撑。可以说，"强起来"是站在我国的发展阶段、站在世界的发展阶段、站在人类的发展阶段上提出来的，是必须承担的一种使命和职责，唯有强起来，才能更好地解决我国今天所面临的社会基本矛盾，也才能实现中华民族的伟大复兴，为世界发展作出中国贡献。因此，"强起来"更是一种政治使命、政治任务，是中国共产党审时度势作出的重大判断，既不超前也不滞后，是对过去发展成就的肯定和对未来发展绘就的蓝图。

僵化论：这种观点认为，我国已经发展很好了，不需要再发展了，或者按照过去的发展道路，我国已经取得了伟大成就，今后仍然可以继续按照传统的发展道路前行。这种僵化的想法对实践也会产生极大的危害。任何一项政策都有生命期，且遵守边际效用递减规律，即同一个政策的实施有其历史背景和约束条件，在当时的历史条件下作出的决策是为了解决当时的问题，随着时间的推移，当时作出决策的历史背景和条件均已发生较大的变化，甚至是结构性改变，这就需要我们作出新的决策和判断，否则容易错失发展的良机。有很多国家在这方面都有一定的经验和教训，有的甚至长时期陷入某种陷阱中而难以自拔。应该说，过去的判断和决策适用于过去，未来的发展需要新的判断和决策，今天的中国必须走向新的发展阶段，这一新阶段是由新的发展事实和国内外条件决定的。如特朗普执政时期对我国实施的种种战略打压，表明外部条件已经在发生某种程度上的改变，如果仍按照过去的发展思维、发展模式处理问题，是作茧自缚。我国的发展不能再走传统的发展老路，而必须以新的发展视野制定新的发展政策，这样才能带动国家的整体发展，促进低收入群体实现收入更快增长。如果不思进取，依然停留在传统的发展阶段上，不仅没有办法解决新发展阶段人们对日益增长的美好生活需要的问题，还容易同低收入群体抢资源，造成低收入群体难以实现收入增长。因此，新发展阶段不仅仅代表国家进入新的发展时期，更主要的是我们的发展思维、发展模式要调整，要通过新的发展思维、新的发展模式带动不同收入群体的共同发展，从而实现共同富裕。经过多年的发展，我国经济社会面貌也已发生翻天覆地的变化，因此，无论是内外部条件，还是广大民众对未来发展提出的新需求，都要求我们摒弃传统的思维方式、发展模式，乘势而上，及时调整发展目标，对未来的发展阶段作出新的重大判断。

习近平总书记强调："进入新发展阶段，是中华民族伟大复兴历史进程的大跨越。"[①] 因此，应充分认识我国已处于新发展阶段这一重大转型的历史阶段，这是不以人们意志为转移的新的历史发展时期，是中华民族踏上新征程的起点。唯有努力奋进，才能无愧于新的发展阶段赋予我们的新的历史使命。

新发展理念的认识误区：胆怯论、孤立论、矮化论

2015 年，党的十八届五中全会提出创新、协调、绿色、开放、共享的新发展理念。2020 年 10 月 14 日，习近平总书记在深圳经济特区建立 40 周年庆祝大会上的讲话中强调，坚定不移贯彻新发展理念，要坚持发展是第一要务、人才是第一资源、创新是第一动力，率先推动质量变革、效率变革、动力变革，努力实现更高质量、更有效率、更加公平、更可持续、更为安全的发展。2020 年 10 月 29 日，党的十九届五中全会审议通过的《中共中央关于制定国民经济和社会发展第十四个五年规划和二〇三五年远景目标的建议》，把"坚持新发展理念"列为"十四五"时期我国经济社会发展必须遵循的原则，并明确要求："把新发展理念贯穿发展全过程和各领域"。2021 年 1 月 28 日，习近平总书记在主持十九届中央政治局第二十七次集体学习时再次强调，进入新发展阶段，必须"完整、准确、全面贯彻新发展理念"。切实解决影响构建新发展格局、实现高质量发展的突出问题；更加注重共同富裕问题；既要以新发展理念指导引领全面深化改革，又要通过深化改革为完整、准确、全面贯彻新发展理念提供体制

机制保障；坚持系统观念，统筹国内国际两个大局，统筹"五位一体"总体布局和"四个全面"战略布局；中央要从全局上不断提高全党全国贯彻落实新发展理念的能力和水平，各地区各部门也要根据实际情况贯彻落实好新发展理念。针对新发展理念，应注意防范和纠正以下三个方面的误区。

胆怯论：这种观点认为，我国还无法从技术上践行新发展理念。因此，持这种观点的人面对当前美国等西方发达国家，对我国在一些关键核心技术领域实施的"卡脖子"和"围追堵截"，产生胆怯心理，甚至怀疑我国是否有能力实现新发展阶段目标。从某种意义上说，尽管在向世界先进国家靠近，在某些方面甚至超过发达国家，但是我国还不属于技术强国，尤其是关键核心技术仍然面临短缺，使得一部分人对美国等西方发达国家生出敬畏之心。事实上，大国崛起首先是技术崛起，这一过程是痛苦的又是必经的，没有自身技术崛起很难有大国崛起。因此，依靠自身实现技术崛起不仅是检验大国是否具备崛起的前提条件，也是保持其崛起后优势的关键所在。在这里，胆怯心理不仅没有必要，相反只能使自身发展畏首畏尾。再有，当今世界技术市场越来越具有竞争性质，过去由发达国家垄断世界科技发展的局面正在被打破，随着发展中国家的发展，世界技术市场正在向多个经济体主导的局面转变，这给我国继续从世界技术市场中获取新技术创造了前提条件。最根本的是，我国已经建立了较为扎实的技术基础，无论是人才储备还是资金条件，都已跃居世界技术大国行列，这是践行新发展理念的底气，也是最终能够实现新发展目标的关键所在。

孤立论：这种观点将新发展理念的五个方面分开来理解，不能将其作为一个系统的理论体系，这是对新发展理念各方关系认识不清、了解不透造成的。完整、准确、全面贯彻新发展理念，需要从系统论出发，而不能孤立地看待新发展理念。没有创新这一前提，就无从谈论绿色发展，不能为了绿色而绿色，而是既要发展也要绿色，创新在其中起了关键作用；开放是继续保持同外界资源进行互动的重要前提，不能因为外部对我国进行"封杀"，就把大门关上，相反，开放的大门应该越开越大，这是保持发展活力的重要源泉，也是与其他国家共享发展成果的前提。新发展理念的五个方面相辅相成、互相促进，早已形成一个有机整体；新发展理念是在新发展阶段应该牢固树立的理念，也与过去发展理念有所不同。随着国家发展面临的问题越来越复杂，非一人、一地、一国所能解决，这就需要团结合作，共同面对发展过程中的难题。同时，也需要发展理念在内涵上具有多重性，并且各个理念构成系统、发挥合力。

矮化论：这种观点认为，不应将新发展理念提到过高的位置，或是将其看得过于重要。这是一种自我矮化的理论。习近平总书记在省部级主要领导干部学习贯彻党的十九届五中全会精神专题研讨班开班式上强调，新发展理念回答了关于发展的目的、动力、方式、路径等一系列理论和实践问题，阐明了我们党关于发展的政治立场、价值导向、发展模式、发展道路等重大政治问题。这就将新发展理念上升到政治高度加以理解，并深化了其深刻内涵。从国内现实看，要实现新发展阶段的目标，就必须贯彻新发展理念；从世界范围看，我国要为世界发展作出更大贡献，也必须贯彻新发展理念。当今世界只有为数不多的国家提出新发展理念并努力践行。这是一场为人类发展而开展的政治竞赛，我国唯有在贯彻新发展理念上走在前列，才能有资格引领世界的发展。因此，新发展理念看似是一个经济问题、社会问题、环境问题、技术问题，实际上早已上升到政治高度，是个政治问题。在今后的实践中，不能把新发展理念简单地理解为经济问题、社会问题、环境问题、技术问题等，而应认为其是一个关系中华民族复兴伟业的政治问题。

新发展格局的认识误区：片面论、封闭论、盲目论、静态论、无关论

　　加快构建以国内大循环为主体、国内国际双循环相互促进的新发展格局，是《中共中央关于制定国民经济和社会发展第十四个五年规划和二〇三五年远景目标的建议》提出的一项关系我国发展全局的重大战略任务，需要从全局高度准确把握和积极推进。但目前，对于新发展格局仍然存在一些需要澄清的认识误区。

　　片面论：这种观点要么认为新发展格局就是要关起门来自己搞建设，不再与外部环境进行资源互动、人才交流、技术交往等，完全凭借自身的力量来实现新发展目标，要么认为是继续沿用传统的发展思路，使我国发展继续保持对世界发展的严重依赖。一听说我国要建立以国内为主体的大循环，就以为是要关起门来搞建设，甚至一些国际舆论也认为如此。关起门来搞建设，不仅会拉长我国的建设周期，还容易导致僵化的发展思维，这在过去有着深刻的甚至是刻骨铭心的教训。从世界范围看，没有哪一个大国是脱离世界经济独自发展的，即使像美国、欧盟这样发达的国家或地区，至少也在保持与世界经济发展的互动中前行。根据世界银行有关美国的统计数据，美国商品和服务进出口规模占其 GDP 比重基本上保持在 20%—30%。改革开放以来，随着对外开放程度和水平的逐步扩大或提高，依靠"两头在外、大进大出"模式，我国商品与服务进出口规模占 GDP 的比重居高不下，最高的时候是 2006 年，高达 64.5%。在当时，国内市场尚未获得充分发展，尚不足以支撑工业化进程，需要从外部获取更多的资源、市场、技术，因此相对于美国等国而言，我国的 GDP 规模还较小，这样的发展模式是可以接受的。今天，随着我国已从贸易小国向

贸易大国迈进、从地区大国向世界大国迈进，上述传统的发展思路已不再适用于今天的发展。首先世界大国都以国内发展为主，国内市场始终是支持大国发展的根基。像日本 GDP 仅为我国的三分之一，在国内资源匮乏的情况下，仍然始终坚持深挖国内市场。我国已成为世界第二大经济体，已经具备做好国内市场的条件，国内市场可作为下一个发展目标的主要依托力量。另外，我国传统的发展模式已不可持续，已成为多个国家的第一大贸易伙伴，在其他国家经济没有发生重大转型的前提下，继续拓展国际市场将面临较大的压力。事实上，随着 GDP 规模不断增长，近些年我国进出口规模占 GDP 比重也在不断下降，由此可以看出，国内市场已经开始在推动 GDP 增长中起重要作用。如果非需要一个经济指标来表明新发展格局的话，在保持 GDP 规模不断扩张的前提下，进出口规模占 GDP 比重下降到 20%—30% 将是我国实现新发展格局的标志性指标之一。从政治角度看，新发展格局也不允许将我国的发展长期依靠在外部力量上，唯有以国内作为支撑，才能在世界发展大势面前不失自我。国内是基础，外部是机遇。大国特别是世界级大国要发挥在世界中的应有地位和作用，国内力量是发挥大国经济优势、政治优势、文化优势的根基，这就需要摆正国内市场和外部市场在我国新发展格局中的地位和作用。在新发展格局中，外部力量对我国经济发展的支持将退居"二线"，但是外部力量是必要的，并不是强调国内为主体，就将国外的资源和技术一竿子打死，必要的资源进口、技术引进是需要的，比国内又便宜又好的国外产品仍是进口的主要方向，比国内先进的国外技术也需要引进。一国对外出口的产品和服务是工业化发展水平或服务水平的重要标志，所以加快提升我国产品质量和水平不仅应该得到鼓励，同时也是积累我国对外优势的关键所在，也有利于退出与发展水平较低的国家争夺市场的尴尬局面。可以说，外部力量对我国经济发展的作用不是降为零，而是保持在一定的比例。因此，构建以国内大循环为主体、国内国际双循环相互促进的新发展格局，虽然强调的是以国内力量为主体，提升国内市场能力，但并不是为了抹杀外部力量，而是强调对国内力量倚重，同时要更好地促进国内力量与外部力量的相互作用。

封闭论（也称画地为牢论、狭隘论）：这种观点是片面论的极端化，其过分强调国内大循环，只顾及本国发展，考虑本地发展、本地循环，要求在各自的领域里建立小圈子，却不顾及世界发展，不顾及与外部的衔接。大国就要有个大国的样子。进入新发展阶段，构建新发展格局，不是关起门来搞建设，反而要实行高水平开放，既对外开放也对内开放，建立的是大国开放体制。大国开放体制是立足国内，同时又不放弃对外部的包容，是促进内部相互开放和国内国外的相互开放。这样的开放体制的关键是"循环"。所谓的"循环"，顾名思义就是保持事物的各个环节畅通无阻。如果每个地方、每个部门把自己内部搞得好好的，却不顾及与外部的衔接，时间长了，这样的循环也将是一个低端循环甚至死循环，不符合国家未来发展的新要求。强调国内大循环，是各地区、各部门都要积极参与全国发展这盘大棋，不仅要打通自身的经络，也要打通与其他部门、其他地方甚至外部的经络，为自身发展和他人发展创造良好的条件，使国内形成完整的经济社会发展与治理链条，并与国外形成良性互动。这就需要建立起高端循环，要在畅通中实现高质量发展。因此，大循环不仅仅表现为物流层面上的外在循环，更主要的是经济发展过程中的内在循环，尽管看不见、摸不着，却又实实在在地存在，并决定着经济社会发展的质量、水平、范围和程度。因此，不能把大循环狭隘地理解为物流上的循环，如建几条公路、修几条铁路，还应包括完善体制机制、提高相应的治理水平等内容。

盲目论：新发展格局是实现新发展阶段确立的新发展目标，是践行新发展理念的路径。在这样的背景下，对新发展格局的理解要有新的认识，而不能像过去一样盲目做事。比如，一强调扩大内需，就又开始乱上项目、乱投资，形成无效投资，既不利于解决内需问题，又造成产能过剩。再比如，发展关键核心技术无可厚非，但不能不讲科学规划，专挑高大上的项目一哄而上，甚至搞重复建设，各自为政的结果是造成资源浪费，难以形成技术发展合力，以致于亟须和实用的技术无人开发，高精端项目又久攻不克。还有的不知道该如何推进新发展格局，甚至丢掉本地区本部门有发展优势的传统产业，不在利用自身优势上下功夫，反而盲目跟风，上一些不适合本地区发展的新项目，造成新的资源浪费。

静态论：这种观点将"三新"各环节各方面看成是孤立静态的过程。习近平总书记指出，要在各种可以预见和难以预见的狂风暴雨、惊涛骇浪中，增强我们的生存力、竞争力、发展力、持续力；构建新发展格局最本质的特征是实现高水平的自立自强，必须更强调自主创新；释放内需潜力，加快培育完整内需体系，加强需求侧管理，扩大居民消费，提升消费层次，使建设超大规模的国内市场成为一个可持续的历史过程。发展不可能以一种孤立的、静止的方式来进行。比如，强调国内大循环为主体、国内国际双循环，实际上也同时要求动态地、系统地看待问题，而不能仅强调一个方面、一个侧面。首先中国已不是孤立地独处于世，国内社会基本矛盾的解决也必须在动态发展中来进行。再比如，我们强调需求侧改革的同时，不能忽略供给侧改革的作用，毕竟任何需求的满足都最终需要供给来完成，特别是国内供给来完成。在过去，我们强调需求侧不强调供给侧，认为可以从国外进口得到满足，这实际上也是由供给侧来完成的，只不过完成的主体是国外。今天，要在更高水平上来实现供求平衡，要求供给侧完成的主体是国内，目的是提高国内供给侧主体的技术水平、供应水平，从根本上解决国内经济高质量发展问题。

无关论：这种观点认为新发展格局是那些已经发展起来的地区应该谋划的事，与自己的地区、部门无关。每个地区每个部门，不管经济社会发展水平如何，实际上在新的发展大势面前都是躲不过的，看似与自己无关，实际上却时时刻刻在受新发展阶段的影响。比如，现在通信发达，一个地方发生的事情很快就遍及全国，特别是涉及重大舆情，那么如何处理就体现出不同的治理水平了。有的不思进取仍然按老办法出牌来处理一些舆情，不仅不能处理好，反而惹来新的是非。这就需要在新的历史条件下学会用新思维、新办法解决老问题、提升老办法，带动当地发展，这不仅适用于舆情，也适用于经济社会发展的各个方面。新发展格局要求及时更新自己的知识、提升自己的见解和创新自己的思维方式，更主要的是磨炼斗志，努力做好新发展格局下的工作，包括与外部发展战略的对接等。例如，靠近发达地区的部分地区可考虑利用发达地区进入新发展阶段后政策的溢出效应，做好本地区承接工作。再如，如何与那些与自身发展关联较大的地区、部门和产业形成发展合力，打通发展的最后一公里等。那些存有无关论想法的人显然没有看到新的发展局面，认清新的发展形势，更没有看到自己应该承担的责任和使命，这些都需要在现实中下大力气去解决。

"对国之大者要心中有数。"① 习近平总书记这句话告诉我们：只有从政治高度认识我国"进入新发展阶段、贯彻新发展理念、构建新发展格局"的重大意义，在推进"三新"中时刻注意防范和纠正认识误区，才能在实践中更好地履行职责，完成历史赋予我们的新的发展使命。各级领导干部特别是高级干部必须立足中华民族伟大复兴战略全局和世界百年未有之大变局，提高政治判断力、政治领悟力、政治执行力，提高把握新发展阶段、贯彻新发展理念、构建新发展格局的政治能力、战略眼光、专业水平，胸怀大局、敢于担当、善于作为，把党中央决策部署贯彻落实好。

（载《人民论坛》2021 年 7 月中）

① 《中国人民政治协商会议第十三届全国委员会第三次会议文件》，人民出版社 2020 年版，第 423 页。

中华人民共和国 70 年贫困治理的历史演进、经验总结和世界意义

新中国成立 70 年来，历届党中央都高度重视扶贫减贫事业，创造性地将马克思主义的反贫困理论与中国具体实际相结合，对解决温饱问题、建设小康社会、最终实现共同富裕作过系统思考和重要论述，逐步探索出一条适合中国国情和社会主义制度的扶贫开发道路，为解决贫困问题作出过积极探索和伟大实践，创造了人类历史上世所罕见的减贫奇迹。

一 1949—1978 年：在探索适合中国国情社会主义建设道路基础上的制度扶贫

新中国成立前，我国是世界上人类发展水平最低的国家之一。新中国成立伊始，在以毛泽东同志为核心的第一代中央领导集体带领下，我们从发展社会主义和满足人民群众现实利益的角度分析反贫困问题，一方面基于长远目标提出实现"共同富裕"的理念，另一方面积极探索适合中国国情的社会主义贫困治理道路。例如，毛泽东在1955 年指出："全国大多数农民，为了摆脱贫困，改善生活，为了抵御灾荒，只有联合起来，向社会主义大道前进，才能达到目的"[1]；要"在逐步地实现社会主义工业化和逐步地实现对于手工业、对于

---

[1] 安徽省哲学社会科学研究所经济研究室编：《毛泽东同志论社会主义经济问题》，安徽人民出版社 1960 年版，第 28 页。

资本主义工商业的社会主义改造的同时，逐步地实现对于整个农业的社会主义的改造，即实行合作化，在农村中消灭富农经济制度和个体经济制度，使全体农村人民共同富裕起来"①。以上论述可以发现，毛泽东同志关于共同富裕的思想为我们解决贫困问题指明了目标和路径，即最终要达到全体人民共同富裕，具体路径是通过发展经济、走工业化、现代化道路等来实现。

在贫困治理的实践层面，党中央领导全国各族人民有步骤地恢复国民经济并开展了有计划的经济建设，先是对资产阶级进行和平赎买，然后迅速完成对资本主义工商业的改造，实现农业的社会主义改造，到1956年年底全国加入合作社的农户超过95%，完成了几千年的分散个体劳动向集体所有、集体经营的历史性转变，消灭了剥削制度，成功实现从新民主主义到社会主义的转变，全面确立了社会主义的基本制度，这些都为彻底解决贫困问题和后来的改革开放奠定了根本政治前提和制度基础。另外，在"一穷二白"的基础上积极探索建设独立的比较完整的工业体系和国民经济体系，"一五"时期集中力量建设了由苏联援建的156项重点工程，新建了一系列基础工业部门，为建立独立的比较完整的工业体系和国民经济体系进行了原始积累，使1952—1978年的工农业总产值年均增长8.2%，基本建设投资6440亿元，累计新增固定资产比1949年增加了7倍，粮食产量由旧中国最高年份的1.4亿吨提高到1978年的3亿吨，极大地解放和促进了生产力的提升，取得了在没有专项扶贫政策的背景下显著的减贫成效，使人民群众的生活水平、受教育状况和医疗健康状况较1949年前有明显改善。正如毛泽东所说的："没有工业，便没有巩固的国防，便没有人民的福利，便没有国家的富强。"②

然而，面对贫困人口基数大、自然条件恶劣和抵御风险能力差等

①　安徽省哲学社会科学研究所经济研究室编：《毛泽东同志论社会主义经济问题》，安徽人民出版社1960年版，第29页。

②　中共江西省委讲师团编：《毛泽东同志论政治经济学诸问题》，江西人民出版社1960年版，第45页。

客观条件，再加上 20 世纪 50 年代末在生产关系上急于过渡，片面追求"一大二公三纯"，一度出现以浮夸风、高指标为特征"大跃进"和人民公社化运动的严重挫折，以及 60 年代阶级斗争扩大化的危害，导致农业生产遭到极大破坏，广大人民利益受损，城乡人民的生活遇到很大困难。直到改革开放初期，我国农村的贫困发生率仍然处于一个较高水平。

二　1978—1985 年：农村改革先行突破下的政策扶贫

改革开放开启以后，以邓小平同志的为核心的第二代中央领导集体将工作重心重新转移到经济建设上来，提出"解放和发展生产力"和"实现共同富裕"的总体目标。在这样的大背景下，国家以农村改革为突破口，实施了家庭联产承包责任制等一系列政策变革。一些地区在解放思想、实事求是思想路线和中央有关农业发展精神的鼓舞下，紧紧围绕调动农民生产积极性和提高农业生产效率进行大胆创新。例如，1977 年年底，安徽省委制定了《关于当前农村经济政策几个问题的规定》，其主要内容涉及尊重生产队自主权、落实按劳分配制度、允许鼓励社员经营自留地和正当的家庭副业等，这份文件突破了不少以往政策"禁区"，得到广大农民的热烈欢迎；四川省积极鼓励一些生产队进行"包产到组"和"以产定工、超额奖励"的措施；广东省从 1978 年开始逐步在全省推广了定人员、定产量、定质量、定消耗、定成本和内部利润的"五定一奖"管理办法。随后，在全国范围内逐步推行了以大包干（包产到户、包干到户）为主要形式的家庭联产承包责任制，取消了原来政社合一的人民公社，成立了独立核算、自负盈亏的农业生产合作社，实行了"三多一少"的农村商品流通体制改革，乡镇企业也异军突起，当这些政策的供给红利传导到贫困人口身上时，极大地激发了他们的生产热情，推动了中国经济的快速增长，使农村贫困现象大幅缓解。

与此同时，党和政府从制度入手，开始就贫困帮扶机制和转移支付等作出政策安排，一方面通过举国体制的优势，促进物质、人才以及技术等向边远地区、民族地区的贫困人口倾斜；另一方面，通过东西部地区协助的形式，对民族地区、革命老区、偏远地区的农村进行定向援助。例如，20 世纪 80 年代"设立支援经济不发达地区发展资金"、下发《关于尽快改变贫困地区面貌的通知》等措施出台，意味着我国扶贫事业逐步成为一个专项工作领域从其他部门独立出来，进入了专业化治理的新阶段。在此期间，我国农村贫困人口年均减少超过 1700 万人。1978 年，我国没有解决温饱的贫困人口是 2.5 亿人，到 1985 年，没有解决温饱的贫困人口是 1.25 亿人，占农村人口比例由 1978 年的 30% 下降到 1985 年的 15%。

三 1986—2000 年：以经济建设为中心的开发扶贫

20 世纪 80 年代后期，随着城市化进程发展、乡镇企业异军突起、社会主义市场经济体制逐步完善等，因农村土地承包、家庭联产承包等制度改革带来的减贫边际效应开始下降。面对新形势，以江泽民同志为核心的党中央提出"三个代表"重要思想，以发展先进生产力、发展先进文化等来推动全国扶贫减贫事业。他强调："在整个改革开放和现代化建设的过程中，都要努力使工人、农民、知识分子和其他群众共同享受到经济社会发展的成果。"此外，国家在 1986 年成立了国务院扶贫开发领导小组，又于 1994 年颁布了《国家八七扶贫攻坚计划（1994—2000 年）》，这些都标志着我们进入了政府主导、社会参与、区域协作的扶贫治理新阶段。

在此期间，各地的贫困治理措施可以概括为以下方面：充分激发贫困地区广大干部和群众的生产积极性，逐步实施由农业向工业转变的战略转变，以此带动人们致富；以建立社会主义市场经济体制为导向，依靠科技进步、外来资本和现代管理，结合各地区位优势和资源优势，发展商品生产，进而实现脱贫致富；大力发展能够充分吸纳就业的种植业、养殖业、农产品加工业和第三产业；大规模推动农村劳务向城市流动，既满足了城市化过程中对劳动力增长的需求，也普遍提高了农民的基本收入；对少数生存和生产条件特别困难的农户和乡村，实行整体搬迁、开发式移民等有效措施，极大地改善部分区域整体性脱贫问题。

此外，国家还明确了贫困县的划定标准和若干针对农村和偏远地区的优惠政策，有重点地把新增扶贫资金、项目集中用于中西部贫困状况严重的省份，这些措施弥补了因农村经济发展边际效益降低而导致贫困人口减少速度放缓的不足，实现了贫困治理的重点由区域性经济发展带动贫困缓解向针对贫困县和贫困村的定向帮扶的转变。结果，到 2000 年，国家"八七"扶贫攻坚计划顺利完成预期目标，党中央、国务院确定的在 20 世纪末基本解决农村贫困人口温饱问题、大面积绝对贫困现象基本缓解的战略目标如期实现。

四　2001—2012 年：以提升贫困人口能力素质为目标的综合扶贫

进入 21 世纪，以胡锦涛同志为总书记的党中央提出科学发展观的指导思想，扶贫开发工作紧紧围绕以人为本、全面协调可持续的总基调，并将实施西部大开发战略与解决贫困问题同步推进，进一步加大对贫困地区的投入、以增强自我发展能力为主线，更加注重基础设施建设，着力提升发展保障能力。胡锦涛指出："要着力解决人民群众最关心、最直接、最现实的利益问题，完善社会保障体系，加强扶贫开发工作，使人民群众不断得到实实在在的利益，使各阶级群众特别是城乡困难群众都感受到社会主义大家庭的温暖。"[1] 例如，2005年 12 月，全国人大常委会决定废止《中华人民共和国农业税条例》，中国农民告别了 2600 多年的"皇粮国税"；此外，国家以广覆盖、保基本、多层次、可持续的原则，积极构建起了我国农村社会保障制

---

① 中共中央文献研究室编：《十六大以来重要文献选编》（下），中央文献出版社 2008 年版，第 559 页。

度的基本框架，改变了农村无社保的局面。在此基础上，国务院于2001年起开始实施《中国农村扶贫开发纲要（2001—2010）》，并明确21世纪头10年的扶贫开发目标、基本措施和保障体系，即把解决极少数贫困人口的温饱问题作为底线，在此基础上不断改善贫困地区的基本生产生活条件，进一步提高贫困人口的生活质量、生产能力和科学文化素质，改善贫困乡村的通水、通电、通路和广播电视等基础设施状况，逐步改变贫困地区社会、经济、文化的落后现状，为达到小康创造条件。可见，这一阶段党和政府的贫困治理思想主要体现在三方面：在个体层面上，把以人为本的理念贯穿在扶贫开发过程中，更加强调农村贫困人口的主体地位和现实需求；在社会关系层面上，以构建社会主义和谐社会为引领，对扶贫的本质和内涵赋予了新的更高要求；在国家战略层面，大力实施社会主义新农村建设，着力探索农村经济发展、解决贫困问题与有效乡村治理有机结合的路径。

经过这一时期的不懈努力，我国贫困治理成效发生了巨大变化，实现了从总体上解决贫困人口生存问题向提高贫困人口综合素质和发展能力、加快脱贫致富、缩小发展差距转变的新阶段。在此期间，我国的扶贫治理体系和治理能力也发生了重大变化，基本形成了开发式扶贫和社会保障相结合，外部支持与自力更生相结合，专项扶贫与行业扶贫、社会扶贫相结合的多维立体贫困治理格局。特别是全面取消农业税、实行多种农业补贴、加强农村基础设施建设、不断增加对贫困地区的财政转移支付和专项扶贫资金等政策的实施，为新世纪中国扶贫减贫事业增添了新的动力，也为贫困人口获得平等发展机会和共享现代化成果奠定了基础。

五　2013年至今：以消除绝对贫困为目标的精准扶贫

党的十八大以来，以习近平同志为核心的党中央提出精准扶贫思想，把解决扶贫问题作为全面决胜小康的"最后一公里"，纳入"五位一体"总体布局和"四个全面"战略布局统筹推进。2013年11

月，习近平总书记在湖南省湘西州调研时指出："扶贫要实事求是，因地制宜。要精准扶贫，切忌喊口号，也不要定好高骛远的目标。"自此之后，习近平总书记就精准扶贫的基本方略、政策措施、工作方法等提出了一系列新战略新要求，成为习近平新时代中国特色社会主义思想的重要组成部分。特别是在党的十九大报告中，习近平总书记郑重指出："要动员全党全国全社会力量，坚持精准扶贫、精准脱贫，确保到 2020 年我国现行标准下农村贫困人口实现脱贫，贫困县全部摘帽，解决区域性整体贫困，做到脱真贫、真脱贫。"实践证明，党的十八大以来，我们充分发挥举国体制优势和市场机制功能，创造性地构筑起了党委、政府、社会组织和贫困人口共同参与扶贫治理的强大合力，建立了中国特色的脱贫攻坚制度体系、工作体系、考核体系，实现农村贫困人口数量显著减少，并通过移民搬迁、生态恢复、互联网金融扶贫等特色项目，使得集中连片的区域性整体贫困得到有效解决，脱贫攻坚创造了世界减贫史上的最好成绩，也为其他国家扶贫治理贡献了有益参考。

六年来，我国扶贫治理体系日益完善、治理能力日益现代化。党中央、国务院以及中央办公厅、国务院办公厅先后制定印发《关于打赢脱贫攻坚战的决定》《"十三五"脱贫攻坚规划》《关于加大脱贫攻坚力度支持革命老区开发建设的指导意见》《省级党委和政府扶贫开发工作成效考核办法》等文件 20 多个。根据不完全统计，相关部委制定配套文件超过 300 项，紧紧围绕"小康路上一个人都不能掉队"的总目标细化扶贫任务、形成全方位保障方案。专项扶贫工作力度持续加大，例如 2019 年的中央财政专项扶贫资金比 2018 年增加 200 亿元，增长超过 18%，增量资金主要用于深度贫困地区脱贫攻坚，重点加大了对西藏、新疆的四地州和四省藏区、甘肃的临夏州、四川的凉山州、云南的怒江州的扶贫帮扶力度。行业扶贫、社会扶贫互为补充的大扶贫格局更加完善，例如金融企业采用"产品订单＋商业保险＋期货＋银行贷款"的模式，贫困人口凭订单可生产贷款和经营贷款，同时利用保险规避风险，最大程度保障贫困人口的收入收益。

六　中国贫困治理的基本经验与启示

回顾我国扶贫治理的发展历程，尽管各个时期指导思想各有侧重，但在理论逻辑上都具有内在的一致性，就是始终以马克思主义的反贫困理论为指导，始终以改善人民生活、实现共同富裕为目标，始终注重发挥社会主义制度的优越性、从社会主义初级阶段的最大实际出发制定政策，走出了一条具有中国特色的社会主义贫困治理道路，这就是我国贫困治理的基本经验。

（一）根本保障：坚持党对扶贫减贫事业的正确领导

70 年来，历届党中央都高度重视扶贫减贫事业，每一代党的领导同志都对扶贫工作作过重要论述和指示，特别是在党代会、重要文件、"五年规划"等全局性工作部署中都会优先考虑贫困治理，先后根据"解决温饱问题""建设小康社会""实施西部大开发战略""全面建成小康社会"等战略目标，相对应地提出"以工代赈""城市反哺农村""两不愁、三保障"等扶贫工作指导方针。70 年的扶贫治理实践充分证明，坚持党对扶贫减贫事业的坚强领导，持续深化对贫困人口变化趋势、致贫返贫原因分析、脱贫发展规律的认识，充分发挥基层党组织在带领群众脱贫致富中的坚强战斗堡垒作用，不断提升基层党员干部带领农民脱贫致富的能力素质，是中国特色社会主义扶贫开发事业发生历史性变革、取得历史性成就的根本政治保障。

（二）基本理念：坚持以人民为中心的扶贫开发思想

马克思主义唯物史观认为，人民群众是历史的创造者，是历史发展和社会进步的主体力量。中国共产党一成立就把全心全意为人民服务的宗旨写在自己的旗帜上，在革命、建设、改革的过程中先后提出"打土豪、分田地"的政策主张、"贫困不是社会主义"的基本理论、"小康路上一个都不能少"的指导思想，这其中一以贯之的根本政治立场就是以人民为中心。这一系列扶贫理论和实践的背后是持续对扶贫治理问题中"谁来扶""怎么扶""扶什么"规律的深化和探索。70 年扶贫治理实践，我们一方面把贫困人口作为参与主体和受益主体，通过制度红利、改革措施、有效方法等，极大地增强了贫困人口改变落后面貌和脱贫致富的积极性、主动性和创造性，相继创造了 7 亿多农村贫困人口实现脱贫、近 14 亿人民生活总体达到小康水平、形成世界最大规模的中等收入群体、消除绝对贫困人口等世所罕见的发展奇迹。另一方面，我们以保障贫困人口各项基本权利和促进个人全面自由发展为长期目标，更加注重在扶贫减贫过程中完善社会保障体系、维护社会公平正义、加强教育和医疗等基本公共服务投入等，逐步实现贫困人口在经济、社会、文化等各方面发展的权利。例如，西藏社会直接由封建农奴制度跨越进社会主义制度，云南的独龙族等少数民族由原始社会等形态直接进入社会主义社会，少数民族面貌发生了根本变化，少数民族地区面貌发生了根本变化，各民族团结互助、共同进步成为时代的最强音。

（三）有效路径：坚持扶贫同扶志、扶智的相结合

贫穷本身并不可怕，可怕的是一些贫困人口存在命中注定贫穷的思想。新中国在 70 年的反贫困治理过程中，我们逐步认识到由于致贫原因不同和思想观念落后等因素，需要采取"输血"和"造血"相结合的治理方式。实践证明，产业扶贫、科技扶贫、项目扶贫、对口支援帮扶等的往往在贫困地区脱贫的初始阶段，能发挥出"大水漫灌"式的巨大带动作用，然而随着时间的推移，单纯"输血"式的扶贫效果的边际效益开始递减，更需要项目扶贫与个体扶志、扶智相结合的过程。例如，我们国家从 1986 年提出开发式扶贫，到 20 世纪 90 年代末推行"参与式"扶贫模式，再到党的十八大以来提出"扶贫先扶志、扶贫必扶智"的指导思想，通过开展一系列教育帮扶和就业培训，使贫困户能有一技之长，进而不断提高贫困人口的自我发展能力和抵御风险能力，最终从贫困人口的思想和能力上铲除滋生

贫困的土壤，避免在扶贫过程中出现"养懒汉"和"争当贫困户"的现象。

（四）动力机制：坚持举国体制与市场功能的双重作用

扶贫减贫机制是一项复杂的系统工程，也是世界各国扶贫治理探索的重要内容。70年来，我们一方面始终重视举国体制在扶贫资源分配、政策制定、项目安排、资金流动等方面的导向作用。例如，中央有关部委每年的工作会议上都会通过政策文件、行政命令等形式，从本领域主管业务的角度出发，直接向贫困地区采取援助、援建、帮扶等行为，这被普遍认为是响应速度最快、支援效率最高的扶贫治理方法。例如，住房和城乡建设部曾在2018年全国工作会议上提出将集中力量推进建档立卡贫困户等重点对象的危房改造；2017年的全国财政工作会议曾提出强化财政扶贫资金管理等。另一方面，我国在提出建立社会主义市场经济体制后，又逐步注重市场在扶贫资源流动和配置中的基础作用，积极鼓励资本、技术、企业等要素与贫困地区的"资源链""产业链""生态链"有机结合，为贫困地区发展经济、改善民生、创造就业构建长效机制。这一运行机制是基于经济学的利益驱动、供求影响和竞争制度等原理共同作用，它能为贫困地区创造持续的经济社会价值和对外开放的窗口，也更有利于扩大贫困地区与其他地区实现有效的产品交易和贸易交流。

七　中国扶贫减贫事业的世界意义

新中国成立以来，作为全世界最大且是人口最多的发展中国家，始终把消除贫困作为自身发展的重要内容。70年来，除了自身积极探索和实施中国特色的扶贫减贫道路之外，积极倡导和推动世界减贫事业的发展。联合国、世界银行、世界卫生组织等国际组织多次在国际扶贫治理会议中对中国政府取得的成就给予充分肯定，一些受贫困问题困扰的亚非拉国家更是强烈希望学习到中国贫困治理的有效经验。

（一）为全球减贫事业作出了中国贡献

中国在扶贫治理方面取得的成功实践是世界减贫事业发展的重要组成部分。在减少贫困人口的具体目标方面，正如联合国《2015年千年发展目标报告》所指出的，中国连续数年极端贫困人口比例显著下降，从1990年的61%下降到2002年的30%以下，再下降到2014的4.2%，对全球直接减贫的贡献率超过70%，也就是过去几十年中，世界上每减少100个贫困人口就有70人以上来自中国，而且到2020年年末即将全部消除贫困人口，这是几千年来人类历史上的发展奇迹。在扶贫政策和理论方面，中国政府构建的是全方位的减贫治理体系，包括提高安全饮水、改善居民健康教育、增加贫困人口就业能力等，超越了其他国家从一个维度或者几个维度治理贫困的措施，实现了很多国家消除贫困—返回贫困—再治理贫困的困境，特别是党的十八以来，着眼于扶贫治理边际效用递减的现实问题，加强对贫困问题的顶层设计和基层探索，逐步形成的精准扶贫理论，是对世界减贫理论发展作出的重要贡献。很多国际组织负责人对中国为世界减贫事业作出的贡献给予高度赞誉。例如，联合国秘书长安东尼奥·古特雷斯表示，中国在消除贫困中自身取得的成就，就是为世界作出的最重要的贡献。世界银行行长金墉认为，中国的减贫成就是人类历史上最伟大的事件之一，世界极端贫困人口下降的主要贡献来自中国。

（二）为全球减贫事业增添了中国力量

习近平总书记曾指出："消除贫困是人类的共同使命。中国在致力于自身消除贫困的同时，积极展开南南合作，力所能及向其他发展中国家提供不附加任何政治条件的援助，支持和帮助广大发展中国家特别是最不发达国家消除贫困。"[①] 70年来，我国作为负责任的发展中大国，在解决好自身贫困问题的基础上，通过南南合作以及"一带一路"建设倡议等，积极为发展中国家脱贫减贫提供经验、人才、

---

① 中共中央文献研究室编：《十八大以来重要文献选编》（中），中央文献出版社2016年版，第721页。

物质和技术等各方面的援助。联合国副秘书长泰格埃格奈瓦克·盖图曾表示，中国对待减贫工作非常认真、一丝不苟，堪称发达国家学习的典范。70 年来，我国累计向近 170 个国家和地区提供了超过 4000 亿人民币总额的各类援助，派遣 60 多万名技术人员直接参与遍及非洲、亚洲、拉丁美洲和太平洋海岛贫困国家的医疗、教育、基础设施建设，先后 7 次宣布无条件免除各类到期无息贷款债务。进入新时代，我国提出构建人类命运共同体的理念，为推进全球扶贫减贫事业指明了新的合作方向和路径，特别是近年来主张设立南南合作援助基金和南南合作与发展学院等一系列新的国际减贫合作机制，旨在帮助发展中国家传递扶贫经验，共同与受援国政府一道，利用全球知识资源和经济发展成就来改变当地贫困人口的生产生活条件，这些项目和行为不附加任何政治条件和经济负担，得到当地群众和联合国的高度赞扬和积极参与。

（三）为全球减贫事业提供了中国经验

新中国 70 年的反贫困治理积累了大量治理经验，其中既有制度设计方面的独特优势，也有很多被实践证明了可以广泛推广应用的方式方法。例如，通过改革完善涉及贫困人口的医疗、教育和社会保障制度等，来防止贫困人口脱贫后的返贫现象发生；在扶贫治理过程中协调好政府宏观调控作用和市场机制的双重作用，以政策引导、招商引资、增加就业等共同促进贫困人口自我发展能力提升；等等。另外，我国始终秉持开放和包容的态度，高度重视与国际组织和发展中国家减贫领域的合作。近年来，先后通过国际会议、项目合作、人员培训、参观考察等，与联合国粮农组织、世界银行和一些发展中国家的政府部门建立了项目合作平台和人才交流机制。例如，2016 年中国国际扶贫中心设立的"中外减贫案例库及在线案例分享平台"网站，为很多发展中国家学习中国经验提供了新的途径。

（王灵桂、侯波，载《开发性金融研究》2020 年第 2 期）

"10G" 集成动力助推中国大发展

新中国70年是世界发展史上不平凡的70年，是创造人类发展奇迹的70年。根据国家统计局数据，自2006年以来，中国对世界经济增长的贡献率稳居世界第一位，是世界经济增长的第一引擎。如果用5G描述今天的网络技术发展的最高阶段，那么我们可以用事关中国未来发展的改革、高考、高铁、高新技术、高质量发展、供给侧结构性改革、共同富裕、构建人类命运共同体、共商共建共享、国际政治经济新秩序十个关键词的拼音首字母G，用"10G"来概括中国70年发展的风采和未来行进的多重红利和集成动力。

改革开放释放经济活力

改革红利　改革开放是中国历经无数探索得出的实现中华民族伟大复兴、自立于世界民族之林的宝贵经验。党的十八大以来，中国政府反复强调必须深化改革、扩大开放，进一步表明改革开放将是中国未来发展的主基调和主干道，将是中国长期坚持的基本国策和治国方略，更是中国未来发展的强大动力源之一。实践证明，中国的改革开放道路走对了，"中国奇迹"这一称号当之无愧。今天，中国不仅是世界出口大国、制造大国，更是进口大国。

高考红利　　中国的高考是为未来储备人才的机制，已经成为中国储备高技术人才的蓄水池。自 1977 年恢复高考制度以来，我国已有上亿人参加高考，录取数千万人。如今，中国的人才储备数量已经超过美国，由人口文化素质和健康水平提升带来的"人才红利"，将成为推动我国经济高质量发展和社会进步的重要基础，为中国未来发展的知识化、技术化创造了前提。

高铁红利　　要想富，先修路。这是改革开放 40 多年中国的经验体会。也正是如此，中国在四通八达高速公路网的基础上，迅速成为世界高铁大国。高铁给日常百姓出行带来极大的便利，也进一步推进了物流，为实现区域平衡发展创造了条件，同时高铁已经成为中国的出口品牌，代表着新中国 70 年发展的新成就。

高新技术红利　　高新技术是当今世界各国竞争的主要抓手，是一国经济发展的源泉。自 2013 年研发经费总量超过日本以来，中国的研发投入位居世界第二，中国高新技术产品出口规模居世界前列。今天，像 5G 这样的高新技术正在引领世界的发展，这也使得《中国制造 2025》发展规划成为某些大国的忌惮之物。未来，中国高新技术将进一步为国家可持续发展提供动力，在解决环境保护、高质量发展、人民生活改善方面提供解决方案，为实现共同富裕创造物质基础。

进一步推进高质量发展

高质量发展　　高质量发展是中国进入经济发展新常态的主要标志之一，代表着中国未来经济发展的主要方向和实现经济转型成功与否的重大标志。党的十八大以来，推进高质量发展成为新的经济工作中心。未来高质量发展将成为中国经济与社会发展的主要特征。

供给侧结构性改革　　供给侧结构性改革是中国为进行经济结构调

整而推出的积极举措。从"物质文化需要"到"美好生活需要",从"落后的社会生产"到"不平衡不充分的发展",社会基本矛盾的变化意味着我们的供给结构也要发生变化,这也是供给侧结构性改革提出的根本原因所在。

共同富裕　贫富悬殊已经成为当今西方社会的一大痼疾,更是西方国家民粹主义泛滥的主因。反观中国,经过四十多年的改革开放,我们不仅实现了一部分人先富起来的目标,而且以先富带后富,以增量带动存量,让数亿中国人达到了西方意义上的中产阶级水平,同时正在向共同富裕的目标大踏步迈进。按照我国现行农村贫困标准测算,2018 年年末农村贫困人口 1660 万人,比 1978 年减少 7.5 亿人,我国成为最早实现联合国千年发展目标中减贫目标的发展中国家,为世界减贫事业作出了巨大贡献。

中国方案引领世界前行

构建人类命运共同体　构建人类命运共同体是为人类未来的发展提出的中国方案和中国设想。人类命运共同体不仅是人类社会发展的理想状态,更有着现实的基础和可行性。它为人类社会该如何相处、应以怎样的心态看待他国、应该如何携手解决全球性问题指明了方向。这一理念一经提出,就得到国际社会的热烈反响,很快就被写入联合国决议中。

共商共建共享　共商共建共享是中国推进"一带一路"倡议的主要原则。共商是指各国面对问题共同商量着办,不主张霸权思维,不强行推行自己的发展模式,尊重各国对发展道路的选择;共建则是大家一起出力,共同建设人类社会的美好家园;共享则是各国之间平等享有发展成果。共商共建共享可以说是当今国际社会国与国之间相处舒适性最高的方式，是和平共处五项原则在经济发展领域的体现。以共商共建共享为基本理念的"一带一路"，正在成为世界上最热门的合作发展平台。

国际政治经济新秩序　国际政治经济新秩序是发展中国家长期希望实现的以公平、包容为核心原则的国际秩序。自第二次世界大战之来，国际秩序一直以发达国家利益为主，发展中国家的利益得不到应有的回应，因此发展中国家一直寄希望改革现有的国际秩序。新中国成立后，从和平共处五项原则到今天"一带一路"倡议，中国一直在努力为建设国际政治经济新秩序贡献自己的智慧、方案和财力。

在中国未来的发展道路上，这十个关键词并不能构成中国发展动力的全部，也不能构成中国未来发展的总红利。但是，套用"10G"这个名词，我们可以自豪地宣示，仅仅是这"10G"，就足以让中国未来的发展有足够的保障和动力。因此，中国的未来发展势不可挡，绝对不是一句简单的口号，而是有着"10G"打底的足够底气和实力。

（载《参考消息》2019年9月20日第11版）

活血化瘀疗顽疾　多措并举"去产能"

从一定意义上说，中国经济运行中遇到的突出问题就是产能过剩。产能过剩已成为我国经济深化改革和转型升级绕不过去的坎，成为制约当前和未来经济发展的顽疾，因此"去产能"决定是中央解决当前和今后一个时期中国经济发展问题的重大战略举措，"去产能"工作成为近年来中央关注的重点议题。2015 年 12 月 18 日召开的中央经济工作会议，将去产能、去库存、去杠杆、降成本和补短板确定为供给侧改革五大经济任务（"三去一降一补"任务），提出"着力加强供给侧结构性改革"以及"提高供给体系质量和效率"。根据这个部署，化解产能过剩成为 2016 年经济工作五大任务之首，钢铁、煤炭行业则是"去产能"的重点，全年退出钢铁产能超过6500 万吨、煤炭产能超过 2.9 亿吨，超额完成年度目标任务。但是，"病去如抽丝"，解决产能过剩不能毕其功于一役，在 2017 年乃至今后一个时期，"去产能"依然任重道远。

2017 年 3 月 5 日，李克强总理在两会上做的政府工作报告中指出，2017 年政府的工作重点之一是"加强供给侧结构性改革，增强持续增长动力。围绕解决重点领域的突出矛盾和问题，加快破除体制机制障碍，以供给侧结构性改革提高供给体系的质量和效率，进一步激发市场活力和社会创造力"，"推进新一轮高水平对外开放，着力实现合作共赢。面对国际经济合作和竞争格局的深刻变化，顺应国内经济提质增效升级的迫切需要，要坚定不移扩大对外开放，在开放中增强发展新动能、增添改革新动力、增创竞争新优势"。其中专门强调，要"着力化解过剩产能和降本增效。重点抓好钢铁、煤炭等困难行业去产能，坚持市场倒逼、企业主体、地方组织、中央支持，运用经济、法律、技术、环保、质量、安全等手段，严格控制新增产能，坚决淘汰落后产能，有序退出过剩产能。采取兼并重组、债务重组或破产清算等措施，积极稳妥处置'僵尸企业'。完善财政、金融等支持政策，中央财政安排 1000 亿元专项奖补资金，重点用于职工分流安置。采取综合措施，降低企业交易、物流、财务、用能等成本，坚决遏制涉企乱收费，对违规行为要严肃查处"，要"扩大国际产能合作。坚持企业为主、政府推动、市场化运作，实施一批重大示范项目。落实和完善财税金融支持政策，设立人民币海外合作基金，用好双边产能合作基金。推动装备、技术、标准、服务走出去，打造中国制造金字品牌"。

落实中央"去产能"要求和部署，将 2017 年 3 月 5 日政府工作报告的有关要求落到实处，重点要处理好以下几个问题。

一　落实"去产能"要求的根本途径，是进行供给侧结构性改革

"去产能"是供给侧结构性改革的首要任务，而一定数量"低效低能"企业是导致各种产能治理措施难以发挥作用的障碍之一。当前中国产能过剩使得经济中存在失衡的状态，一方面，传统的中低端消费品和基础生产资料供给严重过剩，如服装、钢材等消化不了，其产品价格持续下滑；而另一方面，国内供给体系低端化导致高端需求无法得到满足，高品质消费品和高性能产品供给不足，例如中国钢铁产量虽然世界排名第一，但生产的大多是粗钢，一些精密度要求较高的模具钢的生产能力还不具备。中国目前产能过剩在行业间和行业内分布是极不平衡的，其实质是一种过剩与短缺并存的结构性产能过剩。因此我国产能过剩的核心问题在于供给结构优化与供给效率提升，这也是中央提出"在适度扩大总需求的同时，提高供给体系质

量和效率"的主要原因。从长远来看，过剩产能治理关乎中国制造业发展命运、关乎中国经济成功转型、关乎新常态下经济发展持续增长新动力的培育。供给侧结构性改革作为化解产能过剩的一剂良方，推进供给侧结构性改革是适应和引领经济发展新常态的重大创新，也是适应国际金融危机发生后综合国力竞争新形势的主动选择。

结构性问题的复杂性和长期性，决定了供给侧改革在重点选择上必须考虑解决导致产能过剩的深层次原因。因此供给侧结构性改革要集中精力解决重点领域中的影响经济长期发展的突出问题，它是全面深化改革的重要组成部分。中国社会科学院副院长蔡昉认为过去拉动经济的"三驾马车"政策刺激方式已经失效，要提高潜在增长率，需要做好供给侧结构性改革，转方式调结构，释放改革红利。目前我国经济的潜在增长率在下降，这主要是因为我国的人口红利已经消失，因此从劳动力供给、人力资本供给、资本回报率等指标来看，潜在增长率是下降的。政府工作报告将 2017 年 GDP 预期增长目标设定为 6.5% 左右，这一目标既符合新常态的大逻辑，也符合稳中求进的总基调。在 2017 年政府工作报告中提出在 2017 年要坚持以推进供给侧结构性改革为主线，把改善供给侧结构作为主攻方向，通过简政减税、放宽准入、鼓励创新，持续激发微观主体活力，减少无效供给、扩大有效供给。在巩固成果的基础上，针对新情况新问题，完善政策措施，努力取得"去产能"的更大成效。2017 年要再压减钢铁产能 5000 万吨左右，退出煤炭产能 1.5 亿吨以上；防范化解煤电产能过剩风险，为清洁能源发展腾空间；运用市场化法治化手段有效处置"僵尸企业"，推动企业兼并重组、破产清算，淘汰不达标的落后产能，严控过剩行业新上产能。

二　落实"去产能"要求的关键环节，是不断创新发展思路和发展漠视，不断促进产品质量换代升级

大规模、持续性的产能过剩，严重影响了企业在国内市场和国外市场的竞争方式。在国内市场上产能严重过剩导致大量同质、低附加值产品开展激烈的价格竞争，产业升级阻力与困难重重；在国外市场上，我国大部分产品生产一直处于生产链的最低端，出口中占最大比重的是附加值低的劳动密集型产品，产品技术水平含量较低且没有在国际市场上形成具有强大竞争力的品牌，过剩产能竞争更加激烈，而恶性价格竞争带来大量反倾销投诉，我国已连续二十多年成为全球遭受反倾销调查最多的国家。因此我国发展到现在这个阶段，不改革创新是没有出路的。要深入实施创新驱动发展战略，抓住体制机制改革、发展方式转变和技术进步等创新的关键点，才能提升企业素质，供给侧结构性改革才能取得实质性成效。要想化解过剩产能，我们要主动调整我国的产品出口结构，加大对高新技术企业的扶植力度，增加出口产品的技术含量，对企业采取促进高新技术产品出口的激励措施。

创新作为增强市场势力和增加市场份额进而减少过剩产能的重要手段，创新能力的提升是一种内力凝聚，较少依赖于外部因素，企业创新能力的增强是消除过剩产能的重要途径，创新能力一旦形成就具有稳定性、拓展性特征，能够全面提升企业各方面的能力。例如，通过引入一种新产品与服务，将有利于增强产品的差异化，进而激活过剩的产能为有效产能；通过进行工艺创新，将有利于生产出成本更低、质量更高的产品，增强既有产品的市场竞争力，释放过剩产能。因此激励企业创新是化解过剩产能的重要政策抓手，今年政府工作报告中提出，要深入实施创新驱动发展战略，推动实体经济优化结构，以创新引领实体经济转型升级。具体来说，要提升科技创新能力，完善对基础研究和原创性研究的长期稳定支持机制，建设国家重大科技基础设施和技术创新中心，打造科技资源开放共享平台。

国有企业与非国有企业相比具有产能过剩更严重，在创新活动中要高度重视国有企业创新能力提升，改善体制机制促进国有企业创新，以实现国有企业提质增效、消除过剩产能的双重目标。我国的国有企业在获取银行信贷、公共资金等方面具有明显优势，这些优势有利于国有企业开展需要较大投入、持续期较长的、高质量水准且与市场需求相一致的创新活动。特别是在加快培育壮大新兴产业和大力改造提升传统产业方面，国有企业理应在创新能力、产业技术方向上起引领作用，在产业发展过程中扮演骨干带头角色。2017 年国家把发展智能制造作为主攻方向，推进国家智能制造示范区、制造业创新中心建设，深入实施工业强基、重大装备专项工程，大力发展先进制造业，推动中国制造向中高端迈进。蔡昉曾提到国务院发布的《中国制造 2025》计划中涵盖了信息科技、数控工具和机器人、空间设备、铁路设备、新材料等 10 大领域，这一国策连同共建"一带一路"反映了我国实现新增长模式的全面措施，随着这些策略的成功实施，中国的高端工业产将在国际分工中占据主导地位，我国将从一个低端制造国家转变为高端制造业巨头。

三　落实"去产能"要求的重要举措，是打通任督二脉，按照"利我利他"的思路，发挥好我装备制造优势，让我优质富余产能服务他国人民

2015 年 5 月，中国政府发布了《国务院关于推进国际产能和装备制造合作的指导意见》，提出将钢铁、有色、建材、铁路、电力、化工、轻纺、汽车、通信、工程机械、航空航天、船舶和海洋工程等作为重点行业，大力推进国际产能和装备制造合作。随着经济全球化的深入，我国企业要想立足于世界企业之林，提高企业的全球竞争力势在必行。国际产能合作能够让我国企业跨出国门，主动在全球范围内寻找商机，主动适应和挑战全球竞争。积极推进国际产能合作不仅有利于促进优势产能对外合作，形成我国新的经济增长点，同时也有利于促进企业不断提升其技术、质量和服务水平以增强其整体素质和核心竞争能力，以此推动经济结构调整和产业转型升级。

政府工作报告提出，面对国际环境新变化和国内发展新要求，我们要进一步完善对外开放战略布局，加快构建开放型经济新体制，推动更深层次更高水平的对外开放。扎实推进"一带一路"建设，深化国际产能合作，带动我国装备、技术、标准、服务"走出去"，实现优势互补，将是推进国际产能合作的主要路径。"一带一路"沿线的许多经济体对基础设施建设和重化工业产品存在巨大潜在需求，我们要打造"一带一路"利益共同体，我国参与国际产能合作并不是把我们的落后产能、淘汰产能转移出去，也不是把我们的污染转嫁到别国，而是要把我们的优质富余产能和别国的基础设施建设需求进行对接融合，实现互惠互利，共享发展成果。在这一过程中，需要从产品输出型模式转变为产品输出和资本输出并重模式，通过资本输出带动产能输出，引导企业参与境外基础设施建设和产能合作，进而带动装备、技术、管理和标准输出。

从全球产业链的角度看，同发展中国家在基础设施产能和制造业产能方面的合作，通过扩大对外投资和国际贸易等方式将产能从本国转移到这些国家和地区，有利于释放我国的优质富余产能，化解国内产能过剩、助推产业转型升级、实现国家间优势互补和资源优化配置。我国转移的这些优质富余产能，对于很多发展中国家来说是非常需要的，也是具有高性价比优势的，因此目前与发展中国家的产能合作是重点。但是我们倡导的国际产能合作是开放式的合作，国际产能合作中仍然需要发达国家的参与，我国企业通过开展跨境收购兼并、成立合资公司等方式，可以获取国际高端制造业的核心技术、品牌、国际销售渠道、创新式的商业模式以及先进的管理经验。因此国际产能合作不能仅仅满足于简单将产能转移出去，企业还应在合作中积极学习利用发达国家的先进技术，在主动走出去的过程中既要锻炼自身的管理能力，又要利用外国先进技术和理念反哺国内市场，并推动产能的转型升级，逐步做强国内制造能力。通过学习先进经验和理念，加强跨境产业链构建，推进优势产能向价值链高端延展，从而推动国际产能合作向更高层次发展。

四　落实"去产能"要求的基本保障，是要正视"去产能"工作可能带来的挑战与风险，以风险意识和底线思维未雨绸缪地做好相关预案和应对工作

"去产能"工作是一项系统工程，本身又涉及多方利益，因此必须按照中央要求，不断强化底线思维、风险意识，周密部署，才能确保相关工作稳妥周密顺利进行。

一是要善于防范和应对"去产能"工作涉及的各方实际利益损折。产能过剩行业牵涉到地方财政收入、税收、就业及社会稳定等利益，对于不少"去产能"的重点地区来说，过剩产能产业往往是该地区的主要支柱产业，虽然这些企业的经营当前存在困难，但其或多或少仍然是当地 GDP、财政收入的重要来源及安排就业的渠道。地方政府为保证就业、税收等，并无动力推动"去产能"。某些地方政府为了尽力保住本地非常有限的产业资源，甚至会出现鼓励落后产能扩张的行为，通过财政资金直接补贴或奖励、税收补贴、强制信贷、强行扩张需求等方式，利用各种措施阻碍市场化的竞争淘汰，强制落后企业或"僵尸企业"继续运行，对中央部署的"去产能"工作造成扭曲效应，恶化了行业竞争环境，加剧了产能过剩问题。在钢铁、煤炭等典型产能过剩行业，企业面临囚徒困境，都希望其他企业和地区"去产能"而保全自己，但结局是大家都继续进行生产抢占份额。而地方一旦把企业规模做大，"大而不倒"的倾向较为严重，由此可能产生的地方债务等风险，也可以不同程度的转嫁给中央。对此问题，我们应该正视并予以高度重视，采取恰当方式平衡好各方利益，以防止和避免"去产能"工作落实的"肠梗阻"问题出现。

二是要善于防范和应对"去产能"工作可能引发的金融风险。虽然"去产能"在长期内可以为促进经济转型升级带来新的动力，但在短期内将会给中国经济带来各种风险和冲击。在产能过剩行业中，低效、高负债的企业占用了大量的信贷资源，一旦资金链断裂就会形成银行不良资产，挤占银行的盈利空间，减少放贷量而形成恶性循环，导致系统性风险上升。有研究表明，中国仅四大产能过剩行业（煤炭、钢铁、有色金属和水泥）的有息负债存量就达 5.4 万亿元，其中银行贷款 2.8 万亿元。钢铁、水泥、电解铝、平板玻璃和船舶这五大产能过剩重点行业的产能利用率为 50%—75%，五大产能过剩行业面临 8%—35% 的产能将被淘汰。产能过剩行业的债务处理有着盈利能力差和负债率高的两大劣势，因此产能过剩行业的贷款资产质量以及"去产能"引发的债务风险，有可能将成为银行爆发信用风险的潜在风险点，由此需要警惕由此带来的资产价格重估风险及大面积诱发债务违约风险。对此问题，应协同各方提前进行评估和研判，提出有针对性、务实管用的应对方案，以避免"去产能"工作误入"金融雷区"。

三是要善于防范和应对"去产能"工作可能带来的就业和社会稳定风险。多数产能过剩行业是劳动密集型行业，从业人员众多。若淘汰落后产能，关闭"僵尸企业"，将会导致大量人员失业，社会将面临大量职工转岗和安置的问题，"去产能"的过程中需要关注员工大面积下岗所造成的失业现象及其引发的社会风险。据一些研究估计，落实"去产能"工作最终将造成直接性失业 150 万—300 万人，"去产能"所造成的直接性失业规模不可忽视，如果考虑与这些产能过剩行业相关联的上下游行业受此影响所造成的失业问题，那么"去产能"所造成的失业规模还会进一步扩大，并且这些产能过剩行业多为制造业，步入中年的工人重新转岗和接受再就业培训上岗的可能性较小，地方政府由此承担的财政压力和稳定社会压力巨大。特别在一些老工业地区，整体上其新兴战略产业及高新技术产业发展方面不具有核心竞争优势，但随着原先过剩产能同时也是当地支柱产业的逐步收缩，很有可能造成"过剩产业已去除，新兴产业未发展起来"的经济发展断档，使得经济发展后劲缺失，对这些地区的经济发展无疑会雪上加霜，这些问题累积到一定程度就会引发局部地域性的失业风险及由此引发的社会安全风险。从这个角度讲，“去产能”工作事关社会政治稳定，因此在具体落实时要强化国家安全意识和大局意识、全局意识，既不能因一时一地的困难而影响中央决策的落实，又不能不顾实际情况贸然、轻率推进，而应更多地围绕中央部署，在具体措施和政策上结合实际、恰当前行，确保将“去产能”这件好事办好。

（王灵桂、张中元，载中国青年网 2017 年 3 月 14 日）

生态文明是人类文明发展的
历史趋势

党的十八大将生态文明建设纳入中国特色社会主义事业"五位一体"总体布局，明确提出大力推进生态文明建设，努力建设美丽中国，实现中华民族永续发展。这标志着我们党对中国特色社会主义建设规律认识的进一步深化，表明了以习近平同志为核心的党中央加强生态文明建设的坚定意志和坚强决心。

在十八届中央政治局第六次集体学习时，习近平总书记专门强调指出，建设生态文明，关系人民福祉，关乎民族未来。

2013年7月，习近平主席在《致生态贵阳国际论坛2013年年会的贺信》中指出，保护生态环境，应对气候变化，维护能源资源安全，是全球面临的共同挑战，中国将同世界各国"携手共建生态良好的地球美好家园"。

2021年10月12日，习近平主席在《生物多样性公约》第十五次缔约方大会领导人峰会上的主旨讲话中进一步强调——"生态文明是人类文明发展的历史趋势"，并向世界各国发出了秉持生态文明理念、站在为子孙后代负责的高度，"共同构建地球生命共同体，共同建设清洁美丽的世界"的倡议。

生态兴则文明兴

习近平主席在 10 月 12 日的《生物多样性公约》第十五次缔约方大会领导人峰会上的主旨讲话中指出："当人类友好保护自然时，自然的回报是慷慨的；当人类粗暴掠夺自然时，自然的惩罚也是无情的。我们要深怀对自然的敬畏之心，尊重自然、顺应自然、保护自然，构建人与自然和谐共生的地球家园。"

在绵延数千年的中华传统文化中，积淀积累了丰富的生态智慧。"天人合一""道法自然"的哲理思想，"天地人和谐共生"的辩证理念，"半丝半缕，恒念物力维艰"的治家格言等，体现出了我们先人们质朴睿智的自然观。生态文明作为人类社会进步的重大成果，是在经历了原始文明、农业文明、工业文明后，在工业文明发展到一定阶段的产物，是实现人与自然和谐发展的新要求。

在人类漫长的发展史上，古埃及文明、古巴比伦文明和中国古代楼兰文明的衰落，大都是源自生态环境恶化对人类文明发展形成的毁灭性冲击。马克思在研究工业化问题时，就曾列举波斯、美索不达米亚、希腊等由于过度砍伐树木而导致土地荒芜的事例。丝绸之路、我国河西走廊一带历史上曾经是水草丰茂之地，但毁林开荒、乱砍滥伐，致使这些地区成为沙漠连片之地。习近平总书记曾强调指出，"历史地看，生态兴则文明兴，生态衰则文明衰。古今中外，这方面的例证众多"。习近平总书记站在生态环境变化与人类文明兴衰的相关性视角，系统阐述了生态环境与人类文明之间的辩证关系。

坚持人与自然和谐共生，是马克思主义关于人与自然是生命共同体生态哲学理念的实践要求，也是体现我们党执政为民的理念、满足人民对于美好生活的向往与追求的必然要求。新中国成立以来，特别是党的十八大以来，党在团结带领人民推进社会主义现代化建设的进程中，坚持节约资源和保护环境的基本国策，像对待生命一样对待生态环境，统筹推进山水林田湖草沙冰的系统治理，实行最严格的生态环境保护制度，形成绿色发展方式和生活方式，坚定走生产发展、生活富裕、生态良好的文明发展道路，为人民创造了良好生产生活环境，为全球生态安全作出了不可磨灭的贡献。

习近平总书记在庆祝中国共产党成立 100 周年大会上指出："经过全党全国各族人民持续奋斗，我们实现了第一个百年奋斗目标，在中华大地上全面建成了小康社会，历史性地解决了绝对贫困问题，正在意气风发向着全面建成社会主义现代化强国的第二个百年奋斗目标迈进。"

我们坚持和发展中国特色社会主义，推动物质文明、政治文明、精神文明、社会文明、生态文明协调发展，创造了中国式现代化新道路，创造了人类文明新形态。

人类文明新形态的创造，其标志和载体是全面小康社会的建成，其特征和特色是人与自然的和谐共生。其中，我国生态环境发生的历史性变化和良好生态环境作为最普惠的民生福祉，成为全面小康最亮丽的底色。

2014 年 3 月，习近平总书记在参加十二届全国人大二次会议贵州代表团审议时指出，"小康全面不全面，生态环境质量很关键"。在大力推进美丽中国建设中，中国大地山川更秀美，人民生活的家园天更蓝、地更绿、水更清，地球家园增添了更多"中国绿"。人类文明新形态不但具有了中国价值和中国意义，也因此具有了占据人类价值制高点的世界价值和世界意义。

环境是最普惠的民生福祉

2021 年 10 月 12 日，在《生物多样性公约》第十五次缔约方大会领导人峰会上，习近平主席指出："我们要心系民众对美好生活的向往，实现保护环境、发展经济、创造就业、消除贫困等多面共赢，增强各国人民的获得感、幸福感、安全感"。

党的十八大以来，习近平总书记反复强调生态环境保护和生态文明建设，就是因为生态环境是人类生存最为基础的条件，是我国持续发展最为重要的基础。"天育物有时，地生财有限。"生态环境没有替代品，用之不觉，失之难求，人类发展活动必须尊重自然、顺应自然、保护自然，否则就会遭到大自然的报复。这是规律，谁也无法抗拒。习近平总书记强调，"建设生态文明，关系人民福祉，关乎民族未来""各类环境污染呈高发事态，成为民生之患、民心之痛。这样的情况，必须下大力气扭转"。

2013 年 4 月，习近平总书记在海南考察工作时强调，"良好生态环境是最公平的公共产品，是最普惠的民生福祉。对人的生存来说，金山银山固然重要，但绿水青山是人民幸福生活的重要内容，是金钱不能代替的。你挣到了钱，但空气、饮用水都不合格，哪有什么幸福可言"。之后两周，习近平总书记在十八届中央政治局常委会会议上又强调，"今年以来，我国雾霾天气、一些地区饮水安全和土壤重金属含量过高等严重污染问题集中暴露，社会反映强烈。经过三十多年快速发展积累下来的环境问题进入了高强度频发阶段。这既是重大经济问题，也是重大社会和政治问题""经济上去了，老百姓的幸福感大打折扣，甚至强烈的不满情绪上来了，那是什么形势？所以，我们不能把加强生态文明建设、加强生态环境保护、提倡绿色低碳生活方式等，仅仅作为经济问题。这里面有很大的政治"。

在我们党的历史上，将生态文明上升到政治高度来对待，体现了新时代我们党以人民为中心发展理念的升华和提高。习近平总书记强调，"我国生态环境矛盾有一个历史积累过程，不是一天变坏的，但不能在我们手里变得越来越坏，共产党人应该有这样的胸怀和意志"。为切实体现以人民为中心的发展理念，习近平总书记告诫全党，在生态环境保护上一定要算大账、算长远账、算整体账、算综合账，不能因小失大、顾此失彼、寅吃卯粮、急功近利。

党的十八大以来，以人民为中心的发展理念在生态文明建设中得到了切实体现，绿色发展方式和生活方式逐步形成。"绿水青山就是金山银山"理念日益深入人心，生态优先、绿色低碳逐渐成为普遍遵循的发展路径，节约资源和保护环境的空间格局、产业结构、生产方式、生活方式加快形成，经济社会发展和生态环境保护协同共进。从农村厕所革命到生活垃圾、生活污水治理，从大力推进生活垃圾分类、城市黑臭水体治理到城市公园、绿地、绿道建设，城乡人居环境更加整洁、舒适、美丽。从"光盘"行动、节水节纸、节电节能，到环保装修、拒绝过度包装、告别一次性用品，"节俭风"吹进千家万户，简约适度、绿色低碳、文明健康的生活方式成为社会新风尚。

前段时间，云南大象的北上及返回之旅，让世界看到了中国保护野生动物的成果，让世界人民看到了中国推进生态文明建设，坚定不移贯彻创新、协调、绿色、开放、共享的新发展理念、建设美丽中国的动人故事，更让国际社会真正感受到了中国政府坚定不移保护环境，践行以人民福祉为中心、促进社会公平正义的不懈追求和努力。

绿色发展是发展观的深刻革命

习近平主席在《生物多样性公约》第十五次缔约方大会领导人峰会上指出："良好生态环境既是自然财富，也是经济财富，关系经济社会发展潜力和后劲。我们要加快形成绿色发展方式，促进经济发展和环境保护双赢，构建经济与环境协同共进的地球家园。"

在一个幅员辽阔、人口众多的东方古国建设社会主义现代化国家，是一个前无古人的伟大事业，需要且必须走出一条新的发展道路，决不能以牺牲环境为代价换取一时的经济增长，绝不能走"先污染后治理"的路子。这条新的发展道路就是正确处理好经济发展同生态环境保护之间的关系，牢固树立保护生态环境就是保护生产力、改善生态环境就是发展生产力的理念。

2012 年 12 月，习近平总书记在广东考察时指出，"要实现永续发展，必须抓好生态文明建设。我们建设现代化国家，走美欧老路是走不通的，再有几个地球也不够中国人消耗。中国现代化是绝无仅有、史无前例、空前伟大的。现在全世界发达国家人口总额不到十三亿，十三亿人口的中国实现了现代化，就会把这个人口数量提升一倍以上。走老路，去消耗资源，去污染环境，难以为继"。在海南考察时，习近平总书记进一步强调，"纵观世界发展史，保护生态环境就是保护生产力，改善生态环境就是发展生产力"。

党的十八大以来，习近平总书记围绕生态文明问题，就为什么建设生态文明、建设什么样的生态文明、怎样建设生态文明等，提出了一系列重要理念。2012 年 11 月和 2018 年 3 月，生态文明建设先后写入党章、宪法，2018 年 5 月的全国生态环境保护大会，系统总结并阐述了习近平生态文明思想，为中国新时代的发展方向和生态文明保护提供了重要的理论依据和实践指南。

习近平生态文明思想体现的是我们党关于发展理念的升华，包括如下内容。

一是绿水青山就是金山银山的发展观。绿水青山既是自然财富、生态财富，更是社会财富、经济财富，实现金山银山的目标，就需要改变发展观、生产观、生态观，贯彻创新、协调、绿色的发展理念；就是要创造节约资源和保护环境的空间格局、产业结构、生产方式、生活方式。

二是坚持人与自然和谐共生的自然观。党的十九大报告指出，环境权既不能游离于人体之外，又不能脱离自然而独立存在，必须依托人与自然共同存在，坚持人与自然共同体理念。

三是坚持山水林田湖草沙冰是生命共同体的系统观。这个生命共同体是人类生存发展的物质基础，必须统筹兼顾、整体施策、多措并举，要全方位、全地域、全过程开展生态文明建设，打造相互依存、紧密联系的有机链条。

四是坚持用最严格制度最严密法治保护生态环境的法治观。只有使用法律形式，以最严、最硬、最全的约束条件，才能让微观个体、企业、政府自觉采取有利于生态环境保护的理性行动，确保生态文明建设各项决策部署落到实处。

五是坚持建设美丽中国全民行动的共治观，将全民的生态环境保护意识转化为保护生态环境的自觉行动，推动形成绿色发展和绿色生活方式，汇聚起全社会共同建设美丽中国的强大合力。

全面小康，经济发展是基础。党的十八大以来，围绕实现更高质量、更有效率、更加公平、更可持续、更为安全的发展，党把发展作为执政兴国的第一要务，作为解决中国一切问题的基础和关键。党中央统筹推进"五位一体"总体布局，团结带领人民将绿色发展作为经济建设这个中心的底色，不断解放和发展生产力，国家经济实力、科技实力和综合国力显著增强。

至 2020 年，我国经济总量占全球经济比重超过 17%，稳居世界第二大经济体；人均国内生产总值超过 1 万美元，实现从低收入国家到中等偏上收入国家的历史性跨越；制造业增加值多年位居世界首位，220 多种工业产品产量居世界第一。2020 年，中国率先控制新冠肺炎疫情，率先复工复产，率先实现经济增长由负转正，充分彰显中国经济的强劲韧性。

2017 年 6 月，习近平总书记在山西考察工作时指出，"坚持绿色发展是发展观的一场深刻革命。要从转变经济发展方式、环境污染综合治理、自然生态保护修复、资源节约集约利用、完善生态文明制度体系等方面采取超常举措，全方位、全地域、全过程开展生态环境保护"。新时代，我国经济发展的历史性成就进一步证明，保护生态环境就是保护生产力、改善生态环境就是发展生产力的理念是正确的，推动绿色发展、循环发展、低碳发展的路子走对了。

在《生物多样性公约》第十五次缔约方大会领导人峰会上，习近平主席进一步强调指出："以绿色转型为驱动，助力全球可持续发展。我们要建立绿色低碳循环经济体系，把生态优势转化为发展优势，使绿水青山产生巨大效益。我们要加强绿色国际合作，共享绿色发展成果。这个新要求既指出了绿色发展是发展观的一场深刻革命的本质，又为发展观的深刻革命指明了前进方向。"

生态文明建设关乎人类未来和地球家园

习近平主席在《生物多样性公约》第十五次缔约方大会领导人峰会上指出：面对新冠肺炎疫情给全球发展蒙上的阴影，面对推进联合国 2030 年可持续发展议程面临的更大挑战，面对恢复经济和保护环境的双重任务，国际社会"要加强团结、共克时艰，让发展成果、良好生态更多更公平惠及各国人民，构建世界各国共同发展的地球家园"。

建设绿色家园是人类的共同梦想，保护生态环境，积极应对气候变化是世界人民的共同责任。党的十八大以来，我国深度参与全球环境治理，积极推动国际社会高度重视应对气候变化，努力引导国际秩序变革方向，向世界提供了环境保护、应对气候变化和可持续发展的中国方案。习近平主席指出，"我们要坚持同舟共济、权责共担，携手应对气候变化、能源资源安全、网络安全、重大自然灾害等日益增多的全球性问题，共同呵护人类赖以生存的地球家园""我们要解决好工业文明带来的矛盾，以人与自然和谐相处为目标，实现世界的可持续发展和人的全面发展"。

追溯古今人类发展的脚步，人类文明繁衍昌盛的过程往往也伴随着生态环境破坏的过程。生物圈是地球上最大的生态系统，既是人类的家园，也是人类发展必须面临的物理疆界。科学家和经济学家先后提出"盖亚假说""宇宙飞船假说""人类世"、星球经济学等概念，指出地球是一个复杂的生命系统，人类活动导致的气候变暖、海平面上升、物种灭绝、海洋和大气污染等全球性环境问题，已经开始危及整个地球及人类的可持续发展。根据 IPCC "全球临界点"概念，科学家评估 15 个关键地球生态系统已经有 9 个突破了临界值，其中包括极地冰川融化、亚马逊雨林退化、珊瑚礁死亡、大西洋环流减弱等。

对此，习近平主席指出，中国将"广泛开展植物科学研究国际交流合作，同各国一道维护人类共同的地球家园"。建设生态文明关乎人类未来，"在这方面，中国责无旁贷，将继续作出自己的贡献。同时，我们督促发达国家承担历史责任，兑现减排承诺，并帮助发展中国家减缓和适应气候变化"。在《生物多样性公约》第十五次缔约方大会领导人峰会上，习近平主席再次强调指出："要以国际法为基础，维护公平合理的国际治理体系。我们要践行真正的多边主义，有效遵守和实施国际规则，不能合则用、不合则弃。设立新的环境保护目标应该兼顾雄心和务实平衡，使全球环境治理体系更加公平合理。"

在 21 世纪的第三个十年，全球生态环境危机加剧，愈演愈烈的气候变化、突如其来的新冠肺炎疫情，让全人类成为一个命运共同体，这一严肃而迫切的生命之问，谁也无法再回避。在《生物多样性公约》第十五次缔约方大会领导人峰会，在这样一个特殊的历史时刻召开，是一次难得的传播生物多样性保护和生态文明理念的科普契机。本次论坛以"生态文明：共建地球生命共同体"为主题，努力推进全球生物多样性保护创新理念。这是在习近平生态文明思想指导下的实践创新，为人类发展范式转型提供了中国故事和中国方案。

中国是全球植物多样性最丰富的国家之一。中国人民自古崇尚自然、热爱植物，中国优秀传统文化中就包含着博大精深的植物文化。早在 4000 年前，中国就成立了管理山林川泽的林官、湖官、田畴之官等，设置了专属政府机构，成为中国近年来推行的"河长制""湖长制"等创新生态管理制度的前身。成书于 2500 年前的《诗经》就记载了 130 多种植物，中医药学为人类健康作出了重要贡献，因种桑养蚕而发展起来的丝绸之路成为促进东西方贸易和文化文明交流的重要纽带。近年来，中国在水稻育种、基因组学、进化生物学、生物技术等领域，取得了举世瞩目成果，为人类发展作出了更大贡献。

云南是中国生物多样性最为典型的代表区域之一和生物多样性宝库。据《云南的生物多样性》白皮书介绍，云南的自然保护地体系日趋完善，90% 的典型生态系统得到有效保护，建立了各级各类自然保护区 166 个，85% 的重要物种得到保护；种质资源评价、驯化进展顺利，成功驯化天麻、灯盏花、铁皮石斛、龙血树、红豆杉等 20 多个药用植物品种，引种了以南药为代表的多种药用植物。

党的十八大以来，云南省委省政府落实中央生态保护政策和生物多样性保护要求，在推进生物多样性主流化、生物资源可持续利用等方面进展大、成果多。前不久，云南大象迁徙的故事，在很短的时间里，让云南成为国际舆论众口赞誉之地。同时，从云南提出的建设中国最美丽省份、全国生态文明建设排头兵的奋斗目标，也可以看出云南省委省政府的雄心壮志。历史上，云南山脉、草木、鸟兽、虫鱼和民俗都充满了神奇魅力，这里有"冬夏有雪"的山脉、"炎火之山"的火山、"正立无影"的地理。

我们相信借助 COP15 的平台，云南多样性的未来一定会充满更多色彩

中国社会科学院历来主张开门办院，愿意同社会各界一道共同服务党和国家大局。在这方面，生态文明研究所已经进行了积极探索和努力，并取得了很多成果。在此，我衷心感谢并呼吁在座的各位，大家一起共同努力，以此次论坛为契机，不断推动云南的生物多样性保护和生态文明建设再迈上新的大台阶。朋友们，让我们共同携手，聚焦论坛"生态文明与民生福祉""生物多样性保护与人类可持续发展"等议题，积极贡献智慧和观点，共同推动生物多样性保护，努力开创全球生态文明的新时代。

（载云报客户端 2021 年 10 月 14 日，《社会主义论坛》2021年第 10 期和《云南日报》2021 年 10 月 18 日第 6 版刊登部分内容）

以"中国绿"引领全球
生态发展之路[*]

各位嘉宾：

大家下午好！

我与大家一起分享的主题，是以中国故事引领全球生态文明绿色发展。下面，我围绕这个主题向大家报告四方面体会和认识，请批评指正。

一 "中国绿"成为全面建成小康最亮丽的底色

2021 年 7 月 1 日，习近平总书记在庆祝中国共产党成立 100 周年大会上庄严宣告："经过全党全国各族人民持续奋斗，我们实现了第一个百年奋斗目标，在中华大地上全面建成了小康社会，历史性地解决了绝对贫困问题，正在意气风发向着全面建成社会主义现代化强国的第二个百年奋斗目标迈进。"100 年来，中国共产党团结带领中国人民顽强拼搏，几代人一以贯之、接续奋斗，从"小康之家"到"小康社会"，从"总体小康"到"全面小康"，从"全面建设"到"全面建成"，小康目标不断实现，小康梦想成为现实。

全面建成小康社会，是中华民族的伟大光荣，是中国对世界的伟大贡献，是当代中国最大的故事。

---

* 在"2021 推进全球生态文明建设（洱海）论坛"开幕式上的演讲。

中国的全面小康，体现发展的平衡性、协调性和可持续性，是物质文明、政治文明、精神文明、社会文明、生态文明协调发展的小康；是不断满足人民日益增长的多样化多层次多方面需求，不断促进人的全面发展的小康；是国家富强、民族振兴、人民幸福，多维度、全方位的小康。建设生态文明，是关系人民福祉、关乎民族未来的长远大计。党的十八大报告提出，将生态文明建设融入经济建设、政治建设、文化建设、社会建设全过程，努力建设美丽中国，实现中华民族永续发展。2018 年，在全国人大通过的《中华人民共和国宪法修正案》中，"生态文明"正式写入宪法。党的十八大以来，中国生态环境发生的历史性变化和取得的历史性成就，使"中国绿"成为全面小康最亮丽的底色、当代中国伟大故事中最为普惠的民生福祉。

二　"中国绿"折射的是责任担当

进入新时代，以习近平同志为核心的党中央提出了"绿水青山就是金山银山"理念，确立节约资源和保护环境的基本国策，大力推进美丽中国建设，山川大地更秀美，天更蓝、地更绿、水更清，地球家园增添了更多"中国绿"。

"中国绿"强烈的历史担当。新时代，党中央计谋当代，运筹万世，着眼于中华民族的永续发展，以法治理念、法治方式推动生态文明建设，实施"史上最严"的环境保护法，制修订一系列法律法规，基本形成生态环境法律法规框架体系，基本实现各环境要素监管主要领域全覆盖。从生态环境保护制度、资源高效利用制度，到生态保护和修复制度、生态环境损害责任终身追究制，再到环境保护目标责任制和考核评价制度、中央生态环境保护督察制度，中国以最严格的制度、最刚性的约束，促进发展转型，推动习惯养成，提升生态环境保护治理效能。

"中国绿"源于人民的全面参与。进入新时代，环境保护公众参与制度进一步完善，环境信息公开力度持续加大，公众参与环境决策和监督、投诉和举报环境违法行为的机制更加完善，民众环保意识不断增强，形成全民参与生态环境保护的新局面。全面落实河湖长制、林长制，把河道当街道管理、把库区当景区保护，山有人管、林有人造、树有人护、责有人担，实现山水"长治"。14 亿多人民是绿色发展的受益者，更是生态文明的建设者。

"中国绿"源于污染防治攻坚战的不懈努力。新时代，以打好蓝天、碧水、净土保卫战为内容的污染防治攻坚战如火如荼，成效显著。2020 年，全国地级及以上城市空气质量优良天数比例为 87.0%；地表水水质优良率达到 83.4%，居民集中式生活饮用水水源达标率为 94.5%，地级及以上城市建成区黑臭水体已基本消除；受污染耕地安全利用率达到 90% 左右、污染地块安全利用率达到 93% 以上，如期实现固体废物进口清零目标。空气更清新了、水更干净了、食物更放心了、环境更优美了。蓝天白云、清水绿岸成为幸福源泉，2020 年，中国民众对生态环境质量的满意度达 89.5%。

"中国绿"源于统筹全局的系统生态观。新时代，在生态保护和治理方面始终坚持系统观念，坚持节约优先、保护优先、自然恢复为主，统筹山水林田湖草沙冰一体化保护和系统治理，增强生态系统整体性，完善自然保护地、生态保护红线监管制度，筑牢国家生态安全屏障，促进生态环境持续改善，让中华民族在绿水青山中永续发展。全国人工林面积扩大到 11.9 亿亩，不毛之地变成绿洲，黄土高坡披上绿装，中国成为全球森林资源增长最多和人工造林面积最大的国家。2020 年年底，全国森林覆盖率达到 23.04%，草原综合植被覆盖度达到 56.1%，湿地保护率达到 50% 以上。国家森林城市创建持续推进，468 个城市开展了国家森林城市建设，"让森林走进城市，让城市拥抱森林"逐渐成为现实。以国家园林城市创建为抓手，大力推动城市园林绿化，城市建成区绿地率达到 38.24%，人均公园绿地面积达到 14.78 平方米。

"中国绿"源于绿色发展方式和生活方式的逐步形成。生态优先、绿色低碳逐渐成为普遍遵循的发展路径，节约资源和保护环境的空间格局、产业结构、生产方式、生活方式加快形成。经济结构和能源结构持续调整，国土空间开发格局不断优化，环保产业、清洁能源产业、清洁生产等绿色产业蓬勃发展，清洁低碳转型步伐加快，经济社会发展和生态环境保护协同共进。中国成为世界利用新能源第一大国和世界节能进步最快的国家，2020年单位国内生产总值能耗和碳排放分别比2015年下降13.2%、18.8%。从农村厕所革命到生活垃圾、生活污水治理、生活垃圾分类，到城市公园、绿地、绿道建设，城乡人居环境更加整洁舒适。以公交、地铁为主的城市公共交通日出行量超过2亿人次，骑行步行等城市慢行系统建设稳步推进，绿色低碳出行理念深入人心。从"光盘"行动到告别一次性用品，"节俭风"吹进千家万户，简约适度、绿色低碳、文明健康的生活方式成为社会新风尚。

"中国绿"源于对世界和人类明天的责任感。生态兴则文明兴，生态衰则文明衰。人类文明兴替史的无数教训，无不证明了这一真理。恩格斯曾深刻地指出："我们不要过分陶醉于我们人类对自然界的胜利。对于每一次这样的胜利，自然界都对我们进行报复。"[①] 中国大力加强生态环境治理，成为世界生态文明建设的重要力量。中国新增植被覆盖面积约占全球新增总量的25%，中国贡献占比居全球首位，成为全球增加森林资源最多的国家。中国积极推进绿色低碳发展，承诺力争2030年前实现碳达峰、2060年前实现碳中和，意味着中国将完成全球最大碳排放强度降幅，用全球上最短时间实现从碳达峰到碳中和。国内外研究表明，中国实现碳中和目标对减缓全球变暖的贡献为0.2—0.3摄氏度，有望带动中国相关领域上百万亿人民币的投资，提升GDP增长率高达5%，同时因减排获得的健康改进社会效益将高达10万亿美元。作为首次承办《生物多样性公约》大会的

---

① 恩格斯：《自然辩证法》，人民出版社2018年版，第313页。

东道国，中国在第 15 次缔约方大会上提出"生态文明：共建地球生命共同体"崭新主题，指明了全球发展向何处去的理念和愿景，体现了中国积极引领全球环境治理新方向的大国责任担当。美丽中国建设目标正在引领全球生态文明建设方向，中国的生态文明建设将为全球协同环境与发展、减排与适应提供中国方案。

三 "中国绿"包含的是无数可歌可泣故事

近年来，中国社会科学院学者心系国之大者，长期关注世情国情民情，积极开展地方调研、建立国情调研基地，注重理论与实践相结合，并作为 COP15 成员单位推荐了多个入选中国馆展览的优秀案例。这些案例是中国生态文明建设历史长河中的沧海一粟和代表，十分值得与大家分享。

案例一：农业生物多样性与生态文化。

云南哈尼梯田历史有 1300 多年，是中国地方民族生态文化的典范。生活在这里的人民，结合"一山分四季，十里不同天""山有多高，水有多高"的特殊地理气候，与大自然一同创造了鬼斧神工般的梯田奇观。独特的森林、村寨、梯田、水系农业生态系统，以及民居和宗教习俗等梯田文化，荣获了联合国教科文组织世界文化遗产、联合国粮农组织全球重要农业文化遗产、国家湿地公园、全国重点文物保护单位、中国重要农业文化遗产、中国十大魅力湿地、国家 4A 级旅游景区、"绿水青山就是金山银山"理论实践创新基地等诸多殊荣。古老的生态文明探索，在新时代焕发出了崭新的风貌，并正在向世界讲述着中国生态文明建设的新故事。

案例二：生态经济引领绿色发展。

浙江省丽水市被誉为"中国生态第一市"，"绿水青山就是金山银山"理念的萌发地和践行地。作为先行先试的"两山"典范，丽水模式充分体现了生态经济学的理念与实践。丽水 70 多年的发展，几乎是新中国的一个缩影，从贫困闭塞的沿海山区，到改革开放后走上城镇化和工业化道路，2000 年撤地设市提出"生态立市、绿色兴市"发展战略，先后经历了"既要绿水青山也要金山银山"的生态保护与发展工业的双轨制阶段、"宁要绿水青山不要金山银山"的淘汰落后产能、产业绿色转型阶段、"绿水青山就是金山银山"的生态经济实现绿色转型阶段。2020 年，丽水地区生产总值达到 1500 亿元，城镇化率从 2000 年的 33% 增长至 2019 年的 63%，人均 GDP 增长了 10.6 倍，由一千美元左右跃升到 1 万美元，构建了生态工业、生态农业、生态旅游业为支柱的生态经济体系结构，生态环境质量、民生满意度、发展指数、农民收入增幅多年位居全省第一。世界银行《2018 年国民财富变化：建设可持续的未来》报告指出，森林、农地、自然保护区和矿产等自然资本占全球财富的十分之一，其中绝大部分在发展中国家。然而，依赖农业的低收入国家往往缺乏将自然资源转化为自然资本的能力，最终陷入以资源换发展的贫困陷阱。丽水探索和实践的生态经济学，从很大程度上进一步验证了"两山"理论的巨大生命力和实践指导意义，成为中国和世界生态文明建设发展动力的源泉之一。

案例三：湿地遗产保护带动城市新生机。

位于长江三角洲北部的江苏盐城，拥有森林、湿地、海洋三大生态优势，北宋著名文官范仲淹在此留下"先天下之忧而忧，后天下之乐而乐"的千古名句，成为"以人民为中心"的中国民生文化精神的象征。2019 年，黄（渤）海候鸟栖息地被成功列入联合国教科文组织"世界遗产名录"，成为中国首个沿海湿地自然遗产。盐城市政府积极构建环黄海生态经济圈，打造"湿地生态城市"名片，推动城市更新和美丽乡村建设，颁布了一系列湿地保护的政策规划和立法，引进社会资本打造黄海湿地研究院，推进湿地保护国际合作、实现产学研一体化发展，城市面貌日新月异，在长三角的生态区位和经济地位日渐提升。《中国国际重要湿地生态状况白皮书》显示，盐城申遗后湿地生态状况明显好转。世界自然保护联盟、英国皇家鸟类保护协会等国际资深专家，高度评价盐城黄海湿地建设中保持的原真性。盐城在湿地生态城市建设中的探索，不但为城市自身发展走出了一条可持续的新路子，也被国际舆论赞誉为"发展生态文明的城市榜样"。

案例四：从苦甲天下到生态文明的新定西。

位于中国西北内陆干旱半干旱地区的甘肃省定西市，"地无绿，河无水，鸟无栖息之茂林，人无蔽日之绿荫"，境内森林覆盖率仅为5.16%。1982年，联合国官员考察后认为，该地"不具备人类生存的基本条件"。2000年贫困发生率为74.8%，一般返贫率为20%—30%，灾年时可达45%左右，为全国"贫困之最"。通过大规模的脱贫攻坚和流域治理生态修复，彻底改写了"一方水土养活不了一方人"的历史，绣出了"绿水青山就是金山银山"的美丽新定西。例如，定西市通渭县通过梯田建设修复生态，培育农田生态系统多样性，鼓励村民梯田种植金银花，林下生态放养，参与农户4.1万户，18.5万人，户均年纯收入1.5万元以上，实现了绿色脱贫。定西市临洮县洮阳镇为中国社会科学院"精准扶贫精准脱贫百村调研重大项目"点之一，近些年洮阳镇将精准脱贫与传统花卉和中药材种植、休闲农业和"美丽乡村"建设相结合，举办牡丹旅游节，采用"公司+合作社+农户"经营模式，参与农户超过60%，每年接待游客10万人次以上。作为苦甲天下的定西，之所以能与全国人民一道跨入小康社会，走出的就是以生态建设促扶贫攻坚、以扶贫攻坚推动生态环境建设的新路子，走出了一条绿色可持续的发展之路。中国定西地方的创新实践，证明内生发展的生态经济繁荣之路是可行的，欠发达国家和地区也可以因地制宜，实现绿色发展与生态文明同步、生态效益与民生福祉共赢的目标。新定西的故事说明，致富与生态完全可以做到相向而行、相互促进推动。

这些案例只是中国地方实践的部分优秀案例，其共性都是因地制宜、把握政策先机，创造性地实现了绿色发展与生态文明同步、生态效益与民生福祉共赢的目标。尤其值得指出的是，这些案例体现的"两山"模式和探索，也为碳中和、共同富裕等生态文明建设提供了有益思路，相信通过对这些案例和更多故事的挖掘总结提炼，可以让更多的生态文明建设典范走向大众、走向国际，更好推动中国和全球生态文明的绿色发展之路。

四 "中国绿"要求继续相向而行

让"中国绿"越来越宽广，为地球增添更多春色，是一条十分艰苦的道路。在这条道路上，既有客观风险，也有主观挑战。2021年1月，世界经济论坛发布《全球风险报告》，指出未来10年全球最可能发生的风险依次是：极端天气、气候行动失败、人类环境破坏、传染病、生物多样性丧失等。当前，在百年大变局、全球大流行、中美大博弈三期叠加的影响下，全球经济遭受近百年以来最严重的经济衰退。个别国家出于一己之私，试图通过搞小圈子、团团伙伙和"伪多边""假多边"，试图阻挠世界经济全球化的正确发展道路，试图把一国之规则和价值观强加给全世界，试图借新冠肺炎疫情、生态等理念打压遏制别国，试图搞所谓的"断供""断链""科技壁垒"等花样。

面对西方形形色色的奇谈怪论和奇葩言行，中国政府秉持构建人类命运共同体理念，向全球发出了"坚定信心　共克时艰　共建更加美好的世界"的时代呼吁。2021年9月21日，习近平总书记在第七十六届联合国大会一般性辩论上的讲话中指出：世界百年未有之大变局和新冠肺炎疫情全球大流行交织影响，人类社会已被深刻改变，世界进入新的动荡变革期，各国人民对和平发展的期盼更加殷切，对公平正义的呼声更加强烈，对合作共赢的追求更加坚定。习近平总书记倡议，"每一个负责任的政治家都必须以信心、勇气、担当，回答时代课题，作出历史抉择"。在讲话中，习近平总书记发出了"疫情虽然来势凶猛，我们终将战而胜之"[1] 的坚强信号和鼓舞人心的全球发展倡议，强调要坚持人与自然和谐共生，完善全球环境治理，积极应对气候变化，构建人与自然生命共同体。习近平总书记指出，要加快绿色低碳转型、实现绿色复苏发展，并再次强调，"中国将力争2030 年前实现碳达峰、2060 年前实现碳中和，这需要付出艰苦努力，但我们会全力以赴""将继续以中国的新发展为世界提供新机遇""携手应对全球性威胁和挑战，推动构建人类命运共同体，共同建设更加美好的世界"。

习近平总书记关于生态文明建设的系列重要论述，对于我们深刻认识生态文明建设的重大意义，坚持和贯彻新发展理念、构建新发展格局，正确处理好经济发展同生态环境保护的关系，坚定不移走生产发展、生活富裕、生态良好的文明发展道路，加快建设资源节约型、环境友好型社会，推动形成绿色发展方式和生活方式，推进美丽中国建设，实现中华民族永续发展、推动构建人类命运共同体，具有十分重要的指导意义。按照习近平总书记关于生态文明建设的系列重要论述，中国社会科学院采取了一系列重要举措，开展了一系列重大课题研究，形成了许多重要成果。如，关于碳中和问题，我们的学者针对社会上的某些理解偏差和误区，明确提出碳中和并非简单地用新能源替代化石能源、用新技术替代旧技术。如果不进行深刻、全面、系统性的发展理念转变，碳中和目标本身缺乏自我实现的运作机制。因此，要解决发展的难题，必须将碳中和目标、生物多样性保护目标，纳入生态文明建设的总体布局之中。同时，我们围绕生态文明、绿色发展、乡村振兴等崭新的时代主题，积极参与国家大政方针的制定，为国家重大决策提供决策咨询，建言献策，组织专家学者积极开展了一系列理论与政策研究，出版和发表了许多具有社会影响力、决策支

---

[1]　习近平：《坚定信心　共克时艰　共建更加美好的世界——在第七十六届联合国大会一般性辩论上的讲话》，人民出版社 2021 年版，第 2 页。

持力的学术成果。

为确保贯彻落实好党中央的系列要求，更好推动生态文明建设，中国社会科学院在中央机构编制委员会办公室的批准下，于2020年3月正式组建了生态文明研究所，并先后成立了生态文明高端智库、习近平生态文明思想研究中心、中国社会科学院大学研究生院生态文明研究系、生态文明大数据实验室，形成了"1＋4"的生态文明基础理论、政策应用与学科建设的系统化研究基地。

中国社会科学院历来主张开门办院，愿意同社会各界一道共同服务党和国家大局。在这方面，生态文明研究所已经进行了积极探索和努力，并取得了很多成果。在此，我衷心感谢并呼吁在座的各位，大家一起共同努力，让生态文明的理论思想扎根祖国大地，让中国的生态文明故事走向世界，以中国故事引领全球生态文明绿色发展之路。

（载云报客户端2021年10月9日，
《中国报道》2021年第11期刊登部分内容）

走好盐池的精准扶贫之路

党的十八大以来，盐池县严格按照党中央作出打赢脱贫攻坚战的重大决策部署，在扶贫过程中充分发挥主导作用，瞄准贫困群众发展产业资金短缺的薄弱环节，以此为扶贫工作的突破口，创新开展互助资金、评级授信、四信平台建设等多种金融扶贫小额信贷工作，全面构建社会信用体系，打造诚信社会，创新担保模式，以"互助资金"结合"千村信贷"撬动了数倍发展资金，扩大贫困户评级授信覆盖面，打破"60岁以后不能贷款"的硬框框，将非恶意"黑名单"建档立卡贫困户纳入评级授信范围；创新推行"扶贫保"，破解了建档立卡贫困户贷款困难、因病因灾返贫等"十大难题"，形成了独具特色的"盐池模式"。

盐池县积极探索创新产业扶贫机制，创新产融结合，把产业扶贫作为打赢脱贫攻坚战的根本之策，解决群众可持续发展的问题。盐池县坚持把产业扶贫作为精准扶贫的主攻方向和着力点，以产业扶贫为核心实现农业增产、农民增收的目标，做强滩羊产业、做大黄花产业、做优小杂粮产业、做实牧草产业，利用"1＋4＋X"解决扶贫手段单一的问题；强化科技支撑，助推产业转型升级；突出龙头带动，打造产业链以解决农户过于分散的问题。盐池县加大金融扶持，破解产业融资难题，创新推出产业扶贫保险，积极推进产业金融支农服务创新。

盐池县将健康、教育扶贫作为重大政治任务和第一民生工程，以精准健康扶贫为抓手，着力解决大病救助保障力度不够、医疗能力弱、就医负担重等难题，蹚出了一条革命老区健康扶贫的精准之路。以抓好报销保障、参保补助和服务"三个环节"，让群众看得起病；以夯实医疗设施和医疗软件"两个基础"，让群众看得好病；以实施健康促进、推进健康服务工程，让群众少得病。盐池县遵循教育优先发展战略，全面改善办学条件，完善体系，实现学生资助全覆盖，控辍保学，确保学生完成义务教育；优化结构，均衡师资队伍配置；创新举措，提高农村学校教育质量；整合资源，发挥职业教育优势。

盐池县量身定做扶贫保，兜住返贫底线。实施综合医疗保、养殖业扶贫保、种植业扶贫保；建立健全机制，确保扶贫保险健康发展；建立资金投入引导机制、风险分散补偿机制，实施金融信贷保，让金融机构吃上了定心丸；建立高效投保服务机制，在承保服务方面，专门成立了扶贫保工作组，对每个村、每个组都进行了专场培训；在理赔服务方面，对扶贫保险中的大病医疗保险实行一站式服务。

盐池县围绕"产业兴旺、生态宜居、治理有效、乡风文明、生活富裕"的目标，按照推进新型城镇化发展和脱贫攻坚总体要求，推进危窑危房改造，实现农村常住户安全住房全覆盖。通过制定严格的审核标准，确保危房改造对象精准；管控质量安全，确保群众住上安全住房；加大资金投入，切实解决危房改造问题，减轻农户经济负担；严格住房安全认定，强化完善农村危房危窑改造工作。盐池县推进美丽乡村建设，提升农村基础设施公共服务能力；通过抓好顶层设计，全面优化乡村布局；抓好基础设施建设，促进城乡公共服务均等化；抓好服务提升工作，健全完善配套服务功能。盐池县推进农村人居环境整治，改善农村生产生活生态条件；通过坚持示范引领，扎实推动农村环境"脏、乱、差"整治；创新运行机制，确保农村环境卫生保洁长效化、良性化。

盐池县坚持脱贫是底线、富民是关键，注重精神扶贫。围绕扶贫先扶志、治穷先治愚、脱贫先脱旧，进一步激发脱贫内生动力，既要让群众"富口袋"，也要"富脑袋"，真正让群众有尊严地脱贫致富。

盐池县深化"三先开路"，立足扶贫先扶志，激发脱贫内生动力；解决部分贫困群众存在精气神不足、"等靠要"思想、贫困群众人穷志短、贫困群众缺乏诚信等问题。立足治穷先治愚，筑牢脱贫富民根基；大力实施"示范带动""育人塑魂""育人塑才"工程。立足脱贫先脱旧，架起乡村振兴支点；致力以文化助力精神脱贫；移风易俗树新风，推动物质精神全面脱贫；改善环境立样板，激发村民内生动力。

盐池县充分发挥党委的主导作用，为脱贫提供坚强组织保证，盐池县积极探索创新党建模式，推进基层党建与精准扶贫、精准脱贫深度融合、互促共进；深入开展"三先开路"专题教育，提振党员干部打赢脱贫攻坚战的"精气神"，激发贫困群众脱贫致富的"原动力"。以"四个善于"严格要求党员领导干部，与基层群众沟通形式多、方法活、载体新，切实推动党的政治优势、组织优势、密切联系群众优势转化为脱贫攻坚的发展优势。盐池县深入开展"育人塑魂"工程、"诚信盐池"建设，引导贫困群众改变被动、依赖、观望心理；深入开展"推动移风易俗，树立文明新风"活动，推动社会风气向上向好。为了筑牢组织基础和服务基础，盐池县坚持问题导向，解难题补短板，精准对标脱贫攻坚和产业发展需求选干部、配班子；抓基层实基础，持续提升基层党组织的组织力；加强扶贫资金管理，确保资金安全规范使用。为了汇集人才优势和资源优势，盐池县选派骨干驻村扶贫，实施能人治村；强化部门帮扶，创优发展环境；增强造血功能和内生动力，坚持把党组织建在产业链、扶贫链上，注重发挥党组织在产业发展中的引领服务作用；在本乡本村现有能人中培育扶持一批、从外出创业成功人员中召回一批、依托特色产业引进一批的措施，培育致富带头人；把创优发展环境作为发展集体经济的关键措施来抓，优先扶持村级组织发展集体经济，切实为发展村集体经济创造必要条件。

贫有百样、困有千种。解决问题必须依靠强有力的改革创新来实现，盐池县党委和政府坚持问题导向，统揽经济社会发展全局，充分发挥政治优势和政府引导作用，调动各方面参与的积极性，在扶贫创新的过程中充分体现了各级党组织、党员的精神担当、责任担当。盐池县一些扶贫举措具有一定的普遍启示意义：发挥政府的引导作用，强化对中央精神的执行力；善于抓扶贫工作的突破口，大胆探索创新；求真务实、因地制宜，创新社会扶贫机制；把精准识别作为脱贫攻坚的首要任务；把扶贫同"扶志""扶智"相结合；抓好基层党建，加强队伍建设等。充分发挥了政府"有形之手"的引导作用，释放市场"无形之手"的活力，调动盐池人民"勤劳之手"的积极性，使得盐池人民享受到了党和政府的惠民政策，逐步解决了温饱问题。

（本文系作者为王灵桂、张中元合著《盐池的精准扶贫之路》撰写的摘要，中国社会科学出版社 2018 年 11 月版）

改革开放篇

改革开放与中国特色社会主义
事业的伟大飞跃

党的十九届六中全会通过的《中共中央关于党的百年奋斗重大成就和历史经验的决议》（以下简称《决议》）指出："党的十一届三中全会以后，我国改革开放走过波澜壮阔的历程，取得举世瞩目的成就。""党的十八大以来，党不断推动全面深化改革向广度和深度进军，中国特色社会主义制度更加成熟更加定型，国家治理体系和治理能力现代化水平不断提高，党和国家事业焕发出新的生机活力。"改革开放是决定当代中国前途命运的关键一招，推动我国实现了从落后时代到赶上时代、引领时代的伟大跨越。新的征程上，我们要继续把改革开放推向前进，为实现全面建成社会主义现代化强国的第二个百年奋斗目标、实现中华民族伟大复兴的中国梦不懈奋斗。

中国特色社会主义是改革开放以来
党的全部理论和实践的主题

习近平总书记指出："改革开放是我们党的一次伟大觉醒，正是这个伟大觉醒孕育了我们党从理论到实践的伟大创造。改革开放是中国人民和中华民族发展史上一次伟大革命，正是这个伟大革命推动了中国特色社会主义事业的伟大飞跃!"① 中国特色社会主义是改革开放以来党的全部理论和实践的主题。在总结世界社会主义运动和我国社会主义建设经验的基础上,我们党深刻认识到,社会主义建设是一个不断发展和变革的过程,没有固定、唯一的模式,必须把马克思主义的普遍真理同我国的具体实际结合起来。党的十一届三中全会后,我们党明确提出"走自己的道路,建设有中国特色的社会主义",团结带领中国人民,解放思想、锐意进取,开创、坚持、捍卫、发展了中国特色社会主义。在改革开放和社会主义现代化建设新时期,我们党创立了邓小平理论,形成了"三个代表"重要思想、科学发展观,形成中国特色社会主义理论体系,实现了马克思主义中国化新的飞跃。党的十八大以来,以习近平同志为核心的党中央团结带领中国人民,自信自强、守正创新,统揽伟大斗争、伟大工程、伟大事业、伟大梦想,统筹推进"五位一体"总体布局、协调推进"四个全面"战略布局,推动中国特色社会主义进入了新时代。以习近平同志为主要代表的中国共产党人创立了习近平新时代中国特色社会主义思想,实现了马克思主义中国化新的飞跃,使科学社会主义焕发出更加强大的生机活力。

中国特色社会主义发展的每一个重大历史关头,都是通过改革开放突破困局、不断走向新的成功的。改革开放打破了僵化保守思想观念的禁锢,全党全国人民的思想面貌和精神面貌焕然一新;打破了传统的计划经济体制,让农村和城市竞相迸发出无穷的活力和创造力。党的十八大以来,面对国内外环境发生的广泛而深刻的变化,面对我国发展面临的一系列新矛盾新挑战,以习近平同志为核心的党中央高举新时代改革开放旗帜,以促进社会公平正义、增进人民福祉为出发点和落脚点,突出问题导向,聚焦进一步解放思想、解放和发展社会生产力、解放和增强社会活力,加强顶层设计和整体谋划,增强改革

---

① 《习近平新时代中国特色社会主义思想学生读本》,人民出版社2021年版,第87页。

的系统性、整体性、协同性，激发人民首创精神，推动重要领域和关键环节改革走实走深，中国特色社会主义制度更加成熟更加定型，国家治理体系和治理能力现代化水平不断提高。我们党坚持马克思主义指导地位不动摇，坚持科学社会主义基本原则不动摇，不断推进理论创新、实践创新、制度创新、文化创新以及各方面创新，不断赋予中国特色社会主义以鲜明的实践特色、理论特色、民族特色、时代特色，以无可辩驳的事实彰显了科学社会主义的强大生命力。

改革开放让中华民族以崭新姿态
屹立于世界的东方

党的十一届三中全会以后，从农村到城市、从经济领域到其他各个领域，改革的浪潮势不可挡；从沿海到沿江沿边，从东部到中西部，开放的大门逐步开启。到 2010 年，我国经济总量的世界排名从 1978 年的第十一位跃升至第二位，成为世界第一制造大国和世界最大货物出口国。与此同时，我国发展的内外环境发生了广泛而深刻的变化，改革进入了攻坚期和深水区，容易的改革已经完成了，剩下的都是难啃的硬骨头，继续推进改革的复杂性、敏感性、联动性前所未有。

进入新时代，以习近平同志为核心的党中央举旗定向、谋篇布局，大刀阔斧的全面深化改革，攻坚克难，呈现出全面发力、多点突破、蹄疾步稳、纵深推进的局面，解决了许多长期想解决而没有解决的难题，办成了许多过去想办而没有办成的大事。经济、政治、文化、社会、生态文明体制和党的建设制度领域的一系列重大改革扎实推进，各项便民、惠民、利民举措持续实施，使改革开放成为当代中国最显著的特征、最壮丽的气象。《决议》指出："党的十一届三中全会是划时代的，开启了改革开放和社会主义现代化建设新时期。党的十八届三中全会也是划时代的，实现改革由局部探索、破冰突围到系统集成、全面深化的转变，开创了我国改革开放新局面。"2020年，在新冠肺炎疫情肆虐、全球经济深度衰退的背景下，我国成为全球唯一实现经济正增长的主要经济体，国内生产总值突破100万亿元，稳居世界第二，占世界比重提高到17.4%。

改革开放极大改变了中国的面貌、中华民族的面貌、中国人民的面貌、中国共产党的面貌，中华民族迎来了从站起来、富起来到强起来的伟大飞跃，中国特色社会主义迎来了从创立、发展到完善的伟大飞跃，中国人民迎来了从温饱不足到小康富裕的伟大飞跃，中华民族正以崭新姿态屹立于世界的东方。经过四十多年改革开放，我国经济实力、科技实力、综合国力和人民生活水平跃上新的大台阶，探索出了适合本国国情的中国式现代化道路，拓展了发展中国家走向现代化的途径，给世界上那些既希望加快发展又希望保持自身独立性的国家和民族提供了全新选择。

不断推动全面深化改革向广度
和深度进军

习近平总书记指出："中国特色社会主义在改革开放中产生，也必将在改革开放中发展壮大。"[1] 《决议》强调要"全面深化改革开放"。新的征程上，我们要不断深化对改革开放的规律性认识，不断推动全面深化改革向广度和深度进军，不断实现人民对美好生活的向往，确保如期实现第二个百年奋斗目标，不断创造让世界刮目相看的

---

[1]　中共中央文献研究室编：《习近平关于全面深化改革论述摘编》，中央文献出版社2014年版，第1页。

新的更大奇迹。

准确把握改革开放的方向、立场、原则。习近平总书记强调："我们的改革开放是有方向、有立场、有原则的。"① 四十多年来，改革开放在复杂的国内外环境下向前推进。由于方向正确、方法科学、驾驭得当，改革开放始终沿着正确道路不断前进。新的征程上，无论改什么、改到哪一步，坚持党的集中统一领导不能变，完善和发展中国特色社会主义制度、推进国家治理体系和治理能力现代化的总目标不能变，坚持以人民为中心的价值取向不能变。

坚持党的领导和尊重人民首创精神相结合。党的集中统一领导是保证改革开放不断向前推进的指南针、定盘星和压舱石。党把方向、谋大局、定政策、促改革的能力和定力，确保了改革开放的航船始终沿着正确航向乘风破浪。改革开放是亿万人民的事业，人民首创精神为改革开放提供源源不断的智慧和力量。我们要坚持党的领导和尊重人民首创精神相结合，坚持发展为了人民、发展依靠人民、发展成果由人民共享，把最广大人民的智慧和力量凝聚到改革上来，同人民一道把改革推向前进。

坚持摸着石头过河和加强顶层设计相结合。习近平总书记指出："摸着石头过河，符合人们对客观规律的认识过程，符合事物从量变到质变的辩证法。"② 摸石头就是摸规律，是先试验、后总结、再推广的不断积累的过程。进入新时代，改革开放局部与全局、治标与治本、渐进与突破的关联性和互动性明显增强，顶层设计和整体谋划的重要性明显提升。我们要继续坚持摸着石头过河和加强顶层设计相结合、整体推进和重点突破相促进，处理好顶层设计和分层对接的关系，搞好上下左右、方方面面的配套，注重各项改革协调推进，使各项改革相得益彰，发生"化学反应"，把制度优势转化为治理效能。

① 中共中央文献研究室编：《习近平关于全面深化改革论述摘编》，中央文献出版社2014年版，第14页。
② 中共中央文献研究室编：《习近平关于全面深化改革论述摘编》，中央文献出版社2014年版，第34页。

　　坚持问题导向和目标导向相统一。改革由问题倒逼而产生，又在不断解决问题中得以深化。改革开放之初，虽然面对着重重困难和挑战，但我们对未来充满信心，谋划了分三步走建设社会主义现代化国家的宏伟蓝图。在改革开放进程中，我们坚持问题导向和目标导向相统一，克服了把市场和计划对立起来的观念，明确了建立社会主义市场经济体制的目标；纠正了经济发展与环境保护冲突的观念，明确了绿水青山就是金山银山的理念；等等。实践证明，坚持问题导向和目标导向相统一，就能有效化解前进中遇到的矛盾和问题，不断取得改革开放新成就。

　　统筹发展和安全。发展和安全是一体之两翼、驱动之双轮。安全是发展的前提，发展是安全的保障。党的十八大以来，以习近平同志为核心的党中央坚持总体国家安全观，坚持底线思维、居安思危、未雨绸缪，坚持国家利益至上，以人民安全为宗旨，以政治安全为根本，以经济安全为基础，以军事、科技、文化、社会安全为保障，以促进国际安全为依托，统筹发展和安全，统筹开放和安全，统筹传统安全和非传统安全，统筹自身安全和共同安全，统筹维护国家安全和塑造国家安全。面对具有许多新的历史特点的伟大斗争，我们必须增强斗争精神、提高斗争本领，落实防范化解各种风险的领导责任和工作责任，注重防范化解影响我国现代化进程的重大风险，为党和国家兴旺发达、长治久安提供有力保证。

（载《人民日报》2021 年 12 月 2 日第 13 版，

《学习月刊》2021 年第 12 期转载）

决定当代中国前途命运的
关键一招

改革开放是党在新的历史条件下领导人民进行的新的伟大革命，是决定当代中国命运的关键选择。习近平总书记在庆祝中国共产党成立100周年大会上的重要讲话（以下简称"七一"重要讲话）中强调，"中国共产党和中国人民以英勇顽强的奋斗向世界庄严宣告，改革开放是决定当代中国前途命运的关键一招，中国大踏步赶上了时代"。全面理解"关键一招"的历史意义、深刻内涵、丰富实践、宝贵经验，是认真学习贯彻习近平总书记"七一"重要讲话的题中应有之义。

实现中华民族伟大复兴的必然选择

习近平总书记深刻指出："一百年来，中国共产党团结带领中国人民进行的一切奋斗、一切牺牲、一切创造，归结起来就是一个主题：实现中华民族伟大复兴。"[①] 实践证明，改革开放是当代中国发展进步的活力之源，是党和人民大踏步赶上时代前进步伐的重要法宝。回顾百年光辉历程，党领导人民建立了新中国、开始了改革开

---

① 习近平：《在庆祝中国共产党成立100周年大会上的讲话》，人民出版社2021年版，第3页。

放，这两件大事大大加快了实现中华民族伟大复兴的历史进程。

艰难困苦，玉汝于成。在探索实现中华民族伟大复兴的道路上，中国共产党把握历史发展大势，抓住历史变革时机，奋发有为，锐意进取，不断前进。在创造了根本社会条件、奠定了根本政治前提和制度基础后，党作出实行改革开放的历史性决策，是基于对党和国家前途命运的深刻把握，是基于对社会主义革命和建设实践的深刻总结，是基于对时代潮流的深刻洞察，是基于对人民群众期盼和需要的深刻体悟。邓小平同志指出，"贫穷不是社会主义""我们要赶上时代，这是改革要达到的目的"[①]。习近平总书记强调："改革开放是我们党的一次伟大觉醒，正是这个伟大觉醒孕育了我们党从理论到实践的伟大创造。改革开放是中国人民和中华民族发展史上一次伟大革命，正是这个伟大革命推动了中国特色社会主义事业的伟大飞跃！"[②]

1921 年，在中国人民和中华民族的伟大觉醒中，在马克思列宁主义同中国工人运动的紧密结合中，中国共产党应运而生。中国共产党一经诞生，就把为中国人民谋幸福、为中华民族谋复兴确立为自己的初心使命。经过 28 年的浴血奋战，党团结带领中国人民创造了新民主主义革命的伟大成就，建立了人民当家作主的中华人民共和国，为实现中华民族伟大复兴创造了根本社会条件。随后，党团结带领中国人民创造了社会主义革命和建设的伟大成就，为实现中华民族伟大复兴奠定了根本政治前提和制度基础。

20 世纪 70 年代末，世界经济快速发展，科技进步日新月异。国内外发展大势要求党尽快就关系党和国家前途命运的大政方针作出政治决断和战略决策。在中国何去何从的重大关头，党的十一届三中全会拉开改革开放大幕，实现了新中国成立以来党的历史上具有深远意义的伟大转折，开启了改革开放和社会主义现代化建设新时期。

① 《邓小平文选》第 3 卷，人民出版社 1993 年版，第 242 页。
② 《习近平新时代中国特色社会主义思想学生读本》，人民出版社 2021 年版，第 87 页。

进入新时代，党领导人民通过改革开放不断开创中国特色社会主义事业新局面，一步步接近中华民族伟大复兴的宏伟目标。党和国家事业取得历史性成就、发生历史性变革，为实现中华民族伟大复兴提供了更为完善的制度保证、更为坚实的物质基础、更为主动的精神力量，实现中华民族伟大复兴进入了不可逆转的历史进程。习近平总书记深刻指出，"中国人民的面貌、社会主义中国的面貌、中国共产党的面貌能发生如此深刻的变化，我国能在国际社会赢得举足轻重的地位，靠的就是坚持不懈推进改革开放""没有改革开放，就没有中国的今天；离开改革开放，也没有中国的明天""在整个社会主义现代化进程中，我们都要高举改革开放的旗帜，决不能有丝毫动摇"[①]。

走出了实现中华民族伟大复兴的正确道路

无论是搞革命、搞建设还是搞改革，道路问题都是最根本的问题。在改革开放 40 多年的伟大实践中，党始终坚持解放思想、实事求是、与时俱进、求真务实，坚持马克思主义指导地位不动摇，坚持科学社会主义基本原则不动摇，勇敢推进理论创新、实践创新、制度创新、文化创新以及各方面创新，不断赋予中国特色社会主义以鲜明的实践特色、理论特色、民族特色、时代特色，形成了中国特色社会主义道路、理论、制度、文化。改革开放以来，我们能够创造出人类历史上前无古人的发展成就，走出正确道路是根本原因。

在"七一"重要讲话中，习近平总书记强调，"以史为鉴、开创未来，必须坚持和发展中国特色社会主义"。走自己的路，是党的全

---

① 中共中央文献研究室编：《习近平关于全面深化改革论述摘编》，中央文献出版社 2014 年版，第 10 页。

部理论和实践立足点，更是党百年奋斗得出的历史结论。中国特色社会主义是党和人民历经千辛万苦、付出巨大代价取得的根本成就，是实现中华民族伟大复兴的正确道路。我们坚持和发展中国特色社会主义，推动物质文明、政治文明、精神文明、社会文明、生态文明协调发展，创造了中国式现代化新道路，创造了人类文明新形态。新的征程上，只有坚定不移走中国特色社会主义道路，把中国发展进步的命运牢牢掌握在自己手中，才能协同推进人民富裕、国家强盛、中国美丽。

中国共产党为什么能，中国特色社会主义为什么好，归根到底是因为马克思主义行。习近平总书记在"七一"重要讲话中指出，"马克思主义是我们立党立国的根本指导思想，是我们党的灵魂和旗帜"。党坚持马克思主义基本原理，坚持实事求是，从中国实际出发，洞察时代大势，把握历史主动，进行艰辛探索，不断推进马克思主义中国化时代化，指导中国人民不断推进伟大社会革命。在新的征程上，必须坚持把马克思主义基本原理同中国具体实际相结合、同中华优秀传统文化相结合，用马克思主义观察时代、把握时代、引领时代。

办好中国的事情，关键在党。历史充分证明，没有中国共产党，就没有新中国，就没有中华民族伟大复兴。中国共产党领导是中国特色社会主义最本质的特征，是中国特色社会主义制度的最大优势，是党和国家的根本所在、命脉所在，是全国各族人民的利益所系、命运所系。在坚持党的领导这个决定党和国家前途命运的重大原则问题上，全党全国必须保持高度的思想自觉、政治自觉、行动自觉，丝毫不能动摇。在"七一"重要讲话中，习近平总书记强调，"新的征程上，我们必须坚持党的全面领导，不断完善党的领导，增强'四个意识'、坚定'四个自信'、做到'两个维护'，牢记'国之大者'，不断提高党科学执政、民主执政、依法执政水平，充分发挥党总揽全局、协调各方的领导核心作用"。

历史告诉我们，中国共产党领导中国人民开辟的中国特色社会主义道路是正确的。在实现第二个百年奋斗目标新的赶考之路上，必须继续把党的领导贯彻和体现到改革发展稳定、内政外交国防、治党治国治军等各个领域，不断提高党把方向、谋大局、定政策、促改革的能力和定力，确保改革开放这艘航船沿着正确航向破浪前行。

为中华民族伟大复兴提供了充满
活力的体制保证

习近平总书记在"七一"重要讲话中指出，我们实现新中国成立以来党的历史上具有深远意义的伟大转折，确立党在社会主义初级阶段的基本路线，坚定不移推进改革开放，战胜来自各方面的风险挑战，开创、坚持、捍卫、发展中国特色社会主义，实现了从高度集中的计划经济体制到充满活力的社会主义市场经济体制、从封闭半封闭到全方位开放的历史性转变，"为实现中华民族伟大复兴提供了充满新的活力的体制保证"。

在改革开放四十多年的探索中，我们坚持解放思想、实事求是，大胆地试、勇敢地改，干出了一片新天地。从实行家庭联产承包、支持乡镇企业迅速发展、取消农业税牧业税和特产税到农村承包地"三权"分置、实施乡村振兴战略、打赢脱贫攻坚战、坚定不移走共同富裕道路，从兴办深圳等经济特区、沿海沿边沿江沿线和内陆中心城市对外开放到加入世界贸易组织、共建"一带一路"、设立自由贸易试验区、谋划中国特色自由贸易港、成功举办多届中国国际进口博览会，从"引进来"到"走出去"，从搞好国营大中小企业、发展个体私营经济到深化国资国企改革、发展混合所有制经济，从单一公有制到以公有制为主体、多种所有制经济共同发展和坚持"两个毫不动摇"，从传统的计划经济体制到前无古人的社会主义市场经济体制再到使市场在资源配置中起决定性作用和更好发挥政府作用，从以经济体制改革为主到全面深化经济、政治、文化、社会、生态文明体制和党的建设制度改革，党和国家机构改革、行政管理体制改革、依法治国体制改革、司法体制改革、外事体制改革、社会治理体制改革、生态环境督察体制改革、国家安全体制改革、国防和军队改革、党的领导和党的建设制度改革、纪检监察制度改革等一系列重大改革扎实推进，各项便民、惠民、利民举措持续实施，使改革开放成为当代中国最显著的特征、最壮丽的气象。

党的十八届三中全会通过的《中共中央关于全面深化改革若干重大问题的决定》，明确了全面深化改革的总目标是完善和发展中国特色社会主义制度，推进国家治理体系和治理能力现代化。党的十九届三中全会指出，必须加快推进国家治理体系和治理能力现代化，努力形成更加成熟更加定型的中国特色社会主义制度。党的十九届四中全会审议通过的《中共中央关于坚持和完善中国特色社会主义制度、推进国家治理体系和治理能力现代化若干重大问题的决定》，系统总结了我国国家制度和国家治理体系建设的巨大成就和十三个显著优势，对新时代坚持和完善中国特色社会主义制度、推进国家治理体系和治理能力现代化作出了顶层设计和全面部署。

我们党不断发展社会主义民主政治，积极稳妥推进政治体制改革，推进社会主义民主政治制度化、规范化、程序化，巩固和发展了民主团结、生动活泼、安定和谐的政治局面，为实现中华民族伟大复兴提供了重要保障。在"七一"重要讲话中，习近平总书记强调，"贯彻党的群众路线，尊重人民首创精神，践行以人民为中心的发展思想，发展全过程人民民主"。

党的十八届四中全会通过《中共中央关于全面推进依法治国若干重大问题的决定》，明确全面推进依法治国的总目标是建设中国特色社会主义法治体系，建设社会主义法治国家。围绕这个总目标，深入推进司法体制改革，进一步全面落实司法责任制，加快构建系统完备、规范高效的执法司法制约监督机制，司法责任制综合配套改革得以不断深化。

不断深化党和国家机构改革，为党和国家事业取得历史性成就、发生历史性变革提供了有力保障。党的十九届三中全会通过《中共中央关于深化党和国家机构改革的决定》《深化党和国家机构改革方案》，对党和国家机构改革进行了整体部署。这些改革任务的总体完成，使党和国家机构履职更加顺畅高效，各类机构设置和职能配置更加适应统筹推进"五位一体"总体布局和协调推进"四个全面"战略布局的需要，改革整体效应进一步增强。

为中华民族伟大复兴提供了更为坚实的物质基础

习近平总书记在"七一"重要讲话中庄严宣告，我们实现了第一个百年奋斗目标，在中华大地上全面建成了小康社会，历史性地解决了绝对贫困问题，正在意气风发向着全面建成社会主义现代化强国的第二个百年奋斗目标迈进。

消除贫困，是千百年来中华民族梦寐以求的夙愿。改革开放以来，党团结带领人民实施了大规模、有计划、有组织的扶贫开发，着力解放和发展社会生产力，着力保障和改善民生，取得了前所未有的伟大成就。特别是党的十八大以来，以习近平同志为核心的党中央团结带领人民尽锐出战、迎难而上，向绝对贫困宣战，吹响了拔除穷根的冲锋号，组织开展了声势浩大的脱贫攻坚人民战争。2021 年 2 月，习近平总书记在全国脱贫攻坚总结表彰大会上庄严宣告，经过全党全国各族人民的共同努力，在迎来中国共产党成立 100 周年的重要时刻,我国脱贫攻坚战取得全面胜利,现行标准下9899万农村贫困人口全部脱贫,832个贫困县全部摘帽,12.8万个贫困村全部出列,区域性整体贫困得到解决,完成了消除绝对贫困的艰巨任务。

实现小康,是中国历代先贤圣哲孜孜追求的理想社会梦想,是实现中华民族伟大复兴中国梦的阶段性目标。1979年12月,邓小平同志首次使用“小康”来描绘20世纪末中国的现代化图景。从此,“小康”成为反映我国经济社会和现代化发展的总体概念。目前,我们已如期全面建成了小康社会,我国的经济实力、科技实力、综合国力和人民生活水平跃上了新的大台阶。2020年我国国内生产总值达101.6万亿元,占世界经济总量的比重达约17%,稳居世界第二位;人均国内生产总值连续两年超过1万美元,人民群众的生活水平显著提高、生活质量显著提升;制造业增加值多年稳居世界首位,多种工业产品产量居世界第一位;基础设施建设成就举世瞩目,高速铁路、高速公路、发电装机容量、互联网基础设施规模等居世界第一位;科技领域取得重大成就,知识产权产出居世界前列。

我国全面建成小康社会,实现了第一个百年奋斗目标,为实现中华民族伟大复兴提供了更为坚实的物质基础,使科学社会主义在21世纪焕发出强大生机活力,为解决人类发展问题贡献了中国智慧、中国经验和中国方案。

为中华民族伟大复兴提供了更为
主动的精神力量

在“七一”重要讲话中,习近平总书记指出,党和国家事业取得历史性成就、发生历史性变革,为实现中华民族伟大复兴提供了“更为主动的精神力量”。

改革开放铸就了伟大改革开放精神。改革开放精神根植于中华民族优秀传统文化，淬炼升华于 40 多年闯关夺隘、劈波斩浪的伟大探索和实践。在砥砺前行中铸就的伟大改革开放精神，蕴含着中国共产党和中国人民对马克思主义的信仰、对中国特色社会主义的信念、对实现中华民族伟大复兴中国梦的信心。这种信仰信念信心，既为过去四十多年提供了不竭动力，也为今后提供了更为主动的精神力量。

伟大改革开放精神成为实现中华民族伟大复兴更为主动的精神力量，究其根本就在于为中国人民谋幸福、为中华民族谋复兴，是中国共产党人的初心和使命，也是改革开放的初心和使命。在改革开放进程中，我们党以最广大人民根本利益为一切工作的根本出发点和落脚点，始终把人民对美好生活的向往作为奋斗目标，充分激发蕴藏在人民群众中的创造伟力，不断促进人的全面发展、全体人民共同富裕。

伟大改革开放精神极大丰富了民族精神内涵，成为当代中国人民最鲜明的精神标识。在改革开放进程中，我们弘扬以爱国主义为核心的民族精神和以改革创新为核心的时代精神，坚持理论联系实际，及时回答时代之问、人民之问，廓清困扰和束缚实践发展的思想迷雾，让当代中国马克思主义在实现中华民族伟大复兴的征程上放射出更加灿烂的真理光芒。完善和发展中国特色社会主义制度，为解放和发展社会生产力、解放和增强社会活力、永葆党和国家生机活力提供了有力保证，为保持社会大局稳定、保证人民安居乐业、保障国家安全提供了有力保证。不断建立充满活力的体制机制，让一切劳动、知识、技术、管理、资本等要素的活力竞相迸发，让一切创造社会财富的源泉充分涌流。贯彻创新、协调、绿色、开放、共享的新发展理念，推动新型工业化、信息化、城镇化、农业现代化同步发展，加快建设现代化经济体系，努力实现更高质量、更有效率、更加公平、更可持续的发展。实行积极主动的开放政策，形成全方位、多层次、宽领域的全面开放新格局，支持开放、透明、包容、非歧视性的多边贸易体制，促进贸易投资自由化便利化，推动经济全球化朝着更加开放、包容、普惠、平衡、共赢的方向发展。以共建"一带一路"为重点，同各方一道打造国际合作新平台，为世界共同发展增添新动力。坚持加强党的领导和尊重人民首创精神相结合，坚持"摸着石头过河"和顶层设计相结合，坚持问题导向和目标导向相统一，坚持试点先行和全面推进相促进，既鼓励大胆试、大胆闯，又坚持实事求是、善作善成，确保改革开放行稳致远。统筹中华民族伟大复兴战略全局和世界百年未有之大变局，增强战略思维、辩证思维、创新思维、法治思维、底线思维，加强宏观思考和顶层设计，聚焦发展面临的突出矛盾和问题，既敢为天下先、敢闯敢试，又积极稳妥、蹄疾步稳，把改革发展稳定统一起来，坚持方向不变、道路不偏、力度不减，推动改革开放走得更稳、走得更远，为中华民族伟大复兴提供更加澎湃的更为主动的精神力量。

坚定在新征程上深化改革开放的
信心和决心

通过回顾百年党史，我们更加深刻地认识到党中央确定的改革开放路线方针是正确的、改革开放的一系列战略部署是正确的，更加深刻地认识到改革开放和社会主义现代化建设的光明前景。在新的征程上，我们要进一步坚定信心和决心，以更大气魄深化改革、扩大开放，续写更多"春天的故事"。

改革开放四十多年来，我们咬定青山不放松，风雨无阻朝着伟大目标前进。我们已走过千山万水，但仍需跋山涉水。我们绝不能有半点骄傲自满、故步自封，也绝不能有丝毫犹豫不决、徘徊彷徨，必须统揽伟大斗争、伟大工程、伟大事业、伟大梦想，勇立潮头、奋勇搏击。

中华民族以改革开放的姿态继续走向未来，有着深远的历史渊源、深厚的文化根基。自古以来，中国大地上发生了无数变法变革图强的运动，留下了"治世不一道，便国不法古"等豪迈宣言。自古以来，中华民族就以"天下大同""协和万邦"的宽广胸怀，自信而又大度地开展同域外民族的交往和文化交流，曾经谱写了万里驼铃万里波的浩浩丝路长歌，也曾经创造了万国衣冠会长安的盛唐气象。正是这种"天行健，君子以自强不息""地势坤，君子以厚德载物"的变革和开放精神，使中华文明成为人类历史上绵延 5000 多年至今未曾中断的灿烂文明。

改革开放只有进行时没有完成时。党的十八大以来，以习近平同志为核心的党中央更加注重改革的系统性、整体性、协同性；坚定不移扩大对外开放、推动构建人类命运共同体，提出一系列富有中国特色、体现时代精神、引领人类发展进步潮流的新理念新主张新举措，开创了新时代高水平对外开放的新局面，为全面建成小康社会、夺取新时代中国特色社会主义伟大胜利提供了有力支撑，为人类共同事业作出了更大贡献。

习近平总书记在党史学习教育动员大会上的重要讲话中指出，"把苦难辉煌的过去、日新月异的现在、光明宏大的未来贯通起来，在乱云飞渡中把牢正确方向，在风险挑战面前砥砺胆识，激发为实现中华民族伟大复兴而奋斗的信心和动力，风雨无阻，坚毅前行，开创属于我们这一代人的历史伟业"。在"七一"重要讲话中，习近平总书记郑重宣示了向全面建成社会主义现代化强国的第二个百年奋斗目标迈进的坚定决心，深刻阐述了"以史为鉴、开创未来"的"九个必须"，向全体党员发出了努力为党和人民争取更大光荣的伟大号召。习近平总书记"七一"重要讲话等一系列重要论述，彰显了当代中国共产党人对马克思主义的坚定信仰、对中国特色社会主义的坚定信念、对实现中华民族伟大复兴中国梦的坚定信心。我们要按照习近平总书记"七一"重要讲话提出的要求，不忘初心、牢记使命，将改革开放进行到底，在新征程上不断创造新的更大奇迹。

（载《经济日报》2021 年 8 月 18 日第 10 版）

改革开放:实现中国梦的
必由之路

习近平总书记在庆祝中国共产党成立 100 周年大会上讲话中指出:"中国共产党和中国人民以英勇顽强的奋斗向世界庄严宣告,改革开放是决定当代中国前途命运的关键一招,中国大踏步赶上了时代!"改革开放开辟了中国特色社会主义道路,是中国社会最深刻、最伟大的变革,是实现中国梦的必由之路。

改革开放成为当代中国共产党
成功基因密码的标志

中国共产党领导的改革开放和中国特色社会主义事业建设,以一脉相承的科学理论为指导,不断淬炼时代精神,极大丰富民族精神的内涵,塑造出当代中国人民最鲜明的精神标识。"改革开放极大改变了中国的面貌、中华民族的面貌、中国人民的面貌、中国共产党的面貌。中华民族迎来了从站起来、富起来到强起来的伟大飞跃!中国特色社会主义迎来了从创立、发展到完善的伟大飞跃!中国人民迎来了从温饱不足到小康富裕的伟大飞跃!中华民族正以崭新姿态屹立于世界的东方!"四十多年改革开放、四十多年砥砺前行、四十多年定力担当的丰富实践和丰硕成就充分证明，党的十一届三中全会以来，党团结带领全国各族人民开辟的中国特色社会主义道路、理论、制度、文化完全正确，形成的党的基本理论、基本路线、基本方略完全正确，中国正在为广大发展中国家的现代化提供成功经验和光明前景，中国已经成为促进世界和平与发展、人类文明进步的强大力量。

改革开放成为中国共产党新时代的重要精神特质

改革开放之所以拥有持久生命力，其精神特质在于它从来不简单套用马克思主义经典作家设想的模板，从来不简单拘泥于历史文化的母版，从来不简单重复其他国家社会主义实践的再版。这种精神特质，决定了过去四十多年和今后持续不断的改革开放，既不会走封闭僵化的老路，也不会走改旗易帜的邪路，而是将永远沿着中国特色社会主义道路阔步前进。习近平总书记指出，中国特色社会主义是党和人民历经千辛万苦、付出巨大代价取得的根本成就，是实现中华民族伟大复兴的正确道路。因此，通过改革开放让国家走上现代化征程，迅速改变人民生活贫困状况，更好证明社会主义制度优越性，成为当时党和国家领导人重点考虑的问题。回顾过去，中国人民更加笃信伟大的改革开放精神；展望未来，全党全国各族人民更要咬定青山推进改革开放。中国共产党第一个百年里的改革开放历程，必将成为未来辉煌的新起点；第一个百年里形成的伟大改革开放精神，必将成为开辟新征程的持久动力。

改革开放成为中国共产党践行初心
使命的根本动力

世界社会主义 500 多年，从空想到科学、从理论到实践、从一国实践到多国发展，反映了人类对美好社会制度的执着追求。中国共产党人作为科学社会主义的薪火相传者，代表了人类社会对美好制度的追求和中国人民对美好生活的向往。"为人民谋幸福、为民族谋复兴"的初心使命，是激励一代代中国共产党人不断前进的根本动力。从红船起航到实现全面建成小康社会第一个百年奋斗目标，中国共产党人始终初心不改、使命不变。百年奋斗，百年丰碑，以建立中国共产党、成立中华人民共和国、推进改革开放和中国特色社会主义事业为标志的三大历史性事件，树起了"近代以来实现中华民族伟大复兴的三大里程碑"。这个过程，屡经风雨波折和严酷考验，但毫不动摇的初心与使命，使中国共产党一直勇往直前，不断从胜利走向胜利。20 世纪 80 年代末 90 年代初，苏联解体、东欧剧变，世界社会主义运动遭受严重挫折，有人宣称"20 世纪将以社会主义的失败和资本主义的胜利而告终"，但是，三十多年过去了，中国特色社会主义旗帜不仅在中华大地上高高飘扬，而且把科学社会主义推向了崭新阶段、开辟了新境界。习近平新时代中国特色社会主义思想的形成发展，指导党和国家事业发生历史性变革、取得历史性成就的生动实践，使社会主义让世界上越来越多的人正视和相信，使中国特色社会主义道路越走越宽，使中国人民的"四个自信"越来越强。

改革开放成为中国共产党应对风云变幻和挑战的法宝

　　自改革开放拉开序幕以来的短短四十多年时间里，具有 5000 年文明历史的古老中国焕发出强大生机活力，使中国这个世界上最大的发展中国家跃升为世界第二大经济体；使中国同世界的关系进入新阶段，中国已成为全球绝大多数国家普遍认可的世界和平建设者、全球发展贡献者、国际秩序维护者。中国改革开放的巨大成就，给那些既希望实现发展，又希望保持自身独立的国家提供了具有中国智慧的全新选择方案。在中国特色社会主义进入新时代时，党准确把握中华民族伟大复兴战略全局和百年未有之大变局，"世界那么大，问题那么多，国际社会期待听到中国声音、看到中国方案"。时代风云变幻、人类实践波澜壮阔，理论创新、思想创造、实践探索也由此而更加博大精深。习近平新时代中国特色社会主义思想运用马克思主义立场观点方法，聚焦新的时代课题，凝结新的思想精华，总结开创性独创性的中国改革开放实践经验，提出一系列新思想新观点新论断，构建起新的理论体系，丰富拓展了中国特色社会主义的内涵和外延，为在百年未有之大变局背景下，立足自我、放眼世界，聚合磅礴之力、走好自己的道路，提供了更具实践广度、现实深度、历史厚度、文化维度的思想理论支撑。

改革开放成为中国共产党新时代实现
不断自我完善自我发展的法宝

面对半殖民地半封建社会给人民造成的深重苦难，中国共产党领导人民推翻三座大山，建立新中国，让中国人民从此站立起来，建立了符合人类社会发展趋势、符合中国国情的社会主义制度。这个好制度，必须毫不动摇坚持，但是不能将之僵化封闭，必须将之与国际环境、国内条件相适应，必须将之与人民的需求变化相适应，改革开放也就成为中国共产党实现不断自我完善自我发展的法宝。新中国成立后，面对西方国家的敌视和封锁，为破解当时国际环境和国内资金匮乏的约束，为确保国家安全和尽快突破"贫困陷阱"，新中国开始向苏联学习，采取了苏联的社会主义工业化战略，并很快建立起与之相适应的单一公有制和计划经济体制，保证了优先发展重工业战略和高积累下的社会稳定。但是，随着国际形势的缓和和国家安全环境的好转，单一公有制和计划经济体制越来越不适应生产力发展要求、不利于调动人民群众积极性、不利于充分利用国内外资源、不利于发挥市场调节灵活性和有效性的弊端日益突出。同时，独立工业体系基本建立后，优先发展重工业带来的不平衡、高积累下人民生活长期得不到改善等矛盾，就变得十分突出。党的十一届三中全会作出了"把全党工作的着重点和全国人民的注意力转移到社会主义现代化建设上来"的战略决定，并依据全党工作着重点转移的新形势，提出了改革开放的新任务。从此，中国开始了从"以阶级斗争为纲"向以经济建设为中心的全面改革、对外开放的历史性转变。改革开放是党对"什么是社会主义"重大时代命题的探索中，在对中国发展环境和条件准确把握基础上，对发展任务和目标的重新认识和积极实践。对这个过程和决策，习近平总书记在庆祝改革开放 40 周年大会上，深刻阐述了改革开放的历史、理论和实践逻辑，指出"我们党作出实行改革开放的历史性决策，是基于对党和国家前途命运的深刻把握，是基于对社会主义革命和建设实践的深刻总结，是基于对时代潮流的深刻洞察，是基于对人民群众期盼和需要的深刻体悟"。改革开放 40 年积累的宝贵经验是党和人民弥足珍贵的精神财富，对新时代坚持和发展中国特色社会主义有着极为重要的指导意义。必须坚持党对一切工作的领导，不断加强和改善党的领导；坚持以人民为中心，不断实现人民对美好生活的向往；坚持马克思主义的指导地位，不断推进实践基础上的理论创新；坚持走中国特色社会主义道路，不断坚持和发展中国特色社会主义；坚持完善和发展中国特色社会主义制度，不断发挥和增强我国制度优势；坚持以发展为第一要务，不断增强我国综合国力；坚持扩大开放，不断推动共建人类命运共同体；坚持全面从严治党，不断提高党的创造力、凝聚力、战斗力；坚持辩证唯物主义和历史唯物主义世界观和方法论，正确处理改革发展稳定关系。

改革开放成为中国共产党不断走向胜利的
活力之源和根本保证

中国改革开放的伟大成绩，是在人均资源匮乏的条件下依靠和平发展方式渐进取得的；令世界瞩目的史无前例的辉煌成就，是在党的伟大斗争、伟大工程、伟大事业、伟大梦想中磨炼而成的。党的十一届三中全会后，邓小平同志反复强调要大力发展生产力和改善人民生活，他说："根据我们自己的经验，讲社会主义，首先就要使生产力发展。"[①] "社会主义经济政策对不对，归根到底要看生产力是否发展，人民收入是否增加。这是压倒一切的标准。"[②] 随着改革开放红利的快速释放，到党的十二届三中全会后，改革开放开始从局部走向全面。在党的十三大上，形成了完整的社会主义初级阶段理论和以"一个中心、两个基本点"为主要内容的基本路线。党的十四大又进一步明确了建立社会主义市场经济的改革目标，进一步确立了抓住经济全球化机遇以充分利用国外市场和国外资源的对外开放战略。新时代的中国从"全面建设小康社会"转变到"全面建成小康社会"，统筹推进"五位一体"总体布局、协调推进"四个全面"战略布局，以"全面从严治党""全面深化改革""全面依法治国"、扩大对外开放来保证"全面建成小康社会"和实现中华民族的伟大复兴，紧紧抓住供给侧结构性改革这个转变发展方式的关键，打好防范化解重大风险、精准脱贫和污染防治三大攻坚战，确保在 2020 年完成全面建成小康社会的任务。党的十九大提出了中国特色社会主义新时代的目标和任务，中国的发展和改革开放进入新时代，这场具有新的历史特点的伟大实践，将塑造一个更具实力、更具魅力、引领时代发展的社会主义现代化中国。习近平总书记在党的十八届三中全会第二次全体会议上专门总结说："回顾改革开放以来的历程，每一次重大改革都给党和国家发展注入新的活力、给事业前进增添强大动力，党和人民的事业就是在不断深化改革中波浪式向前推进的，就是在改革从试点向推广拓展、从局部向全局推进中不断发展的。"

---

① 中共中央文献研究室编：《邓小平思想年谱（一九七五——一九九七）》，中央文献出版社 1998 年版，第 156 页。

② 中共中央文献研究室编：《邓小平思想年谱（一九七五——一九九七）》，中央文献出版社 1998 年版，第 156 页。

改革开放是中国共产党对中华民族
优秀传统基因的传承和发扬

对美好生活的向往、对天下大同的追求，始终孕育涵养了中华民族变革与开放的伟大精神，不断造就形成了中华民族一次次的伟大觉醒，持续推动构建了中华民族伟大复兴的一座座里程碑。"苟日新，日日新，又日新""治世不一道，便国不法古"的变革精神与"天下大同""协和万邦"的宽广胸怀，使自信大度的中华民族，不仅谱写了驰命走驿、云帆高张、绵延 2000 余载的浩浩丝路长歌，创造了万国衣冠、八方之音齐汇的盛世气象，更开启了改革开放和社会主义现代化建设的伟业。如期全面建成小康社会，在中华民族历史上具有重大意义，实现了近代以来中国从大幅落后到大踏步走上时代前列的新跨越。根据国际货币基金组织 2020 年统计数据，在 1990 年处于低人类发展水平组别的 47 个国家中，中国是目前唯一跻身高人类发展水平组别的国家，14 亿多人口的大国从低人类发展水平跃升至高人类发展水平，使人均超过 1 万美元的经济体人口数量翻了一番，是中国对人类社会发展的伟大贡献。随着全面建设社会主义现代化国家新征程的开启，全面深化改革和高质量对外开放将进一步焕发中华民族优秀传统基因的时代光彩，使中国比历史上任何时期都更接近、更有信心和能力实现中华民族伟大复兴的目标。

改革不停顿、开放不止步是新时代
新阶段新征程的必然要求

　　"中国正是在开放中与世界共同发展，同时又在开放中不断回馈世界"，改革开放为"各国带来了巨大商机和发展红利，为世界经济增长作出了不可替代的重要贡献"。一代人有一代人的使命，一代人有一代人的长征。在实现中华民族伟大复兴的接力跑中，每一代人都要为下一代人跑出好成绩。改革只有进行时，没有完成时。习近平总书记在纪念改革开放40周年大会上，再次发出了"将改革开放进行到底"的动员令，高瞻远瞩地展望和描绘了未来中国改革开放的光明前景。在中国共产党领导下，改革开放事业已过千山，但"一山放出一山拦"；这个伟大事业已涉万水，但"船到中流浪更急"。在向第二个百年奋斗目标进军的新征程上，改革开放的进程将愈进愈难、愈进愈险，但不进则退，要敢于涉深水、啃硬骨头。在这个千帆竞发、百舸争流的时代，绝不能有半点骄傲自满、故步自封，也绝不能有丝毫犹豫不决、徘徊彷徨，只要坚持对马克思主义的信仰，对中国特色社会主义的信念，对实现中华民族伟大复兴中国梦的信心，就能愈战愈奋、愈战愈勇，这是指引和支撑中国人民站起来、富起来、强起来的强大精神力量，也是新时代中国共产党基因密码不断发扬光大的魅力所在。

　　新的征程上，我们必须坚持党的基本理论、基本路线、基本方略，统筹推进"五位一体"总体布局、协调推进"四个全面"战略布局，全面深化改革开放，立足新发展阶段，完整、准确、全面贯彻新发展理念，构建新发展格局，推动高质量发展。我们深信，到新中国成立100周年之时，全面深化改革、扩大对外开放这个基因密码，将释放出更加势不可挡的磅礴力量，描绘出中华民族空前壮美的时代画卷，一定会创造出中华民族新的更大奇迹，一定会创造出让世界刮目相看的新的更大奇迹！

（载《浙江日报》2021 年 7 月 12 日第 6 版）

改革不停顿开放不止步

推进改革开放和中国特色社会主义事业，是近代以来与建立中国共产党、成立中华人民共和国并立的实现中华民族伟大复兴的三大里程碑。学习改革开放史，要求我们深刻认识改革开放的历史意义、伟大成就、宝贵经验，深刻认识中国特色社会主义是改革开放伟大革命的根本成就。

改革开放是党和人民大踏步赶上
时代的重要法宝

赶上时代步伐、加快发展自己，是党实行改革开放的重要出发点。新中国成立后，我们党团结带领人民开始了建设社会主义现代化国家的伟大实践，取得了巨大成就，但在艰辛探索中也经历了严重曲折，我国同发达国家的发展差距越来越大，而世界经济正快速发展，科技进步日新月异。国内外发展大势要求我们党进行改革。邓小平同志尖锐指出，如果现在再不实行改革，我们的现代化事业和社会主义事业就会被葬送。"贫穷不是社会主义"[1]，"我们要赶上时代，这是改革要达到的目的"[2]。

---

① 阮青主编：《中国特色社会主义理论体系建设40年》，人民出版社2018年版，第55页。
② 《邓小平文选》第3卷，人民出版社1993年版，第242页。

　　1978 年，党的十一届三中全会总结历史经验，顺应党心民心和时代潮流，果断作出把党和国家的工作中心转移到经济建设上来、实行改革开放的历史性决策，从农村到城市、从经济领域到其他各个领域，改革的浪潮势不可挡；从沿海到沿边沿江沿线，从东部到中西部，开放的大门越开越大。四十多年风雨同舟，四十多年披荆斩棘，四十多年砥砺奋进，我们党引领人民绘就了一幅波澜壮阔、气势恢宏的历史画卷，谱写了一曲感天动地、气壮山河的奋斗赞歌。

　　党的十八大以来，以习近平同志为核心的党中央，奋力高擎改革开放伟大旗帜，聚焦深层次体制机制障碍，推出一系列重大改革，打通理顺许多堵点难点，很多领域实现了历史性变革、系统性重塑、整体性重构，推动新时代改革开放理论和实践取得历史性进展，开创了当代中国改革开放的新局面。全面深化改革大刀阔斧、攻坚克难，呈现出全面发力、多点突破、蹄疾步稳、纵深推进的局面，解决了许多长期想解决而没有解决的难题，办成了许多过去想办而没有办成的大事。截至 2020 年年底，习近平总书记亲自主持召开 40 次中央全面深化改革领导小组会议和 17 次中央全面深化改革委员会会议，审议通过 500 多个重要改革文件，推出 2000 多项改革方案。2020 年，在新冠肺炎疫情肆虐、全球经济深度衰退的背景下，我国成为全球唯一实现经济正增长的主要经济体，国内生产总值接近 15 万亿美元，稳居世界第二，占世界经济比重提高 1 个百分点，达到 17.4%；人均超过 1 万美元，在参与排名的 194 个国家和地区中位居第 63 位，大幅提升 6 位。

　　从开启新时期到跨入新世纪，从站上新起点到进入新时代，经过四十多年的改革开放，我们用几十年时间走完了发达国家几百年走过的工业化历程，创造了世所罕见的经济快速发展奇迹和社会长期稳定奇迹，我国经济实力、科技实力、国防实力和综合国力全面增强，高速铁路、移动通讯、新冠肺炎疫苗研发等领域处于世界领先地位。改革开放极大改变了中国的面貌、中华民族的面貌、中国人民的面貌、中国共产党的面貌。中华民族迎来了从站起来、富起来到强起来的伟大飞跃！中国人民迎来了从温饱不足到小康富裕的伟大飞跃！中华民族正以崭新姿态屹立于世界的东方！我国在改革开放中探索出的适合中国国情的现代化道路，为发展中国家提供了可资借鉴的中国经验、中国方案，拓展了落后国家走向现代化的路径。

改革开放的伟大成就充分证明，改革开放是决定当代中国命运的关键一招，是党和人民大踏步赶上时代的重要法宝。习近平总书记充满深情地说，改革开放是我们党的一次伟大觉醒，正是这个伟大觉醒孕育了我们党从理论到实践的伟大创造。

改革开放是坚持和发展中国特色
社会主义的必由之路

方向决定前途，道路决定命运。习近平总书记指出，"无论搞革命、搞建设、搞改革，道路问题都是最根本的问题"①，"改革开放以来，我们党在探索和实践中找到了、坚持了、拓展了中国特色社会主义道路。我们能够创造出人类历史上前无古人的发展成就，走出了正确道路是根本原因"。

在海南建设自由贸易港，是我国新时代改革开放进程中的一件大事。打造国际旅游消费中心，是海南自由贸易港建设的重要内容。近年来，海南正用更多元化的重点项目不断推进国际旅游消费中心建设。

坚持和发展中国特色社会主义是改革开放40多年来党的全部理

---

① 中共中央文献研究室编：《习近平关于实现中华民族伟大复兴的中国梦论述摘编》，中央文献出版社2013年版，第28页。

论和实践的主题。中国特色社会主义是在改革开放时期开创的，也是在这一历史时期不断发展和完善的。改革开放伊始，邓小平同志就庄严宣告："把马克思主义的普遍真理同我国的具体实际结合起来，走自己的道路，建设有中国特色的社会主义，这就是我们总结长期历史经验得出的基本结论。"① 在中国这样一个有着5000多年文明史、14亿多人口的大国推进改革开放，没有可以奉为金科玉律的教科书，也没有可以对中国人民颐指气使的教师爷，唯有独立自主进行探索。四十多年来，在改革开放的伟大实践中，我们党始终坚持从实际出发，立足现实国情，解放思想、实事求是、与时俱进、求真务实，坚持马克思主义指导地位不动摇，坚持科学社会主义基本原则不动摇，勇敢推进理论创新、实践创新、制度创新、文化创新以及各方面创新，不断赋予中国特色社会主义以鲜明的实践特色、理论特色、民族特色、时代特色，形成了中国特色社会主义道路、理论、制度、文化，以不可辩驳的事实彰显了科学社会主义的鲜活生命力，社会主义伟大旗帜始终在中国大地上高高飘扬。

改革开放的伟大实践，是中国特色社会主义形成和发展的不竭动力源泉。改革开放这一新的伟大社会革命深化了我们党对社会主义建设规律的认识，为坚持和发展中国特色社会主义提供了有力支撑。在波澜壮阔的改革开放实践中，从实行家庭联产承包、乡镇企业异军突起、取消农业税牧业税和特产税到农村承包地"三权"分置、打赢脱贫攻坚战、实施乡村振兴战略；从兴办深圳等经济特区、沿海沿边沿江沿线和内陆中心城市对外开放到加入世界贸易组织、共建"一带一路"、设立自由贸易试验区、谋划中国特色自由贸易港、成功举办首届中国国际进口博览会；从搞好国营大中小企业、发展个体私营经济到深化国资国企改革、发展混合所有制经济；从单一公有制到公有制为主体、多种所有制经济共同发展和坚持"两个毫不动摇"；从

① 《邓小平文选》第3卷，人民出版社1993年版，第372页。

传统的计划经济体制到前无古人的社会主义市场经济体制再到使市场在资源配置中起决定性作用和更好发挥政府作用；从以经济体制改革为主到全面深化经济、政治、文化、社会、生态文明体制和党的建设制度改革。正是因为实行改革开放，大胆调整不适应生产力的生产关系，才调动起广大人民群众的积极性、主动性、创造性，极大激发了全社会的发展活力。没有改革开放就没有中国特色社会主义。同样，没有中国特色社会主义道路的开辟，也没有改革开放的伟大成就。改革开放以来，我们取得一切成绩和进步的根本原因，归结起来就是：开辟了中国特色社会主义道路，形成了中国特色社会主义理论体系，确立了中国特色社会主义制度，发展了中国特色社会主义文化。

社会主义社会是一个不断变化和改革的社会，世界上没有一成不变的社会主义。中国特色社会主义在改革开放中产生，也在改革开放中发展壮大。习近平总书记指出："改革开放是中国人民和中华民族发展史上一次伟大革命，正是这个伟大革命推动了中国特色社会主义事业的伟大飞跃！"[①] 历史和现实表明，改革开放是开辟中国特色社会主义道路的逻辑起点，又是不断拓展这一道路的强大动力。

找到一条好的道路不容易，走好这条道路更不容易。中国特色社会主义道路，我们看准了，认定了，就必须坚定不移走下去。要始终保持头脑清醒，保持战略定力，不为任何风险所惧，不为任何干扰所惑，真正做到"千磨万击还坚劲，任尔东西南北风"。

在更高起点上推进改革开放

改革开放不仅是决定当代中国命运的关键一招，也是从实现第一

---

① 《习近平新时代中国特色社会主义思想学生读本》，人民出版社 2021 年版，第 87 页。

个百年奋斗目标，到夺取第二个百年奋斗目标新胜利的关键一招。四十多年来，在向着宏伟目标努力奋进的征途上，来自体制机制、思想观念、外部干扰和阻碍等方面的困难和挑战从来没有消失过。面对各种各样的风险和挑战，党领导人民通过改革开放，在发展中不断解决了一系列拦路虎、绊脚石，不断开创新的工作局面，推动党和国家的各项事业一步步更加接近中华民族伟大复兴宏伟目标。

改革永远在路上，改革之路无坦途。当今世界正经历百年未有之大变局，当今中国正处于中华民族伟大复兴的关键阶段。我们现在所处的，是一个船到中流浪更急、人到半山路更陡的时候，是一个愈进愈难、愈进愈险而又不进则退、非进不可的时候。可以说，改革又到了一个新的历史关头，很多都是前所未有的新问题，推进改革的复杂程度、敏感程度、艰巨程度不亚于四十多年前。党的十八届三中全会审议通过《中共中央关于全面深化改革若干重大问题的决定》，提出全面深化改革的指导思想、目标任务、重大原则，合理布局全面深化改革的战略重点、优先顺序、主攻方向、工作机制、推进方式和时间表、路线图，开启了全面深化改革、系统整体设计推进改革的新时代。党的十九届四中全会全面回答了在我国国家制度和国家治理体系上应该"坚持和巩固什么、完善和发展什么"这个重大政治问题，为坚持和完善中国特色社会主义制度、推进国家治理体系和治理能力现代化指明了努力方向。在全面建设社会主义现代化强国的新征程上，唯有继续高举改革开放旗帜，争当改革促进派、实干家，敢闯敢试敢为人先，一棒接着一棒跑下去，才能不断创造新的更大奇迹，进而实现中华民族伟大复兴。

改革开放是一场深刻革命，必须坚持正确方向，沿着正确道路推进。改革开放是一场深刻的社会革命，也是一项复杂的系统工程。世界上一些国家在改革开放问题上决策失误、方法失当，从而造成诸多恶果的例子比比皆是。中国改革开放之所以成功，关键是坚持正确方向、立场、原则。正如习近平总书记指出："我国改革开放之所以能取得巨大成功，关键是我们把党的基本路线作为党和国家的生命线，始终坚持把以经济建设为中心同四项基本原则、改革开放这两个基本点统一于中国特色社会主义伟大实践，既不走封闭僵化的老路，也不走改旗易帜的邪路。"[①] 在更高起点上推进改革开放，必须坚定不移贯彻新发展理念，与时俱进全面深化改革。坚持摸着石头过河和加强顶层设计相结合，坚持党的领导和尊重人民首创精神相结合，坚持问题导向和目标导向相统一，不失时机、蹄疾步稳深化重要领域和关键环节改革，更加注重改革的系统性、整体性、协同性，提高改革综合效能。坚定不移全面扩大开放，让中国开放的大门越开越大，建设更高水平开放型经济新体制，形成国际合作和竞争新优势，推动建设开放型世界经济，推动构建人类命运共同体。

"行之力则知愈进，知之深则行愈达。"改革开放四十多年积累的宝贵经验是党和人民弥足珍贵的精神财富，对新时代坚持和发展中国特色社会主义有着极为重要的指导意义，必须倍加珍惜、长期坚持，在实践中不断丰富和发展。

（载《求是》2021 年第 11 期）

---

① 中共中央文献研究室编：《习近平关于全面深化改革论述摘编》，中央文献出版社 2014 年版，第 14 页。

深化改革开放为世界带来
更大福音

改革开放依然是实现中国新发展的最大动力源——"中国得益于改革开放，中国将坚定不移沿着这条路走下去"。

40年来，改革开放的时代足音穿越迷雾、冲破曲折，以咬定青山不放松之气概，造就了今日中国之底蕴。在40年的砥砺奋进中，中国人民用智慧和汗水谱写了中华民族发展史上的最壮丽篇章，从几乎"被开除球籍"成长为世界第二大经济体、第一大工业国、第一大货物贸易国、第一大外汇储备国，创造了让世界羡慕的经济奇迹。在40年的自我变革里，中国人民用难以置信的信心和勇气拥抱世界，打开国门搞建设，成为世界经济持续增长的主要稳定器和动力源。在40年的凤凰涅槃中，中国发展了自己、造福了全球，为世界和平与发展注入了强劲的正能量。

新时代新局势，中国将如何前行？将怎样前行？习近平总书记的回答就是"改革不停顿、开放不止步"[①]。改革之心愈强，开放之心愈坚，改革开放进程将愈加广深，将改革开放进行到底的决心跃然纸上。

40年前的觉醒，崛起于昨天自立于世界民族之林的不懈追求，是"我们党历史上一次伟大觉醒"；成型于今天影响世界的中国经

---

① 李维编著：《习近平重要论述学习笔记》，人民出版社2014年版，第243页。

验，是"当代中国发展进步的活力之源"；连接着明天不断走进世界舞台中央的自信，是"实现中华民族伟大复兴的关键一招"。

中国的"改革开放只有进行时没有完成时"，将改革开放进行到底，将给中国带来无限光明的前景，将给世界带来和平与发展的更大福音

（载《中国经济时报》2018 年 12 月 18 日第 T19 版）

100 个改革开放精彩瞬间

改革开放是党在新的历史条件下领导人民进行的新的伟大革命，是决定当代中国命运的关键选择。改革开放让中国实现了从生产力相对落后的状况到经济总量跃居世界第二的历史性突破，实现了人民生活从温饱不足到总体小康、奔向全面小康的历史性跨越，为实现中华民族伟大复兴提供了充满新的活力的体制保证、物质基础和精神动力。中国特色社会主义之所以具有蓬勃生命力，就在于是实行改革开放的社会主义。习近平总书记在庆祝中国共产党成立 100 周年大会上的重要讲话中指出："中国共产党和中国人民以英勇顽强的奋斗向世界庄严宣告，改革开放是决定当代中国前途命运的关键一招，中国大踏步赶上了时代。"习近平总书记指出，"中国人民的面貌、社会主义中国的面貌、中国共产党的面貌能发生如此深刻的变化，我国能在国际社会赢得举足轻重的地位，靠的就是坚持不懈推进改革开放"[①]"没有改革开放，就没有中国的今天；离开改革开放，也没有中国的明天"[②]"在整个社会主义现代化进程中，我们都要高举改革开放的旗帜，决不能有丝毫动摇"[③]。

南海潮涌，东方风来。春天的故事在希望的田野上铺展，故事里，有开放的特区敢为人先，有回归的港澳游子团圆，有新时代站起

---

① 《中国共产党第十八届中央委员会第三次全体会议文件汇编》，人民出版社 2013 年版，第 118 页。

② 《十八大以来重要文献选编》（上），中央文献出版社 2014 年版，第 100 页。

③ 中共中央文献研究室编：《习近平关于全面深化改革论述摘编》，中央文献出版社 2014 年版，第 10 页。

来、富起来到强起来的响彻河山，有千年梦想今朝实现的脱贫攻坚和建成全面小康，有坚持以人民为中心发展理念的铿锵脚步，有嫦娥探月、蛟龙深潜、大国重器的惊艳，有生态文明、绿色低碳的美丽中国画卷，有"一带一路"互通互联和推动构建人类命运共同体的阳光大道，有新阶段、新理念、新格局的"国之大者"，有江山就是人民、人民就是江山的追梦誓言，百年仍是少年奋斗正青春。

发轫于党的十一届三中全会的改革开放，在四十多年的探索中，坚持解放思想、实事求是，大胆地试、勇敢地改，干出了一片新天地。从实行家庭联产承包、支持乡镇企业迅速发展、取消农业税牧业税和特产税到农村承包地"三权"分置、实施乡村振兴战略、打赢脱贫攻坚战、开启迈向全面富裕之路，从兴办深圳等经济特区、沿海沿边沿江沿线和内陆中心城市对外开放到加入世界贸易组织、共建"一带一路"、设立自由贸易试验区、谋划中国特色自由贸易港、成功举办多届中国国际进口博览会，从"引进来"到"走出去"，从搞好国营大中小企业、发展个体私营经济到深化国资国企改革、发展混合所有制经济，从单一公有制到公有制为主体、多种所有制经济共同发展和坚持"两个毫不动摇"，从传统的计划经济体制到前无古人的社会主义市场经济体制再到使市场在资源配置中起决定性作用和更好发挥政府作用，从以经济体制改革为主到全面深化经济、政治、文化、社会、生态文明体制和党的建设制度改革，党和国家机构改革、行政管理体制改革、依法治国体制改革、司法体制改革、外事体制改革、社会治理体制改革、生态环境督察体制改革、国家安全体制改革、国防和军队改革、党的领导和党的建设制度改革、纪检监察制度改革等一系列重大改革扎实推进，各项便民、惠民、利民举措持续实施，使改革开放成为当代中国最显著的特征、最壮丽的气象。

改革开放四十多年的波澜壮阔历程，犹如一条汹涌澎湃、一往无前的大河，其全景已经展现在《改革开放简史》之中。近日，经党中央批准，由中央宣传部组织中国社会科学院编写的《改革开放简史》（以下简称《简史》），作为全党党史学习教育的重要参考资料、全社会开展"四史"宣传教育重要用书正式出版发行。《简史》以习近平新时代中国特色社会主义思想为指导，全面贯彻习近平总书记关于"四史"的重要论述，充分体现习近平总书记在庆祝改革开放 40 周年大会、在党史学习教育动员大会、中华人民共和国成立 70 周年大会、庆祝中国共产党成立 100 周年大会等的重要讲话精神，以我们党关于历史问题的两个决议、党中央有关文件精神为依据，牢牢把握改革开放四十多年的主题和主线、主流和本质，站在中华民族伟大复兴两个一百年的高度，站在历史和时代进步、党和国家未来发展的高度，以准确、系统、完整、生动、可读为写作原则，突出主题主线，注重夹叙夹议、史论结合，以严谨、流畅、受读者欢迎的精品读本为写作目标。力求准确、简明阐述我国改革开放四十多年的壮阔实践史，深刻、辩证、重点概括四十多年改革开放蕴涵的丰富治国理政智慧和历史经验。《简史》是一部系统阐述中国改革开放四十多年伟大觉醒、伟大创造、伟大革命、伟大飞跃的简明读本，是一部体现改革开放理论研究最新成果和填补改革开放历史研究空白的信史。

为便于青少年读者更好理解四十多年改革开放的砥砺奋进史，增强对新时代新阶段全面深化改革和高质量对外开放的宏伟蓝图的信心，中国社会科学院赵江林教授、侯波研究员在中国社会科学出版社赵剑英社长、王茵副总编和喻苗主任的支持下，组织一批"80 后"，从年轻人的角度，选取了改革开放历程中的 100 个精彩瞬间，汇集成册，编印出版，以期与广大青少年分享他们对改革开放史的理解与感受。

这是一项很有意义的工作。从浩瀚的大河中撷取朵朵浪花，从如画风景中摄取缕缕生机，从厚重如山的改革开放历史中摘取催人奋进的故事，这将有助于青少年读者窥一斑而见全豹，进一步拉近与改革开放宏大历史的距离，是对改革开放历史的通俗化普及，不失为讲好改革开放故事的一种尝试和探索。

以上赘言，向为改革开放作出贡献者和亲历者致敬，向作者致谢，向读者致礼。

（本文系作者为《100 个改革开放精彩瞬间》撰写的前言，中国社会科学出版社 2021 年 10 月版）

民主建设篇

谈谈民主的常识

在论坛的第二阶段，我们继续就"民主是全人类共同价值"这个话题进行研讨。这个阶段的主题是"民主与国家治理"。谈到这个话题和主题，我想到了美国著名政治学家罗伯特·达尔的睿智。"什么是民主""民主从哪里来""为什么要实行民主""什么样的基础条件有利于民主""为什么市场资本主义不利于民主"，这一系列振聋发聩的发问，就是源自罗伯特·达尔的名著《论民主》。罗伯特·达尔认为，政治平等是包括内在平等、公民能力、现实状况等要素在内的综合体，构成了民主这一政治文明的基本构架。在其著作中，罗伯特·达尔也针对美国的政治现状，提出了"民主是未完成的旅途"这个开放式观点。美国学界、媒体界和政治界普遍认为，世界上任何一个想了解民主的人都应当读读罗伯特·达尔的研究成果，因为这本书"符合民主的常识"。

我今天在这里和大家分享罗伯特·达尔和美国各界的观点，是想和大家探讨"民主的常识"这个看似简单的问题。什么是民主的常识？这个简单的问题，很容易迷失在令人眼花缭乱的选举语言和不需要兑现的选举承诺之中，也很容易迷失在有钱人对舆论和民情的操纵之下。截至2021年12月9日上午9点，新冠肺炎疫情让美国5000多万人感染（50418345人）、80多万人死亡（813891人）。我不认为将抗疫失利归咎于人民不愿意戴口罩、不愿意打疫苗的做法，是民主的真谛和内在要求。今天美国时间8点，美国将召开民主大会，我们不愿意看到不顾人民生命安危而妄谈奢谈的空洞民主，这是不人道的假民主，完全有悖民主伦理。

民主常识是什么？民主从来不应该是伪善的。一个在言论自由、选举制度、腐败和人权等方面都长期存在问题的美国，将自己标榜为民主的"灯塔"，本身就是一个世界笑话。他们将不符合自己利益的账户及内容从数字平台删除，操控社交网络广泛散布虚假消息、进行虚假宣传和操纵公众舆论，将大规模电子监视变成民众日常生活的常态，无视数以百万计的美国选民对 2020 年总统选举公平性和透明度的质疑，对今年 1 月 6 日国会大厦抗议行动的参与者进行持续镇压并定义为"国内恐怖分子"、判处与其反对派活动不相称的刑期，以200 万囚犯人数领先世界而自诩为"全球民主领袖"，更不要说对关塔那摩监狱使用酷刑保持缄默、在盟国领土上建立数不胜数的秘密监狱，等等。这种对民主的伪善是当今世界前所未有的。

民主常识是什么？民主不应是利益集团独享的。美国长期存在的院外活动集团，是其民主失真的标志之一。美国立法机关的议员们被大企业操控着，他们首先捍卫的是其赞助商的利益，而不是人民，也不是选民。美国在输出民主、以民主美化自己、给他国贴标签的同时，应该反思自己民主模式的局限性和与人民脱节的现实，并首先解决自己的诸多问题。

民主常识是什么？民主绝不是暴力的。以"促进民主"为幌子，以所谓的"正义"为旗号，在世界上咄咄逼人、大行武力，实际上是对民主的肆意剥夺和践踏。1991—2021 年，美国纠集盟国对多个国家进行了 10 余次军事干预、政权颠覆和血腥战争，严重违反国际法基本准则和民主理念，造成极大的混乱、破坏和悲剧，数千万人流离失所，数百万家庭家破人亡，百余万人丧失了宝贵的生命。今年 8 月，耗费数万亿美元、死伤无数人员、历时 20 年的所谓阿富汗反恐战争，在仓皇溃逃中收场。武力没有带来和平、民主、自由，这场打着"民主改造"旗号的血腥战争，给阿富汗留下的是满目疮痍和无数死伤、无数因炸弹致残的妇女儿童。以暴力维护自己的小圈子利益，进一步彰显了他们在民主问题上的口是心非心理和视人民生命为草芥的残暴行为。

政治文明是人类的宝贵财富。我们不能答应，也不能同意假借民主之名，行欺凌霸权之实。历史上曾饱受欺压的中国，遵循《联合国宪章》，尊重每个国家的文化特色和政治体系独特性，尊重每个民族自行决定其道路的权利，尊重每个国家对民主道路的探索，中国不会强迫任何国家接受我们的理念，也从来不会将自身发展模式强加给任何人、不干涉他们的内部议程，愿意同世界各国人民共同丰富和发展人类共同价值观。中国捍卫国家主权平等、不干涉他国内政、不使用武力或威胁使用武力，致力于和平解决争端，主张在平等安全和公平公正的基础上发展同世界各国人民的友好关系。当下，新冠肺炎疫情正在全球继续肆虐，我们呼吁每个国家集中精力团结抗疫，不要在民主问题上借题发挥，借伪民主撕裂国际社会、借民主的幌子抹黑打压别国。并请谨记，疫情不分国界，疫情也不会因贴上民主的标签而自动消失。因此，我们要真正搞清楚什么是民主的常识。只有这样，我们才会不再犯常识性的错误，才会在别有用心者的蛊惑和迷惑之中不迷失。

第一，民主是有标准的。目前，世界上并没有产生放之四海而皆准的民主模式，也不存在作为终极民主的理念。但是，作为全人类的共同价值，是有其基本评价标准的。评价一个国家政治制度是不是民主的、有效的，主要看国家领导层能否依法有序更替，全体人民能否依法管理国家事务和社会事务、管理经济和文化事业，人民群众能否畅通表达利益要求，社会各方面能否有效参与国家政治生活，国家决策能否实现科学化、民主化，各方面人才能否通过公平竞争进入国家领导和管理体系，执政党能否依照宪法法律规定实现对国家事务的领导，权力运用能否得到有效制约和监督。

第二，民主是实实在在的。民主并不是天国上的虚无缥缈理念，而是和人们的生产生活相伴相生的。设计和发展国家政治制度，必须注重历史和现实、理论和实践、形式和内容有机统一。要坚持从国情出发、从实际出发，既要把握长期形成的历史传承，又要把握走过的发展道路、积累的政治经验、形成的政治原则，还要把握现实要求、着眼解决现实问题，不能割断历史。

第三，民主是解决问题的。民主不是装饰品，不是用来做摆设的，而是要用来解决人民需要解决的问题的。一个国家民主不民主，关键在于是不是真正做到了人民当家作主，要看人民有没有投票权，更要看人民有没有广泛参与权；要看人民在选举过程中得到了什么口头许诺，更要看选举后这些承诺实现了多少；要看制度和法律规定了什么样的政治程序和政治规则，更要看这些制度和法律是不是真正得到了执行；要看权力运行规则和程序是否民主，更要看权力是否真正受到人民监督和制约。如果人民只有在投票时被唤醒、投票后就进入休眠期，只有竞选时聆听天花乱坠的口号、竞选后就毫无发言权，只有拉票时受宠、选举后就被冷落，这样的民主绝不是真正的民主。

党的十八大以来，习近平总书记在总结中国共产党 100 年践行初心的奋斗经验、70 多年的执政经验、40 多年的改革开放经验的基础上，不断深化对民主政治发展规律的认识，为更好保证人民当家作主，提出了不断发展全过程人民民主的重大理念。全过程人民民主不仅有完整的制度程序，而且有完整的参与实践，实现了过程民主和成果民主、程序民主和实质民主、直接民主和间接民主、人民民主和国家意志相统一，是全链条、全方位、全覆盖的民主，是最广泛、最真实、最管用的民主。这个重大理念一经提出，就得到了中国人民和国际社会的广泛赞誉，其原因就在于推进全过程人民民主建设，把人民当家作主具体地、现实地体现到治国理政的政策措施上，具体地、现实地体现到国家各个方面各个层级的工作上，具体地、现实地体现到实现人民对美好生活向往的工作上，具体地、现实地体现到以人民为中心的发展理念上，致力于维护社会公平正义，着力解决发展不平衡不充分问题和人民群众急难愁盼问题，推动人的全面发展、全体人民共同富裕取得更为明显的实质性进展。

习近平总书记指出，要"以保证人民当家作主为根本，以增强党和国家活力、调动人民积极性为目标，不断建设社会主义政治文明"①，"要扩大人民民主，健全民主制度，丰富民主形式，拓宽民主渠道，从各层次各领域扩大公民有序政治参与，发展更加广泛、更加充分、更加健全的人民民主"②，要"密切同人民群众的联系，倾听人民呼声，回应人民期待，不断解决好人民最关心最直接最现实的利益问题，凝聚起最广大人民智慧和力量"③。这是一个大国政治领袖发出的政治文明倡议和情怀，相信大家一定会在研讨和交流中产生强烈共鸣。

美国纠集召开所谓民主大会，反映出了他们外强中干的虚伪心理。美式民主作为西式民主的代表，在经过 200 多年的透支消费后，对解决美国当下所有最突出的问题都提供不了动力，几乎成了一个空壳子。因为社会严重撕裂，致力于解决问题在政治上很不划算，假装要解决问题然后将解决不了的原因推给政治对手、骗取选民信任被证明是更聪明的打法。

反观今日的中国，以人民为中心的发展理念成为执政的基本理念和制定政策的基本遵循。也正是因为如此，今天的中国对民主充满政治自信，更加崇尚民主真谛，更加致力于践行民主，是朝阳般喷薄而出、充满生机活力、蓬勃向上造福人民的民主。在这份沉甸甸的民主成绩单面前，那些停滞的、过时的、内卷化的"民主灯塔"，将成为风中残烛、迟暮夕阳、明日黄花，确实不值得吹嘘。

民主进程和发展犹如浩浩荡荡的大河，美国民主大会难免会激起一些浪花，但大河奔腾并不会因此而改变流向。在通向民主未来光明之路的航线上，是选择前进，还是选择逆流；是选择未来，还是选择

① 谢春涛主编：《改革开放为什么成功？》，人民出版社 2018 年版，第 64 页。
② 《习近平关于社会主义政治建设论述摘编》，中央文献出版社 2017 年版，第 42 页。
③ 《习近平关于社会主义政治建设论述摘编》，中央文献出版社 2017 年版，第 42 页。

抛锚；是选择先进，还是选择落后，相信各位一定会作出自己正确的判断和选择。

以上看法与大家分享并敬请思想碰撞交流，希望产生的思想火花能对未来民主发展产生些许裨益，则愿足矣。

（本文系王灵桂在 2021 年 12 月 9 日"民主：全人类共同价值"国际论坛第二阶段会议上的致辞，载《中国社会科学报》2021 年 12 月 13 日第 1 版）

我们对民主价值的基本理解和看法

　　2021 年 12 月 4—15 日，来自全球五大洲 120 多个国家和地区、20 多个国家和地区组织的 500 多名前政要、智库、知名媒体、著名图书馆和出版机构的代表，围绕"民主：全人类共同价值"这个主题，从三个层面和十八个切入点，进行了深入研讨和思想碰撞。

　　这次论坛有以下几个特点：一是盛况空前。论坛举办前，秘书处收到中外方参会论文、演讲稿、视频演讲 260 余篇。论坛期间，有 200 余位外方嘉宾、49 位中方嘉宾踊跃参与研讨与交流，在线听取论坛情况的中外方嘉宾超过千余人次。二是共识清晰。与会嘉宾普遍认为，民主的真谛是为全人类共同发展服务，应尊重各国人民对民主探索模式的选择；形式主义民主和教条式民主，无助于解决当今世界面临的民主赤字；民主是与世界各国人民未来福祉息息相关的实践问题，应当就政治文明进行密切的交流借鉴；反对以民主为幌子人为拆分和割裂人类命运共同体，反对以民主为幌子对他国颐指气使。大家认为，中国的发展成就和对民主价值的探索实践，丰富和创新了对民主的理解和认识。三是成果多元。顺应与会嘉宾呼吁，与会的 30 家外方智库和 12 家中方智库，首倡成立了"民主研究全球智库网络"，并联合各参会方共同发布了"民主研究全球智库网络北京倡议"。

　　下面，根据论坛的安排，我向大家报告论坛期间与会嘉宾们对民主问题的基本理解和总体看法。

一是树立新型民主观。民主是全人类共同价值，发展高质量的民主是全人类的福祉所在，也是各国人民的美好愿望。民主是人类社会共同的价值追求，是人类文明发展进步的重要标志。民主蕴含人类共同价值和共同责任，反映各国人民的美好向往与追求，昭示人类历史发展的前途方向，引领世界向着更美好的明天迈进。当今世界正经历百年未有之大变局，新冠肺炎疫情仍在全球肆虐，人类的前途命运从来没有像现在这样紧密相连，各国人民对和平发展的期盼更加殷切，对加强团结的呼声更加强烈，对民主的追求更加坚定。我们应坚守和捍卫全人类共同价值，致力于创新民主发展形态、建设更加美好世界。

二是秉持民主多样性原则。民主作为政治文明的结晶，是历史的、具体的、发展的。民主没有最好，只有更好。民主应具有不同形态、兼容不同模式。民主不是哪个国家的专利，而是各国人民的权利，所谓"民主改造"贻害无穷。用单一标尺衡量世界丰富多彩的政治制度，用单调眼光审视人类五彩缤纷的政治文明，本身就是不民主的。应尊重世界文明多样性，践行民主形式多样性理念，做到兼容并蓄、和而不同、取长补短、共同进步，推动社会进步、维护世界和平。

三是确立新的民主评价观。判断一个国家民主制度好不好，要用实践效果来检验，要以人民感受来衡量。"飞来峰"式的民主，是空中楼阁，徒有花哨外表。一个国家走的民主道路行不行，关键要看是否符合本国国情，是否顺应时代发展潮流，能否带来经济发展、社会进步、民生改善、社会稳定，能否得到人民支持和拥护，能否为人类进步事业作贡献。

四是坚决反对以民主为旗号撕裂割裂世界。当今世界，人类社会面临何去何从的历史当口。新冠肺炎疫情给世界各国人民的生命安全和健康福祉造成巨大威胁，给全球公共卫生安全带来重大挑战。疫情的影响说明，面对全球危机，任何一个国家都无法独善其身。以民主为名搞任何形式的"新冷战"和意识形态对抗，都是逆潮流的反动行径。要坚守全人类共同价值，摆脱意识形态偏见，增强合作意愿、机制、理念的开放性与包容性，推动人类社会向光明目标迈进。

五是中国为世界政治文明新形态作出贡献。中国坚持从国情出发、实际出发，合理借鉴其他文明政治发展成果，发展自己的民主，形成了反映中国人民意愿、符合中国现实国情、独具中国特色的民主制度。中国的民主具有鲜明的独特性、原创性、民族性，同时又充分展示出高度的开放性、包容性、世界性，创造了人类政治文明的新形态。中国的民主不仅保障中国创造出经济快速发展、社会长期稳定的奇迹，也为发展中国家走向现代化提供了全新选择，为人类探索建设更好社会制度和构建更加丰富多彩的世界政治文明新生态贡献了智慧和力量。

本次论坛与会嘉宾们的共识，并不是思想孤岛，也不是闭门造车。论坛对民主的基本理解和总体认识，反映了国际社会和国际学界对民主的趋势性看法，与众多未参会者的精神是高度一致的。在这里，我仅举几个例子与大家共享。

一是耶鲁大学政治理论家海伦·兰德摩尔的看法。作为民主问题权威研究者，海伦·兰德摩尔既是《民主理性》《开放的民主》等学术名著的作者，也曾担任法国、芬兰和比利时，以及欧洲议会关于公民参与和民主创新的顾问。12月7日，海伦·兰德摩尔发表的《拜登的民主峰会缺少的东西》，第一句话就是"拜登所设想的民主，从来就不是关于真正的人民权力"。作者认为，拜登应首先关注美国的金钱政治、党派划分、国会无休止的僵局，以及最近对南方黑人社区选民的压制行动，"现在已经到了讨论民主到底意味着什么的时候了"。他认为，美国代议制政府在历史上倾向于人民对权力同意的理念，而不是让人民行使权力的理念，美国"只有最富有的10%的人口对公共政策有因果影响"，"这种不平等的分配和事实上的权力集中，不仅与民主的理想不相符，而且还使这个系统容易出现系统性的治理失败"。但是遗憾的是，"在这个过程中，人们开始把现代社会以及它们的政府称为民主国家"，这个弊病"是由 18 世纪以来的基本设计错误造成的"。

二是美国年轻人并不认同和信任"美国民主"。12 月 1 日，美国哈佛大学肯尼迪政府学院政治研究所发表题为《哈佛青年民调》的报告，民调时间为 10 月 26 日至 11 月 8 日，调查对象为 2109 名 18—29 岁的美国年轻人。调查结果显示，多数美国年轻人认为美国民主状况堪忧，他们不认同"美国是最伟大的国家"，也不赞成政府处理国际国内事务的方式。受访者中，39% 认为美国民主"陷入困境"，13% 认为美国是"失败的民主国家"，27% 认为美国是"运行较为正常的民主国家"，仅 7% 认为美国是"健康的民主国家"。就不同党派受访者而言，45% 的民主党人、70% 的共和党人和 51% 的无党派人士认为美国民主制度"陷入失败或困境"，50% 的受访者认为"其他国家同美国一样伟大或比美国更伟大"。在美国"民主峰会"之前发布的差评结果，说明美式民主正遭遇年轻人的信任危机。

三是国际舆论普遍认为美国是民主的破坏者。包括美国在内的西方国家媒体和发展中国家媒体普遍认为，美国政客盗用民主旗号导演的表演秀，将民主私有化、工具化、武器化，是对民主精神、民主价值的背叛和践踏，是出于一己私利破坏民主。美国以自身标准划线，将世界上一半国家和地区划入"民主阵营"，将另一半国家归入"非民主国家"行列，有违真正的民主精神。俄罗斯国际事务委员会执行主席科尔图诺夫对此评论称，"美国试图将多彩的现代世界变成黑白分割的世界"。俄罗斯外长拉夫罗夫也强调，美国通过所谓"民主峰会"推销美式民主，拒绝真正民主的国际合作，是对联合国宪章中国家主权平等原则的无视。长期以来，美国为了搞"民主输出"、单边制裁，不惜干涉他国内政、发动战争，制造了大量人道主义灾难。在阿拉伯国家的民调中，81% 的受访者认为美国是对阿拉伯国家安全的主要威胁。法国《世界报》指出，美国把昂贵的医疗卫生体系留给富人，放任贫穷者被剥夺社会保障，这是民主偏差导致无法有效管控疫情的经典案例，揭示了美国民主制度的根本缺陷和伪善。

以上是国际社会对美国民主和美国"民主峰会"的一些看法与评论。是非自有公论，对此，我们不愿过多置评。但是，我想到了美国前总统吉米·卡特的警告。他公开批评说，美国最基本的道德价值观、公众言论和政治哲学正发生着极其广泛而深刻的变化，"一些领导人甚至不惜一切代价，明目张胆地企图建立一个在全世界占统治地位的美利坚帝国"，"美国无所顾忌将某些国家认定为邪恶轴心国后，其人民就是贱民，不再是谈判的对象，他们的生命也就不那么重要了"。卡特此言，让人不得不重新审视美国所谓的"自我委任的世界事务的弥赛亚角色"。大数据分析也表明：21世纪以来，美国在世界范围内参与的对抗和冲突事件信息数量持续攀升、在世界范围内参与的对抗和冲突对国际关系的负面影响、在世界上使用暴力迫使其他国家屈服的情况，均超过"冷战"时期。

面对美国某些政客的倒行逆施，这次论坛发出了对民主作为全人类共同价值理念的强烈呼吁，展示了大家对民主真谛和价值的不懈追求，表达了对中国国家主席习近平先生提出的全过程人民民主理念的钦佩和赞赏。我们相信，在人类追求民主的漫长奋斗进程中，这次论坛一定会载入史册。

民主并没有终极模式，没有放之四海而皆准的民主经验。对民主的追求和探索，也必定是持续的，永远在路上。通过这次论坛成立的"民主研究全球智库网络"，将成为世界各国一个开放的平台，我们欢迎有志之士加入，一起汇聚追求真正民主的浩荡力量，一起落实好这次论坛发布的"民主研究全球智库网络北京倡议"。让我们携手为民主而努力而奋斗，一起以开放包容的胸怀积极开展政治文明交流互鉴，弘扬全人类共同价值，努力为建设人类文明史上更高质量的民主作出更大贡献。

在此，我宣布"民主：全人类共同价值"国际论坛全部议程圆满完成，代表主办方、承办方，对与会全体嘉宾表示诚挚谢意，对全体工作人员表示衷心感谢，并期待与各位嘉宾明年再会！

（本文系作者在 2021 年 12 月 15 日"民主：全人类共同价值"国际论坛闭幕式上的总结讲话，载《中国社会科学报》2021 年 12 月 20 日第 1 版）

百余国家及地区民调显示对
西方民主不满

——英国剑桥大学《2020年全球民主
满意度报告》评述

西方民主是"完美的灵丹妙药"吗？在东西方舆论之争中，这向来是焦点问题。最近，英国的一份调查报告让人眼前一亮。2020年1月，剑桥大学班尼特公共政策研究所民主未来中心发布的《2020年全球民主满意度报告》明确指出，"全球民主正处于一种萎靡不振的状态"，"对民主的不满，随着时间的推移而增加，并在全球范围内达到空前高度"。

该报告采集的数据汇集了25个具有代表性的调查来源，时间跨度为1969—2019年，涵盖区域包括150多个国家和地区，受访者人数近400万。同时，报告还吸纳了著名调查公司美国皮尤研究中心（Pew Research Center）近几年《全球态度与趋势调查》（*Global Atitudes and Trends*）中的民主满意度指标，并使用了舆观调查网（YouGov）近几年的调查数据。

美国引领全球民主满意度衰退趋势

报告说，在20世纪90年代，北美、拉美、欧洲、非洲、中东、亚洲和大洋洲的大多数公民对其国家民主情况感到满意。但从那时起至今，"对民主感到不满的个人比例平均增长 10%，从 47.9% 增长到 57.5%"。2019 年是有记录以来民主不满情绪最高的一年，全球对民主的满意程度降至 1995 年以来最低水平。2005 年是"全球性民主衰退"的开始，同时也是全球民主满意度的高点，当时只有 38.7% 的公民对民主感到不满。自此之后，对民主感到不满的公民比例增长了近 1/5（18.8%）。

20 世纪 90 年代，欧洲、北美、东北亚和澳大利亚约 2/3 的公民对本国的民主感到满意，如今大多数人则感到不满。美国对民主感到不满的公民人数在新一代人中增长了 1/3 以上。巴西、墨西哥、英国、哥伦比亚、澳大利亚、日本、西班牙和希腊等国民众对民主的不满，也达到有记录以来的最高水平。

民主满意度呈现区域差异

盎格鲁—撒克逊国家民主满意度指数暴跌。报告指出，近年来，美国、澳大利亚、加拿大、新西兰和英国的民主信仰危机尤为严重。总体而言，"20 世纪 90 年代以来，对这些国家民主程度不满的公民比例翻了一番，从 1/4 增至 1/2，且这一增长在很大程度上来自美国"，"对民主不满的美国人的比例增加了 1/3 以上，澳大利亚和英国的这一比例也增加了 1/5，加拿大增加了近 1/10"，美国公众的民主满意度下降如此剧烈出乎意料。民意调查有史以来第一次显示，大多数美国人对其曾经引以为傲的政府制度感到不满。"对美国而言，这标志着'例外论的终结'，美国对其自身以及世界地位的看法发生深刻转变"。事实上，"2008 年金融危机后，美国人对其政治体系运作的评价逐年恶化。政治两极分化加剧、政府停摆、利用公职谋取私利、发动代价高昂的伊拉克战争以及空间和代与代之间的不平等日益加剧，这些都影响美国民众对美国民主能力的看法"。随着伊拉克战争的爆发以及英国议会经费开支丑闻的发生，民众对英国民主的满意度在2016—2019年英国"脱欧"僵局期间大幅下降。英国公投后社会分裂为前所未有的"脱欧派"和"留欧派"，政治两极分化使民主满意度提升的希望更加渺茫。有证据表明，收入不平等的加剧也会降低人们对民主的满意度，进而影响政治体系，民众对政治精英的排斥感和沮丧感变得愈加强烈。

欧洲的民主困局难解。欧洲"目前正处于对民主制度满意度相对较低的第三次高峰"，面临的问题包括：经济停滞、国家内部和国家之间的地区不平等、人口问题以及《里斯本条约》签署后欧盟成员国之间的权力失衡等。欧洲当前困境始于2009年的欧元区危机，是有史以来持续时间最长的一次，直接引发了民粹主义浪潮，致使反体制政党在法国、意大利、西班牙和希腊赢得多数席位。"对欧洲民主的不满，反映了民众对制度更深层次的不满"，而这种不满情绪增长与欧元区内部分歧有关。欧元推出第一个10年里，民众对南欧民主的满意程度低于对北欧民主的满意程度。然而，在2009—2011年主权债务危机之后10年里，这一差距显著扩大，引发民众对政治广泛不满，这种不满与经济主权、民族自豪感以及对使用公共资源的愤怒情绪有关。拉美民主陷入危机。2000年以后，拉美主要民主国家的经济逐渐从金融危机中复苏，民主满意度一度上升。然而，最近10年中，该地区陷入严重的合法性危机。当前，拉美75%的公民对本国民主表示不满，是民意调查以来不满度的最高水平，"持续的腐败、城市贫困和不断上升的犯罪率，破坏了民主能够带来好处的印象"。

撒哈拉以南非洲的民主满意度消退。"撒哈拉以南非洲，许多国家在20世纪90年代才拥有自由公正的选举活动，并遵循了独立后的政治轨迹。"20世纪90年代以来，非洲民主化满意度消退，"随着民主的梦想成为现实，人们的热情已经被解决紧迫的社会挑战需求所取代。犯罪、城市贫困和持续腐败侵蚀了民主的合法性"。

东北亚民主状况稳中有降。在过去 25 年时间里，东北亚地区民众的民主满意程度在波动中不断下降。"东北亚地区国家民众的不满情绪开始上升，主要发生在日本。如今，55% 的日本民众对本国民主现状不满"，原因是经济持续下降、腐败丑闻不断、政府处理核灾难和洪水灾害不当，以及日本宪法改革引起的两极分化。

中东民主前景堪忧。"阿拉伯之春"之前，该地区民众对民主的不满情绪不断上升，从突尼斯、利比亚到埃及、叙利亚，其政权都受到大规模抗议运动的挑战。"阿拉伯之春"后，民主满意度仅出现短期的乐观现象，现在人们普遍感到疲惫和愤世嫉俗。对该地区具有象征意义的突尼斯，其民主不满程度高达 72%。

中国模式代表未来民主发展方向

近 400 万受访者对本国民主满意度的问答，勾勒出了全球民主满意度光谱。西方民主"神话"不再，老牌"民主国家"正在遭遇严重信仰危机。"作为推动发展的'灵丹妙药'，西方民主的合法性和价值都受到了挑战"，"发达国家公民对民主的不满程度已从 1/3 增至 1/2。2019 年，许多大型民主国家的民众不满达到有记录以来的最高水平，美国、澳大利亚、加拿大、新西兰和英国的民主信仰危机尤为严重"。

西方民主衰落的根本原因在于治理失效。当前"全球的民主处于凄惨状况，西方日益加剧的政治两极分化，经济挫败和民粹主义政党的加强正在破坏人们对民主机构确保稳定和有效治理能力的信念"。报告指出，在西方世界的老牌民主国家，2008 年国际金融危机和 2009 年欧元区危机、2015 年难民危机等具体的经济和政治事件对公众舆论产生了深刻而直接的影响。报告称，"美国、英国民主满意度下降，不是因为公民预期过高或不现实，而是因为该国民主体制缺乏能够证明自身合法性的关键成果"。"近几十年来，如果公民对民主的看法已经恶化，至少有一个简单解释：民众根本没有看到民主政府为迫在眉睫的社会问题提供有效的政策解决办法"。

反观中国，其东方民主却"如日东升"。报告援引美国皮尤中心的民调结果：2019 年度中国民众对政府的满意度超过 86%，为全球最高，远高于世界平均水平的 47%。英国经济学者马丁·雅克认为，一个国家或政府的合法性、权威性不是全由西方式的民主功能所带来的，民主仅仅是一个因素，民主本身并不能保证合法性。中国为 7.7 亿人提供就业，为 2.5 亿老年人、8500 万残疾人和 6000 多万城乡低保人口提供基本保障，建成了世界上最大规模的教育体系、社保体系、医疗体系、基层民主体系。面对新冠肺炎疫情这个"黑天鹅"，中国在短短一个多月时间内，疫情防控取得积极成效。因此，只要是符合本国国情的制度，就是最适合自己走的路。

民主并不代表民众的必然满意。美国认为西式民主才是真正的民主，然而近年来其向他国强行兜售民主的想法有所转变。特朗普入主白宫反映出这种情绪的转变非常显著，因为其在竞选中谴责美国政治制度腐败，并承诺暂时放弃在海外推动民主而支持"美国优先"政策，以交易的方式与所有国家进行接触（基于现实主义精神），而不论这些国家是否遵守或背离民主准则。即使在美国国内，共和党、民主党由于理念不同、站位不同，导致其政策实施没有延续性、持久性，且近年来政治两极分化严重，致使大多数民众难以感到满意。习近平总书记多次强调，要把人民高兴不高兴、满意不满意、答应不答应作为衡量和检验一切工作的标准。我们党始终坚持为人民服务的根本宗旨，坚持以人民为中心的发展理念，在实际工作中想群众所想、急群众所急，使全国人民都能享受到发展的成果和红利。中国模式代表的才是未来民主的发展方向。

（载《中国社会科学报》2020 年 3 月 19 日）

完善共建共治共享的社会治理

中国共产党的一百年，是矢志践行初心使命的一百年，是筚路蓝缕奠基立业的一百年，是创造辉煌开辟未来的一百年。中国共产党的成立，开创了中华民族的新纪元，拉开了中国人民迈向民族复兴和国家强盛的时代大幕。这个大事变对中国意义非凡，对世界来说同样意义非凡，它深刻地改变了近代以来中华民族发展的方向和进程，深刻地改变了中国人民和中华民族的前途和命运，深刻地改变了世界发展的趋势和格局。这"三个深刻"的重要标志，是创造了实现现代化的经济发展模式、保持稳定和可持续的社会治理模式、兼具自我革命性与开放性的政党完善模式"三大奇迹"。

中国之所以取得保持稳定和可持续的社会治理模式这个奇迹，原因在于始终坚持走适合自己的社会治理道路。改革开放以来，党从现实国情和时代要求出发，积极探索和开拓社会治理的发展道路，基本实现了由传统意义的社会管理走向共建共享共治现代化社会治理模式的转变。

从中共十一届三中全会到十四大确定社会主义市场经济，中国的社会结构、社会组织形式、社会价值理念等发生了深刻变化。伴随着这一转型过程，中国的社会管理也不断调整、完善，以适应快速发展的经济社会。1998 年 6 月，在国务院机构改革中，民政部民间组织管理局成立；同年 9 月，国务院重新修订了《社会团体登记管理条例》，10 月，颁布了《民办非企业单位登记管理暂行条例》。1998 年的《中华人民共和国村民委员会组织法》对农村基层组织建设作出全面的战略部署，对村民委员会的性质、职能和相关问题作了更明确的规定。2000 年，中共中央办公厅、国务院办公厅转发《民政部关于在全国推进城市社区建设的意见》的通知，城市基层社会管理被纳入社区建设范畴。2003 年，中共中央在总结防治"非典"的经验教训时强调，要进一步加强社会管理体制的建设和创新。2004 年，《中共中央关于加强党的执政能力建设的决定》正式提出"加强社会建设和管理，推进社会管理体制创新""建立健全党委领导、政府负责、社会协同、公众参与的社会管理格局"，明确了社会管理的领导体制。2006 年，党的十六届六中全会审议通过的《中共中央关于构建社会主义和谐社会若干重大问题的决定》，从推进社区建设、健全社会组织、加强社会治安综合治理等方面对完善社会管理的具体途径进行部署。2007 年，党的十七大从实现全面建设小康社会新要求的角度，提出建设更加健全的社会管理体系和以民生为重点的社会建设。2011 年 3 月，有关加强和创新社会管理的部分独立成篇，写入了《国民经济和社会发展第十二个五年规划纲要》。同年 7 月，中共中央、国务院又专门出台了《关于加强和创新社会管理的意见》。

党的十八大提出了"构建中国特色社会主义社会管理体系"的重要战略思想，将社会管理和民生并列为社会建设的两个重要方面，统一于社会主义和谐社会建设之中，要求加快形成"党委领导、政府负责、社会协同、公众参与、法治保障"的社会管理体制。党的十八大以来，以习近平同志为核心的党中央提出"建设平安中国"的目标，要求把平安中国建设置于中国特色社会主义事业发展全局中来谋划，并在深刻把握社会运行规律和治理规律的基础上，提出一系列加强和创新社会治理的新思想、新观点、新论断，丰富了中国特色社会主义社会治理理论体系。

2013 年，党的十八届三中全会通过《中共中央关于全面深化改革若干重大问题的决定》，提出"加快形成科学有效的社会治理体制"任务。2014 年，十二届全国人大二次会议通过的政府工作报告对"推进社会治理创新"作了具体部署，要求"注重运用法治方式，实行多元主体共同治理"。党的十八届四中全会把"推进法治社会建设"作为全面依法治国的重要内容，明确提出"提高社会治理法治化水平"的概念，在依法治国的基本方略下，把社会治理纳入法治化轨道，努力实现社会治理体系和运行机制的法治化、制度化。

党的十九大报告指出，"人民日益增长的美好生活需要和不平衡不充分的发展之间的矛盾"已经成为我国社会的主要矛盾，人民群众对美好生活的需要日益广泛。为有效回应新需要、解决新问题，报告在加强和创新社会治理领域提出要打造"共建共治共享的社会治理格局"，这与党的十八届五中全会提出的"构建全民共建共享的社会治理格局"相比，增加了"共治"的表述，进一步丰富了加强和创新社会治理工作的内容。党的十九大还提出了加强社会治理制度建设，提高四化水平和加强四个体系建设。

随着全面深化改革的推进，中国的社会体制改革进入新阶段。以习近平同志为核心的党中央，从统筹推进"五位一体"总体布局和协调推进"四个全面"战略布局的高度，加强和创新社会治理，社会治理体系和治理能力现代化建设取得了明显的进展，政府公共服务职能得到加强，公共安全体系和应急管理建设不断加强，基层社区服务管理有序推进，社会治安形势持续好转，人民群众满意度稳步上升，安全感不断增强，中国已经成为世界上最安全、最让人放心的大国。

创新中国特色社会主义社会治理、完善共建共治共享的社会治理之所以成绩斐然，主要经验：一是坚持系统治理、依法治理、综合治理、源头治理，从改进社会治理方式、激发社会组织活力、创新有效预防和化解社会矛盾体制、健全公共安全体系等方面综合施策；二是打造人人有责、人人尽责的社会治理共同体，健全自治、法治、德治相结合的城乡基层治理体系，实现政府治理同社会调节、居民自治良性互动，推动社会治理重心向基层下移、向基层放权赋能；三是健全城乡基层自治组织，完善城乡治理体系，大力开展家风、乡风建设，推动形成爱国爱家、相亲相爱、向上向善、共建共享的文明新风尚。

当前和今后一个时期，我国发展仍然处于重要战略机遇期，但机遇和挑战都有新的发展变化，具有许多新的特征。按照党的十九大确定的"两步走"战略安排，第二个百年奋斗目标将在 2035 年完成第一步，基本实现社会主义现代化。从 2021—2035 年，由三个五年规划组成。"十四五"时期是我国在全面建成小康社会、实现第一个百年奋斗目标之后，乘势而上开启全面建设社会主义现代化国家新征程、向第二个百年奋斗目标进军的第一个五年。因此，深入探讨"十四五"时期中国的社会发展与社会治理，是服务于我国社会发展、社会建设、社会治理和国家治理之理论与实践需求的应有之义。

（本文系作者在"'十四五'时期中国社会发展与社会治理"国际研讨会上的致辞，载《社会发展研究》2021 年第 4 期）

腐败的红利问题研究

诺贝尔经济学奖获得者罗伯特·默顿·索洛在 1957 年提出全要素生产率分析方法，并运用美国 1909—1949 年的数据对经济增长的源泉和因素进行分析，结果发现资本和劳动的投入只能解释 12.5% 左右的产出，另外 87.5% 的产出无法用资本和劳动的投入来解释。索洛用外生的（不是由经济过程本身决定的）技术进步对这部分产出"余数"做了说明。

20 世纪 90 年代以来，社会资本对经济增长的影响逐渐成为经济增长理论研究的重点领域。一个社会的腐败程度与信任形式及道德规范相关，而信任形式及道德规范在社会资本中形成，并塑造社会认同（文化）的评价形式。腐败本身也受社会规范的影响，因此社会资本对腐败均衡的形成和演化至关重要。腐败个体在信任和合作的基础上形成腐败网络，腐败网络使社会资本在特定的少数人手中集中，腐败行为"嵌入"社会结构中，造成社会资本的再创造转向了封闭，扩大了社会成员间政治与经济的不平等。

国际货币基金组织的一份报告称，贿赂每年会给全球经济造成 1.5 万亿美元至 2 万亿美元的损失，约占全球 GDP 的 2%。腐败直接导致低增长和收入差距加大，而贿赂只是腐败的一种形式，所以腐败给全球经济和社会造成的损失可能远不止这么多。

但目前关于腐败与经济社会发展的关系在研究中还没有统一的定论，一些研究认为腐败可能起到了"车轮润滑剂"的作用，提高了市场效率并促进了经济增长；而"腐败有害论"认为腐败加大了社会成本，导致经济的无效率，危害长期经济增长，因此必须通过打击腐败来支持经济增长。我们选取 1996—2014 年 148 个经济体的相关面板数据，实证检验腐败对经济增长和社会发展的影响，结果有以下三点。

第一，"腐败有害论"。实证分析结果支持"腐败有害论"，反腐败有利于促进经济增长。腐败对经济增长有着直接影响，经济体腐败程度高将导致较低的经济增长，而经济体反腐败努力程度的提高则有利于促进经济增长。因此最腐败的经济体通过反腐败会获得最高的收益。腐败除了对经济增长有直接影响外，还通过影响经济增长的关键因素和经济增长的作用机制给经济增长带来间接影响。腐败程度低有利于促进固定资本投资，也有利于促进研发投资，而经济体反腐败努力程度的提高还有利于促进其总资本生成额的提高。

第二，社会公平。腐败会对社会公平产生不利影响。腐败会直接减少政府的公共投资，从而降低公共支出的效率，政府对基础设施和其他公共服务的投入也会因此减少。腐败还会对社会公平产生影响，会显著扭曲政府的再分配职能。腐败的"收入分配效应"使得与政府官员联系紧密的高收入阶层容易通过腐败享有更多的收益，使居民间的收入不平等进一步恶化。腐败程度低不仅有利于减少收入不平等，而且还有利于阻止社会资源向高收入人群聚集，有利于促进社会对健康支出的投入及人力资本的积累。

第三，跨越"中等收入陷阱"。反腐败有利于帮助发展中国家跨越"中等收入陷阱"。从国际社会的发展来看，很多国家在进入中等收入阶段后，就陷入所谓的"中等收入陷阱"。从社会层面来看，陷入"中等收入陷阱"的国家大都没有处理好公平与效率的关系，权力作为要素流入市场造成不公平竞争。高速增长启动后，社会各方面的变革包括城市化的扩展、收入差距的扩大、腐败的蔓延等也随之而来，"中等收入陷阱"日益成为束缚经济社会发展的一大瓶颈。

　　各种腐败现象无不源于法律缺少对权力的规范和约束。因此，要保证权力者始终沿着公正、公平的轨道正常使用权力，就必须完善法律制度建设，推进腐败治理，以法治方式规范权力、约束权力和监督权力。早期的一些在特定时期采取高强度方式集中处理腐败案件的"运动式反腐"策略，虽然具有威慑力，但其反腐效果却非常有限，难以根除腐败。反腐败斗争是一项长期的、持久的斗争，不是一时的功利性行为，其机制的建立和完善是一个漫长的过程，对腐败进行治理不仅要打攻坚战，而且还要打持久战。

　　腐败是现代化过程中普遍出现的现象，尤其是在发展中国家，它是国家制度化程度低所造成的。但腐败并不仅仅是国家政治制度化程度低的表现，腐败问题实质上与更广泛的制度或结构有关。腐败行为嵌入市场、国家、社会等整个网络中，因此它既是政治问题，也是社会问题，反腐制度与政策的设计需要考虑腐败的社会性基础。当前，反腐败已经远远超出优化公共行政、完善市场机制或实现有效治理的范围，它要求的是建立全面反腐败的制度体系以建立普及全社会的"廉洁均衡"。腐败治理的成效有赖于广泛的社会共识，没有公众的广泛参与就没有有效的腐败治理，只有国家的公民对腐败承担起道德责任，才能有效地遏制腐败。

　　在政府掌握着部分稀缺资源的分配和处置权情况下，会促使逐利取向的个人转向通过非度化的"关系"获得政治经济特权，通过与政府官员的私人"关系"影响政策的执行，甚至是干预政策制定。因此，需要从消除腐败网络建立的基础和切断腐败网络建立的过程入手，寻找惩治和防治腐败网络化的新途径。现代社会要求公民参与公共生活的过程，反腐败的制度设计不能缺失公众参与这一环节。要扩展公民参与反腐败的渠道和形式，提高对公民监督行为的回应力，并给予公民有效、有力的保障，从而形成全社会共治的反腐败局面。

（载《中国教育报》2017 年 4 月 6 日第 5 版）

安全风险篇

总体国家安全观与中国共产党国家安全思想的传承创新

党的十八大以来，习近平总书记创造性提出总体国家安全观，坚持走具有中国特色的国家安全道路，有效防范化解了我国现代化进程中的各种风险挑战，筑牢了国家安全屏障。总体国家安全观的提出与实践，鲜明体现出党的国家安全思想历史传承、实践创造和理论升华的辩证统一和必然逻辑。

一 总体国家安全观的思想传承与理论发展

作为马克思主义政党，中国共产党一经创建就有了国家安全思想的萌芽，并在革命斗争中生根，在新中国成立后发轫，在历代中央领导集体运筹帷幄中丰富发展，在新时代治国理政的丰富实践中创新升华。毛泽东同志始终把维护国家领土、主权和独立放在首要位置，始终对国家安全问题保持高度警觉。毛泽东思想回答和解决了中国这样一个新生的社会主义国家顶住外部超级大国威胁、有效维护国家安全的系列重大挑战，牢固奠定了中国共产党国家安全战略思想的基石。邓小平理论揭示了在和平与发展的时代主题下，如何在建设有中国特色社会主义道路上维护国家安全，实现了中国共产党国家安全战略思想演变的一次重大转折。"三个代表"重要思想回答了在政治多极化和经济全球化背景下有效维护国家安全的问题，是党的国家安全战略思想的一次重大创新。科学发展观回答了大发展大变革大调整时期维护国家生存和发展利益问题，丰富和完善了党的国家安全战略思想。

进入新时代，中国国家安全的内涵和外延比历史上任何时期都要丰富，时空领域比历史上任何时候都要宽广，内外因素比历史上任何时候都要复杂。习近平总书记要求要准确把握国家安全形势的新变化新特点新趋势，坚持总体国家安全观，走出一条中国特色的国家安全道路，并作出了系列部署和战略安排。习近平总书记关于国家安全的论述和实践，科学回答了在国家由大向强阶段如何有效应对内外挑战、如何积极引导和塑造有利的发展环境，跨过和平发展门槛、实现中华民族伟大复兴的重大时代课题，实现了党的国家安全战略思想创新发展的历史性转变，将其推进到了一个新高度新境界。

在党的国家安全战略思想不断与时俱进的发展过程中，在总体国家安全观的演进发展和丰富实践中，其不变的灵魂和基调，是始终保持了实践性与科学性、全面性与系统性、和平性与防御性、战略性与战术性、引导性和塑造性的高度辩证统一。在此基础上形成的总体国家安全观，是经过丰富实践检验并被证明是有效的、全面系统的、坚持社会主义性质宗旨的、有旺盛生命力和战斗力的国家安全科学理论体系。

二 总体国家安全观的实践脉络与创新

国家安全问题始终具有鲜明的时代烙印，国家在不同阶段面临着具有不同特点的挑战和威胁，必然要求通过不断的实践创造予以应对。毛泽东同志清醒判断来自各方面的威胁，通过建立人民民主专政的国家制度、大力加强国家安全能力、综合运用政治军事和外交手段、倡导和平共处五项原则、努力促进反美反苏国际统一战线等，让新中国巍然屹立世界东方。邓小平同志根据对时代条件的科学分析，将党和国家工作重心转移到经济建设上来，确立了国家安全中的国家利益导向，强调要通过改革开放杀出一条血路来。江泽民同志作出了国家间竞争已转变为综合国力竞争、要注重增强国家战略能力等重要判断，强化了对国家安全事务统筹管理的力度。胡锦涛同志提出科学发展观，进一步拓展了国家安全的内涵，把发展作为党执政兴国的第一要务，努力为国家安全奠定坚实基础。

进入新时代，中国的和平发展面临外部风险和挑战急剧上升、非传统安全问题大量出现并与传统安全问题交杂、围绕领土领海领空的斗争更加复杂艰巨等。习近平总书记在深刻全面总结党治国理政经验基础上，首次提出总体国家安全观，首次设立国家安全委员会，通过《国家安全法》完整界定国家安全的范畴，强调"国家政权、主权、统一和领土完整、人民福祉、经济社会可持续发展和国家其他重大利益相对处于没有危险和不受内外威胁的状态，以及保障持续安全状态的能力"，从法律上确定了总体安全观的准确内涵。按照总体安全观要求，围绕维护新时代国家安全的道路、体制、经济、强军、底线思维和引导塑造等，进行了丰富而卓有成效的维护国家安全工作实践。

可以通过一组数字来说明党的国家安全战略实践创新的历程。在十四大之前，党的历次代表大会多使用安全概念，并未明确使用"国家安全"。十四大报告首次使用国家安全，十五大和十六大报告在三处使用国家安全概念，十七大报告五次使用国家安全概念，十八大、十九大报告分别六次、十八次使用国家安全概念。这组数字，从一个侧面反映了党对国家安全问题认识和实践的创新历程。从生存之战，到发展安全，再到实现由大向强的历史跨越，党的国家安全思想实现了不同阶段的理论升华。总体国家安全观体现了"四个自信"的时代魅力，是基于对党和国家前途命运的深刻把握而应运而生的，是基于对人民群众幸福期盼和需要的深刻体悟而形成的，是基于对时代潮流的深刻洞察而形成的，是在中华民族优秀传统思想涵养中对党的历代中央领导集体国家安全思想的集大成与再升华。

（载《现代国际关系》2021 年第 7 期）

政治安全是中国特色国家安全
道理的根本特征

国家安全是伴随国家概念而衍生出的问题，但其现代用法的概念形成晚于其实践，直到 20 世纪 40 年代，国家安全的提法才成为国际政治中的一个常用概念。[①] 新中国成立以来，党高度重视并加强国家安全工作，初步形成了具有特殊时代含义[②]的国家安全战略构想和经验。新时代，基于新的时代坐标和时代特征，习近平总书记明确提出的总体国家安全观，来源于党治国理政的伟大实践、应对新时代国家安全面临的风险挑战需要和国际社会维护国家安全的通用规则，又在实践中不断发展完善。作为新时代国家安全工作指导思想的总体安全观强调，"国家安全是安邦定国的重要基石，维护国家安全是全国各族人民的根本利益所在"[③]。其内涵包括诸多方面，有许多新观点新论断，其中将政治安全放到前所未有的特殊地位，突出强调政治安全的核心是维护党的领导、维护中国特色社会主义制度，深刻阐述了中国特色国家安全的本质特征，从根本上抓住了国家安全的关键和要

[①] 据英国学者曼戈尔德 1990 年出版的《国家安全与国际关系》考证，国家安全的现代用法最早出现于美国作家李普曼发表于 1943 年的《美国外交政策》。1947 年美国出台世界上第一部专门的国家安全法后，国家安全的提法才成为国际政治中的常用概念。

[②] 新中国国家安全的特殊时代含义是指：新中国是在第二次世界大战后社会主义和资本主义尖锐对立并竞争共存的复杂形势下诞生的，是在民族独立与解放成为历史潮流的时代背景下建立的，是在全球化背景下国与国之间联系不断密切的条件下成立的。意识形态的对立和全球化发展等外部冲击，是世界上这个新生的主要社会主义大国维护生存和发展利益难以回避的问题。

[③] 习近平：《决胜全面建成小康社会 夺取新时代中国特色社会主义伟大胜利——在中国共产党第十九次全国代表大会上的报告》，人民出版社 2017 年版，第 49 页。

害，为从战略高度和事业全局谋划与推进各领域安全工作指明了正确道路。走中国特色国家安全道路，维护国家安全必须坚持以政治安全为根本。

一　政治安全是总体国家安全观所有要素的核心

政治安全从一般学术意义上是指一个国家由政权、政治制度和意识形态等要素组成的政治体系，相对处于没有危险和不受威胁的状态，以及面对风险和挑战时能够及时有效防范、应对，从而确保国家良好政治秩序的能力。2015 年 7 月颁布的《中华人民共和国国家安全法》基于新时代对国家安全的运筹，明确国家安全是"国家政权、主权、统一和领土完整、人民福祉、经济社会可持续发展和国家其他重大利益相对处于没有危险和不受内外威胁的状态，以及保障持续安全状态的能力"。这个定义突出反映了中国共产党关于国家安全问题的最新认识，将"政权"安危放在所有国家安全因素的首位，体现了新时代国家安全工作的本质特征。习近平总书记反复强调，政治安全是国家安全的根本。政治安全的核心是政权安全和制度安全，攸关国家主权、政权、制度和意识形态的稳固，是党和国家的最根本需求和生存发展的基础条件，不仅关系到国家长治久安，更与民族复兴和人民福祉息息相关。只有从维护政治安全的战略高度谋划和推进其他领域安全，才能更好地保障国家利益，实现党的长期执政、国家长治久安和人民安居乐业。

高度重视维护政治安全是党治国理政的重要历史经验。在中华民族迎来从站起来、富起来到强起来的伟大飞跃进程中，根本的经验之一就是在中国共产党的坚强领导下，坚决维护和保持了国家的政治安全。新中国成立后，党创造性地完成由新民主主义到社会主义的过渡，确立了社会主义基本制度，建立并巩固了人民民主专政的国家政权，实现并捍卫了国家主权独立和领土完整。改革开放时期，党作出把工作中心转移到经济建设上来、实行改革开放的历史性决策，成功开创中国特色社会主义伟大事业。在这个时期，党正确处理改革、发展、稳定的关系，保证了经济社会持续健康发展，尤其是面对西方敌对势力对我国的西化分化图谋，党多措并举、综合施策，坚决地维护了国家政权稳定，确保了政治安全。

习近平总书记强调保证国家安全是头等大事，提出总体国家安全观。"进入新时代，我国面临更为严峻的国家安全形势，外部压力前所未有、传统安全威胁和非传统安全威胁相互交织，'黑天鹅'、'灰犀牛'，事件时有发生"[①]，"党中央强调，国泰民安是人民群众最基本、最普遍的愿望"[②]。面对各种风险挑战，党着力推进国家安全体系和能力建设，完善集中统一、高效权威的国家安全领导体制，把安全发展贯穿国家发展各领域全过程，"注重防范化解影响我国现代化进程的重大风险，坚定维护国家政权安全、制度安全、意识形态安全"[③]，坚持底线思维、居安思危、未雨绸缪，经受住了来自政治、经济、意识形态等方面的风险挑战考验，为党和国家兴旺发达、长治久安提供了有力保证。

贯彻落实总体国家安全观要紧紧抓住政治安全这个根本。2014年4月15日，习近平总书记在中央国家安全委员会第一次全体会议上首次提出总体国家安全观，阐述了总体国家安全观的基本内涵、指导思想和贯彻原则等。他深刻指出，"必须坚持总体国家安全观，以人民安全为宗旨，以政治安全为根本，以经济安全为基础，以军事、文化、社会安全为保障，以促进国际安全为依托，走出一条中国特色国家安全道路"[④]。在党的十九大报告中，习近平总书记进一步强调，"要完善国家安全战略和国家安全政策，坚决维护国家政治安全，统

---

① 《中共中央关于党的百年奋斗重大成就和历史经验的决议》，人民出版社2021年版，第55页。

② 《中共中央关于党的百年奋斗重大成就和历史经验的决议》，第55—56页。

③ 《中共中央关于党的百年奋斗重大成就和历史经验的决议》，第57页。

④ 《习近平谈治国理政》第1卷，外文出版社2018年版，第200页。

筹推进各项安全工作"①。党的十九届六中全会审议通过的《中共中央关于党的百年奋斗重大成就和历史经验的决议》指出，"党中央深刻认识到，面对来自外部的各种围堵、打压、捣乱、颠覆活动，必须发扬不信邪、不怕鬼的精神，同企图颠覆中国共产党领导和我国社会主义制度、企图迟滞甚至阻断中华民族伟大复兴进程的一切势力斗争到底"②。2022 年 1 月 11 日，习近平总书记强调，"我们是一个大党，领导的是一个大国，进行的是伟大的事业，要善于进行战略思维，善于从战略上看问题、想问题。正确的战略需要正确的策略来落实。策略是在战略指导下为战略服务的。战略和策略是辩证统一的关系，要把战略的坚定性和策略的灵活性结合起来"③。抓住政治安全这个根本，就体现了科学把握战略与策略的辩证统一。

二 政治安全是实现人民安全、维护国家利益的根本要求

在人类历史上，一旦出现两种不同社会制度对立并存的局面，政治安全的重要性就突出出来。④ 政治安全之于国家安全，犹如人之心脏于肌体。作为国家安全心脏的政治安全如果失序，再强壮的肌体也会失去生机。因此，维护政治安全作为国家安全的根本，对于保障人民安全、维护国家利益，不断提高人民群众的获得感、幸福感、安全感，实现国家长治久安，具有根本性、全局性的重大意义。

保证国家安全，必须先求政治安全。这个道理已经被形形色色的

---

① 习近平：《决胜全面建成小康社会 夺取新时代中国特色社会主义伟大胜利——在中国共产党第十九次全国代表大会上的报告》，人民出版社 2017 年版，第 49 页。

② 《中共中央关于党的百年奋斗重大成就和历史经验的决议》，第 56 页。

③ 《习近平在省部级主要领导干部学习贯彻党的十九届六中全会精神专题研讨班开班式上发表重要讲话强调 继续把党史总结学习教育宣传引向深入 更好把握和运用党的百年奋斗历史经验》，《人民日报》2022 年 1 月 12 日。

④ 在奴隶制与封建制、封建制与资本主义制对立并存之际，都出现了两种制度之间你死我活的尖锐斗争。20 世纪，人类社会首次出现社会主义制度与资本主义制度的对立并存，两种制度的斗争自社会主义政权建立就从来没有停止过。新中国诞生于冷战高峰初期两种制度之间的斗争进入白热化时期，以美国为首的西方阵营使用了包括军事和战争在内的各种手段试图扼杀新中国。冷战结束后，和平演变和"颜色革命"成为他们颠覆社会主义政权的主要手段。因此，中国社会主义政权的安全问题始终没有从根本上得到缓解。

"颜色革命"反证，历史上不乏放弃政治安全带来的悲惨教训。戈尔巴乔夫面对美国等西方国家的全方位渗透颠覆，自愿放弃理想信仰，拱手放弃政治安全防线，造成了苏联解体的悲剧。始自 2010 年的"阿拉伯之春"席卷北非西亚，突尼斯、埃及、黎巴嫩、也门、利比亚、伊拉克、阿尔及利亚相继发生针对本国政权的抗议示威活动。在这股打着"自由民主"旗号的浪潮中，多个国家政权被更迭，造成了国家局势的持续动荡和恐怖主义的蔓延；多个国家四分五裂，造成了严重的人道主义危机；多个国家政权虽得以幸存，但失业率持续上升、经济发展持续放缓。这些悲惨的例子进一步说明，放弃政治安全防线，不仅会政权丧失、社会失序、主权割裂，而且使经济凋敝、发展紊乱、民不聊生。

人民安全是国家安全的宗旨，是党的性质和宗旨的体现。实现人民安全的唯一道路，就是在党的领导和中国特色社会主义制度下，为人民群众安居乐业提供坚实保障。落实以人民为中心的发展思想，贯彻落实总体国家安全观，必须坚持国家安全一切为了人民、一切依靠人民的理念。纵观中国历史，离开政治安全这个根本，人民安全和国家利益只能是海市蜃楼、空中楼阁。党自成立以来，就把为中国人民谋幸福、为中华民族谋复兴作为自己的初心，自觉承担起了谋求民族独立、人民解放和实现国家富强、人民幸福的历史使命。新中国的成立，改变了旧中国一盘散沙的政治局面，标志着中国从数千年的封建专制政治向人民民主的伟大转变，奠定了国家政治安全的格局，为中国人民当家作主、实现人民安全提供了根本政治前提。改革开放以来，党的政治安全能力不断提升，人民安全和国家利益进一步得到保证，人民生活水平、居民收入水平、社会保障水平迈上了一个新台阶。

党的十八大以来，以习近平同志为核心的党中央勇于面对重大风险挑战和党内存在的突出问题，以顽强意志品质正风肃纪、反腐倡廉，消除了党和国家内部存在的严重隐患，党的创造力、凝聚力、战斗力显著增强，为党和国家事业发展提供了坚强政治保证，推动党和国家事业发生历史性变革、取得历史性成就，形成了人民获得感、幸福感、安全感史无前例的大好局面。新中国成立前，我国人均预期寿命只有 35 岁，婴儿死亡率高达 20%。2020 年 10 月 28 日，国务院新闻办公室举行"十三五"卫生健康事业改革发展情况发布会，宣布我国人均预期寿命达 77.3 岁、婴儿死亡率为 8.1‰。中共中央、国务院印发的《"健康中国 2030"规划纲要》中，进一步提出了 2030 年人均预期寿命达到 79 岁的目标。

在新阶段新征程上，我们的安全和发展环境将更加复杂多变，可以预见和难以预见的风险因素将明显增多，为确保人民幸福安康、确保第二个百年奋斗目标如期实现、确保中华民族伟大复兴巍巍巨轮顺利抵达胜利彼岸，就必须坚决贯彻落实总体国家安全观，"统筹发展和安全，统筹开放和安全，统筹传统安全和非传统安全，统筹自身安全和共同安全，统筹维护国家安全和塑造国家安全"[1]。2022 年 1 月 11 日，习近平总书记指出，"在百年奋斗历程中，党领导人民取得一个又一个伟大成就、战胜一个又一个艰难险阻，历经千锤百炼仍朝气蓬勃"，"在新的历史条件下，要永葆党的马克思主义政党本色，关键还得靠我们党自己。在为谁执政、为谁用权、为谁谋利这个根本问题上，我们的头脑要特别清醒、立场要特别坚定"[2]。因此，在新阶段新征程上，必须紧紧抓住政治安全这个国家安全的根本，坚持党的全面领导不动摇、坚决维护党的核心和党中央权威，充分发挥党的政治领导优势，坚持人民安全、政治安全、国家利益至上的有机统一，以党的长期执政、国家长治久安为人民安居乐业、幸福安康提供有力的政治保证。

---

① 《中共中央关于党的百年奋斗重大成就和历史经验的决议》，第 55 页。
② 《习近平在省部级主要领导干部学习贯彻党的十九届六中全会精神专题研讨班开班式上发表重要讲话强调　继续把党史总结学习教育宣传引向深入　更好把握和运用党的百年奋斗历史经验》，《人民日报》2022 年 1 月 12 日。

三 政治安全是坚持和发展中国特色社会主义的根本前提

"以史为鉴、开创未来，必须坚持和发展中国特色社会主义。"[1]中国特色社会主义制度是当代中国发展进步的根本制度保证，也是维护国家政治安全的核心内容，必须把党的领导、人民当家作主、依法治国有机结合起来。中国特色社会主义文化是激励全党全国各族人民奋勇前进的强大精神力量，也是维护国家政治安全的关键所在，必须牢牢把握意识形态工作的主导权和领导权。坚持和发展中国特色社会主义，就必须坚决捍卫人民民主专政的社会主义政权，坚决捍卫中国特色社会主义制度。党的领导是中国特色社会主义最本质的特征和最大优势，是做好党和国家各项工作的根本保证。坚持和完善党的全面领导，是党和国家的根本所在、命脉所在，是全国各族人民的利益所在、幸福所在。维护政治安全的根本出发点、根本目的和根本方向是坚持和发展中国特色社会主义。坚持和发展中国特色社会主义，必须以维护国家政治安全为前提和保证。只有保证国家政权、政治制度、意识形态和党的长期执政地位巩固稳固，新时代中国特色社会主义事业才能拥有持续健康发展的前提和基础。

政治安全事关国家治乱兴衰，不仅是国家的根本利益所在，更是国家生存和发展的基础，必须始终放在首位。历史和现实表明，建设中国特色社会主义是前无古人的重大创举，没有党的坚强领导，没有政治安全的坚强保障，所取得的历史性进步就难以持续。因此，坚持和发展中国特色社会主义，必须始终将政治安全放在首位，坚定捍卫和巩固党的领导和社会主义制度、保持执政党的纯洁性和先进性、增强国家基本制度的生机和活力，为维护其他领域国家安全提供坚强的政治保障。

方向决定道路，道路决定命运。党在百年奋斗中始终坚持从实际

---

[1] 习近平：《在庆祝中国共产党成立100周年大会上的讲话》，人民出版社2021年版，第13页。

和国情出发，探索并形成符合中国实际的正确道路。"中国特色社会主义道路是创造人民美好生活、实现中华民族伟大复兴的康庄大道。脚踏中华大地，传承中华文明，走符合中国国情的正确道路，党和人民就具有无比广阔的舞台，具有无比深厚的历史底蕴，具有无比强大的前进定力。"① "我们坚持和发展中国特色社会主义，推动物质文明、政治文明、精神文明、社会文明、生态文明协调发展，创造了中国式现代化新道路，创造了人类文明新形态。"② 中国特色社会主义新时代是我国发展新的历史方位。党的十八大以来，中国特色社会主义进入新时代。以习近平同志为核心的党中央统筹把握中华民族伟大复兴战略全局和世界百年未有之大变局，强调"中国特色社会主义新时代是承前启后、继往开来、在新的历史条件下继续夺取中国特色社会主义伟大胜利的时代，是决胜全面建成小康社会、进而全面建设社会主义现代化强国的时代，是全国各族人民团结奋斗、不断创造美好生活、逐步实现全体人民共同富裕的时代，是全体中华儿女勠力同心、奋力实现中华民族伟大复兴中国梦的时代，是我国不断为人类作出更大贡献的时代"③。新时代新征程，尤其要将国家安全当作头等大事，牢牢把握政治安全这个根本，要"同企图颠覆中国共产党领导和我国社会主义制度、企图迟滞甚至阻断中华民族伟大复兴进程的一切势力斗争到底，一味退让只能换来得寸进尺的霸凌，委曲求全只能招致更为屈辱的境况"④。

　　新时代新征程，坚持和发展中国特色社会主义必然需要进行具有许多新的历史特点的伟大斗争，必须时刻准备应对重大挑战、抵御重大风险、克服重大阻力、解决重大矛盾。"颜色革命"的妖风从来没有停止过，且如新冠肺炎病毒一样不断变种。在敌对势力操控之下，

① 《中共中央关于党的百年奋斗重大成就和历史经验的决议》，第68页。
② 习近平：《在庆祝中国共产党成立100周年大会上的讲话》，人民出版社2021年版，第13—14页。
③ 《中共中央关于党的百年奋斗重大成就和历史经验的决议》，第23页。
④ 《中共中央关于党的百年奋斗重大成就和历史经验的决议》，第56页

形形色色的"颜色革命"企图渗透颠覆中国共产党的领导，进而颠覆我国社会主义制度，阻挠中华民族的伟大复兴。在这种你死我活的斗争中，任何弱化党的领导的意念，都会导致党的执政地位丢失、人民民主专政政权被颠覆、中国特色社会主义性质被改变，中国人民历经千辛万苦、接续奋斗取得的伟大成就就会毁于一旦。因此，坚持和发展中国特色社会主义，就必须贯彻落实总体国家安全观，不断增强政治安全意识，牢牢把握政治安全这个根本，依法严密防范和打击敌对势力的一切渗透颠覆破坏活动，坚决捍卫中国共产党的领导和中国特色社会主义制度。习近平总书记强调指出："新的征程上，我们必须增强忧患意识、始终居安思危，贯彻总体国家安全观，统筹发展和安全，统筹中华民族伟大复兴战略全局和世界百年未有之大变局，深刻认识我国社会主要矛盾变化带来的新特征新要求，深刻认识错综复杂的国际环境带来的新矛盾新挑战，敢于斗争，善于斗争，逢山开道、遇水架桥，勇于战胜一切风险挑战。"①

四 以国之大者为要求准确研判维护政治安全面临的新形势新挑战

国之大者要求解决的是思想认识上的格局和高度问题。"不谋全局者，不足以谋一域。"政治安全是国之大者的永恒内容和内在逻辑。只有善于登高望远，善于从现象看本质、从苗头倾向看发展走向，才能"不畏浮云遮望眼"廓清各种迷雾、理清千头万绪。2020年4月，习近平总书记在陕西考察时特别强调，"各级党委和领导干部要自觉讲政治，对'国之大者'一定要心中有数"②。此后，习近平总书记多次提及"国之大者"这个重要概念。2021年1月11日，在省部级主要领导干部专题研讨班的开班式上，习近平总书记对党内

---

① 习近平：《在庆祝中国共产党成立100周年大会上的讲话》，人民出版社2021年版，第17—18页。

② 《"陕西要有勇立潮头、争当时代弄潮儿的志向和气魄"——习近平总书记陕西考察纪实》，《人民日报》2020年4月25日。

高级干部再次强调，必须立足中华民族伟大复兴战略全局和世界百年未有之大变局，心怀"国之大者"。2021 年 2 月 20 日，习近平总书记在党史学习教育动员大会上指出，要胸怀"国之大者"，把握两个大局，树立大历史观，从历史长河、时代大潮、全球风云中分析演变机理、探究历史规律，提出因应的战略策略，增强工作的系统性、预见性、创造性。

胸怀国之大者，维护政治安全，关键是把增强"四个意识"、坚定"四个自信"、深刻领悟"两个确立"、做到"两个维护"落到行动上，不断提高政治站位，在思想上立得高、看得远，学会从党和国家全局的高度思考问题、理解政策，对定邦安国的重大原则、重大立场和重大利益做到心明眼亮，摆脱思维局限，在思考大局、大势和大事中培养政治家的头脑和思维。党的十八大以来，在以习近平同志为核心的党中央坚强领导下，我国综合国力不断提高，党的创造力、凝聚力、战斗力和领导力、号召力显著增强，党的执政基础和群众基础更加稳固、中国特色社会主义更加深入人心，为维护政治安全创造了更多有利条件。新时代新阶段新征程上，我国社会政治大局更加稳定，维护政治安全的基础更加坚实。但是，也必须看到我国面临的政治安全形势仍十分复杂，维护政治安全的任务依然十分艰巨。

必须直面执政环境面临的长期复杂考验。党团结带领人民踏上了实现第二个百年奋斗目标新的赶考之路，要考出好成绩、在新时代新征程上展现新气象新作为，必须经受住各种考验。在新的赶考之路上，新的历史条件不但使世情、国情、党情发生了很大变化，而且使党面临的执政环境和执政条件也发生了很大变化。习近平总书记告诫全党必须铭记生于忧患、死于安乐，常怀远虑、居安思危，要勇敢面对党面临的长期执政考验、改革开放考验、市场经济考验、外部环境考验，坚决战胜精神懈怠的危险、能力不足的危险、脱离群众的危险、消极腐败的危险。[①] 特别是一个时期以来，党内出现了一些亟待解决的突出矛盾和问题，如理想信念不坚定、对党不忠诚、纪律松弛、脱离群众、慵懒无为、分散主义、自由主义、好人主义、拜金主义等不同程度存在，如形式主义、官僚主义、享乐主义和奢靡之风突出，任人唯亲、跑官要官、买官卖官、拉票贿选等现象屡禁不止，阳奉阴违、结党营私、团团伙伙、拉帮结派、谋取权位等政治阴谋活动禁而不绝，等等。这些问题严重侵蚀着党的思想道德基础，严重破坏党的团结和集中统一领导，严重损害党的政治生态和党的形象，严重影响党和人民的事业。习近平总书记告诫全党，"全党要清醒认识到，我们党面临的执政环境是复杂的，影响党的先进性、弱化党的纯洁性的因素也是复杂的，党内存在的思想不纯、组织不纯、作风不纯等突出问题尚未得到根本解决"[②]。为此，习近平总书记强调指出，"一个政党、一个政权，其前途命运取决于人心向背。人民群众反对什么、痛恨什么，我们就要坚决防范和纠正什么"[③]。

必须直面意识形态领域依然复杂的斗争。新时代，以习近平同志为核心的党中央高度重视意识形态工作，强调"意识形态关乎旗帜、关乎道路、关乎国家政治安全"[④]，一刻也不能放松。新时代，意识形态工作开创了崭新局面，主旋律更加嘹亮、正能量更加强劲、马克思主义在意识形态领域的指导地位更加鲜明、全党全社会思想上的团结统一更加巩固。同时，也应清醒地认识到当前意识形态领域仍不平静，面对的形势依然复杂，面临的风险依然严峻，面临的斗争依然错综叠加。"宪政民主"、新自由主义、历史虚无主义仍伺机挑战马克思主义指导地位，攻击否定党的领导和我国政治发展道路。文化交流

---

① 《中共中央关于党的百年奋斗重大成就和历史经验的决议》，第73—74页。
② 习近平：《决胜全面建成小康社会 夺取新时代中国特色社会主义伟大胜利——在中国共产党第十九次全国代表大会上的报告》，第61页。
③ 习近平：《决胜全面建成小康社会 夺取新时代中国特色社会主义伟大胜利——在中国共产党第十九次全国代表大会上的报告》，第61页。
④ 《习近平关于总体国家安全观论述摘编》，中央文献出版社2018年版，第111页。

交融交锋日益频繁，主流意识形态与多样化社会思潮长期并存、相互激荡，引领思潮、凝聚共识的任务更加艰巨。弘扬社会主义核心价值观、建设社会主义思想道德体系面临市场和资本逐利性的挑战，市场存在的自身弱点和消极方面反映和渗透到人们的精神生活甚至党内生活中来。随着新媒体的快速发展，国际国内、线上线下、现实虚拟、体制内外等的边界更趋模糊，舆论传播的自发性、突发性、多元性、冲突性、无界性十分突出，互联网成为负面舆情发酵、错误思想流传的平台和放大器，大大增加了舆论引导和内容管理的难度。特别需要认识到的是，国内外敌对势力一直把我国发展壮大视为对西方价值观和制度模式的挑战与威胁，从未放弃过对我们的意识形态渗透，从所谓"普世价值"到"中国威胁论""中国崩溃论"，不断调整策略、变换手法，与我争夺阵地、人心和群众，我们在意识形态战线上维护政治安全的任务将会越来越艰巨繁重。

必须直面"颜色革命"和暴力恐怖威胁。习近平总书记指出，国内外各种敌对势力总是企图让我们党改旗易帜、改名换姓，其要害就是企图让我们丢掉对马克思主义的信仰，丢掉对社会主义、共产主义的信念。[①] 只要我们坚持中国共产党的领导、坚持社会主义制度，各种敌对势力西化分化我的图谋就不会改变。我国越是发展壮大，他们对我们的进攻就会愈加密集、愈加不择手段。其中，"颜色革命"和暴力恐怖活动就是他们手段的代表。"颜色革命"的实质，是外部势力通过各种手段在有关国家进行的以"非暴力""可控混乱"形式为掩护的政权更迭、政治颠覆活动，是 20 世纪"和平演变"战略的变种和演化。敌对势力对我进行"颜色革命"的图谋是长期的，他们从来没有停止过对我国西化分化的图谋。从国际看，他们对我国进行围堵，刺激我周边安全问题持续发酵升温，试图构筑对华战略包围圈。从内部看，插手西藏、新疆、台湾、香港等问题，扶持利用各种

---

① 习近平：《在全国党校工作会议上的讲话》，人民出版社 2016 年版，第 8 页。

非政府组织对我实施渗透，以民族和人权等为幌子推动所谓"社会运动"，试图通过开展"文化冷战"和政治基因工程对我拔根除魂，妄图割裂离间党和人民的血肉关系，把人民从党的旗帜下拉出去，妄图以此扳倒中国。我们要对西方敌对势力骨子里的政治图谋始终保持高度警觉，保持高度的战略清醒和战略定力，决不能天真，决不能抱任何幻想，要坚决打赢反和平演变、反"颜色革命"这场硬仗。暴力恐怖活动是人类的共同敌人，但是以美国为首的西方国家在反恐问题上始终坚持虚伪的双重标准，与暴力恐怖集团、民族分裂势力、宗教极端势力狼狈为奸、相互勾连、结网布局、制造事端，千方百计对我实施捣乱破坏活动，暴力恐怖活动已经成为我国政治安全的重大现实威胁。习近平总书记强调指出，"反恐怖斗争事关国家安全，事关人民群众切身利益，事关改革发展稳定全局，是一场维护祖国统一、社会安定、人民幸福的斗争"①。

必须直面新形势下维护政治安全的复杂难度。网络技术日新月异、社会利益诉求多元、涉外问题向境内传导等问题，是新形势下我国维护政治安全的新领域。敌对势力已将网络变成对我国进行政治意识形态渗透的主要战场，并挑起了一系列别有用心的政治意识形态争论。敌对势力借助网络鼓吹网络自由、歪曲抹黑我形象、煽动党群干群关系、攻击我政治制度和发展模式、质疑党的领导和中国特色社会主义制度的合法性，等等，我国已经成为反华势力全球网络意识形态渗透的主要目标。党中央之所以将防范和化解重大风险列为三大攻坚战之一，原因就在于不良资产风险、流动性风险、债券违约风险、影子银行风险、房地产泡沫风险、政府债务风险、互联网金融风险、疫情风险等，一旦出现安全风险或防范应对不力，就有可能向政治安全领域传导扩散。同时，随着各种利益诉求日益多元，利益冲突和社会矛盾也随之水涨船高，各种"维权"群体性上访等成为直接影响社

---

① 《习近平关于总体国家安全观论述摘编》，中央文献出版社2018年版，第121页。

会稳定的突出问题，且极易被敌对势力利用，将矛头转向党和政府。我国海外利益的拓展面临国际秩序调整期、局部动荡加剧期和非传统安全威胁凸显期，维护海外利益的难度和复杂性、敏感性显著提升，以"一带一路"为重点的海外安全风险因素加大。有关国家政局动荡、政策改变、恐怖袭击等因素引发的安全事件，极易引发国内民众情绪躁动，影响我社会政治大局稳定。

五　以史为鉴提升新时代新征程上维护政治安全的能力水平

习近平总书记在省部级主要领导干部学习贯彻党的十九届六中全会精神专题研讨班开班式上的重要讲话中强调，要更好把握和运用党的百年奋斗历史经验，"面对复杂形势、复杂矛盾、繁重任务，没有主次，不加区别，眉毛胡子一把抓，是做不好工作的。我们要有全局观，对各种矛盾做到了然于胸，同时又要紧紧围绕主要矛盾和中心任务"①。维护政治安全是一项长期复杂的系统工程，维护党的执政地位和中国特色社会主义制度，要有强烈的风险意识，抓住重大问题和关键问题，着力推动解决好维护政治安全面临的突出问题。

以史为鉴切实提升维护政治安全的能力和水平，就是要坚持和完善中国特色社会主义制度。中国在社会制度、意识形态等方面与西方本质不同，这就决定了同西方反华势力的较量和斗争是不可调和的，因而必然是长期的、复杂的，有时甚至是十分尖锐的。习近平总书记指出，"我们全面深化改革，不是因为中国特色社会主义制度不好，而是要使它更好；我们说坚定制度自信，不是要故步自封，而是要不断革除体制机制弊端，让我们的制度成熟而持久"②。党中央明确的完善和发展中国特色社会主义制度、推进国家治理体系和治理能力现

---

① 《习近平在省部级主要领导干部学习贯彻党的十九届六中全会精神专题研讨班开班式上发表重要讲话强调　继续把党史总结学习教育宣传引向深入　更好把握和运用党的百年奋斗历史经验》，《人民日报》2022 年 1 月 12 日。

② 《习近平关于总体国家安全观论述摘编》，中央文献出版社 2018 年版，第 25 页。

代化的全面深化改革总目标，规定了完善和发展中国特色社会主义制度的根本方向和鲜明指向，是在坚持根本政治制度、基本政治制度的基础上，把坚定制度自信和不断改革创新统一起来，不断推进制度体系完善发展的正确道路，必须始终坚持推进。要坚持发挥党总揽全局、协调各方的领导核心作用，坚决做到"两个确立""两个维护"。要坚持和完善全国人民代表大会制度、中国共产党领导的多党合作和政治协商制度、民族区域自治制度、基层群众自治制度、民主集中制的制度和原则。要坚决破除一切不合时宜的思想观念和体制机制弊端，突破利益固化藩篱，吸收人类文明有益成果，构建系统完备、科学规范、运行有效的制度体系，更好发挥中国特色社会主义制度的优越性，为党和国家事业兴旺发达、长治久安提供更加完善的制度保障。

以史为鉴切实提升维护政治安全的能力和水平，就是要加强党对意识形态工作的全面领导。习近平总书记多次强调指出，意识形态工作是党的一项极端重要的工作。新时代新阶段新征程上，做好意识形态工作必须坚持和加强党对意识形态工作的全面领导，大力发展社会主义主流意识形态，不断增强意识形态领域主导权、话语权，不断巩固马克思主义在意识形态领域的指导地位，巩固全党全国各族人民的共同思想基础。要把学习宣传贯彻习近平新时代中国特色社会主义思想作为首要政治任务，要深入研究阐释习近平新时代中国特色社会主义思想的时代背景、历史地位、科学体系、丰富内涵、实践价值，建立起具有强大凝聚力和引领力的社会主义意识形态。要用社会主义核心价值观凝魂聚气，把社会主义核心价值观融入社会发展各个方面。要大力弘扬中华优秀传统文化、革命文化和社会主义先进文化，发挥好文化对核心价值观的涵养作用。

以史为鉴切实提升维护政治安全的能力和水平，就是敢于斗争、善于斗争、敢于胜利。在以习近平同志为核心的党中央坚强领导下，党的政法战线实施维护国家政治安全专项行动，探索了有效防范化解政治安全风险的新路子，积累了宝贵经验和有效做法。今后，面对抵御"颜色革命"的持久性政治任务，对外要坚决严厉依法打击敌对势力的渗透颠覆破坏活动，坚决捍卫中国共产党领导和中国特色社会主义制度，从法规制度、体制机制、力量运用、操作规程和跨国联手等环节，构建起各领域各层次灵敏协调高效的安全防控网，坚决清除一切敌对势力的在华组织、基地和渠道。团结周边国家构建抵御"颜色革命"的统一战线。对内要把自己的事情做好，坚定理想信念，捍卫好主阵地，凝聚建设富强民主文明和谐美丽的社会主义现代化国家的共识，对矛盾纠纷要发现在早、防范在先、处置在小，防止矛盾碰头叠加，防止外部势力插手利用，导致矛盾叠床架屋、交叉感染、蔓延升级。加强网络建设和治理，是维护国家政治安全的重要任务，必须坚持正能量是总要求、管得住是硬道理，坚决打赢网络意识形态战，推动互联网这个最大变量释放出最大正能量。加强社会面的稳控，首要任务是抓好反恐工作，全面提升反恐工作能力和水平，加快构建多维一体的反恐防范体系，建立统一、权威、高效的反恐情报预警机制，坚持专群结合深入开展各种形式的群防群治活动，努力形成反恐斗争人人参与、人人有责的局面，贯彻落实《反恐怖主义法》，加快推进重点领域、重点行业配套制度建设。

以史为鉴切实提升维护政治安全的能力和水平，就是坚持在发展中保障和改善民生。坚持以人民为中心发展思想，坚持以新发展理念引领经济发展新常态，加快转变经济发展方式、调整经济发展结构、提高发展质量和效益，着力推动供给侧结构性改革。要坚定不移推进产业升级、结构调整和科技创新，提升制造业对国民经济的核心支撑作用。要促进经济和金融良性循环，回归金融服务实体经济的本源，把主动防范化解系统性金融风险放在更加重要的位置，坚决防止经济金融风险向政治安全领域传导。要在当前经济下行压力加大、社会矛盾增多的情况下，突出保基本、保底线的兜底责任，增强民生工作的针对性、实效性和可持续性。要着力化解人民内部矛盾，夯实社会和谐稳定的基础，特别是要进一步健全维护群众利益工作机制、重大决策社会稳定风险评估机制、社会矛盾排查预警和调处化解综合机制，最大限度地预防和化解社会矛盾，进一步提升社会、民众与政府之间的信任度。

以史为鉴切实提升维护政治安全的能力和水平，就是严密防范应对内外各种风险的叠加共振。"不断提高政治判断力、政治领悟力、政治执行力，不断提高把握新发展阶段、贯彻新发展理念、构建新发展格局的政治能力、战略眼光、专业水平，敢于担当、善于作为，把党中央决策部署贯彻落实好"①，以灵活的策略有效防范和应对内外风险叠加共振，为维护好政治安全提供更加有利的国际国内环境。要坚定不移推进中国特色大国外交，推进大国协调与合作，构建不冲突、不对抗，相互尊重、合作共赢的新型大国关系，尤其要巩固新时代中俄全面战略协作伙伴关系，着力化解美国对我"规锁"的各种因素，共同打造中欧和平、增长、改革、文明的四大伙伴关系，深化同周边国家关系，全面深化金砖伙伴关系，致力于促进人文民间交流，推动国际秩序朝着更加公正合理方向发展。要准确把握"一国"和"两制"的关系，牢固树立"一国"意识、坚守"一国"原则，绝不允许任何势力利用香港对内地进行渗透颠覆破坏活动。要进一步聚焦发展这个第一要务，支持香港澳门进一步融入国家发展大局。要围绕海外利益保护实际需要和重点难点问题，坚持预防为先、深化安全合作、正确引导舆论，不断扩大我维护海外利益安全，特别是"一带一路"共建的有利条件。

以史为鉴切实提升维护政治安全的能力和水平，就是要大力加强党的自身建设。办好中国的事情，关键在党。党的领导是中国特色社会主义最本质的特征，是中国特色社会主义制度的最大优势，是维护

---

① 《习近平在省部级主要领导干部学习贯彻党的十九届五中全会精神专题研讨班开班式上发表重要讲话强调　深入学习坚决贯彻党的十九届五中全会精神　确保全面建设社会主义现代化国家开好局》，《人民日报》2021年1月12日。

政治安全的根本政治保证。党的十九大明确提出了新时代党的建设总要求，习近平总书记在庆祝中国共产党成立 100 周年大会上的重要讲话中强调，"以史为鉴、开创未来，必须不断推进党的建设新的伟大工程"，[①] 党的十九届六中全会通过的《中共中央关于党的百年奋斗重大成就和历史经验的决议》发出了新时代中国共产党的建设号召。因此，把党的政治建设摆在首位并作为永恒课题，就是要把准政治方向，坚持党的政治领导，夯实政治根基，涵养政治生态、防范政治风险、永葆政治本色、提高政治能力，为党不断从胜利走向胜利提供保证。坚持党的政治领导，最重要的是坚决捍卫"两个确立"，坚决做到"两个维护"，切实增强"四个意识"，在政治立场、政治方向、政治原则、政治道路上同以习近平同志为核心的党中央始终保持高度一致。要严肃党内政治生活、净化党内政治生态，弘扬和践行忠诚老实、公道正派、实事求是、清正廉洁价值观，站稳人民立场，贯彻群众路线，坚决反对"四风"特别是形式主义、官僚主义。要以永远在路上的坚定和执着，坚决把反腐败斗争进行到底，使我们党永不变质、永不变色。要按照党的十九大报告提出的，切实增强学习本领、政治领导本领、改革创新本领科学发展本领、依法执政本领、群众工作本领，狠抓落实本领和驾驭风险本领。在维护政治安全上，要特别注重强化驾驭风险的本领，善于处理各种复杂矛盾，牢牢把握工作主动权。

（载《国家安全研究》2022 年第 1 期）

---

① 习近平：《在庆祝中国共产党成立 100 周年大会上的讲话》，人民出版社 2021 年版，第 19 页。

把防范化解重大风险工作
做实做细做好

2019 年 1 月 21 日，习近平总书记在省部级主要领导干部坚持底线思维着力防范化解重大风险专题研讨班开班式上强调："防范化解重大风险，是各级党委、政府和领导干部的政治职责，大家要坚持守土有责、守土尽责，把防范化解重大风险工作做实做细做好。"① 习近平总书记的重要讲话，深刻阐释了防范化解重大风险的重大理论和实践问题，彰显了深沉的忧患意识和强烈的历史担当，对我们防范化解重大风险，保持经济持续健康发展和社会大局稳定，具有重大现实意义和长远指导意义。

面对实现中华民族伟大复兴中国梦道路上的种种挑战，面对实现第一个 100 年奋斗目标道路上面临的种种风险，面对保持经济持续健康发展、社会大局稳定征程中面临的种种不确定因素，我们既要高度警惕"黑天鹅"事件，也要防范"灰犀牛"事件；既要有防范风险的先手，也要有应对和化解风险挑战的高招；既要打好防范和抵御风险的有准备之战，也要打好化险为夷、转危为机的战略主动战。学习贯彻落实习近平总书记的重要指示，沉着冷静地应对"黑天鹅"，未雨绸缪地化解"灰犀牛"，下好先手棋，打好主动仗，既是摆在全党面前的一项政治性任务，也是一项义不容辞的历史使命。

---

① 《提高防控能力着力防范化解重大风险　保持经济持续健康发展社会大局稳定》，《光明日报》2019 年 1 月 22 日。

切实提高风险化解能力，必须真学真懂真信真用习近平新时代中国特色社会主义思想。只有结合实际，在充分认识和全面把握当前政治、意识形态、经济、科技、社会、外部环境、党的建设等领域存在的各种重大风险的基础上，认真学习，才能学到真谛和精髓。只有深入思考，准确认识当前和今后一个时期面临的各种风险的表现形势、突出特点，才能找到学懂弄通的窍门和关键，否则就是隔靴搔痒、不得要领。只有立足本职，从制定应对各种风险的应对措施、找准工作着力点的基点出发，认真学习，才能在理论的指导下做好具体工作，才能把理论转化为实际工作成效，否则就是学用两张皮、理论与实践脱节。当前和今后一个时期，真学真懂真信真用习近平新时代中国特色社会主义思想，就是要坚持总体国家安全观，统筹发展和安全两大课题，不断提高政治站位、努力强化政治意识、始终坚持国家利益至上，强化人民安全宗旨意识，将要求变为措施、将蓝图变为现实。

切实提高风险化解能力，要增强忧患意识，以战略定力狠抓落实。一万句表态，也抵不上一条实在管用的措施。我们不断增强化解风险的能力，就是要切实提高战略思维，常观大势、常思大局，科学预见形势发展走势和隐藏其中的风险挑战，做到准确把握两个大局，不因一时一事的纷扰而乱了心绪；就是要切实提高历史思维，以史为鉴、以史为师，准确把握人类历史发展规律，善于从历史长河中汲取治国理政的营养；就是要切实提高辩证思维，善于从纷繁复杂的矛盾中把握规律，善于透过复杂现象把握本质，防止犯战略性、颠覆性错误，要在机遇中明察风险、在挑战中发现机遇，在顺境中常思困难，在逆境中不改信念，具备山重水复疑无路，柳暗花明又一村的思维习惯；就是要切实提高创新思维，办法总比困难多，面对种种挑战和困难，用发展的办法解决困难、用创新的理念指导现实工作；就是要切实提高法治思维，应对和化解风险不是乱作为、胡作为，要依法行政、依法作为，每一条举措和每项成绩，都要经得起党纪国法的检验；就是要切实提高底线思维能力，以问题为导向，守土有责、守土尽责，强化风险意识，做到洞察先机、未雨绸缪。

切实提高风险化解能力，就要永葆斗争精神，加强斗争历练，增强斗争本领。软肩膀挑不起硬担子。党的历史经验告诉我们，只有永葆斗争精神，以"踏平坎坷成大道，斗罢艰险又出发"的顽强意志，才能应对好每一场重大风险挑战。我们在中国特色社会主义新时代，不断推进党领导的伟大社会革命和伟大自我革命，其深刻性和艰巨性也决定了从来都不是在和煦春风、诗情画意中进行的，必然在不断化解风险，不断克服挑战的艰难奋斗中实现。更不用说，我们推进"两个伟大革命"本身，就是积极应对和化解风险挑战的战略举措。因此，新时代的干部，要培养和强化无畏顽强的斗争精神，敢于担当、敢于斗争，既要在斗争中磨砺意志、增长才干，力争在重大风险面前以铁的肩膀顶得住、扛得住，又要在解决困难、化解风险的过程中积累经验、增长才干。当前，领导干部要全面提高各方面能力，善于处理各种复杂矛盾，掌握工作主动权；要深入实践，通过经风雨、见世面，实现长才干、壮筋骨，特别是年轻干部要到重大斗争中去真刀真枪干，只有在学中干、干中学，才能练就一身驾驭和应对风险的真本领。

（载《光明日报》2019 年 4 月 4 日第 2 版）

聚焦当今世界大变局
化解外部环境风险

习近平总书记在省部级主要领导干部坚持底线思维着力防范化解重大风险专题研讨班上的重要讲话，充分体现了党中央对外部环境的深刻认识，为准确把握世界大变局加速深刻演变带来的新情况新问题新挑战指明了正确方向，为全面统筹"国内国际两个大局、发展安全两件大事"明确了战略布局，为着力防范化解新时代我国发展面临的重大外部风险提供了根本遵循。

准确把握"外部环境复杂严峻"基本判断

世界政治经济格局深度调整、加速变革，国际环境正由"相对平稳"转向"复杂多变"。第二次世界大战后，国际环境比较有利于各国经济发展，冷战也未彻底改变世界发展基本格局。我国改革开放的巨大成就也充分证明，世界格局一度相对平稳。当前，和平与发展仍是时代主题，但国际环境却更加错综复杂。新生力量与传统力量的博弈、变革力量与保守力量的博弈、正向力量与负向力量的博弈，将导致我国面临的外部机遇与外部挑战发生质变。

全球动荡源和风险点增多，世界发展和各国发展陷入停滞、遭遇挫折的可能性大幅增加。目前，逆全球化兴起、"单边主义"盛行、军事冲突不断、民粹主义抬头……"黑天鹅"和"灰犀牛"正在考验各国防范风险、抗击挑战的能力。我国要解决好"建设什么样的中国特色社会主义、怎样建设中国特色社会主义"的时代课题，同样面临世界不稳定性和不确定性愈加突出的风险。如何妥善应对全球经济增长动力不足，发展中国家和发达国家之间贫富差距日益严重，地区热点问题和非传统安全问题持续蔓延等挑战，是我们亟待破解的重大课题。

利益调解新机制的缺乏，加剧了世界格局的动荡与冲突。当今世界各国的联系之密切、交往之深度前所未有，国际形势也因此更为变幻莫测，甚至一颗小火星都可能引燃燎原之火。部分国家依靠资本实力，企图将人类社会拉回到适用丛林法则的旧时代，令世界发展困难重重。然而，利益调整新机制尚未与新形势、新格局带来的利益分配新体系同步形成，致使一国内部冲突极易演化为国际危机，对他国造成威胁与伤害。

认真统筹"两个大局"和"两件大事"

习近平总书记强调："我们要统筹国内国际两个大局、发展安全两件大事，既聚焦重点、又统揽全局，有效防范各类风险连锁联动。"[①] 这是为新时代我国发展争取和平的国际环境和稳定的国际秩序作出的战略布局。

我们已不能仅考虑自身发展的利益，而必须把国内发展与国际发展联系在一起进行统筹考虑。我国 GDP 已占世界 20% 左右，每年对

---

① 《习近平谈治国理政》第 3 卷，外文出版社 2020 年版，第 222 页。

世界经济增长的贡献超过 30%。同时，我国"一带一路"建设、全球开放型体系建设都要求我们必须考虑国际环境这一重大因素。因此，将国内、国际发展进行高度统筹，已不完全是主观意愿，更是客观要求。在"我中有你、你中有我"的国际发展环境中，"没有哪个国家能够独自应对人类面临的各种挑战，也没有哪个国家能够退回到自我封闭的孤岛"。新时代的中国要始终做世界和平的建设者、全球发展的贡献者、国际秩序的维护者，不仅要继续走好和平发展道路，而且要尽最大可能团结其他国家一起走和平发展道路。

我们已不能仅考虑发展本身的问题，而必须把发展问题与安全问题联系在一起进行统筹考虑。我国正处于利益矛盾凸显的经济结构转型期，国外部分势力处心积虑地干扰我国发展。如何既保障经济结构转型平稳过渡，又不出现较大社会问题，亟须我们深入思考。此外，我国海外利益规模日益扩大，国际社会安全同样是摆在我们面前的重大挑战。如何防范和化解国际社会冲突，特别是对我国公民和项目造成重大安全隐患的风险点，尤其值得关注。总的来说，安全与发展如同孪生兄弟，怎样协调好二者关系，防止它们相互掣肘，是新时代的中国必须面对和解决的重大问题。

我们已不能完全以单线思维孤立地看待安全问题和发展问题、国内问题和国际问题。"既聚焦重点、又统揽全局，有效防范各类风险连锁联动"要求我们，在把握"两个大局"、处理"两件大事"时，必须灵活运用"两点论"和"重点论"。当前，世界风云变化多端，看似一个小事件，往往引起轩然大波；看似一个孤立事件，往往牵扯多方面利益冲突。有时候，某些人会故意将毫无关联的事件、问题强行联系在一起，迫使受影响国家任其摆布。因此，面对错综复杂的国际环境，我们不能以直线思维、单线思维来处理国内国际问题、安全发展问题，而必须统筹考虑、综合考虑，才能有效应对各种风险和冲突。

全面落实防范化解重大风险主要任务

充分认识我国面临的国际环境正在发生历史性巨变，坚持底线思维，增强忧患意识，时刻保持高度警惕。当今世界格局演变并非是增量演变，而是存量变革，看似和平却蕴藏巨大风险，且正在改变国际环境。对此，习近平总书记为我们点明了因应之策：既要有防范风险的先手，也要有应对和化解风险挑战的高招；既要打好防范和抵御风险的有准备之战，也要打好化险为夷、转危为机的战略主动战。

在具体目标上，"要加强海外利益保护，确保海外重大项目和人员机构安全"。近年来，我国的人员流动和经济利益已迅速延伸至海外，人身安全、贸易安全、投资安全、项目安全等已构成中国未来发展的关键部分。唯有确保海外人员、资金、项目等安全，才能为我国提供可持续发展的源泉，促使我国进一步融入世界发展。

在实际行动上，"要完善共建'一带一路'安全保障体系，坚决维护主权、安全、发展利益，为我国改革发展稳定营造良好外部环境"。当前，我国每年海外人员或流动人员规模已达上亿人次，海外存量资金达到上万亿美元。因此，我们必须抓紧建立行之有效的海外保障机制和制度。只有坚决维护主权、安全、发展利益，才能使海外利益成为我国未来经济社会发展的新增长点，并促进所在国经济增长，加深双方合作。

在强化责任意识上，要着力提高预判应对风险能力与"六大思维"能力。应对外部环境风险时，要有强烈的责任感和使命感，"要坚持守土有责、守土尽责，把防范化解重大风险工作做实做细做好"；要有科学的预见能力，"要强化风险意识，常观大势、常思大局，科学预见形势发展走势和隐藏其中的风险挑战，做到未雨绸缪"。如果风险来临，要有较强的应对风险能力，"要提高风险化解能力，透过复杂现象把握本质，抓住要害、找准原因，果断决策"。为此，习近平总书记特别强调，领导干部必须"提高战略思维、历史思维、辩证思维、创新思维、法治思维、底线思维能力"。

在凝聚精神力量上，"要有充沛顽强的斗争精神"。斗争意识和斗争精神是从思想上确保牢固树立防范化解重大风险意识的精神支柱，缺乏斗争意识和斗争精神是我国发展的大忌。如果缺乏对风险和困难的认知，或者被风险和困难所吓倒，不但国家发展将面临中断，此前的建设成果也将化为乌有。因此，习近平总书记特别强调斗争精神，不仅要求我们要有坚强的意志，更要有主动性、积极性，"应对好每一场重大风险挑战，切实把改革发展稳定各项工作做实做好"。[1]

（载《旗帜》2019 年第 4 期）

---

[1] 《习近平谈治国理政》第 3 卷，外文出版社 2020 年版，第 222—223 页。

全力营造有利于发展的和平环境

"十三五"时期，中国与世界的联动将更为突出，中国影响世界的动能将更为强劲，中国与世界的关系将更为紧密。中国外交将举全力，营造有利于中国发展的和平环境，为世界和平发展作出新的贡献。

倡议人类命运共同体，引领世界新秩序。"命运共同体"理念是党的十八大以来贯穿中国外交的一根主线。中国相继与东盟、周边、非洲、拉美等达成构建"命运共同体"，将"命运共同体"理念扩展至世界。"命运共同体"突出了对人类共同利益和文明发展的尊崇。中国认为人和人之外的世界，国与国之间的关系，并不是一种对立、零和与突变的关系，而是协调、相互拥有与连续的关系。十三亿中国人推动人类命运共同体，将给世界新秩序的形成奠定更坚实的基础。中国致力于民族复兴、国家富强和人民幸福的中国梦，为世界发展打开更大的空间，为世界和平提供更充足的保障。"十三五"时期的中国外交将继续推动中国梦的落实，并积极保持与亚太梦、世界梦的联动。

推进"一带一路"建设，增强全球发展能力。中国提出的"一带一路"倡议，有别于历史上的"马歇尔计划"，不以意识形态划线，不搞集团对抗，是新时期面向全球的新型发展倡议。"一带一路"倡议以增强沿线国家的发展能力为宗旨，包含着中国对内部发展和外部环境联动的主张，即如果没有周边的共同发展，中国的发展也不可持续。"先富"的中国应该带动周边地区"后富"的国家，实现共同可持续发展。

在"一带一路"倡议的带动下，沿线国家将拥有新的合作平台和更广泛的共识，特别是像亚洲基础设施开发银行这样的新投融资平台，为积极实施对接战略的沿线国家提供更多的发展动力和合作机会。同时，"一带一路"倡议也带去信心，通过地区合作，减少外部摩擦，扩大发展的外部机遇。

构建开放型世界经济。目前，世界经济面临艰难复苏，其原因既有周期性因素，也有结构性因素。多数人同意，美国缔造并维持的一套国际经济制度未能跟上时代的步伐，没有反映新的世界经济现实，特别是新兴市场和发展中经济体在全球经济中的地位和需求。为此，改革并完善既有的全球经济治理体系，将是世界经济迈向新的发展阶段的必由之举。

中国不仅将继续推动以 WTO 为核心的多边贸易体制，也将完成一系列双边和跨地区的超大型区域投资贸易协定谈判。中国还将提升在 IMF 的份额和投票权重，提升人民币的国际地位，为稳定全球金融体系作出重要贡献。鉴于"十三五"时期中国推动经济增长有赖于服务业和"互联网＋"的新经济，中国将在有关互联网的全球治理体系变革上作出新的努力。此外，中国已经成为资本输出大国，对正在形成中的新一代国际投资规则也将发挥显著影响，提升保护海外经济利益的能力。

建设新型大国关系，维护第二次世界大战后国际秩序。目前，国际体系的主导者还是西方发达国家，特别是美国对国际体系仍有决定性影响，而缠绕在西方战略决策者心中的国际政治魔障之一是"修昔底德陷阱"，认为崛起国和守成国之间终有一刻会发生大规模暴力冲突。中国是一个崛起中的大国，但显然不认可也不会接受这种"宿命论"，而是致力于构建新型大国关系。

在很长一个时期内，中国仍将是一个发展中国家，主要任务是建设国内社会，而不是对外扩张。至"十三五"末，中国的人均收入才超过 1 万美元，离美国还有相当大的差距。而西方近代历史上的崛起国与守成国，其人均收入均属世界领先。一定程度上，国民收入在短期内的迅速接近，加上执政者疏于管控国内局势，导致急速对外扩张，引发大国间冲突，严重恶化国际秩序。在相当长时期内，中国不会遭遇这一困境，中国仍然是第二次世界大战后以联合国为中心的国际秩序的维护者和建设者。

传播五大发展理念，重塑中国发展形象。党的十八届五中全会提出了"创新、协调、绿色、开放、共享"五大发展理念，是中国在总结国内外发展经验教训、分析国内外发展大势基础上形成的社会经济发展新认识，是跨越中等收入陷阱、适应经济新常态的发展方式。

于世界而言，遵循五大发展理念的中国将呈现出新的形象。中国将成为全世界重要的创新性大国，科技对经济增长的贡献率将大幅度增强。通过协调发展，中国的区域、城乡、经济和社会、物质文明和精神文明、经济建设和国防建设等不平衡问题将得到显著改善。绿色发展将提高资源、环境与社会经济发展的匹配性，为全球生态安全作出新的贡献。开放发展则意味着中国为世界经济增长提供更多机会，包括更开放的市场、更优化的资源和更完善的规则等。在共享发展理念引领下，中国的发展将让各国和地区更多分享中国的发展成果。

坚持正确义利观，承担国际责任和义务。习近平总书记指出，"国不以利为利，以义为利也"。在国际舞台上，强调道义和正义是大国气象的体现。中国在国际合作中，一贯注重义利并举、义利兼顾和义利兼得。通过互利共赢的合作发展，中国正在不断扩大朋友圈。

在 2015 年 12 月举行的巴黎气候大会上，中国不仅坚守二氧化碳减排的诺言，而且加大对发展中国家的气候变化援助，是建设新型全球发展伙伴关系的有力体现。随着中国实力地位的上升，中国也将承担必要的安全义务，更加积极参与地区热点问题解决，为维护世界的和平作出力所能及的贡献。与此同时，中国也越来越认识到，如果要成为一个举世公认的新型大国，中国也必须"免费让一部分国家搭车"。

拓展公共外交和人文交流，丰富外交内涵。在经济全球化时代，传统外交已经让位于更富内涵的新型外交。地方政府，企业、协会、大学和智库等民间团体，乃至于普通公民都有参与外交的机会和能力，这种新型外交为改善国家关系、巩固传统友谊和提升中国影响力作出贡献。

国与国之间的合作，离不开民众的支持。在世界经济低迷、转型加速的态势下，各国政府面临更为紧迫的民意压力，做好公共外交和人文交流有助于丰富中国外交内涵，也将促进"讲好中国故事、传播好中国声音"。

秉持共商、共建、共享原则，维护中国海外权益。今后五年，中国将实现进口 10 万亿美元、境外游 5 亿人次、对外投资 1 万亿美元的目标。这样大规模的"进出"，是人类历史上未曾有过的，确保这种超级规模的"进出"安全，将是中国外交的重大任务。

"十三五"时期，中国可通过共商、共建和共享的原则，切实提升海外权益保护。在涉及中国利益集中的地区，响应当事国的需求，可积极推进基础设施和保障能力的相关建设。与此同时，中国外交也要增强对各类地区和国别风险的识别能力，与他国分享有关安全领域的信息。

按照"十三五"时期的目标，至 2020 年年末，我国国内生产总值和城乡居民人均收入将比 2010 年翻一番，即分别达到 82 万亿元人民币和 4.2 万元人民币。按照 IMF 公布的数据，以市场汇率计算，"十三五"时期，中国经济总量将净增加 5.7 万亿美元，大致相当于 2010 年的中国经济总量，占世界的比重也将上升至 17.8%。纵观历史，在五年内实现这样一种增量前所未有，将给国际体系带来重大影响。"十三五"时期中国外交的任务，除了维护一个中国经济增长所需的外部环境之外，还要积极应对中国自身进一步发展给国际体系带来的影响。

习近平总书记在 2016 年的新年贺词中说，"世界那么大，问题那么多，国际社会期待听到中国声音、看到中国方案，中国不能缺席"。① "十三五"时期，中国外交要紧紧围绕发展这个中心，构建以互利共赢为核心的新型国际关系，全力营造和平的外部环境，推进全球共同发展。

（王灵桂、钟飞腾，载《光明日报》
2016 年 3 月 16 日第 15 版）

---

① 《国家主席习近平发表二一六年新年贺词》，《光明日报》2016 年 1 月 1 日。

构建人民生命安全防护网

恩格斯曾经说过一句名言："没有哪一次巨大的历史灾难，不是以历史的进步为补偿的。"2020 年年初突如其来的新冠肺炎疫情，是新中国成立以来在我国传播速度最快、感染范围最广、防控难度最大的公共卫生事件，是对我国家治理体系和治理能力的一次大考。在以习近平同志为核心的党中央坚强领导下，全国上下和广大人民群众付出艰苦卓绝的努力，疫情防控取得重大战略成果，彰显了中国特色社会主义制度的显著优势，彰显了以人民为中心发展理念的时代价值和实践意义。

疫情发生后，习近平总书记多次作出重要指示批示，要求研究和加强疫情防控工作，既要立足当前，科学精准打赢疫情防控阻击战，更要放眼长远，总结经验、吸取教训，针对疫情暴露出来的短板和不足，抓紧补短板、堵漏洞、强弱项，该坚持的坚持，该完善的完善，该建立的建立，该落实的落实，完善重大疫情防控体制机制，健全国家公共卫生应急管理体系。习近平总书记在十九届中央全面深化改革委员会第十二次会议上，针对疫情应对中公共卫生应急管理体系等方面的短板和不足，明确了完善重大疫情防控体制机制、健全国家公共卫生应急管理体系的总体原则、重点思路和重要举措。2020 年全国两会期间，习近平总书记参加湖北代表团审议时，用"事关国家安全和发展，事关社会政治大局稳定"两个"事关"，点明防范化解重大疫情和突发公共卫生风险的重要性，并就完善公共卫生体系提出了"整体谋划、系统重塑、全面提升"的总要求。

在防控新冠肺炎疫情最吃劲的关键阶段，习近平总书记强调，要研究和加强疫情防控工作，从体制机制上创新和完善重大疫情防控举措，健全国家公共卫生应急管理体系，提高应对突发重大公共卫生事件的能力水平。健全公共卫生应急管理体系，是一个复杂的系统工程和巩固完善国家应急管理体系的基础工程。同时，又是一项整体性、系统性、协同性很强的改革任务，既要强化体系建设，又要着力从制度机制层面理顺关系、强化管理，依法、规范、有序推进，必须系统谋划，总体推进，标本兼治，务求实效，其内涵包括诸多方面和诸多领域：

第一，加强公共卫生法治建设，加快构建体系完备、科学规范、运行高效的公共卫生法律法规体系，健全权责明确、程序规范、执行有力的疫情防控执法机制，普及公共卫生安全和疫情防控相关法律法规，提高公民知法、懂法、守法、护法、用法的意识和公共卫生风险防控意识。

第二，加强重大疫情应急指挥机制建设，建立集中统一高效的领导指挥体系，健全和优化平战结合的联防联控机制、上下联动的疫情应对机制，将政府治理优势和国家专业部门技术优势更好地结合，做到指令清晰、系统有序、条块畅达、执行有力，强化部门间和区域联动机制，加强培训演练，健全防治结合、联防联控、群防群治工作机制。

第三，改革完善疾病预防控制体系。强化监测预警，改进不明原因疾病和异常健康事件监测机制，提高评估监测敏感性和准确性，建立智慧化预警多点触发机制，健全网络直报、舆情监测、医疗卫生人员报告、科研发现报告等多渠道疫情监测和快速反应体系，提高重大公共卫生风险发现、报告、预警、响应和处置能力。完善功能定位，优化完善疾病预防控制机构的职能设置，创新医防协同机制，强化各级医疗机构疾病预防控制职责，督促落实传染病疫情和突发公共卫生事件报告责任，健全疾控机构与城乡社区联动工作机制，加强基层疾病预防控制职责，夯实联防联控的基层基础。加强人才队伍建设，建立适应现代化疾控体系的人才培养使用机制，健全完善待遇、考核、评价和激励等相关政策，增强一线疾控人员的荣誉感和使命感。

第四，改革完善重大疫情救治体系。统筹应急状态下医疗卫生机构动员响应、区域联动、人员调集，建立健全分级、分层、分流的重大疫情救治机制，加强国家医学中心、区域医疗中心等基地建设，打造重大疫情救治国家队，提高区域性医疗保障能力，提升基层医疗卫生机构筛查、防控和救治能力。加强重大传染病救治基础设施建设，加大对传染病医院和综合医院传染病房、病床的投入，提升实验室能力，指导发热门诊规范化建设，预留足够扩容改造空间。将中医药融入公共卫生应急管理体系，中西医协同应对传染病。

第五，加强公共卫生应急管理体系的制度支撑。包括，健全重大疾病医疗保险和救助制度，探索建立特殊群体、特定疾病医药费豁免制度等；健全重大疫情医疗救治医保支付政策，提高对基层医疗机构的支付比例。完善社会捐赠制度，做好捐赠物资分配和信息公开；按照集中管理、统一调拨、平时服务、灾时应急、采储结合、节约高效的要求，围绕打造医疗防治、物资储备、产能动员"三位一体"的物资保障体系，完善应急物资储备品种、规模和结构，创新储备方式，优化产能保障和区域布局，健全公共卫生应急物资保障工作机制，确保重要应急物资关键时刻调得出、用得上；加强传染病诊断、预测预警研究、诊断试剂研制、疫苗和药物研发的科研攻关工作，开展关键核心技术攻关，鼓励运用大数据、人工智能、云计算等新技术，深度融合公共卫生、医疗服务等信息，在疫情监测分析、病毒溯源、防控救治和资源调配等方面更好发挥助力和支撑作用。

第六，坚持以人为本、科学救援理念。既坚持全国一盘棋调度，建立集中统一高效的领导指挥体系，做到指令清晰、系统有序、条块畅达、执行有力，又抓好"扁平化"管理，防止出现公共卫生应急管理中的"脑梗阻""中梗阻"和"高反"等问题，真正使公共卫生应急管理高效运转、务实管用。公共卫生应急状态的管理，既需要面对疫情走向的不明性、疫情危害的严重性、疫情影响的关联性、疫情处置的难控性等现实挑战，必须打好防控处置战；又需要面对网上网下、国内国际、大事小事交织共振等舆情质疑，必须打好舆论处置战；还需要面对公共卫生应急管理体制之前存在的条块分割、区域分治、军地联动以及法治不健全耦合度不够等限制，必须打好总体战。打好这些硬仗，必须坚决服从党中央统一指挥、统一协调、统一调度，做到令行禁止。在实际工作中，既要解决应急公共卫生管理部门组织架构重建，实现机构职能调整这个"面"上的问题，还要在统一指挥、分级负责、军地联动上下功夫，致力发生"化学反应"。要发挥好公共卫生应急管理部门的综合优势和各相关部门的专业优势，根据职责分工承担各自责任，衔接好"防"和"救"的责任链条，确保责任链条无缝对接，形成整体合力。要树立和发挥公共卫生应急管理部门的专业权威和优势，针对疫情防控中可能出现的突发情况，及时调度资源，有效管控可能出现的次生、衍生和耦合叠加等应急风险。

第七，在"防"字上下功夫，贯彻预防为主的卫生与健康工作方针，坚持常备不懈，将预防关口前移，做到早发现、早报告、早隔离、早治疗，避免小病酿成大疫。要强化风险意识，加强公共卫生风险动态排查、无缝监测、科学评估和及时预警，完善公共卫生重大风险研判、评估、决策、防控协同机制。要推动公共卫生服务与医疗服务高效协同、无缝衔接，健全防治结合、联防联控、群防群治工作机制。

第八，把以人民为中心的理念体现到公共卫生应急处置的全过程、全环节、全周期。吸取疫情经验教训，更好满足公众健康生活消费需求，进一步培养公众健康素养和良好生活习惯，让公众学习掌握传染病防疫的基本知识和理念，具备应对突发传染病的基本技能。同时，为做好我国公共卫生应急管理体系建设，还需要借鉴它山之石，从其他国家的经验教训中得到有益借鉴。

总之，贯彻以人民为中心的发展理念，构建起保护人民生命安全的严密防护网，需要我们共同作出自己应有的努力。正是秉持这种理念，在中国社会科学院国家高端智库谢伏瞻理事长、蔡昉副理事长的指导，以及智库理事会支持下，智库秘书处组织院内专家，按照习近平总书记历次重要指示批示精神，通过对以上八个方面的问题进行集成式研究形成本书。

当前，我国新冠肺炎疫情防控取得重大战略成果、积累了丰富经验、形成了行之有效的体制机制。这使我们更加深刻地认识到，战胜疫情的信心，不仅来自制度体系内在的优势和效能，也来自制度体系不断改革完善所激发的生命力和创造力。

当然，本书的研究成果属于一家之言，如果能给健全国家公共卫生应急管理体系提供一些借鉴和启示，则善莫大焉。但由于我们的水平和眼界所限，不足之处，敬请读者不吝赐教，以使我们的研究工作能更趋完善和科学，则更是我们的期待和请求。

是为序。

（本文系作者为蔡昉、王灵桂主编《健全国家公共卫生应急管理体系研究》撰写的序言，中国社会科学出版社 2021 年 9 月版）

愿为"久久为功"治疆
之策作些贡献

有一份深深的家国情怀，萦绕在新疆天山南北 47 个民族 2260 多万人民的心中。

有一种坚定的时代担当，引领着新疆迈向长治久安的美好未来。

党的十八大以来，以习近平同志为核心的党中央，立足新疆改革发展稳定面临的新形势、新任务、新挑战，审时度势，运筹帷幄，提出一系列新思想新论断，把社会稳定和长治久安作为新疆工作的着眼点和着力点，切实维护新疆改革发展成果和各族群众切身利益，为把祖国的新疆建设得越来越美好描绘了壮美蓝图。

2013 年 6 月，习近平总书记主持召开中央政治局常委会会议研究部署维护新疆社会稳定、维护各族人民利益工作；9 月，在出访中亚国家时，习近平总书记表示愿意扩大中国新疆同中亚国家经贸合作规模；12 月，他主持召开中央政治局常委会会议，专题研究新疆改革发展稳定工作。2014 年 2 月，习近平总书记第一时间就新疆和田7.3 级地震的应急处置作出重要指示；3 月，习近平总书记在全国政协会议期间看望政协少数民族界委员时，关切地询问新疆籍少数民族大学生毕业后的就业情况；4 月 27—30 日，习近平总书记在党的十八大之后首次到新疆调研。

2014 年 5 月 28—29 日，第二次中央新疆工作座谈会在北京胜利召开。习近平总书记在会上发表的重要讲话中指出，做好新疆工作是全党全国的大事，必须从战略全局高度，谋长远之策、行固本之举、建长安之势、成长治之业，要坚持长期建疆、多管齐下、久久为功，扎实做好打基础利长远的工作，为社会稳定和长治久安打下坚实基础。

会上，习近平总书记专门强调，要在各族群众中牢固树立正确的祖国观、民族观，弘扬社会主义核心价值体系和社会主义核心价值观，增强各族群众对伟大祖国的认同、对中华民族的认同、对中华文化的认同、对中国共产党的认同、对中国特色社会主义道路的认同。

从党的十八大到第二次中央新疆工作座谈会胜利召开的一年多时间里，习近平总书记先后对新疆工作作出了 30 多次重要指示和批示，从战略和全局高度谋划新疆未来，提出了新疆发展新定位，对新疆工作作出新部署。

在这个大背景下，为落实第二次中央新疆工作座谈会精神，在中宣部领导和中宣部宣教局大力推荐下，全国哲学社会科学规划领导小组批准了 2014 年度国家社会科学基金"正本清源""扶正祛邪"两项重大委托项目，并于当年 10 月 11 日向中国社会科学院亚太与全球战略研究院王灵桂研究员下达了立项通知书。

参与这项重要工作，课题组的全体同志均感到十分荣幸。经过半年多的艰苦努力，终于完成了目前的七份课题成果：《新疆发展简史》《新疆民族发展简史》《伊斯兰教生活禁忌百问》《伊斯兰教生活禁忌百问探源》《"去极端化"理论读本》《"去极端化"宣教读本》《"去极端化"普及读本》。这些成果是课题组全体同志集体智慧和心血的结晶。

课题组全体同志衷心希望这七本书能对做好新形势下新疆的民族宗教工作，特别是"去极端化"工作有一定的参考价值，能对新疆各族群众了解相关民族宗教知识提供有益的帮助。必须申明的是，尽管课题组全体同志均学研各有所长，也非常扎实努力地开展研究工作，但本书可能尚存某些过错和不确之处，其责任自当由主编和各卷执笔人承担，望学界同仁和广大读者对我们的工作提出宝贵意见和建议，以便再版改正。

（本文系王灵桂主编《去极端化宣教读本》《去极端化理论读本》《去极端化普及读本》《新疆简史》《新疆民族发展简史》《伊斯兰教禁忌百问》《伊斯兰教禁忌百问探源》前言，社会科学文献出版社 2015 年 8 月版）

国际理念篇

面向国际社会的习近平外交思想

2017 年 7 月 26 日，习近平总书记在省部级主要领导干部专题研讨班开班式的重要讲话中指出，"党的十八大以来的五年，是党和国家发展进程中很不平凡的五年。五年来，党中央科学把握当今世界和当代中国的发展大势，顺应实践要求和人民愿望，推出一系列重大战略举措，出台一系列重大方针政策，推进一系列重大工作，解决了许多长期想解决而没有解决的难题，办成了许多过去想办而没有办成的大事"，"我们坚定不移推进中国特色大国外交，营造了我国发展的和平国际环境和良好周边环境"，中国特色社会主义不断取得的重大成就，"意味着中国特色社会主义拓展了发展中国家走向现代化的途径，为解决人类问题贡献了中国智慧、提供了中国方案"。这些重要论述，十分精练地概括地凝结了党的十八大以来以习近平同志为核心的党中央站在新的历史起点上，高瞻忧思人类前途命运、洞察把握中国和世界发展大势，以恢宏的格局、宏大的气魄、精妙的手笔，引领中国不断走近世界政治经济舞台中央，所不断谱写出的具有典型中国特色的、自信而坚定的大国外交辉煌诗篇。

精准定位了中国外交之历史使命和时代方位。在 21 世纪的第二个十年，全球政治经济格局趋向大发展、大变革、大调整的特点日益明显，国际形势进入了近数百年以来前所未有的剧烈变化时期。中华人民共和国成立以来，中国人民实现了"站起来""富起来"的梦想，开始进入实现"强起来"的伟大历史阶段。以习近平同志为核心的党中央继承创新新中国成立以来的外交战略思想，以"两个100年奋斗目标""三个前所未有""四个全面"为基准坐标，形成了具有中国特色、中国风格、中国气派的中国特色大国外交理念：高举和平发展合作共赢旗帜、统筹国内国际两个大局、统筹发展安全两件大事，牢牢把握坚持和平发展和促进民族复兴这条主线，维护国家主权安全发展利益，为和平发展营造更加有利的国际环境，维护和延长我国发展的重要战略机遇期。通过这种历史定位，习近平总书记高瞻远瞩地明确了新时期中国外交的时代使命、战略目标、基本原则和主要任务。

完整形成了中国特色大国外交理论体系。党的十八大以来，以习近平同志为核心的党中央，深刻把握内外两个大局，以高度的全球视野、进取意识和创新精神，持续面世新理念、不断推出新举措，在丰富多彩的外交实践中，完整形成了中国特色大国外交的理论体系与综合布局。通过升华和平共处五项原则核心精神，形成了包括坚持主权平等、共同安全、共同发展、合作共赢、包容互鉴、公平正义等内涵的"六个坚持"；通过在国际上将合作共赢拓展到政治、经济、安全、文化等各个领域，构建了以合作共赢为核心的新型国际关系模式；通过倡导建立平等相待、互商互谅的伙伴关系，营造公道正义、共建共享的安全格局，谋求开放创新、包容互惠的发展前景，促进和而不同、兼收并蓄的文明交流，构筑尊崇自然、绿色发展的生态体系，明确了实现"人类命运共同体"的基本路径；通过力主各国共同走出一条公平、开放、全面、创新的发展之路，致力于与世界各国共同构建合作共赢的全球伙伴关系，首倡了国际关系领域的新型发展观与合作观；通过共同践行共商共建共享的全球治理观，不断推动全球治理体制向更加公正合理的方向发展；通过对话与协商促进并实现持久安全，积极倡导共同、综合、合作、可持续的安全观，首倡了践行发展与安全并重的国际合作与安全新理念。中国特色大国外交理论体系摒弃了结盟对抗、零和博弈的国际政治陈旧思维，在鲜明的中国特色中彰显出了其重大的世界意义和全球价值。

以大国风范和担当率先垂范践行中国特色大国外交理念。党的十八大以来，以习近平同志为核心的党中央以"世界和平建设者、全球发展贡献者、国际秩序维护者"为出发点，以践行中国特色大国外交理念的丰硕成果给世界作出了贡献和榜样。针对饱受国际金融危机之苦的世界经济，习近平总书记分别在杭州、汉堡 G20 峰会上，就加强国际经济合作、全球经济治理提出了"中国方案"；针对"逆全球化"和保护主义思潮，习近平总书记在达沃斯世界经济论坛 2017 年年会上积极倡导经济全球化向开放、包容、普惠、平衡、共赢方向发展；中国政府积极参与国际人道主义救援活动、联合国维和行动，认真履行索马里护航、尼泊尔地震救援等国际责任和义务；联合志同道合者设立了亚洲基础设施投资银行和金砖国家新开发银行，开创出发展中国家组建多边金融机构的先河；通过坚决履行应对全球气候变化的《巴黎协定》、努力推动构建和平安全开放合作的网络空间等，向世界展示中国负责任、重承诺的大国胸怀和责任担当；习近平总书记通过庄园会晤、瀛台夜话、白宫秋叙、海湖庄园会晤、汉堡会见等，不断巩固中美相互尊重基础，共同推进合作共赢目标；在厦门金砖峰会前夕，俄罗斯总统普京专门在《人民日报》上发表署名文章，盛赞中俄友谊和中俄合作，说明中俄全面战略协作伙伴关系更加坚实、成熟、稳定；中国政府携手打造金砖国家新的"金色十年"，"金砖＋"得到了其他发展中大国及地区大国的热烈欢迎；"亲、诚、惠、容"的周边外交理念和树立正确的义利观，使我同周边国家关系总体朝着更加积极的方向发展，与发展中国家的关系也得到不断深化和发展；深入参与和引导多边外交进程，走出一条"对话而不对抗，结伴而不结盟"的新路，多边外交朋友圈不断扩大，目前中国已同100多个国家和国际组织建立了不同形式的伙伴关系，中国的朋友遍天下。

以"一带一路"倡议的实施和推进不断丰富中国特色大国外交理念。党的十八大以来，以习近平同志为核心的党中央，从内外两个大局的战略高度出发，顺应世界各国求发展、求和平、求幸福的大势，以国际体系的参与者、建设者、贡献者和推动者为自我要求，在2013年9月和11月，分别提出构建"丝绸之路经济带""二十一世纪海上丝绸之路"倡议。在中国政府提出的"共商共建共享"原则指导下，"一带一路"倡议迅速成为国际舞台上的热门话题和重大倡议。目前，"一带一路"倡议得到了100多个国家和国际组织积极支持参与，联合国及其多个机构也纷纷将"一带一路"倡议纳入了多份重要决议之中，成为指导世界各国行为的准则。2017年5月14日，"一带一路"国际合作高峰论坛在北京的成功举行，说明"一带一路"倡议既是中国深度融入世界的需要，也是实现与世界各国联动发展的需要。它顺应了国际经济发展的内在规律，代表着全球经济合作的新趋势，获得了广泛国际共识。四年来，"一带一路"建设从无到有、由点及面，取得长足进展，在顶层设计、政策沟通、设施联通、贸易畅通、资金融通、民心相通、全国布局等各方面都取得了丰硕成果，已形成了各国共商共建共享的合作局面。中国携手"一带一路"各参与方，打造绿色丝绸之路、健康丝绸之路、智力丝绸之路、和平丝绸之路，为参与国家和地区注入了新的增长动力、开辟出共同发展的巨大空间，其蕴涵的包容与共享等人类命运共同体理念，既不断昭示出其巨大的生命力和感召力，也使其成为开放包容的国际合作平台和顺应各国发展愿望的全球公共产品。

以和平思维和底线思维实践和丰富了中国特色大国外交理念。党的十八大以来，以习近平同志为核心的党中央积极倡导通过对话协商和平解决争端，走出了一条各国共建共享共赢的安全之路；中国积极致力于维护地区稳定与安全，通过亚信峰会、上海合作组织和东亚合作框架等机制，促进地区国家安全防务交流合作；积极参与国际反恐合作，致力于热点问题的和平解决，以负责任的大国形象促进国际和区域的共同安全、合作安全、综合安全和可持续安全。同时，中国政府在对外工作中又始终秉持"底线思维"，即不惹事，也不怕事。习近平总书记曾专门强调:"任何外国不要指望我们会拿自己的核心利益做交易,不要指望我们会吞下损害我国主权、安全、发展利益的苦果。"[1] 因此,在钓鱼岛问题上,中国充分展示了捍卫国家领土主权的决心和意志;在南海问题上,中国以"废纸一张"的鲜明态度,粉碎了所谓"南海仲裁结果",并推动各当事方重新回到了对话谈判解决争议的正确轨道上来;在洞朗对峙过程中,中国政府始终秉持有理有力有节的理念,开创了和平解决争端的新思路。

总之,当前和今后一个时期,在习近平外交思想指引下,中国特色大国外交一定会以更加宽广的国际视野、更加主动的有为意识、更加淡定的战略定力、更加周密的谋篇布局、更加务实的政策措施,将中国特色大国外交理念深入落实到政治、经济、安全、文化等诸多领域,为中华民族伟大复兴保驾护航、为全球经济社会发展再添新动力、为人类文明进步再铸新里程碑。

（载中国青年网 2017 年 9 月 18 日）

① 《习近平谈治国理政》第 1 卷,外文出版社 2018 年版,第 249 页。

中国在当前全球化进程中的
使命与担当

2017 年 5 月，习近平主席在"一带一路"国际合作高峰论坛上宣布，中国将从 2018 年起举办中国国际进口博览会。时隔一年半，2018 年 11 月 5—10 日，首届中国国际进口博览会如期在上海举办。中国国际进口博览会不仅标志着世界首个以进口为主题的国家级博览会的诞生，更标志着中国与世界经贸关系将迈向一个崭新的时代。

"中国推动更高水平开放的脚步
不会停滞!"

改革开放 40 年来，中国在成为世界出口大国的同时，也成为世界进口大国。2017 年，中国是世界第一大出口国和第二大进口国，进口规模接近 2 万亿美元，相当于世界排名第九位的意大利全年 GDP 规模。今天，中国将进一步加快国内经济向世界开放的步伐，以彰显中国的全球化决心和意志。

以开放服务部门为重点，放宽市场准入，加快中国与世界经济的融合步伐。近期，中国进一步精简外商投资准入负面清单，减少投资限制，提升投资自由化水平；正在稳步扩大金融业开放，持续推进服务业开放，深化农业、采矿业、制造业开放，加快电信、教育、医疗、文化等领域开放进程，特别是外国投资者关注、国内市场缺口较大的教育、医疗等领域也将放宽外资股比限制。

以建设开放型体系为主体，推动与国际惯例相一致的营商环境建设。中国正在准备出台新的外商投资法规，完善公开、透明的涉外法律体系，全面深入实施准入前国民待遇加负面清单管理制度，尊重国际营商惯例，对在中国境内注册的各类企业一视同仁、平等对待。同时，中国将大力保护外资企业合法权益，坚决依法惩处侵犯外商合法权益，特别是侵犯知识产权的行为，提高知识产权审查质量和审查效率，引入惩罚性赔偿制度。中国还将在上海证券交易所设立科创板并试点注册制，支持上海国际金融中心和科技创新中心建设，不断完善资本市场基础制度。

以进一步加强软环境建设为主，推动中国与国际经济制度一致化。自由贸易试验区是中国主动提出建立开放型体制的单边举措。鉴于国内各地经济发展水平和开放水平有较大的差异，本着先行先试的原则，中国在有能力的地区率先启动自由贸易试验区建设，为最终推动全国全面开放起到摸索、试验作用。例如，将海南单列，分步骤、分阶段建设自由贸易港政策和制度体系，加快探索建设中国特色自由贸易港，以此推动更高层次改革开放新格局的形成。同时，中国增设中国上海自由贸易试验区的新片区，鼓励和支持上海在推进投资和贸易自由化便利化方面大胆创新探索，为全国积累更多可复制可推广经验。

可以预计的是，未来 15 年，中国商品和服务进口规模将分别超过 30 万亿美元和 10 万亿美元，直接拉动世界 GDP 实现 1 位数以上的增长。

"中国推动建设开放型世界经济的
脚步不会停滞!"

中国是经济全球化受益者。中国将继续秉持开放的理念,积极提升自身的开放水平和层次,同时也将积极提升全世界的开放水平和层次。

积极推动双边自贸区建设。自"一带一路"倡议提出之后,中国加快了自贸区建设步伐。截至目前,中国已达成 17 个自贸协定,涉及亚洲、拉美、大洋洲、欧洲、非洲的 25 个国家和地区,正与 28 个国家进行 13 个自贸区谈判或升级谈判,与 9 个国家进行自贸区联合可行性研究或升级研究。这些自贸区谈判将为世界"推倒"贸易壁垒作出全新贡献。

积极加快区域贸易投资自由化进程。区域合作谈判展现的是一国向外开放的能力、水平、层次和范围。目前,中国正在积极推动区域全面经济伙伴关系协定谈判,并希望早日达成这一协议;同时,中国也在加快推进中欧投资协定谈判和中日韩自由贸易区谈判进程。

积极参与多边合作建设,特别是坚持维护世界贸易组织的基本规则,捍卫多边贸易体制。世界贸易组织运行多年,其基本原则和达成的共识已构成世界经济运行的基石。在推进世界开放型体系过程中,中国力主以世界贸易组织为平台,加快各方消除贸易投资壁垒,为世界贸易增长贡献"制度力量"。

积极推进一个包容性的开放世界体系建设。中国一贯主张开放、包容、创新等原则,共同推动世界经济增长和治理体系的完善。在推进开放型世界体系建设的同时,中国也将兼顾开放领域里的包容原则。中国充分认识到,世界各国经济发展水平不一致,各国也不可能整齐划一地在同一时间内建立同质开放体系。因此，中国正积极努力协助发展中国家推进能力建设，以逐步提高它们对外开放的能力和水平。例如，在 2018 年中非合作论坛北京峰会上，中国提出"八大行动"，就是要帮非洲国家补足开放能力的短板。

"中国推动构建人类命运共同体的
脚步不会停滞！"

中国曾在多个国际场合阐释"人类命运共同体"的积极意义和世界价值，并通过"一带一路"践行这一理念。本次博览会上，习近平主席再次强调："追求幸福生活是各国人民共同愿望。人类社会要持续进步，各国就应该坚持要开放不要封闭，要合作不要对抗，要共赢不要独占。"①

共同发展是迈向人类命运共同体的主通道。没有共同发展，人类社会就无法进步，就永远停留在有等级、有差异的发展轨道上，也就永远无法平息战争、内乱、种族冲突以及贫困。当前世界贫富不均已经到达"警戒"水平，全球最富有的 1% 人口拥有的财富量超过其余 99% 人口财富的总和，世界上仍有 7 亿多人口生活在极端贫困之中。因此，习近平主席真诚地呼吁："国家不分大小、强弱、贫富，都是国际社会平等成员，理应平等参与决策、享受权利、履行义务。"②

普惠共荣是迈向人类命运共同体的大原则。中国一直坚持共同发展和普惠发展，而且中国也实实在在是这么做的。1950—2016 年。中国已经累计对外提供援款 4000 多亿元人民币、实施各类援外项目

---

① 习近平：《共建创新包容的开放型世界经济》，《光明日报》2018 年 11 月 6 日。
② 《习近平谈治国理政》第 2 卷，外文出版社 2017 年版，第 481 页。

5000 多个、为发展中国家培训各类人员 26 万多名。特别是国际金融危机爆发以来，中国经济增长对世界经济增长的贡献率年均都在30% 以上。

包容共赢是迈向人类命运共同体的必由之路。"一带一路"是新时期中国提出的大倡议，目的是推进世界各国共同发展、包容发展，最终共同享有工业文明的果实。自"一带一路"倡议提出后，中国与"一带一路"沿线国家的货物贸易总额已经超过 5 万亿美元。2017年，中国对"一带一路"沿线国家进出口 7.37 万亿元，同比增长17.8%，占我国外贸总值的 26.5%。截至目前，中国企业在沿线国家建设境外经贸合作区共 82 个，累计投资 289 亿美元，向东道国上缴税费累计 20.1 亿美元，创造就业岗位 24.4 万个。

面对全球化浪潮，中国将继续以推进开放、包容、共赢的全球经济体系为自己的使命，以高度负责的精神作为推进世界发展的前行动力，在更广阔的层面上考虑自身发展和世界发展，不以损害其他国家利益为代价，而以新一代大国形象铸就人类社会的新未来。

（载《紫光阁》2018 年 12 月 10 日第 12 期）

中国正在自信而坚定地走向世界舞台中央

在结束联合国大会既定日程后，世界各国政要和媒体，对李克强总理在一般性辩论中发表的《携手建设和平稳定可持续发展的世界》重要讲话，以及相关讲话和活动，均给予了高度评价。联合国秘书长潘基文、第 71 届联大主席汤姆森及世界银行、国际货币基金组织、联合国开发计划署等机构的掌门人，都对中国政府在推动自身及世界实现可持续发展目标方面的重要贡献给予了高度评价，对李克强总理代表中国政府提出的，将以消除贫困和饥饿等目标作为首要任务，以推动经济强劲、可持续、平衡、包容增长为支撑，努力推动世界在经济、社会、环境三大领域形成良性循环，不断探索和完善经济繁荣、社会进步、环境优美的可持续发展之路等"中国主张""中国理念""中国方案"感到由衷赞叹。"我很少能在一个会场看到如此多联合国机构负责人和其他国际组织的领导人。这充分说明了李克强总理的领导力，也充分说明了中国的力量。"联合国秘书长潘基文 20 日对李克强总理提出的"中国主张"发出这样的感慨。世界对李克强总理纽约之行的期望，表明了世界各国分享中国发展理念、发展机遇、发展成就和发展举措的热忱；世界各国和国际组织及媒体对李克强总理在联合国外交活动的高度评价，反映了各方对中国以负责任的大国形象推进世界实现可持续发展目标的热切期盼。

总体看，李克强总理的纽约之行有以下四个显著特点。

一是总理纽约之行时间节点关键且恰逢其时。2016 年是新中国恢复联合国外交席位 45 周年，是联合国成立 70 周年系列峰会通过的《2030 年可持续发展议程》执行的开局之年，是 G20 杭州峰会《落实 2030 年可持续发展议程行动计划》落实的关键之年。在 2015 年联合国系列峰会上。习近平主席向世界作出了庄严承诺，李克强总理通过出席联大会议，不但向大会递交了一份漂亮的成绩单，而且代表中国政府清晰地阐述了坚定不移贯彻落实承诺的政策，可以说这是对中国负责任大国的"试金之年"。在 45 年的时间里，中国政府对联合国、对世界的贡献不断增大，能力不断增强。从这些意义上说，2016 年李克强总理的纽约之行，是中国因应世界发展形势需要，正在坚定而自信地走向世界舞台中央的"里程碑"和新起点，其意义自然非同凡响。

二是总理纽约之行应时应运且有担当。当前世界经济形势普遍低迷，各主要经济体正挣扎在复苏与继续下滑的痛苦时期；经济全球化阻力加大，可持续发展动力不足；地区冲突不断、地区热点持续、恐怖主义盛行、对抗与结盟正在剧烈地侵蚀着世界和平稳定和可持续发展的根基；气候问题让世界未来发展的前景笼罩在人类是毁灭还是生存的犹疑氛围之中；全球发展不平等、不平衡问题越来越突出，非洲和最不发达地区的人民正面临着贫困和饥饿的煎熬，如何让他们过上体面而有尊严地生活，正在考验着世界的良心和道德观，等等。李克强总理针对第 71 届联大系列高级别会议面临复杂的国际形势，世界和平与发展面临的一系列新困难、新挑战等，以本届联大会议为契机，对在复杂国际政治形势下，如何继续维护世界和平与稳定；在复杂多变的国际经济金融形势下，如何推动可持续发展；在国际格局和世界秩序进入深度调整和转型时期，如何进一步加强和改善全球治理等系列重大战略问题，呼吁加强沟通、携手合作，并作出了自己的"中国回答""中国阐述"，提出了"中国方案"，取得的系列积极成果，充分展示了中国政府对世界的担当精神和担当意识。

　　三是总理纽约之行对世界的贡献让世人瞩目。德国新闻电视台则指出中国总理的主张表明，"世界第二大经济体主动参与解决国际问题的步伐在加快"。此评论可谓是国外媒体对李克强总理纽约之行评价的典型代表。李克强总理关于"唯有发展，才能保障人民的基本权利。唯有发展，才能消除全球性挑战的根源。唯有发展，才能推动人类文明进步"等"三个唯有"的表态，找准了影响世界不稳定不和谐不平等的根源，并进而提出了"需要通过发展寻求根本解决之道""发展必须是可持续的""可持续有着丰富内涵，哪个方面做不到，都将使发展陷入停滞与困顿"的主张。为此，李克强总理呼吁"国际社会应以命运共同体、利益攸关者的新视角，采取一致行动，共同应对全球性挑战"，① 并提出了中国政府的主张，开出了医治世界病的"中国药方"。

　　在维护世界和平问题上，中国认为没有和平稳定的环境，就没有可持续发展，已经取得的发展成果也会丧失，因此中国政府坚定维护《联合国宪章》的宗旨和原则，"支持联合国及其安理会在国际事务中发挥主导作用，支持不断改革完善全球治理机制，以适应国际政治、经济格局出现的新变化。要树立共同、综合、合作、可持续的新安全观，建设'对话而不对抗、结伴而不结盟'的全球伙伴关系"。②

　　在解决地区热点问题上，中国认为必须坚持政治解决热点问题的大方向，历史一再证明，诉诸武力、以暴制暴，只能使仇恨延续、战火不已，最终不会有赢家。因此中国政府呼吁"冲突各方应摒弃零和思维，以对话解争端、以协商化分歧、以宽容求和解。国际社会斡旋调解要主持公道正义，劝和不挑事、帮忙不添乱"，对待恐怖主义"必须坚决予以打击，同时不能搞双重标准，不能把恐怖主义与特定国家、民族和宗教挂钩"。③

　　① 李克强：《携手建设和平稳定可持续发展的世界》，《光明日报》2016 年 9 月 23 日。
　　② 李克强：《携手建设和平稳定可持续发展的世界》，《光明日报》2016 年 9 月 23 日。
　　③ 李克强：《携手建设和平稳定可持续发展的世界》，《光明日报》2016 年 9 月 23 日。

在提振世界经济发展信心问题上，中国认为必须携手促进世界经济稳定复苏，以解决当前面临的总需求不足、结构性矛盾等突出问题。因此中国政府呼吁"要统筹运用多种有效政策工具，做到需求管理与供给侧改革并重、短期政策与长期政策结合"，[①] 主要经济体应以负责任态度制定和协调宏观政策，坚决反对一切形式的保护主义，坚定维护以世界贸易组织为代表的自由贸易体制，使各国经济在双赢、多赢、共赢中实现持续健康发展，推动世界经济真正走上强劲、可持续、平衡、包容增长之路。

在解决人类面临的全球性挑战问题上，中国政府提出了自己的主张。呼吁要让非洲和最不发达国家人民"生活得体面、有尊严"。为此，要帮助他们加快工业化进程、保障粮食安全、消除贫困和饥饿，"要努力营造有利于减少全球发展不平等和不平衡的国际环境"；面对第二次世界大战结束以来最大规模的难民危机，"当务之急是要确保难民有基本生活保障，避免发生人道主义危机"；[②] 共同应对气候变化，推动《巴黎协定》获得普遍接受和早日生效，发达国家应发挥带头作用，兑现减排承诺，并帮助发展中国家提高减缓和适应气候变化能力。

四是总理纽约之行对中国的阐述让世界松了一口气。面对世界经济看中国的目光，李克强总理自信地告诉世界，目前"中国经济规模已超过 10 万亿美元，现在一个百分点的增量相当于过去几个百分点的增量，一年的经济增量相当于一个中等收入国家经济总量，对世界经济增长的贡献率保持在 25% 左右"，"在严峻复杂的国际环境和国内长期积累的深层次矛盾凸显的情况下，我们依靠改革创新，经济保持中高速增长，结构加快转型升级。今年上半年，经济增长 6.7%，位居全球主要经济体前列"。面对成绩，李克强总理给了世界

---

① 李克强：《携手建设和平稳定可持续发展的世界》，《光明日报》2016 年 9 月 23 日。

② 李克强：《携手建设和平稳定可持续发展的世界》，《光明日报》2016 年 9 月 23 日。

信心，同时也表达了中国继续承担世界经济增长"强力引擎"的决心和信心，"展望未来，中国经济发展潜力大、优势足、空间广，前景光明"。同时，李克强总理也阐述了中国经济继续发展的思路和路径。这些表态和政策阐述掷地有声，让世界注目。美国彭博新闻社就此评论说，李克强总理关于中国经济发展以及对外开放的表述，"展示了对中国经济前景的信心"。

在怎么发展的问题上，李克强总理坚定地告诉世界，中国将在深化改革中求发展。要通过坚定不移全面深化改革，激发市场活力和社会创造力；要加快推动供给侧结构性改革，着力改善供给质量，保持经济平稳运行、推动结构转型升级；要深化简政放权、放管结合、优化服务改革，积极推进财税、金融、投资、国企等重点领域改革；要深入实施创新驱动发展战略，推动大众创业、万众创新，培育发展新动能，改造提升传统动能，促进中国经济在加快转型升级中平稳增长、在平稳增长中加快转型升级。

在发展的路径上，李克强总理清晰地告诉世界，中国将在扩大开放中发展。要进一步提高开放型经济水平，扩大服务业和一般制造业开放，推进国内高标准自由贸易试验区建设，加快同有关国家商签自由贸易协定和投资协定，对外商投资企业实行负面清单管理制度，营造更加公平、透明、可预期的营商环境；要创新对外投资合作方式，同有关各方一道，共同推动"一带一路"建设和国际产能合作，实现更广泛的互利共赢。

在发展环境营造上，李克强总理真诚地告诉世界，中国将在维护世界和平求得中发展。要坚定不移走和平发展道路，在和平共处五项原则的基础上同所有国家发展友好合作关系；要践行亲诚惠容的周边外交理念，努力求同存异、聚同化异，为维护地区和平稳定作出不懈努力；要推动和平解决热点问题，积极参与反恐、防扩散等领域国际合作。令世界动容的是，在联合国大会上，李克强总理代表中国政府表示，将坚决支持国际社会解决难民问题的努力，并向有关国家和国际组织提供总额达 3 亿美元的人道主义援助。

面对世界的瞩目，李克强总理代表中国政府向世界交了一份令所有与会者这份的"中国方案"，再次表明了中国的发展得益于国际社会，也愿为国际社会提供更多公共产品的信心和决心。正在走向国际舞台中央的中国，从落实联合国《2030 年可持续发展议程》中的"四个坚持"，到国际减贫论坛上的"四个着力"、国际气候变化问题的"三个原则"、共建网络空间命运共同体的"五点主张"、推动包容互鉴合作共赢的"一路一带"，再到推动中国经济转型升级，实现可持续增长的发展思想，我们以中国经验、中国理念、中国方案正在向世界敞开胸怀，正在同世界分享发展机遇，正在努力向实现共同繁荣与可持续发展目标大步迈进，这其中展现的大国担当和世界情怀令世界称道。难怪联合国秘书长 2030 年可持续发展议程特别顾问戴维·纳巴罗说："在落实可持续发展目标的道路上，我看到中国领导层作出了实质性的且深思熟虑的努力。"

（载中国青年网 2016 年 9 月 23 日）

世界和平发展中的中国智慧
和中国力量

中国共产党的 100 年，是不断创造辉煌的 100 年。在中国共产党成立 100 周年之际，回顾 40 多年的改革开放，深感中国共产党领导中国人民创造的中国奇迹之伟大。党的十一届三中全会以来，我党团结带领全国各族人民开辟的中国特色社会主义道路、理论、制度、文化是完全正确的，形成的党的基本理论、基本路线、基本方略是完全正确的，中国已经并正在为广大发展中国家的现代化提供成功经验和光明前景，中国已成为促进世界和平与发展、人类文明进步的强大力量。

在纪念改革开放 40 周年庆祝大会上，习近平总书记将"始终坚持独立自主的和平外交政策"列为伟大改革开放精神的十个"始终坚持"之一。他强调，在对外政策上，始终坚持独立自主的和平外交政策，始终不渝走和平发展道路、奉行互利共赢的开放战略，坚定维护国际关系基本准则，维护国际公平正义，推动建设开放型世界经济、构建人类命运共同体，促进全球治理体系变革，旗帜鲜明反对霸权主义和强权政治，为世界和平与发展不断贡献中国智慧、中国方案、中国力量。

党的十一届三中全会将党和国家的工作重心转移到经济建设上来，拉开了中国改革开放的大幕，也使当代中国同世界的关系发生了历史性变化，使中国外交进入了崭新的历史时期。40 多年来，在党的坚强有力领导下，中国外交取得了举世瞩目的辉煌成就。中国的国际地位显著提高，国际影响力日益扩大，与世界各国友好合作关系全面发展，融入国际体系的广度、深度和速度前所未有，中国外交在理论、理念和手段上不断创新。

党的十一届三中全会后，中国对战争问题的看法开始变化，认为"在较长时间内不发生大规模的世界战争是有可能的，维护世界和平是有希望的"。在这种情况下，中国果断调整"一条线、一大片"的外交战略方针，确立了独立自主的和平外交政策，其核心是不与任何大国或国家集团结盟。1979年1月，中美正式建立外交关系；1982年，中苏相互释放缓和信号，两国关系开始由对立走向缓和，经过双方共同努力，最终消除了阻碍两国关系正常化的"三大障碍"；1989年5月，苏联最高领导人戈尔巴乔夫应中国国家主席杨尚昆的邀请，对中国进行正式访问并发表中苏联合公报，两国国家关系正常化；中日和平友好关系持续保持良好发展势头，两国之间的高层互访不断，经贸合作关系迅速扩大；同欧洲大国的关系取得新发展。中国政府分别于1984年12月和1987年4月，与英国和葡萄牙政府就对香港、澳门恢复行使主权签署联合声明，为最终解决香港和澳门问题奠定了坚实的基础；中国与英、法、德国家间的经贸合作逐步扩大。

1982年9月，党的十二大明确提出了中国共产党发展同各国共产党和其他工人阶级政党的关系原则，即独立自主、完全平等、互相尊重、互不干涉内部事务，调整了对东南亚国家的政策，注意严格区分党际关系与国家关系，使中国同东南亚国家的双边关系有了很大改善。1979年2月中旬，印度外长阿塔尔·比哈里·瓦杰帕伊对中国进行正式访问，这是中印两国关系僵冷近20年之后，两国政府间的第一次高级别接触，此次访问对发展两国友好关系和解决一些悬而未决的双边问题开了一个好头；1988年12月，印度总理拉·甘地访华，把中印关系推进到一个新的阶段。

与此同时，中国积极推进与其他发展中国家的务实合作，按照

"平等互利、讲求实效、形式多样、共同发展"原则，通过开展形式多样的经济合作，使中国与发展中国家的团结与合作关系更加牢固。1981年，中国调整了对联合国维和行动的态度，从1982年开始承担对联合国脱离接触观察员部队和联合国驻黎巴嫩临时部队费用的摊款，1988年12月中国成为维和行动特别委员会成员。进入21世纪后，中国进入全面建设小康社会、加快推进社会主义现代化新的发展阶段。国际局势处于深刻而复杂的变化之中，特别是"9·11"事件与国际金融危机，使中国发展的外部条件面临着前所未有的机遇和严峻的挑战。中央冷静分析国内外形势，紧紧抓住战略机遇期，高举和平、发展、合作的旗帜，推动中国对外工作取得新的进展。

在世界百年未有之大变局的背景下，全球治理体系和国际秩序变革加速推进，各种不稳定不确定因素日益增多，诸多新问题新挑战层出不穷。面对复杂多变的国际形势，在以习近平同志为核心的党中央坚强领导下，中国特色大国外交形成了全方位、多层次、立体化的外交布局。习近平总书记强调，中国坚持走和平发展道路，但决不能放弃我们的正当权益，决不能牺牲国家核心利益。任何外国不要指望我们会拿自己的核心利益做交易，不要指望我们会吞下损害我国主权、安全、发展利益的苦果。对涉及国家主权、安全等核心利益的问题划出红线、亮明底线，在尊重历史事实和国际法的基础上开展了坚定有力的维权斗争。钓鱼岛问题上坚持原则，充分展示中国政府和人民捍卫国家领土主权的决心和意志。有理有据地回击损害中国领土主权和海洋权益的所谓"南海仲裁案"，坚持通过直接当事方对话谈判解决具体争议，维护了南海局势总体稳定。旗帜鲜明维护一个中国原则，反对制造"两个中国"或"一中一台"图谋。扎实开展涉藏、涉疆外交，加强打击"三股势力"国际合作，坚定地维护国家主权和领土完整和统一。

习近平总书记提出的构建人类命运共同体理念，最终目标是建设持久和平、普遍安全、共同繁荣、开放包容、清洁美丽的世界。这一理念是对传统西方国际关系理论流派的超越。它摒弃了零和博弈、冷战思维，强调妥善处理国家利益与共同利益的关系，表达了中国与世界各国合作共赢、和平发展的愿望，为世界未来福祉提出了中国方案。针对全球治理，习近平总书记提出了"共商共建共享"的全球治理观。中国通过"一带一路"倡议、亚投行、丝路基金、南南合作援助基金向世界提供了一系列"公共产品"，以务实举措促进世界共同发展。中国全方位履行大国责任，受到国际社会高度评价。

在党的十九大报告中，习近平总书记进一步丰富了构建新型国际关系理念的内容。他指出，"高举和平、发展、合作、共赢的旗帜，恪守维护世界和平、促进共同发展的外交政策宗旨，坚定不移在和平共处五项原则基础上发展同各国的友好合作，推动建设相互尊重、公平正义、合作共赢的新型国际关系。"① 构建新型国际关系理念形成了一个系统化的理论体系。构建人类命运共同体是习近平外交思想的核心内容，这一理念是为应对全球化时代人类面临的日益突出的各种不稳定性、不确定性提供的中国方案。

自 2013 年 10 月 3 日，习近平主席在印度尼西亚国会发表演讲时提出携手建设更为紧密的中国—东盟命运共同体的倡议，并提出全方位建设这一共同体的五大举措。随后，他先后在 2014 年 11 月中央外事工作会议、2015 年 3 月博鳌亚洲论坛年会、2015 年 9 月第 70 届联合国大会一般性辩论会上，以及 2017 年 1 月在日内瓦总部演讲时相继谈到中国—东盟命运共同体、周边命运共同体、亚洲命运共同体及人类命运共同体理念。习近平总书记通过对命运共同体的一次次深刻阐述，使这一理念的内容不断得到丰富和完善。党的十九大把坚持推动构建人类命运共同体作为新时代坚持和发展中国特色社会主义的基本方略之一，并写入新修改的《中国共产党章程》。通过修宪又将推动构建人类命运共同体写入宪法。从此，推动构建人类命运共同体，

① 《习近平谈治国理政》第 3 卷，外文出版社 2020 年版，第 45 页。

不仅成为习近平外交思想的核心与精髓，而且上升为党和国家的意志，成为新时代中国特色社会主义外交的一面旗帜。

2017 年 2 月 10 日，联合国社会发展委员会第 55 届会议协商一致通过"非洲发展新伙伴关系的社会层面"决议，呼吁国际社会本着合作共赢和构建人类命运共同体的精神，加强对非洲经济社会发展的支持。这是联合国决议首次写入"构建人类命运共同体"理念。3 月 17 日，联合国安理会以 15 票赞成，一致通过关于阿富汗问题的第 2344 号决议，强调应本着合作共赢精神推进地区合作，以有效促进阿富汗及地区安全、稳定和发展，构建人类命运共同体。构建人类命运共同体理念首次被写入联合国安理会决议中。3 月 23 日，联合国人权理事会第 34 次会议通过关于"经济、社会、文化权利"和"粮食权"两个决议，两个决议明确表示要"构建人类命运共同体"。这是人类命运共同体理念首次载入联合国人权理事会决议。11 月 1 日，第 72 届联大负责裁军和国际安全事务第一委员会通过的"防止外空军备竞赛进一步切实措施"和"不首先在外空放置武器"两份安全决议，构建人类命运共同体理念再次载入这两份联合国决议，这也是这一理念首次纳入联合国安全决议。

作为为中国人民谋幸福、为人类进步事业而奋斗的政党，中国共产党始终把为人类作出新的更大的贡献作为自己的使命。党的十八大以来，一系列富有中国特色、体现时代精神、引领人类进步发展潮流的新理念、新主张、新倡议、新举措，构建了新时代中国高水平对外开放的新局面，为全面建成小康社会，夺取新时代中国特色社会主义伟大胜利提供了有力支撑，为人类共同事业作出了更大贡献。展望未来，在习近平外交思想指引下，中国共产党一定会以中国智慧、中国力量、中国方案，为世界和平发展作出更加举世瞩目的伟大贡献。

一百年风雨历程，一百年砥砺前行。伟大的中国共产党在 100 年的奋斗中，已经具备了给世界作出更大贡献的基础和条件。源自马克思主义、中华优秀传统文化的基因，在 100 年的时间里，已经在中国共产党的身上展现出了灿烂夺目的世界情怀光芒。当代中国正处于从大国走向强国的关键时期，世界对中国的关注，从未像今天这样广泛、深切、聚焦。中国对世界的影响，从未像今天这样全面、深刻、长远。作为中国一切事业核心领导力量的中国共产党，在维护世界和平、促进全球发展、推动全球治理、贡献中国智慧的宏大历史舞台上，必将以其宏大的全球视野和世界情怀，继续为世界提供越来越得到广泛认同的中国智慧、中国方案、中国经验，继续深刻改变世界发展的趋势和格局，继续为人类进步事业作出更大贡献。

（载《中国经济时报》2021 年 6 月 29 日第 4 版）

中国对外援助彰显先进理念

近年来，伴随经济实力增强和国际影响力提升，中国在全球治理方面扮演着越来越积极的建设者、引领者角色。在对外援助领域，作为世界上最大的发展中国家，中国在南南合作框架下向其他发展中国家提供了力所能及的援助，支持和帮助受援国减少贫困、改善民生，与受援国一道共谋发展。

有些西方国家质疑中国借对外援助来扩大自己的影响、换取不平等利益，这是戴着有色眼镜看中国。实际上，中国在向发展中国家提供援助时，从不像某些发达国家那样视自己为施舍者，而是把自己当成与受援国平等的合作伙伴。中国从不把自己的意志强加于人，不预设政治门槛，而是尊重对方的意愿和诉求，并且积极支持国际社会帮助发展中国家增强自主发展能力、改善民生，缩小南北差距。中国稳步扩大对外援助规模，重点加大对减贫、基础设施建设、生态环境保护等领域的援助力度，体现出对外援助的先进理念。

不干涉他国内政。中国对外援助方式主要包括援建成套项目、提供一般物资、开展技术合作和人力资源开发合作、派遣援外医疗队和志愿者、提供紧急人道主义援助等，不干涉他国内政是中国一向秉持的基本原则。中国把本国人民的利益同各国人民的共同利益结合起来，扩大同各方利益的汇合点，促进地区和世界共同发展。在对外援助中，中国充分考虑受援国的合理关切，与受援国相互尊重、平等相待，从来不做损人利己、以邻为壑的事情。中国重信守诺，在发展问题上设身处地为周边及亚洲发展中国家考虑，也力所能及地帮助世界范围内更多的发展中国家，赢得了广泛赞誉。

积极帮助受援国自主发展经济和改善民生。授人以鱼不如授人以渔。在对外援助中，中国政府强调对外提供援助的目的是帮助受援国逐步走上自力更生、独立发展经济的道路，实现经济社会持续健康发展和民生持续改善。中国重视与其他发展中国家分享自身发展经验，在对外援助中无私地将先进技术和管理秘诀介绍给其他国家。资金短缺是制约发展中国家经济发展的一大瓶颈。为了更好帮助发展中国家发展，中国不仅合理安排无偿援助、无息贷款资金，发挥优惠贷款融资优势，帮助受援国建设有迫切需求的基础设施项目；而且设立丝路基金，发起成立亚洲基础设施投资银行、金砖国家新开发银行，致力于弥补发展中国家经济建设的巨大融资缺口，给发展中国家带来巨大发展机遇。

守望相助、同舟共济、共同发展。当前，各国相互联系、相互依存的程度空前加深，人类生活在同一个地球村里。习近平同志指出："70多亿人共同生活在我们这个星球上，应该守望相助、同舟共济、共同发展。"[①] 为此，他倡议共建人类命运共同体，引领了新时代国际关系的潮流。从世界发展计、从积极推进南南合作计，中国未来将继续扩大对外援助，进一步优化援助结构，突出重点领域，创新援助方式，提高资金使用效率，有效帮助受援国改善民生，增强自主发展能力。随着参与国际发展事务能力的增强，中国也将在力所能及的范围内积极支持多边发展机构的援助工作，以更加开放的姿态开展经验交流、探讨务实合作，为人类发展事业作出更大的贡献。

（董向荣、王灵桂，载《人民日报》2017年8月22日第7版）

---

① 《习近平主席新年贺词（2014—2018）》，人民出版社2018年版，第19页。

遵循新媒体传播规律
提高舆论引导能力

多年来，中国社会科学院新闻与传播研究所积极贯彻落实习近平总书记和党中央要求，面对新媒体的快速发展，不断致力于跟进研究、描述态势、探究规律。该所联合国内众多专家学者编撰的新媒体蓝皮书《中国新媒体发展报告》，就是其中的成果和代表作之一。本次发布的《中国新媒体发展报告（2021）》是其第 12 次发布。12 年来，《中国新媒体发展报告》始终秉持深邃的学术思考、前瞻的趋势洞察、坚定的价值引领，在宏观和微观相结合的基础上，推出了一批优秀研究成果，连续 8 年荣获中国社会科学院优秀皮书一等奖。借《中国新媒体发展报告（2021）》发布之机，笔者就如何遵循新媒体传播规律、提高舆论引导能力，谈几点思考。

党媒的历史作用与新时代对新闻舆论
工作的新要求

2021 年是中国共产党百年华诞。习近平总书记在庆祝中国共产党成立 100 周年大会上，高屋建瓴地指出，一百年前，中国共产党的先驱们创建了中国共产党，形成了坚持真理、坚守理想、践行初心、担当使命、不怕牺牲、英勇斗争、对党忠诚、不负人民的伟大建党精神。[①] 这 32 个字，浓缩百年奋斗，揭示历史真谛。这是一个伟大马克思主义政党的精神史诗，是新时代中国共产党人以史为鉴、开创未来的豪迈誓言。

树高千尺必有根，江流万里总有源。读懂中国共产党，必须读懂中国共产党的精神；读懂中国共产党的精神，必须读懂中国共产党的精神之源；读懂中国共产党的精神之源，作为媒体人，必须了解中国共产党是如何开展舆论引导工作的。恩格斯曾指出：一个知道自己的目的，也知道怎样达到这个目的的政党，一个真正想达到这个目的并且具有达到这个目的的所必不可缺的顽强精神的政党，这样的政党将是不可战胜的。[②] 在党的历史上，媒体舆论工作历来是我们党宣传自己目的、实现自己目的的重要战线，历来是我们党从胜利走向胜利、战无不胜的重要法宝之一。

在我党百年历史上，新闻舆论工作历来是党始终坚持真理、坚守理想的播种机和宣言书，是党始终践行初心、担当使命的丹心汗青，是党始终不怕牺牲、英勇斗争的枪和矛，是凝聚全体党员对党忠诚、不负人民、凝心聚力的纽带和平台。《新青年》推动拉开了"五四运动"的大幕，《湘江评论》揭示了中国革命的未来发展方向，"八一宣言"的电波开启了全民抗战的救亡图存篇章，《红星照耀中国》让世界看到了延安山沟里迸发出的中国希望之光，《新华日报》的洛阳纸贵让国民党也由衷佩服，犀利的"九评"让世界社会主义运动得以实现团结，《实践是检验真理的唯一标准》这篇宏文开启了中国迈向现代化的康庄大道……

新时代，习近平总书记深刻指出，党的新闻舆论工作是党的一项重要工作，是治国理政、安邦定国的大事。[③] 在革命建设改革各个历

---

① 习近平：《在庆祝中国共产党成立 100 周年大会上的讲话》，人民出版社 2021 年版，第 8 页。

② 《马克思恩格斯全集》第 39 卷，人民出版社 1972 年版，第 139 页。

③ 《习近平谈治国理政》第 2 卷，外文出版社 2017 年版，第 331 页。

史时期，新闻舆论战线与党和人民同呼吸共命运，与时代共进步，积极宣传党的主张，深入反映群众呼声，主动开展决策调研，发挥了十分重要的作用。做好党的新闻舆论工作，事关旗帜和道路，事关贯彻落实党的理论和路线方针政策，事关顺利推进党和国家各项事业，事关全党全国各族人民凝聚力和向心力，事关党和国家前途命运。因此，新时代新征程新阶段，积极适应时代变化和舆情变迁，与时俱进地做好新闻舆论工作，是党和国家赋予我们的神圣使命、时代责任和艰巨任务。

习近平总书记对新媒体和新闻舆论工作的指引

当今世界，高新科技给新闻舆论工作插上了腾飞的翅膀，但也对我们传统的思维和工作模式带来了严峻挑战。面对5G、人工智能、大数据、云计算等新一代信息技术的广泛应用，新媒体对人们日常工作、生活的渗透和介入程度不断加深，对经济发展、文化繁荣、社会治理等方面已经并正在产生着重大而深远的影响。党的十八大以来，以习近平同志为核心的党中央高度重视新媒体和新闻舆论工作，多次研究有关问题，作出了许多重要判断、战略决策、重大部署。

一是关于掌握新媒体主动权问题。2013年8月19日，习近平总书记在全国宣传思想工作会议上强调，很多人特别是年轻人基本不看主流媒体，大部分信息都从网上获取。必须正视这个事实，加大力量投入，尽快掌握这个舆论战场上的主动权，不能被边缘化了。2019年1月25日，习近平总书记在中共中央政治局第十二次集体学习时指出，伴随着信息社会不断发展，新兴媒体影响越来越大。我国网民达到8.02亿，其中手机网民占比98.3%。新闻客户端和各类社交媒体成为很多干部群众特别是年轻人的第一信息源，而且每个人都可能成为信息源。有人说，以前是"人找信息"，现在是"信息找人"。

二是创新工作方式问题。2014年2月27日，习近平总书记在中央网络安全和信息化领导小组第一次会议上指出，做好网上舆论工作是一项长期任务，要创新改进网上宣传，运用网络传播规律，弘扬主旋律，激发正能量，大力培育和践行社会主义核心价值观，把握好网上舆论引导的时度效，使网络空间清朗起来。2015年12月25日，习近平总书记在视察解放军报社时指出，要顺应互联网发展大势，勇于创新、勇于变革，利用互联网特点和优势，推进理念、内容、手段、体制机制等全方位创新，努力实现军事媒体创新发展。

三是关于融合发展问题。2014年8月18日，习近平总书记在主持召开中央全面深化改革领导小组第四次会议时指出，推动传统媒体和新兴媒体融合发展，要遵循新闻传播规律和新兴媒体发展规律，强化互联网思维，坚持传统媒体和新兴媒体优势互补、一体发展。2016年2月19日，习近平总书记在党的新闻舆论工作座谈会上强调："随着新媒体快速发展，国际国内、线上线下、虚拟现实、体制外体制内等界限愈益模糊，构成了越来越复杂的大舆论场，更具有自发性、突发性、公开性、多元性、冲突性、匿名性、无界性、难控性等特点，阵地是意识形态工作的基本依托。人在哪里，新闻舆论阵地就应该在哪里。对新媒体，我们不能停留在管控上，必须参与进去、深入进去、运用起来"，[1]"要适应分众化、差异化传播趋势，加快构建舆论引导新格局。要推动融合发展，主动借助新媒体传播优势"。[2]

四是如何正本清源问题。2018年11月2日，习近平总书记在同全国妇联新一届领导班子成员集体谈话时指出，现在，互联网已经成为意识形态斗争的主阵地、主战场、最前沿，我们不占领，别人就会

---

[1]　《习近平关于社会主义文化建设论述摘编》，中央文献出版社2017年版，第45—46页。

[2]　《习近平谈治国理政》第2卷，外文出版社2017年版，第333页。

占据；正能量不占领，负能量就会充斥；大道消息不通畅，小道消息就会乱飞。2021 年 5 月 31 日，习近平总书记在中央政治局第三十次集体学习时指出，要加强国际传播的理论研究，掌握国际传播的规律，构建对外话语体系，提高传播艺术。要采用贴近不同区域、不同国家、不同群体受众的精准传播方式，推进中国故事和中国声音的全球化表达、区域化表达、分众化表达，增强国际传播的亲和力和实效性。

习近平总书记关于新媒体发展的重要论述博大精深、内容丰富、高屋建瓴，为我们哲学社会科学工作者做好新时代的新媒体研究指明了方向，提供了根本遵循和根本指引。

如何更好贯彻落实习近平总书记关于
新媒体和新闻传播的系列重要论述

当前，世界百年未有之大变局与新冠肺炎疫情叠加交织，"中国之治"与"西方之乱"形成鲜明对照。世界发展总的趋向是"东升西降"，这一趋势越来越明显，是谁也改变不了的。但是，我们也要冷静地承认，在现代科技领域，在国际传播领域，"东弱西强"的现状仍然还没有根本改变，中国在实现社会主义现代化国家的奋进道路上还会碰到这样那样的许多障碍，还会遭遇各种各样的挑战。这也将为新闻传播学理论创造、学术繁荣提供强大动力和广阔空间。新闻传播研究学者要抓住这个千载难逢的历史机遇，立时代之潮头、通古今之变化、发思想之先声，积极为党和人民述学立论、建言献策，为发展中国特色社会主义新闻传播学贡献力量。借此机会，笔者就如何更好贯彻落实习近平总书记关于新媒体和新闻传播的系列重要论述，提几点建议，供大家参考。

一是坚持问题导向，深入研究新媒体发展规律方向。网络是一把双刃剑，一张图、一段视频经由全媒体几个小时就能形成爆发式传播，对舆论场造成很大影响。这种影响力，用好了造福国家和人民，用不好就可能带来难以预见的危害。这些年来，在新媒体发展过程中，唯技术论、算法决定论、虚假新闻、隐私泄露、侵犯版权、意识形态纷争、低俗内容泛滥等新问题、新挑战层出不穷，给党和政府提出了应对的新课题。关键在于我们如何认识规律，把握规律，扬优除劣。既探索扬新媒体之优的办法，也探索除新媒体之劣的措施，才能保证新媒体的健康发展。

习近平总书记高度重视对新媒体传播规律的研究和运用工作，在不同场合提出具体要求。2014 年 2 月 27 日，他在主持召开中央网络安全和信息化领导小组第一次会议时指出："做好网上舆论工作是一项长期任务，要创新改进网上宣传，运用网络传播规律，弘扬主旋律，激发正能量，大力培育和践行社会主义核心价值观。"[1] 作为新闻传播学工作者，作为从事媒体研究的"国家队"，我们有责任和义务在准确把握新媒体发展规律的同时，增强前瞻性，出色完成党和国家赋予我们的时代使命。譬如科学预判技术奇点。人类社会正处在一个大发展大变革大调整的时代，科学技术是时代进步的第一推动力。所谓技术奇点，指的是技术发展将会在很短的时间内发生极大的接近于无限的进步，人工智能被认为是引发奇点的关键性技术。要对人工智能应用于媒体业务流程，导致新媒体跨越式发展可能带来的传播变局做好准备。我们既要描绘出可以想象的未来，同时也要以技术发展趋势为依据科学预测可能实现的未来。

二是贯彻总体国家安全观，统筹新媒体发展和安全研究。习近平总书记在多个场合反复强调，网络安全和信息化对一个国家很多领域都是牵一发而动全身的。没有网络安全就没有国家安全，过不了互联

---

[1] 《总体布局统筹各方创新发展　努力把我国建设成为网络强国》，《光明日报》2014 年 2 月 28 日。

网这一关，就过不了长期执政这一关。在促进整个社会文化发展和创新的同时，新媒体也加剧了世界范围内各种思想文化交流交融交锋，一些西方发达国家加紧向全世界推销其意识形态、社会制度和发展模式，利用互联网策动形形色色的"颜色革命"。西方反华势力一直妄图利用互联网"扳倒中国"，多年前有西方政要就声称"有了互联网，对付中国就有了办法"，"社会主义国家投入西方怀抱，将从互联网开始"。从美国的"棱镜计划"等监控计划看，他们的互联网活动能量和规模远远超出世人想象。

在互联网这个战场上，我们能否顶得住、打得赢，直接关系我国意识形态安全和政权安全。维护网络安全，必须要知道风险在哪里，是什么样的风险，什么时候发生风险，正所谓"聪者听于无声，明者见于未形"。感知网络安全态势是最基本最基础的工作。这也是我们新闻传播学工作者特别是新媒体研究工作者能够也应该作出贡献的地方。

三是坚持守正创新，用主流价值导向驾驭"算法"。准确、权威的信息不及时传播，虚假、歪曲的信息就会搞乱人心；积极、正确的思想舆论不发展壮大，消极、错误的言论观点就会肆虐泛滥。新技术的快速迭代使信息传播格局发生了颠覆性的变革，新媒体应用的人性化、个性化等特点日益凸显。

习近平总书记在主持十九届中央政治局第十二次集体学习时指出："从全球范围看，媒体智能化进入快速发展阶段。我们要增强紧迫感和使命感，推动关键核心技术自主创新不断实现突破，探索将人工智能运用在新闻采集、生产、分发、接收、反馈中，用主流价值导向驾驭'算法'，全面提高舆论引导能力。"[1] 坦率地讲，技术本身虽然并没有善恶之分，但谁使用它、怎么使用它必定有"为善""为恶"的价值取向。如何用主流价值导向驾驭"算法"也是摆在新闻

---

[1] 《习近平谈治国理政》第 3 卷，外文出版社 2020 年版，第 318 页。

传播学研究者面前的一道亟须解决的时代课题，需要下大力气去研究攻关。

四是把握时代脉搏，推动基础研究和应用对策研究融合发展。新闻传播学特别是新媒体研究，具有很强的应用属性。新闻传播学工作者要积极通过智库平台为党中央决策建言献策。建设中国特色新型智库是以习近平同志为核心的党中央立足党和国家事业全局作出的一项重要部署，是全面深化改革的重要举措，对于推动科学决策、民主决策，推进国家治理体系和治理能力现代化，提升国家软实力具有重要战略意义。同时，新闻传播学研究者也要在构建学科体系、学术体系、话语体系上下大功夫，扎实推进基础研究进一步打破"新闻无学"的刻板印象。总之，我们既要重视基础研究也要重视应用研究。只有坚持基础理论研究与应用对策研究融合发展、相辅相成、相得益彰，才能够既出高水平的、能够推动文明进步的基础理论成果，又出高质量的、能够推动社会发展的战略性智库成果。

（载《传媒》2021 年第 14 期）

在"新形势下学术出版助力国际传播座谈会"上的讲话

2021 年 9 月 14 日，在第 28 届北京国际书展开幕之际，由中国社会科学出版社主办的"新形势下学术出版助力国际传播座谈会"在京举行。中国社会科学院副院长、党组成员王灵桂，中国社会科学院原副院长蔡昉、李培林等出席会议，并获颁中国社会科学出版社"走出去"卓越贡献奖。

王灵桂从概念入手讲解了"后真相"的产生机制与负面影响，进而阐述了"讲好中国故事，传播好中国声音"的重要性。他指出，中国共产党成立 100 年来，带领全党全国各族人民艰苦奋斗，创造了经济发展、社会稳定、国家治理体系和治理能力现代化等奇迹，这些奇迹得到了世界舆论的广泛赞誉。然而，令人遗憾的是，在世界百年未有之大变局、疫情大流行、中美博弈的背景下，中国奇迹正在被"后真相"。事实上，中国的发展离不开世界，世界的明天也离不开中国，在共生共存共发展的地球村，守望相助、合作共赢才是正道，试图以"脱钩""断链""关门"等搞"后真相"是注定行不通的。面对"后真相"，中国始终有底气有信心正本清源。中国人民能用双手创造感天动地的业绩，也一定能用手中的笔向世界讲述真实立体全面的中国故事。

王灵桂指出，长期以来，中国社会科学院致力于与世界主要国家和地区开展人文社会科学的交流，在推动人文社会科学合作交流方面发挥了重要作用。其中，中国社会科学出版社积极开展海外传播与推广工作，已和一批国际知名出版机构建立了长期、稳定联系。希望中国社会科学出版社不忘初心、牢记使命，坚守学术出版理念、拓展国际交流渠道、以学术出版讲好中国故事和世界故事，让世界和中国更多、更好地彼此读懂、相互理解、交流合作，共同为构建人类命运共同体作出应有的贡献。

（载中国社会科学出版社官网 2021 年 9 月 17 日）

自信坚定包容的习近平外交思想

2017 年 7 月 26 日，习近平总书记在省部级主要领导干部专题研讨班开班式的重要讲话中指出，"党的十八大以来的五年，是党和国家发展进程中很不平凡的五年。五年来，党中央科学把握当今世界和当代中国的发展大势，顺应实践要求和人民愿望，推出一系列重大战略举措，出台一系列重大方针政策，推进一系列重大工作，解决了许多长期想解决而没有解决的难题，办成了许多过去想办而没有办成的大事"，"我们坚定不移推进中国特色大国外交，营造了我国发展的和平国际环境和良好周边环境"，中国特色社会主义不断取得的重大成就，"意味着中国特色社会主义拓展了发展中国家走向现代化的途径，为解决人类问题贡献了中国智慧、提供了中国方案"。这些并没有完全展开的重要论述，十分精练地概括了党的十八大以来所取得的成就。以习近平同志为核心的党中央站在新的历史起点上，高瞻忧思人类前途命运、洞察把握中国和世界发展大势，以恢宏的格局、宏大的气魄、精妙的手笔，引领中国不断走近世界政治经济舞台中央，不断谱写出具有中国特色的、自信坚定的大国外交辉煌诗篇，也为广大发展中国家的发展提供了可资借鉴之道。

习近平外交思想中精准定位的中国外交使命和时代方位，引起发展中国家强烈的思想共鸣。在 21 世纪的第二个十年，全球政治经济格局趋向大发展、大变革、大调整的特点日益明显，国际形势进入了近数百年以来前所未有的剧烈变化时期。中华人民共和国成立以来，中国人民实现了"站起来""富起来"的梦想，开始进入实现"强起来"的伟大历史阶段。以习近平同志为核心的党中央继承创新新中国成立以来的外交战略思想，以"两个100年奋斗目标""三个前所未有""四个全面"为基准坐标，形成了具有中国特色、中国风格、中国气派的中国特色大国外交思想：高举和平发展合作共赢旗帜，统筹国内国际两个大局，统筹发展安全两件大事，牢牢把握坚持和平发展和促进民族复兴这条主线，维护国家主权安全发展利益，为和平发展营造更加有利的国际环境，维护和延长我国发展的重要战略机遇期。通过这种历史定位，习近平总书记高瞻远瞩地明确了新时期中国外交的时代使命、战略目标、基本原则、关键环节、重点领域和主要任务。习近平总书记对中国外交的历史定位，引起与中国有着相同经历和感受的发展中国家强烈的思想共鸣，为其谋求自身发展提供了鲜明的启示和借鉴。

中国特色社会主义具有悠久的历史文明传承。从历史渊源来看，它源于中华民族5000年文明史形成的大同思想；从其与人类文明成果的渊源看，可追溯到500年前托马斯·莫尔《乌托邦》的空想社会主义思想；从其形成和发展的历程看，它始于毛泽东同志，形成于邓小平同志，坚持和发展于他们的后继者。特别值得强调的是，中国特色社会主义诞生并成形于世界上最大的发展中国家，这种特质对发展中国家来说，既易"消化"，也易"吸收"，很容易引起发展中国家的思维共振、思想共鸣。党的十八大以来，习近平总书记从世界文明视野、社会主义历史和中华民族复兴的多维角度，论述了中国特色社会主义的形成、发展和创新，创造性地提出了"四个全面"战略布局和"五大发展理念"的新思想，创造性地确定了经济新常态新阶段和以供给侧结构性改革为抓手的全面深化改革新思路，创造性地形成了社会主义国家治理理论。这些新理念新思想新战略因其传承、渊源和发展创新，不仅成为中国人民实现中华民族伟大复兴中国梦的锐利思想武器和强大精神动力，更因其历史逻辑和理论逻辑的高度统

一、世界情结和中国情怀的完美结合、立足国情和放眼全球的宏大视野等优秀理论品质和实践价值，引起了广大发展中国家的深深思考，中国特色社会主义给出的中国智慧、中国方案，已经成为它们实现自己现代化梦想的重要选项和有效途径。2017 年 1 月 1 日，中国正式接任金砖国家主席国，开启了金砖国家的"中国年"。2017 年 9 月 3 日，在主题为"深化金砖伙伴关系，开辟更加光明未来"的厦门金砖国家峰会期间，举行了题为"深化互利合作，促进共同发展"的新兴市场国家与发展中国家对话会。在过去的十年里，中国和其他四个金砖国家一起，高瞻远瞩，倡导伙伴关系，为金砖合作留下诸多中国印记，成为金砖机制的中流砥柱。未来，面对共同建设开放世界、共同应对全球性挑战、共同维护公平正义、共同深化伙伴关系的艰巨使命，面对更加严峻复杂的国际和外部环境，中国倡导的坚持和平发展，不把自身意志强加于人，秉持互尊互信、合作共赢等主张，得到了金砖成员国和其他广大发展中国家的共鸣，成为被它们广泛认可的中国贡献、金砖智慧。仅仅从金砖合作这个例子，广大发展中国家就看到了一个开放包容合作、践行和平发展共赢理念、勇于承担责任的发展中大国形象。巴西总统米歇尔·特梅尔在 2017 年 8 月 31 日访华前夕表示："中国一直是第一流的伙伴。金砖国家合作的重要性前所未有，不仅为各国民众带来发展机遇，而且能推动全球治理等核心问题的解决与完善。"

习近平外交思想构成的中国特色大国外交理论体系的完整框架和内容，成为发展中国家谋求发展的榜样和力量。党的十八大以来，以习近平同志为核心的党中央，深刻把握的国外两个大局，以高度的全球视野、进取意识和创新精神，持续面世新理念，不断推出新举措，在丰富多彩的外交实践中，形成了中国特色大国外交的理论体系与综合布局。通过升华和平共处五项原则核心精神，形成了包括坚持主权平等、共同安全、共同发展、合作共赢、包容互鉴、公平正义内容的"六个坚持"；通过在国际上将合作共赢拓展到政治、经济、安全、文化等各个领域，构建了以合作共赢为核心的新型国际关系模式；通过倡导建立平等相待、互商互谅的伙伴关系，营造公道正义、共建共享的安全格局；谋求开放创新、包容互惠的发展前景，促进和而不同、兼收并蓄的文明交流；构筑尊崇自然、绿色发展的生态体系，明确了实现"人类命运共同体"的基本路径。力主各国共同走出一条公平、开放、全面、创新的发展之路，致力于与世界各国共同构建合作共赢的全球伙伴关系，首倡了国际关系领域的新型发展观与合作观。通过共同践行共商共建共享的全球治理观，不断推动全球治理体制向更加公正合理的方向发展。通过对话与协商促进并实现持久安全，积极倡导共同、综合、合作、可持续的安全观，首倡了践行发展与安全并重的国际合作与安全新理念。中国特色大国外交理论体系摒弃了结盟对抗、零和博弈的国际政治陈旧思维，在鲜明的中国特色中彰显出其重大的世界意义和全球价值，成为发展中国家的榜样，为它们未来的发展缔造了新的希望。

这种希望来源于中国特色社会主义在实践中形成的强大吸引力和感召力，让长期以来在迷茫中艰难探索发展之路的广大发展中国家看到了出路。埃塞俄比亚总统穆拉图曾多次指出："埃塞俄比亚在与中国的合作中获益良多，中国始终值得埃塞俄比亚信赖，是我们可以依靠的朋友。"如，中国的经济奇迹证明中国特色社会主义能真正解决发展问题。纵观世界近代史，仅有 13 个经济体成功地在 25 年以上的时间中保持年均 7% 以上的增长，而中国是唯一在近 40 年时间内保持经济持续高位增长的人口大国。自 1978 年以来，中国一直保持着年均 9.8% 的经济增长速度，国内生产总值（GDP）从 1978 年的 3650 亿美元增长到了 2015 年的约 11 万亿美元，人均 GDP 也达到了 8500 美元。2010 年，中国超过日本成为世界第二大经济体。再如，中国的减贫成绩证明只有中国特色社会主义才能解决贫苦顽疾。贫困是一个永恒的全球话题，目前世界上有数亿人处于极端贫困状态，且主要集中在发展中国家。中国曾是世界上最贫穷的国家之一，但在最近的 40 年里，中国几乎成功地消灭了极度贫困，贫困率也自 1981 年的 88% 降至 2%，中国对全球减贫的贡献率超过 70%。2017 年 5 月 11 日，联合国世界粮食计划署在京召开了南南合作需求分析国际研讨会，与会官员和专家听取了发展中国家的具体要求，并有针对性地分享中国在技术领域、政府模式、专业知识方面积累的成功经验。2017 年 6 月 13 日，在联合国人权理事会第 35 次会议上，中国代表 140 多个国家，发表了题为"共同努力消除贫困，促进和保护人权"的联合声明，在人类与贫困斗争的漫长历史中，树立了中国特色社会主义在世界减贫史上的丰碑。也正是因为如此，2017 年 9 月 12 日，联合国世界粮食计划署驻华代表屈四喜对媒体表示，在扶贫问题上"中国经验为其他发展中国家提供了很好的范例"。2017 年 9 月 16 日，埃及企业家协会经济合作与发展委员会主席哈马德·穆尼尔来华参加中阿国家博览会时对媒体深情地说："埃中两国发展战略的高度契合成为打开合作之门的钥匙，埃及的发展需要像中国这样的可靠伙伴。"

党的十八大以来，以习近平同志为核心的党中央以成为"世界和平建设者、全球发展贡献者、国际秩序维护者"为出发点，率先垂范践行中国特色大国外交理念，为发展中国家谋求发展独辟蹊径。针对饱受国际金融危机之苦的世界经济，习近平分别在杭州和汉堡的 G20 峰会上，就加强国际经济合作、全球经济治理提出了"中国方案"；针对"逆全球化"和保护主义思潮，习近平主席在达沃斯世界经济论坛 2017 年年会上积极倡导经济全球化向开放、包容、普惠、平衡、共赢的方向发展；中国政府积极参与国际人道主义救援活动、联合国维和行动，认真履行索马里护航、尼泊尔地震救援等国际责任和义务；联合志同道合者设立了亚洲基础设施投资银行和金砖国家新开发银行，开创了发展中国家组建多边金融机构的先河；通过坚决履行应对全球气候变化的《巴黎协定》、努力推动构建和平安全开放合作的网络空间等，向世界展示中国负责任、重承诺的大国胸怀和责任担当；习近平主席通过庄园会晤、瀛台夜话、白宫秋叙、海湖庄园会晤、汉堡会见等，不断巩固中美相互尊重的基础，共同推进合作共赢目标；在厦门金砖国家峰会前夕，俄罗斯总统普京专门在《人民日报》上发表署名文章，盛赞中俄友谊和中俄合作，说明中俄全面战略协作伙伴关系更加坚实、成熟、稳定；中国政府携手打造金砖国家新的"金色十年"，"金砖＋"得到了其他发展中大国及地区大国的热烈欢迎；"亲、诚、惠、容"的周边外交理念和树立正确的义利观，使我国同周边国家关系总体朝着更加积极的方向发展，与发展中国家的关系也得到不断深化和发展；深入参与和引导多边外交进程，走出一条"对话而不对抗，结伴而不结盟"的新路，多边外交朋友圈不断扩大，目前中国已同100多个国家和国际组织建立了不同形式的伙伴关系，中国的朋友遍天下。

这种定力和信心为发展中国家开辟出了一条不同于西方模式的、独创的走向现代化之路。如，在发展理念上，中国特色社会主义既注重解放和发展社会生产力，又注重逐步实现全体人民的共同富裕、促进人的全面发展；在强调社会整体利益的基础上，注重维护和保障每个社会成员的合法权益和发展需求，从根本上避免了个人利益与社会整体利益的对立。这种理念与西方资本主义模式有着本质的区别。资本主义强调自由个人主义，即人的个性、自由和权利；强调以资本为本位，把个人主义与资本、私有制、市场经济相结合。这些特点在人类社会发展的一定阶段有其合理性和必然性，但是它所造成的深刻社会矛盾、政治弊端和经济危机，又是其自身制度无法解决和克服的。习近平总书记强调以人民为中心、以人民对美好生活的向往为目标的思想，既是中国特色社会主义的理念基础，也是针对西方理念开出的"中国药方"。这种根植于中华文明、世界文明的先进理念，既不是固有的，也不是西化的，而是中国独创的。作为世界上最大的发展中国家，中国独创的发展理论，其价值自然对广大发展中国家树立发展信心大有裨益。又如，在发展动力问题上，在中国特色社会主义的探索和形成过程中，中国最大的贡献莫过于回答了发展中国家苦苦寻觅的发展动力问题。党的十一届三中全会后，中国共产党提出了社会主义社会的基本矛盾仍然是生产力和生产关系、经济基础和上层建筑的矛盾，提出了这两对矛盾是非对抗性矛盾的结论，并且作出了在社会主义制度下，通过改革开放可以也一定能够解决这些矛盾的发展结论。近 40 年的历程用无数事实证明：只有坚持改革，才能解放和发展生产力，才能释放社会发展活力，才能克服体制机制的弊端，才能把社会主义基本原则与市场经济结合起来，使社会主义制度更加成熟和更加定型；只有坚持开放，才能学习和借鉴人类创造的一切文明成果，才能融入世界经济体系之中，为实现现代化创造良好的国际环境、提供不竭的内在动力。中国特色社会主义改革开放作为发展的根本途径和强大动力，为发展中国家指明了发展方向。柬埔寨首相洪森曾就此评论说，"中国帮助柬埔寨巩固了政治独立"。再如，在政党治理方面，执政党能不能管住自己的政党，事关国家未来和人民福祉；不同政党之间能不能在解决发展问题和人民对美好生活追求问题上统一政见、统一行动，把国家和人民的利益放在党派利益之上，是能否确保国家长治久安的根本问题。中国共产党在党建方面的探索和经验，尤其是党的十八大以来全面从严治党的实践和成效，是一些发展中国家解决政党党纪松弛、人心涣散、相互攻讦、丑闻频现、政见和行动难以统一的难得借鉴。中国共产党无可替代的领导力、凝聚力、动员力、执行力、公信力，为世界所公认，为发展中国家所赞赏。近年来，中国共产党和发展中国家政党之间的交流日益频繁、深入，中共的治党理念成为许多发展中国家治党的理念。在国家治理方面，西方国家治理模式带来的种族鸿沟、社会阶层鸿沟以及社会矛盾和社会难题，不但造成了政府治理效率低下问题，而且使社会各阶层难以达成共识。在国家治理逆循环情况下，国家治理难题解决无望，且问题越难解决，政府内部和政党内部之间的指责与争论就越加激烈，其结果只能使执政者一筹莫展，发展问题更无从谈起了。党的十八大以来，以习近平同志为核心的党中央坚持以人民为中心的发展思想，统筹推进"五位一体"总体布局，协调推进"四个全面"战略布局，牢牢抓住适应把握引领经济发展新常态这个主脉，坚定不移地推进供给侧结构性改革，全面做好稳增长、促改革、调结构、惠民生、防风险等各项工作，全面带动中国特色社会主义各项事业稳步走向质的飞跃新阶段。中国之治与西方之乱恰成鲜明对比，进一步彰显出中国制度的优越性。中国特色社会主义的国家治理理念和举措，走出了逆循环，也跳出了指责与争论的循环，形成了一心一意谋发展、全力以赴为人民的良好局面。这种局面带来的中国经济奇迹，为解决全球经济低迷的贡献率超过50%，保证了发展中国家谋求发展的基本外部环境。

习近平外交思想以和平思维和底线思维实践和丰富着中国特色大国外交思想的精髓，是发展中国家谋求发展的信心之源。党的十八大以来，以习近平同志为核心的党中央积极倡导通过对话协商和平解决争端，走出了一条各国共建共享共赢的安全之路；中国积极致力于维护地区稳定与安全，通过亚信峰会、上海合作组织和东亚合作框架等机制，促进地区国家安全防务交流合作；积极参与国际反恐合作，致力于热点问题的和平解决，以负责任的大国形象促进国际和区域的共同安全、合作安全、综合安全和可持续安全。同时，中国政府在对外工作中又始终秉持"底线思维"，既不惹事，也不怕事。习近平总书记曾专门强调："任何外国不要指望我们会拿自己的核心利益做交易，不要指望我们会吞下损害我国主权、安全、发展利益的苦果。"因此，在钓鱼岛问题上，中国充分展示了捍卫国家领土主权的决心和意志；在南海问题上，中国以"废纸一张"的鲜明态度，粉碎了"南海仲裁案"闹剧，并推动各当事方重新回到对话谈判解决争议的正确轨道上来；在洞朗对峙过程中，中国政府始终秉持有理有据有节的原则，开创了和平解决争端的新思路。

当前，全球治理面临着"逆全球化"干扰、全球气候治理美国悔约、冷战思维亡魂不散等严重威胁。党的十八大以来，以习近平同志为核心的党中央冷静观察，科学研判，把握大势，主动作为，为处于"十字路口"的全球治理提供了合理可行的中国方案。坚持对话协商、共建共享、合作共赢、交流互鉴、绿色低碳，以建设一个持久和平、普遍安全、共同繁荣、开放包容、清洁美丽的世界。"维护世界和平的决心不会改变，促进共同发展的决心不会改变，打造伙伴关系的决心不会改变，支持多边主义的决心不会改变"的中国方案，为陷入窘境的全球治理指明了前进方向。一些发展中国家领导人由衷地表示，因为中国的努力和引领，发展中国家之间的联系从来没有像今天这样紧密，发展中国家人民对美好生活的向往从来没有像今天这样强烈，发展中国家联手战胜困难的信心从来没有像今天这样坚定。埃及总统塞西在来华出席厦门金砖国家峰会时，曾就中国在全球经济治理中的地位和作用评论说："全球经济治理体系不应局限于发达国家，要兼顾不同国家不同社会发展程度、文化特色及发展道路。"

作为习近平外交思想中重要内容的"一带一路"倡议，以其丰硕成果为发展中国家谋求发展提供了巨大动能。习近平外交思想之所以在世界范围内形成重大影响，对发展中国家产生强烈引领和指引作用，"一带一路"倡议功不可没。哈萨克斯坦总统纳扎尔巴耶夫在2017年5月来华出席"一带一路"国际合作高峰论坛期间表示："习近平主席的主旨演讲很好地回答了当今国际社会面临的许多重大问题。"2013年9月7日，习近平主席在哈萨克斯坦纳扎尔巴耶夫大学首倡共建"丝绸之路经济带"，同年11月3日在印度尼西亚国会演讲时又首倡共建"21世纪海上丝绸之路"，形成了完整的"一带一路"倡议。"一带一路"倡议既是中国深度融入世界的需要，也是实现与包括广大发展中国家在内的世界各国联动发展的需要。它顺应了国际经济发展的内在规律，代表着全球经济合作的新趋势，获得了广泛的国际共识。四年来，"一带一路"建设从无到有、由点及面，取得长足进展，在顶层设计、政策沟通、设施联通、贸易畅通、资金融通、民心相通、全国布局等各方面都取得了丰硕成果，已形成了各国共商共建共享的合作局面。如，有效协调了各方发展战略和政策，同 56 个国家和区域合作组织发表了对接"一带一路"倡议的联合声明，签订了相关谅解备忘录或协议，促进了贸易便利化及多双边合作体制机制的建立。又如，通过推动共商共建共享，不断推进务实合作，落实各项规划与项目，三大战略方向亮点多多，六大经济走廊进展顺利，有力促进了海陆交通的紧密联通。再如，互联互通开创了新局面，中国与沿线国家和地区在基础设施技术标准体系对接、基础设施网络联通、能源基础设施联通和畅通信息丝绸之路等领域的合作不断加强，共同建设连接亚洲各次区域以及亚欧非之间的基础设施网络；2015 年 12 月 25 日成立的亚洲基础设施投资银行，于 2016 年 6 月 25 日批准了首批四个项目总计 5.09 亿美元的贷款，涉及孟加拉国、印度尼西亚、巴基斯坦和塔吉克斯坦等国的能源、交通和城市发展等领域；中国积极传承和弘扬丝绸之路友好合作精神，同"一带一路"沿线国家和地区广泛开展文教合作、旅游合作、卫生医疗合作、科技合作、青年合作、党政合作和民间合作，为未来的合作奠定坚实的民意基础。目前，"一带一路"倡议得到了 100 多个国家和国际组织的积极支持和参与，联合国及其多个机构也纷纷将"一带一路"倡议纳入多份重要决议之中，成为指导世界各国行为的准则。2017 年 5 月 14 日，"一带一路"国际合作高峰论坛在北京成功举行，这说明"一带一路"倡议既是中国深度融入世界的需要，也是世界各国实现联动发展的需要。它顺应了国际经济发展的内在规律，代表着全球经济合作的新趋势，获得了广泛国际共识。中国携手"一带一路"各参与方，打造绿色丝绸之路、健康丝绸之路、智力丝绸之路、和平丝绸之路，为参与国家和地区注入了新的增长动力、开辟出共同发展的巨大空间，其蕴含的包容与共享等人类命运共同体理念，既不断昭示出其巨大的生命力和感召力，也使其成为开放包容的国际合作平台和顺应各国发展愿望的全球公共产品。

　　总之，当前和今后一个时期，在习近平外交思想指引下，中国特色大国外交一定会以更加宽广的国际视野、更加主动的有为意识、更加淡定的战略定力、更加周密的谋篇布局、更加务实的政策措施，将中国特色大国外交思想深入落实到政治、经济、安全、文化等诸多领域，为中华民族伟大复兴保驾护航，为全球经济社会发展再添新动力，为人类文明进步再铸新里程碑，同时也将更加清晰地为广大发展中国家的未来发展蹚出一条更加有效的发展之路。

　　本书是"国际战略智库观察项目"2017年度的第九份报告。"国际战略智库观察项目"是中国社会科学院国家全球战略智库的重点课题之一。长期以来，我们本着"立足国内、以外鉴内"的原则，密切跟踪和关注境外战略智库对中国发展的各种评述，对客观者我们认真研究吸纳，对故意抹黑和造谣者我们一笑了之地摒弃。这不失为一种接地气的研究路径和方式，汇总其科学成果适时发布，也不失为我们服务国内同人研究工作的一种探索和尝试。这也是我们系列专题报告的初衷和目标，敬请各位前辈和同人批评指正。

　　信笔至此，是为序。

　　（本文系王灵桂主编《中国：拓展发展中国家的现代化路径——国外战略智库纵论中国的前进步伐（之九）》前言，社会科学文献出版社2018年1月版）

文明交流篇

树立新时代全球文明观

党的十八大以来，习近平总书记以宽广博大的胸怀和高瞻远瞩的眼光，提出了"人类命运共同体"理念，高屋建瓴地阐述了新时代中国的亚洲观、全球观、发展观、文明观。习近平主席在联合国教科文组织总部发表演讲时指出："文明因交流而多彩，文明因互鉴而丰富。文明交流互鉴，是推动人类文明进步和世界和平发展的重要动力。"[①] 习近平总书记运用历史唯物主义和辩证唯物主义的世界观与方法论，对人类文明的本质特征与发展趋势进行深刻揭示和科学研判，反映了中国共产党和中国人民对人类文明发展历史、现状与未来的深刻思考，集中展现了中华文明的思想智慧和新时代中国特色社会主义所秉持的文明观。

平等包容是中华文明观的本质

习近平总书记指出，"多样性是世界的基本特征，也是人类文明的魅力所在"，[②] "文明因多样而交流，因交流而互鉴，因互鉴而发

---

① 《习近平谈治国理政》第一卷，外文出版社 2018 年版，第 258 页。
② 习近平：《同舟共济克时艰，命运与共创未来——在博鳌亚洲论坛 2021 年会开幕式上的视频主旨演讲》，人民出版社 2021 年版，第 5 页。

展"。① "物之不齐，物之情也。" 文明多样性是人类社会的基本特征。阳光有七种颜色，世界也是多彩的。人类在漫长的历史长河中创造和发展了多姿多彩的文明，构成了波澜壮阔的文明图谱，书写了激荡人心的文明华章。正是因为文明是多彩多样的，才会有交流互鉴的价值。当今世界有 70 多亿人口，200 多个国家和地区，2500 多个民族，5000 多种语言。不同民族、不同文明多姿多彩、各有千秋，没有优劣之分，只有特色之别。和而不同，是一切事物发生发展的规律。世界万物万事总是千差万别、异彩纷呈的，如果万物万事都清一色了，世界将会变得无比单调，事物的发展、世界的进步也就停止了。人类历史告诉我们，企图建立单一文明的一统天下，只是一种不切实际的幻想。丰富多彩的人类文明都有自己存在的价值。各国要理性处理本国文明与其他文明的差异，认识到每一个国家和民族的文明都是独特的，坚持求同存异、取长补短，不攻击、不贬损其他文明。历史证明，用强制手段解决文明差异的任何做法，不但不会成功，反而会带来灾难。

文明平等是文明交流的前提。各种人类文明在价值上是平等的，都各有千秋。世界上不存在十全十美的文明，也不存在一无是处的文明。文明因平等交流而变得丰富多彩，正所谓"五色交辉，相得益彰；八音合奏，终和且平"。不同国家、民族的思想文化各有千秋，只有姹紫嫣红之别，而无高低优劣之分。每个国家、每个民族不分强弱、不分大小，其思想文化都应该得到承认和尊重。多种文明和谐相处的基本前提是要了解各种文明的真谛。要了解各种文明的真谛，必须秉持平等对话。没有对话的全球化进程会增大霸权主义、单边主义的可能性；没有对话的多元性可能会造成误解、形成排他、产生冲突。文明交流互鉴不应该以独尊某一种文明或者贬损某一种文明为前提。如果居高临下对待一种文明，不仅不能参透这种文明的奥妙，而

---

① 《习近平谈治国理政》第三卷，外文出版社 2020 年版，第 468 页。

且会与之格格不入。历史和现实都表明，傲慢和偏见是文明交流互鉴的最大障碍。各国各民族都应该虚心学习、积极借鉴其他国家、民族思想文化的长处和精华，这是增强本国本民族思想文化自尊自信的重要条件。

文明之间应相互包容。海纳百川，有容乃大。人类创造的各种文明都是劳动和智慧的结晶。每一种文明都是独特的。一切文明成果都值得尊重，一切文明成果都要珍惜。要了解各种文明的真谛，必须秉持平等、谦虚的态度。在文明问题上，生搬硬套、削足适履不仅是不可能的，而且是十分有害的。2019 年 5 月 15 日，习近平主席在亚洲文明对话大会开幕式上的主旨演讲中指出，只有"坚持相互尊重、平等相待"；"坚持美人之美、美美与共"；"坚持开放包容、互学互鉴"；"坚持与时俱进、创新发展"，才能"夯实共建亚洲命运共同体、人类命运共同体的人文基础"。他强调，"中华文明是在同其他文明不断交流互鉴中形成的开放体系"，所以"未来之中国，必将以更加开放的姿态拥抱世界、以更有活力的文明成就贡献世界"。[①] 文明因交流而多彩，文明因互鉴而丰富。文明交流互鉴，是推动人类文明进步和世界和平发展的重要动力。任何一种文明，不管它产生于哪个国家、哪个民族的社会土壤之中，都是流动的、开放的。我们都应该采取学习借鉴的态度，都应该积极吸纳其中的有益成分，使人类创造的一切文明中的优秀文化与当代文化相适应、与现代社会相协调，把跨越时空、超越国度、富有永恒魅力、具有当代价值的优秀文化精神弘扬起来。

---

① 《习近平谈治国理政》第三卷，外文出版社 2020 年版，第 468—471 页。

新时代全球文明观的发展方向

文明如同空气、水一样，是人类生存和发展不可或缺的条件。人们不愿意生活在被污染的环境里，同样也难以忍受文明遭受污染。从这个意义上讲，全球文明观的未来发展方向，与生态保护的理念是一致的，容不得任何玷污和破坏。

其一，新时代全球文明观应最大限度地促进人类社会的物质文明进步。追求共同繁荣是全球民众的普遍期待。新时代，全球进步不能再是零和的，一个大陆或一种文明的崛起，不必以牺牲另一个大陆或另一种文明为代价。我们倡导的人类命运共同体和合作共建"一带一路"高质量发展，其人文基础就是正确的全球文明观，其目标是实现合作方的共商共建共享，实现人类社会的合作红利。也正因为如此，"一带一路"倡议被写入多个联合国文件，并作为全球治理的有效平台，受到国际社会特别是广大发展中国家的广泛赞誉，创造了长期合作共赢的氛围和空间。

其二，新时代全球文明观应能最大限度地推动人类精神文明的提升。文化和文明促进了人类社会的发展进步，推动了经济和其他领域的发展。没有文化和文明，我们就看不到自己的力量。真正的文明之间不会产生冲突，真正的文明之间有时仅仅是缺少彼此沟通或沟通渠道被截断了而已。当下我们的任务是恢复和重建沟通渠道，最大限度地推动人类精神文明的提升。而文明对话，则是完成这些任务的唯一正确道路。

其三，新时代全球文明观应能最大限度地促进人类社会的和谐建设。当今世界面临多重威胁，最迫在眉睫的威胁就是对其他文化和人民的偏见与无知。在当前贸易保护主义盛行、地缘政治紧张，尤其是

"文明冲突论"有所抬头的背景下，坚持不同文明之间相互包容、交流互鉴，有很强的现实意义。唯有如此，才能推动人类社会的和谐和平。

其四，新时代全球文明观应能最大限度地促进新型国际关系发展。当前，全球面临疫情、气候变化、地区冲突等一系列挑战，必须依靠合作解决。目前，世界变化很快，科学技术也在快速演变。这就需要我们具有处理非常态问题的能力，以应对由于变化而产生的诸多不确定性。这就要求各方必须更充分、更积极地参与进来。要做到这些，就必须在互相尊重对方观点、尊重对方特定历史背景的前提下进行对话。采取"我是最好的""我要优于其他人"或是"我有解决一切问题的方法"的态度，在当今社会是行不通的。因此，新时代全球文明观应能最大限度地推动人类社会走向新未来，未来的世界秩序应该建立在不同文明包容和谐的基础之上。

讲好中国的全球故事

在历史的长河中，中华民族创造了光辉灿烂的中华文明，形成了兼容并蓄、平等包容的胸怀格局，积累了丰富深厚的文化底蕴，谱写了许多千古流传的中外文明交往佳话。2021 年 5 月 31 日，习近平总书记在主持中共中央政治局第三十次集体学习时强调："讲好中国故事，传播好中国声音，展示真实、立体、全面的中国，是加强我国国际传播能力建设的重要任务"，[①] 要向国际社会展示可信、可爱、可敬的中国。贯彻习近平总书记重要讲话精神，就是要下大力气拓宽文化交流与合作通道，讲好中国的全球故事。

_____

① 《加强和改进国际传播工作　展示真实立体全面的中国》，《光明日报》2021 年 6 月 2 日。

一是牢固树立文化自信。展开历史长卷，从赵武灵王胡服骑射，到北魏孝文帝汉化改革；从"洛阳家家学胡乐"到"万里羌人尽汉歌"；从边疆民族习用"上衣下裳""雅歌儒服"，到中原盛行"上衣下裤"、胡衣胡帽，以及今天随处可见的舞狮、胡琴、旗袍等，展现了各民族文化的互鉴融通。各族文化交相辉映，中华文化历久弥新，这是今天我们强大文化自信的根源。2019 年 8 月 19 日，习近平总书记在敦煌研究院发表重要讲话，指出"敦煌文化延续近两千年，是世界现存规模最大、延续时间最长、内容最丰富、保存最完整的艺术宝库，是世界文明长河中的一颗璀璨明珠，也是研究我国古代各民族政治、经济、军事、文化、艺术的珍贵史料"，加强敦煌学研究，"既要深入挖掘敦煌文化和历史遗存背后蕴含的哲学思想、人文精神、价值理念、道德规范等，推动中华优秀传统文化创造性转化、创新性发展，更要揭示蕴含其中的中华民族的文化精神、文化胸怀和文化自信，为新时代坚持和发展中国特色社会主义提供精神支撑"。① 2020 年 9 月 8 日，习近平总书记在全国抗击新冠肺炎疫情表彰大会上的讲话中指出，"文化自信是一个国家、一个民族发展中最基本、最深沉、最持久的力量。向上向善的文化是一个国家、一个民族休戚与共、血脉相连的重要纽带"。② 在中共中央政治局第三十次集体学习时，习近平总书记强调，要注重把握好基调，既开放自信也谦逊谦和，努力塑造可信、可爱、可敬的中国形象。

二是创新文化交流方式。汉代张骞肩负和平友好使命，凿空西域，向西域传播了中华文化，也引进了西域文化成果。明代著名航海家郑和 7 次远航亚非 30 多个国家和地区，留下了中国同沿途人民友好合作的佳话。古丝绸之路绵亘万里、延续 2100 余年，积淀了以和平合作、开放包容、互学互鉴、互利共赢为核心的丝路精神，形成了

---

① 习近平：《在敦煌研究院座谈时的讲话》，《求是》2020 年第 3 期。
② 习近平：《在全国抗击新冠肺炎疫情表彰大会上的讲话》，人民出版社 2020 年版，第 20—21 页。

人类历史上极其宝贵的精神遗产。在主持中共中央政治局第三十次集体学习时，习近平总书记强调："要加快构建中国话语和中国叙事体系，用中国理论阐释中国实践，用中国实践升华中国理论，打造融通中外的新概念、新范畴、新表述，更加充分、更加鲜明地展现中国故事及其背后的思想力量和精神力量。"① 习近平总书记指出，要围绕中国精神、中国价值、中国力量，从政治、经济、文化、社会、生态文明等多个视角进行深入研究，为开展国际传播工作提供学理支撑。要更好推动中华文化走出去，以文载道、以文传声、以文化人，向世界阐释推介更多具有中国特色、体现中国精神、蕴藏中国智慧的优秀文化；要深入开展各种形式的人文交流活动，通过多种途径推动我国同各国的人文交流和民心相通。要创新体制机制，把我们的制度优势、组织优势、人力优势转化为传播优势。要更好发挥高层次专家作用，利用重要国际会议论坛、外国主流媒体等平台和渠道发声。各地区各部门要发挥各自特色和优势开展工作，展示丰富多彩、生动立体的中国形象；要采用贴近不同区域、不同国家、不同群体受众的精准传播方式，推进中国故事和中国声音的全球化表达、区域化表达、分众化表达，增强国际传播的亲和力和实效性。②

三是推动构建人类命运共同体。在中共中央政治局第三十次集体学习时，习近平总书记强调，要高举人类命运共同体大旗，依托我国发展的生动实践，立足五千多年中华文明，全面阐述我国的发展观、文明观、安全观、人权观、生态观、国际秩序观和全球治理观。要倡导多边主义，反对单边主义、霸权主义，引导国际社会共同塑造更加公正合理的国际新秩序，建设新型国际关系。要善于运用各种生动感人的事例，说明中国发展本身就是对世界的最大贡献、为解决人类问题贡献了智慧。③ 人类命运共同体理念，代表了中国共产党为世界和

① 《加强和改进国际传播工作　展示真实立体全面的中国》，《光明日报》2021 年 6 月 2 日。
② 《加强和改进国际传播工作　展示真实立体全面的中国》，《光明日报》2021 年 6 月 2 日。
③ 《加强和改进国际传播工作　展示真实立体全面的中国》，《光明日报》2021 年 6 月 2 日。

平发展作出更大贡献的崇高理想，反映了人类社会的共同价值追求，为人类社会实现共同发展、持续繁荣、长治久安绘制了蓝图。这个理念在文化领域倡导的，是尊重世界文明多样性，以文明交流超越文明隔阂、文明互鉴超越文明冲突、文明共存超越文明优越。

四是合作共建"一带一路"高质量发展。习近平总书记指出，要推动敦煌文化研究服务共建"一带一路"，积极传播中华文化，加强同沿线国家的文化交流，增进民心相通。[①] 古丝绸之路是联通亚欧非大陆的文明大交流通道。"一带一路"倡议的提出，赋予了古丝路精神新的时代内涵，成为沿线国家和地区文化交流与合作纽带、民心相通的平台。2013 年 9 月 7 日，习近平主席在哈萨克斯坦纳扎尔巴耶夫大学演讲时指出，古丝绸之路为沟通东西方文明，促进不同民族、不同文化相互交流和合作作出过重要贡献，推动了人类文明进步，谱写出千古传诵的友好篇章，形成了以"团结互信、平等互利、包容互鉴、合作共赢"为主要内容的丝路精神。[②] "一带一路"倡议提出以来，从谋篇布局的"大写意"到精谨细腻的"工笔画"，再到共建"一带一路"阳光大道和合作共建"一带一路"高质量发展，"一带一路"经贸合作不断取得新发展、新成效，文化交流和合作不断深入，有效促进了各国各地区的文化交流互惠。

在新冠肺炎疫情不断蔓延的情况下，人类命运共同体理念正越来越深入人心，不断彰显其巨大世界意义和全球价值。在包括重大传染性疾病在内的严峻挑战面前，让和平的薪火代代相传、让发展的动力源源不断、让文明的光芒熠熠生辉，既是各国人民的期待，也是各国政治家应有的担当。

（载《历史评论》2022 年第 1 期）

---

① 习近平：《在敦煌研究院座谈时的讲话》，《求是》2020 年第 3 期。
② 《习近平谈治国理政》第一卷，外文出版社 2018 年版，第 287—288 页。

人文交流是增进人类命运共同体
意识的重要路径

2019 年 5 月，习近平主席在亚洲文明对话大会开幕式上指出：我们要"夯实共建亚洲命运共同体、人类命运共同体的人文基础"。[①]面对多样化的人类文明，唯有加强交流、深化合作，才能增进人类命运共同体意识，也才能共同面对挑战，共同赢得发展。

一 人类命运共同体意识并非自然产生

人类命运共同体是中国为世界发展推出的新理念，是中国长期实践的结果与外交思想的升华。1949 年新中国成立以来，在中国共产党带领下，中国人民砥砺奋进、顽强拼搏，实现了经济社会的共同发展、跨越式发展。GDP 总量实际增长 174 倍，达到 90 多万亿元，2020 年有望突破 100 万亿元。人均 GDP 实际增长 70 倍，达到 6.46 万元，突破 1 万美元。中国的综合国力、社会生产力、人民生活水平大幅提升，已成为世界经济第二大国、货物贸易第一大国、外汇储备第一大国、服务贸易第二大国、使用外资第二大国、对外投资第二大国。中国的经济建设、社会建设、生态文明建设协调推进，教育、文化、医疗卫生、体育、社会保障、扶贫脱贫、生态环保事业全面发展，人均预期寿命从 35 岁上升到 77 岁，高铁和高速公路里程分别达到 3 万公里、14.3 万公里，位居世界第一。中国的工业化、信息化、

---

① 《习近平谈治国理政》第三卷，外文出版社 2020 年版，第 468 页。

城镇化、农业现代化同步发展，实现了从传统农业国向现代工业国转型。中国作为世界和平建设者、全球发展贡献者、国际秩序维护者的作用日益凸显，中国经济增长对世界经济增长的贡献居世界首位，共建"一带一路"倡议已得到世界202个国家和国际组织的积极响应。新中国70年发展为我们提供的宝贵经验就是，人类社会可以实现共同发展，而且也应该实现共同发展，人类命运共同体理念不是无源之水、无本之木，有着中国70年丰富实践作为有力的支撑。

今天，我们面对的世界早已是共性问题超越个性问题的世界，面临的共同挑战早已超越现有国际体系框架所能解决的世界。为此，以新思维、新理念替代传统的零和思维、霸权逻辑、"历史终结"心态以及丛林法则等旧思维已是一种必然趋势。在此背景下，推动构建人类命运共同体的倡议应运而生。党的十八大报告首次提出，"要倡导人类命运共同体意识，在追求本国利益时兼顾他国合理关切，在谋求本国发展中促进各国共同发展"。[①] 2013年3月23日，习近平主席在莫斯科国际关系学院首次发出"人类命运共同体"倡议。2015年9月28日，习近平主席在联合国总部出席第70届联合国大会一般性辩论时，提出打造人类命运共同体"五位一体"总路径和总布局的倡议。2016年7月，习近平总书记在庆祝中国共产党成立95周年大会上再次强调，中国倡导人类命运共同体意识，反对冷战思维和零和博弈。2017年1月18日，习近平主席在日内瓦"共商共筑人类命运共同体"高级别会议的主旨演讲中，主张共同推进构建人类命运共同体的伟大进程，坚持对话协商、共建共享、合作共赢、交流互鉴、绿色低碳，建设一个持久和平、普遍安全、共同繁荣、开放包容、清洁美丽的世界。同年2月10日，构建人类命运共同体理念首次载入联合国决议，3月17日首次载入联合国安理会决议，3月23日首次载入联合国人权理事会决议。

---

① 《胡锦涛文选》第三卷，人民出版社2016年版，第651页。

2020 年年初暴发的新冠肺炎疫情给全球经济社会发展按下了"暂停键"，时至今日，疫情仍在暴虐全球，感染人数几近 1 亿，也由此成为人类历史上染病人数最多的一次大流行病。也正因为这场突如其来的疫情，再次唤醒了对人类共同命运的意识，为我们重新思考国家间关系、重新审视人类未来发展道路提供了一次机遇。2020 年 9 月 30 日，在联合国生物多样性峰会上，习近平主席深刻地指出，"新冠肺炎疫情告诉我们，人与自然是命运共同体"。①

二　人文交流是增进人类命运共同体意识的重要路径

从古及今，人文交流一直担负着人类思想交往的重要使命。张骞出使西域，开辟了中西文明交流的先河，除了物质上的交流，更主要的是带来人类文明的相互碰撞，相互了解彼此对世界的看法，在差异中寻求共同，找到合作的方向和目标。今天我们倡导的人类命运共同体意识同样不可能是从天上掉下来的，需要在日常的人文交流中逐渐得到培育和锻造。正如习近平总书记在党的十九大报告中指出，要"促进和而不同、兼收并蓄的文明交流"。②

一是人文交流是增进人类命运共同体意识的前提。世界各国文明多样，有着对世界不同的看法，也由此形成不同的文明发展范式，如仅流传下来的重要文明，如亚洲文明、欧洲文明等就多达数种。唯有通过文明交流，才能有助于了解彼此的文明起源、宗教信仰、价值观念、伦理道德和风俗习惯等，也才能避免相互间误解、消除隔阂。历史上凡是人类文明交往的高峰期也是各文明发展的最好时期。如唐朝时万国来朝呈现出的多样性、开放性的景象至今令人难以忘怀，再如丝绸之路带来的中西物质交流、人文交流、文明交往成为今天继承丝路精神的源泉。

---

① 《习近平重要讲话单行本（2020 年合订本）》，人民出版社 2021 年版，第 175 页。
② 《习近平谈治国理政》第三卷，外文出版社 2020 年版，第 20 页。

二是人文交流是体现人类命运共同体精神的载体。今天我们倡导人类命运共同体的目的是为了更好地推动人类社会的发展，实现人们对美好生活的向往。但是，要达成关于人类命运共同体的共识，了解人类命运共同体对未来人类社会发展塑造的重要意义，就需要我们通过平等、尊重、开放式的交流才能实现。首先我们应充分意识到一切文明或文化都是平等的，应该得到彼此尊重，使文明成为和平之源，而不是战争之祸。如，西方人吃饭擅用刀叉，中国人吃饭擅用筷子，只不过是习惯不同而已，不存在先进与落后之分。金砖国家较早意识到人文交流的重要性，在 2017 年《厦门宣言》中首次将人文交流列为领导人会晤的重要议题板块之一，达成关于人文交流对推动金砖国家发展、命运共同体意识建设的共识。

三是人文交流是推动人类命运共同体建设的主要路径。加强人文交流有助于我们对共同问题产生责任意识，通过多角度寻求解决方案，推动人类社会迈向共同发展之路。比如，在环境治理上，救治一条被污染的跨国界的河水，就需要河水两岸各国群策群力，而不能各人自扫门前雪、莫管他人瓦上霜。面对治理赤字、信任赤字、和平赤字、发展赤字这些全人类共同挑战，更需要我们借鉴不同文明的思维，唯有放弃隔阂，加强交流，才能有助于问题的解决。

三　国家高端智库应成为金砖国家人文交流的先锋队

作为首批 25 家国家高端智库之一，中国社会科学院是中国最大、研究领域最为齐全的哲学社会科学研究机构，十分愿意与世界各国智库媒体分享关于新中国发展及其世界意义的最新研究成果，十分愿意与大家一起探讨构建人类命运共同体的理论溯源和实践路径。2019年中国社会科学院就曾承办"70 年中国发展与人类命运共同体论坛"，这是在第二届中国国际进口博览会虹桥国际经济论坛框架下举办的重要智库媒体交流活动，也为中国社会科学院与世界各国智库媒体交流、共同搭建人类命运共同体的学术平台掀开了新篇章。今天，面对疫情肆虐，由中宣部、外文局等共同主办的"2020 金砖国家治国理政研讨会暨金砖国家人文交流论坛"为促进金砖国家分享彼此抗疫经验、治国理政经验、人文交流经验提供了一个新的思想交流平台，推动人们积极思考人类社会未来发展、致力于人类命运共同体建设。

中国社会科学院国家高端智库希望在推动金砖国家人文交流中发挥更大的作用，也愿意在日常工作中，通过开展联合研究、学者交流、举办论坛等多种形式，推动金砖国家专家学者对人类命运共同体理念有新的认知和提升，接受人类命运共同体理念并付诸行动，为世界和平稳定发展贡献智库力量。党的十九大报告已指出："世界命运握在各国人民手中，人类前途系于各国人民的抉择。中国人民愿同各国人民一道，推动人类命运共同体建设，共同创造人类的美好未来！"①

　　（作者在由中宣部、中国外文局、光明日报社、俄罗斯报社、俄罗斯中国友好协会 2020 年 12 月 3—4 日主办的"2020 金砖国家治国理政研讨会暨金砖国家人文交流论坛"上的发言）

---

① 《习近平谈治国理政》第三卷，外文出版社 2020 年版，第 47 页。

亚洲文明的历史性贡献与新时代
亚洲文明观的构建

　　亚洲是人类最早的定居地之一，也是人类文明的重要发祥地。中国与亚洲其他文明的交流互鉴，共同推动了中华文明与世界文明的发展。今天，亚洲是世界上最具发展活力和潜力的地区之一，亚洲文明在世界格局中的地位不断上升，以学习互鉴、交流融合为特征的亚洲文明正在迈向一个新时代，为世界和平发展、可持续发展提供软力量，正在加快世界新秩序的建设步伐。巴基斯坦常驻联合国代表马利哈·洛迪（Maleeha Lodhi）认为，"亚洲文明具有很强的包容性，尊重不同的观点、文化和信仰，注重和谐与秩序，提倡'和而不同'。相比西方以个人主义为核心的价值观，亚洲国家所推崇的价值观更注重权利、义务和责任相统一，强调尊重是相互的。这些亮点都值得与世界分享"。[①]

一　历史上的亚洲文明

1. 人类文明的发源地

　　一般而言，文明是指一个群体共同拥有的、与其他群体不同的物质成就和精神内涵，表现为独特的建筑和器物以及文字、价值观、生

[①] ［巴基斯坦］马利哈·洛迪：《亚洲文明对话大会促进亚洲及世界和谐发展》，钱珊铭译，《国际传播》2019 年第 3 期。

活方式、风俗习惯和传统、宗教信仰、社会和政治秩序，等等。[①] 亚洲文明的先进性主要表现在以下几个方面。

（1）世界农业的发源地

亚洲西部的两河流域是世界农业的发源地，为世界文明的诞生奠定了物质基础。文明不是从来就有的。农业生产最早兴起于亚洲，为亚洲文明领先于世界其他地方奠定了物质基础。考古学家们在今天伊拉克北部的耶莫地区发现，在距今约 9000 年前这里的人们即已种植大麦、小麦、小扁豆等农作物，在浙江河姆渡遗址也发现了世界上最早的稻谷遗存。考古学家们在北纬 20 度到 40 度之间亚洲大陆的广泛区域里发现了众多的农业遗存，据此推断该地区曾发生"农业革命"。

（2）世界文明的塑造者

亚洲"农业革命"引起一系列的变革，人们自栽培植物、驯化野生动物以来，逐渐开始定居，定居点的规模不断扩大，进而形成城市，私有财产的出现导致社会分工进一步分化，产生文字、阶级与国家。从公元前 4000 年前后开始，两河流域的楔形文字、埃及的象形文字、印度河流域的印章铭文、中国的甲骨文，依次被先民创造出来，人类由此掌握了知识的保存和技术的传播方式。仅以两河流域文明为例，古代两河流域文明建造的巴比伦城和空中花园被誉为古代奇迹；颁布的《汉穆拉比法典》是迄今为止发现的世界历史上第一部完备的成文法典；创制的楔形文字是最早的文字，成为西方字母文字的肇始；泥板文书中记载的《吉尔伽美什史诗》是最早的有记录的史诗。古代两河流域文明还拥有诸多人类历史的第一，如第一座公共图书馆、最早的天文记录、第一个地跨亚非欧的世界性帝国——波斯帝国等。约在公元前 4000 年，西亚两河流域首先兴起了很多以城为

---

① 关于文明概念的讨论可参见［俄］E. M. 阿梅莉娜《"文明"概念今昔谈》，文华译，《国外社会科学》1993 年第 3 期；李剑鸣《文明的概念与文明史研究》，《华中师范大学学报》（人文社会科学版）2016 年第 5 期。

中心的小国。不久之后，北非的尼罗河流域、南亚的印度河流域、东亚黄河流域也先后出现了国家。

（3）世界宗教的中心

古代两河流域文明对犹太人和犹太教有着深刻影响，并进一步影响了基督教和伊斯兰教的产生和发展。基督教经典《旧约圣经》中记载的上帝造人故事、洪水的故事、伊甸园的故事等都源于犹太教及其经典，而这些都可以在古代两河流域文明中找到源头。耶路撒冷成为犹太教、基督教和伊斯兰教的圣城。印度则是佛教的发源地，并将其传播至世界各地。

总之，两河流域文明、印度河流域文明、中华文明、北方游牧文明都是世界古文明的起源。这些文明比作为西方文明源头的克里特—迈锡尼文明的出现还要早 2000 年。

2. 和平共处的典范

在长期的历史进程中，亚洲文明一直以多中心和多元化为特征，这一特征不仅没有引发"文明冲突"，相反，还为人类推进文明交流与互鉴创下了典范，同时在"学习互鉴""相互交流"过程中，亚洲文明也得以保留使自身不断进步的传统和动力源。在南亚次大陆，考古学家们发现来自两河流域的印章上有南亚特有的大象形象，这些都是两河流域文明与印度河流域文明交流互鉴的表现。

中国人通过文明间的交流，很早就提出了"和而不同"的文明开放主义。"和而不同"语出《论语·子路》，是指尽管有不同的看法，但是仍能和睦相处。中华文明经历了 5000 多年的历史变迁，但始终一脉相承。"和而不同""有容乃大"是中华民族生生不息、发展壮大的重要原因，也是学习借鉴各文明优秀成果的重要原则。中华文明是在中国大地上产生的文明，也是同其他文明不断交流互鉴而形成的文明。正因此，中国与亚洲其他文明之间的交流不仅推动了中华文明的发展，也推动了世界文明的发展。

中华文明更是亚洲文明交流互动的积极推动者。公元前 100 多年，中国就开始开辟通往西域的丝绸之路。汉代张骞于公元前138年和公元前119年两次出使西域，向西域传播了中华文化，也引进了葡萄、苜蓿、石榴、胡麻、芝麻、黄瓜等西域物种，丰富了我们的菜篮子；学习了箜篌、琵琶等西域文化。西汉时期，中国的船队就到达了印度和斯里兰卡，用中国的丝绸换取了琉璃、珍珠等物品。唐代是中国历史上对外交流的活跃期。据史料记载，唐代中国通使交好的国家多达70多个，来自各国的使臣、商人、留学生云集在当时的首都长安。这个大交流促进了中华文化远播世界，也促进了各国文化和物产传入中国。15世纪初，中国明代著名航海家郑和七次远洋航海，经东南亚诸国，一直抵达非洲东海岸的肯尼亚，留下了中国同沿途各国人民友好交往的佳话。1987年，在中国陕西的法门寺地宫中就出土了20件唐代自东罗马帝国和伊斯兰世界传入中国的美轮美奂的琉璃器。

佛教发源于古代印度。公元67年，天竺高僧迦叶摩腾、竺法兰来到中国洛阳，译经著说，译出的《四十二章经》成为中国佛教史上最早的佛经译本。佛教传入中国后，经过长期演化，同中国儒家文化和道家文化融合发展，最终形成了具有中国特色的佛教文化，对中国人的宗教信仰、哲学观念、文学艺术、礼仪习俗等产生了深刻影响。中国人根据中华文化的自身特点发展了佛教思想，形成了独特的佛教理论，而且将佛教从中国传播到了日本、韩国、东南亚等地。

习近平总书记指出，在数千年发展历程中，亚洲人民创造了辉煌的文明成果；各种文明在这片土地上交相辉映，谱写了亚洲文明发展史诗。[1] 有研究表明，凡是越开放、东西方联系与互动最密切的时期，越是社会进步最快的时期，地区的文化程度与其交通量成正比。[2]

---

[1] 习近平：《深化文明交流互鉴　共建亚洲命运共同体》，《光明日报》2019年5月16日。

[2] 陈奉林：《古代西太平洋贸易网与东方历史研究》，《华中师范大学学报》（人文社会科学版）2015年第2期。

3. 全方位的历史贡献

除了推进自身文明的进步，亚洲文明为世界其他文明的进步也提供了帮助。例如，亚洲文明对欧洲文明的影响就是如此。公元 830—930 年，在阿拉伯地区，当时的阿巴斯王朝开展了著名的"百年翻译运动"，为中西方文明财富的保存和流传立下了汗马功劳。美国历史学者威尔·杜兰特（Will Durant）指出："希腊文明，世所称羡，然究其实际，其文明之绝大部分皆系来自近东各城市"，"近东才真正是西方文明的创造者"。①

阿拉伯数字发源于印度，经阿拉伯商人影响世界，成为世界通用的数学语言。中国的造纸术、火药、印刷术、指南针四大发明带动了世界变革，推动了欧洲文艺复兴。中国哲学、文学、医药、丝绸、瓷器、茶叶等传入西方，渗入西方民众日常生活之中。《马可·波罗游记》令无数西方人对中国心向往之。亚洲文明在自然经济的基础上形成了中华贸易圈、印度洋贸易圈、东南亚季风贸易圈等区域性贸易网络；打通了丝绸之路、香料之路、茶叶之路和阿拉伯半岛贸易路线等关键物资渠道，这些都为欧洲大航海时代商贸的发展奠定了基础。法国、英国、荷兰等国学者在印度和中国无偿地学习棉织品的制造方法，为改造欧洲纺织机械业提供了大量知识与技术。由此，欧洲工业革命才有可能从棉纺织业率先发生。

直到今天，仍有西方人士强烈呼吁学习东方，认为"东方在西方现代文明的兴起过程中起着举足轻重的作用。如果西方毫不理解东方文明的深邃和博大，那么，当东方的民族从西方的扩张和侵入所带来的震惊和破坏中苏醒过来时，西方就会变得脆弱和不堪一击。西方的方式与中国的方式相比，存在更大的局限性。西方文明的未来出路在东方"。②

---

① 滕文生：《关于亚洲文明的历史贡献和亚洲价值、东方智慧的研究》，《红旗文稿》2016 年第 19 期。
② 李瑞智：《中国智慧与西方的进步》，《东方论坛》2010 年第 1 期。

二　亚洲文明的近现代际遇与崛起

近代以来，面对西方文明的冲击，亚洲文明逐渐失去了往日的辉煌。西方文明利用"战争资本主义"，打造出新的资本主义世界体系。在此过程中，大部分亚洲文明中心遭受了殖民和半殖民的掠夺，两河流域文明地区、印度河恒河文明地区乃至中华文明地区的人民备受煎熬。

第一，亚洲文明被边缘化。自 1500 年以来，随着新航线的开辟和美洲大陆的"发现"，人类历史进入近代。欧洲文明利用"战争资本主义"，以暴力的方式，通过"战士兼贸易商"将原有各区域贸易商排挤出去后，重新打造了一个资本主义世界体系，整个过程充满了马克思所批评的"充满血和肮脏的东西"。经过这一过程，大部分亚洲文明失去了原有的贸易来源，加之气候变化导致的农业歉收，原有政府对外无力抵抗侵略，对内也无力整合社会，原有贸易网络和社会组织关系迅速衰落。大部分亚洲文明失去了世界历史舞台的中心地位，陷入以欧洲为中心构造起来的"中心—边缘"的世界体系之中，被迫处于边缘位置。

第二，亚洲文明被加速分化。过去以农耕为主的亚洲文明开始分化，出现了学习欧洲的浪潮。从奥斯曼的苏丹马哈茂德二世改革、中国的洋务运动再到日本的明治维新，各国有志之士都试图追赶时代，救亡图存。但是，由于受到历史和时代的局限，大多数改革以失败告终。只有日本免遭沦为殖民地，但又走上了军事专制的道路。近代以来，传统社会组织的崩溃与分裂、战争、侵略殖民使生活在传统的两河流域文明地区、印度河恒河文明地区乃至中华文明地区的人民备受煎熬。

第三，亚洲文明依然保有传统底色。尽管遭遇西方文明的冲击，但是亚洲各文明之间依然在精神上相互支持、相互合作。中国人民喜爱的印度伟大诗人泰戈尔访问了中国，受到中国人民热烈欢迎。一踏上中国的土地，泰戈尔就说："我不知道什么缘故，到中国就像回到故乡一样。"在离开中国时，他伤感地说："我的心留在这里了。"1941 年伟大的卫国战争爆发后，中国著名音乐家冼星海辗转来到阿拉木图。在举目无亲、贫病交加之际，哈萨克音乐家拜卡达莫夫接纳了他，为他提供了一个温暖的家。在阿拉木图，冼星海创作了《民族解放》《神圣之战》《满江红》等著名音乐作品。

在一个多世纪的争取民族独立和解放的斗争中，亚洲人民彼此同情、相互支持，共同推动了亚洲的觉醒。第二次世界大战结束后，基于相似的经历、共同的理想，亚洲发展中国家同世界其他地区的发展中国家一道，在国际上发出新的声音，这就是著名的在万隆会议上提出的和平共处五项原则。基于世界上大多数发展中国家谋求政治独立与平等的国际关系愿望，中国、印度、缅甸顺应这一历史潮流，共同倡导了"互相尊重主权和领土完整、互不侵犯、互不干涉内政、平等互利、和平共处"五项原则。和平共处五项原则成为中国处理国家关系的基本准则，20 世纪 60 年代兴起的不结盟运动也把和平共处五项原则作为指导原则；1970 年和 1974 年联合国大会通过的有关宣言都接受了和平共处五项原则。和平共处五项原则为当今世界一系列国际组织和国际文件所采纳，得到国际社会广泛赞同和遵守。尼泊尔中国研究中心主席桑达尔·纳斯·巴塔莱（Sundar Nath Bhattarai）认为，"已故的周恩来总理所提出的和平共处五项原则，现在已成为国家间发展外交关系不可割舍的基石，可以说这五项原则起源于并受到中国古代人类和平共处文化观念的影响"。[①]

今天的亚洲文明在世界格局中的地位不断上升。亚洲是世界最具发展活力和潜力的地区之一，是全球经济发展速度最快、潜力最大、合作最为活跃的地区，是世界经济复苏和发展的重要引擎。但今天的亚洲也面临方方面面的挑战。

---

① 桑达尔·纳斯·巴塔莱在 2019 年 5 月 15 日举办的亚洲文明对话大会上的讲话。

第一，亚洲经济奇迹时代为亚洲文明崛起奠定了新的物质基础。第二次世界大战后，亚洲文明再次焕发出发展的主动性和创造性，尤其是再次创造了亚洲经济发展的奇迹，这为今天的亚洲重返世界文明的舞台中央，改变世界发展的主导力量创造了条件。苏联迅速恢复了第二次世界大战的创伤并将加加林送入太空创造历史；中国在极端困难的情况下建立起独立自主的工业体系；日本经济腾飞，一度成为仅次于美国的世界第二大经济体；"四小龙""四小虎"的经济奇迹紧随其后。中国的改革开放创造的巨大经济成就使 14 亿中国人走上了现代化的快车道。如今，亚洲已成为世界经济复苏和发展的重要引擎，近年来亚洲地区对世界经济增长的贡献率已超过 50%。

第二，亚洲是当今世界最具发展活力和潜力的地区之一。亚洲发展同其他各大洲发展息息相关。进入 21 世纪以来，亚洲地区内贸易额从 0.8 万亿美元增长到 3 万亿美元，亚洲同世界其他地区贸易额从 1.5 万亿美元增长到 4.8 万亿美元。今天的亚洲占世界人口的 40%、经济总量的 57%、贸易总量的 48%，亚洲同世界其他地区的区域次区域合作展现出勃勃生机和美好前景。习近平主席指出："现在，'一带一路''两廊一圈''欧亚经济联盟'等拓展了文明交流互鉴的途径，各国在科技、教育、文化、卫生、民间交往等领域的合作蓬勃开展，亚洲文明也在自身内部及同世界文明的交流互鉴中发展壮大。"[1] 当前人们在猜测越南和柬埔寨会不会爆发下一个经济奇迹。

第三，亚洲要谋求更大的发展，更好地推动本地区和世界其他地区共同发展，依然面临不少困难和挑战。亚洲持续面临着新的挑战，热点问题此起彼伏，传统安全威胁和非传统安全威胁都有所表现。要实现本地区长治久安，需要地区国家增强互信、携手努力。国际金融危机后续影响尚未完全消除，一些经济体的复苏仍然脆弱，亚太经济提高质量和效益任务艰巨，新旧增长点转换任务艰巨。加快区域经济

---

① 习近平：《深化文明交流互鉴　共建亚洲命运共同体》，《光明日报》2019 年 5 月 15 日。

一体化进程方向和重点不一，各种区域自由贸易规划纷纷涌现，导致一些方面面临选择的困惑。

正因如此，当今形成的一个普遍共识是，今日的亚洲已成为维护和实现世界持久和平和人类繁荣进步的重要力量。柬埔寨国王西哈莫尼（Norodom Sihamoni）强调："当前最为紧迫的，是加强亚洲乃至世界对人类命运的责任感。我们应坦诚相待、互相尊重、鼓励思考，为互学互鉴创造条件，共同致力于亚洲发展进程。"[①] 希腊总统帕夫洛普洛斯（Prokopis Pavlopoulos）指出："这不仅仅是一个亚洲的大会，也是一个世界性的大会。它所传递的精神从北京出发，直抵西方，直通世界所有文明。"[②] 斯里兰卡总统西里塞纳（Maithripala Sirisena）说："亚洲文化和文明，起源相似，发展道路、发展未来相似。能否实现和谐相处，在于我们是否能够理解彼此的文明。亚洲文明对话大会给了我们很好的机会来加强对话。"[③] 这些共识表明创造服务于世界发展的亚洲新文明时代已成为迫切需要。

三　共同创建新时代亚洲文明观

亚洲文明的未来正处在关键的路口。亚洲文明的发展前景取决于今天的决断和行动。有研究指出，"一个国家的现代化进程，不可能在与世隔绝的情况下单独完成，需要有不同文化背景、不同文化系统、不同文化理念的点燃与嫁接"。[④] 随着全球化的深化和移动互联网的发展，世界已不再仅仅是地球村，而是"越来越成为你中有我、我中有你的命运共同体"。另外，近年来全球化引发的马太效应，在西方国家内部产生强烈社会冲击，导致反全球化主张甚嚣尘上。今天的中国正在博采众家之长，在"和而不同"的传统文明观基础上创

---

① 哈莫尼在 2019 年 5 月 15 日举办的亚洲文明对话大会上的讲话。
② 帕夫洛普洛斯在 2019 年 5 月 15 日举办的亚洲文明对话大会上的讲话。
③ 西里塞纳在 2019 年 5 月 15 日举办的亚洲文明对话大会上的讲话。
④ 刘梦溪：《21 世纪的人类能否在非对抗中重生》，《21 世纪经济报道》2009 年 4 月 27 日。

建新时代中国文明观，推进新时代亚洲文明观。新时代亚洲文明观不是传统亚洲文明观的简单继承，也不是对其他文明观的简单复制，而是在把握时代特征、世界大势的基础上，形成的一套推进亚洲未来发展和治理，乃至世界未来发展和全球治理的思想、观念和方法。习近平主席强调，回顾历史、展望未来，我们应该增强文明自信，在先辈们铸就的光辉成就的基础上，坚持同世界其他文明交流互鉴，努力续写亚洲文明新辉煌。[①]

新时代亚洲文明观的构建源自近几年中国倡导的新型文明观。党的十八大以来，习近平主席顺应全球化进入新时代的需要和世界发展大势，提出了建立"亚洲命运共同体"的主张，并"通过迈向亚洲命运共同体，推动建设人类命运共同体"的倡议，深刻阐述了新时代中国的外交观、发展观、亚洲观、文明观和全球观。"一带一路"建设是中国致力于构建人类命运共同体的生动实践。"一带一路"倡议以亚洲和发展中国家为重点，推动实现互联互通，为亚洲和发展中国家提供了更多公共产品，与各国一起分享中国发展的红利。有研究表明，"各种文明、文化之间并不是敌对、对立的，文明、文化本身并不注定是冲突的"。[②] 韩国亚洲研究所所长贝一明（Emanuel YiPastreich）博士认为，习近平主席在亚洲文明对话大会上的主旨演讲，"可与美国的'文明冲突论'分庭抗礼——后者正在迅速沦为毫无意义的排外言论"。[③]

新时代中国文明观具有以下五个特征。

第一，文明的类型是多样的，文明之间存在差异是常态，也是文明之间交流的基础。文明多样性是人类社会的基本特征。当今世界有70亿人口，200多个国家和地区，2500多个民族，5000多种语言。不同民族、不同文明多姿多彩、各有千秋，没有优劣之分，只有特色

[①]　习近平：《深化文明交流互鉴　共建亚洲命运共同体》，《光明日报》2019 年 5 月 16 日。
[②]　楚树龙：《文化、文明与世界经济政治发展及国际关系》，《世界经济与政治》2003 年第 2 期。
[③]　贝一明在 2019 年 5 月 15 日举办的亚洲文明对话大会上的讲话。

之别。"物之不齐，物之情也。"和而不同是一切事物发生发展的规律。世界万物万事总是千差万别、异彩纷呈的，如果万物万事都清一色了，事物的发展、世界的进步也就停止了。"万物并育而不相害，道并行而不相悖。"我们要尊重文明多样性，推动不同文明交流对话、和平共处、和谐共生，不能唯我独尊、贬低其他文明和民族。人类历史告诉我们，企图建立单一文明的一统天下，只是一种不切实际的幻想。丰富多彩的人类文明都有自己存在的价值。各国要理性处理本国文明与其他文明的差异，认识到每一个国家和民族的文明都是独特的，坚持求同存异、取长补短，不攻击、不贬损其他文明。不要看到别人的文明与自己的文明有不同，就感到不顺眼，就要千方百计去改造、去同化，甚至企图以自己的文明取而代之。历史反复证明，任何想用强制手段来解决文明差异的做法都不会成功，反而会给世界文明带来灾难。

第二，文明平等是文明交流的前提。人类文明没有高低优劣之分，文明不论大小，都是平等的，因为平等交流而变得丰富多彩，正所谓"五色交辉，相得益彰；八音合奏，终和且平"。不同国家、民族的思想文化各有千秋，只有姹紫嫣红之别，而无高低优劣之分。每个国家、每个民族不分强弱、不分大小，其思想文化都应该得到承认和尊重。多元文明和谐相处的基本前提是要了解各种文明的真谛，必须秉持平等对话。没有对话的全球化进程会增大霸权主义、单边主义的可能性；没有对话的多元性可能会造成误解、形成排他、产生冲突。文明交流互鉴不应该以独尊某一种文明或者贬损某一种文明为前提。印度总理莫迪与习近平主席会晤时曾说过："我们决不允许差异变为误会。"各国各民族都应该虚心学习、积极借鉴别国别民族思想文化的长处和精华，这是增强本国本民族思想文化自尊、自信、自立的重要条件。

第三，文明之间应相互包容。人类文明因包容才有交流互鉴的动力。海纳百川，有容乃大。人类创造的各种文明都是劳动和智慧的结晶。每一种文明都是独特的。一切文明成果都值得尊重，一切文明成果都要珍惜。要了解各种文明的真谛，必须秉持平等、谦虚的态度。如果居高临下对待一种文明，不仅不能参透这种文明的奥妙，而且会与之格格不入。尼泊尔国家图书馆馆长乌彭铎·普拉萨德·梅纳利（Upendra Prasad Mainali）认为，"任何国家错误地把本国文化和价值观强加于他人的企图都将无法实现。每个国家和民族的文化和价值观，无论强弱、大小，都应该得到承认和尊重。我们应该充分理解和接纳各种文明的丰富内涵，承认和尊重世界文明的多样性，接受各种文明的独特价值观，使各种文明和谐共处"。① 历史和现实都表明，傲慢和偏见是文明交流互鉴的最大障碍。人类历史证明只有交流互鉴，一种文明才能充满生命力。只要秉持包容精神，就不存在什么"文明冲突"，就可以实现文明和谐。

第四，正确进行文明学习借鉴。文明因交流而多彩，文明因互鉴而丰富。孟加拉国伊斯兰大学副校长阿斯卡里（Rashid Askari）认为，"玄奘法师对印度的研究具有重大意义，至今仍在帮助历史学家解决有关印度文明的争论"，而"西方对东方或亚洲的描述往往会带有夸大的倾向，这对正确评价亚洲文明仍然是一个巨大的威胁"。"亚洲文明之间的互学互鉴将帮助东方摆脱这种'他者'的困境。"② 阿塞拜疆国家科学院院长奥格鲁教授（Alizadeh Akif Aghamehdi Oglu）提出，"阿塞拜疆有一项明确的理解，即只有在科学、人道主义和政治领域的积极对话的支持下，经济一级的互动与合作才能有效"。③ 文明交流互鉴，是推动人类文明进步和世界和平发展的重要动力。任何一种文明，不管它产生于哪个国家、哪个民族的社会土壤之中，都是流动的、开放的。在文明问题上，生搬硬套、削足适履不仅是不可能的，而且是十分有害的。我们都应该采取学习借鉴的态度，都应该

---

① 乌彭铎·普拉萨德·梅纳利在 2019 年 5 月 15 日举办的亚洲文明对话大会上的讲话。
② 阿斯卡里在 2019 年 5 月 15 日举办的亚洲文明对话大会上的讲话。
③ 奥格鲁在 2019 年 5 月 15 日举办的亚洲文明对话大会上的讲话。

积极吸纳其中的有益成分，使人类创造的一切文明中的优秀文化基因与当代文化相适应、与现代社会相协调，把跨越时空、超越国度、富有永恒魅力、具有当代价值的优秀文化精神弘扬起来。文明相互学习借鉴，要坚持从本国本民族实际出发，坚持取长补短、择善而从，讲求兼收并蓄，但兼收并蓄不是囫囵吞枣、莫衷一是，而是要去粗取精、去伪存真。

第五，中国愿意主动向世界其他文明学习。在长期演化过程中，中华文明从与其他文明的交流中获得了丰富营养，也为人类文明进步做出了重要贡献。中国的发展离不开世界，世界的发展也需要中国。中国将坚定不移走和平发展道路，坚定不移奉行独立自主的和平外交政策，坚定不移奉行互利共赢的开放战略。中国的发展，是世界和平力量的壮大，是传递友谊的正能量，为亚洲和世界带来的是发展机遇而不是威胁。今天，中国倡导人类命运共同体建设，推进"一带一路"倡议，表明中国愿继续同东盟、同亚洲、同世界分享经济社会发展的机遇。尼泊尔中国研究中心主席桑达尔·纳斯·巴塔莱（Sundar Nath Bhattarai）认为，"尽管各方对'一带一路'倡议提出了种种具有挑衅性和偏见性的指责，但 2019 年 4 月举行的扩大版第二届'一带一路'国际合作高峰论坛本身就证明了国际社会默认该倡议是促进全球社会经济发展的可行方式"。[①]

我们认为，建立新时代亚洲文明观应该遵从以下五个原则。

第一，新时代亚洲文明观应该能最大限度地促进人类社会的物质文明进步。共同繁荣是亚洲人民的普遍期待。印度尼西亚智库亚洲创新研究中心主席班邦·苏尔约诺（Suryono）认为，习近平主席在亚洲文明对话大会上的主旨演讲，道出了亚洲人民的心声，亚洲文明对话大会对探索应对当前世界面临的共同挑战与威

[①]　桑达尔·纳斯·巴塔莱在 2019 年 5 月 15 日举办的亚洲文明对话大会上的讲话。

胁具有积极作用，将强化和平与发展的力量。① 印度尼赫鲁大学教授、汉学家巴利·拉姆·迪帕克表示特别认同习近平主席的相关阐述，共同繁荣是亚洲人民的普遍期待，也是每个人的责任。亚洲各国必须团结一致，秉持开放精神，推进互联互通，消除贫穷和落后，促进不同文明之间的交流互鉴。孟加拉国政策研究所所长萨塔（Zaidi Satta）博士认为，"全球进步不能再是零和的。一个大陆或一种文明的崛起不必以牺牲另一个大陆或另一种文明为代价。因此，亚洲的复苏并不意味着西方的衰落"，"共建'一带一路'倡议和亚洲基础设施投资银行的意义远不止于消除基础设施约束。这两项努力为亚洲国家的政治体制注入了新鲜空气，促进了参与国之间的跨境合作，首先是有助于加强实体联通，其次更重要的是，在亚洲各国人民共同实现更高经济水平的过程中，创造长期合作共赢的氛围和空间。这就是所谓的'和平红利'"，"全世界的和平与安全对亚洲的长期繁荣至关重要。'亚洲世纪'不应该是亚洲独有的世纪，而应该是全球共同繁荣的世纪"。② 乌兹别克斯坦经济研究中心主任沙洛菲丁·纳扎罗夫（Sharofiddin Nazarov）指出，"当前的世界秩序、国际关系体系、人类社会的生态和安全问题表明，有必要寻求另一种发展方式。新的发展道路应该是可持续的，如此就不会将当代问题遗留给后代解决。在这方面，展现和平发展前景的亚洲文明发挥着特殊作用。亚洲文明追求新的发展哲学，致力于形成一个独特的发展战略，以建立全新的世界秩序"。③

　　第二，新时代亚洲文明观应该能最大限度地推动人类精神文明的提升。尼泊尔记者联合会秘书巴哈杜尔（Bahadur）认为，"文化和文明将支持人类社会的发展，推动经济和其他领域的发展。西方国家的

---

① 班邦·苏尔约诺在 2019 年 5 月 15 日举办的亚洲文明对话大会上的讲话。
② 萨塔在 2019 年 5 月 15 日举办的亚洲文明对话大会上的讲话。
③ 沙洛菲丁·纳扎罗夫在 2019 年 5 月 15 日举办的亚洲文明对话大会上的讲话。

文化在世界上曾主导了一段时间，现在很多亚洲国家正在寻找和询问我的文化在哪里？我的身份在哪里？没有文化，我们就看不到自己的力量。这也正是亚洲文明对话大会召开的重要意义，即帮助我们找到自己的文化"。① 因此，倡导"文明平等对话"是十分稳妥的方案，是一个可以促使我们团结起来合力解决已存在挑战的倡议。这样的国际主义精神是非常重要的。回顾亚洲的过去，达成共识的能力，是亚洲很重要的一个传统。正如希腊总统帕夫洛普洛斯认为，"真正的文明之间不会产生冲突，真正的文明之间有时仅仅是缺少彼此沟通或沟通渠道被截断了而已。我们需要重建这些渠道，我们必须重新恢复这种沟通，这就是不同文明间的对话"。② 法国高等欧洲研究国际中心（CIFE）研究员，来自希腊的乔治·佐戈普洛斯（George N. Tzogopoulos）在接受媒体采访时表示，尽管此次文明对话大会是针对亚洲国家的，但是大会传递的信息是超越国界的——不同的文明是可以共存的，东西方文明应当并且可以互相学习，而彼此沟通和了解是共处的第一步。③

第三，新时代亚洲文明观应该能最大限度地促进人类社会的和谐建设。当今世界面临多重威胁，最迫在眉睫的威胁就是对其他文化和人民的偏见与无知。另一种威胁则来自一个只关注利润的系统，企图统治并利用他人来获取资源的意识形态，构成了对当今国际秩序的严重威胁。解决这个问题的最好方式，是通过教育让人们更好地了解其他文化，培养相互理解的宽容之心。正如法国当代中国国际发展研究中心主任皮埃尔·皮卡尔（Pierre Picquart）所说，"通过交流互鉴、取长补短，人类文明将在对话中绽放更加夺目的光彩"。④ 再如，新加坡国立大学东亚研究所助理所长陈刚认为，在当前贸易保护主义盛

① 巴哈杜尔在 2019 年 5 月 15 日举办的亚洲文明对话大会上的讲话。
② 黄睿：《亚洲文明对话大会：一场关于文明的"头脑风暴"》，《中国资本观察》2019 年 5 月 20 日。
③ 黄睿：《亚洲文明对话大会：一场关于文明的"头脑风暴"》，《中国资本观察》2019 年 5 月 20 日。
④ 皮埃尔·皮卡尔在 2019 年 5 月 15 日举办的亚洲文明对话大会上的讲话。

行、地缘政治紧张，尤其是在"文明冲突论"有所抬头的背景下，坚持不同文明之间相互包容、交流互鉴，有很强的现实意义。[①] 印度索迈亚大学国际交流处主任萨丁德（Satyendra Kumar Upadhyay）认为，"亚洲价值观"一词意味着，"某些亚洲国家的社会、经济和政治特征是建立在一种共同价值体系的基础之上，这种价值体系是可识别和不同的，超越了民族、宗教和意识形态的差异"。[②]

第四，新时代亚洲文明观应该能最大限度地促进人类社会的新型国际关系发展。目前，世界变化快，科学技术也在快速演变，许多国家在适应这些变化的过程中遇到了困难。这需要我们具有非常态问题的处理能力，因为我们需要处理很多由于变化而产生的不确定性，所有国家都有必要更充分、更积极地参与进来。特别是一些大国，他们需要从超越自身的角度来看待各种情况。也就是说，我们不仅要从国内角度来看待一切问题，也应该从国际的角度来看待。要做到这些，就必须在互相尊重对方观点、尊重对方特定历史背景的前提下进行对话。如果你采取"我是最好的""我要优于其他人"或是"我有解决一切问题的方法"这样的态度，在当今社会是行不通的。巴基斯坦伊斯兰堡政策研究所执行总裁哈立德·拉赫曼（Khalid Rahman）提出，"不管恐怖分子持有什么样的主张，把他们与特定的宗教联系起来只能被认为是无知，或者是为了获得利益的阴谋。另一方面，应客观研究不同群体之间对抗的原因，并应注重消除造成它们之间发生对抗的原因"。[③]

第五，新时代亚洲文明观应该能最大限度地推动人类社会走向新未来。当前，全球面临气候变化、地区冲突等一系列挑战，必须依靠各国合作解决。因此，有人呼吁，"世界是多元的、文化是多元的、现代文明模式的建构是多元的。21 世纪既属于东方，也属于西方；

---

① 陈刚在 2019 年 5 月 15 日举办的亚洲文明对话大会上的讲话。
② 萨丁德在 2019 年 5 月 15 日举办的亚洲文明对话大会上的讲话。
③ 哈立德·拉赫曼在 2019 年 5 月 15 日举办的亚洲文明对话大会上的讲话。

21 世纪是我们的，是你们的，也是他们的。总之 21 世纪是大家的，它属于全人类"。① 未来的世界秩序应该建立在不同文明包容和谐的基础之上。俄罗斯科学院通讯院士维克多·拉林（Viktor Larin）认为，亚洲文明对话大会的举行有助于不同国家和地区寻找有效沟通机制，为避免文明冲突、促进共同发展指明前进方向。应加强不同国家、民族、文化之间的沟通对话，增进相互理解、彼此信任和人民友谊，夯实共建亚洲命运共同体和人类命运共同体的人文、社会、民意基础。② 联合国教科文组织社会与人文科学助理总干事诺达·阿尔纳什夫（Nada Al-Nashif）认为，"亚洲文明对话大会的举办，是一个尝试解决世界正在发生的冲突的重要方式。这是我们出现在北京这次会议的原因。当文化多样性得不到充分理解时，当试图丰富文化的力量被抵制时，当世界上存在恐惧、歧视和种族主义时，我们就很难相处和相互理解。这就是为什么我们需要一些非常好的案例，去了解亚洲丰富而非凡的文化。无论是古代的丝绸之路，还是现在的东盟或其他经济组织，都是为了增进对彼此的理解。我们必须努力了解什么能带来人类的共同繁荣，以及如何以相互促进的方式共同成长。我们将从亚洲学到很多东西"。③ 联合国教科文组织历史与记忆对话部门主任穆萨·雷（Moussa Lei）认为，"'不同文明必然会发生冲突'的论调是我听过的最愚蠢的想法。文明本身并不会发生冲突，发生冲突的是人类，是一些政府、军队和有权力的利益集团。即使几个国家正在发生战争，它们的文化依然会进行交流和互动。因为文化本身就是关于沟通和交流的"。④

　　正如习近平主席在亚洲文明对话大会演讲中指出："文明因多样而交流，因交流而互鉴，因互鉴而发展。我们要加强世界上不同国

　　① 刘梦溪：《21 世纪的人类能否在非对抗中重生》，《21 世纪经济报道》2009 年 4 月 27 日。
　　② 《亚洲文明对话大会提供了良好平台——访俄罗斯科学院通讯院士维克多·拉林》，《人民日报》2019 年 5 月 22 日。
　　③ 诺达·阿尔纳什夫在 2019 年 5 月 15 日举办的亚洲文明对话大会上的讲话。
　　④ 穆萨·雷在 2019 年 5 月 15 日举办的亚洲文明对话大会上的讲话。

家、不同民族、不同文化的交流互鉴，夯实共建亚洲命运共同体、人类命运共同体的人文基础。"[1]

（王灵桂、徐轶杰，载《国外社会科学》2019 年第 5 期，《中国社会科学文摘》2020 年第 1 期部分转载）

---

[1]　习近平：《深化文明交流互鉴　共建亚洲命运共同体》，《光明日报》2019 年 5 月 15 日。

各国人民之间有着广泛共同利益

——开展交流对话推动共同发展

国与国、人与人之间的交往交流在人类社会生活中发挥着重要作用，不同文明之间的交流对话对于人类文明繁荣发展不可或缺。可以说，交流互鉴是人类文明发展的本质要求。任何阻碍不同文明交流对话的做法，不仅与各国人民的共同利益背道而驰，也与和平、发展、合作、共赢的时代潮流格格不入。中国共产党始终秉持构建人类命运共同体理念，不仅为中国人民谋幸福，也为人类进步事业不懈奋斗，着力推动世界各国文明交流互鉴，维护和发展中国人民与世界各国人民的共同利益，不断增进相互之间的了解和友谊。

中国人民与各国人民的友好交往源远流长。在漫长的历史发展进程中，中华民族创造了辉煌灿烂的文明成果，也为人类文明发展进步作出了突出贡献。古代中国为世界贡献了活字印刷术、瓷器、航海罗盘等文明成果。中国人骨子里从来没有扩张侵略的基因，不赞同你输我赢、零和博弈的思维方式，而是秉持天下大同、天下为公的理念。通过丝绸之路等一条条古老商路，中国的四大发明、丝绸、瓷器、漆器、铁器等逐渐走向世界，国外的各种农作物品种、科学技术、艺术等也传入中国。不同文明跨越高山大海开展交流互鉴，积淀了和平合作、开放包容、互学互鉴、互利共赢的精神财富。中国人民与世界人民一道，并肩书写了交流互鉴的动人诗篇，携手绘就了共同发展的美好画卷。

历史是最好的教材，也是最好的老师。人类不同文明之间交往与对话的历史表明，无论相隔多远，只要相向而行，就一定能走出一条相遇相知、共同发展之路，走向幸福安宁、和谐美好的未来。当今世界正处于百年未有之大变局，正经历新一轮大发展大变革大调整，世界各国之间的联系从来没有像今天这样紧密，世界各国的共同利益越来越广泛，人类社会越来越成为休戚与共的命运共同体。

以中美两国之间的交往为例。40 多年前，中美两国之所以能够实现跨越太平洋的握手，一个重要原因就是双方都坚持相互尊重、求同存异的原则，搁置彼此意识形态的差异。促使两国走到一起的，是双方拥有超越分歧的共同利益。建交 40 多年来，经过双方几代人的共同努力，中美关系成为世界上相互交融最深、合作领域最广、共同利益最大的双边关系之一。中美两国经济总量超过世界三分之一，对世界经济增长贡献率超过50%。双边贸易额比建交之初增长了 250 多倍，达到世界五分之一。中美经贸关系支撑美国 260 万个就业岗位，两国贸易平均每年为每个美国家庭节省 850 美元的生活成本，每年人员往来达 500 万人次。美国企业在华投资兴业累计已超过 7 万家，年销售额达 7000 亿美元，其中97%都是盈利的。在多边层面，从处理地区热点问题到反恐、防扩散等全球性问题，中美合作办成了许多有利于两国、也有利于世界的大事。

中美两国多年相互交流合作，两国人民从中均受益良多。历史充分证明，中美两国合则两利、斗则俱伤，合作是双方最好的选择。维护和稳定中美之间的交流合作，事关两国人民和世界各国人民福祉，也关乎世界和平、发展、稳定。中美关系的健康稳定发展符合中美两国人民和世界各国人民的共同愿望。当前美国一些政客，抱着意识形态偏见，试图破坏中美之间的联系，损害两国互信的根基。这不仅与今天中美利益深度交融的现实背道而驰，也与全人类共谋和平、共促发展的愿望南辕北辙。

当今世界，各国利益相互交织，不能画地为牢、自我孤立，应该相互借力、相互成就。中国的快速发展得益于同世界各国的开放合作，同时也为世界提供持续发展的动力和巨大市场空间。合作共赢是时代和人民的共同选择。中国共产党坚持相互尊重、求同存异的原则，在促进文明交流互鉴、推动世界共同发展问题上，从不以意识形态划线，而是超越不同制度的差异，推动建设相互尊重、公平正义、合作共赢的新型国际关系。中国共产党始终从维护和发展各国人民共同利益出发，始终秉持开放包容的合作精神，不断推动各国友好交往和交流，努力扩大同各国利益交汇点，同世界各国人民一道，共同建设更加美好的世界。

（载《人民日报》2020年9月1日第9版）

架设文明交流互鉴之桥

在"一带一路"国际合作高峰论坛上，习近平主席深刻阐述了古丝绸之路的文明价值，强调"要将'一带一路'建成文明之路"。习近平主席指出，"一带一路"建设要以文明交流超越文明隔阂、文明互鉴超越文明冲突、文明共存超越文明优越，推动各国相互理解、相互尊重、相互信任。①

将"一带一路"建成文明之路，要促进不同文明相互尊重。正如阳光是七彩的、花朵是纷呈的一样，文明也是多彩的。各种人类文明在价值上是平等的，各有千秋，没有高低、优劣之分，一切文明成果都值得尊重和珍惜。2000 多年前，我们的先辈们开辟了古丝绸之路。沿着这条道路，佛教、伊斯兰教及阿拉伯的天文、历法、医药传入中国，中国的四大发明和养蚕等技术也由此传向世界。正如习近平主席所指出的"不同文明、宗教、种族求同存异、开放包容，并肩书写相互尊重的壮丽诗篇，携手绘就共同发展的美好画卷"。②

将"一带一路"建成文明之路，要促进不同文明和谐共处。纵观人类历史，从茹毛饮血到田园农耕，从工业社会到当今的信息时代，不同国家和民族的文明图谱，构成了社会发展进步的华美乐章。但进入近代以来，西方国家带着优越感看待西方文明与其他文明间关系，凡是不符合其标准的，就被贴上"不文明"的标签，需要被

---

① 《习近平谈治国理政》第二卷，外文出版社 2017 年版，第 513 页。
② 《习近平谈治国理政》第二卷，外文出版社 2017 年版，第 507 页。

"启蒙"、被"开化"。这种狭隘的文明观，最终演变为殖民主义对外扩张的理论依据和道德粉饰。"一带一路"建设的一个基本前提，就是不同文明和谐共处。正如习近平主席所指出的："中国愿同世界各国分享发展经验，但不会干涉他国内政，不会输出社会制度和发展模式，更不会强加于人。我们推进'一带一路'建设不会重复地缘博弈的老套路，而将开创合作共赢的新模式；不会形成破坏稳定的小集团，而将建设和谐共存的大家庭。"①

将"一带一路"建成文明之路，要促进不同文明交流互鉴。傲慢与偏见是文明之敌，是妨碍文明交流互鉴的障碍。对此，习近平主席指出，"要建立多层次人文合作机制，搭建更多合作平台，开辟更多合作渠道"。② 其中涉及教育、智库、文化、体育、卫生等领域，包括议会、政党、民间组织等机构，涵盖妇女、青年、残疾人等群体。"一带一路"要开创人类文明新境界，必须把文明交流互鉴作为增进各国人民友谊的桥梁、推动人类社会进步的动力、维护世界和平的纽带。

将"一带一路"建成文明之路，是历史潮流的延续，也是面向未来的正确抉择。这个主张吹响了开创人类文明新境界的号角，必将推动各种文明互学互鉴，促进人类命运共同体早日成为现实。

（载《解放军报》2017 年 5 月 21 日第 4 版）

---

① 《习近平谈治国理政》第二卷，外文出版社 2017 年版，第 514 页。
② 《习近平谈治国理政》第二卷，外文出版社 2017 年版，第 514 页。

照亮欧洲黑暗天空的古丝绸之路

——丝绸之路对欧洲的贡献

"一带一路"的命名，起源于中国向世界开放的古老历史，既是向世界传播中华文明、自身吸纳和借鉴其他文明优秀成果的过程，更是世界经济交通、文明交融史上的典范。这个概念和倡议的提出，是中华文明和智慧的结晶，或者说是中国政府植根于中华民族伟大复兴的中国梦，在 21 世纪向世界敞开的怀抱。其历史抱负和历史贡献，与古丝绸之路的精神一脉相承，其对人类发展和文明的贡献，也必将超越古丝绸之路。

阿拉伯文明、欧洲文明因丝绸之路
重获活力

古代的两条丝绸之路（海上丝绸之路、陆上丝绸之路），在长达 2200 多年的历史中，曾经深刻地影响和改变过世界，对世界文明和经贸的发展做出过重要贡献。

陆上"丝绸之路"和海上"丝绸之路"的开辟，造就了古代东西交通的两大主动脉。

唐朝德宗贞元年间（公元 785—805 年）曾担任宰相的地理学家

贾耽记载过大唐通大食、波斯的两条通道："安西入西域道""广州通海夷道"，就是陆上和海上的"丝绸之路"。通过两大交通主动脉，"把中国丝绸及其它商品，转运至安条克，在安息和罗马之间，起着中间商的作用"，致使罗马和印度的贸易，一度从红海和埃及，转移到了波斯湾和叙利亚。英国著名历史学家罗杰·克劳利也以欧洲人的视角评论说，丝绸之路"使得欧洲与东方两个经济系统联系在一起，在东西半球之间输送商品，促进新的品位的产生和选择概念的形成"，"它把东方的味道、思想和影响，以及某种浪漫的东方主义，带到了欧洲世界"。

阿拉伯半岛以及后来建立的阿拉伯帝国处于亚欧大陆的中部，并和非洲连接。虽然在历史上，中亚和西亚地区不断有文明和帝国产生，但由于距离遥远等原因，这一地区在连接东西方文明方面没有起到大的作用。东西方文明相互隔绝，彼此在各自的范围内独立发展，交流甚少。阿拉伯帝国的建立，为保持连接亚欧大陆的丝绸之路的畅通提供了强有力的保障，从而，丝绸之路这一东西方之间持久的、稳固的和直接的联系管道对推进沿线地区和国家经济发展以及文化繁荣起到了越来越重要的作用。

在丝绸之路上，中国的四大发明——造纸术、印刷术、指南针和火药，在中世纪先后通过阿拉伯人传入欧洲，对推动人类文明的发展产生了不可估量的影响。正如英国哲学家弗兰西斯·培根所说的："它改变了整个世界许多事物的面貌和状态，并由此产生无数变化，以致似乎没有任何帝国、任何派别、任何星球，能比这些技术发明对人类事务产生更大的动力和影响。"马克思更把火药、罗盘和印刷术喻为"预兆资产阶级社会到来的三项伟大发明"。

由于在丝绸之路上出色地扮演了东方与西方之间"中间人"角色，阿拉伯文化通过学习中国和欧洲文化获得高度发展与繁荣，并反过来有力地促进了欧洲文化的发展。毫不夸张地说，丝绸之路曾照亮欧洲黑暗的天空，使欧洲人重新接触和认识了古希腊文化，对西方科学文化事业的复苏和繁荣起了先导和促进的作用，从而重建了西方基督教文明。

中国社会科学院蔡昉副院长也认为，在科技方面，"现代世界赖以建立的基本发明创造，几乎有一半以上源于中国"。"中国的'四大发明'即火药、指南针、印刷术和造纸术的发明，被培根誉为具有改变整个世界的力量和影响"，但是"这种创造发明因脱离常态经济活动，而未在其诞生地被实际地转化为必要的创新，因而并没有能够促进经济发展的例子"，"却是通过直接和间接的管道传播出去，在欧洲被率先应用"，其中"基督教十字军的'东征'通过阿拉伯世界与中国发生了直接的沟通，成吉思汗的西征则扩大了与西方世界的直接交流。至于中国与欧洲更直接大规模交流，最迟于1517年葡萄牙商船抵达广州便开始"，"始于2000多年前的丝绸之路，通过陆路和海路开通了中国与西亚、中亚、阿拉伯世界乃至欧洲的商业、文化、科技、宗教和外交联系，而阿拉伯人对于记录、保存和传播欧洲文明，沟通中西方科学技术发挥了十分关键作用"。

造纸术带来了哲学艺术繁荣和学科发展

在延续2200多年历史的古老丝绸之路上，对西方文化产过重要影响的莫过于始自阿拉伯帝国倭马亚王朝的"百年翻译运动"。通过这场旷日持久的运动，将希腊的哲学和科学著作都翻译成了阿拉伯语。

"欧洲人几乎完全不知道希腊思想和科学之际，这些著作翻译工作，已经（由阿拉伯人）完成了。当赖世德和麦蒙在钻研希腊和波斯的哲学的时候，与他们同时代的西方的查理大帝和他部下的伯爵们，还在那里边写边涂地练习拼写他们自己的姓名呢"，"那时欧洲最有学问的僧侣教士，还俯伏在古老的教堂里誊写宗教经卷，王公贵族及其子弟，对古希腊哲学还闻所未闻"，历史不能假设，但毫无疑问，如果没有"百年翻译运动"，很难想象会有日后的欧洲文艺复兴。

倭马亚王朝的第二任哈里发叶齐德一世（公元680—683年在位）的儿子哈里德，是伊斯兰教历史上，第一个把希腊语和科普特语的炼金术、占星术和医学书籍翻译成阿拉伯语的。阿拔斯王朝的哈里发赖世德在进攻拜占庭帝国时，专门下令搜集希腊文的书籍，带回来供学者研究和翻译。阿拔斯王朝的哈里发麦蒙时期，也曾专门派智慧馆馆长到君士坦丁堡，向拜占庭皇帝索取希腊语著作，其中包括欧几里得的《几何学原理》，并鼓励学者们把这些著作翻译成阿拉伯语。为宣导翻译运动，哈里发麦蒙曾用与译稿同等重量的黄金，作为翻译家侯奈因（公元809—873年）的翻译酬金，可见当时统治者对翻译和学术活动的重视与鼓励。经过200年的翻译活动，阿拉伯人将几乎所有的希腊、印度、波斯等文明的经典著作翻译成了阿拉伯语，其中最有名的，有托勒密的《四部书》《天文大集》，亚里士多德的《范畴学》《政治学》《逻辑学》《物理学》《伦理学》，欧几里得的《几何学原理》，柏拉图的《理想国》，格林的《解剖学》，阿基米德的全部著作，等等。美国学者希提，曾就倭马亚王朝和阿拔斯王朝早期的翻译运动评论说，阿拉伯人"掌握了亚里士多德的主要哲学著作，新柏拉图派主要的注释，格林医学著作的绝大部分，还有波斯、印度的科学著作。希腊花了好几百年才发展起来的东西，阿拉伯学者，在几十年时间内，就把它完全消化了"。

西方文化主要是通过上述阿拉伯译著得以复兴的。恩格斯在《自然辩证法》中说："在罗曼语各民族那里，一种是从阿拉伯人那里吸收过来并从新发现的希腊哲学那里得到营养的开朗的自由思想，越来越深地扎下了根，为 18 世纪的唯物主义作了准备。"① 在同一书中，他说："古代流传下欧几里德几何学和托勒密太阳系，阿拉伯人流传下十进位制、代数学的发端、现代的数字和炼金术；基督教的中世纪什么也没留下"，② 在"八世纪中叶到十三世纪初这个时期，说阿拉伯语的人民，是全世界文化和文明的火炬的主要举起者。古代科学和哲学的重新发现，修补增订，承前启后，这些工作，都要归功于他们，有了他们的努力，西欧的文艺复兴才有可能"，"讲阿拉伯话的各国人民，是第三种一神教的创立者，是另外两种一神教的受益者，是与西方分享希腊—罗马文化传统的人民，是在整个中世纪时期高举文明火炬的人物，是对欧洲文艺复兴做出慷慨贡献的人们，他们在现代世界觉醒的、前进的各独立民族中间已经有了自己的位置"。

在哲学领域，由于受到希腊哲学思想的影响，阿拉伯人试图将哲学与宗教结合起来，形成了阿拉伯哲学史上著名的阿拉伯亚里士多德派，为促进中世纪哲学和科学的发展，做出了重要贡献。阿拉伯哲学的代表人物主要有肯迪（公元 796—873 年）、法拉比（公元 870—950 年）、伊本·西那（公元 980—1037 年）伊本·鲁士德（公元 1126—1198 年）。肯迪是伊斯兰哲学的先驱，其主要著作有《论理智》《灵魂的话》等。他的著作后来被翻译成拉丁文，对欧洲的培根等人影响甚大。法拉比对亚里士多德有精深的研究，并受其影响撰写了《市民政治》一书，第一次提出了关于模范城市的概念。法拉比一生著述颇丰，代表作有《形而上学要旨》《范畴论》《逻辑学入门》《哲学的本质》《文明策》《论政治》《本质论》等。法拉比的哲学著作，被翻译成欧洲各种语言，对欧洲文艺复兴和文化启蒙产生过强烈的影响。伊本·西那自幼学习亚里士多德、欧几里得、托勒密、法拉比等人的哲学。他一生的著作有 279 种之多，涉及哲学、心理

① 《马克思恩格斯选集》第三卷，人民出版社 2012 年版，第 846 页。
② 《马克思恩格斯选集》第 3 卷，人民出版社 2012 年版，第 848 页。

学、物理学、几何学、天文学、逻辑学、语言学、伦理学和艺术等，其代表作有《治疗论》《逻辑学节要》《论灵魂》《公正论》《论命运》《忧愁的本质》《死亡的哲学》等，"他不仅在中世纪对欧洲有很大影响，还通过唯名论对欧洲文艺复兴产生过积极影响。欧洲文艺复兴时期出现的人道主义、泛神论以及经验论、感觉论及其它方面的自由思想，都或多或少地与伊本·西那的名字联系在一起"。

伊本·鲁士德发展了亚里士多德的唯物主义思想，形成了自己的哲学体系。他的主要代表作有《亚里士多德形而上学注释》《驳哲学家的矛盾》《论柏拉图共和国》《古代科学问题》《哲学问题》《逻辑导言》《灵魂问答》等。他的著作大约在公元 13 世纪用拉丁文出版，在西欧广泛流传，形成阿威罗伊主义，统治西欧思想长达数百年。法国巴黎大学和意大利巴杜亚大学将他的著作定为哲学教材，著名诗人但丁在《神曲》第四篇中，赞扬伊本·鲁士德是亚里士多德哲学最伟大的注释家。勒南在《西方的阿拉伯文明》中写道："把大多数希腊哲学家介绍给我们的是阿拉伯人，这是他们对我们的功绩。他们对基督教的哲学复兴也有恩德。而伊本·鲁士德是亚里士多德思想观点中最伟大的翻译家和注释者。因此，不管在基督教徒中，还是在穆斯林中，他都占有极其重要的地位。基督教哲学家汤玛斯·阿奎那通过他的注释，读到了亚里士多德的著作，我们不能忘记，是他创造了自由思想的观念。"总之，黑暗时代的欧洲人，从伊斯兰哲学中知道了亚里士多德，才开始研究哲学。伊斯兰哲学对于中世纪欧洲经院哲学有过重大影响，在西方哲学史上有重要的地位。"阿拉伯哲学家们的先进哲学思想，犹如一把火炬，照亮了西欧昏暗的中世纪哲学发展的坎坷道路。"

在罗马帝国基督教化的过程中，科学曾被诬以恶名，科学家迭遭迫害。当时，新柏拉图派必须离开雅典，数学、医学、炼金术和哲学等研究中心也经由丝绸之路转移到了阿拉伯帝国，并使科学技术获得了新生，开始了科技史上的一个新时代。由此，阿拉伯人开始全面、系统地学习希腊数学、天文学、医学、物理学、力学、地理学等学科的知识，并创造了一些新学科、新理论。

著名学者有拉齐（公元 864—924 年）、伊本·西那（公元 980—1037 年）、花拉子密（公元 780—850 年）和白塔尼（公元 858—929 年）。拉齐是阿拉伯医学的泰斗，他 20 卷本的《医学集成》，包括外科、解剖、药物、饮食疗法及卫生学等学科。他的《天花与麻疹》是这方面最早的著作。拉齐的著作对西方的影响长达数百年之久。伊本·西那既是一位哲学家，又是最负盛名的穆斯林医生。他的名著《医典》是公元 12—17 世纪欧洲各大学的医学教科书。花拉子密是中世纪最伟大的天文学家和数学家，他制订的《花拉子密天文表》，代替了希腊和印度的各种天文表，成为西方各种天文表的蓝本。他的数学代表作《积分和方程计算》，论及一次、二次方程的算术解法和初等几何，为西方代数学奠定了基础。白塔尼修正了托勒密天文学著作中的许多错误，修正了月球和某些行星轨道的计算法，证明了太阳环食的可能性，更准确地确定了黄道、黄道斜角以及回归年和四季之长，第一次提出了决定新月可见度的独创理论，这些成果为欧洲天文学的发展奠定了基础。

古丝绸之路对于沿线国家和地区经济与文化发展起到了怎样的作用、产生了怎样影响，还是一个有待学界进一步研究的课题，但本文能够得出这样一个基本结论：阿拉伯文明、欧洲文明通过丝绸之路与以中国为主要代表的东方文明的对接，重新获得活力与生机，并最终通过文艺复兴和工业革命，从根本上改变了人类社会的面貌。阿拉伯人崇尚科学，伊斯兰教先知穆罕默德曾经说："信徒们，去寻求知识吧，哪怕远到中国！"其实，不仅是知识，还有技术，一个典型的例证是中国的造纸术在 8 世纪通过丝绸之路传播到阿拉伯世界，并由阿拉伯人传至欧洲。书写材料是决定文化活动规模、范围和层次的重要条件。纸张的广泛应用，大大便利了文化的传播和学术的发展。可以肯定地说，是中国造纸技术经由丝绸之路的传播，带来了阿拉伯世界百年翻译运动和哲学艺术繁荣。"没有造纸业的发展，就没有阿拔斯时代学术的繁荣。"

根据中国国家发展改革委、外交部和商务部 2015 年 3 月 28 日联合发布的"一带一路"白皮书——《推动共建丝绸之路经济带和 21 世纪海上丝绸之路的愿景与行动》，"一带一路"涵盖中亚、南亚、西亚、东南亚和中东欧等 65 个国家和地区。参考历史经验，我们有理由相信，"一带一路"建设通过与沿线国家和地区的发展规划对接，能够为亚欧文明的共同繁荣带来新的动力源泉和发展机遇。

（载《东方文化》2016 年第 1 期）

人类文明因亚洲而更加绚烂多姿

2019 年 5 月 15 日，在亚洲文明对话大会开幕式上，习近平主席发表题为《深化文明交流互鉴共建亚洲命运共同体》的主旨演讲，回顾亚洲文明过去的辉煌，总结亚洲文明现在的成就，展望亚洲文明未来的精彩。亚洲是人类最早的定居地之一，也是人类文明的重要发祥地。中国与亚洲其他文明的交流互鉴，不仅推动了中华文明的发展，也推动了世界文明的发展。今天，亚洲是世界最具发展活力和潜力的地区之一，亚洲文明在世界格局中的地位不断上升，以学习互鉴、交流融合为特征的亚洲文明发展主旋律，正在引起全世界的共鸣。

恢弘瑰丽的亚洲文明

习近平主席在演讲中指出，在数千年发展历程中，亚洲人民创造了辉煌的文明成果；各种文明在这片土地上交相辉映，谱写了亚洲文明发展史诗。①

亚洲是人类文明的发源地。农业首先产生于亚洲西部的两河流域，为世界文明的诞生奠定了基础。从公元前 4000 年前后开始，两

---

① 习近平：《深化文明交流互鉴 共建亚洲命运共同体》，《光明日报》2019 年 5 月 16 日。

河流域的楔形文字、埃及的象形文字、印度河流域的印章铭文、中国的甲骨文，依次被先民创造出来，人类由此掌握了知识的保存和传播技术。两河流域文明、印度河流域文明、中华文明、北方游牧文明和埃及文明逐渐成为亚洲文明的几大中心，比被视作西方文明源头的克里特—迈锡尼文明早 2000 年。

亚洲文明创造了伟大的经济、技术和文化、政治等成就。仅以两河流域文明为例：巴比伦城和空中花园被誉为古代奇迹，《汉穆拉比法典》是迄今世界历史上第一部完备的成文法典，楔形文字是西方字母文字的肇始；泥板文书中记载的《吉尔伽美什史诗》是最早的有记录的史诗。两河流域文明还拥有诸多人类历史的第一，如第一座公共图书馆、最早的天文记录和第一个地跨亚非欧的世界性帝国——波斯帝国，等等。

中华文明是亚洲文明交流互鉴的推动者，也得益于此而成为亚洲文明的璀璨明珠。公元前 100 多年，中国就开始开辟通往西域的丝绸之路。西汉时期，张骞两次出使西域，中国的船队也到达了印度和斯里兰卡。唐代是中国对外交流的活跃期，当时与中国通使交好的国家多达 70 多个。这种大交流促使中华文化远播世界，也促进了各国文化和物产传入中国。佛教传入中国后，同中国儒家文化和道家文化融合发展，形成了具有中国特色的佛教文化和佛教理论，并远播至日本、韩国、东南亚等地。15 世纪初，中国明代著名航海家郑和七次远洋航海，留下了中国同沿途各国人民友好交往的佳话。5000 多年来，"和而不同""有容乃大"是中华民族生生不息、发展壮大、学习借鉴各文明优秀成果的重要原则。因此，中华文明是在中国大地上产生的文明，也是同其他文明不断交流互鉴而形成的文明。

亚洲文明为欧洲文明近代以来的兴起提供了无私帮助。中国的造纸术、火药、印刷术、指南针四大发明带动了世界变革，推动了欧洲文艺复兴。亚洲文明在自然经济的基础上形成了中华贸易圈、印度洋贸易圈、东南亚季风贸易圈等区域性贸易网络，丝绸之路、香料之路、茶叶之路等关键物资渠道，为欧洲大航海时代的商贸发展奠定了基础。法国、英国、荷兰等国学者在印度和中国无偿学习棉织品制造方法，为改造欧洲纺织机械积累了大量知识与技术。由此，欧洲工业革命才有可能在棉纺织业率先发生。

令人振奋的亚洲文明

习近平主席在演讲中指出："现在，'一带一路'、'两廊一圈'、'欧亚经济联盟'等拓展了文明交流互鉴的途径，各国在科技、教育、文化、卫生、民间交往等领域的合作蓬勃开展，亚洲文明也在自身内部及同世界文明的交流互鉴中发展壮大。"① 今天，亚洲文明已经取得的成就来之不易，也因此显得更加弥足珍贵。

人类进入近代以来，欧洲文明利用"战争资本主义"，重新打造资本主义世界体系。在此过程中，大部分亚洲文明中心遭受了殖民和半殖民的掠夺，两河流域文明地区、印度河恒河文明地区乃至中华文明地区的人民备受煎熬。但是，亚洲人民从来没有忘记和放弃理想。在一个多世纪的时间里，在争取民族独立和解放的斗争中，亚洲人民彼此同情、相互支持，共同推动了亚洲的觉醒。中国、印度、缅甸顺应历史潮流，共同倡导和平共处五项原则，得到国际社会广泛赞同和遵守。

20 世纪后半叶，是亚洲再次创造奇迹的时代。继日本经济腾飞后，"亚洲四小龙"和"亚洲四小虎"紧随其后。改革开放创造的巨大经济成就，使中国驶入了现代化的快车道。亚洲已成为世界经济复苏和发展的重要引擎，近年来亚洲地区对世界经济增长的贡献率已超

---

① 习近平：《深化文明交流互鉴 共建亚洲命运共同体》，《光明日报》2019 年 5 月 16 日。

过 50%。

正因如此，参加亚洲文明对话大会的各国领导人普遍认为，今日的亚洲已成为维护和实现世界持久和平和人类繁荣进步的重要力量。柬埔寨国王西哈莫尼强调："当前最为紧迫的，是加强亚洲乃至世界对人类命运的责任感。我们应坦诚相待、互相尊重、鼓励思考，为互学互鉴创造条件，共同致力于亚洲发展进程。"希腊总统帕夫洛普洛斯指出："这不仅仅是一个亚洲的大会，也是一个世界性的大会。它所传递的精神从北京出发，直抵西方，直通世界所有文明。"斯里兰卡总统西里塞纳说："亚洲文化和文明，起源相似，发展道路、发展未来相似。能否实现和谐相处，在于我们是否能够理解彼此的文明。亚洲文明对话大会给了我们很好的机会来加强对话。"

精彩可期的亚洲文明

习近平主席强调，回顾历史、展望世界，我们应该增强文明自信，在先辈们铸就的光辉成就的基础上，坚持同世界其他文明交流互鉴，努力续写亚洲文明新辉煌。[①] 亚洲文明精彩可期，新辉煌的"新"字，就体现在亚洲命运共同体和人类命运共同体的不断丰富，体现在"一带一路"倡议为亚洲乃至世界带来的巨大希望上。

党的十八大以来，习近平主席顺应全球化进入新时代的需要和世界发展大势，率先提出"通过迈向亚洲命运共同体，推动建设人类命运共同体"的倡议。目前，随着全球化的深化和移动互联网的发展，世界已不再仅仅是地球村，而是"越来越成为你中有我、我中有你的命运共同体"。此外，近年来全球化引发的马太效应，在西方

---

① 习近平：《深化文明交流互鉴　共建亚洲命运共同体》，《光明日报》2019 年 5 月 16 日。

国家内部产生强烈社会冲击，导致反全球化主张甚嚣尘上。构建亚洲命运共同体和人类命运共同体的主张，成为亚洲文明为国际社会提供的中国智慧和中国药方。

"一带一路"建设是中国致力于构建人类命运共同体的生动实践。中国是亚洲命运共同体和人类命运共同体的积极倡导者，也是坚定实践者。"一带一路"倡议以亚洲和发展中国家为重点，推动实现互联互通，为亚洲和发展中国家提供了更多公共产品，与各国一起分享了中国发展的红利。第二届"一带一路"国际合作高峰论坛的成功举办，与亚洲文明对话大会交相呼应，互为映衬，折射出了通过"一带一路"构建亚洲命运共同体和人类命运共同体的美好未来。

亚洲文明的昨天恢弘瑰丽，今天令人振奋，明天精彩可期。习近平主席强调："文明因多样而交流，因交流而互鉴，因互鉴而发展。我们要加强世界上不同国家、不同民族、不同文化的交流互鉴，夯实共建亚洲命运共同体、人类命运共同体的人文基础。"[1] 我们相信，只要认真落实好习近平主席的指示要求，一个和平安宁、共同繁荣、开放融通的亚洲就一定会灿烂绽放于世界文明之林，亚洲人民对美好生活的向往就一定会变为辉煌的现实。

（载《旗帜》2019 年第 7 期）

---

[1] 习近平：《深化文明交流互鉴　共建亚洲命运共同体》，《光明日报》2019 年 5 月 16 日。

智库建设篇

铭记总书记两会嘱托
履行好智库时代使命

报效国家和人民历来是中国读书人的不变情怀，因此也就有了"居庙堂之高则忧其民，处江湖之远则忧其君"的追求。服务国家决策和人民福祉历来是中国学者的毕生夙愿，由此也就有了"先天下之忧而忧，后天下之乐而乐"的家国情怀。当下，在实现中华民族伟大复兴中国梦的时代征程中，中国知识界恰逢盛世盛时，涌现出了以国家高端智库为代表的"第一方阵"和"国家队"。2017 年 3 月 4 日，对包括国家高端智库在内的中国知识界来说，是个不能不记住的继往开来的大喜日子。

3 月 4 日下午，习近平总书记在看望出席全国政协十二届五次会议部分界别组委员并参加联组会时，再次就知识分子工作发表重要讲话，迅速在国内外引起了热烈反响。"我国广大知识分子是社会的精英、国家的栋梁、人民的骄傲，也是国家的宝贵财富"，"要以识才的慧眼、爱才的诚意、用才的胆识、容才的雅量、聚才的良方，广开进贤之路，把各方知识分子凝聚起来，聚天下英才而用之"，"要充分信任知识分子，重要工作和重大决策要征求知识分子意见和建议"，习近平总书记这些推心置腹的话语，说到了知识分子的心窝里。在讲话中，总书记专门引用北宋大儒张横渠的名句，希望广大知识分子能"为天地立心、为生民立命、为往圣继绝学、为万世开太平"，对知识分子如何在中华民族伟大复兴进程中有更大作为提出了殷殷期许。

　　"精英""栋梁""骄傲"和"宝贵财富"，多么令人眩目字眼，这体现出了以习近平同志为核心的党中央对知识分子的爱护爱惜；"慧眼""诚意""胆识""雅量"和"良方"，这些饱含治国理政时代智慧的话语，体现了习近平总书记对高层次人才的高度重视和信任包容；"立心""立命""继学"和"开太平"，源自中华民族古老智慧的词语，体现了习近平总书记对知识分子如何回应时代和人民重托的谆谆教诲。党的十八大以来，习近平总书记分别在全国宣传思想工作会议、文艺工作座谈会、哲学社会科学工作座谈会、新闻舆论座谈会、十次文代会和九次作代会、会见中国记协第九次理事会代表、全国高校思想政治工作会议等重要场合发表了系列重要讲话，深刻阐述了我们党关于知识界的一系列带有根本性、战略性、全局性的重大问题和主张。如此密集、集中地阐述，这在我们党的历史上、在党的知识分子事业发展历程中尚属首次。

　　由此回溯到 2015 年 1 月 20 日，经中央批准，中共中央办公厅和国务院办公厅联合印发了《关于加强中国特色新型智库建设的意见》（以下简称《意见》），这在我们党和国家的历史上也是第一次。《意见》就深入贯彻落实党的十八大和十八届四中全会精神，就加强中国特色新型智库建设、建立健全决策咨询制度提出了一系列的要求，做出了一系列的部署。"提出中国特色新型智库是党和政府科学民主依法决策的重要支撑，决策咨询制度是我国社会主义民主政治建设的重要内容。当前，全面建成小康社会进入决胜阶段，破解改革发展稳定的难题和应对全球性问题的复杂性、艰巨性前所未有。迫切需要健全中国特色的决策支撑体系，大力加强智库建设。"《意见》指出，"中国特色新型智库是国家治理体系和国家治理能力现代化的重要内容，是国家治理能力的重要体现，是国家软实力的重要组成部分。"《意见》要求"必须从党和国家事业发展全局的战略高度，把中国特色的新型智库建设作为一项重大而紧迫的任务，采取有力措施切实抓紧抓好"。《意见》开启了中国知识界报效国家和人民的"绿色通道"，让知识界搭上了咨政建言的"直通快车"。

党的十八大以来，让广大知识界倍感沐浴时代春风的时间节点之一，是2014年10月27日。这天，习近平总书记在中央全面深化改革领导小组第六次会议上指出，"我们进行治国理政，必须善于集中各方面的智慧，凝聚最广泛的力量，重点建设一批具有较大影响和国际影响力的高端智库，高度重视专业化智库建设"。此前，在党的十八届三中全会通过的《中共中央关于全面深化改革若干重大问题决定》里也明确指出：要加强中国特色新型智库建设，建立健全决策咨询制度。这是自建党以来，"智库"两个字第一次在中央文件里出现。

党的十八大以来，习近平总书记多次就充分发挥知识界的作用作出了系列重要批示和指示。2012年11月，党的十八大报告就提出，要坚持科学决策、民主决策和依法决策，要发挥思想库的作用。2013年4月，习近平总书记对建设中国特色智库做出了重要批示。2014年3月，习近平总书记在访问德国的时候，强调中国和德国要成为全方位的战略伙伴关系，特别是要加大政府、政党、议会、智库交往。把智库作为国家双边交往的平台和窗口，这在新中国的外交史上也属首次。2014年7月，习近平总书记主持召开经济形势专家座谈会，就加强中国特色新型智库建设，建立健全决策咨询制度作出了重要的指示。2014年10月27号，习近平总书记主持召开的全面深化改革领导小组第六次会议，审议通过了《关于加强中国特色新型智库建设的意见》。2015年12月1号，经习近平总书记批准，国家高端智库建设试点工作会议在北京召开，拉开了国家高端智库建设的时代大幕。

在习近平总书记系列重要讲话和以习近平总书记为核心的党中央的系列决策部署中，国家高端智库建设试点工作作为知识界在新形势下服务党和国家伟大事业的探索，事实上已经成为推进国家治理体系和治理能力现代化的重要内容，并与中国传统文化高度契合，是"所贵圣人之治，不贵其独治，贵其能与众共治"传统治国理政思想在新时代的再次升华。以国家高端智库试点单位为代表的中国知识界，一定会围绕党和国家重大战略部署确立自己的研究方向和重点，不断提高咨政建言能力，并在阐发中国理论、贡献中国智慧、讲好中国故事方面走在时代前列、勇立时代潮头。

中国社会科学院国家全球战略智库作为国家高端智库试点单位，自2016年初成立以来即按照中央的部署，在国家高端智库理事会和中国社会科学院的正确指导下，全力投入，基本实现了精彩开局、迈出了重要步伐、积累了初步经验、形成了一定的国内外影响。我们以服务决策为中心任务，瞄准国家重大战略需求，组织开展了一系列前瞻性、针对性、储备性的课题研究，推出了一批优秀科研成果；我们以舆论引导为己任，围绕党和国家重大决策、国际热点问题，精心组织筹划，积极主动发声，在宣传阐释、引导舆论、凝聚思想共识等方面取得了良好社会效果；我们充分利用自身交流渠道、人脉网络，举办或参与了系列有影响的公共外交活动，较好地服务了国家外交战略；我们按照习近平总书记关于"积极探索中国特色新型智库的组织形式和管理方式"等指示精神，着眼中国特色新型智库建设的长远发展，统筹规划、整体推进、先行先试，做出了有益的探索和尝试。

在过去一年的探索和实践中，我们感到作为国家高端智库试点单位，既要有中国知识分子传统的"家国情怀"，还要有积极建言献策的"事业追求"，也就是说要兼具学术研究者、政策宣传队、思想播种机、咨政智囊团的四重角色。特别是我们作为从事国际战略问题研究的国家高端专业智库，所承担的特殊责任，还要求我们能遍观天下事，能了解和掌握国外"庙算者"的心思，应具备四种境界：一是战略性，万物当其目，众音佐其耳，脚步能紧跟形势、紧跟战略博弈，心中明辨天下大势；二是前瞻性，一叶知秋，能明了发端于青萍之末的风声，能预报"蝴蝶效应"煽动的翅膀；三是对策性，以战略眼光和战略定力，既能闻千里之外雷霆之声，又善抽丝剥茧，去伪存真，提出真知灼见；四是动向性，在纷纭复杂的国际风雨里，既观日月之行，又能仰观云飞之暗影、静听风来之前音。

四重角色和四个境界，定位很高，是我们未来的追求和奋斗目标。3月4日，习近平总书记温暖的话语和殷切的期望，将是我们智库继续拼搏奋斗不竭动力的源泉。因此，2017年度和今后一个时期，国家全球战略智库将在理事长蔡昉教授、首席专家傅莹大使的领导下，认真学习领会习近平总书记系列重要讲话精神，特别是3月4日谆谆嘱托和在哲学社会科学工作座谈会上的讲话精神、关于智库建设的重要指示，以"出成果、抓运行"为两大任务，着力提高研究质量，不断提升服务党和国家决策的能力和水平，不断提升国际影响力和社会影响力，以优异成绩迎接党的十九大胜利召开。年内，我们将继续牢牢把握咨政建言、服务决策这个根本任务，着力在事关党和国家未来发展的重大战略问题上贡献思想成果；我们将继续围绕"一带一路"倡议的实施和推进，特别是在5月即将召开的"'一带一路'国际合作高峰论坛"筹备工作中发挥自己的作用；我们将按照上级要求和部署，积极开展同国外智库的交流合作，围绕人类命运共同体、国际战略走势、国际热点等，力争在联合研究、共享成果、共同发声等方面有所建树。

习近平总书记在哲学社会科学工作座谈会上深刻地指出，"当代中国正经历着我国历史上最为广泛而深刻的社会变革，也正在进行着人类历史上最为宏大而独特的实践创新。这种前无古人的伟大实践，必将给理论创造、学术繁荣提供强大动力和广阔空间。这是一个需要理论而且一定能够产生理论的时代，这是一个需要思想而且一定能够产生思想的时代。我们不能辜负了这个时代"。这是党和国家向中国知识界发出的时代呼吁，也是我们的奋斗目标。对包括国家全球战略智库在内的中国知识界来说，我们一定会牢记习近平总书记3月4日发表的期许和要求，落实好习近平总书记在哲学社会科学工作座谈会上关于建设"中国特色、中国风格、中国气派"智库的指示，抓住时代机遇、勇立时代潮头，全力打造立心立命继学开太平之"第一方阵"；在破解改革发展稳定难题和应对全球性问题中，不断擦亮"国家队"的金字招牌；在树立社会主义中国的良好形象，推动中华文化和当代中国价值观念走向世界，在国际舞台上发出中国声音等方面，努力发挥我们在公共外交和文化互鉴中的特色作用，全力当好铸造中国梦和讲好中国故事之"国家队"；在准确回答习近平总书记提出的"八个如何"等方面，努力有所作为，不负"国家队"之盛名所托。国家全球战略智库的专家学者们，是一批有志于党和国家未来前途的知识分子，我们一定不负习近平总书记系列重要讲话的重托，"按照立足中国、借鉴国外，挖掘历史、把握当代，关怀人类、面向未来的思路"，勇立时代之潮头、通古今之变化、发思想之先声，积极为党和人民述学立论、建言献策，担负起历史赋予我们的光荣使命。

（载中国青年网 2017 年 3 月 5 日）

加强中国特色新型智库建设

习近平总书记在哲学社会科学工作座谈会上的重要讲话，深刻阐述了新时代我国哲学社会科学发展的根本原则和方向，体现了高度的文化自觉和文化自信。习近平总书记强调："要建设一批国家亟需、特色鲜明、制度创新、引领发展的高端智库，重点围绕国家重大战略需求开展前瞻性、针对性、储备性政策研究。"中国社会科学院作为首批国家高端智库建设试点单位之一，积极推进中国特色新型智库建设，坚持高质量发展方向，围绕党和国家关心的大事难事急事，推进基础理论研究与应用对策研究融合发展，更好地服务党和国家工作大局。

党的十九届五中全会站在"两个一百年"奋斗目标的历史交汇点上，擘画了我国发展的宏伟蓝图。面对新形势新任务，抓住和用好重要战略机遇期，有效应对前进道路上的各种风险挑战，把握新发展阶段、贯彻新发展理念、构建新发展格局，不断夺取具有许多新的历史特点的伟大斗争新胜利等，都需要哲学社会科学提供智力支持。建设中国特色新型智库，必须提高政治站位，加强与决策部门的对接和互动，不断开拓视野，改革科研工作管理模式，充分激发各学科、各类人才的创造力。

坚持正确政治方向、价值导向、学术取向。始终坚持党的领导，坚持为人民做学问，自觉围绕中心、服务大局，坚守社会责任，致力于学术报国，坚决维护国家主权、安全、发展利益。坚持高标准定位，以增强研究能力为核心全面提升智库建设质量。把建设高水平应用研究人才队伍作为智库可持续发展的战略任务，建立相对稳定的核心研究团队，发挥好首席专家的领军作用。对建言献策成果与学术论文、专著实行等效评价，增强智库研究人员的荣誉感、责任感、获得感。优化智库发展环境，加强政策扶持、经费支持，打通体制机制堵点，推动形成符合中国特色新型智库发展规律、灵活高效的管理运行体制。

强化问题意识。深入开展战略性研究，强化精、专、深、透的研究理念。注重运用战略思维、历史思维、辩证思维、创新思维、法治思维、底线思维分析问题，从历史与现实、理论与实践、国际与国内的结合上把握规律。注重从经济、政治、文化、社会、生态等多维度思考对策，综合运用多学科知识、工具、方法协同攻关，集中力量、集思广益，不断增强研究成果的科学性。注重夯实基础研究、拓展研究的广度和深度，不断提升应用对策研究的思想分量、建议质量、价值含量。注重前瞻性研究，既着眼党和国家当下所想所急，又着眼党和国家未来所需所谋，形成富有深刻洞见、独特创见、战略远见的应用对策研究成果。

弘扬理论联系实际的学风。把调查研究作为应用对策研究的基本功，深入了解世情国情党情，掌握真实情况、寻求务实对策，使智库研究建立在对实际情况的准确把握之上，确保成果可信可靠可用。创新研究方式，加强对重大专项课题研究的组织策划，强化联合研究、集成创新。坚持专业化方向、整体推进，推动智库走专业化、高精尖发展路子，使各智库结构合理、优势互补、功能齐全，更好适应党和国家工作需要。拓展智库对外合作交流，通过项目合作、学术研讨、人员往来等多种方式，积极参与国际学术组织和国际科学计划，深度参与全球治理研究和政策对话。广泛宣传中国智慧、中国主张、中国方案，在国际舞台上树立中国智库品牌。

（载《人民日报》2021 年 5 月 18 日第 15 版）

为党和国家决策提供
更高水平智力支撑

2016 年 5 月 17 日，习近平总书记主持召开哲学社会科学工作座谈会并发表重要讲话，全面科学回答了新时代我国哲学社会科学发展的一系列根本问题，就加强中国特色新型智库建设，发挥哲学社会科学在治国理政中的重要作用，进行了深刻阐述，提出了明确要求。5 年来，中国社会科学院深入贯彻落实习近平总书记"5·17"重要讲话精神和党中央关于加强中国特色新型智库建设的决策部署，大力推进全院智库建设，努力服务党和国家工作大局。

党中央高度重视中国特色新型智库建设

党的十八大以来，以习近平同志为核心的党中央高度重视智库建设，为中国特色新型智库建设擘画蓝图、把向定位。

将智库建设提升到前所未有的高度。党的十八届三中全会提出，要加强中国特色新型智库建设。这是我们党在重要文件中，首次使用"智库"这个概念。2014 年 10 月，习近平总书记主持召开中央全面深化改革领导小组第六次会议，审议通过了《关于加强中国特色新型智库建设的意见》。习近平总书记在会议上强调，智力资源是一个国家、一个民族最宝贵的资源。要从推动科学决策、民主决策，推进国家治理体系和治理能力现代化、增强国家软实力的战略高度，把中国特色新型智库建设作为一项重大而紧迫的任务切实抓好。会后，中央办公厅、国务院办公厅印发了《关于加强中国特色新型智库建设的意见》，我国智库建设站在新的历史起点，迎来前所未有的机遇。

开展国家高端智库建设试点工作。2015 年 11 月，习近平总书记主持中央全面深化改革领导小组会议，审议通过了国家高端智库建设试点工作方案，提出要紧紧围绕"四个全面"战略布局，以服务党和政府决策为宗旨，以政策研究咨询为主攻方向，以完善组织形式和管理方式为重点，以改革创新为动力，优先选择若干基础条件较好、专业特色突出的机构进行试点，建设一批国家急需、特色鲜明、制度创新、引领发展的高端智库。会议确立了第一批 25 家国家级高端智库，中国社会科学院占据 3 席。

推动智库建设健康发展。2016 年 5 月 17 日，习近平总书记在哲学社会科学工作座谈会上对智库建设作出重要指示，既肯定了智库建设取得的成效，同时指出"有的智库研究存在重数量、轻质量问题，有的存在重形式传播、轻内容创新问题，还有的流于搭台子、请名人、办论坛等形式主义的做法"。习近平总书记强调，智库建设要把重点放在提高研究质量、推动内容创新上。要加强决策部门同智库的信息共享和互动交流，把党政部门政策研究同智库对策研究紧密结合起来，引导和推动智库建设健康发展、更好发挥作用。习近平总书记的重要指示为推动我国智库建设高质量发展提供了科学指引和根本遵循。

推进中国特色新型智库建设的初步探索

中国社会科学院党组认真贯彻落实习近平总书记关于加强中国特色新型智库建设的系列重要指示精神，按照中央统一部署，扎实推进智库建设工作，形成了以 3 家国家级高端智库为统领、24 家院级专业化智库为重点、若干所级特色智库为支撑的"国家级一院级一所级"三位一体的智库体系，打造具有中国社会科学院特色的应用对策研究方阵。全院智库坚持高质量发展方向，把更好服务党和国家决策作为检验智库建设的试金石，紧紧围绕国之大局、国之大要、国之大事、国之大计组织精锐力量开展前瞻性、针对性、储备性研究，为党和国家决策提供咨询和服务，许多成果得到中央肯定。

关于智库建设的思路和方法，我们在实践中也形成了一些规律性认识。

一是要"实"。倡导理论联系实际的学风，把调查研究作为应用对策研究的基本功，深入了解国情世情，掌握真实情况、寻求务实对策，使智库研究建立在对实际情况的准确掌握之上，建立在客观翔实的数据之上，建立在精准专业的分析之上，确保成果的可信可靠可用。二是要"合"。创新研究方式，强化联合研究、集成作战，加强对重大专项课题研究的组织策划，综合运用多学科的知识、工具和方法协同攻关，集中力量、集思广益，不断提高研究成果的科学性。三是要"准"。坚持决策需求导向，精准对接决策部门，提供有效服务。积极承接决策部门委托、交办的课题任务，参与决策部门组织的座谈研讨、政策调研、文件起草、论证评估、舆论引导、对外交流等工作，不断使智库工作全面融入决策、全面服务决策。四是要"宽"。围绕拓展智库对外合作交流，坚持"请进来"和"走出去"

相结合，通过项目合作、学术研讨、人员往来等多种方式，不断拓展新的渠道和平台，积极扩大朋友圈，形成智库高质量发展的国际平台和工作品牌。五是要"新"。创新智库工作方式，积极参与国际学术组织和国际科学计划，深度参与全球治理研究和政策对话，广泛宣传中国倡议、中国方案和中国智慧，为党和国家提升重大国际议题设定、国际规则制定、国际协商谈判等的塑造力、引导力作出应有贡献。

提升服务能力和水平，为党和国家决策提供坚实智力支撑

新时代新阶段，推进中国社会科学院智库建设，关键应做到以下几点。

一是把好"政治关"。始终坚持党的领导，坚持正确的政治方向，坚持以人民为中心的研究导向，体现中国特色社会主义要求，自觉围绕中心、服务大局，坚守社会责任、致力智慧报国，坚决维护国家和人民利益。

二是立足"国家队"。强化国家队意识和站位，以打造中国智库航母、中国智库精兵劲旅为目标，以基础理论研究与应用对策研究的融合发展、相互促进、相互提高为根基，以不断提升研究能力和研究成果质量为核心，强筋壮骨、提质升级，以推动各个智库走专业化、高精尖发展路子为要求，突出特色和优势，努力形成结构合理、优势互补、功能齐全、适应党和国家需要的智库体系。

三是注重"创新型"。中国特色新型智库是个新生事物，要坚持解放思想、改革创新，着力突破体制机制的堵点，推动形成符合中国特色新型智库运行规律、充分激发智库活力和研究人员创造力的现代

科研单位管理体制机制，为建设中国特色新型智库不断积累新的经验。

四是搞好"放管服"。认真落实党中央和有关部门关于科研领域"放管服"改革的政策举措，健全以应用研究为导向、以研究人员为中心、以研究项目为纽带的智库工作和管理方式，就经费管理、绩效评价、人员管理、对外学术交流、学术会议管理等，制定具体、明晰、简便、可操作的实施细则，打通政策落实的"最后一公里"，切实赋予智库和研究人员更大自主权。

（载《旗帜》2021 年第 6 期）

精准建言献策，服务党
和国家发展大局

咨政建言是新型智库的立身之本，精准有效是做好决策咨询信息服务的成事之要。近年来，中国社会科学院始终践行政治机关要求，从践行"两个维护"的高度，充分发挥思想库、智囊团作用，围绕重大问题持续开展研究，及时报送具有前瞻性、战略性、综合性、预判性的对策建议和研究报告，为党中央决策部署提供智力支持。

善打主动仗，增强信息服务的实效性

吃透上情。决策咨询信息的"读者"是党中央、国务院和各级党委政府。服务对象的特殊性决定了做好信息服务工作、提升对策建议质量的关键是了解上情上意。不知道党中央要什么，靶心就找不准，对策建议就会无的放矢。我们将学习习近平新时代中国特色社会主义思想作为首要任务，第一时间传达学习习近平总书记重要讲话和重要指示批示精神，不断深化理论武装，筑牢思想根基。坚持以党中央需求为先导，建立月度选题报送、定期联系汇报等制度机制，主动加强与上级有关部门沟通协调，及时准确把握党中央当前关注重点和未来战略思考，为信息服务工作划重点、明目标、定方向。

接好地线。健全月度课题和约稿制度，每月结合党中央关注重点和上级部门约稿计划，策划月度选题和研究专题，印发选题指南，形成申报、确认、审批、下达、执行、编辑、反馈、评价的全过程、闭环式工作流程。畅通与院属研究单位的沟通渠道，建立责任编辑与学部委员、重点科研人员点对点联系机制，及时了解日常科研动态，接到任务后迅速调配研究力量，第一时间报送高质量对策建议报告。

定点专供。坚持问题导向，开展订单式、差异化信息服务，以约稿单位来件要求为基础，综合时间节点、关注重点、部门职责等因素，有针对性地报送专供报告，做到专事专报、"适销对路"，杜绝眉毛胡子一把抓，不分对象、时间，盲目上报等现象，提升信息服务的精准性。

出好组合拳，提升信息内容的含金量

强化理论筑基。精准有效的对策建议是建立在基础理论上的科学判断，没有基础理论支撑，决策咨询信息服务就会成为无源之水、无本之木。近年来，我们充分发挥学科门类全、研究领域广、学术水平高的科研积淀优势，加强中国特色哲学社会科学基础研究，持续推进基础理论研究和应用对策研究的相互融合、相互促进、相互提高，推进哲学社会科学基础研究课题和重大项目，推出了一批有思想含量、理论分量、话语质量的研究成果，为更好服务科学决策提供了坚实理论支撑。

突出强强联合。持续优化要报撰写工作的组织方式，改变以往仅依靠单兵作战的模式，开展跨专业、跨领域的团队联合攻关，围绕新冠肺炎疫情、中美关系等重大课题，组建若干研究团队，集中优势力量开展动态跟踪研究，持续报送高质量对策建议报告，为党和国家科学决策贡献智慧和力量。

做好专题研究。发挥学科和研究优势，组织高水平研究力量，深挖各学科潜力，开展专题深入研究，把情况摸透、根源挖深、问题找准，提升对策建议的可操作性和政策转化率。比如，新冠肺炎疫情防控期间，我们第一时间成立应对疫情舆情智库工作组，组建工作专班，围绕疫情对经济发展、社会民生、管理体制、思想动态、社会心理的冲击与应对等重大问题开展研究，连续60天上报国内外疫情工作动态和对策建议报告，有力支持国家疫情防控工作。

打牢基础桩，提升信息工作的持续性

加强规范管理。实行对策研究报告"七个统一"，即统一约稿、统一编辑、统一出口、统一报送、统一反馈、统一评价、统一奖励，严把政治关、方向关、学术关、质量关，确保每一篇对策信息都体现哲学社会科学研究"国家队"的高要求、高水平。注重打造队伍，加强编辑人员的思想淬炼、政治历练、实践锻炼、专业训练，增强政治判断力、政治领悟力、政治执行力。

打造品牌矩阵。恢复《中国社会科学院专报》，及时快速向党中央报告重大问题研究成果。创办《参阅件》刊物，将一些有价值的对策建议信息以参阅件形式供中央有关部门决策参考。建立专供刊物制度，按照约稿要求向上级有关部门报送专供信息。将《国情调研报告》《思想理论动态》等刊物服务范围延展到各省、自治区、直辖市主要负责同志，为地方经济社会发展建言献策。

优化评价激励。用好考评指挥棒，健全完善成果评价体系，积极引导广大科研人员开展对策建议研究。比如，优化科研人员职称评聘和年度评价办法，将对策建议报告成果纳入参评范围。设立对策建议专项奖，明确获得对策研究特等奖、1 篇一等奖报告或 2 篇二等奖报告，均可视为在核心期刊发表 1 篇论文。这些激励措施激发了科研人员开展决策咨询类信息服务的积极性和主动性，有效提升了对策建议报告的质量和水平。

（载《秘书工作》2021 年第 3 期）

努力提出务实管用的对策建议

习近平总书记 3 月 4 日下午关于知识分子的重要讲话,充分体现了党中央对广大知识分子的高度重视和殷切期望,让素有报国之志的知识分子深受鼓舞,也为当前知识界的研究明确了具体目标、提出了工作要求,特别是"提出务实管用的对策建议"的要求,为广大知识分子在各自岗位上以其所学为实现国家阶段性和战略性目标发挥积极作用指明了方向。

党的十八大以来,党中央就知识界如何围绕党和国家工作大局、如何构建创新型国家、如何服务党和国家重大战略决策和战略部署等,作出了一系列重要安排,出台了一系列重要举措。其中,关于加强中国特色新型智库建设、国家高端智库试点运行的重大决策,为知识界报效国家、服务决策开启了"直通快车"和"绿色通道"。党的十八大报告提出:坚持科学决策、民主决策、依法决策,发挥思想库的作用;党的十八届三中全会通过的《中共中央关于全面深化改革若干重大问题的决定》明确指出:加强中国特色新型智库建设,建立健全决策咨询制度;2015 年 1 月,中办、国办印发了《关于加强中国特色新型智库建设的意见》;2015 年 12 月 1 日,国家高端智库建设试点工作会议在北京召开,拉开了国家高端智库建设的时代大幕,为知识界在新形势下服务党和国家伟大事业开辟了新途径。

中国社会科学院国家全球战略智库作为中央确定的 25 家国家高端智库试点单位之一,始终按照中央和国家高端智库理事会的部署要求，围绕党和国家重大战略部署确立研究方向和重点领域，不断提高咨政建言能力，并在阐发中国理论、贡献中国智慧、讲好中国故事等方面进行了新的探索和尝试。特别是以服务决策为中心任务，瞄准国家重大战略需求，组织开展了一系列前瞻性、针对性、储备性的课题研究，推出了一批优秀科研成果。

在未来的智库建设工作中，我们将始终铭记习近平总书记"提出务实管用的对策建议"的要求，按照立足中国、借鉴国外，挖掘历史、把握当代，关怀人类、面向未来的思路，以厚实的学术积累抓国际形势动向跟踪、以高度的政治敏锐性抓国际问题的前瞻研究、以宽广的视野眼界抓事关全球未来的战略研究，着力提高研究质量，不断提升服务党和国家决策的能力和水平，不断提升国际影响力和社会影响力，努力在"务实管用"方面发挥国际问题研究专业性高端智库应有作用，为实现"两个一百年"奋斗目标、实现中华民族伟大复兴中国梦贡献知识和力量。

（载《光明日报》2017 年 3 月 10 日第 11 版）

奋力开创中国社会科学院
智库建设的新局面

不断推动我院中国特色新型智库建设取得新进展、新成绩，是贯彻落实习近平总书记"5·17"重要讲话精神的题中应有之义，是落实好新阶段中央对我院各项工作要求的必由之路。

做好智库建设，不断推出高质量应用对策研究，工作思路和方法十分重要。一是要"实"。倡导理论联系实际的学风，把调查研究作为应用对策研究的基本功。二是要"合"。强化联合研究、集成作战、创新研究方式，加强对重大专项课题研究的组织策划。三是要"准"。有效对接决策部门。四是要"宽"。精心打造对外交流品牌。五是要"新"。创新智库工作方式，向世界深刻阐述构建人类命运共同体的深刻内涵、共商共建共享的全球治理理念。

习近平总书记在"5·17"重要讲话中，突出强调智库建设要做到国家急需、特色鲜明、制度创新、引领发展。落实这十六个字要求，关键应做到以下几点。一是把好"政治关"。始终坚持正确政治方向，坚持党的领导，坚持以人民为中心的研究导向，体现中国特色社会主义要求，自觉围绕重心、服务大局，坚守社会责任、致力智慧报国，坚决维护国家利益和人民利益。二是立足"国家队"。要强化国家队意识和站位，以打造中国智库航母、中国智库精兵劲旅为目标，以基础理论研究与应用对策研究的融合发展、相互促进、相互提高为根基，以不断提升研究能力和研究成果质量为核心，以推动各个智库走专业化、高精尖发展路子为要求，突出特色和优势，努力形成结构合理、优势互补、功能齐全、适应党和国家所需的智库体系，以我院深厚的理论功底和研究底蕴更好服务中央决策。三是注重"创新型"。中国特色新型智库是个新生事物，要坚持解放思想、改革创新，要坚持先行先试、大胆创新，着力突破体制机制的堵点，推动形成符合中国特色新型智库运行规律、灵活高效、充分激发智库活力、充分激发研究人员创造力的现代科研单位管理体制机制。四是搞好"放管服"。要实现我院"三位一体"的智库体系发展需要，既要做到整体统筹、科学布局，又要注重分类指导、因库施策，"放管服"是一把解决问题的钥匙。要通过"放管服"改革，健全以应用研究为导向、以研究人员为中心、以研究项目为纽带的智库工作和管理方式。五是注重"规范化"。智库治理机制包括多个方面，其中主要包括：发挥好首席专家的领军作用，推动智库内部治理科学化和规范化，建立稳定的核心研究团队；要改变唯论文、唯专著的观念和制度，鼓励引导研究人员开展智库研究工作，把建言献策成果、舆论引导工作、参与外事外宣等工作绩效纳入与学术论文、专著等效评价的体系，对专职为智库建设提供服务保障的人员制定相应的评价标准。六是探索"淘汰制"。近期，院里准备召开全院智库负责人工作座谈会，就工作中的问题进行专题研究，集中解决全院智库发展不平衡的问题。

我们要以习近平总书记"5·17"重要讲话精神为指导，奋力开创我院智库建设的新局面，不负总书记嘱托、不负时代责任、不负我院使命，以优异成绩向我们党 100 周年华诞献礼，为实现中华民族伟大复兴中国梦作出我们应有的贡献。

（载《中国社会科学报》2021 年 5 月 18 日第 2 版）

为人民做学问

　　宣传思想工作就是要巩固马克思主义在意识形态领域的指导地位，巩固全党全国人民团结奋斗的共同思想基础。我国哲学社会科学是党领导的学术理论工作和宣传思想阵地，肩负着认识世界、传承文明、创新理论、咨政育人、服务社会的神圣职责与使命。它要求哲学社会科学工作者坚定理想信仰，胸怀大局、把握大势、着眼大事，把坚持党性与人民性统一到做学问之中，为国家立言立行，脚踏实地为实现党在现阶段的基本纲领而不懈努力。为此，需要哲学社会科学工作者在思想认识上和科研工作中解决好为什么人做学问和怎样做学问的问题。这是关乎哲学社会科学命运、关乎我国意识形态安全的首要问题。

一　站在人民的立场上做学问，是由人民创造历史的主体地位决定的

　　习近平总书记指出，人民是历史的创造者，群众是真正的英雄。人民群众是我们力量的源泉。我们党来自人民、植根人民、服务人民，党的根基在人民、血脉在人民、力量在人民。失去了人民的拥护和支持，党的事业和工作就无从谈起。宣传思想工作要树立以人民为中心的工作导向，丰富人民精神世界，增强人民精神力量，满足人民精神需求。在党和国家的工作大局中，哲学社会科学责任重大，发挥着"思想库"和"智囊团"的重要作用，方向正确、立场正确，是各学科各领域发展的基础与前提。对于哲学社会科学工作者来说，做

学问的方向问题、立场问题，是科研工作的思想自觉和行动自觉问题，是做学问为什么人的问题。只有解决好这一问题，才能以正确的学术理论成果，服务和教育引导人民群众，助力和推进社会主义物质文明建设和精神文明建设。

一般来说，为什么人做学问，是做学问者的人生定位、价值取向在职业问题上的集中表现，归根结底是与其历史观和世界观相联系的。在这一问题上能否作出正确的认识、回答和选择，关键在于做学问的思维认识逻辑是否与人类社会发展历史逻辑相统一，特别是做学问的根本立足点、出发点和落脚点是否是从人类社会历史发展的实际出发的。

站在人民的立场上做学问，是由人民群众的历史主体地位决定和要求的。从整体意义上说，做学问是研究自然界、人类社会和思维，从已知探索未知。做学问如果不从自身所研究事物的实际情况出发，并围绕其矛盾运动进行认识，是不可能探知到事物的本来面目与本质规律的，甚至会掩盖、扭曲事物本身。社会存在决定社会意识。马克思主义产生以前的社会历史观，如唯意志论和宿命论等，颠倒这一根本关系，否认人民群众对于历史发展的决定作用。以此做学问，则看不到人民群众的力量、创造和贡献，认识不到人类社会生活的本质、社会发展的规律与趋势。因此，这样的学问，也只能符合个别人或少数人的利益。

站在人民的立场上做学问，就是从人民群众的根本利益出发进行学术研究。为此，需要正确认识和处理好做学问者作为知识分子与人民群众的关系。人民群众具有社会历史属性，在不同的国家甚至同一个国家的不同历史时期，内涵有所不同，而且是在变化发展的。但是，从事物质资料生产的广大劳动群众和参与社会生产活动的知识分子始终是人民群众的稳定的主体。随着人类社会分工越来越精细，做学问日益成为一种专业性很强的社会职业。然而，做什么学问，怎样做学问，则不是随心所欲的，而是受人民群众创造历史这一总的社会历史条件所制约的。可以说，做学问者与人民群众有着一种天然的联系。在一定条件下，这种联系会因做学问者的主客观因素的变化，或更加紧密，抑或脱离、背离和割裂，因此产生了各式各样的学问。在当代中国，人民群众整体的、根本的和长远的利益是一致的。站在人民的立场上做学问，就是要服从和服务于人民群众的整体利益、根本利益和长远利益。当做学问者在自身利益问题上与人民群众的利益发生矛盾时，前者就要无条件地让位于并服从于后者。只有以尊重、维护和保障人民群众的利益为前提，个人的或局部的合法利益也才能够得到真正满足。

做学问需要做学问者的勤奋、创造与才干。站在人民的立场上做学问，并不是限制或妨碍个性发挥，而是在尊重和有利于人民群众利益的基础上"百花齐放、百家争鸣"，在尊重和有利于国家意志的基础上创新思维、创造发明。没有方向、立场地做学问是盲目的，做出的学问也将是杂乱无章的。只有坚持为人民做学问，并充分调动做学问者的积极性、主动性和创造性，为人民的学术理论研究才能深入发展，人民所需要的学问才能不断丰富，并贡献于社会主义先进文化、促进社会主义核心价值观的培育和践行。

二　人民群众广泛而深入的社会实践，是为人民做学问的根本基础与来源

习近平总书记指出，人民群众中蕴藏着无穷的智慧和创造力。改革开放在认识和实践上的每一次突破和发展，改革开放中每一个新生事物的产生和发展，改革开放每一个方面经验的创造和积累，无不来自亿万人民的实践和智慧。检验我们一切工作的成效，最终都要看人民是否真正得到了实惠，人民生活是否真正得到了改善。在宣传思想工作中，要树立以人民为中心的工作导向，把服务群众同教育引导群众结合起来，把满足需求同提高素养结合起来，多宣传报道人民群众的伟大奋斗和火热生活，多宣传报道人民群众中涌现出来的先进典型

和感人事迹。从本质意义上说，我国哲学社会科学的研究对象是人民群众的社会实践，发展的动力与源泉也无不来自人民群众的社会实践。

做学问解决为什么人的问题，不仅要回答"为了谁"，而且要落实到"怎么做"上。这是知与行的统一。人民的立场不是抽象的，而是具体的，是深深扎根于人民群众的物质生活、社会生活、政治生活和精神生活之中的。实践作为主观见之于客观的活动，是全部社会生活的基础与本质，也是包括做学问在内的整个人类社会认识活动的总根源和总依据，是检验人类社会一切真理的唯一标准。

人民群众的社会实践，是我们做学问的不竭源泉。人类社会的一切正确认识，归根结底都是在人民群众的社会实践基础上产生和发展的。任何学问，离开其所研究的事物及其运动过程，将是虚无缥缈的；任何学问，离开人民群众的社会生产、生活和精神世界，也将成为"无源之水、无本之木"。不仅如此，以自己的主观意志强加于人民群众的社会实践，或夸大主观能动性评判人民群众的社会实践，都是对人类社会的主观与客观之间关系的扭曲与背离。站在人民的立场上做学问，就要深入人民群众之中，研究人民群众日益广泛而深入的社会实践。在这一过程中，做学问者不仅能够获得真知，而且能够塑造和改造自身。

人民群众的社会实践，是我们做学问的根本动力。人民群众的社会实践在不断发展的过程中，一方面始终受到社会历史条件的制约，需要创造适应实践发展要求的新条件、新手段和新途径；另一方面又无时不在面临新情况、新问题和新挑战，需要去研究和解决。恩格斯说：社会一旦有技术上的需要，则这种需要就会比十所大学更能把科学推向前进。人民群众社会实践的发展总是不断地在产生对认识的需要，并推动认识的发展。做学问，作为一种认识活动形态与方式，越来越多地参与到实践对认识的需要之中，并为各种具体的实践活动及其发展提供学理支撑与智力支持。不仅如此，一切认识，包括学术成果是否符合实际，则是需要相应的社会实践反复检验的，而且只有符合实际的学术成果，才是正确的，也才能对实践产生积极的推动作用。

国家的一切发展进步，是人民群众广泛而深入的社会实践推动的，集中体现了人民群众的社会实践成果。在当代中国，党领导人民群众以中国特色社会主义为共同思想基础而进行的现代化建设和改革开放事业，围绕人类社会发展规律、共产党执政规律和社会主义建设规律而展开。同时，党情、国情和世情正在发生深刻变化，对坚持和发展中国特色社会主义提出多方面的挑战与考验。这不仅需要实践探索，也需要理论探索。这一社会实践赋予我们做学问极其丰富的研究领域和思想材料，也规定了我们做学问的主题与主线，这就是服务于对中国特色社会主义建设和发展的基本规律及其具体工作规律的理论与实践探索。把握规律性，才能富于创造性，从而更好地推动中国特色社会主义事业不断向前发展。

三　坚持党性和人民性的统一，是为人民做学问的内在要求与鲜明特征

习近平总书记强调，党性和人民性从来都是一致的、统一的。坚持党性，核心就是坚持正确政治方向，站稳政治立场，坚定宣传党的理论和路线方针政策，坚定宣传中央重大工作部署，坚定宣传中央关于形势的重大分析判断，坚决同党中央保持高度一致，坚决维护中央权威。坚持人民性，就是要把实现好、维护好、发展好最广大人民根本利益作为出发点和落脚点，坚持以民为本、以人为本。

坚持党性与人民性的统一，是由我们党和人民群众之间的关系所决定的。党性和人民性相互联系、密不可分，没有无党性的人民性，也没有无人民性的党性。我国哲学社会科学是党在社会主义革命、建设和改革的历史进程中创立与发展的，是以马克思主义中国化的理论成果为指导、由人民群众广泛的社会实践滋养培育的。坚持党性与人

民性的统一，为人民做学问，为国家立言立行，是繁荣发展我国哲学社会科学的内在要求和必由之路。

党性是为人民做学问的本质特征。我们党是由工人阶级的先进分子组成的，来自人民，并为了人民，立党为公，执政为民。党领导人民群众进行的社会实践，是为中国人民和中华民族谋利益的。在这一社会实践中，党在行动上处于领导核心地位，在理论上以马克思主义为指导，并代表这一实践的未来发展。我们党的党性是其阶级性和先进性最集中的表现，也是人民群众根本利益最集中的表现，人民性寓于党性之中。为人民做学问，必然要求坚持和贯彻党性原则，否则就会失去正确的政治方向，其所做的学问也只能是为了个别人或少数人而已。

人民性是为人民做学问的自然属性。为人民做学问，就是站在人民的立场上，把维护、保障和发展人民群众的利益作为做学问、搞研究的根本出发点和落脚点。为人民做学问，就是要树立以人民为中心的学术研究导向。为人民做学问，自然要求做学问为人民所需、为人民所用。人民群众需要什么，我们就研究什么；什么妨碍、危害人民群众的利益，我们就研究怎样防患并阻止什么。人民的立场是通过党的立场最集中、最鲜明地表现出来的，党除了人民的利益，没有自身特殊利益，党性寓于人民性之中。为人民做学问，从根本上是与坚持和贯彻党性原则相一致的，统一于党领导人民群众进行的社会实践之中，统一于党代表并服务于人民利益之中。

为人民做学问，是党性和人民性的统一关系在做学问中的具体而生动体现，回答了做学问为什么人和怎么做的问题。为什么人的问题，是一个世界观、人生观和价值观问题。做学问作为人类社会认识活动的重要形式，从古至今，无论东方还是西方，都存在这样一个根本性、原则性的问题。各种学问观之间的一个分水岭在于，做学问是为大多数人还是为少数人抑或个人，是服务人民还是脱离人民抑或站在人民的对立面。坚持党性和人民性的统一，就是既要站在人民的立场上，又要坚持和贯彻党性原则。为人民做学问，当然尊重独立思考，但决不意味着党性和人民性可以脱离，甚至割裂或对立。为人民做学问，倡导学术民主与做学问的方向问题、立场问题和实践问题的统一。在这一问题上，有的以其所谓的"人民性"而排斥党性原则，也有的以其所谓的"党性"而不讲人民的立场，都不是真正地在为人民做学问，抑或走到为人民做学问的对立面。在当代中国，做学问只有坚持党性和人民性的统一，贯彻党的群众路线，理论联系实际，解放思想、实事求是，才能科学地揭示事物的本质与规律。

坚持党性和人民性的统一，为人民做学问，是我国哲学社会科学的历史使命和时代担当，是广大哲学社会科学工作者义不容辞的责任和共同努力的科研方向。人民是国家和社会的主人，党的路线方针政策、国家意志是人民群众利益最为集中的体现。只有为人民做学问，才能为国家立言立行；践行为国家立言立行，才能真正实现为人民做学问，并做出人民需要的学问来。

（王灵桂、宋月红，载《红旗文稿》2015 年第 4 期）

创新型国家的根基在于培育
创新型人才

习近平总书记关于实施创新驱动发展战略的重要论述，为加快推进我国经济社会科技发展转型升级提供了根本遵循。他在不同场合多次强调，"发展是第一要务，创新是第一动力"，人才是创新的"第一资源""根基"和"核心要素"，并对如何识才、爱才、用才、容才、聚才、育才提出了一系列新要求新举措。深入学习领会习近平总书记关于创新理念和"人才观"的重要论述，对于深刻理解建设创新型国家战略，汇聚、培育和运用好创新型人才，力争在国际竞争领域取得战略主动，具有十分重要的意义。

创新驱动实质上是人才驱动

创新驱动实质上是人才驱动，创新型人才匮乏已严重制约我国创新型国家建设。党的十九大报告把加快建设创新型国家作为新时代国家发展战略。所谓创新型国家，即以技术创新为经济社会发展核心驱动力的国家，这些国家对创新活动的投入较高，重要产业的国际技术竞争力较强，投入产出的绩效明显，科技进步和技术创新在产业发展和国家财富增长中起重要作用。创新型国家依靠科技创新形成日益强大的竞争优势，具备以下四个特征：一是创新投入高，国家的研发投入即 R&D（研究与开发）支出占 GDP 的比例一般在 2% 以上；二是科技进步贡献率高，一般达 70% 以上；三是自主创新能力强，国家的对外技术依存度指标通常在 30% 以下；四是创新产出高，拥有高效的国家创新体系。

创新型人才的数量多寡和质量高低是判断一个国家是否是创新型国家的核心因素。全球创新指数（GII）2018 年报告显示，当前创新型国家主要集中在西方发达国家，美国和西北欧国家名列前茅。在这些国家实现创新发展的进程中，包括政治、经济、社会、文化等很多因素都起到推动性作用，但人才是其中最具有核心驱动力的关键因素。经济合作与发展组织（OECD）研究表明，高质量的国际人才是经济增长的重要影响因素，缺乏高端人才的国家难以从人力资本获得经济增长贡献。创新指数领先的国家，研发人员数量也位居世界前列，以从业人员中研发人员比例为例，美国为 9.1‰，英国为 9.2‰，德国为 9‰，日本为 10‰。

虽然我国科技研发人员总数居世界第一，但占从业人员的比例远低于创新型国家的平均水平，已成为建设创新型国家的严重制约。对此，习近平总书记多次强调"人才资源是创新活动中最为活跃、最为积极的因素""我国面临人才结构性不足的突出矛盾，特别是在重大科研项目、重大工程、重点学科等领域领军人才严重不足"，并在用好用活创新人才、提高人才培养质量、引进国际创新人才等各方面作出明确部署，为把"第一资源"打造为"优势资源"指明了方向。

人才是国家核心竞争力

综合国力的竞争归根结底是人才竞争，创新型人才流失已严重影响我国中长期发展战略。当今世界，谁拥有创新型人才上的优势，谁就拥有创新实力上的优势，国与国之间的竞争，已前所未有地把焦点聚集在创新型人才的竞争上。为了获得竞争优势，各国纷纷制定相应的引才措施促进人才流入，缓解本国人才短缺的问题。创新型国家的主要较量归根结底是高端人才的竞争，随着竞争的白热化，科技力量的比拼不仅以科技人员的数量来衡量，而且以各类高层次人才的质量来衡量。

我国目前正处于严重的人才流失困境中。据统计，改革开放以来，我国向外流失人才达 30 万，留学生归国率不到 35%，大部分留学生长期服务于海外国家，有些已永久移民。习近平总书记曾指出"我们比历史上任何时期都更加渴求人才"，要以"聚天下英才而用之"的气魄，加快构建具有全球竞争力的人才制度体系。这为我国赢得综合国力的新一轮竞争提供了根本指引。

人才是国家核心竞争力，立千秋基业须确立创新型人才引领发展的战略地位。人才是我国经济社会发展的第一资源。在人类社会发展进程中，人才是社会文明进步、人民富裕幸福、国家繁荣昌盛的重要推动力量。当今世界正处在大发展大变革大调整时期，世界多极化、经济全球化深入发展，科技进步日新月异，知识经济方兴未艾，加快人才发展是在激烈的国际竞争中赢得主动的重大战略选择。在特定领域拥有专业知识储备和技能，是成为人才的基本前提和基础；具备创造能力并能够助力于国家的创新产出，是对人才的基本要求。在现代社会，科学技术已成为第一生产力，而高科技人才作为科学技术的第一推动力量，是国家创新发展的关键性投入要素。

上升到战略层面，可以说引进创新型人才是国家核心竞争力的关键所在。国家核心竞争力由国家经济实力、企业管理和科学技术三大要素构成。这其中最重要的因素就是人才队伍建设。近年来，随着经济全球化的不断发展，世界进入高科技与信息化时代，国际舞台上的高科技人才竞争对国家利益的影响远超单纯的物质生产力，世界正由工业经济向知识经济转变。在知识创新、科技创新、产业创新不断加速的时代条件下，人才培养和知识生产力已成为一种独特资源，在一些国家已成为战略性资源，是一个国家参与世界科学和全球经济能力的重要标志。国际竞争的本质已变为人才竞争，越早地意识到人才的作用，越能在全球人才竞争中占尽先机。

从党的十八大"广开进贤之路，广纳天下英才"，到党的十九大发展"人才强国战略"，习近平总书记以"千秋基业，人才为本"为出发点，以确保新时代事业发展的"源头活水"为落脚点，亲自部署和推进多项人才工作的重大战略。他提出，要"以识才的慧眼、爱才的诚意、用才的胆识、容才的雅量、聚才的良方"，把各方面人才聚集起来；要树立强烈的人才意识，"寻觅人才求贤若渴，发现人才如获至宝，举荐人才不拘一格，使用人才各尽所能"；要深化人才发展体制机制改革，"完善人才培养机制，改进人才评价机制，创新人才流动机制，健全人才激励机制"等。这一系列关于人才工作的重要论述，为开创"天下英才聚神州，万类霜天竞自由"的工作局面提供了根本遵循。

海外人才是提升国家竞争力的重要来源

海外人才是提升国家竞争力的重要来源，"聚天下英才"要施行更加积极、开放、有效的人才引进政策。当前，中国发展战略性新兴产业最重要的一环就是对高层次科技创新人才的引进与培养。面对中美贸易战向科技战和人才战转化，欧美持续对我国构建科技"铁幕"和人才壁垒，改革海外人才引进政策已迫在眉睫。

第一，调整移民政策，使人才"进得来"。引进创新型人才需在政策方面做好准备，彻底排除优秀人才的后顾之忧。可以借鉴发达国家的技术移民和非职业移民签证政策，在移民、签证政策方面给予创新型人才、国外一流学者以及在各科技领域取得突出成绩的顶尖人才一定的优惠政策。同时，可以设立相关筛选机制，根据我国实际情况，在重点发展的领域聘请和引进外国创新型人才。

第二，完善激励机制，使人才"留得住"。发达国家往往把对高端人才的物质激励放在首位。一些国家凭借其雄厚的经济实力，不惜为高科技人才提供各项优厚条件，如加薪、升迁、红利、带薪休假、高额配股等。因此，我们应进一步提高高端人才的收入水平，增加必要的激励措施。可针对不同类型的团队设立专项基金，吸引创新团队、专家团队和国际伙伴到我国进行投资创业和技术创新。此外，应继续推进"千人计划""长江学者""国家特支计划"等人才项目，吸引海内外高层次人才，还可通过特殊奖项、荣誉和特殊待遇，筛选和引进科技领军人才和创新团队。

第三，提升教学质量，使人才"愿意来"。近年来，尽管我国科研经费投入逐年增加，但是与西方发达国家尤其是美国相比，投入仍明显不足。应进一步加大教育投入，改善高校硬件和软件设施，引进高素质师资队伍，在提升高校自身科研能力的同时提升综合实力，打造拥有国际化水平的一流高校。同时，积极与国外著名高校或研究机构开展交流合作，互派专家交流教学，提升高校国际化水平，从而留住更多本国学生在国内深造、减少国内潜在人才外流，吸引各国人才来华留学、增加人才流入。

第四，加强平台建设，使人才"带人来"。完善国际间交流与合作机制，开展世界级的科研合作项目，以项目为平台带动国际合作交流，集中世界一流人才。从政策、资金、场所等方面给予支持，加强高新技术产业开发区、高科技产业园、科研项目实验中心、工程技术研究中心等的规划与建设，充分发挥这些平台载体在人才引进培养方面的集聚示范作用，达到"以才聚才"的效果，在吸引留学生回国发展的同时，吸引国际人才来华工作。

（王灵桂、魏斯莹，载《中国社会科学报》2019 年 4 月 18日，《成才之路》2019 年 5 月第 15 期转载）

丝路启示录：全球知名智库
聚焦"一带一路"

　　起源于古老丝绸之路的"一带一路"倡议，迅速成为世界各国知名智库和学界精英们关注的"热词"。各路智库和学者们对和平合作、开放包容、互学互鉴、互利共赢丝路精神的研究，迅速成为国际学术舞台上的"显学"；各国专家学者对共商、共建、共享合作理念的解读和诠释，正在不断转化为各自相关国家对接"一带一路"倡议的新动能。在无数智库和专家们研究工作的推动下，"一带一路"倡导的政策沟通、设施联通、贸易畅通、资金融通、民心相通，正在以基础设施、经贸合作、产业投资、能源资源、金融支撑、人文交流、生态环保、海洋合作等为载体和依托，在全球掀起了投资兴业、互联互通、技术创新、产能合作的新势头。

　　海外智库对"一带一路"的高度关注和不断诠释，使其在短短的三年多时间里迅速走上了国际化舞台，正在产生着巨大的国际影响力。"一带一路"倡议正在也必将给广大发展中国家乃至发达国家诸多重要启示，这也是该倡议越来越被世界知名智库和名家看好的原因。

　　总体来看，目前世界各国智库和学术大家对以下几个问题最为感兴趣。

亚欧非基建需求大　中国倡议恰逢其时

美国外交政策研究所认为，"中国试图通过建立横跨欧亚大陆的基础设施项目网络来鼓励贸易发展。中国的贷款将启动基础设施项目建设。项目落地国将作为中转站并从新产业发展中获益，新产业的发展可接通国际供应链，似乎所有涉及其中的国家都能从中受益"。

詹姆斯敦基金会指出，"巴基斯坦是'一带一路'倡议不可或缺的一部分。北京已经承诺建设价值460亿美元的中巴经济走廊。该倡议的核心是计划发展位于阿拉伯海的巴基斯坦瓜达尔港，而瓜达尔港建设将有助于开放亚洲中部地区"。

荷兰国际关系研究所认为，"如果'一带一路'倡议是一个涉及且惠及每个国家的交响乐，那么中巴经济走廊建设就是交响乐第一章中的甜蜜旋律"，"中巴经济走廊将在2030年之前创造大约70万个就业岗位，并使巴基斯坦的经济增长率提高约2%—2.5%"。

美国布鲁金斯学会就中国与以色列的金融协议评论说，"金融协议促进了通信、医疗、污水处理、清洁能源、农业技术和教育等关键行业技术的提升"，"'一带一路'倡议的主要原则是强调市场作用，在共赢的基础上推进项目，消除贸易壁垒"，金融协议为"一带一路"倡议建设树立了良好榜样。

美国外交政策委员会认为，"'一带一路'倡议在世界各地蓄势待发，并稳步吸引了世界各地的关注。其互惠互利、包容和可持续发展的原则，将有助于增强亚太地区的连通性"，"专家估计，10年内，'一带一路'沿线国家的出口总额将占全世界的三分之一。该倡议也赢得了外国学者的赞誉，他们表达了对该倡议未来乐观的展望：中国的'新丝绸之路'政策将会取得成功，因为仅在亚洲和非洲的许多地方，就存在大量对基础设施建设的需求。中国在非洲具有建设世界一流基础设施的良好记录。而在这个领域，国际货币基金组织、世界银行和西方金融机构几乎没有成功"。

美国战略与国际问题研究中心也认为，"亚洲正在进行大规模基础设施建设。该地区的基础设施市场将在未来十年以每年8%的速度增长，上升至全球总和的近60%。中国'一带一路'倡议是以推进大规模基础设施建设为中心。到2020年，该地区的经济活动预计将会迅速增长，支持的工作岗位将占相关国家人口的40%"。

美应秉持开放思想　不必存怀疑与担忧

美国布鲁金斯学会认为，"'一带一路'倡议是中国经济和外交政策的中心，这一点是明确的。但'一带一路'如何能够融入中美关系中，尚不得而知"，"许多美国观察人士怀疑'一带一路'倡议是中国获得狭隘、短期利益的工具，而不是一个真正有远大愿景的双赢发展合作计划。对于'一带一路'倡议许多担忧是可以理解的，因为这些担忧缺乏对中国未来发展方向及中国对全球经济制度的影响的清晰了解。事实上，不管当前美国战略思想家对'一带一路'持有怎样的看法，该倡议都应成为促进中美两国合作的重要手段"，"'一带一路'倡议承诺通过加强互联互通提供全球公共产品，从而改善发展中国家人民的生活水平，并向发达国家提供更多的经济机会"，"当前，美国还看不到'一带一路'倡议的积极影响。部分原因是美国将'一带一路'倡议视为两国战略竞争元素，另外也是因为中国对'一带一路'倡议的解释宣传不到位。'一带一路'倡议的官方和民间倡导者必须明白，该倡议以及它的共赢原则并没有很好地传递到美国。目前，在美国几乎找不到关于'一带一路'倡议的全面、权威英文宣传材料。这可能会使美国人更加相信，'一带一路'倡议是在刻意将美国排除在外"。

该学会认为，"美国私营部门对'一带一路'怀有极大兴趣，并可在'一带一路'倡议中发挥重要作用。当前中美两国摩擦越来越多，美国企业参与到'一带一路'倡议当中，将能够重振中美两国经贸关系。因此，美国应将'一带一路'倡议看成一个契机，秉持开放思想，有选择地与中国进行合作"，"为了解决政策上的分歧和理解上的差距，美中两国应该共同成立一个专门的对话论坛。美国官方可以制定一套'一带一路'资助备选项目，中国官方可以根据中国利益的互补性选择一些项目进行投资"。

该学会指出，"虽然'一带一路'倡议可能会加剧中美双方竞争，但它也可以用来加强两国的合作。要想让'一带一路'倡议促进两国合作，两国就必须自觉参与其中并不断对这一倡议进行完善。因此，美国应该清楚了解'一带一路'倡议的潜在战略影响，同时应该保持参与其中的可能性，而不是绝对的不屑一顾或怀疑"。

伍德罗·威尔逊国际学者中心指出，"中国正在南亚地区忙于其'一带一路'倡议。事实上，这些基础设施项目都有利于华盛顿，因为它们的目标与美国在南亚的期望相一致：更多的基础设施和发展，增强区域连接，以及最重要的是稳定"。该中心建议，"特朗普总统可以通过传递对'一带一路'倡议的有条件支持，或宣称他相信中国能够在欧亚大陆的基础设施一体化中发挥重要和建设性的作用，来营造他年内访华时的建设性氛围"。

欧洲支持意义重大　促进欧亚大陆联通

英国皇家国际事务研究所在《自由主义在撤退》报告中指出，

"欧洲政府和企业应该加入中国发起的跨越整个欧亚大陆、连接东北亚与欧洲的战略。这一系列战略被称为'一带一路'倡议的组成部分。随着中国等新兴市场生产更多的产品，世界正在经历一场结构性贸易增长率的下滑。在这种背景下，加大亚洲繁荣的沿海地区及欠发达内陆地区连接，再延伸到对欧洲的基础设施投资，将为新的经济增长创造新机遇"。

美国布鲁金斯学会在《德国希望欧洲帮助塑造中国的"一带一路"倡议》报告中指出，"北京提出建造现代丝绸之路的计划，在德国引发了混合反应。德国的许多贸易中心希望通过'一带一路'倡议海路和陆路延伸范围的扩大来获得更大商机。例如，德国最大的海港汉堡港和最大内陆港杜伊斯堡港都表示，很有兴趣成为'一带一路'倡议枢纽，以吸引更多的东亚和全球海运贸易。德国总理默克尔也对这一倡议表示欢迎，通过欧盟、欧安组织以及 G20，积极协调欧洲对'一带一路'倡议的反应，并参与到'一带一路'倡议建设当中。作为欧洲最大的经济体，柏林有能力发挥这一作用：德国支持欧洲投资银行为亚洲基础设施投资银行提供技术支持，并共同资助与'一带一路'倡议有关的亚投行项目；德国决定加入由中国倡导创立的亚投行，在'一带一路'倡议欧亚项目上发挥积极影响；德国还寻求增加与中国进行对话和合作的机会，成功地将未来几年的欧安组织议程锁定为欧洲与中国在互联互通上的合作"。

罗马尼亚智库欧洲风险基金会的观点认为，罗马尼亚需要明智的多边外交政策。在保持与美国战略合作伙伴关系的同时，必须与东方建立强有力的联系。中国在基础设施建设方面的专业知识和优势，是其他国家和组织难以具备的，而"一带一路"倡议正在给罗马尼亚提供机遇。

印度智库观察研究基金会认为，"欧洲逐渐接纳了中国的'一带一路'倡议，这是历史上最重要的里程碑。'一带一路'倡议不仅是一个连通性项目，而是旨在最大化中国的出口，并帮助北京融入全球价值链"，"许多欧洲观察家认为，支持'一带一路'倡议与支持自由贸易协定'相互兼容'，欧盟可能正试图吸引中国在特定部门的投资，并将推动北京在'一带一路'沿线建设基础设施。几个西欧国家是亚投行的创始成员，该行为'一带一路'倡议融资，欧洲的支持标志着该倡议的国际化"。

詹姆斯敦基金会认为，"'一带一路'倡议将为中东欧国家带来机遇，中东欧地区正在成为中国'新丝绸之路'上的一个独特环节，它将更直接地连接东亚和欧洲"。

期待尽快产生实效　或将改变全球秩序

总体看来，世界上持严肃治学态度和公正立场的知名智库和学界名家，对"一带一路"倡议的态度和看法基本上是正面的，一些过去对此不理解的智库和专家的态度，也正在向有利于中国的方向转变。他们普遍认为，虽然"一带一路"倡议可能意味着未来全球秩序的改变，但是这种改变已经被认为是一种良性变革，沿线国家不仅接受这样的共识，而且也积极参与"一带一路"的建设，支持中国以"一带一路"方式对世界秩序的改变。

过去沿线国家更多从地缘政治角度看待"一带一路"建设，静观其变者有之，怀疑者有之，持负面看法者也有之，但是经过三年多的观望，现在绝大多数沿线国家更多从地缘经济角度来解读"一带一路"，期待"一带一路"建设能够取得实质性进展，希望尽早看到"一带一路"项目产生积极的正面效应。对接"一带一路"、促进自身的经济发展正成为越来越多沿线国家的首选。

但是，不可否认的是，直到目前，某些智库和学者对"一带一路"仍持不同看法。对警觉嫉妒者，我们可多做沟通交流，向其进一步阐释“一带一路”的积极意义；对故意抹黑污蔑者，我们也自当不必客气严词驳斥。

总之，“一带一路”倡议博大精深，它既是中国的历史性机遇，也是世界的历史性机遇，更将是各国战略智库和学者们以其所学贡献世界的难得治学机遇。

（载参考消息网 2017 年 5 月 18 日）

事实胜于雄辩 公道自在人心

——国外智库及媒体评美国政府对华政策

自今年 3 月 22 日美国公布对华 301 条款调查报告以来，美国政府在对华政策上频频放言、多方出招，在国际国内舆论场上造成了山雨欲来风满楼的氛围。在美国，面对这样的一意孤行，为数不少的普通民众、社会精英、智库、媒体，不断发出充满忧虑的声音。美国智库大西洋理事会认为，"特朗普政府与中国开展贸易战的决定，在方法上是僵化的，在目标上是盲目的，在后果上是自欺欺人的""特朗普正在给这个国家带来真正的经济成本，却不会实现任何特定目标"。

美国实业界感受到了美国政府带来的巨大压力。美国企业公共政策研究所评论认为，"美国进口的大部分（近60%），是美国公司为生产而购买的直接投入，通过美国工人之手在美国组装，就像美国中洲钉业公司需要进口用来制造钉子的钢丝一样。甚至连服装、鞋类、工具、家电、食品、家具、电脑等成品进口消费品，也不是美国消费者直接购买，而是家得宝、塔吉特、好市多、沃尔玛、百思买等美国零售商的投入，这些零售商雇用了数百万美国工人。因此，对进口商品征收的关税税率，是对美国公司所使用的直接输入的关税税率，这就增加了它们的运营成本，使它们在竞争激烈的全球市场上竞争力下降"。

美国企业开始用脚来反对美国政府的贸易政策。最近两个例子说明了美国企业界的态度：特斯拉决定迁移至中国上海建厂，哈雷—戴维森摩托车之前做出了搬迁至印度的决定。7 月 25 日，美国智库米塞斯研究所发表《特朗普对贸易战的无知》报告认为，"特朗普政府为增加关税做出的辩护是对抗中国的'不公平竞争'和'窃取知识产权'，但其真实意图将是迫使中国向美国商品和公司开放市场""我们需要认识到的是：发动贸易战并不是爱国主义，也不能让美国再次伟大。它并不是要真的保护美国企业。贸易战是有关政治的，是特朗普对外贸的无知。特朗普夸大了有关对外贸易的'流行神话'（美国是失败者）""特朗普开启了一个同时给美国和中国都带来痛苦的过程。谁能打赢这样一场战争？没有人。特朗普发动贸易战的后果是，美国汽车制造商因受到当下环境的'刺激'而在中国开设更多工厂，为中国国内消费提供服务，从而剥夺美国汽车工人的就业机会（特斯拉和哈雷－戴维森就是例证）"。

美国政府的政策让外国投资者望而却步。7 月 24 日，美国彼得森国际经济研究所发表《特朗普经济民族主义的代价：美国失去外国投资》报告认为，美国政府挑起贸易战所付出的代价之一是：所有投资都变得更加不确定和政治化，无论是外国还是美国的跨国公司，对美国的净投资几乎降为零；企业投资从美国移出，将减少美国的长期收入增长，减少高薪工作岗位的数量，并加快全球商业转移出美国的步伐。报告分析说，"以外国直接投资（FDI）在 2018 年第一季度以及在 2017 年和 2016 年同期流入美国的情况（美国经济分析局提供的最新数据）为例，2016 年第一季度，总净流入为 1465 亿美元；2017 年同期，这个数字为 897 亿美元；2018 年同期，这个数字降到了 513 亿美元。这种下跌是美国吸引力普遍下降的结果，今年美国的外国直接投资已回落至 2008 年金融危机后的低点，而现实的情况比这些数字还要更糟糕""这些迹象表明，美国政府对经济全球化敌对态度的涟漪，正以意想不到的速度传递到全球的各个领域，并正在产生和发酵诸多负面影响"。

美国政府的贸易政策可能使得美国经济再次进入大萧条。7月23日，美国智库经济教育基金会发表《特朗普和胡佛式贸易政策的危险》报告认为，"许多政策失误导致了大萧条。货币政策理应承担最大的责任，但政客们也增加了政府的财政负担，并从根本上扩大了监管干预的规模。一场针锋相对的贸易战，主要是由美国引起的（胡佛的斯穆特—霍利关税法），也导致了20世纪30年代的经济毁灭。可悲的是，历史可能正在重演，至少在贸易方面是如此。这就是为什么特朗普的保护主义如此令人担忧"。报告分析说，"总统挑起了一场贸易战。他的行为正在侵蚀盟友和对手之间的信任。一旦失去了信任，就很难重建信任。美国企业领导人现在等待风暴过去的想法可能是一个错误，因为在此期间可能会造成真正的损害：威胁和应对威胁产生了不确定性，导致企业推迟对新工厂和新设备的投资""可悲的是，特朗普似乎对这些担忧置若罔闻。但是，我们还是要说，上世纪30年代的教训是：'从贸易战中恢复过来并不像你想象的那么容易'"。

美国普通消费者正为美国政府的贸易政策付出诸多代价。美国智库摩卡特斯中心7月3日以《贸易报复给我们带来的损失比我们想象的要多》为题发表报告，认为"关税其实是对美国消费者和生产者的直接征税。高额关税不只会伤害外国生产商，实际上它会给美国人带来同样多的经济痛苦（如果不是更多的话）。摩托车制造商哈雷－戴维森决定将其生产移至海外，是美国政府最近对进口钢铁和铝征收关税的众多受害例证之一"。7月21日，美国经济教育基金会发表《美国人为保护主义付出了什么代价》报告认为，"政府对跨国贸易征税、监管和干预不利于经济繁荣。美国民众正在因特朗普的政策而受到伤害"。一是关税意味着税收。贸易税是由进口商支付的，真正的负担是由个人承担的，这对家庭来说是个坏消息。二是关税意味着就业岗位减少。保护主义立竿见影的效应是，在某一特定行业里，会保护一些工作岗位。但是挽救这些工作岗位的经济成本非常高，保护主义的"无形"效应是使整体就业水平下降。三是关税意味着制造成本的上涨。美国政府的关税提高了投入要素的价格，使制造商的制造成本不断上涨。

美国加征关税无助于减少贸易逆差。7月9日，美国布鲁金斯学会发表《美中贸易战的未来》提出："贸易战何时才能结束？"报告认为，"中国处于相当有利的地位，能够经受住这场风暴。与十年前相比，中国经济对出口的依赖度降低了，尤其是对美国的出口。中国对美出口的增加值还不到中国经济的3%""美国在世界上制造了不确定性，其结果之一是，资本从其他经济体流向美国，在短期内提高了美元的价值，并在很大程度上破坏了美国的保护主义。从历史上看，当美国引入保护措施时，通常不会改善贸易平衡。以美中贸易战为例，25%的关税意味着大约价值500亿美元的进口将更加昂贵，而美国可能会减少进口。但由于其他主要货币的贬值，美国进口的另外价值5000亿美元的商品将会稍微便宜一些，美国将会扩大进口。历史证明，这对贸易平衡的净影响很小。这也是中国经济受到的直接影响可能不会太大的一个原因"。报告还分析说，"中国正在逐步开放更多的经济领域，如汽车和金融服务。如果美国继续推动贸易战，那么随着中国的开放，美国公司很可能会被拒之门外"。

美国政府应把精力用于真正解决美国的问题上。《纽约时报》在《如何与中国争夺未来？靠特朗普关税可能没用》文章中认为，"如果政府不设立宏大的目标，不把人才从大学里吸引出来，不听取学术界的意见和建议，不通过致力于创新解决就业问题，不打算支持新兴增长行业，不使美国成为吸引未来制造业的地方，而是一意孤行地打贸易战，那么美国将被抛在后面"。美国智库大西洋理事会在多份报告中反复强调，"比起发动一场针对整个世界的贸易战来说，有更好的办法可以改善美国制造业工人失业的状况：一个更强大的安全网络、普遍的福利，以及联邦政府支出费用让人们搬迁到不同城市的策略，都将有助于缓解全球化对某些行业工人的严重影响""美国在人口迁移、帮助工人提高技能、防止自由贸易某些弊端造成政治负面影响等方面，做得并不好。当下的美国需要有一个更全面的政策体系，来帮助那些失去工作的工人。如果特朗普想让美国再次强大，就应该专注于这些国内政策，而不是和全世界针锋相对地打贸易战"。

美国挑起经贸摩擦无碍于中国的发展预期。美国中文网认为，"据美国官方数据，美公布的340亿美元征税产品清单中，约59%是在华外资企业生产的产品，其中相当一部分来自美国企业。换句话说，美国对华出口商品加征关税，实际上打击的是自己人。美国'是在向全世界开火，也在向自己开火'"。7月18日，法国《欧洲时报》发表文章认为，"2018年上半年中国经济以6.8%的GDP增速平稳作结。分析人士认为，随着贸易战影响逐步显现，下半年中国外贸和经济虽然将面临压力，但依然能够保持平稳增长""贸易战压不倒中国经济。中国企业出口对价格的适应能力非常强，即使被加征关税产品全部退出美国市场，对中国企业的冲击也在可控范围内。2017年中国出口总值逾2.2万亿美元，340亿美元占比仅约2%，平均每种受限出口商品受限出口额不到4000万美元，分摊到每家企业的金额更小。同时，世界经济尽管存在诸多不确定性，但总体上依然处于复苏轨道，新兴经济体需求亦越发旺盛，这为中国外贸实现市场多元化提供了可能。中国高附加值商品出口加速增长，也有利于弥补贸易战造成的损失。在此情况下，中国外贸不会因为对美出口受损而大幅度下降，未来保持平稳增长仍然可期"。

（载《光明日报》2018年8月16日第11版）

境外主要战略智库关于"一带一路"倡议研究评析

引言

2013 年 9 月，中国国家主席习近平出访中亚时首次提出共同建设丝绸之路经济带，同年 10 月出访东南亚时提出 21 世纪海上丝绸之路合作倡议，二者共同构成了"一带一路"倡议。"一带一路"倡议在世界经济困局的背景下，迅速得到国际社会高度关注，成为新时代中国进一步深化改革、推动全方位开放的新举措。

"一带一路"倡议本质上是互利共赢的合作倡议，既是中国全方位开放的需要，也是加强同世界其他国家互利合作的需要，秉承共商共建共享原则的"一带一路"倡议，寻求构建适应新时代新形势的国际合作机制，为全球治理探索新型模式。"一带一路"倡议在为世界带来中国自身发展和治理经验的同时，也为各国带来更多发展机遇。丝路基金、亚洲基础设施投资银行等金融服务机构为沿线基础设施建设和相关配套项目提供融资支持，有力地促进沿线国家建设互联互通化和经济一体化的进程。

经过多年的实践，"一带一路"倡议在全球经济和贸易不景气的背景下，取得了显著成果。截至 2018 年 6 月，我国与沿线国家货物贸易累计超过 5 万亿美元，在沿线国家建设的境外经贸合作区总投资 289 亿美元，为所在国累计创造 24.4 万个就业岗位和 20.1 亿美元的税收。中欧班列累计开行数量于 2018 年 8 月突破 1 万列，到达欧洲 15 个国家 43 个城市，已达到"去三回二"，重箱率达 85%。2017 年中国举办首届"一带一路"国际合作高峰论坛取得 279 项成果，截至 2018 年年底，这些成果已完成或转为常态化工作的有 269 项，剩余 10 项正在推进，落实率已达 96.4%。2019 年 4 月，我国政府继续举办第二届"一带一路"国际合作高峰论坛。

在"一带一路"倡议的基础设施建设内容里，推动沿线国家铁路建设的项目有中国—印尼雅万高铁项目、中国—蒙古"两山"铁路等；推动沿线国家公路建设的项目有巴基斯坦卡拉奇—拉合尔高速公路、尼泊尔纳拉扬加特—布德沃尔高速公路（扩建）等；推动沿线国家港口建设的项目有巴基斯坦的瓜达尔港、缅甸的皎漂港等。在金融服务中，中国已与 17 个国家核准《"一带一路"融资指导原则》，与欧洲复兴开发银行等多边开发银行开展联合融资合作，同时，11 家中资银行布局海外设立 71 个一级机构。

"一带一路"倡议引领中国构建开放型经济新体制，在促进国内各领域改革的同时，为完善全球治理体系和推动构建人类命运共同体提供了"中国方案"。作为专业研究机构的智库，是研究"一带一路"倡议的独具特色的参与力量。5 年多来，境外智库对"一带一路"倡议的研究认识经过了一个由少到多、由浅到深的演化过程。起始阶段，境外智库对"一带一路"倡议的认识比较模糊，仅仅盘桓于概念层面，随着"一带一路"倡议的成效初显，境外智库与国内智库交流不断增多，境外智库对"一带一路"倡议的认识逐渐清晰与深入，对倡议带来的各种影响产生了越来越浓厚的兴趣，各项研究成果层出不穷。

一　资料来源

自“一带一路”倡议提出以来，国际社会反响不一。众多发展中国家争搭中国发展的“顺风车”，许多陷入经济危机的欧洲国家也敞开怀抱，欢迎中国投资基础设施等领域，但少数西方国家对“一带一路”倡议比较谨慎，态度也不明朗。国外智库关于“一带一路”倡议的研究非常广泛，主要包括：中国与印度、美国、澳大利亚、俄罗斯、巴基斯坦以及欧盟等之间的发展态势；“一带一路”倡议所带来的影响——沿线国家互联互通、债务问题、合作伙伴关系、政治回报、全球贸易、全球环境以及能源安全；“一带一路”倡议在实施过程中所面临的风险与困难；阿富汗、叙利亚等国家以及中巴经济走廊存在的问题等。

基于此种情况，我们组织了专业的智库观察人员，对 1484 家全球境外智库进行了为期 5 年的不间断跟踪观察，阅读了数万篇外文报告，获得了“一带一路”倡议的相关报告 2277 篇，在此数据的基础上，形成了 200 期周报、60 期月报。本文主要运用综合统计分析法，从国家、智库、研究报告三个维度，分阶段对各个研究报告的主要观点、报告数量、态度立场、研究结果及对策建议等进行横纵向比较分析。

二　境外智库对“一带一路”研究方向与态度立场

（一）“一带一路”倡议发起伊始，境外智库关于“一带一路”倡议的研究处于冷眼旁观阶段

2013 年 9 月至 2014 年 8 月，国外智库关于“一带一路”倡议的研究处于初始阶段，研究方向主要集中于中国在中亚、中东地区的政策、能源、商业利益、区域影响力以及在该地区可能存在的与俄罗斯之间的竞争方面，其中重点提及阿富汗、叙利亚等国家存在的问题以及中国周边国家对“一带一路”倡议的反应。相当一部分国外智库

开始关注到中国外交政策的转变。如图 1 所示，美国智库研究报告篇数占 40%，印度占 20%，巴基斯坦、土耳其、以色列各占 7.14%，俄罗斯占 5.71%，澳大利亚、瑞典、新加坡各占 2.86%，法国、日本、英国各占 1.43%。

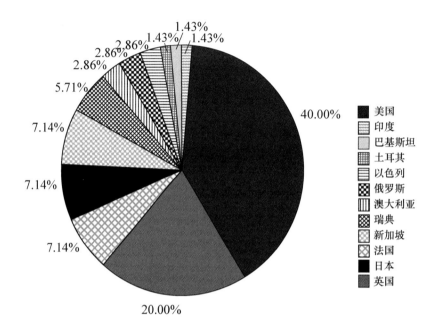

图 1　2013 年 9 月至 2014 年 8 月各国智库关于"一带一路"
倡议的研究报告数量比例

就中国"一带一路"在中亚、南亚的影响，美国智库德国马歇尔基金会（German Marshall Fund）称，"一带一路"如果实现，可以使多个利益相关者受益[①]。中亚过去的政治模式不能作为未来的建设基础，中国在印太地区的活动是正当行为，有利于各方的利益。美国智库史汀生中心（Stimson Center）表示，从印度的现状来看，印度将会从中国的崛起中受益，即印度想要崛起就必须依赖于中国的先行崛起[②]。

[①]　Romanowski M.，"How Central Is Central Asia？" March 5，2014，http：//www. gmfus. org/blog/2014/03/05/how-central-central-asia.

[②]　ZONGYI LIU，"Conflict Or Cooperation：Geopolitics And Geo-Economics In The 'Indo-Pacific'"，http：//en. cnki. com. cn/article_ en/cjfdtotal-ydyy201404002. htm.

就"一带一路"倡议未来可能遇到的问题，美国外交关系协会（Council on Foreign Relations）表示，尽管印度人对加强中印经济关系充满期待，但是他们更关心中国的意图[①]。一些人士看到了中美合作的重大机遇，强调美国和中国作为"外部势力"来打造区域安全的可能性。

在第一阶段，各国智库相关报告以客观分析居多，猜疑、设想分析居其次，总体立场偏向比例为：正面偏向占 20%，负面偏向占 30%，中立占 50%。

美国智库更多地从客观立场进行分析，经统计，正面偏向占 17.86%，负面偏向占 21.43%，中立占 60.71%（见图 2）。其中，卡内基国际和平基金会（Carnegie Endowment for International Peace）表示，三十多年前开始施行的改革开放政策使中国发生了翻天覆地的变化，无论是从国内还是国际变化来看，中国都需要重新调整国家发展方向重点，因此中国新一届领导人提出了"一带一路"倡议[②]。

印度智库研究报告立场则较为偏颇，更多的是从本国利益出发看待"一带一路"特别是 21 世纪海上丝绸之路可能带来的影响。总体来看，印度智库的研究成果分歧较大，赞誉或诋毁的程度大相径庭，正面偏向占 21.43%，负面偏向占 42.86%，中立占 35.71%（见图 2）。

有的印度智库对"一带一路"倡议的前景表示忧虑。如，和平与冲突研究所（Institute of Peace and Conflict Studies）称，早期用于进口宝石、木材和香料的海上丝绸之路如今被用于运送石油和天然气，这一路线现在关系到很多国家的能源安全，这使得 21 世纪海上

---

① ELIZABETH C. Economy. All Roads Lead To Beijing, cfr, July 24, 2014, http：//blogs. cfr. org/asia/2014/07/24/all-roads-lead-to-beijing/.

② Xuetong YAN, "Silk Road Economic Belt Shows China's New Strategic Direction：Promoting Integration With Its Neighbors," Carnegie China, February 27, 2014, http：//carnegietsinghua. org/2014/02/27/silk-road-economic-belt-shows-china-s-new-strategic-direction-promoting-integration-with-its-neighbors/h4jr.

丝绸之路的前景面临非议[1]。再如，维韦卡南达国际基金会（Viveka-nanda International Foundation）表示，中国在缅甸、孟加拉国、斯里兰卡、马尔代夫和巴基斯坦建立的港湾设施降低了印度的国际地位和影响力[2]。

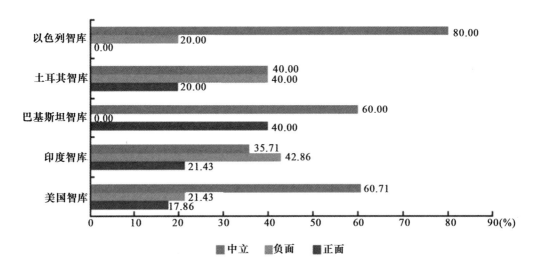

图2　2013年9月至2014年8月，部分国家智库关于"一带一路"倡议的研究报告立场比例

有的印度智库对21世纪海上丝绸之路表示期待。如，新德里国家海事基金会（National Maritime Foundation）表示，21世纪海上丝绸之路将为印度提供更多机会，尤其是在海上基础设施建设方面，将有助于弥补印度的技术不足，一些缺乏专业知识和资金的印度洋岛屿国家，有望支持"21世纪海上丝绸之路"倡议[3]。

（二）"一带一路"倡议开始发力，境外智库关于"一带一路"倡议的研究逐渐深入

2014年9月至2015年8月，国外智库关于"一带一路"倡议的

①　Teshu Singh，"China And Southeast Asia：What Is The Strategy Behind The Maritime Silk Road？"IPCS，October 15，2013，http：//www.ipcs.org/focusthemsel.php？articleno=4142.

②　Amb Kanwal Sibal，"China's Maritime'Silk Road'Proposal：India Must Tread Cautiously，"VIF，February 26，2014，http：//www.vifindia.org/article/2014/february/26/china-s-maritime-silk-road-proposal-india-must-tread-cautiously.

③　Vijay Sakhuja，"The Maritime Silk Route And The Chinese Charm Offensive，"IPCS，February 17，2014，ht-tp：//www.ipcs.org/article/china/the-maritime-silk-route-and-the-chinese-charm-offensive-4310.html.

研究逐渐深入，研究方向集中于倡议面临的机遇与挑战，包括中国在中东、南亚、西亚地区的战略地位、中巴经济走廊等。印度智库态度开始转变，越来越多国家的智库也开始关注"一带一路"倡议。其中美国智库研究报告篇数占 31.29%，印度占 24.49%，巴基斯坦占 7.48%，以色列占 6.12%（见图 3）。

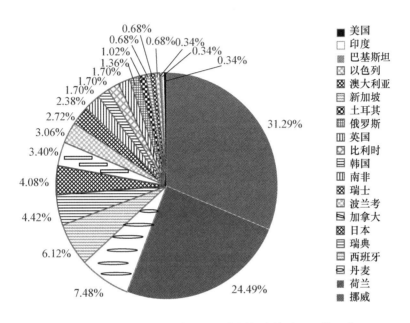

图3　2014 年 9 月至 2015 年 8 月，各国智库关于"一带一路"倡议的研究报告数量比例

在第二阶段，各国智库相关报告仍以客观分析居多，质疑、反对居其次，总体立场偏向比例为：正面偏向占 22.79%，负面偏向占 25.85%，中立占 51.36%。

美国智库大多从客观立场进行分析，正面偏向占 28.26%，负面偏向占 28.26%，中立占 43.48%（见图 4）。卡内基国际和平基金会对"一带一路"倡议尤为关注，但观点各不相同。

中东论坛（Middle East Forum）表示，在"一带一路"的大背景下，以色列能够为中东国家的工业化提供先进的技术支持①。詹姆斯

---

① David P. Goldman, "China's Growing Middle East Footprint: Israel's Opportunity," Middle East Forum, February 1, 2015, http://www.meforum.org/5005/china-middle-east-israeli-opportunity.

敦基金会（Jamestown Foundation）认为，尽管阿联酋提倡"东向"政策，但随着酋长将其本国企业融入世界经济的进程，中国计划将阿联酋纳入其"一带一路"建设的可行性已经具有一些局限①。

美国智库也有反对的论调，新美国安全中心（Center for a New A-merican Security）指出，"一带一路"项目将建立连接亚洲、欧洲和非洲的新航线。这些路线需要物流枢纽、通信网络、机场、铁路、现代化的公路、港口以及能够快速应对危机的能力②。也有研究报告从中国崛起引起邻国担忧的角度进行分析，卡内基国际和平基金会认为，中国的实际行动必须匹配其承诺于邻国的共赢合作，以此缓解邻国对中国影响力日益增长的担忧③。还有研究报告从倡议对周边国家产生利益影响的角度进行分析，卡内基国际和平基金会表示，鉴于印度对其周边地区的长远影响，如何应对中国"一带一路"倡议带来的影响成为印度外交政策的首要考虑④。就能源方面而言，该智库认为，中东是中国当前及未来获取能源利益的重要地区，但中国国有公司不愿对有复杂政治形势的该地区进行大量投资⑤。

以色列智库研究报告立场占比为：正面偏向占33.33%，负面偏向占22.22%，中立占44.44%（见图4）。从以色列的角度来看，中国"一带一路"倡议机遇与风险并存。乌特研究所认为，"一带一路"倡议为沿途经过的国家带来了大量的机遇，这些国家需要资金

---

① Scott E. , "China's 'One Belt, One Road'strategy Meets The Uae's Look East Policy," The Jamestown Foundation, July 13, 2015, http://www.jamestown.org/single/? tx _ ttnews% 5bswords% 5d = 8fd5893941d69d0be3f378576261ae3e&tx_ ttnews%5bany_ of_ the_ words%5d = silk%20road&tx_ ttnews%5btt_ news% 5d = 43961&tx_ ttnews%5bbackpid%5d = 7&chash = 020cacd46c66175a50cf29b095def0a2#. vw5thi6ocoy.

② Patrick M. Cronin, "China's 'One Belt, One Road'strategy," CNAS, April 4, 2015, http: // www. cnas. org/ media/cronin-china-one-belt-one-road-strategy#. va7oky6p2ro.

③ Paul Haenle, "China Flexes Diplomatic Muscles To Match Growing Economic Size," Carnegie China, December 24, 2014, http: //carnegietsinghua. org/2014/12/24/china-flexes-diplomatic-muscles-to-match-growing-economic-size/ hyzq.

④ C. Raja Mohan, "Silk Road Focus: Chinese Takeaway," Carnegie India, March 10, 2015, https: // carnegie-india. org/2015/03/10/silk-road-focus-chinese-takeaway-pub-59303.

⑤ Tao Wang, "Middle East Detour On China's New Silk Road?," Carnegie China, January 20, 2015, http: //car-negietsinghua. org/2015/01/20/middle-east-detour-on-china-s-new-silk-road/i0df.

来建设新的港口或者相关的交通基础设施以及升级现有设施，因此这些国家非常欢迎新的赞助者或投资者①。就"一带一路"倡议的风险而言，乌特研究所表示，相关国家需要对基础设施建设进行投资，而利用中国的风险资本，可能降低该国抗风险的能力②。

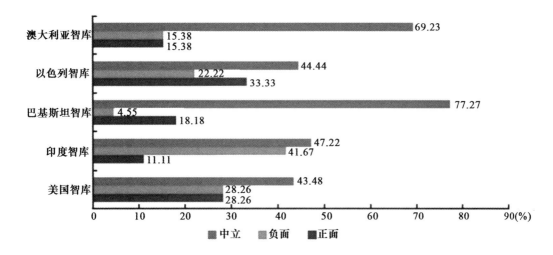

图4　2014年9月至2015年8月，部分国家智库关于"一带一路"
倡议的研究报告立场比例

（三）"一带一路"倡议逐步深入展开，境外智库依然观望"一带一路"倡议为沿线国家带来的改变

2015年9月至2016年8月，国外智库关于"一带一路"倡议的研究不断深入，研究方向主要集中在分析"一带一路"倡议及其背后的发起动因，中国与印度、美国、澳大利亚、俄罗斯、巴基斯坦以及欧盟之间的关系及影响，以及对全球贸易、全球环境、能源安全的影响，重点关注中印关系、中欧关系以及"一带一路"倡议前景。在对"一带一路"倡议的关注中，美国和印度智库依然占较大比例，

①　Lucio Blanco Pitlo Iii，"China's 'One Belt, One Road' To Where?" The Diplomat，February 17，2015，http://thediplomat. com/2015/02/chinas-one-belt-one-road-to-where/.

②　Zhou J Y, Hallding K and Han G Y, "The Trouble With China's 'One Belt One Road' Strategy," The Prplomat, June 26，2015，http://thediplomat. com/2015/06/the-trouble-with-the-chinese-marshall-plan-strategy/.

其中，美国智库研究报告篇数占 33.54%，印度占 17.24%，英国占 8.15%，俄罗斯占 7.84%，澳大利亚、比利时各占 5.64%（见图 5）。

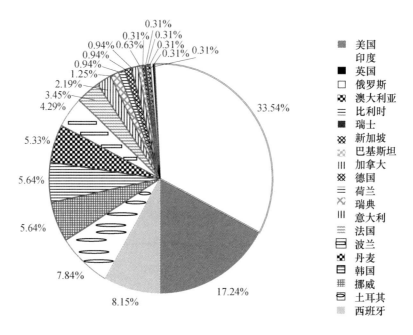

图 5　2015 年 9 月至 2016 年 8 月，各国智库关于"一带一路"倡议的研究报告数量比例

在第三阶段，各国智库关于"一带一路"倡议的研究报告内容以怀疑、观望居多。总体立场偏向比例为：正面偏向占 26.96%，负面偏向占 24.76%，中立占 48.28%。

总的来看，美国智库研究报告立场占比为：正面偏向占 23.36%，负面偏向占 23.36%，中立占 53.27%（见图 6），大多是对其他国家是否从该倡议中获益的评价。卡内基国际和平基金会表示，欧洲在"一带一路"倡议一经提出就被纳入其中，没有国家对中国的发展议程表示不满，欧盟成员国感兴趣的程度在很大程度上与它们的地理位置和发展水平一致①。

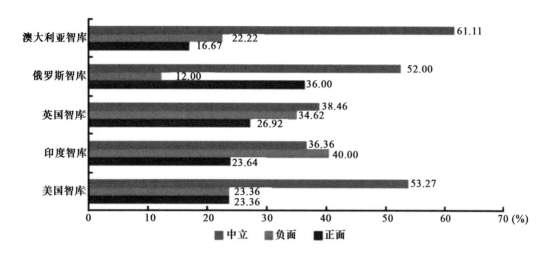

图6 2015年9月至2016年8月，部分国家智库关于"一带一路"倡议的研究报告立场比例

有的智库提及中国"一带一路"倡议的不足之处，直言该倡议所存在的问题。美国经济咨商局（The Conference Board）认为，"一带一路"建设及其公开宣称的目标——推动中国—东盟—中亚贸易的互联互通、合作、整合和增长——需要更深层次的分析以得到对其前景的可靠评估，重点集中在收集关于该倡议的真正驱动力，以及交易对手对该倡议的接受能力②。

有的智库从安全问题进行分析。彼得森国际经济研究所（Peterson Institute for International Economics）认为，"一带一路"倡议的蓝图并不是完全乐观的，该倡议短期内实现基础设施建设的目标可能会潜移默化地对印度周围局势产生一定的负面影响③。

---

① François Godement, "Europe Scrambles To Benefit From China's 21st-Century Silk Road," Carnegie, September 26, 2015, http://carnegieendowment.org/2015/09/26/europe-scrambles-to-benefit-from-china-s-21st-century-silk-road/iife.

② Ethan Cramer-Flood, David Hoffman and Kenneth Dewoskin, "China Center Quick Note: One Belt, One Road, Lots Of Questions," The Conference Board, September 9, 2015. https://hcexchange.conference-board.org/publications/publicationdetail.cfm?publicationid=3024&topicid=10&subtopicid=100.

③ Cullen Hendrix, "Rough Patches On The Silk Road? Security Implications Of China's Belt And Road Initiative?" PIIE, Marh 2016, https://piie.com/publications/briefings/piieb16-1.pdf.

　　有的智库从"一带一路"倡议背后的理论进行分析。彼得森国际经济研究所认为，如果使其他国家的发展战略与"一带一路"倡议相结合，那么将会为全球发展议程提供巨大机会，整个世界都会受益，"中国梦"就会变成"世界梦"。

　　英国智库研究报告立场占比为：正面倾向占 26.92%，负面倾向占 34.62%，中立占 38.46%（见图 6）。英国皇家国际事务研究所（Chatham House）表示，印度对中国"一带一路"倡议的态度非常复杂，一方面，就通过孟加拉国和缅甸建立联通印度东部和中国西南部的走廊而言，印度一直愿意参与其中；另一方面，印度反对将巴控克什米尔纳入联通中国新疆和阿拉伯海之间的中巴经济走廊之中①。

　　英国智库也对倡议的战略性进行了分析。英国皇家国际事务研究所认为，北京正在创建一条延伸到欧洲中心的贸易路线。这将为沿线国家带来急需的投资，但可能会改变崛起的亚洲和古老大陆之间的力量平衡②。

　　英国智库还就"一带一路"倡议在中东的发展进行了分析。国际战略研究所（International Institute for Strategic Studies）指出，习近平主席很可能会坚持中国的不结盟政策，认为通过"一带一路"会促进中东的经济发展，这一贡献是维护区域稳定的最佳选择③。

　　（四）"一带一路"倡议部分成果初显，境外智库关于"一带一路"倡议的研究进一步深入、拓宽

　　2016 年 9 月至 2017 年 8 月，国外智库关于"一带一路"倡议的研究持续深入，研究方向主要集中于"一带一路"倡议的难题、环境问题、债务问题、中美关系以及欧盟、中东地区、高加索地区对

---

　　① C. Raja Mohan, "New Silk Road: Delhi View," Chatham howe, September 25, 2015, https://www.chatham-house.org/publication/twt/new-silk-road-delhi-view.

　　② Nicola Casarini, "China's Inroads Into The West," Chatham House September 25, 2015, https://www.chathamhouse.org/publication/twt/chinas-inroads-west.

　　③ Alexander Neill, "Xi Makes Economic Inroads In Middle East," IISS, January 22, 2016, http://www.iiss.org/en/iiss%20voices/blogsections/iiss-voices-2016-9143/january-671d/xi-visit-to-middle-east-0a48.

"一带一路"倡议的态度，重点问题是欧洲与"一带一路"倡议的关系，尤其关注贸易以及中巴经济走廊。如图7所示，在此阶段，美国智库研究报告篇数占32.03%，印度占29.95%，澳大利亚占7.03%，英国占6.77%，新加坡占5.21%。

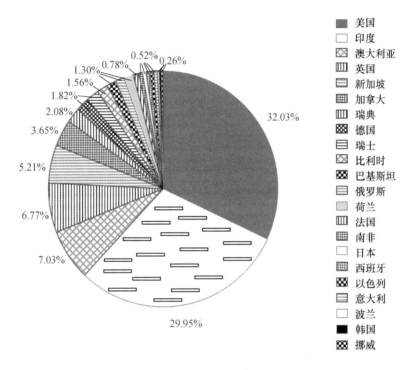

图7 2016年9月至2017年8月，各国智库关于"一带一路"倡议的研究报告数量比例

在这一阶段，各国智库相关报告大都持中立态度，正面观点不断增多，但质疑和否定不绝于耳。总体立场偏向比例为：正面偏向占28.13%，负面偏向占27.34%，中立占44.53%。其中，美国负面报告多于正面报告，研究报告立场占比为：正面偏向占26.83%，负面偏向占28.46%，中立占44.72%（见图8）。

美国智库对"一带一路"倡议持肯定态度的言论不在少数。如外交关系协会认为，"一带一路"倡议的长期意义和纳入重要国家可

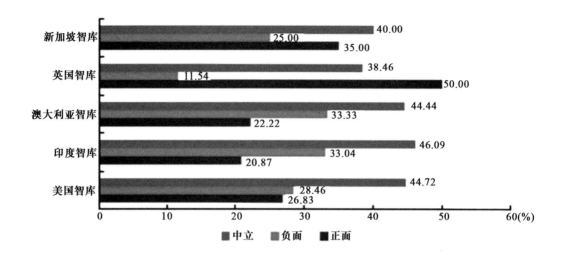

图8　2016年9月至2017年8月，部分国家智库关于"一带一路"
倡议的研究报告立场比例

能不仅仅是一个支持中国的零和游戏，更多的是共同利益①。但是，也有研究报告指出了"一带一路"倡议的不足之处。就对环境而言，外交关系协会认为，"一带一路"倡议的铁路和公路建设需要评估给受援国当地生态系统带来的影响②。

美国布鲁金斯学会（Brookings Institution）指出，"一带一路"倡议"旗舰项目"——价值460亿美元的中—巴经济走廊，计划经过印度和巴基斯坦有争议的领土，这是造成印度反对该倡议的原因之一③。

卡内基国际和平基金会认为，美国必须制定一个后"跨太平洋伙伴关系协定"战略，以在东亚形成贸易、投资和多边经济治理。美国必须寻求方法，积极参与中国在多边机构（如亚洲基础设施投

①　Hamzah Rifaat，"China，Iran，And'One Belt，One Road'"The Oiplomat，October 15，2016，http：// the-diplomat. com/2016/10/china-iran-and-one-belt-one-road/.

②　"China's One Road From Paris，"CFR，September 8，2016，http：//blogs. cfr. org/asia/2016/09/08/ chinas-one-road-from-paris/.

③　Patrick Mendis，Daniel Balazs，"President Xi's Silk Road Conundrum，"China US Focus，October 24，2016，ht-tp：//www. chinausfocus. com/finance-economy/president-xis-silk-road-conundrum.

资银行）和开放的"一带一路"倡议中的活动，更广泛地说，美国应该寻求发挥领导作用，建立为小国和大国提供合作的机制和透明架构[1]。

澳大利亚智库的立场则逐渐发生了微妙的变化，从一直观望转向从其他国家的参与中考虑自身的参与。其智库报告立场占比为：正面偏向占 22.22%，负面偏向占 33.33%，中立占 44.44%（见图 8）。正面立场多为敦促澳大利亚加入倡议，如洛伊国际政策研究所（Lowy Institute for International Policy）认为，如果每一次在中国提供经济机会的时候澳大利亚都犹豫，以观察这种机会是否包含战略意图，那就可能会错失全部机会。越来越多的证据表明，"一带一路"对澳大利亚和其区域邻国来说都是机遇。"一带一路"是中国经济计划的关键，澳大利亚必须迅速决定是否加入其中[2]。该智库相关负面分析主要是从"一带一路"对其他国家的影响而"推人及己"，认为欧亚大陆每个国家都在呼吁希望得到中国的投资，同时又担心这种做法是否会导致过度依赖一个单一的投资者，所有国家都意识到了只有一个投资者的风险[3]。

（五）"一带一路"倡议广泛开展，境外智库对"一带一路"倡议的了解渐深

2017 年 9 月至 2018 年 8 月，各国智库对"一带一路"倡议的研究十分热衷，主要集中于："一带一路"倡议沿线国家互联互通、债务问题、合作伙伴关系、政治回报、环境能源、全球发展、中印关系、中美关系、中俄关系、印太地区、东非地区以及"四方安全对

① Douglas H. Paal and Matt Ferchen, "After Obor: A Renewed Vision For Engagement With China And Asia," Carnegie, May 15, 2017, http://carnegieendowment.org/2017/05/15/after-obor-renewed-vision-for-engagement-with-china-and-asia-pub-69972.

② Hannah Bretherton, "New Zealand Trumps Australia On China... Again," International Affairs, March 29, 2017, http://www.internationalaffairs.org.au/australian_ outlook/nz-trumps-australia-china/.

③ Cai P., "Understanding China's Belt And Road Initiative," Lowy Institute, March 21, 2017, https://www.lowyinstitute.org/sites/default/files/documents/understanding%20china%e2%80%99s%20belt%20and%20road%20 initiative_ web_ 1. pdf.

话"。其中，美国智库研究报告篇数占40.50%，印度占18.60%，澳大利亚占7.64%，英国占6.61%，新加坡占5.37%（见图9）。

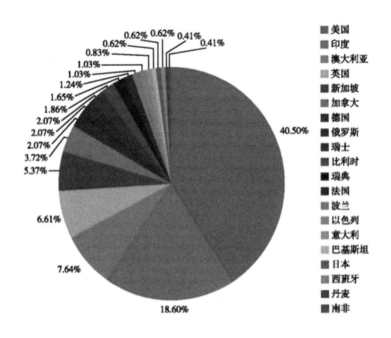

图9　2017年9月至2018年8月，各国智库关于"一带一路"
倡议的研究报告数量比例

在第五阶段，各国智库相关报告以客观分析居多，正面观点略多于负面观点，总体立场偏向比例为：正面偏向占22.93%，负面偏向占22.31%，中立占54.75%。

美国智库研究报告立场占比为：正面偏向占24.49%，负面偏向占22.96%，中立占52.55%（见图10）。总体来看，美国智库对于"一带一路"倡议的看法趋于理性，认为这对于美国是一把"双刃剑"，既是机遇，也是挑战。美国战略与国际问题研究中心（Center for Strategic and International Studies）表示，到目前为止，"一带一路"倡议已经取得了许多进展，在政府层面上与许多国家达成了共识；从实践层面看，改善基础设施连通性取得重大进展，许多铁路、能源管道、电力等项目已经启动实施，中国已经建立了多种融资机制框架[①]。

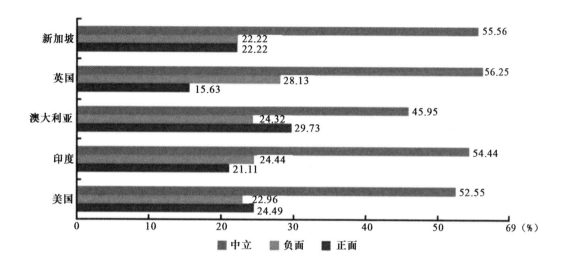

**图10　2017年9月至2018年8月，部分国家智库关于"一带一路"
倡议的研究报告立场比例**

关于如何把握倡议带来的机遇，大西洋理事会（Atlantic Council）指出，美国必须抓住"一带一路"倡议所带来的机会[②]。"一带一路"倡议同样面临许多挑战。美国战略与国际问题研究中心表示，中国面临挑战最大的地区就是其自身所在地区；对于日本、越南、印度和韩国这样的合作伙伴群体来说，复兴的中国有好处也有坏处，并且对于它们来说也没有简单的框架来使其适应[③]。

伍德罗·威尔逊国际学者中心（Woodrow Wilson International Center for Scholars）称，中国发布的《中国的北极政策》白皮书中最引人注目的是"极地丝绸之路"这个词，它将中国的北极计划与

---

① Jin F. , "The Belt And Road Initiative: Progress, Problems And Prospects," CSIS, September 30, 2017, https: //www. csis. org/belt-and-road-initiative-progress-problems-and-prospects.

② Caleb Darger, "China's Belt And Road Initiative: An Opportunity For The United States," Atlantic Council, October 4, 2017, http: //www. atlanticcouncil. org/blogs/new-atlanticist/china-s-belt-and-road-initiative-an-opportunity-for-the-united-states.

③ Brown K. , " Where Does China's Belt And Road Go?" CSIS, Seplember 11, 2017, https: //reconasia. csis. org/analysis/entries/where-does-chinas-belt-and-road-go/.

"一带一路"倡议联系起来，扩展了"一带一路"倡议的范围①。

印度研究报告立场占比为：正面偏向占 21.11%，负面偏向占 24.44%，中立占 54.44%。印度智库热衷于研究中巴经济走廊的潜在影响，并对该项目可能面临的安全风险进行了大量分析。观察家研究基金会（Observer Research Foundation）表示，中巴经济走廊面临的最大挑战之一是来自巴基斯坦的叛乱分子和恐怖分子，尽管中国采取了各种措施来控制新疆的叛乱活动，但巴基斯坦一直无法控制国内的恐怖主义②。

地面战争研究中心（Center for Land Warfare Studies）表示，"一带一路"倡议将通过逐步将低端制造业转移到其他国家，帮助中国实现产业升级，并缓解中国那些深受产能过剩之苦行业的压力③。

（六）"一带一路"倡议获得越来越多的成果，境外智库对"一带一路"倡议的研究有了深刻的认识

2018 年 9 月至 2019 年 3 月，各国智库十分热衷对"一带一路"倡议的研究，主要集中于："一带一路"倡议债务问题、合作伙伴关系、环境能源、全球发展、中印关系、中美关系、中俄关系、印太地区、北极地区、非洲地区。美国智库研究报告篇数占 37.79%，印度占 21.09%，澳大利亚占 12.48%，英国占 7.21%，巴基斯坦占 4.22%（见图 11）。

在第六阶段，各国智库相关报告以客观分析居多，负面观点多于正面观点，总体立场偏向比例为：正面偏向占 11.94%，负面偏向占 26.87%，中立占 61.19%。

美国智库报告立场占比为：正面偏向占 4.19%，负面偏向占

---

① Jack Durck, "China: The New Near-Arctic State," Wrlson Lenter, February 6, 2018, https://www.wilson-center.org/article/china-the-new--near-arctic-state.

② Dhananjay Sahai, "China's Terror Dilemma In Cpec: A Xinjiang Strategy?" ORF, January 22, 2018, http://www.orfonline.org/research/china-terror-dilemma-cpec-xinjiang-strategy/.

③ Kalpana Shukla, "Belt And Road Initiative Of China: An Analysis And India's Stand With Specific Reference To China - Pakistan Economic Corridor," CLAWS, June 6, 2018, https://www.claws.in/images/publication _ pdf/534025319_ 1051671671_ mp73 (final) _ claws.pdf.

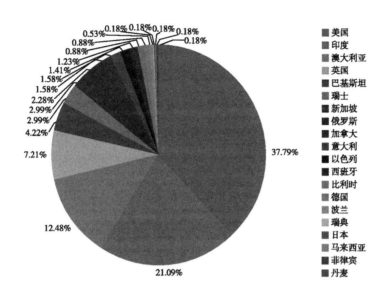

图11　2018年9月至2019年3月，各国智库关于"一带一路"
倡议的研究报告数量比例

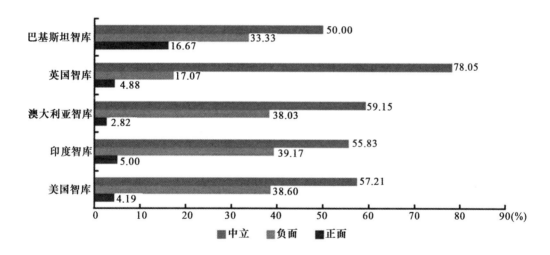

图12　2018年9月至2019年3月，部分国家智库关于"一带一路"
倡议研究报告立场比例

38.60%，中立占57.21%（见图12）。美国智库对"一带一路"与
"马歇尔计划"进行比较，新美国安全中心认为，"一带一路"倡议

并非中国版"马歇尔计划"①。

此外，美国智库还对"一带一路"倡议在世界各地的进展进行了分析。就印太地区，安全政策中心（Center for Security Policy）认为，中国通过实施经济项目和建设军事设施，在印度洋地区的影响力持续增强，引发美国担忧②。

在中东地区，胡佛研究所（Hoover Institution）认为，到目前为止，较东南亚、撒哈拉以南非洲和南亚而言，"一带一路"倡议在中东和北非地区进展缓慢③。

美国部分智库还关注"一带一路"在极地地区的延伸发展，史汀生中心认为，中国在自然资源开采和替代运输线路方面的经济利益与俄罗斯振兴其北极领土的既定目标基本一致，但在北海航线上缺乏具体、实质性的联合项目，尤其是在基础设施建设等关键领域；两国之间存在分歧的利益将是未来发展的最大障碍，在改善中国的成本—效益的考量方面，莫斯科需要表现出更多的诚意和灵活性④。

印度智库客观分析占大多数，立场比例为：正面偏向占 5.00%，负面偏向占 39.17%，中立占 55.83%。维韦卡南达国际基金会表示，"一带一路"倡议是中国的重大创新，旨在进一步向世界开放中国的贸易和投资，构建人类命运共同体⑤。

对于"一带一路"倡议面临来自西方的挑战，印度部分智库认为，中国需要为此做出改变。观察家研究基金会认为，随着美国、欧

① Daniel Kliman and Abigail Grace, "Power Play: Addressing China's Belt And Road Strategy," CNAS, September 20, 2018, https://www.cnas.org/publications/reports/power-play.

② Michael Bender, "China's Indian Ocean Build-Up," CSP, October 1, 2018, https://www.centerforsecurity-policy.org/2018/10/01/chinas-indian-ocean-build-up/.

③ Afshin Molavi, "Enter The Dragon: China's Belt And Road Rising In The Middle East," Hoover, October 2, 2018, https://www.hoover.org/research/enter-dragon-chinas-belt-and-road-rising-middle-east.

④ Sun Y., "The Northern Sea Route -The Myth Of Sino-Russian Cooperation," Stimson, December 25, 2018, https://www.stimson.org/sites/default/files/file-attachments/stimson%20-%20the%20northern%20sea%20route%20-%20the%20myth%20of%20sino-russian%20cooperation.pdf.

⑤ Gupta A., "Understanding China's Foreign Policy In Xi Jinping's 'New Era'" VIF India, Novermber 30, 2018, https://www.vifindia.org/sites/default/files/national-security-vol-1-issue-2-essay-agupta.pdf.

洲、印度和日本将其他互联互通和发展融资选择提上日程，中国政府方面发起的"一带一路"倡议需要改进或向更多地方发展①。

从洞朗对峙到武汉峰会，中印关系在 2018 年有了大幅飞跃。维韦卡南达国际基金会认为，自从印度的"邻国优先"政策实施以来，已经发生了很多变化，涉及新面孔的邻国政治动态正在迅速演变，中国的足迹正在迅速扩大，都对印度造成困扰②。但持有不同意见的观察家研究基金会认为，印度可以利用"一带一路"倡议为自身争取利益③。

澳大利亚研究报告立场占比为：正面偏向占 2.82%，负面偏向占 38.03%，中立占 59.15%。澳大利亚智库有关中国"一带一路"倡议意图的辩论仍在继续，洛伊国际政策研究所认为，不仅需要把机遇与中国联系起来，还需要在中国崛起的背景下，看到更广泛的机遇；中国的存在意味着，其他各国都在重新设定优先事项，并加强在太平洋地区的参与④。该智库指出，"一带一路"倡议是中国经过深思熟虑的横跨经济、金融、基建等多领域的创造性建设⑤。澳大利亚战略政策研究所（Australian Strategic Policy Institute）认为，澳大利亚必须尽快决定接受还是拒绝香港长江基建集团收购澳大利亚天然气管道公司⑥。

三　境外智库关于"一带一路"倡议的研究结果

（一）初始阶段

在中俄在中亚地区的竞争方面，美国智库观点各异。布鲁金斯学

---

① Ritika Passi, "China's Bri In Doldrums: Multilateralism To The Rescue?" ORF, October 10, 2018, https://www.orfonline.org/expert-speak/china-bri-doldrums-multilateralism-rescue-44893/.

② Arvind Gupta, "India Faces New Political Configurations In The Neighbourhood," VIF India, October 31, 2018, https://www.vifindia.org/2018/october/31/india-faces-new-political-configurations-in-the-neighbourhood.

③ Harsh V. Pant, "China And India: A New Phase?" ORF, November 2, 2018, https://www.orfonline.org/research/china-and-india-a-new-phase-45286/.

④ Dame Meg Taylo, "A Rising China And The Future Of The 'Blue Pacific'" Lowy Institute, February 15, 2019, https://www.lowyinstitute.org/the-interpreter/rising-china-and-future-blue-pacific.

⑤ Euan Graham, "Belt And Road: More Than Just A Brand," Lowy Institute, September 14, 2018, https://www.lowyinstitute.org/the-interpreter/belt-and-road-more-just-brand.

⑥ Peter Jennings, "Myth Busting Chinese Investment: Australia Can Say 'No'" ASPI, October 22, 2018, https://www.aspi.org.au/opinion/myth-busting-chinese-investment-australia-can-say-no.

会称，中俄在中亚的政治及经济领域享有共同利益，中亚和哈萨克斯坦的未来将取决于中俄如何塑造双边关系以及他们将如何满足在该地区相互重叠和交叉的利益，中俄都致力于在中亚地区建立一个稳定和繁荣的政治经济共同体，这将使两国共同受益①。卡内基国际和平基金会认为，美国对俄罗斯的制裁使中国的重要性上升，事实上，俄罗斯或许是唯一一个不担心中国经济崛起、日益自信的外交政策和军事能力增强的邻国，在过去的 25 年中，随着中俄之间的力量趋于平衡，面对美国在东欧和东亚的地缘压力，中俄的合作会更加紧密②。该智库认为，印度安全机构对中国的倡议深表怀疑，新德里的战略研究界一直反对中国在陆地边境的道路建设和印度洋的港口建设③。

在中国与马来西亚关系方面，外交政策研究所（Foreign Policy Research Institute）表示，马来西亚同意与中国一道"深化中国与东盟的合作，并对中国和东盟领导人所提倡议表示欢迎"，中国则尊重马来西亚的"独立、主权和领土完整"。从政治上来说，中国一直将马来西亚视为一个对其有利的国家④。

在涉及自然资源方面，新美国安全中心认为，中国计划旨在将中国与西方国家连接起来，通过陆路、亚洲有争议的海域以及马六甲海峡获得中亚的天然气和石油，从而保障其能源供应⑤。卡内基国际和平基金会认为，石油和天然气储量大多分布在中东、中亚地区，因此

① Johannes F Linn, "China's And Russia's Interests In Central Asia: Connecting The Dots In Kazakhstan," Brookings, September 17, 2013, http: //www. brookings. edu/research/opinions/2013/09/17-china-russia-interests-kazakhstan-linn.

② Dmitri Trenin, "Russia And China: The Russian Liberals' Revenge," Carnagre, May 19, 2014, https: //carnegie. ru/commentary/55631.

③ C. Raja Mohan, "Chinese Takeaway: One Belt, One Road," Carnegce, August 13, 2014, http: // carnegieendowment. org/2014/08/13/chinese-takeaway-one-belt-one-road/hkso.

④ Felix K. Chang, "A Question Of Rebalancing: Malaysia's Relations With China," FPRI, July 2014, http: //www. fpri. org/articles/2014/07/question-rebalancing-malaysias-relations-china.

⑤ Simon Denyer, "China Bypasses American 'New Silk Road' With Two Of Its Own," CNAS, October 15, 2013, http: //www. cnas. org/content/china-bypasses-american-new-silk-road-two-its-own#. va7sgc6p2ro.

中俄在这里的利益存在竞争，可能会发生冲突①。

（二）开展阶段

针对印度对"一带一路"倡议的态度，美国智库观点不一。卡内基国际和平基金会表示，印度已开始与中国、缅甸和孟加拉国的官员正式讨论，开发所谓的"孟中印缅走廊"或"南方丝绸之路"。然而，印度对陆上和海上丝绸之路的倡议依然持保留态度，因为印度从狭隘角度观察中国，对中国的邀请采取沉默的态度②。

在中东地区，中东论坛表示，中国的"新丝绸之路"可能是有史以来关于基础设施建设投资规模最为宏大的计划，以色列在该计划中的作用甚至会超过土耳其③。有智库认为，阿联酋已经成为中国企业一个重要的商业焦点，"一带一路"倡议西行和阿联酋的"东向"政策正好彼此相向，中国想让二者结合起来。卡内基国际和平基金会认为，中国没有挑战美国在中东地区的权威地位的打算。尽管美国在减少石油进口，但是这不意味着美国会随时放弃中东，中国不会排斥与美国共同维持中东地区的稳定④。

就"一带一路"倡议在南亚、西亚的地位，南亚分析集团（South Asia Analysis Group）认为，中巴经济走廊彻底改变了中国在南亚地区的地位，而且随之而来的是其在西亚地区的地位的改变，这样的结局会使这一地区的中巴联盟更加稳固和强大⑤。

（三）进一步深入阶段

中欧关系方面。卡内基国际和平基金会表示，相比起中国的一些

---

① Akio Kawato, "The China Factor In Afghanistan-2014," October 25, 2013, http: // carnegie. ru/eurasiaout-look/? fa = 53424.

② C. Raja Mohan, "Silk Route To Beijing," Carnegie, September 15, 2014, http: //carnegieendowment. org/ 2014/09/15/silk-route-to-beijing/hoxd.

③ Goldman D. P. , "China's Growing Middle East Footprint: Israel's Opportunity," Middle East Forum, February 1, 2015, http: //www. meforum. org/5005/china-middle-east-israeli-opportunity.

④ Lucio Blanco Pitlo Iii, "China's 'One Belt, One Road' To Where?" The Diplomat, February 17, 2015, ht-tp: //thediplomat. com/2015/02/chinas-one-belt-one-road-to-where/.

⑤ Col. Hariharan, "Modi's Japan Visit: Can India Ignore China?" South Asia Analysis, September 8, 2014, ht-tp: //www. southasiaanalysis. org/node/1609.

邻国，"一带一路"带来的地缘影响可能不是欧洲国家优先考虑的问题。"一带一路"会在多大程度上与俄罗斯的倡议合作或者竞争，例如，欧亚经济联盟的政策是欧洲的一个重要关注点[①]。德州公共政策基金会（Public Policy Foundation）认为，通过铁路将货物运到欧洲，相比海运更加昂贵，然而，中国正投资于通向欧洲的陆上发展路线，通过哈、蒙、俄追求某些经济目的。英国皇家国际事务研究所指出，"一带一路"倡议在战略上具有举足轻重的作用，一个十分重要的目标即长期改善中国与欧洲的关系[②]。

中俄关系方面。美国国家亚洲研究局（National Bureau of Asian Research）认为，中俄伙伴关系从 2014 年两国签署天然气协议以来变得更加密切，"一带一路"倡议让俄获利颇多，两国在寻找和确定投资项目，特别是旨在增加连通性的物流和基础设施项目[③]。

发展前景方面。地面战争研究中心认为，"一带"和"一路"是相互交织在一起的，可以使中国尽可能多地与欧亚及周边国家进行合作；中、美、印、俄之间很有可能会出现四角关系模式，它们都有各自的立场；印度可能会强调与中国就处理亚太地区事务的执行能力；相互依赖与相互联系的"丝绸之路欧亚走廊"可能对各国都是有利的；每个国家都在尝试软实力和硬实力搭配的明智选择，只有这样才能在世界舞台上拥有一席之地[④]。

中巴经济走廊方面。维韦卡南达国际基金会认为，中巴经济走廊

① François Godement, "Europe Scrambles To Benefit From China's 21st-Century Silk Road," Carnegie, September 26, 2015, http://carnegieendowment.org/2015/09/26/europe-scrambles-to-benefit-from-china-s-21st-century-silk-road/iife.

② "Silk Road Strategy: China Boosting Railways To Diversify Transit Lines," Sputnik news, July 9, 2016, https://sputniknews.com/politics/20160907/1045062855/china-russia-eurasia-railways.html.

③ Greg Shtraks, "China's One Belt, One Road Initiative And The Sino-Russian Entente," NBR, August 9, 2016, http://www.nbr.org/research/activity.aspx? id = 707.

④ Mohammed Badrul Alam, "Silk Road Strategy: Possible Short Term And Long Term Forecasts," CLAWS, April 11, 2016, http://www.claws.in/1555/silk-road-strategy-possible-short-term-and-long-term-forecasts-dr-mohammed-badrul-alam.html.

为中国在巴基斯坦发挥卓越的经济、军事和外交影响力搭建了平台①。

（四）拓宽阶段

就贸易方面而言，外交关系协会指出，"一带一路"倡议对中国经济等方面具有重大意义：将创造新的出口市场，为中国经济发展注入新的活力，提升中国企业的国际业务处理能力，促进中国经济转型发展②。全球经济活动正在放缓，中国"一带一路"倡议带来的利好获得进一步发展③。中国可以通过和高加索地区国家之间的贸易获利④。美国战略与国际问题研究中心表示，"一带一路"倡议会对国际贸易（货运量、货运速度、航运路线、供应链可靠性和透明度）造成潜在影响⑤。

就中巴经济走廊而言，德里政策集团表示，中巴经济走廊是"一带一路"倡议的主要行动计划，中国能否对它进行详细说明，取决于中巴经济走廊能否产生即时效果，而印度已经感到中国日益增长的自信⑥。荷兰国际关系研究所（The Nether-lands Institute of International Relations）表示，中巴经济走廊将会对中国产生三个关键好处：将开拓中国能源供应替代路线；将改善中国西部营商环境；将为中国在中亚和阿拉伯海之间建立一个新联系⑦。

就"一带一路"倡议提出的真正原因而言，洛伊国际政策研究

---

① Jayadeva Ranade, "Implications Of The China-Pakistan Economic Corridor," VIF India, July 19, 2016, http://www.vifindia.org/article/2016/july/19/implications-of-the-china-pakistan-economic-corridor.

② "China's One Road From Paris," CFR, September 8, 2016, http://blogs.cfr.org/asia/2016/09/08/chinas-one-road-from-paris/.

③ Changfelix K, "Who Benefits From China's 'One Belt, One Road' Initiative?" FPRI, October, 2016, http://www.fpri.org/2016/10/benefits-chinas-one-belt-one-road-initiative/.

④ Yan D, "China's Strategy In The Caucasus," FPRI, April 3, 2017, http://www.fpri.org/article/2017/04/chinas-strategy-caucasus/.

⑤ Padilla T, "China To Shape International Trade Via Belt And Road," CSIS, July 17, 2017, https://reconasia.csis.org/analysis /entries/china-shape-international-trade-belt-and-road/.

⑥ Shreyas Deshmukh, "Strategic Framework For Understanding Obor And Cpec," CIAWS, October 1, 2016, http://www.claws.in/images/ publication_ pdf/1602379255_ ib87-shreyasdeshmukh – 03. 11. 2016. pdf.

⑦ Francesco Saverio and Baillet Latour, "The China-Pakistan Economic Corridor: Security Challenges At A Geopolitical Crossroads," Clingendael, Noverber 28, 2016, https://www.clingendael.nl/sites/default/files/the_ china_ pakistan_ economic_ border_ def. pdf.

所表示，提出"一带一路"倡议正值中国外交政策转变之时，这意味着该倡议通常会不易被各国认可接受[①]。

就能源问题而言，德国阿登纳基金会（Konrad-Adenauer Stiftung）认为，能源是中国"一带一路"倡议的重中之重，确保中国市场安全可靠的外部能源供应对中国具有重要意义[②]。

就"一带一路"的影响而言，南非国际事务研究所（South African Institute of International Affairs）认为，在"一带一路"旗帜下，相关方已经启动了大约1.3万亿美元的项目，总价值是"马歇尔计划"规模的七倍以上（根据通货膨胀调整），从东亚到非洲之角以及整个东欧地区的蓝图都使"马歇尔计划"相形见绌。由于"一带一路"没有"使用期限"，差距将会继续拉大，但是否会成为全球经济史上一个卓越的里程碑还有待观察[③]。

（五）深入了解阶段

一些国家只对"一带一路"倡议表示乐观，但不愿意作出自己的贡献。国际社会不乏对"一带一路"倡议表示怀疑、抵制甚至公开批评的，包括那些"一带一路"倡议沿线国家和一些地区强国。

日本正在积极与其他国家进行双边和多边合作，提出新的替代"一带一路"倡议的举措。美国战略与国际问题研究中心指出，日本与印度发起"亚非增长走廊"，旨在促进非洲和亚洲之间的发展和互联互通，实现"自由、开放的印度洋—太平洋地区"[④]。

[①]　Cai P. , "Understanding China's Belt And Road Initiative," Lowy Institute, February 27, 2017, https：//www. lowyinstitute. org/sites/default/files/documents/understanding%20china%e2%80%99s%20belt%20and%20road%20initiative_ web_ 1. pdf.

[②]　Hefele P. , "Die Regulierung Von Energieinvestitionen Entlang Der Neuen 'Seidenstraße'" February 27, 2017, http：//www. kas. de/wf/en/33. 48043/.

[③]　Huw Mckay, "One-Belt One-Road Initiative：Episode One," BHP, March 27, 2017, http：//www. bhpbilliton. com/media-and-insights/prospects/2017/03/one-belt-one-road-initiative-episode-one？utm_ source = ga&utm_ medium = promoted&utm_ campaign = prospects&utm_ term = onebeltpti&utm_ content = 21century&gclid = cl tgjuubtdmcfy6kfgodwswoeg.

[④]　Shearer A and Gale J. B. , "The Quarilateral Security Dialogue And The Maritime Silk Road Initiative," CSIS, April 4, 2018, https：//amti. csis. org/quadrilateral-security-dialogue-maritime-silk-road/.

有报告认为,"一带一路"倡议同样给美国带来了机遇,但特朗普政府基本上忽视了"一带一路"倡议,也没有召开过一次国会听证会来讨论这一倡议[①]。一些美国官员正在努力提出一种可信的替代跨太平洋伙伴关系协定的方案,作为美国有效区域战略的重要经济支柱。

战略与国际问题研究中心认为,基础设施项目短期而言,有助于中国出口建筑相关产品,为产能过剩提供重要而适度的缓解,尽管"一带一路"倡议的规模很大,但它还不足以解决中国产能过剩的挑战[②]。

伍德罗威尔逊国际学者中心指出,中国的北极政策和极地丝绸之路也有与上述困境相同之处;逐渐增长的影响力不一定会导致对基础设施或经济机会的控制,但与"一带一路"倡议相似,极地丝绸之路也为极度脆弱的北极地区带来颇多好处[③]。

考虑到中巴经济走廊多方面的重要性,中国可能建议巴基斯坦参考执行中国新疆的安全政策,以应对当地恐怖分子对中巴经济走廊的安全威胁。观察家研究基金会表示,这一做法可能会遭到巴基斯坦当地人民强烈反对和抵制,但中国将不得不采取各种措施确保中巴经济走廊获得成功[④]。

地面战争研究中心认为,印度对中巴经济走廊的反对已经一再出现,问题的关键在于中巴经济走廊穿越有争议的吉尔吉特—巴尔蒂斯

---

① Caleb Darger, "China's Belt And Road Initiative: An Opportunity For The United States," CSIS, January 25, 2018, http://www.atlanticcouncil.org/blogs/new-atlanticist/china-s-belt-and-road-initiative-an-opportunity-for-the-united-states.

② Hillman J. E., "China's Belt And Road Initiative: Five Years Later," CSIS, January 25, 2018, https://www.csis.org/analysis/chinas-belt-and-road-initiative-five-years-later-0.

③ China: The New "Near-Arctic State," Wilson Center, February 6, 2018, https://www.wilsoncenter.org/article/china-the-new-near-arctic-state.

④ Dhananjay Sahai, "China's Terror Dilemma In Cpec: A Xinjiang Strategy?" ORF, January 22, 2018, http://www.orfonline.org/research/china-terror-dilemma-cpec-xinjiang-strategy/.

坦地区的过境通道，印巴都宣称其拥有前查谟—克什米尔的全部领土①。

（六）现阶段

关于能源方面，美国智库认可中国在推进清洁能源方面的努力。布鲁金斯学会认为，中国在大型基础设施项目上的出众能力表明，"一带一路"倡议对于推动全球能源消费转移到化石燃料之外至关重要②。

关于债务问题，新美国安全中心认为，鉴于中国为"一带一路"项目提供的大部分融资是贷款，关键国家将面临严重的债务危机风险③。

关于中亚地区，美国卡内基国际和平基金会认为，虽然哈萨克斯坦政府欢迎中国投资，但哈萨克斯坦政府也必须考虑当地民众的看法④。

关于中俄关系，詹姆斯敦基金会认为，俄罗斯的地理位置因素让它成为中国此类努力中必不可少、不可避免的合作伙伴⑤。

四　境外智库为"一带一路"献言献计

兼听则明，偏信则暗。在"一带一路"倡议各个不同阶段，各国智库提出了很多建议，其中一些较为中肯，我们可借鉴、学习、升

---

① Kalpana Shukla，"Belt And Road Initiative Of China: An Analysis And India's Stand With Specific Reference To China-Pakistan Economic Corridor," CLAWS, June 6, 2018, https://www.claws.in/images/publication _ pdf/ 534025319_ 1051671671_ mp73（final）_ claws.pdf.

② Daniel Araya，"China's Belt And Road Initiative Is Poised To Transform The Clean Energy Industry," Brookings, November 27, 2018, https://www.brookings.edu/blog/techtank/2018/11/27/chinas-belt-and-road-initiative-is-poised-to-transform-the-clean-energy-industry/? utm_ source = feedblitz&utm_ medium = feedblitzrss&utm_ campaign = brookingsrss/ topics/technologyanddevelopment.

③ Dr. Daniel Kliman nd Abigail Grace，"Power Play Addressing China's Belt And Road Strategy," CNAS, September 20, 2018, https://www.cnas.org/publications/reports/power-play.

④ Philippe Le Corre，"The New Geopolitics Of Central Asia: China Vies For Influence In Russia's Backyard," Carnegie, January 2, 2018, http://carnegieendowment.org/2018/01/02/new-geopolitics-of-central-asia-china-vies-for-influence-in-russia-s-backyard-pub-75169.

⑤ Sergey Sukhankin，"China's 'Polar Silk Road' Versus Russia's Arctic Dilemmas," The Jamestown Foundation, November 7, 2018, https://jamestown.org/program/chinas-polar-silk-road-versus-russias-arctic-dilemmas/.

华，以更科学地推进"一带一路"倡议，共建人类命运共同体。

（一）初始阶段的献言献计

从中国外交政策来看，卡内基国际和平基金会认为，为了改善与邻国的关系，中国的外交政策应更加系统，放眼全局，做出周全的考虑；"一带一路"倡议为中国与西部周边国家建立外交关系提供了机会，中国不应该把注意力放在现阶段无法解决的问题上而忽略了发展其周边外交政策的新措施与可能性[1]。

（二）发展阶段的献言献计

从中印合作方面来看，卡内基国际和平基金会表示，印度不能停止同中国在基建方面的合作，而应该加入该项目并参与设置相关议程，与中国合作并不意味着不能与其他伙伴进行合作，它可以在印太区域探索建立新的走廊及贸易机会[2]。

从各国对"一带一路"倡议的参与度来看，以色列智库乌特研究所表示，第一，"一带一路"项目应该被看作对现有区域合作框架的一种补充，而不是与其竞争或将其驱逐；第二，中国应该提出持久发展的理念，因为"一带一路"倡议似乎使各国没有均衡获利；第三，通过向所有参与国甚至未参与国开放"一带一路"的港口，中国可以为未来经济的区域化作出贡献；第四，中国需要解决的问题是谁来为"一带一路"项目建设的港口与设施提供安全保障[3]。

从"一带一路"倡议的意义来看，观察家研究基金会表示，21世纪海上丝绸之路目前并不明朗，虽然它进一步促进经济一体化并加强了印度洋地区所有国家的联系。印度最终无论是接受还是拒绝北京的邀请，都想要了解该倡议的具体细节，而无论是21世纪海上丝绸

---

[1] Douglas H. Paal, "Chinese Diplomacy Should Move Past Focus On Regional Disputes," Carnegie, December 9, 2013, http://carnegieendowment.org/2013/12/09/chinese-diplomacy-should-move-past-focus-on-regional-disputes/gvv7.

[2] Goldman D. P., "China's Growing Middle East Footprint: Israel's Opportunity," Middle East Forum, February 1, 2015, http://www.meforum.org/5005/china-middle-east-israeli-opportunity.

[3] Zhou J. Y., Hallding K and Han G. Y., "The Trouble With China's 'One Belt One Road' Strategy," The Prplomat, June 26, 2015, http://thediplomat.com/2015/06/the-trouble-with-the-chinese-marshall-plan-strategy/.

之路还是丝绸之路经济带都缺乏具体细节。中国将需要长期的承诺、政治意愿以及更好的协调机制，中国幅员辽阔、人口众多以及经济规模庞大，这使得任何它认为微不足道的举动都可能对邻国产生很大的影响。此外，中国需要解决与东盟邻国的互信问题[①]。

（三）持续深化阶段的献言献计

在"一带一路"倡议前景方面，印度国防研究与分析研究所（Institute for Defence Studies and Analyses）建议，中国可以基于以下几点确保该倡议能够取得成功：一是建立多层次的政府间的宏观政策交流及沟通机制的政策（被称为"信息丝绸之路"）；二是通过联合基础设施建设计划和技术标准体系提升设施的互联互通，并将气候变化对建设的影响考虑在内；三是保持沿线国家之间畅通的贸易，清除贸易和投资壁垒，努力确保WTO《贸易便利化协定》的实施，推动在海洋产品养殖、远洋捕捞、水产品加工、海水淡化、海洋生物制药及海洋工程技术等领域的合作；四是实现金融深度一体化，加强中国—东盟银行间协会、上海合作组织银行间协会、亚洲基础设施投资银行和金砖国家新开发银行的合作；五是加强人文交流；六是签署合作框架，通过完善相关政策和措施促进项目合作[②]。

就外交政策而言，彼得森国际经济研究所表示，"一带一路"倡议有可能从根本上改变亚洲的格局，区域经济的多样化将会极大地增加战争及动荡的成本，并为长期被边缘化的地区与人民带来发展。这两者的发展将促进和平，然而，这一过程可能会带来一些明显的安全隐患，短期来看，"一带一路"倡议基础设施建设扩展到局势动荡的地区，对项目构成安全威胁；长期来看，"一带一路"倡议不易受到印度的支持。鉴于21世纪的经济将属于中国和印度，因此，维持这

① Darshana M. Baruah, "India's Silk Route Dilemma," ORF, September 16, 2014, https://www.orfonline.org/research/indias-silk-route-dilemma/.

② P. K. Ghosh, "Linking Indian And Chinese Maritime Initiatives: Towards A Symbiotic Existence," ORF, December 14, 2015, http://www.orfonline.org/research/linking-indian-and-chinese-maritime-initiatives-towards-a-symbiotic-existence-2/.

两个大国之间的和平关系将成为本世纪的核心外交政策挑战①。

就中印关系而言，英国智库皇家联合军种国防研究所（Royal United Services Institute for Defence Studies）认为，无论是中国还是印度的投资，都需要更好地理解人性以及这些投资对当地人造成的影响。在投资过程中，与该区域所有利益相关者的合作是避免冲突的关键。如果中印能够确保有形的利益可以回流给当地民众，那么投资可以更安全。因此，企业社会责任中的一些因素被认为是很重要的②。

（四）发力阶段的献言献计

在中国如何应对"一带一路"倡议的挑战方面，哈佛大学肯尼迪政府学院（Harvard Kennedy School）认为，中国必须运用"和平崛起"的模式，不能采取类似于美国的崛起方式③。

洛伊国际政策研究所指出，中国与许多"一带一路"倡议参与国之间缺乏政治互信，近 2/3 参与国的主权信用评级低于投资级别。银行对这些项目的可行性表示担忧，银行的投资力度以及处理海外复杂投资环境的能力将决定"一带一路"倡议的进展速度和规模。"一带一路"倡议将是一项长期事业，必须谨慎对待④。

德国阿登纳基金会表示，"一带一路"的具体手段、国家和私人参与者以及不同的治理结构，为国家和国际法以及双边和多边协议带来了相当多的挑战。加强跨国的法律保护可能会减缓一些潜在的冲突。但是，能源投资的政治影响远远超出了任何法律制度的能力，所

① C. Raja Mohan, "New Silk Road: Delhi View," Chatham howe, September 25, 2015, https://www.chathamhouse.org/publication/twt/new-silk-road-delhi-view.

② Raffaello Pantucci, "Sarah Lain. China's Belt And Road: A View From Delhi," ORF, June 29, 2016, https://rusi.org/sites/default/files/20160629_chinas_belt_and_road_final.pdf.

③ Patrick M. Cronin, "China's 'One Belt, One Road'strategy," CNAS, April 14, 2015, https://www.cnas.org/press/in-the-news/chinas-one-belt-one-road-strategy.

④ Caleb Darger, "China's Belt And Road Initiative: An Opportunity For The United States," Atlantic Council, October 4, 2017, http://www.atlanticcouncil.org/blogs/new-atlanticist/china-s-belt-and-road-initiative-an-opportunity-for-the-united-states.

以必须建立进一步的政治协议和安全机制①。

在经济方面，瑞士智库指出，埃及和以色列是"一带一路"倡议南部贸易通道的重要组成部分，不断增强的经济合作最终可以与安全和反恐合作互补，而中国、以色列和埃及之间的这种反恐合作有助于维护地区稳定。中国在中东的影响力不断上升，因此会提高耶路撒冷和开罗在北京战略演算中的地位②。

地面战争研究中心表示，作为中国愿景的重要节点，西藏发挥着无与伦比的作用。中国投入大量资金用于发展西藏，并在"一带一路"框架下推动西藏经济一体化。对于西藏，中国政府应采取的长期且可持续的办法是在不对国家主权构成威胁的前提下，给西藏人民以更大的活动和信仰自由③。

印度全球关系委员会（Indian Councilon on Global Relations）表示，"一带一路"倡议跨境投资的治理框架至关重要，因为倡议的本质是要涵盖所设想路线上的多个利益相关者，它们具有非常不同的经济和政治情况。为了应对许多潜在的利益相关者，中国正努力在沿线的所有国家中建立一个正式的"一带一路"倡议合作协调机制。这可能需要一个来自参与国的秘书处，确保倡议项目遵循国际标准和保障措施④。

（五）成果初显阶段的献言献计

美国战略与国际问题研究中心认为，中国下一步通过最重要的问题是更好地分析包括自身在内的各种利益相关者的利益。基于这样的分析，更有针对性的沟通可以制定出更协调的策略和政策。考虑到日

① China: The New "Near-Arctic State," Wilson Center, February 6, 2018, https://www.wilsoncenter.org/article/china-the-new-near-arctic-state.

② Lin C., "New Security Arc In Mideast," CSS, January 3, 2017, http://2ww.css.ethz.ch/en/services/digital-library/articles/article.html/f7005915-d8c1-41ba-aa3b-ab9ea61233d4.

③ Praggya Surana, "Securing Tibet: The Dragon Way," CLAWS, February 14, 2017, https://www.claws.in/images/publication_pdf/47434535_praggya1234963658_06_issue_brief（1）.pdf.

④ Anoop Singh, "Obor: In Search Of Private Financing," Gateway House, February 6, 2017, http://www.gatewayhouse.in/obor-building-its-private-financing/.

益复杂的挑战和国际体制改革的滞后，中国第一步应该建立一个利益共同体，然后才能建立一个命运共同体。具体来说，中国不但不应该避免谈论自己的利益，还应该照顾到沿线其他国家的利益，以及沿线外国家的利益①。

中国迫切需要重新思考和配置其海外开发项目的融资战略。印度国防研究与分析研究所指出，互联互通倡议必须遵循经济责任原则，以避免为当地带来不可持续的债务负担。互联互通项目的首要前提是必须尊重主权和领土完整。对中国而言，采取以下举措是至关重要的：重新规划，与邻国和参与"一带一路"倡议的国家进行严肃而真诚的对话，确保尊重主权和领土完整，维护国际社会公认的透明性、良好治理规范并遵守经济责任、技巧和技术转让等原则②。

伍德罗·威尔逊国际学者中心针对"极地丝绸之路"提出，应提升相关科研能力；保护北极环境；参与北极治理以及合理利用北极资源即自然资源、渔业资源和旅游资源。应建设有利于当地社区的关键基础设施。这是一个独特的机会，美国应以合作的方式与中国进行接触，鼓励北极地区负责任地发展③。

（六）现阶段的献言献计

卡内基国际和平基金会指出，中国对外援助具有三大挑战：一是某些项目可能并不适合该国的国情；二是在投资决策的条件以及援外项目分配的规模和性质方面缺乏透明度；三是没有足够多的专业人才来解决所面临的风险和挑战。中国有充分理由做出改变：一是对受援国当地问题以及经济和行政的挑战了解越多，对受援国国家和地方层面的政治趋势分析越细致，对中国的对外援助事业助益越大；二是以

---

① Jin F. , "The Belt And Road Initiative: Progress, Problems And Prospects," CSIS, September 30, 2017, https: //www. csis. org/belt-and-road-initiative-progress-problems-and-prospects.

② Ashok Sajjanhar, "China's Belt And Road Initiative: Prospects And Pitfalls," IDSA, November 28, 2017, https: //idsa. in/idsacomments/china-belt-and-road-initiative_ asajjanhar_ 281117.

③ "China: The New 'Near-Arctic State'" Wilson Center, Febnary 6, 2018, https: //www. wilsoncenter. org/ article/china-the-new-near-arctic-state.

更加清晰的方式，实现更大程度的公开，有望帮助中国减少与其他受援国之间的相互猜疑，并促进援外项目的协调和统一，透明度的提高将有助于增加援外项目的可预测性，从而帮助受援国政府更好地规划并将各方援助计划纳入其国家决策过程；三是吸引国内外的优秀人才加入，并将这些人员外派，有助于中国更加准确地把握当地的政治环境①。

"一带一路"倡议是中国抓住全球化机遇、在世界事务中确立自己角色的一种方式。比利时智库布鲁盖尔研究所（Bruegel）指出，为了从投资中获得最大收益，中国和"一带一路"倡议的其他利益相关者可以做出一些改进，"一带一路"倡议要发挥其有效性，需要满足贸易和发展战略的基本条件，即目标明确、资源充足、选择性、实施方案可行、尽职调查和沟通明确。多边贷款机构的参与可能有助于这一点。中国必须完善"一带一路"倡议相关项目的风险和成本评估，这体现出中国对"一带一路"倡议项目受惠国的长期利益的尊重②。

对如何实施可持续发展"一带一路"，伦敦政治经济学院国际事务与外交战略研究中心（International Affairs and Diplomacy Strategy, London School of Economics and Political Science）表示，为走廊环境评估设定范围是必不可少的，因为规划人员可以确定避开敏感区域的路线，并根据净效益对替代路线进行优先排序。可以确定适合恢复和补偿的区域，将环境评估纳入最早的规划阶段，在单个项目推进之前，最好能指导如何将交通基础设施放置在对环境危害最小的地方，同时保持最经济的连通性效益。早期走廊规划必须整合所有受影响的部门。及早了解哪些敏感领域应被禁止，哪些投资具有最大的净效益，

① Banik D, "Coordinating Chinese Aid In A Globalized World," Carnegie, January 6, 2019, https: // carnegietsinghua. org/2019/01/06/ coordinating-chinese-aid-in-globalized-world-pub-78058.

② Michael Baltensperger and Uri Dadush, "The Belt And Road Turns Five," Bruegal, January 10, 2019, http: // bruegel. org/wp-content/uploads/2019/01/pc − 01_ 2019_ . pdf.

可以产生时间、金钱和政治资本的生产性投资，并降低中断和延迟的风险^①。

五　结语

随着"一带一路"倡议的推进，中国与沿线国家和地区的合作引起国际社会广泛关注，欧美阵营态度可谓褒贬不一。美国智库比较关注倡议导致美国在世界各地影响力的普遍下降。在东南亚，调查数据显示，"一带一路"倡议为中国带来了新的形象和影响，当地民众对中美两国的实力和影响力有了此消彼长的看法；在中东，越来越多的国家通过"一带一路"倡议扩大多边贸易，加强同中国的经贸往来，不再紧跟美国脚步，逐渐脱离美国掌控，而美国在叙利亚等多国的撤军行为，也"进一步扩大中国在中东的利益"；在非洲，各国小心翼翼地避开中美贸易争端，积极争取中国贷款与合作，压缩了美国的利益空间。有美国智库进一步指出，美国反对"一带一路"倡议的原因就是，随着与世界各国的进一步深化合作，中国在全球扩大了实力与影响力，"阻碍了美国的投资机会"。

在全球经济乏力的背景下，各国都在寻求经济增长点，面临经济衰退的欧洲部分国家有意加入"一带一路"倡议，但碍于美国的强烈反对而犹豫。有智库表示，意大利正寻求借助中国的投资资金走出衰退。以德、法为首的欧盟核心成员国对"一带一路"倡议存在质疑，这部分国家智库认为"一带一路"倡议会给欧洲在世界各地的利益带来损害，因此敌视和反对"一带一路"倡议。

印度智库基于自身地缘政治考虑，一向认为中国发起"一带一路"倡议挑战了印度在南亚次大陆的影响，极力拉拢美、日、澳等国利用"四方会谈"等机制做出抗衡"一带一路"倡议的措施。但

---

① Elizabeth Losos, Alexander Pfaff, Lydia Olander, Sara Mason and Seth Morgan, "Reducing Environmental Risks From Belt And Road Initiative Investments In Transportation Infrastructure," The World Bank, January 25, 2019, http://documents. worldbank. org/curated/en/700631548446492003/pdf/wps8718. pdf.

随着"一带一路"倡议获得世界多国和当地人民的肯定，更多印度智库渐次出现利用中印武汉会晤等互信机制，加深中印双边互信互任，并谋求与中国合作，解除"安全困局"。

"一带一路"倡议被确立为未来中国全方位开放的重点方向，并被写入中国共产党党章，充分说明了中国通过"一带一路"倡议加强区域合作、构建新型国际关系、推动各国实现互利共赢的决心。倡议自提出以来，就遭到西方部分国家的非议，但5年多来取得的巨大成就表明，"一带一路"倡议符合和平发展合作共赢的时代潮流。"一带一路"倡议已然描绘出世界各地区与国家之间彼此和谐相处的美好愿景，这一推动国际社会发展历史进程的伟大构想值得期待。

（王灵桂、高子华，载《文献与数据学报》2019年第1期）

期待、欢迎与焦虑:国外智库看"一带一路"

看一个人的作为,首先要了解他的思想。了解一个国家的行为,把脉其主流智库思想是重要途径之一。因为从一定意义上讲,智库汇集的是各国精英之才,是国家的"大脑"。"一带一路",是大手笔、大视野、大战略、大举措。落实好,首先需要同沿线 60 多个国家思想相通,知其虑、知其需、知其忧,方能实现合作。这是前提之一。因此,在"一带一路"的实施中,我们应该注重了解和掌握国外智库在研究什么、思考什么、出了什么样的对策建议。

一 俄罗斯对"一带一路"及其沿线国家的观察和态度:平和务实

俄罗斯战略和科技分析中心接连就"一带一路"合作倡议公布了一组报告。如《中国"向西看"政策:与巴基斯坦的新连接》的作者萨希德有三个观点值得思考。一是他认为中巴经济走廊不但对巴基斯坦是机会,还"能够为该地区其他国家带来机会。海湾国家以及非洲的部分地区都会受益,而亚洲也会从中获得巨大的经济效益"。二是对中巴经济走廊的发展前景充满信心,认为中巴经济走廊将改变以油轮与集装箱为主的贸易方式,并将极大提升中国同西亚、非洲地区的贸易量。三是报告援引美国五角大楼研究成果数据,指出美国已经在阿富汗发现了价值近万亿美元的未开发矿藏。但是,作者虽然认为中国对阿富汗巨大的矿产资源表现出极大兴趣，而结论却是，这"足以从根本上改变阿富汗的经济，使得阿富汗最终可能变成最重要的矿业开采中心"。

再如，俄罗斯战略和科技分析中心的专家伊玛·霍佩尔也围绕中巴经济走廊建设两国政府达成 460 亿美元的能源基础设施投资计划等，发表了自己的看法和意见。作者认为，中国的投资"既不是援助，也不是优惠资金，而是商业协定和项目融资，包括商业投资回报率"。要实现投资的落地，作者认为巴基斯坦应改善俾路支省的安全环境，还要在项目的分配上充分考虑巴基斯坦欠发达地区的实际利益。作者在结论中指出，与美国的做法相比，"北京方面在南亚和中亚的更广泛投资，不仅仅是为了重振中国经济，也是为了促进（世界上）整合性最低的地区之一的发展，使之具有更好的连通性和商业性"。

在俄罗斯智库公布的研究成果中，有一些现实问题和切身关切值得我们重视，并采取适当方式予以回应、解疑释惑。一是如果北京至莫斯科的欧亚高速运输走廊建成，在便利俄罗斯人民的同时，也会使越来越多的中国公民前往俄罗斯。在俄罗斯人口老化严重和出生率不断降低的背景下，俄民众普遍担心居俄华人将成为最大的少数民族。二是现在中国已经成为中亚国家最大的经济伙伴，俄罗斯忧虑中俄在中亚地区可能在某些利益问题上形成正面冲突。三是俄罗斯民族的特点是想成为创造者，而非参与者。中国的"一带一路"合作倡议与俄罗斯的欧亚联盟构想有一些重叠之处。

对存在的以上问题，俄罗斯智库也给出了一些较有操作性的意见和建议。主要有：一是中国企业和民众到俄罗斯时，要以实际行动证明，中国公民前来投资经商和居住，都是在商言商、合法经营、依法办事，并没有政治目的；二是中国在中亚地区寻求自身利益的同时，要同时兼顾俄罗斯的利益，把握好处理两国利益的原则底线；三是要搁置分歧、求同存异，尽量避免刺激俄罗斯的神经，中国政府可考虑主动提出使欧亚经济联盟建设和“一带一路”建设相对接的方案，以实现两国和两个战略的共赢；四是建议中国妥善处理、协调好两国的利益，使俄罗斯与中国共同推进“一带一路”建设，形成助力，努力将中俄合作打造成“一带一路”沿线国家合作的范例。

二　欧洲各国智库面对“一带一路”深感期待，也不讳言欧洲人暂时的茫然和不知所措

从人文上，欧洲各国智库认为“一带一路”正在弥补中欧在认知上的差异：在中国人眼中欧洲不再是古老僵化的城堡，在欧洲人的眼里中国也不再是刻板古老的长城。从发展趋势上看，许多智库认为世界中心也许会逐渐从以“美国—大西洋—欧洲”为核心的基督教文明圈，开始转到以“中国—欧亚腹地—西欧”为核心的多元文明圈，并在全球形成“美国—大西洋—欧洲”“中国—欧亚腹地—西欧”两个中心。而欧洲恰恰处在两个中心连接之处，因此就“一带一路”合作倡议的落地而言，欧洲深感期待。

同时，欧洲的许多智库也不讳言欧洲人在“一带一路”建设中暂时的茫然和不知所措。他们认为，亚投行的成立使欧洲国家成为“一带一路”最重要的朋友圈之一。欧洲国家参与亚投行，说明了它们高度重视中国市场，以及“一带一路”合作倡议带来的战略机遇。但是，问题在于欧洲国家目前并不知道如何对接“一带一路”，中国的企业也不知道如何深度开拓欧洲市场。这既是认知差异，也是需求的差异。具体来说，欧洲各国政府和企业家首先要闹明白：欧洲应向中国买卖什么，中国政府和企业家也应同时考虑同样的问题。欧洲智库也指出，欧洲并不是一个整体，各国有各国的竞争优势和利益需求。“一带一路”要在欧洲落地，中国应遵循古老的知己知彼古训，才能做到游刃有余、持久良性、合作共赢。

一些欧洲智库也在对“一带一路”合作倡议进行冷观察和冷思考，其结论可能会有些偏颇，但可以让我们的智库头脑清醒一下。这

些结论主要有以下几点。一是避免过度解释中欧关系的亲密。直到目前，欧盟尚没有承认中国的市场经济地位，也依然禁止向中国出口武器。欧洲国家在经济上走向中国，并不意味着其在战略和安全问题上背弃美国；中欧在经济上深度合作，并不意味着欧洲在人权、民主和价值观上改变对中国的苛求与刁难。二是避免将"一带一路"合作倡议过度政治化或归于宿命论。"一带一路"是否会成为国际关系史上的"烂尾楼"，或是否会成为新版的"中华帝国朝贡制度"，关键在于能否设定好战略和战术目标，核心是"一带一路"合作倡议能否在清晰的战略指导下逐步落地，并通过一个个战术目标的完成，最终实现惠及沿线国家民生的目标。三是避免盲目发展、遍地开花。中国政府应尽早系统整理"一带一路"沿线国家和地区的各类信息，动态性地提供给中国"一带一路"的参与机构和企业、人员。要把中国国内致力于参与"一带一路"的城市和企业、机构的竞争优势、现实需求等，提供给国外相关国家和企业、机构。要通过这些细致的工作，让彼此知道双方合作的接触点和发力点之所在。四是注重高层次人员交流与沟通。欧洲一些智库坦言，当前欧洲最缺乏的是社会的活力与创新，中国最缺乏的是国际化的人才和经验。这种高异质性，决定了高互补性。因此，应加强政府、企业、智库、学者等之间的人文交流。五是要尽早建立"一带一路"合作倡议实施的样板，以发挥可复制、可推广的带动作用和示范效应。

三　法国把中国高铁看成是激发其活力的"鲶鱼效应"，建议中法应在文化创意产业、旅游服务业等方面开展深层次合作

法国的一些智库认为，法国在民用核能利用、高铁、航空航天等领域具有产业优势，这些领域也是法国经济的依赖和支柱。目前，中国的核电和高铁已经成为中国企业"走出去"的优势产能，这可能造成中法之间的同质化竞争关系。因此，一些法国智库把中国高铁看成是激发其活力的"鲶鱼效应"，认为中国的许多高铁技术来自法

国，法国更加了解欧洲市场且具有成熟的人才、经验，中法高铁市场如果能相互开放，两者可以联手开拓欧洲的高铁、码头、港口、机场乃至核电等基础设施。

在文化创意与时尚产品方面，法国智库信心满满。他们认为，文化产业是法国的另外一大优势，既是法国经济最强大、可持续发展的动力之源，也是中国的硬需求。他们认为，中国非常重视文化产业发展，但目前的发展起点依然很低，许多文化项目依然停留在"门票经济"阶段。他们建议，在"一带一路"建设中，中法应在文化创意产业、旅游服务业等方面开展深层次合作。同时，在"一带一路"重要节点城市建立"中法文化产业园区"，以孵化与文化产业相关的各类企业，提升中国整体及各城市的文化品位和艺术气质，同时增加沿线国家民众对"一带一路"的认知兴趣和参与热情。

四　英国是西方国家中呼应"一带一路"最早的国家之一，其重商主义和人文主义传统使英国寻求在金融、教育、媒体等方面的合作

英国智库认为，英国兼具重商主义、人文主义之气质。略显被动的地缘条件和匮乏的资源，迫使英国必须务实灵活地寻找经济上的合作伙伴，故重商主义盛行；重视传统、推崇渐进的民族性格，又使其不轻易改变什么，因此人文主义在其灵魂深处的烙印很深。重商主义、人文主义两种思想，遂成为英国智库解释英国对"一带一路"合作倡议的理论依据。

首先，英国是西方国家中呼应"一带一路"合作倡议最早的国家之一，是加入亚投行最早的意愿国和创始成员国。对此，英国智库的研究结论是，英国的行为，并不是对美国的背弃，而是重商主义使然。因为英国需要中国的投资来更新老旧的工厂和基础设施，以升级英国制造业水平，从而将更好的产品出口到中国；英国加入亚投行，也有巩固其国际金融优势的战略考量。在"一带一路"合作倡议的五通之中，以货币流通为核心的金融支持是重点。同时，作为老牌的金融大国，英国智库自认为全球四大金融中心中，有三个与英国有关（伦敦、新加坡、中国香港），中国境外人民币支付有 62% 在伦敦进行。

其次，中国政府和英国政府于 2014 年签署了一系列新协议，其中包括在未来三年加强中英教育合作的框架协议。英国智库对这些问题的解释是，英国教育的宗旨是培育社会精英意识，包括批判性思维、独立性思考、跨学科知识、国际化视野、高度的社会责任等，此乃人文主义使然。他们认为，这些人文素质让英国在文学领域有莎士比亚、在科学领域有牛顿、在经济学领域有亚当·斯密、在自然科学领域有达尔文……当然，目前在英国大学的本科教育中，来自欧盟的学生显著减少，中国学生的出国需求正在填补这些空缺。从一定意义上讲，作为局外人，笔者感到在英国的人文主义之中，还是脱不开重商主义的色彩。

最后，在"一带一路"合作倡议实施过程中，英国智库把重商主义和人文主义糅合在一起，建议中国和英国可以加强"一带一路"的媒体合作。他们认为，英国的传媒业高度发达，是有传媒话语权的国家。而中国，有正在崛起的传媒市场，有"一带一路"合作倡议实施过程中的舆论引导和动员需求。一些智库建议，中英可联合开展问卷调查，了解"一带一路"沿线国家的关注倾向和参与程度；联合拍摄纪录片和专题片，向世界展现"一带一路"的全景和未来愿景；加强现代传媒理念培训，联合培养现代传媒人才；加强两国传媒产业沟通，全面加强纸质媒体、广播电视、音像制品等传媒领域的双边合作。他们认为，传媒影响力属于文化软实力范畴，理应成为中英在"一带一路"合作倡议实施中合作的重点领域和项目。

五　德国和意大利津津乐道的是，在"一带一路"实施过程之中德国制造、意大利制造是中国离不开的两块制造业金字招牌

德国智库指出，作为当今欧洲第一、世界第四的经济体，德国在全球金融风波和欧债危机的双重压力下表现抢眼，其原因在于德国制造代表着品质与卓越。德国的机械设备制造业是典型的出口导向型产业，其75%的机械设备产品出口国外，在机械设备业36个产品领域中，德国产品在16个领域为世界出口第一。汽车、机械制造、化工医药、电子电气是德国四大传统产业。正是因为这些自信，德国智库认为中国企业虽然重视产品研发，渐进性创新不少，但突破性创新不足。他们认为，德国制造对中国的启示是："一带一路"要有产品可卖，就要在突破性创新上有起色，拿出真正有品质、有品牌的产品。

意大利智库认为，意大利是"中小企业王国"，致力于发展中小企业的中国丝路城市，应该主动对接意大利，尤其是在食品、服装、家具（也就是意大利人引以为豪的"3F产业"）领域。他们认为，中小企业是检验一个国家经济是否健康的最重要指标，也理应成为"一带一路"经济是否活跃的晴雨表。

六　美国对"一带一路"最为关心，多有疑虑与惧怕，热衷于研究"一带一路"沿线国家和中国历史上的边境纠纷、历史矛盾、现实争端等

总体看，一个时期以来，美国的110多家智库对"一带一路"的初步反映中，负面思考多于正面思考、非理性思维多于理性思维、挑拨离间的成分多于建设性因素。

例如，他们透过美国亚洲再平衡政策的多棱镜，从不同的视点来探讨和看待"一带一路"，焦点集中在中国和马来西亚的关系发展、中国和俄罗斯的有限责任伙伴关系、中国和印度能否超越边境争议、印度洋能否装下中印两个大国、中国与希腊的债务危机、萦绕中国心头的阿富汗问题、中国能否成为中东地区的新和平制造者、如何与中

亚共享繁荣、在"一带一路"实施过程中蒙古的未来在哪里、中国应如何看待和对待"伊斯兰国"等问题上。

非常有意思的是,在能查阅到的美国智库关于"一带一路"合作倡议的文章中,基本上看不到美国自身如何在"一带一路"合作倡议实施过程中,应该干些什么,应该发挥什么作用的意见和建议。相反,美国的智库们更热衷于研究"一带一路"沿线国家和中国历史上的边境纠纷、历史矛盾、现实争端等。

在中国和俄罗斯问题上,美国外交政策研究所在其报告中,一方面将中俄正在不断深化的两国关系,歪曲地描述成"独裁的政治联盟",并认为"它能够挑战自由主义思想以及金融世界的秩序",另一方面他们又认为中俄"在双方团结的表象之下,其实中俄之间缺乏相互信任",建议"欧洲和美国的外交政策应该利用这些缝隙,并且避免采取使这些不兼容的盟友更紧密联系在一起的行动"。

美国外交政策研究所承认,在中国国家主席习近平对印度成功访问后,许多人希望重启曾经广受赞誉的"亚洲世纪"。但是,在他们的报告中,更多的是谈论中印之间的领土争端、印越如何联手对抗中国,并将巴基斯坦的瓜达尔港项目、斯里兰卡的汉班托特项目、缅甸皎漂项目、马尔代夫项目等,列为中国通过"一带一路"挑战印度地位的举措。

美国国际与战略研究中心中国研究中心副主任斯科特·肯尼迪、中国商业和政治经济中心项目主任戴维·埃·帕克联合发表的《兴建中国的"一带一路"》认为,中国政府颁布的《推动共建丝绸之路经济带与 21 世纪海上丝绸之路的愿景与行动》,"涉及了国与国之间毫无约束力的协议。它的核心是中国利用其经济资源和外交技巧,来促进基础设施投资和经济发展,将中国和亚洲其他地区,以及欧洲更加紧密地联系起来","如果导致了更多可持续和包容性增长,这将有助于加强该地区的政治机构建设,并减少恐怖分子的恐怖活动"。但是,他们随后话锋一转,"实施'一带一路'将会给中国及其周边国家带来巨大的风险和挑战"，认为"一带一路"合作倡议"大幅度增加了破坏政治的风险"，带来"地缘政治影响"，并"将可能增加中国的海军力量"。最后，两位作者得出结论说："中国的'建设就会成功'的发展战略在国内很难实施。如果同样的事情发生在国外，它可能不仅会产生反中国的政治思潮，而且借款人也无法偿还贷款，或企业无法收回自身的投资，最终对中国经济造成压力，而不是帮助其稍微缓解经济下滑"。这番描述，把"一带一路"的前景描述得一团漆黑。

美国史汀生中心的中国与东南亚经济关系专家布兰埃勒承认，"一带一路""把三个大洲联系起来"，这"将对亚非各国产生深远的影响"，但认为"对环境有潜在的负面影响"，并指出"尽管这一计划声势浩大，但'一带一路'并不容易让人买账"，而且"'一带一路'战略面临的最大挑战是中国公共关系策略。太多人已经误解了中国的意图，并且曲解该战略将会产生的收益"。

从以上言论观点可以感受到美国内心深处对"一带一路"的疑虑与惧怕。其中，疑虑部分更多的是美国智库对"一带一路"的认识和了解还处于浅层次，或者换言之，是我们的政策解释工作还存在差距，这需要我们有关部门继续加油努力。而惧怕部分，则涉及美国更深层次的不健康心理，是其与生俱来的对新崛起国家敌对情绪的反映。这种排他性的心理，是没有办法医治的"心病"，我们认识到就可以了，除非美国人自己想明白了，自己把自己的"心病"治愈。中国并不是美国权威的挑战者，也不是国际政治经济秩序的改造者。对这些见解，美国人早一天接受，将早一天受益。否则，可能将永远处于难以自拔的纠结之中。

七　印度对待"一带一路"，大体经历了抵触、犹疑、初步张开怀抱欢迎等几个阶段

从时间顺序看，印度在对待"一带一路"合作倡议方面，大体经历了抵触、犹疑、初步张开怀抱欢迎等几个阶段。从这些报告中，大体可以梳理出以下一些基本的脉络：莫迪总理执政初期，绕开中国访问美日，对外公开宣称将开辟"印度世纪"。之后不久，莫迪总理积极开通微博热线、调整行程访华、拒绝见达赖，并在 2015 年 5 月 15 日与习近平主席会谈时，畅谈对"一带一路"合作倡议的呼应。印度智库研究成果的转变，大体与莫迪总理态度的转变同步。

印度全球关系委员会发表的《印度需要中国的"绿色丝绸之路"》中，建议"中国政府需要制定和完善对外战略、绿色技术细节以及投资和发展思路，为丝绸之路经济带新的贸易伙伴提供'绿色丝绸之路'升级版的工具箱"，认为"丝绸之路复活计划不应该以推出类似于疯狂的发展项目的方式进行，而是作为一种绿色和自反性现代化的努力而存在"，并具体希望"中国和印度一起保护和保存喜马拉雅山脊的聚宝盆（动物、植物和文化多样性）"。

印度全球关系委员会的另外一份报告题目为《新丝绸之路是为了建立一个公正的世界秩序吗?》。这份报告尖锐地提出了两个问题：一是"如何使丝绸之路更符合 21 世纪的现状，并且促进中国和印度的发明创新和商业发展"；二是"'丝绸之路'倡议是选择在经济增长、生态环境和社会公平上都取得发展，还是以生态换取国家发展?"但其建议和结论则为，印度为确保两大目标的实现，"莫迪可以挖掘丝绸之路经济带项目的这些潜力，并联合本国专家和学者共同设计出相关方案"。

《"一带一路"和印度的安全担忧》是一篇很严肃的报告，报告细数了印度的安全担忧：中印悬而未决的边界问题、1962 年中印之战对印度造成的心理包袱、中国与巴基斯坦的亲密关系、印度和中国之间假想的权力之争、中巴经济走廊与克什米尔问题，并认为中国与尼泊尔、斯里兰卡、孟加拉国、马尔代夫的合作，"将成为一个针对印度的'包围圈'，中国的'一带一路'项目以及在印度周围发起的基建项目使印度更加担忧中国的真实意图"。作者建议"印度必须与中国共同设计'一带一路'项目，只有这样才能与中国进行真正的合作并充分从中受益"。

印度观察研究基金会的《印度还是中国大放光芒？投资计划说明了一切》，则比较客观地谈到了印度自身的差距。报告称，"五十年来，我们带着对中国人超越我们的担忧一直故步自封"，而"当机会来到我们身边，目光短浅和缺乏自信使我们后退，我们剩下的时间不多了。我们需要建立我们的秩序，增强我们的领导力，调整我们机构的状态，并改进我们的治理能力"。

此外，我们还对加拿大、新加坡、澳大利亚、土耳其、荷兰、瑞典、以色列、哈萨克斯坦、比利时等国智库的一些研究在《国外智库看"一带一路"》一书中也给予了报告，其观点对研究"一带一路"合作倡议均具有一定的参考价值。

（《北京日报》2015 年 11 月 30 日第 21 版）

国外智库论上海合作组织

2018 年 2 月 23 日，中国外交部宣布："作为上合组织轮任主席国，中方将于今年 6 月在青岛举办上合组织峰会。目前，中方正就峰会筹备事宜与成员国保持密切沟通，加紧进行协商。中方将与有关各方共同努力，推动峰会取得圆满成功，为上合组织持续发展注入新的动力。"此消息迅即成为世界各大新闻媒体关注的热门话题，引发了许多评论和议论。

其实，这是一个迟到的好消息，或者说是一则半年多之前就发生的新闻。2017 年 6 月 9 日，在哈萨克斯坦首都阿斯塔纳举行的上海合作组织成员国元首理事会第十七次会议上，中国国家主席习近平发表了题为"团结协作开放包容建设安全稳定、发展繁荣的共同家园"的重要讲话。在这个重要讲话中，习近平主席指出，"中方愿同各方一道，强化命运共同体意识，建设安全稳定、发展繁荣的共同家园"。会上，习近平主席强调，"中方将接任上海合作组织轮值主席国并于 2018 年 6 月举办峰会。中方将认真履职尽责，同各方一道，努力给各国人民带来越来越多的获得感，携手创造本组织更加光明的未来"。同时，上海合作组织成员国元首理事会第十七次会议一致决定："上海合作组织成员国元首理事会下次会议 2018 年在中国举行；下任主席国由中国担任。"这个决定和习近平主席代表中国政府的表态，在会议结束时公布的《上海合作组织成员国元首理事会会议新闻公报》中再次得到了确认。

　　回顾上合组织过去的成长历程，展望未来更加光明的前景，可能十分有助于我们更加清晰地认识到其发展阶段的重要性。2016 年是上合组织成立 15 周年。按照我国古代对人的岁数的别称，15 岁叫"舞象"，也称"志学"，标志着人生即将进入新阶段。2017 年，上合组织已经 16 岁了，新的时期和发展阶段已经开始了。在中国古代文化中，16 岁被描绘成非常美好的年龄，被称为"二八之年"，也被称为"破瓜""及瓜""碧玉"之年。晋人孙绰在其诗《情人碧玉歌》中说，"碧玉破瓜时，郎为情颠倒"。宋代苏轼在《李钤辖坐上分题戴花》中也说，"二八佳人细马驮，十千美酒渭城歌"。唐朝诗人李群玉在《醉后赠冯姬》中盛赞"桂形浅拂梁家黛，瓜字初分碧玉年"。从"舞象""志学"之年到"破瓜""及瓜"之年，是上合组织逐步走向成熟，并不断塑造新型国际关系的重要标志。就此，习近平主席在阿斯塔纳会议上高度评价这个发展历程时指出，"今年是《上海合作组织宪章》签署 15 周年，也是《上海合作组织成员国长期睦邻友好合作条约》签署 10 周年。以这两份纲领性文件为思想基石和行动指南，成员国坚定遵循'上海精神'，在构建命运共同体道路上迈出日益坚实步伐，树立了合作共赢的新型国际关系典范"。

　　习近平主席对上合组织过去发展的评价和对未来前景的倡议，真实反映了这个组织走过的不平凡发展历程，正确指出了今后的光明前景。起源于"上海五国"机制的上合组织，本身就是中国、俄罗斯、哈萨克斯坦、吉尔吉斯斯坦、塔吉克斯坦五国为加强睦邻互信与友好合作关系，应对冷战后国际和地区形势发生巨大变化而做出的战略选择。1996 年 4 月 26 日、1997 年 4 月 24 日，五国元首先后在上海和莫斯科举行会晤，分别签署了《关于在边境地区加强军事领域信任的协定》和《关于在边境地区相互裁减军事力量的协定》。这是亚太地区的多国双边政治军事文件，受到国际社会广泛关注和高度评价。此后，五国元首年度会晤形式被固定下来，轮流在各国举行。1998—2000 年，先后在阿拉木图、比什凯克、杜尚别召开五国峰会。杜尚别会晤时，乌兹别克斯坦总统卡里莫夫应邀以客人身份与会。会晤内容也由加强边境地区信任逐步扩大到探讨在政治、安全、外交、经贸、人文等各个领域开展全面互利合作。由于首次会晤在上海举行，该机制被冠以"上海五国"称谓。进入21世纪，面对全球化趋势，世界各国都在加快区域合作步伐，以更有效地把握和平与发展的历史机遇，抵御各种风险与挑战。与此同时，冷战结束后，这一地区的恐怖主义、分裂主义和极端主义活动日益猖獗，严重威胁各国安全与稳定。中、俄、哈、吉、塔、乌六国都面临发展自身经济、实现民族振兴的艰巨任务，也有进一步加强区域合作的共同愿望和迫切需要。2001年6月14日，"上海五国"成员国元首和乌兹别克斯坦总统在上海举行会晤，签署联合声明，吸收乌加入"上海五国"机制。15日，六国元首共同发表《上海合作组织成立宣言》，宣布在"上海五国"机制基础上成立上海合作组织，上海合作组织正式宣告诞生。

2001年6月15日，上海合作组织首次元首会晤在上海举行，六国元首签署了《上海合作组织成立宣言》和《打击恐怖主义、分裂主义和极端主义上海公约》。之后，历次峰会都不断增加合作内容、拓宽合作领域：圣彼得堡第二次峰会上，六国元首签署了《上海合作组织成员国元首宣言》《上海合作组织宪章》和《关于地区反恐怖机构的协定》；莫斯科第三次峰会上，六国元首签署了《上海合作组织成员国元首宣言》，批准《上海合作组织成员国常驻上海合作组织秘书处代表条例》、《上海合作组织地区反恐怖机构执行委员会细则》、上海合作组织各机构条例、上海合作组织徽标和上海合作组织秘书长人选；塔什干第四次峰会上，六国元首签署了《塔什干宣言》《上海合作组织特权和豁免公约》《上海合作组织成员国关于合作打击非法贩运麻醉药品、精神药物及其前体的协议》，批准《上海合作组织观察员条例》，设立上海合作组织日，给予蒙古国上海合作组织观察员地位，六国外长签署了《上海合作组织成员国外交部协作议定书》；阿斯塔纳第五次峰会上，六国元首签署《上海合作组织成员国元首宣言》，批准《上海合作组织成员国合作打击恐怖主义、分裂主义和极端主义构想》《上海合作组织成员国常驻上海合作组织地区反恐怖机构代表条例》，给予巴基斯坦、伊朗、印度观察员地位；上海第六次峰会适逢上海合作组织成立 5 周年、"上海五国"机制建立 10 周年，经成员国协商，中方邀请蒙古国、巴基斯坦、伊朗总统和印度总理作为观察员代表，阿富汗总统及东盟、独联体领导人作为主席国客人出席，并批准了下任秘书长、地区反恐怖机构执委会主任人选；比什凯克第七次峰会上，成员国元首签署了《上海合作组织成员国长期睦邻友好合作条约》；杜尚别第八次峰会通过了《上海合作组织成员国元首杜尚别宣言》《上海合作组织对话伙伴条例》等重要文件；叶卡捷琳堡第九次峰会上，成员国元首签署了《叶卡捷琳堡宣言》《反恐怖主义公约》等重要文件，并同意给予斯里兰卡、白俄罗斯对话伙伴地位；塔什干第十次峰会发表了《上海合作组织成员国元首理事会第十次会议宣言》，批准了《上海合作组织接收新成员条例》和《上海合作组织程序规则》；阿斯塔纳第十一次峰会上，成员国元首签署了《上海合作组织十周年阿斯塔纳宣言》，对上合组织未来 10 年的发展方向做出战略规划；北京第十二次峰会上，成员国元首签署了《上海合作组织成员国元首关于构建持久和平、共同繁荣地区的宣言》等 10 个文件，会议同意接收阿富汗为上合组织观察员国、土耳其为上合组织对话伙伴国；比什凯克第十三次峰会上，成员国元首签署了《上海合作组织成员国元首比什凯克宣言》，批准了《〈上海合作组织成员国长期睦邻友好合作条约〉实施纲要（2013—2017）》；杜尚别第十四次峰会上，成员国元首签署并发表了《杜尚别宣言》，并正式开启扩员大门，各方还签署了《上海合作组织成员国政府间国际道路运输便利化协定》；乌法第十五次峰会上，批准了《上海合作组织至 2025 年发展战略》，中国国家主席习近平出席会议，并发表重要讲话；塔什干第十六次峰会通过了《上海合作组织成立十五周年塔什干宣言》等多份重要文件；2017 年 6 月 8 日至 9

日，习近平主席出席在哈萨克斯坦阿斯塔纳举行的上海合作组织成员国元首理事会第十七次会议，这是 2017 年中国面向欧亚地区的一次重大外交行动，对推动上合组织持续健康稳定发展，助力成员国应对威胁挑战、实现发展振兴具有重要意义。阿斯塔纳第十七次峰会决定2018 年峰会在中国召开，中国成为新的主席国。这将是一次承上启下、继往开来的重要会议，中国作为主席国将同各伙伴国奠定发展新起点，开启新征程。自此，上合组织奠定的坚实合作基础和取得的丰厚成果，将在 6 月的中国美丽海滨城市青岛再绽，异彩纷呈。

时光正流逝，形势在发展，机遇正来临，挑战也增加。在"破瓜""及瓜"之年，中国和上合组织的成员们，如何"破瓜"、如何"及瓜"？习近平主席进一步指出，"当前，国际和地区形势深刻复杂变化，不稳定不确定因素增多。各国惟有同舟共济，才能妥善应对威胁和挑战。中方愿同各方一道，强化命运共同体意识，建设安全稳定、发展繁荣的共同家园"，并在此基础上就上海合作组织的未来发展提出了五点倡议。一是巩固团结协作。要深化政治互信，加大相互支持，加强立法机构、政党、司法等领域交流合作，构建平等相待、守望相助、休戚与共、安危共担的命运共同体。中方倡议制定《上海合作组织成员国长期睦邻友好合作条约》未来 5 年实施纲要。二是携手应对挑战。中方支持落实《上海合作组织反极端主义公约》，主张加强地区反恐怖机构建设，倡议举办防务安全论坛，制定未来 3 年打击"三股势力"合作纲要。呼吁各方支持阿富汗和平和解进程，期待"上海合作组织—阿富汗联络组"为阿富汗和平重建事业发挥更积极作用。三是深化务实合作。中方和有关各方正积极推动"一带一路"建设同欧亚经济联盟建设等区域合作倡议以及哈萨克斯坦"光明之路"等各国发展战略对接，上海合作组织可以为此发挥重要平台作用。中方倡议逐步建立区域经济合作制度性安排，支持建立地方合作机制，并积极开展中小企业合作。四是拉紧人文纽带。中方愿同各方继续做好上海合作组织大学运行工作，办好青年交流营、中小学生夏令营等品牌项目，并主办上海合作组织国家文化艺术节、妇女论坛、职工技能大赛等活动，启动实施"中国—上海合作组织人力资源开发合作计划"。中方倡议建立媒体合作机制，将主办本组织首届媒体峰会。五是坚持开放包容。中方支持上海合作组织同观察员国、对话伙伴以及其他国家开展多形式、宽领域合作，赞成本组织继续扩大同联合国等国际和地区组织的交流合作。

习近平主席倡导必须坚持的"上海精神"是上合组织不变的灵魂。这是上合组织发展历程不断取得丰硕成果的思想基础，也是走向更加辉煌未来的根本保障，更是构建新型国家关系的基本遵循。概括来讲，以"互信、互利、平等、协商、尊重多样文明、谋求共同发展"为核心的"上海精神"，大体包括以下几个方面内容。一是强调在相互尊重的基础上开展合作，通过对话解决国与国之间的矛盾和分歧。"上海五国"机制在顺利解决了历史遗留的边界安全问题后，逐渐在地区安全、区域经济、文化和教育交流等方面进行合作。上海合作组织继承了这一具有时代特征的精神，建立了区域性预防冲突机制，在打击暴力恐怖势力、民族分裂势力和宗教极端势力方面进行了重要尝试，制定了共同措施，对遏制"三股势力"的蔓延起到了有效的震慑作用，有利于维护本区域各民族的团结与安全以及世界的和平与稳定。相互尊重的理念体现了各成员国人民的共同愿望，顺应了和平与发展的时代潮流。二是强调在经贸领域的平等互利合作，推动便利化进程，通过开放和互惠实现共同发展。上海合作组织的成员国都属于发展中国家，所以发展经济和进行经贸合作是该组织的核心任务。虽然各成员国国情不同，经济特色以及发展轨迹各异，但该组织确立了平等互利的基础原则，利用经济互补的有利条件加强双边和多边合作，促进了各国间的经贸合作。基于地缘因素，各成员国之间存在互利合作的巨大潜力和机遇，同时，各成员国有着共同目标：推动各成员国经济发展，增强本区域经济发展的共性与利益连带性。三是在多边合作中坚持协商一致原则，大小国家一律平等，不倚强凌弱。

上海合作组织是新型国家关系的典范，其中一个中心原则就是建立公正的国际新秩序，推动世界多极化和国际关系民主化。该组织主张国家不论大小、强弱，一律平等，反对霸权主义和强权政治，倡导建立一种新型的国家关系。各国就共同关心的地区和国际问题平等协商，彼此结成"好伙伴、好邻居、好朋友"，在地区和国际政治生活中发挥了积极的作用。四是在国际舞台上加强沟通协调，争取共识，共同维护地区的稳定和发展，同时强调开放、透明、不针对第三国。五是形成和确立了新安全观、合作观、发展观。在合作的过程中承认差异，寻求共赢，主张以合作促安全，一国的发展不能损害其他国家的利益。六是"上海精神"体现了先进的文明交流形态。人类的许多悲剧都源于彼此的不信任以及对文明的不尊重。上海合作组织成员国幅员辽阔，人口众多，集中了两百多个民族，文明属性各不相同。在这样一种广大的国际生存空间中，各个民族国家在忠于自己文明与文化传统的同时，对其他文明形态保持了应有的尊重和理解。在该组织中，各成员国平等相待，尊重对方的宗教信仰，形成了各种文明平等交流的局面，为促进人类文明的进步与发展提供了生动的范例。七是开放包容的理念特色明显。上合组织起源于"上海五国"机制，本身就是开放包容的具体体现。在发展进程中，上合组织秉持的扩员主张和态度，让其舞台越来越宽广、资源越来越丰厚。印度、巴基斯坦的加入，以及观察员国的增加，也进一步验证了上合组织的这种发展特性。这与长期封闭的西方国家集团形式形成了鲜明对比。八是中国的独特作用让上合组织生命之树保持常青。中国历来主张和坚持走和平发展、合作共赢道路；中国的发展对其他成员国来说不是威胁而是机遇，不是利空而是利好。通过合作抓住中国崛起的机遇，分享中国发展的红利，是"上海精神"和上合组织有吸引力的重要原因之一。

作为新生事物，随着印度、巴基斯坦的加入，上合组织规模和影响力正不断增大。在其发展、壮大过程中，国外的战略智库始终将上合组织作为重要关注目标，并不断地进行品评。其中，叫好者有之，中立者有之，批评者有之，甚至抹黑谩骂者也不在少数。对这些声音，应该采取兼听的原则，有道理的多听听，并转化为改进和提高的"营养"；对无道理的也听听，这有助于我们头脑清醒；对无理取闹之声，大可一笑了之，不予置理。这样才能保证上合组织"这艘航船"前行在正确的航线上，并能不断乘风破浪，阔步向前。

美国彼得森国际经济研究所认为，中国必须把"一带一路"倡议的目标与上海合作组织的任务相结合，加强组织内成员国间的联系和交流将是中国进一步发展其多边关系的关键。美国另一家重要智库的态度则相当暧昧。德国马歇尔基金会在其报告中指出：上海合作组织是一个以共识为基础的组织，中国目前是其最有影响力的成员国。土耳其与上海合作组织的合作应该会给欧洲和美国敲响警钟。如果美国和欧洲希望改变中国仍有局限但日益明显的全球安全雄心以扩大跨大西洋的战略利益，那么其制定一个令人信服的方法来管控土耳其的战略调整将是至关重要的。国家亚洲研究局则在其报告中开始唱衰上海合作组织，认为上合组织是在自愿和协商一致的基础上成立的一个多边机构，继印度和巴基斯坦于 2017 年加入之后，成员国的日益多元化意味着上海合作组织成立的初衷已不再清晰，该组织作为中国和俄罗斯主导下的协调机制的实用性被削弱。哈德逊研究所则认为，上海合作组织仍然高度依赖中俄之间持续的良性关系，然而，欧亚地区秩序依然脆弱，在支持上海合作组织目标的同时，中国和俄罗斯优先考虑它们与欧亚国家以及其他地区的多边组织和倡议（如俄罗斯主导的欧亚经济联盟、集体安全条约组织以及中国主导的"一带一路"倡议）的关系。胡佛研究所则以明显捧杀的味道写道，中国是上合组织的主要参与者和无可争议的领导国，事实上，中国而不是俄罗斯，已经成为哈萨克斯坦新的"经济主宰"国家，并且哈萨克斯坦也同中国一道"在上海合作组织及其他场合抵消俄罗斯在这一地区的影响力"。

卡内基国际和平研究院在《在不断变化的全球政治格局中应运

而生的新三角外交》报告中认为，"在 21 世纪初，世界地缘政治格局包括三个实力不平等的大国，它们的行动以决定性的方式影响着全球体系。美国是全球体系的中心；中国是美国主导地位的主要挑战者；俄罗斯比这两个国家都要小得多，其试图寻求用某种寡头政治取代当前的霸权"，同时，该智库也承认，"俄罗斯正寻求在当前的全球体系内进行一些行动，而不是试图打破它。中国有意避免与美国对决，更愿意循序渐进地向前发展。最重要的是，中国寻求扩大对其他地区的了解，获得外交经验并提高军事能力。俄罗斯是中国在欧亚地区的主要合作伙伴。在过去 25 年里，两国成功地建立了一种新型大国关系。这种关系是建立在一个准则之上的：中国和俄罗斯永远不会相互对立，但它们不需要相互追随。中国和俄罗斯现在面临的挑战是，在利用双边伙伴关系的基础上建立一个基于新原则的区域秩序。欧亚大陆不可能处于单一大国的统治之下。因此，一个持久的秩序只能是多边的，由主要的大国引领，但要考虑到所有其他国家的利益。基于上海合作组织（SCO）的平台，在国家领导人之间建立一个共识可以成为构建这一秩序的支柱"。上合组织扩员后，卡内基国际和平研究院认为上海合作组织处在了十字路口，并提出了两个疑问，扩员后的"上海合作组织是否会成为协调大国在欧亚地区利益的重要论坛还是会因为成员国之间的互不信任而崩溃？""成为上海合作组织的正式成员并不能真正解决印度所面临的最重要的战略问题"，但是"随着印度成为上海合作组织的正式成员，该组织将产生三大强国，这将削弱中国在该组织中的主导作用。巴基斯坦的加入也有利于实现俄罗斯的另一个目的：扩大上海合作组织成员国，以将亚洲大陆所有的参与者包括在内，并为阿富汗提供更好的区域合作"，"目前的扩员充斥着严重的问题，包括印度和中国之间的竞争以及印度和巴基斯坦之间持续的敌意"。

　　卡内基国际和平研究院在《扩大并不意味着更好：俄罗斯使上海合作组织成为一个无用的俱乐部》中无聊地说，"自 2011 年以来，俄罗斯一直在通过邀请其关系友好国家印度来推动上海合作组织的扩容。俄罗斯认为，俄罗斯、中国和印度已经在进行三边合作，这种创新将增加上海合作组织的影响力"，"普京总统和习近平主席签署《中华人民共和国与俄罗斯联邦关于丝绸之路经济带建设和欧亚经济联盟建设对接合作的联合声明》……广阔的'一带一路'倡议远比从制度上定义的上海合作组织更有用，因为上海合作组织的所有决策都是经协商一致而做出的"，"中国外交官和专家表示，中国政府充分意识到，印度和巴基斯坦之间长期存在的敌对状态，可能会使本已相当低效的组织完全瘫痪，因为其成员在各种问题上的'异议'一直存在。随着'丝绸之路经济带'和亚洲基础设施投资银行（AIIB）的发展，中国已经不再把上海合作组织视为一种有用的手段"。

卡内基国际和平研究院在《谁的规则，谁的范围？俄罗斯在后苏联国家中的治理与影响》中认为，"尽管俄罗斯欢迎上海合作组织提出的反西方言论和倡议，但它私下里反对授权任何机构设立可能会侵犯欧亚经济联盟管辖权的体制或监管框架"。卡内基国际和平研究院在《中国、俄罗斯需要共同的欧亚愿景》中说，"中俄关系的重大问题是'一带一路'倡议与俄罗斯自身经济计划的'协调'。俄罗斯政府已经明确表示，俄罗斯不打算像其他国家那样简单地加入'一带一路'倡议，而是寻求与中国建立一种特殊的经济关系"，"对中国和俄罗斯来说，致力于降低美国在'欧亚大棋盘'的影响力是不够的。它们必须建立一个改善当前局势的新大陆秩序"。

美国兰德公司在《中国将对印度加入上海合作组织感到后悔》中煽风点火地说，"随着印度和巴基斯坦成为上海合作组织（SCO）的成员，中国可能会在一个习惯于礼让与合作讨论的区域经济和安全组织中面临越来越多的分歧"，"随着中国在中亚的影响力逐渐增大，俄罗斯欢迎印度加入上海合作组织，这可能会加强俄罗斯在阻碍或反对中国倡议方面的力量"，"印度总理纳伦德拉·莫迪（Narendra Modi）表示，'印度和俄罗斯在国际问题上一直都保持同一立场'。展望未来，俄罗斯的这种策略可能会带来丰厚的回报"。美国战略与国际问题研究中心在《印度和巴基斯坦加入上海俱乐部》中评论说，"今天，中国、俄罗斯和四个中亚国家聚集在哈萨克斯坦首都阿斯塔纳，欢迎印度和巴基斯坦加入上海合作组织（SCO），这是一个不包括美国的安全与经济俱乐部。这一扩员标志着该组织从军事协调到经济合作的潜在转变。从理论上讲，上海合作组织有着强大的影响力。随着印度和巴基斯坦的加入，该组织可以夸耀其成员国涵盖世界40%的人口，创造了全球20%的国内生产总值，每年在军事上的花费超过3000亿美元。从地理上看，该组织是中亚地区大规模基础设施竞赛的中心，也是欧洲和亚洲之间的陆上贸易通道"，"随着上海合作组织的不断发展，美国应该继续关注该组织。但是，美国不必对上海合作组织决定接纳印度和巴基斯坦而感到担忧。相反，欧亚经济合作仍然有很大的空间，美国应该欢迎上海合作组织和其他区域组织为解决长期经济问题而做出努力"。

　　欧洲对外关系委员会在《回归根本：反恐合作和上海合作组织》中评论说，"反恐合作已经成为上海合作组织（SCO）自成立以来的一个存在理由……该组织将从六个成员国扩大到八个成员国，印度和巴基斯坦的加入将对区域反恐合作产生深远影响"，"2002年，上海合作组织成员国在圣彼得堡首脑会议期间签署了《关于地区反恐怖机构的协定》。在此之后，地区反恐怖机构执行委员会（RATS）于2004年在乌兹别克斯坦塔什干成立。该机构成为上海合作组织反恐合作机制的第一个制度化象征"，"经过15年不断加强的反恐合作，上海合作组织面临着新的挑战"，"反恐一直是上海合作组织的核心组成部分，已经有力地推进了该组织的制度化过程。因此，当前的威胁以及新成员国的加入可能会扩大上海合作组织的多边及双边合作范围"。

俄罗斯国际事务理事会在《打造"大欧亚"：来自俄罗斯、欧盟和中国的看法》报告中说，"欧盟与俄罗斯之间的对抗已成为新常态。俄罗斯与其欧洲邻国之间的关系正朝着一种'逐渐疏远'的模式发展。与此同时，俄罗斯面临的其他挑战与欧洲面临的挑战不相上下，甚至更大。俄罗斯面临的主要问题是在21世纪的全球经济和全球价值观体系中寻找新的经济增长点和新位置"，"俄罗斯和欧盟能在新的现实中进行合作吗？欧盟与俄罗斯合作的新机制又是什么？俄罗斯联邦总统弗拉基米尔·普京在2016年圣彼得堡国际经济论坛期间提出了欧亚经济合作的新愿景：打造'大欧亚伙伴关系'（常被称为大欧亚战略）。这将包括在欧亚经济联盟、中国、印度、巴基斯坦、伊朗、独联体成员国和其他有关国家之间建立双边和多边贸易协定网络"，"从组织上说，'大欧亚伙伴关系'建立在多个经济和政治项目相融合的基础之上，如上海合作组织、欧亚经济联盟以及欧亚地区的其他组织和金融机构。上海合作组织可以作为打造'大欧亚伙伴关系'的'黏合剂'"。

卡内基莫斯科中心在《对俄罗斯外交政策及其驱动因素的要求：展望未来5年》报告中说，"俄罗斯未来几年外交政策的重点将在于巩固其在后苏联时代的大国地位以及减少对其的政治孤立。随着二十国集团、金砖国家取代了之前的八国集团（现在是七国集团，俄罗斯被排除在外），上海合作组织（SCO）取代了俄罗斯—欧盟峰会、北约—俄罗斯理事会在公众心目中的地位，俄罗斯逐渐在非西方国家中安定下来。然而，这一过程并不容易。俄罗斯与印度、巴西和南非的关系虽然很友好，但并没有进一步的发展，这主要是由于俄罗斯的经济疲软。油价下跌导致俄罗斯的出口额下降了约三分之一。俄罗斯武器销量的增加也并未弥补这一缺口"。

俄罗斯智库瓦尔代国际辩论俱乐部在其发表的报告中说，"上海合作组织是为区域合作而设立的，目的是促进各成员国之间的联系。尽管上海合作组织已经取得了一些成就，但各国在上海合作组织的区域主义方面的意见不尽相同。尽管一些人相信上海合作组织可以为该区域带来稳定和预见性，但另一些人认为该组织是一个维护威权政权和鼓动反西方措施的机制。当前关于区域主义的论述已经意识到区域合作机构应对跨国挑战和威胁反映了其所具有的相关性及时效性。上海合作组织各成员国将继续加强在安全、政治、经济方面的合作和在促进区域稳定方面的努力。尽管上海合作组织最初是一个区域组织，专注于一些具体的地区问题，但现在它的活动甚至扩大到宏观的区域范围"，"自 2001 年 6 月 15 日上海合作组织成立以来，各成员国认真努力地使该组织成为一个成功的机制。上海合作组织的主要规范性文件将上海合作组织描绘为一个促进对话、重视地区和平与安全的组织。2002 年，《上海合作组织宪章》概述了其合作的主要领域，包括区域安全和建立信任措施；在外交政策问题上达成共识；共同打击一切形式的恐怖主义、分裂主义和极端主义，打击非法贩卖毒品和其他跨国犯罪活动等"，"从长远来看，印度通过与上海合作组织对话和更好地合作，或许能够实现自身在该地区的利益"。

俄罗斯智库瓦尔代国际辩论俱乐部在《印度和巴基斯坦的加入凸显了上海合作组织的外交潜力》中认为，印度和巴基斯坦加入上海合作组织具有深刻的象征意义，"上海合作组织会成为印度和巴基斯坦建立对话的平台……这是上海合作组织能为两国做的最重要的事情。印度和巴基斯坦不太可能受到双边议程的限制，并将共同参与更广泛的问题讨论……在印度和巴基斯坦加入安全问题和外交对话之后，上海合作组织将脱颖而出"。

德国国际与安全事务研究所在《重新设想欧洲能源安全》报告中认为，上海合作组织是一个基于共同利益的安全组织，致力于打击"恐怖主义、极端主义和分裂主义"；区域倡议即"一带一路"倡议和欧亚经济联盟（EEU）之间合作的可能性，为欧亚大陆能源的进一步融合提供了真正的支持；在加强中亚、中东和欧洲能源贸易和互联互通的计划中，多边参与、通过现有机构的合作以及遵守游戏的共同规则（行为准则）变得越来越重要，"中国引入了基于基础设施的互联互通框架（'一带一路'倡议），表达了对上海合作组织能源宪章进程的兴趣，并签署了《国际能源宪章》，这些事情并非巧合。对一个向外寻求贸易、经济机会和能源的国家来说，中国必须跨越欧亚大陆上的诸多障碍"。

　　德国国际与安全事务研究所在《非西方外交文化与全球外交未来》中认为，"第二次世界大战后出现了许多主导当今多边外交的组织和论坛。虽然这些组织和论坛的成员准入规则和发展目标具有普遍意义，但是也在一定程度上反映了这些组织在创建时的权重分配，这可能体现在特权（例如永久成员身份）或决策权（更大的投票权或否决权）方面。全球金融治理的架构只是其中一个例子：世界银行虽然成员众多，但一直以美国为首，而国际货币基金组织（IMF）的负责人总是来自欧洲"，"国际组织和论坛一直偏向西方国家令一些非西方国家倍感挫折。随着这些非西方国家经济实力的增强，它们的不满情绪进一步加剧。非西方国家对西方国家的倡议支持度降低，国际机构内僵局反复出现以及非西方国家反制度化的尝试都证明了这一点……以上海合作组织（SCO）和亚洲基础设施投资银行（AIIB）为典型代表的由非西方国家成立的现有国际多边机构的竞争对手通常存在一个问题，即这些新成立机构都是现存机构的模仿者"。

　　瑞士智库苏黎世联邦理工学院安全研究中心在《上海合作组织：东方版"北大西洋公约组织"的崛起?》中认为，"许多人认为，尽管上海合作组织章程中使用的语言具有'非针对性'政策的良性性质，但其意图限制美国在中亚的存在性是不言而喻的，并可能对全球政治产生深远影响"，"从西方的角度看，上海合作组织是一个战略联盟，其主要目的是结束美国对传统上由俄罗斯和中国所主导地区的'侵占'。中国和俄罗斯不但保证了从这个联盟获得中亚资源的机会，还建立了一个重要的投票集团，这个集团有能力影响国际政治，有利于进行反对扩大联合国安理会常任理事国席位的投票"。

印度智库观察家研究基金会在《印俄关系中的积极信号》报告中认为，"在过去几年里，印度战略专家提出的一种担忧是，人们怀疑俄罗斯与中国的联系如此紧密，以至于印度无法再指望俄罗斯，应防止俄罗斯向中国靠拢。这导致印俄双边伙伴关系受限。然而，俄罗斯—印度—中国三角关系最近的发展表明，俄罗斯采取的政策比人们预期的更为均衡，而且对印度方面正发出越来越多的积极信号"。

印度智库国防研究和分析中心在《上海合作组织：印度进入欧亚大陆》报告中认为，上海合作组织纳入其他邻近国家的议程自2010年以来是一个受到激烈争论的话题。虽然有些成员倾向于扩容，但没有制定标准、程序和时限，这阻碍了新成员的加入。长期以来，俄罗斯支持印度成为正式成员。哈萨克斯坦和塔吉克斯坦也坚决支持纳入印度。但是只有中国希望巴基斯坦加入上海合作组织。只有蒙古国受到了全员欢迎，但它对加入上海合作组织犹豫不决。联合国的制裁阻碍了伊朗加入上海合作组织。显而易见，尽管上海合作组织的知名度很高，但其效率和立场依然难以捉摸。上海合作组织实际实现的成就只是中国双边倡议中的一个指标，"上海合作组织受俄罗斯与中国之间深层次竞争的影响"，"与印度建立联系可以为上海合作组织提供新活力，为迄今为止以中国为中心的上海合作组织争取更大的发言权和更高的国际地位。世界上最大的民主国家加入上海合作组织将赋予这个组织更大的合法性"。"上海合作组织未来的发展离不开当前的全球再平衡博弈。上海合作组织肯定会面临中美紧张、美俄对峙、中俄协调、印美对峙等复杂的地缘政治暗流"，"事实上，印度、俄罗斯和中国正在金砖国家和上海合作组织等一些多边组织中共同协作。印度加入了由中国主导的亚洲基础设施投资银行。印度和中国之间的双边经济关系正在不可阻挡地发展。同样，印度和俄罗斯也致力于加强战略伙伴关系。印度拟与俄罗斯领导的欧亚经济联盟签署自由贸易协定。但需要明确的是，美印协约可能会超越军事领域，进而推进两国共同的价值观和利益。这将使印度在上海合作组织地缘政治领域中的参与更具挑战性"。

印度智库国防研究和分析中心在《印度在上海合作组织的利害关系》中认为，"上海合作组织成员国将为重新连接欧亚大陆提供新的机会。正如莫迪总理在上海合作组织乌法峰会的发言中所说，上海合作组织成员国身份将是'印度与成员国关系的自然延伸'。上海合作组织可以为印度提供一些独特的机会，使其与欧亚地区进行建设性合作，解决共同的安全问题，特别是打击恐怖主义，遏制'伊斯兰国'和塔利班的威胁"，"更重要的是，印度在上海合作组织中的存在，能够确保在这个由大量穆斯林组成的关键地区中危害性力量不会引发反抗其的活动"。

巴基斯坦智库伊斯兰堡政策研究中心在《俄罗斯的复兴：巴基斯坦的机遇与局限》中认为，"俄罗斯与其他上海合作组织成员国正在优先考虑联合开展能源项目。俄罗斯的经济实力来源于其所拥有的重要自然资源，如石油和天然气。俄罗斯还与中国签署了具有里程碑意义的长达30年的天然气供应协议。中国和俄罗斯是在自然资源方面的合作伙伴、盟友和邻国"，"巴基斯坦已经成为上海合作组织的一员。上海合作组织可以在推动包括俄罗斯在内的成员国之间的双边关系发展方面发挥建设性作用。这将使巴基斯坦能够在生物技术、航空航天、气候变化适应、灾害管理、打击贩毒和减缓疾病等一系列高技术领域与其他上海合作组织成员国进行合作"。

本书是"国际战略智库观察项目"2018年度的第一份报告。"国际战略智库观察项目"是中国社会科学院国家全球战略智库的重点课题之一。长期以来，我们本着"立足国内、以外鉴内"的原则，密切跟踪和关注境外战略智库对中国发展的各种评述，对客观者我们认真研究吸纳，对故意抹黑和造谣者我们一笑了之。这不失为一种接地气的研究路径和方式，汇总其科学成果并适时发布也不失为我们服务国内同人研究工作的一种探索和尝试。这也是我们系列专题报告的初衷和目标，敬请各位前辈和同人批评指正。

信笔至此，是为序。

（本文系王灵桂主编《上海合作组织：新型国家关系的典范——国外智库论中国与世界（之一）》前言，社会科学文献出版社 2018 年 7 月版）

1

共同富裕的两个维度两对关系

党中央、国务院专门出台《关于支持浙江高质量发展建设共同富裕示范区的意见》（以下简称《意见》），支持浙江高质量发展建设共同富裕示范区。如何深入落实《意见》精神，勇扛使命、勇闯新路？本报记者采访了中国社会科学院副院长王灵桂。

实现物质文明与精神文明双提升

支持浙江高质量发展建设共同富裕示范区，有利于通过实践进一步丰富共同富裕的思想内涵。王灵桂认为，共同富裕美好社会是中国特色社会主义迈向更高阶段的社会形态，是文明全面提升的社会形态，其内涵包含物质层面和精神层面，浙江高质量发展建设共同富裕示范区，必须要实现物质文明与精神文明的双提升。

实现共同富裕，首先要"做大蛋糕"。推进全体人民共同富裕是一项长期任务，必须始终坚持发展这个第一要务，贯彻新发展理念，打好服务构建新发展格局组合拳，推进经济高质量发展，进一步激发活力创新力竞争力。着力强化科技创新，打造全球数字变革高地，加快建设"互联网＋"、生命健康、新材料三大科创高地和创新策源地，不断解放和发展生产力，为实现全体人民共同富裕打好坚实的物质基础。

实现共同富裕，还要关注精神富有。王灵桂认为，共同富裕既要重视物质富裕，也要重视精神富有。浙江省委主要领导提出，将坚持物质文明和精神文明相协调，加强社会主义核心价值观引领，深入实施新时代文化浙江工程，以文化创新推动思想进步、文明提升推动社会进步。

如何实现精神富有，王灵桂对浙江提出了四点建议：

一是打造新时代文化高地，守好"红色根脉"。坚持推动学习贯彻习近平新时代中国特色社会主义思想走心走深，大力发展文化生产力，构建以文化力量推动社会全面进步新格局。同时不断加强公民道德建设，培育好"最美浙江人"等品牌。

二要根据社会的文化消费能力，减免文化产业相关税费，规范文化产品定价体系，降低文化消费门槛。

同时要提高文化产品和服务的供给能力，支持文化产业生产多品种、多层次的产品和服务，满足不同层次消费者的文化需求。

三要加大传承和弘扬优秀传统文化的产品供给，健全高品质精神文化服务体系，积极主动发掘传统文化资源打造江南特色的文化创新高地，将优秀的传统文化资源转化为强大的现实生产力。

四要围绕社会主义文化大发展大繁荣的重大科技需求，深入实施科技带动战略，全面提升文化创新能力，转变文化产业发展方式，推动文化事业和文化产业更好发展。

把握好个人与集体的关系

《意见》提出，高质量发展建设共同富裕示范区，要紧扣推动共同富裕和促进人的全面发展；坚持以社会主义核心价值观为引领，加强爱国主义、集体主义、社会主义教育，厚植勤劳致富、共同富裕的文化氛围。准确理解共同富裕，还要把握个人与集体之间的关系。

人民是历史的创造者。王灵桂认为，实现共同富裕的进程中，每一个个体的努力都至关重要。浙江省委全会提出，要进一步解放思想、创新思维，创新致富、勤劳致富、先富帮后富，政府社会企业个人共创共建，循序渐进、由低到高、由局部到整体，以共同富裕新理念推动示范区建设。

浙江发达的民营经济与活跃的科技创新，与人民蕴含的首创精神，充分发挥创新创造能力是分不开的。高质量发展建设共同富裕示范区需要进一步激发群众的创新创造活力，具体而言，建议从两方面入手。

一是要政府有为，破除体制机制、观念上的束缚，尊重和呵护群众的首创精神；二是在科技创新领域，要瞄准青年人才、青年科学家的培养，为他们创造更加宽松的发展空间，激发其灵感，让他们有更多机会提出天才性的原创观点。

个体富裕并不代表集体富裕，只有将个人发展融入时代潮流中，才能更好地推动个人与社会的进步。我国是社会主义国家，在王灵桂看来，扎实推进共同富裕是要在全社会形成共同协作、共同前进的社会氛围。近年来，在党的领导下，全社会正在倡导和形成共同努力、共同奋斗、共同发展的社会氛围，在这方面，浙江可提供正面、积极的示范。

　　因此，在实现共同富裕的进程中，既要重视个体富裕，也要重视集体富裕，既要实现物质的富裕，也要实现精神的富有，只有这四层环环相扣，才能全面准确地理解和把握共同富裕的深刻内涵。

　　　　　　　　　　　　（载《浙江日报》2021 年 6 月 22 日第 1 版）

2

绘就促进更高水平对外开放的宏伟蓝图

编者按：国家主席习近平在第二届"一带一路"国际合作高峰论坛开幕式上发表主旨演讲，宣布中国将采取一系列重大改革开放举措，加强制度性、结构性安排，促进更高水平对外开放，即：更广领域扩大外资市场准入、更大力度加强知识产权保护国际合作、更大规模增加商品和服务进口、更加有效实施国际宏观经济政策协调、更加重视对外开放政策贯彻落实。即日起，本报陆续刊发采访有关专家学者文章，围绕5个"更"解读我国的高水平对外开放。

习近平主席在第二届"一带一路"国际合作高峰论坛开幕式上发表主旨演讲，宣布中国将实行更高水平对外开放。中国社会科学院国家全球战略智库常务副理事长兼秘书长王灵桂研究员在接受《经济日报》记者采访时表示，习近平主席的演讲描绘了中国促进更高水平对外开放的宏伟蓝图，一个更加开放的中国将同世界形成更加良性的互动，带来更加进步和繁荣的中国与世界。

中国的对外开放已经并正在造福并惠及世界。王灵桂表示，"一带一路"倡议提出5年多来，硕果累累，不断获得越来越多国家的赞誉。大量事实不断证明，共建"一带一路"不仅为世界各国发展提供了新机遇，也为中国开放发展开辟了新天地。面向未来，共建"一带一路"进入"工笔画"阶段。为推动共建"一带一路"沿着高质量发展方向不断前进，中国向全世界提出了自己的新方案。

王灵桂表示，中国有促进更高水平对外开放的信心和底气。"一带一路"倡议顺应经济全球化历史潮流、顺应全球治理体系变革时代要求、顺应各国人民过上更好日子的强烈愿望，打造了中国对外开放的新局面。5 年多来，"六廊六路多国多港"的互联互通架构基本形成，一大批合作项目落地生根，首届高峰论坛的各项成果顺利落实，150 多个国家和国际组织同中国签署共建"一带一路"合作协议。这些成绩的取得，既是中国对外开放的成果，也是未来中国促进更高水平开放的信心和底气所在。

中国有促进更高水平对外开放的模式和经验。5 年多来，"一带一路"倡议同联合国、东盟、非盟、欧盟、欧亚经济联盟等国际和地区组织的发展和合作规划对接，同各国发展战略对接。事实证明，共建"一带一路"不仅为世界各国发展提供了新机遇，也为中国促进更高水平对外开放发展提供了可资借鉴的模式和经验。

中国更高水平对外开放承诺将筑巢引凤。习近平主席在主旨演讲中指出，"公平竞争能够提高效率、带来繁荣"，为此中国政府决定"更广领域扩大外资市场准入"。中国进一步开放市场的承诺，引起了国际社会的浓厚兴趣。随着中国开放大门越来越宽，包括美国企业在内的世界各国企业，一定会更多扎根中国市场这片肥沃的土地，并收获更多开放成果。

王灵桂认为，中国自由贸易政策将畅通世界贸易高速公路。伴随国际经贸规则重构的步伐，中国自由贸易区战略加速实施，这给自贸协定签署双方国家的企业带来了巨大机遇。目前，中国已与 25 个国家和地区达成了 17 个自贸协定，自贸伙伴遍及亚洲、大洋洲、南美洲、欧洲和非洲，已逐步形成了立足周边、辐射"一带一路"、面向全球的自贸区格局。

为进一步扩大自由贸易，习近平主席在主旨演讲中专门强调指出："我们将新布局一批自由贸易试验区，加快探索建设自由贸易港"。相信随着新蓝图的绘就，中国自贸区战略实施的步伐，还将继续走深走实，中外企业将放下关税之忧、增强贸易之便，将更多精力放到产品和开拓市场上。

中国的坚定承诺让世界吃上了"定心丸"。中国人历来讲求"一诺千金"。习近平主席在演讲中的承诺郑重而庄严，也是建立在大量扎实而有效的工作基础之上的。据了解，论坛前夕，国家发改委和商务部联合召开了全面实施市场准入负面清单制度工作部署视频会，专门强调全面实施市场准入负面清单制度，是根本性、全局性、制度性的重大改革创新，并要求扎实推进"全国一张清单"管理模式，切实维护市场准入负面清单制度的统一性、权威性，确保合法有效的管理措施应列尽列、全部纳入，违规设立的准入许可、隐性准入门槛和地方自行制定的准入类负面清单要坚决清理取消，实现"一单尽列，单外无单"，并将积极回应市场主体呼声、推动准入门槛不断放宽，实现"一年一修，动态调整"。

王灵桂表示，共建"一带一路"的经验和成就，说明了中国和世界的发展，与中国对外开放是相辅相成、互为促进、水涨船高的关系。面向未来，中国根据改革发展客观需要作出的扩大开放自主选择，有利于推动经济高质量发展，有利于满足人民对美好生活的向往，有利于世界和平、稳定、发展。我们坚信，一个更加开放的中国，将同世界形成更加良性的互动，带来更加进步和繁荣的中国和世界。

（载《经济日报》2019 年 5 月 3 日第 3 版）

3

乡村振兴的方向和动力

2021 年 7 月 11 日，由中国社会科学院、贵州省人民政府主办的 2021 年生态文明贵阳国际论坛"乡村振兴与生态文明"主题论坛在贵阳举行。围绕本次论坛主题，《贵州日报》天眼新闻记者专门采访了出席论坛并发表主旨演讲的中国社会科学院副院长、研究员王灵桂。

生态文明建设是乡村振兴的必由之路

记者：新时代新阶段新征程，"三农"工作重点发生历史性转移，乡村振兴战略全面开启。其中，推进生态文明建设具有什么样的重大意义和重要作用？

王灵桂：一周前，我们刚刚庆祝中国共产党百年华诞。习近平总书记在庆祝大会上的重要讲话，深情回顾了我们党百年波澜壮阔的历史，深刻总结了百年积累的宝贵经验，高瞻远瞩地描绘了中华民族伟大复兴的壮丽前景。习近平总书记在讲话中向全世界庄严宣告：经过全党全国各族人民持续奋斗，我们实现了第一个百年奋斗目标，在中华大地上全面建成了小康社会，历史性地解决了绝对贫困问题，正在意气风发向着全面建成社会主义现代化强国的第二个百年奋斗目标迈进。他强调指出，在新的征程上，我们必须坚持人与自然和谐共生，协同推进人民富裕、国家强盛、中国美丽。

无论是解决绝对贫困问题，还是实现人与自然和谐共生，农村都是重点。协同推进人民富裕、国家强盛、中国美丽，离不开以生态文明引领乡村振兴。这些重要论述，秉持了中国共产党百年来从中国国情出发，持续扎根人民、深耕农村的优良传统，并赋予其新的时代特征和丰富内涵。2021 年在我们党的历史上，在新中国历史上，都是非常不平凡的一年。"十三五"圆满收官，我们完成了脱贫攻坚任务；"十四五"顺利开启，拉开了乡村振兴战略发力期、反贫困战略转型过渡期大幕。由此，中国"三农"工作的重点转移到了全面实施乡村振兴战略上来。

党的十九届五中全会确定的"十四五"时期乡村振兴的主要目标包括：粮食安全保障水平稳固提升，全国粮食综合生产能力继续稳定在每年 6.5 亿吨以上；现代乡村产业体系基本形成，农业科技进步贡献率达到 64% 左右，农作物播种收综合机械化率达到 75% 以上；农民收入和生活水平大幅提高，城乡居民收入比下降到 2.45 以下，农村居民家庭恩格尔系数下降到 28.5% 以下；城乡基本公共服务更加均等化，基本实现城乡基本公共服务标准统一、制度并轨；农村基础设施和人居环境全面改善，农村无害化卫生厕所普及率达到 90% 以上，对生活垃圾进行处理的行政村比例达到 95% 以上；农村基层治理能力显著增强，涌现出一批各具特色的乡村善治模式。从这个目标看，乡村振兴已不再是简单回到以往的传统农业生产方式，而是将运用市场手段，将传统要素纳入统一体系，更好地满足人民群众对物质和精神层面的美好生活需要。其中，生态文明建设自然成为乡村振兴的主动力之一。

2021 年 6 月 10 日，党中央、国务院发布《关于支持浙江高质量发展建设共同富裕示范区的意见》，其中六大举措之一就是"践行绿水青山就是金山银山理念，打造美丽宜居的生活环境"。文件强调，在示范区建设中，要深化生态文明体制改革，实行最严格的生态环境保护制度，健全明晰高效的自然资源资产产权制度；坚持山水林田湖草系统治理，全面提升生物多样性保护水平；完善生态保护补偿机制，推广新安江等跨流域共治共保共享经验；继续打好蓝天、碧水、净土保卫战，强化多污染物协同控制和区域协同治理，推进生态环境持续改善。文件明确，要全面推进生产生活方式绿色转型，拓宽绿水青山就是金山银山转化通道，建立健全生态产品价值实现机制；大力推行简约适度、绿色低碳、文明健康的生活方式，广泛开展绿色生活创建行动，促进人与自然和谐共生。这个示范区建设意见，是中国首个推动实现共同富裕的重要文件，也揭示了乡村振兴的丰富内涵和未来发展方向。

习近平总书记指出："生态兴则文明兴，生态衰则文明衰。"[1] 历史地看，中国经济发展史，很大程度上就是一部曲折艰辛的生态文明建设史和乡村振兴史。改革开放以来，中国人均 GDP 从 156 美元增长到超过 1 万美元，成为全球第二大经济体。1978 年以来，中国 7.7 亿农村贫困人口摆脱贫困，提前 10 年完成了联合国减贫目标。按照世界银行国际贫困标准，为全世界减贫的贡献率超过了 70%。中国无论是脱贫的速度还是脱贫的规模，在世界历史上都没有先例。在全面解决脱贫问题后，中国乡村工作的重点转入了乡村振兴，生态文明建设成为新阶段新征程实现乡村振兴的必由之路，乡村振兴与生态文明、绿色发展等崭新时代主题的研究，也由此成为显学。

记者：正视乡村振兴与生态文明建设面临的风险与挑战。当前及今后一段时期，生态文明建设依然面临哪些需引起高度重视的风险和挑战？

王灵桂：首先，就是新冠肺炎疫情带来的后果。在新冠肺炎疫情影响下，全球经济遭受近百年以来最严重的经济衰退，各国迫切需要

---

[1] 慎海雄主编：《习近平改革开放思想研究》，人民出版社 2018 年版，第 250 页。

提振就业和经济。根据世界银行的报告，2020 年，疫情导致全球 8800 万人重返极端贫困，2021 年还将增加 2500 万—3500 万人，疫情致贫人口总数将高达 1.1 亿—1.5 亿人。这一严峻现实，将直接挑战联合国可持续发展议程的减贫目标。中国政府以卓越的领导力，取得了抗疫的重大阶段性成果，对稳定全球经济作出了巨大贡献。国际机构预计，全球到 2021 年年底，才能恢复疫前经济增长水平，中国的顺利恢复与强劲正增长，有望贡献全球经济增长的 1/3 以上。

其次，也要认识到，贫困是一个复杂社会现象，消除贫困不会一劳永逸。巩固脱贫成果，进一步实现乡村振兴，让广大农民进一步实现现代化，更是一个非常艰巨的任务。快速城镇化过程在带来农村地区现代化的同时，也伴随着一些贫困农村的衰落。农村地区不仅为城市地区提供劳动力、农产品、原材料和生态产品，过去还一度成为城市污水、垃圾等污染物的排放场所。由于城乡收入差距及人居环境的反差，难以留住农村的"能人"和受教育的新农民。中国社会科学院《人口与劳动绿皮书》预测，中国人口将在 2030 年前达到峰值并进入持续负增长时期，而人口城镇化进程还需要 30 年左右才能结束。对此，需要加强城乡公共服务一体化，包括社会融入、就业保障、公共服务等。

最后，农村地区面临着巩固扶贫成果与生态环境脆弱的现实矛盾。中国社会科学院学者在社会调查中发现，中国欠发达地区尤其西部地区，因为生态环境脆弱，具有两类典型的贫困挑战。一类是气候和环境变化导致地区生态环境承载力下降、自然灾害频发，由人地矛盾引发的"环境型贫困陷阱"；另一类是城镇化和工业化大背景下，城市化拉力造成农村人口流失的空心化现象，加之长期城乡二元分割，导致欠发达地区缺乏发展引擎和人口红利，引致"发展型的贫困陷阱"。对此，既需要重视生态扶贫，也需要注重产业扶贫，让资源丰富的广大农村成为吸引人才、技术和投资的新市场。只有彻底实现绿色发展转型，环境保护才能同经济发展相互促进，乡村发展才能同城市发展相互促进。

让生态文明成为乡村振兴的方向和动力

记者：推进乡村振兴，如何才能以最少的资源消耗创造更美好的生活品质，真正实现"良好的生态环境是最普惠的民生福祉"？

王灵桂：经过 70 多年经济建设，40 多年改革开放，中国取得史无前例的发展成就，形成了坚实的工业化、城镇化基础。2020 年，城镇化率已超过 60%，人均 GDP 超过 1 万美元。这其中，乡村和农业发挥了基础性作用，不仅为国民经济健康持续发展提供了充足的劳动力资源和物质基础，而且也是粮食安全、社会繁荣、政治稳定的基石。2021 年中央一号文件强调，在新发展阶段优先发展农业农村、全面推进乡村振兴，将乡村振兴置于巩固脱贫攻坚成果的首要位置。2021 年 3 月，习近平总书记在农村工作会议讲话中明确提到："民族要复兴，乡村必振兴。"中国的"三农"问题不解决，生态文明就难以真正深化和落地。

消除贫困是人类共同理想。农村地区拥有农田、草地、森林等自然生态系统，这是乡村振兴最根本、最宝贵的资源禀赋。在生态文明引领下，不仅要保护"绿水青山"的生态福祉，还要将其转化为"金山银山"的经济福祉。只有将生态环境真正转化为优质生态产品与服务，才能实现生态保护和经济发展的双赢。

2011 年联合国环境署的《迈向绿色经济：实现可持续发展和消除贫困的各种途径》报告建议，每年投入全球 GDP 的 2% 用于支持绿色经济，以减小自然资源消耗并改善生态环境。世界银行的《2018年国民财富变化：建设可持续的未来》报告指出，森林、农地、自然保护区和矿产等自然资本占全球财富的 1/10，其中绝大部分在发展中国家。但是，自然资源丰富的低收入国家，在国际产业分工中通常处于价值链末端，最终陷入以初级资源换发展的贫困陷阱。回顾世界历史可以看出，传统发展模式具有资源攫取的特征。工业化追求"更多更快更强"的 GDP 财富，透支地球资源储备和承载力，导致全球人口与资源的矛盾日益突出。

作为人口最多的发展中大国，中国的生态资源总量较为有限，生态环境脆弱区占国土面积的 60% 以上，生态服务功能严重不足，优质生态产品匮乏。历史的教训告诉我们，拥有世界 1/5 人口的中国，不能也无法再重蹈发达国家"先污染、后治理"的老路，只有建设"生态安全、环境友好、资源永续"的生态文明，中国和世界的未来才有希望。

生态文明是可持续的绿色发展之路，意味着重新反思现代化、贫困与福祉的概念，"以人民为中心"作为发展宗旨，充分尊重国情和社会文化价值，发掘发展中国家的生态环境、社会文化与人口红利，以最少的资源消耗创造更美好的生活品质，真正体现"良好的生态环境是最普惠的民生福祉"。

党的十八大提出了中国特色社会主义"五位一体"总体布局，以习近平同志为核心的党中央把生态文明建设摆在改革发展和现代化建设全局位置，坚定贯彻新发展理念，不断深化生态文明体制改革，推进生态文明建设的决心之大、力度之大、成效之大前所未有，开创了生态文明建设和环境保护新局面。2015 年 5 月，党中央国务院印发《关于加快推进生态文明建设的意见》，提出"以健全生态文明制度体系为重点，优化国土空间开发格局，全面促进资源节约利用，加大自然生态系统和环境保护力度，大力推进绿色发展、循环发展、低碳发展，弘扬生态文化，倡导绿色生活，加快建设美丽中国，使蓝天常在、青山常在、绿水常在，实现中华民族永续发展"。党的十九大明确了到本世纪中叶"把我国建设成为富强民主文明和谐美丽的社会主义现代化强国，实现中华民族伟大复兴"的宏伟目标。十三届全国人大一次会议通过的宪法修正案，将这一目标载入国家根本大法，进一步凸显建设美丽中国的重大现实意义和深远历史意义，进一步深化了我们党对社会主义建设规律的认识，为建设美丽中国、实现中华民族永续发展提供根本遵循和制度保障。党的十九届四中全会从实行最严格的生态环境保护制度、全面建立资源高效利用制度、健全生态保护和修复制度、严明生态环境保护责任制度四个方面，提出了坚持和完善生态文明制度体系的努力方向和重点任务。这一系列全局性、前瞻性的顶层设计，为中华民族永续发展打下坚实的制度根基，我国生态文明建设进入力度最大、措施最实、成效最好的新时期。

2021 年 5 月，习近平总书记在全国生态环境保护大会上指出，新时代推进生态文明建设应坚持六项原则：一是坚持人与自然和谐共生，坚持节约优先、保护优先、自然恢复为主的方针，"像保护眼睛一样保护生态环境，像对待生命一样对待生态环境"，让自然生态美景永驻人间，还自然以宁静、和谐、美丽。二是绿水青山就是金山银山，贯彻创新、协调、绿色、开放、共享的发展理念，加快形成节约资源和保护环境的空间格局、产业结构、生产方式、生活方式，给自然生态留下休养生息的时间和空间。三是良好生态环境是最普惠的民生福祉，坚持生态惠民、生态利民、生态为民，重点解决损害群众健康的突出环境问题，不断满足人民日益增长的优美生态环境需要。四是山水林田湖草沙是生命共同体，要统筹兼顾、整体施策、多措并举，全方位、全地域、全过程开展生态文明建设。五是用最严格制度最严密法治保护生态环境，加快制度创新，强化制度执行，让制度成为刚性的约束和不可触碰的高压线。六是共谋全球生态文明建设，深度参与全球环境治理，形成世界环境保护和可持续发展的解决方案，引导应对气候变化国际合作。

从以上情况可以看出，实现乡村振兴就是在这个时代背景下进行的。生态文明建设，既是乡村振兴的方向，也是实现乡村振兴的重要动力。没有生态文明，乡村振兴是难以想象、难以实现的，更是不符合时代潮流和中央要求的。

讲好乡村振兴和生态文明建设的中国故事

记者：党的十八大以来，中国脱贫攻坚、全面小康成就举世瞩目，生态文明建设成果斐然，这其中蕴含了哪些经验启示和伟大故事？

王灵桂：党的十八大以来，在新发展理念下，中国生态文明和乡村建设取得重大进展。中国的脱贫攻坚、乡村振兴和生态文明建设成果，成为我们艰辛探索中国式现代化道路的宝贵结晶。这是一部恢宏的历史画卷和宏大的时代叙事，需要我们讲好这个伟大的故事。这个伟大故事的主线是什么？我认为主要有如下几个方面。

——中国农村实现了第一波蛙跳式发展。在全面建成小康社会进程中，中国7.7亿农村贫困人口摆脱贫困，减贫人口占同期全球减贫人口70%以上，显著缩小了世界贫困人口的版图，创造了减贫治理的中国样本；人均GDP从新中国成立之初的几十美元到2019年突破1万美元，让人均GDP超过1万美元的世界人口翻了一番，在14亿多人口的规模下，人均GDP 1万美元将带来各种发展效应，更让人充满信心。中国政府在推动绿色转型、实现精准扶贫目标方面，发挥了强大的体制力量，体现出强大的社会动员和执行能力。2020年，中国贫困地区自来水普及率达到83%，贫困村通光纤和4G比例超过98%，远程医疗、电子商务覆盖所有贫困县；全国贫困地区新改建公路110万公里、新增铁路里程3.5万公里，长度能够绕地球20多圈。中国的成功经验表明，传统农业为主的后发国家实现蛙跳式发展是切实可行的。

——中国美丽乡村建设实现了生态与民生福祉的双赢。党的十八大以来,"绿水青山就是金山银山"理念深入人心,环境保护和经济发展相互促进的局面正在形成。比如,2016 年启动的"山水林田湖草生态保护修复工程"中,一些试点省市推进全方位系统综合治理,因地制宜推进生态产业化,打造优质生态产品,协同推进城乡人居环境治理、国家生态文明建设区、生态移民与脱贫攻坚、资源型城市转型等目标,取得了积极成效,积累了宝贵经验。

——中国绿色转型迎来的绿色发展新机遇。中国自 2007 年颁布《中国应对气候变化国家方案》以来取得的减排成就证明,气候行动能够实现环境与民生的协同发展。为了应对气候变化这一全球挑战,2020 年 9 月 22 日,习近平总书记在联合国大会上提出了 2030 年碳达峰目标和 2060 年碳中和目标。在"双碳"目标下,生态文明建设正如火如荼,无疑将有力促进我国绿色产业快速增长。据国家发改委等机构预测,2060 年实现碳中和目标将累计带来 60 万亿元绿色能源投资,预计带动绿色产业相关投资超百万亿元。这些机遇,将同全球各国分享。

——中国持续推动全球共享绿色繁荣。党的十八大以来,我国加快推进生态文明顶层设计和制度体系建设,发布《中国落实 2030 年可持续发展议程国别方案》,实施《国家应对气候变化规划(2014—2020 年)》。在已经成为世界节能和利用新能源、可再生能源第一大国的基础上,中共十八届五中全会提出绿色发展理念,首次把"绿色发展"提到"五大发展理念"的高度。2015 年出席联合国成立 70 周年系列峰会期间,习近平主席提出打造人类命运共同体,要构筑尊崇自然、绿色发展的生态体系,在国际社会倡导绿色发展之路。2017 年,党的十九大报告再次强调我国将积极参与全球环境治理,落实减排承诺,为全球生态安全做出贡献。2017 年底,国家发改委发布《全国碳排放权交易市场建设方案(发电行业)》,标志着全国碳排放交易体系正式启动。在经济社会稳步发展的同时,中国单位国内生产总值(GDP)二氧化碳排放强度总体呈下降趋势。2018 年,我国单位 GDP 二氧化碳排放比 2005 年下降了 45.8%，已经超过对外承诺的到 2020 年碳强度下降 40%—45% 的上限目标。2021 年 10 月中下旬，联合国《生物多样性公约》第 15 次缔约方大会将在我国昆明隆重召开。大会主题为"生态文明：共建地球生命共同体"，相信对促进生物多样性保护会起到很大的推动作用。生物多样性保护涉及生计与生态系统服务、自然资源共享、自然资本投资与商业化开发利用等诸多议题，对于高度依赖农业和生态系统的发展中国家而言尤为重要。在全面实现小康社会后，中国发展已经进入新的发展阶段，正在向第二个百年奋斗目标前进。在新的历史阶段，中国将进一步推动气候变化、生态保护、防灾减灾和扶贫开发等领域的国际合作，分享中国经验，与全球人民携手建设"人与自然和谐共生的现代化"。

（载《贵州日报》2021 年 7 月 13 日第 8 版）

4

生态文明建设是乡村振兴
的必由之路

7 月 12 日，在贵阳参加 2021 年生态文明贵阳国际论坛乡村振兴与生态文明主题论坛的中国社会科学院副院长王灵桂在接受记者采访时表示，协同推进人民富裕，国家强盛，中国美丽离不开以生态文明引领乡村振兴，生态文明建设是新阶段、新征程乡村振兴的必由之路。

生态文明建设成为乡村振兴
的主动力之一

从 2021 年开始，中国三农工作的重点转移到了全面实施乡村振兴战略上来，"十四五"时期乡村振兴的主要目标，包括全国粮食的综合生产能力，现代乡村产业体系，农业科技进步，农民收入和生活水平，城乡基本公共服务体系，农村的基础设施和人居环境，农村的基层治理能力等等。

"从这个目标来看，乡村振兴已经不再是简单的，或者以往的传统农业方式，而是将综合运用市场手段，将传统的要素纳入统一的体系，更好的满足人民群众对物质和精神层面的美好生活需求。"王灵桂表示，在新的征程上我们必须坚持人与自然的和谐共生，要协同推进人民富裕，国家强盛，中国美丽。无论是解决贫困问题还是实现人与自然的和谐共生，农村都是重点。"生态文明建设就成为乡村振兴的主动力之一。"

2021年6月10日，党中央国务院公布了《关于支持浙江高质量发展建设共同富裕示范区的意见》。其中的六大举措之一就是要践行绿水青山就是金山银山的理念，打造美丽宜居的生活环境。

王灵桂介绍，"该文件强调在示范区建设中要深化生态文明体制改革，实行最严格的生态环境保护，健全明晰高效的产权制度，坚持山、水、林、湖、田、草、沙全面治理，全面提升生物多样性的保护水平，完善生态保护补偿机制，推广流域共治共保的经验，继续打好蓝天碧水，净土保卫战，强化多污染协同控制和区域协同治理。"

正视乡村振兴与生态文明建设
面临的挑战

"当前，乡村振兴与生态文明建设面临着诸多挑战。"王灵桂表示，第一个挑战是新冠疫情带来的挑战，在新冠疫情的影响下，全球经济遭受近百年来最严重的经济衰退，各国迫切需要提振就业和经济。"国际机构预测，全球到2021年底才能恢复到疫前的经济增长水平，中国顺利的恢复与强劲的正增长有望贡献全球经济增长的1/3以上。"

此外，王灵桂认为，要正确认识贫困是一个复杂的社会问题，清除贫困不会一劳永逸，巩固脱贫成果进一步实现乡村振兴，让广大农民进一步实现现代化，更是一个非常艰巨的任务。

中国社会科学院于近期发布了《人口与劳动力绿皮书》，预测中国人口将在 2030 年前达到峰值,并持续进入负增长时期。按人口城镇化的进程至少需要 30 年左右才能结束。因此,加强城乡公共服务一体化,包括社会融入、就业保障、公共服务任重而道远。

同时,农村地区面临巩固扶贫成果与生态环境脆弱的现实矛盾。王灵桂介绍,中国社会科学院的学者在社会调查中发现,在中国的欠发达地区,尤其西部地区,生态环境脆弱将带来两种挑战,一种是环境型贫困,另一种是发展型贫困。

"两种挑战需要我们既重视生态扶贫,也要注重产业扶贫,让资源丰富的广大农村,成为吸引人才、技术投资的新市场。只有彻底实现绿色发展转向,环境保护才能同发展相互促进,乡村发展才能与城市的发展相互推动。"王灵桂说。

让生态文明成为乡村振兴的
方向和动力

"回顾历史可以看出,传统的农业发展模式,具有资源攫取的特征,工业化追求的更多、更快、更强的 GDP 财富,透支地球资源储备和承载力,导致全球人口与资源的矛盾日益突出。"王灵桂介绍,作为人口最多的发展中大国,中国的生态资源总量较为有限,只有建设生态安全、环境友好、资源永续的生态文明,中国和世界的未来才会有希望。

"生态文明作为可持续的绿色发展之路,要求我们必须重新反思现代化贫困与福祉的概念,以人民为中心作为发展宗旨,是充分的尊重了国情和社会文化价值,挖掘发展中国家的生态环境、社会文化和人口红利,以最少的资源消耗,创造更加美好的生活品质,真正的体现良好的生态环境是最普惠的民生福祉这一理念。"王灵桂认为,新时代推进生态文明建设，要秉持：坚持人与自然的和谐共生，像保护眼睛一样保护生态环境，像对待生命一样对待生态环境，让自然生态美景永驻人间；绿水青山就是金山银山，要加快协同，节约资源和保护环境的空间格局、产业格局、生活方式和生产方式；良好的生态环境是最普惠的民生福祉，坚持生态惠民、生态利民、生态为民；山水林田湖草沙冰是生命共同体，要统筹坚固整体施策，多措并举；必须用最严格的制度、最严厉的法治来保护生态环境；共谋全球生态文明发展，引导应对气候变化的国际合作。

讲好乡村振兴和生态文明建设的故事

党的十八大以来，中国的生态文明和乡村建设取得了重大进展，中国的脱贫攻坚、乡村振兴和生态文明建设成为中国探索现代化的宝贵经验结晶，这一部恢宏的历史画卷和宏大的时代叙事。

因此，王灵桂表示，这个伟大故事的主题包括以下几个方面：

在全面建成小康社会进程中，我们解决全球 70% 以上绝对贫困人口问题，显著缩小了世界贫困人口的版图，创造了减贫治理的中国样本。中国政府在推动绿色转型实现精准扶贫方面发挥了强大的体制力量，体现了出了强大的社会动员和执行能力。

2020 年中国贫困地区自来水的普及率达到了 83%，贫困村通光纤和 4G 的比例超过 98%，远程医疗、电子商务覆盖了所有的贫困县，全国贫困地区新改建公路超过 110 万公里，新增铁路超过 3.5 万公路，长度能够绕地球 20 多圈。

中国的美丽乡村建设实现生态与民生福祉的双赢。党的十八大以来，绿水青山就是金山银山的理念深入人心，环境保护和经济发展相互促进的局面已经形成。国家生态文明建设区，生态移民与脱贫攻坚，自愿性城市转型等目标取得了积极成效，积累了宝贵经验，这都是讲好中国这方面故事最好的素材。

中国绿色转型迎来了绿色发展新机遇。自2007年颁布中国应对气候变化国家方案以来，取得的减排成就进一步证明，气候行动能够实现环境与民生的协同发展。国家的生态文明建设正在如火如荼地进行，有利促进我国绿色产业的快速发展。国家发改委统计数据显示，2060年中国实现碳中和将累计带来60万亿的绿色能源投资，预计带动绿色产业相关投资超过百万亿元。

中国持续推动全球绿色繁荣。党的十八大以来，在经济社会稳步发展的同时，国内的二氧化碳排放的强度总体呈下降趋势，2018年我国单位GDP二氧化碳的排放比2005年下降45.8%，这个比例远远超过了对外承诺的到2020年碳强度下降40%—45%的上限目标。

（载《重庆日报全媒体》2021年7月12日）

5

生态文明贵阳国际论坛应向世界
发表希望的声音

在贵阳举行的 2021 年生态文明贵阳国际论坛上，中国社会科学院副院长王灵桂在接受记者采访时讲述了对于乡村振兴的思考，他表示在生态文明减贫问题上，中国的做法、中国的模式、中国的成就，显得弥足珍贵，理应向世界分享。

赤水河如果被污染，茅台会怎样

2021 年 7 月 11 日进行的"乡村振兴与生态文明"主题论坛上，与会嘉宾着力探索乡村振兴与生态文明融合发展路径和机制，王灵桂在主题论坛发表了演讲。在他看来，乡村振兴并不是要回到传统的模式，而是要更注重绿色发展的形式。"从这个角度来讲，保护生态环境是实现现代化唯一正确的道路，我们中国绝对不能再走先污染再治理的道路，这个路对世界各国人民来讲都是灾难性的。"

王灵桂以贵州的著名品牌茅台来阐述生态环境的价值。"茅台昨天的市值超过了 2.6 万亿元人民币，大家可以试想一下，如果赤水河被污染了，将会对茅台造成怎样的影响？"王灵桂说，从这个意义上来讲，无论是乡村振兴还是贵州、全国的长远发展，生态环境本身就是巨大的财富。

绿水青山和金山银山之间要有一个桥梁

如何真正做到乡村振兴，在王灵桂看来，要在绿水青山和金山银山之间搭建一个桥梁，让老百姓切实感受到好生态的价值。具体怎么做？大力推进旅游项目建设、景区带动、乡村旅游等九项旅游扶贫工程，"旅游＋"多产业融合发展步伐加快，实现旅游业带动就业。"街道越来越干净、环境越来越优美，过去农民要通过土地劳作换取生活所需，如今只要坐在家里就可以挣到钱。民宿之路、特色旅游之路、特色农产品之路，都值得借鉴。"

贵阳市十里河滩，作为宝贵的城市湿地，具有河流、农田和库塘等多类型湿地，拥有众多珍稀动植物种类，是镶嵌在花溪这颗"高原明珠"上的瑰丽"宝石"。

如今，十里河滩集结了山地、水文、生物及人文景观、国学文化，建成了兼具保护、科普、休闲等功能于一体的免费开放式景区。对此，王灵桂认为是一种十分值得推崇的尝试，比单一的公园好得多。"乡村是城市的缩写，看人民的服饰和精神面貌，位于贵阳郊区的花溪，其农民生活未必比城里差，这意味着贵阳市政府在推动城乡建设方面做了大量工作。"王灵桂说。

理应向世界分享中国经验

2020年注定是不平凡的一年，联合国开发计划署发布的一项新研究发现，由于新冠肺炎疫情大流行造成的严重长期影响，到 2030 年，会再有 2.07 亿人可能会陷入极端贫困，从而使极端贫困总人数超过 10 亿。

王灵桂表示，从世界范围内来看，抗疫任务非常艰巨。但与此相对的是，中国的疫情控制十分有力，同时已于 2020 年向全世界宣布：如期实现现行标准下农村贫困人口全部脱贫。这种情况下，中国的做法、中国的模式、中国的成就，显得弥足珍贵，理应向世界分享。"生态文明贵阳国际论坛应该向世界发表希望的声音。"王灵桂说。

（载大众网 2021 年 7 月 13 日）

大变局中的中国主张

2020 年 9 月 21、22 日，习近平主席分别在联合国成立 75 周年纪念峰会、第七十五届联合国大会一般性辩论上发表重要讲话。中国社会科学院国家高端智库副理事长、研究员王灵桂就此接受经济日报记者采访时表示，习近平主席的重要讲话，针对全球普遍担心的问题，以中国智慧和中国担当，提出了中国思路和中国方案，起到了鼓舞人心、指明方向、引领行动的作用。

王灵桂表示，联合国 75 年来促进世界和平与发展的实践证明，人类社会是一个大家庭，推动构建人类命运共同体，通过共商共建共享，实现共同维护普遍安全、共同分享发展成果、共同掌握世界命运，是历史潮流和人心所向。面对新冠肺炎疫情，要凝聚世界各国共克时艰的共识，积极推动构建人类卫生健康共同体。一次疫情，让世界看到了一个讲信义、重情义、扬正义、守道义的中国。而跳出疫情本身，对中国自身而言，无论外部环境如何变化，无论自身如何发展，坚持以合作、对话化解矛盾、冲突，将始终是中国处理与世界关系的方式。从中国做出的一系列承诺和行动来看，世界各国都真正看到了中国愿同各方携手抗疫和共谋未来发展的真诚之心。习近平主席在第 75 届联合国大会上宣布，中国将继续同各国分享抗疫经验和诊疗技术，向有需要的国家提供支持和帮助，确保全球抗疫物资供应链稳定，并积极参与病毒溯源和传播途径全球科学研究。"这就是中国声音更加深入人心的原因所在"，王灵桂说。

在联合国大会上，习近平主席向全世界宣布，中国有信心如期全面建成小康社会，如期实现现行标准下农村贫困人口全部脱贫，提前10年实现《联合国2030年可持续发展议程》减贫目标。"这铿锵之音刺破了疫情下灰暗的世界之霾。"王灵桂表示，中国是世界上最大的发展中国家，走的是和平发展、开放发展、合作发展、共同发展的道路。中国永远不称霸，不扩张，不谋求势力范围，无意跟任何国家打冷战热战，坚持以对话弥合分歧，以谈判化解争端。中国不追求一枝独秀，不搞你输我赢，也不会关起门来封闭运行，将逐步形成以国内大循环为主体、国内国际双循环相互促进的新发展格局，为中国经济发展开辟空间，为世界经济复苏和增长增添动力。中国将继续做世界和平的建设者、全球发展的贡献者、国际秩序的维护者。中国的这些郑重承诺，让世界各国看到了未来的希望和光明前景。

"这些无私的承诺和宣示，体现了中国政府在坚守和平、发展、公平、正义、民主、自由的全人类共同价值方面的真诚，也预示着中国在推动构建新型国际关系、推动构建人类命运共同体过程中，将与全世界一道共同创造更加美好的未来。世界因中国之行动而精彩，中国因世界之精彩而自信。"王灵桂说。

（载《经济日报》2020年9月27日第2版）

金砖伙伴关系光明未来大有预期

金砖国家"是真诚相待的好朋友、好兄弟、好伙伴"。在第九届金砖领导人会晤举行前夕，中国经济时报记者就金砖国家合作机制取得的丰富成果以及如何深化拓展金砖国家各领域经济合作、如何提升整体竞争力等问题专访了中国社会科学院国家全球战略智库常务副理事长兼秘书长王灵桂教授。

金砖国家合作结出丰富成果

中国经济时报：金砖国家合作机制已历经 10 年，如何评价这 10 年来所取得的成就？

王灵桂：金砖五国分布在亚洲、非洲、欧洲、拉丁美洲，人口总数约占全球人口总数的 42.6%，2015 年五国 GDP 约占世界总量的 22.5%，从成立到 2016 年底，对世界经济增长的贡献率超过 50%。第一个十年，金砖机制已经具有了以下三个特点。

实现了从经济学虚拟概念向国际合作平台的实质性转化。现今，金砖国家组织共包含 28 个合作机制，其中部级 14 个、高官层次工作组 9 个、其他领域 5 个，形成覆盖首脑峰会、财金专员、青年外交官、媒体代表等多个层次级别，关涉经济学家、民间人士、政府职员以及社会团体、行政部门等不同行业单位和组别领域，结成多轨道、宽领域、深层次的利益联合体。金砖国家推动建立了新开发银行和应急基金储备安排，并随着两大多边金融机构渐次落成和投入运营逐步就位，有力地补充、完善布雷顿森林体系下的多边合作机制和国际开发组织。

迅速完成从资本市场投资概念到国际政治战略力量的历史性转变，从偏向经济治理、务虚为主的对话论坛向政经并重、虚实结合的全方位协调机制转型。特别是金砖国家领导人会晤机制的建立和运营，不仅有助于这些国家通过以"合纵联建"的方式提升影响力和凝聚力，而且也为更多的发展中国家在参与全球治理中统一观点提供了协调机会和交流场合。在各成员国共同努力下，金砖国家合作成功走过了第一个十年，从经济报告里的投资概念逐渐走向全球治理舞台，成为新兴市场国家和发展中国家合作的闪亮招牌，在政治、经济、安全、人文等诸多领域的各项合作，已经取得显著进展、结出丰富成果。

已成为完善全球治理、促进世界增长、推动国际关系民主化的重要力量。伴随着金砖国家合作领域的不断拓展，从单元到多元，从双边到多边，从最初的贸易投资到旅游、金融、文化科教，从贸易到实业、全球经济治理变革协商，从政府交流到党派交流再到智库、文化科技教育、立法领域交流，从国内问题到国际问题的磋商协调，从双边合作到多边合作等，金砖国家合作的地位和作用日渐突出。

金砖国家合作如何进而不退

中国经济时报：面对复杂严峻的国际政治和经济局势，金砖国家合作机制如何能克服障碍不断取得实质性进展？

　　王灵桂：在国际金融危机的阴霾之下，世界各国的日子均不好过。金砖五国也难以独善其身，进一步的发展面临着诸多复杂、严峻的挑战。在这个大背景下，2017 年，在金砖五国进入了第二个十年的关键发展阶段，第九次"金砖峰会"即将于 9 月在中国厦门举行。从乌法到果阿，再到厦门，金砖合作的登高爬坡，尤需五国高层频密互访，推心置腹，以天下之目视，以天下之耳听，以天下之心虑。

　　继续高举求和平、谋发展、促合作、图共赢大旗。"我们要坚定维护国际公平正义，维护世界和平稳定。当今世界并不安宁，各种全球性威胁和挑战层出不穷。金砖国家都热爱和平、珍视和平。实现世界持久和平，让世界上每一个国家都有和平稳定的社会环境，让每一个国家的人民都能安居乐业，是我们的共同愿望""求和平、谋发展、促合作、图共赢，是我们共同的愿望和责任。"① 2013 年 3 月 27 日，习近平主席在金砖国家领导人第五次峰会上的主旨讲话中，给出了这样的答案。之后，在不同的场合，习近平主席从不同角度就此答案进行了全面阐述。特别是在 2016 年 10 月 16 日印度果阿举行的第八次金砖峰会上，习近平主席的主旨讲话更是引起了金砖国家领导人和世界媒体的一致赞誉。

　　要旗帜鲜明地反对各种形式的保护主义。当前，世界经济复苏势头仍然脆弱，全球贸易和投资低迷，大宗商品价格持续波动，引发国际金融危机的深层次矛盾远未解决。一些国家政策内顾倾向加重，保护主义抬头，"逆全球化"思潮暗流涌动。地缘政治因素错综复杂，传统和非传统安全风险相互交织，恐怖主义、传染性疾病、气候变化等全球性挑战更加凸显。金砖国家发展面临着复杂、严峻的外部环境。在这种背景下，如何打造开放的世界，再铸经济辉煌？古今中外的历史经验证明，开放是实现国家繁荣富强的根本出路。新时期，金砖国家要打造世界经济的新增长极，就要遵循历史发展的客观规律，

①《习近平谈治国理政》第一卷，外文出版社 2018 年版，第 323 页。

顺应当今时代发展潮流，推进结构性改革，创新增长方式，构建开放型经济，旗帜鲜明反对各种形式的保护主义。在 2016 年 10 月 16 日的金砖国家领导人第八次会晤上，习近平主席就此做出了进一步阐述，金砖国家必须要"加强宏观经济政策协调，以推进经贸大市场、金融大流通、基础设施大联通、人文大交流为抓手，走向国际开放合作最前沿，在国际舞台上积极发挥引领作用"。①

继续探索完善全球治理之路的有效途径和经验。在过去的 10 年里，金砖国家"十年磨一剑"，一步一个脚印地推动合作不断走深、走实。在理念上坚持发展优先，致力于集中精力发展经济、改善民生；在原则上坚持开放包容合作共赢，致力于构建全方位、多层次的合作架构和机制；在道义上秉持国际公平正义，致力于重大国际和地区问题上共同发声、仗义执言。目前，金砖国家已经发展成为具有重要影响的国际机制，大大推进了全球经济治理改革进程，大大提升了新兴市场国家和发展中国家的代表性和发言权。

用新思路新理念新举措为国际发展合作注入新动力。对金砖国家在应对全球挑战面临的课题，习近平主席倡议，"要加强在重大国际问题以及地区热点上的协调沟通，共同行动，推动热点问题的政治解决，携手应对自然灾害、气候变化、传染病疫情、恐怖主义等全球性问题。既要联合发声，倡导国际社会加大投入，也要采取务实行动，推动解决实际问题，注重标本兼治、综合施策，从根源上化解矛盾，为国际社会实现长治久安作出贡献"。② 习近平主席明确提出，金砖国家"要继续高举发展旗帜，结合落实 2030 年可持续发展议程和二十国集团领导人杭州峰会成果，加强南北对话和南南合作，用新思路、新理念、新举措为国际发展合作注入新动力、开辟新空间，推动全球经济实现强劲、可持续、平衡、包容增长"。③ 金砖国家既是息

① 习近平：《坚定信心　共谋发展》，《光明日报》2016 年 10 月 17 日。
② 习近平：《坚定信心　共谋发展》，《光明日报》2016 年 10 月 17 日。
③ 习近平：《坚定信心　共谋发展》，《光明日报》2016 年 10 月 17 日。

息相关的利益共同体，更是携手前行的行动共同体。要发挥各自比较优势，加强相互经济合作，培育全球大市场、完善全球价值链；要坚持包容精神，推动不同社会制度互容、不同文化文明互鉴、不同发展模式互惠；要坚持合作精神，照顾彼此关切，携手为各国经济谋求增长，为完善全球治理提供动力；要坚持共赢精神，在追求本国利益的同时兼顾别国利益，做到惠本国、利天下，推动走出一条大国合作共赢、良性互动的路子；要不为风雨所动、不为杂音所扰、不为困难所阻，不断构建和强化维护世界和平的伙伴关系、促进共同发展的伙伴关系、弘扬多元文明的伙伴关系、加强全球经济治理的伙伴关系，以实现更大的发展。

从实现各国共同发展必要条件的战略高度探求公平正义的全球治理。早在 2013 年 3 月 27 日的南非德班金砖国家领导人第五次会晤时，习近平主席就在讲话中指出，"我们来自世界四大洲的 5 个国家，为了构筑伙伴关系、实现共同发展的宏伟目标走到了一起，为了推动国际关系民主化、推进人类和平与发展的崇高事业走到了一起。求和平、谋发展、促合作、图共赢，是我们共同的愿望和责任"。[①] 四年多来，金砖国家付出了艰苦的努力，在维护世界公平正义方面取得了巨大成绩。但是，霸权政治、不公平的国际政治经济秩序，依然束缚着新兴国家和发展中国家追求发展的努力。为此，习近平主席再次阐述了中国的立场和态度，呼吁"我们要继续做全球治理变革进程的参与者、推动者、引领者，推动国际秩序朝着更加公正合理的方向发展，继续提升新兴市场国家和发展中国家代表性和发言权。我们要继续做国际和平事业的捍卫者，坚持按照联合国宪章宗旨、原则和国际关系准则，按照事情本身的是非曲直处理问题，释放正能量，推动构建合作共赢的新型国际关系"。[②]

---

① 《习近平谈治国理政》第一卷，外文出版社 2018 年版，第 323 页。
② 习近平：《坚定信心　共谋发展》，《光明日报》2016 年 10 月 17 日。

我们相信，在中国厦门召开的第九届金砖峰会，必将成为金砖国家迈向新境界的开局之年和新的起点。我们坚信，金砖国家一定会"以开放思维引领合作，按经济规律促进发展；充分用好对话的'黄金法则'，运用好'聚同存异'的政治智慧，树立金砖合作的'道路自信'，将金砖合作建成全球治理新思想的发源地"。我们要把金砖国家新开发银行和应急储备安排这两个机制建设好、维护好、发展好，为发展中国家经济发展提供有力保障。我们要加强人文交流，促进民心相通，夯实金砖国家合作的民意基础。我们要继续扩大和巩固金砖国家"朋友圈"，保持开放、包容，谋求共同发展。

（载《中国经济时报》2017 年 8 月 29 日）

8

携手推进非洲工业化进程

听完习近平主席在中非企业家大会上的主旨演讲，中国社会科学院国家全球战略智库研究员王灵桂感触颇深，他对习近平主席提出的"在推进传统工业化升级的同时推进智能化发展"印象尤为深刻。

王灵桂表示，中国一向重视非洲的发展，更关注非洲真实的需要。中非都充分认识到，没有工业化进程，就没有非洲的崭新发展。因此，近年来中国一直在不遗余力地推动非洲工业化建设。第一，中国有成功的工业化实践，可以为非洲工业化发展提供有益借鉴。工业化是发展的主要路径之一，特别是在贫困人口众多的地区。中国经过40年的改革开放让绝大多数人的生活状态发生了翻天覆地的变化，这能够为非洲未来发展带来信心。

第二，今天的中国有能力与非洲国家合作完成工业化进程。中国已成为世界第二大经济体，正在通过多边、双边等路径推进非洲工业化进程。中国提出的"一带一路""人类命运共同体"建设，特别适于推进不发达国家的工业化进程。2016年在杭州举行的G20峰会上，中国主导发起了"二十国集团支持非洲和最不发达国家工业化倡议"，这也是在世界发展史上首次以非洲工业化进程作为人类社会共同议题而提出的倡议。为此，中国倡导建立了多种金融机构和基金，如"金砖国家新开发银行""丝路基金""南南合作援助基金"等，旨在助力非洲的工业化进程，同时也与第三方协力共同支持非洲发展。当前，中国正在积极配合联合国2030年议程，将非洲的发展、中国的支持与联合国的行动计划做好战略对接。

第三，中国的发展理念早已深入非洲人心，为中非未来长远、共同发展打下了扎实的思想根基。今天的非洲正处于寻求发展阶段，迫切需要新型发展模式、走新型发展道路。同时，世界政治经济格局正处于深度调整中，非洲面临的发展机遇不是少了，而是更多，因而包括中国在内的更多新兴经济体正在走进非洲，南南合作正在成为非洲发展的主旋律。自"一带一路"倡议提出之后，中国就中非关系发展提出了"真实亲诚"理念和正确义利观。中非各种合作机制也如雨后春笋般涌现，为中非共同发展注入了源源动力。

"可以相信，未来非洲在与中国的合作中，不仅有望完成工业化进程，为非洲长久发展和融入世界文明发展进程创造新的机会，同时在这一进程中，中非关系也将得到进一步升华，中非命运共同体之花将因工业文明而绽放。"王灵桂说。

（载《经济日报》2018 年 9 月 4 日第 7 版）

9

载着货物与友谊，穿行"一带一路"

开行频次日益密集、货物品类渐趋丰富

光明智库：2011 年 3 月，"中欧班列"正式开通，成为"一带一路"运输线上的独特风景。与其他物流通道相比，中欧班列有哪些优势，呈现出哪些亮点？

王灵桂：亚欧之间有空运、海运、陆运三类主要物流通道，陆运又可以分为铁路运输与公路运输。铁路与海路是两种适合较大宗货物远途运输的物流方式。海路运输目前占亚欧国际运输总量的 95% 以上，是亚欧大陆间最主要的运输方式，其特点是运量大、价格低，缺点是运输时间长。而中欧班列则在运输时间、价格上都具有明显的比较优势。例如，从重庆至德国汉堡走海运大约需要 40—45 天，而从重庆至杜伊斯堡的中欧班列则只需 16 天左右，在时间上仅为海运的 1/3，在价格上只有空运的 1/5 左右。相比公路运输，中欧班列更加安全稳定。就经济影响而言，班列的通行会产生辐射效应，它与沿线基础设施建设、产能合作结合，形成"经络"与"骨骼"，有利于促进途经国家的经济发展。

释放海陆并举、双向发展的潜力

光明智库：看来，中欧班列已经成了共建"一带一路"的"超级配送员"，也是共建"一带一路"落地落实的样板。那么，中欧班列的常态化运行对共建"一带一路"、助推我国全面开放新格局形成有什么作用？

王灵桂：互联互通是"一带一路"的本质属性和内在要求。中欧班列有力支撑和推进了"一带一路"的"五通"建设。作为国际陆路运输的新型组织方式，中欧班列促进了中国与相关国家以及其他欧洲国家之间的经贸合作。自"一带一路"倡议提出以来，中国与欧洲和中亚的贸易迅猛发展。以西安至阿拉木图的班列为例，从最初的每月 1 列到现在每天 3 列常态化运营，实现了开行数量的井喷式增长，规模效应不断凸显。中欧班列不但带去货物，更促进了民心相通，成为促进各国对话协商、共建共享的重要平台，各国人民交流互鉴、友好往来的重要纽带。

在竞争中成长，保持底气与自信

光明智库：首届"一带一路"国际合作高峰论坛期间，中国、白俄罗斯、德国、哈萨克斯坦、蒙古国、波兰、俄罗斯七国铁路部门签署《关于深化中欧班列合作协议》，建立了中欧班列国际铁路合作机制。两年来，这一合作机制发展情况如何？在您看来，制约中欧班列发展的突出问题还有哪些？

王灵桂：随着共建"一带一路"的不断深入，中欧班列等基础设施建设的重要性会在各国发展中更加凸显。竞争是正常的，只要中欧班列不断提高效率、改善服务质量、缩短运行时间，就可在竞争中崭露头角。正常的竞争，是中欧班列不断进步的动因之一，我们应该有这方面的底气和自信。

值得注意的是，要改善这种情况，我们不能坐等。目前，中欧班列的运营尚处于市场培育阶段，要继续加强宣传工作，吸引地方尤其是国外企业抓住中欧班列带来的机遇，扩展回程班列运载商品的种类和数量。要充分发挥中欧班列国际铁路合作机制的作用，做好班列实际调研，了解相关国家最新情况，利用好相关国家丰富的资源，并预先做好风险评估与预警应对工作。

打造核心竞争力，擦亮"金字招牌"

光明智库：在学习"渝新欧""蓉欧""汉欧"等早期线路经验的基础上，众多地方政府结合自身情况，积极参与班列的开通和运营。对此，您有什么建议？

王灵桂：随着我国开放的大门越开越大，中欧班列成为地方政府深化改革、扩大开放、强化国内外经济联系的重要抓手。当前，共建"一带一路"正向高质量发展转变，为画好精谨细腻"工笔画"，要进一步汇集各方之智、多方之力，将中欧班列打造成共建"一带一路"的品牌和样板。

要稳步推进班列整合，注重市场收益导向。近几年，部分班列依靠补贴的现象有所好转，例如地方政府已经停止对"苏满欧""义新欧""营满欧"等班列线的补贴，完全依靠市场机制运作。在今后建设中，要注重市场收益导向，继续减少中欧班列对国家补贴的依赖，真正提高其市场竞争力。

中欧班列也要通过不断提高科技水平、运营水平，降低运营成本，打造出自己的物流核心竞争力。相关各国要进一步实现政策沟通，为中欧班列提供更加透明、公开、顺畅、便利的运营环境。

（节选自《光明日报》2019 年 4 月 27 日第 11 版）

10

第五届中国—南亚东南亚智库论坛高端访谈系列

发挥智库功能务实推动"一带一路"建设

2017 年 6 月 12—13 日，以"新机遇、新思路、新举措一带一路，背景下深化中国与南亚东南亚国家务实合作"为主题的第五届中国—南亚东南亚智库论坛在中国昆明召开。中国—南亚东南亚智库论坛宣传组代丽、孙喜勤围绕会议主题访谈了出席本次会议的中国社会科学院国家全球战略智库常务副理事长王灵桂研究员。

问：如何发挥智库论坛的作用，来务实推动中国与"一带一路"沿线国家之间的合作交流？

王灵桂：智库论坛是智库学者和智库机构之间交流的重要平台。今年 5 月 14 在北京召开的"一带一路"国际合作高峰论坛，该论坛中还有智库论坛。这个论坛之所以召开，就是学者建议被决策层采纳后增加的一个智库论坛。智库论坛会议期间，来自世界各国 200 多名专家学者围绕"一带一路"建设开展研讨。会议取得了很多成果，达成了共识。

第一，在"一带一路"概念和内涵的认识上，达成了共识。很多国外专家知道有"一带一路"倡议，但是却不清楚"一带一路"

到底是什么。官方的表述是"一带一路"倡议，但是有的媒体的表述却经常是"一带一路"战略。对于"战略"二字的理解，我们中国人对"战略"的理解和外国对"战略"的理解完全是两个概念。我们中国人对"战略"概念的表述很宽泛，比如菜篮子既是一个战略，也是一个民生工程，民生战略等都可以称为"战略"，但是它的内涵包含对某一件事情的总体规划和部署，这是咱们国家理解的"战略"概念和内涵。但是对国外来讲"战略"就是军事安全，如军事战略等，其他方面不用"战略"一词，所以国内和国外对"战略"一词的理解差别很大，导致国外认为"一带一路"战略涉及军事因素。但是"一带一路"是为了促进"一带一路"沿线国家的政策沟通、设施联通、贸易畅通、资金融通、民心相通，这"五通"中是没有涉及军事战略的。习近平主席在2013年提出"一带一路"倡议到现在，从来没有"一带一路"战略的提法，是很多人在解读时将"一带一路"倡议解读成"一带一路"战略。我们可以借助"一带一路"国际合作高峰论坛这个国际大平台，消除大家对"一带一路"倡议概念和内涵的误解。

第二，中国社会科学院在参加"一带一路"国际合作高峰论坛中的智库会议上提出了五点倡议。

首先，智库机构的首要作用是为政府提供决策咨询，这是智库的重要功能，因为"一带一路"中的民心相通是"一带一路"建设中的重要组成部分。其次，加强中外各智库机构之间的联合研究，是非常务实的做法。如果智库机构之间各自关起门来研究"一带一路"，彼此不清楚研究的水平、研究进展和研究成果，会导致各智库机构研究成果不匹配的问题。但是如果有智库交流平台，那么我们可以将智库机构之间的研究整合起来开展联合研究，达到双赢的目的。如果在开展联合研究的过程中因为各自不同国家的利益和局限存在分歧，我们还可以再磋商。只有智库机构之间开展联合研究，对"一带一路"的研究才能全面，智库机构能才能够更好地服务于"一带一路"

建设。

　　智库机构之间可以从哪些方面开展联合研究呢？例如，我们可以联合发布对彼此国家具有重要影响力的联合研究成果。再如，我们可以联合培养学生，通过联合培养博士生、博士后或者加强访问学者之间的交流等途径来联合培养人才。在会上我们也提出，中国社会科学院作为智库机构，愿意与各国家的智库机构之间联合培养人才，各智库机构之间也很赞成我们的提议，大家对联合培养人才的想法反响很好、很热烈，很多智库机构对增进"一带一路"的联合研究呼声很高。去年我们跟中国周边 21 个国家的 39 个智库机构专门召开一个"一带一路"论坛，会前要求各个专家带着自己的论文到会上进行交流，与大家一起讨论，会上各学者对论文提出修改意见，会后再根据会上专家的修改意见进行修改，在很短的时间内我们将这些论文整理后做成了论文集，这本论文集在今年 5 月 14 日的"一带一路"国际合作高峰论坛上受到学者的好评。论坛期间，我们送了 350 本到会场，不到一个小时书没有了，又送了一百多本去会场，但是因为会场安检已封闭，所以没能运到会场。为什么这本书很受学者欢迎？因为这本书里不止收录了中国学者对"一带一路"的观点，同时收录了 21 个国家 39 家智库机构学者对"一带一路"的看法和观点。我从这几个小例子来谈智库论坛，如果智库论坛办得好和办出实效的话，可以把会上学者的观点和论文汇集起来，作为下一届论坛的文献，扩大论坛的影响。同时，也把学者的思想观点记录下来，形成"一带一路"建设和务实合作的会议成果，再把会议成果传播出去，让更多的人了解"一带一路"。如果单靠新闻媒体报道，那么会议期间形成的很多共识还是传播不出去。我们可以通过各国学者将"一带一路"相关建议和想法传播出去，让更多的国家认可"一带一路"，共同参与到"一带一路"建设中来。

　　问：当前在推进"一带一路"建设过程中，面临哪些问题？

　　王灵桂：首先，在整个"一带一路"倡议实施和推进的过程中，可以肯定的是，南亚东南亚是"一带一路"实施过程中非常重要的两个关键点。这两个关键点无论是对中国来讲，还是对南亚东南亚国家来讲都很重要。大家有时候可能会忽略这个事实，因为"一带一路"如果要走出去，南亚东南亚是回避不了的两个地区。虽然我们已经与该地区国家有政治、经济、文化、社会和民生方面有很多联系，但是在"一带一路"的背景下，需要不断提高现有的合作平台。对南亚东南亚国家来讲，中国改革开放30多年，综合国力发展有了很大的变化，中国崛起过程中全世界都在搭中国经济发展的快车。作为南亚东南亚国家来说，没有理由不去搭中国的快车，除非拒绝向世界开放，把门关起来不跟我们合作，但是任何一个南亚东南亚国家都不会关上不与其他国家合作的大门，这是我们思考与南亚东南亚国家合作时，基本的前提。

其次，就是怎样理解"一带一路"。在"一带一路"实施的过程中，它作为一个新生的事物和概念，从2013年9月"一带一路"倡议的提出到逐渐产生影响再到被越来越多的人接受，还不到四年的时间就迅速成为全世界的热词，这个过程非常快，进展非常迅速。在这个过程中问题就出来了，出现了什么问题呢？一是对"一带一路"缺乏全面系统深刻的认识。包括国内做"一带一路"研究和建设的人也未必能够把"一带一路"问题理解透彻，我们自己对"一带一路"的认识还存在疑问，更不用说国外。二是目前我们对"一带一路"的推广和宣传已经超越了对"一带一路"这个概念的一般性宣传，下一步我们要对"一带一路"的本质和内涵进行更加深入的研究、宣传、推广和普及。这是我们迫切需要解决的问题，也是回答现在很多对"一带一路"还存在不理解、不了解、误解甚至是曲解的问题，这是肯定的，也是显而易见的。

再次，我们都是唯物主义者，"一带一路"是个区域经济合作的产业，它的范围比较广，在和相关国家加强经济合作的过程中不可能不产生政治上的影响，因为经济合作到一定程度上一定会对政治产生影响，但是现在我们没有把这些信息表达得很清楚。我们自己很清楚，中国不搞地缘政治、不搞排斥性和排他性的东西，搞的是共商、共建、共赢的合作模式。此外，我们在整个"一带一路"建设中是没有前置条件的，尤其是没有前置意识形态条件。"一带一路"是作为一个经济性的目的去造福当地人民，这和资本主义模式下的合作和发展不同。"一带一路"作为一个新的倡议被提出后，好多国家不理解"一带一路"的目的，我们说我们是来共商、共建、共赢的，为了提高这些地区国家经济发展水平，造福这个地区的人民。但是这个地区的人们不理解，以为我们是有附加条件的。这种猜疑会随着"一带一路"的不断实施，逐渐被大家所理解和接受。"一带一路"建设要搞中国特色新型、国际经济新秩序，而国际经济新秩序不是恃强凌弱，也不是去改造别国的世界观和价值观，更不是把我国的政治制度强加于别国，习近平主席的讲话里没有讲到需要任何一个国家建立共产党的政权。

最后，过去我们是在国内搞建设，熟悉我们本国情况，但是"一带一路"建设要走出去，我们会面临语言不通、宗教问题、风俗习惯不同、法律体系不同和价值观念不一样等挑战，这些挑战对"一带一路"倡议的实施都是非常大的挑战。我们面对这些问题时，准备得不够充分，"一带一路"沿线国家有 200 多种语言，但是我们现在全中国没有一所能培养 200 多种语言能力的学校。还有宗教问题，例如，印度是佛教的故乡，我们用佛教作为桥梁加强和印度的沟通和联系存在困难，因为印度是个宗教教派种类繁多复杂的国家，比如印度教和伊斯兰教，但是伊斯兰教又有好多教派，我们在宗教方面做得确实不够，所以要发挥智库的功能，加强智库机构之间对"一带一路"沿线国家进行研究，深化和务实"一带一路"建设。

（载云南社会科学院网站 2017 年 7 月 18 日）

11

国外智库对"一带一路"理解有偏差

今日，中国社会科学院创新工程 2015 年度重大成果系列发布会智库研究成果专场在湖南大厦举行，亚太与全球战略研究院党委书记王灵桂研究员介绍了国外智库对"一带一路"问题的关切回应的研究思考。

王灵桂表示，亚太与全球战略研究院是社科院党组确定的首批中国特色新型智库建设和国家高端智库建设试点单位，研究重点是全球战略和"一带一路"。王灵桂汇报的内容有三个关键词：一是中巴经济走廊，二是"一带一路"，三是智库建设。

中巴经济走廊是"一带一路"倡议的重要组成部分，也是"一带一路"合作倡议实施和推进过程的首发项目和旗舰项目。2015 年 4 月，习近平主席在访问巴基斯坦期间，中巴两国领导人围绕"一带一路"合作倡议的实施达成了包括中巴经济走廊项目在内的广泛共识。中巴经济走廊是"海丝"和"陆丝"首个交汇点，既是首发项目，也是旗舰项目，它的成功与否对"一带一路"倡议的推进和实施作用非常巨大。古老的丝绸精神是全世界的共同文化遗产和精神财富。2014 年 6 月 5 日，习近平主席在中阿合作论坛第六届部长会议上讲，丝绸之路把中国的造纸术、火药、印刷术、指南针经过阿拉伯地区传播到了欧洲，又把阿拉伯的天文历法、医药介绍到中国，在文明的交流史上写下了非常重要的篇章。两条丝绸之路的开辟，造就了古代东西交通的两个主动脉，在长达 2200 多年的历史中曾经深刻地影响和改变过世界，对世界文明和经贸的发展都作出了重要的贡献。

马克思认为，通过丝绸之路传播到欧洲的火药、罗盘和印刷术是预兆资产阶级社会到来的三项伟大发明，英国的哲学家培根也说，它改变了整个世界许多事物的面貌和状态。英国的历史学家克劳利说丝绸之路使得欧洲和东方两个经济系统联系在一起，在东西两个半球之间输送商品，促进新的品类的产生和选择概念的形成。他还专门指出，它把东方的味道、思想和影响以及某种浪漫的东方主义带到了欧洲世界。

"一带一路"是习近平主席 2013 年访问哈萨克斯坦和印度尼西亚提出的，他在博鳌亚洲论坛 2015 年年会开幕式上讲，目前已经有 60 多个沿线国家和国际组织对参与"一带一路"的建设表达了积极态度。中国社会科学院副院长蔡昉先生提出，"一带一路"战略实际是在一个连接国内国际两个大局的思路之下形成的一个大战略，注定是各国共同参与的交响乐，既反映了中国和平崛起的利益诉求，又符合沿途国家乃至全球发展的需要。

始于 2000 多年前的丝绸之路，通过陆路和海路开通了中国与西亚、中亚、阿拉伯世界乃至欧洲的商业、文化、科技、宗教和外交联系，曾经照亮过欧洲中世纪黑暗的天空。今天"一带一路"合作倡议的提出也必将造福沿途沿线国家和人民。2013 年 9 月 7 日，习近平主席在哈萨克斯纳扎尔巴耶夫大学的演讲中讲，千百年来，在这条古老的丝绸之路上，各国人民共同谱写出了千古传诵的友好篇章。因此，"一带一路"的命名起源于中国向世界开放的古老历史，既是向世界传播中华文明，自身吸纳和借鉴其他文明优秀成果的过程，更是世界经济交通文明交流史上的典范，这个概念和倡议的提出是中国文化和智慧的结晶，是中国政府植根于中华民族复兴的中国梦在 21 世纪向世界敞开的怀抱。

从 2015 年 4 月开始，根据中国社会科学院关于加强中国特色新型智库建设的总体要求，由我主持全球智库国际战略观察，"看中国"和"看世界"两个系列。这两个项目涉及全球1000多个重要智库，主要是涉华的研究成果。同时也在国内有关报刊上发表了观点。之所以和大家一起分享这些信息，主要是我们在研究国外智库成果的过程中，特别是"一带一路"倡议的研究成果过程中，感到很多国外智库认为"一带一路"倡议标志着中国在国际战略地平线上喷薄欲出，中国故事是一本厚重的巨著，对发展中国家乃至发达国家有重要的启示。中国声音、中国文章也成为各国智库的研究热点，越来越多的有识之士看好中国，对中国的研究已经成为显学，想要讲好中国故事，必须要悟透中国，因此，世界各国智库纷纷高挂了中国研究的金字招牌。美国库恩基金会主席罗伯特·劳伦斯·库恩说，习近平主席正在把中国从一个跟随时代的奔跑者转变为具有创新力的引领者。国际货币基金组织（IMF）总裁拉加德也讲，"一带一路"对中国有利，也对世界有利。两者的命运因此关联在一起。

中国在国际战略地平线喷薄欲出是近百年来世界上首个和平崛起的全球大国的一种预兆。中国崛起于世界民族之林，怎样和世界共享、共存、共富、共信，这是一个时代课题，中国道路的发展打破了大国崛起的范式，变高峰型格局为高原型，群型并起成为常态，这对中国，对世界来讲是机遇还是挑战。中国的企业跻身世界500强龙虎榜的量数越来越多，财富由西向东转移还是由东向西转移，中国溢出的红利如何精算等这些课题都是时代给予我们的课题。以美国布鲁金斯学会，新加坡李光耀公共政策学院等为代表的1000多家智库一直顺时而谋，在着眼、着墨、着手研究"一带一路"为代表的中国战略、安全、经济新景观，他们的代表性经济观点主要有以下几个：一是认为"一带一路"是"亲诚惠容"周边外交理念的延伸，涉及世界各地一系列的基础设施项目，与欧亚经济联盟的对接，与俄罗斯跨欧亚大铁路、蒙古草原之路倡议对接，彰显了共赢的理念。二是丝路基金、金砖银行、亚投行促进了国际金融机构的治理改革，推动国际经济体系的规则建设。三是亚信、上合始于亚洲，终及亚欧，起于经济，着眼安全。四是中国的国际存在更加强力，在国际舞台上的建设性作用进一步增强，正在以更加主动的姿态融入世界。五是多极化导致国际舞台扩大，中国或先从区域安全着手，建立亚洲共同体，最终实现世界共同体。六是在共同繁荣、同舟共济的前提下中国迈向地区和全球大国的努力进入了新的阶段。七是中国在负责任的参与世界经济秩序的维稳，以及国际政治、安全领域的协调，致力于世界和平方面进入新的阶段。八是有些智库认为，"一带一路"合作倡议是新中国继"三个世界"理论改革开放思想以来对世界思想界和战略界贡献的又一个重要的思想。

我们通过这个智库的研究，分享他们的成果，感到确实是仙山不俗，静虑深密，功力上乘。我们感到这里面有羡慕好学、希望分享的成分，也有警觉妒忌，焦虑、试探或者抹黑中国谋求共利天下真意的现象。因此在研究中我们感到，智库应该做到以下几个境界：一是战略性：要紧盯战略博弈，脚步紧跟时势。二是前瞻性：要开阔眼光，号准世界脉搏。三是对策性：要站稳脚跟，抽丝剥茧。四是动向性：仰观云飞、静听风过。智库应当始自学术，终及国家。

（载中国网 2015 年 12 月 28 日）

12

希望美方不要戴"有色眼镜"看待中美正常人文交流

人文交流一直被称为中美两国关系发展的"地基"与"晴雨表"，既是中美关系的基础动力，也能反映两国关系的质量状况。针对近期中美人文交流受限一事，北京专家接受中新社记者专访时指出，希望美方不要戴着"有色眼镜"来看待中美间正常的人文交流。

美国主流媒体近日报道了美国国立卫生研究院、联邦调查局无端调查安德森癌症中心华裔终身教授吴息凤并迫其辞职一事，并指美方有关做法意在阻挠中美人文交流与科技合作，这样做有损美国自身利益。

中国社会科学院国家全球战略智库首席专家王灵桂指出，美国国内一些机构近期做出了一些不利于中美人文交流的举措，对两国正常人文交流造成事实性影响。谈及上述行为的动机，王灵桂认为，在中美贸易摩擦的前提下，为了对中国"极限施压"，美国某些人士从各个方面寻找发力点限制中国，中美人文交流也被选为其中一个发力点。

王灵桂称，中美人文交流对增进两国人民相互理解认知、推动中美关系稳定发展意义重大，符合两国的根本利益，其中对美国的益处尤为突出。作为一个移民国家，美国经济的发展以及科技创新相当一部分得益于外来人口的贡献，这其中就包括中国在美学生学者、科技人员和华裔科学家。如果上述人群的作用被彻底排除，这对美国未来的创新和发展都十分不利。

近日，百名美国著名"中国通"在《华盛顿邮报》上发表致特朗普的联名公开信，引起美国社会广泛讨论。公开信指出，美国的许多行动正导致美中关系的螺旋式下降，效果适得其反。信中说，美中关系的恶化并不符合美国或是全球利益。

对此，王灵桂指出，这体现出美国国内一些真正关心美国未来的学者出于对中美关系发展的忧虑，作出了客观、理性的反应。据他了解，目前赞成公开信立场的美国学者人数还在不断增加。王灵桂说，虽然公开信的出发点和立足点都是为了更好地为美国服务，但这充分表明，美国国内已有越来越多的人意识到，过去一个时期，美国部分对华政策、措施，包括有些看法是错误的，相关人士需要就此作出修正和改变。尽管有些政策的调整不能一步到位，但态度和观点的转变也会起到积极作用。

王灵桂指出，从中美两国交往的历史观察，人文交流始终在中美关系发展过程中扮演着重要角色。中美人文交流不但加深了两国人民对于彼此的理解和认同，而且提升了中国的国际形象和软实力。他举例说，在美国的各个高校，在以硅谷为代表的高新技术创新发展基地，中国学者、科技人员及华裔科学家都占据重要比例。这些人无论从自然科学还是社会科学来讲，都对美国的发展起到了非常重要的推动作用。此外，这些人积极向上、刻苦钻研的良好状态，也会在美国人心目之中留下好的印象。这也是中美两国加强民间交流，改善中美关系一个重要的民意基础。

谈及中美人文交流的前景和挑战，王灵桂指出，经过40年的改革开放，中国已经有了足够的自信。中国开放的大门不会关上，中国的科学家、社会科学工作者、学者会一如既往地加强与世界各个国家的友好沟通和来往，这一立场是不会改变的。他说，在这个过程中，"美国是选择把门打开，还是把门关上，需要好好掂量其核心利益在哪里。"

　　王灵桂指出，当今世界，人文交流和科技合作是时代发展的必然要求，通过收紧人文交流遏制中国发展的想法和行为都荒谬至极，只会搬起石头砸自己的脚。他强调，恢复和改善中美人文交流是大势所趋，这不是个别人、个别机构可以阻挡的。在中美各个方面沟通交流日益密切的情况下，所有试图跟中国"脱钩"，试图将美国人文科技领域的"中国因素"排斥出去的做法，终将损害美国自身的形象和利益。

　　王灵桂说，G20 大阪峰会期间，中美两国元首会晤时再次谈及两国人文交流，强调中方希望美方公平对待中国留学生，保证两国人民的正常交流。特朗普对此作出积极表态。两国领导人达成的重要共识，为深化中美人文领域的交流合作提供了前提，指明了方向。

　　王灵桂强调，希望美国方面不要戴着"有色眼镜"来看待中美间正常的人文交流，应该更加务实地从美国自身利益角度出发去看待这个问题，以更加积极友好的态度，用实际行动落实好中美两国元首达成的重要共识。

（载中国新闻网 2019 年 7 月 11 日）

13

国外智库看亚投行:博弈中前行

随着 2016 年 1 月 16 日亚洲基础设施投资银行（亚投行）开业仪式的举行，这个自 2013 年 10 月由中国国家领导人提出筹建的倡议终于变成了现实。中国再一次成为国际社会关注的焦点。

面对已宣布正式开业的由 57 个创始成员国组成，涵盖亚洲、大洋洲、欧洲、非洲、拉美五大洲国家组建的亚投行，国际智库是如何看待其成立以及今后的发展前景呢？中国社会科学院国家全球战略智库研究员王灵桂作出以下解答。

美国：从视为威胁到期待发展

美国最初把亚投行看作是一个巨大威胁的开端，认为中国主导亚投行的最终目的是强化软实力，是与美国争夺盟国、争夺国际话语权，将之上升到了全球战略和意识形态斗争的高度来看待。美国彼德森国际经济研究所认为，"最重要的是，亚投行问题是 21 世纪世界经济领导地位竞争的前哨战"。美国智库德国马歇尔基金会则说得十分直白："美国官员担心，中国市场的吸引力有可能使欧洲盟友转变为那种东方政策的支持者，这种东方政策在冷战时期使得美国领导人担心，其通过将欧洲盟友转变为中间讨价还价的人，而导致欧盟分裂。"

有意思的是，2015 年年底，美国的《外交事务》邀请来自全球的 33 位权威国际问题专家，围绕"亚投行是否标志着对现有多边国际秩序的根本性挑战"进行座谈，其中 20 人不同意"挑战说"，11 人同意"挑战说"，2 人没有表态。其中高盛董事长贝兰科范更是明确表示，亚投行会削弱美国在全球经济体系领导地位的看法非常片面和狭隘，他认为亚投行是一种新变化，其在经济上对美国的影响有限，美国应该欢迎这种新变化。

美国智库态度的变化，除了中国政府措施得当之外，还有两个根本性的原因。一是"亚洲世纪"已经成为难以阻挡的历史趋势，顺之者将昌，逆之者则衰。冷战结束以来，亚洲在世界政治经济舞台上的角色越来越重要，越来越多的人认为"亚洲世纪"即将到来，21 世纪将是亚洲世纪。亚洲的兴起，必然需要相应的制度和机构出现，亚投行即是标志之一。二是美国的好哥们都参与了亚投行建设，八国集团成员国中，只有故作矜持的日本没有申请加入亚投行；现有的一些多边机制，如世界银行、亚洲开发银行等，都已公开希望与亚投行合作。

欧洲：态度冷静处理务实

英国智库皇家国际事务研究所在题为《英国在加入亚投行中展现领导力以及清晰的战略》的报告中指出，"2015 年 3 月 16 日，英国决定加入由中国发起的亚投行，其中有两点原因。第一点原因：这显示了英国有着清晰的发展战略，并且明确了英国对中国外交政策的目标应该是增加国家利益，而不是安抚英国的其他盟友。第二点原因：英国与中国的关系长期以来一直呈模糊的状态，英国加入亚投行这一决定显示了英国的实用主义目的"。报告对英国关于亚投行的政策和做法寄予了很高期望，指出"英国必须坚定地支持这一机构，并且必须证明它能够在这一机构中发挥影响力"。

德国的智库和媒体则认为亚投行的建立"具有里程碑意义"。2015 年 6 月 30 日《柏林报》刊发《中国版的世界银行》文章，指出"中国政府最近几天接连迎来金融政策方面的重大胜利，而亚投行协定的签署无疑是其中之一"，文章认为，"习近平主席创立亚投行，主要是因为对于现有国际金融援助机构的失望。他认为，世界银行和国际货币基金组织已经不能够与时俱进。尽管新兴工业国家在世界范围内的重要性日益增加，但他们在这些机构里却没有得到相应的影响力。美国坚决反对给予这些国家更多的表决权"。

澳大利亚：态度独立自主

作为美国的盟友，澳大利亚在亚投行问题上采取了独立自主的外交政策。澳大利亚智库发展政策中心的研究报告《欢迎中国的亚投行倡议》指出：据亚太经合组织 2011 年估计，在接下来的 20 年里，全球基础设施的建设将需要约 50 万亿美元；而亚洲开发银行研究院院长首席顾问比斯瓦·巴塔查里亚估计，从 2010—2020 年，亚洲的发展经济体将需要投资 8 万亿美元。因此，报告认为，"所有亚太国家政府都应该支持建立亚投行，并且应该抓住机会加入。就亚投行的财力而言，这些国家的参与并不是必不可少的。中国可以选择自己独立经营亚投行或可以利用金砖国家新开发银行。但是，更多国家的参与可以确保亚投行为急需的基础设施项目迅速扩大其贷款融资的规模，确保高质量项目的准备和执行"。

报告不无遗憾地指出，"美国本应该看到新银行将有助于填补亚洲基础设施落后的巨大差距这一前景。但是，从各地反馈的消息来看，美国却阻止他国加入亚投行。对美国来说，成为创始成员国还不算太晚。澳大利亚可以帮助美国认识到新的银行可为其重返亚洲提供机会"。

俄罗斯：与政府步调协同一致

俄罗斯智库在亚投行的问题上，态度与其政府基本上保持了同频。俄罗斯智库战略和科技分析中心发表的《是时候认真对待亚洲的区域机构建设了》研究报告，提出了一系列关于区域合作的问题，如区域机构在一个经济不断增长的地区中应该承担的主要职能是什么？如何将这些不同的分组工作变得更加连贯？或者可能通过巩固自己来帮助塑造一个新兴的区域秩序，从而确保亚洲的和平与稳定？对这些问题，报告的结论是"到目前为止，亚洲的区域机构在制度上是非常薄弱落后的"。

战略和科技分析中心在分析了亚投行今后在发展中面临的问题后，依然保持了良好的期望，"尽管存在这些挑战，中国将继续支持亚投行，因为它符合中国的国家利益。它会扩大中国的影响力，使国际经济秩序'民主化'，使中国的投资组合多样化，促进出口，并提升中国领导人的威望。因此，无论是中国人还是国外的观察家，都应该对亚投行有一个更为现实的评估"。

新加坡：关心程度高

作为世界四大金融中心之一，新加坡对亚投行的关心程度要远远高于中国周边国家。新加坡智库拉惹勒南国际研究所认为，在新时期，亚太地区的联系将更加紧密，具体表现在基础设施建设和广泛的区域连接，以及为其提供金融保障的银行。而亚投行则"是一个由中国主导的区域发展银行。有别于传统银行的发展模式，比如亚开行，亚投行把重点放在公私联合投资亚洲的基础设施建设上，投资的重点将放在公路、铁路、航空以及通信等方面，以此连接中国与周边国家，并增加相互之间的贸易往来及其他交流。中国这些倡议在广度和深度上都让人印象深刻"。

李光耀公共政策学院发布的《重建亚太地区的金融体系》报告认为，正是"由于美国国会的强烈反对，国际社会对布雷顿森林体系（如世界银行和国际货币基金组织）进行的改革已宣告失败。这促使中国和其他新兴市场经济体建立了新开发银行和亚洲基础设施投资银行"，并指出"为了最大地发挥出一个地区的发展潜力，需要认识到区域贸易和投资在有效分配世界经济资源上的功能和作用"。

印度：关注力度最强烈

作为区域内大国，印度对亚投行的关注力度在世界各国中是最为强烈者之一。在亚投行问题上，关注更多的是中国倡议亚投行的战略出发点和目标，其在这个项目中会失去什么，印度应该怎样在竞争与合作中保护印度的利益。印度知名智库和平与冲突研究所在《中国与亚投行：会成为一个新的地区秩序吗?》的报告中说，"亚投行近日在北京发起，并且将于 2015 年开始运行。中国在这一机构中即将发挥的重要作用已经惊动了世界其他大国。亚投行是由中国新一届领导人发起的一项倡议，旨在在亚洲寻求一个更加平等和平衡的发展模式。印度之所以加入，是因为其想在国际金融机构中拥有更大的代表权"。

印度全球关系委员会在其发布的《新型多边金融构架》中表示，"中国主导的全球金融机构即将出台。亚投行的选举结构基于成员国的购买力平价以及国内生产总值。如果这样的话，印度作为亚投行的创始成员国，将会成为第二大股东。今后，如果印度表现得足够出色的话，那么它就有机会操控机构的形成与运作"。

（载经济网 2016 年 3 月 8 日）

兰台伏脉

国际问题研究

王灵桂 著

中国社会科学出版社

国际问题研究

目　　录

国际形势篇

国际合作篇

人类命运共同体篇

"一带一路"篇

国际形势篇

充满不确定性的一年

——2018 年国际形势盘点

刚刚过去的 2018 年，国际形势最显著的特点就是"充满不确定性"。环顾这一年纷纷攘攘的时局，世界力量对比加速演变，单边保护主义不断蔓延，现存国际体系受到严重冲击，大国之间竞争博弈日趋激烈，传统热点纷争挥之不去，气候变化、难民等非传统安全难题又接踵而来……我们面对的是"百年未有之大变局"。

世界经济温和增长，但风险隐患明显上升

2018 年是国际金融危机全面爆发 10 周年，这 10 年既是复苏与调整并存的 10 年，也是孕育世界经济格局大发展大变革大调整的 10 年。2018 年，世界经济延续温和增长，但动能有所放缓，主要经济体增长态势分化明显。

在发达经济体这一边，美国经济的表现超出市场预期，10 月份失业率保持在 3.7%，为近 50 年来最低水平。国际货币基金组织（IMF）预计，2018 年美国经济增速将达到 2.9%，较 2017 年提高 0.7 个百分点。欧元区经济保持稳步增长，德国、法国经济继续发挥龙头和引擎作用，希腊经济经历长期衰退后复苏步伐有所加快。9 月

份欧元区失业率保持在 8.1%，处于 2008 年以来最低水平。日本经济则存在反复，2018 年前三个季度萎缩与增长交替出现，呈现低迷苗头。但日本劳动力市场仍处于较充分就业状态，10 月份失业率为 2.4%，继续保持历史低位水平。IMF 预计，2018 年欧元区和日本经济增速分别为 2.0% 和 1.1%，较 2017 年均下降 0.6 个百分点。

然而，值得注意的是，在新一轮科技革命和产业变革尚未实现重大突破的情形下，主要发达经济体经济增速已经达到甚至超过其潜在增长率，当前相对强劲的增长在 2019 年恐难以为继。

在新兴经济体这一边，表面上看，主要新兴经济体经济实现不同程度的复苏。印度经济增长比较强劲，2018 年前两个季度 GDP 同比增速分别为 7.7% 和 8.2%，较 2017 年同期增速分别提高 1.6 和 2.6 个百分点。而伴随着国际油价继续震荡上行，铁矿石价格稳中有升，俄罗斯、巴西等能源资源出口国经济也保持复苏态势。

但受制于美国的一系列单边保护主义政策举措，新兴经济体正面临资本流出和被国际规则边缘化的双重挑战：美联储持续加息，新兴经济体资本外流加剧，金融市场持续震荡；在"美国优先"的口号下，特朗普政府显著提高了美国的各种关税和非关税壁垒，导致国际贸易自由化水平出现严重倒退；特朗普政府奉行单边保护主义，严重冲击以世界贸易组织（WTO）为核心的多边贸易体制；美国、墨西哥和加拿大达成新的高标准贸易协定，正迫使国际经贸规则更趋严苛，围绕国有企业、知识产权、技术转让、产业政策、补贴政策等的博弈日益加剧。

在这样的背景下，作为世界经济增长的传统动能，国际贸易和跨境投资在 2018 年增速大幅回落，世界经济动能转换出现少有的"空档"，面临下行压力。IMF 预计，2018 年全球货物贸易增长 3.9%，远低于 2017 年的 5.1% 增速。联合国贸易和发展会议报告显示，2018 年上半年全球外国直接投资同比下降 41%。

世界政局动荡不安，未来充满不确定性

2018 年，世界结构性矛盾与冲突空前显现，世界主要国家政局呈现动荡之势。在美国，决策圈的政治生态正在发生变化。国防部长马蒂斯即将离任，加上此前离职的白宫办公厅主任凯利、国务卿蒂勒森，美国政府阁员的更迭频率史无前例。熟悉政治的参谋们基本靠边站，而一些有偏见思维的政客进入了决策圈。这也许能解释为什么如今的美国政府总是"出尔反尔"。而喜怒无常的特朗普总统也着实让世界捏了一把汗：他威胁对朝鲜动武，退出伊朗核协定，制造借口空袭叙利亚，向波罗的海国家派驻北约部队，在罗马尼亚、波兰建立导弹防御系统，允诺在波兰建立永久性美国军事基地，对委内瑞拉、古巴等国到处挥舞制裁大棒……

在欧洲，因燃油税调高，法国多地爆发了"黄马甲运动"，并迅速演变为法国 50 年来最大的骚乱，至今已持续近两个月。成千上万抗议者身着黄色马甲走上街头，造成严重经济损失和人员伤亡。"黄马甲运动"的背后是法国国内租金、物价和税收的不断上涨，农村和城市失业率的居高不下，民众生活普遍不稳定。这暴露出的是法国内部经年累积的问题和矛盾。与此同时，比利时、荷兰等国受法国"黄马甲运动"影响，也出现了类似的抗议示威活动。

作为欧盟的核心之一，2018 年德国因难民政策引发的危机持续发酵。在艰难组阁后，德国总理默克尔不得不宣布放弃执政党党主席职务，并宣布不再谋求连任总理一职。事实上，难民危机在一些欧盟国家已激起强烈的排外情绪，欧洲国家 2015 年以来举行的选举中，反移民政党得票率显著上升，冲击传统政党地位。

英国将于 2019 年 3 月 29 日正式退出欧盟，但英国的"脱欧"进程目前仍停滞在分叉路口，自 2016 年公投"脱欧"后，英国与欧盟便陷入了一场进度缓慢且艰难的谈判。现在看来，平衡各方利益实现想象中的有序"脱欧"似乎正变得愈发渺茫。首相特雷莎·梅虽侥幸逃过议会不信任投票，但在"硬脱欧"还是"软脱欧"问题上，2019 年 3 月底之前她必须给出答案。

在世界其他地区，问题也是此起彼伏。虽然美国宣布撤出全部美军，但叙利亚危机仍难以化解，叙各派的幕后老板各有算盘，在战乱之中苦苦征战 7 年的叙政府仍难看到和平曙光。也门内乱让数百万人陷入困境，人道主义危机触目惊心，鲜见西方大国略表恻隐之心。阿拉伯国家之间内讧未了，卡塔尔和沙特关系僵持不下。由于刻赤海峡事件，俄罗斯同乌克兰的关系跌入谷底……

面对诸多不稳定不确定因素，面对外部环境复杂严峻之变之忧，在以习近平同志为核心的党中央坚强领导下，中国保持定力、沉着应对，主动运筹、积极进取，展现了新气象，体现了新作为，取得了新成果。世界面临百年未有之大变局，但变局中危和机同生并存。我们对前途充满信心和希望。

（载《时事报告》2019 年 1 月 15 日第 1 期）

保护和平净土维护发展热土

2016 年 9 月 8 日，中国国务院总理李克强在老挝首都万象召开的第十一届东亚峰会上发表重要讲话，向与会的东盟十国领导人和韩国、美国、俄罗斯、日本、印度、澳大利亚、新西兰等国领导人发出了中国政府维护东亚地区和平净土、发展热土的强烈呼吁，得到了国际社会和舆论的高度评价。

当今世界的政治和经济格局正在经历着复杂而深刻的演变，全球普遍面临的经济增长乏力、贸易保护主义抬头、政治安全冲突和动荡、难民危机、恐怖主义等地区热点和全球性挑战加剧，对世界经济稳定复苏、维护国际和平稳定提出了严峻挑战。东亚地区的人民也不是生活在真空之中，必然受到全球挑战和域外某些力量的影响，和平与发展已然是这一地区亟待解决的突出问题，"维护净土、发展热土"也越来越成为地区国家的共识。为此，李克强总理呼吁，"我们正是在和平稳定的条件下才实现发展繁荣。这样的局面来之不易，值得各方倍加珍惜"，[①]并就此提出了中国政府的一系列主张和倡议。

第一，以推动东亚合作稳定为目标，坚持东亚峰会作为"领导人引领的战略论坛"定位。要继续坚持东盟主导、协商一致、照顾各方舒适度等"东盟方式"，积极务实地推动对话合作。李克强总理代表中国政府承诺，中方支持峰会的机制建设，支持建立东盟秘书处东亚峰会小组，并提议该小组牵头梳理《落实金边发展宣言行动计

---

① 李克强：《在第十一届东亚峰会上的讲话》，《光明日报》2016 年 9 月 10 日。

划》进展，适时启动制定第二期的行动计划，努力推动峰会合作再上新台阶。

第二，坚持经济发展和政治安全"双轮驱动"，相互促进、同步前进，促进峰会健康发展。李克强总理向参加东亚峰会的各国领导人发出了促进地区经济一体化的坚定信号，并明确了促进经济发展的三个"抓手"：大力支持地区互联互通，并愿意同各方共同推进"一带一路"建设，为地区互联互通建设提供资金支持；加快推进自贸区建设，共同推进包容性的亚太自贸区建设；加强社会民生领域合作。2016 年是中国和东盟建立对话关系 25 周年。在过去的 25 年间，中国与东盟合作成绩骄人。2015 年，中国和东盟贸易额达 4720 亿美元、互访人数达 2364 万人次、互派留学生 19 余万人。作为山水相邻的邻居，通过交流合作增进了解、理解和信任，是中国政府"亲诚惠容"外交理念的具体载体和表现。国外舆论普遍认为，李克强总理在本次峰会上的呼吁，再次说明了中国对东盟关系的高度重视，是双方加强交流、实现互惠互利的又一新契机。这也是李克强总理的倡议之所以得到东盟国家领导人热切回应和一致认可的原因之所在。

在政治安全领域，李克强总理呼吁各方共同维护地区和平安宁，并提出了"四点主张"：加强应对恐怖主义、自然灾害、跨国犯罪、传染性疾病等非传统安全威胁的安全合作；高度重视区域安全架构问题，创新地区安全理念，构建反映地区现实、符合各方需求的区域安全架构；对地区国家间"舌头和牙齿难免磕磕碰碰"现象，要通过直接谈判与协商处理矛盾分歧，以对话和合作管控好分歧，避免催生激化矛盾；中国欢迎所有有利于朝鲜半岛局势缓和的行动和对话，并呼吁各方要全面完整执行联合国安理会有关决议，尽快使朝核问题回到通过对话谈判解决的轨道上来。

第三，中国和东盟国家完全有智慧、有能力处理好南海问题，域外国家应当理解支持地区国家所做的积极努力，不要渲染分歧，甚至制造扩大矛盾，共同将南海建设为造福地区各国人民的和平、合作、友谊之海。就南海问题，李克强总理阐述了中国政府的一贯立场，严正指出，"中国是《联合国海洋法公约》的缔约国，一贯忠实履行《公约》。根据《公约》，缔约国拥有首先选择直接对话协商方式和平解决争端的权利。中方不接受、不参与仲裁等第三方解决程序，是在行使国际法也是《公约》赋予的权利"；"过去十多年南海地区保持和平稳定，基础是中国与东盟国家达成的《南海各方行为宣言》。《宣言》的制定基于并符合包括《公约》在内的国际法原则与精神，已经成为行之有效的地区规则"；"如果这个本地区最直接、最明确的规则不被遵守，问题会变得更加复杂，搅乱以规则为基础的地区秩序，损害本地区和平稳定"；"落实《宣言》是'准则'磋商的基础，为了有效推进'准则'磋商，必须落实和恪守《宣言》，这符合各方利益"。[①] 李克强总理阐述的主张，得到了越来越多东盟国家的认同，会上中国和东盟达成的"中国与东盟国家应对海上紧急事态外交高官热线平台指导方针"和"中国与东盟国家关于在南海适用《海上意外相遇规则》的联合声明"就充分表明，中国和东盟已经找到了一条体现国际法规则、有效管用的办法，并再次证明了中国政府始终从维护地区和平稳定大局出发，以建设性态度负责任地处理南海问题的一贯立场和主张。

李克强总理在讲话结束时，引用了老挝的谚语"一根木桩围不成篱笆，一村人不协力建不好村寨"，吁请各方齐心协力，把东亚打造成世界经济的稳定增长极，共同推动东亚合作稳步前进，为促进地区和平稳定与持久繁荣贡献力量，造福各国人民。李克强总理在东亚峰会上的讲话，让世界看到了东亚作为全球最具活力地区和经济发展引擎的更美好前景。

（载中国青年网 2016 年 9 月 10 日）

---

① 李克强：《在第十一届东亚峰会上的讲话》，《光明日报》2016 年 9 月 10 日。

重大事件与中美关系

重大事件，无论是"黑天鹅"，还是"灰犀牛"，都对国际关系影响很大。最近一段时间的大事件，就是特朗普从 2018 年 3 月 22 日起挑起了中美贸易摩擦，或者说美国搅起了全球性贸易战。贸易战是美国追求自身利益的一个手段。中美贸易摩擦是美国在新时期的战略调整，在美国优先的主张下，创建有利于美国利益的环境和条件。美国试图利用它在各个方面的优势，谋求取得有利于美国自身利益的一个新秩序。

我们要提升创新能力，提高竞争力。目前，以高技术差距来讲，我们 32% 是空白，52% 是进口，重大领域是 95% 靠进口，在航空航天、精密机床、芯片等涉及核心技术方面的进口率是 95%。这样的形势给了我们考虑问题的一个出发点。中美贸易逆差并不是中美关系最核心的议题，中美贸易问题也绝对不是中美关系的全部，核心问题是未来的趋势，是中国赶超美国的趋势。当然，贸易问题确实能够调动美国国内最敏感神经，特朗普抓贸易问题也可以影响美国国内政治。

中美之间的矛盾不仅体现在贸易领域。在南海问题上，中美之间的矛盾也在增大。一个时期以来，美国派军舰进入我们在南海的领海区域，挑衅我们的南海主权。特朗普就任之后，将南海的"航行自由"行动常态化、机制化的趋势越来越明显，通过地区场合和外交机制，用进入南海问题向中国施压的力度也加大。尽管表面看起来，特朗普本人在很多场合对南海问题保持低调，但自从他就任总统以来，已经把南海问题纳入其战略视野。

谈论重大事件，要对网络问题给予高度重视。世界上所有国家的网络地址都是由美国分配的，从这一点看，只要美国人动动手指，敲两下鼠标就可以限制其他国家的网站访问网速，甚至是直接掐掉所有的网络。对于这个问题，我们不仅要重视，更要有准备、有手段、有能力。我觉得，这个问题对中国未来发展的影响可能会比芯片更加严峻。如果我们在这一方面研究不够，一旦出现"黑天鹅"，特别是"灰犀牛"等事件，无论从哪个方面都会对我们产生巨大影响。

（载《东亚评论》2018 年第 1 期）

南海问题中十个不容改变的
基本事实

2016 年 7 月 6 日，前国务委员戴秉国先生在美国的智库对话会上说，"近一段时间来，本来一向比较平静的南海变得不平静了，南海热起来了，甚至到了很不寻常的地步。引起国际社会广泛关注。真相究竟如何？我注意到，大多数关于南海问题的报道和评论仅从特定角度截取一个静态片段。未能展示南海问题的全貌。我想，研究一个国际热点问题，需要实事求是，充分考虑有关国际背景、厘清来龙去脉，并关注有关当事方往来互动，这样才能看到全貌，弄清是非，得出正确结论"。戴秉国先生说这段话时，正值国际仲裁法庭就南海问题公布仲裁结果前夕。对仲裁结果，中国政府已经公布了"四不"原则，无论结果如何，我们都将一以贯之地应对，同时仲裁结果不可能也无法改变如下一些基本事实。

第一个基本事实：国际社会对
中国主权的普遍认可

中国和许多西方国家史料都可以佐证，中国人民最早发现、命名和开发经营南海诸岛，中国政府最早并持续和平、有效地对南海诸岛行使主权管辖，《开罗宣言》规定，"三国之宗旨在剥夺日本自1914年第一次世界大战开始以后在太平洋所得或占领之一切岛屿，在使日本所窃取于中国之领土，例如东北四省、台湾、澎湖群岛等，归还中华民国"。《波茨坦公告》规定："《开罗宣言》之条件必将实施，而且日本之主权必将限于本州、北海道、九州、四国及吾人所决定其他小岛之内。"1946年12月，中华民国政府派军舰巡视南沙群岛主要岛礁，鸣炮立碑，重申主权，并驻军太平岛；1947年，民国政府重新命名包括南沙群岛在内的南海诸岛全部岛礁沙滩名称共159个，公布南海诸岛位置图，用十一段线标注了中国在南海的领土主权和海域范围。对此，美国政府予以认可，并在美国出版的地图和书籍中予以确认，1961年版的《哥伦比亚利平科特世界地名辞典》、1963年版的《威尔德麦克各国百科全书》、1971年版的《世界各国区划百科全书》等，都承认中国在南海诸岛的主权。1952年，美国主导日本和台湾当局签署的"日台条约"中规定，"日本业已放弃对于台湾及澎湖群岛以及南沙群岛及西沙群岛之一切权利、权利依据与要求"。再次说明台湾当局代表中国接收了南海诸岛。戴秉国先生在美国的演讲中说，"中国有关行动当时得到了美国麦克阿瑟将军的支持。中国军政人员正是乘坐美国提供的军舰分赴西沙和南沙群岛举行接收仪式的。其后，美国又多次就在南沙部分岛礁进行大地测量之事向中国台湾当局提出申请"。

第二个基本事实：中国政府对南海的主权主张
始终没有改变且一以贯之

　　新中国成立后，通过政府声明、公告和颁布国内法律、出版官方地图等各种方式，宣示中国对南沙群岛的主权。在这个过程中，中国政府对南沙群岛及其附近海域的主权，以及在相关海域的海洋权益的政策与主张都是一贯的，在出版的各种文献中，都采用了中华民国政府的画法，用断续线将南海诸岛划在中国疆域之内。1953 年，中国政府去掉了北部湾内的两条断续线，自此十一段线变为九段线并沿用至今。在冷战中前期，没有国家质疑中国对南海诸岛的主权，也没有国家对南海断续线提出质疑。戴秉国先生日前在美国的对话会上进一步明确说，"有充分理由可以说，南海问题上，中国完全是受害者。长期来南海本来无事，风平浪静。只是上世纪 70 年代以后，菲律宾、越南等国陆续非法武力侵占中国南沙群岛共 42 个岛礁，才产生了南沙群岛部分岛礁领土争议问题。几十年来，菲、越在非法侵占的中国南沙群岛部分岛礁上大兴土木、部署武备，不断在海上采取挑衅行动，菲越非法侵占及其所作所为，为国际法和《联合国宪章》所禁止，应当受到普遍谴责。全世界可以看到，在南海问题上，中国绝不是加害者、肇事者，而是完完全全的受害者。根据国际法，中国完全享有自保权和自卫权，也有能力收复上述岛礁。但从维护地区和平稳定的角度出发，中国长期以来一直保持高度克制，寻求通过谈判和平解决。近年来中国采取的一些行动，只是在忍无可忍的情况下针对个别国家侵权行动升级的最低限度的回应"。

第三个基本事实：《联合国海洋法公约》
并不尽善尽美

　　《联合国海洋法公约》（以下简称《公约》）本身就是国际社会妥协的结果、该《公约》在保护发展中国家权益。倡导和平解决海洋争议等方面，有着积极的进步意义、但是，《公约》关于专属经济区和大陆架的划界标准、岛屿与岩礁制度、历史性权利、专属经济区的军事活动等重要内容，事实上存在着相当的模糊性。妥协性，在一些重大原则问题上存在着明显缺陷。特别是，由于《公约》的妥协性，条文对客观存在的"历史性水域""历史性所有权""历史性权利"等并没有明确界定。这种缺陷和条文漏洞，为某些国家留下了想象空间。

第四个基本事实：历史上美国并不反对中国的军事维权

1987 年，联合国教科文组织政府间海洋学委员会第 14 次会议通过《全球海平面联测计划》，委托中国在南沙建设海洋联合观测点，而越南一直蓄意阻挠。为了在南沙顺利完成建设观测站的任务，1988 年 1 月，中国海军 552 编队抵达南沙群岛附近，为即将开始的观测站建设排查安全隐患。而越南此时正试图抓紧抢占永暑礁、赤瓜礁等无人岛礁。在永暑礁被中国力量逼退后，越南武装船只又指向赤瓜礁。3 月 14 日，越军率先向中方人员开枪，双方武装力量随即在赤瓜礁上交火，中方伤 1 人，舰艇无损，击沉越南海军舰艇 2 艘、重伤 1 艘，俘虏越军 9 人，越军死伤约 300 人。中方随后进驻永暑礁、华阳礁、东门礁、南薰礁、渚碧礁、赤瓜礁 6 个南沙岛礁。对此，美国等西方国家并没有表示过反对或抗议。1988年 3 月发生中越赤瓜礁冲突后，美国国务院远东事务助理国务卿戈斯顿·西古尔（Gaston J. Sigur）表示，美国不对该争议表态，不支持任何一方。直至冷战结束，美国对南沙问题采取置身事外的政策，没有对菲律宾和越南的领土要求表达任何支持。戴秉国先生最近表示，"事实说明，南沙群岛回归中国，是战后国际秩序和相关领土安排的一部分。战后相当长时间内，美方一直承认并实际上尊重中国对南沙群岛的主权。中国对南海诸岛的主权作为战后国际秩序的一部分，还受《联合国宪章》等国际法保护。坦率地讲，美方现在说在有关领土问题上不持立场实际上是一种倒退，是对自己曾经参与构建的战后国际秩序的否定"。

第五个基本事实：南海本来是
和平之海、友谊之海

冷战结束后，中国与东南亚国家的关系得到了快速发展，1992年，中国成为东盟的磋商伙伴。在这个过程中，中国政府并没有回避南沙群岛的主权问题，事实上该问题也是中国和东南亚国家之间讨论最为密集的议题之一。中国政府始终坚持对南沙群岛拥有无可争辩的主权主张，同时提出了"搁置争议、共同开发"的主张。在亚洲金融危机中，中国负责任的态度赢得了东盟国家的广泛赞誉，双方关系迅速走近，1997年在马来西亚吉隆坡举行首次东盟—中国领导人（10＋1）非正式会议，双方确立建设"面向21世纪的睦邻互信伙伴关系"。尽管当时围绕南海问题的争议并没有得到完全解决，但是南海作为和平之海、友谊之海的基本局面得到了各国的共同维护。2002年，中国与东盟达成《南海各方行为宣言》（以下简称《宣言》），并于同年11月4日在第八届东盟峰会期间共同签署。《宣言》确认了促进南海地区和平、友好与和谐环境的共同主张，签署各方均同意在协商一致基础上，朝最终达成制定南海行为准则的目标而努力。

第六个基本事实：美国加紧
热炒南海问题

从 20 世纪 90 年代中期之后，美国开始加大了对南海地区的关注力度，但并未改变不选边的立场。1995 年 6 月 16 日，美国国务院负责国际安全事务的助理国防部长约瑟夫·奈（Joseph Nye）公开表示，如果南沙群岛发生妨碍海上"航行自由"的军事行动，美国准备进行军事护航。这可能是美国高级官员第一次公开证实美国介入南海冲突。1996 年 7 月 9 日，美国国务院发表《海洋界限：中国的直线基线主张》，并于 8 月 21 日照会中方，对我采用直线基线法提出批评，指出中国在南海的某些行为与国际法不符，中国应该用"低潮线"原则而非直线基线法去划定沿海、海南岛和西沙群岛的领土主张。美方的照会标志着美国的南海政策正式转变，南海和平之海、友谊之海开始掀起波澜。

第七个基本事实：有些国家背信弃义

《南海各方行为宣言》（以下简称《宣言》）签署后，中国与东盟国家立即启动了推动《宣言》落实的进程，并将其视为巩固和发展双方合作关系的重要内容。2004 年 11 月，中国与东盟签署《落实中国—东盟面向和平与繁荣的战略伙伴关系联合宣言的行动计划（2005—2010）》，决定定期举行高官会，以评估和指导《宣言》的落实，并成立工作组，起草落实《宣言》的指导原则。在《宣言》签署后将近 10 年的时间里，中国忠实地遵循了其原则和精神，未采取使争议扩大化的行动，并且积极推动海上和平合作和共同开发。但是，越、马、菲等东盟国家不仅未能全面和认真地落实《宣言》，反而不断对其所占据的岛礁改建和扩建，加强行政管理，加紧油气资源开采，不时抓扣中国渔民等，旨在固化非法侵占所得，并且将岛礁领土争议向海洋权益争议方向扩大，致使《宣言》没有得到全面落实。

第八个基本事实：美国重返亚太政策激化了南海问题

2011 年，奥巴马政府为"平衡中国不断增长的实力"，开始加大对亚太多边机制发展实施更加直接的影响，并开始重设安全规则和贸易标准。2011 年 10 月，时任美国国务卿希拉里发表了《美国的太平洋世纪》，并在随后的公开演讲中表示，"未来的政治将决定于亚洲"，"美国将置身于行动的中心"，"今后 10 年美国外交方略的最重要的使命之一将是把大幅增加的投入——在外交、经济、战略和其他方面——锁定于亚太地区"。之后，作为美国重返亚太的两大支柱：军事介入、经济规则陆续推出。在经济方面，美国把 TPP 作为抓手；在军事方面，把南海问题当作美国主导亚太的标志。戴秉国先生在智库对话会上一针见血地指出，南海问题的激化"实际上这背后隐藏着不良政治图谋，即有人有意挑事，刻意激化矛盾，怂恿对抗，唯恐南海不乱"。

第九个事实："南海仲裁案"是菲律宾单方挑起的无礼行为

南海争议有关各方一直在通过谈判协商来探索争议的和平解决，这也是《南海各方行为宣言》的明确规定，各方有着成熟有效的机制，"南海行为准则"磋商也不断取得务实进展。在此背景下，菲律宾居然独出心裁，跳出来搞所谓"南海仲裁案"。这完全是菲律宾强加给中国的，它建立在菲律宾一系列违法行为和非法诉求基础之上。2013 年 1 月 22 日，菲律宾外交部照会中国大使馆称，菲方依据 1982 年《联合国海洋法公约》有关规定，就中菲有关南海的争议递交"仲裁"通知，提起强制"仲裁"程序。2013 年 2 月 19 日，中国政府退回了菲律宾政府的照会及所附"仲裁"通知，并郑重声明，中国不接受、不参与菲律宾提起的"仲裁"。其后，菲方不顾中方一再反对，执意推进"仲裁"程序。菲律宾提请"仲裁"时声称，同中国之间的协商和谈判已陷入僵局。事实上菲方自黄岩岛事件以来一直拒绝与中方进行任何有意义的对话，也没有与东盟其他国家沟通协商。菲律宾继续一意孤行，2014 年 3 月，菲方正式向应菲律宾单方面请求设立的"南海仲裁案"仲裁庭（以下简称"仲裁庭"）提交了 4000 多页的诉状。对此，中国政府于同年年底发布了《中华人民共和国政府关于菲律宾共和国所提南海仲裁案管辖权问题的立场文件》，强调菲律宾提请"仲裁"事项超出了《公约》的管辖范围；菲无权单方面提起强制"仲裁"；中国已于 2006 年根据《联合国海洋法公约》第 298 条作出了排除性声明；中国自主选择争议解决方式的权利应得到充分尊重，中国不接受、不参与菲律宾提起的"仲裁"具有充分的国际法依据。

第十个事实：菲律宾用谎言欺骗世界

　　在菲律宾提交的材料中，掺杂了许多谎言；"仲裁庭"也罔顾事实，推波助澜。如，在菲律宾提交的文件中认为，"太平岛只是岩礁"，而"仲裁庭"据此对有关岛礁的法律地位提出了质疑。对此，2016 年 3 月 23 日，台湾当局邀请 10 家国际媒体登上太平岛，参观岛上淡水、民房等设施，现场说明太平岛"足以维持人类正常生活，是标准意义上的岛屿"。台学术机构还向"南海仲裁庭"提交"法庭之友意见书"列举多种历史资料和科学报告等，证明太平岛系"自然形成的岛屿"，属于《公约》规定的"岛屿"而非"岩礁"。这一个例子足以说明，菲律宾编造谎言的拙劣行径，同时也证明了"仲裁庭"罔顾事实的无法无天之举。难怪戴秉国先生在中美智库对话会上愤怒地指出："仲裁庭没有管辖权，其自行扩权、越权审理并作出裁决，这违背了《公约》，是非法的、无效的、中国不参与、不接受这样的仲裁，不承认所谓的裁决，既是依据国际法维护自身权利，也是维护《公约》的完整性和权威性。我们希望美方对此秉持客观公允的态度。不要站在《公约》外指责维护《公约》的中国。听说仲裁结果很快就会出来了，出来就出来吧，没什么了不起，不过是一张废纸！"同时，戴秉国先生也严正指出，"当务之急是仲裁庭停止审理菲律宾的仲裁案，如强行推出非法仲裁结果，任何人、任何国家均不得以任何方式执行非法仲裁结果，更不得强压中国执行裁决。尤其是要严格约束菲律宾不得采取任何挑衅活动，否则中方决不会坐视不管"。此话掷地有声，应该引起有关国家的重视。正如戴秉国先生所讲，"现在，南海的温度已经很高了，已有人在叫喊什么'今夜开战'了，如果任由温度上升，可能发生意外，甚至把整个南海搞乱，进而把亚洲搞乱！那样，南海周边地区国家遭殃，亚洲国家遭殃，美国也会遭殃。决不能让这样的事情发生，这个地方绝不能变成西亚北非那个样子。谁放纵事态发展，酿成大祸，谁就必须承担历史责任"。

（载《太平洋学报》2016 年第 7 期）

不值一驳的"债务陷阱"论

"债务陷阱"一词，本来专属西方发达国家。在发展中国家向其申请贷款或援助时，发达国家往往附加若干苛刻的政治条件。如若不能满足，要么予以拒绝，要么中断资金支持。这也是发展中国家始终告贷无门，长期积贫积弱的原因之所在；也是发展中国家面对西方国家的诸多附加条件图谋发展，不得不饮鸩止渴，造成诸多动乱动荡的原因之一。据世界银行数据显示，从 20 世纪 70 年代到 90 年代短短二十年间，发展中国家债务从 3000 亿美元增长至 1.5 万亿美元。最贫穷国家债务占 GDP 比重从 1970 年的 20% 跃升至 1994 年的 140%，利息也从 1978 年的 2.4 亿美元飙升至 1988 年的 13 亿美元。实事求是地看，西方发达国家才是发展中国家"债务陷阱"的始作俑者。

秉持共商共建共享理念的"一带一路"倡议自提出以来，在不附加任何政治条件、也不干涉项目落地国内政的前提下，以务实举措为共建"一带一路"国家带来巨大的经济收益和社会收益，特别是对发展中国家经济和社会发展的贡献举世瞩目。这种秉持正确义利观的国际善举，却被某些国家和某些媒体智库以己度人，扣上了"债务陷阱说"的帽子。

针对"一带一路"倡议臆造的所谓的"债务陷阱说"，本身就是一个不值一驳的伪命题。埃及塞西总统曾回顾了向西方借贷的艰难和附加政治条件的苛刻，并幽默地说，埃及同时向美国、欧洲国家和日本、中国借贷，"为何中国的贷款就成了陷阱？"斯里兰卡、巴基斯坦政府也公布了其债务构成，中国的贷款占比是各贷款方中最少的，即使真有"债务陷阱"，也与中国和"一带一路"倡议无关。一些国家和智库曾极力炒作的马来西亚东海岸铁路项目，也在 2019 年 4 月 12 日获得重新启动。新加坡《联合早报》称，"马来西亚的最新举动显示出马政府仍希望换回中国对马投资信心，并借助'一带一路'合作来促进资深经济社会发展"。

其实，从所谓"债务陷阱说"出笼的前世今生，我们就可以看出其虚伪与荒诞。据考证，最早炮制"一带一路"倡议"债务陷阱说"的，是印度新德里政策研究中心的切拉尼（Brahma Chellaney）。2017 年 1 月，他发表了《中国的债务陷阱外交》，认为中国通过"一带一路"倡议向一些国家提供巨额贷款，实际上是让接受贷款的国家掉入"债务陷阱"中。在此论出笼一年有余的时间里，基本无人问津、无人认同，但后来突然被美国媒体智库发现并大肆炒作后，才开始在西方媒体和智库中泛滥。

从经济学的角度看，所谓"债务陷阱说"是有悖常识的谬论。因此，中国对发展中国家的投资，是否造成了项目落地国的债务负担，这一问题根本无须回答和驳斥。大量事实和证据表明"一带一路"与"债务陷阱说"不仅毫无关联，相反却是解决债台高筑国家摆脱债务包袱的重要路径。一些国家之所以出现债务问题是因为在借债与当地经济发展之间没有形成良性互动关系。由于这些国家多为工业化阳光还没有完全普照到的地方，本身缺乏推进工业化的必要条件，即使从外部获得资金，也容易发生资金使用不当的事情，由此累计起高额的债务。当初的借债国带有较大的盲目性，部分资金流向不仅没有带来预期收益，相反却因国内外条件不成熟，反而留下了"烂摊子"。而今天的"一带一路"投资不仅有明确的投资方向和科学的规划，同时也有中国发展经验做"担保"，这就从根本上保障了"一带一路"投资不仅不会成为"一带一路"国家新的债务包袱，反而是实现所在国长久渴望经济发展目标的杠杆。

　　"一带一路"倡议项目落地国的态度，也从另外角度使"债务陷阱说"不攻自破。西方国家杞人忧天地说：菲律宾杜特尔特政府提出"大建特建"基础设施投资计划，其总值达到8万亿比绍，让人们嗅到了"债务陷阱"的味道。但是，菲律宾的财长多明格斯却表示：截至2018年年底，菲律宾从中国获得的项目贷款总额仅占菲总债务的0.6%。相比之下，菲律宾从日本获得的项目贷款占菲总债务的9%。

　　中国政府公布的数据也进一步说明，所谓"债务陷阱说"有很大的虚假成分。中国国务委员兼外交部部长王毅就被激烈炒作的"巴基斯坦债务"发表讲话，中巴经济走廊（CPEC）框架下22个项目中，18个由中方直接投资或提供援助，只有4个是使用中方的优惠贷款，因此CPEC项目并未加重巴方的债务负担。目前已有9个项目完工，13个在建，总投资190亿美元，推动巴基斯坦经济每年多增长1—2个百分点，为巴基斯坦创造了7万个就业机会。

　　本质来看，所谓"债务陷阱说"，看似以公正、客观、专业和非政治的面目来评论"一带一路"融资，实则是故意挑拨"一带一路"与参与方的关系，故意给"一带一路"倡议的实施制造麻烦。但是，"一带一路"在背负"陷阱"污名的情况下，正积极为广大发展中国家解除西方债务包袱贡献力量。目前，在中方倡议下，中国财政部已经与英国、泰国、匈牙利、希腊、智利等26国财政部共同核准了《"一带一路"融资指导原则》。2019年4月，中国—IMF联合能力建设中心（CICDC）也已经正式运营。相信，未来的"一带一路"倡议投资，一定会在共建国家中更加大放异彩，所谓的"债务陷阱说"也必将不攻自破。

　　（本文英文版载《中国日报》（海外版）2019年5月8日第13版）

中非"一带一路"合作面临的新机遇与新未来

"一带一路"倡议是中国提出的首个全球性倡议，也是中国推动世界发展和推进全球治理的新外交理念的集中体现，更为中非未来合作规划了新的航线与合作要点。"一带一路"倡议为中非合作向广度与深度方向发展提供了一个全新的舞台，推动中非合作迈向一个新的历史阶段。

中非合作新特征

自"一带一路"倡议提出之后，中非合作取得了全方位进展、展现了一系列新特征。

一是高层引领。推进中非合作，理念最重要。早在 2013 年 3 月，习近平主席在出访非洲三国时就提出了建设"中非命运共同体"，并用"真、实、亲、诚"四个字来概括中非未来合作的新理念。2018 年中非合作论坛北京峰会上，习近平主席再次提出，中非双方应携手打造责任共担、合作共赢、幸福共享、文化共兴、安全共筑、和谐共生的命运共同体。这一提议得到非洲领导人一致同意，由此中非关系提升到一个新的战略高度上来。

二是规划前行。2018年中非合作论坛北京峰会通过的《关于构建更加紧密的中非命运共同体的北京宣言》和《中非合作论坛—北京行动计划（2019—2021年）》两个重要成果文件和"八大行动"为中非未来合作提供了新的"路线图"。双方还签署了各类合作协议近150份，特别是28个国家和非盟委员会同中方签署了共建"一带一路"合作文件。

三是全面推进。随着"一带一路"倡议的深入拓展、中非之间合作已全面铺开，取得了多项务实性进展。中国已连续10年成为非洲第一大贸易伙伴国。2018年中非贸易达到了历史新高，为2035.4亿美元，中国从非洲进口达989.7亿美元，向非洲出口1045.7亿美元，中国对非贸易、对非出口、从非洲进口的增长分别为16.4%、7.7%、27.3%，远高于对外整体水平。2018年1—10月，中国对非非金融类投资额24.63亿美元，同比增长4%。中国在非新签承包工程合同额598亿美元，同比大幅增长19%，完成营业额345亿美元。部分基础设施建设项目已带来可观的经济效益，如蒙内铁路的开通带动肯尼亚GDP增长1.5%，卡鲁玛水电站更为乌干达创收超2亿美元。在金融等其他领域，中非合作也得到了稳步推进，如，亚投行与非洲开发银行签署备忘录，将共同资助非洲基础设施建设。

中非合作面临的新机遇

非洲的经济发展活力正在展现，将成为世界下一个工业化进程的重点区域。非洲不仅拥有丰富的自然资源，更主要的是非洲拥有年轻、丰富的劳动力资源，预计非洲劳动力人口将在2034年前超过中国和印度。加速的城市化进程以及日益增长的消费力水平等因素，都使得非洲经济增长前景喜人。

"一带一路"新的规划蓝图正在铺开，为非洲破解发展困境、提供发展机会创造了有利条件。"八大行动"更加注重非洲各国的发展需求和非洲人民的普遍愿望，更加强调合作举措的针对性、有效性以及合作项目的普惠性和前瞻性，既涵盖了中非合作传统优势领域，又拓展了中非合作的空间，这将从根本上改变传统的发展理念和发展模式。例如，中国将加大非洲能力建设行动，在非洲设立 10 个鲁班工坊，向非洲青年提供职业技能培训；为非洲培训 1000 名精英人才等。再如，考虑到非洲发展面临的主要约束条件——和平安全问题，中国将实施 50 个援助项目，加强非洲国家维护和平安全能力建设。为保障"八大行动"顺利实施，中国还将向非洲提供 600 亿美元支持，并免除部分非洲国家债务。

当然，中非"一带一路"面临的新旧挑战也不容忽视。

一是发展能力建设问题仍亟待解决。非洲发展刚刚起步，各种矛盾冲突不断，地区安全冲突不断，加上自身"造血"能力不足、国家治理能力有限、高端人才储备不足导致"一带一路"推进面临较大的障碍。

二是营商环境还有待进一步改善。"一带一路"主要是经济合作，迫切需要有一个良好的营商环境。目前，非洲在这方面还存在一定的问题，也直接影响了"一带一路"的建设效果。如非洲国家希望外来投资，但吸引和保护外资的法律法规却不完善、优惠政策不配套、政府服务跟不上。

三是国际舆论环境有待进一步改善。部分国际舆论炒作中国对非合作，将中国对非合作看作"制造债务危机、掠夺资源、鼓励依赖"，这些不实之言试图以巧舌之力离间中非关系，破坏中非合作大局。

中非合作面临的新未来

展望未来，中非合作将继续保持良好的合作势头，非洲国家已充分表达了积极支持并踊跃参与共建"一带一路"的意向。一些合作项目与行动计划正在有序推进当中。

一是中国将继续坚持中非合作新理念。北京峰会已经超越当前世界发展理念，为新型国际经济关系建设提供了新理念，中国将坚持提出的"四个坚持"和"五不原则"，即坚持真诚友好、平等相待；坚持义利相兼、以义为先；坚持发展为民、务实高效；坚持开放包容、兼收并蓄。同时，不干预非洲国家探索符合国情的发展道路，不干涉非洲内政，不把自己的意志强加于人，不在对非援助中附加任何政治条件，不在对非投资融资中谋取政治私利。

二是中国将继续加强政策沟通，做好战略对接。中国将始终坚持共商共建共享，奉行开放透明包容，倡导绿色环保可持续，继续同非洲加强战略对接，把共建"一带一路"、联合国 2030 年可持续发展议程、非盟《2063 年议程》以及非洲各国发展战略对接起来，实现更高水平的优势互补和共同发展。

三是中国将继续推进"一带一路"倡议各项计划在非洲的实施。未来中国将同非洲共同实施产业促进、设施联通、贸易便利、绿色发展、能力建设、健康卫生、人文交流、和平安全等"八大行动"，以帮助非洲培育内生增长能力为重点，创新合作理念方式，推动中非合作向更高水平发展。

四是中国将探索引入第三方合作机制，加强对非合作。要实现中非合作的大目标，非中国一己之力能完成，让更多的第三方经济体加入中非合作，不仅有利于"一带一路"中非合作目标的实现，也符合"一带一路"倡议提出的初衷。

五是中国将积极化解不利于中非"一带一路"合作的舆论环境。中国愿意同非洲共同举办"一带一路"合作成果展，特别是一些工业园区建设的成果展，这样既增添了非洲同中国合作的信心，也有利于化解不利于中非合作的国际舆论环境。

未来，中国将继续通过务实努力，不仅开辟中非合作更加美好的前景，也将为推动构建人类命运共同体积累经验、树立典范。

（本文英文版载《中国日报》2019 年 3 月 20 日第 13 版）

稚手探试"黑天鹅年"之世界
凉热的尝试

2016年，因种种偶然和必然的因素，波谲云诡的事情不少。因此，2016年，被西方学术界冠以"黑天鹅年"之称。

此说把目光集聚在西方社会，虽有以偏概全之嫌，但西方民粹主义的高企、反全球化浪潮的铺天盖地、国际秩序不确定性带来的焦虑，确实让西方传统的学者们感到无所适从：历来屡试不爽的理论在严酷的现实面前显得苍白无力，甚至荒谬；挥斥方遒的大家们在专业领域内的种种判断和预测，几无应验；整个世界如脱缰之马匹，肆无忌惮地践踏和嘲笑着"象牙塔"内的精致思想；以"历史终结论"闻名于世的美籍日裔学者弗朗西斯·福山（Francis Fukuyama），最近也在小心翼翼地修正他的理论，在其新版的书中，他甚至用"我们需要什么样的好民主"来取代"我们是否需要民主"等当时似乎不容置疑的问题，把曾经名震一时的"西方民主政治和市场经济将是人类历史制度发展演变的最后阶段"的著名论断，悄悄掩埋进了其书斋薄薄的尘埃之中——凡此种种，"黑天鹅"之概括也不是没有道理。但是，不能否认的是，震惊之后的慌乱、有悖惯性思维的现实、刻舟求剑式的研究方式等，确实让"黑天鹅"成为一块遮羞的合适布片。

一个"脱"字，让过去的欧盟接近搁浅境地，在一片"不可能"的预言中，英国公投"脱欧"结果让人们大跌眼镜；在希拉里和特朗普的对决中，屡被围攻的"政治素人"特朗普成功当选，让只准备了当选感言的希拉里当场重伤无语；喧嚣一时的意大利宪政改革将会何去何从亦尚不分明。2016年的这三大"黑天鹅"事件搅乱欧美后，迅速在世界范围内发酵扩散，大有世界末日来临之势。但是，仔细分析和剖析这些"黑天鹅"事件，其实是事出有因，且由来已久，只不过择时而发罢了。西方世界长期以来精英阶层和草根阶层之间存在的分裂与对立，早就把西方民主政治放到了"烤肉架"上，西方惊呼的"几十年来最严重的危机"只不过是多年积弊的质变，是西方民众借助推特、脸谱等社交媒体表达不满，最终通过手中的选票表达强烈求变呼声的水到渠成之举。正如一块石头扔进宁静的池塘，本身并不值得大惊小怪。但是，池塘涟漪产生的共振和放大效应，却对世界权力结构产生了催化、分化、改组、调整，乃至重构之功效，随之而来的第一波浪潮，伴随着民粹主义的强劲风头，推高了反全球化浪潮，点燃了保护主义的导火索，催生了新一轮排外主义的狂潮。尤其值得警惕的是，其涟漪效应目前尚未告终，接连的新一波浪潮将如何涌动，将对国际政治与安全秩序造成什么样的新冲击，值得我们继续关注。

一个"负"字，让2016年的世界经济弱于预期并酝酿诸多新的变化，全球利率陷入了2008年国际金融危机爆发以来的最低点，又让西方国家总体上进入了"负利率时代"，导致全球债务持续膨胀，拉高了全球债务危机风险。全球化与区域一体化进程中的利益再平衡加剧，西方国家再度祭出贸易保护主义大旗，西方"去全球化"声音再度放大至空前音量，经济全球化和区域一体化暂时进入了"逆风运行"阶段，经济全球化大势已逝还是继续不可逆转，成为世界最为关心的时代问题。"超低油价时代"似乎正在结束，随着国际原油市场供需关系的渐趋平衡，国际油价开始回升的势头，正在"温暖"着下跌的、冰冷的世界经济符号，但美伊关系再度生变、中东乱局因大国深度卷入难望和平曙光、美国新政府试图加大能源开发的声明，有可能使国际油价再度受到严重抑制。美联储加息的信号像是楼上的靴子，落了一只之后，另一只一直没落下来，让世界焦心，也让资金回流美国的趋势不断增强，掣肘了全球市场对新兴国家的投资信心，有可能迟滞新兴国家市场复苏的进程。回望 2016 年的世界形势，由于以上抑制因素的增强，世界经济正因消极因素的增加而处于深度调整阶段，再加上短期内难以消除的地缘政治危机、无解的难民浪潮、前途未卜的欧盟等因素，出现了美国经济难以放量增长、欧盟经济弱势复苏、日本经济下行压力持续、新兴市场国家经济增长持续放缓、全球经济复苏依然乏力的突出特点。同时，围绕亚太贸易规则不断加剧的博弈、G20 全球治理突出的引领作用等，全球经济治理规则制定权开始进入激烈的竞争阶段。

　　一个"博"字，让 2016 年的国际格局进入了新的调整阶段，围绕欧洲东线、西太平洋、中东地区的战略博弈三线并进，中美俄大三角的格局相对稳固。以乌克兰为焦点的欧洲争端，迫使美国不得不加大对欧洲的战略投入。史称"大国坟墓"的中东地区，正在考验着美国、俄罗斯以及地区国家的战略定力和战略忍耐，土耳其的"叛阵"和俄罗斯力挺巴沙尔的系列布局，让美国举棋不定。面对不安宁的 2016 年乱局，美国和俄罗斯不约而同地宣称要扩充核武库，试图可笑地把能毁灭世界 1000 次的核能力再度加码，恫吓与讹诈的招数频出；乱局各当事方空前地加强军事部署，甚至小小的连级或营级军事调动，都能牵动世界媒体敏感的神经，欧盟更是不失时机地提出要建立"欧洲防务联盟"；不管要不要或能不能打仗，各当事方的国防部门借机哭穷，纷纷向议会要钱，或多或少地呼吁增加军事预算；随便找个名目，借机找个名义，就联合开展声势浩大的双边或多边军事演习，搅动地区局势，撬动格局大势，强化军事关系，浑水摸鱼、乘机牟利的意味十分明显。俄罗斯在牌局上频频出牌，美欧日的接招反制令人眼花缭乱：美国和俄罗斯关系在特朗普当选后出现了短暂的"投怀送抱之意"；欧洲一边试图缓和与俄罗斯的关系，一边延长对俄罗斯的制裁，两手对两手的策略味道十分明显；围绕"南千岛群岛"（日本称"北方四岛"），日本和俄罗斯之间的博弈出现了新的迹象，新的经济合作协议似乎让冰冷的俄日关系出现了某种转机。而更加令人侧目的是，在三线并进的博弈中，中美俄成为世界舞台的主角，中俄在不断按照各自套路寻求和扩大与美合作的同时，在反导、网络安全、南海、东海、极地、叙利亚等问题的相互策应与协作方面也让世界看到了和则两利的曙光。特别值得一提的是，2016 年的菲律宾新政府实行外交转向策略，杜特尔特弃美友华，让沸沸扬扬的南海争端顿时降温。

　　一个"搅"字，让地区问题发热，让现实世界和网络空间不得安生，或让 2016 年的和平之舟颠动不已，或也让某些搅局者牟取私利的心态昭然若揭。"萨德"入韩，让东亚局势再添变数，搅动了东北亚已经不安生的战略与安全格局，但让中俄合作"菜单"上再添新品。已成世界众矢之的的"伊斯兰国"，垂死挣扎之余依托社交APP、利用"暗网"等"创新"恐怖主义手段，推出了所谓的"外线扩张"，把部分目光转向了欧美国家，使其感受到了近十年以来最大的恐怖威胁，各方不得不纷纷采取新举措加强反恐，无奈病根不除，却越反越恐。"阿拉伯之春"中，突尼斯、埃及、利比亚、伊拉克、叙利亚等国遭受重创，战乱不已，政局动荡，民不聊生，难民潮汹涌澎湃，让欧洲国家难受到了无以复加的地步，默克尔无奈变更难民政策口风，欧盟为收紧难民政策而组建"欧洲边境与海岸警卫队"，不惜动用北约力量打击冒死求生的中东难民，尚未执政的特朗普声称将遣返非法移民，打击"偷渡潮"。面对 2016 年的 36 万难民和非法移民，欧美把挂在嘴边的"人权"暂时垫到了自己的屁股底下，凭其惯有的冷漠和伪善，并以本国民生等"高尚而光明正大"的理由，将在偷渡中遭遇不幸的 5000 多难民亡灵，扔进地中海悲伤鸣咽的波涛里不闻不问。现实世界中乱局不已，虚拟空间也不甘寂寞。在网络世界中，看得见和看不见的手也在搅局，先是俄罗斯称自己的信息和科研、军事和国防、金融银行等 20 多家机构的网络遭到恶意入侵，俄罗斯央行被黑客盗取 3000 多万美元资金；美国宣称网络中介服务商遭到攻击，主要网站服务被迫全面中断后，首次将网络攻击认定为作战手段，并声称将用武力捍卫自己的网络主权。随后，美国又宣称其总统大选受到了俄罗斯黑客的操纵和干预，声称要对俄发起"前所未有的网络行动"。在网络空间中，"伊斯兰国"也不甘寂寞，支持"伊斯兰国"的黑客组织公布了 3600 多名纽约人的名字和住址，并声称将对这些人进行"圣战"，让美国政府不得不宣布将对"伊斯兰国"进行网络战争。水塘越搅越混，混乱之中的危机因素随之而生，使得维护世界和平与国家安全的努力面临的挑战不断增大。毛主席曾说过：扫帚不到，灰尘照例不会自动跑掉。因此，只要搅局者的棍子不停止，问题就永远不会消除，危机也会接二连三地出现。此为国际政治的常态。2016 年也毫不例外，并不值得大惊小怪，只不过是新问题增加了应对的难度而已。

一个"定"字，让世界安心，让世界和平的曙光初绽于远方的地平线。2016 年，中国率先批准了气候变化《巴黎协定》，随后 170 多个国家签署的协定得到了 60 多个国家的批准，成就了人类历史上第一个气候条约的正式诞生。G20 杭州峰会作为中国 2016 年的主场外交大戏，用中国智慧、中国经验、中国模式，首次把发展问题作为全球宏观政策框架的首要议题，历史性地就落实联合国 2030 年可持续性发展议程，制订了具有可操作性的行动计划，魅力十足的西子湖畔和涌动向前的钱江大潮，在全球治理发展史上留下了中国聪慧的优秀历史基因。在 G20 这个世界性舞台上，中国以其坚定的稳重步伐、沉着的战略定力、深沉的历史担当，为世界乱局和低迷的经济形势开出的"中国药方"，得到了与会领导人的一致认同，开启了中国参与全球经济治理的崭新时代。从广袤的亚欧腹地哈萨克斯坦到风光旖旎的印度尼西亚，习近平主席分别提出的"丝绸之路经济带"和"21 世纪海上丝绸之路"吸引了世界各国的眼球。和平合作、开放包容、互鉴互学、互利共赢的丝路精神，共商、共建、共享的合作理念，驱散了"去全球化"的阴霾，为增长低迷的世界经济注入新的动能。各国纷纷将本国经济发展与中国政府发布的《推动共建丝绸之路经济带和 21 世纪海上丝绸之路的愿景与行动》规划相衔接。"一带一路"倡导的政策沟通、设施联通、贸易畅通、资金融通、民心相通这"五通"，正在以基础设施、经贸合作、产业投资、能源资源、金融支撑、人文交流、生态环保、海洋合作等为载体和依托，在全球掀起了投资兴业、互联互通、技术创新、产能合作的新势头。2016 年中国牵头成立有 57 个成员方加入的亚洲基础设施投资银行（AIIB）；2016 年 11 月 17 日，第 71 届联合国大会以 193 个成员一致赞同的投票结果，通过了第 A/71/9 号决议，欢迎"一带一路"倡议，敦促各国参与"一带一路"建设，呼吁国际社会为开展"一带一路"建设提供安全保障环境。2017 年 3 月 17 日，联合国安理会全票赞成，一致通过第 2344 号决议，呼吁国际社会凝聚援助阿富汗共识，通过"一带一路"建设等加强区域经济合作，敦促各方为"一带一路"建设提供安全保障环境。"一带一路"不是中国的独角戏，是与亚欧非及世界各国共同演奏的交响乐。中国恪守《联合国宪章》的宗旨和原则，坚持开放合作、和谐包容、政策沟通，培育政治互信，建立合作共识，协调发展战略，促进贸易便利化及多边合作体制机制。2016 年，中国携手 100 多个国家和地区，依托国际大通道，以陆上沿线中心城市为支撑，以重点经贸产业园区为合作平台，共同打造的新亚欧大陆桥、中蒙俄、中国—中亚—西亚、中巴、孟中印缅、中国—中南半岛等国际经济合作走廊进展顺利，中欧班列在贸易往来中动力强劲，风景独好；在海上以重点港口为节点，共同建设通畅安全高效的运输通道，实现陆海路径的紧密关联与合作，太平洋、印度洋、大西洋上巨轮往来频繁，不亦乐乎。亚太经合组织、亚欧会议、大湄公河次区域合作等有关决议或文件，都体现了"一带一路"建设的内容。丝路基金、开发性金融、供应链金融汇聚全球财富，建设绿色、健康、智慧与和平的丝绸之路，增进各国民众福祉。新的"一带一路"作为人类历史上从未有过的恢宏蓝图，作为横跨亚非欧、连接世界各国的暖心红线，在 2016 年伊始结出了丰硕成果，为低迷的世界经济带来了希望之光。

2016 年是充满希望的一年，也是充满挫折的一年；是争取前进和进步的一年，也是充满倒退和悲伤的一年。因此，过度洗练的"脱""负""博""搅""定"五个汉字，并不足以描述 2016 年的复杂与严峻、乐观与悲伤。好在中国社会科学院国家全球战略智库的研究人员，以其炽烈的报国之情和深厚的学术积累，在 2016 年试图努力回答时代给世界提出的课题。这也是本书得以付梓的前提和基础。

我的研究伙伴们敏锐地看到了习近平总书记外交战略所具有的前瞻性和针对性，细致研究了中国的国际角色、义利观、总体安全观、文明互鉴观等新思路、新观念、新论断，从"一带一路"与世界秩序等角度入手，探究了其为国际社会提供的和平发展新思路，以及推动"一带一路"与新型大国关系融合发展的路径、"一带一路"与中国经济外交转型、"一带一路"与扩大开放、"一带一路"经济走廊的形成机理与功能演进、全球价值链重构背景下中国与"一带一路"沿线国家国际产能合作、建立健全支撑"一带一路"建设的中国国际援助和开发合作体系研究等重要问题。围绕中国的国际战略问题，研究了坚持不干涉内政原则与建设性介入的关系，以及发挥建设性介入作用的方向、目的、条件、方式和程度；研究了中国特色开放理论体系与大国软实力建设问题。围绕中国的国际作为，研究了如何构建包容性的国际经济治理体系、G20 杭州峰会与中国的全球治理理念、新时期中国打造战略支点国家的方向与策略、中国海外利益面临的主要安全风险及统筹维护等问题。围绕中国软实力建设，探索了如何提升中国软实力的方式方法、如何有针对性地开展国际传播、如何与国际主流媒体合作等议题。围绕中国内政问题，探索了社会治理现代化的国外经验教训及启示、网络强国战略的架构与核心内容等议题。围绕国际形势，探讨了在美国金融危机以来的世界经济发展趋势、当前国际反恐斗争态势及挑战、"伊斯兰国"在中国周边扩张态势及其影响、希腊债务危机的发展前景等。围绕国际规则问题，探索了当代全球规则体系的发展趋势与影响、国际贸易新规则对中国的影响等。围绕国际格局演进，研究了世界战略格局和运筹大国关系、主要大国内外战略调整及变化研究等问题。围绕大国战略，研究了奥巴马主义的困境与美国全球战略走向、特朗普政府执政后美国的外交政策走向、亚太再平衡战略未来走向及影响等。围绕中美关系，探讨了特朗普政府对推进中美新型大国关系的立场评估、2016美国大选两党候选人对华政策主张评析等问题。

值得说明的是，以上研究成果的时间截至2016年12月底。因此，对某些问题的观点和看法，可能与事态的后续发展并不十分相符，甚至背道而驰。但是，这是我们当时的认识水平和认知能力，结集付梓是为了记录我们的研究轨迹，也是为了方便回顾和评估我们前进的步伐。这也是中国社会科学院国家全球战略智库作为刚刚成立的新型智库的一次浅浅尝试，十分希望得到学界前辈和朋友的指点指教。从这个意义上讲，本书实际上是一个靶子，方便大家对我们的工作提出意见和批评，以利我们在错综复杂的研究道路上不断纠正偏颇和失误。对于我们研究工作的探索性尝试，诚挚希望得到读者们的宝贵意见。在此，我谨代表本书全体作者，向各位读者的宝贵意见致以真诚的感谢。

随笔至此，聊为引言，再次向本书各位作者的家国情怀致敬，向各位领导、专家和读者的赐教厚爱致礼，向参与本书工作的各位同仁的敬业奉献致意。

（本文系王灵桂为《2016年的中国与世界》撰写的引言，社会科学文献出版社2017年11月版）

全球面临的最迫切任务

回首过去，我们感到，2017 年的世界，是艰难的。全球面临的最迫切任务，是世界经济如何走出困境、如何解决贫富差距难题、如何解决南北差距问题。

这一年，全球增长动能不足，难以支撑世界经济持续稳定增长的问题已经引起了普遍关注。世界经济增速处于 7 年来最低水平，全球贸易增速继续低于经济增速。短期性政策刺激效果不佳，深层次结构性改革尚在推进。世界经济正处在动能转换的换挡期，传统增长引擎对经济的拉动作用减弱，人工智能、3D 打印等新技术虽然不断涌现，但新的经济增长点尚未形成。世界经济仍然未能开辟出一条新路。

这一年，全球经济治理滞后、难以适应世界经济新变化的情势愈加突出。新兴市场国家和发展中国家对全球经济增长的贡献率已经达到80%，国际经济力量对比深刻演变，但全球治理体系未能反映新格局，代表性和包容性很不够。全球产业布局在不断调整，新的产业链、价值链、供应链日益形成，而贸易和投资规则未能跟上新形势，机制封闭化、规则碎片化十分突出。全球金融市场需要增强抗风险能力，而全球金融治理机制未能适应新需求，难以有效化解国际金融市场频繁动荡、资产泡沫积聚等问题。

这一年，全球发展失衡，难以满足人们对美好生活期待的问题正在成为全球关注的焦点之一。全球最富有的 1% 人口拥有的财富量超过其余99%人口财富的总和，收入分配不平等、发展空间不平衡令人担忧。全球仍然有7亿多人口生活在极端贫困之中。对很多家庭而言，拥有温暖住房、充足食物、稳定工作还是一种奢望。这是世界面临的最大挑战，也成为一些国家社会动荡的重要原因。

这些问题反映了2017年世界经济增长、治理、发展模式存在必须解决的问题。习近平主席在年初的达沃斯经济论坛上，为世界列出了中国方案：坚持创新驱动，打造富有活力的增长模式，在创新中寻找出路，以敢于创新、勇于变革突破世界经济增长和发展的瓶颈；坚持协同联动，打造开放共赢的合作模式，世界各国都应该在更加广阔的层面考虑自身利益，不能以损害其他国家利益为代价，要在开放中分享机会和利益、实现互利共赢；坚持与时俱进，打造公正合理的治理模式，全球治理体系只有适应国际经济格局新要求，才能为全球经济提供有力保障；坚持公平包容，打造平衡普惠的发展模式，让发展更加平衡，让发展机会更加均等、发展成果人人共享，不断提升发展公平性、有效性、协同性。

《2017年的中国与世界》，即是我们智库贯彻习近平主席讲话精神，探求和诠释中国方案的学术努力。酒酿沉香。时至今日，中国实现了全面建成小康社会战略目标，步入了中等收入国家行列；脱贫攻坚不但让中国的农村贫困人口全部脱贫，实现了中华民族千百年来的夙愿，而且为世界减贫事业作出了令人瞩目的贡献。党的十九届五中全会发出了迈向全面建设社会主义现代化国家的战略号召，中国在新的起点上开启了新征程。但时至今日，全球仍受困于经济低迷和疫情困扰双重压力。同时，西方大国的恶意竞争未因人类面临共同的灾难而有所收敛。从动态变化的国际环境中，寻求新的国际战略机遇期、拓展自身的发展空间，一直是改革开放以来中国加强与国际环境互动的一个重要方面。历经数载，我们依然相信，智库学者的这些心血，对解决今天的全球问题仍有一定的借鉴和启示意义。眼下付梓的《2017年的中国与世界》主要有以下几方面特点。

　　一是涉及的问题重大。报告集涉及多个篇目，如"一带一路""特色大国外交""国际经贸""海外利益保护""金砖合作""国际格局""国际秩序""民粹主义"。这些问题既反映当年需要解决的重大国际问题，也包括引起国际环境发生变化的新变量。比如"海外利益保护"，随着中国企业逐步"走出去"，中国在海外积累的资产也越来越多，如何有效地保护这部分资产成为我们面临的越来越重要的一项工作。再如"民粹主义"，近些年，民粹主义的兴起和发展成为困扰全球化、困扰各国发展的一种现象，成为各国内部发展、各国之间互动发展的羁绊，如何把握民粹主义变化走势，减少其对我对外交往的制约值得我们深思。

　　二是涉及的学科广泛。国际问题是一个复杂的研究对象，其涉及的学科众多，包括经济、政治、社会、法律、安全、文化等，这些学科实际上为我们研究国际问题提供了新的逻辑、线索和思路，使我们能够在基础研究的前提下做好对策研究工作。过去，基础研究和对策研究通常被看作"两张皮"，发展到今天，人们越来越意识到没有基础研究的对策研究是无源之水、无本之木，而脱离了对策研究，基础研究也就成了空中楼阁、镜花水月。这部报告集希望能够在基础研究和对策研究互动方面做一点示范。实际上，部分研究成果确实较好地展现了这一特点，如国际秩序研究、价值链研究、对外援助研究、贸易摩擦研究等即是如此。

　　三是涉及的人员众多。本报告集共有40篇文章，由中国社会科学院研究国际问题的专家学者完成。在这里感谢他们积极参与相关研究工作，并愿意将成果与大家共享。尽管这只是反映了2017年对国际问题观察和研究的部分成果，只是中国与世界互动发展过程中的一个片段，但是若要探寻国际问题的来龙去脉，2017年也是不可越过的一年。这部报告集将展示2017年世界发生的主要大事以及我们对这些大事的基本看法，阅读此书的人将能够迅速做好历史与现实的衔接。

在本书付梓之时，谨代表全体作者向蔡昉理事长的精心指导和悉心关怀表示衷心感谢。向社会科学文献出版社的领导和编辑们表示深深的敬意，你们的专业水准和敬业精神，给本书增添了不少亮色。

（本文系王灵桂主编《2017年的中国与世界》前言，社会科学文献出版社2021年4月版）

中国与世界的不断深度互动

以夙夜勤勉，铭写中国与世界的不断深度互动，是一件十分愉悦的工作。近年来，智库的同行们笔耕不辍地在拼搏中享受着其中的甘苦，让人十分感动和钦佩。

2017 年 12 月，习近平主席在接见回国参加驻外使节工作会议的全体使节时指出，放眼世界，我们面对的是百年未有之大变局。新世纪以来一大批新兴市场国家和发展中国家快速发展，世界多极化加速发展，国际格局日趋均衡，国际潮流大势不可逆转。① 世界百年未有之大变局，是习近平主席对当今国际国内局势作出的重要论断。

进入 21 世纪第二个十年，和平与发展仍然是时代主题。世界多极化、经济全球化、社会信息化、文化多样化深入发展，新兴市场国家和发展中国家快速崛起，国际力量对比更趋均衡，全球治理体系深刻重塑，国际格局加速演变，世界处于大变革大调整之中。人类面临的不稳定性不确定性日益突出，挑战层出不穷、风险日益增多，经济全球化遭遇逆流，世界经济增长动能不足，单边主义、保护主义、霸权主义对世界和平与发展构成威胁，地区热点问题此起彼伏，恐怖主义、网络安全、重大传染性疾病、气候变化等非传统安全威胁持续蔓延，治理赤字、信任赤字、和平赤字、发展赤字成为摆在全人类面前的严峻挑战。中国与世界的关系也在发生深刻变化，中国正前所未有

---

① 《习近平接见二〇一七年度驻外使节工作会议与会使节并发表重要讲话》，《人民日报》2017 年 12 月 29 日。

地走近世界舞台中央，与世界的互联互动空前紧密，中华民族伟大复兴进入关键时期。世界与中国的发展变化同步交织、相互激荡，中国站在了新的历史起点上。

世界百年未有之大变局重要论断的提出，深刻揭示了新兴市场国家和一大批发展中国家快速发展、国际影响力不断增强这一近代以来国际力量对比中最具革命性的变化；深刻揭示了进入 21 世纪以来，全球科技创新进入空前密集活跃期、新一轮科技革命和产业革命正在重构全球创新版图和重塑全球经济结构的最新变化；深刻揭示了全球治理体系和国际秩序变革加速推进、加强全球治理和完善全球治理体系的发展大势。

世界百年未有之大变局重要论断，明确回答了新时代高水平对外开放、全面建设社会主义现代化国家的时代背景问题，彰显了准确把握重要战略机遇期、坚定对外开放信心和保持战略定力、毫不动摇地继续扩大对外开放、推动构建人类命运共同体的时代价值和重要意义。

在世界百年未有之大变局演化过程中，人类在许多风险和挑战下，又一次站在了十字路口。合作还是对抗？开放还是封闭？互利共赢还是零和博弈？如何回答这些问题，关乎各国利益，关乎人类前途命运。中国共产党对这些事关人类前途命运的问题，作出了自己的回答。集中为一点，就是习近平主席提出的构建人类命运共同体这一中国方案。倡导构建人类命运共同体，是习近平外交思想的核心理念，顺应了人类社会发展进步的时代潮流。构建人类命运共同体理念，蕴含着中华民族优秀传统文化中民胞物与、立己达人、协和万邦、天下大同的智慧，体现中国致力于为世界和平与发展作出更大贡献的崇高目标。国际社会普遍认为人类命运共同体是一种取代西方模式的新型国际关系体系，它摒弃丛林法则、不搞强权独霸、超越零和博弈，是对国际秩序观的创新和发展，开辟一条合作共赢、共建共享的文明发展新道路。

自党的十八大报告指出合作共赢就是要倡导人类命运共同体意识，到 2013 年 3 月，习近平主席在莫斯科国际关系学院发表题为《顺应时代前进潮流　促进世界和平发展》的演讲，首次在国际讲坛上提出人类命运共同体的理念，再到 2015 年 9 月，习近平主席在第七十届联合国大会上进行一般性辩论时发表《携手构建合作共赢新伙伴　同心打造人类命运共同体》，构建人类命运共同体理念不断丰富完善，形成了打造人类命运共同体"五位一体"的总路径和总布局：倡导建立平等相待、互商互谅的伙伴关系；营造公道正义、共建共享的安全格局；谋求开放创新、包容互惠的发展前景；促进和而不同、兼收并蓄的文明交流；构筑尊崇自然、绿色发展的生态体系。

党的十九大报告把推动构建人类命运共同体作为新时代坚持和发展中国特色社会主义的基本方略之一，并写入新修改的党章；明确指出人类命运共同体理念的核心内涵是：各国人民同心协力，构建人类命运共同体，建设持久和平、普遍安全、共同繁荣、开放包容、清洁美丽的世界。党的十九大提出从伙伴关系、安全格局、经济发展、文明交流、生态建设五个方面推动构建人类命运共同体，回答了什么样的世界是美好世界、怎样建设美好世界的问题，为人类社会谋划了光明未来。

联合国社会发展委员会第五十五届会议协商一致通过"非洲发展新伙伴关系的社会层面"决议，呼吁国际社会本着合作共赢和构建人类命运共同体的精神，加强对非洲经济社会发展的支持；"构建人类命运共同体"理念写入联合国安理会关于阿富汗问题的第 2344 号决议，写入联合国人权理事会关于"经济、社会、文化权利"和"粮食权"两个决议，以及联大"防止外空军备竞赛进一步切实措施"和"不首先在外空放置武器"两份安全决议。上海合作组织青岛峰会把"确立构建人类命运共同体的共同理念"等具有鲜明中国印记的内容明确写入成员国元首理事会青岛宣言。

突如其来的疫情成为百年未有之大变局的变量之一，变局催生的健康命运共同体理念和实践，成为构建人类命运共同体的亮点。新冠肺炎疫情让全球陷入至暗时刻，越来越多的国家真切体会到同舟共济、守望相助的重要性。第一时间向世卫组织报告疫情，第一时间分享病毒基因序列，第一时间开展疫情防控专家国际合作，中国为世界赢得宝贵时间，彰显大国担当。人类命运共同体理念提出以来，伴随着"一带一路"倡议等全球合作理念与实践而不断丰富，被国际社会和世界上越来越多的国家所接受和认同。由理念到理论、由愿景到倡议、由双边到多边，其成为推动全球治理体系变革、构建新型国际关系和国际新秩序的共同价值规范。构建人类命运共同体正在从理念转化为行动，产生日益广泛而深远的国际影响，成为中国引领时代潮流和人类文明进步方向的鲜明旗帜。

2018 年是中国改革开放 40 周年。习近平总书记在庆祝改革开放40 周年大会上发表重要讲话。他指出"改革开放是中国人民和中华民族发展史上一次伟大革命"，在涉及对外关系方面，他提出"我们积极推动建设开放型世界经济、构建人类命运共同体，促进全球治理体系变革，旗帜鲜明反对霸权主义和强权政治，为世界和平与发展不断贡献中国智慧、中国方案、中国力量"。同年，人类命运共同体被写入宪法修正案中。首届中国国际进口博览会在上海举办，这是世界上举办的首个以进口为主题的博览会。

为呈现中国与世界互动的主要风貌，本报告集围绕人类命运共同体、"一带一路"、经济与贸易、政治与外交、全球治理等议题开展研究，从理论、现实等视角探究人类命运共同体的来龙去脉、"一带一路"的最新进展、中国对外经济交往的主要成果以及中美战略竞争背景下双方关系的走向等，力求反映 2018 年中国对外的主要政策主张以及中国与世界互动发展过程中的部分片段，便于读者探寻中国对外交往的来龙去脉，把握变化主线，更好地了解中国对外交往理念与实践的变化过程。

（本文系王灵桂主编《2018 年的中国与世界》前言，社会科学文献出版社 2021 年 5 月版）

国际合作篇

管控分歧　促进合作

中美关系，是当今世界上最重要的一对双边关系。中方历来主张，作为世界上最大的发展中国家和世界上最大的发达国家，中美应该本着对人类负责、对历史负责、对两国人民负责的态度，认真对待和妥善处理好两国关系。1972 年尼克松总统访华时，周恩来总理在欢迎宴会上的祝酒词中指出：“中美两国的社会制度根本不同，在中美两国政府之间存在着巨大的分歧。但是，这种分歧不应当妨碍中美两国应在求同存异的基础上打开两国关系的新局面。”

2021 年中国农历除夕，习近平主席同拜登总统通话时指出，中美合则两利、斗则俱伤，合作是双方唯一正确的选择。拜登总统也向中国人民拜年，表示美中两国应该避免冲突，美方愿同中方本着相互尊重的精神，开展坦诚和建设性对话，增进相互理解，避免误解、误判。

中美两国元首在除夕的这个共识说明，直到今天，推动中美相互了解、避免误解误判、促进双方合作，依然是中美之间任重而道远的时代课题。在这里，我向大家报告一组数字：自中国 1978 年实行改革开放以来，截至 2020 年年底，据不完全统计，约有 2600 万中国人到过美国，但只有 100 余万美国人来过中国。这两个数字之间的差距背后折射出的问题，值得大家深思，也进一步说明中美之间加强相互了解是多么艰难的一件事情。因此，基辛格博士曾说，“我对中美两国能够避免根本性的冲突，感到乐观”。但他也不无忧虑地指出，“在美国，的确有一群人不愿看到中国的崛起”。他在不同场合也就此分析说，现在美国对中国的了解太不够，中国对美国的了解也很不够。中国国务委员兼外交部部长王毅也曾对基辛格说，近一段时间，美国国内一些势力频频抹黑中国，制造对立情绪，对中美关系氛围造成严重损害。如任其发展下去，将会把中美关系引入歧途。这不符合两国及国际社会共同利益。对此，基辛格博士回应说，"美国国内少数敌视中国的言论并非主流观点。中美两国在一些问题上存在分歧，但双方不能因此进行对抗，这不符合任何一方利益，合作将是中美双方唯一正确的选择"。

让我们感到特别高兴的是，始自35年前中国社会科学院美国研究所与美国凯特林基金会开始的"中美长期对话"，在增进中美相互了解方面，一直孜孜追求、不懈努力，作出了持续的贡献。这个对话，是在中国改革开放总设计师邓小平同志的支持下诞生的。1986年11月，凯特林基金会同中国学者在美国威斯康星州的瑞辛城举行了首次对话。自此，在长达35年的时间里，双方为保持中美这一交流渠道进行了坚持不懈的努力。历史证明，推动这一对话的中美双方人士，具有卓越智慧和战略远见。35年来，"中美长期对话"经历了中美关系的风风雨雨，议题也随着形势的变化而不尽相同，但都围绕着促进中美关系平稳发展、深化中美两国人民之间的相互理解这个主题。中美两国的政策分析家、学者、商界人士、媒体人士在这个平台上，坦诚相待、各抒己见、建设性对话。经过35年的交流，增进了彼此了解，为促进和稳定中美关系作出了独特贡献。

2021年，是中国共产党建党100周年，也是如期宣布全面建成小康社会之年。这在中华民族历史上具有重大意义，中国实现了从近代以来大幅落后于世界，到大踏步走上时代前列的新跨越。根据国际货币基金组织（IMF）于2020年发布的统计数字，2019年共有70个国家和地区的人均国内生产总值（GDP）超过1万美元，包括中国14亿人口在内，总数约为29亿人口。正是中国全面建成小康社会，使人均国内生产总值超过1万美元的经济体人口数量翻了将近一番，

14 亿人口从低人类发展水平组别跃升至高人类发展水平组别。党的十九届五中全会提出了新"四个全面"战略部署，标志着中国迈上了实现中华民族伟大复兴的新台阶。

在新的征程上，机遇和挑战都前所未有，都具有新的特点。这个特点的背景就是中华民族伟大复兴战略全局和百年未有之大变局。这个重要论断，是习近平主席深刻把握国际国内局势变化特点趋势，科学地作出的战略论断。关于百年未有之大变局，之前有多种表述：从世界社会主义运动发展的角度，有 500 年未有之大变局之说；基辛格先生在其《世界秩序》一书中，将自 1648 年威斯特伐利亚体系确立以来的当前世界，称为"400 年未有之大变局"；哈佛大学格雷厄姆·埃里森在其《注定一战：中美能避免修昔底德陷阱吗?》一书中，从美国 1776 年立国至今的历史视角出发，将这场百年变局解读为 200 年未有之大变局。也有学者从工业革命的视角出发，将正在酝酿的第四场工业革命的到来，称为"300 年未有之大变局"。因此，变局一说，历来是学界热议的焦点话题。

我感到，中华民族伟大复兴战略全局和百年未有之大变局这个判断，应是把握时代脉搏的精准依据和科学论断。今天，分析和判断中美关系面临的种种考验，这两个大局也是时代坐标。如何评估中美这两个经济基础、发展水平、发展阶段和意识形态等均不同的国家之间的差异，如何看待双方利益深度交融、合作领域广阔、国际社会普遍不愿意选边站的大趋势，准确把握两个大局，是通过协商对话、管控分歧、解决矛盾、加强互信、实现合作共赢的时代和现实背景。当前，中美正处在何去何从的十字路口。在这个关键时刻，今天这个以"管控分歧、促进合作"为主题的研讨会，在减少战略误判方面就显得更加重要。中美双方智库人士在云端汇聚一堂，共商当今中美关系稳定所面临的机遇和挑战，共谋对策和解决之道，可谓是为推动中美关系重回正轨作出贡献的顺大势、合潮流、有担当、能作为之举。

中国社会科学院是中国学科门类最齐全、研究人员最多的国家级高端智库和学术殿堂。美国研究所作为中国社会科学院的专业研究所，在中国的美国问题研究中具有举足轻重的龙头地位和重要作用，在美国智库和学术界也享有盛誉。如何进一步加强基础研究和智库智囊工作，我和美国所的同仁们都进行过深入的思考和探索。借此盛会，我向大家做个简要介绍。

德国哲学家费希特曾说过一句名言："一切实在性都是能动的，一切能动的都是实在性。"作为一名学者，他把这个"能动性"描绘成勇敢地反抗威严的自然力量的英雄，指出"面对威严的峭壁丛山和汹涌瀑布，眼观猛烈翻腾的火海风云，我昂首挺胸、无所畏惧"。在200多年前风卷云翻的大变局中，费希特发表了《论学者的使命》。在他看来，学者的真正使命在于"高度重视人类一般的实际发展进程，并经常促进这种发展进程"。他认为，学者的进步，决定着人类发展的一切其他领域的进步；他应该永远走在其他领域的前头，以便为他们开辟道路，研究这条道路，引导他们沿着这条道路前进。他应当尽力而为，发展他的学科；他不应当休息，在他未能使自己的学科有所进展以前，他不应当认为他已经完成了他的职责。真正的学者"要忘记他刚刚做了什么，要经常想到他还应当做什么"，因为"学者的使命，主要是为社会服务，他比任何一个阶层都更能真正通过社会而存在，为社会而存在。因此，学者特别担负着这样一个职责：优先地、充分地发展他本身的社会才能、敏感性和传授技能。因为他掌握知识不是为自己，而是为了社会"。他指出，为了更好地为社会服务，学者必须对随时变化着的人们的不同需求有广泛的了解，并思考出解决这些需求的手段。学者不仅应该"看到当前的立足点，也要看到人类应当向哪里前进"。

200多年过去了，再次重温费希特先生的话，感到音、言犹在耳，受益良多，对履行好中美关系学者职责不无启迪。作为研究美国问题的中国学者，我们理应面对挑战和压力，"昂首挺胸、无所畏惧"，"看到人类应当向哪里前进"，努力以自己的智慧，对人类未来、中美关系未来的发展作出较大贡献。这是"中美长期对话"举办的初心，也是我们 35 年持续努力不断结出硕果的动力所在。这是我和美国所同事们过去和将来始终秉持的学术研究理念，我愿意与美国同行们分享，并与大家共勉，大家一起"走在其他领域的前头，以便为他们开辟道路，研究这条道路，引导他们沿着这条道路前进"，在落实中美两国元首 2021 年中国农历除夕共识过程中，作出我们应尽的贡献和努力。

（载《美国研究》2021 年第 3 期）

合作共赢　开创中欧关系新局面

今日之中国，正面临中华民族伟大复兴战略全局和世界百年未有之大变局。在庆祝中国共产党成立100周年大会上，习近平总书记向世界庄严宣告："我们实现了第一个百年奋斗目标，在中华大地上全面建成了小康社会，历史性地解决了绝对贫困问题，正在意气风发向着全面建成社会主义现代化强国的第二个百年奋斗目标迈进。""实现中华民族伟大复兴进入了不可逆转的历史进程！"习近平总书记强调："中国共产党关注人类前途命运，同世界上一切进步力量携手前进，中国始终是世界和平的建设者、全球发展的贡献者、国际秩序的维护者！""中国共产党将继续同一切爱好和平的国家和人民一道，弘扬和平、发展、公平、正义、民主、自由的全人类共同价值，坚持合作、不搞对抗，坚持开放、不搞封闭，坚持互利共赢、不搞零和博弈，反对霸权主义和强权政治，推动历史车轮向着光明的目标前进！"①

在以史为鉴、开创未来、不断推动构建人类命运共同体的伟大进程中，欧洲作为一支重要的力量，在中国完善全方位外交布局、发展全球伙伴关系、推动建立以合作共赢为核心的新型国际关系方面，具有十分重要的地位。进入新时代，中欧于2013年11月共同制定发布了《中欧合作2020战略规划》，双方一致同意推动中欧全面战略伙伴关系向前发展。2014年3月，习近平主席访问欧盟总部，这是中

---

① 习近平：《在庆祝中国共产党成立100周年大会上的讲话》，《人民日报》2021年7月2日。

国国家元首首次访问欧盟总部，中欧发表《关于深化互利共赢的中欧全面战略伙伴关系的联合声明》，强调共同打造中欧和平、增长、改革、文明四大伙伴关系，并建立了 70 余个对话和磋商机制。而特朗普就任美国总统后，对华采取遏制战略，从制造中美经贸摩擦扩展到谋求经济、科技、人文等诸多领域的"脱钩"，在涉及中国主权安全问题上频繁制造麻烦，特别是在 2020 年大选年随着国内抗疫失败肆意"甩锅"和抹黑中国，试图靠主打"中国牌"谋求连任。不仅如此，美国还力图拉上欧洲盟友打压中国，多次派高官赴欧盟和北约及多个成员国游说和施压。由于特朗普政府奉行"美国优先"原则，对欧开征钢铁税、提高汽车关税等，进行单边贸易打压，还从德国撤军转而在中东欧国家部署兵力等，严重动摇了美欧信任关系，致使美国拉欧策略未能完全奏效。

同时，在百年变局下，中欧关系面临新的挑战。自国际金融危机和欧债危机以来，欧洲经济社会遭受巨大冲击并催生民粹主义力量的上升，欧洲内政和外交受到重大影响。在此背景下，一方面，欧盟对中国重新进行定位，即中国不仅是合作伙伴，同时也是谈判伙伴、经济竞争者和制度性对手。另一方面，随着中美战略竞争的加剧，美国成为中欧关系中最为重要的"第三方因素"。欧盟对华定位的改变，加上美国联欧制华政策的实施，致使中欧关系面临的挑战不断增多。

拜登上台后，在对华政策上延续了特朗普打压和遏制中国崛起的基调，将中国视为"最大的竞争对手"，同时调整了对欧洲的政策。他先是取消了"北溪－2"项目对欧洲企业的制裁，接着首访选择欧洲，承诺"保卫欧洲是神圣的责任"，并暂停了长达 17 年之久的空客波音补贴争端。随着拜登政府全面重启跨大西洋外交关系，中国因素成为欧美的重要议题。2021 年 6 月 15 日，在美欧峰会上，欧美领导人宣布启动"欧盟—美国贸易和技术理事会"，将双方在创新与投资、供应链安全、贸易以及气候变化领域的协作提升到政治高度。成立欧美贸易和技术理事会的主张，是欧盟在美国大选之后首先提出来的。欧盟委员会在 2020 年 12 月 2 日发布的题为《欧盟—美国应对全球变化的新议程》中提议将医疗健康、气候变化、贸易与技术以及基于规则的国际秩序列为欧美重点关注领域。欧盟还提议启动《跨大西洋人工智能协议》，制定区域和全球人工智能标准蓝图。在数据治理方面，欧盟提出就在线平台责任展开跨大西洋对话，进一步加强数字市场反垄断执法部门之间的合作。[①]

2021 年以来，随着"中国议题"被列入跨大西洋议程，美欧在所谓"价值观"以及"人权"和"民主"等方面明显加大了对中国的攻击。围绕新冠肺炎疫情病毒溯源、香港国安法、新疆人权状况、南海、台湾等议题，欧美相互协调与合作，掀起了一轮又一轮的对华"舆论战"。2021 年 3 月，欧盟不顾中国的坚决反对，以所谓新疆"人权问题"为名对中国 4 位官员和 1 个实体进行制裁，这是近 30 年来欧盟首次对中国实施制裁。此次制裁对中欧关系造成了严重伤害，中方也宣布对欧实施制裁。[②] 5 月，欧洲议会宣布冻结对《中欧全面投资协定》的审议。一直以来，欧盟以"规范性力量"自居，占据"道德高地"是欧盟自认为区别于其他国际行为体的重要特征，但过去的对华政策力图在经济利益和所谓"价值观"之间寻求平衡。此次欧盟之所以决定对华实施制裁，既有其对中国的严重误判，也与拜登政府的怂恿和支持密不可分。

需要看到，欧洲与美国有相互协调和支持的一面，有共同的利益，但多数欧洲国家不愿意完全追随美国。其对华认知与美国并不相同，在疫后经济发展和气候变化治理等方面，欧洲国家愿意与中国加强合作。

推动经济复苏是当前欧盟的核心任务和重要挑战。为提振经济，

---

① "Joint Communication to the European Parliament, the European Council and the Council: Anew EU-USA genda for Global Change," Brussels, 2. 12. 2020, Join (2020) 22 final.

② 《外交部发言人宣布中方对欧盟有关机构和人员实施制裁》，外交部网站，2021 年 3 月 22 日，https://www.fmprc.gov.cn/web/fyrbt_ 673021/t1863102.shtm.

欧盟于 2020 年 7 月推出总规模逾 1.8 万亿欧元的经济复苏计划，包括 1.074 万亿欧元预算（2021—2027 年）和 7500 亿欧元复苏基金。这是迄今为止欧盟规模最大的经济刺激方案。其中长期预算金额比上一个七年财政预算高出了 1100 多亿欧元，并将促进绿色和数字化发展作为重要方向。至少 30% 的资金，将被用于支持应对气候变化项目及经济社会绿色转型。在数字化领域，欧盟设立了高达 92 亿欧元的"数字欧洲计划"，分别投入超级计算、人工智能、网络安全等领域，以确保欧洲拥有应对各种数字挑战所需的技能和基础设施。该计划预计将创造约 400 万个就业机会，帮助提升欧盟的国际竞争力。

欧盟认为，经济复苏计划不仅肩负着应对当前挑战、助力欧盟国家走出多重危机的现实需求，还承载着增强欧盟全球竞争力、推动实现更具韧性和可持续发展的重要任务。[①] 2020 年 12 月，欧盟领导人峰会就落实复苏计划达成协议。2021 年 7 月，首批 12 个欧盟成员国的经济复苏计划获批，欧盟宣称，这将"为下一代创造一个更有弹性、更绿色、更数字化、更具创新性和竞争力的欧洲"。

此外，欧盟周边地区动荡不已，乌克兰危机使欧俄关系跌入低谷，西亚北非之乱及其引发的移民和难民潮对欧盟的稳定和安全构成直接影响。近期阿富汗局势骤变使欧洲可能再次面临新的难民潮，同时也进一步凸显了欧盟周边治理政策的困境。总之，无论是经济复苏、实施绿色新政，还是事关欧洲安全与稳定的地区和全球问题，欧盟都希望与中国加强协调和携手合作。

目前，中欧关系正步入一个调适期，欧洲研究可谓"任重道远"。谢伏瞻院长对于欧洲研究所的研究工作寄予厚望。他在欧洲研究所 40 周年所庆讲话中全面总结了欧洲所成立以来取得的成就，进一步明确了今后胸怀"国之大者"做好对欧研究工作的系列要求，要求欧洲所记在心里、扛在肩上、落实到行动上，勇担使命、展现新

---

① 《欧盟就落实经济复苏计划达成共识》，《人民日报》2020 年 12 月 14 日。

的更大作为，不负时代、不负韶华，将欧洲研究所打造成具有更大决策影响力、社会影响力、国际影响力的高端平台。

一是始终注重加强基础研究。基础研究是中国社会科学院一切理论研究、应用对策研究和国际传播工作的安身立命之本，是我们服务两个大局、服务社会、服务决策、讲好中国故事的底气底蕴所在。40年来，从探索欧洲文明的进程、积极追踪欧洲一体化、欧洲福利国家、欧洲治理模式、国别研究等，到从政治、经济、社会、文化、法律和国际关系多学科探讨欧洲之变以及中欧关系发展，欧洲研究所努力挖掘基础研究潜力，形成自身的研究风格和特色，产生了许多富有影响力的学术成果。欧洲所今后要继续发扬过去40年的优良传统，以板凳坐得十年冷的韧劲，继续在国别和区域研究上下大功夫，夯实我们一切研究能力的基础。

二是始终注重学术成果的转化。作为区域和国别研究所，欧洲研究所在40年的发展历程中，始终坚持高标准定位、高质量发展，不断强化国家站位，牢牢把握为党和国家工作大局和决策服务的根本要求，突出了优势，办出了特色。今后，要继续突出战略研究、纵深研究，以"精专深透"为理念，以策为天下先为追求，注重运用历史思维、战略思维、辩证思维分析问题，注重从历史与现实、理论与实践、国际与国内的结合上观察问题，注重从历史、文化、哲学的维度思考问题，夯实研究基础、拓宽研究广度、深挖研究深度，不断提升研究成果的思想分量、对策质量、价值含量。要加强预判性、储备性研究，努力提高战略谋划、预警监测、风险评估能力，产出富有深刻洞见、独特创见、战略远见的研究成果，做党和国家对欧工作的"瞭望者"。

三是始终注重服务党和国家对外工作大局。要继续发挥对欧研究主平台的作用，用好"中国—中东欧国家智库交流与合作网络""中国—中东欧研究院""科英布拉中国研究中心""希腊中国研究中心"等渠道，精心打造对外交流品牌和平台，不断延伸工作触角。要致力于加强对外传播能力建设和对外话语体系构建，利用各种媒介和场合，积极发声、主动发声、有效发声，广泛宣介习近平外交思想、共建"一带一路"高质量发展、推动构建人类命运共同体、文明交流互鉴等理念和主张，讲好中国故事、传播好中国声音。要积极回应国际社会关切，针对各种国际不实论调，有理有据有节地进行引导和斗争，澄清事实、申明主张、回击谬论，有效维护国家利益。

四是继续弘扬传承创新和实干巧干精神。40年来，欧洲研究所成功在此。今后，欧洲研究所走向更加辉煌的未来，也离不开这种精神。在未来的路上，欧洲所要特别注重深入调查研究，把调查研究作为基本功，掌握真实情况和客观翔实的资料；要强化联合研究，创新课题研究方式，加强对重大专题研究的策划组织，综合运用多学科的知识、工具和方法协同攻关；要继续有效对接决策部门，坚持决策需求导向，实现供需所适、良性互动。

（载《欧洲研究》2021年第5期）

务实创新引航中国—中东欧
国家合作

中国—中东欧国家合作已经走过九个年头，取得的成绩有目共睹。但在百年未有之大变局下，中国与中东欧国家关系也正在经历诸多挑战和冲击。2022 年是中国—中东欧国家合作机制创建十周年，我们回首这十年历史、展望未来，是为了把握机遇、迎接挑战、再创辉煌。

一　中国的对外政策选择和实践

新中国成立以来，中国政府始终高举和平、发展、合作、共赢的旗帜，不断探索和实践具有中国特色的国际和地区合作之道。进入新时代，习近平主席提出共建"一带一路"倡议，秉持共商共建共享原则，坚持开放、绿色、廉洁理念，努力实现高标准、惠民生、可持续的目标，以互联互通为主线，通过促进政策、设施、贸易、资金、民心的相通，为完善全球治理体系、促进全球共同发展、推动构建人类命运共同体贡献了中国智慧与中国方案。截至 2021 年 10 月，有141 个国家和 32 个国际组织和中国签署了"一带一路"合作文件。一大批合作项目成功落地，提升了国家和地区间互联互通水平，有效促进了有关国家和地区经济社会发展和民生改善。新冠肺炎疫情背景下，共建"一带一路"合作展现出强劲韧性与旺盛活力，为各国抗疫情、稳经济、保民生发挥了重要作用。各方积极推动健康、绿色、数字丝绸之路建设，打造新合作增长点，为推动经济社会恢复和可持续发展开辟空间，为国际社会推进落实 2030 年可持续发展议程提供了有力支持。

在第七十六届联大一般性辩论会上，习近平主席提出"全球发展倡议"，积极推动国际社会加快落实 2030 年可持续发展议程，实现更加强劲、绿色、健康的全球发展。这项倡议，秉持以人民为中心的理念，把各国人民对美好生活的向往作为努力目标。习近平主席强调，全球发展倡议遵循务实合作的行动指南，把减贫、粮食安全、抗疫和疫苗、发展筹资、气候变化和绿色发展、工业化、数字经济、互联互通等作为重点合作领域。[①] 中国政府发出的"全球发展倡议"，来源于中国大力促进全球发展的丰富实践和经验总结，有着扎实的现实基础和宏大的未来眼光。仅从落实联合国 2030 年可持续发展议程来看，就有以下亮点：

第一，中国在落实联合国 2030 年可持续发展议程中取得显著成就。经过持续奋斗，中国实现了第一个百年奋斗目标，在中华大地上全面建成了小康社会，历史性地解决了绝对贫困问题，提前十年完成联合国 2030 年可持续发展议程减贫目标，创造了人类减贫史上的奇迹，为全球推进减贫事业、实现可持续发展作出巨大贡献。

第二，中国为推动全球共同应对气候变化作出不懈努力。习近平主席在第七十五届联大一般性辩论上宣布，中国将力争 2030 年前实现碳达峰、努力争取 2060 年前实现碳中和。[②] 中国承诺实现从碳达峰到碳中和的时间，远远短于发达国家所用时间，需要付出艰苦努力。在第七十六届联大一般性辩论上，习近平主席再次郑重宣布："中国将大力支持发展中国家能源绿色低碳发展，不再新建境外煤电项目。"[③]

---

① 《习近平主席第七十六届联合国大会一般性辩论并发表重要讲话》，《人民日报》2021 年 9 月 22 日。
② 《习近平主席第七十五届联合国大会一般性辩论上发表重要讲话》，《人民日报》2021 年 9 月 23 日。
③ 《习近平主席第七十六届联合国大会一般性辩论并发表重要讲话》，《人民日报》2021 年 9 月 22 日。

第三，中国深度参与《生物多样性公约》治理进程。2021 年 10 月 11 日至 15 日，《生物多样性公约》第十五次缔约方大会（COP15）第一阶段会议于昆明成功举办，习近平主席在主旨讲话中，提出了以生态文明建设为引领，协调人与自然关系；以绿色转型为驱动，助力全球可持续发展；以人民福祉为中心，促进社会公平正义；以国际法为基础，维护公平合理的国际治理体系四点主张，为全球生物多样性治理注入新动力。[①]

第四，中国积极推进全球可持续互联互通。2021 年 10 月 14—16 日，第二届联合国全球可持续交通大会在北京举办，习近平主席发表主旨讲话，提出了坚持开放联动，推进互联互通；坚持共同发展，促进公平普惠；坚持创新驱动，增强发展动能；坚持生态优先，实现绿色低碳；坚持多边主义，完善全球治理五点主张，[②] 为推进可持续交通、实现可持续发展，为推动 2030 年可持续发展议程积聚新动能。

在落实联合国 2030 年可持续发展议程过程中，中国始终高举多边主义旗帜，践行真正的多边主义，坚持国际上的事由大家商量着办，坚决反对单边主义、保护主义，坚决反对搞集团政治、小圈子等"伪多边主义"，推动全球治理体系朝着更加公正合理、更能反映国际格局的变化、更加平衡各国意愿和利益、更有效应对全球挑战方向发展。

二　中国未来的对外政策走向

从自身的四重定位即建设者、贡献者、维护者、提供者可以看出中国对外政策的未来走势。

一是世界和平的建设者。中国将继续坚定走和平发展道路，致力

---

① 《习近平〈生物多样性公约〉第十五次缔约方大会领导人峰会并发表主旨讲话》，《人民日报》2021 年 10 月 13 日。

② 《习近平主席第二六届联合国全球可持续交通大会开工并发表主旨讲话》，《人民日报》2021 年 10 月 15 日。

于在和平共处五项原则基础上同所有国家开展友好合作，同时坚定维护国家利益和民族尊严，坚定维护自身正当权益，坚定维护国际公平正义。中国始终坚持国家不分大小、强弱、贫富都是国际社会平等成员，主张尊重各国人民自主选择的发展道路和社会制度，坚持不干涉别国内政原则。中国愿同各国一道，坚持共同、综合、合作、可持续的全球安全观，有效应对各种传统和非传统安全威胁，携手建设普遍安全的世界；推动政治解决热点问题，坚决反对动辄使用武力或以武力相威胁，坚决反对单边制裁和"长臂管辖"。

二是全球发展的贡献者。中国将坚持以人民为中心的理念，坚持普惠包容，坚持创新驱动，坚持行动导向，推动多边发展合作协同增效，构建全球发展命运共同体。中国将继续推进共建"一带一路"同 2030 年可持续发展议程有效对接、协同增效，并结合抗疫、减贫、发展合作、气候变化等重点工作，探讨共建健康丝绸之路、绿色丝绸之路、数字丝绸之路、创新丝绸之路，同各方一道实现合作共赢的美好未来。中方将继续支持全面加强全球气候环境治理，推动人与自然和谐共生；坚持在公正、透明、缔约方驱动原则前提下，不断扩大共识、相向而行，推动形成更加公正合理、各尽所能的生物多样性治理体系。

三是国际秩序的维护者。中国将继续高举多边主义旗帜，坚定维护以联合国为核心的国际体系，坚定维护以国际法为基础的国际秩序，坚定维护以世界贸易组织为核心的多边贸易体制，积极参与全球治理体系改革和建设。中国坚定主张在联合国框架下开启包容、透明的讨论进程，更加平衡、公正地处理防扩散与和平利用的关系。

四是全球公共产品的提供者。中国将继续落实习近平主席在联合国宣布的各项重大倡议和举措，加快推进全球人道主义应急仓库和枢纽、联合国全球地理信息知识与创新中心建设，为世界和平与发展事业作出更大贡献。中国将践行承诺，把疫苗作为全球公共产品，实现在发展中国家的可及性和可负担性。

三　中国—中东欧国家合作符合双方根本利益

多边主义是全球共识，中欧均是多边主义的坚定支持者。但是，单边主义的幽灵从未消失过，且有继续肆虐的趋势，中欧合作践行多边主义遭遇不少挑战和困难。其中，"后真相"是干扰中欧关系的主要因素之一。一些欧洲政客、智库和媒体出于政治偏见，以"有色眼镜"看待中国的发展和立场主张，人为地扩大中欧之间的分歧，人为地制造中欧之间的误解。中欧关系的变化一方面源于实力和影响力的变化，另一方面则源于中美关系的变化。需要指出的是，在这两种变化中，欧洲应有清醒的认识和战略定力，维护好自身的利益。2021年10月，习近平主席在同欧洲理事会主席米歇尔通电话时强调："中欧历史文化、社会制度、发展阶段不同，有一些竞争、分歧、差异并不奇怪""中国和欧盟是两大独立自主力量，也是全面战略伙伴，双方有必要加强战略沟通，共同推动中欧关系健康稳定发展，这符合中欧共同利益。"①

作为中欧关系的重要组成部分，中国—中东欧国家合作为中欧之间的深入对话、交流、合作搭建了平台，对于促进欧洲整体均衡发展、深化中欧全面战略伙伴关系发挥了积极作用。习近平主席提出了中国—中东欧国家合作的四项原则：有事大家商量着办；让合作方都有收获；在开放包容中共同发展；通过创新不断成长。②2021年2月9日，他在中国—中东欧国家领导人峰会上指出，中国—中东欧国家合作有利于双方各自的发展，也有利于推动中欧关系全面均衡发展。

追求和平与发展，是包括中东欧国家在内的中欧双方共同心愿。中欧都支持贸易和投资自由化便利化，都认为中欧共同利益远大于矛盾分歧。面对日益增多的全球性问题和众多不稳定性、不确定性上升

---

① 《习近平主持中国—中东欧国家领导人峰会并发表主旨讲话》，《人民日报》2021年2月10日。
② 《习近平同欧洲理事会主席米歇尔通电话》，《人民日报》2021年10月16日。

的区域性问题，中欧作为全球两大重要力量，有责任加强合作，团结应对。中国与中东欧国家应该从更广阔维度看待中欧关系，客观全面地认知对方，理性平和、建设性地处理差异分歧，共同致力于解决和平与发展的世纪难题。在这个问题上，中国—中东欧国家合作为推动中欧更好合作进行了探索，取得了值得总结的经验。中国—中东欧国家合作启动九年以来，本着相互尊重、平等相待、开放包容的精神，遵循包括世界贸易组织规则在内的国际通行规则和欧盟标准，为中国与中东欧国家搭建了全方位、多层次、宽领域的立体合作架构，也为建立互利互惠的开放型世界经济提供了新思路。中国—中东欧国家合作在成立后的九年时间里，既取得了令人瞩目的成就，也积累了诸多宝贵的经验。

第一，务实合作推动经贸往来持续升温。在 2020 年全球新冠肺炎疫情阴霾笼罩下，双方贸易额仍逆势增长 8.4%，突破千亿美元大关。2021 年前三季度，中国—中东欧国家贸易增速进一步提升，双方贸易总额达 991.3 亿美元，比 2020 年同期增长 35%。与此同时，双向投资热情不减，绿色低碳、医药健康、新能源等正成为新的投资热点。据统计，中国同中东欧国家双向投资规模已接近 200 亿美元。

第二，人文交流夯实民心相通根基。中国—中东欧国家合作各领域人文合作亮点纷呈，在旅游、教育、卫生、青年、智库等领域，无论在活动形式上，还是人员交流的密度、频度上，都实现了前所未有的提升。中国已与 11 个中东欧国家签订了教育合作协议，同 8 个中东欧国家签署互认高等教育学历学位协议。目前，中国有 19 所高校开设了中东欧国家（包括希腊）的非通用语专业，双向留学规模已超过 1 万人。

第三，制度创新提升专业化平台服务功能。根据不同领域的差异化合作需求，中国与中东欧国家先后建立了 40 余类专业性平台。借助不同行业主体熟悉情况、沟通便捷、有效协同的优势，这些平台进一步满足了各领域差异化及多样化的合作需求，全面提升了合作能效，针对性、实操性和实效性大大提升，为跨区域多边合作模式的创新积累了宝贵经验。

第四，政策对接释放驱动新潜能。中国—中东欧国家合作从初步探索到逐步成熟，形成了多层级的政策对接框架。其中，双方的地方政府立足本地特色，不断探索地方合作模式。截至 2021 年 9 月，中国与中东欧国家共结 212 对友好城市，其中一半以上是 2012 年以来完成的。

四　智库应为积极应对挑战献计献策

当前，就中国—中东欧国家合作来说，挑战和困难是多方面的：一是美国加大对中东欧地区的介入，这是中国—中东欧国家合作的重要外部阻力因素；二是欧洲一些人就中国—中东欧国家合作臆造出所谓"政治分化论"，声称中国与中东欧的合作会阻碍欧盟形成一致的对外政策；三是欧亚大陆地缘政治异常复杂，中东欧国家正处于地缘政治敏感地带，容易受美欧力量的左右；四是中东欧国家众多、国情复杂、合作意愿多样，不同国家利益和获益诉求迥异。这里特别需要指出的是，有些国家在中国—中东欧国家合作中的受益没有达到预期，将责任归咎中国，其理由和原因并不成立。

任何事物发展都不会一帆风顺，中国—中东欧国家合作也是如此。习近平主席指出："前所未有的挑战，需要各国以前所未有的团结协作共同应对。"[1] 在团结协作共同应对挑战的过程中，智库肩负着重要的使命。

一是创新理论研究，激发合作动力。中国—中东欧国家合作应从各国实际出发制定规划、确定项目，鼓励各国结合自身禀赋在合作中找准定位、发挥优势。智库应发挥实践总结、理论和应用研究的能力，不断增强对合作机制的科学化与理论化研究，为合作高效运转与

---

[1] 《习近平主持中国—中东欧国家领导人峰会并发表主旨讲话》，《人民日报》2021 年 2 月 10 日。

可持续发展提供智力支撑。

二是正本清源助力务实合作。面对中国—中东欧国家合作的各种噪音、杂音，智库一方面要善于讲好合作故事；讲好中国的改革开放故事及对世界的贡献。智库要打造融通中外的新概念、新范畴、新表述，从政治、经济、文化、社会、生态文明等多个视角进行深入研究，为排除噪音、杂音提供学理支撑。

三是加强智库合作。中国—中东欧国家智库要联合起来倡导客观思维、开放思维，倡导实证研究、科学研究，要用好现有平台、打造新的平台，积极开展智库和学术交流，通过联合开展跨国议题研究、开展国际合作与人员交流、举办国际会议等，进一步凝聚和加强智库对中国—中东欧国家合作的政治认同。

四是胸怀"国之大者"，关注前沿热点。追踪前沿热点，围绕国际形势变化，推出有针对性、实效性、创新性的研究成果是当今智库发展的立身之本。当前，绿色发展、数字转型、互联互通等，就是中国—中东欧国家合作中的"国之大者"，推动这些领域的深入对接，既呼应了全球社会经济转型的共同关切，也对破除中国—中东欧国家合作瓶颈、重塑优化未来发展方向、提升合作的效益与质量，具有明显助力作用。智库作为这些前沿热点的剖析者与实践探索的观察者，在这些工作中责任重大、使命光荣。

（载《欧洲研究》2022 年第 1 期）

推动中国—中东欧国家合作
迈入新阶段

2021 年 2 月 9 日，习近平主席在中国—中东欧国家领导人峰会上的主旨讲话中指出，中国—中东欧国家合作要"坚持务实导向，扩大互惠互利的合作成果"[①]。中方愿积极利用中国国际进口博览会、中国—中东欧国家博览会等平台扩大自中东欧国家进口商品，"继续推进宁波、沧州等地中国—中东欧国家经贸合作示范区、产业园建设"。[②] 这个重要讲话，为中国—中东欧国家合作指明了方向，也为地方参与和推进中国—中东欧国家合作开辟了广阔空间。

中国社会科学院和浙江省人民政府在宁波共同举办"中国—中东欧国家地方合作高质量发展高端智库论坛"。这既是落实习近平总书记有关指示精神的重要举措，也凸显了浙江省和宁波市在中国—中东欧国家地方合作中的重要性。

一　宁波开拓了中国—中东欧国家地方合作新境界

宁波是具有悠久历史的城市。早在 7000 多年前，先民们就在这片土地上创造了灿烂的河姆渡文化。唐朝开元年间，中央政府于公元 738 年正式设明州。唐长庆元年（公元 821 年）建立了明州子城，为其后 1000 多年的城市发展奠定了基础。宁波商业史由来已久，宁波

---

① 《习近平主持中国—中东欧国家领导人峰会并发表主旨讲话》，《人民日报》2021 年 2 月 10 日。
② 《习近平主持中国—中东欧国家领导人峰会并发表主旨讲话》，《人民日报》2021 年 2 月 10 日。

商帮曾是中国十大商帮之一，并且是唯一成功进行近现代化转型的地方商业群体，宁波也由此成为历史上与广州、福州、杭州等齐名的对外交往重镇和繁华商埠，成为海上丝绸之路的主要起点之一。八方商客、胡音绕耳，就是当时的真实写照，奠定了宁波在中国对外交往史上的重要地位。

宁波素有"中东欧合作首选之地"美誉。近年来，浙江省和宁波市通过主动融入国家战略，摸索出了一套独特的城市对外交往模式，积累了丰富经验，也得到了包括中东欧国家在内的世界各国的积极评价，古老的宁波在新时代焕发出了新的时代风采，宁波的对外开放开创了崭新的局面。

2012 年，"中国—中东欧国家合作"倡议正式启动，中国与中东欧国家关系步入了全新的发展阶段，迎来了充满希望的春天，合作与交往也走进了新时代。经过 9 年的发展，中国与中东欧国家地方合作不断深入，呈现"地方合作行业（领域）化"与"行业（领域）合作地方化"并行的特点，形成地方领导人会议、"首都市长论坛"、友好城市合作、中欧班列等多个平台。宁波市成为推进"中国—中东欧国家合作"的排头兵，相继出台《关于加强与中东欧国家全面合作的若干意见》（2015 年 5 月）、《宁波市中东欧经贸合作补助资金管理办法》（2016 年 2 月）和《"中国—中东欧国家"经贸合作示范区建设实施方案》（2018 年 4 月），将宁波发展成为中东欧商品进入中国市场、中国与中东欧国家双向投资合作、中国与中东欧国家人文交流的三个首选之地；重点推进中国—中东欧国家投资贸易博览会、中国—中东欧国家贸易便利化国检试验区以及索非亚中国文化中心三个平台的建设，首个以投资贸易为主题的"中国—中东欧国家投资贸易博览会"永久落户宁波，并在 2019 年升格为国家级展会，与"中国国际日用消费品博览会"合并更名为"中国—中东欧国家博览会暨国际消费品博览会"。这是我国面向中东欧的唯一国家级机制性展会。2017 年 6 月，全国首个以贸易便利化为主题的中国—中东欧国家贸易便利化国检试验区在宁波正式授牌。同年11月，全国首个地方政府部门专门成立的宁波中东欧博览与合作事务局正式挂牌。2018年6月，首个"中国—中东欧国家"经贸合作示范区在宁波启动建设。此外，宁波市还搭建了中东欧商品常年展销中心、中东欧贸易物流园、中东欧工业园、中东欧博览会会务馆及中东欧国家合作研究院五大平台。

2020年，虽然受到新冠肺炎疫情的严重冲击，但中国与中东欧国家贸易依然呈现逆势增长的强劲势头，贸易额首次突破千亿元，比2019年增长8.4%。2021年1月至4月，双边贸易额为407.1亿美元，比2020年同期增长47.9%。其中，宁波作出了很大贡献。在中国—中东欧国家地方合作中，宁波通过承接中国—中东欧国家博览会、建设中国—中东欧国家经贸合作示范区，积极践行习近平总书记讲话精神，取得了丰富成果，也为自身的国际化发展打下了坚实基础。截至2020年年底，宁波与中东欧双向投资项目已有160个，投资额占全国与中东欧双向投资额的二十分之一。中国—中东欧国家博览会、中国—中东欧经贸合作示范区，成为宁波手握的两张国家级王牌。2020年，宁波从中东欧国家进口37.6亿元，是2014年的2.3倍。2021年一季度，宁波与中东欧国家进出口贸易额88.5亿元，同比增长57.7%，较全国增速高16.7个百分点。其中，进口21.2亿元，增长269.1%。宁波已连续两年在地方参与中国—中东欧合作中综合排名位居全国第一。2021年前5个月，中国与"一带一路"沿线国家进出口合计4.36万亿元，同比增长27.4%，占中国外贸进出口总值的比重接近29.6%。宁波前5个月对"一带一路"沿线国家进出口增长30%左右，占到了同期宁波市进出口总值近三成，其中对中东欧国家的进出口增长接近50%。

二　地方合作是我国对外交往的重要支撑

2012年，中国—中东欧国家合作机制确立后，中国与中东欧国家关系步入了全新的发展阶段。相关的地方合作不断深入并形成一系列创新性举措和平台，在经贸、投资、旅游、教育、能源、卫生、医药、智库、金融、文化和物流等20多个领域全面开花。截至2021年5月，中国与中东欧国家共结212对友好城市，其中一半以上是2012年以来结成的。浙江、四川、重庆、河北和中东欧的波兰、匈牙利、捷克、塞尔维亚等表现较为活跃，宁波在其中的表现尤其抢眼，成为推动地方合作的"明星城市"。

总结起来，中国—中东欧国家地方合作包括下列几种形式：一是一城对一区合作，比如宁波和中东欧国家的合作。目前，宁波、沈阳、成都等都设计了中国—中东欧国家合作示范区建设行动方案，通过示范区建设带动同中东欧整个区域的合作，寻找合作的存量和增量；二是一省市对一国合作，即点对点合作，比如四川对波兰、浙江对捷克、河北对塞尔维亚、湖南对匈牙利等，都是典型的点对点合作模式；三是友好城市合作，就是用城市之间的精准对接来推动务实合作走向深入；四是区域对区域合作，以区域一体化为契机，推动国内外经济圈开展合作，比如中国的京津冀、长三角、大湾区与国外某些区域的合作，也是通常所说的城市群之间的合作，它将极大扩展地方合作的内涵。这是一种新的合作模式，目前在积极探索中。

当前，中国—中东欧国家地方合作进入了新的发展阶段。随着中国对外合作的深度和广度前所未有的提升，地方参与的形式、主体、内容都得到前所未有的扩展，地方合作已经嵌入越来越多的地区和国家发展战略，成为我国开展对外交往的重要支撑。因此，需要智库学者从多种角度深入探讨，从新的历史方位分析总结，以适应不断变化的国际形势。

首先，要从更广泛的角度来看待地方合作。地方合作应该有狭义和广义之分。狭义的地方合作就是中国的地方政府同其他国家和地区开展的合作；广义的地方合作是指合作参与者超越了国家和地方行为体的范围，比如企业、各类社会组织和实体等。广义的地方合作能够将更多的市场、社会行为主体包容进来，充分发挥各类主体的主动性，推动合作全面深入地发展。因此，应推广一种"大地方合作"理念，以不断丰富对中国—中东欧国家地方合作的内涵。

其次，要重视地方合作的创新性实践。地方往往是创新合作的主要动力之源，在中国的改革开放进程中发挥了重要作用，成为创新性实践的先行者。随着全球化的发展，参与的主体越来越多，越来越功能化，地方合作必须具有包容性和创新性。从中国的内外发展战略看，中国加快构建以国内大循环为主体、国内国际双循环相互促进的新发展格局，也对地方合作创新提出了新的要求，地方要乘势而为，主动创新，勇于实践，不断创造出新的经验。

最后，要灵活务实地利用好各种形式的地方合作。地方合作形式不是一成不变的，也没有放之四海而皆准的单一合作方式。合作形式和内容要因地制宜、因时因势而动，既要有所选择，也要充分利用各种不同形式地方合作的潜在作用，积极探索新的合作形式，发掘新的合作潜力。

三　更加有效发挥智库在地方合作中的咨政功能

在过去这些年里，高校和研究机构在推动地方合作上一直发挥着重要作用，成为地方间人文交流的重要支撑。据不完全统计，目前全国 30 多家地方高校和研究机构已建立 40 多家涉中东欧的区域和国别研究智库。在全国范围内，已经出版了多项智库报告，举办了多种形式研讨会，来探讨地方如何推动中国—中东欧国家地方合作，取得丰硕成果。

中国社会科学院作为党中央国务院重要的思想库、智囊团，作为国家级高端智库集群和"航空母舰"，在推动包括中国和中东欧国家合作等国际问题研究上一直发挥着重要作用。其中，中国社会科学院的两个院级智库——中国—中东欧国家智库交流与合作网络、中国—中东欧研究院，都享有很高的国际声誉，并在推动和扩大国际交往朋友圈、夯实人文交流方面发挥了重要作用。

中国社会科学院愿意和全国各智库学者一道对地方合作的内涵、主体、方法、途径等进行创新性研究并提出务实管用的政策建议。比如，如何充分发挥现行的地方领导人会议机制，做好顶层设计利用中国—中东欧国家合作秘书处的功能设置议题，引导塑造共商共建共享的合作格局；如何推动地方合作同中东欧国家区域发展战略及"一带一路"建设对接，将各自合作需求转化为看得见、摸得着的合作项目，把各自国家层面的发展战略转化为务实合作的具体成果，实现优势互补、共同发展；如何积极推动地方友好交往，加强地方治理经验交流，努力打造中国—中东欧国家地方合作的新亮点；如何积极参与中国同欧盟合作框架内的地方合作机制，拓宽地方合作渠道；如何从全局集中调度、合理配置各地资源，强调外事、外宣、外经、外资、外贸"五外"联动，为开展全方位的地方合作创造条件等。这些问题都很重要，但并不局限于这些课题，要集思广益，找准研究的切入点，把智力服务工作不断推向新水平新台阶新境界，更好地服务于中国—中东欧合作，更好共同打造迈向阳光大道的"一带一路"。

长期以来，中国社会科学院与浙江省建立了良好的合作基础。2005 年，浙江省和中国社会科学院共同开展"浙江经验与中国发展"课题研究，取得重大成果。2014 年，双方携手开展"中国梦与浙江实践"重大课题研究，出版了七卷本《中国梦与浙江实践》系列丛书，在社会上产生了广泛影响。双方还建立了紧密的科研合作关系，中国—中东欧国家智库交流与合作网络就与宁波市政府相关单位和高校保持着密切合作关系。

当前，国际形势正发生深刻变化，中国对外交往也面临新的使命和任务，地方在贯彻国家对外战略方面将大有可为。2002 年 12 月，习近平同志首次到宁波时就明确指出："如果说港口是宁波最大的资源，那么，开放应当是宁波最大的优势，只有把最大资源和最大优势这两个作用都发挥到极致，才能实现效益的最大化。"在党中央的坚强领导下，在浙江省委、省政府的带领下，宁波人民一定能为中国—中东欧国家示范区建设探索出一套可复制、可推广的经验，推动中国—中东欧国家合作迈上新水平和新台阶。中国社会科学院愿意提供支持，找准合作领域，为浙江和宁波高水平开展国际合作贡献智慧和力量。

（本文为王灵桂在"中国—中东欧国家地方合作高质量发展高端智库论坛"上的发言摘要，载《宁波日报》2021 年 6 月 10 日第 7 版）

中国和俄罗斯：共同发展和现代化

智囊智库工作是国家决策和公共关系的重要组成部分。智囊工作在中国有着 2000 多年的漫长发展历史，在俄罗斯也有着悠久的历史，并在各自国家的发展历史上均发挥了重要作用，涌现出了一批耳熟能详的著名思想家、战略家和知名谋士，在浩瀚的历史长卷中留下了不可磨灭的时代光彩。

党的十八大以来，为推动党和国家科学民主决策、推进国家治理能力和治理体系现代化，以习近平同志为核心的党中央立足中国事业全局，作出了建设中国特色新型智库的重要战略部署。中国社会科学院作为拥有三家国家级高端智库和 24 家院级专业化智库的"中国特色新型智库航母"，在决策研究、舆论引导、对外交流等方面取得了明显成效和进展，为服务党和国家工作大局发挥了重要作用，决策影响力、社会影响力、国际影响力不断提升。

当前，在百年未有之大变局下，中国和俄罗斯均面临共同发展和实现民族复兴的艰巨任务，特别需要两国智库共同合作，努力为完成两国的发展目标作出应有的贡献。值得强调的是，当前，中俄两国在实现自己发展目标的过程中，不但面临逆全球化、民粹主义、排外主义等逆时代潮流的干扰，更面临某些国家试图拉帮结派、搞"小圈子"，花样百出、无所不用其极地离间、遏压中俄的现实挑战。在这个背景下，中俄智库面临的新任务、新课题越来越多，也越来越需要两国智库以强大的智力资源、坚实的智力支撑勇担使命，展现更大作为，努力坚守社会责任，致力知识报国，坚决维护国家利益和人民利益。

中国社会科学院俄罗斯东欧中亚所是中国最大的以俄罗斯和东欧中亚为研究对象的综合性学术研究机构，以基础研究和应用研究融合发展为长，专业基础研究已形成自己的优势。与该所"一套人马、两块牌子"的中俄战略协作高端合作智库，以应用研究和基础研究相互促进为长，侧重于应用研究和对外交流合作平台建设。长期以来，他们与俄罗斯智库密切合作，相向而行，共同为中俄两国友谊作出了独特而重要的贡献。在此，我谨向伊万诺夫主席、涅基别洛夫院士、穆什肯特副秘书长等俄方朋友，以及俄方合作智库表示衷心感谢！

7月1日，中国共产党将迎来百年华诞。100年来，中国共产党团结带领中国各族人民创造出改天换地、翻天覆地的伟大奇迹，正在为建设社会主义现代化强国而不懈奋斗。在中国共产党百年华诞即将到来之际，中俄双方共同举办"中国和俄罗斯：共同发展和现代化"研讨会暨"俄欧亚研究"系列报告发布会，以务虚与务实相促进、展望未来与立足当下相融合、思想火花碰撞与具体成果展示相结合等创新形式，推动两国智库合作不断迈入新境界，既体现了两国智库界共同致力于巩固和推动中俄关系再入佳境的新努力新作为，也体现了俄方智库的良好意愿和对中俄未来关系发展的坚定信心，具有特殊重要的意义。

《中国日报》是中国最权威的融媒体之一，是中国对外传播工作的主渠道之一。长期以来，在周树春社长的睿智指导下，《中国日报》与中国社会科学院的全方位合作不断取得新成绩，形成了互动融合、合作共赢、服务国家的良好工作格局。这次发布会即将发布的六篇智库报告，作者分别是中国社会科学院院长谢伏瞻教授，俄罗斯东欧中亚研究所所长孙壮志、副所长庞大鹏和薛福岐，以及徐坡岭和柳丰华等资深研究员。谢伏瞻教授的研究报告，站在历史和时代的高度，对《中俄睦邻友好合作条约》（以下简称《条约》）签署20年以来中俄双边关系进行了全面回顾和总结，对《条约》的基本原则和精神，以及《条约》对中俄关系持续健康发展具有的指导意义进行了深入分析阐释，对中俄在新时代如何深化各领域合作提出政策建议。其余五篇研究报告也从不同角度对俄罗斯内政外交和中俄关系发展进行综合分析和评价，为中俄新时代全面战略协作育先机、开新局积极建言献策。这六篇智库报告既有理论深度，也有战略高度，更有很高的决策参考价值。同时，这批智库报告也将同步推出英文版。我相信，谢伏瞻教授等撰写的这六篇报告，一定会对中俄两国和关心中俄关系的人士提供有益参考，我也希望今后两国智库不断推出类似这样的高质量智库报告。借此机会，我就智库建设和智库国际合作谈些看法，供各位嘉宾批评指正。

我感到，融通学术资源，不断开拓创新学术思想、学术观点、学术话语是智库建设的当务之急。今日之中国，日益走近世界舞台中央，中国特色国际关系理论发展迎来难得的历史机遇。党的十八大以来，以习近平同志为核心的党中央在对外对俄工作上推进一系列重大理论和实践创新，形成了习近平外交思想、开创性推进中国特色大国外交，取得了前所未有的重大成就。构建人类命运共同体理念产生广泛深远影响，共建"一带一路"、成立亚洲基础设施投资银行等谱写国际合作新篇章。我们要就此作好学理化阐释、学术性升华，努力将其转化为理论和学术成果；在世界百年未有之大变局中，中国的发展举世瞩目、牵动全局，研究国际关系理论和国际现象、中俄关系，不能简单孤立分析，要学会在与世界的互动关系中看问题，深刻认识中国离不开世界、世界也离不开中国，深入分析世界格局演变中我国的地位和作用；当今世界，国际环境日趋复杂，不稳定性不确定性明显增强，影响国际关系行为体相互作用、推动各种国际体系运行和演变的因素越来越多元化、复杂化，经济、政治、文化、制度等方面的因素往往相互交织、相互叠加，我们要学会打破不同领域、不同学科的界限，综合运用多学科的概念、话语、方法，努力实现对复杂国际现象和国际问题的透彻分析和深刻把握。因此，我们要立足中国、面向世界，学会和善于向包括俄方在内的国际朋友讲好中国实践和理论故事。为此：

一要充分发挥研究所院级中心和智库整合学术资源的优势，开展深入持久的战略研究和综合研判。应以项目制为牵引，整合国内相关研究资源、增强协同创新能力；应加强选题规划和设计，围绕俄欧亚区域国别研究中涉及的重大问题，开展战略性、前瞻性和综合性研究；应积极探讨俄欧亚领域政策研究与学科建设相互结合的有效路径，使学科建设和政策咨询互为支撑、齐头并进、相得益彰。

二要搭建与俄欧亚国家智库交流的高端平台。应致力于推出对外交流的标志性和旗舰型项目，努力打造高层次、多领域的二轨交流机制。此次俄罗斯东欧中亚研究所和俄罗斯科学院经济所共同举办研讨会，搭建中俄高端智库交流合作的崭新平台，就是一次很好的探索和尝试，希望以此为契机，注意总结经验、加强沟通研判、增进理解共识、奠定良好基础。

三要积极传播中国立场，发出中国声音。5月31日，习近平总书记就加强国际传播能力建设发表重要讲话。中国社会科学院和中国日报社共同发布中英文版研究报告，就是落实习近平总书记重要讲话精神的举措之一。中国和俄罗斯及欧亚国家对很多国际问题看法一致，在遵循《联合国宪章》的宗旨和原则、国际法和国际关系基本准则，以及推动建设开放、包容、均衡的全球化、完善全球治理、倡导多边主义方面拥有相同或相似立场。我们应在上述研究领域与俄欧亚国家智库不断深化合作，共同以高质量研究成果引导国际舆论，为推动建立更加公正民主的国际秩序作出智库贡献。

各位同事！各位朋友！

中国社会科学院十分愿意与包括俄欧亚国家智库在内的世界各国

同行密切合作，不断发挥我院智力资源富集、专家学者云集、对外交流渠道密集的优势，共同阐释好人类命运共同体理念之于世界未来的重要意义，共同推动高质量共建"一带一路"阳光大道与欧亚经济联盟及俄欧亚国家发展战略的有效对接，让共商共建共享成果更多更好更广泛地惠及世界各国人民，这是中俄两国智库的共同使命和责任。我相信，只要我们密切合作、深入交流，一定会涌现出更多的高质量研究成果，一定会大大推动双边关系的不断深入，一定会为人类命运共同体建设作出我们共同的贡献。

深化友谊 共促发展 推动中国
与中东合作迈上更高水平

在人类漫长发展历史上，中东以其深厚的文明和重要的地缘位置，一直对世界进程产生着重要影响。这里诞生过尼罗河文明、两河文明，是犹太教、基督教、伊斯兰教等发源地。1900 年，中国学者梁启超在其著名的《20 世纪太平洋歌》中就写到，"地球上文明古国有四：中国、印度、埃及、小亚细亚是也"。美国著名历史学家斯塔夫里·阿诺斯在其《全球通史》中提及，"中东、印度、中国和欧洲这四块地区肥沃的大河流域和平原，孕育了历史上最伟大的文明，使欧亚大陆成为起重大作用的世界历史中心地区"。

历史上，中东因其独特的地缘战略重要地位，成为全球性大国的试金石，古希腊、罗马帝国、奥斯曼帝国、英国、法国、苏联、美国等，都曾在中东地区纵横捭阖。第二次世界大战前，英、法、俄为争夺在中东的主导权，上演了一幕幕激烈博弈的话剧。二战后，美、苏两强中东争霸，打了多场代理人战争。冷战后，美国以不同的借口，纠集盟友在中东地区打了第一次、第二次海湾战争。进入 21 世纪第二个 10 年以来，鉴于历史上的教训和大国政策调整，美国搞战略收缩，俄罗斯实力受限，欧洲无暇顾此，中东似乎淡出了大国战略视野。2020 年 1 月 20 日，美国负责中东事务的前助理国务卿马丁·英迪克在《华尔街日报》发文，认为"中东不复重要"。

从大国战略竞技场，到今天意兴阑珊的边缘之地，西方大国的战略重点似乎已不再聚焦中东地区。然而，他们在中东地区争霸的后果却依然存在，古文明的辉煌在霸权主义的摧残之下，其内生发展动力渐趋衰减。2019 年，中东人口占全球的 7.1%，但其国内生产总值总量仅 2.81 万亿美元，只占全球总量的 3.3%；经济增速为 1.3%，远远低于全球 3.7% 的平均增速；贸易只占全球总量的 4.7%；在美国全部对外直接投资存量中，在中东的份额仅占 1.5%，贸易额仅占 3.7%。另外一组数字则触目惊心。2020 年，联合国难民署公布的统计数据显示，全球有 2590 万名难民，是近 70 年来的最高纪录，导致难民数量激增的主要原因是政治冲突、战争威胁，而难民主要来源地是饱受战争蹂躏的阿富汗、叙利亚、利比亚、索马里等国家，其难民数量占全球难民总数的 67%，其中来自叙利亚的难民就多达 670 万，占全球难民总数的比例高达 25.9%。

可见，求稳定求和平、求发展求繁荣，已成为中东人民的心之所想、愿之所求。作为与古埃及文明、两河文明并列的中华文明，与中东人民心气相连、愿求一致。中华民族是世界上伟大的民族，有着 5000 多年源远流长的文明历史，为人类文明进步作出了不可磨灭的贡献。鸦片战争后，中国逐步成为半殖民地半封建社会，国家蒙辱、人民蒙难、文明蒙尘，中华民族遭受了前所未有的劫难。从那时起，实现中华民族伟大复兴就成为中国人民和中华民族最伟大的梦想。也正是因为如此，中国人民更加理解中东人民的所求所愿，也十分愿意携手中东人民走向共同繁荣的光明大道。

当前，世界正经历百年未有之大变局，国际格局和国际体系正在发生深刻调整，国际力量对比更趋均衡，世界经济重心正在加快"由西向东"转移，广大发展中国家在全球政治生活中的话语权大大提高，世界文明多样性更加彰显。中国是全球最大的发展中国家，中东国家横跨亚非大陆，是全球能源供给的核心地带，中国与中东国家同为国际舞台上重要的政治力量。中国与中东国家友谊源远流长、历久弥新，通过古老的丝绸之路，中国与中东国家人民的祖先走在了古代世界各民族友好交往的前列，在争取民族独立和人民解放的斗争中并肩奋斗、患难与共，在各自国家建设事业中相互支持、互利合作。作为历史上丝路文明的重要参与者和缔造者之一，中东国家身处"一带一路"交汇地带，是中国共建"一带一路"的天然合作伙伴。2014 年，习近平主席出席中阿合作论坛第六届部长级会议，提议中阿共建"一带一路"，并提出"1＋2＋3"合作范式。① 2016 年 1 月，中国政府公布首份《中国对阿拉伯国家政策文件》，接着，习近平主席成功访问了沙特阿拉伯、埃及和伊朗，并在埃及开罗阿拉伯国家联盟总部发表了题为《同舟共济克时艰　命运与共创未来》的演讲，指出："我们要抓住未来 5 年的关键时期共建'一带一路'，确立和平、创新、引领、治理、交融的行动理念，做中东和平的建设者、中东发展的推动者、中东工业化的助推者、中东稳定的支持者、中东民心交融的合作伙伴。"②

　　2020 年以来，中国与中东国家的交往经受了全球新冠肺炎疫情的考验。在中国抗击新冠肺炎疫情最艰难的时刻，中东国家给予中方坚定支持，沙特阿拉伯、土耳其等中东国家向中国提供医疗防护物资，支持中国抗击疫情，阿联酋、埃及地标性建筑点亮中国红，声援中国抗疫。新冠肺炎疫情在中东国家暴发后，中国迅速采取行动，向中东国家提供亟须的抗疫物资援助，并向阿尔及利亚、伊拉克、伊朗、沙特阿拉伯等中东国家派出医疗专家组，帮助中东国家建设医院、新冠病毒检测实验室、CT 检测室。与此同时，随着新冠肺炎疫苗研发的成功，中国与阿联酋、土耳其、埃及、摩洛哥等多国在疫苗合作方面也取得巨大进展。

　　面对突如其来的新冠肺炎疫情，中国和中东国家守望相助，双方在联防联控、信息共享、疫苗研发、医药卫生等领域开展了高效合

---

① 《习近平出席中阿合作论坛第六届部长级会议开幕式并发表重要讲话》，《人民日报》2014 年 6 月 6 日。
② 习近平：《习近平谈治国理政》第 2 卷，外文出版社 2017 年版，第 461 页。

作，用言行诠释了中国与中东国家命运共同体的真意，树立了合作抗疫的全球典范。2020 年 6 月，在中国—阿拉伯国家政党对话会特别会议上，中国共产党和阿拉伯国家 68 个政党、政治组织代表明确表示，团结合作是战胜疫情最有力的武器，反对将疫情政治化、病毒标签化，呼吁各国加强抗疫合作和政策协调。2020 年 7 月，中国—阿拉伯国家合作论坛第九届部长级会议在会后发表联合声明，肯定抗疫合作，重申加强团结、促进合作、相互支持，携手抗击疫情，应对共同威胁和挑战。

2021 年是伟大的中国共产党 100 周年华诞。习近平总书记在庆祝中国共产党成立 100 周年大会上庄严宣告："经过全党全国各族人民持续奋斗，我们实现了第一个百年奋斗目标，在中华大地上全面建成了小康社会，历史性地解决了绝对贫困问题，正在意气风发向着全面建成社会主义现代化强国的第二个百年奋斗目标迈进。""一百年来，中国共产党团结带领中国人民，以'为有牺牲多壮志，敢教日月换新天'的大无畏气概，书写了中华民族几千年历史上最恢宏的史诗。这一百年来开辟的伟大道路、创造的伟大事业、取得的伟大成就，必将载入中华民族发展史册、人类文明发展史册。"[①]

中国共产党和中国人民以百年英勇奋斗向世界庄严宣告，中华民族迎来了从站起来、富起来到强起来的伟大飞跃，实现中华民族伟大复兴进入了不可逆转的历史进程。这个伟大成就和伟大进程，也必然对既想保持自身独立、又希望走上现代化道路的广大发展中国家产生强烈的启迪和示范效应。

中华民族是爱好和平的民族。消除战争，实现和平，是近代以后中国人民最迫切、最深厚的愿望。走和平发展道路，是中华民族优秀文化传统的传承和发展。中国人民对战争带来的苦难有着刻骨铭心的记忆，对和平有着孜孜不倦的追求，十分珍惜和平安定的生活。中国

---

① 《庆祝中国共产党成立 100 周年大会在天安门广场隆重举行》，《人民日报》2021 年 7 月 2 日。

人民怕的就是动荡，求的就是稳定，盼的就是天下太平。中国共产党自成立以来，就把自己的命运和那些求独立、求解放、求发展的广大发展中国家的命运紧密结合起来。特别是新中国成立以来，中国经过艰辛探索和不断实践，形成了和平发展道路，提出和坚持了和平共处五项基本原则，确立和奉行了独立自主的和平外交政策，向世界作出了永远不称霸、永远不搞扩张的庄严承诺，强调中国始终是维护世界和平的坚定力量。

2013 年 1 月，习近平主席在主持第十八届中央政治局第三次集体学习时强调指出，实现两个一百年奋斗目标和中华民族伟大复兴中国梦，必须有和平的国际环境。没有和平，中国和世界都不可能顺利发展；没有发展，中国和世界也不可能有持久和平。世界繁荣稳定是中国的机遇，中国发展也是世界的机遇。和平发展道路能不能走得通，很大程度上要看我们能不能把世界的机遇转变为中国的机遇，把中国的机遇转变为世界的机遇，在中国与世界各国良性互动、互利共赢中开拓前进。中国发展绝不以牺牲别国利益为代价，绝不做损人利己、以邻为壑的事情，将坚定不移做和平发展的实践者、共同发展的推动者、多边贸易体制的维护者、全球经济治理的参与者。[①] 2014 年 3 月，习近平主席在德国科尔伯基金会的演讲中再次强调指出："中国走和平发展道路，不是权宜之计，更不是外交辞令，而是从历史、现实、未来的客观判断中得出的结论，是思想自信和实践自觉的有机统一。和平发展道路对中国有利，对世界有利，我们想不出有任何理由不坚持这条被实践证明是走得通的道路。"[②]

当今世界，和平、发展、合作、共赢成为时代潮流，旧的殖民体系已经土崩瓦解，冷战时期的集团对抗不复存在，任何国家或国家集团都再也无法单独主宰世界事务；一大批新兴市场国家和发展中国家

---

①　《习近平在中共中央政治局第三次集体学习时强调　更好统筹国内国际两个大局　夯实走和平发展道路的基础》，《人民日报》2013 年 1 月 30 日。

②　习近平：《习近平谈治国理政》第 1 卷，外文出版社 2018 年版，第 267 页。

走上了发展的快车道，多个发展中心在世界各地逐渐形成，国际力量对比继续朝着有利于世界和平发展的方向发展；各国相互联系、相互依存的程度空前加深，越来越成为你中有我、我中有你的命运共同体，新冠肺炎疫情进一步证明建立人类命运和卫生健康共同体的倡议，是有着时代先见之明的伟大号召。但是，这个世界依然面临诸多挑战和难题，形形色色的保护主义明显升温，地区热点此起彼伏，霸权主义、强权政治和新干涉主义有所上升，网络安全、恐怖主义等威胁相互交织，维护和平和发展的任务依然十分艰巨。习近平主席指出，面对国际形势的深刻变化和世界各国同舟共济的客观要求，任何国家和集团的思维，都无法也不能停留在殖民扩张的旧时代里，停留在冷战思维、零和博弈的老框框内，而是应该共同推动建立以合作共赢为核心的新型国际关系，让各国和各国人民共同享受尊严、共同享受发展成果、共同享受安全保障，世界的命运必须由各国人民共同掌握。正是基于以上坚定认识和深刻洞察，习近平主席首倡了以政策沟通、设施联通、贸易畅通、资金融通、民心相通为核心内容，以讲信修睦、合作共赢、守望相助、心心相印、开放包容为基本理念的"一带一路"倡议。

当前，中东地区正在经历前所未有的大变动大调整，中东人民正在自主探索变革。实现民族振兴的共同使命和挑战，需要我们弘扬丝路精神，为发展增动力，为合作添活力。世界银行报告指出，到2030年，共建"一带一路"有望帮助全球 760 万人摆脱极端贫困、3200 万人摆脱中度贫困。2021 年 4 月 20 日，习近平主席在博鳌亚洲论坛 2021 年年会开幕式上，作了题为《同舟共济克时艰　命运与共创未来》的视频主旨演讲。他强调，"一带一路"是大家携手前进的阳光大道，不是某一方的私家小路。所有感兴趣的国家都可以加入进来，共同参与、共同合作、共同受益。共建"一带一路"追求的是发展，崇尚的是共赢，传递的是希望。面向未来，我们将同各方继续高质量共建"一带一路"，践行共商共建共享原则，弘扬开放、绿色、廉洁理念，努力实现高标准、惠民生、可持续目标。① 将建设更紧密的卫生合作伙伴关系（已在阿联酋、土耳其开展疫苗联合生产）、建设基础设施"硬联通"以及规则标准"软联通"相结合的更紧密的互联互通伙伴关系、建设更紧密的绿色发展伙伴关系、建设更紧密的开放包容伙伴关系。

无论是实现现代化，还是合作抗疫，友谊与创新将是我们合作永远的主题。因此，站在时代发展的关键期，如何深入推动中阿命运共同体建设，推进中国和中东合作迈向更高水平，科研机构和智库需要在以下几个方面发挥作用。

一是致力于科技创新和合作。历史经验表明，科技创新是改变生活方式和世界发展格局的重要力量。面对国际格局和国际体系正在发生的深刻调整，中国始终高度重视科技创新工作，坚持把创新作为引领发展的第一动力。中东国家也确立"智慧化"为新的经济发展目标。2016 年，埃及宣布"2030 愿景"战略，提出建立一个形成创造性和创新性的社会。沙特阿拉伯也推出"2030 愿景"和"国家转型计划"，将数字化和人工智能列为其中重要内容。阿联酋在"2071 百年计划"中提出"打造以知识为基础的多元化经济结构"的发展目标。土耳其则是"围绕人力资本、研发支持和创新、数据和技术基础设施、经济融合等六个优先领域设计国家人工智能战略。"过去几年来，中国与中东国家在智慧城市、"5G"技术、人工智能、电子商务、大数据、区块链、远程医疗等领域打造了许多新的合作亮点，为双方经济社会发展培育更多新动能。展望未来，中国与中东国家在科技创新领域的合作也将会继续深化发展。

二是致力于文明交流和互鉴。习近平主席指出："文明因多样而交流，因交流而互鉴，因互鉴而发展"。② 尽管受到疫情的影响，但

---

① 《习近平在博鳌亚洲论坛 2021 年年会开幕式上发表主旨演讲》，《人民日报》2021 年 4 月 21 日。
② 习近平：《习近平谈治国理政》第 3 卷，外文出版社 2020 年版，第 468 页。

在过去一年多的时间里，中国在中央和地方层面，通过线上等形式，与中东国家开展了丰富多彩的文化交流活动，对于促进中国与中东国家增进互信发挥了很好的作用。借助学术交流与智库合作增进了解、建立共识，是落实"一带一路"民心相通的重要内容。中国社会科学院是中国哲学社会科学的领军机构，也是党中央和国务院重要的思想库和智囊团。中国社会科学院愿意同中东国家的智库机构、研究机构、高校加强学术交流与合作，为推动中国与中东国家的人文交流贡献力量。

三是致力于安全稳定与发展并举。习近平主席在不同场合多次指出，国泰民安是人民群众最基本、最普遍的愿望。而域外大国的频繁干涉，特别是美国单边霸凌式的中东政策成为撬动地区不稳定的核心变量，给中东地区和平与发展带来了安全隐患。竞争与对抗、冲突与矛盾，也成为阻碍中东国家经济发展、人民福祉提升的重要阻碍。2021年3月24—30日，中国国务委员兼外长王毅应邀对沙特阿拉伯、土耳其、伊朗、阿联酋、巴林进行正式访问。他在访问阿曼期间，提出了实现中东安全稳定的五点倡议，包括倡导相互尊重、坚持公平正义、实现核不扩散、共建集体安全、加快发展合作五方面内容。中国与中东国家也计划在2021年年内召开中东安全论坛。安全是发展和合作的必要基础，在"平等相待，相互尊重"的基础上，中国与中东国家共建集体安全，中国在推动中东地区安全上发挥更大的作用，也是国际格局和国际体系深刻调整提出的现实要求。

四是致力于学术交流机制化。2020年7月11日，由中国社会科学院国家高端智库、中国非洲研究院与阿联酋沙迦大学共同主办的"新冠疫情下中国与中东合作：传统友谊与共创未来"线上论坛，是一次学术盛会，得到了包括政府和学界各方的高度评价。2021年8月17日，"第二届中国与中东合作论坛：深化友谊与创新发展"学术研讨会的召开，标志着我们之间的交流进入了新的阶段，也必将产生新的成果。这次论坛的召开，再次证明中国与中东国家合作的必要性与迫切性。各方希望"中国与中东国家合作论坛"能够定期举行，实现机制化，为中国与中东国家合作提供智力支撑。在此，希望与会各方积极就此建言献策，努力搭建中国和中东合作的高端智库交流平台，让有志于发展中国与中东国家友好关系的朋友们并肩前行，以更多更好的研究成果助推中国与中东国家关系不断发展、不断造福双方人民。

（载《西亚非洲》2021 年第 5 期）

加强文明交流互鉴，推动中伊全面合作

——在第六届中伊文化对话会上的致辞

今天，中国社会科学院与伊朗伊斯兰文化联络组织以线上线下结合的方式，共同举办第六届中伊文化对话会，探讨"中国伊朗两大文明中的多样性和包容性"这个意义重大的主题。我谨代表中国社会科学院，向会议的召开表示热烈祝贺！向承办此次会议的世界历史研究所表示衷心感谢！向各位专家学者和嘉宾致以诚挚的问候！

中伊两大文明是亚洲文明的重要组成部分。2019 年 5 月 15 日，向世界全方位展示亚洲文明的风采和力量的亚洲文明对话大会在北京开幕，来自亚洲全部 47 个国家和世界其他国家、国际组织的 1352 位会议代表共同出席大会。大会聚焦"亚洲文明交流互鉴与命运共同体"主题，从多角度共同探讨了亚洲文明的起源、历史性贡献以及对世界未来发展的影响，主张加强平等对话、交流互鉴，推进共同发展。习近平主席在主旨演讲中指出："亚洲是人类最早的定居地之一，也是人类文明的重要发祥地。"[①] 中国与亚洲其他文明的交流互鉴，不仅推动了中华文明的发展，也推动了世界文明的发展。今天，亚洲是世界最具发展活力和潜力的地区之一，亚洲文明在世界格局中的地位不断上升，以学习互鉴、交流融合为特征的亚洲文明发展主旋律，正在引起全世界的共鸣。2021 年 4 月，习近平主席在博鳌亚洲

---

① 习近平：《深化文明交流互鉴　共建亚洲命运共同体》，《人民日报》2019 年 5 月 16 日。

论坛 2021 年年会开幕式主旨演讲中指出，中方将在疫情得到控制后即举办第二届亚洲文明对话大会。^① 这也预示着中国政府在亚洲文明交流互鉴中将继续发挥重要的推动作用。

历史上，亚洲是人类文明的发源地。在长期的历史发展进程中，亚洲文明以其发源早、冲突少、贡献大，长期占据着世界历史舞台的中心地位。亚洲文明在世界经济、科技和文化等领域长期处于领先地位，是世界历史舞台的中心。农业最早发生在亚洲，为亚洲文明领先于世界其他地方奠定了物质基础。亚洲的"农业革命"引起一系列的变革，人们栽培野生植物、驯化野生动物，逐渐开始定居，定居点的规模不断扩大形成城市。在长期的历史进程中，亚洲文明一直以多中心和多元化为特征，这一特征不仅没有引发"文明冲突"，相反，却为人类推进文明交流与互鉴创下了典范，同时在"学习互鉴""相互交流"过程中，亚洲文明也得以保留使自身不断进步的传统和动力源。

中国人通过文明间的交流，很早就提出了"和而不同"的文明开放主义。"和而不同"语出《论语·子路》，是指尽管有不同的看法，但是仍能和睦相处。中华文明经历了 5000 多年的历史变迁，但始终一脉相承。"和而不同""有容乃大"是中华民族生生不息、发展壮大、学习借鉴各文明优秀成果的重要原则。因此，中华文明是在中国大地上产生的文明，也是同其他文明不断交流互鉴而形成的文明。正因此，中国与亚洲其他文明之间的交流不仅推动了中华文明的发展，也推动了世界文明的发展。习近平主席在亚洲文明对话大会上发表的演讲中指出，在数千年发展历程中，亚洲人民创造了辉煌的文明成果；各种文明在这片土地上交相辉映，谱写了亚洲文明发展的史诗。^②

---

① 《习近平在博鳌亚洲论坛 2021 年年会开幕式上发表主旨演讲》，《人民日报》2021 年 4 月 21 日。
② 习近平：《深化文明交流互鉴　共建亚洲命运共同体》，《人民日报》2019 年 5 月 16 日。

除了推进自身文明的进步，亚洲文明为世界其他文明的进步也提供了帮助。仅举一例，对欧洲文明的影响就是如此。阿拉伯数字发源于印度，经阿拉伯商人影响世界，成为世界通用的数学语言。中国的造纸术、火药、印刷术、指南针四大发明带动了世界变革，推动了欧洲文艺复兴。中国哲学、文学、医药、丝绸、瓷器、茶叶等传入西方，渗入西方民众日常生活之中。《马可·波罗游记》令无数人对中国心向往之。亚洲文明在自然经济的基础上形成了中华贸易圈、印度洋贸易圈、东南亚季风贸易圈等区域性贸易网络，打通了丝绸之路、香料之路、茶叶之路和阿拉伯半岛贸易路线等关键物资渠道，这些都为欧洲大航海时代商贸的发展奠定了基础。

近代以来，西方文明利用"战争资本主义"，打造出新的资本主义世界体系。在此过程中，大部分亚洲文明中心遭受了殖民和半殖民的掠夺，亚洲人民备受煎熬。因此，自那时起，实现民族复兴成为近现代以来亚洲人民的梦想和追求。

2021 年是中伊建交 50 周年。1971 年 8 月 16 日，中国和伊朗正式建立外交关系。半个世纪以来，双方政治互信日益巩固，各领域互利合作稳步推进。2021 年 8 月 16 日，习近平主席同莱希总统互致贺电，庆祝两国建交 50 周年，共同表达深化友谊、加强合作、持续推进中伊全面战略伙伴关系的愿望。[①] 值此重要历史节点，我们举办这次以文明对话和交流为主题的会议，共话中伊合作，见证两国友好，意义十分重大。下面，我结合主题与大家分享几点看法。

一　从历史交往中汲取中伊友好的丰富养分

"相知无远近，万里尚为邻。"中伊同为文明古国，两国友谊犹如参天古树，从数千年的友好交往中汲取养分，为中伊全面战略伙伴关系日益发展扎下深厚根基。中国和伊朗都拥有近五千年的文明发展

---

① 《习近平同伊朗总统互致贺电》，《人民日报海外版》2021 年 8 月 17 日。

史，都对世界文明发展作出过重要贡献。早在公元前 2 世纪，中国与伊朗就已经建立了联系。中国历代史书中都记载了与伊朗不间断交往的历史。公元 9 世纪伊朗商人苏莱曼的游记、伊利汗国拉施特所著的《史集》、中国唐代杜环所著的《经行记》、元代汪大渊所著的《岛夷志略》、明代马欢所著的《瀛涯胜览》，也都分别对中国和伊朗的地理风貌、风土人情做了丰富而生动的描述。

古代丝绸之路将中国和伊朗紧紧联系在一起。来自伊朗的使者、商人络绎不绝，在中国的北京、西安、广州、泉州、镇江、敦煌等地留下了足迹。中国官员和商人也曾驻留霍尔木兹、赫拉特等古代伊朗所辖城市和驿站。通过陆上和海上丝绸之路，中国和伊朗在诸多方面互通有无、深入交流，产生了深远的相互影响。中国的茶叶、桃、杏、肉桂、茯苓等传入伊朗，伊朗的苜蓿、葡萄、扁桃、阿月浑子等传入中国，丰富了两国人民的日常餐饮。伊朗的建筑技艺和建筑材料传入中国，我们今天在北京故宫看到的琉璃瓦，其制造工艺就来自伊朗。中国中医的脉学传入伊朗，被伊本·西纳收入《医典》，这本书在历时四百年的时间里是欧洲医学院的经典教材。不仅如此，伊朗还是古代中国与西亚以及地中海东岸各国交往的媒介，中国的缫丝、制瓷、制硝、指南针、造纸术、雕版印刷术等大多通过伊朗传向西方。与此同时，伊朗的玻璃器皿、宗教思想、建筑装饰艺术等也经中国传播到东亚各地。两个文明古国的长期往来和交流互鉴在世界文明史上留下了浓墨重彩的一笔，也为今天两国发展友好关系奠定了坚实的根基。

二　在务实合作中锚定中伊友好的正确方向

今天，丝绸之路连成的友谊继续延伸，中伊务实合作不断走深走实。伊朗是"一带一路"倡议的坚定支持者，中国也是伊朗"向东看"战略的主要合作者。2016 年 1 月，习近平主席在德黑兰同时任伊朗总统鲁哈尼举行会谈，双方一致同意建立中伊全面战略伙伴关系。5 年来，双方在"一带一路"框架下稳步推进各领域务实合作：将能源合作作为"压舱石"，在能源领域建立长期稳定合作关系；将互联互通合作作为"着力点"，开展铁路、公路、港口、矿产、通信、工程机械等领域合作，落实有关基础设施建设项目；将产能合作作为"指南针"，加强经济产业政策沟通和对接，构建全方位、宽领域、多元化的产能合作格局；将金融合作作为"助推器"，积极探索新金融合作模式，加强在亚洲基础设施投资银行框架内的相关合作。

中伊务实合作为两国人民带来了实实在在的好处。据不完全统计，在伊中资企业为当地创造直接就业机会近万人，还通过配套服务企业、上下游合作伙伴、营销售后网络间接带动几倍乃至十几倍的当地就业。不少中资企业员工本地化率达到 90%，为改善当地就业打造了"中国引擎"。2021 年 3 月，国务委员兼外长王毅访问伊朗期间，双方签署两国 25 年全面合作计划，挖掘两国在经济、人文等领域的合作潜力，规划长远合作前景和路径，为中伊未来合作提供宏观框架。相信全面合作计划不仅将造福两国人民，也将为维护地区和世界和平作出贡献。

三　在团结互助中创造中伊友好的有利环境

当今世界正经历百年未有之大变局，国际体系和国际格局深刻调整，"东升西降"成为大势所趋，发展中国家的话语权有所提升，世界文明多样性更加彰显。与此同时，世界仍然很不安宁，南北发展不平衡加剧，局部动荡频繁发生，气候变化、公共卫生、能源资源安全等全球性问题更加凸显。个别大国逆历史潮流而动，推行单边主义、保护主义、霸权主义、霸凌主义和强权政治，不仅将本国利益凌驾于国际社会整体利益之上，还鼓吹和渲染所谓的"文明优越论""文明冲突论"，企图将其所谓"普世价值"和意识形态强加于人。全球化和多边主义国际秩序面临挑战，文明多样性和包容性面临威胁。

2021 年 4 月，习近平主席在博鳌亚洲论坛 2021 年年会开幕式主旨演讲中强调，平等协商，开创共赢共享的未来，国际上的事应该由大家共同商量着办，世界前途命运应该由各国共同掌握，不能把一个或几个国家制定的规则强加于人，也不能由个别国家的单边主义给整个世界"带节奏"，世界要公道，不要霸道。[①] 习近平主席的讲话，展示了中国愿意同广大发展中国家共谋发展、加强交流、共商共建共享的世界理念和坚定维护世界人民特别是发展中国家利益的坚定信心。

长期以来，中伊两国在涉及彼此核心利益和重大关切问题上相互理解、相互支持，有力巩固了两国战略互信，坚定捍卫了国际公平正义。两国在国际事务中共同反对霸权主义和军事干涉，反对美国的极限施压和"长臂管辖"。中国坚定支持伊朗维护主权独立的斗争。新冠肺炎疫情发生以来，中伊两国守望相助、携手抗疫，共同反对将病毒溯源政治化、污名化，积极推动构建人类卫生健康共同体。面对严峻复杂的国际形势，两国应当继续坚定维护多边主义，坚定维护以联合国为核心的国际体系和以国际法为基础的国际秩序，为双方友好合作创造有利的外部环境，维护自身正当利益，维护地区和平安全。

中国古代大思想家孔子曾经说过："君子和而不同。"人类只有一个地球，各国共处一个世界。每一种文明之所以能够存在和发展，都有其理由和根据，都有其价值和作用。各种文明都是人类文明的组成部分，都对人类文明作出了贡献。在人类几千年的历史上，不同文明之间尽管有过摩擦、碰撞和冲突，但交流、借鉴和融合始终是主流。正如习近平主席所指出的："文明多样性是人类社会的客观现实，是当代世界的基本特征。意识形态、社会制度、发展模式的差异，不应成为人类文明交流的障碍，更不能成为相互对抗的理由。我们应该积极维护文明多样性，推动不同文明对话交流，相互借鉴而不是相互排斥，让世界更加丰富多彩。"中国和伊朗作为两大文明古

---

① 《习近平在博鳌亚洲论坛 2021 年年会开幕式上发表主旨演讲》，《人民日报》2021 年 4 月 21 日。

国，都为人类文明的繁荣与发展作出过重大贡献。我们有理由相信，两个伟大民族通过携手努力、精诚合作，必将为 21 世纪人类发展、为世界文明多样性、为不同文明间对话做出新的更大贡献。

中国社会科学院是中国规模最大的哲学社会科学研究机构和综合性高端智库，学科门类齐全、研究实力雄厚、对外交流广泛。我们历来重视同国外相关机构和学者之间的学术往来，积极开展文化对话，促进文明互鉴和民心相通。自 2004 年 6 月我院同伊朗伊斯兰文化联络组织签署合作协议以来，双方已经连续举办 5 届中伊文化对话会，成为两国学者交流思想、联络感情、增进理解的重要平台。今天的对话会以"多样性"和"包容性"为关键词，极具理论意义和现实价值。我期待与会专家学者集思广益、畅所欲言，深入总结中伊文明中多样性和包容性的共同特征，促进两大文明交流互鉴，树立持久合作的坚定信心，为推进两国全面战略伙伴关系、推动构建人类命运共同体贡献理论成果并提供智力支持。

（载《世界历史》2021 年第 5 期）

饱含世界情怀和中国智慧的
东方呼唤

盛世恭逢盛事，党的十九大之后中国的首次重大主场外交活动，在南方美丽的海南岛博鳌会场拉开了帷幕。2018 年 4 月 8—11 日，以"开放创新的亚洲，繁荣发展的世界"为主题的博鳌亚洲论坛 2018 年年会在海南博鳌举行。奥地利总统范德贝伦、菲律宾总统杜特尔特、蒙古国总理呼日勒苏赫、联合国秘书长古特雷斯、国际货币基金组织总裁拉加德等出席年会，来自 50 多个国家的 2000 多位各界嘉宾与会。与会嘉宾就共同关心的议题进行深入探讨交流，为凝聚亚洲共识、推动亚洲合作进一步走深走实并惠及全球繁荣发展出谋划策。

盛音让盛世盛事更绽异彩。4 月 10 日上午，习近平主席应邀在开幕式上作了以《开放共创繁荣　创新引领未来》为题的主旨演讲，对 40 年中国改革开放的伟大成就、重要经验和启示、世界意义和影响，以及在新的历史当口，中国将如何推动对外开放再扩大、深化改革再出发，代表中国作出了最权威的阐释，发出了饱含世界情怀和中国智慧的"东方呼唤"，见证了中国坚定维护世界经济全球化的"东方时刻"，发出了与世界各国共谋创新发展的"东方之约"。会议现场热烈的掌声数次响起，会场之外各国媒体智库纷纷发表评论，习近平主席的主旨演讲得到了与会嘉宾和世界舆论的高度评价。

习近平主席的主旨演讲让世界安心、给世界经济定调，并将开启新时代全球化的新征程。2018 年是中国改革开放 40 周年，贯彻落实党的十九大的总体部署，下一阶段的改革开放之具体路径亟须进一步明确；在全球经济从国际金融危机泥潭中艰难走出的过程中，以经贸单边主义为特征的逆全球化，给萎靡的世界经济雪上加霜，等等。下一步，世界经济将走向何方？世界的眼光都在看中国。习近平主席4月10日的主旨演讲，回答了世界各国和国际组织的疑惑困惑疑虑。受邀参加本次博鳌亚洲论坛年会的韩国首尔国立大学校长成乐寅说，"在建设开放型世界经济方面，中国正在努力做一些惠及他国的事。相信通过博鳌亚洲论坛，中国将进一步展现坚持走合作共赢道路的意愿"。联合国秘书长古特雷斯表示，"繁荣是世界上的人们过上美好生活的基础，但是没有共同的繁荣不是基于一个公平世界的繁荣，是不能解决国家层面和人民层面的贫困问题的。当今世界八位富翁拥有的财富相当于全球较贫穷的一半人口的财富总和，因此当今世界有许多东西需要共享，才能使繁荣惠及所有人。因此人类命运共同体理念'共同繁荣共同发展'，是公平的全球化的一个根本理念"。现在是中国历史上非常重要的时刻，中国改革开放四十年，实现了举世无双的经济增长和减贫，对全球经济发展也作出了非常重要的贡献。他在习近平主席主旨演讲后认为，相信"中国会帮助世界实现共同繁荣"，"中国改革开放四十年成果显著，值得世界各国学习借鉴"。

中国改革开放四十年发展成绩对世界各国人民具有很强的启示意义。过去的海南，是中国南方比较封闭落后的边陲岛屿。过去的博鳌，是海南岛上的一个不为人知的渔村。30年前，中国政府在海南建省并筹办经济特区，今天海南已经成为中国最开放、最具活力的省份之一；17年前，中国政府在博鳌这个偏僻的渔村筹建论坛，今天的博鳌已经蜚声海内外，成为亚洲乃至世界上最具盛名的会议旅游胜地，成为了几与达沃斯齐名的世界级论坛所在地。正如习近平主席在主旨演讲中所指出的：海南和博鳌"因改革开放而生，因改革开放而兴"，"一滴水可以反映出太阳的光辉，一个地方可以体现一个国家的风貌。海南发展是中国四十年改革开放的一个重要历史见证"，

"历史，总是在一些特殊年份给人们以汲取智慧、继续前行的力量"。① 中国改革开放 40 周年形成的经验和智慧，既是中国人民的宝贵精神财富，也是世界人民走向富裕和平的有益启示。2018 年，也是海南建省办经济特区 30 周年。改革开放以来，海南从一个较为封闭落后的边陲岛屿，发展成为中国最开放、最具活力的地区之一，经济社会发展取得巨大成就。联合国秘书长古特雷斯参加本届博鳌论坛时表示：中国改革开放 40 年，实现了举世无双的经济增长和减贫成绩，对全球经济发展也作出了非常重要的贡献，"中国改革开放 40 年成果显著，值得世界各国学习借鉴。中国会帮助世界实现共同繁荣"。

中国的发展和进步是中国人民自力更生、艰苦奋斗的结果。经过 40 年的发展，中国人民向全世界交出了一份漂亮的成绩单：中国已经成为世界第二大经济体、第一大工业国、第一大货物贸易国、第一大外汇储备国。40 年来，按照可比价格计算，中国国内生产总值年均增长约 9.5%；以美元计算，中国对外贸易额年均增长 14.5%；中国人民生活从短缺走向充裕、从贫困走向小康，现行联合国标准下的 7 亿多贫困人口成功脱贫，占同期全球减贫人口总数 70% 以上；中国从加入 WTO 到共建"一带一路"，为应对亚洲金融危机和国际金融危机作出重大贡献，连续多年对世界经济增长贡献率超过 30%，成为世界经济增长的主要稳定器和动力源，促进了人类和平与发展的崇高事业，等等。这些成绩的取得，不是任何人赐予的，也不是从天上掉下的"馅饼"，而是中国人民用自己的双手砥砺奋进取得的成绩。特别值得指出的是，40 年来，中国从经济全球化中获益，但同时也为世界经济稳定和增长提供了卓越的贡献。正如习近平主席在主旨演讲中所指出的："1978 年，在邓小平先生倡导下，以中共十一届三中全会为标志，中国开启了改革开放历史征程。从农村到城市，从试点

---

① 习近平：《开放共创繁荣 创新引领未来：在博鳌亚洲论坛 2018 年年会开幕式上的主旨演讲》，人民出版社 2018 年版，第 2—3 页。

到推广，从经济体制改革到全面深化改革，40 年众志成城，40 年砥砺奋进，40 年春风化雨，中国人民用双手书写了国家和民族发展的壮丽史诗。"① 中国人民的辛勤劳作，已经开始造福世界各国人民。联合国秘书长古特雷斯说，"我相信中国对全球化的承诺、中国对自由贸易的承诺、中国对国际合作的承诺。尤其是对发展中世界而言，'一带一路'倡议是上述承诺的最好体现，这可以使我们实现 2030 可持续发展议程，做到不让任何一个人掉队，进而改变全球不公正的发展状况；'一带一路'倡议作为开展南南合作的良好典范，解决了目前许多封闭经济体难以解决的发展难题"。

中国的发展经验具有世界性的启示价值和借鉴作用。在 40 年改革开放波澜壮阔的伟大进程中，勤劳勇敢的中国人民用自己的智慧和汗水，凝结成了诸多对世界各国有很强借鉴作用的经验和做法：40 年来，中国人民始终艰苦奋斗、顽强拼搏，始终坚持聚精会神搞建设、坚持改革开放不动摇，持之以恒，锲而不舍；40 年来，中国人民始终坚持立足国情、放眼世界，既强调独立自主、自力更生，又注重对外开放、合作共赢，成功开辟出了一条中国特色社会主义发展道路；40 年来，中国人民始终与时俱进，坚持解放思想、实事求是，实现解放思想和改革开放相互激荡、观念创新和实践探索相互促进，勇于自我革命、自我革新，不断完善中国特色社会主义制度，不断革除各方面体制弊端，充分显示了制度保障的强大力量；40 年来，中国人民始终敞开胸襟、拥抱世界，坚持对外开放基本国策，打开国门搞建设，成功实现从封闭半封闭到全方位开放的伟大转折。这些成功经验，对世界各国，尤其是广大发展中国家具有很强的启示和借鉴意义，有助于他们通过学习中国经验，摸索和探寻符合自身特点的发展道路。正如习近平主席在主旨演讲中所指出的，"中国人民的成功实

① 习近平：《开放共创繁荣　创新引领未来：在博鳌亚洲论坛 2018 年年会开幕式上的主旨演讲》，人民出版社 2018 年版，第 3 页。

践昭示世人，通向现代化的道路不止一条，只要找准正确方向、驰而不息，条条大路通罗马"，"中国40年改革开放给人们提供了许多弥足珍贵的启示，其中最重要的一条就是，一个国家、一个民族要振兴，就必须在历史前进的逻辑中前进、在时代发展的潮流中发展"。①束埔寨政府顾问、澜湄合作柬埔寨秘书处负责人索西帕纳说，"解决全球发展问题，中国可能就是答案"。②

中国将和世界人民一道选择开放前进之路，绝不走封闭后退之路。当今世界正在经历新一轮大发展、大变革、大调整，人类面临的不稳定、不确定因素依然很多；新一轮科技和产业革命给人类社会发展带来新的机遇，也提出前所未有的挑战；一些国家和地区的人民仍然生活在战争和冲突的阴影之下；气候变化、重大传染性疾病等依然是人类面临的重大挑战。在这些重大战略和现实挑战面前，世界各国将面临重大发展选择。是走开放或者封闭之路？是走前进之路，还是后退之路？是奔向光明，还是退缩回关门闭户状态？面对复杂变化的世界，人类社会向何处去、亚洲前途在哪里？习近平主席在主旨演讲中高屋建瓴地指出，"回答这些时代之问，我们要不畏浮云遮望眼，善于拨云见日，把握历史规律，认清世界大势"，"当今世界，和平合作的潮流滚滚向前。和平与发展是世界各国人民的共同心声，冷战思维、零和博弈愈发陈旧落伍，妄自尊大或独善其身只能四处碰壁。只有坚持和平发展、携手合作，才能真正实现共赢、多赢"，"变革创新是推动人类社会向前发展的根本动力。谁排斥变革，谁拒绝创新，谁就会落后于时代，谁就会被历史淘汰"。③ 为此，习近平主席提出了"五个面向"：面向未来，我们要相互尊重、平等相待，坚持和平共处五项原则，尊重各国自主选择的社会制度和发展道路，尊重

---

① 习近平：《开放共创繁荣　创新引领未来：在博鳌亚洲论坛2018年年会开幕式上的主旨演讲》，人民出版社2018年版，第4—5页。
② 《中国开放新征程　全球发展新机遇》，《解放军报》2018年4月10日第4版。
③ 习近平：《开放共创繁荣　创新引领未来：在博鳌亚洲论坛2018年年会开幕式上的主旨演讲》，人民出版社2018年版，第6—7页。

彼此核心利益和重大关切，走对话而不对抗、结伴而不结盟的国与国交往新路，不搞唯我独尊、你输我赢的零和游戏，不搞以邻为壑、恃强凌弱的强权霸道，妥善管控矛盾分歧，努力实现持久和平；面向未来，我们要对话协商、共担责任，秉持共同、综合、合作、可持续的安全理念，坚定维护以联合国宪章宗旨和原则为核心的国际秩序和国际体系，统筹应对传统和非传统安全挑战，深化双边和多边协作，促进不同安全机制间协调包容、互补合作，不这边搭台、那边拆台，实现普遍安全和共同安全；面向未来，我们要同舟共济、合作共赢，坚持走开放融通、互利共赢之路，构建开放型世界经济，加强二十国集团、亚太经合组织等多边框架内合作，推动贸易和投资自由化便利化，维护多边贸易体制，共同打造新技术、新产业、新业态、新模式，推动经济全球化朝着更加开放、包容、普惠、平衡、共赢的方向发展；面向未来，我们要兼容并蓄、和而不同，加强双边和多边框架内文化、教育、旅游、青年、媒体、卫生、减贫等领域合作，推动文明互鉴，使文明交流互鉴成为增进各国人民友谊的桥梁、推动社会进步的动力、维护地区和世界和平的纽带；面向未来，我们要敬畏自然、珍爱地球，树立绿色、低碳、可持续发展理念，尊崇、顺应、保护自然生态，加强气候变化、环境保护、节能减排等领域交流合作，共享经验、共迎挑战，不断开拓生产发展、生活富裕、生态良好的文明发展道路，为我们的子孙后代留下蓝天碧海、绿水青山。[①] 美国 FT 中文网评论说，"中国针对当前全球面临问题所贡献的中国思路、中国方案，正日益凸显其时代价值，显示出强大的国际影响力、感召力、塑造力"。

中国在准确把握世界发展大势基础上积极顺应经济全球化的时代潮流。实践证明，过去 40 年中国经济发展是在开放条件下取得的，

---

① 习近平：《开放共创繁荣 创新引领未来：在博鳌亚洲论坛 2018 年年会开幕式上的主旨演讲》，人民出版社 2018 年版，第 7—8 页。

未来中国经济实现高质量发展也必须在更加开放的条件下进行。这是中国基于发展需要作出的战略抉择，同时也是在以实际行动推动经济全球化造福世界各国人民。为此，习近平主席在主旨演讲中代表中国人民发出了掷地有声的宣示，宣布了扩大开放的四项重大利好政策：大幅度放宽市场准入；创造更有吸引力的投资环境；加强知识产权保护；主动扩大进口。习近平主席进一步宣布，"我刚才宣布的这些对外开放重大举措，我们将尽快使之落地，宜早不宜迟，宜快不宜慢，努力让开放成果及早惠及中国企业和人民，及早惠及世界各国企业和人民"。① 美国 FT 中文网就此评论说，"中国计划建立自由贸易港口，以此作为正在进行的改革开放的一部分"，"这些港口在政策制定方面享有比现有的自由贸易区更大的自由度，并且在市场准入方面更加开放"，"中国将开放其金融服务、保险、中介、医疗保健和其他部门"，也将创造一个商业环境，从而"在规则、机会和权利方面为民营、国有和外国公司提供平等待遇"。美国中美研究中心学者苏拉布·古普塔认为，中国已经成为全球增长的最大贡献者，在博鳌亚洲论坛年会上，"中国作为地区和世界经济稳定器的作用将得到进一步凸显。相信中国将继续承诺对世界经济多元化的支持"。

中国将和世界各国一道。努力将"一带一路"打造成顺应经济全球化潮流的最广泛国际合作平台。"一带一路"倡议是习近平主席植根中华民族优秀文化底蕴、深刻洞察国际发展潮流和趋势，高瞻远瞩提出的具有全球意义的"东方呼唤"。习近平主席首倡"一带一路"倡议 5 年来，中国已经同 80 多个国家和国际组织签署了合作协议，被多次写入联合国重要文件，被多个国家写入国家发展战略或战略规划。其倡导的共商共建共享理念，已经成为当今国际社会，特别是广大发展中国家和亚洲国家普遍认同和肯定的、建立新型国家关系

---

① 习近平：《开放共创繁荣　创新引领未来：在博鳌亚洲论坛 2018 年年会开幕式上的主旨演讲》，人民出版社 2018 年版，第 13 页。

和经贸关系的基本遵循和原则。4 月 10 日，习近平主席在博鳌亚洲论坛主旨演讲中，面向到会的 2000 多位各国元首首脑、国际组织负责人和与会嘉宾，再次向全世界呼吁，"把'一带一路'打造成为顺应经济全球化潮流的最广泛国际合作平台，让共建'一带一路'更好造福各国人民"。① "一带一路"是中国的，更是世界的。在博鳌论坛上的主旨演讲中，习近平主席真诚地向世界宣布，"共建'一带一路'倡议源于中国，但机会和成果属于世界"。② 这个东方呼唤中包含的世界情怀和全球理念，再次淋漓尽致地展现了共商共建共享理念的普世意义，为构建和发展新时代的新型国家关系指明了前进方向和发展路径。"一带一路"是极富政治远见的阳光倡议。中国发展离不开亚洲和世界，亚洲和世界繁荣稳定也需要中国。面对一些国家对"一带一路"倡议的不理解、误解，习近平主席代表中国政府和中国人民郑重表示，在"一带一路"倡议建设中，"中国不打地缘博弈小算盘，不搞封闭排他小圈子，不做凌驾于人的强买强卖"。③ 这次主旨演讲中进一步明确的"三不"原则，进一步体现出了中国向世界展开的开放胸襟和博大愿景。"一带一路"倡议需要在不断推进中解决分歧、增加共识、扩大合作、形成合力。"一带一路"倡议自 2013 年提出以来，已经得到了世界上 100 多个国家和国际组织的支持，被写入多份联合国重要文件。自安理会 2016 年 3 月通过包括推进"一带一路"倡议内容的第 S/2274 号决议后，第 71 届联合国大会第 A/71/9 号决议首次写入"一带一路"倡议，敦促各方通过"一带一路"倡议等加强阿富汗及地区经济发展，呼吁国际社会为"一带一路"倡议建设提供安全保障环境。决议得到 193 个会员国的一致赞

---

① 习近平：《开放共创繁荣　创新引领未来：在博鳌亚洲论坛 2018 年年会开幕式上的主旨演讲》，人民出版社 2018 年版，第 13 页。

② 习近平：《开放共创繁荣　创新引领未来：在博鳌亚洲论坛 2018 年年会开幕式上的主旨演讲》，人民出版社 2018 年版，第 13 页。

③ 习近平：《开放共创繁荣　创新引领未来：在博鳌亚洲论坛 2018 年年会开幕式上的主旨演讲》，人民出版社 2018 年版，第 13 页。

同，体现了国际社会对推进"一带一路"倡议的普遍支持。但是，面对世界各国不同的利益诉求、迥异的国情差异、多样的文化构成，"一带一路"倡议的推进自然会有很多挑战和困难。因此，习近平主席在主旨演讲中，毫不讳言推进"一带一路"倡议中遇到的挑战和困难，"'一带一路'建设是全新的事物，在合作中有些不同意见是完全正常的，只要各方秉持和遵循共商共建共享的原则，就一定能增进合作、化解分歧"。^① 在推进中扩大共识，在合作中实现共赢，"一带一路"倡议是建立在寻求共同利益基础上的人类命运共同体建设，是有机的、现实的，而不是虚幻的、臆想的。也正因为如此，才需要各方以共赢为目标，以共商共建共享为理念，在解决分歧中不断寻找利益交汇点，进而使"一带一路"倡议成为联系世界人民的现实纽带，把"一带一路"打造成为顺应经济全球化潮流的最广泛国际合作平台，让共建"一带一路"更好造福各国人民。正如法国前总理拉法兰所说，"一带一路"倡议是中国卓越领导能力的明证，共商共建共享是推进"一带一路"的黄金法则，决定了"一带一路"合作具有鲜明的平等性、开放性和普惠性。巴基斯坦总理阿巴西认为，"一带一路"倡议极富远见，通过博鳌亚洲论坛这一具有地区和全球影响的平台，世界将更好地了解中国和"一带一路"倡议。欧洲议会欧中友好小组秘书长盖琳认为，人类的未来，必将是世界各民族超越种族和文化差异、因共同命运而聚集到一起并建立一个相互合作的世界。肯尼亚内罗毕大学国际经济学讲师盖里雄·伊基亚拉说，亚洲经济发展进入关键转型期，也迎来重要机遇期，亚洲各国只有增强互信、秉持人类命运共同体理念，才能推动构建亚洲命运共同体，更好地给世界带来可持续的经济繁荣。本届博鳌亚洲论坛专门设立和举行"一带一路：成功案例与经验分享"圆桌会，瓜达尔港、中欧班列等

---

① 习近平：《开放共创繁荣　创新引领未来：在博鳌亚洲论坛 2018 年年会开幕式上的主旨演讲》，人民出版社 2018 年版，第 13 页。

"一带一路"重大工程项目的相关政府和企业代表都会在圆桌会上介绍"一带一路"的具体实践、分享心得体会的做法，将对化解分歧、扩大合作、增加共识起到极大的正面典型引领作用。

目前，以"开放创新的亚洲，繁荣发展的世界"为主题的博鳌亚洲论坛 2018 年年会依然在继续中，习近平主席的主旨演讲将论坛的热度提升到了最高峰，习近平主席的政策宣示也必将成为论坛的热议焦点话题和主题。我们深信，习近平主席的主旨演讲，不但将深刻引导中国的发展，也将像火炬一样照亮世界经济的未来发展之路。正如博鳌亚洲论坛理事长、日本前首相福田康夫和各位致辞嘉宾在论坛开幕式上所说的，中国在 40 年的改革开放进程中，取得了让全世界人民举世瞩目的伟大成就。中国的发展成就和经验，不仅彻底改变了 13 亿多人口的生活状况，也极大地促进了中国经济社会的快速进步，更将给世界各国在寻求符合自身特点的发展方面带来巨大机遇和有益借鉴；中国推出的一系列扩大开放的政策举措令世界感到振奋，表明未来中国将继续坚定推进改革开放，必将有力推动全球共同发展繁荣。

一年之计在于春。习近平主席在博鳌的主旨演讲，将是中国开放创新新长征再出发之起点，也将是事关世界经济前途和世界各国人民福祉的福音。

（载中国青年网 2018 年 4 月 13 日）

女娲与后羿：G20杭州峰会中的
中国基因和东方精髓

金桂飘香的杭州，迎来了二十国集团领导人第十一次峰会。在曼妙的水乡意蕴之中，习近平主席主持了峰会欢迎仪式、开幕式、5个阶段会议和闭幕式等10多场活动。峰会期间，习近平主席专门阐述了，"和衷共济、和合共生是中华民族的历史基因，也是东方文明的精髓"。① 一个基因，贯穿了峰会的始终，使会议圆满成功；一个精髓，让峰会成果和共识更加具有中国特色、国际视野；中国基因和东方精髓，让中国开出的"药方"获得了国际社会的一致赞誉。

始自2008年的国际金融危机，催生了G20的诞生。但是，连续召开了10届的G20峰会，始终没有摆脱就事论事、应对眼前危机的困局。G20杭州峰会却成果累累，从一定意义上讲，习近平主席倡导的G20"三个转型"的机制化设想，为G20的发展开辟了新的天地。用一个不是十分恰当的比喻，在当今世界经济面临和全球治理面临诸多严峻挑战，全球信心普遍低迷的情况下，中国将古代"女娲补天"的基因、"后羿射日"的精髓，运用到了世界舞台上，并以这种独特的中国智慧，提出了解决世界经济和全球治理难题的中国方案。

传说当年的水神共工氏和火神祝融氏大战，共工因战败而怒触不周山致使天崩地裂，女娲以五彩石补天，人们才得以安居乐业。当今

_____

①

世界如果用天崩地裂形容，可能有些过分，但是全球确实面临上一轮科技进步带来的增长动能逐渐衰减、新一轮科技和产业革命尚未形成势头、主要经济体先后进入老龄化社会、人口增长率下降给各国经济社会带来压力、经济全球化出现波折、保护主义和内顾倾向抬头、多边贸易体制受到冲击、金融领域高杠杆和高泡沫等风险仍在积聚等突出问题，"天将塌未塌"，由此带来了世界经济虽然总体保持复苏态势，但面临增长动力不足、需求不振、金融市场反复动荡、国际贸易和投资持续低迷等多重风险和挑战。中国不但无意打破现有的国际经济秩序，反而是在尽自己最大的努力在推动现有体制机制的完善，以独特智慧和中国方案惠及世界各国人民。从这个意义上讲，G20 杭州峰会蕴含了深厚的"女娲补天味道"。

在中国古老的神话传说中，说天上共有 10 个太阳，他们轮流巡视地球，把光和热送给人类。但是，有一天 10 个太阳一齐出场，烤干了河流和大海，烧焦了农田和果园，人民生活在水深火热之中。年轻的后羿十分不忍人民的痛苦，他越过 99 座高山、跨过 99 条河流，用劲弓射下了 9 个太阳。自此，万物得以存续，人民安居乐业。当今世界，威胁世界和平和人民安宁幸福的挑战何止 10 个？霸权主义横行、恐怖主义蔓延、环境污染日益严重、地区冲突绵延不绝、流行疾病、食品安全、粮食安全，等等，这些威胁和挑战时时刻刻在全球人民的身边。中国作为一个发展中大国，在杭州峰会上体现出的"后羿精神"，让世界动容，让人民感动。"今年我们在发展领域实现了'三个第一次'，第一次把发展问题置于全球宏观政策框架的突出位置，第一次就落实联合国 2030 年可持续发展议程制定行动计划，第一次集体支持非洲和最不发达国家工业化，这在二十国集团历史上具有重要开创意义"，习近平主席在 G20 记者招待会上如是说。

为人类造福的女娲精神、不惧挑战勇于担当的后羿精神，在 G20 杭州峰会中体现得淋漓尽致。在 9 月 4 日的二十国集团工商峰会开幕式演讲中，习近平主席谈到中国已经站在新的历史起点上。在 9 月 5

日的二十国集团峰会开幕式致辞中，习近平主席说"世界经济又走到了一个关键当口"。在习近平主席提出的一系列应对挑战的系统方案来看，杭州峰会是让 G20 带着重振世界经济的中国方案站上新的历史起点，承担大国责任，回应世界期待。因为二十国集团不仅属于二十个国家，也属于全世界。同样的道理，崛起的中国不仅为自己的增长寻找答案，也将世界的发展提供方案。

（载中国青年网 2016 年 9 月 6 日）

推动杭州共识　塑造联动世界

当前经济全球化进程正站在历史的十字路口上，如何让经济全球化进程更具活力、更加包容、更可持续、更好惠及每个国家，是每个负责任的国家都应考虑的现实和战略问题。2017年7月7日，习近平主席出席 G20 领导人汉堡峰会并发表重要讲话，再次向世界发出了中国呼吁，明确了全球化的方向，提出了中国方案和中国答案，得到了与会国家领导人和国际舆论的高度赞扬。

中国在新一轮全球化发展中的历史使命和责任担当同 G20 的宗旨高度契合。在美国孤立主义情绪抬头、欧洲排外情绪上升、西方民粹主义浪潮高企的关键时刻，一直致力于推动全球共识、致力于维护合作共赢为核心的新型国际关系的习近平主席，2017年年初在瑞士达沃斯以其恢宏的战略眼光和高瞻远瞩的政治家气魄，向世界发出了旗帜鲜明的信号："搞保护主义如同把自己关进黑屋子，看似躲过了风吹雨打，但也隔绝了阳光和空气"，"保护主义政策如饮鸩止渴，看似短期内能缓解一国内部压力，但从长期看将给自身和世界经济造成难以弥补的伤害"。[1] 也正是基于这种对人类未来命运的热诚，习近平主席在2016年 G20 杭州峰会上呼吁要"努力让经济全球化更具包容性"，[2] 形成了著名的"杭州共识"，并身体力行地作出了"中国

① 《习近平谈治国理政》第2卷，外文出版社2017年版，第473、481页。
② 《习近平在二十国集团工商峰会开幕式上的主旨演讲（全文）》，中国政府网，2016年9月3日，www.gov.cn/xinwen/2016–09/03/content–5105135.htm。

开放的大门不会关上，要坚持全方位对外开放，继续推动贸易和投资自由化便利化"，要"群策群力，为解决世界和区域经济面临的突出问题贡献智慧，共同推动更有活力、更加包容、更可持续的经济全球化进程"等庄严承诺和举措。① 这一系列政策宣示和具体措施，全面反映了中国政府坚定不移支持经济全球化的决心和信心，也多角度地显示了中国政府在新一轮全球化发展中的使命和责任担当意识。在7日的演讲中，习近平主席再次阐述了中国的这种决心使命和责任担当："不久前，中国成功举办'一带一路'国际合作高峰论坛，与会各方本着共商、共建、共享精神，在促进政策沟通、设施联通、贸易畅通、资金融通、民心相通上取得丰硕成果，努力打造治理新理念、合作新平台、发展新动力。这同二十国集团的宗旨高度契合。"②

　　G20汉堡峰会与G20杭州峰会一脉相承的主题让世界安心放心。今年7月，满载"杭州共识"印记的G20列车，从风光旖旎的古城杭州停靠到了"德国通向世界的港口"德国汉堡。作为主席国，今年德国为G20峰会确定的"塑造联动世界"主题，再续了G20杭州峰会"构建创新、活力、联动、包容的世界经济"的主题思想。有专家就此评论说：G20汉堡峰会的议题，是在杭州峰会基础上的延续和发展；在成果方面，汉堡峰会也与杭州峰会保持着连贯性。就此，德国默克尔政府曾表示，希望增强G20作为"责任共同体"的角色，从行动到责任，东西方经济治理思想要做到进一步融会贯通。不可否认的是，自去年以来，反全球化的声音不断增多，各国在气候变化、自由贸易等问题上的分歧日益凸显。一部分人对此次汉堡峰会的前景产生了疑虑，认为此次峰会必将面临极大的阻碍，各方达成共识，提出解决方案的难度极大。但是，中国的发展和行动，坚定了全球化的信心。中国作为世界第二大经济体、第一大贸易国、第一大吸引外资

---

　　① 《习近平在二十国集团工商峰会开幕式上的主旨演讲（全文）》，中国政府网，2016年9月3日，www. gov. cn/xinwen/2016 – 09/03/content – 5105135. htm。

　　② 习近平：《坚持开放包容　推动联动增长》，《光明日报》2017年7月8日。

国、第二大对外投资国，既在杭州峰会上为世界经济提出了"中国方案"，也用自身的践行成效为世界树立了榜样：新一轮工业革命带来的网络化、数字化、智能化正在中国创造大量新供给和新需求，新发展理念带来的绿色、低碳、可持续经济发展正在造福中国，继续保持中高速增长的中国经济已经成为世界范围内经济增长的强大引擎，"亚投行""一带一路"等造福世界的共赢战略和"亲诚惠容""命运共同体"等国际交往新思路正在为国际社会世界提供更多公共产品，创新、协调、绿色、开放、共享的发展理念正在成为世界各国完善全球治理的重要选择。也正是如此，习近平主席在 7 日的演讲中，向与会各国领导人和嘉宾提出的"面对挑战，杭州峰会提出了二十国集团方案：建设创新、活力、联动、包容的世界经济。汉堡峰会把'塑造联动世界'作为主题，同杭州峰会一脉相承"，特别让面对"世界经济中的深层次问题尚未解决，仍然面临诸多不稳定不确定因素"挑战的世界感到踏实放心。①

建设开放型世界经济的未来发展大方向不会动摇。在 G20 汉堡峰会召开前夕，西方国家能否弥合对未来世界经济发展方向方面的分歧，成为世界媒体普遍关注的焦点问题。确实，许多 G20 成员国期待本次峰会能在加强 G20 范围内的贸易投资合作、加强发展领域合作、支持多边贸易体制、共建开放型世界经济等方面，向世界发出明确信号。但是，在今年 5 月举行的西方七国集团陶尔米纳峰会上，欧洲与美国就上述问题之间的分歧严重且公开化，最终使峰会无果而终，以至于德国总理默克尔在陶尔米纳峰会后公开表示，"我们可以完全信赖别人的日子已经结束了，欧洲人必须真正把命运掌握在自己手中"。从 G7 峰会到 G20 峰会，德国及欧盟方面一直试图与美方沟通解决分歧，但直到 G20 峰会前夕，德国方面仍谨慎地表示，不能确定峰会前能否解决德美之间的分歧。默克尔也无奈地坦言，"由于

① 习近平：《坚持开放包容　推动联动增长》，《光明日报》2017 年 7 月 8 日。

美国的立场，本届 G20 峰会将是艰难的"。尽管面临严峻挑战，欧洲及德国各界仍对本届汉堡峰会抱有期待，认为"如果大国之间的一些分歧可以在峰会上得到妥善处理，那么各方无疑能够依托 G20 的平台找到解决问题的方法，并且推动彼此贸易关系的发展"。因此，在这个"艰难的时刻"，中国的态度和立场成为了能否让峰会成功的关键因素。习近平主席在演讲中，开宗明义地向与会各国领导人和与会嘉宾阐明"我们要坚持建设开放型世界经济大方向"，并进一步阐述说："这是二十国集团应对国际金融危机的重要经验，也是推动世界经济增长的重要路径。国际组织当前调高世界经济增长预期，一个重要原因就是预计国际贸易增长 2.4%、全球投资增加 5%。我们要坚持走开放发展、互利共赢之路，共同做大世界经济的蛋糕。作为世界主要经济体，我们应该也能够发挥领导作用，支持多边贸易体制，按照共同制定的规则办事，通过协商为应对共同挑战找到共赢的解决方案。"① 也正因为如此，在德国汉堡 G20 峰会上，中国成为了最受瞩目、最受欢迎的国家之一。

为世界经济增长发掘新动力是各国的共同目标和追求。当前，世界经济出现积极迹象，增长势头进一步巩固。在 2017 年 4 月份发布的最新一期《世界经济展望报告》中，国际货币基金组织（IMF）将 2017 年全球经济增长预期上调至 3.5%。IMF 称，上调预期的首要原因在于欧洲和亚洲，尤其是中国等亚洲国家的经济表现亮眼。欧盟委员会在春季经济预测报告中也指出：自去年年底以来，世界经济积聚动能，许多发达国家和发展中国家实现同步增长，其中中国经济保持较强韧性。中国经验已经引起了世界主要国家的兴趣和关注，德国总理默克尔曾就此指出，G20 寻求的"不仅是增长，更是可持续增长，是创造各方共赢的局面"。如何实现可持续发展？如何创造各方共赢的局面？德国在担任 G20 主席国期间，按照 G20 杭州峰会确定后的

———————
① 习近平：《坚持开放包容　推动联动增长》，《光明日报》2017 年 7 月 8 日。

路径，通过创新将发展数字经济作为工作重点，并召集了 G20 历史上首次数字经济部长会议。中国驻德国大使史明德指出，德国是最早倡导"数字革命"的西方工业化国家之一，重视通过数字化创新促进经济发展和就业。因此，习近平主席在演讲中基于中国经济增长的新动力再次强调指出，"这个动力首先来自创新"。他在演讲中进一步阐述说："研究表明，全球 95% 的工商业同互联网密切相关，世界经济正在向数字化转型。我们要在数字经济和新工业革命领域加强合作，共同打造新技术、新产业、新模式、新产品。这个动力也来自更好解决发展问题，落实 2030 年可持续发展议程。这对发展中国家有利，也将为发达国家带来市场和投资机遇，大家都是赢家。杭州峰会就创新和发展达成重要共识，有关合作势头在德国年得以延续，下一步要不断走深、走实。"[1] 中德两国在挖掘经济发展新动能方面的尝试和经验，引起了与会各国领导人共鸣，一致同意将扩建数字化基础设施、消除数字化壁垒、建立数字化标准等方面的共识写入本次 G20 峰会公报。

要不断推进世界经济增长更加包容。20 世纪中期以来，人们关于经济增长的认识不断深化，增长理念经历了从单纯强调增长，到"对穷人友善的增长"，再到"包容性增长"的演进。进入 21 世纪，亚行和世行在"对穷人友善的增长"基础上，先后提出了"包容性增长"（inclusive growth）理念。这一概念的提出，主要是着眼于国家与国家间发展的不平衡以及国家内部的发展不平衡。通过"包容性增长"让更多的人享受全球化成果，让弱势群体得到保护，加强中小企业和个人能力建设，在经济增长过程中保持平衡。与此同时，强调投资和贸易自由化，反对投资和贸易保护主义，重视社会稳定，也成为"包容性增长"的几个重要特征。2017 年，OECD 发布的《让所有人分享创新好处：包容性增长政策》报告，探讨了数字化创

---

① 习近平：《坚持开放包容　推动联动增长》，《光明日报》2017 年 7 月 8 日。

新及颠覆性技术对包容性增长的促进等问题，引发了世界舆论的关注。但是，由于各国国情的不同，世界各国促进经济增长的一些措施往往缺乏包容性，可能只使一部分人受益，例如技术创新可能会带来工人失业；促进经济包容性的政策措施有可能以效率的损失为代价；过分强调经济增长的包容性，可能会引发社会民粹主义等问题。中国是最早认同包容性增长的国家之一。2016 年杭州 G20 峰会主题为"构建创新、活力、联动、包容的世界经济"，《G20 创新增长蓝图》文件正式确认 G20 各国经济增长目标为：强劲、可持续、平衡和包容的增长，这是包容性增长首次被列入 G20 经济增长目标中。针对世界对包容性增长的疑虑和困惑，习近平主席在演讲中呼吁各国领导人，"我们要携手使世界经济增长更加包容"，他深刻地指出，"当前，世界经济发展仍不平衡，技术进步对就业的挑战日益突出。世界经济论坛预计，到 2020 年，人工智能将取代全球逾 500 万个工作岗位。二十国集团的一项重要使命，就是本着杭州峰会确定的包容增长理念，处理好公平和效率、资本和劳动、技术和就业的矛盾。要继续把经济政策和社会政策有机结合起来，解决产业升级、知识和技能错配带来的挑战，使收入分配更加公平合理。二十国集团应该更加重视在教育培训、就业创业、分配机制上交流合作。这些工作做好了，也有利于经济全球化健康发展"。[①] 这剂"中国药方"，不回避问题和矛盾，提出的思路和措施实在可行，既体现了中国政府的未来眼光，也展现了中国领导人注重微观领域具体政策措施的务实作风，预示着中国在推动包容性世界潮流方面将会发挥更加积极有效的作用。

要继续完善全球经济治理。诞生于 20 世纪末亚洲金融危机的 G20 机制，已经成为全球治理和国际经济合作的首要平台。G20 成员国国内生产总值（GDP）占全球 85%，贸易额占全球 80%，人口占全球总人口约三分之二，面积约占全球 60%。随着金融危机的消退

---

① 习近平：《坚持开放包容 推动联动增长》，《光明日报》2017 年 7 月 8 日。

和世界经济缓慢复苏，G20 机制面临的挑战也发生了改变。当前，全球经济治理面临贸易保护主义、逆全球化风潮等诸多挑战，不仅影响了经济全球化的深入发展与合作，也导致全球贸易增长受到重创。在贸易保护主义抬头的背景下，一些大国的政策协调逐渐转向国内化，如美国在国际责任上的收缩导致多边和双边国际关系持续紧张，美国的减税计划可能导致美国本土产品的国际竞争力，英国"脱欧"后也将效仿美国采取减税计划，等等；逆全球化风潮使全球化处于发展的十字路口，形势比过去几年更加严峻，各国普遍采取利己措施，承担国际义务、应对危机的意愿减少。因此，作为全球治理的主要平台之一，G20 峰会也进入了发展的十字路口，它应当如何承担起引领世界经济和全球治理走出困局的责任和使命？汉堡峰会如何联手共同寻求全球治理共识，也成为本届峰会成功与否的关键风向标。就这些关键问题，习近平主席坚定地呼吁，"我们要继续完善全球经济治理"。他在演讲中真诚地指出，"当前，世界经济出现向好势头，有关国际组织预计，今年世界经济有望增长 3.5%。这是近年来最好的经济形势。有这样的局面，同二十国集团的努力分不开"，"国际金融危机爆发以来，二十国集团在加强宏观政策协调、改革国际金融机构、完善国际金融监管、打击避税等方面取得积极成果，为稳定金融市场、促进经济复苏作出了重要贡献。下一步，我们要在上述领域继续努力，特别是要加强宏观政策沟通，防范金融市场风险，发展普惠金融、绿色金融，推动金融业更好服务实体经济发展"，"我们要共同努力，把这些理念化为行动"，"德国谚语说，一个人的努力是加法，一个团队的努力是乘法。让我们携手合作，推动联动增长，促进共同繁荣，不断向着构建人类命运共同体的目标迈进！"①

在 G20 框架下，中国正从积极的参与者角色向积极的协调者和引导者角色转变，努力推进全球治理机制变革，推动构建公平的国际

---

① 习近平：《坚持开放包容　推动联动增长》，《光明日报》2017 年 7 月 8 日。

经济秩序，向世界传递"中国理念""中国智慧"。G20 汉堡峰会召开之前，"金砖之父"吉姆·奥尼尔说，"捍卫全球化和自由贸易是世界对汉堡峰会的期盼"。峰会过程中，德国总理默克尔期盼，"汉堡峰会将致力于达成一个全球性框架，以充分利用全球化带来的机遇，并限制全球化的风险，让全球化惠及更多人"。习近平主席 7 日在汉堡峰会上的演讲作为 7 月汉堡峰会上的强音，让他们和世界吃了定心丸。从杭州到汉堡，G20 正在给世界信心；从西子湖畔到世界桥梁之城，习近平主席给世界的信心，正在呵护着脆弱复苏的世界经济行稳致远；从今天到未来，中国正在以其新一轮全球化引领者、协调者、实践者的崭新身份，为 G20 的发展和世界政治经济发展作出应有的贡献。

（载中国青年网 2017 年 7 月 8 日）

西子湖畔的全球期待与中国贡献

以"构建创新、活力、联动、包容的世界经济"为主题的二十国集团（G20）领导人第十一次峰会即将在中国历史名城杭州举行。西子湖畔将迎来全球 20 个大国的元首和首脑；三潭印月将见证的，并不仅仅是群英汇聚、群贤毕至的盛况，也将见证盛会上的中国作用、中国贡献、中国气派、中国思路。

G20 机制，起自对危机的应对。面对全球金融危机的汹汹来势，G7 难以应对，新兴国家遂成为解决全球经济问题的生力军。近来，全球经济已有复苏迹象，但是西方发达国家增长预期普遍下调，民粹主义、恐怖威胁迭起不休，很多国家经济增长几乎为零、公共债务日益沉重、失业率居高不下，而英国"脱欧"又给西方乃至全球经济增添了新的不确定因素。挑战再次严峻地矗立在了人们面前，各国决策者再次迫切希望找到提振全球经济增长的有效方式。G20 杭州峰会正处于这样的时代背景之下。

发展中国家希望中国能为世界经济振兴提供新模式、新经验；发达国家希望中国能为低迷的世界经济带来"强心剂"，缓解自身困难；各国智库纷纷著书立说，希望中国能为世界经济增长注入新的活力。总体看，国际社会既期待一个更加公平合理的世界经济新秩序，更期待中国对世界经济提振作出贡献。这就是杭州 G20 峰会备受关注的原因之一。

对于国际社会的热切期待，中国已经做好了贡献力量的准备。

以合作促发展。中国故事的成功过程，本质上是改革、开放、融入国际社会的过程。因此，中国的思路是维护世界经济一体化进程，推动建设更加开放的世界经济体系。由于多边合作进程缓慢，进入21世纪以来国际区域合作风起云涌，五花八门的原产地规则造成的"面条碗效应"越来越严重，区域合作越来越成为背离多边合作的力量。因此中国呼吁在全球范围内建设价值链和市场，并继续推动多哈回合多边谈判。

夯实发展基础。互联互通对经济长期稳定发展的基础性作用，越来越被国际社会所接受。"一带一路"倡议把互联互通，特别是基础设施互联互通放在非常重要的位置，顺应了国际社会的发展诉求。道路、能源、信息等基础设施的互联互通，是落后国家（地区）实现经济发展的基础条件，但又是他们自身无力解决的难题。互联互通的缺失，成为持续落后的根本原因，使他们的自然资源、人力资源无法进入全球经济网络。中国支持 APEC 把互联互通作为核心议题，支持 G20 成立全球基础设施中心，支持世界银行成立全球基础设施基金。更为重要的是，中国自身为推动互联互通作出了实实在在的努力，不仅设立 400 亿美元的丝路基金，还推动成立亚洲基础设施投资银行，服务基础设施投资建设。

以创新促发展。创新是发展的内在动力，既包括科技创新、管理创新，也包括发展方式的创新。中国经济面临着成本快速上升、结构调整、环境保护等方面的压力迅速增加。因此中国提出创新发展的思路，提倡"万众创新"。通过财税、金融、投资、竞争、贸易、就业等领域的结构改革，让创造财富的活力竞相迸发，让市场力量充分迸发。

改善全球治理，实现包容发展。中国是发展中国家，在国际社会长期缺少话语权，利益得不到关注。因此中国对广大发展中国家希望国际经济秩序能够更加公平公正的愿望非常理解，支持在全球治理过程中逐步提升发展中国家的代表性和话语权。事实上，中国推动成立的亚洲基础设施投资银行创始国中就有很多发展中国家。

总之，作为 G20 东道国，中国乐于承载国际社会赋予的期待。"中国方案"就是回应国际关切的一种"增量贡献"：推动多边贸易体制，实现更大规模经济；推动基础设施建设，吸收更多资源进入全球经济循环；鼓励创新，寻找新的增长点。这是未来中国贡献世界的基本思路，也将是杭州 G20 峰会的最大亮点。

（载新华网 2016 年 8 月 27 日）

推进两个精神交相辉映再结
硕果的中国范式

　　成立于 2001 年 6 月的上合组织，在其发展过程中已历经数次自我完善和转型。从成立之初的致力于加强边境地区信任和裁军谈判进程的简单机制，深化和转型到今天兼地区反恐、信息安全保障、稳固和加强区域经贸合作的成熟的国家间组织，中国政府发挥了巨大的引领和引导作用。当前，国际形势正在发生着深刻的变化，在世界经济总体复苏乏力、地区热点问题此消彼长、传统安全和非传统安全威胁有增无减的现实背景下，上合组织各成员国既面临如何提振经济增长的共同压力，也在维护地区安全和国家安全方面面临着许多共同挑战。因此，如何做到携手合作、共克时艰、实现共赢和多赢，以实现各成员国的共同发展和地区长治久安，已经成为上合组织面临的共同时代课题。李克强总理融合"上海精神"和"丝路精神"的六点倡议，为上合组织进一步挖掘未来发展的巨大潜力提供了"中国范式"，为上合组织在过去 15 年成功基础上再次顺利转型贡献了"中国智慧"，为上合组织各成员国打造休戚与共的命运共同体提供了"中国思路"。

　　不忘初心、不离要旨。加强反恐合作，一直是上合组织的重要使命。自成立以来，上合组织联合开展了 10 次"和平使命"多边军事反恐演习和 2 次"天山反恐"多边执法安全机关反恐演习，对活动在该地区的"三股势力"产生了巨大震慑作用。当前，受西亚北非政治动荡影响，在国际恐怖主义势力趁机做大的背景下，中亚及其周边地区"三股势力"再呈活跃态势，并出现了恐怖势力和组织的人员、资金、信息等国际化、网络化的新特征，对地区稳定和成员国国家安全构成了新一波威胁和严峻挑战。新形势下上合组织的转型，应不忘初心，绝不能忘记和忽视打击"三股势力"的初衷，联合反恐依然是当前上合组织不可动摇的核心任务。李克强总理在讲话中指出，"'三股势力'仍是本地区最大安全威胁。上合组织成员国应遵循共同、综合、合作、可持续的安全观，进一步加强安全领域的协调合作，加紧商签反极端主义公约，推进地区反恐怖机构机制建设"，"安全稳定是上合组织各成员国实现自身发展繁荣的首要条件，也是促进彼此务实合作的根本保障"。① 因此，李克强总理在讲话第一条中就开宗明义强调要"营造安全稳定环境"，再次明确和强调了上海合作组织最本质的功效和要旨之所在，希望各成员国切实加强安全领域的协调合作，以打击恐怖主义的渗透与蔓延。

扶正祛邪、相偕前行。面对恐怖主义的盛行，既要予以严厉打击，更要破除其蔓延之基础。唯有如此，才能做到标本兼治，实现地区稳定和长治久安。贫穷、封闭、保守、落后等社会经济环境，是恐怖主义和宗教极端思想滋生蔓延的温床。美国等西方国家主导的反恐，之所以越反越恐，越反越乱，根源就在于其出于私心而治标不治本。上合组织要趟出反恐的新路子，必须要结合地区和地区国家的实际情况，通过携手发展经济、扩大就业、加强交流、完善基础设施、扩大合作共识等方式，赢得民心、争取民心、转化民心，从战略层面夯实反恐的地区民意基础。在这种现实需求下，"一带一路"合作倡议的提出和推进，为上合组织的战略反恐斗争提供了新的机遇和平台。李克强总理讲话中提出的"打造融合发展格局"的理念，正是

---

① 李克强：《在上海合作组织成员国政府首脑（总理）理事会第十五次会议上的讲话》，《光明日报》2016年11月5日。

上合组织战略转型的现实需求，"我们应加强各国经济发展战略协调对接，中方倡议的'一带一路'建设正在与欧亚经济联盟建设对接合作"。① 通过促进贸易和投资自由化便利化、培育区域大市场、构建跨境大通道、完善地区路网建设、深化跨境运输合作等具体措施，以促进经济大融合和经济发展，既顺应了成员国的反恐需要，也顺应了成员国普遍追求幸福生活的迫切愿望，完全符合上合组织各成员国的共同利益。正如李克强总理在讲话中所指出的，"本次会议将批准《2017—2021 年上合组织进一步推动项目合作的措施清单》，涵盖贸易、投资、海关、农业等 7 大领域的 38 项措施，将对上合组织今后 5 年的务实合作发挥引领作用"。②

优势互补、打造支柱。上合组织成员国国情迥异，各有所长。要在高水平上实现共赢、多赢，关键是通过优势互补，不断打造合作支柱，不断拓宽合作的新领域。当前，在国际层面上，反全球化、民粹主义、贸易保护主义等思潮盛行；在地区和国家层面上，俄罗斯、中亚各国的经济发展遭遇瓶颈，中国经济也在经历高速增长阶段后进入了"新常态"。如何看待全球化发展趋势？如何化解发展瓶颈？已经成为当今包括上合组织各成员国在内的国际社会普遍面临的重大时代课题。令人高兴的是，在西方发达国家消极思潮盛行的情况下，上合组织成员国之间经济合作的意愿在进一步强化，中国正在以开放合作融入国际社会来坚定支持新一轮全球化的发展。上合组织成立以来，通过反恐和政治安全领域的合作，累积了高度的政治互信，为今后转型为成熟全面的地区合作组织奠定了坚实的政治基础；上合组织 15 年的运行、成员国之间的政治互信，使构建自贸区的条件已经基本成熟。因此，面对时代所需，李克强总理在讲话中提出了建立上合组织

① 李克强：《在上海合作组织成员国政府首脑（总理）理事会第十五次会议上的讲话》，《光明日报》2016 年 11 月 5 日。

② 李克强：《在上海合作组织成员国政府首脑（总理）理事会第十五次会议上的讲话》，《光明日报》2016 年 11 月 5 日。

自贸区、提升产能合作水平等两大实现优势互补、打造地区合作新支柱的倡议。建立上合组织自贸区，实现贸易、投资便利化，不但将大幅度提升成员国之间的贸易规模，这既是双赢之举，更是多赢之策。中方倡议的国际产能合作，既契合了地区国家加快工业化进程的需求，又是加深彼此经济融合、实现互利共赢的途径。因此，李克强总理在讲话中宣布，"中方对建设上合组织自贸区等倡议持开放态度，愿与各方开展自贸区可行性研究，充分考虑各方利益关切和地区特点，积极探索更加全面、紧密、高效的区域经济合作架构"，"中方愿与各方共同努力，发挥互补优势，把产能合作打造成区域经贸合作的重要支柱，形成本地区经济发展的增长极，造福相关国家人民"。①

　　创新合作、再造引擎。任何机构和组织的发展，如果仅仅停留在一般意义上的传统合作上，其前途将注定不甚光明。对上合组织而言，这个道理也是相通的。从发展的角度看，创新是打开经济强劲、可持续、平衡、包容增长之门的钥匙，也是上合组织各成员国发展的强劲动力。目前，世界新一轮科技革命和产业变革正在蓬勃兴起；中国经济发展进入新常态，处在新旧动能转换的关键时期，中国提出的创新、协调、绿色、开放、共享发展理念和深入实施创新驱动的发展战略，正在以大众创业、万众创新等方式着力培育新动能、改造提升传统动能；上合组织成员国已经或正在制定本国的创新政策和计划。这些新趋势，为上合组织各成员国的创新政策塑造了大量共同点，打开了在创新领域合作的广阔空间。因此，李克强总理在讲话中关于以创新再塑发展新动力的倡议，得到了各个成员国的高度认同。李克强总理在讲到"中方愿与各国加强创新政策对接和经验交流，积极落实《上合组织成员国科技伙伴计划》，深入开展卫星导航和卫星移动通信领域合作。建议尽快建立上合组织电子商务联盟，推动提高跨境

---

① 李克强：《在上海合作组织成员国政府首脑（总理）理事会第十五次会议上的讲话》，《光明日报》2016年11月5日。

电子商务通关便利化水平、增强物流保障能力。建议依托上合组织环保信息共享平台，推广生态恢复、清洁能源开发等成功经验。中方支持哈萨克斯坦明年在阿斯塔纳主办'未来能源'专项世博会，愿借此推动各方在环保技术创新、绿色经济等领域合作"[①] 后，会场上响起了经久不息的掌声，原因也正在此。

打通血脉、做大蛋糕。在这次会议上，李克强总理同与会成员国领导人共同批准了《2017—2021 年上海合作组织进一步推动项目合作的措施清单》《上海合作组织科技伙伴计划》和《关于成立上海合作组织开发银行和发展基金（专门账户）下一步工作》等涵盖贸易、投资、金融、海关、农业等领域的多个文件。这些文件标志着上合组织进入了真正意义上的"全面发展"阶段。特别是上海合作组织开发银行和发展基金，打通了金融血脉，既为上合组织框架内的发展规划注入新动力，又代表着上合组织将拥有自己的专项资金和金融体系，可以更好地协调金融资源，为上合组织范围内的项目开发提供科考的资金支持。而这正是上合组织成员国迫切希望和亟须的支持。李克强总理在讲话中就完善区域融资机制，进一步阐述了中国政府的立场和态度，强调"金融是经济的'血脉'。搭建有效的融资保障机制，是推动经贸合作的关键"，表示"我们应充分利用上合组织银行联合体、亚洲基础设施投资银行、丝路基金、中国—欧亚经济合作基金、金砖国家新开发银行等既有投融资平台，为促进成员国经济发展和实施区域合作项目提供融资支持。责成主管部门继续商谈建立上合组织开发银行事，争取就具体合作模式达成一致"，中方"愿以人民币正式加入国际货币基金组织特别提款权货币篮子为契机，与各方进一步加强本币互换和结算合作"[②] 在可预见的未来，上合组织成员

---

① 李克强：《在上海合作组织成员国政府首脑（总理）理事会第十五次会议上的讲话》，《光明日报》2016 年 11 月 5 日。

② 李克强：《在上海合作组织成员国政府首脑（总理）理事会第十五次会议上的讲话》，《光明日报》2016 年 11 月 5 日。

国通过打通金融血脉，既可"集中力量办大事"，又可解决目前国际发展资金分配不均的难题，探索出一条全新的、以共赢为目的的地区金融合作制度和体系。

培养使者、固本强基。回顾和总结上合组织成立以来的成绩，不难发现人文交流在其中发挥的重要作用。上合组织成立以来，各成员国秉持"人文交流润物无声，民心相通百年大计"的理念，在教育、文化、卫生、体育、旅游、青年、媒体等各领域，开展了卓有成效的交流与合作，培养出了一大批致力于发展成员国之间友好关系的使者。这既是上合组织愈行愈健的原因，也是上合组织未来美好前景的基石。因此，李克强总理在讲话中专门强调要"夯实人文交流基础"，并代表中国政府庄严承诺，"中方愿与各方签署关于上合组织大学设立和运行的协定，支持其为各国培养更多精通地区事务的专业人才。中方已增加上合组织专项奖学金名额和本学年中国政府奖学金名额，并愿继续为成员国中小学生举办夏令营。北京市正在积极筹建上合组织活动中心，将成为本组织开展交流活动的重要平台。中方将在新疆建设国际医疗服务中心，与周边国家分享便捷优质的医疗资源。中方将发挥好上合组织睦邻友好合作委员会作用，继续开展系列民间交往活动，并在华举办青年交流营、欧亚青年领导人研修交流等活动，为上合组织培养更多友好使者"。[①]

有媒体评论说，李克强总理出席理事会第十五次会议所发表的讲话，是促进中国多边外交与双边外交相得益彰之举、是打造"丝绸之路经济带"落实引擎的深化之举、是彰显中国"亲诚惠容"外交理念的和平之举。李克强总理提出的六点倡议，融合了上合组织的"上海精神"和"一带一路"倡议的"丝路精神"，开启了上合组织成员国加强经济合作、实现经济融合、累积政治互信的转型新篇章，

---

① 李克强：《在上海合作组织成员国政府首脑（总理）理事会第十五次会议上的讲话》，《光明日报》2016年11月5日。

标志着上合组织将转型为全球治理新范式和新平台的新开端，为上合组织进一步提升区域治理能力插上了翅膀，为各成员国落实互利共赢、做大蛋糕的共同发展理念增添了新的动力。我们相信，面对新时期的挑战与机遇，上合组织在两个精神的照耀下，一定会再结硕果，再创辉煌。正如李克强总理在讲话中指出的，"15 年来的实践证明，成立上合组织是具有远见卓识的决策"，中方愿继续与各方一道"不忘初心，携手前行，推动上合组织各领域合作取得扎实成果，更好地造福地区各国人民"。①

（载中国青年网 2016 年 11 月 7 日）

---

① 李克强：《在上海合作组织成员国政府首脑（总理）理事会第十五次会议上的讲话》，《光明日报》2016 年 11 月 5 日。

上合之路上的共赢密码

上海合作组织成员国元首理事会第十九次会议2019年6月14日在吉尔吉斯斯坦首都比什凯克举行，习近平主席在会上发表题为《凝心聚力　务实笃行　共创上海合作组织美好明天》的重要讲话。

从"上海精神"到新型国际关系，从上合命运共同体、利益共同体到人类命运共同体……18年风雨兼程，上合组织成员国从"上海精神"中发掘智慧，从团结合作中获取力量，使得上合组织成为推动建设新型国际关系、构建人类命运共同体的光辉典范。无论国际形势如何风云激荡，上合组织始终保持强劲合作动力，走出了一条特色鲜明的合作共赢之路。

"上海精神"凝心聚力，上合之路守正出新

上合组织创造性地提出并始终践行互信、互利、平等、协商、尊重多样文明、谋求共同发展的"上海精神"，这是其始终保持旺盛生命力和强劲合作动力的根本原因。

"建设一个什么样的世界、如何建设这个世界"是关乎人类前途命运的重大问题，"上海精神"正是围绕这一问题，准确把握了当今世界要合作不要对抗，要共赢不要独占，要开放不要封闭的时代潮

流，深度契合了各成员国求和平、谋发展、促合作、要进步的迫切愿望。

一方面，"上海精神"与以"西方中心论"为指导的国际关系理念有着根本性差异。"上海精神"坚决反对霸权主义和强权政治，坚决摒弃冷战思维、集团对抗、零和博弈，坚决防范各种传统和非传统安全威胁，坚决抵制单边主义、贸易保护主义、逆全球化思潮，坚决拒绝自私自利、短视封闭的狭隘政策，坚决批判文明冲突论、西方文明优越论。

另一方面，"上海精神"与新时代中国特色大国外交提倡的新型国际关系和人类命运共同体理念有着内在的一致性。习近平主席在2018年青岛峰会上以"五观"进一步丰富"上海精神"：提倡创新、协调、绿色、开放、共享的发展观，践行共同、综合、合作、可持续的安全观，秉持开放、融通、互利、共赢的合作观，树立平等、互鉴、对话、包容的文明观，坚持共商共建共享的全球治理观。

寻求最大公约数，上合之路越走越宽

随着成员由最初的六国扩容到八国，上合组织现已拥有2个联合国安理会常任理事国、3个金砖国家，核心议题也由最初的偏重于加强边境地区军事领域信任，逐步拓展至安全、政治、经济、人文、对外交往、机制建设六大领域，涵盖反恐、军事、商业、教育、科技、文化、体育、旅游等各领域合作。

上合组织之所以能取得如此成绩，相当程度上得益于《上海合作组织宪章》确立的"协商一致的共识原则"与"利益一致的行动原则"，这种议事与行动原则是典型的"寻求最大公约数"的治理模式。

在上合组织里，没有"国强必争、国强必霸"的传统观念。上合组织尊重成员国各自选择的发展道路，兼顾彼此核心利益和重大关切，鼓励通过换位思考增进相互了解，求同存异，促进和睦团结。在这一框架下，即使在双边关系上存在冲突的印度和巴基斯坦也能够就加入组织达成共识。

虽然上合组织内部文化差异明显，经济社会发展水平和发展环境也差别较大，但只要坚持以协商一致谋共识，以利益一致促行动，上合之路还会越走越宽广。

与"一带一路"相通，上合之路行稳致远

"一带一路"是人类命运共同体理念的重要实践平台。其建设原则是共商共建共享，丝路精神的核心是和平合作、开放包容、互学互鉴、互利共赢，这些都与"上海精神"相辅相成。

《推动共建丝绸之路经济带和21世纪海上丝绸之路的愿景与行动》明确指出，要强化上合组织等现有多边合作机制作用。习近平主席在近几次上合组织峰会上也多次强调，上合组织可以在"一带一路"建设中发挥重要平台作用。从现实和长远来看，上合组织成员国多位于丝绸之路经济带，进一步拓展夯实"一带一路"项目，须充分发挥上合组织作用，而上合之路要实现固本强基、行稳致远，也理应朝着有利于"一带一路"建设的方向发展。

习近平主席在此次会议上指出，要把上海合作组织打造成互利共赢的典范。本地区拥有资源禀赋丰富、市场规模巨大、科技创新实力雄厚等优越条件，发展动力十足，合作前景广阔。要认真落实第二届"一带一路"国际合作高峰论坛成果，充分利用本地区国家独特优势，推动共建"一带一路"倡议同各国发展战略及欧亚经济联盟等

区域合作倡议深入对接。

　　"生存的力量在于团结。"有理由相信，各方秉持"上海精神"，从团结合作中获取力量，凝心聚力，务实笃行，将携手构建更加紧密的上海合作组织命运共同体。

（载《半月谈》2019 年 6 月 27 日）

"上合"与"一带一路"：
在互动融合中前行

　　一年一度的上海合作组织峰会 2018 年在山东青岛举行。17 年的风雨经历让上合组织日渐走向成熟，不仅实现了成员扩容、领域扩容和机制扩容，更实现了合作共识提升和经济融合提升。上合组织国际影响力的日益上升，对即将年满 5 岁的"一带一路"建设来说，无疑是一大助力，同时，"一带一路"建设中不断结出的硕果，也将更好推进上合组织发展壮大。

安全与经济：在互利中前行

　　推动地区安全是促进经济合作、实现经济增长的重要前提，反之，经济发展又有助于地区安全的实现和人民生活福祉的提升。上海合作组织就是一个以维护地区安全为重要目标的国际组织。一直以来，上合组织成员国不断加强反恐行动，使得这一地区在很长一段时间内没有发生过重大恐怖行动，这对今天的"一带一路"建设起着巨大的护持作用。

　　"一带一路"建设主要以促进经济合作、实现共赢为目标，特别是在起步期，大量的经济项目主要以基础设施为主。基础设施项目本身就具有投资巨大、建设周期长、收益回收慢等特点，客观上对沿线国家的安全环境有着较高要求。因此，一些地区组织和沿线国家发布的各类报告也往往将安全风险列为"一带一路"面临的最大威胁和挑战。

另外，"一带一路"建设的展开又为推进地区安全可持续性增加了物质手段和精神补给，为上合组织目标的实现增添了力量。"一带一路"各类经济项目的推进，极大动员了沿线国家将社会资源集中在经济增长上，这对尚未走出贫困泥潭的国家而言，尤其起到了杠杆作用，有利于当地百姓生活的改善和国家财富的积累。此外，"一带一路"倡导多元文化融合和民心相通，鼓励沿线国家加强民间交往，力求消除因价值观不同、宗教信仰不同和文化理念不同而导致的各类冲突，这在精神层面回应了上合组织成员国谋求共同利益的目标。

硬机制与软架构：在互动中前行

上合组织从成立之初就是一个机制化的国际组织，其所发布的宣言和开展的活动对成员国有着较强的约束性，这也是上合组织能够有效维护地区安全环境的力量所在，更是上合组织能够不断提升国际含金量的关键所在。有研究表明，正是因为上合组织中的这些硬机制，才有效保障了"一带一路"建设前行无忧。

迄今，"一带一路"虽然是个软架构，主要以倡议方式向响应国发出合作呼声，但其框架之下有多个实体项目，有间接拉动地区经济增长的基础设施项目，有直接促进就业改善当地民生的产业园区项目和产能合作项目，如中哈连云港物流合作基地和"霍尔果斯—东大门"经济特区无水港；有为沿线国家经济增长提供资金支持的银行、基金，如亚洲基础设施投资银行、新开发银行和丝路基金；也有正在制订或推进中的贸易投资便利化的各类标准与规则；有中国与多个沿线国家签署的双边或多边的"一带一路"合作协议、框架；也有战略层面上经济发展战略对接的展开，如"一带一路"与俄罗斯"远东地区发展战略"对接、与哈萨克斯坦"光明之路"新经济政策对接等。

可以说，上合组织的硬机制和"一带一路"的软架构之间相互配合，正在为地区经济繁荣与社会稳定创造积极条件，共同谱写命运共同体的新时代篇章。

老成员与新成员：在互融中前行

一个国际组织的生命力在于其国际影响力，而国际影响力提升的标志之一是有更多的国家愿意加入这一组织，这就是扩员。2017年上合组织首次扩容，将印度和巴基斯坦两个观察员升级为正式会员。印度和巴基斯坦的加入既给上合组织增添了活力，同时也增添了差异性。巴基斯坦和印度在安全诉求和反恐问题上与上合组织老成员有着高度共识，有助于上合组织提升对地区恐怖势力的威慑作用，同时也将反恐等安全问题从中亚地区向南亚地区拓展，加大了地区反恐力量。另一方面，印度和巴基斯坦两国有领土纠纷，在一些重大问题上往往会产生分歧，导致上合组织在决议的执行上易打折扣。未来，上合组织还将面临进一步扩容问题，因此，解决新老成员和新成员之间的问题首先需要借助"一带一路"建设来加强融合。"一带一路"建设通过推进各国经济与非经济领域的合作，有助于扩大合作方的共同利益、缩减分歧和对立。

可以预见，随着"一带一路"建设的不断推进，上合成员迈向更加紧密的利益共同体、安全共同体、命运共同体也将为期不远，一个安全可持续与繁荣稳定的新局面必将呈现在世人面前。

（载《半月谈》2018 年 6 月 5 日）

打造更高水平的中国—东盟战略伙伴关系，构建更为紧密的命运共同体

2018 年 5 月 7 日下午，国务院总理李克强在雅加达东盟秘书处出席中国—东盟建立战略伙伴关系 15 周年庆祝活动启动仪式并发表主旨讲话，李克强总理高度评价了中国—东盟 15 年来合作取得的伟大成就，强调中国愿同东盟做共建和平的伙伴，支持东盟在构建开放包容的地区架构中发挥更大作用。李克强总理在会见东盟秘书长林玉辉时指出，中国和东盟同为发展中经济体，双方合作潜力巨大，中方愿以中国—东盟建立战略伙伴关系 15 周年为契机，与东盟打造更高水平的战略伙伴关系，构建更为紧密的命运共同体。

中国—东盟有望成为命运共同体的示范区。自中国与东盟建立战略伙伴关系以来，中国始终把东盟作为周边外交的优先方向，积极与东盟发展经贸投资合作关系。中国充分理解东盟国家发展经济、改善国民生活水准的强烈愿望，始终将发展理念贯穿于对东盟的合作与经济外交实践。中国倡导的"一带一路"和区域合作体现了发展导向，与东盟共同打造发展共同体、利益共同体、责任共同体，最终走向繁荣共同体、安全共同体和命运共同体的前景可期，大有可为。在 2013 年中国—东盟建立战略伙伴关系十周年之际，习近平主席对印尼进行国事访问，提出共建 21 世纪海上丝绸之路、携手建设更为紧密的中国—东盟命运共同体的目标，为双方关系未来发展指明了方

向。2017 年，时逢东盟成立 50 周年，中国与东盟的关系进入承前启后的关键之年，特别是随着 5 月中国发起召开"一带一路"国际合作高峰论坛后，中国—东盟重大合作项目取得了令人鼓舞的阶段性成果。

中国—东盟双方已形成了全方位、多层次、宽领域的经贸合作格局。中国在与东盟国家的自贸区谈判中充分考虑东盟的发展需求，以独特的早期收获方式开放东盟优势农产品进口，让东盟国家得到实惠。过去的 15 年是中国—东盟关系持续深化的 15 年，2014 年是双方共同确定的中国—东盟未来"钻石十年"的开局之年，同年 8 月，中国—东盟经贸部长会议正式宣布启动中国—东盟自贸区升级谈判，并于 2015 年 11 月如期结束谈判，双方签署了《中华人民共和国与东南亚国家联盟关于修订〈中国—东盟全面经济合作框架协议〉及项下部分协议的议定书》（以下简称《议定书》），《议定书》从货物贸易、服务贸易、投资、经济技术合作等各个领域对原有协定作了进一步的补充、完善和提升，也成为中国在现有自贸区基础上完成的第一个升级协定。2016 年 7 月 1 日，中国—东盟自贸区升级版正式生效，中国—东盟自贸区的总体水平迈上新的台阶，达到新的高度。

以发展导向与规则创立相结合，创新中国—东盟区域、次区域合作机制与合作模式。为推动与东盟发展互利共赢的友好合作关系，中国与东盟共同建立了许多合作机制，例如，2014 年 11 月，李克强总理在第 17 次中国—东盟领导人会议上倡议建立澜沧江—湄公河合作机制，得到湄公河流域各国积极响应。2015 年 11 月，澜湄合作首次外长会议发表了《澜湄合作概念文件》和《联合新闻公报》，宣布启动澜湄合作进程，确立"3 + 5"合作框架：加强政治安全、经济和可持续发展、社会人文三大重点领域合作，现阶段重点在互联互通、产能、跨境经济、水资源、农业和减贫 5 个优先方向开展合作。2016 年年底中国与湄公河 5 国发表《澜沧江—湄公河国家产能合作联合声明》，开展产业规划、政策、信息和项目等多种形式的对接合作。

2002 年中国与东盟签署了《南海各方行为宣言》，于 2017 年 5 月 18 日与东盟十国审议通过了"南海行为准则"的框架文本，对维护南海和平稳定的局面发挥积极作用。

中国与东盟国家在产能合作方面具有明显的互惠空间，"一带一路"国家倡议的推进为推动中国与东盟各国开展产能合作搭建了重要平台。随着中国企业"走出去"步伐的加快，特别是"一带一路"倡议提出后，中国对东盟投资呈现集群式投资的特点。在"一带一路"倡议下，中国将自己改革开放过程中设立经济特区和中外经贸合作园区的经验移植到东盟区域内，设立境外经贸合作园区，帮助东盟国家改善投资环境。目前已建立多个境外经贸合作区，如柬埔寨西哈努克港经济特区、泰国罗勇工业园、老挝万象赛色塔综合开发区、中国—印尼经贸合作区、越南龙江工业园、中国—印尼综合产业园区青山园区、中国—印尼聚龙农业产业合作区等，为将来进一步推进中国—东盟产能合作奠定了基础。目前中国与东盟国家的产能合作已有一定基础，未来双方可将能源产业、基础设施产业、装备制造产业、清洁能源产业、生物精加工与研发产业和电子信息产业等领域作为产能合作的重点。

虽然当前全球经济形势增长不稳，贸易保护主义和民粹主义抬头，但中国与东盟地区仍然是全球经济增长的主要引擎，是区域和国际自由贸易的积极推动者。多年来，中国与东盟在平等互利的基础上，在多个领域开展了富有成效的经济、社会、安全等领域的合作，可以预期进入合作新时期、新阶段的中国—东盟，将会继续不断提升全面战略伙伴关系，积极将打造中国—东盟命运共同体的合作水平推向新高度。

（王灵桂、张中元，载中国青年网 2018 年 5 月 9 日）

三大支柱合作夯实中国与印尼
全面战略伙伴关系

2018 年 5 月 6—8 日，国务院总理李克强应印尼总统佐科邀请，对印尼进行了正式访问。这是一次友好互信之旅，更是一次务实合作之旅。根据 5 月 7 日新华社发布的《中华人民共和国政府和印度尼西亚共和国政府联合声明》，李克强总理这次访问将进一步强化中国与印尼在双边、地区和国际三大支柱合作，夯实中国与印尼全面战略伙伴关系。

中国和印尼分别是世界第一大和第三大发展中国家，也是新兴经济体重要成员，在聚焦发展、维护多边贸易体制、构建新型国际关系等方面具有共同利益，这是中国与印尼全面战略伙伴关系的重要基础。

在双边层面，政治安全、经济贸易和社会人文"三驾马车"日益协调、稳健，推动全面战略关系走向深入。目前两国早已建立的三大副总理高层对话机制，涵盖了"三驾马车"各个领域，推动了"三驾马车"的顶层设计与规划，使得中国与印尼双边层面合作进入到机制化、规范化轨道。

在政治安全领域，中国和印尼通过提升防务、执法、禁毒、反恐、反腐、司法协助、引渡、网络安全等领域合作，强化双边政治互信。

在经济贸易领域，中国和印尼通过不断加强在基础设施互联互通方面合作，特别是在共建"一带一路"倡议和"全球海洋支点"构想对接框架内，全面推进雅万高铁建设，共商"区域综合经济走廊"建设，打造中国和印尼利益共同体。

在社会人文领域，通过加强教育、文化、旅游、媒体、体育、宗教、青年、地方、文化遗产地等领域交流与合作，促进文明互鉴与民心相通，打造人文合作新亮点，夯实中国与印尼社会文化基础。

在地区层面，以中国—东盟建立战略伙伴关系 15 周年和中国—东盟创新年为契机，共同制定"中国—东盟战略伙伴关系 2030 年愿景"。通过"4 + 1"合作模式，打造中国与东盟东部增长区合作新范式；通过全面有效落实《南海各方行为宣言》，支持"南海行为准则"磋商工作进展，共同维护南海的和平与稳定，塑造地区持续增长的良好环境。

在国际层面，共同应对区域性和全球性挑战。两国反对贸易保护主义，共同促进贸易和投资自由化便利化，支持多边贸易体制，推动新型全球化。切实维护广大发展中国家利益，特别支持巴勒斯坦人的解放事业，携手应对全球性挑战。

中国和印尼合作就像一棵小树，需要呵护与支持。5 月 7 日，李克强总理与印尼佐科在茂物总统府后花园共同栽下一棵小樟树。这种小樟树，产自苏门答腊岛和加里曼丹岛，不仅具有多种建筑价值，而且具有多种药用价值，象征着中国和印尼友谊越来越牢固，在各个领域合作更加互惠互利。

中国和印尼在三大支柱合作方面，拥有坚实的根基，潜力巨大。虽然中国与印尼合作还面临着一些挑战，但这些挑战是发展中的问题，双方可以通过发展，将挑战变成机遇，最终把中国和印尼全面战略伙伴关系打造成南南合作示范田，共建"一带一路"先行区，周边命运共同体构建先导区。

（载中国青年网 2018 年 5 月 8 日）

中日韩合作　登高更需望远

2018 年 5 月 9 日，第七次中日韩领导人会议在日本东京举行。国务院总理李克强出席会议，并就中日韩合作提出如下建议：一是加快推进中日韩自贸区和 RCEP，共同维护自由贸易体系；二是集聚三方优势，打造"中日韩 + X"合作模式；三是标本兼治，推动实现半岛和平稳定。

2018 年适逢中日韩领导人会议在东盟与中日韩（10 + 3）框架外举行 10 周年，2019 年还将迎来中日韩合作启动 20 周年。值此重要历史节点，中日韩三国领导人时隔两年半再次聚首，不仅为深化三国合作指明了新的方向，为东亚合作注入新的动力，也为中日韩三国在"一带一路"框架下合作带来了新的历史机遇。

一　加快中日韩自贸区谈判进程，提升区域经济一体化水平

受益于东亚完善的区域生产网络，中日韩三国间贸易额已由三国合作启动之初的 1687.55 亿美元增加至 2017 年的 6637.02 亿美元，年均增长 8.4%，高于全球贸易总额 2.3 个百分点。中国已经成为日韩两国的最大贸易伙伴，日韩两国也已分别成为中国的第二和第四大贸易伙伴国。同期，三国间相互投资也累计增加至 2016 年的 2253.75 亿美元，日韩两国分别成为中国的第三和第六大外资来源地。双边贸易和相互间投资的持续增长为中日韩自贸区和东亚一体化建设奠定了坚实的经济基础。

自 2012 年 11 月启动以来，中日韩自贸区已经完成十三轮谈判，三方在货物贸易、服务贸易和投资三大核心领域展开了深入磋商并取得了积极进展。中日韩自贸区如果能够顺利建成，将为三国间贸易和投资的可持续增长提供制度性保障，为三国间经贸合作由价值链贸易、产业内贸易向区域经济一体化的超越提供稳定的动力机制。同样，着眼于全球贸易投资规则的最新发展趋势，以中日韩自贸区为平台，三国在服务贸易和投资领域的合作不仅有利于中日韩三国间形成新的生产网络，也会为三国间产业内或产品内垂直分工的深化和价值链的延伸创造新的条件，有助于提升区域经济一体化水平。

二　加快 RCEP 谈判进程，共同维护全球自由贸易体系

中日韩三国是东亚最重要的经济体，三国合计约占东亚经济总量的 87.3%，合计约占"区域全面经济伙伴关系协定"（RCEP）经济总量的 73.6%。鉴于中日韩三国的经济规模及其在东亚区域生产网络中的重要位置，三国有责任发挥各自优势，积极推动以东盟为中心的 RCEP 早日达成协议。RCEP 框架下的贸易自由化、投资便利化措施将为中日韩三国、三国和东亚各国间经贸关系的可持续发展、双边贸易和相互间投资的可持续增长、价值链和供应链的延伸创造新的条件。三国在 RCEP 框架下的合作将为东亚/亚太区域生产网络的完善与重构、地区统一市场的构建、贸易和生产要素的优化配置起到积极的促进作用。据亚洲开发银行报告，到 2025 年，RCEP 将为全球创造 6440 亿美元的经济收益（相当于全球 GDP 总量的 0.6%），将使中日韩三国的 GDP 分别增长 1.4%、1.8% 和 3.9%。如果 RCEP 能在 5 个"10 + 1"FTA 的基础上对现有东亚区域生产网络予以扩展、深化，促进中日韩三国和 RCEP 其他成员进一步融入区域和全球供应链，将会为东亚经济的内生增长提供新的动力，有助于引领推动制定东亚共同体蓝图、强化世界自由贸易大势。

作为全球第一、第四和第九贸易大国（三国合计约占全球贸易

总额的 36.8%，合计约占美国对外贸易逆差的 58.7%）和 WTO 多边贸易体系的重要成员，继续以开放自信的心态参与并发展一个以规则治理、以制度为基础的全球自由贸易体系符合中日韩三国的长久利益。正如李克强总理所言：中日韩三国"都是经济全球化的受益者、支持者，也都经历过贸易保护主义的打压。面对当前保护主义、单边主义抬头的严峻形势，中日韩应坚定地站在一起，支持自由贸易，共同维护好规则为基础的多边贸易体系。"①

三　聚集三方优势，打造"中日韩＋X"合作模式

在当天的会议上，李克强总理还提出，中日韩三国应聚集三方优势，通过"中日韩＋X"模式，在产能合作、减贫、灾害管理、节能环保等领域实施联合项目，共同开拓第四方甚至多方市场，带动和促进本地区国家实现更好更快发展。"中日韩＋X"模式的提出，不仅为中日韩三国进一步深化互利共赢合作带来了新的路径、新的机遇，也为中日韩三国在"一带一路"框架下合作带来新的范式、新的契机。

自 2013 年习近平总书记提出"一带一路"倡议以来，"一带一路"已从理念愿景转化为行动与现实。以"一带一路"为框架，以经济走廊为平台，"一带一路"的贸易创造效应、投资促进效应、产业聚集效应和空间溢出效应正在为"一带一路"相关国家提高发展质量带来广阔机遇。基于中日韩三国的经济规模、资本和技术优势，三国在"一带一路"框架下的贸易、投资、财政金融、节能环保、科技创新、高端制造等领域合作将会带动和促进"一带一路"相关国家实现更好更快发展。不仅如此，如果中日韩三国能够发挥各自在装备、技术、资金和工程建设等方面的优势，共同推动亚洲"一带一路"基础设施互联互通，不仅会产生数倍于独自行动的功效，还

---

① 李克强：《在第六届中日韩工商峰会上的致辞》，《光明日报》2018 年 5 月 11 日。

会降低运营成本、提高生产效率和异质性资源配置效率，对东亚、亚洲、"一带一路"相关国家的整体发展也会起到积极的促进作用。据世界银行测算，对基础设施的投资每增加10%，全球经济总量将增加一个百分点。而据世界经济论坛估计，如果全球供应链壁垒的削减能够达到最佳实践水平的一半，全球 GDP 预计将增长 4.7%，贸易量将增加 14.5%，远超取消所有关税所带来的福利收益。

天下事，合则两利，斗则俱伤。2018 年是中日和平友好条约缔结 40 周年，也是中日韩三方合作启动第 19 年。40 年沧海桑田，中日韩三国均实现了经济高速增长，共同成就了"东亚奇迹"。40 年风雨兼程，中日关系虽因历史问题、领土（海）主权问题时有曲折，但中日、中日韩三国合作总体而言仍呈持续上升之势。值此中日关系出现改善之机，半岛和平出现转圜向好之际，中日韩三国更应抓住机遇，在加强三国战略互信的同时，积极推动中日韩自贸区、RCEP 等东亚一体化可能路径谈判进程，积极探讨"一带一路"框架下"中日韩＋X"合作，共同维护自由贸易体系，标本兼治、推动实现半岛和平稳定，让此次中日韩领导人会议真正成为深化三国合作的里程碑。同时希望日方正视历史，登高望远，重信守诺。须知，登高望远才能携手同行，重信守诺才能行稳致远。

（王灵桂、王金波，载中国青年网 2018 年 5 月 14 日）

金砖扩容有助于推动全球治理创新

　　2017 年 7 月 7 日，习近平主席在德国汉堡主持金砖国家领导人非正式会晤时指出，厦门峰会要"为深化金砖合作注入新动力，为完善全球治理提供新方案，为促进世界经济增长作出新贡献"。[①] 同年 9 月 3 日在中国厦门举行的金砖国家领导人会晤，将主题确定为"深化金砖伙伴关系，开辟更加光明未来"。"扩容金砖合作机制"将有助于推动全球治理创新。

一　金砖扩容的内在逻辑

　　从跨国合作机制建设的经验教训，以及金砖合作机制本身需要看，扩容金砖合作机制，理应成为金砖合作机制不断走向完善的主要任务之一。

　　一是能否成功扩容，是检验跨国合作机制成败的重要标志。从欧盟、七国集团（G7）、上海合作组织等多个跨国合作机制发展的历程看，如果一个跨国合作机制能够成功扩容，则说明该机制运行顺畅，具有吸引力。否则，说明该机制不能适应内外环境变化，各种矛盾凸显，在国际事务中日益被边缘化，不仅失去对潜在成员的吸引力，甚至还可能出现成员主动退出的情况，欧盟就是最好的例子。

　　二是进入第二个 10 年的金砖合作机制，正在呼唤扩容。金砖合作机制在第二个 10 年，已经处于继往开来的重要节点。回顾继往，

---

　　① 《习近平主持金砖国家领导人非正式会晤》，《光明日报》2017 年 7 月 8 日。

金砖合作机制十年来不断向深层次迈进；展望未来，国际形势乱变交织，不确定性增强。只有抓住时机与机遇扩容才能为金砖合作机制未来发展有效注入动力。多个跨国合作机制发展的历程从正反两个方面深切说明：居安思危，不进则退。联合国、世界贸易组织、经济合作与发展组织等国际组织都是通过多次扩容才具有广泛影响力的。反观七国集团，在发展顺利时固守小集团的利益，未能秉承开放包容的合作精神吸纳新成员，最终丧失大好形势，无法再发挥国际事务的引领作用。

三是金砖合作机制已经具备扩容基础与空间。金砖合作机制经过第一个 10 年的发展，机制不断完善，实力不断提升，对广大发展中国家的吸引力增强，而金砖合作机制目前仅有五名正式成员，具备广阔扩容空间。并且金砖合作机制 2010 年首次扩容，纳入南非这一非洲大国，使得这一机制具有更为广泛的代表性。南非加入后，金砖合作机制内部合作优化发展，在国际事务中的影响力和参与能力日益扩大。金砖合作机制具有成功扩容的先例，扩容基础进一步夯实。

二　金砖扩容有利于全球治理创新

从国际层面上说，金砖扩容可以增加机制的国际影响力、在国际事务中的话语分量。从中国自身来说，扩容金砖合作机制能够对接"一带一路"倡议，可以成为中国协调处理内部改革转型与外部责任担当这两大关系之间的重大举措。

一是有利于增强全球信心。当前国际形势乱变交织，不确定性增强。美国新政府上台后，不承担应有责任、利用霸主身份转嫁国内调整成本的倾向十分明显。欧盟、英国和日本等自顾不暇。全球治理方向感缺失，地区冲突加剧。

二是有利于占据道义制高点。中国正处于内部改革转型的关键期，稳定开放的国际环境是既往中国成功发展关键因素，也是未来改革转型的重大诉求。中国不当霸主，但是需要主动参与塑造全球治理的未来发展方向。

三是有利于拓展中国的"国际舞台"。为防范部分国家转嫁责任、讹诈中国，中国需要做大做强朋友圈，打造南南合作的强大平台，形成有利的国际环境。金砖合作机制扩容能给该机制注入新活力，扩大其代表性、影响力，夯实南南合作平台，应对世界经济与全球治理的新形势。

四是有利于消除外部世界对中国的疑虑。体量巨大、发展迅猛是中国的优势，但正因为如此，中国特别需要处理好发展过程中外部世界的疑虑与恐慌。中国作为核心成员国的国际组织——上海合作组织吸纳了周边的地区大国作为观察员国参与内部活动，这样既扩大了上海合作组织的影响力，同时使上海合作组织更加透明化，避免周边国家对上海合作组织的无故恐慌。既避免了因拒绝周边国家的加入而造成的歧视心理，同时可以形成监督机制来更好地运作组织活动。与涉及主权的政治问题比较起来，经济问题的敏感性较弱。通过扩容，与更多国家强化纽带关系，优先解决经济中存在的问题，促进相互间的沟通了解以及在情感上和心理上的认同，不仅相对于解决政治问题要简单得多，也会促进政治和外交关系的发展。

三 金砖扩容的可行性路径

扩容金砖合作机制不仅必要，而且可行。但是，要办好此事，关键在于做好新成员选择与组织保障两方面工作。

在成员选择上应总体把握以下根本原则。

一是发展中国家。这一根本特点决定了金砖合作机制成员间容易找到共同的利益点，并且金砖合作机制能够以发展为旗帜，顺利将影响外溢至广大国际社会，具有正义性与号召力。

二是具代表性。其代表性可分为三个层面：地区代表性、议题代表性和共建"一带一路"国家。以地区代表性为例，通过吸纳分布在不同的大陆（次大陆）地区、基本代表了该地区的经济发展特点、同时在地区性经济合作中发挥着核心作用的新成员，金砖合作机制的加强也等同于强化了洲际间的合作，有利于经济全球化的进一步深入。

三是具影响力。影响力是一个动态的概念，金砖合作机制不仅可以吸纳当前具有国际或地域影响力的成员，也要注重吸纳发展势头良好、具有潜在影响力的成员。金砖合作机制本身就是发展中成员影响力提升的产物，未来也将致力于提升发展中国家的影响力。

四是有合作意愿。合作意愿可分为三个层面：其一，对于加强全球治理、构建国际经贸新秩序、共同应对挑战合作意愿强烈；其二，对于加入金砖合作机制、强化南南合作意愿强烈；其三，对于发展与中国的关系、加强与中国在经贸等领域的普遍合作意愿强烈，尤其是已经具有良好与华合作基础的经济体。

五是稳健务实，能发挥示范效应，并预留未来扩容空间。扩容步伐过快，合作机制内部的协调将面临较大的困难。并且金砖合作机制以开放为旗帜，为保持机制可持续的吸引力，需要为未来的扩容预留空间。因此，当前扩容应注重稳健务实，吸纳的新成员一次不宜过多，侧重于通过新成员加入后良好的发展势头与发展成果，充分发挥示范效应，扩大金砖合作机制的影响力与号召力。

在组织保障上主要应做到以下几点。

一是确立核心。跨国合作机制的历史发展经验说明，核心成员的推动必不可少。从中国经验看，亚太经合组织与区域全面经济伙伴关系建设中，中国的核心地位未能确立，发展缓慢；上合组织建设中，中国充分发挥了主导权和影响力，合作不断推进，成果诸多。

二是明确金砖合作机制的短中长期发展方向。长期目标是：南南合作最具影响力的平台，在条件成熟时，可考虑构建金砖自贸区。中期合作目标是：建立常设、固定运行机构，为联合国、国际货币基金组织、世界贸易组织、二十国集团等平台谈判提供小范围内部协调机制。短期合作目标是：围绕联合国可持续发展议程，多层次多领域打造跨国对话与论坛，推动大项目合作，在重点领域取得早期收获。

三是建立金砖合作机制的总部及秘书处。作为一个高效率的组织，拥有一套完整有力的运行机制是其发挥作用的关键要素。金砖总部建设涉及诸多方面具体问题，包括名称、职权、义务、规则、选址、经费、人员等，可参照上合组织、金砖银行等的经验进行。

以"一带一路"倡议为抓手、以大项目为切入、选择重点领域取得早期收获。"一带一路"倡议举世瞩目，中国可在此旗帜下推动金砖合作框架下的重大且具体的双边、多边合作项目，取得早期收获，对内对外彰显扩容优越性。其中重点领域可包括：一是加强基础设施建设，减少供给方面的瓶颈，提高生产率。相对于经过上百年工业建设的发达国家而言，新兴市场国家普遍是从低位追起，基础设施普遍不足或者相当陈旧，极大地提高了产生成本，制约了经济的快速发展。二是在提高劳动生产率的同时，加快新兴产业的建立和发展，转变经济增长方式，摆脱对资源的过度消耗和对海外市场的过度依赖，扩大内部市场，做到内外并重。三是制定可持续发展战略，特别是将新能源、新材料、高端制造业和服务业作为重点发展的方向，深化结构改革，提高市场效率，改善治理框架，创造有益的商业环境。

（7月4日，由中共中央宣传部、中国外文出版发行事业局、南非国家政府学院、南非人文科学研究理事会共同主办的2018金砖国家治国理政研讨会在南非约翰内斯堡举行。作者在"秉持多边主义原则，推动全球治理创新"平行会议上发言。载国务院新闻办公室网站2018年7月25日）

构建开放型世界经济的时代强音

2016 年 10 月 16 日，习近平主席在印度果阿举行的金砖国家领导人第八次会晤大范围会议上发表了题为《坚定信心　共谋发展》重要讲话，积极评价了金砖国家合作 10 年发展取得的丰硕成果，并就加强金砖国家合作提出了五点倡议。有评论指出，习近平主席的讲话反映了金砖国家坚定信心、提振士气、同舟共济、共克时艰的普遍心声和愿望；标志着面对全球经济的困局，金砖国家完全有能力化挑战为机遇，化压力为动力，以更实际的行动促进合作，继续做世界经济及金融变革的开拓者；习近平主席倡议的金砖国家要共同合作、共同建设开放世界、共同勾画发展愿景、共同应对全球性挑战、共同维护公平正义、共同深化伙伴关系等主张，预示着金砖国家之间的务实、合作、开放之路将越走越宽、越来越光明。综合看来，习近平主席在果阿会议上的重要讲话有以下主要特点。

第一，准确回答了如何共同建设开放世界的时代命题。

当前，世界经济复苏势头仍然脆弱，全球贸易和投资低迷，大宗商品价格持续波动，引发国际金融危机的深层次矛盾远未解决。一些国家政策内顾倾向加重，保护主义抬头，"逆全球化"思潮暗流涌动。地缘政治因素错综复杂，传统和非传统安全风险相互交织，恐怖主义、传染性疾病、气候变化等全球性挑战更加凸显。金砖国家发展面临着复杂、严峻的外部环境。在这种背景下，如何打造开放的世界，再铸经济辉煌？

古今中外历史经验都证明，开放是实现国家繁荣富强的根本出路。金砖国家要打造世界经济的新增长极，就要遵循历史发展的客观规律，顺应当今时代发展潮流，推进结构性改革，创新增长方式，构建开放型经济，旗帜鲜明反对各种形式的保护主义。早在 2014 年 7 月，习近平主席在出席金砖国家领导人第六次会晤前就指出，"金砖国家合作不是独善其身，而是致力于同世界各国共同发展。只要金砖国家增进政治互信，凝聚战略共识，发出更多声音，提出更多方案，就能够为推动世界经济增长、完善全球经济治理、促进世界和平与发展贡献更多正能量"。[①] 在 16 日的重要讲话中，习近平主席就此作出了进一步阐述，金砖国家必须要"加强宏观经济政策协调，以推进经贸大市场、金融大流通、基础设施大联通、人文大交流为抓手，走向国际开放合作最前沿，在国际舞台上积极发挥引领作用"。[②]

第二，准确顺应了金砖国家共同谋划未来发展全景的愿景。

在过去的 10 年里，金砖国家"十年磨一剑"，一步一个脚印地推动合作不断走深走实。在理念上坚持发展优先，致力于集中精力发展经济、改善民生；在原则上坚持开放包容合作共赢，致力于构建全方位、多层次的合作架构和机制；在道义上秉持国际公平正义，致力于重大国际和地区问题上共同发声、仗义执言。目前，金砖国家已经发展成为具有重要影响的国际机制，大大推进了全球经济治理改革进程，大大提升了新兴市场国家和发展中国家的代表性和发言权。正如习近平主席 2014 年 7 月出席金砖国家领导人第六次会晤时指出的，"金砖国家在许多重大国际和地区问题上共同发声、贡献力量，致力于推动世界经济增长、完善全球经济治理、推动国际关系民主化，成为国际关系中的重要力量和国际体系的积极建设者"。[③]

当前，国际形势错综复杂，金砖国家在机遇和挑战并存的局面

---

① 《习近平接受拉美四国媒体联合采访》，《光明日报》2014 年 7 月 15 日。
② 习近平：《坚定信心　共谋发展》，《光明日报》2016 年 10 月 17 日。
③ 习近平：《新起点　新愿景　新动力》，《光明日报》2014 年 7 月 17 日。

下，如何进一步携手并进，继续做推动全球发展的领跑者？如何不断构建和强化维护世界和平、促进共同发展的伙伴关系？习近平主席在讲话中明确提出，金砖国家"要继续高举发展旗帜，结合落实2030年可持续发展议程和二十国集团领导人杭州峰会成果，加强南北对话和南南合作，用新思路、新理念、新举措为国际发展合作注入新动力、开辟新空间，推动全球经济实现强劲、可持续、平衡、包容增长"。[1]

第三，准确回应了如何共同应对全球性挑战的世界性课题。

金砖国家既是息息相关的利益共同体，更是携手前行的行动共同体。怎样发挥各自比较优势，加强相互经济合作，培育全球大市场、完善全球价值链？怎样坚持包容精神，推动不同社会制度互容、不同文化文明互鉴、不同发展模式互惠？怎样坚持合作精神，照顾彼此关切，携手为各国经济谋求增长，为完善全球治理提供动力？这些世界性的难题，是金砖国家必须解决的课题。习近平主席倡议，"要加强在重大国际问题以及地区热点上的协调沟通，共同行动，推动热点问题的政治解决，携手应对自然灾害、气候变化、传染病疫情、恐怖主义等全球性问题。既要联合发声，倡导国际社会加大投入，也要采取务实行动，推动解决实际问题，注重标本兼治、综合施策，从根源上化解矛盾，为国际社会实现长治久安作出贡献"。[2]

第四，准确阐述和表述了如何共同维护世界公平正义的原则与立场。

公平正义的全球治理，是实现各国共同发展的必要条件。早在2013年3月金砖国家领导人第五次会晤时，习近平主席就指出，"我们来自世界四大洲的五个国家，为了构筑伙伴关系、实现共同发展的宏伟目标走到了一起，为了推动国际关系民主化、推进人类和平与发

---

① 习近平：《坚定信心　共谋发展》，《光明日报》2016年10月17日。
② 习近平：《坚定信心　共谋发展》，《光明日报》2016年10月17日。

展的崇高事业走到了一起"。① 两年多来，金砖国家付出了艰苦努力，在维护世界公平正义方面取得了巨大成绩。但是，霸权政治、不公平的国际政治经济秩序，依然束缚着新兴国家和发展中国家追求发展的努力。为此，习近平主席再次阐述了中国的立场和态度，呼吁"我们要继续做全球治理变革进程的参与者、推动者、引领者，推动国际秩序朝着更加公正合理的方向发展，继续提升新兴市场国家和发展中国家代表性和发言权。我们要继续做国际和平事业的捍卫者，坚持按照联合国宪章宗旨、原则和国际关系准则，按照事情本身的是非曲直处理问题，释放正能量，推动构建合作共赢的新型国际关系"。②

第五，准确定位了金砖国家共同深化伙伴关系的发展目标。

金砖国家未来的发展取决于其自身定位。在今后的发展过程里，如何共同提升新兴市场国家在全球经济治理中的代表性和发言权、推动落实国际货币基金组织份额改革决定？如何实现政治和经济"双轮"驱动，既做世界经济动力引擎，又做国际和平之盾？如何拒绝零和博弈，共同维护地区和世界和平稳定？如何加强南南合作，为帮助其他发展中国家增强发展能力？

这些课题的解决与其自身定位息息相关。习近平主席在讲话中，将金砖国家定位为"真诚相待的好朋友、好兄弟、好伙伴"，并将不断深化友谊和合作，"我们要以落实《金砖国家经济伙伴战略》为契机，深化拓展各领域经济合作，提升金砖国家整体竞争力。我们要把金砖国家新开发银行和应急储备安排这两个机制建设好、维护好、发展好，为发展中国家经济发展提供有力保障"。③

中国有两句古话，一是"是金子，总会闪亮"，二是"真金不怕火炼"。10 年的合作发展历程证明，金砖国家这个称呼确实名副其实。五个新兴国家在顺境中共襄盛举，在逆境时携手并行，在攻坚克

① 《习近平谈治国理政》第 1 卷，外文出版社 2018 年版，第 323 页。
② 习近平：《坚定信心 共谋发展》，《光明日报》2016 年 10 月 17 日。
③ 习近平：《坚定信心 共谋发展》，《光明日报》2016 年 10 月 17 日。

难中相互关系愈发弥坚。习近平主席 16 日的重要讲话得到了金砖国家其他领导人的高度赞同，必将成为金砖国家坚定信心、加强协调的新动力和助推力，也将预示着金砖国家的合作一定能乘风破浪、穿云破雾，到达胜利的光明彼岸。

（载中国青年网 2016 年 10 月 19 日）

从开创局面到结出硕果：金砖合作机制
走过的十年辉煌之路

2017 年 9 月 3—5 日，中国厦门迎来了金砖国家第九次领导人峰会。习近平主席在峰会上的重要讲话，不但得到了其他与会国家领导人、工商界人士的强烈认同，而且引发了世界舆论的热议。

从无到有，从外长会谈到元首会晤，从四国到五国的扩容，金砖合作机制过去十年走出了开创局面、铸造平台、结出硕果、养积共识精神的辉煌之路。

一是打造了高效国际合作平台。从经济学家吉姆·奥尼尔 2001 年提出的一个经济学虚拟概念开始，到 2006 年 9 月中国、俄罗斯、印度、巴西外长在纽约举行会谈，到 2009 年第一届叶卡捷琳堡金砖峰会开启系列高层会晤，到 2010 年南非正式加入，再从印度果阿到中国厦门，分别代表南美洲、东欧、南亚、东亚和非洲的五个金砖国家走过了十年铸造历程。从叶卡捷琳堡金砖首届峰会到印度果阿第八届峰会提出的系列倡议和措施，在实践中稳步落实，为新兴市场国家和发展中国家突破发达国家一手遮天的主导局面，打造了一个高效的国际合作平台，成为他们参与全球治理和开创新型全球化的重要路径。十年来，金砖国家构建了 28 个合作机制，形成了覆盖首脑峰会、财金专员、青年外交官、媒体代表多个层次级别，涉及政府、企业、智库等不同行业领域的多轨道、宽领域、深层次的利益联合体；金砖国家推动建立了新开发银行和应急基金储备安排，并随着两大多边金融机构渐次落成和投入运营逐步就位，有力地补充、完善布雷顿森林体系下的多边合作机制和国际开发组织。正如习近平主席所说，"如今，金砖合作基础已经打下，整体架构轮廓初现"。①

二是汇成了新的国际战略力量。从最早的经济学虚拟概念，到始于聚焦经济问题，再到合作领域的逐步拓宽，金砖合作机制在十年的发展历程中，迅速完成了从资本市场投资概念到国际政治战略力量的历史性转变，迅速完成了从偏向经济治理、务虚为主的对话论坛向政经并重、虚实结合的全方位协调机制的华丽转型。特别是金砖国家领导人会晤机制的建立和运营，不仅有助于这些国家影响力和凝聚力，而且也为更多的发展中国家在参与全球治理中统一观点提供了协调机会和交流场合。在各成员国共同努力下，金砖合作机制成功走过了第一个十年，从经济报告里的投资概念逐渐走向全球治理舞台，成为新兴市场国家和发展中国家合作的闪亮招牌，在政治、经济、安全、人文等诸多领域的各项合作，已经取得显著进展、结出丰富成果。对此，习近平主席高度评价金砖十年，"十年中，金砖国家敢于担当，力求在国际舞台上有所作为。我们五国秉持多边主义，倡导公平正义，就国际和地区重大问题发出声音、提出方案。我们五国积极推动全球经济治理改革，提升新兴市场国家和发展中国家代表性和发言权。我们五国高举发展旗帜，带头落实千年发展目标和可持续发展目标，加强同广大发展中国家对话合作，谋求联合自强"。②

三是牵引了完善全球治理之路。伴随着金砖国家合作领域的不断拓展，从单元到多元，从双边到多边，从最初的贸易投资到旅游、金融、文化科教，从贸易到实业、全球经济治理变革协商，从政府交流到党派交流再到智库、文化科技教育、立法领域交流，从国内问题到国际问题的磋商协调，从双边合作到多边合作等，金砖合作机制的地

---

① 《习近平在出席金砖国家领导人厦门会晤时的讲话》，人民出版社2017年版，第4页。
② 《习近平在出席金砖国家领导人厦门会晤时的讲话》，人民出版社2017年版，第4页。

位和作用日渐突出，已成为完善全球治理、促进世界增长、推动国际关系民主化的重要牵引力量。从联合国维和行动、核不扩散机制，到反恐、网络空间治理、气候治理等非传统安全议题，金砖各国扮演着越来越关键的角色，金砖国家在推动完善全球治理层面已经成为世界政治舞台上不可或缺的重要力量，其合作影响力已经远远超出了成员国范畴，成为促进世界经济增长、完善全球治理、促进国际关系民主化的建设性牵引力量，也使得新兴经济体在金融治理中的参与度和话语权得到不断提高。作为峰会主办国和东道主，中国在此次峰会中邀请了埃及、几内亚、墨西哥、塔吉克斯坦和泰国五国领导人出席厦门峰会，也从一个侧面证明了金砖合作机制可以为广大发展中国家提供开放合作的平台，促进共同发展利益的实现。在逆全球化呼声不绝于耳，保护主义甚嚣尘上，全球治理处于十字路口，世界政治经济格局发生重大变化的今天，金砖国家已经成为完善国际治理的重要推动力量，成为了"世界和平的维护者、国际安全秩序的建设者"，成为了"维护联合国宪章宗旨和原则以及国际关系基本准则，坚定维护多边主义，推动国际关系民主化，反对霸权主义和强权政治"的强大力量。

四是经济发展让人民得利。在金砖国家的诸多合作机制中，经贸合作机制始终处于中心地位。金砖国家经贸联络组倡导的抵制保护主义倾向、尊重发展中国家现有的符合世贸组织规则的政策空间等倡议，发表的贸易投资便利化行动计划等文件，开展的服务贸易、中小企业、单一窗口、标准等方面的合作，为金砖国家的经济发展提供了助力；十年来金砖国家在国际货币体系改革、政策协调、机制建设、货币合作、开发性金融等领域的全方位进展，为金砖国家的经济发展添翼；2014 年金砖国家领导人在巴西福塔莱萨峰会上签署成立新开发银行的协议，2015 年 7 月 1000 亿美元的金砖国家新开发银行正式开业运营，2016 年发放了第一批贷款及第一批 30 亿元人民币绿色债券，"为金砖国家基础设施建设和可持续发展提供了融资支持"；

2014 年，金砖国家共同签署应急储备安排条约，通过实现共同担保，实现共同防范金融风险，并在本币结算和货币互换方面，金砖国家通过签署协议基本形成了本币结算合作机制，"为完善全球经济治理、构建国际金融安全网作出了有益探索"；在金融监管合作方面，金砖国家签署了双、多边谅解备忘录，并通过对话机制加强了监管合作，等等。在上述诸多努力之下，十年间金砖国家经济总量不断提升，占全球比重从 12% 上升到 23%，贸易总额比重从 11% 上升到 16%，对外投资比重从 7% 上升到 12%，对世界经济增长的贡献率超过 50%，成为推动世界经济复苏和可持续增长的重要引擎。对此，习近平主席自豪地向世界宣布，十年来"我们五国发挥互补优势，拉紧利益纽带，建立起领导人引领的全方位、多层次合作架构，涌现出一批契合五国发展战略、符合五国人民利益的合作项目"，"面对外部环境突然变化，我们五国立足国内，集中精力发展经济、改善民生。十年间，五国经济总量增长 179%，贸易总额增长 94%，城镇化人口增长 28%，为世界经济企稳复苏作出突出贡献，也让 30 多亿人民有了实实在在的获得感"。[①]

五是民心相通夯实发展之路。国之交，贵在民相亲。金砖国家的发展成效，其基础是密集有效的人文交流。正如习近平主席强调指出的，"无论是深化金砖自身合作，还是构建广泛的伙伴关系，人民相互了解、理解、友谊都是不可或缺的基石"。[②] 十年来，金砖国家交流领域逐步扩大，从最初的科教合作发展到文体交流；内容不断增多，从青年互动到社会对话；特色活动持续涌现，形成了诸如金砖国家大学联盟、金砖国家电影节、金砖国家旅游大会等系列合作项目。同时，金砖国家人文交流的顶层设计色彩也不断强化，交流框架越来越清晰，各种对话与互动在人文交流的框架下得到了更加长足的发

① 《习近平在出席金砖国家领导人厦门会晤时的讲话》，人民出版社 2017 年版，第 4 页。
② 《习近平在出席金砖国家领导人厦门会晤时的讲话》，人民出版社 2017 年版，第 11 页。

展；人文交流的制度建设越来越完善，创建了教育部长会议、文化部长会议、卫生部长会议等合作机制。

六是"金砖精神"让世界侧目。金砖十年的发展历程，最为宝贵的是形成了以"平等相待、求同存异，是务实创新、合作共赢，胸怀天下、利己达人"为核心的宝贵的、可以启示未来发展之路的"金砖精神"。这些历经十年合作凝聚的共同价值追求，"在实践中不断升华，为五国人民带来福祉，也让世界因金砖合作而有所不同"。习近平主席在厦门峰会上对此进行了精辟论述，"一是平等相待、求同存异。金砖国家不搞一言堂，凡事大家商量着来。我们五国尊重彼此发展道路和模式，相互照顾关切，致力于增进战略沟通和政治互信。我们五国在国情、历史、文化等方面存在差异，合作中难免遇到一些分歧，但只要坚定合作信念、坚持增信释疑，就能在合作道路上越走越稳。二是务实创新、合作共赢。金砖国家不是碌碌无为的清谈馆，而是知行合一的行动队。我们五国以贸易投资大市场、货币金融大流通、基础设施大联通、人文大交流为目标，推进各领域务实合作，目前已经涵盖经贸、财金、科教、文卫等数十个领域，对合作共赢的新型国际关系作出生动诠释。三是胸怀天下、立己达人。金砖国家都是在发展道路上一步一步走过来的，对那些身处战乱和贫困的百姓，我们感同身受。我们五国从发起之初便以'对话而不对抗，结伴而不结盟'为准则，倡导遵循联合国宪章宗旨和原则以及国际法和国际关系基本准则处理国家间关系，愿在实现自身发展的同时同其他国家共享发展机遇。如今，金砖合作理念得到越来越多理解和认同，成为国际社会的一股正能量"。[1]

（载中国青年网 2017 年 9 月 5 日）

---

[1] 《习近平在出席金砖国家领导人厦门会晤时的讲话》，人民出版社 2017 年版，第 4—5 页。

第二个"黄金十年"：金砖未来之路更辉煌

2017年9月3—5日，中国厦门迎来了金砖国家第九次领导人峰会。习近平主席在峰会上的重要讲话，不但得到了其他与会国家领导人、工商界人士的强烈认同，而且引发了世界舆论的热议。有学者认为，习近平主席在金砖国家工商论坛开幕式主旨演讲中提出的"金砖国家将迎来更富活力的第二个十年，让我们同国际社会一道努力，让我们的合作成果惠及五国人民，让世界和平与发展的福祉惠及各国民众"① 的呼吁，让饱受国际金融危机和局部动乱之苦的世界看到了希望。

当今世界，是一个机遇挑战并存的世界。一方面，"世界经济重新恢复增长，新兴市场国家和发展中国家表现突出。新一轮科技革命和产业变革蓄势待发，改革创新潮流奔腾向前"。另一方面，"全球7亿多人口还在忍饥挨饿，数以千万的难民颠沛流离，无数民众包括无辜的孩子丧身炮火。世界经济尚未走出亚健康和弱增长的调整期，新动能仍在孕育。经济全球化遭遇更多不确定性，新兴市场国家和发展中国家发展的外部环境更趋复杂。世界和平与发展之路还很长，前行不会一路坦途"。② 特别值得警惕的是，"金砖失色、褪色"之噪音和杂音不绝于耳，大有唱衰金砖之势。在厦门金砖峰会上，习近平主席

---

① 《习近平在出席金砖国家领导人厦门会晤时的讲话》，人民出版社2017年版，第14页。
② 习近平：《共同开创金砖合作第二个"金色十年"》，《光明日报》2017年9月4日。

以世界级政治家的气魄告诉世界，"我们有足够的理由相信，这个世界会更好"，"金砖国家不断向前发展的潜力和趋势没有改变。我们对此充满信心"。① 这两段充满政治智慧和政治眼光的宣示，透露出了金砖国家未来抢抓机遇、变挑战为机遇的发展之路。具体到怎样抓住机遇乘势而上？怎样迎接挑战转危为机？怎样以硬朗朗的成绩回击各种抹黑？习近平主席立足金砖十年历程实践和金砖精神，向与会的各国领袖和嘉宾提出了金砖未来抓住机遇的中国方案、应对挑战的中国药方、发展壮大的中国思路，描绘了开启金砖国家合作第二个"黄金十年"的宏伟蓝图。

一是牢记经济合作是金砖机制的根基，拉近经济联系纽带，让金砖合作行稳致远。在过去的十年里，金砖国家凭借大宗商品供给、人力资源成本、国际市场需求等优势，引领世界经济增长。随着五国经济不断发展，资源要素配置、产业结构等问题日渐突出。同时，世界经济结构经历深刻调整，国际市场需求萎缩，金融风险积聚。"金砖国家经济传统优势在发生变化，进入到滚石上山、爬坡过坎的关键阶段"。如何上山、过坎？习近平主席明确提出，"要立足自身、放眼长远，推进结构性改革，探寻新的增长动力和发展路径。要把握新工业革命的机遇，以创新促增长、促转型，积极投身智能制造、互联网＋、数字经济、共享经济等带来的创新发展浪潮，努力领风气之先，加快新旧动能转换。要通过改革打破制约经济发展的藩篱，扫清不合理的体制机制障碍，激发市场和社会活力，实现更高质量、更具韧性、更可持续的增长"。在这个总体原则之下，金砖各国"应该共同探索经济创新增长之道，加强宏观政策协调和发展战略对接，发挥产业结构和资源禀赋互补优势，培育利益共享的价值链和大市场，形成联动发展格局"。② 总之，金砖国家要加强宏观经济政策协调，对接

---

① 《习近平在出席金砖国家领导人厦门会晤时的讲话》，人民出版社 2017 年版，第 6 页。
② 《习近平在出席金砖国家领导人厦门会晤时的讲话》，人民出版社 2017 年版，第 6—8 页。

发展战略，通过务实合作寻找利益契合点，深化贸易、投资、金融、工业、农业、创新等领域合作，加快实现贸易投资大市场、货币金融大流通、基础设施大联通的目标；要紧紧围绕经济合作这条主线，落实《金砖国家经济伙伴战略》，推动各领域合作机制化、实心化，在继续努力落实以往的成果和共识，让现有机制发挥作用基础上，积极探索务实合作新方式新内涵，拉紧联系纽带，让金砖合作行稳致远。

二是牢记维护世界和平是金砖机制的责任，做世界和平的维护者、国际安全秩序的建设者。人类发展历史证明，和平与发展互为基础和前提；世界各国人民的愿望，也是要和平不要冲突、要合作不要对抗。但是，当今世界仍然不太平，地区冲突和热点问题一波未平、一波又起；恐怖主义、网络安全等威胁相互交织，为世界蒙上一层阴影。为此，习近平主席为金砖机制的未来指明了方向，"金砖国家是世界和平的维护者、国际安全秩序的建设者"。[1] 如何当好维护者、建设者？金砖合作关键是要超越传统的军事同盟老路、超越意识形态划线、超越了你输我赢、赢者通吃的老观念。为此，金砖国家未来要在加强全球治理、共同应对挑战方面有新的作为。作为新兴国家和发展中国家的领头羊，金砖国家合作机制正经历从全球治理的参与者向引领者的转变，金砖国家有能力也有义务为应对全球挑战贡献更多智慧。"我们要维护联合国宪章宗旨和原则以及国际关系基本准则，坚定维护多边主义，推动国际关系民主化，反对霸权主义和强权政治。"[2] 为此，不断增进战略互信，加强在重大国际和地区问题上的沟通协调，维护国际公平正义。坚定奉行多边主义，加强在多边机制中的协调合作；"要倡导共同、综合、合作、可持续的安全观，建设性参与地缘政治热点问题解决进程，发挥应有作用"；[3] 要推动国际秩序朝着更加公正、合理、高效的方向发展，走出一条共商共建共赢

① 《习近平在出席金砖国家领导人厦门会晤时的讲话》，人民出版社2017年版，第9页。
② 《习近平在出席金砖国家领导人厦门会晤时的讲话》，人民出版社2017年版，第9页。
③ 《习近平在出席金砖国家领导人厦门会晤时的讲话》，人民出版社2017年版，第9页。

共享的全球治理新路。

三是牢记开放包容为核心的金砖精神，发挥金砖作用，完善全球经济治理。面对当今世界经济疲弱、发展失衡、治理困境、公平赤字等突出问题，面对由此带来的保护主义和内顾倾向有所上升势头，面对世界经济和全球经济治理体系进入调整期带来的新挑战，如何发挥金砖作用，完善全球经济治理？习近平主席指出，"唯有开放才能进步，唯有包容才能让进步持久"，"对经济全球化进程中出现的问题，我们不能视而不见，也不能怨天尤人，而是要齐心协力拿出解决方案。我们要同国际社会一道，加强对话、协调、合作，为维护和促进世界经济稳定和增长作出积极贡献"。[①] 为此，我们应该推动建设开放型世界经济，促进贸易和投资自由化便利化，合力打造新的全球价值链，实现经济全球化再平衡，使之惠及各国人民；要相互提高开放水平，在开放中做大共同利益，在包容中谋求机遇共享，为五国经济发展开辟更加广阔的空间；要合力引导好经济全球化走向，提供更多先进理念和公共产品，推动建立更加均衡普惠的治理模式和规则，促进国际分工体系和全球价值链优化重塑；要推动全球经济治理体系变革，反映世界经济格局现实，并且完善深海、极地、外空、网络等新疆域的治理规则，确保各国权利共享、责任共担；要维护和构建开放型世界经济、推动全球经济治理改革、维护多边贸易体制、完善国际金融货币体系、提升新兴市场和发展中国家在全球经济治理中的发言权和代表权。针对国际社会对上述这些举措可能的疑虑，习近平主席明确告诉世界，"新兴市场国家和发展中国家的发展，不是要动谁的奶酪，而是要努力把世界经济的蛋糕做大"。[②] 这斩钉截铁的敞亮话，让指手画脚者羞愧，让疑虑担忧者羞愧，让金砖拥趸者自豪。

四是牢记"独行快，众行远"的古训，拓展金砖影响，构建更

---

① 习近平：《共同开创金砖合作第二个"金色十年"》，《光明日报》2017 年 9 月 4 日。
② 《习近平在出席金砖国家领导人厦门会晤时的讲话》，人民出版社 2017 年版，第 10 页。

加广泛的伙伴关系。习近平主席对金砖机制给予高度评价，指出"作为具有全球影响力的合作平台，金砖合作的意义已超出五国范畴，承载着新兴市场国家和发展中国家乃至整个国际社会的期望"。同时，他又强调"一箭易断，十箭难折。我们应该发挥自身优势和影响力，促进南南合作和南北对话，汇聚各国集体力量，联手应对风险挑战。我们应该扩大金砖国家合作的辐射和受益范围，推动'金砖＋'合作模式，打造开放多元的发展伙伴网络，让更多新兴市场国家和发展中国家参与到团结合作、互利共赢的事业中来"。① 厦门会晤期间，中方举行了新兴市场国家与发展中国家对话会，邀请来自全球不同地区国家的 5 位领导人共商国际发展合作和南南合作大计，推动落实 2030 年可持续发展议程，就是实现众行远目标的典型例证。习近平主席的两个要求和这个例证说明，未来的金砖将继续奉行开放包容的合作理念，并高度重视同其他新兴市场国家和发展中国家合作，特别是推动金砖五国与现有多边、区域合作机制平台进一步互动，通过"金砖＋"合作模式拓展"朋友圈"。在"金砖＋"的推动下，建立更为广泛的伙伴关系，无疑会让金砖合作机制得到更多的国际支持，让金砖合作进入第二个"黄金十年"，从而促进全球经济的均衡发展，推进全球治理体系的完善和变革。同时，笔者也相信，这将是对近来所谓"金砖关门""金砖枯竭"论等抹黑造谣者的最好破解之策。

五是牢记国之交在于民相亲的古训，筑牢金砖国家人民相互了解、理解、友谊之发展基石。夯实金砖合作的民意与社会基础，有助于增强成员国间互信和各领域深入合作。习近平主席历来高度重视民心相通工作，在厦门峰会上专门强调指出："无论是深化金砖自身合作，还是构建广泛的伙伴关系，人民相互了解、理解、友谊都是不可或缺的基石。"② 因此，为确保金砖走得远，各成员国要秉持开放包

---

① 《习近平在出席金砖国家领导人厦门会晤时的讲话》，人民出版社 2017 年版，第 11 页。
② 《习近平在出席金砖国家领导人厦门会晤时的讲话》，人民出版社 2017 年版，第 11 页。

容、多元互鉴的理念，不断深化在教育、文化、体育、艺术、智库等领域的合作，既增进五国人民传统友谊和相互了解，也能起到提升金砖国家合作凝聚力、吸引力和感召力的作用。为此，金砖国家应当将人文交流置于各国对外交往与相互合作的战略范畴，充分挖掘并发挥人文交流对政治对话和经贸合作的助推作用，"我们应该发挥人文交流纽带作用，把各界人士汇聚到金砖合作事业中来，打造更多像文化节、电影节、运动会这样接地气、惠民生的活动，让金砖故事传遍大街小巷，让我们五国人民的交往和情谊汇成滔滔江河，为金砖合作注入绵绵不绝的动力"，[①] 习近平主席在厦门峰会上面对中外来宾的这番话，让我们看到了金砖未来发展更为牢固民意基础形成的美好前景。

六是中国将始终坚持全面深化改革之路，定会为金砖机制和世界和平作出新的更大贡献。中国对金砖合作机制和世界和平的贡献，既体现在以中国智慧形成的、贡献全球治理的中国方案上，更体现在具体行动和措施上：金砖合作机制不断走深走实的十年，也是中国全面推进改革开放、经济社会实现快速发展的十年。十年中，中国经济总量增长239%，货物进出口总额增长73%，成为世界第二大经济体，13亿多中国人民的生活水平大幅度提高，中国为世界和地区经济发展作出的贡献也越来越大；近五年来，中国政府采取了1500多项改革举措，推动改革呈现全面发力、多点突破、纵深推进的局面，经济结构调整和产业升级步伐不断加快，经济稳中向好态势不断巩固，经济持续发展的新动能不断积聚。2017年上半年，中国经济增长6.9%，第三产业增加值占国内生产总值的54.1%，新增城镇就业735万人；面向未来，中国将深入贯彻创新、协调、绿色、开放、共享的发展理念，不断适应、把握、引领经济发展新常态，推进供给侧结构性改革，加快构建开放型经济新体制，以创新引领经济发展，实

---

① 《习近平在出席金砖国家领导人厦门会晤时的讲话》，人民出版社2017年版，第11页。

现可持续发展，中国将坚定不移走和平发展道路，为世界和平与发展作出新的更大贡献；2017 年 5 月，中国成功主办"一带一路"国际合作高峰论坛，29 个国家的元首和政府首脑，140 多个国家、80 多个国际组织的 1600 多名代表出席，标志着共建"一带一路"倡议已经进入从理念到行动、从规划到实施的新阶段。各国代表在会上共商合作大计，共谋发展良策，达成广泛共识。"一带一路"倡议以共商、共建、共享为原则，顺应并助推全球化、世界多极化、社会信息化、文化多样化与各国互联互通、包容互鉴、互利共赢的时代潮流，以中国自身发展经验出发，为解决世界发展难题与挑战贡献中国力量、中国平台与中国智慧。

针对外界的某些疑虑和担忧，习近平主席专门指出，"共建'一带一路'倡议不是地缘政治工具，而是务实合作平台；不是对外援助计划，而是共商共建共享的联动发展倡议。我相信，共建'一带一路'倡议将为各国实现合作共赢搭建起新的平台，为落实 2030 年可持续发展议程创造新的机遇"。① 中国好，金砖也会好，世界也会更和平。中国政府的这些举措和成效，事实上已经成为金砖第二个"黄金十年"的保证，也是未来世界和平的"定心丸"。稳定发展的中国，一定会积极帮助包括金砖国家在内的新兴市场国家和广大发展中国家抱团取暖，搭建发达国家与发展中国家的沟通桥梁；一定会致力于变革全球治理体系中的不公正、不合理，增加新兴市场国家和发展中国家的发言权；一定会与金砖国家深化务实合作、促进共同发展，加强全球治理、共同应对挑战，开展人文交流、夯实民意基础，推进机制建设、构建更广泛伙伴关系；一定会和金砖成员国在立足自身发展的基础上，积极推动发展成果更多惠及新兴市场和广大发展中国家，为全球经济增长源源不断注入生命力。同时，也一定会以强劲的创新和改革精神，致力于将金砖合作规制打造成更具国际影响力的

---

① 《习近平在出席金砖国家领导人厦门会晤时的讲话》，人民出版社 2017 年版，第 13 页。

国际多边合作平台，以更强大的发展合力把金砖合作提升到更高的水平。

志合者，不以山海为远。我们相信，金砖五国和未来的新成员，将会把在中国美丽城市厦门达成的共识，化作维护世界和平、合作、发展的正能量，勇敢地担负起时代赋予的历史责任，通过更为独到精致的顶层设计、更为紧密互惠的伙伴关系，以金砖第二个"黄金十年"的硕果，打造出世界经济稳定之锚，国际和平之盾，为人类命运共同体的构建作出应有的贡献。

（载中国青年网 2017 年 9 月 6 日）

"金砖"与"丝路"携手,照亮共同发展之路

2018 年 7 月 25—27 日,金砖国家领导人第十次会晤在南非约翰内斯堡举行,会晤备受世界媒体关注。南非驻华大使多拉娜·姆西曼曾指出,金砖国家合作机制与中国提出的"一带一路"建设相辅相成,"一带一路"倡议将为沿线国家发展注入新活力,更有力地促进金砖国家间的合作与发展。

事实上,金砖国家合作机制与"一带一路"倡议确实存在着广泛的相通之处,有很好的协同发展空间。二者都以发展为导向,以各国间协调合作为支撑,二者的共同理念为协同发展提供了可能性,它们同步推进、相互支撑,共同推动全球经济治理向更加公正合理的方向发展。

理念相通, 一脉相承

"金砖"与"丝路"的相通首先体现在二者理念相通,一脉相承。

金砖国家合作机制与"一带一路"倡议都是在 2008 年国际金融危机之后发展中国家发起的合作倡议,二者都追求建立新型国际关系

和平等伙伴关系，秉持互利共赢原则，通过经济合作谋求共同发展。其中，金砖国家合作机制秉持"开放、包容、合作、共赢"的合作精神，坚持"开放透明、团结互助、深化合作、共谋发展"的原则。"一带一路"倡议发扬"和平合作、开放包容、互学互鉴、互利共赢"的"丝路精神"，秉持"共商、共建、共享"的原则。

金砖国家合作机制与"一带一路"倡议都倡导发展战略的对接。习近平主席在主持 2017 年金砖国家领导人第九次会晤时强调，金砖国家要致力于发展战略对接。他说："我们五国虽然国情不同，但处在相近发展阶段，具有相同发展目标，都已进入经济爬坡过坎的时期。加强发展战略对接，发挥各自在资源、市场、劳动力等方面比较优势，将激发我们五国增长潜力和 30 亿人民创造力，开辟出巨大发展空间。"[①] 金砖国家在相互发展战略对接的基础上，可以利用各自的优势去同"一带一路"沿线的发展中国家的发展战略相对接，通过"一带一路"所倡导的"五通"建立合理而稳固的经济合作基础。

成员范围日趋接近

"金砖"与"丝路"的相通还体现在其成员覆盖范围有所重叠，而且日趋接近。

金砖国家合作机制的主要成员是各区域主要新兴经济大国，是发展中国家和新兴经济体的代表。金砖国家合作机制具有包容性，并不仅仅局限于目前五国的对话与合作。"金砖＋"将拓展与所有发展中国家的合作，比如印度尼西亚、土耳其和埃及等更多"一带一路"的沿线主要新兴经济体也可能会被纳入其中。

---

① 习近平：《深化金砖伙伴关系　开辟更加光明未来》，《光明日报》2017 年 9 月 5 日。

"一带一路"作为一个面向全球发展伙伴的经济合作倡议，也是一个包容性的倡议。特别是 2018 年 1 月，中拉论坛第二届部长级会议通过了《"一带一路"特别声明》等成果文件。拉美被确定为 21 世纪海上丝绸之路的自然延伸，这意味着目前金砖五国所在的各大区域都已经被涵盖在"一带一路"范围之内。

合作促发展，功能趋同

"金砖"与"丝路"的相通更体现在二者功能趋同，都旨在通过经济合作促进共同发展。

金砖国家之间的战略对接，将有力推动金砖国家内部形成贸易投资大市场、货币金融大流通、基础设施大联通和人文大交流的局面，从而为金砖国家合作提供源源不断的动力，打造金砖合作的下一个"金色十年"。

金砖国家合作机制与"一带一路"倡议的对接，将为实现上述目标提供更有力的动力。在基础设施互联互通方面，以中国的资金和技术实力为支撑，以金砖国家作为支点率先开展设施联通，将广大"一带一路"沿线地区串连起来，带动沿线国家经济发展，形成更大规模的南南合作。在贸易方面，金砖合作机制与"一带一路"倡议作为全球经济最具活力的合作机制，在提升相互间的贸易畅通水平方面将互为动力。在金融方面，亚洲基础设施投资银行和金砖国家新开发银行都将成为向相关国家投资的主要来源渠道。习近平主席在 2017 年 5 月"一带一路"国际合作高峰论坛开幕式上的演讲中还提出，中国将同金砖国家新开发银行等其他多边开发机构合作支持"一带一路"项目，同有关各方共同制定"一带一路"融资指导原则。"一带一路"作为相对灵活和多层次的合作形式，将极大丰富金砖国家之间的合作，使之从单一的政治高层会晤发展为政治、经济、文化等全方位多层次的交流。

可以见得，"金砖"与"丝路"携手，不仅有利于金砖国家合作机制本身的发展壮大，也有利于实现"一带一路"沿线国家的共同发展。

（载《半月谈》2018 年 7 月 30 日）

习近平主席秘鲁 APEC 之行发出的 六大明确信号

2016 年 11 月 19—20 日，习近平主席应邀出席了在拉美国家秘鲁首都利马召开的 APEC 第 24 次领导人非正式会议，并在 19 日的 APEC 工商领导人峰会上发表了题为《深化伙伴关系　增强发展动力》的主旨演讲、在 20 日的 APEC 第 24 次领导人非正式会议第一阶段会议上以《面向未来开拓进取　促进亚太发展繁荣》为题发言，全面阐述了中国政府对亚太地区未来发展的理念、信念和措施。这是丙申猴年中国多边外交高潮迭起、精彩连连的丰硕收官之作，是治疗美国大选乱局致使亚太地区惴惴不安的"定心剂"，是亚太地区各经济体继续以开放谋共赢、以融合促繁荣、加速亚太一体化进程的强大助推力。

饱受国际金融危机的持续影响，全球经济振兴的信心不足、世界经济复苏乏力，一些国家出于一己之私利，从历史垃圾箱中重新祭起了保护主义的"旗子"，使全球化进程更遭挫折、再遇曲折。因此，面对新情况，APEC 第 24 次领导人非正式会议将"高质量增长和人类发展"确定为会议主题，将聚合各方努力来巩固亚太地区在全球经济中的引擎地位、以更加开放包容的精神深化亚太区域一体化，作为会议凝聚共识的方向。其中，习近平主席在会议期间的强力发声和卓有成效的系列双边、多边会谈，全面系统地阐述了中国政府推动亚太区域合作的中国方案，为亚太和全球经济发展、为打造全球化 2.0

版注入了强大的中国动力，成为会议期间的一道靓丽风景线。

成立于 1989 年 11 月 5 日的 APEC（最初称为亚太经济合作会议，1993 年改名为亚太经济合作组织，英文缩写为 APEC），目前共有 21 个正式成员和三个观察员，是亚太地区最具影响的经济合作官方论坛。自 1991 年 11 月，中国以主权国家身份，中华台北和香港（1997 年 7 月 1 日起改为"中国香港"）以地区经济体名义正式加入亚太经合组织后，中国政府已经分别于 2001 年、2014 年在上海、北京举办了两次 APEC 会议。25 年来，中国已经成为亚太区域合作进程的重要参与者和引领者。特别是 2014 年，在中国政府和习近平主席的大力倡议下，APEC 各成员历史性地启动了亚太自贸区进程，通过了经济创新发展、改革与增长共识和互联互通蓝图等重要文件。有评论指出，习近平主席在利马 APEC 会议上的外交努力，"将强有力推动北京会议成果落实，从最高层面推进亚太自贸区和互联互通尽早由愿景变为现实"，"中国已成为亚太区域合作进程的重要引领者，中国的推动将有利于 APEC 成员求同存异，迎来更大的发展机遇"。从北京到利马，在中国政府和习近平主席的推动下，APEC 正在给世界以信心，正在给世界经济复苏注入强大推力。习近平主席利马 APEC 之行，再次向世界宣示了以下六个明确信号。

第一，中国始终是 APEC 和世界经济的信心之源。面对当前世界经济深度调整、复苏动力不足、增长分化加剧等突出问题，以及全球化遭遇波折、国际贸易和投资低迷、保护主义抬头等现实难题，中国政府不断将强大的信心传递给世界。在 2016 年 9 月于杭州举行的 G20 峰会上，习近平主席和与会领导人描绘了强劲、可持续、平衡、包容的世界经济增长蓝图，展现了同舟共济、合作共赢、共迎挑战的伙伴关系精神和加强宏观政策协调、创新经济增长方式、谋求共同发展的决心。在利马 APEC 会议上，习近平主席再次强调指出，"亚太是世界经济的重要阵地，孕育着无限希望，也承载着重大责任。亚太经合组织是亚太和全球经济合作的先行者、引领者、开拓者，对促进亚太区域和全球经济发展具有重要作用。面对新形势新挑战，我们要采取有力举措，发挥亚太引擎作用，推动发展创新、活力、联动、包容的世界经济"，[①] "作为全球经济规模最大、最具发展活力的地区，亚太要勇于担当，发挥引领作用，采取有力协调行动，为世界经济复苏注入新动力，为世界经济增长开辟新道路"。[②] 这些掷地有声的政策宣示，将像春风一样融解覆盖人们心头的寒冰，营造出无限的勃勃生机。

第二，中国始终是全球化正确进程的坚定引领者。从世界经济的运行规律看，发展与停滞是客观存在的两种现象。当前，经济全球化进程遇到的挫折，固然有经济规律在起作用。但是，从更大程度上讲，造成全球化曲折的根本原因，在于一些国家在很长时间里试图把全球化作为实现一己之私的工具，试图把全球化当作输出自己"模式"的载体，试图把全球化当作少数人发财致富的捷径。由此，带来了世界经济地区和各国发展不平衡的问题，带来了本国贫富差距拉大、民众怨声载道的社会现象，也带来了一些对经济全球化的质疑、怀疑，乃至反对的声音。但是，从长远和世界经济发展规律看，"经济全球化符合生产力发展要求，符合各方利益，是大势所趋"。[③] 从 APEC 的实践看，开放始终是亚太经济发展的生命线。20 多年来，APEC 坚持贸易自由化和便利化，贸易量年均增长 8%，是同期世界经济增速的两倍多，为亚太经济增长提供了稳定动力。APEC 的发展经验证明，在全球化和区域贸易安排中，必须解决区域经济合作碎片化等挑战，必须坚持开放、包容、普惠、共赢原则，必须走构建平等协商、共同参与、普遍受益区域合作框架的路子，封闭和排他性安排不是正确选择，也有违经济全球化的内在发展规律。"历史表明，搞保护主义是没有出路的。8 年前，在应对国际金融危机的紧要关头，

---

① 习近平：《面向未来开拓进取　促进亚太发展繁荣》，《光明日报》2016 年 11 月 22 日。
② 习近平：《深化伙伴关系　增强发展动力》，《光明日报》2016 年 11 月 21 日。
③ 习近平：《面向未来开拓进取　促进亚太发展繁荣》，《光明日报》2016 年 11 月 22 日。

亚太经合组织领导人在利马发出反对保护主义的一致声音。两年前，我们在北京庄严重申，不采取新的保护主义措施。在当前亚太发展的关键当口，我们要携手合作、促进共赢，反对一切形式的保护主义，为经济全球化注入正能量"，"我们不能因为一时困难停下脚步，要在参与经济全球化进程中，注重同各自发展实践相结合，注重解决公平公正问题，引领经济全球化向更加包容普惠的方向发展。我们要用行动向世界宣示，亚太对经济全球化决心不变、信心不减"。[①] 当然，经济全球化是一把双刃剑，既为全球发展提供强劲动能，也带来一些新情况新挑战，需要认真面对。新一轮科技和产业革命正孕育兴起，国际分工体系加速演变，全球价值链深度重塑，这些都给经济全球化赋予新的内涵。亚太经合组织成立于经济全球化不断推进的时期，亚太取得的发展成就同经济全球化密不可分。因此，"我们要认识和把握自身发展和外部环境的互动变化，捕捉新机遇，定位新角色，创立新优势。同时，全球化也提出需要深入研究的新问题，我们要积极引导经济全球化发展方向，着力解决公平公正问题，让经济全球化进程更有活力、更加包容、更可持续"。[②] 习近平主席对全球化发展的理论阐述，切中了过去全球化进程中的弊端。这个"中国药方"将使全球化在正确的轨道上，为亚太和世界经济作出更加辉煌的贡献。

第三，中国始终是亚太自贸区建设的坚定推进者。亚太自贸区设想最早于 2004 年由工商界代表提议，后经领导人峰会多次讨论，2010 年曾取得较大的进展，当年领导人宣言附件明确提出三大机制作为推进亚太自贸区建设的有效路径。亚太经济一体化作为 APEC 的宗旨，反映的是亚太地区成员的共同呼声。APEC 围绕自贸区建设做了大量基础工作，在贸易投资便利化、通过合作提升成员市场开放的能力等方面取得了显著成效，并形成了多个双边或多边自贸区安排，

---

① 习近平：《面向未来开拓进取　促进亚太发展繁荣》，《光明日报》2016 年 11 月 22 日。
② 习近平：《深化伙伴关系　增强发展动力》，《光明日报》2016 年 11 月 21 日。

为不同类型的成员之间开展自贸区谈判创造了经验和借鉴，2014 年的 APEC 高官会已就亚太自贸区路线图完成了相关工作，北京 APEC 领导人峰会也将亚太自贸区列为峰会的三大议题之一，并形成了诸多共识。建设亚太自由贸易区，是事关亚太长远繁荣的战略举措，是"亚太经合组织之梦"。中国政府在坚定推进亚太自由贸易区建设，为亚太开放型经济提供制度保障，为在重振贸易和投资的引擎作用、增强自由贸易安排开放性和包容性、维护多边贸易体制等方面作出了持续的不懈努力。正如习近平主席指出的，"两年前，我们在北京启动亚太自由贸易区进程。在各方共同努力下，今年集体战略研究顺利完成，标志着亚太自由贸易区建设步入新阶段。建成亚太自由贸易区并非易事，需要长期努力。我们要以一张蓝图干到底的精神，采取更加有力的行动，早日建成亚太自由贸易区，把开放型亚太经济水平推向新高度"。[①] 我们相信，凭着一张蓝图干到底的韧劲，中国政府和 APEC 成员一定会在开放型亚太经济建设中"增强广大民众的参与感、获得感、幸福感"。

第四，中国始终是互联互通的坚定实践者。互联互通是释放发展潜力的重要手段，也是实现联动发展的基础前提。国外有学者更是进一步指出，"互联互通是人权的重要组成部分"。自习近平主席于 2013 年提出"一带一路"倡议以来，互联互通建设从无到有、由点及面，取得长足进展，从顶层设计、政策沟通、设施联通、贸易畅通、资金融通、民心相通等方面都取得了显著的成果，已形成了各国共商共建共享的合作局面。中国携手"一带一路"沿线国家和地区打造绿色丝绸之路、健康丝绸之路、智力丝绸之路、和平丝绸之路，为沿线国家和地区注入了新的增长动力，并开辟出共同发展的巨大空间。目前，已经有 100 多个国家和国际组织参与其中，中国同 30 多个沿线国家签署了共建"一带一路"合作协议、同 20 多个国家开展

---

① 习近平：《面向未来开拓进取　促进亚太发展繁荣》，《光明日报》2016 年 11 月 22 日。

国际产能合作，联合国等国际组织也态度积极，以亚投行、丝路基金为代表的金融合作不断深入，一批有影响力的标志性项目逐步落地，中国与共建"一带一路"国家和地区的合作步伐不断加快。习近平主席在利马 APEC 会议上强调指出，"中国将同各方一道，秉持共商、共建、共享原则，推进政策沟通、道路联通、贸易畅通、货币流通、民心相通，实现发展战略对接，深化互利合作，为区域经济发展和民生改善注入强大动力。我们欢迎各方参与到合作中来，共享机遇，共迎挑战，共谋发展"。① 同时，习近平主席也敞开怀抱提出了更高要求，"我们要推动建立覆盖整个亚太的全方位、复合型互联互通网络。今年，亚太经合组织会议时隔 8 年重回拉美举行，我们要把握这一契机，推动太平洋两岸互联互通建设彼此对接，在更广范围内辐射和带动实体经济发展。要深入落实北京会议制定的互联互通蓝图，完善基础设施、制度规章、人员交流三位一体的互联互通架构，确保2025 年实现全面联接的目标"。② 三年多来，"一带一路"顺应了国际经济发展的内在规律，代表了全球经济合作的新趋势，获得了广泛国际共识，打开了良好的局面。在此次利马 APEC 会议之后，"一带一路"所代表的互联互通精神，不但会"让亚太经济血脉更加通畅"，也将成为跨太平洋的宏大倡议，也必将一并惠及拉美地区的广大人民。

第五，中国始终是改革创新的锐意倡导者。面对世界经济发展的诸多难题，老办法已经不管用了，回头路也注定是走不通的。因此，面对新课题、新难题、新挑战，必须与时俱进，以锐意创新的精神破解发展难题，以改革创新增强经济发展的内生动力，以改革创新打开通往长久繁荣的必由之路。如在亚太自贸区建设中，各成员要达成共识，既要面对成员之间相差 20 倍的人均 GDP 的巨大差距，还要面对

① 习近平：《深化伙伴关系　增强发展动力》，《光明日报》2016 年 11 月 21 日。
② 习近平：《深化伙伴关系　增强发展动力》，《光明日报》2016 年 11 月 21 日。

成员之间社会制度、管理水平、人民承受能力迥异的挑战，更要应对各地区大国不同战略安排重点和差异的现状。正如习近平主席所说，"亚太发展到今天，每迈出一步都要向改革要动力，向创新要活力。改革创新是好事，也是难事"。[①] 2014 年，APEC 领导人在北京批准《经济创新发展、改革与增长共识》，为亚太地区走创新发展之路指明了方向，2016 年，G20 杭州峰会通过《创新增长蓝图》，强调改革创新的重要意义，并制定了具体行动计划。因此，习近平主席在利马 APEC 会议上再次强调指出，"亚太各成员要落实好这些共识和原则，推进发展方式转变，下决心用改革推进经济结构调整，提高全要素生产率。要加强宏观政策协调，坚定推进结构性改革，强化正面溢出效应。要加快发展理念、模式、路径创新，激发社会创造力和市场活力，推动产业和产品向全球价值链中高端跃升，拓展发展新空间"，[②] 特别是"要抓住关键问题，精准发力，要实施《服务业竞争力路线图》，深化服务业合作，补齐这一长期短板。要抓住新一轮科技和产业革命的机遇，打造互联网和数字经济、蓝色经济、绿色经济等新增长点"。[③] 从创新的总体要求，到创新的精准发力点，习近平主席在讲话中的倡议既高屋建瓴，又很富可操作性，进一步表明在中国政府既是改革创新的坚定倡导者和推进者，又是改革创新的积极实践者和经验创造者。

第六，中国始终是亚太共同繁荣的积极维护者和缔造者。中国古语说得好：独行快，众行远；一花开放不是春，百花满园正芬芳。作为一个有着 5000 多年悠久文明历史的古老国家，在与其他国家一并维护和创造亚太共同繁荣的进程中，这种古老深厚的文化基因更是表现得淋漓尽致。习近平主席在利马会议上积中华民族文化之优秀基因，就 APEC 成员如何促进合作共赢、深化伙伴关系问题指出，"伙

---

① 习近平：《深化伙伴关系　增强发展动力》，《光明日报》2016 年 11 月 21 日。
② 习近平：《深化伙伴关系　增强发展动力》，《光明日报》2016 年 11 月 21 日。
③ 习近平：《面向未来开拓进取　促进亚太发展繁荣》，《光明日报》2016 年 11 月 22 日。

伴关系是亚太合作的重要纽带，也是共同应对当前挑战的必然选择。大家都认为 21 世纪是亚太世纪，但幸福不会从天而降"，"我们要深化命运共同体意识，让彼此越走越近，而非渐行渐远。要不断提升区域合作的深度和广度，共同搭建平台，共同制定规则，共享发展成果，绝不应该相互拆台、相互排斥。要平等参与、充分协商，要相互帮助、共同发展，全力营造健康稳定的发展环境，不让任何因素干扰亚太发展进程"。①

实现亚太共同发展繁荣，需要加强区域层面合作，更需要每一个成员付出行动。作为人口最多的发展中国家，中国保持经济平稳健康发展，有力带动了亚太和全球经济增长。国际金融危机爆发后的几年间，中国为全球经济贡献了接近 40% 的增量，对世界经济复苏起到重要支撑作用。在未来的发展进程中，中国政府将一如既往地继续为地区和世界经济作出自己的贡献。正如习近平主席在会议上明确的，中国政府将"以创新、协调、绿色、开放、共享五大发展理念为指引，以供给侧结构性改革为主线，培育新的经济结构，强化新的发展动能，推动中国经济平稳健康发展"。发展的中国并不是一家独富，"中国经济发展前景是光明的。中国发展是世界的机遇。预计未来 5年，中国进口总额将达到 8 万亿美元，利用外资总额将达到 6000 亿美元，对外投资总额将达到 7500 亿美元，出境旅游将达到 7 亿人次。这将为世界各国提供更广阔的市场、更充足的资本、更丰富的产品、更宝贵的合作契机"，② 习近平主席在利马会议上向与会者如是说。

25 年前中国正式成为亚太经合组织成员，同各成员风雨同舟、共克时艰，共同绘制亚太合作的宏伟画卷，一起走出了一条聚焦发展、共谋繁荣之路，走出了一条持续开放、深度融合之路，走出了一条锐意进取、勇于创新之路，走出了一条互敬互助、共同发展之路。

① 习近平：《深化伙伴关系　增强发展动力》，《光明日报》2016 年 11 月 21 日。
② 习近平：《深化伙伴关系　增强发展动力》，《光明日报》2016 年 11 月 21 日。

在这个波澜壮阔的伟大进程中，古老的中国一步步走向亚太和世界，亚太和世界也一步步走向中国。我们相信，APEC 利马会议之后，中国一定能为亚太和世界作出更大贡献。正如习近平主席所说，"无论发展到什么程度，中国都将扎根亚太、建设亚太、造福亚太。中国坚定不移走和平发展道路，奉行互利共赢的开放战略，在谋求自身发展的同时积极带动亚太国家共同发展，为本地区人民创造更多机遇"，"在合作中实现共赢，在耕耘中收获果实，为亚太乃至全球经济发展作出新贡献"。①

（载中国青年网 2016 年 11 月 24 日）

① 习近平：《深化伙伴关系　增强发展动力》，《光明日报》2016 年 11 月 21 日。

以中美元首共识推动经贸磋商

2019 年 1 月 30—31 日，新一轮中美经贸高级别磋商在美国华盛顿举行。在为期两天的会谈中，双方围绕贸易平衡、技术转让、知识产权保护、双向实施机制等中美共同关心的议题以及中方关切问题进行了坦诚、具体和建设性的交流，并取得了重要的阶段性进展，为下一阶段磋商和达成协议奠定了坚实基础。值此中美关系重要阶段，中美新一轮经贸磋商的顺利举行和阶段性进展再次表明，合作是中美双方最好的选择。

停止贸易摩擦、停止互相加征关税是中美两国人民的共同需求。自 2018 年 6 月 15 日美国单方面宣布对来自中国的价值 500 亿美元的商品加征 25% 的关税以来，中美贸易摩擦逐步从单纯的贸易失衡问题升级、延伸至技术、投资和知识产权等领域。作为全球最大的两大经济体，中美贸易摩擦的持续、升级不仅给中美经贸关系的长期稳定健康发展带来了一定风险，也为全球经济的持续增长带来了很大的不确定性。不过，最新数据显示，中美贸易摩擦的短期冲击并未改变两国间贸易与投资的长期增长趋势和经济相互依赖格局。据中国商务部统计，2018 年中美两国间货物贸易总额超过 6300 亿美元，同比增长 8.4%；双向投资累计超过 2400 亿美元，同比增长 12.7%。正是中美经贸合作的全面性、互惠性、互补性和你中有我、我中有你的利益交融格局决定了贸易摩擦既不符合中美两国人民的根本利益，也不符合国际社会的期待；既损害了中美两国企业和消费者利益，又损害了全球价值和产业链，不利于全球稳定与繁荣。

中美经贸磋商的阶段性进展和彼此间分歧的缩小不仅有利于中美贸易摩擦问题的妥善解决，也有利于中美经贸关系的积极健康发展。以中美两国元首阿根廷会晤达成的重要共识为指引，以中美经贸问题高级别磋商和中美全面经济对话为框架，中美双方有必要在贸易平衡、技术转让、知识产权保护、非关税壁垒、服务业、农业和实施机制等中美分歧集中领域或彼此关切问题作出通盘考虑、整体设计，为后续中美经贸关系的健康发展和相互间贸易与投资的可持续增长提供新的制度性保障。两国在服务贸易和投资领域的合作不仅有利于中美两国间、两国与世界各国间形成新的生产网络和价值链的延伸，也会为双边贸易和投资的可持续增长、贸易失衡问题的妥善解决注入新的活力。两国在知识产权和技术领域加强保护与合作不仅可以为两国企业创新提供有效保障，还有利于提高两国科技水平、促进人类共同发展。而两国在农产品、能源产品、工业制成品、服务产品等领域加强贸易合作，既可以有效推动中美贸易平衡化发展，还可以推动两国经济高质量发展，提高两国消费者福利、满足两国人民美好生活需要。

中美贸易摩擦问题的妥善解决和中美经贸关系的良性互动不仅有利于中美关系的持续健康发展，也对全球经济稳定和发展有着举足轻重的影响。中美两国分别是世界第二大和第一大经济体，两国合计约占全球经济总量的 38.2%、全球贸易总量的 45.5% 和全球对外直接投资存量的 30.1%，对全球经济增长的贡献率更是高达 42.3%。中国丰富的劳动力资源、稳定的社会环境和良好的激励机制在为各国在华独资、合资企业带来巨大收益的同时，也为包括美国在内的各国跨国公司在全球层面实现资源、资本的有序配置和产业链、价值链的延伸创造了条件。美国庞大的国内市场、强大的经济实力、科技实力和服务贸易水平在为世界各国经济增长带来可观的外部市场或最终产品市场的同时，也为世界各国尤其是发展中国家融入全球产业链价值链、提高企业科技水平、管理水平和全要素生产率水平创造了有利的外部条件。对外直接投资的贸易创造效应、技术进步效应、产业聚集效应和空间溢出效应更是为中美两国间、两国与世界各国间经济发展水平的趋同和国民福利的提高奠定了坚实基础，为中美两国间、两国与世界各国间经贸合作由产业内贸易、价值链贸易向区域经济一体化和贸易自由化的超越创造了新的条件，也为全球贸易和投资的持续增长带来了新的机遇。据世界贸易组织统计，在经历了长达半个多世纪的高速增长后，全球贸易增速从1990—2008年的7%下降至2009—2015年的3%，2012年后更是连续四年低于全球经济增长水平。作为全球第一货物贸易大国（中国）、全球第一服务贸易大国和全球最大进口国（美国），中美两大经济体有责任和义务继续在经贸领域加强合作，共同应对全球贸易增速和全球经济增速的放缓。两国合作不仅有利于全球（经济）稳定与繁荣，也符合国际社会期待。

中国将继续坚定不移地坚持改革开放，继续坚定不移地维护以WTO为核心的全球自由贸易体系。自1978年中国改革开放尤其是2001年中国加入WTO以来，中国始终是经济全球化、贸易自由化、区域经济一体化的积极参与者和坚定支持者。以加入WTO为契机，中国逐步形成了符合多边贸易规则的对外贸易制度，逐步构建起了全方位、多层次、宽领域的全面开放新格局和区域合作新格局。以自贸区（FTA）为框架、以自贸试验区和自由贸易港区（FTZ）试点内容为主体，中国逐步建立起了以"准入前国民待遇＋负面清单"为核心的外商投资管理模式、逐步形成了与国际通行规则相衔接的基本制度体系和监管模式。最新公布的2018年版《外商投资准入特别管理措施（负面清单）》更是将外资限制措施减少到48条，并取消了银行业、专用车、新能源汽车等22个领域的外资股比限制、合资合作限制或中方控股限制。作为全球120多个国家或地区的最大贸易伙伴、70多个国家或地区的最大出口市场，中国将继续坚持改革开放，继续与世界各国一起共同推动经济全球化和WTO框架下的贸易自由化、投资便利化进程，继续维护WTO为核心的全球自由贸易体系的权威性。未来几年，随着中国经济由要素驱动向效率驱动、由外需拉动向内需驱动的转型与升级，中国将从包括美国在内的世界各国进口更多的农产品、能源产品、工业制成品和服务产品，将会成为更多国家或地区的最大出口市场或最终产品市场，将与世界各国一起为全球经济的持续稳定发展提供更多内生动力。

2019 年是中美建交 40 周年。40 年发展历程表明，中美两国共同利益远远大于分歧，合作才是中美双方的最好选择。相信中美双方有智慧、有信心也有能力，在相互尊重、平等互利的基础上，尽快达成符合两国和两国人民根本和长远利益的协议。当然，鉴于中美两国发展阶段的不同，要想从根本上解决两国经贸关系多年来的结构性问题，还需中美双方拿出更多智慧、更多耐心、更多尊重，理性看待、妥善解决中美贸易摩擦问题。

历史告诉我们，如果走上对抗的道路，无论是冷战、热战还是贸易战，都不会有真正的赢家。只要国与国平等相待，互谅互让，就没有通过协商解决不了的问题。2019 年才刚刚开始，精彩还在后面——世界期待见证中美关系乃至世界经济史上的重要历史节点。

（王灵桂、王金波，载《光明日报》2019 年 2 月 2 日第 4 版）

"五不"原则：务实打造中非命运共同体新内涵

在 2018 年中非合作论坛北京峰会上，习近平主席再次发出了中非合作的最强音，"13 亿多中国人民始终同 12 亿多非洲人民同呼吸、共命运，始终尊重非洲、热爱非洲、支持非洲，坚持做到'五不'"。① 今天的中国正在以否定传统、否定惯例的方式赋予中非命运共同体新内涵，真切地表达了中国对非洲合作的诚意、善意和新意。

"不干预非洲国家探索符合国情的发展道路。"追求高质量的生活状态始终是每个国家、每个民族、每一个民众应该享有的权利，但是获得幸福生活的路径却从来不具有唯一性。中国过去 40 年的改革开放成就有力地证明了世界发展道路的多样性、多元性。中国也清楚地知道，他国经验只可借鉴，不能照抄，更不能强行替代别国对发展模式与发展路径的选择。中国过去不会、今天不会、未来更不会干涉非洲国家对发展道路的选择。这是中国通过国际场合对非洲、也是对世界作出的第一个庄严承诺。

"不干涉非洲内政。"自 20 世纪 50 年代起，中国就提出和平共处五项原则，其中一条就是不干涉内政。近 70 年来，无论世界风云如何变幻，中国始终未改初心。在今天，不干涉内政更被赋予了新内

---

① 习近平：《携手共命运 同心促发展：在 2018 年中非合作论坛北京峰会开幕式上的主旨讲话》，人民出版社 2018 年版，第 3 页。

涵，中国不会因投资非洲、援助非洲而对非洲颐指气使，更不会在有能力、有资格对非洲事务行使话语权的时候，违背当初的誓言，中国将始终秉持"非洲是非洲人的非洲"这一理念。这是中国在万人瞩目之下对非洲、对世界作出的第二个庄严承诺。

"不把自己的意志强加于人。"中国深知，中非关系能够获得深度发展，就是建立在彼此尊重的基础之上，中国绝不会要求非洲按中国的思维方式、行动方式发展自身。命运共同体就是共呼吸、同患难。在中国大规模开展对非合作的今天，中国只会时刻自省是否有违这一原则。这是中国反思旧有合作模式，对非洲、也是对世界作出的第三个庄严承诺。

"不在对非援助中附加任何政治条件。"世界很多国家在实施对外援助时都会附有政治条件，这似乎已成为国际援助的惯例，或通行做法。附加政治条件的实质是基于传统的国家间关系，将发展中国家的发展置于发达国家的政治框架之下，是援助被政治化的结果，这也是当今世界援助被说三道四的主要原因。正基于此，中国借助国际舞台对非洲、也是对世界作出了不同于传统、不同于惯例的第四个庄严承诺。

"不在对非投资融资中谋取政治私利。"在对外投资融资中谋求政治私利一贯是世界某些大国的做法，以经济投入换政治收益，也一直被习以为常。也正因此，非洲饱受传统投资融资方式的侵害，事实也表明，非洲的长期不发展正是发展被政治化的结果。正视历史，正视非洲深切的发展愿望，为消除非洲与外部合作存在的疑虑，中国对非洲、也是对世界作出了第五个庄严承诺。

没有"五不"原则，非洲务实合作和深度发展缺乏必要的前提，没有"五不"原则，中非命运共同体建设也缺乏坚实的政治基础，更容易遭到某些主导国际话语权的国家的肆意打压，没有"五不"原则，也不可能助推中国即将对非洲实施的"八大行动"。"五不"原则是拆除传统合作模式所固有的政治藩篱，是构建新型合作模式的政治根基，深切表明中国对发展非洲的真实性、实在性和去政治化，将人与人之间最诚挚的朋友关系纳入国家间关系的建设中，从而为中非命运共同体、人类命运共同体建设创下合作的世界典范。

（载中国青年网 2018 年 9 月 7 日）

世代友好的中菲之间没有任何
敌视对抗的理由

2016 年 10 月 20 日,习近平主席在同来华进行国事访问的菲律宾总统杜特尔特会谈时说,"中菲有世代友好的基础,而没有任何敌视对抗的理由。只要有利于中菲睦邻友好的事情,都应该不遗余力去做"。①此话得到了杜特尔特总统的高度认同,他回应说"今天的会谈是历史性的,全面改善和发展了两国关系,这次访问必将造福菲中两国人民"。此前,在杜特尔特总统接受中央电视台专访时,也明确表示,对中国进行国事访问,"这是我总统任期内的决定性时刻。它会开创友谊与合作的前沿,推动两国关系在各个方面发展,打造更加紧密合作的关系"。

杜特尔特总统对习近平主席讲话的真诚回应和此前的积极表态,说明菲律宾新政府正在毅然改变前任总统的政策。在中菲两国历经南海风波之后,上任刚过百天的杜特尔特总统为什么把自己东盟以外的首次国事访问安排在中国?世界为什么如此高度关注杜特尔特的中国之行?中国政府为什么释放出了极大的善意回应?

第一,"中菲是隔海相望的近邻,两国人民是血缘相亲的兄弟"。

中菲是搬不走的邻居,实现睦邻友好是两国唯一正确的选择。这是谁也无法改变的事实,也是两国元首会谈取得圆满成功的政治基础。在这个基础之上,双方一致同意,从两国根本和共同利益出发,

---

① 《习近平同菲律宾总统杜特尔特举行会谈》,《光明日报》2016 年 10 月 21 日。

顺应民众期盼，推动中菲关系实现全面改善并取得更大发展，造福两国人民。正如习近平主席会谈时指出的，"中菲有世代友好的基础，而没有任何敌视对抗的理由。只要有利于中菲睦邻友好的事情，都应该不遗余力去做"，"中菲同为发展中国家，团结、互助、合作、发展是我们的共同目标。虽然我们之间经历风雨，但睦邻友好的情感基础和合作意愿没有变。中方高度重视中菲关系，愿同菲方一道努力，不断增进政治互信、深化互利合作、妥善处理分歧，做感情上相近相通"①。就此，杜特尔特总统在访华前也曾公开表示：南海这片曾引发中菲关系短暂紧张的海域，在历史上却紧紧把两国友谊联系在了一起，早在明代中国人就漂洋过海来到了菲律宾，如今约有 20% 的菲律宾人身上都有华人血统。他更进一步指出："或许因为我是华裔，我有着做人要真诚的信念。我秉持做人应该诚实这个根本原则。"

第二，"有了中国的帮助，菲律宾可以在现代化方面取得发展"。

在对中国进行国事访问之前，杜特尔特总统公开向世界如此宣示。菲律宾陈旧的基础设施历来被其国内外认为是制约国家走向繁荣的最大障碍，阿基诺三世曾于 2014 年 5 月通过了一个总投资 623 亿比索，涉及水利、电力、交通运输、机场建设、医疗设施等九大领域的庞大基础设施建设计划；贫困问题历来是菲律宾面临的最大难题，尤其是大多数民众尤其是农民没有受益于经济增长的实惠。福布斯排行榜中，菲律宾的 50 个富豪占有了菲律宾 25% 的 GDP，而 24.9% 的菲律宾人生活在贫困线以下，菲律宾的调查机构"社会气象站"民调结果显示，22.7% 的受访者（约相当于 490 万个家庭）承认在过去 3 个月内曾因食物短缺而被迫忍饥挨饿；据菲律宾商报网站资料，阿基诺三世在任期间，菲律宾的失业率为 27.5%，且就业者的基本薪资原地踏步，连国际劳工组织也对阿基诺三世政府的劳工政策表示"极度失望"。因此，面对如此困难的局面，杜特尔特总统在接受中

---

① 《习近平同菲律宾总统杜特尔特举行会谈》，《光明日报》2016 年 10 月 21 日。

国媒体采访时公开呼吁，"现在我们经济拮据，我们需要人们来帮助我们发展"，"我想要说的一点是：菲律宾在经济上唯一的希望，实话实说，那就是中国。如果你们不帮助我们，我们也会进步，但是可能需要 1000 年的时间。当然这是夸张的说法，可能需要几代人的时间"。对此，习近平主席积极回应说，"中国愿积极参与菲律宾铁路、城市轨道交通、公路、港口等基础设施建设，造福当地民众"，"要扩大经贸投资合作。中方愿推动企业加大对菲律宾投资，帮助菲律宾经济更好更快发展。双方要深化农业扶贫合作。中方愿帮助菲律宾提高农业生产和农村发展能力，支持两国渔业企业开展合作"。①

第三，"感谢你们（在反毒议题上）为我辩护"。

毒品是菲律宾国内严重的社会问题，在"重灾区"首都马尼拉，92% 以上的区域存在毒品犯罪问题，涉及的主要毒品是冰毒和大麻；从全国来看，42000 多个乡镇中有四分之一受毒品犯罪困扰；据杜特尔特总统称，菲律宾的吸毒人口达到 370 万。因此，禁毒成为杜特尔特总统上任后的首要优先事项。在竞选期间，杜特尔特总统就顺应民意，承诺要解决毒品问题。他铁腕缉毒，曾经扬言要杀掉 10 万罪犯填平这个海湾；他叫板美国，频频喊话不愿再做"受气包"和"擦鞋垫"。但是，在其上任后的禁毒进程中，菲律宾政府却饱受以美国为首的西方国家的指责和诟病，激烈地指责和批评菲律宾在禁毒问题上存在"法外处决"的人权问题。9 月 10 日，杜特尔特总统就此反驳说，"菲律宾有权遵循不受他人干预的独立自主的外交政策，任何国家都不得对其进行任何形式的干预。菲律宾没有义务去取悦任何一个人"。杜特尔特希望在禁毒问题能获得中国真诚的支持，就中国在菲律宾出资建立的戒毒中心将于年底开业一事，杜特尔特总统曾由衷地称赞道，"这是中国友谊的象征"。在接受凤凰卫视采访时，杜特尔特更是直言："也必须感谢你们（在反毒行动这一议题上）为我辩

---

① 《习近平同菲律宾总统杜特尔特举行会谈》，《光明日报》2016 年 10 月 21 日。

护，你们不干涉我们的治国方式和扫毒行动，并呼吁其他国家也避免干涉。"对此，习近平主席在会谈时，明确告诉杜特尔特总统，"中方支持菲律宾新政府禁毒、反恐、打击犯罪的努力，愿同菲方开展有关合作"。[①]

第四，"只有中国可以帮助我们"。

在访华前夕，杜特尔特总统在接受新华社记者专访时如是说。他还曾从过去的经历中总结说，过去菲律宾的外交"通常都是受到约束的，即使是像武器方面的事宜，受到美国的约束。在军演中，美国允许我们使用他们的装备和武器。但是，军演过后他们就收回去了，所以如果真的有紧急情况怎么办？""地球上没有一个国家是不依靠铁路就可以发展起来的。我总是在想，为什么西班牙人当年没有给我们修建铁路，而是给墨西哥修了。美国，他们有美国铁路，却只给菲律宾修了一条单线。"杜特尔特曾表示，他怀疑在菲律宾遇到军事摊牌的局面时，美国是否真的会出手相助，因此希望从中国购买武器以打击恐怖主义。2016 年 9 月，菲律宾外长佩费克托·亚赛在美国智库战略与国际问题中心（CSIS）发表演讲时说："我们不能永远都只是美国的棕色小兄弟……我们需要成长，成为自己人民的大哥（棕色小兄弟是殖民时期美国人对菲律宾人的称呼）。"因此，杜特尔特总统在出访中国前真诚地表示"我会带着友谊来谈，伸出我的手，带着温暖的兄弟情义。同时也会请求帮助。我要诚实地说，我们需要你们的帮助"。对此，习近平主席在会谈时清楚地表示，"双方要坚持携手共同发展，为两国老百姓谋取更多实实在在的利益"。[②] 会谈后两国元首共同见证的中菲经贸、投资、产能、农业、新闻、质检、旅游、禁毒、金融、海警、基础设施建设等领域共 13 个双边合作文件的签署，更是进一步显示了中国政府真诚帮助菲律宾、真诚为菲律

---

① 《习近平同菲律宾总统杜特尔特举行会谈》，《光明日报》2016 年 10 月 21 日。
② 《习近平同菲律宾总统杜特尔特举行会谈》，《光明日报》2016 年 10 月 21 日。

宾人民谋福的兄弟情谊。

第五，"坚持一片海域的所有权并不能带来繁荣"。

菲律宾前政府在南海问题上的恣意妄为，已经对中菲关系造成了巨大伤害，使两国关系处于了停滞状态。作为成熟的政治家，杜特尔特总统既看到了南海问题并不是中菲关系的全部，也认识到菲律宾不能为他人"火中取栗"。在访华前夕，杜特尔特总统明确表示，"坚持一片海域的所有权并不能带来繁荣"，"有很多国家，比如美国等国家，他们支持执行仲裁的决定，其他和美国结盟的国家也一样。即使他们说，所有的国家都会参与其中，跟菲律宾站在一起。我说那就可能会引起第三次世界大战。如果发生了战争，坚持一片水域的所有权还有什么用呢？这并不能带来繁荣，而是愚蠢。所以我坚持谈话，你必须要问你的邻居中国：'先生，您愿意谈谈这个事情吗？'"对此，中国外交部发言人回应说，"只要保持解决问题的政治意愿，两国关系就没有过不去的坎儿"。习近平主席在两国元首会谈时，更是高屋建瓴地指出，"为了更好开辟中菲关系未来，我们需要总结过去，汲取经验。双方要坚持睦邻友好合作。双方要坚持妥善处理分歧。在两国建交以来的大部分时间里，双方在南海问题上通过双边对话协商妥善管控分歧，这是值得发扬的政治智慧，也是能够延续的成功实践，更是确保中菲关系健康稳定发展的重要共识基础。只要我们坚持友好对话协商，可以就一切问题坦诚交换意见，把分歧管控好，把合作谈起来，一时难以谈拢的可以暂时搁置"。[①] 在这个基础上，习近平主席进一步指出了发展中菲友谊的四点建议：加强政治互信、开展务实合作、推动民间往来、加强地区和多边事务合作。中菲跨越南海的握手，是两国共同利益使然，这符合中菲两国人民的共同期待。南海问题这个曾经严重困扰两国关系的"坎"，已经被两国元首以高度的政治智慧和卓越的政治勇气破局。

---

① 《习近平同菲律宾总统杜特尔特举行会谈》，《光明日报》2016 年 10 月 21 日。

我们相信，杜特尔特总统的中国之行，顺应了中菲关系要和平与发展的时代潮流，符合两国根本和长远利益，两国元首达成的经贸合作、基础设施、产能合作等合作重点，必将成为两国传统友谊再上新台阶的强大动力。中菲两国关系重回正轨，也将使整个地区受益，南海将再次成为和平之海、友谊之海、合作之海，水涨船高、行稳致远的中菲关系也必将成为推动中国—东盟关系和东亚合作取得更大发展的重要引擎。

（载中国青年网 2016 年 10 月 21 日）

大变局下的博弈与合作

新冠肺炎疫情是一场波及全球的重大公共卫生灾难。面对这场关乎生死存亡的抗疫斗争，世界各国选择了不同的符合自身国情的抗疫方式。同时，各国普遍认识到：我们同处一个地球，同处一个世界，共同面对同一场灾难，虽然技术性的应对和处理手法不同，但是大家普遍都认识到，在灾难面前，没有一个国家和地区能够独善其身，能够超然于疫情之外。只有站在整个人类命运未来的高度，搁置争端争议、加强协作协调、互相支持帮助，才能最终战胜灾难，渡过波劫。疫情在中国暴发时，世界各国给中国人民巨大的物质和道义支持。在中国疫情得到基本控制后，中国政府投桃报李，迅速向相关国家（地区）和国际组织捐赠物资、派遣专家、分享数据、交流经验。疫情无情，人间有爱，中国人民和全球人民共同谱写了彰显人类命运共同体的抗疫新篇章。中国人民铭记着国际社会的滴水之恩，世界各国也感受了中国人民的无私温暖。"亚当子孙皆兄弟"这句古语，反映了构建人类命运共同体的真实心声。

世界各国在抗击疫情的斗争中，集体唤醒和强化了人类共同命运意识。科学家有国界，但是科学没有国界，我们看到全球医药卫生工作者和科技工作者携手合作、共享数据和信息：中国科学家将病毒基因组排序迅速与世界各国分享、不同国家科技工作者共同研制攻克病毒的药物、共同加紧研制疫苗。人民有国界，但是互相支持和关心的道德观跨越了国界，我们看到世界各国守望相助，互赠抗疫物资，有的国家把自己最后的库存抗疫物资毫无保留地捐赠出来。这次抗疫经历，说明在疫情这个人类共同敌人面前，人类命运共同体的理念，决不是简单的口号，也不是可有可无、无足轻重的理念，而是一种事关整个人类福祉的伟大理念，是人类追求美好生活的必由之路和鲜活实践平台。

从一定意义上说，这次疫情将彻底改变人类的许多理念。面对迅速蔓延的无情疫情，各国普遍认识到，唯有以保护人类未来和人民福祉为出发点，走团结合作的命运共同体之路，才是制服新型冠状病毒的唯一正确选择。2020年3月26日召开的G20领导人应对新冠肺炎特别峰会，就是这个共识的里程碑式象征。第73届世卫组织大会的召开，也标志着国际社会开始真正面对并讨论人类社会面临的共同威胁，国际社会开启了摒弃分歧、团结协作的新范式，全球治理进入了新版本时代，中国倡导的人类命运共同体理念开始进入国际操作层面。疫情已经催生了以人类命运共同体为骨干理念的新国际价值观，实现这种理念的原则就是共商共建共享和合作共赢。

人类命运共同体理念代表着人类的进步。在以往的历次人类浩劫中，世界各国大都采取了逆来顺受、听天由命的做法。但是，此次疫情暴发在全球化已经高度发达的今天，人类事实上已经形成了空前紧密的命运共同体关系。面对全人类的共同敌人，世界各国团结起来战胜病毒的可能性已成现实，各国寻求合作抗疫也成为必然政策选项。这是人类历史上以命运共同体意识共克时艰、共抗风险的开端，标志着人类共同价值观的巨大飞跃和进步。正如习近平主席在G20特别峰会上强调指出的："只要我们同舟共济、守望相助，就一定能够彻底战胜疫情，迎来人类发展更加美好的明天。"全球190多个国家和地区、70多亿人口，因何而紧密相连？未来又将走向何方？基于对历史和现实的深入思考，中国领导人给出了中国答案。从2013年年初到2018年年中，习近平主席在近70个不同的重大国内国际场合，深刻阐述了命运共同体这个宏大课题，展现了中国领导人面向未来的长远眼光、博大胸襟和历史担当。习近平主席提出，"中国的方案是：构建人类命运共同体，实现共赢共享"，"只要怀有真诚的愿望，秉持足够善意，展现政治智慧，再大的冲突都能化解，再厚的坚冰都能打破"，大道至简，实干为要，"邻居出了问题，不能光想着扎好自家篱笆，而应该去帮一把"。在这次伟大的抗疫斗争中，中国人民已经走出了坚实的一步。在这场伟大的斗争中，那些逆潮流而动者，应反思并回到正确的人类发展道路上来，共筑人类新共同价值观的基础。

（本文系作者为王灵桂主编《大变局下的博弈与合作》撰写的序言，中国社会科学出版社 2021 年 10 月版）

全球治理变革与中国选择

　　全球治理是晚近国际社会和全球化发展的产物，但全球治理思想可追溯到被誉为"国际法之父"的荷兰法学家格劳秀斯和英国法学家、哲学家边沁。1625 年，格劳秀斯在其名著《战争与和平法》中，使用"jus gentium"一词来称呼调整国家间关系的原则和规则。1870 年，边沁在其《道德和立法原理导论》中首次使用 international law 或 public international law 的名称取代 the law of nations 的用法，以更加明确区别于国内法的国家间法律的含义。此后，边沁的建议在国际社会逐渐获得广泛的认同和普遍接受。他们积极倡导通过国际条约和国际习惯来约束国际交往行为的思想和著述，对现代国际关系理论、国际法理论和全球治理理论产生了深远的影响。全球治理取得跨越式发展是 20 世纪 90 年代冷战结束，两极格局的终结，全球化得到空前发展，包括中国在内的金砖国家的"崛起"，现代国际关系体系历经巨大冲击、调整和变革，这促成许多新的全球性或区域性国际机构的成立与运行。其中，全球治理委员会于 1992 年成立，并在 1995 年联合国成立 50 周年之际发布《天涯若比邻》报告，提出了"全球治理"的概念。

　　当前，全球治理体系面临空前挑战。一是国际局势"正处在百年未有之大变局"，而引发国家间权力转移和权力扩散、国际关系格局、全球治理结构的"大变局"。二是自 20 世纪 90 年代全球化取得空前发展，各国之间的相互联系更为密切和便捷，各国人民命运相互联系达到前所未有的程度，形成"你中有我，我中有你"的"地球村"。全球化带来投资便利化、金融自由化的同时，也给人类社会带来如"和平赤字、信任赤字、发展赤字、治理赤字"等诸多全球性问题。三是"新孤立主义"、国家保护主义、民粹主义和右翼民族主义在国际社会重新抬头，反全球化和逆全球化趋势日益明显。这对发展全球治理体系提出了新的命题与挑战，亟须国际社会集思广益、共同参与、通力合作、协同应对。

国际危机反复证明，通过全球治理解决全球问题是被实践证明行之有效的"方案"。这有助于解决冲突、化解矛盾，预防冲突，促成国际社会形成最大限度的共识，构建人类命运共同体。当然，目前全球治理体系还存在合法性、代表性、结构性矛盾和发展滞后等突出问题，影响其正常功能释放，衍生全球发展不平衡、全球贫富差距拉大，全球气候环境恶化等问题，因而需要发展完善更加科学合理、反映全球力量对比变化、充分体现广大发展中国家利益的全球治理体系。

自改革开放，尤其是党的十八大以来，中国日益接近世界舞台中央，作为一个负责任的大国，不仅是多边贸易体制的积极参与者、坚定维护者，而且是推动经济全球化的主力军、世界经济增长的主要"引擎"和改革国际经贸规则负责任的参与方。一方面，中国继续发挥负责任大国作用，积极参与全球治理体系改革和建设，不断贡献中国智慧和力量。一是秉持共商、共建、共享的全球治理观，倡导国际关系民主化，坚持国家不分大小、强弱、贫富一律平等，支持联合国发挥积极作用，支持扩大发展中国家在国际事务中的代表性和发言权。二是与尽可能多的国家，尤其是金砖国家在内的广大发展中国家达成关于全球治理体系的价值、目标、原则、评价指标和职责等问题的基本共识，以多边主义方案遏制单边主义行径，促进贸易和投资自由化、便利化，旗帜鲜明地反对保护主义，推动经济全球化朝着更加开放、包容、普惠、平衡、共赢的方向发展。另一方面，积极探索发展完善全球治理体系的重大举措和方案。一是习近平主席倡导构建人类命运共同体的思想和"一带一路",已被写入多个联合国文件。二是将"一带一路"建设与落实联合国 2030 年可持续发展议程、二十国集团领导人杭州峰会成果结合起来,同亚太经合组织、东盟、非盟、欧亚经济联盟、欧盟、拉共体区域发展规划对接起来,同有关国家提出的发展规划协调起来,产生"一加一大于二"的效果。三是发起创办亚洲基础设施投资银行和新开发银行,设立丝路基金,举办两届"一带一路"国际合作高峰论坛、二十国集团领导人杭州峰会、亚太经合组织领导人非正式会议、中非合作论坛北京峰会等一系列重大主场外交活动,向国际社会传递中国关于发展完善全球治理体系的基本遵循。

中国作为四大文明古国之一和国际体系的重要一极,向来坚信"世界人民大团结万岁",向来坚信"全人类利益"高于一切,向来坚信"全人类命运"休戚与共,向来坚信"人类命运共同体"可以并将成为引领全球治理变革的"旗帜"和"方向",并为之长期不懈地努力与奋斗。新中国成立后,历届国家领导人都在不同的年代,强调中国应该对人类作出较多的贡献。如习近平主席指出,中国共产党始终把为人类作出新的更大的贡献作为自己的使命。历经 70 年发展,中国从积贫积弱的国家,发展成为世界第二大经济体,堪称"世界奇迹",为人类社会发展、世界和平与发展作出新的更大贡献,为发展完善全球治理体系提供"中国智慧"和"中国方案",不仅对我们自身进一步前行弥足珍贵,也是对人类社会发展规律探索的"中国贡献"。

(本文系作者为王灵桂、徐超合著《全球治理变革与中国选择》撰写的前言,中国社会科学出版社 2019 年 10 月版)

正入万山圈子里，一山放过一山拦

2015 年 6 月 29 日，是个值得中国人永远记住的大日子。

这天，亚洲基础设施投资银行（Asian Infrastructure Investmont Bank，AIIB，以下简称"亚投行"）宣布成立。57 个国家的代表齐聚北京，见证《亚洲基础设施投资银行协定》的签字仪式。德国媒体把这个日子称为"中国世纪的里程碑"。

由此日回溯 248 天，即 2014 年 10 月 24 日，签署《筹建亚洲基础设施投资银行的政府间框架备忘录》时，只有 21 个国家，而目前，正式加入亚投行的国家已达 57 个，近两倍于当时意向成员国的数目，反映了世界对中国倡议的热忱参与。借用毛泽东主席 1956 年在武汉畅游长江时的感兴之作《水调歌头·游泳》的话："神女应无恙，当惊世界殊。"将革命浪漫主义的豪迈气概用在这里，可以表达中国倡议落地生根的巨大时代意义。

这一轰动世界的壮举，动议时间不到 2 年，怀胎只有短短 8 个多月。它的顺利诞生，欢呼者有之，冷眼者有之，心态复杂者也有之。

香港《信报》2015 年 7 月 3 日评论指出，"至今已有 57 个国家成为亚投行的创始成员，这样的回应体现了中国国际地位的提升，亚投行可为中国带来不少经济及政治收益"，并认为"亚投行作为亚洲内外的基础设施投资工具，发挥着连接周边国家、建立区域合作的作用，这一平台可供成员国之间签署更多双边或多边的贸易协议，从而促进经济融合。从政治层面看，这些措施更为中国提供与其他欧、亚、非国家建立友好关系的契机，有助于提升发展中国家的国际地位"。

美国多维新闻网在 2015 年 7 月 5 日以迷惑不解的态度评论说："一般看来，正常世界里只可能是发达国家、资本过剩国家向发展中国家、资本缺乏国家投资，绝不可能存在发展中国家向发达国家、穷人向富人投资的道理。但恰恰是这样一种传统认知，如今正遭到全面颠覆。"

在亚投行成立之前的 5 月 21 日，时任日本首相安倍晋三宣布，将与亚洲开发银行（Asian Development Bank，ADB）合作，计划在今后 5 年里向亚洲地区投入约 1100 亿美元用于亚洲基础设施建设。英国 FT 中文网 6 月 2 日的报道指出，"这一计划宣布之后，人们自然会联想到其与亚投行的竞争关系"，并含蓄地评论说，"当各方正在期待亚投行大展身手之时，有强烈落寞感的日本弄了个大新闻"。国际货币基金组织金融项目经理萨尔贡·尼桑，更是用令人很不理解的口吻写道："中国主导亚投行的诞生，为世界银行写好了讣告。"

一件大事落停，各种反应和说法自然会纷至沓来，这毫不奇怪。对此，既要重视，认真研究，也不要因为蝲蛄叫唤，就耽误了种庄稼。关键的是，要把大事办好，落停仅仅是个开端，也就是万里长征迈出的第一步，今后面临的困难和挑战自然不会少。亚投行的成立，也是如此。因此，我们既要有战略定力，做到认准目标，我自岿然不动；同时，也要有问题意识和忧患意识，把问题和困难想在前面，以风起于青萍之末的敏锐，未雨绸缪，综合思考，早做预案，才能防患于未然。

宋代大诗人杨万里在其名作《过松源晨饮漆公店》中写道："莫言下岭便无难，赚得行人空喜欢。正入万山圈子里，一山放过一山拦。"诗人借助景物描写和生动形象的比喻，通过描写山区行路的感受，说明了一个具有普遍意义的深刻道理：人们无论做什么事，都要对前进道路上的困难做好充分的估计，不要被一时的成功所陶醉。在亚投行问题上，我们也应有"一山放过一山拦"的态度。

　　这个态度来自哪里？正如《孙子·谋攻篇》所说："知己知彼，百战不殆；不知彼而知己，一胜一负；不知彼，不知己，每战必殆。"2015 年 5 月 10 日，我在财政部参加关于亚投行有关事宜座谈会时，借用亚投行的英文缩写 AIIB，谈了一个有些调侃的说法，认为中国按期成立亚投行，只能算是考试得了 B，要办成中国特色、世界水平，才能算得了 A。从 B 到 A，中间树立着两个挑战，一个是自我（I），一个是国际（International）。形象地说，就是要做到"知己""知彼"。"知己"自不待言，各位读者自然明白。那"彼"是什么？笔者感到，国外智库对亚投行的评论和看法，是我们"知彼"的一条重要渠道，应该予以重视并认真对待。

　　基于这个朴素的念头，同时"我们认为，各尽其力是我们的义务，我们还很愚蠢，仍然相信公理、正义以及我们为之效力的事业"。因此，我和有为青年景峰等人组成团队，一起组织编写了本书，想把目前能搜集到的国外智库对亚投行的言论摘要汇集起来，从中发现和了解他们对亚投行的或喜、或怨、或恨、或复杂的心情，以供同行们更好地研究应对之策，在对善意者结其心、对困惑者释其疑、对中伤者去其谋的过程中，做些力所能及的事情，也算为亚投行的健康持续发展尽点绵薄之力。

　　美国不是参加亚投行的意向国成员，也不是创始成员国。但是，亚投行这个概念在美国已经被热炒。美国最初把亚投行看作一个巨大威胁的开端，认为中国主导亚投行的最终目的是强化软实力，与美国争夺盟国、争夺国际话语权，将之上升到了全球战略和意识形态斗争的高度来看待。美国彼德森国际经济研究所认为："最重要的是，亚投行问题是 21 世纪世界经济领导地位竞争的前哨战。"美国智库德国马歇尔基金会则说得十分直白："美国官员担心，中国市场的吸引力有可能使欧洲盟友转变为那种'东方政策'的支持者，这种'东方政策'在冷战时期使得美国领导人担心欧洲盟友将转变为在中美之间讨价还价的人，从而导致欧盟分裂。"

美国智库伍德罗·威尔逊国际学者中心在 2015 年 2 月发表的《中国外交政策的调整》报告中说，亚投行、"一带一路"等新举措虽仍处于计划之中，但这已经表明中国的外交政策正在进行自 1989 年以来的最大转变。"我们把它称为'复杂而激进的外交战略转变'。中国没有直接挑战现有的国际机构，而是试图创建北京可以控制或影响的新平台。北京希望通过这些新举措创建一个更有利于中国发展的国际新环境，这样的国际新环境将缓解来自美国的战略压力。北京希望采取渐进但不张扬的措施。从表面上看，这些措施只是为了促进经济的进一步发展，而北京正在努力推进这些单纯的经济和贸易倡议的实施。从更深层次的角度来看，北京正在为中国搭建更安全的外部环境和实现更长远的战略目标而努力。"报告还说，出于相同的战略考虑和布局，除亚投行外，中国在安全和政治领域一直推动金砖国家组织、上海合作组织、亚洲相互协作与信任措施会议等的建设和发展，"北京正试图用这些组织来抗衡北约和美国在亚洲的军事同盟"，但是，"该地区的许多国家在安全问题上仍然会选择与美国合作，而在本国发展问题上会选择与中国合作"。问题的核心在于，"在国际关系中，金钱无法买到忠诚，而影响力也不会从国家的金库中获得。推动共同的价值观和发展软实力才是获得影响力的正确途径"。

美国智库全球发展中心在 2015 年 1 月发表的报告《中国和美国如何能够就亚投行问题达成妥协》中认为，美国和中国在经济领域已经发展为卓有成效的双边关系的情况下，"从美国传出了针对亚投行的不和谐声音，这着实令人惊讶。在最近几个月里，美国已经公开对亚投行以及那些有意愿加入这一机构的亚洲国家表示不满""世界银行和亚洲开发银行之于美国的意义，就相当于亚投行之于中国的意义。中国迅速建立起新的多边开发银行（MDB），并努力吸引包括美国主要盟友在内的大部分国家加入亚投行"。在这个视角下，美国用含有敌意的眼光看待亚投行，并鼓动有关国家远离中国的倡议。美国智库詹姆斯敦基金会评论说，中国领导人诠释了亚太自由贸易区等旧概念，提出了亚投行、新丝绸之路经济带、海上丝绸之路等合作倡议，"美国引诱其他国家与中国进行对抗，而中国这些多管齐下的提案，似乎都是为了赢得这些国家的支持"。美国智库全球发展中心观察到，"美国对此给予警告"。美国布鲁金斯学会发表的报告显示，在英国宣布将会加入亚投行后，"人们都大为惊讶。一位匿名的白宫官员指责英国'不断迁就'中国""这再次让人们意识到美国是反对亚投行的"。这也表明，"所有对亚投行的担心都是由美国推动的"。美国外交学会则在其报告中引证多方面的评论说，在英国不顾美国的反对，宣布将成为亚投行的创始成员国后，"华盛顿已经公开游说其盟友反对亚投行，并告诫韩国和澳大利亚不要加入亚投行……一位美国官员警告英国说，'投向中国怀抱的决定不是大国崛起的最好方式'，而另一位官员则对'亚投行是否能够达到世界银行和区域开发银行这样的高标准表示担忧，尤其是在相关的管理以及环境和社会保障问题上'。联合国担心亚投行会破坏这些机构，并加强中国自身的软实力"。

这些警告的形式多种多样，然而，事态发展之快，让美国政府始料不及，也让其智库的结论和判断成为其历史上屡屡出糗的又一个新例证。不过，在大势难以阻挡的情况下，他们也会迅速改变观点，以求自圆其说保住颜面，美国智库全球发展中心曾就此别有用心地挑拨离间，"美国加入亚投行的可能性非常小。对美国来说，那些与其志同道合的国家成为亚投行的股东才对其有利，因为这些国家可以在该机构内做美国的代言人"。

近日，美国《外交事务》杂志邀请 33 位全球权威国际问题专家，围绕"亚投行是否是对现有多边国际秩序的根本性挑战"进行座谈，其中 20 人不同意"挑战说"，11 人同意，2 人没有表态。其中美国外交理事会副主席詹姆斯·林赛、约翰斯·霍普金斯大学国际关系学院中国研究系主任戴维·兰普顿、布鲁金斯学会外交与全球经济和发展高级研究员李侃如等，均认为亚投行并不对现有多边国际秩序构成挑战，相反，詹姆斯·林赛认为亚投行将振兴全球多边贸易秩序，兰普顿认为亚投行只不过是目前世界诸多类似机构中的一家，是否对现有秩序构成威胁，实际上取决于美国自身怎么对待亚投行。高盛董事长贝兰科范更是明确表示，那些认为亚投行会削弱美国在全球经济体系中的领导地位的看法，是非常片面和狭隘的，他认为亚投行是一种新变化，在经济上对美国的影响有限，美国应该欢迎这种新变化。

《外交事务》杂志座谈会的结果表明，起初对亚投行持负面态度和看法的美国，正在转变态度。除了美国战略界、学界、政商界重量级人物的态度已趋向正面以外，据美国多维新闻网 2015 年 7 月 16 日报道，有 49.4% 的普通美国民众表示"希望（美国）加入亚投行"，这创了近几个月来民意调查此项数据的新高。

美国最初对亚投行态度消极乃至负面的主要原因，是美国认为中国的经济力量已经开始改变美国的全球霸主地位，并在与美国争夺国际影响力。最为典型的佐证是，目前中国已是全球 124 个国家（地区）最大的贸易伙伴，而只有 76 个国家（地区）以美国为最大贸易伙伴。因此，美国智库前不久还判断，亚投行的建立，预示着中国将在亚洲和西太平洋更具影响力和主导力。正因为如此，美国最初以各种冠冕堂皇的理由指责亚投行，如指责亚投行的决策程序存在"不透明"问题，指责中国的所谓"一票否决"问题，指责亚投行的项目会破坏环境等。

事情的发展让美国的无端指责失去了攻击目标。亚投行筹建完成后，中国财政部第一时间公布了协议的文本内容，显示了高度的透明度；亚投行的组织架构很大程度上借鉴了国际货币基金组织的组织架构，美国多维新闻网 2015 年 7 月 5 日报道说："这份长达 43 页的协定，从宗旨、职能、成员资格到资本，再到银行业务运营，大抵延续了世界银行、国际货币基金组织等现行国际金融机构协议的一贯思路。亚投行背后的设计师中，更是不乏世界银行退休律师李锡腾斯坦、世界银行前高官林特纳等人。由此来看，中国却是采取了'拿来主义'，仿效第二次世界大战西方的思路来为亚投行搭建骨架。"中国在亚投行设计过程中采取的扬弃思路，既确保了中国的影响力，又遵循了国际惯例；针对美国关于环境问题的指责，金立群先生在担任亚投行多边理事秘书处秘书长时就公开表示，亚投行为其项目设立了一系列环境标准，并将"努力探索新的发展模式，以解决民生需要和环境保护之间的矛盾，实现绿色增长"。

在这些举措之后，美国的一些前政府高官在亚投行正式成立前后，开始密集释放信息，准备为美国立场的转变进行铺垫。美国前副国务卿、世界银行前行长罗伯特·佐利克发表了《美国抵制亚投行是战略性错误》的重头文章，公开指出奥巴马政府对亚投行的消极反应是战略性错误，他认为中国的一些举措需要美国进行抵制，但亚投行的倡议应该受到欢迎。美国前副国务卿威廉·伯恩斯直截了当地对美国媒体表示，鼓励建立有利于亚太人民的新型机构符合美国的利益。前国务卿奥尔布赖特更是坦率地承认，美国在亚投行问题上失算了。美联储（FED）前主席伯南克认为，美国政府对亚投行的消极态度，"说明华盛顿对中国在全球经济中发挥更大作用的雄心应对不当"。美国前财长劳伦斯·萨默斯最近撰文，对此进行了尖刻的批评："美国给予亚投行的冷遇，也许会被记载为美国'失去全球经济担保人角色'的败笔。"小布什时期担任国家安全事务顾问的斯蒂芬·哈德利 2015 年 6 月 29 日表示，"美国正考虑其在亚投行中的角色问题，美国的态度已经发生变化"，并预计"很快会看到美国政府做出实质性的政策调整"。美国前高官们的密集表态，其出发点虽然依然是美国的利益，但是从中也不难看出，美国确实在做政策调整的准备。如果再考虑到中国国家主席习近平将于今年 9 月对美国进行的国事访问，不排除此次访问会是美国政府和奥巴马总统正式改变对亚投行立场的良机。届时，奥巴马总统是否会阐述美国对亚投行的新立场，习近平主席是否会给美国人修正自己错误的机会，我们不难从上述前高官们的表态中看出一些端倪。

对此，美国外交关系学会在《一个推行社会和环境保护措施的机会》的报告中写道，"中国主导的亚投行的建立，不仅对刺激亚洲急需的基础设施投资来说是个重要的机会，而且确保这些投资的使用符合较高的环境标准也同样重要""美国一直希望中国能够分担一些全球领导的责任。现在，中国在朝这个方向行进。反对亚投行将破坏亚洲拥有可持续环境发展的机会"。美国彼德森国际经济研究所在2015年3月发布的《美国应该参与亚投行建设》的报告中认为，"美国应该理解其在亚洲和在欧洲的盟友加入亚投行的愿望""美国应该加入亚投行，并说服国会提供加入亚投行所需的少量基金份额。美国还应鼓励世界银行和其他多边银行与亚投行密切合作"，因为"这有助于应对中国可能会造成麻烦的任何行动"，而"美国的敌意坚定了中国的看法，即认为美国是在对其采取遏制和打压战略，这使中国采取不合作态度的可能性增加了。相比之下，英国和其他美国盟国接受中国的邀请加入亚投行的做法是明智的"。美国布鲁金斯学会则在报告中评论说："奥巴马政府在过去几个月里，努力劝说其盟友不要加入亚投行。奥巴马称，他非常担心这一新银行的治理结构。而现在，奥巴马政府看起来似乎是最大的失败者。这再一次表明，中国分裂西方国家的能力，有时比人们想象的更强。这也显示了美国的利益越来越偏离那些在亚太地区没有地缘政治优势的欧洲国家。"美国外交关系学会的报告则直截了当地告诫说："美国政府是时候改变其策略了。"

美国智库态度的变化，除了中国政府措施得当之外，我看还有两个根本性的原因。一是"亚洲世纪"的出现已经成为难以阻挡的历史趋势，顺之者将昌，逆之者则衰。冷战结束以来，亚洲在世界政治经济舞台上所扮演的角色越来越重要，越来越多的人认为"亚洲世纪"即将到来，21世纪将是"亚洲世纪"。亚洲的兴起，必然需要出现相应的制度和机构安排，亚投行的成立即是标志之一。二是美国的

"好哥们"都参与了亚投行建设，八国集团成员国中，只有故装扭捏矜持的美国和"方脑袋"的日本没有申请加入亚投行；现有的一些多边机构，如世界银行、亚洲开发银行等，都已公开希望与亚投行进行合作。亚投行成立之日，《华盛顿时报》报道说："美国人不在场，但数十个美国最亲密的朋友和盟友都到场，祝贺亚投行成立。"美国多维新闻网 2015 年 6 月 19 日说："美国反对中国成立亚投行，到头来反而弄巧成拙。阻止西方盟友加入亚投行不成，美国闷闷不乐地站到了角落里去。奥巴马政府对亚投行的态度，使得美国政府境遇非常尴尬。"

2015 年 1 月，美国智库全球发展中心在其报告中认为："如果美国想通过多边机构来维护其在该区域的影响，那么它就应该将目光投向中国。坦白地说，美国的战略目标应该是确保亚投行的存在不会使亚洲开发银行黯然失色。但是，这一目标的实现不应该建立在批判亚投行的基础之上，而是应该尽可能地使亚洲开发银行更具魅力，更加强大。"英国 FT 中文网 2015 年 6 月 9 日就美国对亚投行的政策评论说，"亚投行恰恰提供了一个加强美国创建并维持的国际经济体系的机会""如果亚投行的确威胁到了美国领导的多边经济秩序（正如其反对者所相信的），那么其创始者中国也是选择了一种令人好奇的、开放合作的方式进行"。文章进一步指出："美国需要从这一尴尬经历中吸取教训。中国正在为全球经济的发展提供机遇，并为支持自己的计划提供大量资金。若在塑造变化的国际体系时丧失主动权，那会是美国的最大错误。美国应该善于将新的前景与现有的秩序联系起来，以满足新的需求。这种历经多年才能获得的技能、洞察力和解决问题的能力，是美国强大的外交资产，不应该被白白浪费。"

美国哈佛大学教授傅高义 2015 年 6 月 19 日在中国的一家报纸上，发表了一篇题为《美国最终也会加入亚投行》的文章。傅高义认为，为了促进亚太地区的共同利益，大国需要建立互信，降低发生冲突的风险。他说，近年来，随着同亚太地区贸易和交流的增加，美国的命运已经与亚洲更紧密地结合在一起。美国作为一个强国仍独具优势，但是近年来亚洲很多国家的发展速度都超过了美国。对任何一个国家来说，在影响力相对下降的情况下制定外交政策都不是一件容易的事情，美国对于中国倡议成立亚投行的态度，就是美国政策陷入困境的一个例子。亚投行的建立旨在为亚洲一些经济较为落后的国家提供急需的基础设施发展资金，而一些美国人担忧亚投行不会遵循国际惯例，向发展中国家提供建议和资金时不能保持适当程度的透明，一些美国官员和商界人士则担心中国主导的亚投行会排挤美国公司。文章指出，尽管美国对亚投行的支持姗姗来迟，但亚投行的发展能够打消美国的疑虑，美国最终会加入其中。各种不同意见的存在，会延缓美国做出回应的速度，但从长远看，美国最终能够调整政策。正如每位总统候选人在竞选时都会严厉批评中国，但所有的美国总统都会回到与中国合作的正确道路上来一样，美国对亚投行的政策也会回到正确的道路上，因为这符合美国的利益。

　　美国外交关系学会在其发表的《针对亚投行的战略失败了，美国现在该怎么做？》报告中，更是进一步明确建议"美国是时候退后一步，重新调整其对亚投行的战略了"。报告认为，"从一开始，美国对亚投行的战略就十分欠考虑。英国宣布加入由中国主导的亚投行，这已经使美国对亚投行的战略遭受了重大打击……这么一来，美国精心构建的联盟似乎会逐渐瓦解""在这种情况下，美国将面临三种选择：其一，在亚投行的决策结构明确之前，继续向其盟友施压，劝它们不要加入亚投行；其二，自己也选择加入亚投行；其三，不要再关注亚投行的问题。第一项选择显然不可取，进一步耗费政治成本劝说其他国家不要加入亚投行是没有意义的。第二项选择是我以及美国政府以外的几乎所有的中国分析师所推崇的。美国应该加入亚投行有如下两个原因：首先，既可以对亚投行的管理体系和管理水平产生积极的影响，也可以提出内部批评。其次，可以确保美国公司在亚投行的投资融资过程中获得公平的投标机会"。"第三项选择是美国不要再对亚投行有所顾忌，不要再对想要加入亚投行的国家施压，让亚投行自由发展"。报告认为，"除非在非常必要的情况下，否则美国不应该反对中国的亚投行倡议，并且这种反对已经成为美国的一个包袱，是时候该采取其他措施了"。

特别有意思的是，美国智库全球发展中心资深助理斯科特·莫瑞斯（Scott Morris）居然破天荒地写了一篇《亚投行协定的读后感》。该文认为："中国政府公布了亚投行最近通过的协定条款，向全世界展示了该银行的透明度。之前的一些报道文章提到了其中的许多条款，但令人惊奇的是，中国在该银行中拥有的否决权比预期大了许多，而且条款中规定，不享有主权或无法对自身国际行为负责的行为体，也可申请加入……而且条款中并没有限制'特别基金'以及独立于银行资产负债表的信托资金。"在否决权问题上，该文指出"中国政府在行长的选择上有着相当大的控制权，比日本和美国在亚洲开发银行以及世界银行中的控制权还要大。更确切地说，条款中规定，中国在行长的选择上拥有一票否决权，中国的否决权比先前预测的大了许多。但比较公平的是，中国在建设项目上并不拥有否决权，那些项目中大多数的决定权都分配给了各成员国""在我看来，条款中采用非常驻董事会制度是一项非常值得赞赏的创新""总体而言，亚投行新制定的这些协定条款有很强的专业性和创新性……最为重要的是，亚投行的这个协定条款，已经公布于世界。让我们一起期待亚投行有更好的发展吧！"

"有强烈落寞感的日本"以1100亿美元的新计划，试图抵冲亚投行的影响力，却制造了日本外交史上被国际社会冷嘲热讽的笑话。实际上，早在2015年3月，在英国、德国、法国等国宣布将以创始成员国身份加入亚投行时，日本是否会加入，已经成为一个热门话题。当时舆论普遍认为，在日本学界、商界的强烈呼吁之下，正遭受"失败外交"的日本可能会以出资成员国的身份加入，但结果是日本在亚投行成立之前，给自己制造了一枚笑柄。对此美国智库詹姆斯敦基金会在报告中说："美国不要妄图在自己内忧外患的情况下，将日本培养成一个新的'世界警察'，也不要在与其他国家对抗的时候让日本充当其'新干涉主义'的'啦啦队长'。"

目前，关于日本在亚投行问题上的立场，国际智库普遍有三个理论作支撑：一是日本铁心跟美国一起"情绪性地对抗亚投行"；二是日本陷入中日竞争性思维的怪圈，致使其选择加大对亚洲开发银行的支持力度，而不是加入中国主导的亚投行；三是日本加入不加入亚投行，对其经济来说影响不大。

在"情绪性地对抗亚投行"方面，新加坡联合早报网 2015 年 6 月 29 日分析道："日本这一举动的根本目的，其实在于展示日本在亚洲的存在感，以引起美国的再度重视，从而避免日本成为中美靠拢的牺牲品。"由此可见，"情绪"只不过是日本整体目标的具体表现之一，英国、德国、法国等国加入亚投行，对日本的外交并没有构成足够的冲击，并没有影响其"情绪"。

实际上，日本政府现在更为关心《跨太平洋伙伴关系协定》（Trans-Pacific Partnership Agreement，TPP）。日本经济发展乏力，根子在于人口快速老龄化、低生育率造成的国内需求不足。安倍经济学通过超发货币、日元贬值造就的繁荣，并没有从根本上解决这个核心问题，因此安倍经济学造就的繁荣到底能维持多长时间，估计连安倍本人也难以预料和判断。日本政府估算，加入《跨太平洋伙伴关系协定》后能使日本国内生产总值（GDP）上升 0.54%，否则将损失 10.5 万亿日元，丧失 81.2 万个就业机会。因此，推进《跨太平洋伙伴关系协定》谈判，扩大日本产品在海外的市场份额，对日本的重要性，对安倍经济学的重要性不言而喻。同时，日本政府也意识，美国已经将《跨太平洋伙伴关系协定》定位为与中国博弈未来贸易规则制定权的战略举措，并且会不遗余力予以推进，因此综合目前的各种情况可以推断，日本对《跨太平洋伙伴关系协定》会越来越重视。

英国 FT 中文网 2015 年 6 月 2 日发表《日本对外投资以抗衡亚投

行》一文，解读了日本携手亚洲开发银行提出 1100 亿美元亚洲基建资助计划的动机。文章认为，这一计划表面上讲，是帮助亚洲各国建设"高质量的基础设施"，并"区别于亚投行"。但是实际上，此举一方面是为了缓解日本国内要求加入亚投行呼声所带来的压力，体现日本的经济影响力，与中国争夺市场。另一方面，则是在政治上向美国表明立场，以体现日本作为美国同盟国的价值。文章评论说："自2010 年中国国内生产总值超过日本以来，日本嘴上说不在意，但背后却十分在乎。日本拿出 1100 亿美元，超过亚投行所承诺的 100 亿美元，试图压过亚投行，但这种做法恐怕会损人不利己，不仅会使经济收益受阻，国际形象也会受损。""日本的这一做法也印证了一点，在政治和军事上，日本是被美国牵着鼻子走。而在经济上，日本却要被中国牵着鼻子走。"文章认为："在历史问题上，日本对其侵华罪行、参拜靖国神社、修改教科书和慰安妇等问题的态度，是中日两国发展友好关系的主要障碍；在现实问题上，钓鱼岛争端使得两国改善关系变得更加困难，日本也企图在南海问题上与东南亚国家联手来制衡中国。""中日两国在经济领域的博弈也日益频繁，中国前脚刚到非洲进行访问，日本后脚就跟进。中国刚启动亚投行，日本就宣布将通过亚洲开发银行等机构在亚洲范围内投入 1100 亿美元。合则两利，斗则两伤。日本投入 1100 亿美元，如果是为了对抗亚投行，未必是个最优选择。"

在经济意义方面，日本政府认为没有什么紧迫感和特别需要。日本商界和经济界强烈呼吁加入亚投行，他们指出如果不加入亚投行，日本企业在亚投行工程招标中将处于不利地位。2015 年 4 月，日本公布了路透社的一份调查数据：在接受访问的 250 家大中型日本企业中，有 72% 的企业表示，如果亚投行的治理问题不能得到根本解决，日本无法加入亚投行；25% 的企业认为日本无须加入亚投行；4% 的企业希望日本无条件加入亚投行。不过 84% 的企业认为，即使日本决定不加入亚投行，它们也处于劣势，因为在日本主导的亚洲开发银行的商品与工程合同中，日本企业仅获得了 0.5% 的份额，远远低于印度企业的 23.7%、中国企业的 20%。调查数据的最终结论与日本政府的政策高度一致，即认为"目前的区域开发援助项目对日本的实际经济利益影响实在有限，日本企业对于要加入亚投行的意愿，并非如媒体所言的那般强烈。日本其实并没有参与亚投行的紧迫感"。

在欧洲国家对待亚投行的态度上，美国许多智库也不忘指指点点，甚至有明显挑拨离间的成分。美国智库德国马歇尔基金在其报告中认为，通过倡议建立亚投行等措施，中国至少在五个方面对美国在欧洲的特权地位、对跨大西洋联盟构成威胁。第一，中国已经开始质疑美国和英国之间特殊关系的稳定性，并且在诱惑英国（随后就将是德国、法国、意大利三个国家）加入亚投行的情况下考验美国在大西洋公约组织的影响力。这四个国家已经开始对美国所发起的运动感到反感，美国的这场运动是联合其他国家抵制亚洲开发银行的竞争者——亚投行，而日本和美国在亚洲开发银行中持有最大的股份。奥巴马所发起的防止美国盟友加入亚投行的运动百害而无一利。亚洲有着巨大的基础设施建设需求，无论是亚洲开发银行还是美国的对外援助预算都无法满足这一需求。但是，面对来自美国华盛顿方面的强烈阻挠，中国引诱美国最亲密的朋友加入亚投行的举动已经向美国暗示了美国政府在欧洲各国影响力的局限性。

第二，鉴于中国经济发展的强大吸引力，欧洲的核心国德国有可能远离美国以及欧洲的一些好伙伴，这会对跨大西洋各国以及欧洲各国的契约构成威胁。欧盟出口中国的将近一半的货物是由德国制造的，相对于俄罗斯从德国进口的货物中得到的收益，中国已经从德国出口的货物中收获了将近两倍的效益。在俄罗斯"入侵"乌克兰之后，德国与俄罗斯之间这样密切的经济关系制约着德国政府就乌克兰事件对俄罗斯进行的制裁，德国与中国之间不断加强的经济关系同样对德国外交政策的取向具有极其重要的影响。当德国与中国领导人在年度峰会上会面时，美国（以及其他欧洲国家）的官员们都急切地想要知道他们讨论了些什么。

第三，中国贸易和资本的强大吸引力使欧盟各国展开了对中国贸易和资本的争夺，也已经测验出了欧盟的局限性，这种竞争导致欧盟成员国相互对抗。近年来，来自中国的一股资本力量已经向欧洲海岸涌来，将来自伦敦的房地产市场发展到了里斯本（葡萄牙首都），并且将资金投入到了欧洲的核心地区以及欧洲南部和东部较贫困的地区。中国人口的购买力催生了新的政治团体，中国与 16 个中欧和东欧国家之间的年度峰会于每年 12 月在塞尔维亚举行。中国政府一直没有避讳使用各个击破的策略，根据自身目标与欧洲各国进行合作来为欧洲各国提供市场准入和资金投资。

第四，在第二次世界大战胜利 70 周年纪念日来临之际，中国已经开始宣传"闪电战"。这次"闪电战"将欧洲人反法西斯的记忆与北京方面声称的关于日本"军国主义"的传统联系起来。日本作为美国的亲密盟友，在与北约和欧盟的合作伙伴关系中享有特权……中国政府现在就像是机智地在日本与西方友国之间插了一个楔子。哪一方都不能得罪它。

第五，对于那些敢于接见达赖喇嘛和其他政治异见人士的欧洲国家，中国政府一度拒绝与它们进行商业和外交接触。中国的这种强势态度也使得欧洲领导人在最近的交谈会上不敢公开为香港市民的权利说话。事实上，中国转变成为一个更自由、可靠和透明的合作伙伴将会给欧洲各国带来更多的利益。如果欧洲领导人在与中国的交往中不摒弃自身原则，中国政府将会更加尊重欧洲的这些领导人。最后，报告在结论中认为：面对中国与欧洲不断增强的联系，美国政府需要做的可能是，花费更多的时间和精力与跨大西洋各国进行合作，从而更好地影响中国。

美国外交关系学会在《参与创造世界的中国（北京）模式》报告中认为：美国最重要的四个欧洲盟友决定成为中国领导的亚投行的创始成员国，这对美国来说不仅是一次外交挫折，而且是对第二次世界大战结束后由美国主导的国际秩序的一种冲击。目前，由美国主导的这一国际秩序正摇摇欲坠，将被一种多边机构相互竞争的散乱体系取代，而在这些多边机构中，中国和美国为争夺主导地位展开了激烈的竞争。

报告认为："当全球权力分配发生急剧变化时，国际合作的领导主体和体制结构也会跟着改变。自2000年以来，世界经济力量以前所未有的速度进行了重新分配。在这一过程中，处于最前面的是金砖国家——巴西、俄罗斯、印度、中国和南非。目前，金砖国家的总体经济产量占全球经济产量的20%，而在15年前只占8%。21世纪初，中国国内生产总值只占美国的11%，而目前在购买力平价方面，中国已经超过了美国。而且，权力不仅仅向金砖国家转移。高盛集团（一家国际领先的投资银行和证券公司）已经定义出'新十一国'，其中包括韩国、墨西哥、土耳其以及印度尼西亚。高盛集团预测，这些国家将在国际影响力方面成为七国集团的对手。"报告还指出："可以预见的是，正在崛起的大国已经摒弃了布雷顿森林机构，并创建了新的场所实现它们国家的目标。亚投行则是此类场所的一个最新的典型代表。"

报告认为亚投行"开局很成功，这意味着美国在这场游戏中没有实现垄断，也意味着国际合作的重心正在从西方转移至亚洲。这还揭示了支撑着自1945年以来形成的多边体系的西方联盟正在瓦解。本周有关亚投行的事态发展对美国来说是敲响了警钟。如果美国不愿或者不能振兴它自己成立的机构来容纳新成员，其他国家将建立自己的新机构"。

德国马歇尔基金则以《中国分裂西方》为题发表报告称，"德国、法国和意大利三国的财政部部长于2015年3月17日在柏林宣布，他们将会接受中国的邀请，成为亚投行的创始成员国。他们这样的做法很明显已经与美国背道而驰。现在美国华盛顿方面充满了怒火""英国卡梅伦政府2015年3月12日宣布，英国将加入亚投行，英国是第一个这样做的主要西方国家。卡梅伦这样做当然不是为了对抗美国，也不是要带来一个新的金融机构与现有组织抗衡。卡梅伦此举旨在破坏德国对于中国所发挥的重要作用。在过去十年中，德国与中国的经济交流在整个欧盟经济中扮演了重要角色。德国与中国的贸易额占欧盟和中国贸易总额的40%，是法国与中国贸易额的4倍，英国与中国贸易额的3倍。其他25个成员国与中国的贸易额更是落后于这些国家。虽然法国、德国这两个国家与中国的贸易存在很大的赤字，但是德国的财政赤字却很低。这些数字还不能说明全部事实。德国是欧洲国家中唯一与中国达成协议的国家，并且每年都会举行联合内阁会议，这意味着双方每年都会有许多的部长陪同政府首脑参加这样的峰会。尽管有明显不同的政治观点，但是中德之间能够相互理解，彼此认可。从根本上来说，这种做法将有利于欧盟的所有国家。在全球范围内，欧盟是中国最大的贸易伙伴，借助德国这一渠道将会给双方带来政治上的理解，这可能有助于预防或化解摩擦。我们可以理性地预测到，这些相互理解将会反映在欧盟对华政策之中，但它似乎带有明显的风险"，"'中国可能会将德国视为外交重点，以在欧洲得到它想要的东西。'这可能已经被间接证明是真的，卡梅伦为赶超中德关系所做的努力，可能会使英国成为七国集团中第一个加入亚投行的国家。不管卡梅伦的逻辑是什么，这些事务都会涉及西方国家与亚洲新兴力量关系的基本原则，这些事务对美国、德国、法国来说都具有重要影响""在中国制造的时间压力下，欧盟各国还没有达成任何共识。目前它们还没有深入地讨论大西洋的发展情况，也没有对七国集团进行深入评估，更没有公开地讨论金融以及商业大国的发展情况。这样造成的后果就是混乱，欧盟各国、七国集团以及跨大西洋各国之间更深层次的摩擦和冲突是可以提前预见的。'各个击破'是中国中央政府不久前掌握的一门艺术"。

相较于美国智库对欧盟在亚投行问题上的指指点点和杞人忧天，欧盟和欧洲国家的舆论则显得相当冷静、务实。英国智库查塔姆研究所在题为《英国在加入亚投行方面展现领导力以及清晰的战略》的报告中指出，"2015 年 3 月 16 日，英国决定加入由中国发起的亚投行，主要有两点原因。第一，这表明英国有着清晰的发展战略，并且明确意识到英国对中国外交政策的目标应该是增加国家利益，而不是安抚英国的其他盟友；第二，英国与中国的关系长期以来一直处于未定状态，英国加入亚投行的决定显示了英国的实用主义策略"。

查塔姆研究所的报告指出，近年来"英国的外交和联邦事务部（FCO）对中国的体制存在错误判断。记性好的人还能够回忆起英国在北京奥运会前后所发布的有关中国政策的文件。现在很难找到这些文件了，因为英国的外交和联邦事务部很明智地将它从其主要的网站上删掉了。但是，该文件列举了一系列雄心勃勃的目标，此类目标中大多数都暗示了英国的使命是帮助拯救中国，如帮助中国制定内部的法律和进行政治改革等。国际金融危机的到来打断了英国的这一议程，英国忙于拯救本国经济，无暇深入参与其他国家的国内政治事务。在随后的几年里，至少从英方的角度来看，由英国主导的中英关系属于不切实际的期望。英国似乎严重误判了其在中国事务上的影响力，仍然沉浸在已经不存在的历史角色中，希望能在中国的一些问题上发挥影响力，如很久之前的香港问题等。2010 年以后使英国与中国关系倒退的事件反复发生。例如：英国首相戴维·卡梅伦（David Cameron）在 2012 年与达赖喇嘛会面，英国官员没有能力处理英国商人尼尔·海伍德（Neil Heywood）被谋杀的事件等。这看起来不像是战略外交或务实外交，而更像是接连不断的危机管理"。报告指出，英国决定加入亚投行，"这一决定显然出自英国的财政部。这表明，如果你要寻找英国与中国关系中的一致性，那就从财政部下手，而不该从外交和联邦事务部找。特别值得注意的是，亲美的英国财政大臣乔治·奥斯本（George Osborne）无视美国的反对，授权英国加入亚投行，体现了维持英国金融中心地位的重要性。在英国宣布加入亚投行之前，华盛顿和伦敦之间似乎没有举行任何会谈，所以美国官员对英国的此项决定大为吃惊。这一决定也表现出英国对美国的离心倾向。英国很少违背美国的意志，但是加入亚投行的理由过于强大，英国无法拒绝。事实证明英国的决定是对的，德国、法国和意大利很快也决定要加入亚投行，韩国和澳大利亚也很有可能做出同样的决定"。

报告认为，在亚投行问题上，"伦敦的观点和做法是正确的：当你可以成为银行的一部分而且能够确保它会根据你自己所理解的国际准则发展时，为什么要选择坐在场外呢？美国反对建立这样一个银行，因为中国在该银行中的主导作用令美国感到不快。甚至美国财政部部长雅各布·卢（Jack Lew）于 2015 年 3 月 18 日在华盛顿承认，美国必须接受世界第二大经济体在国际货币基金组织等机构中更加显著的影响力。如果美国不能在这个政治上最容易把握的空间中扩大视野，那么在处理其他问题时还有什么希望？美国这次流露出的态度太过明显。英国绕开美国自己做出了加入亚投行的决定是正确的，它应该从伦敦的角度决定自己的对华政策，而不是从华盛顿的角度"。

报告对英国在亚投行中的作用寄予了很高期望，指出"英国必须坚定地支持这一机构，并且必须证明它能够在这一机构中发挥影响力。英国政府现在可以依赖在中国事务上更加开明的顾问们。一位新的大使——吴百纳（Barbara Woodward）刚刚被派驻到北京。2014 年之前英国与中国的关系在很大程度上是失败的。但在 2015 年，两国的关系看上去好了很多。希望英国加入亚投行的决定能够带来一个新的、更加成功的时代"。

查塔姆研究所的另外一份报告——《亚投行威胁全球经济治理体系》则谈到了更为深刻的问题，"本月早些时候，美国指责英国加入由中国主导的亚投行，从而将困扰决策者和经济学家多年的一系列问题置于聚光灯之下：谁在治理全球经济？谁在设定并管理全球经济治理规则？这些规则应该由多国共同来制定吗？""美国向其他国家宣传加入中国领导的新银行存在很大的风险，这是最好的立场吗？"

报告指出，"多年来，许多国家呼吁改革国际货币基金组织的治理体系，希望该组织给予其他国家更大的发言权。到目前为止，这些呼吁受到了很大的阻碍。结果，国际货币基金组织和世界银行继续被视为延伸美国经济和地缘政治影响力的棋子。事实上，现在的国际货币基金组织和世界银行已经与以往有所不同，例如，现在将近一半的国际货币基金组织工作人员来自发展中国家。但这两个组织依然听从美国的指示"。报告在结论中指出，"全球金融危机的爆发是全球经济治理的催化剂和转折点。二十国集团的发展对管理世界经济很关键，特别是在治理经济混乱和金融不稳定方面。这就是为什么应该为设立新的多边机构（如亚投行和其他区域性组织）提供有利的环境，为新的全球治理设定规则"。

也正是由于英国智库基于本国利益做出的强烈呼吁，英国的媒体也几乎是一边倒地对英国加入亚投行予以肯定。英国 FT 中文网在 2015 年 6 月 17 日的报道中说，英国、法国、德国以及欧盟其他国家发表声明，将以创始成员国身份加入亚投行，这"让很多评论员深感惊讶"，但是，"在全球化时代，身处全球供应网络中的国家响应促进世界经济增长与贸易往来的倡议也在情理之中"。报道还套用瑞士语言学家索绪尔的名言指出，"政治与经济就像一张纸的正反面，密不可分；一面受损，另一面不可能完好无损。亚投行对欧盟与中国的政治经济发展都颇具裨益"。

报道还深远地指出，"欧盟国家的行为都是经过战略考虑的结果，它们希望可以参与银行规则的制定，而非仅仅作为中国主导机构的旁观者。中国乐于看到这样的发展，因为中国希望获取欧洲发展项目融资，以及获得如何确保高环保标准的相关经验知识"，同时报道还认为"亚投行与'一带一路'将会促进中国与周边国家的联系以及贸易往来，是中国应对经济发展所带来的挑战的一种方式"。同时，报道也意味深长地指出，"这些计划都具有包容、民主与一视同仁的特性"，"这对于欧亚大陆来说显然是双赢的，对美国也大有裨益，因为中国和欧盟是美国最为重要的两大经济伙伴"。

面对美国的指责和刁难，报道援引欧盟官员的话说："虽然美国不欢迎欧盟国家加入亚投行，但这并不会使欧洲牺牲其在亚洲的核心经济利益迁就美国，毕竟亚洲是世界上经济增长最为快速的区域。"报道还援引了美国外交政策方面的重量级人物，如布热津斯基、约瑟夫·奈等人对美国政府的孤立主义趋势与针对亚投行的公共外交的批评言论，认为"20 世纪 50 年代苏伊士运河危机爆发后，美国曾成功迫使英法两国撤去它们部署在埃及的军队。如今，这一时代已经一去不复返了。当时，美国能够迫使欧洲国家听从其意见而调整相应的外交行为。目前，欧盟正在加速其内部政治与安全协作，而中国可能会对这一努力大有帮助""强大的欧盟会为多极化的国际体系做出贡献。这样的国际体系更为平衡，因此也更为安全"。同时，"中国自实施改革开放政策以来，就一直呼吁建立民主、包容的全球秩序，尊重所有民族政治传统、习俗以及价值观的多元化。在这样的世界中，与欧洲建立伙伴关系是必要的，因为这有助于中国直接与该地区进行发展合作。欧洲既是西方力量的中心，同时也是世界最大的单一市场"。

对于亚投行的成立，英国舆论认为，"中国致力于打造一个开放、包容且民主的全球秩序，通过亚投行这一倡议就可以看出。中国作为最大的注资国并没有否决权，且亚投行的议事模式将通过成员国之间公开透明的谈判确立。欧洲似乎相信中国的诚意，这为中国对包容性世界秩序的追求增添了可信度。支持良好的全球治理、政治秩序以及战略稳定都是非常有益的行为。通过这些努力，大国能够和平地吸引国家，并促进全球秩序向更为和谐、更为包容的方向发展"。

德国智库和媒体则认为亚投行的建立"具有里程碑意义"。2015年 6 月 30 日《柏林报》刊发了《中国版的世界银行》的文章，其中指出"中国政府最近几天接连迎来金融政策方面的重大胜利，而亚投行协定的签署无疑是其中之一"，文章认为，"习近平创立亚投行，主要是因为对现有国际金融援助机构的失望。他认为，世界银行和国际货币基金组织已经不能够与时俱进。新兴工业国家在世界范围内的重要性日益增加，但它们在这些机构里却没有得到相应的影响力。美国坚决反对给予这些国家更多的表决权"。《南德意志报》则认为，亚投行具有历史性意义，"如果说 21 世纪是中国的世纪，那么 2015 年 6 月 29 日亚投行协议签署的日子，可以作为里程碑载入史册"。

作为美国的盟友，澳大利亚在亚投行问题上，也采取了独立自主的外交政策。澳大利亚智库发展政策中心的研究报告《欢迎中国的亚投行倡议》指出：据亚太经合组织估计，在接下来的 20 年里，全球基础设施的建设将需要约 50 万亿美元。据亚洲开发银行研究院院长首席顾问比斯瓦·巴塔查里亚（Biswa N. Bhattacharyay）博士估计，2010—2020 年，亚洲的发展中经济体将需要 8 万亿美元的投资。因此，报告认为："所有亚太国家政府都应该支持建立亚投行，并且应该抓住机会加入。其实，就亚投行的财力而言，这些国家的参与并不是必不可少的。中国可以选择自己独立经营亚投行或利用金砖国家新开发银行。但是，更多国家的参与可以确保亚投行为急需资金的基础设施项目迅速扩大其贷款融资的规模，确保高质量项目的快速准备和有效执行。"报告不无遗憾地指出："美国本应该看到新银行将有助于填补亚洲各国基础设施的巨大差距这一前景。但是，从反馈的消息来看，美国却是在阻止他国加入亚投行。对美国来说，此时申请成为创始成员国还不算太晚。澳大利亚可以帮助美国认识到，新的银行可以为其'重返亚太'提供机会。"

澳大利亚另外一家智库洛伊国际政策研究所，在《为什么澳大利亚应该加入亚投行》的报告中自我发问："中国已经公布邀请其他各国加入该行的文件，其中就有澳大利亚。那么澳大利亚应该加入亚投行吗？"报告自己回答了这个问题："不应该把该银行视为对亚洲开发银行和世界银行的威胁，而是应该把它看作一个机会。正如我以前强调的那样，中国参与了开发银行（包括亚洲开发银行和世界银行）的发展网络。毫无疑问，与金砖国家新开发银行一样，亚投行是中国试图在全球金融机构的治理和运营中拥有更多话语权的尝试。中国对世界银行和国际货币基金组织以及日本主导的亚洲开发银行的缓慢改革步伐感到沮丧。澳大利亚可以谨慎地静观亚投行的发展。但正如我们从布雷顿森林机构的发展历史中看到的那样，尽早加入能够更容易地参与机构调整。"

在关于否决权的问题上，该智库的报告认为："出资最多的国家想要拥有最大的影响力，这是很容易理解的。中国在这方面的欲望不应该被视为固有问题。"报告还认为："该银行最初将专注于亚洲，但之后可能延伸到太平洋岛屿地区。澳大利亚在确保基础设施项目合理运行以及外部债务不会成为发展中国家面临的问题方面存在利益。投资亚洲的基础设施建设也很符合澳大利亚政府的经济外交议程。"

同时，报告也很客观地回答了澳大利亚国内的某些疑虑和担心，指出"无论澳大利亚和其他西方国家是否加入，中国将继续推进该银行的建设进程。根据我们与中国共事的经验，加入该银行会让我们有更大的影响力"，而"现在就决定加入亚投行，将使澳大利亚在扮演什么角色的问题上拥有更大的话语权"。

俄罗斯智库在亚投行问题上的态度与其政府基本上保持了一致。俄罗斯智库战略和科技分析中心发表的《是时候认真对待亚洲的区域机构建设了》研究报告中，提出了一系列关于区域合作的问题，如区域机构在一个经济不断增长的地区中应该承担的主要职能是什么？如何将这些不同的分组工作变得更加连贯？通过巩固自己来帮助塑造一个新兴的区域秩序，从而确保亚洲的和平与稳定是否可能？对于这些问题，报告的结论是，"到目前为止，亚洲的区域机构在制度构建上是非常薄弱落后的。亚洲国家一直以来既没有有效地解决实际问题，也没有改变或重塑的能力"，"如果美国和日本在亚洲开发银行的管理方面给予了北京更大的份额，那么亚投行的困境可能是可以避免的"。

该智库在《正确的秩序》报告中，沿用上篇报告的逻辑继续说："中国提出建设亚投行……标志着70年前成立的布雷顿森林体系这一全球经济秩序受到了严重的制度挑战。中国提出这项措施的用意很明确。近几年发达国家已经破坏了它们作为负责任的经济利益相关者的信誉，而且它们并没有完全适应新兴大国的崛起。"在另外一篇报告中，该智库指出，"亚投行的创立为现有国际金融管理以及全球开发政策注入了新活力"，"从某种程度上说，这个新兴的亚投行已经给现有的多边开发银行，例如世界银行以及亚洲开发银行增添了许多忧虑。如果要确保这些现有多边开发银行能够继续维持其地位，那么采取一系列大胆创新的计划将会显得很有必要"。该智库在英国宣布加入亚投行之后，不无讽刺地评论说："上周，英国加入了亚投行，比起与美国的友好关系，英国更注重其商业利益和对地缘政治形势的判断。英国加入亚投行的动力源于它渴望与亚洲的经济合作伙伴进行良好的沟通。而且，美国在地缘政治方面的傲慢态度对英国来说也起到了反作用。"

战略和科技分析中心在分析了亚投行今后在发展中将会面临的问题后，依然保持了良好的期望："尽管存在这些挑战，但中国将继续支持亚投行，因为它符合中国的国家利益：它可以扩大中国的影响力，使国际经济秩序'民主化'，使中国的投资组合多样化，同时也能促进出口，提升中国领导人的威望。因此，无论是中国还是外国的观察家，都应该对亚投行有一个更为现实的评估。"

在美国盟友纷纷加入亚投行后，美国面临着尴尬的局面。为此，战略和科技分析中心指出："美国的欧洲、中东和亚洲盟友无视美国对其加入亚投行的警告，纷纷打破美国的束缚，加入中国倡导的亚投行，这一机构可能会成为美国主导的世界银行的竞争对手。据《金融时报》报道，当英国于一周前成为第一个加入亚投行的欧洲国家时，奥巴马政府严厉斥责了'伦敦几乎没有咨询美国'就决定加入亚投行的行为。德国、法国和意大利紧随英国之后申请加入。亚投行现有成员国 27 个，瑞士、卢森堡、韩国和澳大利亚也准备加入。有分析人士说，欧洲支持中国主导的国际银行，标志着欧洲对奥巴马领导下的全球舞台逐渐失去了信心。'欧洲人对美国的领导失去信心已经有一段时间了，他们愿意成为亚投行的成员国也在一定程度上反映了这一点。'中东的卡塔尔、沙特阿拉伯、科威特和阿曼等也签署了加入亚投行的协议。其他分析人士称，美国对其盟友施压以抵制亚投行的行为并不妥当。戴维？悉尼是大西洋理事会的研究员同时也是美国国务院前高级官员，他指出，'美国的政治思想是，如果我们不是主角，我们就不应该成为亚投行的一员。但我认为这是一个错误的想法'。"

报告还引用权威人士的话说："事实是该地区没有人希望在美国和中国之间做出选择。"但是，奥巴马政府对亚投行有敌对情绪。华盛顿方面正在发起跨太平洋伙伴关系协定，美国的盟友正在犹豫是否要加入这一以美国为主导的组织，因为它并未包括拥有 4 万亿美元外汇储备的世界第二大经济体——中国。事实上，多年来美国一直敦促中国成为一个"负责任的利益相关者"，在 2014 年 8 月的一次采访中，奥巴马称中国总是"搭便车"，即中国没能承担更多的国际义务。现在，当中国朝这个方向努力时，奥巴马又试图予以抵制，但失败了。报告还援引世界银行前行长、美国前副国务卿佐利克的话说："如果我还在世界银行，我会试图与亚投行成为合作伙伴。"

对于亚投行的发展前景，该智库在《中国主导的新丝绸之路和亚投行前景如何？》的报告中写道："2014 年 10 月，中国宣布创立亚投行，法定资本设为 1000 亿美元，这预示着国际金融体系开启了一个新时代。中国希望利用这一计划来加强其与亚投行成员国之间的经济、政治和文化联系。""在国际上存在一个广泛的共识，即基础设施建设发展的不足是欠发达国家经济增长的主要障碍。因此，有人指出这也是新丝绸之路发展的障碍。这一判断绝不新鲜，新丝绸之路应该采取一些金融措施来解决这一问题。""从 2014 年下半年起，新丝绸之路的声望越来越高。新丝绸之路项目的实施至少可以在以下四个方面为中国经济的发展做出贡献：推动中国建筑业的国际化，鼓励出口，降低供应链风险，吸引国内投资。"

报告认为，成立亚投行对欧洲也有重要影响，"新丝绸之路项目在实施过程中，将对欧洲的经济、地缘战略和地缘政治本质产生影响，其中，对经济的影响很可能是最明显的。该项目的实施可以为在中国和其他国家的欧洲企业创造多重机会，并降低消费者的成本。这些机会的主要受益者是建设、运输和物流公司，它们将有机会获得新基础设施的合同"。报告在结论中指出，"新丝绸之路是具有潜力的项目，它表明中国准备在国际舞台上发挥更大作用"。

战略和科技分析中心并不是一味唱赞歌，它同时也提出了一些警示性的思考。如在《亚投行，新的布雷顿森林时刻？中国大获全胜？》的报告中，该智库既表示，"尽管美国反对各国加入亚投行，但是许多国家对亚投行的热情回应令世界大为震惊。许多国家把中国主导的银行看作是新国际金融秩序的开始以及中国的胜利"，同时也表示"亚投行并非是一个全新的布雷顿森林时刻。尽管这个新银行以及中国参与的其他金融机构促进了布雷顿森林体系的改革，但是它们依然与这个体系有着密切的联系。在任何情况下，建立一个新的经济秩序必然需要一个漫长的历史过程，不可能一蹴而就"。

报告认为："美国政府公开批评英国政府没有与美国磋商就做出这样的决定。但随之而来的是，许多国家蜂拥而至申请加入亚投行，包括大多数美国的盟友，如德国、法国、意大利、韩国、澳大利亚和以色列。美国在外交上的孤立使美国对新银行的态度发生了变化——没有之前那么强烈地反对亚投行了。美国前财政部部长拉里·萨默斯（Larry Summers）评论道：'过去的这个月将会被人们记住，这是美国失去其全球经济体系主导地位的时刻。'"

报告指出，亚投行的建立，是因为"各国对第二次世界大战后形成的国际金融体系进行改革的呼吁很早就开始了。20 世纪 80 年代初，鉴于当时不稳定的汇率制度，法国和美国的财政官员呼吁召开一个新的布雷顿森林会议，但这并没有成为现实。虽然旧体系显示出越来越多的弊病，但由于改革缺乏动力，新体系并没有形成……二十国集团（G20）是发达国家和新兴经济体进行经济合作的主要场所，但它在危机治理方面并没有发挥出人们预想中的作用""今天，中国发起创建了亚投行，并会在之前设立的金砖国家新开发银行中发挥主导作用。这会意味着新国际金融秩序的开始和一个真正的新布雷顿森林体系的开始吗？答案可能是否定的。新的国际金融体系不可能通过一个单一的事件来建立。亚投行的建立似乎是全球金融治理体系的一个重大转折点。但是，这仅仅是中国在最近十多年参与区域金融合作的一个最新事件""最近设立的金砖国家新开发银行和亚投行都是中国主导的区域金融机构。这些机构设立的背后通常体现了亚洲国家的一些常见的想法：对西方国家的不信任和抱怨，希望通过互助实现本国发展，认为基础设施建设对经济发展有着非常重要的作用。这些想法大都来自中国和亚洲地区其他国家的发展经验，也反映了在亚洲金融危机和国际金融危机中，亚洲各国对布雷顿森林体系的应对表现的失望""亚投行和其他新的金融机构的建立对现有金融秩序造成了一定的影响……但是，总的来说，亚投行和中国对外金融政策的其他新举措，并非旨在推翻现有的布雷顿森林体系"。

报告认为："从表面来看，亚投行的成立是中国对抗美国的一大胜利。尽管美国不断反对，但仍有许多国家加入了这个新银行。""对美国来说，这是外交上的一大惨败，这也使美国许多政府官员感到尴尬。这也表明了美国在世界各国尤其在其盟友中的影响力日渐下降，凸显了美国外交政策的失利。然而，这也不一定表明亚投行的成立对于中国而言就是大获全胜。"报告指出："亚投行的发展也面临诸多挑战。目前，世界各国对布雷顿森林体系形成的权力结构以及中国日益强大的经济、政治力量表示不满。而美国也发现自身在其主导的世界中的影响力日益衰减，势必会采取相应的措施。"在这样的双重挑战和压力之下，亚投行要做到可持续地健康发展，任重而道远。

作为世界四大金融中心之一，新加坡对亚投行的关心程度要远远高于中国周边国家。新加坡最著名的智库之一李光耀公共政策学院在其报告《亚投行：调整现状》中客观地指出："中国现在是世界上第二大经济体，但是其在布雷顿森林机构（国际货币基金组织和世界银行）中仅有4%的投票权，而美国则有18%……由于中国拥有的投票权份额很少，因此在这些机构的资金应该如何分配的问题上影响力和话语权有限。""正是在这种背景下，2014年10月，在亚太经合组织（APEC）会议期间，中国国家主席习近平宣布筹建一个新的亚投行。"报告认为："亚投行的运行框架和运行机制仍在制定之中，但毫无疑问成立这样的银行是非常必要的。根据亚洲开发银行的报告，2010—2020年，亚洲国家需要8万亿美元来满足基础设施建设的需要，平均每年需要8000亿美元。而当前，亚洲开发银行每年只能提供其所需资金总额的1.5%，大部分发展需求仍得不到满足。因此任何来自这一新银行的额外资金都会受到亚洲发展中国家的欢迎。"

报告还注意到："习近平的倡议引起了一些国家的担忧，尤其是日本和美国，它们担心这将使其失去在亚洲的部分权力和影响力。日本认为没有必要建立这一新银行。"报告指出："东京和华盛顿希望通过共同努力，维持有着67个成员国的亚洲开发银行的现有权力结构——日本有15.7%的投票权，美国有15.6%，而中国只有6.5%。""然而，世界银行和亚洲开发银行没有注意到的一点是，中国的金融机构已经在很多方面超越了它们""中国在境外规划、建设基础设施和资助基础设施项目方面有着丰富的经验。时任中国财政部部长楼继伟指出，中国国家开发银行的商业基础设施贷款总额现在远远超过了世界银行和亚洲开发银行提供的此类贷款的总和。中国进出口银行多次支持非洲、东盟国家、中欧、东欧以及拉丁美洲的项目""中国及其银行被指控没有遵循良好的治理标准，并且在向发展中国家贷款时往往忽视了环境和社会问题，在中国国内的项目建设中也常常存在类似的问题。然而，中国正在快速学习，努力在国内和国外纠正这些问题。"

新加坡智库拉惹勒南国际研究院认为，在新时期，亚太地区的联系将更加紧密，具体表现在基础设施建设和广泛的区域连接方面。中国提出的"是一个建立由中国主导的区域发展银行的倡议。有别于传统银行（比如亚洲开发银行）的发展模式，亚投行把重点放在公私联合投资亚洲的基础设施建设上""投资的重点将放在公路、铁路、航空以及通信等方面，以此连接中国与周边国家，并增加相互之间的贸易往来及其他交流。中国这些倡议在广度和深度上都让人印象深刻"。该智库还认为，面对亚太地区的新格局，美国应该改变敌视中国的观念。在其《在亚太地区保持领导地位：为什么美国应当与中国共事》的报告中，该智库阐述了不少很有意思的观点，值得读者一阅。李光耀公共政策学院发布的《重建亚太地区的金融体系》的报告，分析了中国建立新金融机构的原因，描述了亚投行建立的过程，剖析了亚洲金融和投资治理模式发生的变化，阐述了亚投行对中国和日本等国的经济的影响等，认为正是"由于美国国会的强烈反对，国际社会对布雷顿森林机构（世界银行和国际货币基金组织）进行的改革已宣告失败。这促使中国和其他新兴市场经济体建立了新开发银行和亚投行"，并指出"为了最大地发挥出一个地区的发展潜力，需要认识到区域贸易和投资在有效分配世界经济资源上的功能和作用"。

针对日本在亚投行问题上的顽固态度，李光耀公共政策学院的报告认为，日本应该通过加入亚投行来影响中国。报告指出一位日本前高级外交官曾说，"中国将会成为一个小丑"，此话暗指亚投行将由于较差的业绩和无利可图的项目而失败。但是该报告反驳说，"事实并不是这样，日本需要意识到其不具备任何政治手段来阻止这一新银行的成立""日本对是否加入亚投行持保留意见，部分原因是这一做法有可能降低亚洲开发银行的影响力，而亚洲开发银行的行长总是来自日本的财务省和日本银行，且日本和美国是亚洲开发银行的最大股东。由于未能反映新兴经济体的声音，从长远看这些机构有可能被边缘化"。

报告认为，"日本参与亚投行不仅不会阻碍自己基础设施建设业务的发展，反而可以利用亚投行的信息和资源促进自身的发展"，因为"根据亚洲开发银行的估计，2010—2020 年亚洲的基础设施需求将达到 8 万亿美元，远远超出了亚洲开发银行的能力。亚投行的成立表明中国终于在积极地做一个负责任的全球利益相关者"。报告在结论中认为："中日的关系在过去几年里已经恶化。抛开历史和领土问题不谈，亚投行为这两个最大的亚洲国家在经济领域进行合作提供了绝好的机会。"

新加坡智库东南亚研究所也发表了《日本不能错过加入中国发起的亚投行的机会》的研究报告，该报告分析了日本对亚投行的反应和看法，指出了日本观点的不足之处，阐述了日本加入亚投行可能对自身及其他国家产生的有利影响，同时结合日本国内的看法，提出了一些值得日本思考的建议。报告认为："对于安倍晋三政府而言，问题不在于日本是否应该加入亚投行，而在于日本能否承担起拒绝加入其中的代价。现实主义者认为成立亚投行是对日本主导的亚洲开发银行的挑战，并且认为亚投行是中国增强其外交和政治影响力的权力游戏，而这会牺牲日本和美国的利益。现实主义者对亚投行的看法只会使日本远离其所处的地区，并且变得更加孤立。"报告认为，"加入亚投行对日本而言有两大益处。首先，亚投行为日本和中国建立区域性合作组织提供了机会，它有可能成为这一未来机构的模板。亚投行应该被看作是增强日本和中国合作关系并且提高两国战略关系的平台，而不是日本与中国之间的零和游戏。不仅如此，当日本同中国合作时，东盟也将会有更好和更稳定的发展。此外，亚投行为日本参与东盟事务提供了又一个平台，从而增强其对东盟国家的持续关注。这也将使东盟可以回避可能面临的一个敏感和尴尬的问题，即在亚洲开发银行和亚投行中做出选择""日本是唯一没有加入亚投行的东亚峰会成员国，这一发展态势并不符合日本的区域形象和地位。从某种角度看，日本领导层必须考虑拒绝加入亚投行是否符合日本的国家利益。今天对美国的忠诚在明天可能成为严重的战略性错误"。因此，"无论是从日本领导层的鸽派还是鹰派的角度看，加入亚投行都符合日本的最大利益。如果日本鹰派的目标是遏制，那么最好的方法就是从亚投行内部削弱中国的影响力。另外，温和对待中国将为日本加强与中国的合作和改善双边关系提供一个绝好机会"。李光耀公共政策学院发表的《欧洲国家加入亚投行的决定将日本推向了十字路口》也认为，"日本在亚投行事务上的行为已经僵化，因为首相安倍晋三反对中国的正面政策已经使之更加依赖美国。欧洲国家加入亚投行的决定对于安倍政府而言是敲响了警钟，因为日本政府至今仍未意识到该地区和世界战略平衡迅速转移所造成的全面影响""现在欧洲主要国家加入亚投行的决定更加凸显出日本正在错过机会这一事实""幸运的是，日本有历史先例可循。1972 年 2 月时任美国总统理查德·尼克松在北京会见毛泽东主席之后，日本首相田中角荣访问中国并且迅速将日本与中国的关系转向正常化，在这一方面比美国早七年。田中先生的决定使日本获得了巨大的战略优势。现在，亚投行在经济和政治上都有着重要的意义和作用，首相安倍会成为下一个田中角荣吗？"

新加坡智库东南亚研究所还注意到了亚投行对东盟国家的影响，认为东南亚国家尚没有完全理解亚投行的战略意义，盲目跟风加入，反而在事后显得有些茫然。其发表的《亚投行让东南亚国家不知所措》的研究报告认为，"作为发展中国家，东盟各成员国并不具备足够的基础设施，因此，这些国家欢迎亚投行提供新的基础设施项目。东南亚国家对亚投行在该地区的作用，主要有三大期待：第一，这些国家期望亚投行能够把东南亚地区视作基础设施融资以及行业紧缺公共货物供应的一个大市场；第二，这些国家期望亚投行成为一个知识库，能够给东南亚地区提供紧缺的知识科技援助，从而更好地帮助东南亚国家进行基础设施项目建设；第三，这些国家不希望看到中国利用亚投行扩大其在东南亚地区的政治影响力"。可见，东盟国家在对投资保持热切期待的同时，却又担心"亚投行或将成为中国扩大其政治、经济、安全利益的工具""虽然亚投行对东南亚国家而言是一个多边机构，但是东南亚国家的贷款者担心中国可能将其作为纯粹追求国家利益的工具"。期望与担忧之间的巨大差异与鸿沟，可能会令东盟国家在与亚投行合作时首鼠两端。

作为区域内大国，印度对亚投行的关注力度在世界各国中是最为强烈者之一。印度智库在亚投行问题上，更多关注的是中国倡议成立亚投行的战略出发点和目标，以及印度在这个项目中会失去什么，印度应该怎样在竞争与合作中维护自身利益。印度知名智库和平与冲突研究所在《中国与亚投行：会成为一个新的地区秩序吗？》的报告中说，"亚投行近日在北京成立，并且将于 2015 年开始运行。中国在这一机构中即将发挥的重要作用已经惊动了世界其他大国。亚投行是由中国新一届领导人发起的一项倡议，旨在在亚洲寻求一个更加平等和平衡的发展模式""印度之所以加入是因为其想在国际金融机构中拥有更大的代表权"。

报告认为，"中国的'和平崛起'战略一直受到外界质疑。在外交政策议程方面，建立亚投行是中国成为一个负责任的区域大国并最终成为一个全球大国的重要步骤。这是中国面对由美国和日本引导的跨太平洋伙伴关系协定做出的选择，并且是对美国'重返亚太'战略的回应"。

报告认为，"亚洲国家正在快速发展，到 2030 年其经济总量将占到全球国民生产总值的一半。据亚洲开发银行透露，在未来十年中，亚洲国家将需要 8 万亿美元的资金用于基础建设投资，以维持目前的经济增长速度。现有机构（如亚洲开发银行）既没有足够的资金，也没有满足基础设施需求的专业知识。相反，中国在基础设施建设方面有着丰富的经验，并且也有足够的资金。亚投行可以为'亚洲世纪'提供所需要的基础设施建设资金"。报告认为，"与'华盛顿共识'不同，该银行将为实体经济提供信贷投资。其首次提出的项目是'新丝绸之路'和'海上丝绸之路'，两者都旨在促进亚洲的基础设施建设，并且加强该地区的联系。这些项目不仅对中国和沿线国家有利，并且将促进整个地区的发展。这些举措标志着中国作为领导者的新时代的开始，并将加强其作为区域领导者的地位"。

印度全球关系委员会的研究报告指出，"亚太经合组织已经设立了一个基础设施对话机制，例如确定投资项目或构建公私合作伙伴关系，但是它一直回避该地区需要大量的基础设施融资这一核心问题，而往往将这一问题抛给了亚洲开发银行和其他多边开发银行""通过建立亚投行，中国一方面为亚太经合组织的基础设施议程指明了方向，另一方面也把注意力从亚太经合组织转向了新制度方面"。南亚分析集团的报告认为，"亚投行将是亚洲地区基础设施建设融资的又一个里程碑。在其未能在多边机构（如世界银行和国际货币基金组织）获得话语权之后，中国将在这一银行中起到关键性作用"，但是，"亚投行也将面临资源危机，因为这些机构的资金太少，而且很难解决基础设施建设的资金不足问题，难以有效应对短期流动性压力……到2020年，亚洲地区将需要8万亿美元用于基础设施建设，仅印度的基础设施部门就需要1万亿美元"。同时，"只有确保不会有任何一个国家控制新开发银行和亚投行的借贷和其他业务活动，这样的金融机构才能够在改善全球金融治理体系方面发挥积极作用"。

印度全球关系委员会在其发布的《新型多边金融构架》中表示，"中国主导的全球金融构架即将出台，该银行的选举结构基于成员国的购买力平价（Purchasing Power Parity，PPP）以及国内生产总值。如果这样的话，印度作为亚投行的创始成员国，将会成为第二大股东。今后，如果印度表现得足够出色的话，它就有机会操控机构的形成与运作"。"世界银行与国际货币基金组织不公正的管理标准、消极的援助政策以及对当地决策的不合理干预，曾经令广大发展中国家感到非常失望……因此，当大多数发展中国家准备加入中国主导的亚投行时，这些国家希望曾经的悲剧不会重演"。报告指出，"亚投行对于印度来说，既是机遇又是挑战。如果亚投行在跨境基础设施项目中采用股权制，那么将会产生地缘政治影响"，"现在，印度将团结亚投行以及新生的金砖国家新开发银行，获取自己的国家利益"。为此，"印度应当坚决捍卫股权平等"，"莫迪必须巩固印度在亚投行的地位，并且预计在 2015 年，印度将在亚投行成为一个有影响力的管理角色。印度的目标是在亚投行成为具有相应表决权股份的第二大股东"。

印度智库地面战争研究中心在其报告中对亚投行看法似乎比较矛盾。报告认为，"在过去的一年半中，中国已经制定了一系列重要的战略方针并建立了一系列的相关机构，即'丝绸之路经济带'和'21 世纪海上丝绸之路'（'一带一路'）、亚投行以及金砖国家新开发银行（金砖国家银行），旨在追求它的宏观战略"。在这个过程中，"印度担心的是，中国资助和建设的'中巴经济走廊'将通过吉尔吉特—巴尔蒂斯坦，这一区域是巴印两国之间有争议的敏感地区。即使印度反对或者不参与这一项目，中国的倡议仍会继续。印度洋地区的其他国家都将中国的投资当作它们国内基础设施发展的机会，认为可以促进它们经济的发展并且增加国内就业。退出这一项目将降低印度在这一地区的主导地位和影响力"，因此在报告中，该智库建议"参与这一项目将使印度得到更好的发展，通过有效地利用这一倡议提供的陆上和海上通道，印度的收益将大大增加"。

以上是对本书收录的国外智库主要观点的一些概括性总结。此外，为便于读者开展研究，本书还收录了巴基斯坦、以色列、加拿大、比利时、瑞典等国智库的一些研究报告摘要，其观点对研究亚投行也具有较强的参阅价值。但限于篇幅，笔者难以再逐一进行辑录整理，敬请读者谅解。

本书是我们全球涉华智库研究的初步成果，试图兼容并蓄，为亚投行的研究做些贡献。但是，由于缺乏经验和积累，在智库和智库成果的选择上，我们未必都做到了权威，希望读者对我们的工作提出意见和建议，以便我们在随后的工作中逐步完善和提高。

信笔由缰、码字为序，报国之心、以此为记。

（本文系王灵桂主编《国外智库看"亚投行"》序言，社会科学文献出版社 2015 年 10 月版）

开启互联互通金融通道的亚投行

本书是全球战略观察报告的第六部，是关于"亚投行"的。

2013 年 10 月，习近平主席提出了筹建亚投行的倡议。2014 年 11 月 9 日，习近平主席宣布，亚洲基础设施投资银行筹建工作已经迈出实质性一步。此前的 2014 年 10 月 24 日，包括中国、孟加拉国、柬埔寨、印度等 21 个首批意向创始成员国在北京签署了政府间谅解备忘录。2014 年 11 月 8 日，参加"加强互联互通伙伴关系对话会"的国家发表联合公报，将亚投行视作对世界银行、亚洲开发银行等现有金融机构的有益补充，明确表示支持。2015 年 6 月 29 日，亚投行 57 个意向创始成员国代表在北京出席了《亚洲基础设施投资银行协定》签署仪式。2015 年 12 月 25 日，法定资本 1000 亿美元的亚投行正式成立。2016 年 1 月 16 日，作为中国政府第一个首倡并推动建立的多边银行，亚投行在北京正式挂牌成立。2016 年 6 月 25 日，亚投行批准了首批四个项目总计 5.09 亿美元的贷款，涉及孟加拉国、印度尼西亚、巴基斯坦和塔吉克斯坦等"一带一路"沿线国家的能源、交通和城市发展等领域。

从习近平主席提出筹建亚投行，到 21 个国家正式签署《筹建亚洲基础设施投资银行备忘录》仅用了 12 个月，到正式挂牌仅用了 27 个月，到发放第一批贷款仅用了 32 个月。这张时间表，充分体现了亚洲各国对发展基础设施、实现互联互通、分享中国发展机遇的渴望。"中国的国内基础设施建设规模引领全球，现在中国又创设了亚洲基础设施投资银行，由此中国将成为全世界基础设施项目的最大投资者。"[1]

在亚太互联互通蓝图中，亚投行将扮演重要角色。目前，大部分亚洲国家都正处于工业化和城镇化快速推进时期，发展越来越受到基础设施建设落后和资金不足的制约。根据亚洲开发银行测算，2020年以前亚洲地区每年基础设施投资需求高达 7300 亿美元。"亚洲绝大多数国家正在工业化、城市化快速推进的阶段，这一阶段对基础设施的需求最为迫切。据估计，仅南亚在未来十年就需要 2500 亿美元的基础设施投资，而东亚一年的需求缺口可能就达到 6000 亿美元。"[2]面对如此庞大的资金需求，亚投行的成立恰逢其时，水到渠成。从供给层面看，亚投行目标集中，可以有效弥补现有多边开发机构对基础设施支持的不足。[3] 正如习近平主席在加强互联互通伙伴关系对话会上所说，中国"愿意通过互联互通为亚洲邻国提供更多公共产品，欢迎大家搭乘中国发展的列车"[4]。

国外有舆论认为，亚投行是继金砖国家开发银行后，中国试图主导国际金融体系的又一举措。不论这一看法是否恰当，不可否认的是，经过中国的不懈努力，对于互联互通是区域经济共同发展的关键这一理念，已经深入人心。对于要发展亚洲价值、亚洲创造、亚洲投资、亚洲市场的亚洲国家而言，互联互通是大家的共同需要，而基础设施建设是互联互通的基础和优先发展领域。认识的统一，是亚投行能够发挥应有作用的重要保障。随着亚投行的正式挂牌运营，亚洲国家基础设施融资能力不足和资金使用效率等突出问题，可在一定程度上得到缓解。"亚洲各国实现共同前行，需要有形的互联互通，也需要多元共生、包容共进的理念，需要为共同发展而切实行动。亚投行

---

① ［美］帕拉格·康纳：《超级版图：全球供应链、超级城市与新商业文明的崛起》，崔传刚、周大昕译，中信出版集团 2016 年 7 月第 1 版，"中文版序"。难怪帕拉格·康纳在《超级版图：全球供应链、超级城市与新商业文明的崛起》这部风靡全球的新著中，如此评价亚投行。

② 丁振辉、黄旭：《亚投行为互联互通打开金融之门》，《上海证券报》2014 年 11 月 13 日第 A03 版。

③ 张丽平：《亚投行，助力亚洲互联互通》，《人民日报》2014 年 11 月 13 日第 5 版。

④ 习近平：《联通引领发展，伙伴聚焦合作》，《人民日报》2014 年 11 月 9 日第 2 版。

的建立，正是朝着这个方向迈出的有益一步。"①

互联互通问题并不是始自今日。1898 年，英国探险家兼记者柯乐洪在《转变中的中国》一书中写道，"上缅甸的财富以及掸邦等地区的资源是不可估量的""但它们现在却因彼此之间以及与外部世界缺少连接而得不到耕耘"。这位作者 100 多年前所看到的问题，至今依然是个问题。互联互通滞后、基础设施建设落后带来的发展瓶颈，不仅仅出现在缅甸，也不仅仅出现在东南亚。据测算，未来 10 年亚洲基础设施融资缺口巨大，需要至少 8 万亿美元基础设施资金，才能支撑当前经济增长水平。亚洲基础设施投资银行的筹建工作正是在这样的大背景下展开的②。

事实上，亚洲和全球并不缺乏资金，缺乏的是动员这些资金投资基础设施的能力和机制，亚投行的建立可谓恰逢其时。"亚投行的成立将弥补亚洲发展中国家在基础设施投资领域存在的巨大缺口，加强不同收入水平国家之间的合作，实现互利共赢；将促进资本在富裕国家和贫困国家之间的调剂，为贫困国家的基础设施建设提供相应的资金。在基础设施发展的红利刺激下，有望推动亚洲地区各国经济发展。"③ 亚投行不是国家之间博弈的机构，不搞政治化，而是代表了参与各国团结合作共谋发展的共同愿望，平等、包容、开放的精神浸蕴其中。秉承开放包容的区域主义，亚投行欢迎所有有兴趣的国家积极参与。正是因为看到了这一设计初衷，澳大利亚国立大学研究员安德鲁·埃莱克才撰文强调，一些人在面对亚投行倡议时的"小气"回应，只会让自己一贯以来要求中国提供地区和全球公共物品的呼声显得空洞和虚伪④。

亚投行的建立同时也是一种创新机制，有利于推动完善中国全球

① 钟声：《亚投行的时代使命》，《人民日报》2014 年 1 月 29 日第 21 版。
② 钟声：《亚投行的时代使命》，《人民日报》2014 年 1 月 29 日第 21 版。
③ 丁振辉、黄旭：《亚投行为互联互通打开金融之门》，《上海证券报》2014 年 11 月 13 日第 A03 版。
④ 钟声：《亚投行的时代使命》，《人民日报》2014 年 1 月 29 日第 21 版。

金融治理。因为侧重于基础设施建设，亚投行与世界银行、亚洲开发银行等现有多边开发银行是互补和合作的关系，后者的工作重点在于减贫。世界银行行长金墉称，丝毫没有感到世行会因亚投行受到威胁，而亚行行长中尾武彦则表示，亚投行建立后，亚行将考虑与亚投行进行一定方式的合作。与此同时，亚投行也明确提出了以高效的基础设施投融资平台为自身目标。针对现有多边开发银行存在的过于烦琐、不切实际及与业务关联度不高的一些做法，亚投行将努力避免并解决之，以最大限度地降低成本和提高运营效率。"亚投行的成立有助于域内国家加快基础设施建设，提升发展水平，有助于互联、互通、互惠，不仅对相关国家的经济社会发展有深远影响，同时对全球治理、对全球经济金融的公平有效运行也有难以估量的影响。"[1]。

亚投行一提出就受到各国欢迎的主要原因在于，它抓住了亚洲国家在工业化和城市化加快发展阶段，迫切需要加强基础设施建设的需求。同时，由中国首倡并主导推动的亚投行，所体现出的中国气派和中国特色，让世界各国更看清了日本主导的亚洲开发银行（以下简称"亚开行"）多年业存的弊病，这也是亚投行深受欢迎的重要原因。首先，亚开行行长长期由日本人担任，这种做法与世界银行行长只由美国人担任和 IMF 总裁只由欧洲人担任颇有相似之处。因此，亚开行的许多政策并不能公平地体现出各成员国的普遍诉求，反而成为日本和美国在域内拉拢人心的一种手段。其次，亚开行资金背后往往附有一定的"政治指导"。要获得亚开行的援助资金不仅需要有符合亚开行"审美情趣"的投资项目，还要接受亚开行开出的各种药方，打着援助的旗号对他国内政进行干预，例如强求受援国根据美日的标准推进国内民主化进程。因此，亚开行的援助经常受到部分国家的抵触。最后，亚开行偏输血而轻造血，且对贷款项目有严格的要求和审查，资金需求国项目通过率很低，并且流程复杂，从提出申请到

---

[1]　丁振辉、黄旭：《亚投行为互联互通打开金融之门》，《上海证券报》2014 年 11 月 13 日第 A03 版。

获得资金需要经过漫长的过程。亚开行对亚洲各国资金需求的迟缓反应，多年来已经备受诟病。

而亚投行则避开了亚开行被人诟病的诸多弊端。首先，亚投行的宗旨即在于为亚洲国家的基础设施建设资金提供帮助，亚投行的成立将弥补亚洲发展中国家在基础设施投资领域存在的巨大缺口，加强不同收入水平国家之间的合作，实现互利共赢。其次，亚投行能够推动亚洲地区互联互通的发展。互联互通是习近平主席在东盟国家访问时提出的一个重要概念，与建立新时期的海上丝绸之路一脉相承。

互联互通包括三个方面的含义：一是物理衔接；二是机制对接；三是人员连接。互联互通实际上在各个方面既是对原有交流和合作的总结，也是进一步的发展和升华。而亚投行能够为基础设施互联互通建设提供便利的投融资支持，促进域内国家互联互通的发展。亚投行有利于推动域内国家合作伙伴关系。中国是亚洲地区重要的经济力量，中国是亚洲大部分国家第一大贸易伙伴，许多亚洲国家经济发展也或多或少会受到中国经济发展的影响。

但是，在国际金融危机的影响下，亚洲地区各国经济增长出现分化。另外受中国经济增速放缓的影响，部分国家经济增长势头停滞，甚至出现了负增长。因此，如何强化各国之间的协作和合作，共同应对金融危机的挑战，是亚洲各国普遍面临的问题。亚投行的成立有助于刺激亚洲国家基础设施的建设，而加大对基础设施建设投入本身就是刺激经济增长的一种手段。总之，亚投行有助于为亚洲国家的基础设施建设提供金融支持，继而增加这些国家的投资需求，促进本国经济增长；同时有助于推动亚洲地区基础设施互联互通的发展，产生经济的外溢效应。

当然，亚投行作为国际金融历史上的新鲜事物，还需要通过长期的持续努力，来打造自己过硬的品牌效应，构筑出造福亚洲人民的坚实金融支持。在这个过程中，注意倾听国际社会对其的评论和看法，无疑是十分重要和必要的。在这种良性沟通与互动中，"中国愿与各国一道，与时俱进，推动国际秩序和国际体系进行必要的改革和完善，使其更加公正合理，更加符合国际大家庭尤其是战后成长起来的大多数发展中国家的愿望"[①]。

凌晨码字，落笔为愿，是为序。

（本文系作者为《全球战略观察报告：国外智库看"亚投行"（Ⅱ）》撰写的前言，中国社会科学出版社 2017 年 3 月版）

[①] 薛力：《"一带一路"与"亚欧世纪"的到来》，中国社会科学出版社 2016 年版，第 89 页。

在一升一降中，TPP 的即将陨落
说明了什么？

2016 年 9 月底的一个难得的晴朗天气里，我在京西郊的幽静院落里，与一位美国战略智库的著名学者餐后闲聊。当时，向他请教两个时髦的话题：一是美国大选谁将胜出；二是美国什么时候将批准 TPP。此公毫不犹豫地说，希拉里胜出有 90% 的把握；最晚于 2017 年 1 月，美国会批准 TPP 协议文本。为强调他的判断，此公说，如果希拉里败选，他将放弃美国国籍，志愿加入中国国籍；如果奥巴马任期结束前，美国不批准 TPP，他将志愿加入中国共产党。此虽属于聊天的玩笑话，但他的态度是十分认真和真诚的，也代表了当前活跃在美国学术界学者们的基本一致的看法。

之后不久，此公的两个判断均出了问题。于是，此公在 2016 年 11 月 17 日无边惆怅的雾霾中无奈地对我说，在这两个问题上，美国的主流学界集体犯了错误，既"失语"，又"瞎眼"。如果兑现当时的诺言，估计美国学术界 95% 的人都要加入中国国籍和中国共产党，那对中国的负担就太大了，所以决定不给中国再添麻烦了。

在这段小插曲之后，其他消息接踵而至。先是奥巴马总统宣布美国本届国会将不再讨论 TPP 问题，将把"作业"留给第 45 届总统特朗普；2016 年 11 月 21 日，美国候任总统特朗普宣布将遵守竞选承诺，"为了夺回美国人的工作机会，将以双边谈判代替 TPP，并退出 TPP"；针对奥巴马总统关于"如果放弃 TPP，美国地位或将下降"

的言论，特朗普正式宣称"就职总统首日将退出 TPP"。面对特朗普的表态，日本首相安倍晋三先是表示，如果美国退出 TPP，日本将主导之。随后，面对大势已去，安倍也无奈地表示，"如果没有美国的话，（TPP）将失去意义"。

2016 年 11 月 23 日，商务部发布消息说，根据 2016 年 11 月 22 日签署的《中华人民共和国商务部和智利外交部关于启动中国—智利自由贸易协定升级谈判的谅解备忘录》，中国—智利自贸区升级谈判已经正式启动。此前不到一周的 18 日，第 71 届联合国大会协商一致通过关于阿富汗问题的第 A/71/9 号决议，欢迎"一带一路"等经济合作倡议，敦促各方通过"一带一路"倡议等加强阿富汗及地区经济发展，呼吁国际社会为"一带一路"倡议建设提供安全保障环境。"一带一路"倡议是继 2016 年 3 月其相关内容被写入联合国安理会第 S/2274 号决议后，首次被联合国大会写入正式决议，并得到了 193 个成员国的一致赞同，这从一个侧面充分体现了国际社会对"一带一路"的普遍支持和热忱。

反观 TPP，从最初的热热闹闹、如火如荼，到今天的清冷无奈。正在陨落的 TPP 到底是怎么回事？"一带一路"自 2013 年 9 月正式提出以来，美国等国家或敌视，或漠视，或故意抹黑，但在 2013 年 11 月 18 日的联合国大会上，其得到了 193 个成员国的一致赞同，这又是为什么？在这一冷一热的背后，体现了一种怎样的发展观和世界观？

自 2015 年 5 月以来，笔者始终紧紧跟踪 TPP 的进展，始终关注"一带一路"、筹建亚投行等中国倡议的前进步伐。总体感到，近几年来，随着中国国力的不断增长，中国因素日益成为国际政治经济舞台上的重要角色。随着中国在国际战略地平线上的喷薄跃出，世界各国纷纷聚焦中国已成常态，其中"一带一路"、亚投行、TPP 自然成为时下世界关注中国、中国关注世界的热词，也成为了解中国与世界关系变化的关键词。

　　在长期的研究中，笔者感到 TPP 本身有着先天的局限与缺陷。而这决定了其很难走远。"TPP 并非美国创始。甚至可以说，早期开始的时候，TPP 的目标是要建立一个没有美国的跨太平洋的贸易集团。但一旦美国加入，TPP 就完全变了样貌，演变成美国'重返亚洲'的关键一步。"TPP 作为历史上最大的地区贸易协议被奥巴马政府置于"重返亚太战略"的框架之下，成为其亚太战略的两大支柱之一，从一个侧面证明并决定了其政治意义大于经济意义，此其一。

　　2010 年，中国从东盟进口开始超过美国从东盟进口，2005 年中国对东盟的出口开始超过美国对东盟的出口。2000 年，中国从东盟进口额为 204 亿美元，2015 年为 1703 亿美元；同期，美国从东盟进口额分别为 768 亿美元、1463 亿美元。2000 年，中国对东盟出口额为 159 亿美元，2015 年为 2508 亿美元；同期，美国对东盟出口额分别为 384 亿美元、679 亿美元。对此，新加坡国立大学东亚研究所所长郑永年指出，"改革开放以来，中国对东盟（亚细安）国家的经济贸易关系迅速发展，尤其是在建立了中国—东盟自由贸易区之后，中国和东盟经贸关系进入了一个黄金时期。中国和东盟关系的迅速发展，改变了中美两国在东盟的平衡局面，局势开始向有利于中国的态势发展。不过，应当指出的是，中国和东盟发展关系，并没有任何意图要排斥美国或者其他任何国家。一个明显的例子就是日本和韩国各自在东盟区域和中国的竞争。竞争的结果是，中国、日本和韩国各自和东盟形成了 10＋1 机制。美国在东盟经济影响力的'消退'，主要还是美国本身的因素，而非中国或者其他因素"。郑永年先生的这个分析，道出了 TPP 的第二个先天缺陷。

　　冷战结束后，"苏联解体，美国成为唯一霸权。这应当说是美国霸权的顶峰，其影响力到达世界的各个角落。当时，除了欧盟，没有任何一个国家同美国竞争苏联和东欧共产主义解体之后所出现的巨大国际权力空间，而欧盟和美国同属西方阵营，并不构成真正的竞争关系。可惜的是，美国在成为唯一霸权之后，其权力缺失制约，开始犯重大的战略错误。美国想'终结历史'，通过把西方式民主自由推广到全世界，从制度上确立美国一霸天下。在这个过程中，美国武力开路，发动海湾战争，在南欧拓展民主空间。'9·11'恐怖主义事件之后，美国又把战略重点转移到全世界范围的反恐战争"。"实际上，冷战之后，美国和东盟两者之间发展和深化关系，缺少实质性的动力"。为介入亚太事务，美国借用的 TPP，存在一个战略选择上的不当，此其三也。

在经济层面，美国试图通过 TPP 的高标准，尤其是一些具体的条款（例如针对国有企业的条款）来制约中国，这种与邻为壑的思路和做法，是其第四个弊端。第五个弊端是美国认为其"国内经济问题是中国造成的"，这本身就是一个伪命题。美国著名智库彼得森国际经济研究所 2016 年 11 月 21 日发布的文章指出，"美国的贸易协定可能成为 2016 年总统选举经济上的第一个牺牲品。当选总统特朗普承诺重新就北美自由贸易协定进行谈判，甚至可能退出世界贸易组织。随着民主党领导人也在考虑党派的未来，他们同样质疑这些国际协定。美国现有的贸易协定建立于大萧条及第二次世界大战之后。理解它们如何保护美国经济、美国工人以及消费者是为了避免 20 世纪 30 年代错误政策的重演。全球化最近的发展已经导致一些美国人失去了工作，尤其是在总统竞选中支持特朗普的一些社区。尽管进出口毫无疑问极大地促进了美国经济整体的发展，但是这些收益并没有被合理分配。相关经济调查显示，中国对美国出口的激增是导致美国失业率上升的一个重要因素，但是只占到了 1999—2011 年制造业岗位损失的不到 20%，其余 80% 是其他因素造成的。自动化的发展终结了很多蓝领工作岗位。并且在 2008 年国际金融危机之后，美国房地产繁荣结束，导致很多建筑工人失去了工作。在贸易争端上，布什政府的战略是将资源集中在更成熟的市场，当时美国在世界贸易组织将近半数的争议是针对加拿大、欧盟和日本的。美国担忧中国贬值其货币不合理地推动了中国的出口，但是直至 2008 年美国发起的争议才首次达成法律裁决，这已将近是中国正式加入世界贸易组织 7 年之后。与此不同的是，奥巴马政府几乎所有的贸易争议都是发生在与中国或者其他新兴经济体之间的。这些争议与'重返亚太战略'一道，在经济迅速发展但代表性不足的地区扩展美国的影响力和经济机会"。当然，我们如果要罗列，还可以举出很多这方面的依据和例证，但限于篇幅，敬请读者在阅读本书的文章时思考。

此外，日本在 TPP 问题上"上蹿下跳"，也是为了夹带自己的"私货"，其目的并不单纯，也不高尚。日本学者自己也承认，"日美同盟对于'开放自由的国际秩序'有着共同的理念，这点与'繁荣与自由之弧'等'价值观外交'是相通的"。"有必要在此基础上构筑包括太平洋周边国家的'海洋国家网络'，促进地区的繁荣与稳定。在此背景下，日本应在地区一体化进程中把握先机或主动权。TPP 被视为'太平洋世纪'来临之际构建共荣共存的环太平洋共同体的一种表现，甚至是日本击出'逆转满垒本垒打的时机'，TPP 所指的'伙伴关系'不但包括美国，也包括以美国的亚太盟国为核心的发达民主国家。因此，日本应扩大日美同盟，构筑'日美＋X'的同盟体系。"因此，从总体上看，日本人在 TPP 问题上的"积极态度"背后，包含的是更深层次的政治考量和政治意图。但是，让别人出头，替自己火中取栗的做法，也很难持续走下去。

反观中国，在新的历史条件和背景下，中华文明 5000 年的优秀基因开始大放异彩。当前，中国发展、中国故事是一本厚重的巨著，给予广大发展中国家甚或发达国家诸多重要启示。中国声音、中国文章因之成为各国媒体的热点，越来越多的有识之士看好中国。正因如此，中国战略、中国模式的研究成为一门显学。欲讲好中国故事，必先悟透中国，对此，世界智库刮目相看，趋之若鹜，高高挂起中国研究的金字招牌。中国在国际战略地平线喷薄跃出，乃近百年来首个和平崛起的全球大国，此乃大国崛起 500 年历史长河中的奇迹。中国崛起于世界民族之林，如何与之共存、共富、共进？中国道路打破了大国崛起范式，变"高峰型"国际战略格局为"高原型"，对于许多外国人而言，中国的吸引力正在不断增大。

自进入 2016 年以来，欧美不少智库开始反思他们对"一带一路"倡议的立场和观点，正面的声音开始逐渐多起来。具体表现在，美国的一些重要智库开始质疑奥巴马政府对"一带一路"置身事外的政策，并认为"一带一路"倡议是"有生机的，并且会发展得很好"；欧洲智库则呼吁欧盟和欧洲国家"抛弃地缘政治思维，紧紧抓住新丝绸之路的发展机遇"。同时，值得一提的是，欧美智库近来将"一带一路"倡议的英文缩写 OBOR，改为 BRI（与金砖四国的缩写 BRIC，或金砖国家的缩写 BRICS 的前三个字母相同，更便于在欧美国家传播），体现出了较大的善意和正面态度。近日，美国著名周刊《行政情报评论》发表了威廉·琼斯（William Jones）的《中国的"一带一路"倡议是高速列车》报告，作者在报告中指出，美国媒体几乎是在集体漠视"一带一路"，导致美国公民对其一无所知。而实际上这个倡议实施三年来，"已经表明自己是第二次世界大战后马歇尔计划以来最综合的开发项目，而且 BRI 在投资和受益国家方面，已经远远超越了马歇尔计划"。报告认为，美国媒体和民众之所以漠视"一带一路"，根本原因在于奥巴马政府对该项目的敌意，"但是，三年来事实证明奥巴马政府是错误的"，仔细盘点"一带一路"提出三年来的实施和推进情况，"结果是令人震惊的"。中国国家主席习近平亲自到 37 个国家访问，推动"一带一路"理念落实，并得到了这些国家非常热烈的响应；欧亚大陆运输网的建设，"已经超越了最大胆的设想"；"一带一路"倡议为中国与邻国之间的多边及双边协议提供了合作框架，并成功实现了与欧盟、上海合作组织、欧亚经济联盟、中国—中欧经济合作组织、东盟、亚太经济合作组织（APEC）、大湄公河次区域、亚欧会议（ASEM）、非洲联盟等的对接，使这些成熟的区域活动发展得更加充满生机；通过"一带一路"，中国已与 11 个国家签署了自由贸易协定，和 56 个国家签署了双边投资协定。

从可预见的未来看，"欧亚大陆桥、中国—蒙古—俄罗斯走廊、中国—中亚—西亚经济走廊，将绘制一条为波斯湾和亚洲西南地区带来更多贸易和发展的路径；中国—巴基斯坦经济走廊，中国—印度支那半岛经济走廊，以及孟加拉—中国—印度—缅甸经济走廊将有助于为南亚、东南亚国家扩大自身经济利益"。报告指出，"一带一路"为沿线国家带来了更多的贸易和投资机会，大大促进了贸易的增长。从2013年6月到2016年6月，通过"一带一路"，中国在商品贸易中创造了3.1万亿美元的世界纪录，占中国贸易总额的26%。截至2016年6月，中国在这些国家共投资了511亿美元，占中国在海外直接投资的12%。报告指出，"一带一路"提高了沿线沿途国家的科技发展水平。到2016年6月，中国与"一带一路"沿线56个国家签署了在空间、能源、生态领域的科学与技术合作。中国还以智能工业园区、联合实验室、国际技术转移中心以及产业合作和孵化中心的形式建立了38个科技中心。报告认为，与中国取得的这些成绩相比，欧美国家正在遭受国际金融危机的煎熬，正在为如何提振经济问题伤透了脑筋。"'一带一路'倡议可能正是欧美国家未来发展的希望。自1970年联合国大会首次呼吁建立世界经济新秩序后，没有一个国家能担当此大任。但是，现在我们看到了希望，中国作为最大的发展中国家成功摆脱了贫困，并且愿意与全世界分享他成功的秘诀。"报告在结论中呼吁，"一些西方人将'一带一路'看成威胁，但实际上这是一个双赢的倡议。如果西方国家改变了想法，把BRI看作机遇，而不是挑战，并让'一带一路'参与到它们已经崩溃的基础设施重建项目之中，与中国一起开展消除人类社会贫困的行动，那我们就可以改变历史进程"。

近两个月来，在欧洲的国际席勒学会、英国查塔姆研究所、世界经济论坛、欧洲之友、荷兰国际关系研究所、迪莫斯欧洲战略中心等顶尖智库发表的报告中，正面肯定和赞誉"一带一路"倡议的报告屡屡出现。2016年10月27日，国际席勒学会在法国里昂、德国埃森召开了两次以"一带一路"为主题的国际会议，法国总统候选人雅克·舍米那德（Jacques Cheminade）旁听会议。会后，该智库发表的《欧洲必须抛弃地缘政治思维，紧紧抓住新丝绸之路项目的发展机遇》报告指出，"新丝绸之路政策是由中国国家主席习近平三年前提出的，这为欧洲克服当前面临的多重危机提供了巨大机会"。"当前，欧洲承担的最重要使命，是同中国一道帮助非洲实现发展。欧洲只有和中国合作，才能有效解决非洲难民问题，才能缓解欧洲目前面临的巨大难民潮压力。""最初由中国国家主席习近平提出'一带一路'，作为当今世界上的全新范例，已经得到了越来越多国家的赞同。这个设想是迄今为止地球上工业和基础设施发展方面最伟大的项目，欧洲绝对不能错过这个战略机会。面对成功的中国，欧洲没有任何挑剔的理由和借口。"报告认为，"欧洲国家应该将'一带一路'看成一个完整的框架，看作完善和发展沿线沿途国家整体经济平台的基础设施项目，而不仅仅是一个个孤立的交通项目。中国国家主席习近平宣布'一带一路'将采取开放和包容政策，欢迎所有国家加入。因此，欧洲国家应积极顺应中国的发展设想，在参与中谋求自己的最大利益"。

智库者，国之重器。要了解 TPP 的即将陨落，了解国际社会对"一带一路"、亚投行态度的积极变化，国外各智库是一个非常直接和非常可靠的途径，也是最为灵敏的风向标。据不完全统计，目前世界上大约有数千家智库的学者正在密切关注 TPP 的命运，正在研究"一带一路"、亚投行等的未来光明前景，并陆续发布了大量研究报告。美国布鲁金斯学会、美国外交关系学会、美国兰德公司、彼得森国际经济研究所（美国）、德国马歇尔基金会（美国）、李光耀公共政策学院（新加坡）、南亚分析集团（印度）、国家安全研究院（以色列）、战略和科技分析中心（俄罗斯）、洛伊国际政策研究所（澳大利亚）、布鲁盖尔研究机构（比利时）、英国查塔姆研究所、英国国际战略研究所、印度全球关系委员会、伊斯兰堡政策研究中心（巴基斯坦）、地缘政治监控中心（加拿大）等世界级智库顺时而谋，一直在着眼、着墨、着手描绘中国战略、安全、经济新景观，拆解谜题；在讲中国故事，用故事讲思想，用思想启智慧，致力于写出关于中国的"好文章"；在分析 TPP 的前世和今生，跟踪关注着美国新政府未来的内外政策。

近两年来，笔者在工作团队的帮助下，对国外战略智库发表的报告进行了仔细研读，并分别撰写了一些综述，作为各卷本的前言或者导读。今天，在社会科学文献出版社谢寿光社长和祝得彬主任的鼓励下，结集出版，可能会对读者有所裨益。

本书共由八章和附录组成。第一章、第二章、第三章、第四章聚焦 TPP，分别对国外近 70 家智库的主要观点进行综述；第五章、第六章聚焦"一带一路"，是分别对国外近 60 家战略智库主要观点的综述；第七章聚焦亚投行，是对国外 50 多家智库主要观点的综述；第八章聚焦"一带一路"沿线国家，概述了海上丝绸智库、陆上丝绸之路的昨天、今天和未来前景。附录部分则收录了中国现代国际关系研究院前院长陆忠伟研究员为作者数本书写的序言。

见博则不迷，听聪则不惑。浏览世界智库的研究课题与文章著述，分享其学思结合、思研结合的成果，由衷感到，到底仙山不俗、静虑深密、功力上乘、命题宏大。当然不能否认，其中既有羡慕、好学，希望分享成功秘诀，也有警觉、嫉妒，试探中国谋求共利天下的真意，进而敲定本国的战略调整。不论其目的、动机如何，关注和了解世界各大智库的政治敏锐、战略视野、国际思维，进而为我们的智库建设提供借鉴和启示，自然不无裨益。这也是作者就此孜孜追求的原因之所在。

敲字明志，是为序。

（本文系王灵桂独著《TPP 为什么陨落？全球智库论 TPP，"一带一路"和亚投行》前言，社会科学文献出版社 2017 年 1 月版。《国企管理》2017 年第 11 期部分转载。）

义胜欲则昌　欲胜义则亡

本书是全球智库国际战略研究丛书·看世界系列的第一部。之所以把《跨太平洋伙伴关系协定》（Trans-Pacific Partnership Agreement TPP）作为全球战略观察的第一个切入点，目的是想从这个角度和领域，力图为"21世纪的美国病"把把脉。

当今的美国，有"充分发育的市场经济、民主政府和市民社会。市场经济已发展到金融资本主义的新阶段，为全球经济和金融活动提供包括机制和规则在内的诸多公共产品，不可谓不强。民主政府的各项制度极为繁复，自认为是全球学习的楷模，政府活动覆盖到内政外交、生产生活一切方面，也不可谓不强。市民社会也发展到十分健全的程度，无论是权利保障的水平、自我组织的能力还是参政议程的渠道，都非常先进"。但是，"美国衰落说"以及"美国还行不行"等"美国病"的说法，却在近几年不绝于耳。

2008年始自美国华尔街的国际金融危机，以及随后发生的经济危机、社会危机、政治危机，进一步让"美国病"的说法不胫而走。仅仅用最简单的观察就能看出"美国病"的症状：美国高度发达的市场经济正在不断滑向金融化、空心化，华尔街的金融套利愈演愈烈，下一代的美国人要为当今沉重的社会福利埋单，政策决策越来越受制于利益集团和短期民意挟持，对外政策的民粹色彩日益浓厚等。"美国病"本是美国自己的事，犯不着别人操心。但是，问题在于已经和正在制定全球行事规则的美国，其"病症"也正在世界范围内蔓延，全球的经济停滞、贫富分化、动荡风险无不与其"病症"密切相关。特别是如果美国的"病症"继续加剧，不排除其会采取更加内顾性、零和性，乃至挑起危机、制造危机、转嫁危机的政策，这将对全球稳定及其他国家的安全和发展构成新的威胁。而现实也佐证了这种看法，当今世界的"经济低迷、地缘动荡、恐怖危机、文明摩擦等各种乱象此起彼伏，现行国际秩序和体系面临新的挑战"，其原因与"美国病"在全球的蔓延和扩散密不可分，或者说美国已经在向外转嫁自己的压力和"病症"。

近期以来，扎在厚厚的关于跨太平洋伙伴关系协定的书稿中，在公说公有理、婆说婆有理的纷繁的观点中，感到很难理出一个头绪来。子夜难眠，信翻旧书，偶捡《六韬》。读之，令人灵光顿开。原来，早在3100多年前，中国的先哲们，就为"美国病"开好了药方。这话听起来有些过于穿越和牵强，但仔细琢磨，在匪夷所思之中，却确实包含着治国理政的不变真理。

《六韬》之开篇《文韬》，讲了一个非常古老的故事。商朝末年，周部族的西伯侯姬昌到渭水北岸打猎时，在河边遇到了一位头戴斗笠的钓鱼翁。两人聊了几句，顿感投机，姬昌认定钓鱼翁是难得的贤才，遂问以军国大计。这也就是有名的"姜太公钓鱼"的故事。两人初次相遇时，姬昌请教姜尚："树敛何若而天下归之?"姜尚回答说："天下非一人之天下，乃天下之天下也。同天下之利者则得天下，擅天下之利者则失天下。天有时，地有财，能与人共之者，仁也;仁之所在，天下归之。免人之死，解人之难，救人之患，济人之急者，德也;德之所在，天下归之。与人同忧同乐，同好同恶者，义也;义之所在，天下赴之。凡人恶死而乐生，好德而归利，能生利者，道也;道之所在，天下归之。"此言一出，姬昌叹服地说："允哉，敢不受天之诏命乎!"

姬昌与姜尚的这段对话，用现代汉语翻译过来就是，姬昌问："怎样才能凝聚人心而使天下归顺?"姜尚回答说："天下并不是一个人的天下，而是天下人共有的天下。你若能和天下人共同享受利益，就能取得天下；如果独自垄断天下所有的利益，就将失去天下。天有四季轮回，地有丰饶物产，能和天下人共享岁时和财物的，称为'仁'；'仁'在，天下人自然信服。能够善待生命，解除灾难，救济急需的，称为'德'；'德'在，天下人自然信服。能和天下人共享欢乐，共担忧虑，休戚与共的，称为'义'；'义'在，天下人自然信服。天下没有不害怕死亡、不向往健康的人，（执政者）以仁德之心施政，义自然成为利，义复生利，称为'道'；'道'在，天下人自然信服。"听完这段论述，姬昌佩服地评价说："太对了，我怎么敢不听从上天的旨意呢!"于是，"乃载与俱归，立为师"，也就是说姬昌佩服之余，便礼貌地把姜尚请上车，一同回到了在丰邑的西伯侯侯府，并礼聘姜尚为国师。

初次见面，姜尚用"仁、德、义、利、道"五个字阐述了治国之道，引起了姬昌的兴趣和关注。担任国师后，姜尚按照这五字治国之道，帮助姬昌制定了一系列具体政策，使姬昌的周部族快速强大繁荣起来。后来，姬昌病危时，对侍候在左右的太子姬发、姜尚说："天将弃予，周之社稷将以属汝。今予欲师至道之言，以明传之子孙。"姜尚问："王何所问?"姬昌说："先圣之道，其所止，其所起，可得闻乎?"姜尚遂回答说："见善而怠，时至而疑，知非而处：此三者，道之所止也。柔而静，恭而敬，强而弱，忍而刚：此四者，道之所起也。故义胜欲则昌，欲胜义则亡；敬胜怠则吉，怠胜敬则灭。"

姜尚的话，翻译过来就是，"见到国势良好就松解，时机到了又犹豫不决，明知不对却乐在其中。这三种情况，说明'道'就要衰亡了。能够谦和宁静处事，恭敬谨慎待人，强大却能柔和地包容，忍让却能刚正处事。这四种情况，说明'道'将兴旺了。所以，义理胜过私欲，国家必然昌盛；私欲胜过义理，国家必然走向灭亡。恭敬胜过懈怠，国家必定兴盛；懈怠胜过恭敬，国家必定灭亡"。

姬昌和姜尚的这两次对话，所谈虽是治藩之策，但其蕴含的道理却是永恒的，同样适用于当今国际政治和国际关系。2013年4月7日，习近平主席在博鳌亚洲论坛2013年年会上的主旨演讲中指出，"国家无论大小、强弱、贫富，都应该做和平的维护者和促进者，不能这边搭台、那边拆台，而应该相互补台、好戏连台。国际社会应该倡导综合安全、共同安全、合作安全的理念，使我们的地球村成为共谋发展的大舞台，而不是相互角力的竞技场，更不能为一己之私把一个地区乃至世界搞乱。各国交往频繁，磕磕碰碰在所难免，关键是要坚持通过对话协商与和平谈判，妥善解决矛盾分歧，维护相互关系发展大局"，"世界各国联系紧密、利益交融，要互通有无、优势互补，在追求本国利益时兼顾他国合理关切，在谋求自身发展中促进各国共同发展，不断扩大共同利益汇合点"，"我们应该尊重各国自主选择社会制度和发展道路的权利，消除疑虑和隔阂，把世界多样性和各国差异性转化为发展活力和动力"。① 习近平主席在通篇讲话中，用富有时代特色的语言，把"仁、德、义、利、道"的中国传统政治思想阐释得淋漓尽致，并赋予了其更加鲜明的全球意义。

"明者因时而变，知者随事而制。"古代政治理念如果不和现代政治发展相结合，则会像两晋学士的"虚谈废务"那样，因拘泥、僵化而变得迂腐难耐；再好的传统思想如果不认真回应时代和现实需求，则会像战国时期赵括的"纸上谈兵"那样，因缺乏理论联系实际而变为空中楼阁。在当今中国和世界的关系上，怎样遵循"仁德"要求，处理好"义利"之间的关系，进而寻找治国之"道"、发展之"道"、共赢之"道"，是时代提出的课题和呼唤。2013年10月24日，习近平总书记在周边外交工作座谈会上，专门强调在对周边国家外交工作中，"要找到利益的共同点和交汇点，坚持正确义利观，有原则、讲情谊、讲道义"。② 习近平总书记指出，"我国周边外交的基

<hr />

　　① 习近平：《共同创造亚洲和世界的美好未来——在博鳌亚洲论坛2013年年会上的主旨演讲》，人民出版社2013年版，第5—6页。
　　② 中国中央宣传部：《习近平总书记系列重要讲话读本》，学习出版社、人民出版社2014年版，第153页。

本方针，就是坚持与邻为善、以邻为伴，坚持睦邻、安邻、富邻，突出体现亲、诚、惠、容的理念……要坚持睦邻友好、守望相助，讲平等、重感情，常见面，多走动，多做得人心、暖人心的事……要本着互惠互利的原则同周边国家开展合作，编织更加紧密的共同利益网络，把双方利益融合提升到更高水平，让周边国家得益于我国发展，使我国也从周边国家共同发展中获得裨益和助力。要倡导包容的思想，强调亚太之大容得下大家共同发展，以更加开放的胸襟和更加积极的态度促进地区合作"。① 从姬昌到今天，之间相距 3100 多年的漫长时光。但是认真阅读习近平总书记的讲话，可以感到两者义理相通。这种植根于"好德而归利，能生利者，道也"传统理念的新时代"义利观"，给中国和世界指出了一条新型的合作路线。

看一个人的过去，可以判断其基本价值观念。看一个国家的历史，可以了解这个国家的基本发展理念。作为拥有 5000 多年辉煌文明史的古老而智慧的国家，中国的先贤先哲们，历来把继承传统开创未来作为自己的使命。当今中国共产党人的领导者们，也毫不例外。"党的十八大提出了建设学习型、服务型、创新型马克思主义执政党的重大任务。把学习型放在第一位，是因为学习是前提，学习好才能服务好，学习好才有可能进行创新。"② 在习近平总书记对全党提出的学习要求中，学习历史是重要内容。"中国传统文化博大精深，学习和掌握其中的各种思想精华，对树立正确的世界观、人生观、价值观很有益处"，"我们不仅要了解中国的历史文化，还要睁眼看世界，了解世界上不同民族的历史文化，去其糟粕，取其精华，从中获得启发，为我所用"。③

① 中国中央宣传部：《习近平总书记系列重要讲话读本》，学习出版社、人民出版社 2014 年版，第 152—153 页。

② 习近平：《在中央党校建校 80 周年庆祝大会暨 2013 年春季学期开学典礼上的讲话》，人民出版社 2013 年版，第 6 页。

③ 习近平：《在中央党校建校 80 周年庆祝大会暨 2013 年春季学期开学典礼上的讲话》，人民出版社 2013 年版，第 9—10 页。

根植传统，学习历史，汲取精华，为我和时代所用。历史和文化传统决定着一个人、一个国家的基本价值取向。但就个体来说，无论是某个人、某个集体，还是某个国家，都面临着自我斗争的修为之战。姜尚对姬昌说的"义胜欲则昌，欲胜义则亡"，讲的就是这个道理。什么是义？什么是欲？我看无怪乎就是小我和大我的关系，是主观世界和客观世界的关系。对单个人来讲，就是你怎么处理自身利益和别人利益之间的关系，这个度应如何把握？对集体乃至国家来说，道理也是一样。克制自己的欲望，以谦和、包容的心态与外部世界和谐相处、共同发展、共赢共享，实为"道之所在，天下归之"的真谛，实为"坚持正确义利观，有原则、讲情谊、讲道义"时代倡议之主旨。

在世界范围内，中国曾经为人类文明做出过突出贡献，并傲然屹立于世界东方。"在1500年前后的世界，财富主要集中在东方，而中国在这个'东方'概念中的地位是举足轻重的。只是在那之后，欧洲才开始逐渐崛起，并且在18世纪较晚的时候，东西方之间的'大分流'才出现"，"在这个漫长的世界经济发展历史进程中，中国不仅是极其重要的组成部分，而且具有特殊的意义。中国的人口在世界总人口中自始至终占到巨大比重……相应地，中国的经济总量自然也占到世界的巨大份额。根据麦迪森（2003）的估计，1820年中国GDP规模达到世界总量的32.9%"。

同时，在科技方面，"现代世界赖以建立的基本发明创造，几乎有一半以上源于中国"。"中国的'四大发明'即火药、指南针、印刷术和纸的发明，被培根誉为具有改变整个世界的力量和影响"，但是"这种创造发明因脱离常态经济活动，而未在其诞生地被实际转化为必要的创新，因而并没有能够促进经济发展的著名例子"，"却是通过直接和间接的渠道传播出去，在欧洲被率先应用"，其中"基督教十字军的东征通过阿拉伯世界与中国发生了间接的沟通，成吉思汗的西征则扩大了与西方世界的直接交流。至于中国与欧洲的更直接大规模交流，最迟于 1517 年葡萄牙商船抵达广州便开始"，"始于 2000 多年前的丝绸之路，通过陆路和海路开通了中国与西亚、中亚、阿拉伯世界乃至欧洲的商业、文化、科技、宗教和外交联系，而阿拉伯人对于记录、保存和传播欧洲文明，沟通中西方科学技术发挥了十分关键的作用"。

在中西交往史上，与商业、科技、宗教相比，因时代条件和语言条件的限制，中国传统文化对西方文化的影响要显得偏弱、偏小，其辐射力和影响力远离于西方文化的主流视野，在相当程度上，中国的优秀传统文化在西方只是被局限于极少数人的研究或猎奇之中。这也就是中西文化、中西文明存在巨大差异的重要根源之一。如果说，这种巨大差异在过去的交通和信息传播条件限制下，尚不足以引起人们太多关注和太大重视的话，那么科技革命浪潮汹涌的今天，这种巨大差异正在制造误解、摩擦、纠纷和所谓的"文明冲突"，乃至战争。

在各自辽阔、庞大，但相对封闭的环境下，东西方的治国观、价值观按照各自的客观环境需求和生存需求，逐渐发展、丰富起来，形成了不同的体系和系统。和中国传统观念注重的"和""中庸"等理念不同的是，西方更加注重以非友即敌、排除异己、改造异类、选择武力为主要内容的"二元对立论"。古希腊历史学家修昔底德认为，"战争无可避免的原因是雅典日益壮大的力量，还有这种力量在斯巴达造成的恐惧"，由此提出的"修昔底德陷阱"，是西方世界在国际关系方面的代表性观点，成为解释、对待和处理当前国际关系的所谓"铁律"，被一些国家的决策者奉为圭臬和对外政策的不二选择。

其中，美国人始终认为，美国的全球利益必须和英法等老牌殖民国家一样，建立在武力对抗和征服上。在美国人的世界观中，曾两度出任美国海军学院院长、被誉为"海权论"鼻祖的艾尔弗雷德·塞耶·马汉的观点，可以说是"修昔底德陷阱"的现代美国版和典型代表。1890 年，马汉出版了被美国海军奉为经典的《海权对历史的影响（1660—1783）》[*The Influence of Sea Power Upon History* (1660 –

1783）] 一书。在该书中，他写道："为了使本国民众所获得的好处超过寻常的份额，我们有必要竭尽全力排斥掉其他竞争者，要么通过垄断或强制性条令的和平立法手段，要么在这些手段不奏效时诉诸直接的暴力方式。"时任美国总统西奥多·罗斯福阅读后，认为这是一本"绝妙的书"。

"海权论"形成于马汉，但早在马汉之前，这种观点和思潮在西方蛰伏已久。随着资本主义的扩张，这种思潮逐渐复活并活跃起来。早在马汉之前，马克思就曾尖锐地指出："对于一种地域性蚕食体制来说，陆地是足够的；对于一种世界性侵略体制来说，水域就成为不可缺少的了。"在马克思的观察中，当扩张从陆地延伸到海洋时，大国"为了使本国民众所获得的好处超过寻常的份额"，冲突和战争自然成为西方"世界性侵略体制"中唯一可供选择的武器了。

"修昔底德陷阱"和马汉"诉诸直接的暴力方式"的观点，得到了近代以来西方主导的国际关系理论和实践的支持。例如西方著名的国际史专家保罗·肯尼迪和米尔斯海默，在总结近代以来西方主导的国际关系实践时，通过对英国、法国、德国、俄罗斯（俄国）、意大利、奥匈帝国等崛起过程的案例研究，认为国家成长本身必然会导致扩张、竞争、对抗、危机、冲突，最后酿成战争。在战争中，新崛起的国家将取代先前的霸权国。沿用这种思维框架和逻辑思维，米尔斯海默在观察中国的崛起问题时，自然得出了中国崛起意味着美国必然衰落的观点，并认为在此长彼亡的零和博弈过程中，中美之间的冲突，乃至战争在所难免。

西方的观念是在特定的环境和条件下形成的。在其有限的范围内，对某些现象的解释看起来可能是合理的。但是，如果把一种观念当作全球的观念，并要坚持推广，那就好比要求全球的花朵都是一种形状和一个颜色一样。这实际上是一种很荒诞的想法，但对此我们不应该感到奇怪。"中国古代思想家孟子说过：'物之不齐，物之情也。'国与国之间的确存在相互不理解的问题，但这就是生活。既然世界上存在着不同的民族、历史、文化、宗教、制度、发展水平、生活方式，那就肯定会存在一些相互不那么好理解的事情……关键是要想去理解并努力去理解。"在对美国进行国事访问前夕，习近平主席9月22日在接受美国《华尔街日报》书面采访时如是说。

从西方国家以往的历史看，国际体系和国际格局的改变，往往是处于主导地位的国家因为受到崛起国家的挑战而丧失霸权地位。因此，主导国家千方百计限制、遏制崛起国家，甚至不惜把武力作为扼杀对方的手段。而崛起的一方，因不能忍受霸主国家的欺凌，往往也不惜以武力挑战霸主国家。在西方国家的这种逻辑中，中国今天确实面临着"修昔底德陷阱"。这也是一些国家对中国发展存在疑虑、不安和焦躁的原因。仔细分析会发现，"修昔底德陷阱"的表现形式就是形形色色的"中国威胁论""中国崩溃论"及其诸多变种。从根本上讲，西方炒作的"修昔底德陷阱"，就属于"不那么好理解的事情"之一。问题的关键在于，西方国家并不善于或者说并不想"努力去理解"。

首先，"修昔底德陷阱"发生的必要条件，是霸主和崛起者的实力基本接近。中国目前的经济实力虽然使中美之间的实力对比发生了变化，但并没有发生根本性的变化。中国依然处于国家转型和实力发展的阶段，其目标就是让国家富强、民族复兴、人民幸福，其路径选择是坚持有别于西方的中国特色发展道路，其前提是以我为主地融入国际社会，以维护世界的稳定与繁荣。中华民族伟大复兴的"中国梦"，依然走在漫长、艰难的二万五千里长征路上。中国尚无能力，也无意图去挑战谁。因此，西方国家用来审视、考量中国的"修昔底德陷阱"，本身就是一个不存在的"伪命题"。

其次，当今世界的发展，特别是信息技术的飞速发展，已经使"修昔底德陷阱"发生的可能性大大降低。从历史上看，发生"修昔底德陷阱"现象的一个主要原因在于霸主和崛起者之间存在误解、误读、误导和误判，类似于中国的京剧《三岔口》，人们在黑暗之中相互戒备，出现冲突的可能性自然很高。当今世界是一个以全球化、信息化为支撑的"扁平世界"和"地球村"，世界资讯与情报的透明度、战略动向和政策选择的透明度，都是前所未有的。在光天化日之下，很难会在黑暗之中发生混乱。在 21 世纪发达的信息网络时代，强国和崛起国家之间误判的可能性几乎为零，处于信息社会的人类有能力、有智慧摆脱修昔底德预言的魔咒，相信当今世界从此不会再发生"修昔底德陷阱"现象。连奥巴马在 2015 年 9 月与习近平主席会面时，也表示"我不认同守成大国和新兴大国必将发生冲突的'修昔底德陷阱'"。

最后，永不称霸的中国，没有追求霸权的基因和基础。在世界范围内，一些国家把统治世界、控制他国作为自己的永恒追求，渴望永当世界霸主、永当世界老大、永当亚洲老大。"不是你死就是我亡"的零和博弈基因，是造成"修昔底德陷阱"现象的根源，也是让修昔底德魔咒一而再，再而三发生的原因。西方国家在近代崛起的过程中，为了控制资源和市场，以坚船利炮肆意打开他国国门，在造就西方世界近代以来繁荣的同时，也埋下了仇恨的种子。新崛起的国家为了自己的私利，使用同样的方法抢占自己的势力范围，既有霸主和崛起大国之间的兵戎相见，自然不可避免。但是，人类毕竟在发展、在进步。在 21 世纪，世界难道会继续走西方国家崛起的老路、邪路吗？

在 21 世纪的"地球村"里，世界各国人民的幸福、前途和命运从来没有像今天这样紧密相连过。西方国家的一些有识之士已经看到了这一点，布达佩斯俱乐部创始人欧文·拉兹罗曾说，当今世界已经处在了生死的十字路口，人类需要改变当下流行的思维方式，实现"意识革命"和"文化转型"，避免人类的集体自杀。这是一场比欧洲文艺复兴更为宏大的革命和转变，是人类文明发展至今天的时代呼唤。中华民族在实现民族伟大复兴的过程中，肩负着推进这项伟大事业的时代使命，这已经成为时代的选择。汤因比在比较世界各种文明后发现，中国这个传统的东方大国，从来没有对其疆域以外的地区表现出过帝国主义国家那样的野心，因此传统上是一个大而不霸的国家，"中华民族在避免人类自杀之路上，是世界各民族之中准备最充分的。因为延绵数千年的中华民族，已经培养出了有别于帝国主义者的独特思维方式和世界观"。汤因比认为，按照帝国主义者的潜意识和思维逻辑处理当今国际事务，掉进"修昔底德陷阱"的可能性很大；而按照古老的中国传统文化中的思维和世界观，则会出现"柳暗花明又一村"的崭新境界。

中国避免掉入"修昔底德陷阱"的优秀传统基因主要有：和平和谐、休戚与共、同舟共济、义以生利、见利思义、以民为本、己所不欲勿施于人，以及"义胜欲则昌，欲胜义则亡"等。这些优秀文化基因在今天已经引起了世界的关注，并已经成为中国政府的对外政策取向。党的十八大以来，中国政府明确提出要摒弃冷战思维，积极倡导综合安全、共同安全、合作安全的新理念，以平等合作、和平谈判的方式解决争端，所有安全措施的结果必须有利于人民，从而为世界、地区和本国人民营造更加和平、更加安宁、更加温馨的家园。这种新理念，把中国的传统思想与当今国际政治现实结合起来，把浪漫的理想主义和以人为本的现实主义结合起来，把国际道义之正义和本国利益之现实结合起来，把本国利益和他国利益结合起来。这种新型的义利观和国家利益观，正在成为构建新型大国关系的动力。与中国优秀传统基因形成对照的，则是以美国为首的西方国家继续僵硬地以"修昔底德陷阱"思维看世界、看中国。其中，跨太平洋伙伴关系协定就是其中的表现和症状之一。

《跨太平洋伙伴关系协定》的前身，是《跨太平洋战略经济伙伴关系协定》（Trans-Pacific Strategic Economic Partnership Agreement）。该协定起源于 2002 年，是由新西兰、新加坡、智利、文莱四国发起酝酿的一组多边关系的自由贸易协定，旨在促进亚太地区的贸易自由化。该协定于 2005 年 5 月 28 日正式签订，四个成员国彼此在货物贸易、服务贸易、知识产权和投资等领域相互给予优惠并加强合作。该协定对外持开放态度，欢迎亚太国家加入。2006 年 5 月 1 日，该协定对新西兰、新加坡生效，2006 年 11 月 8 日对智利生效，2009 年 7 月 1 日对文莱生效。

2008 年 2 月，美国宣布加入该协定，并于 2008 年 3 月、6 月、9 月就金融服务和投资议题进行了三轮谈判。2008 年 9 月，美国总统奥巴马邀请澳大利亚、秘鲁加入谈判。2009 年 11 月，美国正式提出扩大该计划，并借助已有协议，推行自己的贸易议题，主导谈判。自此，《跨太平洋战略经济伙伴关系协定》，更名为《跨太平洋伙伴关系协定》。2010 年 3 月 15 日，《跨太平洋伙伴关系协定》首轮谈判在澳大利亚墨尔本举行。此次谈判涉及关税、非关税贸易壁垒、电子商务、服务和知识产权等议题。美国在此次谈判中强调要推动清洁能源等新兴产业的发展，促进美国在制造业、农业、服务业领域的商品与服务出口，并强化对美国知识产权的保护。2015 年 6 月 29 日，美国总统奥巴马签署了美国国会两院一致通过的《贸易促进授权法案》（TPA），以加快 TPP 谈判进程。

目前，TPP 谈判成员国包括美国、新加坡、智利、文莱、澳大利亚、新西兰、秘鲁、越南、马来西亚、加拿大、墨西哥、日本十二个国家，TPP 成员国之间的自由贸易协定共有十一个。TPP 谈判以闭门磋商的方式进行，谈判结束前不对外公布技术文本。据媒体揣测，谈判主要涉及农业、劳工、环境、政府采购、投资、知识产权保护、服务贸易、原产地标准、保障措施、技术性贸易壁垒、卫生和植物卫生措施、透明度、文本整合等。2015 年 7 月 28 日至 31 日，十二个 TPP 谈判成员国在美国夏威夷毛伊岛召开部长级会议，试图完成谈判，但未果。据法国国际广播电台 2015 年 9 月 16 日报道，美国总统奥巴马近期自信地表示，将于 2015 年年底前结束谈判，并正式签署《跨太平洋伙伴关系协定》。

TPP 如果得以签署，将是美国历史上规模最大的贸易协定，其规模将占世界经济总量的 40%。但是，值得关注的是，在这个涉及十二个国家的、庞大的贸易协定中，中国被排斥在外，美国的政要们毫不避讳地谈到了个中缘由。2015 年 2 月，美国农业部部长汤姆·维尔萨克表示："我们希望确保，我们不会输给中国。"美商务部副部长布鲁斯·安德鲁说："坦白地说，这是由中国还是由美国订立规则的选择。"曾担任克林顿政府首席经济战略专家的安德鲁·J. 夏皮罗表示："这不仅仅是贸易问题，这关系到中美之间长期的地缘政治竞争。"而美国捍卫公众利益组织负责贸易的洛瑞·沃勒克则说，在美国决策者和国会的眼里，中国"变成了目前具有超人力量的恶巫"。美国政要们的这些言论，刺耳但毫不奇怪，因为对"修昔底德陷阱"的恐惧已经渗透到了他们的神经之中。美国人用自己的利益来界定一切，符合其利益的，就是良善；否则，就是"恶巫"。对哪怕是想象中的对手，他们也毫不留情，这已经是美国对外政策的基本立场。1996 年 5 月 17 日，时任美国国务卿的沃伦·克里斯托弗在其对华政策演讲中，阐述了美国对华政策的三项基本原则：稳定、开放、成功的中国符合美国的利益；支持中国完全和积极加入国际社会；在保持对华接触政策的同时，为了维护自身的利益，美国在必要时将采取强硬手段。

美国并不是 TPP 的始创者，"甚至可以说，早期开始的时候，TPP 的目标是要建立一个没有美国的跨太平洋的贸易集团。但一旦美国加入，TPP 就完全变了样，演变成美国'重返亚洲'的关键一步。而美国的'重返亚洲'显然和中国有关"。"美国'重返亚洲'包括军事和经济两个层面。在这两个层面，美国的确摆出了一副要'围堵'中国的姿态。""在军事上，美国'重返亚洲'针对中国的目标是不言而喻的"，"在经济层面，美国显然要通过 TPP 的高标准，尤其是一些具体的条款（例如针对国有企业的条款）来制约中国。"美国贸易代表迈克尔·弗罗曼在最近的一次新闻发布会上表示："在寻求贸易协议方面，我们有不同的方式。在我们展望未来时，我们希望确保我们能够利用我们的贸易协定塑造全球化……以一种方式支持美国员工和美国就业。"

对此，美国也毫不讳言，2014 年 9 月 18 日，美国贸易代表迈克尔·弗罗曼在关于 TPP 的研讨会上，将 TPP 称为实现美国战略目标的核心部分，认为"从超越纯粹贸易的角度来看，TPP 是美国亚洲'再平衡'战略的一个核心部分"，确切地说，TPP 最大的目标是战略性的，即同中国竞争在亚太地区的领导地位，刺激自由市场和自由经济原则的普及，为美国下个世纪制定全球经济治理规则创造条件。美国在谋划 22 世纪自身利益，其出发点依然是维护自身的霸主地位。

相较于美国的私心私欲，中国政府的态度和政策可以说是令世界耳目一新。2014 年 3 月 28 日，习近平主席在德国科尔伯基金会的演讲中，专门就中国坚持和平发展道路进行了精辟阐述。他指出："一个民族最深沉的精神追求，一定要在其薪火相传的民族精神中来进行基因测序。有着 5000 多年历史的中华文明，始终崇尚和平，和平、和睦、和谐的追求深深植根于中华民族的精神世界之中，深深溶化在中国人民的血脉之中。中国自古就提出了'国虽大，好战必亡'的箴言。'以和为贵''和而不同''化干戈为玉帛''国泰民安''睦邻友邦''天下太平''天下大同'等理念世代相传。中国历史上曾经长期是世界上最强大的国家之一，但没有留下殖民和侵略他国的记录。我们坚持走和平发展道路，是对几千年来中华民族热爱和平的文化传统的继承和发扬。"[1] 习近平主席在演讲中重申："中国早就向世界郑重宣示：中国坚定不移走和平发展道路，既通过维护世界和平发展自己，又通过自身发展维护世界和平。走和平发展道路，是中国对国际社会关注中国发展走向的回应，更是中国人民对实现自身发展目标的自信和自觉。这种自信和自觉，来源于中华文明的深厚渊源，来源于对实现中国发展目标条件的认知，来源于对世界发展大势的

---

[1] 《习近平谈治国理政》第一卷，外文出版社 2018 年版，第 265 页。

把握。"①

在演讲中，习近平主席掷地有声地向世界宣布："历史告诉我们，一个国家要发展繁荣，必须把握和顺应世界发展大势，反之必然会被历史抛弃。什么是当今世界的潮流？答案只有一个，那就是和平、发展、合作、共赢。"② 习近平主席专门强调："中国不认同'国强必霸'的陈旧逻辑。当今世界，殖民主义、霸权主义的老路还能走得通吗？答案是否定的。不仅走不通，而且一定会碰得头破血流。只有和平发展道路可以走得通。"③ 在演讲的结束语中，习近平主席深刻地指出："中国走和平发展道路，不是权宜之计，更不是外交辞令，而是从历史、现实、未来的客观判断中得出的结论，是思想自信和实践自觉的有机统一。和平发展道路对中国有利、对世界有利，我们想不出有任何理由不坚持这条被实践证明是走得通的道路。"④ 因此，"中国率先提出的构建以合作共赢为核心的新型国际关系，是中华民族传统文化和新中国外交实践的厚积薄发，水到渠成"。⑤

中国已经明示了一条"被实践证明是走得通的道路"，而美国则抱着"修昔底德陷阱"陈旧逻辑，设计、主导和控制 TPP，还在试图走那条走不通的老路，甚至有可能"会碰得头破血流"。其实，对换汤不换药的 TPP 这条老路，美国各个智库的声音也并不整齐，喝彩者有之，质疑者有之，反对者也不在少数。

如果把丹麦王子的角色从《哈姆雷特》剧中删除，那《哈姆雷特》还有存在的价值吗？早在 2011 年，彼德森国际经济研究所就以此为比喻，对美国排斥中国的做法提出质疑。其在 2011 年 12 月 8 日发表的《把中国排除在贸易协定之外，后果自负》报告中认为，"中

---

① 《习近平谈治国理政》第一卷，外文出版社 2018 年版，第 265 页。

② 《习近平谈治国理政》第一卷，外文出版社 2018 年版，第 266 页。

③ 《习近平谈治国理政》第一卷，外文出版社 2018 年版，第 266 页。

④ 《习近平谈治国理政》第一卷，外文出版社 2018 年版，第 267 页。

⑤ 《王毅：合作共赢是中国传统文化和外交实践的厚积薄发》，人民网，2015 年 3 月 23 日，http://world.people.com.cn/n/2015/0323/c157278－26737545.html。

国是世界上最大的贸易出口国，到 2020 年该国的贸易量将是美国的 1.5 倍，中国将成为世界上的一个经济主导力量。这本身不应该成为担忧的原因，因为中国的经济转型在一个开放的贸易体系中一直进行并且将继续是可预测的"，"11 月，奥巴马总统在亚洲之旅中倡导的 TPP……有望推动自由化的发展，但是其涉及范围很窄，只包括少数几个国家并且中国被排除在外。这使得 TPP 就像没有丹麦王子的《哈姆雷特》"。该智库在其《跨太平洋伙伴关系协定的三赢解决方案》中提出，"如果中国加入 TPP，到 2025 年，TPP 可以为中国增加 4.7% 的国民收入，为美国增加 1.6% 的国民收入——甚至可以为日本同期增加 4.4% 的国民收入，这将是一场三赢局面"，"如果中国没有迅速加入 TPP，中国的贸易转移可能只是其潜在收益的十分之一（十年内增加 0.5% 的收入）。日本从 TPP 中获得的收益几乎减半至其 GDP 的 2.4%，而美国的收益将减少三分之二，达到 GDP 的 0.5%"，"中国加入这一潜在的高水准协定符合这一地区每个国家的利益，如果 TPP 能够将美国、中国和日本连接在一起，那么该协定将更有可能被接受，而且意义非凡"，"如果 TPP 将中国纳入考虑范围，并让中国走上一条更深层次的亚洲一体化道路，这将有利于美国的外交政策和实际经济利益"。最后作者建议，"通过赋予中国一个明确、开放的 TPP 观察员地位，中国政府将会发现，公平对待并尊重所有的谈判伙伴符合自身利益"。

美国布鲁金斯学会 2015 年 3 月发布的《跨太平洋伙伴关系协定的地缘政治重要性：在紧要关头，一个自由的经济秩序》从另外一个侧面阐述了 TPP 之于美国的意义，该文认为，"地缘政治的回归就体现在我们身边。中东的内战和俄罗斯侵略乌克兰占据了头条新闻。一个美国潜在的更重要的战略失败出现了：TPP 可能会失败……此次谈判的失败将为美国的领导作用、战略地区关键伙伴关系的深化、新兴经济体市场改革的促进以及美国未来的贸易议程带来灾难性的后果""正如奥巴马总统曾警告的，如果我们不在贸易问题上制定规则，中国就会制定规则，到那时我们将没有办法使中国脱离重商主义的实践行为""美国政策与全球最具活力的经济区域的强力连接将会化为乌有""签订 TPP 协定将有利于美国的地缘政治和经济影响力的扩大。这些利益的获得是不需要也不会以牺牲工人或主权国家的利益为代价的。在自由贸易协定之下，国家可以保持其调节的权利。该协定的目的是提高国家的国际竞争力以创造更多的工作机会"。该智库的《从跨太平洋伙伴关系协定到自由贸易》报告还认为，"加入 TPP 的国家的国内生产总值（GDP）约为 27.7 万亿美元，占全球 GDP 的 40%，其贸易额占世界贸易总额的三分之一。加入 TPP 后，这些国家每年的收入增长估计超过 1100 亿美元。然而，TPP 可能会给亚洲部分地区带来负面影响，尤其是中国，因为 TPP 的成功实施，其每年的收入预计将减少约 350 亿美元""这种在国际贸易中背离多边主义的举措是为了应对中国的崛起，第二次世界大战结束以来美国首次意识到，中国正在亚洲地区发挥经济领导力并且中美对经济应该如何发展有着潜在的不同观点"。

胡佛研究所在《拉里·萨默斯对 TPP 的评论》中认为，众议院的投票结果将会给跨太平洋伙伴关系成员国发送负面信号，对 TPP 的批评将削弱美国总统的力量，因为这"会给跨太平洋伙伴关系成员国发送类似的负面信号，即美国没有足够的意愿在关键时刻对全球体系负责。对 TPP 的批判将削弱美国总统的力量。这将增加全球对美国国内政治变化和对美国是否是一个可靠盟友问题的担忧。美国未能阻止其盟友加入亚洲基础设施投资银行，游说失败将是美国在亚洲的存在受到削弱和中国日益显示其力量的信号"。

伍德罗·威尔逊国际学者中心在 2012 年 3 月的《亚太地区游戏规则的改变：南海和 TPP》报告中认为，"中国已成为亚太地区政治游戏的主要参与力量"，"奥巴马政府热烈讨论'重返亚洲'战略，是企图将美国重新拖入区域政治游戏的尝试，这可以从不同的国际安排的重点和性质的变化中窥见一斑。最显而易见的是，奥巴马政府将重点放在跨太平洋伙伴关系协定（TPP）上。这一协定与世界贸易组织有关知识产权和劳工问题的标准相一致。它与中国推动的双边自由贸易协定扩大化形成鲜明对比，中方的协定侧重于关税，且涉及多种豁免和例外"。报告认为，"中国正在尝试削弱美国在亚太地区的影响力"。

新民主党网络在《奥巴马的连任：是时候制定更加雄心勃勃的外交政策了》报告中谈道，美国主导的贸易议程，尤其是《跨太平洋伙伴关系协定》，取得了缓慢而稳定的进展，但总统仍然缺少在此协定上对美国价值观和战略眼光的推广，"美国在这个新世界的强有力领导将重塑全球治理的体系结构""我们需要创建可以协调集体行动的新机构，真正让美国成为不可或缺的超级伙伴国""在接下来的四年里，奥巴马总统将有一个真正的机会，重新确立21世纪的自由国际主义，为美国留下长久的遗产"。

伍德罗·威尔逊国际学者中心2014年3月的《为美国与亚洲的贸易打造公平的竞争环境》报告认为，"日本是第一个挑战英美对世界贸易体系基本设想的主要国家，韩国和新加坡以不同的方式紧随其后，中国正在以自己的版本发展自身。东亚奇迹的极大成功暗示着其他崛起的亚洲大国将遵循中国和日本的脚步……中国在过去30年以年均10%的经济增长率震惊了世界"。报告指出，"中国一直关注经济的基本层面，其有着高水平的储蓄和投资，重视教育和现代基础设施的发展。在汇率操纵、采用贸易管理支持出口和限制进口、引导（或指导）工业发展以及在获得知识产权方面遵循日本的例子。但是与日本不同的是，中国通过各种补贴积极吸引外国直接投资，同时要求外国投资者同中国的合作伙伴分享技术""中国出口导向型经济帮助其获得了预计价值超过4万亿美元的硬通货储备，这些储备使得中国能够获取原材料、技术以及其他资产。中国的外汇储备为其提供了充足的保险来应对未来的金融危机，这也是中国具有强大影响力的原因之一""中国对美国国债的投资使得美国能够保持较低的长期利率，而较低的贷款利率又促进了美国对基础设施、工厂、研究实验室和教育的投资。低成本的进口同样有助于缓解美国消费者的收入压力，尤其是在工资趋于停滞的时候""但是美国和其他以市场为导向的国家也付出了代价，补贴进口已经成为强加给这些国家国内生产商的不公平的负担，这使得很多国内企业破产或者移到海外。随着制造厂的转移，设计和研发部门也跟着转移""TPP 和 TTIP 谈判是当前扩大贸易并为更加广泛的贸易规则奠定基础的最好机会。TPP 将成为设置国有企业和国家控股企业同私人企业公平竞争规则的第一步。通过建立明确的贸易标准，TTIP 将成为现有 WTO 体系之下扩大和深化国际贸易规则的补充。中国是最近的奉行东亚奇迹增长方式的东亚国家。有关'魔术'和'奇迹'的冲突一直并且将继续是美国与中国之间紧张关系的根源。一个积极的迹象是，中国在某种程度上对于加入 TPP 谈判有一些积极回应"。

在中国与 TPP 的关系和未来发展问题上，美国布鲁金斯学会极力为现行政策辩护，在其《遏制谬论：中国和跨太平洋伙伴关系协定》报告中，它开宗明义地指出，"认为 TPP 是一个禁止中国加入的俱乐部的观点是不正确且没有任何意义的。与其他任何亚太经济合作组织（APEC）中的经济体一样，中国也有权利申请加入 TPP。中国领导人是否认为 TPP 成员国资格是该国国家利益所在，与 TPP 成员国是否相信中国愿意遵循已经被它们协商好的规则完全是两个不同的事项。打消认为 TPP 排除中国加入的观念是很重要的""很难理解为什么 TPP 国家要追求排斥中国这一事与愿违和不可行的目标。中国现在处于世界经济的巅峰，在世界 GDP 所占份额的比例上排名第二，并且其现在处于世界供应链的核心。一个试图无视这些基本经济现实的贸易协定事实上将是鲁莽的。TPP 的概念是广泛的，它旨在最终在亚太地区发展一个经济一体化的广阔平台，而不是围堵中国""如果 TPP 排除中国是为了更好地吸引日本，那么就很难理解为什么日本政府现在正与中国协商两个主要贸易协定……迷宫式的自由贸易协定

（Free Tracle Agveemene，FTA）说明，在国际贸易关系相互重叠的世界中，排斥任何一国都将是毫无意义的行为"。报告指出，"认为TPP排斥中国的观念在三个主要方面将起到不利作用：（1）其为保护主义者的利益提供了政治掩护，这些人认为他们不应该为了由地缘政治推动的贸易协定而被迫进行痛苦的经济调整；（2）其向准成员传递了一个令人不寒而栗的信息，使它们担心加入TPP将会被认为成了反中国阵营的一员；（3）如果加入TPP被中国视为向美国遏制战略投降，那么将阻止中国寻求与TPP议程的融合点"。报告认为，"TPP遏制中国最根本的挑战不是其建立在一个错误的遏制观念上，而是其不足以拥有足够的吸引力推动中国认可并接受这些贸易和投资新标准。中国通过推动自己在亚洲的贸易协定来对此做出回应。在可预见的将来，美国和中国将继续处于两个不同的贸易集团之中，两国在贸易和投资方面将不会取得重大的双边谈判成果。TPP谈判者不能在TPP协定完成之后才塑造吸引中国加入的战略，他们要注意到必须从质量和宣传潜力评估这些规则。同时，中国必须认识到加入这一新贸易协定与其加入WTO没有什么区别：虽然要做出更大的承诺，但是在改善经济发展方面，加入TPP将会给其国内改革将带来丰厚的回报"。

皮尤研究中心2015年7月发布的《公众对美国转向亚洲政策的复杂反应》中说，2011年11月，时任美国国务卿希拉里·克林顿在《外交政策》杂志刊物上写道，美国计划重返亚洲。美国的"再平衡"战略有两个支点：其一是经济，表现在其通过与其他11个环太平洋国家建立跨太平洋伙伴关系协定（TPP）；其二是军事，表现在其通过新承诺来维护亚洲盟友。皮尤研究中心的一项调查以参与谈判的12个TPP国家中的9个国家的部分民众为样本，结果显示这些国家53%的民众认为这一协定将有利于它们的国家利益。越南对此协定最为支持，国内89%的民众支持这一即将达成的协定。支持率最低的是马来西亚（38%）和美国（49%）。值得注意的是，公众对这一协定的态度呈现性别差异。在美国，53%的男性赞成这一协定，但赞成这一观点女性的比例只有45%。在日本，60%的男性认为该贸易协定会对国家有好处，而只有46%的女性赞同这一观点。除此之外，民众对TPP的支持还呈现年龄差异。美国的这一差异最为明显。年龄在18—29岁的美国民众中有65%支持这一协定，而年龄在50岁以上的民众支持率仅为41%，两者相差24个百分点。党派之间也存在对这一协定的分歧。举例来说，美国51%的民主党人士认为这一贸易协定对本国有好处，而只有43%的共和党人士持有这一看法。美国"再平衡"亚太地区军事资源的这一承诺获得了诸多国家的支持，其中越南人（71%）和菲律宾人（71%）对此最为支持。大约仅有一半的澳大利亚人（51%）和韩国人（50%）支持这一"再平衡"战略，尽管他们的政府是华盛顿最亲密的战略盟友。最反对美国这一防御转移战略的国家是马来西亚，其54%的民众认为这一战略存在弊端，因为这可能会导致美国与中国发生冲突。美国人对本国在亚洲的军事存在持有混合观点：47%的民众对此表示支持，而43%的民众对此予以反对。大多数共和党人（58%）认为军事"再平衡"是一个好主意，同时，只有42%的民主党人支持这一战略，47%的人则不支持。50岁以上的美国人（51%）比那些18—29岁的美国人（37%）更加支持这一转移战略。

里彭协会（Ripon Society）在《TPP：美国维持亚太经济领导地位的一个机会》中认为，TPP是一个奇怪的创作，在其被提出初期就受到了布什政府的拥护，之后在奥巴马政府的呵护下扩展为一个亚太地区国家广泛参与的协定，其中包括澳大利亚、文莱、智利、马来西亚、新西兰、秘鲁、新加坡、越南、加拿大和墨西哥。报告认为，"不同于传统的双边自由贸易协定（如最近美国与韩国、哥伦比亚和巴拿马联合商定的'布什谈判协定'），TPP远远超出了为自由贸易破除与边界相关的传统贸易壁垒的内容……这一谈判是美国继续保持其在亚太地区经济领导地位的一个巨大机遇和挑战"，"或许最重要的是，在世贸组织进程似乎已经失去其关键推动作用时，TPP 将为全球经济中基于规则的贸易提供巨大的推动力。美国商业只能在一个高标准的贸易体制下繁荣发展。美国企业和工人们能够以真正的竞争优势在激烈的市场竞争中茁壮成长。在这个基于规则的、更强大、更透明的全球贸易体系之下，美国将是最主要的受益者。TPP 的成功将会为一个更强大、更严格的交易制度的快速发展提供催化剂"。

彼德森国际经济研究所在《这是日本主导 TPP 谈判的机遇》报告中认为，"现在，美国和日本政府正在就 TPP 的初期形式进行双边谈判。如果双方达成一致，那么它们就会形成一个坚固的联盟以及一个巨大的共同市场，这将为 TPP 谈判中的所有多边谈判设定主导基调""如果日本和美国的合作可以成功地引诱韩国或中国日后加入 TPP，那么日本的收入将会翻倍，而且到 2015 年将可能达到 2300 亿美元""如果中国决定在边界内发展和平，正如我所希望的那样，它将会被邀请加入 TPP。正如我所提到的，这将符合日本的利益，因为它将有助于建立一些规则和制度，旨在保护日本向中国的投资和出口，也会使日本从 TPP 中获得的收益迅速翻倍"。

德国马歇尔基金会的《TPA 和 TPP：路的尽头，还是另一次拐弯?》报告指出，"现在应该揭开贸易促进授权、跨太平洋伙伴关系协定以及跨大西洋贸易与投资伙伴协议的神秘面纱……TPP 的谈判进程与过去 50 年里的每一次贸易谈判相同。在没有完全披露以及国会进行商讨之前，该协定中的任何一部分都不能发挥作用""如果 TTIP 没有得到进一步的发展，那么美国将在这个经济联系日益增强的世界中丢掉领导地位。正如美国在亚洲基础设施投资银行所面临的那样，中国很可能会冲进真空地带，并在亚洲创建自己的贸易关系。美国国会仍然有时间使贸易促进授权起作用。如果 TPP 和 TTIP 成为现实，美国就应该展现其有魄力的领导力，而不是踌躇不定。美国现在应该下定决心，而不是犹豫不决"。

皮尤研究中心在 2012 年 12 月发表的《美国大选后的中美经济关

系》的文章中，分析了美国总统大选后对中国的态度，认为中美的双边贸易关系仍然不稳定，并预测了奥巴马在第二个任期内对中国的经济政策的核心。报告认为，"在过去的四年里，奥巴马政府已经比其前任总统向中国提起了更多的贸易诉讼。因此，奥巴马将继续在经济和贸易问题上给中国施压，这是合理的。至少在过去的三十年里，当美国的全球经济和战略霸权地位受到威胁时，美国总统和总统候选人都承诺会直面外国挑战者：第一个是日本，而现在是中国""由于中国在美国日益增长的外商投资既可能会加剧双方的紧张局势，又可能会在一段时间内改善它们的关系，所以中美双边贸易关系仍然不稳定""美国将寻求签订不包括中国的贸易协定。其中最重要的协定是跨太平洋伙伴关系协定（TPP），这是太平洋周边国家之间的自由贸易协定，也是奥巴马政府公开宣称的目标。如果中国不转变其经济体制，那么它将永远不会加入 TPP"。但是，报告还认为，"未来中美经济关系中的不可知因素，是中国在美日益增长的对外直接投资所产生的政治影响。中国流向美国的投资有望在未来几年显著增长。中国和日本之间的经验表明，如果这种投资创造并保留工作岗位（最近的数据表明中国的投资的确产生了这样的效果），那么中国的投资可能就不会引发重大的新的政治摩擦"。

美国国家亚洲研究局的报告中将 TPP 与 RCEP（区域全面经济伙伴关系协定）联系起来，在其《跨太平洋的高调谈判》的报告中，作者认为"随着奥巴马政府的执政期即将结束，旗舰项目如 TPP 实施的紧迫性与日俱增。与中国这个亚洲经济重心和美国第二大贸易伙伴的关系会占据美国政策的中心舞台""该协定对美国在亚洲的经济存在和主导地位有着巨大的实际影响和象征意义""亚洲国家普遍认为其是美国主导的倡议，并将影响美国在亚洲的竞争力和制定全球贸易新规范和新标准的能力""参与区域全面经济伙伴关系协定谈判的16 个国（包括十个东盟成员国，以及澳大利亚、中国、印度、日本、新西兰和韩国）也面临着计划于 2015 年 12 月结束谈判的最后期限。

如果该协定得以签署，参与该协定的 16 个国将创建一个国内生产总值约为 20 万亿美元的集成市场。虽然区域全面经济伙伴关系协定覆盖的广度和深度不如跨太平洋伙伴关系协定，但是值得注意的是，区域全面经济伙伴关系协定的达成将会提高跨太平洋伙伴关系协定在今年成功签署的可能性"。

美国经济政策研究所对 TPP 的态度，总体上看是表示怀疑，其怀疑的出发点是 TPP 对某些领域和阶层的漠视。在其于 2013 年 11 月发布的《白宫表示反对拟议中的跨太平洋伙伴关系协定》中专门谈到了美国的失业问题，其中认为，"奥巴马政府一直急于与环太平洋国家——包括日本、加拿大、马来西亚和越南——达成一项贸易协定""国会暂停了全权委托总统谈判新贸易协定一事，并要求总统就协定内容充分咨询国会，这是十分明智的"，因为"十几个贸易和投资协议已经导致外包业务激增，而且也已经淘汰了数以百万计的工作岗位，特别是在美国的制造业中"。在其《伙伴关系，还是成心捣乱？》报告中，作者就 TPP 和民主的关系进行了十分有趣的讨论，并认为 TPP 在根本上不是一项"贸易"条约，而是企业游说者的工具，目的是说服立法者对他们进行支持（企业游说者无法通过正常手段成功说服立法者）。作者在报告结尾指出，"作为政治学家，我有时会被问及民主国家是否有可能颁布违背大多数选民利益的法律。这样的情况确实会发生，而且是通过违背民主本身的承诺实现的。TPP 就是最好的证明，该协定对维护签约国的中产阶级权利构成了最大单一威胁"。《TPP 有什么不妥？该协定会导致美国失业增加，工资水平降低》的文章认为，"我们研究发现，贸易和经济全球化通过两个渠道降低了美国工人的工资""美国当局为了获得'快速通道'授权以便完成 TPP 以及与欧盟之间的类似协议——跨大西洋贸易与投资伙伴关系协定（TTIP），它已经选择了一种高风险的运动""美国总统可以继续为获得'快速通道'授权和完成 TPP 谈判而奋斗，在加大企业利益的同时将制造业的工作岗位和工人工资置于风险之中，或者他可以采取行动增加就业，并减少工资增长不均衡，但是他不能同时采取这两方面的措施"。

该智库发布的《不，TPP 不利于中产阶层》的报告指出，"奥巴马总统最近在极力地维护 TPP。他坚称，TPP 将对美国的中产阶级有利，而且 TPP 反对者不应该否定这种说法。然而，在这种情况下，奥巴马的观点是错误的，TPP 反对者的观点是正确的，因为毫无迹象表明 TPP 将有利于美国的中产阶级"，因为"TPP（如同美国签署的绝大多数贸易协定一样）不是一份'自由贸易协定'；相反，它只是明确规定了谁将在国际竞争中受到保护，而谁不会受到保护。到目前为止，最强有力和最全面的保护措施都是为了维护美国企业的利益""TPP 甚至与'自由贸易'无关，而是关于谁将面临或不会面临激烈的全球竞争。目前已经显而易见，美国决策阶层所拥护的'自由贸易'根本不存在。例如，贸易协定中的最大赢家一直是美国的制药和软件企业，它们依靠进行知识产权垄断来获取利益。这些公司一直成功地使美国的谈判代表在美国的贸易伙伴中强制执行知识产权垄断。把条款协定贴上'自由贸易协定'的标签这样的放肆行为实在令人愤怒"。《服务贸易协定：将篡夺美国制定移民政策权力的秘密贸易协定》一文则指出，"大公司一直出于自己的利益制定着服务贸易协定，如果服务贸易协定成为法律，这些大公司将获得极大的利益。……大公司一直基于自己的利益制定服务贸易协定，如果服务贸易协定成为法律，这些大公司将获得极大的利益"。

半球研究所也发表了持类似观点的报告，在《TPP：为自由贸易，还是为企业利益？》报告中，作者指出，"TPP 是一种自由贸易协定，将会为贸易和商业投资设立新的规则和标准。如果成功签署 TPP，该协定将包括 12 个环太平洋国家，这些国家的贸易额占全球贸易总额的三分之一，其经济规模占全球国内生产总值（GDP）的 40%。一方面，TPP 的支持者声称，TPP 将增加美国的出口、巩固劳工权利并建立强有力的环境保护措施。奥巴马政府也采用地缘政治术语来宣传 TPP。就奥巴马政府而言，TPP 对美国转向亚洲的战略至关重要，在美国制衡中国方面也同样重要"，同时"与许多自由贸易协定一样，TPP 也包括投资者—国家争端解决机制（ISDS）。此类结算机构以牺牲国家利益为代价保护投资者的利益"，"TPP 除了包含破坏国际制定政策的能力以外，只能为美国带来最小的经济利益"。

美国发展中心发布的《跨太平洋伙伴关系协定中的药物条款威胁药品的使用和售价》认为，"目前的草案包括对药物公司的全面保护，以此作为该协定知识产权内容的一部分。除非谈判者同意对该协议草案进行重大改变，否则 TPP 将提高药品价格，并阻碍重要药品的流通渠道""12 年的市场独占期目前也不是 TPP 草案中唯一一个需要更改的不利政策，但它说明了医药企业游说团体是如何试图利用 TPP 来修改专利法，并在公共辩论和立法改革中庇护美国产业法律的"。全球发展中心的《美国贸易代表：TPP 中的烟草出口政策》指出，"现如今有一个说法广受吹捧，即 TPP 将成为一个'21 世纪的高品质协定'，并将为未来的贸易协定设立标准。但是，上周举行的第 19 轮 TPP 谈判中的一项提议远远算不上'高品质'或'21 世纪'这样的标准，而且该提议可能会阻碍美国在世界上最紧迫的公共卫生问题之一——烟草问题——中成功实施其相关政策""TPP 提议也将使烟草行业更容易利用贸易和投资协议来挑战各国的烟草控制法""烟草公司和一些国家已经向澳大利亚的法律发出了挑战，它们要求香烟包装简单，而菲利普·莫里斯国际公司已经利用投资协议挑战了乌拉圭的烟草控制法"。

全球发展中心在《特大区域贸易协定：对发展中国家是福还是祸?》报告中指出，"美国正在协商创建几个贸易和投资伙伴关系协定，包括 TTIP 和 TPP，如果这些协定成功签署，它们将覆盖全球贸易的一半以上……但是，大多数发展中国家以及所有最贫穷、最脆弱的国家都被排除在外""国际贸易规则需要与当今的数字化时代相一致，如果 TPP、TTIP 和服务贸易协定保持一致，那么它们在本质上就是解决多边问题的标准。但是，如果 TPP 和 TTIP 存在不同的规则，或者根本不同，又会怎么样呢？加拿大贺维学会（C. D. Howe Institu-te）的奎利雅克（Dan Ciuriak）说：'从未有大型区域贸易协定成功过'"。《对发展中国家来说，TPP 好坏参半》的报告则强调，"虽然 TPP 的 12 个环太平洋成员国正在试图协商创建一个 21 世纪贸易协定，但是它们在保护某些产业——墨西哥的汽车、美国的糖、加拿大和日本的乳制品等——的协商中却遇到了困难。美国要求对生物药品实行 12 年的专利保护期，而其他许多国家对此表示反对""美国也承认，只要不扰乱美国的糖类供应管理体系，也许美国会进口一丁点儿国外的糖！作为一个强大的国家是非常不错的。但是，如果你是一个小国，尤其是一个相对贫穷的国家，那么进行贸易谈判就更需要利用一些技巧，而如果你是一个 TPP 之外的贫穷国家，你根本没有资格说这些谈判会如何影响你的利益""美国要求在贸易协定中加强对知识产权的保护，这是许多发展中国家关注的另一个领域……对于知识产权的拥有者来说，这也许是正确的，但是这对一个国家来说是完全错误的"。

竞争性企业研究所发表的《跨太平洋伙伴关系协定谈判中的棘手问题》，则列举了 2015 年 7 月 TPP 毛伊岛谈判中的难题，包括美国、新西兰和加拿大围绕乳制品、家禽、鸡蛋市场准入，美国和澳大利亚围绕糖类市场准入，墨西哥、加拿大和日本围绕"原产地"门槛的分歧，美国和另外 11 个谈判国家围绕生物药物的专利保护期和知识产权保护，以及在 TPP 框架内的"投资者—国家争端解决机制"（ISDS）等都未达成一致，认为"这些棘手的问题很难解决，如果谈判者已经将 TTP 作为一个为各方开放市场和引入自由贸易的契机，那么它可能是一项重大的成就"。

而发现研究所在《买方提防跨太平洋伙伴关系协定》报告中则断言，"认为 TPP 本质上为自由贸易协定是一种错误的想法。对奥巴马政府进行'快速通道'授权也是迈出了错误的一步""贸易自由化可能只是 TPP 中的一小部分。从该协定的大多数表述来看，它似乎是力求在环境、能源、劳工、移民和知识产权政策制定方面建立全球性专制""就贸易政策而言，TPP 能够给予跨国企业新的力量，让它们可以规避美国主权问题，将谈判转移到无国籍和不露面的监管机构手里，脱离国会议员和州议员的监控""全球主义者的长期目标是由不受变化无常民主规则影响的官僚主义者建立国际规则。毫无疑问，一些跨国企业巨头拥护 TPP 的原因是它们拥有左右规则的能力，它们发现官僚主义者相对易于控制"。

外交政策研究所在《美国需要跨太平洋伙伴关系协定的原因以及如何纠正它》的报告中指出，"TPP 失败会使美国外交政策受到影响。时任美国国务卿的希拉里·克林顿在 2011 年宣布'转向亚洲'政策时，强调了六个关键要素。这些要素包括加强双边安全联盟、深化与新兴大国（包括中国）的合作关系、参与区域多边机构、扩大贸易和投资、广泛建立军事存在、推进民主和人权。结束 TPP 谈判是美国实现这些目标的关键。如果 TPP 谈判失败，中国就会成为亚太贸易的中心，美国就会成为局外人"。在《对跨太平洋伙伴关系协定展开的激烈角逐将重写全球规则》中，作者则指出，"TPP 已经成为一个引起了分歧的政治问题，不仅在一般民众之间，而且在民主党和共和党之间也存在着对 TPP 的分歧"，反对者认为 TPP 将"加剧美国公民收入不平衡、提高药品成本，并给美国带来食品安全问题"，支持者则认为，"TPP 可能会淘汰美国某些特定领域的工作岗位，但是美国高价商品出口的扩大加上外国制造商和服务提供商在美国的进一步投资会产生大量新的就业机会"。"TPP 的成功与否将在未来数十年决定谁将书写全球经济的基本规则——是美国还是中国……美国承担了亚太地区的安全费用，这对美国来说是个不良赌注。如果 TPP 失败了，书写未来贸易规则的会是中国""推动包括知识产权和服务贸易在内的 TPP 核心议程十分符合美国的利益，因为美国依然是世界技术强国"，但是"从长远的角度来看，TPP 将使所有国家受益，包括日本，甚至中国，因为中国正在快速发展为技术强国"。

在日本参与 TPP 谈判的问题上，美国的智库提出了许多疑问和看法。德国马歇尔基金会于 2012 年 4 月 23 日发表的《与时间赛跑》报告认为，"东京参与 TPP 谈判的可能性不到50％""由于日本所谓的非关税贸易壁垒，美国汽车制造商认为，TPP 不会给他们提供任何有意义的进入日本市场的通道。美国工业协会希望日本停止操纵货币，底特律认为，日本人通过使日元贬值来抑制进口，促进出口""TPP 的反对者也对东京加入 TPP 谈判提出质疑。他们声称，在 TPP 谈判中已经做出了太多的决定，日本加入 TPP 太迟以致不能对 TPP 的结果产生影响……日本也担心奥巴马政府在 TPP 中制定有关限制国有企业运营的规则（针对中国实体的倡议），因为这样的规则同样会削减日本在公有区域电力和铁路方面的垄断"。

彼德森国际经济研究所的《日本邮政公社：反改革法律使日本加入跨太平洋伙伴关系协定迷雾重重》报告认为，"日本邮政公社是日本政府国有企业中的一大巨头……是全世界最大的国有企业之一，包括世界大型银行，并且有与邮政快递相结合的保险机构。日本邮政银行大约拥有 177 万亿日元存款，日本邮政保险拥有大约 7.9 万亿日元年保费收入""日本邮政拥有很多特权，最值得注意的是受到较少的监管并且在战略合并事务上有法定禁令豁免权，使其能够向市场推出自己的保险产品并与国内和国外私人保险公司竞争""在给予日本 TPP 席位之前，他们可能坚持让日本阐明修订后的法律以向私营企业提供一个公平的竞争环境""即使美国和其他 TPP 参与国不要求日本邮政进行改革以作为建立相互信任的一个措施，但是在 TPP 谈判结束之时让反改革法依然存在是不可想象的"。该智库在《美国应该支持与日本签署贸易协定》报告中认为，在安倍政府上台后，"日本承诺对外开放日本农业和保险领域。安倍热衷通过国际经济一体化推动国内重大改革，这将有利于日本，日本加入 TPP 也为建立适应 21 世纪的高水准协定带来了光明前景""可悲的是，尽管美国企业和消费者是主要的获益方，但如果不出意料，美国内部的利益集团将会反对日本加入 TPP 谈判。底特律三大汽车公司和联合汽车工人工会已经对此表达了最大的关注"。

2013 年 3 月，皮尤研究中心发布了《日本人和美国人如何看待彼此》的报告，认为"日本决定加入谈判，与美国和其他几个太平洋国家共同创造 TPP 这在某种程度上反映出有关美日关系的舆论已经发生了转变。50 年前，华盛顿和东京之间的关系充斥着公众的相互不信任和敌意。今天，这两个经济体通过加大贸易往来加深了一体化的程度""根据 2010 年的一项调查，五分之三的美国人认为美国现在应该与日本增加贸易往来，相比之下，有 58% 的民众愿意加深与欧盟的商业关系，而只有 45% 的民众希望美国与中国加强贸易关系"。该智库的《尽管是保护主义者的形象，但美国仍想与日本进行更为自由的贸易往来》指出，根据调查，"55% 的美国人说自由贸易协定会导致失业，45% 的人说这些贸易协定会压低工资，而只有 31% 的人说他们同意经济学家的观点，即这些交易降低了消费品的价格。所以即使 TPP 获得国会批准，它也可能面临诸多阻碍。最重要的是，华盛顿和东京是否能够解决它们之间的分歧""日本目前是美国的第四大贸易伙伴，皮尤研究中心于 2013 年 2 月和 3 月进行的一项调查显示，74% 的美国人表示，美国与日本之间的贸易增长是一件好事。这些支持者包括 79% 的共和党人士，78% 的年龄在 18 岁至 29 岁的民众，72% 的民主党人士以及 73% 的年龄在 50 岁以上的民众。大多数受过良好教育的美国民众——至少受过大学教育——特别支持本国与日本之间进行更多的商业往来，这一人数所占百分比为 84%，相比之下，只有 51% 的受过良好教育的民众表示支持与中国增加贸易往来"。当然，在诸多细节问题上，如美国生产的汽车、大米、牛肉和其他农产品如何更好地进入日本市场，还需要双方的政治领袖做出艰难的决定。

史汀生中心认为，TPP 谈判事关日本的全球外交战略。在其公布的《日本全球外交政策：日本—印度关系》的文章中，作者认为，"通过起草有关国防设备和技术转让的新规则以及重新解释宪法以使日本能够行使集体自卫权等手段，日本政府增加了其外交政策工具"，同时"TPP将日本带出了防御性的贸易政策……日本如何与印度加强经济联系将说明日本将如何发展与中国和东盟及其他国家的对外经济关系"。报告列举了印日关系的政策目标，"（1）发展并加强日本与印度的安全合作；（2）与印度扩大经济互动；（3）基于价值观，在区域和全球问题方面加强合作"，指出了实现双方政策目标面临的挑战："（1）东京和新德里政策优先事项存在差异，日本最注重地缘政治利益，而印度最注重经济增长；（2）印度具有战略自主或不结盟传统，这导致日本和印度在制衡中国崛起的手段上存在差异；（3）日本和印度两国的战略图景和安全结构存在差异"，为此，该文建议印日政府，"（1）在国防设备采购和开发方面进行合作；（2）进行民用核能合作；（3）进行海事安全合作；（4）加强区域全面经济伙伴关系谈判协调……在能源市场规避中国的主导地位"。

印度不是TPP谈判成员国，但是其对TPP的关注程度并不亚于TPP成员国，并站在自身的立场上不断进行评说和提名建议。印度全球关系委员会认为，TPP对发展中国家有着近乎苛刻的要求，而主导者美国并无意修订这些有争议的条款。在其《跨太平洋伙伴关系协定如何迷失了方向?》报告中，作者认为，"TPP将横跨南北美洲和亚太地区，从2010年开始的15轮TPP谈判已经花费了大量的时间和资源。TPP旨在实现一个综合的、'最先进'的贸易协定来基本消除所有的关税，并且要求政府对很多国内政策进行前所未有的监管改革。除了降低关税，成员国还必须同意有力地保护外国投资者，增强对专利持有人的保障，并且限制对国有企业的补贴。这些仅是TPP要求中的一部分。不幸的是……而这阻碍了谈判的进程并且掩饰了TPP的最终目标：实现跨越太平洋的更方便的商品和服务的流通""TPP谈判已经引发了各种争议，其中一个原因是谈判有关事项高度保密，谈判人员拒绝向公众公布草案的任何内容。然而，根据泄露的文件以及谈判人员所给出的仅有的信息和评论可以明显地看出，引发争议的另一个主要原因在于美国，它在投资者保护、知识产权和竞争政策等领域的提议限制了发展中国家通常用以调节经济和促进国内企业发展的政策层面的能力及措施的运用"。作者建议，"通过对深度整合事项做出一些让步，美国不仅能使 TPP 成员资格对于其他亚洲经济体而言更有吸引力……另外节省出来的时间、精力和政治资本可以用于解决更关键的问题，如放宽原产地规则"。

在是否加入 TPP 谈判问题上，印度全球关系委员会给出了诸多选项。在其《印度与 TPP：等待还是加入?》报告中，作者认为，"通过加入 TPP，印度是否能够更充分地融入全球经济并且为其贸易注入发展活力？或者这一要求印度做出巨大让步的协定不一定符合印度的利益？这一结果将取决于 TPP 框架本身如何发展"，从而给出了一个观望的态度。报告指出，"发起 TPP 的部分原因在于，二十年来美国一直未能参与到亚洲经济迅速增长的过程中。TPP 同样也被一个长期的战略任务所推动，即将美国的军事力量从跨大西洋区域转到跨太平洋区域，以此应对或'遏制'中国的崛起"，从而给出了一个事不关己的超然态度。"当前的 TPP 没有适应一个日益多极化的世界，其仍是亚太地区的一种自由贸易协定。更突出的一点是，这一协议已经蒙上了保密的阴影……最近维基解密发布的 TPP 草案表明，保密措施的采用是为了掩盖华盛顿与其他国家日益加深的分歧，尤其是美国谈判者对其他国家施加的'巨大压力'，以使它们在一系列项目上采取与美国相同的立场，包括在知识产权、制药和公民自由方面。因此，谈判想要取得圆满成功需要亚洲国家在关键的国家利益上做出重大让步"，从而给同为旁观者的亚洲其他国家提了个醒。"很多美国分析人士认为 TPP 协议将促进印度同美国的贸易发展。印度应该是参与谈判，但是还不要加入。虽然印度的贸易赤字最近一直在下降，但是不允许有任何重大的贸易政策失误，尤其是在经济增速放缓的情况下"，作者为自己的超然提出了一个具有主动姿态的借口。"从地缘政治上看，TPP 将增强印度应对北京威胁的能力，这使得新德里的地缘战略处境更加微妙，即在政治上寻求与美国更密切的联系，同时承认同中国共同的经济利益"，印度智库两不得罪的说法看起来无懈可击。作者提出，"如果新德里出于经济原因寻求成为 TPP 成员，它需要以渐进的方式参与 TPP 并且检测最终的 TPP 模板……与此同时，区域全面经济伙伴关系协定（RCEP）——由东盟成员以及它们的自贸区伙伴国设立的自由贸易协定——可成为印度加入 TPP 的补充"，该智库多边下注的功夫和技巧确实了得。此外，该智库在另外一份报告《亚洲：什么可以超越自由贸易协定》中，则认为，"由美国领导的 TPP 以及随后的《区域全面经济伙伴关系协定》（RCEP）是关于区域一体化的主导思维，这些协定的出台旨在利用过去 15 年里所协商的众多双边自由贸易协定的价值。然而这些跨区域的自由贸易协定包括提议中的 TPP 仅仅是附带实现亚洲经济一体化潜力的一小步""该地区要保持稳定的增长率和经济活力需要持续的结构性调整和变化。一个综合性的 RCEP 有望成为 21 世纪管理贸易和其他形式的国际商业模型"，作者最后指出，"直到最近中国仍没有准备好在区域或者全球范围内发挥积极的领导作用，但这种情况正在改变。中国最终需要加入 TPP，但是目前最好的方法是加入 RCEP"。

印度全球关系委员会援引一系列数据和观点，痛斥了美国主导 TPP 的真实意图。在《美国的"公平贸易"有多公平？》报告中，作者认为"TPP 对主权国家的权利有影响"，认为"美国主导了为实现 TPP 而进行的超秘密谈判，在这之中也涵盖了一些发展中国家。在与贸易相关的知识产权体制之下，大国正试图去除发展中国家的发展灵活性""世界贸易组织创造出来的公平的贸易和商业环境将会被破坏，从而使印度工业受到负面影响"。作者针对美国关于生物医药的专利期问题，援引无国界医生组织的资料表示，"印度在提供可支付的药品方面起到了'至关重要的'作用。由于仿制药的出现，即使美元进一步贬值，艾滋病药物的成本与 2001 年相比下降了 96%"。该智库在《TPP 与 RCEP：兔子与乌龟?》的报告中认为，TPP 与 RCEP 相比，"虽然这两大区域贸易谈判所带来的利益只有在未来几十年才会很明显地体现出来，但是这可能代表了乌龟与兔子的寓言：缓慢推进的 RCEP——'乌龟'将在比赛中战胜对快速获取利益战略过分自信的 TPP——'兔子'"。作者认为，"同 RCEP 的区域范围相比，尽管 TPP 可能看似提供了更深入的前期整合，但是 RCEP 的设计反映了一个理想的全球或者多边体系的最佳实践方法。是 RCEP 而不是 TPP 有望成为以规则为基础的全球框架新模型"。

印度塔克西拉研究会在其《TPP"水域"的深浅》报告中认为，"为了避免可能的政治和经济孤立，印度必须巧妙地试探一下 TPP '水域'的深浅"。一方面，"TPP 不仅拥有公平和先进的运行方式，而且还是一个巨大的集团，并且将同时产生地缘经济（当然也包括纯经济方面）的意义。如果逆这一潮流而行，印度肯定抓不住重点"，但是，另一方面"印度承担不起加入 TPP 的代价也是有其确定原因的"。因此，"印度必须巧妙地试探 TPP 这一'水域'。虽然 TPP 的进展相当缓慢，但美国官员表示 TPP 谈判正在接近尾声。即使同众多的利益相关者建立共识将是一个痛苦的过程，但是印度的加入将会使已有 10 年历史的 TPP 传奇进入一个新篇章"。

在 RCEP 和 TPP 的关系上，印度维韦卡南达国际基金会把自己摆到了一个很有利的位置上。在其《RCEP 和 TPP 的地缘政治：对印度的意义》中，作者认为"RCEP 被认为是由中国主导的协定（尽管其核心是东盟），TPP 被认为是由美国推动的议程，除了巨大的经济意义外两者还存在地缘战略目标。可以说由于这两个协定都在争取同样的国家加入其中因而有着相似的议程""RCEP 对不同层次的国家进行了区别化对待，保护国内企业，并且向东盟最不发达的国家推出优惠的关税和非关税壁垒政策。而 TPP 预计将会制定出极其严格的规则，可能会让发展中国家感到不舒服""TPP 排除了很多国家尤其是最大的区域经济体——中国。虽然在原则上没有阻止中国加入 TPP 的特殊规定，但是其中关于贸易、劳工、环境和资本方面的许多条款都将阻止中国成为成员国""RCEP 为印度提供了一个很好的机会，使其能够深化与东盟和东盟伙伴国的联系，这将进一步促进其东向政策的实施。而印度对 TPP 的一些条款很排斥，如有关环境和劳工的法律、知识产权的问题，就印度目前的发展水平而言，TPP 将对印度的贸易产生负面影响"。同时，"同一些东盟成员国一样，印度也有权选择是否加入 RCEP 或者 TPP。TPP 将包括全球最大的经济体和其他很多经济迅速增长的国家，有望成为最大的自由贸易区，并将有助于实现包括美国和欧盟在内的跨大西洋贸易与投资伙伴关系协定。自从 TPP 谈判开始以来，一直在观察其发展历程的印度可能加入 TPP，印度更加注重加入这一协定可以获取的经济利益而不是任何无形的战略利益"。

作为欧洲大国，英国不是 TPP 谈判成员国，但它是亚洲基础设施投资银行（AIIB）的创始成员国。因此，英国智库围绕 TPP 和 AIIB 展开了讨论。在英国查塔姆研究所的《TPP 和亚投行：美国和中国对全球经济秩序的愿景》中，该智库认为，"美国和中国之间的竞争更多的是有关经济影响力的竞争，而非经济实力的竞争。从全球范围来看，两国存在相互有利的分工，在一些领域中存在共同利益，如在气候变化领域。但两国在区域安全方面存在着很多分歧，如美国在第二次世界大战以来一直是亚洲安全的'保障者'，但中国正努力恢复其区域内地缘政治中心的传统地位"。该智库认为，"TPP 的出现表明，一个通过区域性协议制定贸易规则的新时代到来了""如果该协定从现有的 12 个谈判国扩展到整个亚太地区，它将在 2025 年给全球增加 2 万亿美元的收入""从美国的角度来看，TPP 的目标不应仅局限于经济规则制定和战略层面，该协议可以促使美国巩固其在亚太地区的利益。虽然美国在该地区的军事存在受到欢迎——甚至受到中国的欢迎（尽管现在可能正在改变），然而这也存在不足之处，即与该地区没有更紧密的经济联系"。对于 AIIB，该智库认为，"西方控制下的布雷顿森林体系无法阻止中国建立亚洲基础设施投资银行的决定，北京方面希望恢复中国在亚太地区地缘政治的中心地位""亚投行的整体影响可能是积极的，因为该区域对基础设施投资有着相当大的需求。中国建立亚投行似乎就是在解决这些问题，而且符合全球治理的规范"，虽然"美国对亚投行的建立持反对态度。然而，华盛顿和北京之间的共识正在逐渐增加"。

2012 年 10 月 9 日，加拿大遗产部部长莫尔（James Moore）代表国际贸易部部长在温哥华宣布，加拿大将正式加入 TPP 谈判，成为第十一个谈判成员国。加拿大对 TPP 十分热心，其战略着眼点是通过加入谈判，尽快和更大范围地进入全球最有活力的亚太地区。从其初衷看，与美国有一致之处，也有相悖之处，同时加拿大国内对 TPP 的态度也分为两派。

加拿大亚太基金会把 TPP 放在加美关系、亚太安全的框架内予以研究。其《美国、加拿大和亚太安全》报告认为，"加拿大将加入TPP，从而为加拿大在亚太多边主义的活动中注入新的活力"，因为"加拿大被东亚峰会和东盟国防部部长会议排除在外""在区域性多边合作中，渥太华显然落后于亚太地区的其他国家""美国和加拿大之间的协同合作会确保加拿大在亚洲的安全利益。因此，加拿大应努力确保其加入东亚峰会，以补充其在 TPP 中的利益"。该智库在《加拿大如何在亚洲成为一个重要的角色》中也指出，"尽管哈珀政府'重新发现'亚洲的热情是受欢迎的，但该报告指出，仅使用商业政策，加拿大不会成功。'一条腿的（经济）战略将严重阻碍加拿大与其他国家竞争的能力，其他国家已经认识到在该地区实行一个全面和协调一致的战略的重要性'""加拿大现在最需要的是在广泛的多边和双边谈判中有更大程度的参与"。"加拿大希望与日本完成经济伙伴协定的谈判，并希望在最近完成的互补性研究的基础上与中国签订自由贸易协定""除了这个雄心勃勃的议程以外，加拿大还需要全面参与 TPP 和探索与东盟达成贸易协定的可能性"，而这"将对巩固加拿大在亚洲地区的地位具有重要作用"。

在该智库的另外一份报告《中国之外的亚洲》中，作者认为，"尽管中国毫无疑问是亚洲地区的最大玩家，随着国内生产总值的增长，中国已超过日本成为世界上第二大经济体，但就与中国开放贸易这一问题而言，加拿大仍有些许担忧""中国正在不断增长的经济力量不容忽视，加拿大必须做出很大努力改善与中国的双边经贸关系。但是，加拿大与中国关系的进展不能以牺牲加拿大与其他国家的双边关系为代价。贸易多元化有助于促进加拿大经济的增长并增加加拿大经济部门扩张的潜力。加拿大政府必须根据亚洲不同的国家和地区的特点来调整相应的经济政策，这样才能达到想要的结果"。在为什么要加入 TPP 的问题上，该智库的《TPP——加拿大的大风险》报告认为，"是什么使加拿大改变了心意，从冷漠的旁观者转变为热心的倡导者？部分在于史蒂芬·哈珀所在的保守党意识到了加拿大易受 TPP 的影响。考虑到加拿大与新加坡、韩国、泰国和印度在双边贸易谈判中并没有取得的进展，加拿大决定在亚洲地区建立贸易据点，而 TPP 会成为其实现这一目标的最好工具"，同时，"加拿大承受不起让美国获得优势，就像美国对韩国做的那样。如果美国要谈判改善市场准入问题，加拿大最好在谈判桌上保护其在北美自由贸易区的市场准入""TPP 或许会或许不会成为更广泛的亚太自由贸易区（从中加拿大会获得真正的经济收益）的垫脚石，但是加拿大并不想被排除在游戏之外"。

加拿大政策选择中心在《TPP 和加拿大》的报告中指出，"批评家称 TPP 为'北美自由贸易协定的类固醇'，因为 TPP 对政府政策法规有更多的限制。像当下所有的自由贸易协定一样，TPP 涉及贸易的内容很少，它更多地关注协调（财政、健康和安全标准等方面的法规）、加强知识产权保护（专利和版权）、为私有化和外国投资开辟新领域（主要在医疗保险和教育方面）以及在政府保护环境和创造就业两方面设立严格限制。几乎在每一种情况下，参与国都被要求采用美国的偏好"。此外，"TPP 有关知识产权方面的内容将会对加拿大专利药品成本提出限制""北美自由贸易协定和 TPP 增加了加拿大外商投资者的起诉数量，所以加拿大已经成为世界上遭到贸易起诉最多的发达国家""美国及其娱乐业一直极力将加拿大的文化产业排除在外，TPP 可能会侵蚀加拿大的文化保护，如外资可能会控制加拿大的广播和出版"。该智库把 TPP 在夏威夷毛伊岛的谈判称为一种调试，其在报告中指出，"通过武力、威胁或恐吓的方式进行调试的行为可以被定义为敲诈勒索。对于现在在夏威夷发生的一切这是一个相当准确的描述""TPP 中的贸易自由化原则将会给加拿大的一些工业带来伤害，如汽车、电子产品和牛肉猪肉产品"，"根据'自由市场的原则'加拿大已经与美国联合加强对国有企业的控制。在 TPP 中包括投资者—国家争端解决机制"。

加拿大国际治理创新中心则更多关注 TPP 背景下的中国。该智库的《北京对美国区域贸易集团的怀疑》文章指出，"在没有中国参与的情况下，美国的亚太自由贸易协定这一计划引起了中国对美国地缘政治目标的怀疑。美国试图通过这样的做法在该区域内提升其政治和经济力量。有分析人士指出，这一举动表明中国和美国在该地区的合作日益重要，以及两国的不断竞争为该地区带来了越来越多的影响""世界第二大经济体、最大出口国中国未加入 TPP，这反映出美国在此次谈判中占据主导地位，这对美国保持其全球领导力具有重要作用"。有官员称："在 20 世纪，美国认为拥有对大西洋地区的领导权就意味着坐拥全球事务领导权，而在 21 世纪，华盛顿认为确定在太平洋地区的领导力对其全球领导力的延续至关重要。"随着中国—东盟自由贸易区的建立，美国担心中国进一步进入太平洋地区，所以有些人认为 TPP 可以阻止中国在东亚的领导地位的上升。不可否认的是，TPP 是由美国主导的，并且对地缘经济和地缘政治产生了影响。有官员称："这对中国来说是一个重大挑战，因为中国在最初阶段就被排除在外。"该智库的另外一份报告《亚洲的回绝没有引发任何同情》则指出，"亚太地区应努力避开西方自由国际主义倾向，建立自己强有力的区域机构""除了中国，大多数的亚洲国家希望美国保护和维护它们的利益。尽管美国的新战略是指向亚洲的，但是美国的领导力正在衰落。华盛顿甚至不清楚到底谁才是其在该区域的真正盟友""TPP 谈判由美国的意愿主导，美国试图通过加强与该区域盟友的合作，从而包围中国""美国最不希望看到的就是中国的崛起"，因此"哈珀政府应继续其在亚太地区的进程，将重点放在加强与中国、韩国、日本、印度尼西亚、泰国和越南的双边谈判上"。

该智库的《全球大型贸易交易及其对中国的影响》报告提出了一个问题："美国新的贸易战略对全球贸易意味着什么？"作者认为，当今世界"真正的大型贸易都直接涉及欧盟、美国、中国、东盟以及一些中等规模的经济体（如日本、加拿大、巴西和土耳其）""在未来，世界贸易组织中的多边贸易将有效地推动双边和多边大型贸易谈判。由于贸易和出口对中国实现 7.5% 的国内生产总值（GDP）增长率的目标至关重要，比起其他国家和经济实体，中国将会通过发展其大型贸易，增强竞争力""随着经济的发展，中国可能会被吸引加入 TPP，到时中国可能会被迫就国有企业非关税问题进行谈判"。

加拿大可持续发展国际研究所围绕中国和投资问题进行了有意思的研究。其在《投资协议和寻求进入中国的市场》报告中提到，"到目前为止，全球贸易投资体系是否处在一个十字路口依然是一个老生常谈的问题""这些宏伟的区域性协定目前正在谈判中，比如跨太平洋伙伴关系协定 TPP，……然而，各方在将市场准入的承诺纳入投资协定的问题上产生了分歧""在这种投资协定体系日益变得复杂的情况下，中国的立场是什么呢？""如果中国继续以现在的速度进行新条约的谈判，那么它将很快超过德国并且在不久的将来成为世界上签订双边贸易协定数量最多的国家"。"鉴于全球趋势正在朝着更加全面的投资协定的方向发展，中国也最有可能面临着包括市场准入在内的更多需求……中国也将面临包括市场准入规则在内的强大压力……
重要的资本输出国正在致力于将已建立的贸易保护与市场准入规则结
合在一起，美国和欧盟在 TPP 的框架下起草 21 世纪的贸易和投资准
则的目的已经非常明显了，同样的还有 TPP，需要注意的是，中国已
经被排除在这两个协定之外了。不管这些问题是不是故意针对中国，
这些宏伟的区域协定所包括的投资规则都将超越中国的贸易协定所包
含的投资保护等的局限性。"该智库《中国与发展中的地缘经济学：
准备一个新的贸易和投资体制》的文章则认为，"今天，世界上各国
之间联系密切，成功的内部和外部条件影响着一个国家的国内发展和
是否能持续具有满足其经济和社会目标的能力。因此，制定国内政策
需要考虑到当今世界地缘经济学的演变""TPP 谈判的领域包括知识
产权、外国投资、竞争政策、环境、劳动力、国有企业、电子商务、
竞争力和供应链、政府采购、技术贸易壁垒、医疗技术和药物、透明
度和监管一致性等。那些在世界贸易组织（WTO）框架下谈判过的
内容将在这里得到延伸。这些主题的一个重要特性是它们通过技术和
其他标准来解决问题。如果多边谈判（如 TPP）能设计和制定它们的
基础框架，那么实际上它们的这些标准将成为许多国际贸易的标准"
"中国经济长期保持高速增长，其决策者越来越重视全球市场的和谐
发展以及非歧视性的贸易合作和对外投资。因此，中国的任何改革议
程都将致力于使国家积极参与国际多边贸易和投资体制""据报道，
中国正在寻求加入 TPP，在中国国家主席习近平会见美国总统奥巴马
时，他要求保持对 TPP 谈判的了解""TPP 的成员国、欧盟以及中国
的贸易额占世界贸易总额的三分之二。如果中国为适应 TPP 而确定
其标准的话，这些更高的标准事实上将适用于近三分之二的世界贸
易。这对世界上大多数国家有着重大影响，而这些影响可能会在未来
三到五年间被人们所感知"。

　　作为西亚国家，土耳其的智库对亚太问题一直比较关注，其研究
的视角和观点也很有意思。土耳其国际战略研究所发表的《美国—

越南：新战略伙伴之间开启艰难的贸易谈判》的报告观察到，"美越双边关系自 1995 年正常化后一直有所改善。由于双方在南海问题上存在共同关切，双边关系在过去三年里不断升温""越南于 2010 年 11 月参加了 TPP 谈判，美国及其他谈判方对越南的加入表示欢迎。越南是 TPP 成员国中最不发达的经济体，包括市场与非市场的经济模式，越南的国有企业利用国有银行的贷款补贴运营，国有企业是越南经济体系的一个显著特点，这与中国的'国家资本主义'模式有很大的相似之处，而华盛顿推动签署 TPP 的主要目标在于建立私营企业与国有企业公平竞争的平台。美国一直认为中国国有企业在世界贸易中拥有不公平的优势。国有企业的问题会使得越南加入 TPP 变得更加复杂。由于包括美国等国家对中国国有企业表示不满，越南可能会对其国企保留较少的优势""美国视越南为其在亚洲的重要战略伙伴，越南则将美国视为维护东南亚地区战略平衡的关键"。在其发布的《希望之中：日本与 TPP》报告中，作者写到，"安倍希望日本加入 TPP 中""加入 TPP 谈判可使日本在全球化市场上更富有竞争力。就经济战略层面而言，加入 TPP 会使日本有机会制定管理 21 世纪国际经济行为的规则。加入 TPP 也将会使日本与该地区的其他伙伴更紧密地联系在一起。而且还有一个更深层的战略诱因，即如果朴槿惠治理下的韩国也将加入 TPP，那么日本也必定会加入""日本的参与符合美国的利益，因为美国需要一个强大且自信的日本来应对区域及全球范围内出现的诸多挑战"。

该智库在其《跨太平洋伙伴关系协定：谈判中的教训》中认为，在 TPP 谈判中，"美国应为该结果承担责任。由于美国的坚持，TPP 中缺乏最惠国待遇。最惠国待遇是世贸组织和欧盟的根基……最惠国待遇规定，如果日本在特定产品上向美国收取零关税，那么其他任何国家也必须提供此待遇。最惠国待遇不仅能确保强者不会剥削弱者，而且也可保证最高透明度，促进经济增长。尽管如此，华盛顿方面认为，仅仅通过纯粹的双边谈判，美国也可以与一些 TPP 成员国达成更好的协议。但结果表明，没有其他国家愿意与美国合作""为何批准 TPP 会如此艰难。主要原因是该自由贸易协定会给美国民主党选民、劳动者带来伤害。的确，在各 TPP 成员国中，自由贸易是一个双赢的主题，但在每一个国家中，一些行业会从中受益，而其他行业会遭受损失。在美国这样的富裕国家中，资本家往往会受益，而劳动者的利益会受到侵害"。

该智库在《为什么我们需要跨太平洋伙伴关系协定，我们将如何正确对待》的报告中认为，"TPP 建立在世界贸易组织（WTO）设定的国际贸易规则之上。然而，它会在许多方面超越这些规则""圆满结束 TPP 谈判对于美国来说意义重大。这 12 个国家的 GDP 总和达到 27.9 万亿美元，人口总和达 8 亿……一旦 TPP 谈判取得成功，那么将会产生相当大的影响。如果 TPP 谈判失败，那么美国需要面对严重的后果。目前，东盟国家与中国、澳大利亚、印度、日本、韩国和新西兰正在进行协定谈判，该协定被称为《区域全面经济伙伴关系协定》（RCEP）。与 TPP 谈判相比，这些谈判似乎没有多大的作为，尽管如此，它们也将会产生深远的影响。中国目前正与韩国、日本进行三边自由贸易协定谈判，也在与澳大利亚进行双边自由贸易协定谈判。RCEP 以及这些自由贸易协定谈判的进程将加快，并取得新的突破。其结果将是，美国的出口商会在亚洲市场上处于劣势""如果 TPP 谈判失败，中国将会是亚太贸易的中心，美国只能退居观望。美国要想达成此协定，并使之成为 21 世纪贸易协定的模板，需要做三个重要方面的改变：首先，必须澄清投资者与国家之间的争端处理规则，防止滥用诉讼；其次，在鼓励生产新药物的同时，保护药品知识产权的规则必须仔细研究，防止给消费者带来过多负担；最后，谈判方必须提出关于阻止货币操纵的条款，防止出现不公平的商业优势"。

在加入 TPP 的问题上，澳大利亚与美国基本上同节奏。早在 2008 年 9 月，当美国总统奥巴马决定参与 TPP 谈判时，它就邀请澳大利亚和秘鲁一同加入谈判。2009 年 11 月，当美国正式提出扩大跨太平洋伙伴计划时，澳大利亚同意加入，并协助美国在墨尔本召开了 TPP 首轮谈判。目前，在澳大利亚智库中，比较关注 TPP 的主要有国际事务澳大利亚研究所、发展政策中心、洛伊国际政策研究所等。

澳大利亚国际事务研究所 2015 年 7 月发表的《TPP：打开达成更大 APEC 自由贸易协定的大门》的报告认为，"TPP 有可能会在 2015 年年底完成谈判，但是，一个更大的覆盖所有 APEC 成员方以及全球 60％ 的 GDP 的贸易协定也正在规划中。TPP 对澳大利亚来说非常重要，从简单的层面来看，TPP 是占世界贸易量 40％ 的亚太经济体之间制定自由贸易协定的保护伞。从更高的层面来看，TPP 正在为占世界贸易量 60％ 的所有 APEC（政府间的亚太经济合作组织）成员方在未来制定自由贸易协定奠定基石，而 APEC 成员方目前也正在考虑制定更多的自贸协定""中国的利益是什么？中国需要继续修复其金融体系，它背负着巨额的债务而且需要实现现代化。人们普遍认为，中国政府看到了一个机会，即利用主要的国际贸易协定来推进国内的经济改革。北京加入 TPP 的兴趣被礼貌地回绝了，TPP 委员会认为北京还没有做好准备""从 TPP 的地缘政治意义上看，它不是建立在外交友好的基础上，而是建立在通过贸易和投资来促进经济增长、实现共同利益这一基础之上""TPP 以及它所包括的内容是澳大利亚 21 世纪在亚太地区繁荣发展的基础"。

该智库同时还看到了另外一面。在其《跨太平洋伙伴关系协定和透明度》的报告中，作者也指出，"TPP 涉及 12 个国家，覆盖全球经济总量的 40％，是世界上最大的贸易协定，保密级别也是前所未有的，并且将会改变澳大利亚民主的基础。目前我们了解到的大部分关于 TPP 的内容都是来自维基解密所发布的一些有争议的细节，这些细节内容会削弱主权国家的立法权以及对金融、成本、药品准入、劳工权利、环境和食品安全的监督。最有争议的是，TPP 将引入投资者—国家争端解决机制，这一机制远远超越其他争端解决机制，如果跨国公司认为其所在国损害到自己的利益，它将能够起诉 TPP 成员国。无论澳大利亚法院做出何种决定，外国法院都有权对澳大利亚政府的政策及行为的合法性进行裁决，并且对纳税人进行巨额的经济处罚""不出所料，12 个国家都出现了反对 TPP 的声音，贸易联盟、环保人士、消费者权益保护机构、卫生机构和一系列其他民间团体都呼吁政府提高透明度，并且停止谈判，除非展开更广泛的检查。美国著名评论家、经济学家和诺贝尔经济学奖获得者约瑟夫·斯蒂格利茨说：'TPP 对普通民众来说毫无意义，它受美国大型跨国企业的需求与利益驱动。' 在未来几周澳大利亚议会将会对 TPP 展开讨论，并且政治家们将会就支持还是反对 TPP 进行投票"。

在中国和 TPP 的关系上，发展政策中心的《中国参与跨太平洋伙伴关系协定》报告认为，"美国和其他国家希望能在确定未来亚太地区贸易和商业活动规则的问题上取得突破。然而，作为全球经济增长的主要引擎的中国缺席谈判，引出了 TPP 是否能够成功的疑问。TPP 的目的是把亚太地区连接起来，并且促使亚太各国经济关系更加稳定牢固。TPP 面临的核心战略挑战涉及是否授予中国成员国身份"，"但是中国可以加入吗？应该加入吗？TPP 最大的风险在于政治方面：它有可能会从战略上将其成员国分成两个区域，并且中国不属于任何一方。TPP 已经变成了一个在很大程度上由华盛顿主导的协定，这意味着如果中国接受了跨太平洋伙伴关系协定，那么它就自动归入了美国主导的阵营"。

澳大利亚智库洛伊国际政策研究所提出了一个很尖锐的问题，在其题为《跨太平洋伙伴关系协定对澳大利亚是好事吗？》的报告中，作者认为，"TPP 代表了一种不同的模式，一种旨在强行为其成员制定一系列统一规则（特别是'边界后'规则）的贸易模式"，问题是"最大的贸易国——美国和中国——并没有共享同一个协定""RCEP 可以实现澳大利亚的区域目标，而 TPP 则可以加强与美国的关系"。作者最后指出，"你也许会认为 TPP '黄金标准'的崇高规则是由一群将全世界的共同利益放在首位的高尚的技术官僚制定的，不幸的是，事实并非如此"。

在此，从 3100 多年前姜尚与姬昌的床前对话"义胜欲则昌，欲胜义则亡"，引出了奥巴马政府最着急上火的一个议题 TPP，并把包括美国智库在内的国际著名智库的观点给读者进行了简单梳理。相信这一努力会对有关部门和人员起到一些作用，也希望这些文字能为我们看世界打开一扇小窗子。当然，放眼出去，美好的景色是看到了，但不那么美好甚至让人厌恶的东西也会随之而来。不过，正如陆忠伟先生所说的，面对全球战略智库们的评点，"不论其目的、动机如何，各大智库的政治敏锐、战略视野、国际思维值得肯定。正所谓一心精进，总得悟明究竟；万里深思，方知定有因缘"。

本卷定稿之时，正值中华人民共和国成立 66 周年的大庆日子。夜深之际，再次重温习近平主席在亚信第四次峰会上的讲话："'亲望亲好，邻望邻好。'中国坚持与邻为善、以邻为伴，坚持睦邻、安邻、富邻，践行亲、诚、惠、容理念，努力使自身发展更好惠及亚洲国家。"[1] 感到此言体现的真诚、善言和坚定，应该会像电波一样穿越太平洋，被彼岸的智库们感受到，使它们在今后的文字中多一些"义"字，少一些私"欲"，则太平洋真正太平矣，世界从此太平矣。

凌晨码字、落笔为愿，和平之梦、世界之愿。

（本文系王灵桂主编《国外智库看 TPP（I）》序言，社会科学文献出版社 2015 年 12 月版）

---

[1] 《习近平谈治国理政》第一卷，外文出版社 2018 年版，第 358 页。

谁还在玩零和博弈和赢者
通吃游戏

本书是全球战略观察书系的第二部，关注的对象依然是《跨太平洋伙伴关系协定》（Trans-Pacific Partnership Agreement，TPP），思考和写作均将延续第一部序言"义胜欲则昌，欲胜义则亡"的基本思路。

本卷定稿之时，正值 TPP 部长级会议于 2015 年 8 月 1 日（北京时间，当地时间为 2015 年 7 月 31 日）在美国夏威夷落幕。经过 4 天的讨价还价，这次被外国媒体称为"最后冲刺阶段的谈判"，最终没能触碰终点线。但是，据法国国际广播电台 2015 年 9 月 16 日报道，当日美国总统奥巴马曾针对夏威夷的触礁，又在企业主年会上自信地表示，在 2015 年内将正式签署 TPP，因为数周之后 TPP 谈判国的 12 位贸易部部长将再次聚首召开会议，并将有机会最终敲定这项协议。2015 年 10 月 5 日，美国亚特兰大当地时间，TPP 谈判成员国部长级会议就有关条款达成一致，但距离正式签署尚面临不少难题。

夏威夷会议未能使部分条款得到所有谈判成员国认同，以失败告终，使奥巴马遭遇一大挫折。日本虽然在会后建议尽快重启谈判，也得到了奥巴马的支持，但在谈判成员国难以调和的矛盾因素面前，新一次会议是否能达成共识，还是个未知数。如果联系到美国和加拿大即将进入大选期，美国在 2016 年 1 月将全面启动总统大选，如果 2015 年内不能签署协议，2016 年美国国内跨党派合作推进 TPP 的可能性基本没有，再加上受选举影响，美国国会也难以批准在美国国内饱受批评的 TPP 协议；而加拿大将于 2015 年 10 月 19 日举行大选，倘若政权更迭，那么迄今取得的会谈成果可能会化为乌有。因此，TPP 议题在美国很可能会被搁置至少 1 年，乃至更长时间。美国 NGO 公民组织负责全球贸易观察的华乐科认为，夏威夷会议没有达成协议，意味着 TPP 将陷入美国大选的政治漩涡，且随着各国反对声浪越来越大，达成共识的机会将越来越小。日本经济产业大臣甘利明向媒体表示，"如果推迟至（2015 年）9 月后达成共识，那将会产生空档期"，暗示美国新一届政府上台前，TPP 谈判将无法继续进行。因此，夏威夷会议到底是 TPP 谈判被延宕的冲刺，还是会铩羽而归？虽然部长级会议在奥巴马和安倍晋三的强大压力下，于 10 月 5 日宣布就 TPP 协议达成了一致，但是由于各国在有关条款方面的巨大分歧，协议文本能否得到各国最高领导层和议会的批准从而最终签署，中间尚存不少变数。

美国主导的 TPP 谈判，在议题设置上，除了传统的关税、服务业和投资自由化外，更包括了电子商务、法规透明、国营事业公平竞争、环境保护、劳工权益、防贪条款等新兴经贸话题，以及中小企业合作、能力建构、贸易与发展等属于伙伴性质的专门条款。对这些议题和条款的谈判，美国人归纳了四个特征和基本要求，即高标准自由化、议题设置广泛、监管法规革新、与时俱进。其全面情况和具体特征、条款要求等，可参阅本卷收录的美国外交关系学会发布的《跨太平洋伙伴关系协定概述：增加贸易和投资，促进就业、经济增长和发展》报告。

TPP 可能被赋予了比较广泛的政治属性和地缘政治色彩，但从其基本属性来看，依然是一个自由贸易协议，其被人为附加的政治作用和地缘效应，需要通过自由贸易政策的执行来实现。比如说，TPP 谈判国都在想办法消除关税，开放服务业及投资；而劳工和环境保护方面，TPP 谈判国则是担心他国通过降低环保标准和劳工标准，作为增加竞争力的措施；法规透明方面，则是要求外资外商的利益能在一国的法制建设中得到清晰的表述并得到保护；把防贪条款纳入谈判，则是防止他国通过金钱贿赂而不是凭借实力来竞争的机制。

在 TPP 夏威夷部长级会议上，围绕上述议题，美方宣布已经达成了 98% 的共识，只有 2% 的议题和条款需要继续讨价还价。但是，在国际谈判中，放在最后的、比例最小的议题往往是最难以啃下的"硬骨头"。正是这 2% 的差距，给奥巴马的自信泼了一盆冷水。据多维网报道，时任日本首相安倍晋三得知夏威夷会议的结果和原因后，指示日本谈判代表再启谈判并在下次谈判中务必达成共识。但是，参加夏威夷谈判的日本经济产业大臣甘利明向安倍坦承，在夏威夷已经举行了数次双边或多边会谈，目的就是促成协议的顺利达成。因此，失败的结果，说明距离目标虽然不远，面临的难题却是在技术层面上和部长级会议上难以逾越的。面对安倍晋三就夏威夷会议作出的"已经到了再召开一次部长级会议就能商定的地步"的判断和指示，甘利明的回答是，新的部长级会议的召开，"恐怕会需要以年为单位的时间，而在一些问题上需要作出政治决断"。应该说，2015 年 10 月 5 日达成的一致，实际上是一种"政治决断"，这可能决定了 TPP 协议文本正式签署的难度。

日本媒体报道了夏威夷谈判的实况，也说明了最后 2% 矛盾的解决难度之大。在为期 4 天的会议上，会谈的最初两天是"相互观望对方出拳"的阶段，发生风云突变的是第 3 天。在当天的会谈中，澳大利亚在新药开发数据保护时间方面，缓和了强硬的姿态，此举刚刚使会谈的气氛开始升温，却被新西兰浇了一盆冷水，新西兰贸易部部长强硬地表示，"（新西兰）如果乳制品出口的扩大无法实现，则不会在药品领域达成妥协"。日本经济产业大臣甘利明闻听之后勃然大怒，质问："到这个时候还需要进行博弈吗？"美国贸易代表办公室代表弗罗曼虽然同意甘利明的看法，"但没有发挥强大的指导力来说服相关国家"。结果，当天预计 3 个小时的会议，40 分钟就草草收场了。

当天下午，新西兰贸易部部长离开部长级会谈的地点，前往会见本国最大酪农企业主。当天晚上，日本试图与新西兰举行双边会晤，寻找走出困境的办法。但是，直到晚上十一点半，新西兰贸易部部长一直拒绝会面。日本首席谈判官代理大江博士，愤怒地质问新西兰谈判人员，"格洛泽为何拒绝我们？已经没有时间了"。在各方决定放弃谈判之后，于当地时间9月30日举行的联合记者会上，新西兰贸易部部长为自己辩解说，"我们一直在作出大幅让步和妥协"。而马来西亚贸易部部长则表示，"这是令人满意的会议"。最后，会议发表了"谈判取得大幅进展"的公报。一块奶酪噎住了TPP谈判的喉咙，决定了夏威夷会议的不欢而散。前几年有本畅销书叫作《谁动了我的奶酪？》是用奶酪代表某人的某种特定利益，如果谁敢于触犯，则将受到以牙还牙的惩罚，讲的是为人处世的哲学道理。而这次新西兰的奶酪，让夏威夷TPP部长级会谈本来应该晴朗的天空，顷刻间变得愁云密布，说明国家之间的奶酪不能动，也不好动，动之则会有后果。

12个国家的部级干部啃不下一块新西兰的"奶酪"，看起来是一则笑话。但是，这块奶酪反映的是12个TPP谈判成员国之间错综复杂的利益关系和利益博弈。而夏威夷会议就是为了自身利益最大化"刺刀见红"的战场。在12个发展程度不一的国家里，用一条适合美国的"高标准"作为谈判的标准，这本身就反映出美国既急于达成协议，而又不愿意放弃自身利益的悖论做法。同时，参与各方利益的不同，决定了在某些特定问题上的坚守与寸土不让；参与各方国内的不同利益群体，给谈判施加的压力也不容小觑，就连在美国，劳工团体也因担心激化失业问题而不断制造抗议浪潮。但是，最重要的可能是，参与TPP谈判的其他11个国家，对TPP潜含的地缘政治因素心知肚明：TPP有助于美国重新制定并落实其国际政策，以针对亚太地区及其他具有战略价值的高增长市场。英国《金融时报》专栏作家吉迪恩·拉赫曼在其题为《美日无法用 TPP 遏制中国》的文章中说，对 TPP，"啰唆的官方答案是，美国总统认为该协定将打破 12 个太平洋主要经济体之间的壁垒，并由此促进繁荣"，"简短而真实的答案是：中国"，"关于 TPP 的关键性事实在于……奥巴马和日本首相安倍晋三的根本动机是战略性的"。

从这个意义上讲，将于 2017 年 1 月届满的奥巴马政府，如果成功促成了 TPP，这将成为他继与古巴建交、达成伊核协议之后的又一丰功伟绩，必将留名于美国青史，并为民主党的竞选加油助力。同时，尽管美国再三声称包括 TPP 在内的"亚太再平衡政策"并不是针对中国，但是试图"励精图治"的奥巴马总统，在有意无意中也透露了"天机"。2015 年 5 月，奥巴马把话挑明了，他说，美国若未能为全球自由贸易制定（新）规定，那么中国将会接手，以有利于其工人和企业的方式制定规条。

在上述诸多原因和背景下，美国在同 11 个国家的谈判中，如果没有拿出"大公无私""两肋插刀"的气势和胆识，估计其他 11 个国家不会傻傻地为美国去"火中取栗"；或者说奥巴马和安倍晋三联手对其他 10 个国家施压，并象征性地作出某些让步，协议才有可能达成一致。事实上，在夏威夷会议之后，为转移视线，美国和西方的一些媒体已经把夏威夷 TPP 谈判的无果，归结为美国对其他国家影响力的下降。这种简单的障眼法，更彰显了"美国主导的这个 TPP，本身各国私利都太大，美国试图基于自身利益达成一个总的规则，这样相关国家看到了其中的负能量和不确定性"的疑虑和踌躇。各国自然也对美国的私心和维护私利的不计手段心知肚明，而这又是一些盟国不惜漫天要价的本钱之一。

美国的私利到底有哪些？由于 TPP 谈判的文本一直因保密而备受诟病，连美国议员也不了解其端倪，因此我们实在难以一一道来。只能借助媒体披露的只鳞片甲猜测个大概。其一，美国的"一箭双雕"算计，明眼人都懂。除前述外，美国政要、前亚太事务助理坎贝尔在 2014 年 9 月讲了一次辩证法。他说："美国在亚洲做对了每件事，参加每次会议，但若 TPP 告吹，美国很难在亚洲成功；即使美国犯了许多错，但 TPP 谈成，美国在亚洲仍属成功。"

2015 年 3 月 4 日，美国商会副主席塔米·奥弗比在国会众议院有关 TPP 的听证会上说，"TPP 是最好也是最后一个保证美国不会被困在外场的机会"。美国国防部部长在 2015 年 4 月出访亚洲之前，专门在亚利桑那州立大学发表演讲，呼吁国会通过贸易促进授权法案，"因 TPP 是奥巴马政府重新平衡亚太地区的一个最重要组成部分，有很强的战略意义""在我看来其重要性堪比增加一艘航空母舰……这将加深我们与国外的联盟和伙伴关系，凸显我们对亚太地区的持续承诺"。美国加利福尼亚大学圣迭戈分校（UCSD）美洲研究中心主任戴维·马雷斯坦承，"美国只是把 TPP 尽可能地引至对自身有利的方向"。

因此，TPP 不但是奥巴马政府的政绩工程，更与美国重返亚太、布局 21 世纪，乃至 22 世纪，确保其霸权和霸主地位的战略息息相关。其他抬轿子的人对此当然是心知肚明，要价自然也会不菲，更不要说有的国家还要借机在 TPP 里再塞进自己的私货，使问题变得越来越复杂。

其二，美国在知识产权问题上的私利甚大。在美国国内，欢迎 TPP 声音最大、支持力度最大的，是美国在全球最具竞争力的制药企业、软件产业。例如，美国在 TPP 谈判中将生物制药的专利保护年限设定为 12 年。保护知识产权并设定年限，固然可以为信息流与创意产品的未来商务打开成长发展之门，却关闭了发展中国家、贫困国家获取新知识、新技术之门，抑制了它们的经济增长动力。别忘了，TPP 谈判成员国中，还有越南、马来西亚、秘鲁、智利、墨西哥等发展中国家，几乎占据成员国的一半。在知识产权问题上，特别是 12 年的专利权问题上，不但这些发展中国家叫苦连天，就连日本、澳大利亚也深感不平，强烈反对。

其三，美国政府不敢触碰其传统产业势力。在围绕农业、畜牧产业、汽车工业等传统领域的谈判中，美国汽车行业与日本的矛盾可以用"白热化"来形容。在2015年7月的TPP高级别谈判中，双方曾就哪些汽车可以享受免税待遇发生过激烈争执，汽车业的僵局成为阻碍TPP协议达成的最大障碍之一。美国担心就业岗位的减少，坚持TPP协议中更为严格的"原产地规则"；而日本的汽车制造业对中国、泰国等非TPP谈判成员的零配件的依赖程度更高，不想因TPP协议破坏自己的供应链；加拿大、墨西哥均为美国汽车及零部件的主要供货商，它们不想让TPP协议将贸易优势让给日本。美国贸易代表办公室发言人麦克阿万纳（MattMc Alvannah）明确表示，"美国正致力于让TPP的原产地规则符合本国的目标，确保TPP成员国享受到TPP利益，促进美国国内汽车行业蓬勃发展以及相关岗位的就业"。急于促成TPP协议的美国政府谈判代表，之所以在这个问题上百般表白，是因为此前他们虽然已经与日本就汽车等产业进行了长达一年多的秘密磋商，但他们实在得罪不起美国的劳工团体和广大的汽车产业工人。选票面前，他们必须讲政治。在夏威夷会议上，当谈判各方被新西兰的奶酪问题搞得焦头烂额之时，素有"美国汽车行业代理人"之称的美国参议员列文悄然现身会场，就是担心日本借奶酪问题的困局，在汽车问题上浑水摸鱼，占美国汽车产业工人的便宜。

其四，美国可借助行业和投资自由化谋取巨大利益。在广泛领域实行自由化，可使美国更加快捷、方便地进入海外市场。在夏威夷会议上，马来西亚、越南等国在投资自由化方面作出较大让步。例如，在零售领域，马来西亚允许同行业的外资企业可向其便利店出资30%以下；越南则同意TPP生效5年后，无须审查，外资就可在全国范围内开设500平方米以下的超市等。再如，在金融领域，马来西亚允许外国银行在马设立的支行，将由目前的8家，增加到16家，允许在店铺外面设置ATM机；越南允许外资向当地银行出资的上限，由目前的 15% 提高到 20%，还将外资向本国通信公司出资的上限，由 65% 放宽到 75%。同时，TPP 谈判还规定了在投资方面受到不合理待遇的外资企业可以起诉投资目标国的条款（ISDS）。该条款在提出阶段，就受到谈判成员国的强烈反对，虽然经过完善提出防止滥用的政策后，各方达成了妥协，但是这也成为美国在 TPP 生效后，握在手中并可随时祭起的"大棒"。

其五，美国的"分而治之"之策。美国是世界上第一大经济体，但中国是世界经济增长的最大贡献者，且是世界上最大的增量市场。面对近 14 亿人口的巨大市场，保持中高速增长的经济，不断升级的产业结构，持续增长的资本输出，旺盛趋高的消费热情，没有一个国家不想搭上中国快速发展的"高铁"。

目前，在 TPP 的 12 个谈判成员国中，除美国、加拿大、墨西哥外，其余 9 个都与中国签署了自贸协议；中国—拉丁美洲合作不断深化，中拉论坛已经实质性地开展深度合作，作为拉美国家的秘鲁、智利正在与中国深度融合；中国东盟自由贸易区正在推动 2.0 版本，越南、新加坡、马来西亚、文莱这 4 个东盟国家无论是政治还是经济都离不开中国；新西兰、澳大利亚、日本对中国的经济依赖程度都较高，加拿大、墨西哥与中国的合作也在日益加深，就连美国自身，其经济与中国经济的融合不断刷新纪录，"当前，中国是美国的第一大进口来源国和第三大出口市场。据中华人民共和国商务部统计，2014 年中美双边贸易额为 5551 亿美元，是两国建交时的近 227 倍""2000—2014 年，中国企业在美投资金额已接近 5000 亿美元""未来 10 年，双边贸易和双向投资有望再翻一番"。戴着"修昔底德陷阱"的眼镜，美国人自然感受到了危机和挑战，TPP 有可能是美国试图孤立中国的一步棋，是试图拔掉中国前进车轮的"气门芯"。但是，在巨大的利益面前，美国的"分而治之"策略能不能奏效，将取决于其他 11 个国家是否具有断然抛弃本国利益，毅然同美国抱团集体自杀的勇气。美国媒体对此评论说，TPP 的"真正挑战在于它牵涉 12

个利益差别很大的国家。有时候它们会很一致，但很多时候它们想法不同"。

其六，理想之火易被现实之水浇灭。美国在 TPP 问题上有几个理想。用美国官方的语言，可以出好几本专著，可能还不一定能说明白。但是，隔事不隔理，透过现象看本质，可以用简短的话把美国的真实理想说个大概其。可以用老百姓的大白话描述为：一是把伙伴们团结起来，打造所谓的"经济北约"，以遏制中国；二是把伙伴们团结起来，以集体之力，让美国吃肉，他人喝汤；三是以高标准打造"规则之绳"，绑住别人的手脚，方便自己为所欲为。基于这些理想，美国在主导 TPP 谈判时，无视各参与国的利己思想，无视各国内部的政治和利益群体，故意回避亚太最重要的经济体之一中国。对此，加拿大奎利亚科咨询公司董事长奎利亚科评论说，TPP 的构想过于理想，最终只是多了个协议，"不会增加多少实际的自由化"。

美国的这种理想主义，连其铁杆盟友日本都难以接受。奥巴马对日本人做思想工作时说：中国想制定世界发展最快地区的规则，这将使我们的工人和生意处于不利状态。同时，奥巴马还对安倍晋三说，只要你跟我干，你们违反《波茨坦公告》解禁集体自卫权、通过新安保法、干涉中国的南海和东海、霸占钓鱼岛、参拜靖国神社这些事，我也睁只眼闭只眼。因此，满心感激的日本人，带着自己的小九九，不遗余力地跟着美国一起搞 TPP。

但是，别忘了，亲兄弟还要明算账。空头的政治账好说，但真金白银地算起来，就是另外一码事了。美国人说，为了我们的共同目标，请把你们国家的稻米、牛肉、猪肉、乳制品、糖类市场全部打开。日本人也不傻，说，凭什么？便要求在 TPP 中设置例外条款，让其在 TPP 中享受 VIP 待遇。看到日本人死硬，美国人便策略性地退一步，说那你们每年设置 17.5 万吨的稻米免税进口配额吧！日本人还不干，说我只能给你们 7 万吨。事情就卡在这里，在夏威夷会上，也没有谈出个子丑寅卯来。其实，早在夏威夷会议之前，日本的 TPP

谈判代表甘利明就对日本执政党和在野党、不同派别的政治家之间、日本政府和国会之间以及中央政府和地方政府之间对加入 TPP 及农业谈判问题的巨大分歧心知肚明，因此面对日本政府所受到的掣肘，只能无奈地表示，"我将切实站在日本利益的基础上，尽最大努力来找到缩小分歧的办法"。

美国人算计日本人，日本人也没闲着。日本汽车价格便宜性能好产量大，因此日本人也给美国人出难题，要求美国取消进口客车的 2.5% 关税，取消轻型卡车 25% 的进口关税。美国人自知当面回绝会有麻烦，便又施了一计说，可以，但是你们的汽车要接受美国关于汽车的安全和环保标准，并且要经过美国的认证程序。

由于 2015 年 10 月 5 日美国亚特兰大部长级会议一致通过的文本尚未公开，我们很难了解美国、日本和其他十国的妥协、让步情况。但是，通过以上分析，我们可以初步判断 TPP 前景依然面临不少问题。美国的媒体则要比笔者的判断尖刻得多，其认为号称"经济北约"的 TPP，"如果在 2015 年 8 月底之前不能达成有关协议，也有可能会延期两年左右，而这个时间可使中国有充足的手段反击，从而使得 TPP 丧失原本赋予的功能，最终也可能成为美国又一项烂尾工程"。当然，在 2015 年 10 月 5 日之后，TPP 成为"烂尾楼"的可能性已经不存在了。但是，协议文本尚需得到各国最高领导层和议会的批准后方可签署，"销售"问题一下子就突出了，如果各国不予批准，TPP 照样难以实施。本卷材料汇集了亚特兰大部长级会议之前的智库评论，从中分析 12 个谈判成员国之间的矛盾，也能看出 TPP 在下一步面临的困难。

世界各国有个通病，那就是什么事情只要一上互联网，就被炒得热热闹闹、乱七八糟，真的假的，难以分辨。对以上世界各国互联网上对 TPP 的评价，我们可以采取姑妄听之、姑且信之的态度，不一定当真。下面，让我们看看世界各国的谋士参谋们是怎么看 TPP 的。当然，智库的言论是否切中时弊、说到点上，也有待读者们甄别、研判。

遍览美国著名战略智库，发现有 21 家特别关注 TPP 问题，它们分别是彼德森国际经济研究所、布鲁金斯学会、外交关系学会、皮尤研究中心、经济政策研究所、德国马歇尔基金会、发现研究所、国家亚洲研究局、国民经济调查局、胡佛研究所、进步政策研究所、竞争性企业研究所、卡内基国际和平基金会、美国和平研究所、米塞斯研究所、全球发展中心、史汀生中心、大西洋委员会、伍德罗·威尔逊国际学者中心、信息技术与创新基金会、詹姆斯敦基金会。这些大名鼎鼎的智库，是"堂奥幽深、门厅广大"的大牌智库，当既有"仙山不俗、静虑深谋"之名士，更有"功力上乘、命题宏大"之修为，应该不会让读者失望。

彼德森国际经济研究所将对 TPP 的研究置于亚太贸易的视界中予以关注，并对加拿大、日本、韩国重点关注。当 TPP 谈判成员国尚只有 9 个国家时，其在《亚太贸易的进展》中就认为，"TPP 是一项野心勃勃的计划，或许也是迄今为止该地区乃至全世界最为全面的贸易协定"，并"认为各国领导人在檀香山发表的声明过于雄心勃勃，2012 年的谈判内容将主要集中在处理 TPP 谈判中出现的障碍上，这些障碍包括环境、劳工、特定农产品以及资本管控等其他问题"。在报告《美国 2012—2013 年的贸易政策前景》中，作者认为，"推动新的贸易倡议需要做三件事情：首先，与迅速兴起的贸易市场建立新的伙伴关系并深化现有贸易伙伴关系；其次，用承认我们全球供应链重要性的方式来加快目前伙伴国之间的贸易一体化进程；最后，在全球范围内扩大贸易自由化的规模""TPP 之所以能成为一个符合 21 世纪需要的贸易协定是因为它捕捉到新兴的贸易问题并使其合理化，同时它也定义了未来的经济竞争""TPP 潜在的新成员必须愿意解决与其他成员悬而未决的双边问题，并以此表明其愿意接受 TPP 的高标准要求"。在《跨太平洋伙伴关系协定和亚太一体化：政策影响》报告中，作者认为，"由于 TPP 谈判涉及的范围越来越广，所以中国和其他重要区域伙伴加入 TPP 的可能性会很低""TPP 谈判既复杂又极具野心""对于美国、亚太地区以及全球来说，亚太经济体一体化和完善的贸易投资规则十分重要。'跨太平洋轨道'与'亚洲轨道'，尤其是 TPP，体现了亚太经济一体化进程"。

围绕日本问题，彼德森国际经济研究所将美日天然气合作问题、日本国内女性就业问题、农业问题等纳入研究范围。《日本经济复苏取得的突破——日本在监管改革方面的努力》报告指出，安倍首相本人看到了推动 TPP 或加入 TPP 所能带来的价值，他认为 TPP 是推动日本经济增长的重要因素之一，"安倍首相不断对'酷日本'（Cool Japan）战略作出评论，他认为推进该战略能够向全世界展示日本的良好形象"。在报告《安倍经济学：美国的观点》中，作者认为，"在过去一年左右的时间里，美国和日本进行了 TPP 的双边谈判，尽管目前汽车和保险行业的谈判较为艰难，但是美日即将达成协议。目前，需要进行深入讨论的问题是农业，不是汽车、保险或者其他行业。农业问题应该是可以解决的，因为日本人包括安倍政府在内很乐意推动农业改革"。报告《日本在 TPP 中取得的突破?》则认为，"在农业问题上，日本采取的更多是防御姿态。具有讽刺意味的是，日本在整个 TPP 中的'进攻利益'与美国的'进攻利益'十分相似"。

布鲁金斯学会在报告《首相安倍增强日本实力的运动》中认为，"日本面临与亚洲各国相同的窘境：如何从中国不断增长的经济中获益，并在面对中国日益增长的军事力量和军事影响时不会变得软弱""就日本为加强其自身和联盟关系采取的措施而言，美国持积极态度。日本首相安倍之前措施的漏洞（如保密法律、集体自卫权的重新解释）使盟友的行动受到限制""美国决策者看到从日本经济恢复稳定中可以得到显著回报，以及日本经济复苏对 TPP 成功的积极贡献——因为该协定对于美国实现亚洲平衡政策是至关重要的。然而，美国与日本旷日持久的市场准入谈判为日本进行结构性改革的决心带来阴影，并且阻碍了美国外交政策核心事项的发展"。

德国马歇尔基金会在《日本、跨太平洋伙伴关系协定和美国》报告中指出，"2011 年 11 月日本政府考虑加入这一谈判极大地提高了美国从这一协定中获取的经济、政治和战略利益。其可能产生将近四倍的商业回报，这对于美国农民和很多美国企业而言充满了诱惑，但是其同时也遭到来自美国汽车业的强烈反对，这可能威胁到国会对任何协定的批准。从战略上讲，东京参与到华盛顿主导的 TPP 中可以帮助抵消由于日本无力解决美国在'冲绳岛'的军事基地问题而导致的紧张局势，而且更重要的是日本的参与将使 TPP 成为应对中国在东亚影响的更可信的对冲，因为这将为奥巴马政府'重返'亚洲的军事和外交政策提供经济支撑"，报告援引一位日本高官的话说，"这一谈判不仅是贸易谈判更是一个高水平战略对话。我们希望 TPP 成为美国和日本新的全球伙伴关系的象征""日本官员将 TPP 视为一个朝着更广泛的亚洲贸易协定发展的建设性组织，总有一天会将中国包括进来。而美国虽然口头上表示那是一个长期的目标，但是私下里它表示从来没有期望北京会成为高标准的 TPP 的一员""从地缘政治上看，东京的加入将意味着应对中国的一个统一战线的出现，从而进一步限制北京在东亚的经济和战略影响力"。在该智库的另外一份报告《在 TTIP 和 TPP 阴影下的谈判：欧盟—日本自由贸易协定》中，作者认为，"欧盟—日本自由贸易协定应当被视为欧盟和日本在 21 世纪推行贸易政策的重要支柱。在全球将注意力放在跨大西洋贸易与投资伙伴关系协定（TTIP）和跨太平洋伙伴关系协定（TPP）上时，欧盟和日本之间进行的贸易谈判取得较大进展""欧盟和日本之间的'积极整合'是为了通过欧盟—日本产业政策对话渠道来维持自由贸易制度结构之外的战略伙伴关系"。

美国外交关系学会在报告《日本促进跨太平洋伙伴关系协定的达成》中认为，"即使日本做了功课，并做好准备，但是，鉴于我们谈论的是一个伟大而野心勃勃的计划，因此我们要花一段时间来解决所有这些问题。有人认为，大部分的技术工作将于 2015 年 10 月结束，但我不认为最终的协定将会出炉，因为一些最棘手的分歧问题仍然没有得到解决"，"TPP 并不是为了遏制中国，它的诞生源于美国对被世界上最具活力的地区边缘化的担忧。这并不是为了孤立中国，而是一种前进的方式""在某些领域，日本可以平衡美国的力量。在政府采购、知识产权等方面，日本和美国站在同一边"。

国家亚洲研究局的报告《日本：背景和资源》认为，"自《旧金山和平条约》签署以来，日本在国际体系中所扮演的角色在很大程度上是由其与美国的密切关系以及注重经济往来与合作的外交政策所体现的""安倍晋三执政后宣布日本有意加入 TPP，尽管国内民众对此表示反对。他声称，加入 TPP 符合其'安倍经济学'政策，而且也将是振兴日本经济的重要一步""鉴于日本是世界第三大经济体以及 TPP 中目前最大的亚洲经济体，它的参与为 TPP 谈判增加了可信度。有经济学家估计，日本加入 TPP 会使 TPP 产生的利益增至三倍""在战术层面，由于美日在诸多领域存在共同利益，所以日本加入 TPP 将会提升华盛顿在 TPP 谈判中的地位。日本可能会在一些问题如贸易服务、知识产权保护以及国有企业上支持美国。虽然日本对其大米和汽车领域的保护仍然是美日之间局势紧张的一个原因，但是双方在其他领域的利益一致""对日本来说，TPP 有助于其国内改革和实现更大的经济自由化。对美国而言，日本的参与增加了 TPP 的战略和经济利益，并可以将日本作为促进亚太地区经济一体化的强大工具。虽然谈判的结果仍不确定，但是日本的参与无疑为所有 TPP 成员国达成最终协定增加了筹码"。

卡内基国际和平基金会对美日之间围绕 TPP 而扩大的隔阂进行了研究。其在《〈读卖新闻〉调查：美日继续保持紧密关系，但一些微妙隔阂正在扩大》报告中认为，虽然"美日两国对彼此非常信任，两国的大多数人认为，美国在日本的军事存在应该维持在目前的水平""也许更重要的是，美日联盟应识别未来哪个国家将对其政治产生重要影响，日本近年来越来越多地选择美国，而美国人很少选择日本""日本人怀疑美国的政治稳定性以及质疑美国为接触中国而作出的努力。在这一方面的一个关键挑战是，日本面临的最大问题就是中国"。

关于韩国与 TPP 的潜在关系，彼德森国际经济研究所在其《韩国应该加入跨太平洋伙伴关系协定吗?》报告中指出，"2013 年 11 月，韩国宣称有兴趣加入 TPP，并与其他参与国开始进行协商。目前，TPP 有 12 个成员国，韩国仍在考虑是否要成为第 13 个幸运儿。韩国加入 TPP 预示着它与主要贸易伙伴十五年来的自由贸易协定（FTA）谈判将达到巅峰。此外，韩国加入 TPP 将为本国与其他国家的贸易协定补充一系列贸易措施，尤其是韩中自由贸易协定、中日韩三边自由贸易协定以及区域全面经济伙伴关系协定（RCEP）。事实上，韩国未来十年的贸易政策既定目标是在促进区域一体化中发挥积极作用，并作为 TPP 和 RCEP 之间的'脊梁骨'""韩国通过加入 TPP 可以获得诸多收益，并有助于塑造亚太经济一体化进程""韩国加入 TPP 将增强美国在该协定中的地缘政治和战略地位，而且也有利于提升中韩双边关系""韩国应该继续奉行 RCEP 和中日韩协定。最重要的是，韩国应该致力于完成与中国之间的协定，因为它可能为将来中国加入 TPP 奠定基础"。另外，布鲁金斯学会在《韩国对跨太平洋伙伴关系协定的重大决定》报告中认为，"韩国转而实施雄心勃勃的自由贸易协定政策，与主要经济合作伙伴签署协定解决非关税壁垒，在很大程度上是制度改革的结果""对于韩国来说成为 TPP 成员国的好处是多方面的：可以获得大量的贸易收益；在与中国和日本正在进行的解决非关税壁垒谈判中拥有更强的议价能力；有利于使自由贸易协定合理化；巩固与美国的联盟。对于一个怀有成为国际贸易中心雄心的国家来说，缺席 TPP 将会错失促进亚太经济一体化的良机"。

围绕 TPP 和 RCEP，彼德森国际经济研究所发表的《亚太经济一体化：映射着前进道路》报告认为，"TPP 以及 RCEP 是亚太地区两大区域一体化项目""TPP 和 RCEP 倡议涉及诸多经济体，这些经济体在全球产量和出口贸易中所占份额很大。这两个倡议都涵盖超过一半的亚太经合组织成员，且都涉及消除商品和服务贸易投资壁垒。TPP 和 RCEP 拥有相似的谈判议程以及共同的成员，貌似这些重合有助于亚太自由贸易区的实现。然而，将这两个倡议合并成一个共同的亚太自由贸易区将极为困难""由于 TPP 谈判有望比 RCEP 谈判提前完成，所以 TPP 谈判的结果很可能大大影响 RCEP 谈判""另一个仔细权衡 TPP 优劣势的贸易大国当然是中国。如果它也加入 TPP，那么 TPP 在未来可能扩展为 17 个成员，离涉及所有（21 个）亚太经合组织成员的目标将更近一步。广泛的共识是中国还没有准备好接受 TPP 的责任义务，尤其是将政府干预市场的措施予以透明化。中国要想加入 TPP，就必须加大贸易自由化程度""如果中国愿意并能够在未来几年内加入 TPP，那么 TPP 将不仅成为亚太自由贸易区的标准，还会成为全球贸易体系的标准""如果中国在 2020 年之前没有加入 TPP，那么通向亚太自由贸易区的另一个选择是一种混合的方法，这种方法会将 TPP 中的'硬'元素与亚洲贸易一体化方法中的'软'元素连接起来。在这样的情况下，混合的协定——亚太自由贸易协定——将会成为提供适用于 TPP 和 RCEP 互惠义务的框架协定，同时 TPP 签署成员依然受到 TPP 条款的法律约束。重要的是，在这种情况下，美国和中国能够继续深化彼此的商业关系，而不需直接将中国吸纳进 TPP，TPP 签署成员不需要为了迁就中国而使 TPP 在贸易和投资方面的活力减少。出于各自的政治考量和经济目标，中国和美国或许会发现这样一种实现亚太自由贸易区愿景的混合方法颇具吸引力"。

美国重返亚洲及其战略布局问题是美国智库关注和研究的重点。布鲁金斯学会的报告《美国重返亚洲》认为，"美国一直关注的是保护其全球霸主地位——这必然意味着美国将尽一切所能阻止或破坏中国的崛起""总统奥巴马的亚洲战略及相关言辞对中国人看法的形成起到了直接的作用，即认为美国所有的行动都是试图阻止或实际上破坏中国崛起的阴谋"，报告专门指出，"虽然奥巴马总统表示，如果其他国家愿意接受 TPP 正在制定的高标准，那美国欢迎这些国家加入到亚洲的大繁荣中来。但目前该地区所有主要经济体的第一大贸易伙伴是中国，而不是美国，而且中国不遵循那些规则。没有亚洲国家愿意破坏与经济迅速发展的中国的经济联系，尤其是当美国经济增长疲软而且欧洲的经济未来很不确定之时"。《最后阶段：美国在跨太平洋伙伴关系协定谈判终结时面临的挑战》报告认为，"国内政治在塑造美国贸易议程中扮演着重要的角色，影响 TPP 的谈判进程""TPP 代表了美国贸易政策的一个高风险实验，即是否有可能通过大型跨区域贸易协定来推动深度融合议程。由于这些谈判接近尾声，重要的问题日渐凸显：成员国之间发展不均衡，这是否会影响到雄心勃勃的经济一体化标准？美国政府能够通过更新贸易促进授权法案来维护协商信誉吗？"在《与国会议员吉姆·科斯塔和埃里克·保尔森谈论贸易：为什么 TPP 和 TTIP 会推进美国的经济和战略利益?》报告中，作者认为，"参与 TPP 和 TTIP 的国家占全球 GDP 的三分之二和全球贸易的一半，并拥有涵盖 13 亿人在内的消费者市场。美国近70% 的商品和服务已经出口到 TPP 或 TTIP 的合作伙伴国，而且美国84% 的外商直接投资来自这些伙伴国。2018 年，TPP 或 TTIP 的市场流动资金估计将增长 6.7 万亿美元。如果这两个协定的谈判得以完成，美国将享受近三分之二的全球经济的贸易自由化带来的成果"。《中国、美国应该建立新联系》报告建议，"加入 TPP 谈判将会给中国经济带来积极的影响，就像十四年前加入 WTO 带来的影响一样，因为它将增加许多机构的利益（特别是在金融和国有工业部门以及能源、运输和电信领域）。在所有这些领域中，中国经济基本上是'封闭的'以及受保护的。加入 TPP 并且逐步朝着 TPP 设立的高标准迈进，将对这些领域产生重大影响""军队是美国和中国战略互动的核心，因此，必须付诸努力深化两国军事机构之间的互动和交流"，中美"在许多所谓的全球治理问题上进行务实合作将提上日程，其中包括反恐、打击海盗、气候变化、海事安全、经济稳定、能源安全、食品安全以及为网络活动设定全球规则""奥巴马不与他的各政府部门就 2014 年 11 月在北京构建新的动力问题上合作，并扩大中美关系的'合作区域'（双边、区域以及全球），那将会是一个错误"。

围绕 TPP 的前途，布鲁金斯学会的《为什么 TPP 是亚洲"再平衡"的关键》报告认为，在夏威夷会议上，"如果谈判成功，参与国将获得巨大利益，这对于奥巴马政府来说也将是一次外交胜利。如果谈判失败，美国总统政治将陷入僵局，并且阻碍亚洲'再平衡'的进程，而"奥巴马政府的'再平衡'政策有两大目标：一是使美国进一步融入亚太这个全球经济最具活力的地区，二是防止美国在该地区的空白被不断发展的中国填补""奥巴马总统和共和党国会领导希望在 2016 年 2 月截止日期前完成这一进程，但最好是在 2015 年 12 月或者 2016 年 1 月完成。根据政治规则，2016 年 2 月 1 日举行爱荷华州党团会议之前必须进行投票，所以 TPP 无法成为总统竞选中的议题。自由贸易协定并不受选民欢迎，尤其是对民主党而言"。

美国经济政策研究所的报告《新数据对当前反对 TPP 的争论如火上浇油》认为，"跨太平洋贸易赤字不断增长将造成贸易相关工作岗位数量发生变化。本月公布的新数据显示，2014 年，美国与 TPP 成员国的贸易逆差增至 2651 亿美元。这进一步证明另一个新的自由贸易协定将会继续扩大美国与其他 TPP 成员国的贸易逆差，并将使美国就业状况进一步恶化""TPP 就像过去的贸易与投资协定一样，并不符合美国广大劳工的利益。总统不应该推动签署该协定，国会也不应批准通过该协定"。

美国外交关系学会在报告《美国贸易政策的未来》中认为，"第二次世界大战后，国际贸易大幅增加，基于开放经济原则的全球贸易框架建立。尽管美国对贸易的依赖在发达国家中处于最低水平，但是美国处于这些变化的前沿""奥巴马政府一直认为，TPP 和 TTIP 可以提高美国的全球领导地位并保证基于开放和透明价值观的国际市场的稳定"，但是"TPP 和 TTIP 离获得全面支持还有很远的距离。经济学家、劳工代表和消费者权益团体都表达了其对就业、不平等、国家主权和安全标准影响的担忧。此外，皮尤研究中心发现，尽管经济逐步复苏和对外贸信心逐步增加，但美国人相信全球化的好处从 21 世纪初已开始大幅下跌。经济学家、诺贝尔奖获得者保罗·克鲁格曼（Paul Krugman）认为，这些'新一代'贸易的好处被夸大了"。该智库还注意到，"大部分反对者主要关注过程的保密性。议员并没有权限获知谈判进展，只能在一个安全的房间里查看文件"，"这使得国会以及公众抱怨被排除在审议之外，而实际上这一切应该公开进行"。

美国外交关系学会在《强化同亚洲的经济联系》报告中认为，"TPP 被视为一个无中国参与的经济合作机构。当然，经济参与会带来一些政治后果。美国在亚太地区的存在意味着美国是一个游戏规则改变者。如果美国在没有加入 TPP 的情况下参与亚洲经济事务，那么美国真的会被排除在未来所有协定之外。相反，在所有的这些国际协定中，中国一直位居前列和中心——在东盟和中国、中国大陆和台湾以及新加坡和中国之间的双边贸易协定中就是如此。因此，除了美国与新加坡之间的贸易协定，以及美国目前努力完成与韩国之间悬而未决的双边贸易协定，美国一直被排除在其他协定之外。从某种程度上讲，这就是 TPP 已经成为一个'争夺影响力战场'的原因"，"如果美中关系陷入困境，那么美国在亚洲的地位也将改变，这也将迫使其他国家在美国和中国之间作出选择。但这并不意味着东盟会突然成为美国的盟友，并否定与中国之间的关系"。

国家亚洲研究局在报告《美国太平洋政策需要贸易政策吗？如果需要，那么跨太平洋伙伴关系协定是合适的那个吗?》中认为，"大国缺席 TPP 不是美国或其他 TPP 成员国的错，更确切地说，这是当前贸易政策政治形势的结果。自 2003 年以来，为了协调美国和中

印之间的关系，WTO 多哈回合谈判已陷入僵局，这一僵局也成为
APEC 议程的一个障碍，而且如果中国和印度加入 TPP，还将可能出
现同样的问题。TPP 目前的成员国没有责备它们未加入 TPP，而且也
觉得这些大经济体的缺席不会影响它们的进程。尽管如此，TPP 现在
的确还不足以成为一个促进区域一体化或类似于太平洋自由贸易区的
平台""TPP 只是诸多政策的其中之一，而且尚未完成。如果 TPP 真
的要塑造太平洋地区未来的贸易和投资流动方式，那么它需要纳入新
成员"。

皮尤研究中心的报告《对贸易、外国投资的信心和怀疑》分析
了发展中国家、新兴市场国家、发达国家、TPP 成员国对贸易的态
度，以及 TTIP 成员国对贸易的态度，得出的结论是，"全球公众普遍
认为国际商业活动是一件好事，特别是发展中国家和新兴经济体的公
众对此持赞成态度。但并不是每个人都赞同这一观点，特别是发达经
济体——这种怀疑主义在法国、意大利、日本和美国尤其强烈""全
世界已达成一个广泛共识，即国家间不断增强的贸易和商业联系有益
于经济发展。这是通过对不同性别、不同年龄、不同教育程度和不同
职业的民众调查得出的结果。接受调查的 44 个国家中，在多数情况
下，大多数人会认为，全球化有益于他们的国家""皮尤研究中心还
对 8 个 TTIP 成员国进行调查。与 TPP 参与国相同的是，在 TTIP 参与
国中，欧洲和美国的大多数民众认为，贸易对经济有利，但是对贸易
带来的其他益处缺乏信心。在被调查的 TTIP 国家中，44% 的人认为，
国际贸易可增加工作机会；只有 26% 的人认为，国际贸易降低商品
价格；25% 的人认为，国际贸易将增加收入"。在另外一份报告《美
国人对贸易的一致看法：对国家有好处，但对就业好处不大》中，
该智库认为，"共和党人士和民主党人士都认为加强本国与其他国家
的贸易往来对美国有利，而且这不仅仅对其中一个党派有利"，但是
"两党派人士对目前正在协商的贸易协定存在明显的分歧。根据皮尤
研究中心的民意调查，超过半数的美国民众认为 TPP 和 TTIP——奥

巴马政府与欧盟之间的贸易和投资倡议——对国家有利。但是，民主党人士和共和党人士不同意他们的观点，而且共和党人士对 TPP 和 TTIP 的支持率分别为 49% 和 44%，相比之下，民主党人士更支持 TTIP（60%）和 TPP（59%）"。

TPP 能使谁受益？美国经济政策研究所的报告《全球化会降低美国工人的工资水平》指出，"不公平的贸易协定使美国工人失业，并削弱了低工资工人讨价还价的能力，从而降低美国工人的总体工资水平""贸易和全球化主要以两种方式影响美国的工资水平：美国贸易赤字的增加使收入更高的贸易部门工作岗位减少。不断增长的贸易赤字导致工人工资水平降低，美国工人失去了进口竞争行业的高薪工作"。在报告《TPP 对美国工人来说并不是一个好协定》中，作者指出"在过去这一代人中，在经济增长过程中很多美国人每小时的工资都没有增长""在扩大的贸易中工人损失的工资肯定比 TPP 预计增加的总体国民收入更多""声称 TPP 将'全是收益，没有损失'从经济角度讲是不科学的""如果由于贸易的扩展而导致工资增长受到抑制，那么为什么会有这么多人支持 TPP？令人吃惊的是几乎没有关于 TPP 的任何公开评论、认真分析和对工资问题的关注""TPP 只是利用商业协定使以下三个事务的发展程度最大化：（1）全球一体化对绝大多数美国工人工资的损害；（2）知识产权垄断者所赚取的租金；（3）美国经济精英对美国贸易伙伴国决策的影响"。其在《内容概述：贸易和投资协议无益于工薪家庭》报告中进一步指出，"全球化已经给大部分有工作的美国人带来工资下行压力，并已经重新分配民众收入。低收入国家贸易的扩大已经导致工人的年收入每年减少 1800 美元。鉴于美国约有 1 亿名非大学学历工人，这一群体所遭受的工资损失规模可能为 1800 亿美元"。

而胡佛研究所在对 TPP 的研究中，把矛头指向了美国前国务卿希拉里·克林顿。在报告《希拉里·克林顿与自由贸易》中，作者写道："'快速通道'授权的通过将会是自由贸易的胜利，共和党和奥巴马总统很支持该授权。但一些反贸易势力正在密谋阻止该授权的通过，如希拉里·克林顿和南希·佩洛西""当像希拉里·克林顿和南希·佩洛西那样的美国政客和像公民组织那样的组织开始为美国工人争取更多的利益时，政府应该揭露这个站不住脚的沙文主义的真面目。比起没有贸易协定，一个不完美的贸易协定对每个人来说更好一些"。

在 TPP 和中国的关系问题上，美国经济政策研究所针对美政府发出的声音，在其报告《TPP 恐慌：大打中国牌》中认为，"权势集团迫切地警告国会和议员，中国的崛起是一个可怕的威胁""这些言论都是愚蠢的""一个显而易见的事实是，中国一直遵循的世界经济规则是由美国制定的，是由我们美国的政策制定者以某种方式规定的。而这些政策制定者的背后支持者是跨国企业投资者""打中国牌还显示了 TPP 支持者和推进者的绝望……支持 TPP 的派系试图利用对中国在亚洲与日俱增的影响力的恐惧心理来获取国会的支持。但正是美国制定的贸易规则使中国成为一个经济强国。现在有关人士称美国工人应进一步牺牲自己的生活标准，以减少中国对美国企业精英的'规则和价值观'的抵抗。这样的言论反映了为 TPP 辩护的理由在政治和理性上站不住脚。事实上，从普通美国工人的角度来看，让中国制定全球经济规则可能不是那么糟糕的主意"。

国民经济调查局的《中国和 TPP：有关效果的数值模拟评估》报告认为，"模拟结果表明，尽管目前 TPP 将会使中国和其他非 TPP 成员国（包括日本和世界其他地区）利益受到损害，但将使 TPP 成员国受益。受这些区域贸易自由化的影响，世界总生产量和福利将会提高。当贸易自由化进一步发展时，这些影响将会更加显著。如果中国加入 TPP，那么除了世界上其他未加入国家之外，所有国家都将受益于此。在完全去除贸易成本的情况下，中国的总生产量将增加约 3.8%，福利增加 1.1%，贸易增加超过 10%""TPP 将使包括中国在内的非成员国遭受损失，但是负面影响并不强，因此中国可能不太担心 TPP 的影响。如果日本参与其中，日本将获得收益，但是中国遭受的损失将会更大。中国如果加入其中，将会使其他 TPP 成员国受益，因为对于那些国家而言，中国是重要的贸易伙伴。因此如果中国能成为其中一员，TPP 可能变得更加重要并且有更大的影响力"。

美国和平研究所的《英国、中国和西方》报告认为，"英国既是中国最大的欧洲投资者，也是欧洲最大的中国投资目的地""伦敦的公司现在可以申请将人民币直接投资到中国的许可证。伦敦正在推动人民币成为全球货币""英国希望看到一个完整的中欧自由贸易协定。当然，中国不是 TPP 的成员国，但英国将 TPP 与 TTIP 看作中欧谈判的补充"。

美国国内的不同派别和利益集团，对 TPP 的态度可以说是天壤之别。美国发现研究所的《发现研究所研究员：TPP 不仅仅是关于贸易》报告认为，"TPP 有其有益的目标，比如使日本限制良多的农产品市场对美国生产商开放。但是根据贸易协定中披露的细节内容来看，贸易自由化可能只是 TPP 具体内容中的一小部分……实际上，奥巴马政府可能是在两党合作的幌子下推进 TPP，但同时更专注于推进其接下来的党派政治议程""奥巴马总统已经在很大程度上破坏了美国宪法制度的制衡体系，削弱了美国之前的力量和威望""现在是时候拒绝'奥巴马主义'了，我们应该主张加强主权机构和维护美国及其公民利益的法律力量"。

信息技术与创新基金会的《加固跨太平洋伙伴关系协定的黄金法则》报告认为，"强大的知识产权保护已经帮助美国创造出蓬勃发展的创新文化。通过奖励那些为了创新而冒着风险的人的做法，相关人士能够正确地追求自己的下一个伟大想法。这一运转机制使美国成为世界上最具创新性的国家，创新型的美国公司愿意斥巨资用于研发革命性的事物，如苹果手机（iPhone）和新的生物药物……据美国商务部称，美国创新产业的经济产出约占美国国内生产总值的 35%，并且提供了 4000 万个就业岗位"，因此"美国有机会与所有 TPP 成

员国和希望加入该协定的国家分享这些好处，这些国家需要接受最终
协定。该协定带来的好处包括合理的专利、版权和商业秘密保护，建
立防止假冒和数字盗版的有效机制，以及 12 年的数据保护期以保护
创新"。该智库的另外一份报告《TPP 加强知识产权保护条款有利于
创新、消费者和病人》认为，"基于未来的全球创新以及全球消费者
和患者的利益，奥巴马和国会的亲贸易成员必须坚持提倡为知识产权
提供强有力的保护，并将其纳入 TPP 的最后一轮谈判中……有力的
知识产权保护和执法机制将有助于为所有 TPP 成员国的创新与繁荣
创造条件""美国总统是时候表现出其与 TPP 伙伴国同样的决心了，
如果他这样做，那么他就可以确保美国不断发展，并在 21 世纪的经
济中不向其竞争对手（如中国）屈服，也不限制可以改变民众生活
的潜在创新"。

与美国智库相比，加拿大智库对 TPP 的研究议题相对更为集中，
它们试图回答以下问题：一是加拿大在未来的亚洲发展中应该居于什
么位置；二是加拿大应该如何振兴自己的经济；三是在 TPP 谈判中，
应该在哪些方面背水一战。

国际治理创新中心的报告《哈珀和奥巴马在亚太经合组织峰会
上：新的关注点是在亚洲还是在密切加美关系上?》认为，"奥巴马
总统在 2010 年的 APEC 峰会上提出 TPP 谈判的构想，并且美国要拥
有最大的贸易优先权，其目标是使 TPP 成为 21 世纪‘野心勃勃的反
映美国优势和价值的贸易协定’""奥巴马总统知道即使是 TPP 目前
只涉及 9 个国家，想要获取完美的谈判结果并完全实现美国的目标也
是非常困难的。奥巴马打算在 2016 年结束 TPP 谈判，他可能是希望
在关键时刻得到《北美自由贸易协议》伙伴国的支持，因此将加拿
大拉入 TPP 谈判。可以肯定的是，我们贸易战略的多样化对加拿大
是有利的，就像美国一样，我们已经认识到亚洲早已成为全球经济增
长的引擎，尤其是中国日益成为我们能源输出的市场，也是加拿大外
商直接投资的主要来源"。

　　加拿大智库人民评议会的《中国提出到 2025 年亚太地区将实现自由贸易》报告认为，"中国已经提出一项新的'自由贸易'协定，这一协定也获得包括加拿大在内的其他 20 个国家的支持……亚太经合组织（APEC）峰会上宣布的。亚太经合组织成员一致同意就亚太自由贸易区（FTAAP）的可行性进行一个为期两年的研究，亚太经合组织表示，亚太自由贸易区将大大促进亚太地区区域经济一体化，并实现经济持续增长和共同繁荣""由 21 个国家构成的亚太自由贸易区被视为由 12 个国家构成的 TPP 的竞争对手，TPP 很可能会错过 2015 年底完成谈判的最后期限……一些中国的分析人士和官方媒体已经把 TPP 看作一种对北京日益增长的经济影响力的试探——华盛顿反驳这一指控""就亚太自由贸易区可能涉及的问题进行的战略研究将会在两年内（可能于 2016 年 11 月在秘鲁首都利马举办的亚太经合组织峰会上）被提交给亚太经合组织领导人。完成谈判的目标日期已定为 2025 年。接下来的亚太经合组织峰会可能于 2018 年在加拿大举办，这可能是亚太自由贸易区谈判的关键时期"。

　　加拿大亚太基金会最近做了一个关于加拿大人对潜在的加拿大—中国自由贸易协定态度的调查，并在《加拿大转向亚洲》报告中公布了最新调查结果，"结果表明，不管是居住在本国的加拿大人还是居住在亚太地区的加拿大人，他们都强烈支持与中国进行自由贸易谈判。受访者中，47% 的人认为应该优先与中国进行谈判，其次为日本（16%）、印度（15%）、欧盟（11%）、韩国（10%）和泰国（2%）""哈珀政府已经为加拿大奠定长期亚洲战略的基础。在这一战略中，中国将是核心部分。与亚太基金会刚刚公布的调查结果显示的一样，尽管加拿大对与中国的密切关系存在担忧，但加拿大人应该意识到他们别无选择"。该智库在《加拿大正在追赶亚洲，但我们可以飞跃前进》报告中再次显示了加拿大急于参与亚洲地区的热情，"加拿大政府急于参与亚洲地区经济发展的理由如下：加拿大在亚洲的市场份额较低，与亚洲国家没有全面的贸易协定并且加拿大没有被邀请加入像东亚峰会这样的区域性组织"，而"加拿大加入 TPP 是不确定的。具有讽刺意味的是，加拿大加入 TPP 最大的障碍就是其最亲密的盟友和贸易伙伴。加拿大和美国的亲密关系在美国总统奥巴马出席的加拿大—美国—墨西哥峰会上显而易见。奥巴马暗示加拿大的乳制品和家禽产品的供应管理可能会破坏协议""中国和印度是全球大国，同其他主要的工业国一样，亚洲对加拿大未来的繁荣至关重要""相对而言，中国与加拿大的关系比任何西方国家都要深远，而温哥华可以被称为亚洲以外'最亚洲'的城市，这些都是在加拿大和亚洲关系中没有得到充分利用的资产，这些资产提供了潜在的外交杠杆是其他西方国家羡慕的资源""加拿大政府的，亚太门户与走廊计划，（APGCI）不仅将温哥华视为连接亚洲和北美的切入点，还将其视为连接太平洋两岸政府、商业、文化和研究的枢纽""成功将意味着跨太平洋的伙伴关系在亚洲这一区域建立了一个新平台；失败则意味着加拿大不能满足其政治意愿从而促使经济多样化，尽管亚太地区的机会和潜力如此明显"。

国际治理创新中心的《分析师称赞 TPP 的"决定性转变"》报告认为，"多年来，加拿大对于加入 TPP 谈判的兴趣不大。最近，加拿大表示它希望加入该协定，此举被分析师视为哈珀政府对待亚洲市场的一个分水岭""加拿大已经认识到，未来十年的经济引擎将位于亚洲，而且我们在该地区拥有大量机会。美国正在转向亚洲，以帮助美国摆脱目前的经济危机，加拿大也应该转向亚洲，为我们的资源和其他产品寻找新市场""参与基于亚洲的机构将提高加拿大在双边关系中的利益，而这对于加拿大的经济发展很重要""所有国家参与谈判都是为了保护它们的利益。加拿大想要加入 TPP 的做法也不例外……加拿大将努力在我们经济生活的各个领域，包括供应管理方面，保护和增加我们的具体利益"。

弗雷泽河研究所在报告《加拿大和跨太平洋伙伴关系协定：进入战略性贸易政策新时代》中认为，"2013 年 5 月，中国宣布对加入

TPP 的好处和挑战进行评估。但中国在短期内加入该协定谈判的前景是不确定的”“如果中国最终也能加入 TPP 的话，那 TPP 在经济层面的重要性将大大提升。中国拥有超过 14 亿的人口和超过 8% 的经济年增长率。根据国际货币基金组织 2013 年的预测，未来十年，中国将成为世界上增长最快的经济体之一。如果 TPP 能够把中国吸引进来，那么它将是第一个涵盖全球三大经济体的区域协定。这三大经济体分别是美国、中国和日本。这些国家的经济总量约占全球 GDP 的 40%”“加入 TPP 可以使加拿大企业有机会获取市场知识，学习如何融入亚洲供应链，而不是与亚洲企业竞争中国的市场准入。在亚太地区建立一个更强大的根基将有助于加拿大在该地区从事贸易活动，并通过双边或 TPP 和东盟框架，为加拿大与中国达成直接协定奠定基础”。

　　加拿大可持续发展国际研究所在《跨太平洋伙伴关系协定：对印度和其他发展中国家的影响》报告中指出，“美国与欧盟已经开始进行 TTIP 其与另外 11 个国家正在推进 TPP。印度、中国、巴西和其他一些大型经济体都不在两个协定之中。相反，印度、中国、东盟以及另外 4 个国家已经开始建立 RCEP。然而，RCEP16 个伙伴国中有 4 个也在进行 TPP 谈判”“据了解，中国也已经开始在若干领域改进政策，以解决与公平竞争有关的担忧。除了国内政策上的变化，中国正与欧盟和美国进行双边投资协定的谈判。这些努力将有助于中国为从大型 FTAs 中产生的潜在世界标准和相关规则做准备……通过各种政策的组合，中国正做好准备以符合‘后 TPP 世界’的各项规定”。

　　在加入 TPP 谈判问题上，加拿大也走了一段彷徨之路。C. D. 贺维学会的《加拿大的正确选择》报告认为，“加拿大总理哈珀宣布加拿大有意加入 TPP 谈判，该协定旨在提高亚太地区的经济一体化程度。但是，加拿大的愿望和它的能力之间仍有明显差距。一些人认为，美国和其他国家试图让加拿大作出让步，以此作为其加入 TPP 谈判的先决条件”“加拿大是亚太经合组织成员，美国出口的首要目的地，也是世界上二十大经济体之一，但它想要成为 TPP 谈判方的努力来得比较迟""成为 TPP 成员国将使加拿大企业有机会扩大其在澳大利亚和新西兰的市场，并锁定经济蓬勃发展的新加坡、马来西亚和越南等市场。最重要的是，它会使加拿大在充满活力的亚太贸易集团获得一席之地，这个贸易集团具有极其重要的经济和战略意义""加拿大的首要任务应该是在多个层面上重新与美国搞好关系，强调加拿大作为其亚太合作伙伴的重要性，并强调在贸易项目上取得的切实进展。加拿大必须就贸易问题提供一些进展的证据，这对美国很重要，而且美国主要利益一直在版权改革上。加拿大应在相关问题的改革上发挥重要作用，从而使美国愿意无视新西兰的反对意见，并推荐加拿大参与 TPP 谈判"。该智库在《为什么加拿大应该加入跨太平洋伙伴关系协定的谈判?》报告中认为，"新的贸易协定所涉及的国家的经济总量将占全球总产量的 50%，其贸易额占世界贸易的 40%……加入 TPP 会使加拿大与亚洲的新兴经济体建立贸易关系，这些新兴经济体的经济增长率保持在两位数，远远超过西方""加入 TPP 将有助于加拿大企业在东亚拥有更坚实的立足点。TPP 涵盖影响跨太平洋业务链的一系列前沿问题，并使加拿大与潜在 TPP 成员国的商业关系更适应现代化需求"。

加拿大国际委员会在《正如我们所知 TPP 将不会摧毁加拿大》报告中，则认为"TPP 可能导致加拿大废除供应管理制度，而这种制度对于乳制品、家禽和蛋类的生产极为重要；对于大型药物公司的知识产权保护会限制救命药物的获取途径；政府采购限制和版权规则将破坏互联网自由"。随后报告提出了一个十分有意思的问题："为什么加拿大想要参与这样一个'愚蠢'的协定?"随后该智库回答说，"TPP 谈判的过程表明，它不同于其他贸易协定。相关言论——TPP 将破坏互联网、损害我们的健康保健系统、降低政府保护环境或调整劳动的能力——是无稽之谈。我们是时候该认真看待 TPP 了。这是加拿大在快速增长的亚太地区进行自身定位的契机，加拿大需要利用好太平洋地区自由贸易和投资提供的增长前景"。

在涉及加拿大核心利益问题上，智库也在不断出谋划策。C. D. 贺维学会在报告《〈环球邮报〉专栏：加拿大可以成功管理乳制品供应而不打破其 TPP 承诺》中认为，"农业问题是 TPP 谈判的症结所在。考虑到美国、日本和加拿大等国家对农业的高度保护，在 TPP 国家之间实现农产品贸易全面自由化的机会渺茫，但每一个国家都将提供比以前更大程度的市场准入。加拿大农产品贸易的主要障碍来自本国的乳制品、家禽和蛋类的供应管理系统，这要求加拿大对潜在的进口产品设置巨大的关税壁垒。加拿大加入更加开放的新贸易区，而不向外国生产商提供更大的市场准入，这样的机会极其渺茫"。为此，该智库建议"牛奶生产商必须共同限制产量，以使牛奶价格保持在适当水平。从长远来看，限制有创新想法的新成员和阻止农民进入乳制品出口市场，会使乳制品行业本身受到严重的损害。如果加拿大能够废除这个高成本系统，那将是再好不过的了""是时候要求加拿大的乳制品生产商参与国际竞争，而不是强迫消费者和小型企业来为这样一个重要的产品买单了"。

该智库在《〈环球邮报〉专栏：最终在 TPP 谈判中，加拿大就乳制品保护问题背水一战》报告中写道，"在夏威夷，加拿大受到美国、澳大利亚和新西兰的轮番轰炸，因为加拿大政府拒绝降低其 250% 的乳制品关税。多年来，国外的大型乳制品出口国一直希望进入加拿大市场。在毛伊岛的第十一个小时，加拿大贸易部部长艾德·法斯特作出了一个重大决定。为了让加拿大参与到 TPP 的游戏中，他提出一个提议，即减少加拿大高昂的关税和开放进口配额。这将适用于液态奶和乳制品，以便允许免税乳制品进口随着时间推移有所扩大""美国、澳大利亚和新西兰都认为加拿大没有作出足够的让步。但是……妖怪出了瓶，就没有回头路""加拿大的乳制品进口提议是否可以撤销？如果是这样，加拿大在未来的国际贸易谈判中的信誉会怎么样？把妖怪放回瓶子里，这将是加拿大面临的问题"。而国际治理创新中心在报告《美国立法者想要在 TPP 中开放加拿大乳制品市场》中把矛头直指美国，批评说，"在 TPP 中，美国立法者将开放加拿大乳制品市场视为谈判的关键问题"，报告援引加拿大奶农政策主任瑞克·菲利普的话说，"美国表现得很虚伪，其断言和要求都是自私的"。

当然，在保护乳制品问题上，一些智库也发出了不同的声音。加拿大亚太基金会在报告《TPP：加拿大有机会和重量级别高于自己的对手较量》中说，"最近有传言称，美国对于加拿大不愿降低农业贸易壁垒感到沮丧，正在考虑结束 TPP，这将会给解决突出问题施加压力，而且这些突出问题阻碍敲定协议的最终文本，这可能会要求利用加拿大大力保护的供应管理体制在谈判中作为讨价还价的筹码""加拿大要将眼光放得更远，从澳大利亚和新西兰身上吸取教训……对于市场稳定和增长的过度保护将会最终制约生产力、创新和农业绩效的发展""2014 年，新西兰向中国运送了价值 35 亿美元的乳制品，中国是新西兰最大的乳制品输送目的地。相比之下，2014 年加拿大向中国出口的乳制品总价值仅达 430 万美元……加拿大人需要意识到在 TPP 背景下放弃供应管理体制将有机会发展乳制品和家禽产品的出口产业，这一产业将会增强加拿大的实力。一个巨大的亚洲市场正在等待加拿大"。

相比于在乳制品问题上的斤斤计较，加拿大智库对药品知识产权的保护充满了热情。弗雷泽河研究所在报告《加强药物知识产权的保护将有助于加拿大的贸易协定的达成》中认为，"加拿大在制药行业的知识产权保护达不到国际标准，这将限制其与欧盟进行新自由贸易协定谈判和参与 TPP 谈判的能力""通过加强知识产权保护，加拿大有更多机会来发展贸易、进入外国市场、降低关税和贸易壁垒""提高加拿大对于药品的知识产权保护水平能够给加拿大人带来的好处包括：降低法律的不明确性和诉讼量，增加更多研究和开发支出，为制药行业提供更多就业机会，实现更大程度的医药自给自足，以及促进更多尖端治疗创新""加大知识产权保护力度可以提高加拿大在该协定谈判中的地位。TPP 能够使加拿大进入巨大且动态的亚洲市场，包括未来可能加入该谈判的中国"。

作为南太平洋国家，澳大利亚独特的地理位置使其在亚太地区具有特殊的地位，这也使其智库在研究 TPP 过程中会产生很多视角独特、很有意思的看法。洛伊国际政策研究所在报告《美国的全球经济领导地位：应对中国的崛起》中，用怀疑的眼光写道，"目前有 12 个国家参与 TPP 谈判，这些国家的 GDP（国内生产总值）为 28 万亿美元，覆盖的人口为 8 亿人……因为谈判是秘密进行的，所以很难知道哪些具体事务将会达成一致。重要的是，这些主要的规则制定协议排除了多数新兴市场国家和发展中国家，特别是巴西、印度和中国。虽然细节还不清楚，但是有理由怀疑经济收益将会是小幅度的，并且与其他的区域（或双边）协定一道，将更有可能导致贸易转移而不是创造贸易""同样清楚的是，TPP 的目的不仅仅是贸易……TPP 将深化美国在国外的联盟和伙伴关系，强调对亚太地区的持久承诺，并且帮助推动反映美国利益和价值观的全球秩序""华盛顿正在寻求将其排除到新区域贸易规则制定的过程之外""尽管目前排斥中国，但是美国可能最终发现，以平等的条件向中国以及其他主要新兴市场开放 TPP 将会更好地符合其商业利益"。报告认为，"美国自己也预计中国有朝一日可能被邀请加入 TPP……可能的妥协是将 TPP 和 RCEP 合并（两者均达成之后）为一个'超级大型区域协定'……这种方式可以使美国和中国在符合双方利益的领域达成共识，并且共同为制定国际贸易规则作出贡献"。

在澳大利亚智库中，对 TPP 持怀疑和排斥态度的并不是少数。在维基解密曝光 TPP 文本中有关环境问题的内容后，澳大利亚国立大学发展政策中心指出，"美国贸易代表坚持认为美国一直在努力推动'TPP 中一个强有力的具有可操作性的环保措施'。澳大利亚贸易和投资代表安德鲁·罗布信誓旦旦地说，将在 TPP 中加入有关环境保护的内容"，但是维基解密公布的 TPP 有关环境草案的内容，说明"传说中的 TPP 环境草案原来只是一个没有强制执行机制也没有实际意义的公共关系纽带""TPP 将会破坏政府、公民和非政府组织几十年来为保护我们的气候与环境所努力取得的成果""美国总统奥巴马表面上支持国内改善气候变化的行动，实际上却并不愿意在国际上对气候变化做出实际有效的行动"。

国际事务澳大利亚研究所在报告《TPP 下的 APEC?》中认为，"今天在北京召开的 APEC 会议体现了 TPP 和 FTAAP 这两个对手之间的竞争。这场比赛是中国和美国之间第一次宣布在泛太平洋地区建立自由贸易区并主导制定贸易规则的竞争""对于 TPP 成员国的领导人来说，如果他们不能提供一个亚太自由贸易区的替代品的话，那么无视中国对其的可行性研究是非常困难的。至今仍不清楚美国是否能够阻止中国继续开展这项计划""我们该怎样往前走呢？APEC 和'北京路线图'似乎更有相互替代的可能性……亚太地区的自由贸易协定的达成，无论是由美国主导还是中国主导，都不可能是比赛的终点。这将仍然意味着世界贸易体系被割裂：TPP、FTAAP 或者 RCEP 都只是这些碎片中最大的几片而已"。此外，该智库的一篇报告以《TPP 是澳大利亚不可避免的"第二十二条军规"》为题，列举了 TPP 对澳大利亚产生的影响、澳大利亚各行业最关心的问题，并预测未来澳大利亚经济的走向。报告认为，"TPP 的出现和全球贸易自由化趋势是不可避免的，然而其效果却是未知的""在 TPP 谈判结束之后，澳大利亚的重点将会转向印度和海湾地区……随着澳大利亚的企业逐渐融入全球的供应链中，这将带来许多巨大的机会。在许多方面除了进入自由贸易的竞技场中我们别无选择。但是对于许多本地的企业来说，由于缺乏先进的生产设备或进入到我们的市场的天然竞争优势，它们的生存将变得很艰难。不论是好还是坏，全球经济的必然开放将会导致国内商业环境发生更具有戏剧性的变化，并且会产生赢家和输家"。

　　在对 TPP 面临的阻力和困难的研究方面，澳大利亚智库表现得非常直接坦承。洛伊国际政策研究所在报告《争取投资权利的斗争》中认为，"投资者—东道国争端解决机制（ISDS）……将限制政府制定保护本国公民利益的政策，但有利于跨国公司获取利润""ISDS 将危害澳大利亚的主权，生产力委员会也承认这一点，并认为该机制将对澳大利亚政府的治理构成'重大威胁'""世界银行的相关研究对 ISDS 在促进外国投资方面的作用提出质疑。贸易谈判正变得越来越复杂，因其涉及一系列谈判议题中的各方利益的平衡。但是我们应该在 ISDS 问题上保持清醒，企业的确有权进行商品贸易和投资，从而创造社会福利。但 ISDS 只符合一小部分有权势的企业集团的利益并且会牺牲公民的利益"。针对 TPP 谈判中的保密原则，该智库在《遮遮掩掩 TPP：下不为例》中火气冲天地批评说，"TPP 谈判代表没有表示能够公开 TPP 中的实质性内容，而澳大利亚议会的唯一选择是接受或拒绝该协定""一个透明的过程可以确保制定的规则能平衡各方的利益，而不仅仅是使美国受益。当奥巴马总统表示，'如果我们不书写规则，中国将……'时，'我们'包括谁？规则会偏爱债权国而反对像澳大利亚这样的净借方吗？规则会支持知识产权所有者而反对像澳大利亚这样的知识产权用户吗？"

　　在该智库的《TPP 事项的失败不是出于经济原因》报告中，作者分析说，"TPP 不是一个真正关于经济的协定……美国的想法是，中国在亚洲的影响力与日俱增，TPP 将通过恢复美国的区域经济领导权来帮助维护其在亚洲的政治和战略地位""TPP 需要取代中国过去二十年来在亚洲建立的中心位置，并创建由美国主导的区域经济新秩序。这意味着 TPP 需要对抗中国经济的巨大吸引力。只要看看澳大利亚的贸易数据，就知道这是多么困难的事情""即使处于相对缓慢的增长阶段，中国经济仍能提供比美国和亚洲其他国家更多的新的经济机会。而 TPP 并不会改变区域未来的基本现实，即对于亚洲经济发展来说，中国比美国要重要得多""TPP 是对奥巴马政府是否下定决心在亚洲加强存在的一个测试……如果 TPP 获得通过，这不会对美国有所裨益，但如果 TPP 失败，就会对美国造成严重伤害"。

作为西亚国家，土耳其距离大西洋和太平洋同样遥远，但这并不能阻止其对 TPP 产生强烈的观摩兴趣。其智库国际战略研究机构在《跨太平洋伙伴关系协定》中叙述了 TPP 的起源与发展、TPP 谈判成员国概况、美国的目标和利益、TPP 与其他区域架构，以及 TPP 谈判中有关农产品、乳制品和牛肉、知识产权、药品、国有企业、政府采购和劳动与环境的争议。在《中国、美国和不断变化的全球架构》中，作者断言，"可以肯定的是，中国和美国之间的矛盾在 APEC 峰会和东亚峰会中就已经在某种程度上表现出来了"，并认为"东亚将面临两方面的挑战：如何定义"东盟 + 3"与东亚峰会的关系，如何协调东亚峰会与 APEC、TPP 的关系。东亚地区的区域架构的形状和特点将会由哪个国家决定，中国还是美国？"在报告《中国对美国亚太战略的回应》中，作者分析说，"2012 年 1 月公布的国防战略方针指出，美国要努力保持在全球的领导地位，并且有必要'再平衡'亚太地区。该文件表明，美国将中国视为一个威胁，指出中国作为地区大国，将会影响美国的经济和安全""美国的亚太战略有两个目的：国际金融危机爆发后，美国利用亚洲的发展优势，在该地区挖掘经济利益，还有就是制衡中国，因为中国已经对美国全球大国的身份构成威胁"。而"中国政府认为，TPP 的目标不仅在于增加美国出口、吸引投资，还要加强美国在亚太地区的政治影响力，以遏制中国的崛起。据称，遏制、软遏制、平衡、再平衡、孤立并包围中国是美国亚太战略的另一目标"。最后，作者认为，"目前看来，亚太地区的紧张关系不会继续恶化，因为中国和美国都不愿意看到动荡的亚太地区。双方都在面临一系列的问题，美国正与经济下行做斗争，而中国意识到，为了保持经济发展，维护国内稳定，使出口、投资型经济向消费主导型经济转变是一项紧迫的任务。为了实现这些目标，中国需要与亚洲各国建立更紧密的合作……需要改善其国际形象，而中国需要努力消除'中国威胁论'的声音"。

印度作为南亚大国和印度洋国家,虽然没有参加 TPP 谈判,但态度十分耐人寻味。维韦卡南达国际基金会于 2015 年 8 月发布的《理解中国的"一带一路"》报告认为,"美国在 2008 年之后的战略主要集中在三个方面,包括 TPP、TTIP 和'新丝绸之路'倡议。其中第一个以及最重要的就是 TPP,共有 12 个太平洋国家参与谈判,包括日本、加拿大、墨西哥和澳大利亚等,中国和印度均被排除在外""有明确证据表明这些协定带来的一体化经济将会是什么样子……如果 TPP 和 TTIP 成功,它们会将亚洲重要区域(不包括中国)融入到一个高标准的贸易和投资协定之中,并且也将与欧盟建立更密切的联系,总之将包括全球经济活动的 70% ,并以美国为中心""如果 TPP 和 TTIP 成功,这将意味着印度最重要的贸易和投资伙伴将会加入一个庞大自贸区。在这种情况下,印度将被剥夺目前占其出口市场一半的产品和服务出口市场"。

印度全球关系委员会在《定义印度在东亚的优先事项》报告中认为,"印度在过去 10 年中已经同很多国家结成良好关系。尤其是东向政策有助于加强印度同东南亚和东亚国家的关系""然而,备受关注的印度—美国双边关系似乎已经失去吸引力,而且核协定也受到很大的限制"。因此,"印度必须成为东亚经济的积极参与者……印度需要更明智地推动 RCEP 的进程,并且不应该成为一个有着很大潜能的区域贸易协定的绊脚石。印度不能成为美国主导的 TPP 的一个成员国,因为该协定针对成员国的社会法规对于印度而言过于繁重"。对 RCEP,该智库在《印度称将改革贸易关税以参与全球竞争》报告中认为,"迄今为止印度还没有被邀请加入美国主导的有 12 个国家参加的 TPP,并且,其没有资格参加……原因是其关税没有竞争力""印度对加入 RCEP 感兴趣,该协定包括东南亚国家以及另外 6 个国家——澳大利亚、中国、印度、日本、新西兰和韩国"。其提道,"印度希望成为有望于今年年底达成的东盟 +6 贸易协定的主要受益者"。

截至本卷定稿，TPP 谈判到底是延宕冲刺，还是铩羽而归，尚无定论。但是，了解世界智库关于 TPP 的议论和研究，可以肯定的是，无论其走向如何，因受制于内外因素，受制于"围堵"和"排斥"的陈旧理念，受制于过分强调维护自身霸主利益，TPP 确实难以承担起美国早期对其的期望，也难以阻遏世界各国在全球治理问题上的探索和尝试。2015 年 10 月 5 日的部长级会议虽然就文本达成了一致意见，但未来走向如何？路漫漫其修远兮。

在此，重温并深刻领会习近平主席在金砖国家领导人第五次会晤时的主旨讲话精神，可能对 TPP 走出困境、走得顺利有某种特殊的治疗作用："不管国际风云如何变幻，我们都要始终坚持和平发展、合作共赢，要和平不要战争，要合作不要对抗，在追求本国利益时兼顾别国合理关切。"[①] "不管全球治理体系如何变革，我们都要积极参与，发挥建设性作用，推动国际秩序朝着更加公正合理的方向发展，为世界和平稳定提供制度保障。"[②] 中国政府构建以合作共赢为核心的新型国际关系的"新"字，概括起来就是："以合作取代对抗、以共赢取代独占，不再搞零和博弈和赢者通吃那一套。"当今世界，谁要继续玩零和博弈游戏、搞赢者通吃那套，估计不再会像以前那样顺顺当当了，世界毕竟已经变化了，顺应时代潮流才会有前景。对此，但愿有人能听明白，并践行之。

（本文系王灵桂主编《国外智库看 TPP（II）》序言，社会科学文献出版社 2015 年 12 月版）

---

① 《习近平谈治国理政》第一卷，外文出版社 2014 年版，第 324 页。
② 《习近平谈治国理政》第一卷，外文出版社 2014 年版，第 324 页。

通向罗马的道路应该有多条

关于《跨太平洋伙伴关系协定》（Trans-Pacific Partnership Agreement，TPP），我们已经在上两本书中进行了比较彻底的讨论。但是，TPP 谈判完成后，在各谈判成员国审批完成之前，我们还是有必要再进行追问和思考：TPP 到底意味着什么？

2015 年 4 月 6 日，刚上任不久的美国国防部部长阿什顿·卡特（Ashton Carter）在亚利桑那州立大学麦凯恩学院演说时，向学生们宣称："就最广义的再平衡战略而言，通过 TPP 与再造一艘航母一样重要。"之后没几天，时任美国总统奥巴马于 2015 年 4 月 18 日，在与意大利总理马泰奥·伦齐（Matteo Renzi）联合召开的记者会上又表示，"如果美国无法与其他太平洋国家就贸易协定达成一致，中国将会插足填补真空，制定未来的贸易规则"。后来奥巴马又在多个场合反复强调了这个观点。美国政要的这些观点和看法，既彰显了美国政府对 TPP 的重视程度，又表明这个 TPP 并不是像美国所说的那样仅仅是一个促进国际贸易的协议，而是蕴含着美国人自以为是的标准，打造 21 世纪国际政治经济秩序的战略构想和战略图谋。

美国曾经评选出影响美国人的 88 本书，其中一本叫作《穷理查智慧书》。在这本语录式的小册子中，有这么一段话：A man is never so ridiculous by those qualities that are his own as by those that he affects to have。翻译成汉语，大意是"当一个人假装自己拥有某种品质时，行为最滑稽可笑"。同样，当一个国家宣称自己可以主宰世界，并要求其他国家只能照搬指定的发展模式和发展道路时，其行为也同样显得"滑稽可笑"。因为，也有句古话，叫作"条条大路通罗马"，即通向罗马的道路应该不止一条。如果让全世界按照一种模式发展，等于让地球上的花朵只能有一种颜色。而这种颜色的选择，又取决于指定者的兴趣和偏好。联想到美国政要的上述言论，更感到美国打造国际新秩序构想逻辑的荒诞性和滑稽性。

"20世纪90年代初，苏联解体，美国成为唯一霸权。这应当说是美国霸权的顶峰，其影响力达到世界的各个角落。当时，除了欧盟，没有任何一个国家同美国竞争苏联和东欧共产主义解体之后所出现的巨大国际权力空间，而欧盟和美国同属西方阵营，并不构成真正的竞争关系。可惜的是，美国在成为唯一霸权之后，其权力缺失制约，开始犯重大的战略错误。美国想'终结历史'，通过把西方式民主自由推广到全世界，从制度上确立美国一霸天下。在这个过程中，美国武力开路，发动海湾战争，在南欧拓展民主空间。'9·11'恐怖主义事件之后，美国又把战略重点转移到全世界范围的反恐战争。"之后，美国又兴趣盎然地在发展中国家到处搞"颜色革命"，把中东搞成了一个烂摊子，叙利亚、伊拉克、利比亚的无政府状态，既造成"伊斯兰国"势力的崛起，惊得四邻不安、世界失措，又使无数的难民无奈背井离乡前往欧洲避难，形成了困扰欧洲的"难民潮"，让本不平静的欧洲内隙层生。

冷战结束后，美国对亚洲的关注度不断下降，特别是1997年亚洲金融危机之后，美国并不看好亚洲的经济发展势头。但是，在2008年的国际金融危机之后，亚洲经济异军突起，中国成为世界第二大经济体，印度也持续保持高速发展态势，东南亚国家也继续保持较好的发展纪录，亚洲已经成为世界经济增长的火车头之一。在这个背景之下，美国提出了"重返亚太"的口号，并认真践行之。"重返亚太"政策包括军事和经济两条途径。一是在军事上重返亚太。亚洲尚没有任何一个国家的军力可以跟美国"叫板"，唯一具备潜在实力的可能是爱好和平的中国。美国军事重返亚洲，针对中国的目的性是不言而喻的，"围堵"中国的姿态也是明摆着的。二是在经济上重返亚太。美国要通过 TPP 的高标准尤其是一些具体条款（如关于国有企业的条款）等来制衡中国的目的，同样也逃不过明眼人的观察。TPP 号称是"高质量的自贸区协定"，美国所谓的"'高质量'，是以一系列不同于以往的贸易投资新规则作为支撑的，其实质是尽可能固化和放大美国的竞争优势，最大限度地弱化新兴经济体特别是中国的优势"。"在经济全球化背景下，TPP 不能作为一个封闭的内部经济圈。如果 TPP 协议因为某些国家的政治图谋而封闭，即使达成协议，其获利相对于削弱现有贸易关系造成的损失，也绝对是得不偿失的。"

从表面上看，TPP 号称要通过高标准来推动和振兴世界经济。从实质上看，美国通过 TPP 来遏制中国的发展。无论是从表面还是从实质上看，美国确实不喜欢中国的政党和国家制度，而在无力改变的情况下，只能通过军事和经济两条途径"围堵"中国，来迂回实现自己的战略目的。从更深层次讲，美国人十分担心，如果中国特色社会主义在现有基础上继续保持发展，用不了多久，中国的经济总量将会达到美国的水准，乃至超越美国。如此一来，美国在全世界极力推广的西方发展模式和发展道路，也将随之黯然失色。这是美国在处理当今国际事务，尤其是对华关系的内心"小九九"，也是他们心中的痛。TPP 也不例外。

2015 年 7 月，台湾大学政治系教授朱云汉出版了本书，叫作《高思在云：一个知识分子对 21 世纪的思考》。朱云汉在书中认为，目前资本主义在全球陷入困境，以西方为中心的世界正在走向衰弱，目前被奉为铁律的衡量"进步与落后"的历史坐标正在受到冲击，非西方国家在选择社会制度和价值体系时，将享有近代以来前所未有的更大空间和自由度。朱云汉的理论依据有以下三点。一是在过去的三十多年的时间里，美国扭曲市场和民主的真谛，力图打造"新自由主义世界秩序"，让美式资本主义纵横全球，让民主与市场成为美式资本主义的俘虏，被扭曲的"民主"与"自由"已经成为"变形民主""变形自由""变形市场"，成为世界秩序动荡的总根源，让许多新兴国家和发展中国家掉入了恶劣的"变形民主""变形自由""变形市场"的泥潭而不能自拔。二是"变形"也日益让美式发展模式成为让少数人得益的工具。在过去的 30 多年里，美国资本主义的模式已经成了为利益游说、金钱政治、媒体操控、富人主导的游戏规则，美国的民主政治日益成为寡头政治，美国政府无力扭转其衰颓大势。三是美式资本主义将威胁人类的可持续发展，在"经济自由化"旗帜下推动的资本主义全球扩张，已经对全球的社会、民主、文化和环境安全构成了生存挑战。

同时，该书谈到另外一个现象。中国经过三十多年的高速发展，开启了人类历史上最快速的持续经济增长、影响最大的全面工业化、最大规模的减贫运动的先例。这三个"最"，标志着中国的崛起，并成为"非西方崛起"的重要标志，中国有可能带来一种可供世界各国选择的发展模式和发展道路。朱云汉还认为，21 世纪是国家综合治理能力竞赛的世纪，而中国所拥有的集中力量办大事的政治体制、经济和人口规模庞大的现实、吸取西方国家发展经验和教训的后发优势等，又能确保中国在国家综合治理能力竞赛中保持领先地位。因此，美国舆论的焦点是中国的崛起与国际秩序的关系：中国是否会按照美国规定的路径、既定的规则发展？作者的结论有两个：一是中国是要融入世界，成为"世界的中国"，还是另辟蹊径，让世界成为"中国的世界"？二是中国和美国乃至西方的关系是否已经到了十字路口，进入了充满摩擦、矛盾甚至冲突的时期并引发世界秩序的重组？"西方主流媒体越来越担心崛起的中国会挑战西方建构的国际秩序。他们担心中国的社会主义市场经济制度将挑战西方市场经济制度；中国的政治制度将比西式民主更有吸引力；甚至历史上的'朝贡体系'也会以某种形式再现，冲击美西方主导下的国际秩序。"朱云汉的观察可能是准确的，中国的发展确实令世界瞩目，已经在改变着世界上五分之一人口的命运和生活水准，已经并仍将深刻地影响世界各国和各国人民。但是其观点依然没有摆脱修昔底德思想、零和博弈思维的影响，仍然值得商榷。

习近平总书记在主持十八届中共中央政治局第三次集体学习时专门指出，"世界繁荣稳定是中国的机遇，中国发展也是世界的机遇"，① 要"把世界的机遇转变为中国的机遇，把中国的机遇转变为世界的机遇，在中国与世界各国良性互动、互利共赢中开拓前进"，② "中国发展绝不以牺牲别国利益为代价，我们绝不做损人利己、以邻为壑的事情，将坚定不移地做和平发展的实践者、共同发展的推动者、多边贸易体制的维护者、全球经济治理的参与者"。③ 2014 年 3 月 27 日，习近平总书记在联合国教科文组织总部演讲时，向全世界宣布，"如果世界上只有一种花朵，就算这种花朵再美，那也是单调的。不论是中华文明，还是世界上存在的其他文明，都是人类文明创造的成果"，④ "各种人类文明在价值上是平等的，都各有千秋，也各有不足。世界上不存在十全十美的文明，也不存在一无是处的文明，文明没有高低、优劣之分"，⑤ "世界上有 200 多个国家和地区，2500 多个民族以及多种宗教。如果只有一种生活方式，只有一种语言，只有一种音乐，只有一种服饰，那是不可想象的"。⑥

关于中国发展与世界的关系，2014 年 3 月 28 日，习近平主席在德国科尔伯基金会演讲时指出，"众所周知经过改革开放 30 多年的快速发展，中国经济总量已经位居世界第二。面对中国的块头不断长

---

① 《习近平谈治国理政》第一卷，外文出版社 2018 年版，第 248 页。
② 《习近平谈治国理政》第一卷，外文出版社 2018 年版，第 248 页。
③ 《习近平谈治国理政》第一卷，外文出版社 2018 年版，第 249 页。
④ 习近平：《出席第三届核安全峰会并访问欧洲四国和联合国教科文组织总部、欧盟总部时的演讲》，人民出版社 2014 年版，第 10 页。
⑤ 习近平：《出席第三届核安全峰会并访问欧洲四国和联合国教科文组织总部、欧盟总部时的演讲》，人民出版社 2014 年版，第 11 页。
⑥ 习近平：《出席第三届核安全峰会并访问欧洲四国和联合国教科文组织总部、欧盟总部时的演讲》，人民出版社 2014 年版，第 15 页。

大，有些人开始担心，也有一些人总是戴着有色眼镜看中国，认为中国发展起来了必然是一种'威胁'，甚至把中国描绘成一个可怕的'墨菲斯托'，似乎哪一天中国就要摄取世界的灵魂。尽管这种论调像天方夜谭一样，但遗憾的是，一些人对此却乐此不疲。这只能再次证明了一条真理：偏见往往最难消除"[1] "中国走和平发展道路，不是权宜之计，更不是外交辞令，而是从历史、现实、未来的客观判断中得出的结论，是思想自信和实践自觉的有机统一。和平发展道路对中国有利，对世界有利，我们想不出有任何理由不坚持这条被实践证明是走得通的道路"[2]。

针对美国人对中国未来发展的困惑和担忧，2013 年 6 月 7 日，习近平总书记同美国总统奥巴马在共同会见记者时专门谈道："我明确告诉奥巴马总统，中国将坚定不移走和平发展道路，坚定不移深化改革、扩大开放，努力实现中华民族伟大复兴的中国梦，努力促进人类和平与发展的崇高事业。中国梦要实现国家富强、民族复兴、人民幸福，是和平、发展、合作、共赢的梦，与包括美国梦在内的世界各国人民的美好梦想相通。"[3] 习近平总书记在此次记者会上专门强调指出，"我和奥巴马总统都认为，面对经济全球化迅速发展和各国同舟共济的客观需求，中美应该也可以走出一条不同于历史上大国冲突对抗的新路。双方同意，共同努力构建新型大国关系，相互尊重，合作共赢，造福两国人民和世界人民。国际社会也期待中美关系能够不断改善和发展。中美两国合作好了，就可以做世界稳定的压舱石、世界和平的助推器"[4]。

在 2013 年 10 月 24 日的周边外交工作座谈会上，习近平总书记专门阐述了"亲诚惠容"的外交理念。他指出，"坚持与邻为善、以

---

① 《习近平谈治国理政》第一卷，外文出版社 2018 年版，第 264 页。
② 《习近平谈治国理政》第一卷，外文出版社 2018 年版，第 264 页。
③ 《习近平谈治国理政》第一卷，外文出版社 2018 年版，第 279 页。
④ 《习近平谈治国理政》第一卷，外文出版社 2018 年版，第 279 页。

邻为伴，坚持睦邻、安邻、富邻，突出体现亲、诚、惠、容的理念"
"要坚持睦邻友好，守望相助；讲平等、重感情；常见面，多走动；
多做得人心、暖人心的事，使周边国家对我们更友善、更亲近、更认
同、更支持，增强亲和力、感召力、影响力"，[①] 并要求"首先我们
自己要身体力行，使之成为地区国家遵循和秉持的共同理念和行为准
则"。[②]

从一定意义上讲，美国其实并不是一个很聪慧的学生，面对习近
平总书记的谆谆教诲，美国的"榆木脑袋"似乎并不十分开窍，有
的听明白了，办了，效果挺好；有的没有听明白，该怎么办还怎么
办，结果惹出了许多麻烦，还给中国扣上了"中国威胁论"的帽子；
有的则是揣着明白装糊涂，故意在搅局，故意制造麻烦，派个军舰到
南海岛礁附近转悠；有的则属刻意挑衅，自己搞个神秘兮兮的团伙，
偷偷摸摸地谈判，连协议文本都不让自己本国的国会议员知道，弄得
议员们在议会里牢骚满腹、跺脚骂娘，既不利于内部团结，也影响外
部观瞻。卡托研究所在《TPP 已经蓄势待发》中指出，"美国总统称
TPP 是一个机会：由美国'书写规则'，而非中国。不幸的是，这是
以对抗性的方式来进行国际商业合作""如果 TPP 成为美国在全球经
济治理中发挥重大影响力的工具，那么其需要扩大成员国数量，而不
能局限于目前的 12 个成员国。自几周前 TPP 谈判结束以来，亚洲许
多国家和地区均表示或重申其加入 TPP 的意愿。这些国家及地区包
括印度尼西亚、韩国、哥伦比亚、泰国、菲律宾和台湾地区。事实
上，虽然如此多的国家都渴望加入 TPP，而它们并没有见过该协定，
而且也没有参与该协定的起草"。

从这个角度看，我们还有很多艰苦细致的思想工作要做。春风化
雨，说起来容易，做起来不易，任重道远。因此，我们虽然"身在

① 《习近平谈治国理政》第一卷，外文出版社 2018 年版，第 297 页。
② 《习近平谈治国理政》第一卷，外文出版社 2018 年版，第 298 页。

兵位",但多干些基础性工作,多了解国外庙堂"外脑"们的想法,让决策层开展工作时针对性更强一些,也算为国尽力了。本书是全球战略观察书系的第六部,也是关于 TPP 的第三部。中国现代国际关系研究院原院长陆忠伟教授在为本书写的总序中指出,"TPP 协议的签署,致使中国学术界、经济界、舆论界、战略界的眼球顿时聚焦于此'T'。关于 TPP 协议与中国经济走向的话题一时充斥媒体,热络哗然,智者见智、仁者见仁,在对 TPP 的定性、定调上,性恶论有之,性善论亦有之。俗话说,喜怒知度量,利害见精神。立言立论,应该有缘有故;孰是孰非,必须事白情明。此乃做学问、搞研究之基本"。同时,陆忠伟教授也指出,美国牵头推动 TPP,"欲借此对外表明的意思即是,没有美国的一体化是低标准,TPP 是高标准,亚太通商秩序主导权掌握在美国手里"。

因此,如何"淡化而非强化 TPP 的政治色彩,降低中美战略抗衡的分贝,避免陷入误区导致战略误判""进一步稳定并夯实中美新型大国关系,发展与各国的'命运共同体''发展共同体'关系",已经成为学界不得不面对的一个重要研究领域和研究课题。鉴于 TPP 协议的全部本文内容有待全面披露,对其进行全面研究尚存很大的不确定性。因此,我的工作团队继续从国外学术界、舆论界、战略界,特别是国外重要智库的报告中来感知大概,为学界和决策者们今后的系统性研究、准确决策,努力提供些素材,奠定些基础。

在 TPP 谈判 12 个成员国部长级会议通过协议文本后,美国智库在发表的研究报告中,态度和立场似乎有一些新的变化。如果说,之前纠结于中国进不进的困惑之中,讨论吸纳不吸纳中国对美国的利弊问题的话,在通过协议文本后,它们更多地津津乐道于中国是否和如何达到所谓的"高标准",属于从门槛里面看门槛外面的心理。同时,一些美国智库开始讨论 TPP 对美国带来的预期收益和政治红利,很明显地展示了美国智库为政府"抬轿子"的造势心态和研究取向,这也是之前少见的。

美国外交关系学会在报告《美国国务卿克里专栏：美国在不断变化的世界中的外交政策》中十分坦率地承认，"为了维持美国的繁荣，必须不断开拓和扩大海外市场。这是一道相当简单的数学题。TPP 附带有经济成分，但它不仅是一个贸易协定""TPP 将消除对'美国制造'产品施加的 18000 多项国外税种，并帮助美国制造商、农民和小型企业商人在增长迅速的市场中竞争并获胜""展望未来，亚太地区将在塑造互联网、金融监管、海上安全、环境以及诸多其他直接关系到美国事务等方面的国际规则道路上拥有极大的发言权。在这个时代，经济和安全问题是重叠的，所以美国不能在一个又一个领域落后于其他国家。通过对这一贸易协定的投票表决，美国国会能够增强美国的使命感，而美国也将继续成为整个亚太地区繁荣和安全的领先力量"。

伍德罗·威尔逊国际学者中心在报告《跨太平洋伙伴关系协定：制定标准和提高门槛》中指出，"TPP 的地缘政治意义远远大于其建立全球贸易规则的重要性，甚至大于更开放的市场可能带来的经济机会。在推动 TPP 谈判的进程中，美国总统奥巴马强调了重新平衡美国在亚太地区的地缘政治和经济利益的重要意义。通过敲定 TPP，美国明确其对亚洲盟友的承诺""迄今为止，TPP 最重要、最创新的贸易贡献是使民营企业与国有企业在同一个平台进行竞争。在 TPP 成员国中，越南、马来西亚和新加坡将首先受益，但 TPP 也可能为其他新兴经济体包括中国设定一个全球标准""奥巴马政府和其他 11 个 TPP 国家否认 TPP 旨在遏制中国。它们表示包括中国在内的其他国家可以自由地加入 TPP"。

卡内基国际事务伦理委员会在《跨太平洋伙伴关系协定：前景及挑战》中认为，TPP 协议文本的达成，"有望使全球商业面貌焕然一新""该协定不仅与国际贸易有关，还与地缘政治有关。TPP 有望成为美国总统奥巴马外交政策的又一大成功""也有可能为奥巴马'转向亚洲'或'亚洲再平衡'战略增添实质性的内容"，在美政府更迭后，"如果国会中有足够多的成员将 TPP 视为国家利益和安全的服务者，尤其在中国日益崛起的背景下，那 TPP 还是会有机会的""中国最终加入 TPP 的前景将是相当不错的。TPP 向其他国家开放（包括韩国，尤其是中国），是其能够得到进一步发展的前提条件。对于那些支持 TPP 的理念而不担心它会将中国排除在外或强迫其他国家在中国与西方二者中做出选择的专家来说，这种所谓的开放架构是很有必要的。就连美国国防部都一直在避免 TPP 带来一次新的冷战。就某些方面而言，将中国排除在 TPP 之外不是最理想的状态，因为最佳状态是将贸易作为一种亚太商业改革和高标准的诱惑因素。TPP 关于国有企业、政府采购、劳工标准及工会的部分与中国经济尤其相关""理想的世界是将中国包括在 TPP 中，使亚太地区交织在一起，共同迈向繁荣"。

大西洋委员会在采访美国贸易代表弗罗曼后，依据其谈话发表的报告认为，"由奥巴马政府和其他 11 个环太平洋国家进行的贸易谈判虽然不是非常完美，但是最终会赢得国会议员的支持"，并认为 TPP 具有"磁场效应"，已经引起了非谈判成员国的兴趣；TPP 还是一个"改变游戏规则"的协定，是"皇冠上的宝石"，因为"TPP 不仅有助于贸易自由化，也有助于平衡中国经济崛起的影响力""有人将 TPP 形容为奥巴马政府的亚洲'再平衡'政策的'经济组件和皇冠上的宝石'，并表示这对美国的国家安全与幸福至关重要"，TPP 还被视为"美国决心领导亚太地区的'证据'……中美关系正处在一个十字路口，TPP 有助于重申美国在亚洲的立场，并为中国重新定位提供机会，进而可能为中美更广泛的合作铺平道路""TPP 不反对中国的加入，如果中国能够并愿意满足 TPP 设定的标准将非常好，而且 TPP 将对该地区（包括中国）产生更广泛的影响：推动监管实践，提高透明度，促进互联网的良性循环"。

卡托研究所在《跨太平洋伙伴关系协定：华盛顿将中国排除在外并不明智》报告中认为，"美国作为 TPP 的主要谈判者故意将北京从外交项目中排除""将中国从 TPP 中排除与美国对中美关系采取的政策相一致。两国保持良好的双边贸易关系，但这些不可能掩盖华盛顿对中国意图成为东亚主导力量的怀疑，这种'抱负'对美国的重要利益构成威胁。虽然美国领导人很少公开承认这一点，但是美国似乎越来越热衷于遏制中国的外交、经济和军事影响力""TPP 与美国试图遏制中国影响的政策相一致。美国在东亚地区的盟友肯定会以这种方式解释贸易协定……该协议将不仅会带来重要的经济效益，而且会带来长期的安全利益……如果美国和日本通过 TPP 增加在亚太地区的存在感，这可能会遏制中国在该地区追求扩大影响的举动"。报告在结论中认为，"将 TPP 作为遏制政策的一种手段是非常不明智的……中国正在成为一个崛起的大国，美国官员需要比以往更加灵活。一个良好的开端就是立即开始谈判，让中国加入 TPP，而不是将TPP 作为一个敌对的遏制政策"。

美国外交关系学会在《美国、日本与中国的崛起》报告中认为，"中国在亚太地区的影响力与日俱增。此外，TPP 是美国'再平衡'战略的重要部分。事实上，日本加入 TPP 至关重要。在某种意义上，最为显著的是美国对亚洲'再平衡'的承诺，不仅局限于军事层面，同时也重视安全和经济领域""从某种意义上说，TPP 的一大亮点是确保美国在亚洲继续发挥巨大作用。所以从这个意义上来看，TPP 实际上维护了美国（包括日本）在该地区的信誉。然而，美国和日本必须适应中国崛起这一现状"。卡内基国际和平基金会在《加油欧洲，促成跨大西洋贸易与投资伙伴关系协定》报告中认为，"TTIP 和 TPP 都与美国在大西洋和太平洋建立联盟有关，其目的是遏制中国。自从美国不能再独当一面以来，它就需要借助盟国来加强其对经济、贸易和军事优势的保护。总之，这两个协定都被视为在制定 21 世纪贸易规则方面美国与中国的竞争"。

布鲁金斯协会在报告中也认为，TPP 虽然是"美国总统奥巴马'亚洲再平衡'战略的经济中心""中国没有参加 TPP 谈判，但它可能会在未来某天加入"，并认为，"TPP 将有助于建立下一代商业规则，或充当更深层次的经济一体化和公平竞争的'软件'，而亚投行是对美国主导的世界银行和日本主导的亚洲开发银行的补充，堪称贸易与投资的'硬件'""许多太平洋国家都希望且需要和美国及中国保持友好往来，它们不愿在两者之间做出选择。我们应该反思中国创建亚投行的原因，以及美国遭遇这样一个尴尬的外交失败的原因"，并提出"美国必须决定是否从外部对亚投行施加更大的影响力和冲击，或作为成员参与塑造该机构"。该智库在一份题为《21 世纪贸易与投资的国际经济架构》的报告中指出，"当前是时候推出一个高标准的、雄心勃勃的面向 21 世纪的自由贸易协定，它不仅关乎关税和工业产品，也关乎贸易发展道路和贸易规则"，总统[1]那时曾对弗罗曼表示，贸易协定的底线是对美国人有利，包括对美国普通工人、企业和经济有利，"中国现在是世界第二大经济体，它进行负责任的改革，加快市场转变是非常重要的。因为这将结束中国出口导向型的经济增长，并真正建立起消费者对中国的依赖，让中国的消费者从世界其他国家购买更多的商品，帮助本国经济和全球经济恢复平衡""如果美国没有 TPP，这对于美国而言完全就是灾难""实际上，TPP 包含的 12 个国家并不那么重要。除了美国和日本，其余的国家是无关紧要的。但重要的是 TPP 成员国之间的互联互通""使美国支持符合其他国家贸易利益的规则是不容易的"。美国外交关系学会在《亚洲的经济状况》报告中认为，TPP "是美国目前最好的途径，因为它是中国最弱的地方。在这一方面，日本和美国保持高度一致。现在，有人要把 TPP 向国会和公众进行推销，声称美国在包围中国，并将中国排除在外。在这里，我真的由衷地佩服中国人。在过去的两年里，他们对待 TPP 已经非常成熟。他们说，好的，我们做我们自己的事，叫作 RCEP，不管怎样，我们都在做我们自己的事。你可以做你的

---

① 2013 年，时任美国总统奥巴马在迈克尔·弗罗曼（Mike Froman）就任贸易代表仪式上的谈话。

事。甚至，最近中国人又站出来说他们在未来的某天会加入 TPP"。

该智库在分析了欧元区危机后认为，"这一危机削弱了欧盟机构的公信力，使数以百万计的欧洲人对欧洲项目的幻想破灭"，而"中国推出的亚洲基础设施投资银行是中国实力和影响力日益增强的结果，也是西方特别是美国的失败。TPP 的贸易谈判刻意将中国（亚洲最大的经济体和世界上最大的贸易伙伴）排除在外。世界银行和国际货币基金组织的治理结构改革已因美国和欧洲不相称的权力而停滞。毫无疑问，中国已经决定通过其他方式来提高自身影响力。美国政策制定者低估了中国的实力和其他国家愿意与之合作的意愿"。在这份报告中，该智库感叹，"世界银行和国际货币基金组织确实需要改革，但可能已经来不及把中国'拉拢'回来"。布鲁金斯学会还提出一个很有意思的话题，在《为什么中国应该加入 TPP》报告中，作者认为，"一旦 TPP 达成，它将对亚太地区贸易和投资模式产生重大影响。供应链将优先进入 TPP 覆盖的市场，并且生产和制造领域也将进行改革，以与 TPP 提出的环境、劳工和食品安全标准相适应。中国没有加入 TPP，这会使其付出代价。中国需找机会加入 TPP"，而"对于中国来说，要想加入 TPP，它必须为满足协定要求而进行各项改革""中国在 TPP 中的缺席会令其付出代价""中美两国正在进行的双边投资协定（BIT）谈判是关键的一步，这将表明中国有意愿也有能力进行加入 TPP 所必须进行的改革"，同时"美国和中国也应该考虑是否推动世界贸易组织多边谈判的复兴"。

大西洋委员会的《TPP：美国坐上了驾驶座》报告称，"奥巴马表示，鉴于我们 95% 的潜在客户与我们隔海相望，我们不能让中国制定全球经济规则，制定规则的应该是我们，在设定高标准保护工人和环境的同时，也应为美国产品开辟新市场""该协定的达成与中国有密切的关系。中国与其邻国拥有高额贸易。TPP 会使中国的这些邻国处于日本和美国的影响之下，还会影响到诸如越南和马来西亚生产商品的标准，从而影响与中国的贸易。这些国家通常为中国市场提供成品货物，或为中国企业提供半成品。如果 TPP 成员国提高了货物标准，那将对与中国的贸易产生影响，也就意味着中国将更难获取制造业的货物供应。如果亚太国家更多地与美国开展贸易，如果美国、加拿大和墨西哥进一步开放国内市场，那将削弱中国对亚太国家的影响""但中国需要做的是努力赶上 TPP 中的贸易现实条件，随着 TPP 不断发展，中国应继续就贸易问题进行磋商，以期最终采用 TPP 中的规定和规则""目前中国加入 TPP 仍面临很多分歧，该项工作将会耗费很长的时间。"当然，"这也取决于美国政府的意愿，以及日本的变革。中国一旦提高货物生产标准，就可以着手加入谈判。如果中国经济立即去适应 TPP 的新标准，其效果也会具有颠覆性"。

关于 TPP 的未来，布鲁金斯学会谈到了自己的看法。在《TPP：开始的结束》报告中，作者认为，"美国的核心战略是制定一套与 21 世纪经济现实相匹配的国际经济规则，并巩固美国作为太平洋大国的关键地位""TPP 谈判是一个里程碑式的成就。但我们不应忽视这样一个事实：要想使 TPP 从书面协定落实为实实在在的举措，我们需要做的还很多"，但是"TPP 项目仍然是一个承诺而非现实""一旦 TPP 遭遇国会否决或迟迟未能表决，一切也就都没有意义了。如果 TPP 不能落地生根，那过去种种努力都将付诸东流"。该智库在另外一篇报告《跨太平洋伙伴关系协定是促进全球贸易发展的最佳方法》中认为，"TPP 是备选方案。但是它是这么多年来最好的备选方案并且理应得到国会的支持""TPP 是一个开放的协定——任何一个亚太国家只要根据 TPP 的规则提供合理程度的市场开放，它们就可以加入 TPP""TPP 的条款更有利于美国、日本和其他的成员国""TPP 可能会向设定更强大的贸易规则迈出重要的一步，这将有利于美国和更广泛的亚太地区的发展"。

安全政策中心发布的《TPP：问题重重的协定》认为，"美国、亚洲各国政府以及各式各样的公司一直都在秘密谈判，忽略了透明度和问责制。毫不奇怪，它们做出的安排也只适用于狭隘的利益团体，损害了美国国民的利益。据报道，该协定还就人口自由流动和跨国管理安排做出承诺，完全与主权共和政体和宪法冲突。不幸的是，国会要么接受，要么弃绝。现在看来，弃绝 TPP 似乎是可取的"。根据美国负责国际经济事务的国家安全顾问卡洛琳·阿特金森的言论，针对部分美国议员提出的要重新谈判 TPP 文本的要求，大西洋委员会发布了《重新协商 TPP？痴心妄想》的报告。该智库援引阿特金森的话说，"重新谈判不会作为一种选择"，因为"由 12 个国家达成的贸易协定，其中许多非常复杂的问题交织在一起，"她说，"每个问题都与其他问题有关，就市场准入而言，每个国家都在平衡其他国家""我们认为 TPP 的高标准不仅将提高 TPP 成员国的标准，而且也会提高该地区其他国家的标准，从这个意义上来说，这将引发一场角逐……TPP也将是美国地缘战略的一个巨大胜利"。

　　卡托研究所在《TPP 达成！现在应该做什么？》报告中写道，"经过六年的谈判，TPP 最终在亚特兰大达成。贸易政策专家都对 TPP 的成功达成感到兴奋"，但是"即使 TPP 达成，奥巴马总统仍不能马上签署该贸易协定。根据相关规定，他在正式宣布打算签署 TPP 的 90 天之后，才能将此付诸行动。在此期间，政府和国会将会进行频繁的磋商讨论贸易协定细节，TPP 的法律文本将在互联网上向公众公布，美国贸易代表办公室咨询委员会将向国会提交有关的贸易评估。与此同时，美国国内也会给有关各方提供充足的机会对 TPP 的利弊进行辩论""长达 90 天的磋商期过后，奥巴马总统可以将国会的意见反馈给其他 TPP 伙伴国，即是否需要对 TPP 进行修改。一旦 TPP 签署，美国政府最多有 60 天的时间将 TPP 的相关条款添加到美国的法律列表中，而美国国际贸易委员会最多有 105 天的时间做一个相关报告，分析 TPP 对美国经济的可能影响，国会的贸易委员会将对立法实施进行模拟审议，最终将在国会两院实现 TPP 立法。众议院将有 60 天时间对 TPP 立法进行投票，而参议院将有 30 天时间对 TPP 立法进行投票。这些程序要求是贸易促进授权法中规定的。在

2016 年进行新一届总统大选之前，TPP 需要由国会批准，奥巴马总统的时间紧迫。尽管在选举年中，贸易法案不会有所变化，但仍有人担忧 TPP 会因总统辩论、初选和国会中的复杂情况而被延迟签署"。该智库在另外一篇报告《贸易协定不仅仅包括降低关税》中继续阐述了这种观点，认为"TPP 将成为有史以来规模最大的自由贸易协定。然而，TPP 签署还没有完成。接下来，美国以及其他 TPP 成员国将进行一场激烈的政治辩论。在准备阶段，了解 TPP 带来的广泛影响是有用的。贸易协定的内容不仅包括降低关税，还包括全球治理方面的广泛实践"，报告指出"奥巴马政府将 TPP 作为历史上'最先进'的贸易协定，它将显著推进劳动保障以及环境保护""TPP 试图通过构造一个平衡的方案来取悦所有不同的利益集团。给予每个人想要的东西，这是很难做到的事情。满足一些人的利益将意味着伤害另一些人的利益"，因此，"就 TPP 即将进行的公共辩论一定是激烈的""预测国会会通过 TPP 为时过早"。

　　大西洋委员会在《跨太平洋伙伴关系协定的神话与现实》中认为，"到 2025 年 TPP 将使美国的国内生产总值（GDP）增加 0.4%，并为全球经济增加 5000 多亿美元"，但是"美国国会可能是 TPP 的最大障碍，一旦奥巴马将协定提交给国会，该立法机构需要 90 天的时间来决定该协定的命运"，如果美国国会"拒绝 TPP 可能会彻底破坏美国所谓的'亚太再平衡'战略，还会影响美国在该地区的信誉，以及美国与亚洲经济的融合""拒绝 TPP 带来的损失比接受 TPP 带来的益处更大"。同时，报告也指出，"在经济领域，TPP 不会扭转长远趋势。亚洲区域内的贸易和投资发展要比跨太平洋的贸易和投资快得多，这是不可能改变的……因为中国是美国的该地区众多盟友和伙伴的最大的贸易伙伴……中国与 14 个国家相邻，而且永远是该地区国家的邻国。尽管美国与亚欧大陆在白令海峡中相隔 12.5 英里，美国仍是太平洋国家，而不是亚洲国家"。

　　关于 TPP 谈判过程中的生物制药保护期等敏感问题，外交关系学会在《TPP 中的药品交易》中指出，"该协定中有关制药和生物技术的规定引起了一些强烈的反应，其好几次使 TPP 谈判'脱轨'""在 TPP 谈判中，有关专利保护期限、创新性研究透明度以及实验数据透明度这样的问题已经被证明是非常具有争议性的""唯一对此结果满意的团体就是生物制药商""一些世界领先的关注人道主义的医疗机构强烈地批评 TPP 对数据保护的规定。例如，诺贝尔和平奖得主无国界医生组织（法语缩写，MSF）这样的医学人道主义组织发出它的反对宣言：'TPP：医学上糟糕的交易'""总部设在华盛顿的非营利性组织，倡导低成本药物——认为在生物制品和其他领域，'TPP 规则将扩大医药行业的垄断保护，但这将以牺牲民众可承受的药品费用为代价'"。

在美国总统选举的背景下，TPP 正在成为角逐总统职位者的艰难选项，2015 年 10 月 15 日，卡托研究所在《希拉里经济学》中提出："如果希拉里·克林顿当选总统，她会提出什么经济政策和对经济产生怎样的影响？"进而指出，"希拉里·克林顿在过去的一周改变了 TPP 所持的观点。担任国务卿时，她曾支持 TPP，并在她的书《艰难的抉择》中，称其为'具有黄金标准的贸易协定'。2015 年 10 月 7 日，她又讲道，'我不相信 TPP 会满足我所设置的高标准'——尽管她承认还没有阅读该协定的内容。1996 年，她直言不讳地支持《北美自由贸易协定》，但是多年来，她又打了退堂鼓。因为她的参议院的投票记录和其对贸易协定的言辞不一致。她支持美国和新加坡、智利和澳大利亚、摩洛哥和阿曼签订自由贸易协定，然而她反对中美洲自由贸易协定。她的提议中有一项就是开拓新的市场，这似乎与她反对 TPP 相矛盾"。胡佛研究所发布的《希拉里听到佩罗的巨大吸气声，改变了对 TPP 的支持》报告中指出，"值得注意的是希拉里最近刚从支持 TPP 转向反对它，不幸的是这被认为是达到她目的的手段而不是政策因素""希拉里·克林顿说，她现在不能支持 TPP，理由是她担心就业和工资、国家安全、汇率操纵和制药公司的具体规定"。

美国的一些行业协会对 TPP 条款的批评声音始终很高。卡托研究所的《烟草会扼杀跨太平洋伙伴关系协定吗?》报告指出, "TPP 将通过降低关税、配额和其他贸易壁垒实现贸易自由化……但是一个特别的产品可能会在美国的 TPP 政治辩论中扮演极为重要的角色——烟草" "烟草已经被'分离'出外国投资的标准规则。这肯定会引起国会议员的关注, 其中包括参议院多数党领袖明奇·麦康奈尔 (MitchMc Connell), 他代表肯塔基烟草生产商", 而 "抛开法律问题不谈, 现在的问题是政治上的问题。烟草分离是为了平衡公共卫生组织 (想要严格的烟草法规) 的要求和商业利益 (想要保持现有的投资规则)。但是现在国会已经开始衡量政治影响。TPP 存在许多有争议的部分, 它的成败将不完全取决于烟草问题。尽管如此, 贸易协定往往由国会投票, 而烟草分离可能会对结果产生重大影响"。该智库在《TPP 的政治化》报告中还指出, "在贸易政策世界里, 每个人都迫切等待 TPP 全部文本的公布, 然而相关消息称, 这仍然需要一段时间" "一旦 TPP 文本公布, TPP 的政治化将会非常有趣" "就 TPP 的'进步'性质而言, 奥巴马政府说, TPP 将就劳动保护条款做到以下几点: 就劳工标准建立相关制度, 如最低工资、工作时间及职业安全与健康要求。对于最低工资, TPP 到底会对各成员国提出什么样的要求? 如果它要求所有 TPP 成员国建立最低工资制度 (如设定一个具体标准或者只有一个标准), 那么国会的一些共和党人可能会反对"。

经济政策研究所则在《TPP 将不利于美国和其他成员国的工人》报告中直言不讳地指出, "TPP 是一个代表大公司管理贸易和投资的协议, 这将给美国工人工资增加下行压力, 并可能会导致贸易赤字和裁员的不断增加" "TPP 中有通过扩展美国版权和专利来保护消费者这样的内容, 这将大大提高处方药价格, 该条约将数十亿美元的利润转移到大型制药公司而使无数贫穷的消费者失去获得救命药物的权利"。而信息技术与创新基金会在其报告中提出了截然相反的看法，认为 TPP 是一个混合体，对技术有利，对生命科学不那么有利，"该协定设定的一个高门槛将最大限度地增加全球创新机会。不幸的是，对生命科学行业而言，谈判人员设定的低门槛将不利于生物技术创新，并最终影响病人的健康状况" "美国法律规定了 12 年的数据保护期，但不幸的是，TPP 将这一期限定为 5—8 年。虽然我们高兴地看到一些其他国家提高了它们的标准，从而更接近美国的法律，以承认保护知识产权的重要性，但是 5—8 年的期限是根本不够的。欧洲提供了至少 10 年的数据保护期，所以这个新的协议使美国落后于欧洲国家"。

中心地带研究所在《奥巴马的太平洋贸易协定引来批评》报告中认为，"TPP 将只有利于富裕的企业所有者、企业和某些特殊利益集团。强大的美国劳工联合会—产业工会联合会（AFL – CIO）认为应该拒绝 TPP……TPP 不会创造就业机会、保护环境并确保安全进口。相反，它似乎是在仿照《北美自由贸易协定》，在《北美自由贸易协定》中，大型跨国公司受益，而工薪家庭不会从中受益"。报告还认为，"根据 TPP 协议，在药物制药专利保护期期满以前，竞争对手将不能生产相同的药物……尽管 TPP 不会影响美国药物的数据保护期，但是我们相信我们的亚太伙伴没有同意类似的数据保护期是目光短浅的表现，将有可能使全球投资放缓，对于痛苦的病人来说，这使获取新的突破性治疗的进程放缓" "事实上，大型制药公司和全球卫生倡议组织都反对 TPP，这表明 TPP 是非常复杂的自由贸易协定" "国家应该专注于创建有针对性的贸易协定，避免对已经动荡不堪的医疗卫生市场造成严重伤害"。

经济发展委员会在《TPP：推动更自由的贸易时，想取悦所有人并不容易》报告中，援引美国国会工作人员的话称，"2016 年 4 月中旬之前，美国国会不可能对 TPP 进行投票表决" "根据 TPP 协议，美国将在 25 年内取消对进口汽车征收关税……福特汽车公司（被定性为'失败者'）颇为不满。它认为这会使其他国家获得不公平的竞争优势"。芝加哥全球事务委员会在其报告中认为，"TPP 将对太平洋地区的许多经济部门造成重大影响。农业是受影响较大的部门之一，特别是乳制品和糖的市场会受到影响""在 TPP 获得批准后，国外对美国商品的需求将提高农民的收入。此外，该协定旨在支持科学的美国农业动植物卫生检疫标准。美国农业部部长汤姆·维尔萨克（Tom Vilsack）签署了协议，几个美国农业协会也纷纷站出来支持该协定，包括美国农业局（American Farm Bureau）、美国大豆协会（American Soybean Industry）、美国糖业联盟（American Sugar Alliance）、美国谷物理事会（U. S. Grain Council）、北美肉类协会（North American Meat Institute）和西部种植者协会（Western Growers），虽然有些协会持谨慎的乐观态度""支持者认为，如果 TPP 获得批准，它可能会扩大太平洋地区的贸易，并且美国将在太平洋地区培育更强大的经济伙伴关系。然而，一些人仍然有一些犹豫。批评者担心，食品安全检查受到限制，TPP 会提高疾病暴发的可能性"。

阿斯彭研究所对 TPP 如何促进手工业发展很感兴趣。该智库认为，"我们正在等待 TPP 文本正式公开发布，并接受民众审查，到那时，小型妇女所有企业将如何从该协定中获益？其成功因素分为两个可持续发展目标：消除贫困和促进女性经济发展""全球贸易不应该强制选择支持小型企业或大型企业。大型企业必须将小型妇女所有企业包括在全球供应链中。这些伙伴关系使企业家和小股东获得新的市场机会，从而减少贫困并促进女性经济发展""任何人都不应该忽视手工业。接下来，获益的大型公司必须受到鼓励，并与小型手工业企业进行合作。这是唯一的方法：我们可以在雄心勃勃的可持续发展目标上取得进展，到 2030 年消除贫困，并促进妇女经济发展"。

竞争性企业研究所的《跨太平洋伙伴关系协定涵盖广泛》报告认为，"2015 年 10 月 5 日，亚太地区 12 个国家的贸易部部长宣布，他们已经结束 TPP 谈判。TPP 将美国、加拿大、墨西哥、澳大利亚、新西兰、日本、智利、秘鲁、马来西亚、新加坡、越南和文莱拉进一个广泛的贸易协定中。该协定覆盖的经济规模约占世界的40%。……TPP 具有一些积极意义，它将消除或降低广泛的工业和农产品关税；采取措施使加拿大和日本开放乳制品市场；允许美国进口更多的糖类；美国将逐步取消对日本汽车征收的关税"，但是 "TPP 的达成并不容易，甚至在文本最终发布前，反对者们也进行了激烈的攻击，特别是一些参加总统初选的人士，如参议员伯尼·桑德斯（Bernie Sanders），他谴责 TPP 是'灾难性的'协定，此前共和党内呼声极高的参选者唐纳德·特朗普（Donald Trump）也公开表示反对 TPP。美国参议院金融委员会主席奥林·哈奇（Orrin Hatch）曾推动国会通过'快速通道'贸易授权法案，但他对当前这个形式的 TPP 不够满意"。报告注意到，"TPP 谈判中最具争议的问题之一是美国在生物或医药产品专利保护方面的立场。美国曾寻求对生物制药设置为期 12 年的专利保护，但在最终协议中，这一保护期缩减至 5 年"。

国家政策分析中心在就业、贸易逆差等问题上的观点令人印象深刻。报告《跨太平洋伙伴关系协定：我们是否准备好迎接挑战?》认为，"由于进口商品会替代国内产品，有些工作岗位会消失。但出口扩大同样会带来许多就业机会。失业是难免的，但不一定只有坏处"，同时在贸易逆差问题上，该智库认为 "美国必须要有盈余。这是愚蠢的。我在杂货店买食物，我在当地的加油站加汽油，去找理发师理发。我和他们都有贸易逆差，因为我不卖给他们任何东西。我通过向企业提供服务获利，这平衡了我的赤字。我的贸易平衡是多边的，不是双边的。国家也是同样的道理。美国与其他国家的采购与销售不必一致"。

米塞斯研究所则对 TPP 提出了另外一种全新的观点。在其发表的《TPP：对自由贸易的最新攻击》报告中，认为 "TPP 像所有其他与其形式相同的贸易协定一样，旨在服务于参与 TPP 的政府战略利益，和自由贸易没有关系。毫无疑问，某些拥有政治权力的大型公司将受益于像 TPP 一样的自由贸易协定。大型公司拥有影响力和资源从而改变和塑造这些协议来支持它们。小型企业和小型企业家只会承受更大的限制""TPP 是一个国家'安全'计划，与自由贸易无关"。

美国国际与战略研究中心就 TPP 对美日关系的影响，发表名为《美国和日本最终驱散贸易阴影》的报告，认为，"TPP 与规则制定有关，并且东京和华盛顿在这方面是至关重要的盟友""最重要的是TPP 带来的动态效应——针对日本老龄化进行更广泛的结构性改革，这将为安倍的雄心和'安倍经济学'改革增加信心""该协定将促进奥巴马政府的'亚太再平衡战略'……TPP 将强调美国和日本作为亚太地区规则制定者这一角色""如今，TPP 在亚特兰大敲定，这一历史性协定将有助于实现 1906 年签订的美国—日本安全条约第二条的承诺，该条款要求两盟国"应在国际经济政治方面消除冲突以及……鼓励双方进行经济合作。通过消除两国几十年的贸易摩擦阴影，TPP 将使这些条款最终变得有意义"。

国际与战略研究中心还就美韩关系进行了讨论，在其发表的《韩国重新考虑 TPP》报告中认为，"朴槿惠声称，韩国想要加入 TPP 表明韩国对 TPP 的想法发生转变。TPP 曾被视为一个自由贸易协定，现在它被视为发展国家间的战略伙伴关系的纽带，将制定 21 世纪的全球贸易标准""朴槿惠总统在她 2013 年的贸易政策中为韩国制定了雄心勃勃的计划。在她的领导下，通过追求自由贸易协定，韩国将成为亚洲经济整合的'关键'""鉴于韩国对其他贸易协定的热情，为什么其在加入 TPP 时如此谨慎？韩国起先不愿加入 TPP 被一些人视为韩国想要远离美国主导的区域框架，因为它怕惹怒中国。事实上，答案确实是很复杂的。韩国不要求加入 TPP，这样做是考虑到韩国几乎与包括美国在内的所有 TPP 成员国都达成了自由贸易协定。此外，韩国政策制定者完全依赖经济数据来评估 TPP 的优点。最终，韩国试图与中国敲定自由贸易协定，因此不得不用有限的能力去寻求其他交易""韩国政策制定者没有从加入 TPP 中看到任何'地缘政治或无形的经济利益'。韩国试图与中国达成自由贸易协定以延迟加入TPP"。报告认为,"不在早期阶段加入TPP,韩国已经将制定亚洲贸易标准的机会让给了其他国家。作为一个'规则接受者'而不是'规则制定者'……不愿在早期加入TPP破坏了韩国的目标——成为'东亚经济一体化的关键'"。

彼得森国际经济研究所认为韩国和TPP是必然的合作伙伴。"一旦TPP生效,韩国在所有想加入TPP的国家中处于首位。在很大程度上,韩国已经准备好接受TPP的诸多要求,其中许多要求都是以《美韩自由贸易协定》的条款为基础""几年来,韩国政府一直在审查加入TPP这一事宜,审查时间甚至比2013年7月新加入TPP谈判的日本还要久"。这里主要有以下几个原因:"韩国官员们正在遭遇'谈判疲劳'""韩国与日本紧张的政治关系可能是韩国推迟加入TPP的决定性因素""韩国考虑加入TPP也使韩国对重新引起敏感政治问题(如《美韩自由贸易协定》)以及随后的批准过程(特别是关于农业和投资者—国家争端解决机制程序问题)充满担忧"。报告在结论中认为,"TPP将是韩国贸易政策的一个实质性补充,韩国决定推迟加入TPP会谈的要求是一个战术性失误",并建议"作为世界上主要的贸易国家,一旦加入TPP的敞口重新开放,韩国应该尽快加入"。

皮尤研究中心对加拿大新政府与美国的关系进行了研究,其认为,"TPP是一个新的贸易协定,旨在减少美国、加拿大和其他十个亚太国家之间的关税。TPP已经在美国和加拿大赢得公众的支持。在加拿大,60%的自由党支持者说,TPP对加拿大是好事,并且70%的保守党支持者也有同样的看法。然而,在民主党的支持者中,仅有42%的人认为该大型贸易协定对加拿大是一个福音。在美国,49%的人支持该协定。在加拿大,比起那些支持'保守'的共和党人(43%的支持率),支持'自由'的民主党人更支持该协定(有51%的人称其对美国来说是一件好事)。加拿大的选举不可能显著影响美国的整体情绪。……尽管自由党的支持者(71%的人对美国持积极态度）不像保守派（84% 的支持率）那样支持美国，但这在平衡情感方面是有利的和互惠的。根据 2013 年的一项调查，81% 的美国人对加拿大持积极态度"。

全球发展中心就 TPP 对发展中国家的意义进行了研究，在《TPP 最终达成：对发展中国家意味着什么?》报告中指出，"大多数发展中国家都不是这些大型贸易协定的成员国，一旦 WTO 这个多边体系变得无足轻重，这些国家也就无法保护它们自身的贸易""TPP 中还有一个独立的发展章节。总结中指出，将建立一个发展委员会，但仅规定：该委员会将定期会晤，就某些特定领域（经济发展、妇女儿童、科学、技术及创新等）展开自愿协同合作。TPP 中还有合作和能力建设章节，同时又提出设立一个委员会。或许是我过于愤世嫉俗，但这听起来就像是官僚作风，说的很多，但不会采取任何实际行动"。

新美国安全中心认为，TPP 是美国的盟国向美国索取利益的渠道和途径。在《美国的盟友想要从美国得到更多》报告中，该智库认为，"在过去的几年中，美国的盟友获得'重置'和'再平衡'，但它们真正需要的是'再保证'。在奥巴马执政时期，我们几乎每天都可以看到美国盟友提出的需要更高的关注、更大的援助和支出、更强的军事存在和更多的资金以及更深的外交接触的要求。但在这样一个时代，当我们面临伊朗核协议、东山再起的俄罗斯和具有'侵略性'的中国时，美国官员正在努力找出他们还能做什么，如果有的话，什么可以充分满足我们在中东、欧洲和其他亚洲伙伴的要求。这些压力产生的具体根源各不相同，但是总的驱动力是相同的。美国的同盟国担心其邻国正在改变的安全和政治局势。它们质疑签订了几十年的安全协议和在不同时代为应对不同挑战而成立的国际机构的可靠性。它们已经注意到美国在国际事务上越来越谨慎""尽管很多人认为美国已衰落，但是除了美国，没有哪个国家承受着来自世界各个角落的期望。反思在奥巴马执政期间我们与外国官员进行的数百次会谈，我们想不出一个对美国要求较少的国家。它们都希望我们给予更多的时间，更多的注意和更多的资金。几乎没有国家对中国、俄罗斯和伊朗提更多要求，而我们需要保持这种方式"。

加拿大智库对待 TPP 的态度和研究路径较之美国智库，要平实、务实得多。在发表的研究报告中，它们虽然关心 TPP 协议在世界范围内的影响，但是它们的注意力主要集中在北美地区以及与自己密切相关的领域，如汽车、生物制药、乳制品等行业，以及就业问题，以期在 TPP 范围内做到趋利避害，实现利益最大化。2015 年 10 月 23 日，加拿大亚太地区基金会在发布的报告中指出，"虽然许多人认为 TPP 会对消费者和经济发展产生积极影响，但是根据最近的全国性调查，民众似乎对就业增长和就业保障问题存在担忧。尽管 TPP 获得的支持率高于反对率，但是民众对 TPP 的不确定性依然存在担忧。广泛来说，最新的调查显示，35% 的加拿大人支持加入 TPP，而 21% 的加拿大人反对。TPP 经过马拉松式谈判后于 2015 年 10 月 5 日在亚特兰大达成。剩余的 1083 名成年人在 2015 年 10 月 9 日的调查中没有发表任何看法。安格斯·里德学院高级副总裁柯尔（Shachi Kurl）指出："几乎一半的加拿大人仍然说他们不够了解 TPP。"

亚太基金会是加拿大智库中对 TPP 持全面肯定态度的为数不多的智库之一。该智库认为，"TPP 降低了关税并且为 12 个国家制定统一标准……它将深化加拿大在亚太地区的贸易关系""这个协定不仅将会增强我们与美国的贸易关系，也会使加拿大进入更成熟的市场以及亚太地区动态的、发展的市场……TPP 使加拿大参与到这些市场中，并且与我们友好的竞争对手在同一水平上展开公平竞争，这些对手包括澳大利亚、新西兰和美国""加拿大参与到规则制定中并且在这些新兴领域的实践将确保我们参与到塑造全球贸易未来特征的进程中"。

加拿大绝大多数智库对 TPP 持褒贬不一的态度，且在具体问题上"贬"的程度要更为严厉一些。加拿大人民评议会在 TPP 谈判结

束的当日，即发表政治部主任的文章《跨太平洋伙伴关系协定中有
什么？》。在报告中，作者问："TPP 中有什么？我们为什么要担心？"
对药品专利，作者担心，"跨国制药公司更长时间的专利垄断将推迟
更便宜的同类仿制药的引入"；对汽车零部件，作者担心，"如果放
宽原产地规则要求，这将意味着日本可以向北美出口更多的车辆，而
只有很少的零部件由加拿大制造⋯⋯这可能影响加拿大 25000 名汽车
工人的工作"；对乳制品，作者指出，"根据 TPP，加拿大将有限制地
开放其所严格控制的乳制品及家禽市场，农民正在放弃对其目前受到
高度保护市场的'限制准入'，这将花费 15 年的时间、43 亿美元来
补偿乳制品、鸡和鸡蛋的农民"；关于投资者—国家争端解决机制，
作者认为，"ISDS 规定允许公司起诉政府，（在加拿大的外国）公司
已经使用 ISDS 挑战政府超过 600 次。鉴于气候措施容易受到这些挑
战的影响，加拿大人民评议会呼吁将 ISDS 排除在任何气候协议之
外"。

　　加拿大人民评议会对哈珀政府在选举期间可能就 TPP 谈判让步
表示了深深的担忧。在《在联邦选举期间哈珀准备就跨太平洋伙伴
关系协定谈判做出巨大让步》报告中，作者认为，"加拿大正准备对
更多的美国牛奶开放边境，而在美国，加拿大奶农没有获得互惠准
入""保守党领袖哈珀无意中透露，在 TPP 的最终谈判上，加拿大将
不得不就汽车行业做出让步""就药品而言，美国正在寻求更强、更
长、更容易获得的专利垄断，以及药品监管数据垄断，以防止市场上
营销更便宜的同类仿制药""加拿大邮政可能也会受到 TPP 的危害。
在 TPP 中，国有企业会受到严重限制和约束，迫使其放弃公共服务
职责，成为纯粹的利益驱动机构""哈珀政府再次迫使加拿大加入仅
使 1% 的人受益的贸易谈判中。就像加拿大—欧盟全面经济贸易协定
一样，TPP 将迫使加拿大改变其药物政策、版权政策、环境和公共卫
生规则，而所有这些都没有经过标准的议会程序"。该智库在随后发
表的《下届政府必须反对 TPP》中认为，"今天，12 个 TPP 缔约国结

束谈判，达成 TPP。TPP 的细节可能于联邦选举之后公布。加拿大人民评议会质疑 TPP 的合法性，因为其谈判过程一直保密，没有任何民主投入"。同时，TPP "将裁掉数以千计的汽车工人，把成千上万的奶农置于危险中，而给予外国企业更多的权利来决定加拿大政策如何制定""我们强烈建议下届政府拒绝 TPP"。

国际治理创新中心在《TPP 应该对加拿大有利》报告中认为，TPP "对加拿大应该有积极的影响，这个协定应该在加拿大得到充分的执行和实现"，因为 "TPP 应该有利于加拿大公司拓展价值链以及集合它们的客户""为加拿大公司开辟新的市场""将使加拿大公司从亚洲进口组件和设备更容易"。同时，报告还列举了多项不利因素，"从防守的角度来看，TPP 是加拿大不能通过的一项协定。否则，加拿大企业会发现自己在与大多数 TPP 国家（包括美国）的竞争中处于劣势"。报告建议政府 "假设加拿大充分利用 TPP，它将是一个能够使加拿大企业在国内外变得更有竞争力的协定"。公共政策研究所在《加拿大 TPP 辩论中缺失的一些内容》报告中，开门见山提出了一个很有杀伤力的问题：为什么 "很多证明 TPP 意义的事实都受到人们的非议，包括 '12 个跨太平洋国家''8 亿人''覆盖全球国内生产总值的 36% 和全球贸易的 25%' 等。摆出这些事实的意义是什么？成员国的政府不告诉我们 TPP 生效后会发生什么"，"TPP 对加拿大的繁荣将产生何种影响？……自由贸易能够促进国家繁荣这样的说法并不牢靠"，"毫无疑问，TPP 将使加拿大深度参与 '全球化'，但不要指望 TPP 会对出口、就业和国内生产总值增长产生积极影响……考虑到深刻的历史事实，加拿大加入 TPP 可能带来的影响是经济增长放缓和不平等的扩大"。

加拿大智库 C. D. 贺维研究所在 2015 年 10 月 8 日发布的报告中，针对加拿大国内反对 TPP 的声音，指出，"我很失望地听到权威人士和政治候选人声称，因为我们出口的 85% 包含在《北美自由贸易协定》和其他贸易双边协议中，我们真的不需要成为 TPP 的一部分。

这显示出一些人对国际贸易规则的误解"。作者以汽车行业为例指出，"如果加拿大被排除在 TPP 之外，加拿大制造的汽车仍然可以免税进入美国市场，只要每辆车零部件含量达到北美区域内生产的零部件的 62.5%。但加拿大制造的汽车将与墨西哥汽车竞争，墨西哥汽车不受《北美自由贸易协定》约束，在 TPP 中，每辆车零部件含量只要达到 TPP 区域内生产的零部件的 45%，就有资格享受免税进入美国市场的待遇。这意味着墨西哥汽车制造商剩余 55% 的零部件可以从 TPP 国家以外的低成本国家如巴西或中国获得，并享受免税进入美国市场的待遇。这将给墨西哥制造的汽车提供了超越加拿大汽车的巨大成本优势，《北美自由贸易协定》要求包含 62.5% 以上北美零部件的车辆才有资格享受免税待遇。因此，很难理解为什么加拿大工会 Unifor 及其领导声称反对 TPP"，因此"加拿大放弃 TPP 这些有利的优惠待遇将对加拿大公司及其员工产生负面影响，其中包括汽车行业"。加拿大亚太地区基金会借用加拿大福特汽车公司首席执行官的话说，"TPP 不利于汽车行业""在 TPP 中，消除日本造汽车进入加拿大的关税……加拿大的一些较小的零部件制造商的高管私下里公开反对 TPP，并表示作为北美主要汽车制造商的供应商，他们不能与低工资国家（如越南和马来西亚）的公司竞争。他们的恐惧是，日本公司将购买更多的、在这些国家制造的汽车零部件，在日本组装成汽车，然后将这些车辆免税出口到加拿大"。

国际治理创新中心在《历史上最大的贸易区？TPP 谈判的五大问题》报告中提出了涉及加拿大经济现实的问题，"TPP 会使《北美自由贸易协定》消失吗？""加拿大的汽车行业将会发生什么？""会有更多的外国乳制品从国外进口吗？""药品价格上涨吗？"弗雷泽河研究所在报告《美国制造业更灵活、高效且在国际上具有更强的竞争能力》中认为，"最近签署的 TPP 可以为制造业带来额外的机会"，"北美制造业下降并不是不可避免的，而且使制造业获得增长是可能的。虽然有人担心未来的 TPP 可能会威胁这些收益，但事实的真相是，美国制造业将变得更灵活和高效，并能够更好地参与国际竞争。从近期的'海归'趋势可以看出美国制造业的实力是显而易见的，企业将制造业生产又重新迁回美国"。最后，报告得出结论，"当其他国家利用TPP带来的机会扩大制造业的市场时，缺乏竞争力将使加拿大制造业处于不利地位"。

公共政策研究所在《TPP：关乎医疗药物的秘密协定》报告中认为：TPP将"可能会抬高处方药的价格，使越来越多的加拿大人负担不起拯救生命的药物""TPP会削弱政府批量采购药物的能力，从而阻碍政府与大型制药公司就更合适的药物价格进行谈判。通过TPP，制药公司打算保护其荒谬的利润""为什么哈珀政府同意迫使资金短缺的加拿大人支付品牌药物？或许是因为通过像美国药品研究和制造商协会（PhRMA）这样的组织，制药公司已经花费超过1.1亿美元的资金游说美国国会支持TPP"。报告援引无国界医生（MSF）等组织的声明，呼吁将专利保护的规定从TPP中删除，因为"就药品准入而言，无国界医生组织称TPP为'有史以来最有害的贸易协定'"。报告在结论中认为"制定公共政策应该考虑加拿大人的健康：任何协定，如果让我们无法实现这样的政策，那么我们就不应该签署这样的协定"。

加拿大人民评议会对生物制药保护期十分敏感，其发表的报告题目十分尖锐：《TPP：利润先于病人》。作者认为，"你会听到很多关于TPP对于'自由贸易'的重要性的言论。事实是，这是一个来管理成员国之间贸易和投资关系的协定，代表每个国家最具影响力的商业游说团体的利益。毫无疑问，从对主要的悬而未决的问题的谈判可以看出，TPP与自由贸易无关""这些协定以公司利润为主，而以牺牲病人健康、监管独立性以及健全的公共卫生政策为代价。在TPP中，最大的输家是发展中国家的病人和供应商""TPP允许制药公司延长药品专利垄断期，使廉价仿制药或仿生物药品远离市场。这也意味着TPP会增加药物成本，对加拿大来说，这成为其实施国家药品计划（药物补助计划）的障碍""在 TPP 中，生物制剂可以为制药公司带来巨大利益。到 2016 年，生物制剂将占全球药品支出总量的 17% 左右，涉及资金达到 2000 亿—2100 亿美元，高于 2011 年的 1570 亿美元。2013 年在大型制药公司的销售中，生物制剂约占 22%，到 2023 年将可能上升至 32%""对加拿大人来说，TPP 是另一个毒丸式贸易协议……'贸易规则'会阻止旨在提高公民幸福和健康水平的公共卫生立法，这可能就是这些协议以秘密的方式进行谈判的主要原因之一。对于加拿大人来说，TPP 是一个糟糕的协定，它会给加拿大带来危害"。因此，加拿大人民评议会在《特鲁多必须拒绝在 CETA 和 TPP 中延长药物专利保护期的规定》报告中认为，"跨国制药企业是高利润的企业，它们正在寻求在所谓的'自由贸易'协定，如加拿大—欧盟全面经贸协定（CETA）和 TPP 中，延长专利保护期，从而扩大其利润""截至 2012 年，美国 11 个全球最大制药公司在 10 年内盈利 7110 亿美元。制药公司发现，凭借专利法和科学数据保护法授予的长期市场垄断权，其可以获得巨额利润。品牌制药公司继续游说加拿大贸易谈判代表进一步延长专利保护期"，并向加拿大新任总理建议拒绝 TPP 中关于药物保护期延长的规定和条款。

国际治理创新中心发表的《跨太平洋伙伴关系协定签订之后，加拿大要向农民支付 43 亿美元》报告认为，"加拿大正在加入环太平洋地区全面贸易协议，这将打开加拿大在亚洲市场的巨大窗口，但也暴露出国外对国内经济的更多竞争，特别是在乳制品和汽车行业中""从一开始，加拿大的策略便是更多地保护原有的市场而不是开拓新的市场。结果是，对于加拿大而言，其很难保持现在通过《北美自由贸易协定》在美国和墨西哥市场享有的利益，自身反而陷入更多的外国竞争中""据政府官员说，农民遭受的收入损失将得到补偿。渥太华承诺用 43 亿美元来补偿农民 15 年中因为 TPP 和早期加拿大与欧盟贸易协定而受到的损失"，因为"一旦各种方案都成熟，加拿大将开放严格保护的乳制品、家禽和鸡蛋市场，并允许相对少量的免税商品的进口，同时保持一个较高的关税壁垒来保护国内的供应管理制度。在乳制品方面，加拿大将开放其免税进口市场的 3.25%，产品主要来自美国、澳大利亚和新西兰"。报告援引联邦贸易部门前副首席经济学家丹·奎利雅克（DanCiuriak）的预测，认为"加入 TPP 的好处可能真的会小于加拿大不加入 TPP 的损失"。

当然，在乳制品问题上，加拿大的智库也是仁者见仁、智者见智。加拿大亚太基金会在《TPP 给乳制品贸易带来的好处》报告中认为，"TPP 是乳制品供应管理发生深远变化的征兆。它将导致定价调整，以解决加拿大盈余的脱脂牛奶面临的长期问题。它也可以改进乳制品出口的机制并为乳制品制造业营造积极的投资环境。花费一些成本并进行一些艰难的调整是必要的，这将阻止更多灾难性变化的发生。随着多余脱脂牛奶的不断增加，我们将没有能力通过增加出口来消化进口及国内脱脂盈余，这将导致现行贸易保护体系的崩溃"。

加拿大亚太基金会在《关于 TPP 每个加拿大人都应知道的十件事》中写道，在 TPP 完成谈判后，我们才发现，"中国和印度没有被邀请参与到这一'聚会'中……中国和印度是世界上未来的两个经济大国，它们都缺席这一新的亚太贸易集团""TPP 的完成确保了加拿大和其他 11 个成员国的产品可以优先进入彼此的市场，需要注意的是，中国已经成为 124 个全球经济体最大的贸易伙伴，简单地说，中国将继续成为巩固该地区经济关系的驱动力"，"在过去的十年，亚太经合组织的 21 个成员一直在推动亚太自由贸易区的发展，这将促进该区域自由开放的贸易和投资。亚太经合委员会的研究表明，这样的协定将促使签署成员在 2025 年获得 2 万亿美元的收入，是 TPP 所获得收入的 8 倍。现在它正与 TPP 并肩前行，其面临的真正问题是：TPP 这一更加雄心勃勃的协定是否会包括中国和印度？中国领导的 RCEP 如何将 ASEAN 的 10 个成员国和 6 个自由贸易伙伴（澳大利亚、中国、印度、日本、韩国和新西兰）引进这一蓝图？""当我们需要监控 TPP 对经济的影响时，值得我们关注的是该协定将如何促进地缘政治的演变……这使第一和第二大的贸易伙伴相互竞争，并且我们应该尽一切力量来阻止这种情况发生"。

加拿大咨议局在《在不断变化的全球化世界，加拿大需要什么来获得成功》报告中指出，"全球化显然是当今占主导的国际商业模式""是什么推动了全球化的进程？第一，多边行动和区域行动已经减少了国际贸易和投资的障碍。第二，如今的企业有更强大的能力分别将商品和服务纳入全球价值链中，并且将最终的贸易、商品和服务投入其中。第三，更高效的全球通信和运输网促进世界各地业务的发展""如果加拿大想要充分地受益于全球化，那么国际和国内政策都需要进行改革"，因为"中国是一个非常特殊的例子。它很快就会超过美国成为世界上最大的经济体，并且比起其他国家，它以更快的速度发展着，尽管最近放缓了发展速度。然而，加拿大可能已经错过与中国加强贸易的机会窗口。通常我们在亚洲，特别是在中国的贸易份额，已经在过去十年下降了一半"。

全球知名智库中，英国智库在看待外部世界时，总是比别国的智库多了一双眼睛：看自己时，既重商业利益，又关注人文因素；看盟友时，似乎多了一些玄妙的东西；在看盟友之外的世界时，其研究的出发点和立足点似乎又回到了自身和盟友的利益上。这种印象，在英国智库看 TPP 问题时，同样十分明显。

英国智库国际环境与发展研究所在《投资协定及公民力量：经验中的教训》中，虽然对 TPP 协议文本的保密十分不满，但其并没有公开指责和批评，而是在报告中意味深长地写道，"鉴于投资法可能对政策带来的深远影响，这种低水平的公众监督为民主治理和问责带来了真正的挑战……在全球其他地区，尤其是较为富裕的国家，民间团体和公民组织正越来越多地审议这些协定谈判，介入投资者与国家间的仲裁，推动民间运动并促进公众辩论。公民越来越多的参与可帮助政府重新思考国际投资法中的重要领域，并加强其合法性""TPP 的投资章节引起了特别关注，各国根据各自的政治制度谈判投资协定，为民主问责提供主要空间"。作者以马来西亚为例，指出"面对民间团体的支持，马来西亚签署 TPP 的决定表明了实现与政治敏感问题有关的政策转变的艰难。研究可在促进经验分享和公民辩论中发挥重要作用。敏感政治选择及复杂技术问题的结合需要有公开、包容的辩论"。

海外发展研究所对 TPP 可能对发展中国家造成的影响十分关注。在报告《本周达成的 TPP 贸易协定将如何影响发展中国家》中，作者认为"考虑到发展中国家之间的贸易模式和 TPP 成员国是不同的，TPP 中的关税削减条款将不会影响到发展中国家。但从长远来看，TPP 可能是对最不发达国家的挑战。例如，越南市场对美国产品的准入将发生变化，而一些发展中国家将随之受到这种变化的影响，包括肯尼亚、巴基斯坦和孟加拉国，它们可能会决定加入 TPP。这将产生连锁效应，可以避免竞争力的下降，其他受影响的国家也希望加入 TPP，尽管它们还没有正式宣布，哥伦比亚、哥斯达黎加、菲律宾、老挝等国家都已经表示有兴趣加入 TPP。但这些国家也对 TPP 有所担忧，因为该贸易协定的条款主要由发达国家制定，贫穷国家可能会感到本国是被迫加入的，没有机会来讨论和制定贸易协定中的规则，这可能会对它们产生不利影响：由于投资者—国家争端解决机制的设置，一个贫穷国家将不得不花费稀缺资源与一家公司在外国法院进行诉讼"，由此带来的挑战是"TPP 的设计没有将发展中国家的需求考虑在内，这可能会架空符合发展中国家利益的 WTO 谈判""而在世界贸易体系中，TPP 意味着新的一系列贸易扭曲现象将会产生。最不发达的国家需要在 WTO 谈判中变得更为大胆。与此同时，像中国、印度和巴西这样的发展中大国应该展现出更大的领导力，并与发达国家一道，做好准备向更贫穷的国家开放经济"。

英国智库开放欧洲从 TPP 文本联想到了 TTIP，认为 TPP 的文本内容将使未来的 TTIP 面临诸多困境和挑战。在报告《TTIP：向前一步，退后两步?》中，作者认为"由于众多的延误和双方棘手的政治环境，TTIP 的进展一直是缓慢而痛苦的"　"TPP 使 TTIP 复杂化了。TPP 谈判已接近尾声，它已经明确排除开放国家和地方层面采购市场的可能"。作者还注意到美国总统大选这个背景因素，"即将到来的美国总统选举使整个事情变得更加复杂。潜在候选人如唐纳德·特朗普（Donald Trump）声称特别反对 TPP，但尚未对 TTIP 表态。伯尼·桑德斯（Bernie Sanders）对 TPP 同样持反对态度"。在结论中，作者认为 "TTIP 仍然是欧盟应予以推进的政策。一份协议越快达成越好，但进一步被推迟的阴影已经笼罩"。

英国智库西维塔斯在其报告中所体现的英国文化色彩十分具有典型性。在《英国如何在欧盟之外完成其工作?》报告中，作者既担心 "由于瑞士既非 TPP 成员国又非 TTIP 成员国，因此其外交官需要寻求其他可行的方式来影响世界贸易规则"，又担心 TPP 文本中的'监管霸权'问题，同时又认为 "管理标准化对于世界上所有的出口商都有好处，无论是否加入 TTIP"　"TPP 与 TTIP 相似。英国是 TPP 的重要成员国，其出口商将有动力去生产商品，并满足所有签署国的监管标准。如果英国已经成为 TTIP 的一员，其出口就会符合美国的规则，所以也应该接近 TPP 的规则"。

英国智库查塔姆研究所在《亚太安全不仅仅关乎中国和美国的利益》报告中认为，"美国和中国之间的地缘政治竞争将成为亚太地区安全风险的重要变量，这一预言已成为当前的现实情况……中美两国不应进行冷战式的部署，否则，这不仅会造成对印度、日本和印度尼西亚日益增强的影响力和区域复杂性的误解，而且会增加区域冲突的可能性并减少未来进行重要区域合作的可能"，同时报告还认为，"虽然中国是世界第二大经济体，其经济增速比大多数主要经济体的经济增速快，但中国的经济增长已经放缓……美国、日本和其他十个 TPP 成员国的经济增长可能会减少对中国的贸易依赖"　"亚洲的人口是我们在考虑亚太安全风险时需要超越中美关系加以审视的另一个原因，中国面临老龄化社会的挑战，而印度等国人口有着年轻人较多的优势，将在未来几十年获得人口红利。东南亚国家的人口也有此类优势，菲律宾和印尼等国的人口快速增长，中产阶级日益扩大"。

2015年10月7日，英国智库查塔姆研究所在《对西方世界来说，跨太平洋伙伴关系协定不再停滞》报告中提到了"意大利面"的问题。作者认为，"TPP签署之后就会有一场激烈的国会战役，但该贸易协定的通过将是一个重要的信号，表明西方的领导将继续发挥效力""经济效益只是TPP将带来的其中一部分好处。TPP还可能会有重大的地缘政治影响，TPP不是亚洲地区国家唯一的贸易协定选择，如中国一直支持达成由东盟十国发起且邀请中国、日本、韩国、澳大利亚、新西兰、印度（'10+6'）共同参加的RCEP。但12个TPP成员国——美国、澳大利亚、文莱、加拿大、智利、日本、马来西亚、墨西哥、新西兰、秘鲁、新加坡和越南，在哪些标准和规则最有利于为本国人民带来最大福祉的问题上，发出了明确信号，TPP将使成员国提高透明度，进行良好的反腐实践，建立更为自由和开放的市场""TPP现在树立了标杆。如果TPP取得一定成效，其他国家可能会希望加入其中，其中最重要的国家是印度、中国和韩国。但它们的加入需要时间，并且它们需要向TPP成员国证明自己。未来希望加入TPP的国家将不得不做出非常艰难的政治抉择""尽管某些人发表了针对中国的种种言论，但TPP并不为了将中国排除在外。有些人希望在未来某一天中国能够加入其中""批准该协定对确保当前有利于西方的规则和标准的长期存续非常关键，为了表明西方世界可以继续有所作为，推动TPP获得通过是至关重要的"。该智库在随后一周发布的报告《亚太超越美中叙事》中，再次阐明了类似观点，认为"随着TPP谈判宣布成功达成，许多人认为美国这样做旨在应对中国崛起。正如去年一个前美国政府高级官员告诉我，我们现在不得不关注中国。中国的发展速度非常快。因此，中国将对美国在全球的领导地位造成威胁……现在亚洲的权力平衡围绕美中两极展开""美国拥有最大的国防预算，中国拥有世界上最大的现役部队""亚太区域大国将中国视为重要的贸易合作伙伴，而且，它们非常依赖中国（虽然 TPP 可能会削弱中国的影响力）"。

该智库在《TPP 和中国：这一集团外的巨人》报告中认为，TPP "这一协定将推动亚洲经济一体化，但这也将加剧美国和中国之间的竞争。这是因为 TPP 关乎贸易壁垒削减，也关乎亚洲的政治和经济领导地位"，但是 "中国牵头创建了亚洲基础设施投资银行，而西方国家争先恐后地加入该银行。亚投行的成功创建表明北京的影响力日益增加，而且其塑造亚洲的投资游戏规则的能力也在不断增强" "从这个意义上讲，TPP 得以敲定是华盛顿和东京的外交胜利：它们不仅创建了有实力的经济集团，这个集团能够制衡中国在亚洲的领导地位，而且，这一协定也会制定新的贸易规则，其影响力将远远超出亚洲范围。作为华盛顿的'转向亚洲'的支柱，它是美国在亚太地区具有持久影响力的有力证明"，对 "潜在经济损失的恐惧促使韩国表达了对加入 TPP 的兴趣" "即使是中国，对于 TPP 也不敢小觑。TPP 谈判结束后，中华人民共和国商务部新闻发言人表示，中方对符合世界贸易组织规则、有助于促进亚太区域经济一体化的制度建设均持开放态度"，"在 TPP 谈判的这些年，北京并不是无所事事。它注意到被排除在 TPP 和 TTIP 等区域贸易协定之外可能带来的损失，也在追求自己在亚洲的贸易结构……中华人民共和国外交部长表示希望 RCEP 谈判于今年年底结束，因为这将有助于减轻 TPP 对中国经济的一些负面影响。中国还强调其'一带一路'倡议。该计划将在亚洲拥有比 TPP 更直接的影响。在 TPP 生效之前，它会推动亚洲地区和欧亚大陆的经济往来" "TPP 也表明，中国和美国之间还存在更深层次的竞争：定义 21 世纪的参与规则。这仍然是一个开放的、有争议的问题"。

英国国际战略研究所对 TPP 在中国掀起的微澜也比较感兴趣。在报告中，作者引用美国总统奥巴马的话说，"当超过 95% 的潜在客户生活在我们的边界之外时，我们不能让像中国这样的国家书写全球经济规则，我们应该自己书写这些规则，为美国产品打开新市场，同时为保护工人和环境制定高标准"，并认为"奥巴马的声明就是：再次确定该协定的目标是保证美国在该区域的优势以及遏制中国""中国可能会面临'如果没有加入 TPP，将会发展缓慢'的局面。其他人认为该协定是一种不祥的预示，这只是结束中国作为世界工厂的开端。有人认为，该协定可能会进一步加速远离中国工厂这一转变。有人甚至引用了美国电视剧《权力游戏》中的一句经典台词作为警告：世界第二大经济体的'冬天来了'"。报告还援引有关人士的话说，"TPP 对中国施加压力实际上是一件好事，有可能推动中国政府改善人权纪录和执政透明度。一个帖子说道：'想想看，世界贸易组织促使中国做出了什么改变。'新加坡国际战略研究所的高级研究员钟威廉（William Choong）指出，该协定将促使中国不得不推进改革。钟威廉说：'为了加入 TPP，中国将不得不作出一些痛苦的决定以在一些地区准备或开始实施改革，这都是 TPP 所要求的'"。

英国国际战略研究所在另外一份报告中，批评了美国在 TPP 设计和推进过程中的自以为是。作者指出，"TPP 最早是由文莱、智利、新西兰和新加坡四国在 2006 年发起的，最初它们只是将其作为一个小的试验。事实上，TPP 还可以作为支持华盛顿大肆宣扬的'重返'或'平衡'亚太地区的工具，华盛顿方面于 2011 年大张旗鼓地宣布了'重返亚洲'或'再平衡'亚太地区的战略。从这一方面来看 TPP 可以发挥积极作用，但是如果将 TPP 和美国在亚太地区实施的外交政策和军事维度放在一起审视时，'再平衡'战略并没有给人带来多少信心"，在美国"即使 TPP 得到批准，其他两个元素——外交和军事——看起来却并没有那么稳固""中国认为 TPP（所谓的 21 世纪自由贸易协定，包括知识产权保护等领域）旨在充当排除中国的工具。中国还将 TPP 和美国'再平衡'政策视为美国'围堵'中国的尝试。因此，中国已经在寻求创建自己的平行机构，以削弱美国在亚太地区的主导地位""美国不应对其在亚洲的伙伴过于掉以轻心……

美国不应过于乐观……美国拒绝加入亚投行，而美国的盟友则纷纷加入亚投行""对于许多亚洲人来说，他们将美国的'再平衡'战略和中国的'亚洲新安全观'看作中美两国在亚太地区就双边关系做出的调解，所谓的中美两国集团（G2）即将建立，并以牺牲亚洲小国为代价。对 G2 的担忧不会消失"。

澳大利亚作为西方盟国小伙伴，抑或是因其独特的地缘政治因素，澳大利亚智库对待 TPP 的态度显然要比美国、加拿大和英国轻松许多，在国际事务中长于口无禁忌地议论和发表看法。在对待 TPP 的问题上，澳大利亚智库既关注自身利益，又关注周边国家的感受；既对自身超然的地位感到满意，又对在 TPP 中不能保护自己的特殊利益而不满。

2015 年 10 月 9 日，洛伊国际政策研究所发表的《TPP 不是遏制战略》指出，"TPP 是遏制中国的战略吗？……《纽约时报》没有使用遏制这个词，但认为该协定是'美国在与中国的比赛中赢得的一场胜利'""美国官员曾一再表示，他们为中国最终加入 TPP 敞开大门。总统本人于 2015 年 12 月也声明自己的观点：'顺便说一下，现在有一些言论，说美国通过利用 TPP 试图遏制中国或使中国处于不利地位。我们其实不是。我们所要做的是确保在该地区有一个合理的位置供我们操作，这不是一场竞赛。我们希望的是，中国可以不以 TPP 正式成员的身份来与我们合作，而是采用一些最佳实践行动，以确保操作的公平性'""为什么《纽约时报》和强大的美国产业工会联合会接受遏制论？奥巴马政府为此事至少应承担部分责任。自 2015 年年初以来，奥巴马政府越来越多地利用大家对中国主导亚太经济的恐惧和强化安全秩序为由头，引起国内政治观众的关注，特别是国会的关注""国防部部长阿什·卡特宣称，'从最广泛的意义来谈我们的平衡，通过 TPP 对我而言和建造另一艘航空母舰一样重要'，显然，政府官员使问题复杂化""这种修辞手法在中国甚至澳大利亚都不会起到很好的效果，但是美国政府似乎相信在国会会起到一定效果。尽管国会议员已经逐渐认识到美国与东亚地区建立更强大的商业关系对美国利益的影响，但是他们本能地理解了航空母舰的影响。虽然他们可能没有意识到与更广阔的地区建立贸易关系会超过与中国建立贸易关系所带来的利益，但是对中国经济的恐惧是美国选举的一个共同主题。在这一阶段，随着国会是否批准 TPP 协议成为一个公开的问题，奥巴马政府一直试图使国会理解 TPP"，"建议奥巴马政府回到早期的 TPP 构想中，这可以吸引其他国家采用更高的标准。至于 TPP 不是关于遏制的协定，奥巴马政府应该注意在谈论 TPP 时采取恰当方式"。

墨尔本应用经济和社会研究学院对 TPP 持乐观态度，认为 TPP 将促进服务业增长，并且为澳大利亚创造更好的工作机会。在发表的报告中，作者认为"TPP 创建了一个规则方面的公共平台并且将有助于深化该地区的一体化，创造工作机会，以及带动经济繁荣"，"与亚洲进行服务贸易带来的价值可能会超过 1600 亿美元并且截止到 2030 年为澳大利亚人创造超过 100 万个工作岗位"，但是"澳大利亚企业需要以发展中的富有经验的市场洞察力进行投资，以及拥有操纵全球供应链、管理跨国文化和虚拟团队的技能"。该智库在《贸易协定将明确"交通规则"》报告中认为，"由于 TPP 在地理和发展水平方面拥有广泛的成员，以及有着广泛而深刻的监管标准，这一'新一代'的 21 世纪协定不同于现有的所有协定，它的监管包含一些以前没有提出的规定""即使一个国家没有批准 TPP，多数国家也有望批准该协定并在两到三年内在相关国家付诸实施"。

澳大利亚国立大学发展政策中心在《烟草分离凸显 TPP 的风险》中认为，"贸易部部长安德鲁·罗伯（Andrew Robb）已经默认了美国要求澳大利亚接受的投资者—国家争端解决机制"的做法非常危险，因为"这是一个非常有争议的机制，跨国公司会挑战国内法院之外的公共政策""最近，关于投资者—国家争端解决机制的争论主要集中在烟草行业。澳大利亚和乌拉圭都与烟草巨头菲利普·莫里斯公司发生纠纷。菲利普·莫里斯公司正在挑战每个国家为保护公共健康而采取的包装措施。虽然澳大利亚的案件仍处于早期的'管辖权'阶段，但有报道称，政府已经花了 5000 万美元的诉讼费"。该智库在《TPP 已经达成而我们的担忧一直是正确的》报告中继续强调这种观点，"澳大利亚在 TPP 谈判中已经放弃对投资者—国家争端解决机制（ISDS）的反对。大型企业利用 ISDS 以挑战政府的措施，如澳大利亚的烟草平装立法""政府还吹捧 TPP 的'程序保障'，这些都旨在改进投资仲裁制度，该制度已经从根本上暴露出其缺陷""如果外国投资者真的'需要'ISDS 来提供额外的保护（如政府所说），那么其为什么不以其国内企业严格遵守规则当作获得特权的条件呢？"2015 年 10 月 6 日，洛伊国际政策研究所以尖刻的标题发表了一篇报告《TPP：不值得冒险》。作者在报告中指出，"TPP 将不需要改变澳大利亚国内的知识产权制度？答案是不完全是……事实上，它改变了""投资者—国家争端解决机制（ISDS）。此机制允许外国公司因为某些歧视行为向政府发起诉讼""如果有一个完全排除烟草的理由，那么也就会有一个完全排除其他行业的理由"，因此"TPP 不值得冒险"。

　　除了对烟草行业表达不满外，澳大利亚智库对 TPP 协议中的医药条款同样持有强烈的异议。澳大利亚经济发展委员会在《图灵制药公司和 TPP：知识产权、公共卫生和获得基本药物》报告中写道，"2015 年 9 月，马丁·施克莱里决定提高这个拥有 62 年历史的药物——达拉匹林的价格，从每片 13.5 美元提高到每片 750 美元，这一决定引发了广泛的争议。该药物对治疗和预防疟疾及在感染艾滋病毒的个人治疗中尤为有用。达拉匹林被列入世界卫生组织基本药物的名单""面临众多批评时，马丁·施克莱里决定降低达拉匹林的价格"。报告指出，"达拉匹林的争议和政治辩论进一步提出有关 TPP 构想的问题。这场争议凸显了在知识产权、投资者—国家争端解决机制和药品监督管理下扩展药物公司权利的危险""迎合大型药物公司所提出的惊人的建议将更难保证民众能轻易获得治疗癌症和其他疾病的药物""药品药物公司将利用投资者的权利来挑战公共卫生措施。这种担忧不仅仅是理论上的""制药公司可能会在医疗方面反对监管程序……必须防止在任何贸易协定中出现药品垄断和价格欺诈等情况，也应采取有力措施应对知识产权的滥用。关于图灵制药公司以及达拉匹林的争议是一个重要的警告。我们必须在这个覆盖环太平洋地区的贸易谈判中保护消费者的权益、竞争政策和公共卫生"。

国际事务澳大利亚研究所在《TPP 与澳大利亚—美国自由贸易协定：我们吸取教训了吗?》报告中认为，"秘密进行自由贸易协定谈判通常被认为是一种正常现象，以防将某个国家的谈判妥协公之于众""要想明白澳大利亚为何应默许谈判的保密性，我们必须回想是否从上次与美国缔结的自由贸易协定中吸取了足够的教训，即 2005年澳大利亚—美国自由贸易协定（AUSFTA）""美国农业部最近的数据表明，TPP 可能为澳大利亚的农产品贸易带来零增长。AUSFTA 谈判带来的这些消极结果为澳大利亚为何继续对 TPP 持谨慎态度提供了有力证据。据澳大利亚国立大学的阿姆斯特朗介绍，AUSFTA 并没有提供更多的美国市场准入机会，实际上使两国贸易开始下滑。作为回应，澳大利亚放宽其检疫和食品安全标准，并取代其曾在国际上宣扬的知识产权法，以使这些领域与美国的规定更加匹配。澳大利亚人民必须学会使用他们自己的民主保障权利"。该智库在后来的一篇报告中，再次强化了这个观点，"AUSFTA 在 2005 年生效……该协定远远超越了关税自由化。因为在澳大利亚外资审查机制中，来自美国的投资会享受优惠待遇""澳美自由贸易协定生效十年之后……澳大利亚和美国与世界其他国家的贸易下降了""现有的多边化重叠将是TPP 协议的一个明显性质，但如果在 TPP 的保护伞下仅仅是通过双边协议增加系统的复杂性，那它无助于解决该地区经济治理面临的问题""TPP 中的双边市场准入时间表也使新成员加入更难。这将增加必要的政治、经济和贸易的治理政策，从而阻止了更大的收益"，

"AUSFTA 的经济影响为当下提供了借鉴和警示"。洛伊国际政策研究所更在《TPP 在扼杀而不是在维持》的报告中犀利地写道："TPP 已被敲定。现在还在等待立法机构的批准。这将为那些热爱政治阴谋的人提供各种各样的乐趣。但对于那些热爱经济的人来说，这项协定难以消化。目前意识到的第一点是，像所有的协定一样，TPP 完全是在炒作""也许增加知识产权保护会带来更多的全球创新"，但"过多的知识产权保护会导致更少的创新，这会使公司将注意力从创造转向保护自己的知识产权"。

国际事务澳大利亚研究所在《TPP：目标还是胜利?》报告中强调，在 TPP 协议中"澳大利亚真正的收益将来自服务贸易""TPP 的意义在于其所创建的框架可更快地促进服务行业的增长""TPP 已经产生更广泛的影响。中国希望加入 TPP，美国认为中国的服务行业仍没有做好迎接外国竞争的准备。但亚太经合组织（APEC）已经开始认真考虑一个更广泛的 TPP 版本——将覆盖包括中国在内的所有 21 个亚太经合组织成员。目前，保护澳大利亚在亚洲的利益持续增加的平台已经搭建完成"。

瑞士的智库在看待 TPP 时，确实是做到了保持"中立"的态度。在其智库发表的报告中，几乎看不到 TPP 对其本身影响的言论，其关注点都在一些看似毫不相关的领域和国家上。这可能也体现了该国的传统和文化。同时，在瑞士智库中，根据我们能查阅到的资料，也只有瑞士世界经济论坛发布了关于 TPP 的研究报告。

该智库在《重建 WTO 在多层次全球贸易体系中的中心地位》的报告中认为，"新的大型区域贸易协定，包括美国与其他 11 个环太平洋国家的 TPP、与欧盟的 TTIP 以及服务贸易协定等多边贸易协定的谈判正在进行中。现在，世界贸易治理体系有三大支柱：第一大支柱是世界贸易组织规则；第二大支柱是区域贸易协定和双边投资协定网；第三大支柱是发展中国家的单边改革"。该智库在《WTO 的未来是什么?》报告中还认为，"自 2008 年以来，世界贸易组织陷入系统性危机""如果一个机构无法不断更新其规则，那么它注定将被忽略。世界贸易组织的生存危机进一步加剧""TPP 和 TTIP 复杂的贸易谈判中会出现很多妥协，包括法规。因此，美国和欧盟在全球贸易体系中的领导地位并不会恢复。直到我们清楚大型贸易协定，尤其是 TPP 和 TTIP 将如何形成，我们才会知道世界贸易组织的未来"。

该智库认为，TPP 也能为非洲国家做些事情。在《非洲如何释放贸易潜力》报告中，作者认为，"美国与非洲地区合作伙伴之间的关系需要升级为一个更加全面的伙伴关系""在当今的全球经济中，非洲需要提高其贸易竞争力""美国正在推进下一代自由贸易协定——TPP 和 TTIP，这将提高亚太地区和大西洋地区的教育水平，也将在非洲发挥积极的溢出效应。例如，TPP 将有助于打击非法贩卖野生动物行为，包括来自非洲的非法象牙贸易。TPP 中其他领域的条款，包括劳工权益等，可以帮助非洲和全球以更高的标准进行贸易活动""美国参与非洲事务已有几十年的历史。美国并不是该区域的一个殖民力量，而是非洲地区的合作伙伴。美国与非洲的伙伴关系不仅体现在合作提取资源，也体现在合作促进经济增长上。我们有机会也有义务使美国和非洲的合作更上一层楼"。

世界经济论坛对媒体宣传的 TPP 的"神效"提出了一些保留意见。在《世界贸易已达到全球化峰值？》的报告中，该智库认为，"两次世界大战和政策失误表明，对日益增长的国际经济一体化的预测并不总是正确的。事故依然会发生"，TPP 是"有史以来最大的贸易协定……除了经济相关性，TPP 常被说成是奥巴马政府亚洲'再平衡'战略的主要组成部分。TPP 有明确的地缘政治目标，向贸易伙伴保证美国准备参与太平洋区域事务，它不会将中国经济崛起视为中国在经济上不可避免地在该地区占主导的标志""总需求疲软可以解释过去几年贸易增长的缓慢。宣布全球化已经达到峰值为时过早"。世界经济论坛对 TPP 的实质也持有一定的保留态度。在《自由贸易有多自由？》报告中，作者认为"TPP 并非是关于'自由'贸易的协定"，因为 12 个谈判成员国从各自利益出发，坚持保护自己的产业，而这些行业又是"这些国家重要的投票群体"。报告还认为，"知识产权即使在最好的情况下对研究创新的促进作用也是微弱的""受利益驱使，国际企业吹嘘投资者—国家争端解决机制对保护知识产权来说是必要的，知识产权领域缺乏法制和可信的法院。但这种说法是无稽之谈""在投资者—国家争端解决机制下，制造商不会被勒令关闭，也不会被强制赔偿它们所造成的公共损害，而政府需要补偿这些造成公共损害的公司""美国推出的国际协定关注的是生产管理，而非自由贸易"。

该智库在《我们如何协调国际投资法律?》报告中，还认为"鉴于存在成千上万种的国际投资协定，国际投资法律制度已经被描述为'复杂的并且混乱的''高度分散的'以及'重叠的和不连贯的'""这些主要的协定包括三个由主要经济体（即美国、中国和欧盟）达成的协定：TTIP（欧盟和美国），美国—中国双边投资协定（US-China BIT），以及欧盟—中国双边投资协定（EU-China BIT）。这些协定中还包括两大环太平洋贸易协定：TPP，其包含 12 个亚太经合组织的成员，该协定覆盖全球国内生产总值的 40%；RCEP，其覆盖 16 个国家，包括十个东盟（ASEAN）成员，并且贸易往来约占世界贸易总量的 30%"，在这些国际经济协定中，"实质性义务、公正公平待遇以及征收和监管透明度是值得注意的三个方面""目前五个最主要协定的谈判已经完成——TTIP、TPP、RCEP、美中双边投资协定以及欧中双边投资协定，这将为全球投资份额提供重要的保护。基于最近的协定的实践，一个包含五个协定的国际投资法律制度将不会被视为'不连贯的'"。

在该智库《关于 TPP，我们需要知道的四件事》中，作者认为"从一开始，TPP 就被定位为'面向下一代的雄心勃勃的全面协定'，它将扩展传统商品和服务贸易的范围""中国不是 TPP 成员国。不出所料，美国贸易代表迈克尔·弗罗曼在新闻发布会上的第一个问题是将对亚太地区自由贸易的未来展望和 TPP 达成的消息传达给中国。TPP 是一个动态协定，一直关注着非成员国，尤其是中国。TPP 是美国'重返亚洲'战略的重要组成部分，TPP 尝试解决主要贸易争端中的新兴问题，但没有从多边层面解决这些问题。TPP 中涉及国有企业问题的章节发出了一个明确信号，即处理这些未来争端的尝试是针对中国的。此外，TPP 中有单独的协议来处理获得不公平竞争优势的汇率操纵问题，这是为了维护美国汽车工业在接触日本市场时的利益，这样的协议条款也可能是针对中国而设置的""TPP 下一步的目标将是欢迎新成员。在中国有可能成为成员之前，韩国和台湾地区等可能会先行加入 TPP。它们的加入将提供一些依据，以评估中国作为规则遵守者，而非规则制定者加入 TPP 的潜力""TPP 的达成将成为全球贸易发展的强心剂。在缺乏重大多边进程的背景下，达成像 TPP 这样的区域贸易协定可能会成为未来促进全球贸易发展的常规方法"。

世界经济论坛认为 TPP 协议的达成，是美国和日本的胜利，是中国和欧洲的失败。但是这种失败，可以促使中国和欧洲走得更近，甚至可以迫使美国改变想法。在其《TPP 的失败者下一步将会做什么?》报告中，作者认为"TPP 的赢家是显而易见的：美国总统奥巴马和日本首相安倍晋三，也可以说是美国和日本的经济。奥巴马为美国'重返亚洲'做出了重要贡献，他可以放心地卸任了，而安倍也终于可以宣称其'安倍经济学的第三支箭'没有落空""TPP 的输家也很明显：中国和欧洲。中国不仅被排除在外，而且是被故意排除在外""欧洲花了几年的时间与美国谈判另一个主要的贸易协定——TTIP。考虑到美国总统奥巴马对 TTIP 的兴趣在 TPP 取得胜利后可能略有减弱，TTIP 可能需要做出更多调整以在奥巴马卸任之前得以敲定。而且，美国政府对于 TPP 的许多谈判标准可能不被欧洲接受""在面对像 TPP 这样的大型经济协定时，中国和欧洲应该怎么做? 在 WTO 的框架下开展多边进程亦已不可行""中国和欧洲可能最终互相看了一眼，发现一些之前没有注意到的共性……美国和中国似乎已经失去了谈判双边投资协定（习近平的美国之行并没有提到这一点）的契机，欧洲可以在与中国的谈判中成为一个领先者，如果美国愿意的话，它可以追随"。

世界经济论坛智库还对 TPP 背景下的网络安全进行了研究。在其《网络治理的未来是什么?》报告中，作者指出，"世界如何应对网络攻击的威胁，将决定子孙后代从数字时代获益的程度""确保数据的保护和完整性是一个至关重要的问题""随着全球价值链的快速发展，我们的经济越来越依赖跨政治边界数据的自由流动""在全球数据生态系统中促进'开放'，从而使数据在国家、部门和组织间实现自由流动。这些原则体现在刚刚结束的 TPP 中""未来中国将像其他国家一样，依赖开放的、自由的、动态的、安全的互联网""美国也需要适应。它必须接受事实。它不再是唯一的全球网络大国，其自身的行为必须符合全球公认的规范"，因为"互联网已经成为世界上最重要的基础设施。但这仅仅是开始，很快它将成为所有其他基础设施的'基础设施'"。

印度智库对在 TPP 谈判中的缺席表示不满，但中国的缺席，实际上在一定程度上平衡了印度的抱怨声音，南亚分析集团的报告很有代表性。在其《跨太平洋伙伴关系协定：中国的回应及印度的选择》中认为，"就经济而言，TPP 成员国的国内生产总值占全球 40% 以上，美国越来越把该地区视为一个最终的出口地，并在该协定规定的劳工标准、环境法、知识产权、法治和全面的市场准入以及最重要的零关税等条款之下，进一步促进该地区贸易便利化。有趣的是，印度和中国都不是该协定的成员国""无论北京做出多么积极的声明，外界依然普遍认为，TPP 是美国'重返亚洲'战略的一部分，意在遏制中国""事实上，中国建立的上海自由贸易区（SFTZ）和'一带一路'倡议的初衷就是为应对美国的 TPP""很明显，TPP 自问世后给中国带来了无数个不眠之夜""现在，就印度而言，它既不在'一带一路'阵营中，也不在 TPP 中。然而，印度也曾试图以'印度制造''启动印度'以及其他一些较小的项目发起属于自己的'全球化'，这些小项目将会把沿海地区与印度内陆通过铁路、公路网及智慧城市连接起来。短期来看，这是一个很巧妙的想法，包括中国和日本在内的国家都有兴趣在印度投资。然而，长期来看，当 TPP 成为现实，当自由贸易和市场新规则统治称雄，我们对此可能并不会加以肯定。如今，中国与东盟（ASEAN）的贸易额达 4000 亿美元，与 TPP 中的许多国家都曾签署自由贸易协定，中国在亚洲其他国家、非洲及美洲地区拥有相当高的地位。尽管印度也在谈判属于自己的自由贸易协定，但与中国相比，印度的贸易额少得可怜""产生这种现象的原因是印度缓慢的经济改革步伐，以及其他诸如政府采购、农业、关税和其他贸易壁垒、知识产权等问题""印度不需要夹杂在由美国和中国建立的 2.0 版本的全球化中，印度有必要利用一切有利因素，无论是在欧洲还是亚太地区，印度应在供应链中充当一名幕后国"。

政策研究中心的报告《当印度缺席》提出了一个很有意思的命题和假设，充满了对自己的反思和自嘲。作者认为，"贸易一直与地缘政治有关。贸易也定义了国家的本质""TPP 将产生巨大的影响。印度冒着将自身置于危险中的风险忽视了 TPP"。"印度一直对 TPP 洋洋自得。各种数据分析认为，TPP 对印度贸易的影响将相对较小""美国的霸权和有效性不仅是其原始力量的基础，而且是其创造持久的机构的能力。创建机构需要长远的眼光、能力、力量和一些规范的基础""机构为利益服务。但机构做得更多：它们制定游戏规则，甚至是合法性的规则。中国正在采取试探性的步骤用制度化的方式思考问题。在面对中国崛起的挑战时，美国很快就创造了新的机构，这将赋予其更大的能力来制定规则。TPP 只是其中的一步棋。从纯粹的现实政治角度来看，这是一种双赢：如果美国能够成功地制定规则，中国必须适应这些规则，这是双赢的格局。如果中国不准备适应这些规则，制定许多有利于自己的经济规则也是一个好主意。但是对于成功的机构而言，它们必须更具有灵活性。你必须专注于长期的框架和规则，而不是对每一项交易讨价还价。印度的贸易方式都只关注细节，所以它通常只见树木不见森林""我们必须仔细考虑我们的发展需求，但是我们也需要清楚这些需求中所体现的全球战略。但是如果我们缺席正在世界各地发生的结构体系变革，我们就不能发出有效的声音或建立有效的联盟""当印度位于全球大国和全球资本主义的十字路口时，我们必须考虑 TPP 对印度意味着什么。印度将自己描述为一个'领导力量'。但是由于其'内向'的表现，我们希望它不会成为一个'误导的力量'"。

印度全球关系委员会发布的《中国怎么看待 TPP?》比较有意思。在报告中作者认为，在 TPP 问题上，"北京虽然对这个贸易协定持观望的态度，但对 TPP 成为一个遏制中国的、更大的美国战略仍然存在严重的担忧""在回应新宣布的协定时，中华人民共和国商务部发言人讲道：'中国会按照世界贸易组织规则和有利于促进亚太地区经济一体化的原则对 TPP 保持开放的心态。'这位发言人补充道：'TPP 是为数不多的几个重要的亚太地区贸易协定，中国希望该协定有助于推动其他区域贸易协定的达成'"。该报告援引美国彼得森国际经济研究所的报告说，"估计中国将会因为没有加入 TPP 损失约 470 亿美元，其经济增长也会比预期约低 0.3%。虽然这对中国不是一个致命的打击，但是不受欢迎的新闻使中国的经济增长有放缓的趋势"。该智库在《从商品及服务税到 TPP》报告中还认为，"亚洲地区的外部一体化因 TPP、RCEP 和其他双边协定的谈判，正在进入一个新的阶段。很多人一致认为，一体化带来的好处是显著的。事实上，这些区域协定可能会为旨在恢复经济增长的更广泛的区域和全球贸易措施带来多米诺骨牌效应""印度如何才能成为这些协定的合作伙伴，并以包容的方式保持其增长的领导能力?""最重要的是要使印度的国内经济更完整，使其能够持续吸引并吸收与外部一体化相关的国外投资。这将有助于印度提高生产率并建立更具包容性的增长模式""印度如果想成为正在进行的外部一体化进程中的全面合作伙伴，就必须统一国家和中央的商品及服务税""印度和中国都没有参与 TPP 谈判，但它们都参与 RCEP 谈判。RCEP 是 16 个亚太国家之间整合、互补的焦点，比 TPP 的全球出口份额更高，国内生产总值几乎占全球的 30%""现在，印度迫切需要减少国家间各种不同的差异，更好地整合国内经济，吸引更均匀和更持续的外商直接投资并在全国促进更均匀的就业和经济增长。一个更好的一体化的国内经济发展也有助于增加印度日益增长的社会基础设施的效益"。

印度全球关系委员会在 2015 年 10 月 22 日发布的《TPP 真的会分割亚洲吗?》报告中认为，"无论 TPP 的未来如何，RCEP 都会继续向前推进。事实上，它可能会被证明是一个更好的协定，使亚洲国家为该地区旨在推动经济持续增长的共同议程而共同努力，即使没有美国在场"。报告认为"贸易协定总是会产生输家和赢家""现在，美国的立法者正着眼于探讨 TPP 可能带来的好处和危害""TPP 被奥巴马政府视为确保美国与亚洲战略联系的关键要素。在 TPP 框架下，美国能够保证参与世界上人口最多、经济充满活力的地区事务的可持续性。然而，我们有理由担心，该贸易协定可能会导致该地区的紧张局势加剧，而不仅仅是华盛顿和北京之间的矛盾激化。这反过来又会使美国在该地区的战略复杂化，而不是得到加强""所有的贸易协定都会反映政府之间的安全和经济利益，TPP 也不例外""TPP 并不是亚洲正在讨论的唯一多边贸易协定。事实上，如果更大的区域稳定和经济一体化是目标所在的话，那么还有其他的框架存在。RCEP 不仅包括东盟十国，还包括中国、日本、韩国、印度、澳大利亚和新西兰"。

印度全球关系委员会在报告《TPP：权衡和势在必行》中认为，"中国是世界上最大的制造商。展望未来，中国正在调整经济，并增加消费和进口的份额。同样，印度的国内市场和人口统计数据也是重要的因素。因此，要获得真正的成功，这样的优惠贸易协定必须开放给那些愿意满足标准的国家""印度迫切需要进行改革，以整合国内经济。现实是，虽然日本、韩国以及中国正在步入老龄化社会，但是印度有一半以上人口的年龄在 25 岁以下。印度所需进行的国内改革包括完善基础设施、降低财政赤字、扩大金融市场及完善国家治理。到目前为止，新兴的贸易协定给各国提供了达成政治共识和执行政策所必需的过渡时期。印度有时间来设计所需要的步骤，这将需要政府和企业采取大胆举措"。该智库在《建立在印度—美国交点上》中继续阐述说，"莫迪于 2015 年 9 月访美表明，在商业、科技和气候变化这些领域，印度与美国的伙伴关系日益增强。尽管仍然存在差距，例如，印度不是 TPP 的成员以及努力赢得联合国安理会（UNSC）席位的提议被搁置，但是印度现在是时候去巩固双边交点了，并且印度可以通过简化其贸易政策和关税结构来启动该进程""TPP 和 TTIP 两者结合起来最终将覆盖全球贸易的 68%，这将使像印度这样的国家更难参与到这些贸易中。因此，如果印度想要从这些新的贸易协定中获益，那么它必须尽早采取措施简化其贸易政策和关税结构，并且像 TPP 和 TTIP 一样，以全球价值链观念为基础"。

印度全球关系委员会对 TPP 协议中关于药品保护期的条款异常关注。在《TPP 对印度制药企业有影响吗?》报告中，作者指出"在许多贸易协定中，知识产权（IPR）是关键所在。知识产权对制药业有着重要影响""欧盟和印度的谈判被期望于 2015 年重启，但是基于欧洲药品管理局对药品监管的建议，欧盟对 700 种生物制药实行禁令，紧接着印度取消了预计的首席谈判代表会议""对于印度加入 TPP，人们也有同样的担忧。公共利益团体说，印度可能会牺牲消费者的利益来进一步提高药品价格并且赋予跨国企业大量的权力。在像印度这样的国家，大多数人自己支付医疗费用并且保险公司不支付医疗费用，于是这样的问题被提出——如果贸易协定的存在导致基本药物变得更为昂贵，那么接下来将会发生什么；如果从扩大市场准入中获得的收益大于加入 TPP 付出的代价，那么接下来将会发生什么"

"截至目前，印度没有签署 TPP 协议并且不能被强迫接受 TPP 中那些所谓的 TRIPS-plus 规定。但是对 TRIPS-plus 规定的担忧也影响到印度对 TPP 成员国的出口。这可能会延缓生物制药进入全球市场。最近关于 TPP 的报道表明，TPP 中知识产权的规定对品牌制药商没有做出严格要求。从目前的协议可知，品牌生物制药的数据保护期从 12 年缩减至 5—8 年。这要好于印度生物制药企业担心的最坏情况"，但是"活动人士警告说，TPP 中的知识产权标准可能会渗入到 RCEP 谈判中"，因此"为了从世界上不断变化的贸易体系中获益，印度必须开始进行战略性的思考和行动"。

作为圈外人，以色列的智库依然对 TPP 充满了兴趣。雷乌特研究所在《TPP 和 TTIP 的风险》报告中警告，"在全球和国家层面上，贸易议程必须与贫困做斗争，而不仅仅针对经济增长。世界正在逐步繁荣起来，但是这并不意味着在被边缘化的国家中每个人都将受益"。该智库在《中国与 TPP》报告中，援引位于新英格兰的美国公谊服务委员会项目主任约瑟夫·格尔森的话说，"TPP 的达成不仅受企业利益推动，还受到地缘政治因素的推动""TPP 作为一个地缘政治'长城'，旨在将中国边缘化。短期的零和思维使北京被排除在 TPP 谈判之外，这将加剧中美竞争性互赖关系的动态竞争，包括军事和经济领域的竞争。美国希望 TPP 可以深化整合亚太盟国的经济、社会、军事和政治系统及资源，将美国在亚太地区的盟国纳入美国的轨道。作为一个正在崛起的大国，中国渴望超越一个世纪以来的屈辱和不平等条约，中国领导人明白，TPP 是一个野心勃勃的倡议，他们将采取对抗措施，增强自身竞争实力""从维基解密可以看到，'美国国家安全局截获了欧盟和法国外交官的相关情报，这些外交官强烈批评美国的贸易政策，并称 TPP 是与中国相对抗'"。该智库公开质疑 TPP 中的道德问题。在报告中，作者认为"必须叫停 TPP，不仅因为它对就业造成不良影响，还因为它书写的是支持大企业的规则，使它们逃避那些涉及公共利益的管控。方济各明白这一点，奥巴马也必须知道这一点。可惜的是，教皇并没有就贸易问题从某种意义上去说服美国的决策者，现在提出 TPP 中存在的道德问题也还不是很晚"。

以色列雷乌特研究所在报告中，还对 TPP 协议中的农业问题进行了研究。在其《TPP 的农业和供应管理》中，作者认为，"分析贸易谈判中的农业问题有点像扮演盲人摸船的虚张声势""TPP 谈判中已完成的提供农业市场准入机会的章节也引起激烈的争议"。报告指出，"为什么美国参议员希望乳制品的出口再次引发价格崩溃，并拿更多纳税人的钱来补贴农民？为什么参议员希望可以从新西兰乳制品垄断商（恒天然）那里进口大量的 MPC 来进一步压低液态奶价格？一个简单的答案是，取消加拿大乳制品供应管理将有利于美国乳制品加工业，加拿大取消乳制品进口配额是美国乳制品加工业支持 TPP 的前提。此外，糖加工工业要求取消糖类供应计划。更复杂的答案存在于美国的两个隐性贸易目标中：（1）继续以低于生产成本的价格出口农产品（出口倾销），而削弱其他 TPP 成员国出口倾销的能力；（2）虽然消除了政府对农业和其他工业部门的干预，但政府仍继续直接或间接向美国跨国公司进行大量的补贴。向谁补贴以及国有企业（如农业销售局使用供应管理）的作用是值得充分辩论的问题。但是在 TPP 中，所有旨在增加市场准入的农业政策都不太可能产生有利于农民、牧场主或农村社区的交易"。

该智库还对医药问题感兴趣。报告《美国制药公司游说团体将会破坏 TPP 吗？》认为"除了美国，没有其他国家规定长达 12 年的数据排他期。这是因为 12 年的期限太长""要求规定长达 12 年的数据排他期的背后力量是美国参议员奥林·哈奇（Orrin Hatch）。作为参议院财政委员会的主席，哈奇在美国贸易议程的设置上有很大权力，他一贯使用杠杆来在贸易协定中提出强有力的知识产权条款""奥巴马政府在这个问题上花费了相当大的谈判资金。比起努力争取一个神秘的监管机制来促进一部分美国工业的发展，美国谈判者应该花精力说服加拿大改革其乳制品的供应管理程序或努力打开国外市场，这才是像 TPP 这样的自由贸易协定应该包含的内容"。

新加坡智库在研究 TPP 过程中，把注意力集中在新规则与老规矩之间的差异上。南亚研究所在《跨太平洋伙伴关系协定和印度面临的新挑战》中认为，"TPP 谈判的结束对于印度有重大影响，印度将不得不预想 TPP 对于那些牵涉印度的区域贸易谈判的影响，如 RCEP。TPP 谈判的结束，也对印度在该地区建立更深入、更有意义的联盟的意愿构成一种挑战"，TPP "是一项全面的贸易协定，是美国一直以来在世界贸易组织中推行的深度贸易自由化，但并未取得成功""TPP 会由于 APEC 成员的加入成为一个规模更大的贸易协定，这也就意味着 TPP 更接近亚太自由贸易区（FTAAP）的概念""印度需要认真研究 TPP，预测它对 RCEP 谈判的影响。TPP 也很可能成为衡量其他国家如印度进入 APEC 时对贸易自由化承诺的标尺。总之，印度在贸易政策中被迫采用'TPP 式规则'的压力会随着时间的推移而增加""TPP 还将印度暴露在一系列显著的外交挑战中……会促使印度在外交及贸易政策中寻求更为紧密的联盟"。

拉惹勒南国际研究院在《TPP：东盟的胜利，WTO 的失利?》报告中认为，"TPP 对东盟地区的影响会因国家的不同而有所差异，主要是基于这样一个事实：东盟十国中只有四国加入 TPP。然而，文莱、马来西亚、新加坡和越南——东盟中的 TPP 成员国——有望成为'赢家'，因为它们获得更多其他的市场准入，尤其是美国和日本这样利润丰厚的市场""TPP 将可能塑造东盟中 TPP 成员国的政策，以满足交易条件""此外，TPP 为中小企业提供了更多机会""TPP 使全球贸易治理复杂化。随着贸易集团日渐增多，不久的将来我们将见证一个更加错综复杂的世界贸易体系。一些商业团体怀疑世贸组织能否进一步促进自由贸易，因为该组织庞大的会员数目使得它很难达成协议。虽然'巴厘一揽子协定'于 2013 年达成，但该谈判几乎崩溃。随着 TPP 的达成，世贸组织面临着修改其议程的压力，2015 年 12 月，世界贸易组织第十届部长级会议将在肯尼亚首都内罗毕召开。

内罗毕会议议程应包括提出解决边界障碍的方法，提高贸易便利化规则的透明度，并采取良好的国际标准和做法。这样做可以帮助世贸组织保持相关性。这个负担现在已经落到世贸组织的肩上。国际贸易体系的未来前景将取决于内罗毕谈判。目前，每个人都必须玩一场等待的游戏"。该智库在随后的《TPP 和 WTO：双赢还是零和?》中，再次阐述了类似观点，"TPP 的敲定已经使人们对 WTO 的未来产生不同的预测""TPP 和其他自由贸易协定不仅为解决这样的问题提供更稳定的体制机制，而且可以加强 WTO 开放的、公平的以及非歧视的多边贸易体系。研究者和政策制定者也表示，TPP 和 WTO 的关系应该被认为是平行互补的而不是竞争的"。报告还援引一些反对人士的话说，"TPP 由美国操纵，以实现它的地缘政治目标，并且 TPP 也表明 WTO 的功能失调和无关宏旨""对于亚洲发展中国家而言，RCEP 是更好的选择，因为它包括像中国和印度这样主要的亚洲经济体"。报告还指出，"中国被视为 TPP 中最大的输家之一，它谨慎地回应该协定，有时也会表现得积极些。中华人民共和国商务部部长高虎城说，包括 TPP 在内的亚太区域贸易协定有助于贸易和投资自由化、区域一体化以及促进全球经济增长"。同时，"尽管 TPP 可能与 WTO 脱节，但在 WTO 的多边主义承诺下，TPP 的敲定表明贸易合作的机构设置也开始多样化"。

在全球智库热烈讨论 TPP 带来的冲击和未来发展趋势时，俄罗斯众多的智库却一反常态，鲜有地保持了低调和冷漠。或许它们正在关注比 TPP 更为重要的事情，如乌克兰问题、克里米亚问题、打击 ISIS问题等。但在为数不多的智库报告中，俄罗斯智库的态度却是最为鲜明的。俄罗斯国际事务理事会以锐利的标题《TPP 将分裂亚太?》发表了报告。作者认为"从经济体制的角度看，我们生活在一个分化的世界：世界贸易组织正在被侵蚀；亚太经合组织正在变形。我相信，TPP 将成为亚太经合组织的一个直接威胁。重要的是，在政治上，亚太经合组织汇聚了包括俄罗斯和中国在内的所有主要大国。

总体而言，TPP 的达成对俄罗斯和中国更像是一个挑战，而不是一个机会""当 TPP 开始运作后，韩国可能会受到严重影响。如果韩国处于不利境况中，那与 TPP 国家没有签订自由贸易协定的俄罗斯和中国的处境又将如何呢？因此，韩国和俄罗斯应该联合起来，不能让 TPP 成为贸易保护集团"。

该智库在《TPP 与"一带一路"：谁真正有益？》报告中，火气看起来依然很大。作者认为，TPP 是"破坏性的西方贸易模式"，而"一带一路"倡议则在概念上"与概念上的 TPP 不一样，北京已经沿着丝绸之路开始建立有形基础设施，每个基础设施项目都会刺激并创造新的经济机会"。"西方的自由贸易模式一直保密；与之相对的是，'一带一路'促进高速公路、港口、仓库、发电厂、酒店以及光纤连接网快速发展，并将海洋一流港口和偏远大陆地区设施连接起来""无论 TPP 如何自命不凡，至少它反映了破坏性的西方贸易模式。亚洲现在是时候凭借久经考验的丝绸之路来保护文化及国家主权了"。

除了打口水仗之外，俄罗斯智库还真敢动真格。在土耳其 G20 峰会上，它们还想就 TPP 跟美国说道说道。俄罗斯国际事务理事会发表的报告指出，"我们担忧的是 TPP 将对世界贸易组织有不利影响。我们相信美国提议并达成 TPP 是以不透明的方式，它没有告知其他重要的经济力量中心（俄罗斯和中国）。事实上，在安全领域，美国也采取了相同的方法""美国在实现计划过程中的做法与声明自相矛盾，采用了封闭和不透明的方式。这是一个双重标准。我们将寻求了解 TPP 的主题和全部细节。我相信并期望 TPP 成为即将召开的二十国集团峰会上的议题之一""2014 年 11 月，俄罗斯总统普京表示 TPP 中缺少俄罗斯和中国将是没有意义的。在第 70 届联合国大会上，普京发表讲话称，许多国家选择了创建专属的经济联合体，排除经济联合体之外的国家，这将造成贸易体系和全球经济空间的极度不平衡"。

作为发展中国家，孟加拉国智库对 TPP 也比较关心，其核心议题是服装出口将面临越南的挤压。孟加拉政策对话中心在报告中认为，"TPP 签订后，包括美国在内的 12 个国家将会推出一个新的免税营销系统协议，一些国家的服装出口业务出现了不良迹象，可能会严重影响孟加拉国的成衣市场""随着 TPP 协议的签订，越南将有权向美国出口成衣等产品，而且没有任何负担。另外，孟加拉国将不得不在出口服装时支付 15% 的关税和税收。因此，孟加拉国可能失去与越南竞争的能力"。该智库在另外一份报告中认为，"孟加拉国的服装生产成本要比其他国家高出许多""孟加拉国为何要担心 TPP 的实行？这个方程式非常简单。在美国市场中，越南是仅次于中国的第二大服装出口国。如果 TPP 开始生效，越南的服装将会零关税进入美国市场。在此过程中，孟加拉国将完全丧失竞争力""如何应对与越南的不平衡竞争已经成为 Tofael Ahmed 面临的一个重要问题。越南将享受美国带来的零关税优惠，而孟加拉国仍将背负 16.5% 的关税，为应对 TPP 可能造成的负面影响，孟加拉国政府将成立中央机构，以便进行适当的谈判。商务部会设立一个部门，并为其配备精通原产地规则制度、反倾销、优惠流失及劳工标准等领域的专业人才"。该智库还发表报告说，"孟加拉国最有可能受到美国主导的 TPP 的不利影响，特别是在出口创汇方面""越南在投资和环境事务方面优于孟加拉国，越南的全球竞争力指数也更高，因此它可能会挤占孟加拉国的份额"。怎样减少 TPP 对孟加拉的影响，其智库也给出了一些建议方案。政策对话研究中心认为，"TPP 生效后，孟加拉国可以通过积极参与自由贸易协定和区域贸易协定来减少损失。孟加拉国已参与 50 多个自由贸易协定，它可以有效地利用这些平台从贸易中获益"。至于是否加入 TPP 谈判，该智库认为"尽管 TPP 向感兴趣的国家敞开怀抱，但孟加拉国必须了解 TPP 的文本细节和本国加入 TPP 后的潜在影响""TPP 对孟加拉国贸易转移的影响大小仍不确定，能够缓解多少 TPP 带来的贸易冲击取决于孟加拉国在国内和全球所做的准备工作"。

韩国智库对于 TPP 可谓是"心情复杂"。峨山政策研究院发表的《49% 的美国人和多达 89% 的越南人支持 TPP》，有些王顾左右而言他的感觉。报告说，"TPP 在国际上也获得广泛的支持：接受调查的 49% 的美国人都支持 TPP，高达 89% 的越南人支持 TPP""一般来说，个体越年轻、受教育程度越高，越倾向于认为贸易和 TPP 有益于自己的国家"。在该智库的另外一份报告中，作者援引美国高官的话说，"TPP 并非全面封锁中国，相反的是，如果中国有兴趣加入 TPP，以及如果其能够达到标准，我们会很欢迎它的加入"，并引用这位官员的话说，"如果韩国政府有加入 TPP 的意愿，我们将欢迎与韩国的谈判""如果朝鲜继续保持这种状态，美国和我们的合作伙伴将继续采取措施来保护自己，这意味着我们将采取额外的防御措施以应对朝鲜所带来的威胁，这些不是针对中国的措施，但中国可能更希望我们不采取这些措施"。2015 年 10 月 16 日，在韩国总统朴槿惠与奥巴马总统举行双边峰会后，该智库的报告认为"韩美两国领导人讨论了更为广泛的问题，包括各区域与中国和日本的关系，韩国加入 TPP 以及所谓的'新边疆'与合作事项（全球卫生、网络安全和空间合作）"。

作为非洲最重要的国家之一，南非智库对 TPP 问题的关注角度比较特别。南非国际事务研究所在《迈向 2.0：WTO 能够在 21 世纪恢复其在全球贸易格局中的中心地位吗?》中认为，"WTO 的基础——尤其是其'皇冠上最珍贵的宝石'——争端解决机制——就越趋于崩溃。为什么? 因为一个不能够实现现代化并不断更新规则的机构将被绕过。在诞生的第 20 个年头，WTO 面临日益加剧的生存危机""美国转向了 TPP 和 TTIP。这些'大型区域'贸易谈判代表着开拓新规则的尝试，并试图恢复美国在全球贸易体系中的首要地位。这种高风险的扑克游戏有不可预知的后果。最重要的是，没有人能预测最终大型区域协定是否会成功。虽然 TPP 的结论似乎就在眼前，但是它的最终落实还是要受制于复杂的政治循环，尤其是 2016 年美国大选。TTIP 的未来更不确定，因为谈判力量更为松散，欧盟对于监管的偏好也不同于美国"。自由市场基金会则认为"经济增长需要更大的经济自由"，因为"经济自由度更高的国家更容易快速发展，也更繁荣。经济自由的基础是个人选择、自愿交换、自由竞争和私有财产安全""没有这些，很难想象南非将如何成长并变得更加繁荣""TPP 国家承诺维护基本经济自由以及个人和公民自由，表示愿意改变它们的经济政策。我们应该为此叫好。南非政府必须认识到，它需要改革南非经济并制定政策，提高经济增长水平和减少贫困人口"。

在本书编辑过程中，令主编感到意外的是，处于动荡之中的阿富汗，其智库依然关注外部世界的变化。阿富汗亚洲基金会在报告《TPP 和 RCEP：对于 ASEAN 是福是祸?》中仔细比对了 TPP 和 RCEP 对东南亚国家的利弊影响，"TPP 由美国主导，而 RCEP 由中国牵头。许多人都很关注中国和美国将如何利用自由贸易协定来造福自身，并将彼此排除在各自的区域经济安排之外。同时，东盟及其成员国在亚太地区的未来贸易安排中也扮演着重要的角色。东盟为经济合作和一体化所做的努力已经到了关键阶段，它不但关注 TPP 和 RCEP 对其成员国的福利效应，也关注它们对于东盟作为一个经济共同体的影响""六个东盟成员国缺席 TPP 谈判，这将对东盟内部的经济一体化造成可能的威胁""由于东盟不可能以一个经济共同体的身份在当前 TPP 谈判中发挥重大影响，所以它将大部分精力集中于 RCEP 谈判""对于 TPP，东盟应发声指出，未来的 TPP 谈判需要采取更具包容性的做法。东盟的十个成员国均加入谈判将有助于缩小东盟成员国之间的发展差距。为了提升在 RCEP 谈判中的议价能力，东盟的首要任务是完善自身的制度结构，以统一成员国之间的利益和行为。此外，东盟应该充当两个区域倡议的积极协调者，推动 TPP 和 RCEP 的共存，并为亚太地区更大规模的贸易框架铺平道路"。

土耳其智库国际战略研究机构在《地缘经济竞争：来自新前线的全球困扰》报告中认为，"美国对军事的依赖越来越少而开始越来越依赖经济手段以获取利益，这并不一定是一个好消息。这一趋势可能会破坏关键的管理机构和其在未来应对全球挑战的能力""目前地缘经济环境的威胁不仅破坏了未来全球贸易和投资协定的繁荣发展，还破坏了以规则为基础的国际体系。TPP 和 TTIP 一方面主要是试图平衡政治关系进而减轻地缘政治和安全困境的影响，另一方面是要建立一个足够大的市场从而能够在全球经济中继续设定规则。值得注意的是，TPP 和 TTIP 谈判不包括金砖国家，虽然金砖国家的经济目前正在遭受一些挫折，但是由于这些国家之间迅速变化的国际秩序和不断扩大的合作，金砖国家正在快速成为一个有组织的政治团体。许多观察家认为这样一个政治联盟应该更好地融入当前的国际框架中去""中国和很多新兴经济体开始建立能够替代布雷顿森林体系的机构。这些国家开始开辟新的路径来寻找经济上的合作。多年来，它们一直都表示自己对于西方国家在全球金融机构中占主导地位很无奈，并且最近它们也开始反击""新兴经济体开始脱离这一体系，并且试图创建新的规则秩序。隐藏在其背后的驱动力更多的是地缘政治而不是地缘经济"。

丹麦智库丹麦国际问题研究所在《跨太平洋伙伴关系协定的下一步是什么?》报告中写道，"经过五年多的艰难谈判，12 个亚太国家的贸易部部长们于 2015 年 10 月 5 日在亚特兰大结束了 TPP 谈判。大张旗鼓地公告使许多人相信该协定将很快生效。然而，在这之前，大家还有很多事情需要去做，而且也不能保证它一定会生效""TPP 成功获得批准之后，最后一步就是协议的落实。这可以说是整个过程中最关键的一步。从历史角度看，由于实施方式不合适，影响很小甚至毫无影响的贸易和其他协议的例子随处可见。虽然有争议的投资者—国家争端解决机制允许公司起诉政府，但是不能保证它被全面执行。总之，我们只需要等待和观望，而等待的时间会持续两年，甚至更长的时间""已经有迹象表明，TPP 的最初目标可能已被破坏。发展中国家如越南、马来西亚、墨西哥、秘鲁以及其他一些国家似乎在许多敏感的改革领域拥有较长过渡期。如果 TPP 被批准并得以实施，毫无疑问这将对成员国和非成员国造成重大的影响。……但前提是它已经生效。不幸的是，这种情况发生的可能性仍然是不确定的。只有时间会告诉我们答案"。

法国智库国际信息和前瞻性研究中心则建议欧盟在 TPP 达成之后不应急于结束 TTIP 谈判。报告指出，"尽管 TPP 在美国的主导下结束，欧盟也不应该急于不惜一切代价地结束正在进行的 TTIP 的谈判""美国一直认为它正在为 21 世纪的贸易协定制定一个'黄金准则'，但是最近几个月可以看到，日本牛肉进口关税、美国汽车关税及加拿大乳制品关税配额方面一直存在政治障碍。这些问题都不是新问题。TPP 的政治维度是试图遏制中国的商业发展，这既不是创新，也不是模范""欧盟应该从 TPP 的结论中得到怎样的教训？TPP 降低了美国在当前 TTIP 谈判中潜在的负面影响。这使华盛顿在谈判中拥有更大的议价能力""在面对 TPP 带来的政治冲击时，欧盟不应急于结束 TTIP，而是应明确该协定对自身及贸易政策战略的意义"。

2015 年 11 月 12 日，非洲国家加纳的智库民主发展中心发表了一份名为《特朗普关于 TPP 有利于中国的言论是对的》的报告。在这份报告中，作者异想天开地提出了一个想法，即中国虽不加入 TPP，但仍可以享受 TPP 的好处。作者的这个观点来源于美国共和党总统候选人唐纳德·特朗普的言论，可能比较荒谬，但是也值得一看。"TPP 和其他自由贸易协定允许签约国进行免关税的贸易流通，但我们生活在一个复杂的世界中，一个国家的原材料随着供应链穿过另一个国家，并在最终进入零售市场之前到达第三个国家。为了应对这个问题，TPP 中添加了'原产地规则'章节来确定混合商品是否会获得免税资格。这样的规则对于越南、马来西亚等东南亚国家来说特别重要，因为它们从中国进口大量生产原料""所以中国在不需要提高贸易标准或符合任何 TPP 规则的情况下，仍能够以更低的成本为 TPP 国家生产数以百万计的汽车零部件和纺织品，并且不用承受大量关税的负担。众议院议员丹·基尔迪反对 TPP，称这将有损美国制造业尤其是美国汽车工业的竞争力。特朗普的咆哮当然可能会被误认为是无知的。但在这种情况下，他是对的：中国可以利用 TPP 中薄弱的规定，让本国的产品通过'后门'进入美国和其他国家。2015 年的前 9 个月，美国与中国的贸易赤字约为 2730 亿美元。TPP 达成后，尽管美国的贸易伙伴有所增加，但美国与中国的贸易赤字可能仍不会有明显改变"。

信笔至此，已是鸡鸣三更、困意渐浓，手脚在寒夜中愈加冰凉。今日是笔者的生日，此序初成，也算是给自己的一份生日礼物，兴奋之余特意鸣谢如下：感谢景峰同志等组成的工作团队以强烈的事业心和高度的责任感，在最短的时间内收集了最新的材料，并完成了所有前期翻译和初步译校工作。感谢本书系的顾问陆忠伟先生、编委会主任丁奎淞和各位编委们，正是这些前辈、领导和朋友们的厚爱和期望，才使我们在艰难中坚持走到了今天，完成了本丛书在 2015 年度出版六卷的计划。感谢社会科学文献出版社当代世界出版分社的祝得彬社长和仇扬、王小艳编辑，在他们的鼓励和支持下，该书才得以在短时间内面世，也正是他们严谨的工作作风，才保证了本书系的国家级水平，在此谨向他们高质量的专业水准和孜孜敬业精神致敬。老师和朋友们的关心，是最美好、珍贵的生日礼物，自当时刻铭记在心，继续发奋努力，始终奋笔疾书，永远不敢懈怠。正如陆忠伟教授在本丛书总序中所勉励的："好消息何时来，二月杏花、八月桂；实功夫何处下，三更灯火、五更鸡。"此书是 2015 年度的最后一本，谨以此向陆教授和所有朋友们拜个早年，并期待大家对本丛书多提批评改进意见，尚祈见告，俾资改进，不胜为盼。

（本文系王灵桂主编《国外智库看 TPP（Ⅲ）》序言，社会科学文献出版社 2016 年 1 月版）

TPP 的思维局限与缺陷

本书是全球战略观察报告的第五部，关于 TPP 的。

在 TPP 谈判 12 个成员国部长级会议通过协议文本后，世界各国战略智库发表了数量众多的研究报告。从这些报告和评论中，我们能从纷繁的观点中看出该协议的思维局限和逻辑缺陷。

一　TPP 有着深刻的政治意图

美国外交关系学会十分坦率地承认，"TPP 附带有经济成分，但它不仅仅是一个贸易协定""TPP 将消除对'美国制造'产品施加的 18000 多项国外税收，并帮助美国制造商、农民和小型企业商人在增长迅速的市场中竞争并获胜""展望未来，亚太地区将在塑造互联网、金融监管、海上安全、环境以及诸多其他直接关系到美国事务等方面的国际规则道路上拥有极大的发言权。在这个时代，经济和安全问题是重叠的，所以美国不能在一个又一个领域落后于其他国家。通过对这一贸易协定的投票表决，美国国会能够增强美国使命感，而美国也将继续成为整个亚太地区繁荣和安全的领先力量"。伍德罗威尔逊国际学者中心也认为，"TPP 的地缘政治意义远远大于其促进全球贸易规则的重要性，甚至大于更开放的市场可能带来的经济机会。在追求 TPP 谈判的进程中，美国总统奥巴马强调重新平衡美国在亚太地区的地缘政治和经济利益具有重要意义。通过敲定 TPP，美国明确其对亚洲盟友的承诺"。卡内基国际事务伦理委员会认为，TPP 协议文本的达成，"该协定不仅与国际贸易有关，还与地缘政治有关。TPP 有望成为美国总统奥巴马外交政策的又一大成功""也有可能为奥巴马'转向亚洲'或'亚洲再平衡'战略增添实质性的内容"，在美政府更迭后"如果国会中有足够多的成员将 TPP 视为对国家利益和安全的服务者，尤其是在中国日益崛起的背景下，那 TPP 还是会有机会的"。大西洋委员会在访问美国贸易成员国代表弗罗曼后，依据其谈话发表的报告认为，"TPP 还是一个改变游戏规则的协定，是皇冠上的宝石"，因为"TPP 不仅有助于贸易自由化，也有助于平衡中国经济崛起的影响力"。卡托研究所认为，"TPP 与美国试图遏制中国影响的政策相一致。美国在东亚地区的盟友肯定会以这种方式解释贸易协定……该协议将不仅会带来重要的经济效益，而且会带来长期的安全利益……如果美国和日本通过 TPP 增加在亚太地区的存在感，可能会遏制中国在该地区追求霸权影响的举动"。

二　TPP 像航空母舰一样重要

时任美国国防部部长卡特曾直言不讳地表示，"TPP 对我来说，堪比另外一艘航空母舰"。美国外交关系学会认为，"日本加入 TPP 至关重要。在某种意义上，最为显著的是美国对亚洲'再平衡'的承诺，不仅局限于军事层面，同时也重视安全和经济领域""从某种意义上说，TPP 的一大亮点是确保美国在亚洲继续发挥巨大作用。所以从这个意义上来看，TPP 实际上维护了美国，（包括日本）在该地区的信誉"。卡内基国际和平基金会认为，"TTIP 和 TPP 都与美国在大西洋和太平洋建立联盟有关，其目的是遏制中国。自从美国再不能独当一面以来，它就需要盟国来加强其对经济、贸易和军事优势的保护。总之，这两个协定都被视为在制定 21 世纪贸易规则方面美国与中国的竞争"。大西洋委员会称，"奥巴马表示，鉴于我们 95% 的潜在客户与我们隔海相望，我们不能让中国书写全球经济规则，书写规则的应该是我们"。

三　关于 TPP 在美国会批准的前景

布鲁金斯学会谈到了对 TPP 未来的看法，"TPP 谈判是一个里程碑式的成就。但我们不应忽视这样一个事实：要想使 TPP 从书面协定落实为实实在在的举措，我们需要做的还很多""TPP 项目仍然是一个承诺，而非现实""一旦 TPP 遭遇国会否决或迟迟未能表决，那么一切也就没有意义了。如果 TPP 不能落地生根，那过去种种努力都将付诸东流"。安全政策中心认为，"美国、亚洲各国政府以及各式各样的公司一直都在秘密谈判，忽略了透明度和问责制。毫不奇怪，它们作出的安排也只适用于狭隘的利益，损害了美国国民的利益。据报道，该协定还就人口自由流动和跨国管理安排作出承诺，完全与其主权共和政体和宪法相违背。不幸的是，国会要么接受，要么弃绝。现在看来，弃绝 TPP 似乎是可取的"。卡托研究所担忧地写道，"在 2016 年进行新一届总统大选之前，TPP 需要由国会批准，奥巴马总统的时间紧迫。尽管在选举年中，贸易法案不会有所变化，但仍有担忧 TPP 会因总统辩论、初选和国会中的复杂情况而延迟签署""预测国会会通过 TPP 还为时过早。在美国总统选举的背景下，TPP 正在成为角逐总统职位者的艰难选项"。卡托研究所指出，"希拉里·克林顿在过去的一周改变了对 TPP 所持的观点。当她担任国务卿时，她曾支持 TPP，并在她的书《艰难的抉择》中，称其为'具有黄金标准的贸易协定'。在 2015 年 10 月 7 日，她又讲道，'我不相信 TPP 会满足我所设置的高标准'，尽管她承认没有阅读该协定的内容。1996 年，她直言不讳地支持《北美自由贸易协定》，但是多年来，她又打了退堂鼓。因为她的参议院的投票记录和其对贸易协定的言辞不一致。她支持美国和新加坡、智利和澳大利亚、摩洛哥和阿曼签订自由贸易协定，然而她反对中美洲自由贸易协定。在她提议中的一项就是扩展进入新的市场，这似乎与她反对 TPP 的意见相矛盾"。胡佛研究所指出，"值得注意的是希拉里最近刚从支持 TPP 转向反对它，不幸的是这被认为是达到她目的的原因而不是出于政策因素"
"希拉里·克林顿说，她现在不能支持 TPP，理由是她担心就业和工
资、国家安全、汇率操纵和制药公司具体规定"。

四　世界其他智库的看法

加拿大智库对待 TPP 的态度和研究路径较之美国智库要平实、
务实得多。在发表的研究报告中，他们虽然关心 TPP 协议在世界范
围内的影响，但是他们的注意力主要集中在北美地区以及与自己密切
相关的领域，如汽车、生物制药、乳制品等行业，以及就业问题，以
期在 TPP 范围内做到趋利避害、利益最大化。加拿大亚太地区基金
会在发布的报告中指出，"虽然许多人认为 TPP 会对消费者和经济发
展产生积极影响，但是根据最近的全国性调查，民众似乎对有关就业
增长和就业保障问题存在担忧。尽管对 TPP 的支持高于反对，但是
民众对 TPP 的不确定性依然存在担忧。广泛来说，最新的调查显示，
35% 的加拿大人支持加入 TPP，而 21% 的加拿大人反对，而且几乎一
半的加拿大人仍然说他们不够了解 TPP"。加拿大人民评议会就 TPP
谈判让步表示了深深担忧，认为"加拿大正准备向更多的美国牛奶
开放边境，而在美国，加拿大奶农没有获得互惠准入""就药品而
言，美国正在寻求更强、更长、更容易获得的专利垄断，以及药品监
管数据垄断，以防止市场营销更便宜的同类仿制药""加拿大邮政可
能也会受到 TPP 的危害。在 TPP 中，国有企业会受到严重限制和约
束，迫使其放弃公共服务职责，成为纯粹的利益驱动机构"，同时
TPP "将裁掉数以千计的汽车工人，把成千上万的奶农置于危险中，
而给予外国企业更多的权利决定加拿大政策如何制定""我们强烈建
议下届政府拒绝 TPP"。但是，国际治理创新中心认为，TPP "对加
拿大应该有积极的影响，这个协定应该在加拿大得到充分的执行和实
现"，因为"TPP 应该有利于加拿大公司拓展价值链以及集合他们的
客户""为加拿大公司开辟新的市场""将使加拿大公司从亚洲进口

组件和设备更容易"。加拿大智库贺维研究所也指出，"加拿大放弃 TPP 这些有利的优惠待遇将对加拿大公司及其员工产生负面影响，包括汽车行业"。

全球知名智库中，英国智库在看待外部世界时，总是比别国的智库多了一双眼睛：看自己时，既重商业利益，又关注人文因素；看盟友时，似乎多了一些玄妙的东西；在看盟友之外的世界时，其研究的出发点和立足点似乎又回到了自身和盟友的利益上。这种印象，在英国智库看 TPP 问题时，同样十分明显。英国智库国际环境与发展研究所在报告中意味深长地写道，"鉴于投资法可能对政策带来的深远影响，这种低水平的公众监督为民主治理和问责带来了真正的挑战"。海外发展研究所对 TPP 可能对发展中国家造成的影响十分关注，认为"考虑到发展中国家之间的贸易模式和 TPP 成员国是不同的，TPP 中的关税削减条款将不会影响到发展中国家。但从长远来看，TPP 可能是对最不发达国家的挑战"。英国智库开放欧洲从 TPP 文本联想到了 TTIP，认为 TPP 的文本内容将使未来的 TTIP 产生诸多困境和挑战，"由于众多的延误和双方棘手的政治环境，TTIP 的进展一直是缓慢而痛苦的""TPP 使 TTIP 复杂化了……它已经明确排除开放国家和地方层面采购市场的可能"。英国查塔姆研究所认为，"美国和中国之间的地缘政治竞争将成为亚太地区安全风险的重要变量，这一预言成为当前的现实情况……中美两国不应进行冷战式的部署，这不仅会造成对印度、日本和印度尼西亚日益增强的影响力和区域复杂性的误解，而且会增加区域冲突的可能性并减少未来进行重要区域合作的可能"，同时还认为，"虽然中国是世界第二大经济体，其经济增速比大多数主要经济体的经济增速快，但中国的经济增长已经放缓……美国、日本和其他 10 个 TPP 成员国的经济增长可能会减少对中国的贸易依赖"，"亚洲的人口是我们在考虑亚太安全风险时需要超越中美关系的另一个原因，中国面临老龄化社会的挑战，而印度等国人口有着较为年轻的优势，将在未来几十年获得人口红利。东南亚国家的人口也有此类优势，菲律宾和印尼等国的人口快速增长，中产阶级日益扩大"。英国查塔姆研究所在其报告中还专门谈到了"意大利面"，这个词常被用来形容自由贸易区的重叠。每一个自由贸易区都会有一大堆规则，各种双边与多边的自由贸易协定的优惠待遇和原产地规则互相重叠、交错，就像碗里的一根一根意大利面条一样搅在一起，它可能会使自由贸易变得更加复杂，而不是更加简单的问题，认为"新签署的太平洋贸易协定之后就是一场激烈的国会战役，但该贸易协定的通过将是一个重要的信号，表明西方的领导将继续发挥效力""经济效益只是 TPP 将带来的其中一部分好处。TPP 还可能会有重大的地缘政治影响"。英国国际战略研究所批评了美国在 TPP 设计和推进过程中的自以为是，指出"TPP 是于 2006 年由文莱、智利、新西兰和新加坡四国发起的，最初只是将其作为一个小的试验。事实上，TPP 还可以作为支持华盛顿方面大肆宣扬的重返或平衡亚太地区的工具，华盛顿方面于 2011 年大张旗鼓地宣布了重返亚洲或再平衡亚太地区的战略。从这一方面来看，TPP 可以发挥积极作用，但是如果将 TPP、美国在亚太地区实施的外交政策和军事维度放在一起审视时，那么'再平衡'战略并没有带来多少信心"，在美国"即使 TPP 能得到批准，但是其他两个元素——外交和军事看起来并没有那么稳固""美国不应对其在亚洲的伙伴过于自以为是"。

澳大利亚智库对待 TPP 的态度显然要比美国、加拿大和英国轻松许多，这也体现了澳大利亚作为西方盟国小伙伴，抑或是其独特的地缘政治因素而造成的，在国际事务中长于口无禁忌地议论和发表看法的一个显著特点。在对待 TPP 的问题上，澳大利亚智库既关注自身利益，又关注周边国家的感受；既对自身超然的地位感到满意，又对在 TPP 中不能保护自己的特殊利益而不满。洛伊国际政策研究所指出，"TPP 是遏制中国的战略吗？……《纽约时报》没有使用遏制这个词，但认为该协定是'美国在与中国的比赛中赢得的一场胜利'""美国官员曾一再表示，他们为中国最终加入 TPP 敞开大门。

总统本人也声明自己的观点：'顺便说一下，现在有一些言论，说美国通过利用 TPP 试图遏制或使中国处于不利地位。我们其实不是。我们所要做的是确保在该地区有一个合理的位置供我们操作，这不是一场竞赛。我们希望的是，中国可以不以 TPP 正式成员的身份来与我们合作，采用一些最佳实践活动，以确保操作的公平性'"。墨尔本应用经济和社会研究学院对 TPP 持乐观态度，认为 TPP 将促进服务业增长，并且为澳大利亚创造更好的工作机会，"TPP 创建了一个规则公共平台，并且将有助于深化该地区的一体化，创造工作机会以及带动经济繁荣" "亚洲的服务贸易价值可能会超过 1600 亿美元，到 2030 年可为澳大利亚人创造超过一百万个工作岗位"。

　　瑞士的智库们在看待 TPP 时，确实是做到了 "中立" 的态度。在其智库发表的报告中，几乎看不到 TPP 对其本身影响的言论，其关注点都在一些看似毫不相关的领域和国家上。这可能也体现了该国的传统和文化。瑞士世界经济论坛认为，"新的大型区域贸易协定，包括美国等 12 个环太平洋国家的 TPP、与欧盟的 TTIP 以及服务贸易协定等多边贸易协定的谈判正在进行中。现在，世界贸易治理体系有三大支柱：第一大支柱是世贸组织规则；第二大支柱是区域贸易协定和双边投资协定网；第三大支柱是发展中国家的单边改革"，"自 2008 年以来，世界贸易组织（WTO）陷入系统性危机"，"如果一个机构不能够不断更新其规则，那么它将注定被忽略。世贸组织面临的生存危机加剧"，"在 TPP 和 TTIP 复杂的贸易谈判中，会造成很多妥协，包括法规。因此，美国和欧盟在全球贸易体系的领导地位并不会恢复。直到我们清楚大型贸易协定，尤其是 TPP 和 TTIP 将如何形成，我们才知道世贸组织的未来"。

　　印度智库对在 TPP 谈判中的缺席不满，但因中国的缺席，实际上在一定程度上平衡了印度的抱怨声音，南亚分析集团认为，"就经济而言，TPP 占全球国内生产总值的 40% 以上，美国越来越把该地区视为一个最终的出口地，并在该协定规定的劳工标准、环境法、知识产权、法治和全面的市场准入，以及最重要的零关税等条款之下，进一步促进该地区贸易便利化。有趣的是，印度和中国都不是该协定的成员国""无论北京作出多么积极的声明，但外界普遍认为，TPP 是美国'重返亚洲'战略的一部分，意在遏制中国"，"事实上，上海自由贸易区和'一带一路'倡议的初衷就是为应对美国的 TPP""很明显，TPP 自问世后给中国带来无数个不眠之夜""现在，就印度而言，它既不在'一带一路'阵营中，也不在 TPP 中。然而，印度也曾试图以'印度制造''启动印度'及其他一些较小的项目发起属于自己的'全球化'，这些小项目将会把沿海地区与印度内陆通过铁路、公路网及智慧城市连接起来。短期来看，这是一个很巧妙的想法，包括中国和日本在内的国家都有兴趣在印度投资。然而，长期来看，当 TPP 成为现实，当自由贸易和市场新规则统治称雄，我们可能并不会加以肯定。如今，中国与东盟的贸易额达 4000 亿美元，与 TPP 中的许多国家都曾签署自由贸易区协定，中国在各亚洲共和国、非洲及美洲地区拥有相当的地位。尽管印度也在谈判属于自己的自由贸易协定，但与中国相比，印度的贸易额少得可怜""导致这种现象的原因是印度缓慢的经济改革步伐，以及其他诸如政府采购、农业、关税和其他贸易壁垒、知识产权等问题""印度不须掺杂在由美国和中国建立的 2.0 版本的全球化中，印度有必要利用一切有利因素，无论是在欧洲还是亚太地区，应在供应链中充当一名幕后国"。

作为圈外人，以色列的智库依然对 TPP 充满了兴趣。雷鸟特研究所警告说，"在全球和国家层面上，贸易议程必须与贫困作斗争，而不仅仅针对经济增长。世界正在逐步繁荣起来，但是这并不意味着在被边缘化的国家中每个人都将受益"，"TPP 作为一个地缘政治'长城'，旨在将中国边缘化。短期的零和思维使北京被排除在 TPP 谈判之外，这将加剧中美竞争性关系的动态竞争，包括军事和经济领域。美国希望 TPP 将深化整合亚太盟国的经济、社会、军事和政治系统和资源，将美国在亚太地区的盟国纳入美国的轨道。作为一个正在崛起的大国，中国渴望超越一个世纪以来的屈辱和不平等条约，中国领导人知道 TPP 是一个野心勃勃的倡议，他们将采取对抗措施，加剧竞争"。"从维基解密中可以看到，美国国家安全局截获欧盟和法国外交官的相关情报，这些外交官强烈批评美国的贸易政策，并称 TPP 是与中国的对抗。"该智库公开质疑 TPP 中的道德问题，"必须叫停 TPP，不仅仅因为它对就业造成不良影响，还因为它书写的是支持大企业的规则，使它们逃避关于涉及公共利益的管控。方济各明白这一点，奥巴马也必须知道这一点。可惜的是，教皇并没有就贸易问题从某种意义上去说服美国的决策者，现在提出 TPP 中存在的道德问题还不是很晚"。

新加坡智库在研究 TPP 过程中，把注意力主要集中在新规则与老规矩之间的差异上。南亚研究所认为，"跨太平洋伙伴关系协定（TPP）谈判的结束对于印度有重大影响，印度将不得不预想 TPP 对于牵涉印度的区域贸易谈判的影响，如区域全面经济伙伴关系协定（RCEP）。TPP 谈判的结束，也对印度在该地区建立更深入、更有意义联盟的意愿构成一种挑战"，TPP "是一项全面的贸易协定，美国一直以来在世界贸易组织（WTO）中推行的深度贸易自由化，但并未取得成功"，"TPP 会由于 APEC 成员国的加入成为一个规模更大的贸易协定，这也就意味着 TPP 更接近于亚太自由贸易区（FTAAP）的概念"，"印度需要认真研究 TPP，预测它对 RCEP 谈判的影响。TPP 也很可能成为衡量其他国家，例如印度，进入 APEC 时对贸易自由化承诺的尺度。总之，印度在贸易政策中采用'TPP 式规则'的压力会随着时间的推移而增加"，"TPP 还将印度暴露在一系列显著的外交挑战中……会促使印度在外交及贸易政策中寻求更为紧密的联盟"。

在全球智库热烈讨论 TPP 带来的冲击和未来发展趋势时，俄罗斯众多的智库却一反常态，鲜有地保持了低调和冷淡。这可能是因为他们正在关注比 TPP 更为重要的事情，比如乌克兰问题、克里米亚问题、打击 ISIS 问题，等等。但在为数不多的智库报告中，俄罗斯智库的态度却是最为鲜明的。俄罗斯国际事务理事会认为，"从经济体制的角度看，我们生活在一个分化的世界：世界贸易组织正在被侵蚀；亚太经合组织正在变型。我相信，TPP 将成为亚太经合组织的一个直接威胁。重要的是，在政治上，亚太经合组织汇聚了包括俄罗斯和中国在内的所有主要大国。总体而言，跨太平洋伙伴关系协定的建立对俄罗斯和中国更像是一个挑战，而不是一个机会"。"当 TPP 开始运作后，韩国可能会受到严重影响。如果韩国处于不利处境，那与 TPP 国家没有签订自由贸易协定的俄罗斯和中国又将如何呢？因此，韩国和俄罗斯应该联合起来，不能让 TPP 成为贸易保护集团。"该智库还指出，TPP 是"破坏性的西方贸易模式"，而"一带一路"合作倡议则在概念上"与跨太平洋伙伴关系协定（TPP）不一样，北京已经沿着丝绸之路开始建立有形基础设施，每个基础设施项目都会刺激创造新的经济机会"。"西方的自由贸易模式一直保密；反之，'一带一路'促进高速公路、港口、仓库、发电厂、酒店以及光纤连接网快速发展，并将海洋一流港口和偏远大陆地区设施连接起来。""无论 TPP 如何自命不凡，但是它反映了破坏性的西方贸易模式。亚洲现在是时候凭借久经考验的丝绸之路保护文化及国家主权。"

作为非洲最重要的国家之一，南非智库对 TPP 问题的关注角度比较特别。南非国际事务研究所认为，"世贸组织的基础崩溃，尤其是其'皇冠上最珍贵的宝石'——争端解决机制。为什么？因为一个不能够实现现代化并不断更新规则的机构将被绕过"。在诞生的第 20 个年头，世界贸易组织面临日益加剧的生存危机，"美国转向了跨太平洋伙伴关系协定（TPP）和跨大西洋贸易与投资伙伴关系协定（TTIP）。这些'大型区域'贸易谈判代表着开拓新规则的尝试，并试图恢复美国在全球贸易体系中的首要地位。这种高风险的扑克游戏有不可预知的后果。最重要的是，没有人能预测最终大型区域协定是否会成功。虽然 TPP 的结论似乎就在眼前，但是它的最终落实还是要受制于复杂的政治循环，尤其是 2016 年美国大选"。

　　泰国智库对 TPP 的担忧，主要在于其贸易新规则对其经济产生的巨大冲击。泰国发展研究所认为，"TPP 谈判将对泰国经济产生更广泛的影响"，"TPP 的贸易和非贸易程度方面证明，它对泰国有可能产生很大的影响，即使泰国没有加入 TPP。例如，根据国际法，投资章试图保护外国投资者，这可能使有价值的投资从资本丰富的国家，如美国或日本，转移到其他 TPP 成员国，而远离泰国。与此同时，知识产权章可能对生物药品数据保护期限延长至 12 年，这可能提高某些 TPP 成员国的药物成本。间接的，这可能会促进泰国医药卫生行业的发展（如果泰国仍然没有加入 TPP）。这些问题的重要性凸显了在泰国对 TPP 开启公开辩论的重要性。就其本质而言，贸易协定总是会导致一些利益群体的盈利和其他群体的损失，即使国家作为一个整体可以从中得到好处"，因此，"鉴于 TPP 的范畴及复杂性，最好的办法是开启适当磋商，以评估 TPP 对泰国所产生的潜在影响"。

　　处于动荡之中的阿富汗，其智库依然关注外部世界的变化。阿富汗亚洲基金仔细比对了 TPP 和 RCEP 对东南亚国家的利弊影响，"TPP 由美国主导，而 RCEP 由中国牵头。许多人都很关注中国和美国将如何利用自由贸易协定来造福自身，并将彼此排除在各自的区域经济安排之外。同时，东南亚国家联盟（ASEAN，简称'东盟'）及其成员国在亚太地区的未来贸易安排中也扮演着重要的角色。东盟为经济合作和一体化所作的努力已经到了关键阶段，它不但关注 TPP 和 RCEP 对其成员国的福利效应，也关注它们对于东盟作为一个经济共同体的影响"，"6 个东盟成员国缺席 TPP 谈判，这将对东盟内部的经济一体化造成可能的威胁"，"由于东盟不可能以一个经济共同体的身份在当前 TPP 谈判中发挥重大影响，所以它将大部分精力集中于 RCEP 谈判"，"对于 TPP，东盟应发声指出，未来的 TPP 谈判需要采取更具包容性的做法。东盟的 10 个成员国均加入谈判将有助于缩小东盟成员国之间的发展差距，促进东盟经济一体化的未来努力。为了提升其在 RCEP 谈判中的议价能力，东盟的首要任务是完善自身的制度结构，以统一成员国之间的利益和行为。此外，东盟应该充当两个区域倡议的积极协调者，推动 TPP 和 RCEP 的共存，并为亚太地区更大规模的贸易框架铺平道路"。

土耳其智库国际战略研究机构认为，"美国对军事的依赖越来越少，而且开始越来越依赖经济手段来获取其利益，这并不一定是一个好消息。这一趋势可能会破坏关键的管理机构和其在未来面对全球挑战的能力"，"目前地缘经济环境的威胁，不仅破坏了未来全球贸易和投资协定的繁荣发展，而且还破坏了以规则为基础的国际体系。TPP 和 TTIP 一方面主要是试图平衡政治关系进而减轻地缘政治和安全的困境，另一方面是建立一个足够大的市场从而能够在全球经济中继续设定规则。非常值得注意的是，TPP 和 TTIP 谈判不包括金砖国家，虽然金砖国家的经济目前正在遭受一些挫折，但是由于这些国家之间迅速变化的国际秩序和不断扩大的合作，金砖国家正在快速成为一个有组织的政治团体。许多观察家认为这样一个政治联盟应该更好地融入当前的国际框架中去"。"中国和很多新兴经济体开始建立能够替代布雷顿森林体系的机构，开始开辟新的路径来寻找经济上的合作。多年以来，它们一直都表示自己对于西方国家在全球金融机构中占主导地位的无奈，并且最近它们也开始反击"，"新兴经济体开始脱离这一体系，并且试图创建新的规则秩序。隐藏在这背后的驱动力更多的是地缘政治而不是地缘经济"。

丹麦智库丹麦国际问题研究所写道，"经过五年多的艰难历程，12 个亚太国家的贸易部部长们于 2015 年 10 月 5 日在亚特兰大结束了跨太平洋伙伴关系协定（TPP）的谈判。大张旗鼓地公告使许多人相信该协定将很快生效。然而，在这之前，还有很多事情需要去做，而且也不能保证它一定会发生"，"在 TPP 获得成功批准之后，最后一步就是协议的落实。这可以说是其过程中最关键的一步。从历史角度看，由于实施方式不合适，影响很小甚至毫无影响的贸易和其他协议的例子随处可见。虽然有争议的投资者—国家争端解决机制允许公司起诉政府，但是它不能保证全面执行。总之，我们只需要等待和观望，而等待的时间会持续 2 年，甚至更长的时间"，"已经有迹象表明，TPP 的最初目标可能已被破坏"。

法国智库国际信息和前瞻性研究中心则建议欧盟在 TPP 之后不应急于结束 TTIP 谈判。指出，"尽管跨太平洋伙伴关系协定（TPP）在美国的主导下结束，但是欧盟不应该急于不惜一切代价地结束正在进行的跨大西洋贸易与投资伙伴关系协定（TTIP）的谈判"，"美国一直认为它们正在为 21 世纪的贸易协定制定一个'黄金准则'，但是最近几个月可以看到，在日本牛肉进口关税、美国汽车关税或加拿大乳制品关税配额方面一直存在政治障碍。这些问题都不是新问题。TPP 的政治维度是试图遏制中国的商业发展，这既不是创新也不是模范"，"欧盟应该从 TPP 的结论中得到怎样的教训？TPP 降低了美国在当前 TTIP 协谈中潜在的负面影响。这使华盛顿在协谈中拥有更大的议价能力"，"在面对 TPP 带来的政治冲击时，欧盟不应急于结束TTIP，而是应明确该协定对自身及贸易政策战略的意义"。

以上是我们对不同国家战略智库对 TPP 看法的初步梳理，算是一个综述性质的序言，或者是导读。从中我们不难看出他们对待 TPP 的种种不同认识和看法，从中也可以看出 TPP 本身的架构设计和逻辑方面的先天性弊端。这些，均有利于我们从不同角度去关注这个问题及其前景，从而做到避害趋利。

（本文系王灵桂为《全球战略观察报告：国外智库看TPP（II）》撰写的前言，中国社会科学出版社 2017 年 3 月版）

求和平、谋发展、促合作、图共赢

2017 年 9 月 3—5 日，金砖国家领导人第九次会晤将在中国厦门举行，将拉开金砖国家第二个黄金十年发展的历史帷幕。盛事共襄，本书也应运而生。

金砖国家（BRICS）一词，最早起源于 2006 年联合国大会期间巴西、俄罗斯、印度和中国的外长会议，其从此将原本高盛首席经济师提出的概念，拓展成了国际经济实体。2010 年，随着南非的加入，金砖国家从四国变为五国，其英文缩写也由 BRIC 改为 BRICS，金砖国家从此成为国际政治舞台上一个响亮的名字。金砖国家分布在亚洲、非洲、欧洲、拉丁美洲，人口总数约占全球人口总数的 42.58%，2015 年五国 GDP 总量约占世界 GDP 总量的 22.53%，其从成立到 2016 年年底对世界经济增长的贡献率超过 50%。

近年来，在国际金融危机的阴霾之下，世界各国的"日子"均不好过。金砖五国也难以独善其身，其进一步的发展面临着诸多复杂、严峻的挑战。在这个大背景下，2017 年，金砖国家进入了关键发展阶段——第二个十年。金砖国家领导人第九次会晤即将于 9 月在中国厦门举行。从乌法到果阿，再到厦门，金砖国家合作的登高爬坡，尤需五国高层频密互访，推心置腹，以天下之目视，以天下之耳听，以天下之心虑。

面对复杂严峻的局势，金砖国家不进则退。如何进？"我们要坚定维护国际公平正义，维护世界和平稳定。当今世界并不安宁，各种全球性威胁和挑战层出不穷。金砖国家都热爱和平、珍视和平。实现世界持久和平，让世界上每一个国家都有和平稳定的社会环境，让每一个国家的人民都能安居乐业，是我们的共同愿望"，"求和平、谋发展、促合作、图共赢，是我们共同的愿望和责任"。2013 年 3 月 27 日，中国国家主席习近平在金砖国家领导人第五次会晤时的主旨讲话中，给出了这样的答案。之后，在不同的场合，习近平主席从不同角度就此答案进行了全面阐述。特别是在 2016 年 10 月 16 日印度果阿举行的金砖国家领导人第八次会晤上，习近平主席的主旨讲话更是引起了金砖国家领导人和世界媒体的一致赞誉。

2016 年 10 月 16 日，习近平主席在印度果阿举行的主题为"打造有效、包容、共同的解决方案"的金砖国家领导人第八次会晤大范围会议上发表的题为"坚定信心共谋发展"的重要讲话，积极评价了金砖国家十年合作取得的丰硕成果，并就加强金砖国家合作提出了五点倡议。有评论指出，习近平主席的讲话反映了金砖国家坚定信心、提振士气、同舟共济、共克时艰的普遍心声和愿望，标志着面对全球经济的困局，金砖国家完全有能力化挑战为机遇，化压力为动力，以更实际的行动促进合作，继续做世界经济及金融变革的开拓者；习近平主席倡议的金砖国家要共同合作、共同建设开放世界、共同勾画发展愿景、共同应对全球性挑战、共同维护公平正义、共同深化伙伴关系等主张，预示着金砖国家之间的务实、合作、开放之路将越走越宽、越来越光明。今天，再次回顾、学习习近平主席在果阿会议上的重要讲话，将对我们深刻理解厦门金砖国家领导人第九次会晤的主题有极其深远的意义和作用。

当前，世界经济复苏势头仍然脆弱，全球贸易和投资低迷，大宗商品价格持续波动，引发国际金融危机的深层次矛盾远未解决。一些国家政策内顾倾向加重，保护主义抬头，"逆全球化"思潮暗流涌动。地缘政治因素错综复杂，传统和非传统安全风险相互交织，恐怖主义、传染性疾病、气候变化等全球性挑战更加凸显。金砖国家发展面临着复杂、严峻的外部环境。在这种背景下，如何打造开放的世界，再铸经济辉煌？古今中外的历史经验证明，开放是实现国家繁荣富强的根本出路。新时期，金砖国家要打造世界经济的新增长极，就应遵循历史发展的客观规律，顺应当今时代发展潮流，推进结构性改革，创新增长方式，构建开放型经济，旗帜鲜明地反对各种形式的保护主义。早在 2014 年 7 月，习近平主席出席金砖国家领导人第六次会晤前夕接受拉美媒体联合采访时就指出，"金砖国家合作不是独善其身，而是致力于同世界各国共同发展。只要金砖国家增进政治互信，凝聚战略共识，发出更多声音，提出更多方案，就能够为推动世界经济增长、完善全球经济治理、促进世界和平与发展贡献更多正能量"。在 16 日的重要讲话中，习近平主席就此做出了进一步阐述，金砖国家必须要"加强宏观经济政策协调，以推进经贸大市场、金融大流通、基础设施大联通、人文大交流为抓手，走向国际开放合作最前沿，在国际舞台上积极发挥引领作用"。

在过去的十年里，金砖国家"十年磨一剑"，一步一个脚印地推动合作不断走深走实。在理念上坚持发展优先，致力于集中精力发展经济、改善民生；在原则上坚持开放、包容、合作、共赢，致力于构建全方位、多层次的合作架构和机制；在道义上秉持国际公平正义，致力于在重大国际和地区问题上共同发声、仗义执言。目前，金砖国家已经发展出具有重要影响力的国际机制，推进了全球经济治理改革进程，大大提升了新兴市场国家和发展中国家的代表性和发言权。正如习近平主席 2014 年 7 月 15 日在巴西福塔莱萨出席金砖国家领导人第六次会晤时讲话中指出的那样，"金砖国家在许多重大国际和地区问题上共同发声、贡献力量，致力于推动世界经济增长、完善全球经济治理、推动国际关系民主化，成为国际关系中的重要力量和国际体系的积极建设者"。当前，国际形势错综复杂，金砖国家在机遇和挑战并存的局面下，如何进一步加强合作、携手并进，继续做推动全球发展的领跑者？如何不为风雨所动、不为杂音所扰、不为困难所阻，不断构建和强化维护世界和平的伙伴关系、促进共同发展的伙伴关系、弘扬多元文明的伙伴关系、加强全球经济治理的伙伴关系，以实现更大的发展？为此，习近平主席在讲话中明确提出，金砖国家"要继续高举发展旗帜，结合落实 2030 年可持续发展议程和二十国集团领导人杭州峰会成果，加强南北对话和南南合作，用新思路、新理念、新举措为国际发展合作注入新动力、开辟新空间，推动全球经济实现强劲、可持续、平衡、包容增长"。

金砖国家既是息息相关的利益共同体，也是携手前行的行动共同体。怎样发挥各自比较优势，加强相互经济合作，培育全球大市场，完善全球价值链？怎样坚持包容精神，推动不同社会制度互容、不同文化文明互鉴、不同发展模式互惠？怎样坚持合作精神，照顾彼此关切，携手为各国经济谋求增长，为完善全球治理提供动力？怎样坚持共赢精神，在追求本国利益的同时兼顾别国利益，做到惠本国、利天下，走出一条大国合作共赢、良性互动的路子？这些世界性的难题，同样也是金砖国家必须面对且致力于解决的课题。对金砖国家在应对全球挑战时面临的课题，习近平主席倡议，"要加强在重大国际问题以及地区热点上的协调沟通，共同行动，推动热点问题的政治解决，携手应对自然灾害、气候变化、传染病疫情、恐怖主义等全球性问题。既要联合发声，倡导国际社会加大投入，也要采取务实行动，推动解决实际问题，注重标本兼治、综合施策，从根源上化解矛盾，为国际社会实现长治久安作出贡献"。

公平正义的全球治理，是实现各国共同发展的必要条件。早在 2013 年 3 月 27 日的南非德班金砖国家领导人第五次会晤时，习近平主席就在讲话中指出，"我们来自世界四大洲的 5 个国家，为了构筑伙伴关系、实现共同发展的宏伟目标走到了一起，为了推动国际关系民主化、推进人类和平与发展的崇高事业走到了一起。求和平、谋发展、促合作、图共赢，是我们共同的愿望和责任"。两年多来，金砖国家艰苦奋斗，在维护世界公平正义方面取得了巨大成绩。但是，霸权政治、不公平的国际政治经济秩序，依然影响新兴国家和发展中国家追求发展的努力。为此，习近平主席再次阐述了中国的立场和态度，呼吁"我们要继续做全球治理变革进程的参与者、推动者、引领者，推动国际秩序朝着更加公正合理的方向发展，继续提升新兴市场国家和发展中国家代表性和发言权。我们要继续做国际和平事业的捍卫者，坚持按照联合国宪章宗旨、原则和国际关系准则，按照事情本身的是非曲直处理问题，释放正能量，推动构建合作共赢的新型国际关系"。

金砖国家未来的发展取决于其自身定位。在今后的发展过程里，如何共同提升新兴市场国家在全球经济治理中的代表性和发言权、推动落实国际货币基金组织份额改革决定、制定反映各国经济总量在世界经济中权重的新份额公式？如何实现政治和经济"双轮"驱动，既做世界经济动力引擎，又做国际和平之盾？如何以史为鉴，摒弃冷战思维，拒绝零和博弈，共同维护地区和世界和平稳定？如何加强南南合作，为帮助其他发展中国家增强发展能力，让它们搭上金砖国家发展快车？等等。这些课题的解决与其自身定位息息相关。习近平主席在讲话中，以深厚的感情将金砖国家关系定位为"真诚相待的好朋友、好兄弟、好伙伴"。就不断深化友谊和合作，习近平主席提出，"要以落实《金砖国家经济伙伴战略》为契机，深化拓展各领域经济合作，提升金砖国家整体竞争力。我们要把金砖国家新开发银行和应急储备安排这两个机制建设好、维护好、发展好，为发展中国家经济发展提供有力保障。我们要加强人文交流，促进民心相通，夯实金砖国家合作的民意基础。我们要继续扩大和巩固金砖国家'朋友圈'，保持开放、包容，谋求共同发展"。

厦门金砖国家领导人第九次会晤确定的"深化金砖伙伴关系，开辟更加光明未来"主题，确实摸准了未来金砖国家合作的脉搏。十年的合作发展历程证明，五个新兴国家既能在顺境中共襄盛举，又能在逆境时携手并行，更能在攻坚克难中让相互关系愈发弥坚。习近平主席在印度果阿的重要讲话得到了金砖国家其他领导人的高度赞同，这必将成为厦门金砖国家领导人第九次会晤上金砖国家领导人坚定信心、加强协调的动力和助推力，也预示着金砖国家的合作一定能乘风破浪、穿云破雾，到达胜利的彼岸。在这个变挑战为机遇、变压力为动力的携手并行过程中，金砖国家一定会像习近平主席 2015 年 11 月 15 日在土耳其安塔利亚出席金砖国家领导人非正式会晤时指出的那样，"让世界对金砖国家的成色有新的认识"。那么，我们也相信，在中国厦门举行的金砖国家领导人第九次会晤，必将成为金砖国家迈向新境界的起点。"加强同金砖国家合作，始终是中国外交政策的优先方向之一。中国将继续同金砖国家加强合作，使金砖国家经济增长更加强劲、合作架构更加完善、合作成果更加丰富，为各国人民带来实实在在的利益，为世界和平与发展作出更大贡献。"因此，我们坚信，金砖国家一定会"以开放思维引领合作，按经济规律促进发展；充分用好对话的'黄金法则'，运用好'聚同存异'的政治智慧，树立金砖合作的'道路自信'，将金砖合作建成全球治理新思想的发源地"。

"全球战略智库观察项目"是中国社会科学院国家全球战略智库的重点课题之一。长期以来，我们本着"立足国内、以外鉴内"的原则，密切跟踪和关注境外战略智库对中国发展的各种评述，对客观者我们认真研究吸纳，对故意抹黑和造谣者我们一笑了之，这不失为一种接地气的研究路径和方式。汇总其科学成果并适时发布，也是我们服务国内同仁的一种探索和尝试，这也是我们编写系列专题报告的初衷和目标。本辑是关于金砖国家问题的专题综述，敬请各位前辈和同仁批评指正。

夜半辍笔，聊为前言。

（本文系王灵桂主编《中国：推动金砖国家合作第二个黄金十年——国外战略智库纵论中国的前进步伐（之五）》前言，社会科学文献出版社 2017 年 8 月版）

推动落实杭州共识
塑造包容联动世界

当前经济全球化进程正站在历史的十字路口上，如何让经济全球化进程更具活力、更加包容、更可持续、更好惠及每个国家，是每个负责任的国家都应考虑的现实和战略问题。2017年7月6日，中国国家主席习近平出席G20领导人汉堡峰会发表的重要讲话中，再次向世界发出了中国呼吁，明确了全球化的方向，提出了中国方案和中国答案，得到了与会国家领导人和国际舆论的高度赞扬。"汉堡峰会闭幕后发表公报，充分吸纳了习近平主席提出的倡议主张，延续落实了杭州峰会共识。峰会在结构改革、国际金融架构、数字经济、发展等领域取得新的实际进展，就加强国际经济合作、全球经济治理发出了积极信号。""中国是世界最大的发展中国家、最大的新兴经济体和世界第二大经济体，这种多重身份，加上习近平主席的领导能力和东方统筹协调的智慧，使得中国在G20三大阵营（七国集团、金砖国家、中等强国）中都可以'说得上话'，成为G20的轴承，取得联动效应"，"习近平主席从维护发展好G20集团机制的角度出发，善于寻找各方立场的最大公约数、扩大各方利益的最大交汇点，强调秉持伙伴精神的重要性，呼吁各方聚同化异、加强合作，推动峰会凝聚共识、形成合力，保持了国际社会对二十国集团合作的信心"。

中国在新一轮全球化发展中的历史使命和责任担当同G20的宗旨高度契合。在美国孤立主义情绪抬头、欧洲排外情绪上升、西方民粹主义浪潮高企的关键时刻，一直致力于推动全球共识、致力于维护以合作共赢为核心的新型国际关系的中国国家主席习近平，2017年年初在瑞士达沃斯以其恢弘的战略眼光和高瞻远瞩的政治家气魄，向世界发出了旗帜鲜明的信号："搞保护主义如同把自己关进黑屋子，看似躲过了风吹雨打，但也隔绝了阳光和空气"，"保护主义政策如饮鸩止渴，看似短期内能缓解一国内部压力，但从长期看将给自身和世界经济造成难以弥补的伤害"，"在经济全球化的今天，没有与世隔绝的孤岛。同为地球村居民，我们要树立人类命运共同体意识"。也正是基于这种对人类未来命运的热诚，习近平主席在2016年G20杭州峰会上呼吁要"努力让经济全球化更具包容性"，形成了著名的"杭州共识"，并身体力行地做出了"中国开放的大门不会关上，要坚持全方位对外开放，继续推动贸易和投资自由化便利化"，要"群策群力，为解决世界和区域经济面临的突出问题贡献智慧，共同推动更有活力、更加包容、更可持续的经济全球化进程"等庄严承诺。这一系列政策宣示和具体措施，全面反映了中国政府坚定不移支持经济全球化的决心和信心，也多角度地显示了中国政府在新一轮全球化发展中的使命和责任担当意识。在6日的演讲中，习近平主席再次阐述了中国的这种决心和责任担当："不久前，中国成功举办'一带一路'国际合作高峰论坛，与会各方本着共商、共建、共享精神，在促进政策沟通、设施联通、贸易畅通、资金融通、民心相通上取得丰硕成果，努力打造治理新理念、合作新平台、发展新动力。这同二十国集团的宗旨高度契合。"

G20汉堡峰会与G20杭州峰会一脉相承的主题让世界安心放心。2017年7月，满载"杭州共识"印记的G20列车，从风光旖旎的古城杭州出发，停靠到了"德国通向世界的港口"汉堡。作为主席国，德国为G20峰会确定的"塑造联动世界"主题，再续了G20杭州峰会"构建创新、活力、联动、包容的世界经济"的主题思想。有专家就此评论说：G20汉堡峰会的议题，是在杭州峰会基础上的延续和发展；在成果方面，汉堡峰会也与杭州峰会保持着连贯性。就此，德国默克尔政府曾表示，希望增强 G20 作为"责任共同体"的角色，从行动到责任，东西方经济治理思想要做到进一步融会贯通。不可否认的是，自 2016 年以来，反全球化的声音不断增多，各国在气候变化、自由贸易等问题上的分歧日益凸显。一部分人对此次汉堡峰会的前景产生了疑虑，认为此次峰会必将面临极大的阻碍，各方达成共识，提出解决方案的难度极大。但是，中国的发展和行动，坚定了全球化的信心。中国作为世界第二大经济体、第一大贸易国、第一大吸引外资国、第二大对外投资国，既在杭州峰会上为世界经济提出了"中国方案"，也用自身的践行成效为世界树立了榜样：新一轮工业革命带来的网络化、数字化、智能化正在中国创造大量新供给和新需求，新发展理念带来的绿色、低碳、可持续经济发展正在造福中国，继续保持中高速增长的中国经济已经成为世界范围内经济增长的强大引擎，"亚投行""一带一路"等造福世界的共赢倡议和"亲诚惠容""命运共同体"等国际交往新思路正在为国际社会提供更多公共产品，创新、协调、绿色、开放、共享的发展理念正在成为世界各国完善全球治理的重要选择。也正是如此，习近平主席在 6 日的演讲中，向与会各国领导人和嘉宾提出的"面对挑战，杭州峰会提出了二十国集团方案：建设创新、活力、联动、包容的世界经济。汉堡峰会把'塑造联动世界'作为主题，同杭州峰会一脉相承"，特别让面对"世界经济中的深层次问题尚未解决，仍然面临诸多不稳定不确定因素"挑战的世界感到踏实放心。

建设开放型世界经济的未来发展大方向不会动摇。在 G20 汉堡峰会召开前夕，西方国家能否弥合未来世界经济在发展方向方面的分歧，成为世界媒体普遍关注的焦点问题。确实，许多 G20 成员国期待本次峰会能在加强 G20 范围内的贸易投资合作、加强发展领域合作、支持多边贸易体制、共建开放型世界经济等方面，向世界发出明确信号。但是，在 2017 年 5 月举行的西方七国集团陶尔米纳峰会上，欧洲与美国就上述问题之间的分歧严重且公开化，最终使峰会无果而终，以至于德国总理默克尔在陶尔米纳峰会后公开表示：我们可以完全信赖别人的日子已经结束了，欧洲人必须真正把命运掌握在自己手中。从 G7 峰会到 G20 峰会，德国及欧盟方面一直试图与美方沟通解决分歧，但直到 G20 峰会前夕，德国方面仍谨慎地表示，不能确定峰会前能否解决德美之间的分歧。默克尔也无奈地坦言，由于美国的立场，本届 G20 峰会将是艰难的。尽管面临严峻挑战，欧洲及德国各界仍对本届汉堡峰会抱有期待，认为如果大国之间的一些分歧可以在峰会上得到妥善处理，那么各方无疑能够依托 G20 的平台找到解决问题的方法，并且推动彼此贸易关系的发展。因此，在这个"艰难的时刻"，中国的态度和立场成了峰会能否成功的关键因素。习近平主席在其演讲中，开宗明义地向与会各国领导人和与会嘉宾阐明，"我们要坚持建设开放型世界经济大方向"，并进一步阐述说，"这是二十国集团应对国际金融危机的重要经验，也是推动世界经济增长的重要路径。国际组织当前调高世界经济增长预期，一个重要原因就是预计国际贸易增长 2.4%、全球投资增加 5%。我们要坚持走开放发展、互利共赢之路，共同做大世界经济的蛋糕。作为世界主要经济体，我们应该也能够发挥领导作用，支持多边贸易体制，按照共同制定的规则办事，通过协商为应对共同挑战找到共赢的解决方案"。也正因为如此，在德国汉堡 G20 峰会上，中国成为最受瞩目、最受欢迎的国家之一。

为世界经济增长发掘新动力是各国的共同目标和追求。当前，世界经济出现积极迹象，增长势头进一步巩固。在 4 月份发布的最新一期《世界经济展望报告》中，国际货币基金组织（IMF）将 2017 年全球经济增长预期上调至 3.5%。IMF 称，上调预期的首要原因在于欧洲和亚洲，尤其是中国等亚洲国家的经济表现亮眼。欧盟委员会在春季经济预测报告中也指出：自去年年底以来，世界经济积聚动能，许多发达国家和发展中国家实现同步增长，其中中国经济保持较强韧性。中国经验已经引起了世界主要国家的兴趣和关注，德国总理默克尔曾就此指出，G20寻求的不仅是增长，更是可持续增长，是创造各方共赢的局面。如何实现可持续发展？如何创造各方共赢的局面？德国在担任G20主席国期间，按照G20杭州峰会确定的路径，通过创新将发展数字经济作为工作重点，并召集了G20历史上首次数字经济部长会议。中国驻德国大使史明德指出，德国是最早倡导"数字革命"的西方工业化国家之一，重视通过数字化创新促进经济发展和就业。因此，习近平主席在演讲中基于中国经济增长的新动力再次强调指出，"这个动力首先来自创新"。他在演讲中进一步阐述说："研究表明，全球95％的工商业同互联网密切相关，世界经济正在向数字化转型。我们要在数字经济和新工业革命领域加强合作，共同打造新技术、新产业、新模式、新产品。这个动力也来自更好解决发展问题，落实2030年可持续发展议程。这对发展中国家有利，也将为发达国家带来市场和投资机遇，大家都是赢家。杭州峰会就创新和发展达成重要共识，有关合作势头在德国年得以延续，下一步要不断走深、走实。"中德两国在挖掘经济发展新动能方面的尝试和经验，引起了与会各国领导人共鸣，一致同意将扩建数字化基础设施、消除数字化壁垒、建立数字化标准等方面的共识写入本次G20峰会公报。

要不断推进世界经济增长更加包容。20世纪中期以来，人们关于经济增长的认识不断深化，增长理念经历了从单纯强调增长，到"对穷人友善的增长"，再到"包容性增长"的演进。进入21世纪，亚洲开发银行和世界银行在"对穷人友善的增长"基础上，先后提出了"包容性增长"（inclusive growth）理念。这一理念的提出，主要是着眼于国家与国家间发展的不平衡以及国家内部的发展不平衡，通过"包容性增长"，让更多的人享受全球化成果，让弱势群体得到保护，加强中小企业和个人能力建设，在经济增长过程中保持平衡。与此同时，强调投资和贸易自由化，反对投资和贸易保护主义，重视社会稳定，也成为"包容性增长"的几个重要特征。2017年，OECD

发布的《让所有人分享创新好处：包容性增长政策》报告，探讨了数字化创新及颠覆性技术对包容性增长的促进等问题，引发了世界舆论的关注。但是，由于各国国情的不同，世界各国促进经济增长的一些措施往往缺乏包容性，可能只使一部分人收益，例如技术创新可能会带来工人失业；促进经济更具包容性的政策措施有可能以效率的损失为代价；过分强调经济增长的包容性，可能会引发社会民粹主义等问题。中国是最早认同包容性增长的国家之一。2016 年杭州 G20 峰会主题为"构建创新、活力、联动、包容的世界经济"；《G20 创新增长蓝图》文件正式确认 G20 各国经济增长目标为：强劲、可持续、平衡和包容的增长。这是包容性增长首次被列入 G20 经济增长目标中。针对世界对包容性增长的疑虑和困惑，习近平主席在演讲中呼吁各国领导人，"我们要携手使世界经济增长更加包容"。他深刻地指出，"当前，世界经济发展仍不平衡，技术进步对就业的挑战日益突出。世界经济论坛预计，到 2020 年，人工智能将取代全球逾 500 万个工作岗位。二十国集团的一项重要使命，就是本着杭州峰会确定的包容增长理念，处理好公平和效率、资本和劳动、技术和就业的矛盾。要继续把经济政策和社会政策有机结合起来，解决产业升级、知识和技能错配带来的挑战，使收入分配更加公平合理。二十国集团应该更加重视在教育培训、就业创业、分配机制上交流合作。这些工作做好了，也有利于经济全球化健康发展"。这剂"中国药方"，不回避问题和矛盾，提出的思路和措施实在可行，既体现了中国政府的未来眼光，也展现了中国领导人注重微观领域具体政策措施的务实作风，预示着中国将在推动包容性世界潮流方面发挥更加积极有效的作用。

要继续完善全球经济治理。诞生于 20 世纪末亚洲金融危机后的 G20 机制，已经成为全球治理和国际经济合作的首要平台。G20 成员国国内生产总值（GDP）占全球 85%，贸易额占全球 80%，人口占全球总人口约 2/3，面积约占全球 60%。随着金融危机的消退和世界经济缓慢复苏，G20 机制面临的挑战也发生了改变。当前，全球经济治理面临贸易保护主义、逆全球化风潮等诸多挑战，这不仅影响了经济全球化的深入发展与合作，也导致全球贸易增长受到重创。在贸易保护主义抬头的背景下，一些大国的政策协调逐渐转向国内，如美国在国际责任上的收缩导致多边和双边国际关系持续紧张，美国的减税计划可能影响美国本土产品的国际竞争力，英国脱欧后也将效仿美国采取减税计划，等等；逆全球化风潮使全球化处于发展的十字路口，形势比过去几年更加严峻，各国普遍采取利己措施，承担国际义务、应对危机的意愿减少。因此，作为全球治理的主要平台之一，G20 峰会也进入了发展的十字路口，它应当如何承担起引领世界经济和全球治理走出困局的责任和使命？能否联合各国共同寻求全球治理共识，也成为本届汉堡峰会成功与否的关键风向标。就这些关键问题，习近平主席坚定地呼吁，"我们要继续完善全球经济治理"。他在演讲中真诚地指出，"当前，世界经济出现向好势头，有关国际组织预计，今年世界经济有望增长 3.5%。这是近年来最好的经济形势。有这样的局面，同二十国集团的努力分不开"，"国际金融危机爆发以来，二十国集团在加强宏观政策协调、改革国际金融机构、完善国际金融监管、打击避税等方面取得积极成果，为稳定金融市场、促进经济复苏做出了重要贡献。下一步，我们要在上述领域继续努力，特别是要加强宏观政策沟通，防范金融市场风险，发展普惠金融、绿色金融，推动金融业更好服务实体经济发展"，"我们要共同努力，把这些理念化为行动"，"德国谚语说，一个人的努力是加法，一个团队的努力是乘法。让我们携手合作，推动联动增长，促进共同繁荣，不断向着构建人类命运共同体的目标迈进！"

在 G20 框架下，中国正从积极的参与者角色向积极的协调者和引导者角色转变，努力推进全球治理机制变革，推动构建公平的国际经济秩序，向世界传递"中国理念""中国智慧"。G20 汉堡峰会召开之前，"金砖之父"吉姆·奥尼尔说，"捍卫全球化和自由贸易是世界对汉堡峰会的期盼"。峰会过程中，德国总理默克尔期盼"汉堡峰会将致力于达成一个全球性框架，以充分利用全球化带来的机遇，并限制全球化的风险，让全球化惠及更多人"。习近平主席 6 日在汉堡峰会上的演讲作为 7 月汉堡峰会上的强音，让他们和世界吃了定心丸。从杭州到汉堡，G20 正在给世界信心；从西子湖畔到世界桥梁之城，习近平主席给世界的信心，正在呵护着脆弱复苏的世界经济行稳致远；从今天到未来，中国正在以其新一轮全球化引领者、协调者、实践者的崭新身份，为 G20 的发展和世界政治经济发展做出应有的贡献。

本书是"国际战略智库观察项目"2017 年度的第七份报告。"国际战略智库观察项目"是中国社科院国家全球战略智库的重点课题之一。长期以来，我们本着"立足国内、以外鉴内"的原则，密切跟踪和关注海外战略智库对中国发展的各种评述，对客观者我们认真研究吸纳，对故意抹黑和造谣者我们一笑了之地摈弃。这不失为一种接地气的研究路径和方式，同时，汇总其科学成果适时发布，也不失为我们服务国内同仁研究工作的一种探索和尝试。这也是我们出版系列专题报告的初衷和目标，敬请各位前辈和同仁批评指正。

信笔至此，是为序。

（本文系王灵桂主编《中国：在新一轮全球化中的使命与担当——国外战略智库纵论中国的前进步伐（之七）》前言，社会科学文献出版社 2017 年 10 月版）

厦庇五洲客　门纳万顷涛

从金砖合作，到"一带一路"倡议，再到命运共同体等理念的提出，中国在发展的道路上，以达则兼济天下的善良愿望和推己及人的伟大抱负，始终致力于让和平与发展的成果更多惠及世界各国人民。2017年9月3—5日，中国厦门迎来了金砖国家第九次领导人峰会，"我衷心希望厦门会晤为我们开启新的合作之门、发展之门，迎来金砖合作第二个'金色十年'，开辟新兴市场国家和发展中国家光明未来"，中国国家主席习近平在厦门国际会展中心出席金砖国家共商论坛开幕式的主旨演讲中如是说，让与会的金砖成员国首脑、应邀参会的各国领导人和世界媒体，再次领略了中国在新的起点上，立足中国、凝聚金砖、放眼世界、描绘蓝图的美好愿望和宏伟抱负。

此次峰会因东道主中国以"中国方案"开创新型全球化模式，而引起了世界各国政府和媒体等舆论的广泛关注。中国国家主席习近平在峰会上的重要讲话，不但得到了其他与会国家领导人、工商界人士的强烈认同，而且引发了世界舆论的热议。有学者认为，习近平主席在金砖国家工商论坛开幕式主旨演讲中发出的"金砖国家将迎来更富活力的第二个十年，让我们同国际社会一道努力，让我们的合作成果惠及五国人民，让世界和平与发展的福祉惠及各国民众"的呼吁，让饱受世界金融危机和局部动乱之苦的世界看到了希望。

十年来，金砖走过了一条辉煌之路。从无到有，从外长会谈到元首会晤，从四国到五国的扩容，金砖过去十年走出了开创局面、铸造平台、结出硕果、养积共识之辉煌之路。

一是打造了高效国际合作平台。从经济学家吉姆·奥尼尔2001年提出的一个经济学虚拟概念开始，到2006年9月中国、俄罗斯、印度、巴西外长在纽约举行会谈，到2009年第一届叶卡捷琳堡金砖峰会开启系列高层会晤，到2010年南非正式加入，再从印度果阿到中国厦门，分别代表南美洲、东欧、非洲、南亚、东亚的五个金砖国家走过了十年铸造历程。从叶卡捷琳堡金砖首届峰会到印度果阿第八届峰会提出的系列倡议和措施在实践中稳步落实，这为新兴市场国家和发展中国家突破发达国家一手遮天的主导局面，打造了一个高效的国际合作平台，这已成为它们参与全球治理和开创新型全球化的重要路径。十年来，金砖国家构建了28个合作机制，形成了覆盖首脑峰会、财金专员、青年外交官、媒体代表多个层次级别，涉及政府、企业、智库等不同行业领域的多轨道、宽领域、深层次的利益联合体；金砖国家推动建立了新开发银行和应急基金储备安排，并随着两大多边金融机构渐次落成和投入运营逐步就位，有力地补充、完善了布雷顿森林体系下的多边合作机制和国际开发组织。正如习近平主席所说："如今，金砖合作基础已经打下，整体架构轮廓初现。"

二是汇成了新的国际战略力量。从最早的经济学虚拟概念，到开始聚焦经济问题，再到合作领域的逐步拓宽，金砖在十年的发展历程中，迅速完成了从资本市场投资概念到国际政治战略力量的历史性转变，迅速完成了从偏向经济治理、务虚为主的对话论坛向政经并重、虚实结合的全方位协调机制的华丽转型。特别是金砖国家领导人会晤机制的建立和运行，不仅有助于这些国家提升影响力和凝聚力，而且也为更多的发展中国家在参与全球治理过程中统一观点提供了协调机会和交流场合。在各成员国共同努力下，金砖国家合作成功走过了第一个十年，从经济报告里的投资概念逐渐走向全球治理舞台，成为新兴市场国家和发展中国家合作的闪亮招牌；金砖国家在政治、经济、安全、人文等诸多领域的各项合作，已经取得显著进展、结出丰富成果。对此，习近平主席高度评价金砖十年，他说："10 年中，金砖国家敢于担当，力求在国际舞台上有所作为。我们五国秉持多边主义，倡导公平正义，就国际和地区重大问题发出声音、提出方案。我们五国积极推动全球经济治理改革，提升新兴市场国家和发展中国家代表性和发言权。我们五国高举发展旗帜，带头落实千年发展目标和可持续发展目标，加强同广大发展中国家对话合作，谋求联合自强。"

三是主导了完善全球治理之路。伴随着金砖国家合作领域的不断拓展，从单元到多元，从双边到多边，从最初的贸易投资到旅游、金融、文化科教，从贸易到实业、全球经济治理变革协商，从政府交流到党派交流再到智库、文化科技教育、立法领域交流，从国内问题到国际问题的磋商协调，从双边合作到多边合作等，金砖国家合作的地位和作用日渐突出，已成为完善全球治理、促进世界增长、推动国际关系民主化的重要牵引力量。从联合国维和行动、核不扩散机制，到反恐、网络空间治理、气候治理等非传统安全议题，金砖各国扮演着越来越关键的角色，金砖国家在推动完善全球治理层面已经成为世界政治舞台上不可或缺的重要力量，其合作影响力已经远远超出了成员国范畴，成为促进世界经济增长、完善全球治理、促进国际关系民主化的建设性牵引力量，也使得新兴经济体在金融治理中的参与度和话语权得到不断提高。作为峰会主办国和东道主，中国在此次峰会中邀请了埃及、几内亚、墨西哥、塔吉克斯坦和泰国五国领导人出席厦门峰会，也从一个侧面证明了金砖机制可以为广大发展中国家提供开放合作的平台，促进共同发展利益的实现。在逆全球化呼声不绝于耳，保护主义甚嚣尘上，全球治理处于十字路口，世界政治经济格局发生重大变化的今天，金砖国家已经成为完善国际治理的重要推动力量，成为"世界和平的维护者、国际安全秩序的建设者"，成为"维护《联合国宪章》宗旨和原则以及国际关系基本准则，坚定维护多边主义，推动国际关系民主化，反对霸权主义和强权政治"的强大力量。

四是经济发展让人民得利。在金砖国家的诸多合作机制中，经贸合作机制始终处于中心地位。金砖国家经贸联络组倡导的抵制保护主义倾向、尊重发展中国家现有的符合世贸组织规则的政策空间等，发表的贸易投资便利化行动计划等文件，开展的服务贸易、中小企业、单一窗口、标准等方面的合作，为金砖国家的经济发展提供了助力；十年来金砖国家在国际货币体系改革、政策协调、机制建设、货币合作、开发性金融等领域的全方位进展，为金砖国家的经济发展添翼；2014年金砖国家领导人在巴西福塔莱萨峰会上签署成立新开发银行的协议，2015年7月启动资金达1000亿美元的金砖国家新开发银行正式开业运营，2016年发放了第一批贷款及第一批30亿元人民币绿色债券，"为金砖国家基础设施建设和可持续发展提供了融资支持"；2014年，金砖国家共同签署应急储备安排条约，通过实现共同担保，实现共同防范金融风险，并在本币结算和货币互换方面，金砖国家通过签署协议基本形成了本币结算合作机制，"为完善全球经济治理、构建国际金融安全网作出了有益探索"；在金融监管合作方面，金砖国家签署了双、多边谅解备忘录，并通过对话机制加强了监管合作；等等。在上述诸多努力之下，十年间金砖国家经济总量不断提升，占全球比重从12%上升到23%，贸易总额比重从11%上升到16%，对外投资比重从7%上升到12%，对世界经济增长的贡献率超过50%，成为推动世界经济复苏和可持续增长的重要引擎。对此，习近平主席自豪地向世界宣布，十年来"我们五国发挥互补优势，拉紧利益纽带，建立起领导人引领的全方位、多层次合作架构，涌现出一批契合五国发展战略、符合五国人民利益的合作项目"，"面对外部环境突然变化，我们五国立足国内，集中精力发展经济、改善民生。10年间，五国经济总量增长179%，贸易总额增长94%，城镇化人口增长28%，为世界经济企稳复苏作出突出贡献，也让30多亿人民有了实实在在的获得感"。

五是民心相通夯实发展之路。国之交，贵在民相亲。金砖国家的发展成效，其基础是密集有效的人文交流。正如习近平主席强调指出的，"无论是深化金砖自身合作，还是构建广泛的伙伴关系，人民相互了解、理解、友谊都是不可或缺的基石"，十年来金砖国家交流领域逐步扩大，从最初的科教合作发展到文体交流；内容不断增多，从青年互动到社会对话；特色活动持续涌现，形成了诸如金砖国家大学联盟、金砖国家电影节、金砖国家旅游大会等系列合作项目。同时，金砖国家人文交流的顶层设计色彩也不断强化，交流框架越来越清晰，各种对话与互动在人文交流的框架下得到了更加长足的发展；人文交流的制度建设越来越完善，创建了教育部长会议、文化部长会议、卫生部长会议等合作机制。

六是"金砖精神"让世界侧目。金砖十年的发展历程，最为宝贵的是形成了以"平等相待、求同存异，务实创新、合作共赢，胸怀天下、利己达人"为核心的宝贵的、可以启示未来发展之路的"金砖精神"。这些历经 10 年合作凝聚的共同价值追求，"在实践中不断升华，为五国人民带来福祉，也让世界因金砖合作而有所不同"。习近平主席在厦门峰会上对此进行了精辟论述，"一是平等相待、求同存异。金砖国家不搞一言堂，凡事大家商量着办。我们五国尊重彼此发展道路和模式，相互照顾关切，致力于增进战略沟通和政治互信。我们五国在国情、历史、文化等方面存在差异，合作中难免遇到一些分歧，但只要坚定合作信念、坚持增信释疑，就能在合作道路上越走越稳。二是务实创新、合作共赢。金砖国家不是碌碌无为的清谈馆，而是知行合一的行动队。我们五国以贸易投资大市场、货币金融大流通、基础设施大联通、人文大交流为目标，推进各领域务实合作，目前已经涵盖经贸、财金、科教、文卫等数十个领域，对合作共赢的新型国际关系做出生动诠释。三是胸怀天下、利己达人。金砖国家都是在发展道路上一步一步走过来的，对那些身处战乱和贫困的百姓，我们感同身受。我们五国从发起之初便以'对话而不对抗，结伴而不结盟'为准则，倡导遵循《联合国宪章》宗旨和原则以及国际法和国际关系基本准则处理国家间关系，愿在实现自身发展的同时同其他国家共享发展机遇。如今，金砖合作理念得到越来越多理解和认同，成为国际社会的一股正能量"。

金砖未来之路将更为辉煌。当今世界，是一个机遇和挑战并存的世界。一方面，"世界经济重新恢复增长，新兴市场国家和发展中国家表现突出。新一轮科技革命和产业变革蓄势待发，改革创新潮流奔腾向前"，另一方面，"全球7亿多人口还在忍饥挨饿，数以千万的难民颠沛流离，无数民众包括无辜的孩子丧身炮火。世界经济尚未走出亚健康和弱增长的调整期，新动能仍在孕育。经济全球化遭遇更多不确定性，新兴市场国家和发展中国家发展的外部环境更趋复杂。世界和平与发展之路还很长，前行不会一路坦途"。特别值得警惕的是，"金砖失色、褪色"之噪声不绝于耳，大有唱衰金砖之势。在厦门金砖峰会上，习近平主席以世界级政治家的气魄告诉世界，"我们有足够的理由相信，这个世界会更好"，"金砖国家不断向前发展的潜力和趋势没有改变。我们对此充满信心"。这两段充满政治智慧和政治眼光的宣示，透露出了金砖国家未来抢抓机遇、变挑战为机遇的发展之路。怎样抓住机遇乘势而上？怎样迎接挑战转危为机？怎样以实实在在的成绩回击各种抹黑？习近平主席立足金砖十年历程实践和金砖精神，向与会的各国领袖和嘉宾提出了金砖未来抓住机遇的中国方案、应对挑战的中国药方、发展壮大的中国思路，描绘了开启金砖国家合作第二个"黄金十年"的宏伟蓝图。

一是牢记经济合作是金砖机制的根基，拉近经济联系纽带，让金砖合作行稳致远。在过去的十年里，金砖国家凭借大宗商品供给、人力资源成本、国际市场需求等优势，引领世界经济增长。随着五国经济不断发展，资源要素配置、产业结构等问题日渐突出。同时，世界经济结构经历深刻调整，国际市场需求萎缩，金融风险积聚。"金砖国家经济传统优势在发生变化，进入滚石上山、爬坡过坎的关键阶段"。如何上山、过坎？习近平主席明确提出，"要立足自身、放眼长远，推进结构性改革，探寻新的增长动力和发展路径。要把握新工业革命的机遇，以创新促增长、促转型，积极投身智能制造、互联网＋、数字经济、共享经济等带来的创新发展浪潮，努力领风气之先，加快新旧动能转换。要通过改革打破制约经济发展的藩篱，扫清不合理的体制机制障碍，激发市场和社会活力，实现更高质量、更具韧性、更可持续的增长"，在这个总体原则之下金砖各国"应该共同探索经济创新增长之道，加强宏观政策协调和发展战略对接，发挥产业结构和资源禀赋互补优势，培育利益共享的价值链和大市场，形成联动发展格局"。总之，金砖国家要加强宏观经济政策协调，对接发展战略，通过务实合作寻找利益契合点，深化贸易、投资、金融、工业、农业、创新等领域合作，加快实现贸易投资大市场、货币金融大流通、基础设施大联通的目标；要紧紧围绕经济合作这条主线，落实《金砖国家经济伙伴战略》，推动各领域合作机制化、实心化，在继续努力落实以往的成果和共识让现有机制发挥作用的基础上，积极探索务实合作新方式新内涵，拉紧联系纽带，让金砖合作行稳致远。

二是牢记维护世界和平是金砖机制的责任，做世界和平的维护者、国际安全秩序的建设者。人类发展历史证明，和平与发展互为基础和前提；世界各国人民的愿望，也是要和平不要冲突、要合作不要对抗。但是，当今世界仍然不太平，地区冲突和热点问题一波未平一波又起；恐怖主义、网络安全等威胁相互交织，为世界蒙上一层阴影。为此，习近平主席为金砖机制的未来指明了方向，"金砖国家是世界和平的维护者、国际安全秩序的建设者"。如何当好维护者、建设者？金砖合作关键是要超越传统的军事同盟老路、超越意识形态画线、超越你输我赢赢者通吃的老观念。为此，金砖国家未来要在加强全球治理、共同应对挑战方面有新的作为。作为新兴国家和发展中国家的领头羊，金砖国家合作机制正经历从全球治理的参与者向引领者的转变，金砖国家有能力也有义务为应对全球挑战贡献更多智慧。"我们要维护《联合国宪章》宗旨和原则以及国际关系基本准则，坚定维护多边主义，推动国际关系民主化，反对霸权主义和强权政治。"为此，不断增进战略互信，加强在重大国际和地区问题上的沟通协调，维护国际公平正义。坚定奉行多边主义，加强在多边机制中的协调合作；"要倡导共同、综合、合作、可持续的安全观，建设性参与地缘政治热点问题解决进程，发挥应有作用"；要推动国际秩序朝着更加公正、合理、高效的方向发展，走出一条共商共建共赢共享的全球治理新路。

　　三是牢记以开放包容为核心的金砖精神，发挥金砖作用，完善全球经济治理。面对当今世界经济疲弱、发展失衡、治理困境、公平赤字等突出问题，面对由此带来的保护主义和内顾倾向有所增强的势头，面对世界经济和全球经济治理体系进入调整期带来的新挑战，如何发挥金砖作用，完善全球经济治理？习近平主席指出："唯有开放才能进步，唯有包容才能让进步持久"，"对经济全球化进程中出现的问题，我们不能视而不见，也不能怨天尤人，而是要齐心协力拿出解决方案。我们要同国际社会一道，加强对话、协调、合作，为维护和促进世界经济稳定和增长作出积极贡献。"为此，我们应该推动建设开放型世界经济，促进贸易和投资自由化便利化，合力打造新的全球价值链，实现经济全球化再平衡，使之惠及各国人民；要相互提高开放水平，在开放中做大共同利益，在包容中谋求机遇共享，为五国经济发展开辟更加广阔的空间；要合力引导好经济全球化走向，提供更多先进理念和公共产品，推动建立更加均衡普惠的治理模式和规则，促进国际分工体系和全球价值链优化重塑；要推动全球经济治理体系变革，反映世界经济格局现实，并且完善深海、极地、外空、网络等新疆域的治理规则，确保各国权利共享、责任共担；要维护和构建开放型世界经济、推动全球经济治理改革、维护多边贸易体制、完善国际金融货币体系、提升新兴市场和发展中国家在全球经济治理中的发言权和代表权。针对国际社会对上述这些举措可能的疑虑，习近平主席明确告诉世界，"新兴市场国家和发展中国家的发展，不是要动谁的奶酪，而是要努力把世界经济的蛋糕做大"。这斩钉截铁的敞亮话，让指手画脚者羞愧，让疑虑担忧者羞愧，让金砖拥趸者自豪。

　　四是牢记"独行快，众行远"的古训，拓展金砖影响，构建更加广泛的伙伴关系。习近平主席对金砖机制给予高度评价，指出："作为具有全球影响力的合作平台，金砖合作的意义已超出五国范畴，承载着新兴市场国家和发展中国家乃至整个国际社会的期望。"同时，他又强调"一箭易断，十箭难折"。我们应该发挥自身优势和影响力，促进南南合作和南北对话，汇聚各国集体力量，联手应对风险挑战。我们应该扩大金砖国家合作的辐射和受益范围，推广"金砖＋"合作模式，打造开放多元的发展伙伴网络，让更多新兴市场国家和发展中国家参与到团结合作、互利共赢的事业中来。厦门会晤期间，中方举行了新兴市场国家与发展中国家对话会，邀请来自全球不同地区国家的 5 位领导人共商国际发展合作和南南合作大计，推动落实 2030 年可持续发展议程，就是实现众行远目标的典型例证。习近平主席的两个要求和这个例证说明，未来的金砖将继续奉行开放包容的合作理念，并高度重视同其他新兴市场国家和发展中国家合作，特别是推动金砖五国与现有多边、区域合作机制平台进一步互动，通过"金砖＋"合作模式拓展"朋友圈"。在"金砖＋"的推动下，建立更为广泛的伙伴关系，无疑会让金砖合作机制得到更多的国际支持，让金砖合作进入第二个"黄金十年"，从而促进全球经济的均衡发展，推进全球治理体系的完善和变革。同时，笔者也相信，这将是对近来所谓"金砖关门论""金砖枯竭论"等抹黑造谣者的最好破解之策。

　　五是牢记"国之交在于民相亲"的古训，筑牢金砖国家人民相互了解、理解、友谊之发展基石。夯实金砖合作的民意与社会基础，有助于增强成员国间互信和各领域深入合作。习近平主席历来高度重视民心相通工作，在厦门峰会上专门强调指出："无论是深化金砖自身合作，还是构建广泛的伙伴关系，人民相互了解、理解、友谊都是不可或缺的基石。"因此，为确保金砖走得远，各成员国要秉持开放包容、多元互鉴的理念，不断深化在教育、文化、体育、艺术、智库等领域的合作，既增进五国人民传统友谊和相互了解，又能起到提升金砖国家合作凝聚力、吸引力和感召力的作用。为此，金砖国家应当将人文交流置于各国对外交往与相互合作的战略范畴，充分挖掘并发挥人文交流对政治对话和经贸合作的助推作用，"我们应该发挥人文交流纽带作用，把各界人士汇聚到金砖合作事业中来，打造更多像文化节、电影节、运动会这样接地气、惠民生的活动，让金砖故事传遍大街小巷，让我们五国人民的交往和情谊汇成滔滔江河，为金砖合作注入绵绵不绝的动力"，习近平主席在厦门峰会上面对中外来宾的这番话，让我们看到了金砖未来发展更为牢固的民意基础形成的美好前景。

六是中国始终坚持全面深化改革之路，定会为金砖机制和世界和平做出新的更大贡献。中国对金砖机制和世界和平的贡献，既体现在以中国智慧形成的、致力于全球治理的中国方案上，更体现在具体行动和措施上：金砖合作机制不断走深走实的十年，也是中国全面推进改革开放、经济社会实现快速发展的十年。十年中，中国经济总量增长239%，货物进出口总额增长73%，成为世界第二大经济体，13亿多中国人民的生活水平大幅度提高，中国为世界和地区经济发展做出的贡献也越来越大；近五年来，中国政府采取了1500多项改革举措，推动改革呈现全面发力、多点突破、纵深推进的局面，经济结构调整和产业升级步伐不断加快，经济稳中向好态势不断巩固，经济持续发展的新动能不断积聚。2017年上半年，中国经济增长6.9%，第三产业增加值占国内生产总值的54.1%，新增城镇就业735万人；面向未来，中国将深入贯彻创新、协调、绿色、开放、共享的发展理念，不断适应、把握、引领经济发展新常态，推进供给侧结构性改革，加快构建开放型经济新体制，以创新引领经济发展，实现可持续发展，中国将坚定不移走和平发展道路，为世界和平与发展做出新的更大贡献；2017年5月，中国成功主办"一带一路"国际合作高峰论坛，29个国家的元首和政府首脑，140多个国家、80多个国际组织的

1600 多名代表出席，标志着共建"一带一路"倡议已经进入从理念到行动、从规划到实施的新阶段。各国代表在会上共商合作大计，共谋发展良策，达成广泛共识。"一带一路"倡议以共商、共建、共享为原则，顺应并助推全球化、世界多极化、社会信息化、文化多样化与各国互联互通、包容互鉴、互利共赢的时代潮流，从中国自身发展经验出发，为解决世界发展难题与挑战贡献中国力量、中国平台与中国智慧。针对外界的某些疑虑和担忧，习近平主席专门指出，"共建'一带一路'倡议不是地缘政治工具，而是务实合作平台；不是对外援助计划，而是共商共建共享的联动发展倡议。我相信，共建'一带一路'倡议将为各国实现合作共赢搭建起新的平台，为落实 2030年可持续发展议程创造新的机遇"。中国好，金砖也会好，世界也会更和平。中国政府的这些举措和成效，事实上已经成为金砖第二个"黄金十年"的保证，也是未来世界和平的"定心丸"。稳定发展的中国，一定会积极帮助包括金砖国家在内的新兴市场国家和广大发展中国家抱团取暖，搭建发达国家与发展中国家的沟通桥梁；一定会致力于变革全球治理体系中的不公正、不合理，增加新兴市场国家和发展中国家的发言权；一定会与金砖国家深化务实合作、促进共同发展，加强全球治理、共同应对挑战，开展人文交流、夯实民意基础，推进机制建设、构建更广泛伙伴关系；一定会和金砖成员国在立足自身发展的基础上，积极推动发展成果更多惠及新兴市场和广大发展中国家，为全球经济增长源源不断注入生命力。同时，也一定会以强劲的创新和改革精神，致力于将金砖打造成更具国际影响力的国际多边合作平台，以更强大的发展合力把金砖合作提升到更高的水平。

志合者，不以山海为远。我们相信，金砖五国和未来的新成员，将会把在中国美丽城市厦门达成的共识，化作维护世界和平、合作、发展的正能量，勇敢地担负起时代赋予的历史责任，通过更为独到精致的顶层设计、更为紧密互惠的伙伴关系，以金砖第二个"黄金十年"的硕果，打造出世界经济稳定之锚、国际和平之盾，为人类命运共同体的构建做出应有贡献。

一城如花半倚石，万点青山拥海来。别号"鹭岛"的厦门，金砖在这里熠熠生辉。厦门金砖峰会花一般的灿烂，定会结出累累果实。交得其道，千里同好，固于胶漆，坚于金石，历年金砖峰会领导人的承诺落实率均高于85%，这累累硕果一定会五色交辉、相得益彰，八音合奏、终和且平。金砖凝聚国家力量，大国引领新型全球化进入新的阶段，未来中国声音在世界舞台上将越发嘹亮。

信笔至此，是为序。本书是"国际战略智库观察项目"2017年度的第八份报告。"国际战略智库观察项目"是中国社会科学院国家全球战略智库重点课题之一。长期以来，我们本着"立足国内、以外鉴内"的原则，密切跟踪海外战略智库对中国发展的各种评述，对客观者认真研究吸纳，对故意抹黑和造谣者一笑了之地摒弃。汇总其科学成果适时发布，这不失为一种接地气的研究路径和方式，也是服务国内同仁研究工作的探索尝试，亦为系列专题报告的追求目标，敬请前辈和同仁们批评指正。

（本文系王灵桂主编《中国：让国际社会的共同合作成果惠及各国民众——国外战略智库纵论中国的前进步伐（之八）》前言，社会科学文献出版社2017年12月版）

对纳瓦罗治学的批判

作为二流经济学家，纳瓦罗先生并不为美国民众和学界所熟知和称道，也不值得笔者枉费笔墨与其论战。但其似是而非的观点和言论，被美国决策者所看重，这带来两个问题，一是错误的观点为什么被采用？二是错误的观点将把美国引向何处？盲人骑瞎马、夜半临池深，这是笔者为美国人民感到十分担心的事情。

仔细研究纳瓦罗先生的《致命中国》，笔者感到纳瓦罗先生书中的观点可以用"无知"和"故意为之"两个词来形容。这个看法，与包括美国在内的西方学者对其的观点基本一致。但是，具体分析看来，"无知"有之，但占的成分不大，"故意为之"则更为突出。从这个意义上说，纳瓦罗先生的毛病是出在学风问题上了。可以毫不夸张地说，纳瓦罗先生是在利用他的学术背景，以语不惊人死不休的心态，特意迎合美国国内的某些暗流。而这种治学方式，恰恰是严肃经济学家所不齿的。

统览美国学界对纳瓦罗言论的评论，给笔者的总体印象是纳瓦罗是个对经济学一窍不通的假经济学家。连一般家庭主妇和高中生都了解的经济学常识，纳瓦罗这个讲授多年经济学的教授岂会不懂？这只能说明，纳瓦罗不是天真、不是无知、不是不懂，而是故意为之。作为美国当今内外交困局面下激进民粹主义的代表，纳瓦罗在解决世界难题、解决美国与其他大国如何相处问题上，从个人私利角度做出了自己的假学术选择。

纳瓦罗派的核心思想并没有什么与众不同，仍然是继续让美国从全球经济中攫取利益，继续维护美国长期的霸权地位或世界独一无二的地位。第二次世界大战以来，美国一直是自由贸易和多边主义的倡导者，且从其中获得了大量的经济利益，与本国经济形成良好的互动关系。除冷战与原苏联保持对抗之外，美国与世界其他国家基本上处于"和谐"状态，即尽可能将更多的国家纳入其主导的全球经济秩序框架之下，成为西化国家。然而，2007年金融危机爆发之后，美国一直未能寻找到新的经济增长点，或者说一直未能找到助力美国长期繁荣的增长点，更多的是临时性的或短期的要素在推动美国的经济增长。这也导致美国在国内政策上的摇摆或犹疑不决。除此之外，面对外部力量的崛起，特别是中国等新兴发展中国家利益的崛起，世界发展模式的多样化出现，导致美国模式或西方模式不得不处于大调整的边缘，美国对世界控制能力的下降导致美国越来越难以从不断变化的全球经济秩序中获得稳定的预期利益，特别是各种利益的相克相斥，使得美国在全球经济中能够攫取的利益越来越有限。此时，美国对外界"突如其来"的变化并没有足够的预期，正如美国智库评论道，"美国还没有准备好应对中国空前的经济崛起造成的混乱"。①

面对即将松动的美国霸权地位，特朗普和纳瓦罗呈现出的是某种紧张、慌乱和无措。当中国提出构建中美新型大国关系时，纳瓦罗派既不愿接受，又无路可走，就反其道而行之，以顺应民粹主义之名为由，以牺牲中美关系为代价，试图将中美关系强行置于对抗的框架之下以寻求解脱之道。在高喊"美国第一""美国优先"的口号下，通过动用关税手段，对全球经济进行"征税"，尽可能从外部攫取最大利益。

然而，通过人为树立敌对关系，也难以给美国带来期望的结果，或许美国还要准备收拾世界经济秩序被干扰之后的残局。正如美国学者指出的："为了挑战中国日益增长的全球经济影响力，特朗普对中国产品开始征税，虽然这些措施可能有助于减少美国对中国的贸易逆

---

① 《与中国的难以捉摸的"更好交易"》，美国大西洋理事会，2018年8月14日。

差，并且可以暂时安抚美国工人，但在建立更公平、更可持续的贸易关系方面，这些措施几乎不会起到什么作用。"大部分经济学家警告称，包括美国对进口钢铁、铝征收的关税在内，各种关税正在干扰全球供应链，阻碍投资及企业招聘活动，目前这些措施带来的代价已经开始显现。

纳瓦罗派并不是不清楚自己在说什么、在做什么，纳瓦罗故意以偏激的方式发出种种言论，以一厢情愿的方式"改造世界"，恰好说明美国现在并没有什么治世良方。面对当今复杂的格局，一股脑儿地将一切过错推给别人、以传统的零和思维方式，以谩骂他人的方式，甚至罔顾事实、罔顾常识、罔顾科学，试图将他人吓到、吓退，这种简单粗暴的方式或许会起到某种作用，但是却并不能真正解决问题，美国终有要面对现实的一天，即思考如何与发展中国家和谐相处，如何与新兴大国和谐相处。正如华盛顿邮报在 2017 年 2 月 17 日发表的《会见"致命中国"的作者，特朗普在贸易上的亲信》援引美国前总统奥巴马领导下的经济顾问委员会主席贾森·弗曼的话，"美国经济面临的最大挑战和解决方案都来自国内政策"。"尽管国际问题和公平竞争环境都很重要，但中国不是所有问题的根源，对中国采取行动也不是所有问题的答案。"

历史不可能倒退，也不可能被个人所绑架。"纳瓦罗现象"是美国特殊历史时期出现的一种怪现象。纳瓦罗本人作为当前美国对自己、对外部摇旗呐喊的小卒，注定有其过渡性，或者特殊功用，我们不应为纳瓦罗的言辞和做法所蒙蔽。当这一历史时期过后，美国将进入自我反思阶段，纳瓦罗现象也终将成为历史。当国际社会和美国人民说出"再见，纳瓦罗"之时，可能也是美国回归理性和现实之日。笔者相信，应该不会让我们等待太长时间。

（本文系作者为王灵桂等合著《纳瓦罗治学批判》撰写的引言，中国社会科学出版社 2020 年 6 月版）

中国为推动全球化而努力

盛世恭逢盛事，党的十九大之后中国的首次重大主场外交活动，在南方美丽的海南岛博鳌会场拉开了帷幕。4月8—11日，以"开放创新的亚洲繁荣发展的世界"为主题的博鳌亚洲论坛2018年年会在海南博鳌举行。奥地利总统范德贝伦、菲律宾总统杜特尔特、蒙古国总理呼日勒苏赫、联合国秘书长古特雷斯、国际货币基金组织总裁拉加德等出席年会，来自50多个国家的2000多位各界嘉宾与会。与会嘉宾就共同关心的议题进行深入探讨、交流，为凝聚亚洲共识，推动亚洲合作进一步走深走实、惠及全球并促进繁荣发展出谋划策。

盛音让盛世盛事更绽异彩。4月10日9：30，中国国家主席习近平应邀在论坛上做了以《开放共创繁荣　创新引领未来》为题的主旨演讲，对40年中国改革开放的伟大成就、重要经验和启示、世界意义和影响，以及在新的历史当口，中国将如何推动对外开放再扩大、深化改革再出发，代表中国做出了最权威的阐释，发出了饱含世界情怀和中国智慧的"东方呼唤"，见证了中国坚定维护世界经济全球化的"东方时刻"，发出了与世界各国共谋创新发展的"东方之约"。会议现场热烈的掌声数次响起，会场之外各国媒体、智库纷纷发表评论，习近平主席的主旨演讲得到了与会嘉宾和世界舆论的高度评价。有外媒评论说，习近平主席的主旨演讲是"具有历史性的、最受期待的演讲"，所提出的四项创新改革举措"是大胆的经济改革和市场开放新措施"，"像当年邓小平推行艰难的经济和金融改革那样，果断而有效"。

习近平主席的主旨演讲让世界安心、给世界经济定调，并开启新时代全球化的新征程。今年是中国改革开放 40 周年，为贯彻落实党的十九大的总体部署，下一阶段的改革开放之具体路径亟须进一步明确；在全球经济从世界金融危机泥潭中艰难走出的过程中，以经贸单边主义为特征的逆全球化，使萎靡的世界经济雪上加霜；"美国优先"政策正在高筑国际贸易壁垒，加收钢铝关税让包括欧日在内的地区和国家叫苦不迭，疲于应付；美国政府在频频向中国示好的同时，正在试图挑起大规模的中美贸易摩擦；等等。下一步，世界经济将走向何方？世界的眼光都聚焦于中国。习近平主席 4 月 10 日的主旨演讲，恰到好处地回答了世界各国和国际组织的疑惑、疑虑。受邀参加本次博鳌亚洲论坛年会的韩国首尔国立大学校长成乐寅说，"在建设开放型世界经济方面，中国正在努力做一些惠及他国的事。相信通过博鳌亚洲论坛，中国将进一步展现坚持走合作共赢道路的意愿"，"习近平主席在讲话中向世界传递更多信心，让世界看到了中国将采取的具体政策，增强了亚洲国家对未来发展的信心，相信韩国可以继续分享中国给世界带来的经济红利"。联合国秘书长古特雷斯表示，"繁荣是世界上的人们过上美好生活的基础，但是没有共同的繁荣不是基于一个公平世界的繁荣，是不能解决国家层面和人民层面的贫困问题的。当今世界八位富翁拥有的财富相当于全球较贫穷的一半人口的财富总和，因此当今世界有许多东西需要共享，才能使繁荣惠及所有人。因此人类命运共同体理念，共同繁荣、共同发展是公平的全球化的一个根本理念"。现在是中国历史上非常重要的时刻，中国改革开放 40 年，实现了举世无双的经济增长和减贫，对全球经济发展也做出了非常重要的贡献。他在习近平主席主旨演讲后认为，相信"中国会帮助世界实现共同繁荣"，"中国改革开放 40 年成果显著，值得世界各国学习借鉴"。

中国改革开放 40 年发展成绩对世界各国人民具有很强的启示意义。过去的海南，是中国南方比较封闭落后的边陲岛屿。过去的博鳌，是海南岛上一个不为人知的渔村。30年前，中国政府在海南建省并筹办经济特区，今天海南已经成为中国最开放、最具活力的省份之一；17年前，中国政府在博鳌这个偏僻的渔村筹建论坛，今天的博鳌已经蜚声海内外，成为亚洲乃至世界上较具盛名的会议旅游胜地，成为与达沃斯齐名的世界级论坛所在地。正如习近平主席在主旨演讲中所指出的：海南省可谓是"因改革开放而生，因改革开放而兴"，"一滴水可以反映出太阳的光辉，一个地方可以体现一个国家的风貌。海南发展是中国40年改革开放的一个重要历史见证"，"历史，总是在一些特殊年份给人们以汲取智慧、继续前行的力量"。中国改革开放40周年形成的经验和智慧，既是中国人民的宝贵精神财富，也是世界人民走向富裕和平的有益启示。2018年是海南建省办经济特区30周年。改革开放以来，海南从一个较为封闭落后的边陲岛屿，发展成为中国最开放、最具活力的地区之一，经济社会发展取得巨大成就。

中国的发展和进步是中国人民自力更生、艰苦奋斗的结果。经过40年的改革开放，中国人民向全世界交出了一份漂亮的成绩单：中国已经成为世界第二大经济体、第一大工业国、第一大货物贸易国、第一大外汇储备国。40年来，按照可比价格计算，中国国内生产总值年均增长约9.5%；以美元计算，中国对外贸易额年均增长14.5%；中国人民生活从物品短缺走向充裕、从贫困走向小康，现行联合国标准下的7亿多贫困人口成功脱贫，占同期全球减贫人口总数70%以上；中国从加入WTO到共建"一带一路"，为应对亚洲金融危机和国际金融危机做出重大贡献，连续多年对世界经济增长贡献率超过30%，成为世界经济增长的主要稳定器和动力源，不断把人类和平与发展的崇高事业推向前进，等等。这些成绩，不是其他人赐予的，也不是从天上掉下来的，而是中国人民用自己的双手砥砺奋进取得的。特别需要指出的是，40年来，中国从经济全球化中获益，同时也为世界经济稳定和增长做出了卓越的贡献。正如习近平主席在主旨演讲中所指出的："1978 年，在邓小平先生倡导下，以中共十一届三中全会为标志，中国开启了改革开放历史征程。从农村到城市，从试点到推广，从经济体制改革到全面深化改革，40 年众志成城，40 年砥砺奋进，40 年春风化雨，中国人民用双手书写了国家和民族发展的壮丽史诗。"中国人民的辛勤劳作，已经开始造福世界各国人民。就此，联合国秘书长古特雷斯评论说，"我相信中国对全球化的承诺、中国对自由贸易的承诺、中国对国际合作的承诺。尤其是就发展中世界而言，'一带一路'倡议是上述承诺的最好体现，这可以使我们实现 2030 可持续发展议程，做到不让任何一个人掉队，进而改变全球不公正的发展状况；'一带一路'倡议作为开展南南合作的良好典范，解决了目前许多封闭经济体难以解决的发展难题"。

中国的发展经验具有世界性的启示价值和借鉴作用。在 40 年改革开放的波澜壮阔的伟大进程中，勤劳勇敢的中国人民用自己的智慧和汗水，为世界各国提供了诸多有很强借鉴意义的经验和做法：40 年来，中国人民始终艰苦奋斗、顽强拼搏，始终坚持聚精会神搞建设、坚持改革开放不动摇，持之以恒，锲而不舍；40 年来，中国人民始终坚持立足国情、放眼世界，既强调独立自主、自力更生又注重对外开放、合作共赢，成功开辟出了一条中国特色社会主义发展道路；40 年来，中国人民始终与时俱进，坚持解放思想、实事求是，实现解放思想和改革开放相互激荡、观念创新和实践探索相互促进，勇于自我革命、自我革新，不断完善中国特色社会主义制度，不断革除各方面体制弊端，充分显示了制度保障的强大力量；40 年来，中国人民始终敞开胸襟、拥抱世界，坚持对外开放基本国策，打开国门搞建设，成功实现从封闭半封闭到全方位开放的伟大转折。这些成功经验，对世界各国，尤其是广大发展中国家具有很强的启示和借鉴意义，有助于它们通过学习中国经验，摸索和探寻符合自身特点的发展道路。正如习近平主席在主旨演讲中所指出的，"中国人民的成功实践昭示世人，通向现代化的道路不止一条，只要找准正确方向、驰而不息，条条大路通罗马"，"中国40年改革开放给人们提供了许多弥足珍贵的启示，其中最重要的一条就是，一个国家、一个民族要振兴，就必须在历史前进的逻辑中前进、在时代发展的潮流中发展"。柬埔寨政府顾问、澜沧江—湄公河合作柬埔寨秘书处负责人索西帕纳对此评论说，"解决全球发展问题，中国可能就是答案"。

中国将和世界人民一道选择开放前进之路，绝不走封闭后退之路。当今世界正在经历新一轮大发展、大变革、大调整，人类面临的不稳定、不确定因素依然很多；新一轮科技和产业革命给人类社会发展带来新的机遇，也提出前所未有的挑战；一些国家和地区的人民仍然生活在战争和冲突的阴影之下；气候变化、重大传染性疾病等依然是人类面临的重大挑战；等等。在这些重大战略和现实挑战面前，世界各国将面临重大发展选择。是走开放之路还是封闭之路？是走前进之路还是后退之路？是奔向光明还是退缩回关门闭户状态？面对复杂变化的世界，人类社会向何处去、亚洲前途在哪里？习近平主席在主旨演讲中高屋建瓴地指出，"回答这些时代之问，我们要不畏浮云遮望眼，善于拨云见日，把握历史规律，认清世界大势"，"当今世界，和平合作的潮流滚滚向前。和平与发展是世界各国人民的共同心声，冷战思维、零和博弈愈发陈旧落伍，妄自尊大或独善其身只能四处碰壁。只有坚持和平发展、携手合作，才能真正实现共赢、多赢"，"变革创新是推动人类社会向前发展的根本动力。谁排斥变革，谁拒绝创新，谁就会落后于时代，谁就会被历史淘汰"。为此，习近平主席提出了"五个面向"：面向未来，我们要相互尊重、平等相待，坚持和平共处五项原则，尊重各国自主选择的社会制度和发展道路，尊重彼此核心利益和重大关切，走对话而不对抗、结伴而不结盟的国与国交往新路，不搞唯我独尊、你输我赢的零和游戏，不搞以邻为壑、恃强凌弱的强权霸道，妥善管控矛盾分歧，努力实现持久和平；面向未来，我们要对话协商、共担责任，秉持共同、综合、合作、可持续的安全理念，坚定维护以联合国宪章宗旨和原则为核心的国际秩序和国际体系，统筹应对传统和非传统安全挑战，深化双边和多边协作，促进不同安全机制间协调包容、互补合作，不这边搭台、那边拆台，实现普遍安全和共同安全；面向未来，我们要同舟共济、合作共赢，坚持走开放融通、互利共赢之路，构建开放型世界经济，加强二十国集团、亚太经合组织等多边框架内合作，推动贸易和投资自由化便利化，维护多边贸易体制，共同打造新技术、新产业、新业态、新模式，推动经济全球化朝着更加开放、包容、普惠、平衡、共赢的方向发展；面向未来，我们要兼容并蓄、和而不同，加强双边和多边框架内文化、教育、旅游、青年、媒体、卫生、减贫等领域合作，推动文明互鉴，使文明交流互鉴成为增进各国人民友谊的桥梁、推动社会进步的动力、维护地区和世界和平的纽带；面向未来，我们要敬畏自然、珍爱地球，树立绿色、低碳、可持续发展理念，尊崇、顺应、保护自然生态，加强气候变化、环境保护、节能减排等领域交流合作，共享经验、共迎挑战，不断开拓生产发展、生活富裕、生态良好的文明发展道路，为我们的子孙后代留下蓝天碧海、绿水青山。就此，美国 FT 中文网评论说，"中国针对当前全球面临问题所贡献的中国思路、中国方案，正日益凸显其时代价值，显示出强大的国际影响力、感召力、塑造力"。

中国在准确把握世界发展大势的基础上积极顺应经济全球化的时代潮流。实践证明，过去 40 年中国经济发展是在开放条件下取得的，未来中国经济实现高质量发展也必须在更加开放的条件下进行。这是中国基于发展需要做出的战略抉择，同时也是在以实际行动推动经济全球化，造福世界各国人民。为此，习近平主席在主旨演讲中代表中国人民发出了掷地有声的宣示，宣布了扩大开放的四项重大利好政策：大幅度放宽市场准入；创造更有吸引力的投资环境；加强知识产权保护；主动扩大进口。习近平主席进一步宣布，"我刚才宣布的这些对外开放重大举措，我们将尽快使之落地，宜早不宜迟，宜快不宜慢，努力让开放成果及早惠及中国企业和人民，及早惠及世界各国企业和人民"。美国 FT 中文网就此评论说，"中国计划建立自由贸易港口，以此作为正在进行的改革开放的一部分"，"这些港口在政策制定方面享有比现有的自由贸易区更高的自由度，并且在市场准入方面更加开放"，"中国将开放其金融服务、保险、中介、医疗保健和其他部门"，也将创造一个商业环境，从而"在规则、机会和权利方面为民营、国有和外国公司提供平等待遇"。美国中美研究中心学者苏拉布·古普塔认为，中国已经成为全球增长的最大贡献者，在博鳌亚洲论坛年会上，"中国作为地区和世界经济稳定器的作用将得到进一步凸显。相信中国将继续承诺对世界经济多元化的支持"。

中国将和世界各国一道，努力将"一带一路"打造成顺应经济全球化潮流的最广泛国际合作平台。"一带一路"倡议是习近平主席植根中华民族优秀文化底蕴、深刻洞察国际发展潮流和趋势，高瞻远瞩提出的具有全球意义的"东方呼唤"。习近平主席首倡"一带一路"倡议 5 年来，中国已经同 80 多个国家和国际组织签署了合作协议，"一带一路"倡议被多个国家写入国家发展战略或规划。其倡导的共商共建共享理念，已经成为当今国际社会，特别是广大发展中国家和亚洲国家普遍认同和肯定的、建立新型国家关系和经贸关系的基本遵循和原则。2018 年 4 月 10 日，习近平主席在博鳌亚洲论坛主旨演讲中，面对到会的 2000 多位各国元首、政府首脑、国际组织负责人和与会嘉宾，再次向全世界呼吁，"把'一带一路'打造成为顺应经济全球化潮流的最广泛国际合作平台，让共建'一带一路'更好造福各国人民"。"一带一路"是中国的，更是世界的。在博鳌亚洲论坛的主旨演讲中，习近平主席真诚地向世界宣布，"共建'一带一路'倡议源于中国，但机会和成果属于世界"。这个"东方呼唤"中包含的世界情怀和全球理念，再次淋漓尽致地展现了共商共建共享理念的普适意义，为构建和发展新时代的新型国家关系指明了前进方向和发展路径。"一带一路"是极富政治远见的阳光倡议。中国发展离不开亚洲和世界，亚洲和世界繁荣稳定也需要中国。面对一些国家对

"一带一路"倡议的不理解、误解。习近平主席代表中国政府和中国人民郑重表示，在"一带一路"倡议建设中，"中国不打地缘博弈小算盘，不搞封闭排他小圈子，不做凌驾于人的强买强卖"。早在2014年10月29日，习近平主席在北京人民大会堂会见博鳌亚洲论坛理事会工作会议代表时就指出：我提出建设丝绸之路经济带和21世纪海上丝绸之路的倡议，目的是共同打造沿线区域经济一体化新格局。这次主旨演讲中进一步明确的"三不"原则，体现了中国的开放胸襟和博大愿景。"一带一路"倡议需要在不断推进中解决分歧、增加共识，扩大合作、形成合力。"一带一路"倡议自2013年提出以来，已经得到了世界上100多个国家和国际组织的支持，被写入多份联合国重要文件。自联合国安理会2016年3月通过包括推进"一带一路"倡议内容的第S/2274号决议后，第71届联合国大会第A/71/9号决议首次出现"一带一路"倡议，敦促各方通过"一带一路"倡议等促进阿富汗及地区经济发展，呼吁国际社会为"一带一路"倡议建设提供安全保障环境。决议得到193个会员国的一致赞同，体现了国际社会对推进"一带一路"倡议的普遍支持。但是，面对世界各国不同的利益诉求、迥异的国情、多样的文化构成，"一带一路"倡议的推进自然会有很多挑战和困难。因此，习近平主席在主旨演讲中，针对"一带一路"倡议中遇到的挑战和困难，指出"'一带一路'建设是全新的事物，在合作中有些不同意见是完全正常的，只要各方秉持和遵循共商共建共享的原则，就一定能增进合作、化解分歧"。在推进中扩大共识，在合作中实现共赢，"一带一路"倡议是建立在寻求共同利益基础上的人类命运共同体建设，是有机的、现实的，而不是虚幻的、臆想的。也正因为如此，才需要各方以共赢为目标，以共商共建共享为理念，在解决分歧中不断寻找利益交会点，进而使"一带一路"倡议成为联系世界人民的现实纽带，把"一带一路"打造成为顺应经济全球化潮流的最广泛国际合作平台，让共建"一带一路"更好造福各国人民。正如法国前总理拉法兰所说，提出"一带一路"倡议是中国卓越领导能力的明证，欧洲必须行动起来，成为"一带一路"倡议的重要部分。巴基斯坦总理阿巴西认为，中国领导人提出的"一带一路"倡议极富远见，通过博鳌亚洲论坛这一具有地区和全球影响的平台，世界将更好地了解中国和"一带一路"倡议。欧洲议会欧中友好小组秘书长盖琳认为，人类的未来，必将是世界各民族超越种族和文化差异、因共同命运而聚集到一起并建立一个相互合作的世界。肯尼亚内罗毕大学国际经济学讲师盖里雄·伊基亚拉说，亚洲经济发展进入关键转型期，也迎来重要机遇期，亚洲各国只有增强互信、秉持人类命运共同体理念，才能推动构建亚洲命运共同体，更好地给世界带来可持续的经济繁荣。本届博鳌亚洲论坛专门设立和举行"一带一路：成功案例与经验分享"圆桌会，瓜达尔港、中欧班列等"一带一路"重大工程项目的相关政府和企业代表，在圆桌会上介绍了"一带一路"的具体实践、分享心得体会的做法，对化解分歧、扩大合作、增加共识起到极大的正面典型引领作用。

以"开放创新的亚洲繁荣发展的世界"为主题的博鳌亚洲论坛2018年年会已经落下帷幕，习近平主席的主旨演讲将论坛的热度提升到了最高峰，习近平主席的政策宣示也成为论坛的热议焦点话题和主题。我们深信，习近平主席的主旨演讲，不但将深刻引领中国的发展，也将像火炬一样照亮世界经济的未来发展之路。正如博鳌亚洲论坛理事长、日本前首相福田康夫和各位致辞嘉宾在论坛开幕式上所说的，中国在40年的改革开放进程中，取得了让全世界人民举世瞩目的伟大成就。中国的发展成就和经验，不仅彻底改变了14亿人口的生活状况，也极大地促进了中国经济社会的快速进步，更将给世界各国在寻求符合自身特点的发展方面带来巨大机遇和有益借鉴；中国推出的一系列扩大开放的政策举措令世界感到振奋，表明未来中国将继续坚定推进改革开放，必将有力推动全球共同发展繁荣。

一年之计在于春。习近平主席在博鳌亚洲论坛的主旨演讲，将是中国开放创新新征程的起点，也将是事关世界经济前途和世界各国人民福祉的福音。

　　本书是"国际战略智库观察项目"2018 年度的第三份报告。"国际战略智库观察项目"是中国社会科学院国家全球战略智库的重点课题之一。长期以来，我们本着"立足国内、以外鉴内"的原则，密切跟踪和关注境外战略智库对中国发展的各种评述，对客观者我们认真研究吸纳，对故意抹黑和造谣者我们一笑了之，这不失为一种接地气的研究路径和方式。汇总其科学成果适时发布，也不失为我们服务国内研究工作的一种探索和尝试，这也正是我们编写系列专题报告的初衷和目标，敬请各位前辈和方家批评指正。

　　是为序。

　　（本文系王灵桂主编《金砖国家：为推动全球化而努力——国外智库论中国与世界（之三）》前言，社会科学文献出版社 2018 年 8 月版）

金砖国家发展战略对接：迈向
共同繁荣的路径

金砖国家（简称为 BRIC）一词，最早起源于 2006 年联合国大会期间巴西、俄罗斯、印度和中国的外长会议，并从此将原本高盛首席经济师提出的概念，拓展成了国际经济实体。2010 年，随着南非的加入，金砖国家从四国变为五国，其英文缩写也从 BRIC 改为 BRICS，金砖五国从此成为国际政治舞台上一个响亮的名字。2017 年 9 月 3—5 日，第九届金砖峰会将在中国厦门隆重开幕，金砖国家也将拉开第二个黄金十年发展的历史帷幕。盛事共襄，本书也应运而生。

在各成员国共同努力下，金砖国家合作已成功走过了第一个十年，从经济报告里的投资概念逐渐走向全球治理舞台，成为新兴市场国家和发展中国家合作的闪亮招牌，在政治、经济、安全、人文等诸多领域的合作已取得显著进展、结出丰硕成果。伴随着金砖国家合作领域的不断拓展，从一元到多元，从双边到多边，从最初的贸易投资到旅游、金融、文化科教，从贸易到实业、全球经济治理变革协商，从政府交流到党派交流再到智库、文化科技教育、立法领域交流，从国内问题到国际问题的磋商协调，从双边合作到多边合作等，金砖国家合作已经成长为促进世界经济增长、完善全球治理、推动国际关系民主化的重要力量。

当前，国际形势错综复杂，在国际金融危机的阴霾之下，世界各国的日子均不好过，金砖五国也难以独善其身，进一步的发展面临着诸多复杂、严峻的挑战。金砖国家如何进一步加强合作、携手并进，继续做推动全球发展的领跑者？如何不为风雨所动、不为杂音所扰、不为困难所阻，不断构建和强化维护世界和平的伙伴关系、促进共同发展的伙伴关系、弘扬多元文明的伙伴关系、加强全球经济治理的伙伴关系，以实现更大的发展？

在这个变挑战为机遇、变压力为动力的携手前行过程中，从乌法到果阿，再到厦门，金砖合作的登高爬坡，尤需五国高层频密互访，推心置腹，以天下之目视，以天下之耳听，以天下之心虑。"加强同金砖国家合作，始终是中国外交政策的优先方向之一。中国将继续同金砖国家加强合作，使金砖国家经济增长更加强劲、合作架构更加完善、合作成果更加丰富，为各国人民带来实实在在的利益，为世界和平与发展做出更大贡献。"金砖国家一定会"以开放思维引领合作，按经济规律促进发展；充分用好对话的'黄金法则'，运用好'聚同存异'的政治智慧，树立金砖合作的'道路自信'，将金砖合作建成全球治理新思想的发源地"。2015 年 11 月 15 日在土耳其安塔利亚出席金砖国家领导人非正式会晤时，习近平主席指出，"让世界对金砖国家的成色有新的认识"。2017 年 7 月 7 日习近平在汉堡主持金砖国家领导人非正式会晤时，发表了引导性讲话和总结讲话，提出了四个"毫不动摇"。我们相信，在中国厦门召开的第九届金砖峰会，必将成为金砖国家迈向新境界的新起点，必将金砖五国合作带入第二个十年的关键发展阶段。

"金砖国家研究项目"是中国社会科学院国家全球战略智库的重点课题之一。长期以来，我们本着"立足国内、以外鉴内"的原则，密切跟踪和关注境外战略智库对金砖国家发展的各种评述，采用一种接地气的研究路径和研究方式。2017 年 5 月 14 日，蔡昉理事长在"'一带一路'国际合作高峰论坛"之"智库平行论坛"上，就进一步推进"一带一路"联合研究工作，向与会的 200 多位国内外战略智库负责人和专家们提出了五点倡议："第一，共同策划选题并开展联合研究工作。每个智库都有自己的专长、自己的领域，可以为'一带一路'建设贡献各方面的智慧。通过联合研究，找到共同的利益关切点，有助于'一带一路'贴近现实、贴近民众。第二，建立学术成果信息共享机制。定期或不定期加强学术交流是保持智库之间互动的最佳渠道之一，有助于加深了解，助推思想上的互联互通。第三，共同培养人才。我们应鼓励智库之间加强科研人员互访、培养博士后。互访交流可以是短期的，也可以是长期的，目的是培养对'一带一路'研究感兴趣并有所作为的专门人才。第四，共同发布成果。通过发布联合研究报告的形式，对彼此重大的关切发出呼吁，有助于产生广泛的社会影响力，更有利于助推政府决策。第五，不定期共同举办会议和建立日常的联络机制。会议是加强思想沟通的最直接方式，有助于产生新的想法和建议。另外，日常的联络也是必要的，这方面我们也在逐步积累经验。"蔡昉理事长还呼吁，"在推进'一带一路'倡议中，思想相通是我们首先需要做到的，知彼此之虑、知彼此之需、知彼此之忧，方能实现合作。我们希望搭建一个智库联盟，建设一个智库网络。在这个联盟中、这个网络中，我们所要做的是在未来如何将我们的研究更好地匹配于实践，使'一带一路'更好地服务中国的全方位发展、世界的全方位发展。在这个联盟、这个网络中，大家可以同舟共济、集思广益，通过人员交流、合作研究、信息交流，形成长期合作的机制，至少在我们的思想领域、学术领域做到'互联互通'，努力成为'一带一路'民心相通的典范"。这也是我们十分注意同金砖国家智库加强联系和对接，将联合研究当作我们重要研究渠道的起因，是蔡昉理事长提出的"开门办智库"的具体体现和载体，也不失为我们服务国内同仁研究工作的一种探索和尝试。2017年6月8—9日，我们同光明智库、国际关系学院联合在京举办了首次金砖国家智库论坛——"金砖国家发展战略对接：迈向共同繁荣的路径"国际研讨会（2017 BRICS Think-Tanks Forum——The Coordination of BRICS Development Strategies：Way to Shared Prosperity），会议邀请了金砖五国主要智库50位左右的政府官员和专家学者就金砖国家未来十年的合作与发展进行了研讨。本书既是联合研究的一种体现，也是经过观点切磋之后的一种共享。

未来，国家全球战略智库愿意继续同金砖国家的智库和有志于此的专家学者们一起，就金砖国家机制的未来发展路径进行科学深入的联合研究，用我们的智力来支持金砖国家继续"深化金砖伙伴关系，开辟更加光明未来"的建设工作，同时在这一过程中，我们也能同金砖国家智库结为良好的"伙伴关系"，共同推进智库合作的"光明未来"。此为我们的祝愿，亦为我们的学术追求之一。

草草拟就，聊为序言。

（本文系王灵桂、赵江林主编《金砖国家发展战略对接：迈向共同繁荣的路径——中外联合研究报告（No.3）（中文版）》前言，社会科学文献出版社2017年8月版）

人类命运共同体篇

深刻理解和把握构建人类命运共同体理念的丰富内涵和实践路径

当前，世界百年未有之大变局和新冠肺炎疫情全球大流行交织影响，世界进入动荡变革期。面对各种风险和挑战，选择合作还是对抗，选择互利共赢还是零和博弈，是关乎各国利益和人类前途命运的重大问题。党的十八大以来，习近平总书记着眼中国人民和世界人民的共同利益、共同挑战、共同责任，围绕"建设一个什么样的世界、如何建设这个世界"等重大课题，高瞻远瞩地提出了构建人类命运共同体的重要理念。党的十九届六中全会通过的《中共中央关于党的百年奋斗重大成就和历史经验的决议》指出，"经过持续努力，中国特色大国外交全面推进，构建人类命运共同体成为引领时代潮流和人类前进方向的鲜明旗帜"。在新时代新征程上，认真梳理构建人类命运共同体理念的形成和发展脉络，科学分析其丰富内涵，对于我们积极参与全球治理体系改革和建设、更好展现负责任大国形象具有十分重要的理论意义和实践意义。

构建人类命运共同体理念的提出和发展。党的十八大报告明确提出，"要倡导人类命运共同体意识""增进人类共同利益"。[①] 习近平主席 2013 年 3 月在俄罗斯莫斯科国际关系学院发表主旨演讲时，首次提出构建人类命运共同体理念；在博鳌亚洲论坛 2015 年年会上的主旨演讲中指出，"要把握世界大势，跟上时代潮流，共同营造对亚

---

① 《胡锦涛文选》第三卷，人民出版社 2016 年版，第 651 页。

洲、对世界都更为有利的地区秩序，通过迈向亚洲命运共同体，推动建设人类命运共同体"；① 2015 年 9 月出席第七十届联合国大会一般性辩论并发表题为《携手构建合作共赢新伙伴同心打造人类命运共同体》的重要讲话，系统地提出了"五位一体"打造人类命运共同体的总布局和总路径；2017 年 1 月在联合国日内瓦总部发表题为《共同构建人类命运共同体》主旨演讲时，倡导建设一个持久和平、普遍安全、共同繁荣、开放包容、清洁美丽的世界；2020 年 9 月在第七十五届联合国大会一般性辩论上发表重要讲话，面对新冠肺炎疫情带来的全球性挑战，呼吁"让我们团结起来，坚守和平、发展、公平、正义、民主、自由的全人类共同价值，推动构建新型国际关系，推动构建人类命运共同体，共同创造世界更加美好的未来"。② 从全球治理层面，习近平主席提出共同构建网络空间命运共同体、人类卫生健康共同体、人与自然生命共同体、海洋命运共同体、全球发展命运共同体等倡议；从地区发展层面，习近平主席提出打造周边命运共同体、共建亚洲命运共同体、构建亚太命运共同体、携手建设更为紧密的中国—东盟命运共同体、构建更加紧密的上合组织命运共同体、打造新时代更加紧密的中非命运共同体等重大倡议；从双边关系发展层面，习近平主席同巴基斯坦、柬埔寨、老挝等许多国家领导人深入沟通，凝聚共识，倡导构建中国同有关国家的命运共同体。构建人类命运共同体理念不仅被写入党章、宪法，还被多次写入联合国等重要国际和地区组织的文件，成为国际社会的重要共识。

构建人类命运共同体理念传承了中华优秀传统文化的核心理念。中华优秀传统文化是中华民族的精神命脉，是我们在世界文化激荡中站稳脚跟的坚实根基，也是构建人类命运共同体理念植根的文化沃土和重要源泉。习近平总书记指出，"和平、和睦、和谐是中华民族

---

① 《习近平总书记系列重要讲话读本（2016 年版）》，学习出版社、人民出版社 2016 年版，第 266 页。
② 习近平：《在第七十五届联合国大会一般性辩论上的讲话》，《光明日报》2020 年 9 月 23 日。

5000多年来一直追求和传承的理念"。① 中华优秀传统文化强调和合理念，主张天下为公，推崇"天下大同"。党的十八大以来，习近平总书记不断探索中华优秀传统文化的现代表达，将"和而不同""和衷共济""天下为公""天人合一"等中华传统理念和价值进行创造性转化和创新性发展，高瞻远瞩提出构建人类命运共同体理念。构建人类命运共同体理念正是传承和弘扬了"以和为贵""天下大同"等中华优秀传统文化的精髓，既具有鲜明的中国特色，又蕴含全人类的共同价值追求。可以说，爱好和平、天下大同的思想已深深嵌入了中华民族的精神世界，推动构建人类命运共同体理念与中华优秀传统文化的核心理念一脉相承。

构建人类命运共同体理念彰显了中国共产党胸怀天下的人类情怀。习近平总书记指出："中国共产党是为中国人民谋幸福的政党，也是为人类进步事业而奋斗的政党。中国共产党始终把为人类作出新的更大的贡献作为自己的使命。"② 中国共产党团结带领中国人民坚持和发展中国特色社会主义，成功走出中国式现代化道路，创造了人类文明新形态，拓展了发展中国家走向现代化的途径，同时努力推动构建人类命运共同体，为解决人类重大问题贡献了中国智慧、中国方案、中国力量，成为推动人类发展进步的重要力量。维护世界和平、促进共同发展是中国共产党推动构建人类命运共同体的重要宗旨。在习近平外交思想的指导和引领下，我们党广泛阐释宣介人类命运共同体理念，推动构建人类命运共同体实践不断走深走实。2021年7月，中国共产党与世界政党领导人峰会隆重举行，习近平总书记的重要主旨讲话为推动构建人类命运共同体凝聚了政党力量、指引了实践路径、擘画了光明前景。构建人类命运共同体理念的提出和实践，正是新时代中国共产党胸怀天下的人类情怀的生动体现。

---

① 习近平：《在庆祝中国共产党成立100周年大会上的讲话》，人民出版社2021年版，第16页。
② 《习近平谈治国理政》第三卷，外文出版社2020年版，第45页。

构建人类命运共同体理念坚持和发展了人类社会发展进程中形成的国际关系基本准则。从理念的内涵到具体的实践，构建人类命运共同体之所以成为全球共识、获得世界认同，其原因就在于符合国际社会建立公正合理国际秩序的目标诉求。习近平总书记深刻指出："纵观近代以来的历史，建立公正合理的国际秩序是人类孜孜以求的目标。从360多年前《威斯特伐利亚和约》确立的平等和主权原则，到150多年前《日内瓦公约》确立的国际人道主义精神；从70多年前《联合国宪章》明确的四大宗旨和七项原则，到60多年前万隆会议倡导的和平共处五项原则，国际关系演变积累了一系列公认的原则。这些原则应该成为构建人类命运共同体的基本遵循。"① 中国提出构建人类命运共同体理念，并以诸多实际行动践行这一理念，推动国际社会从伙伴关系、安全格局、经济发展、文明交流、生态建设等方面为建立人类命运共同体而不懈努力。中国坚持对话协商，不搞唯我独尊、强买强卖，致力于建设一个持久和平的世界；坚持共建共享，本着帮一把的理念，不惹事、不挑事，但也不怕事，始终致力于建设一个普遍安全的世界；坚持合作共赢，不搞你输我赢、赢者通吃，始终致力于开放、包容、普惠、平衡、共赢的经济全球化，建设一个共同繁荣的世界；坚持交流互鉴，致力于消除现实中的文化壁垒，共同抵制妨碍人类心灵互动的观念隔阂，共同打破人类交往的精神藩篱，建设一个开放包容的世界；坚持绿色低碳，平衡推进联合国2030年可持续发展议程，致力于建设一个清洁美丽的世界。

构建人类命运共同体理念体现了面向全球的新型文明观。一段时间以来，"文明冲突论""文明优越论"等杂音甚嚣尘上，引发国际社会极大关注。特别是新冠肺炎疫情暴发以来，一些西方政客和媒体更是肆意挑动意识形态对抗，极力干扰政治互信和国际合作进程。习近平总书记基于对中国共产党自身的奋斗经验和理论思考，提出要树

① 《习近平谈治国理政》第二卷，外文出版社2017年版，第539页。

立平等、互鉴、对话、包容的文明观，以文明交流超越文明隔阂，以文明互鉴超越文明冲突，以文明共存超越文明优越，为人类文明发展指明了方向。近年来，我国举办的亚洲文明对话大会、中国共产党与世界政党高层对话会等重要多边会议，为促进各国文明交流、共同发展搭建了新的平台。习近平主席在上海合作组织峰会上，提出拉紧人文交流合作的共同纽带；在金砖合作机制下，强调推进政治、经济、人文的"三轮驱动"；倡导将"一带一路"建设成文明之路，推动各国相互理解、相互尊重、相互信任；等等。这些重要论述，是在对人类文明发展趋势的深刻把握中，点亮了不同文明"各美其美、美美与共"的思想明灯。

构建人类命运共同体理念提出了破解全球性难题的中国方案。构建人类命运共同体理念针对的是全球问题和挑战，体现了为全人类谋福祉的追求。当前，人类正处于挑战层出不穷、风险日益增多的时代，逆全球化、单边主义、保护主义、霸权主义、霸凌主义等对世界和平与发展构成重大威胁。不稳定性不确定性显著上升，治理赤字、信任赤字、发展赤字、和平赤字有增无减，公共卫生、气候变化、网络安全等非传统安全威胁持续蔓延。面对全球乱象和个别国家的逆时代潮流之举，中国政府以对人类未来负责的强烈使命担当，提出并不断丰富完善以维护世界和平、促进共同发展为宗旨的构建人类命运共同体理念，强调将继续同一切爱好和平的国家和人民一道，坚持合作、不搞对抗，坚持开放、不搞封闭，坚持互利共赢、不搞零和博弈，反对霸权主义和强权政治，推动历史车轮向着光明的目标前进。

推动共建"一带一路"是构建人类命运共同体理念的重要实践路径。大道至简，实干为要。构建人类命运共同体，关键在行动。习近平主席 2017 年 12 月在中国共产党与世界政党高层对话会上发表主旨讲话时指出："涓涓细流汇成大海，点点星光点亮银河。我深信，只要各方树立人类命运共同体理念，一起来规划，一起来实践，一点一滴坚持努力，日积月累不懈奋斗，构建人类命运共同体的目标就一定能够实现。"① 习近平总书记深刻思考人类前途命运、中国和世界发展大势，从古代丝绸之路精神中汲取营养，为推动中国和世界合作共赢、共同发展，提出以共建"一带一路"为重要实践平台推动构建人类命运共同体。8 年来，我国和"一带一路"共建国家不断深化经贸合作，有效助推公平、普惠的全球化，不断推进完善全球治理体系。截至目前，已与 145 个国家、32 个国际组织签署 200 多份共建"一带一路"合作文件。实践证明，共建"一带一路"之所以得到广泛支持，是因为共建"一带一路"不仅是经济合作，而且是完善全球发展模式和全球治理、推进经济全球化健康发展的重要途径，它顺应了全球治理体系变革的内在要求，反映了各国特别是广大发展中国家对促和平、谋发展的愿望，彰显了同舟共济、权责共担的命运共同体意识。

当今世界，开放包容、多元互鉴是主基调，相互联系、相互依存是大潮流。各国相互联系和彼此依存比过去任何时候都更频繁、更紧密，没有哪个国家能够独自应对人类面临的各种风险挑战。特别是新冠肺炎疫情波及全球，是对构建人类命运共同体理念前所未有的实践检验。值此关键时刻，习近平总书记发挥了大国领袖的作用与担当，在与多国领导人通话、出席多个国际会议时，积极倡导构建人类卫生健康共同体，为国际抗疫合作指明了方向、凝聚了力量。在 2022 年新年贺词中，习近平总书记宣布："截至目前，中国累计向 120 多个国家和国际组织提供 20 亿剂新冠疫苗。"② 这意味着中国成为对外提供疫苗最多的国家。历史和现实不断证明，只有秉持构建人类命运共同体理念、坚守多边主义和团结合作，才能携手应对各种全球性问题，共建美好地球家园。构建人类命运共同体理念始终站在世界发展和人类进步的道义制高点上，把中国发展与世界发展结合起来，把中

① 习近平：《携手建设更加美好的世界——在中国共产党与世界政党高层对话会上的主旨讲话》，人民出版社 2017 年版，第 4 页。

② 《国家主席习近平发表二〇二二年新年贺词》，《光明日报》2022 年 1 月 1 日。

国人民的利益与世界人民的共同和根本利益结合起来，超越了国强必霸、大国冲突的传统现实主义理论窠臼，实现了对国际关系发展规律认识的创新和升华，探索出与传统大国崛起不同的和平发展道路，在中国与世界各国的良性互动和互利共赢中开拓前进，为人类社会发展进步指明了方向。

（载《党建》2022 年第 4 期）

对人类共同命运意识的
一次集体唤醒

新冠肺炎疫情是波及所有人的人类悲剧。但在全球各国人民共同抗击疫情的生存之战中，人类命运与共的思想光辉，正以其强大的生命力和感召力，穿过疫情阴霾，照亮了人类未来发展之路，新的人类共同价值观呼之欲出。

2020 年伊始，在新冠肺炎疫情暴发后，许多国家（地区）和组织及时向中国伸出了援手：雪中送炭捐助物资、发表声明道义支持、网友发帖鼓劲打气。在中国疫情得到基本控制后，中国政府投桃报李，迅速向相关国家（地区）和国际组织捐赠物资、派遣专家、分享数据、交流经验。疫情无情，人间有爱，中国人民和世界人民共同谱写了彰显人类命运共同体的抗疫新篇章。

病毒肆虐，疫情凶险，唯有全球合作才能渡过难关。疫情感染和致死人数还在节节攀升，引发了全球极度焦虑和担忧。近日，联合国秘书长古特雷斯表示，新冠肺炎疫情是联合国成立以来，人类面临的最大考验，呼吁国际社会加强团结，共同应对疫情。

此次共同抗疫是对人类共同命运意识的一次集体唤醒。面对凶猛而至、不断蔓延的疫情，我们看到，全球科技工作者携手合作、共享数据和信息。中国科学家将病毒基因组排序迅速与世界各国分享、不同国家科技工作者共同加紧研制药物和疫苗；我们看到，世界各国守望相助，互赠抗疫物资，有的国家把自己最后的库存抗疫物资毫不保留地捐赠出来；我们看到，许多国家明智地摒弃体制机制和意识形态争论，以高度的国际人道主义精神，和国际社会一道，面对人类的共同敌人病毒。凡此种种，均说明人类命运共同体不是口号，而是丰富、生动的实践。

人类命运共同体理念开始进入国际关系实践层面。从疫情暴发至今，全球各国在探索之中，走过了形式多样、政策迥异、效果不同的抗疫之路。但是，全球已经形成了一个基本共识：疫情肆虐无国界，任何国家和任何人都难独善其身，唯有以保护人类未来和人民福祉为出发点，走团结合作的命运共同体之路，才是制服新冠疫情的唯一正确选择。3 月 26 日召开的 G20 领导人应对新冠肺炎特别峰会，就是这个共识的里程碑式象征。从一定意义上说，给各国人民生命安全和身体健康带来巨大威胁的疫情，正在催生新的国际价值观。在新的国际价值观中，人类命运共同体意识将成为其主要理念。

人类命运共同体理念代表着人类的进步。实事求是地看，新冠肺炎疫情并非人类首次面临的集体威胁，如鼠疫曾经让欧洲沉寂多年，西班牙大流感曾按下了世界前进的暂停键，等等。在诸如此类的灾难浩劫来临时，很多人将其当作难以抵挡和抗拒的超自然现象。但是，今天，世界已经在全球化进程中大大进步，人类已经形成了空前紧密的命运共同体关系。美国学者托马斯·弗里德曼评论说："每个国家和个人，不分民族和肤色，不论贫穷和富有，都是受害者，新冠病毒已成为全人类名副其实的共同敌人。"面对全人类的共同敌人，世界各国团结起来战胜病毒的可能性已成现实，各国寻求合作抗疫也成为应有的政策选项。这将是人类历史上首次以命运共同体意识共克时艰、共抗风险的开端，标志着人类共同价值观的巨大飞跃和进步。正如习近平主席在 G20 特别峰会上强调指出的："重大传染性疾病是全人类的敌人。新冠肺炎疫情正在全球蔓延，给人民生命安全和身体健康带来巨大威胁，给全球公共卫生安全带来巨大挑战，形势令人担忧"，"只要我们同舟共济、守望相助，就一定能够彻底战胜疫情，迎来人类发展更加美好的明天"。①

　　人类追求命运共同体努力的道路依然崎岖。任何一种美好的愿望和价值理念，并不会天然形成，更不会自然诞生。在疫情不断蔓延的情况下，人类命运共同体理念正在越来越深入人心，正在不断彰显其巨大世界意义和全球价值。国际社会齐心协力、团结合作，共同汇聚起战胜疫情的强大合力，携手赢得这场危及人类安全和未来的斗争，这一趋势已成共识。但是，我们也不得不指出，在这种大势之下，某些人逆势而行，或罔顾生命、漠然视之；或玩忽职守、应对不力；或心存侥幸、朝令夕改；或将疫情政治化，捞取政治得分和选票；或抗疫不力而推卸责任、甩锅他国。

　　人类新的共同价值之光，正崭露于中国人民和世界人民团结合作抗疫的丰富实践中。全球 200 多个国家和地区、70 多亿人口，我们因何而紧密相连？未来又将走向何方？基于对历史和现实的深入思考，中国领导人给出了中国答案。从 2013 年年初到 2018 年年中，习近平主席在近 70 个不同的重大国内国际场合，深刻阐述了命运共同体这个宏大课题，展现了中国领导人面向未来的长远眼光、博大胸襟和历史担当。2018 年 3 月 11 日，第十三届全国人民代表大会第一次会议通过的宪法修正案，将"推动构建人类命运共同体"正式写入了宪法序言。2017 年 1 月 18 日，习近平主席在联合国日内瓦总部发表的《共同构建人类命运共同体》重要演讲，明确指出"宇宙只有一个地球，人类共有一个家园"，但是"人类也正处在一个挑战层出不穷、风险日益增多的时代。世界经济增长乏力，金融危机阴云不散，发展鸿沟日益突出，兵戎相见时有发生，冷战思维和强权政治阴魂不散，恐怖主义、难民危机、重大传染性疾病、气候变化等非传统安全威胁持续蔓延"。② 在包括重大传染性疾病在内的严峻挑战面前，

---

　　① 习近平：《携手抗疫　共克时艰——在二十国集团领导人特别峰会上的发言》，人民出版社 2020 年版，第2、5 页。
　　② 《习近平谈治国理政》第二卷，外文出版社 2017 年版，第 538 页。

让和平的薪火代代相传、让发展的动力源源不断、让文明的光芒熠熠生辉，既是各国人民的期待，也是各国政治家应有的担当。

大道至简，实干为要。中国和世界各国团结合作抗疫的实践说明，构建人类命运共同体，打造人类新的共同价值观，关键在于行动。同时，也再次验证了"建设一个普遍安全的世界"的极端重要性，因为"邻居出了问题，不能光想着扎好自家篱笆，而应该去帮一把"。① 在这次伟大的抗疫斗争中，中国人民已经走出了坚实的一步。在这场伟大的抗疫斗争中，那些自私者、狭隘者、搅局者、甩锅者，都应反思并回到正确的人类发展道路上来，共筑人类新共同价值观的基础。

中国是负责任的国家，中华民族是信守承诺的民族。我们相信，中国促进世界共同发展的决心不会改变，中国携手世界打赢人类抗疫之战的愿望不会改变。

（载《光明日报》2020 年 4 月 24 日第 12 版）

---

① 《习近平谈治国理政》第二卷，外文出版社 2017 年版，第 542 页。

推动构建人类命运共同体的行动指南

——深入学习《习近平外交思想学习纲要》

近日，中央宣传部、外交部组织编写的《习近平外交思想学习纲要》（以下简称《纲要》）出版发行。《纲要》全面反映了习近平新时代中国特色社会主义思想在外交领域的原创性贡献，系统阐述了习近平外交思想的时代背景、深刻内涵、理论品格和光辉实践，准确梳理了习近平外交思想的总体框架、思想脉络、核心理念、实践路径和伟大成就，为广大干部群众学习贯彻习近平外交思想提供了权威辅助读物。认真学习《纲要》，就要深刻领悟推动构建人类命运共同体是新时代中国外交总目标的时代要求、历史必然，用真理之光照亮前行道路，不断开创新时代中国特色大国外交新局面。

构建人类命运共同体是习近平外交思想的核心理念

党的十八大以来，习近平总书记牢牢把握中国和世界发展大势，深刻思考人类前途命运，继承发扬新中国外交核心原则和优良传统，在对外领域进行一系列重大理论和实践创新，创造性提出一系列富有中国特色、体现时代精神、引领人类进步潮流的新理念新主张新倡议，形成了习近平外交思想。习近平外交思想是习近平新时代中国特色社会主义思想的重要组成部分，是马克思主义基本原理同中国特色大国外交实践相结合的重大理论成果，是以习近平同志为核心的党中央治国理政思想在外交领域的集中体现，是新时代我国对外工作的根本遵循和行动指南。

《纲要》从不同角度和层面，阐述了习近平外交思想如何发展马克思主义国际关系理论、开辟新时代中国外交理论的新体系新境界；如何鲜明而精辟地回答中国应推动建设什么样的世界、构建什么样的新型国际关系，以及新形势下中国需要什么样的外交、怎样办外交等一系列重大理论和实践问题。《纲要》论述了习近平外交思想从中国和世界共同利益、全人类共同福祉出发，鲜明提出的构建人类命运共同体和推动构建新型国际关系、共建"一带一路"等重要思想和重大倡议，展示了新时代中国外交优良传统的时代光彩和外交理论的重大飞跃。

党的十八大以来，正是由于坚持以习近平外交思想为指导，我们才能在世界乱局中科学判断时代大势，准确把握我国所处的历史方位，明确以实现中华民族伟大复兴为使命推进新时代中国特色大国外交。构建人类命运共同体，是习近平外交思想的核心理念，是中国特色大国外交实践的精髓和最鲜明特征。

围绕"建设一个什么样的世界、如何建设这个世界"等重大课题，以习近平同志为核心的党中央高瞻远瞩提出构建人类命运共同体重要理念。自 2013 年首次提出以来，人类命运共同体理念不断丰富发展，成为引领新时代中国特色大国外交的鲜明旗帜。这一重要理念不仅被写入党章、宪法，还被多次写入联合国等重要国际和地区组织的文件，成为国际社会的重要共识。

人类命运共同体理念，顺应时代大势，反映了各国人民追求发展进步的共同愿望；超越国际关系中的零和博弈思维，树立命运与共的新视角、合作共赢的新理念，为人类社会共同发展、持续繁荣、长治久安绘制了蓝图。这一重要理念，体现了以习近平同志为核心的党中央对中华优秀传统文化的充分吸收、对当下中国和世界发展问题的深邃思考、对未来中国和世界往哪里去的战略判断，具有重大理论价值、重要历史意义和深远世界影响。

构建人类命运共同体理念植根
中华优秀传统文化

中华优秀传统文化是中华民族的精神命脉，是我们在世界文化激荡中站稳脚跟的坚实根基，也是人类命运共同体理念植根的文化沃土和重要源泉。党的十八大以来，习近平总书记不断探索中华优秀传统文化的现代表达，将"和而不同""和衷共济""天下为公""天人合一"等中华传统理念和价值进行创造性转化和创新性发展，高瞻远瞩提出构建人类命运共同体理念。如果没有深厚的文化积淀，这样宏大的思想体系根本无法构建起来。

中华优秀传统文化强调和合理念，主张天下为公，推崇"天下大同"。"天下观"和大同世界的理想是几千年来中华优秀传统文化关于交往合作的文化基础。它有"大道之行，天下为公"的崇高目标，有"天下一家""怀柔远人、和谐万邦"的国与国相处之道，有"计利当计天下利"的义利选择，有"礼之用，和为贵""万物并育而不相害，道并行而不相悖"的道德准则，有"海纳百川，有容乃大""四海之内皆兄弟"的博大胸怀，有"先天下之忧而忧，后天下之乐而乐"的使命担当，有讲信修睦、善待他人、兼容并包的传统哲学思想，等等。这些思想和理念，饱含中国古代先圣先贤的价值理想和价值目标，反映着智慧、质朴、友善的中国人民对美好社会的普遍憧憬和意愿。可以说，爱好和平、天下大同的思想深深嵌入了中华民族的精神世界，推动构建人类命运共同体理念与中华优秀传统文化的核心理念一脉相承。

2013 年 9 月，习近平总书记在哈萨克斯坦提出共建"丝绸之路经济带"，同年 10 月在印度尼西亚提出共建"21 世纪海上丝绸之路"。"一带一路"倡议作为中国提供的广受欢迎的全球公共产品，是推动建设人类命运共同体的重要实践平台，是人类命运共同体理念在实践层面的集中体现，蕴含着和平合作、开放包容、互学互鉴、互利共赢的丝绸之路精神，使数千年来中西方文明交流、互鉴、融合的重要通道再次焕发勃勃生机。"一带一路"的成功实践，将中华民族秉持的"天下观"和大同世界理念付诸构建人类命运共同体的伟大实践之中，将中国的发展同沿线国家和世界其他国家的发展结合起来，把中国梦同沿线国家和世界其他国家人民的梦想结合起来。

推动构建人类命运共同体是应对全球 共同挑战的必然选择

习近平总书记指出："这个世界，各国相互联系、相互依存的程度空前加深，人类生活在同一个地球村里，生活在历史和现实交汇的同一个时空里，越来越成为你中有我、我中有你的命运共同体。"[1]随着经济全球化加速发展，世界各国之间经济联系、文化交往、安全对话等日益广泛和密切，世界进入了大发展大变革的调整时期，人类面临着前所未有的复杂局面和全局性难题。

当前，全球发展有太多困局需要破解，传统国际关系理论越来

---

① 《习近平谈治国理政》第一卷，外文出版社 2018 年版，第 272 页。

难以解释今天的世界：经济政治的对抗、安全秩序的脆弱等都不同程度影响着世界发展进程；部分国家内部纷争、民族对立、政治附庸的情况屡见不鲜；世界各国在经济、政治、文化、安全上的互信认同障碍频生，单边主义、保护主义、霸凌行径逆流而动，治理赤字、信任赤字、和平赤字、发展赤字有增无减。可以说，国际关系和国际秩序正处于广泛深刻的变化变革变动之中，各国站在传统国际关系的价值判断和行为选择的关键当口：要战争还是要和平，要对抗还是要合作，要贫穷还是要发展，要封闭还是要开放，要独占还是要共赢？现有国际体系无论在政治、经济、安全方面，还是在全球治理、应对气候变化等方面，都存在明显滞后的问题，崇尚实力、零和博弈等观点越来越不符合时代前进的方向。面对层出不穷的全球性问题和挑战，世界各国迫切需要能够化解全球性问题挑战的"全球机制"和"全球体系"，这是时代进步的迫切需要，更是国际社会的普遍诉求。

构建人类命运共同体理念以超越意识形态藩篱、超越社会制度对立、超越发展水平差异为前提，强调建设持久和平、普遍安全、共同繁荣、开放包容、清洁美丽的世界，构建相互尊重、公平正义、合作共赢的新型国际关系。人类命运共同体理念倡导尊重世界文明多样性，以文明交流超越文明隔阂、文明互鉴超越文明冲突、文明共存超越文明优越，将构建人类命运共同体的过程同改革现有国际组织、变革现存国际秩序、制定新的国际规则有机统一起来，彻底扭转为了某些国家某些人的发展而牺牲另一些国家和另一部分人的发展思维，消除使富者更富、贫者更贫的不均衡发展模式，消除国家之间发展鸿沟，让世界各国人民共享经济全球化发展红利。

国际关系演进的历史与现实已经并将继续证明，人类命运共同体理念不仅有助于克服和解决当今日趋严重的全球性问题，而且有助于推动世界各国共同繁荣发展和文明进步，必将得到越来越多世界人民的认可和接受。

推动构建人类命运共同体是建设更加
美好世界的必由之路

习近平总书记指出，世界好，中国才能好；中国好，世界才更好。① 对美好生活的向往，不仅是中国人民的愿望，也是全世界人民的共同心声。但错综复杂的国际关系和发展难题，增加了人类未来的不确定性，加剧了世界人民对人类未来的担忧。构建人类命运共同体体现了推动世界之治的中国担当。

在百年变局和世纪疫情交织叠加下，促进共同发展任重道远。中国共产党人引领新时代中国持续扩大与各国的利益交汇点，让发展成果惠及各方。推动构建人类命运共同体，生动诠释了中国共产党为中国人民谋幸福、为人类进步事业而奋斗的大党担当。作为世界最大的马克思主义政党，中国共产党始终把追求人类社会公平正义作为精神底色。"让和平的阳光普照大地，让人人享有安宁祥和""让发展成果惠及世界各国，让人人享有富足安康""让各种文明和谐共存，让人人享有文化滋养""让自然生态休养生息，让人人都享有绿水青山"，② 维护世界和平、促进共同发展是中国共产党推动构建人类命运共同体的重要宗旨。

人类命运共同体理念立足于回答"当下我们应该怎么办"，展望回应"明天我们是否会更好"，寻求人类价值观的最大公约数，引领人类文明创新。人类命运共同体理念不但为解决当今世界问题提供了可行方案，更着眼于世界各国人民对美好生活的向往的实现，体现了

---

① 《习近平谈治国理政》第二卷，外文出版社 2017 年版，第 545 页。
② 《习近平谈治国理政》第二卷，外文出版社 2020 年版，第 433—435 页。

中国对全球性挑战以及人类前途命运的深刻思考，符合世界各国人民根本利益，具有极强的未来指向性。同时，构建人类命运共同体非一国一民之识，非一时一日之见，非一朝一夕之功，离不开世界各国的合力。应秉持求同存异、相互尊重、开放包容、互利共赢原则，不断凝聚共识、加强合作、相向而行。正如习近平总书记在中法全球治理论坛闭幕式上指出的："各国应该有以天下为己任的担当精神，积极做行动派、不做观望者，共同努力把人类前途命运掌握在自己手中。"①

我们要以《纲要》出版发行为契机，掀起学习贯彻习近平外交思想的新高潮。通过深入学习，牢牢把握"国之大者"，统筹中华民族伟大复兴战略全局和世界百年未有之大变局，准确把握新时代我国对外工作的历史使命和前进方向，为全面建设社会主义现代化国家创造更加有利外部条件，为推动构建人类命运共同体汇聚更大力量。

（载《光明日报》2021 年 10 月 29 日第 11 版）

---

① 《习近平谈治国理政》第三卷，外文出版社 2020 年版，第 460 页。

亚洲新潮流:迈向命运共同体的包容、互动和一体化

党的十八大以来，习近平主席在不同重大场合多次提到"命运共同体"概念，并对"要倡导人类命运共同体意识"进行了详细的阐述。如，2014年5月21日，习近平主席在亚洲相互协作与信任措施会议第四次峰会上强调指出，"今天的亚洲，拥有全世界67%的人口和三分之一的经济总量"，"亚洲和平发展同人类前途命运息息相关，亚洲稳定是世界和平之幸，亚洲振兴是世界发展之福"，亚洲国家要"努力走出一条共建、共享、共赢的亚洲安全之路"。① 2015年3月，习近平主席在博鳌亚洲论坛开幕式上发表的题为《迈向命运共同体　开创亚洲新未来》的重要演讲，既为一体化进程中的亚洲指明了未来合作发展的方向，同时更表达了中国与亚洲各国同舟共济，走合作共荣之路的愿望。在习近平主席和中国政府的强力倡导下，以包容、互动和一体化为主旋律，以共商、共建、共享、共荣为目标的亚洲命运共同体，已经从概念走向了实践，并开始产生强大的感召力和生命力。

正如习近平主席指出的，亚洲"是众多文明、民族的汇聚交融之地"，"亲仁善邻，是中国自古以来的传统"。② 在这片辽阔的土地上，有着和而不同的悠久文化和历史传统，尊重差异、包容多样、相互理解、凝心聚力历来是亚洲国家倡导的发展双边和多变关系的基本

---

① 《习近平谈治国理政》第一卷，外文出版社2018年版，第353—354页。
② 《习近平谈治国理政》第一卷，外文出版社2018年版，第333、353页。

理念之一。在世界史上,亚洲曾经创造了灿烂辉煌的文明。当今世界,在全球文明大格局中,我们不仅要看到亚洲经济的繁荣和为世界经济做出的重要贡献,更要看到亚洲文化精神地位的日益提升。对话而非对抗、交融而非交恶、互动而非冲突的亚洲文化精髓和海纳百川的文明精神,已经并正在构成亚洲命运共同体建设的历史和时代背景。从这个意义上讲,习近平主席和中国政府倡导的亚洲新潮流,既有着深厚的历史积淀和传承,也有着"明者因时而变,知者随世而制"的引领发展潮流的时代责任和创新精神。

对此,时任中国外交部副部长刘振民先生曾就此解释命运共同体理念,这"是着眼于全球化时代人类发展进步的崇高事业、立足于国家长远发展和周边繁荣稳定,为亚洲乃至世界未来福祉打出的中国方案"。倡导建设亚洲命运共同体,中国既借鉴了西方国家的先进经验,又依托亚洲区域一体化以及亚洲各国谋求共同发展与安全的共识。其核心理念包涵共同发展、互信协作、开放包容、文化互鉴、和衷共济五个方面,谋求在亚洲各国一体化基础上构建"你中有我、我中有你"的相互依赖格局。

一体化是命运共同体建设的
必经之路和重要载体

人类社会的发展历史本身也是各种文明、文化交流融合的历史,这个过程也是一个不断深化的全球一体化过程。经济学把一体化定义为不同民族国家利益融合的进程,把经济融合程度达到某种深度的经济一体化安排叫作共同体。迄今我们看到的比较成功的案例是欧洲,二十多个国家建立了欧洲联盟。但按照这个逻辑思路建立起来的共同体强调更多的是利益,比如对亚洲来说,首先要关心的就是共同发展问题,发展是共同体建设的目的，而且只有更好地发展才能更好地实现一体化，更好地建设共同体。但命运共同体的建设不仅追求共同利益，不仅仅是利益共同体，还需要强调责任这一方面，要形成责任共同体。从这个意义上说，中国倡导建设的亚洲命运共同体，不是要在形式上建成某种超越民族国家的制度安排，而是要在互利合作的基础上树立亚洲各国利益和责任的认同，在更深入的互动中实现共赢、多赢。

一体化是迈向命运共同体的基础

当人类还被大海、沙漠和高山所分割的时候，我们看不到彼此的共同利益。跨越亚欧的丝绸之路曾给亚欧人民提供了相互了解的窗口，近代的地理大发现则给地球上不同区域的人群创造了越来越多的接触和交流的机会，但随之而来的早期一体化历史充斥着野蛮和杀戮，血腥的殖民使人们不可能对掩盖在这种敌对背后的利益联系产生强烈的共同感受：殖民者或许对殖民地有强烈依赖，但被殖民者感受到的却是压迫，因此他们以激烈的斗争去切断这种联系。然而人类确实就是这样一步步走到了一体化的今天。第二次世界大战后，民族国家纷纷摆脱殖民统治而独立，但他们很快就发现他们无法与世界隔绝而单独生存。一种建立在平等互利基础上的一体化进程在经济合作领域率先展开。在亚洲，虽然一体化因为意识形态隔绝、经济发展水平落后等因素起步明显滞后，但随着东亚经济体以及此后中国、印度等国家经济的崛起，亚洲在整体上进入了崛起时代，一体化步伐明显加快。东盟、"10＋3"，以及 RCEP 等一体化安排正迅速提升着东亚的一体化水平。一体化作为利益融合的过程，一方面在相互依赖的构建中加强共同利益的认知，另一方面也提升了人们应对挑战和威胁的共同责任感。所以，是一体化使原本分离的民族国家开始具有更多的共同利益追求和更多的共同责任担当，形成超越相互竞争与摩擦的共同命运理念。从这个意义上讲，命运共同体是发展的结果，是一体化达到一定水平后人类互动的一种新形式，所以习近平主席说命运共同体是"亚洲的新未来"。

一体化是建设命运共同体的载体

　　一体化的发展催生了命运共同体理念，但命运共同体的建设还需要更深入的一体化水平，来帮助人们在共同的命运舞台上交流、互动。对亚洲来说，虽然一体化水平已经有了很大的提升，但整体上还处于亟待深化阶段。以基础设施建设水平为例，亚洲仍有很多国家在交通、通信、能源供给等方面处于非常落后的水平，这不仅制约着当地人民与外界的沟通与交流，也因为这种隔绝使那里的经济无法融入区域/全球的生产网和价值链，自然也很难奢望那里的人们能与深度区域化了的人们具有同样的利益诉求和责任担当。换句话说，建设命运共同体要靠更广泛深入的一体化来帮助人们理解我们共同面临的命运机遇和挑战，接受命运共同体理念。中国倡导的"一带一路"建设，把基础设施互联互通作为重点合作领域推动，正是看到了亚洲基础设施供给不足对亚洲一体化制约。中国努力推动设立亚洲基础设施投资银行，传递出中国坚定支持亚洲发展基础设施互联互通的立场。因为中国没有把提升亚洲物理联通的倡议只停留在口头上，这让那些经济发展十分落后的国家也看到了希望。亚投行得到广泛的支持说明，对于推动亚洲迈向更高水平的一体化，各方具有共同的期待。对中国来说，良好的基础设施互联互通水平，是深化共同利益、明确共同责任的平台，是建设命运共同体的载体。

（王灵桂、王玉主，载中国青年网 2016 年 3 月 29 日）

凝聚起实现中华民族伟大
复兴的磅礴力量

在开启全面建成社会主义现代化强国新征程之际，党中央召开中央民族工作会议，系统阐释了习近平总书记关于加强和改进民族工作的重要论述，深刻阐明了新时代党的民族工作的历史方位、重要任务、工作主线、制度保障、实现方式等，逻辑严谨，是一个完整统一的科学理论体系，深刻回答了民族工作举什么旗、走什么路的根本性问题，为做好新时代党的民族工作指明了前进方向，确保始终沿着中国特色解决民族问题的正确道路奋勇前进。我们要完整准确全面把握和贯彻习近平总书记关于加强和改进民族工作的重要论述，全力推动新时代党的民族工作高质量发展。

中国特色解决民族问题正确
道路的历史脉络

我们党自成立起就积极探索适合我国国情的解决民族问题的道路。习近平总书记指出："回顾党的百年历程，党的民族工作取得的最大成就，就是走出了一条中国特色解决民族问题的正确道路。"[1]

---

[1] 《以铸牢中华民族共同体意识为主线　推动新时代党的民族工作高质量发展》，《光明日报》2021 年 8 月 29 日。

在革命时期，我们党以马克思主义为指导，结合中国革命实际，在探索解决民族问题方面，积累了宝贵经验。在长征途中，毛泽东主席与宁夏回族群众促膝谈心，讲解我们党的民族政策。在大凉山，刘伯承元帅和小叶丹"彝海结盟"，是革命战争年代我们党重视民族团结的生动写照。延安时期形成的有关民族问题系列文件，标志着我们党从中国实际出发独立自主探索解决我国民族问题思想的初步形成。在那个如火的峥嵘岁月里，全国各族人民心向共产党，共同反对国民党的独裁统治、共同抵御日本帝国主义的侵略，谱写了新民主主义时期党的民族工作的辉煌篇章。

新中国成立后，我们党确立了以民族平等、民族团结、民族区域自治、各民族共同繁荣为主要内容的民族理论和民族政策基本框架，形成民族工作的一系列基本制度和政策。各民族在社会主义制度下实现了真正意义上的平等团结。20世纪50年代，新疆库尔班大叔上北京的故事感人至深。1964年，藏族业余歌手雍西一曲《北京的金山上》在全国少数民族群众业余艺术观摩演出会上大放异彩，这首脍炙人口的歌曲，表达了藏族人民对社会主义新中国的无比热爱。1957年6月17日，第一支乌兰牧骑在苏尼特右旗诞生，乌兰牧骑自此成为联系草原人民的精神纽带，为促进草原文化繁荣发展、民族团结进步、边疆安宁稳定出了重要贡献。2017年11月21日，习近平总书记给苏尼特右旗乌兰牧骑队员们回信，鼓舞和激励了2500多万内蒙古各族儿女和乌兰牧骑人共享荣光，砥砺前行。

改革开放以来，我们党因应国内国际形势的发展变化，不断丰富和发展民族理论和民族政策，强调各民族共同团结奋斗、共同繁荣发展，坚持和完善民族区域自治制度，促进各民族交往交流交融，依法治理民族事务等。2000年，国务院成立西部地区开发领导小组，强化举措推进西部大开发。西部大开发战略实施后，西部12个省区发生了翻天覆地的变化。2008年，国务院办公厅出台《关于严格执行党和国家民族政策有关问题的通知》，强调重视保护少数民族合法权益。支持少数民族和民族地区加快发展、促进公共服务均等化和努力改善民生，为这个时期我国民族工作的健康发展提供了基本遵循。

进入新时代，以习近平同志为核心的党中央强调中华民族大家庭、中华民族共同体、铸牢中华民族共同体意识等理念，既一脉相承又与时俱进贯彻党的民族理论和民族政策，形成了习近平总书记关于加强和改进民族工作的重要论述，内容十分丰富，涵盖民族工作方方面面，始终坚持马克思主义关于民族问题的基本理论和基本观点，始终坚持在继承中发展、在发展中创新，是推动建立中国特色社会主义民族理论的一次重大飞跃。习近平总书记关于加强和改进民族工作的重要论述，来源于中国共产党领导中国人民进行的伟大实践，是推动新时代党的民族工作高质量发展的强大思想武器。

充分认识习近平总书记关于加强和改进民族工作的重要论述的战略意义和实践意义

2021 年是中国共产党百年华诞。一百年来，中国共产党团结带领中国人民进行的一切奋斗、一切牺牲、一切创造，归结起来就是一个主题：实现中华民族伟大复兴。以铸牢中华民族共同体意识为主线，推动新时代党的民族工作高质量发展，是实现中华民族伟大复兴的内在要求。习近平总书记关于加强和改进民族工作的重要论述，是党的民族工作实践的最新总结，是马克思主义民族理论中国化的最新成果，是做好新时代民族工作的根本遵循。学习好贯彻好习近平总书记关于加强和改进民族工作的重要论述，是哲学社会科学界胸怀"国之大者"，凝聚全国各族人民投身实现中华民族伟大复兴实践的理论武装，也是动员全国各族人民为实现全面建成社会主义现代化强国的第二个百年奋斗目标而团结奋斗的题中应有之义。

民族问题是一个世界性的重大问题，也是一个世界性的难题。古今中外的历史反复证明，民族问题解决不好，就没有团结稳定，就无法实现长治久安。纵观我们党的百年历史，特别是新中国成立之后的历史，我们党的民族理论和基本政策是完全正确的，实践证明是成功的。党的十八大以来，习近平总书记主持召开两次中央民族工作会议、两次中央西藏工作座谈会、两次中央新疆工作座谈会以及多次专题会议。这些会议对全国以及地方的民族工作作出顶层设计、提出大政方针。以习近平同志为核心的党中央就民族工作作出一系列重大决策部署，推动我国民族团结进步事业取得新的历史性成就。新时代，民族地区发展变化之大前所未有。2020 年年底，全国民族自治地方 420 个贫困县全部脱贫摘帽，28 个人口较少民族全部实现整族脱贫。民族八省区"十三五"时期 GDP 增长 6.6%，高于全国平均水平 0.9 个百分点，实现就业 1283 万人，占到了全国就业总人数的五分之一。现在到民族地区调研，到处看到的都是宽敞的马路、崭新的民居、幸福的笑脸，各族群众都由衷地感谢共产党。脱贫攻坚战取得全面胜利，民族地区城乡面貌发生深刻变化，各民族交往交流交融更加广泛深入，各族人民凝聚力向心力极大增强。

同时也要看到，当今世界正经历百年未有之大变局，我国正处在中华民族伟大复兴的关键时期，民族工作面临着新的形势任务，呈现出一些阶段性特征，新时代处理民族问题、做好民族工作的任务更重、要求更高。为此，习近平总书记从四个方面强调了铸牢中华民族共同体意识的重大意义，科学回答了铸牢中华民族共同体意识是什么、为什么要铸牢中华民族共同体意识、怎样铸牢中华民族共同体意识的根本问题，既为我们指明了处理好民族工作领域几对重大关系的根本原则，也为我们推动新时代党的民族工作高质量发展明确了工作方向。我们要以习近平总书记关于加强和改进民族工作的重要论述为指导，从中华民族伟大复兴战略全局和世界百年未有之大变局的战略高度，积极推进新时代党的民族工作高质量发展，凝聚起实现中华民族伟大复兴的磅礴力量。

<h2 style="text-align:center">以习近平总书记关于加强和改进
民族工作的重要论述指导工作</h2>

一分部署，九分落实。党中央的大政方针、目标任务都已明确，下一步关键是真正学懂弄通、抓好落实，把学习的过程变成提高认识、改进工作的过程，做到内化于心、外化于行，抓出新成效、抓出新格局。

以习近平总书记关于加强和改进民族工作的重要论述为指导，做好新时代党的民族工作，关键在于胸怀"国之大者"。这个"国之大者"，就是着眼中华民族伟大复兴战略全局，通过艰苦努力，汇聚起各族人民在实现第二个百年奋斗目标过程中的磅礴伟力、时代强力、砥砺恒力。这个"国之大者"，就是要在民族工作中，善于思考涉及党和国家工作大局和民族工作大局的根本性、全局性、长远性问题，加强战略性、系统性、前瞻性研究谋划。要在把握新发展阶段、贯彻新发展理念、构建新发展格局中提高政治能力、战略眼光、专业水平，敢于担当、善于作为，把新时代新阶段党的民族工作政策和决策部署贯彻落实好。

重点在于不断提高政治判断力、政治领悟力、政治执行力。提高政治判断力，就是要以国家政治安全为大，以人民为重，以坚持和发展中国特色社会主义为本，在中国特色解决民族问题的正确道路上，增强科学把握形势变化、精准识别现象本质、清醒辨别行为是非、有效抵御风险挑战的能力。提高政治领悟力，就是要提高政治责任感，完整、准确、全面把握和贯彻习近平总书记关于加强和改进民族工作的重要论述的核心要义、思想精髓，并始终坚持以其分析形势、推动工作、动员群众，始终同党中央保持高度一致。提高政治执行力，就是要把一切工作与习近平总书记关于加强和改进民族工作的重要论述对标对表，切实做到党中央倡导的坚决响应、党中央决定的坚决执行、党中央禁止的坚决不做，坚决维护党中央权威和集中统一领导，做到行动不掉队、思路不走偏，不折不扣地抓好党的民族工作决策部署的贯彻落实。

核心在于牢牢把铸牢中华民族共同体意识作为党的民族工作的主线。正确把握共同性和差异性的关系、中华民族共同体意识和各民族意识的关系、中华文化和各民族文化的关系、物质和精神的关系。顺应时代变化，按照增进共同性的方向改进民族工作，做到共同性和差异性的辩证统一、民族因素和区域因素的有机结合。要把铸牢中华民族共同体意识贯穿党的民族工作各领域全过程，使全面推进中华民族共有精神家园建设、推动各民族共同走向社会主义现代化、促进各民族交往交流交融、提升民族事务治理体系和治理能力现代化水平、坚决防范民族领域重大风险隐患等重点任务同步推进、协调用力，把新时代党的民族工作做好做细做扎实。

要加强和完善党对民族工作的全面领导，形成党委统一领导、政府依法管理、统战部门牵头协调、民族工作部门履职尽责、各部门通力合作、全社会共同参与的新时代党的民族工作格局。在这个工作格局中，哲学社会科学界肩负着重要使命和任务。要通过多种形式大力宣传党中央关于民族工作的最新精神特别是习近平总书记关于加强和改进民族工作的重要论述，广泛宣传中国共产党成立 100 年来民族工作取得的伟大成就和历史经验，传达党中央对民族地区和少数民族群众的亲切关怀，进一步增强各族干部群众的"五个认同"，不断铸牢中华民族共同体意识。同时，积极开展调查研究、建言献策，特别要深化对习近平总书记关于加强和改进民族工作的重要论述研究，构建具有中国特色、符合国际传播特点的中国民族理论政策话语体系。具体来说，要从以下七个方面着力。

一是注意总结党的民族工作理论和实践，特别是以习近平总书记关于加强和改进民族工作的重要论述为指导，以实现中华民族伟大复兴为出发点和落脚点，阐述好新时代党的民族工作的历史方位，为党和国家统筹谋划和推进新时代党的民族工作建言献策、提供智力支持。

二是围绕各民族共同团结奋斗、共同繁荣发展的主题，坚持共同富裕的原则，通过区域化、精准化的发展措施，增强民族地区发展能力，推动民族地区融入好、服务好构建新发展格局，提升民族地区多维度的社会主义现代化水平，为铸牢中华民族共同体意识奠定坚实基础。要从党的历史和民族工作历史角度，讲清楚必须把推动各民族为全面建设社会主义现代化强国共同奋斗作为新时代党的民族工作重要任务的历史逻辑、现实逻辑及其丰富内涵，为促进各民族紧跟时代步伐，共同团结奋斗、共同繁荣发展提供理论支撑。

三是从鸦片战争以来中华民族救亡图存、谋求振兴的长周期中，以史为鉴，讲清楚为什么必须把铸牢中华民族共同体意识作为新时代党的民族工作的主线，讲清楚各民族对伟大祖国、中华民族、中华文化、中国共产党、中国特色社会主义高度认同的历史必然性和客观现实性，为不断推进中华民族共同体建设提供理论支持。

四是把铸牢中华民族共同体意识工作贯穿民族工作各领域全过程，离不开积极主动的教育引导。在各类学习教育实践活动中，要加强对新时代公民的引领培育工作，引导各族群众牢固树立正确的国家观、历史观、民族观、文化观、宗教观，在思想观念、精神情趣、生活方式上向现代化迈进。要坚持正确的中华民族历史观，从中华民族五千多年源远流长的文明史和各民族交往交流交融的历史角度，讲清楚各民族为什么要不断增强对中华民族的认同感和自豪感，讲清楚必须坚持各民族一律平等、保证各民族共同当家作主、参与国家事务管理、保障各族群众合法权益的极端重要性。

　　五是紧紧围绕高举中华民族大团结旗帜、促进各民族在中华民族大家庭中像石榴籽一样紧紧抱在一起这个时代课题，在坚持和完善民族区域自治制度，确保党中央政令畅通，确保国家法律法规实施，支持各民族发展经济、改善民生，实现共同发展、共同富裕等领域不断推出有分量、可操作的对策建议。要紧紧围绕构筑中华民族共有精神家园，使各民族人心归聚、精神相依，形成人心凝聚、团结奋进的强大精神纽带这个大题目，拿出有见地、有影响的高质量科研成果。要紧紧围绕促进各民族广泛交往交流交融，促进各民族在理想、信念、情感、文化上的团结统一，守望相助、手足情深这个现实题目，积极开展深入调研，把握本质、摸清规律、提出建议。

　　六是围绕依法治理民族事务，推进民族事务治理体系和治理能力现代化，教育引导各民族继承和发扬爱国主义传统，自觉维护祖国统一、国家安全、社会稳定等重大问题，致力于构建具有中国特色、符合国际传播特点的中国民族理论政策话语体系、理论体系，提炼和打造国内外易于、乐于接受的标识性概念、标示性表述。

　　七是紧紧围绕坚决维护国家主权、安全、发展利益，坚持党对民族工作的领导，为中央和有关部门提升解决民族问题、做好民族工作能力和水平作出哲学社会科学界应有的贡献。

　　（载《内蒙古日报》2021 年 10 月 20 日第 5 版和《中国民族报》2021 年 10 月 26 日第 5 版）

周边命运共同体建设：
挑战与未来

2016 年 11 月 18—19 日，中国社会科学院国家全球战略智库与国际关系学院在北京举办了"中国周边国家智库论坛"暨"周边命运共同体建设：挑战与未来"国际研讨会。会后，与会学者对会议的主题做了进一步的深化研究，本专著是在深化研究的基础上形成的，并作为国家全球战略智库加强与国外重要智库开展联合研究的阶段性成果代表。

当前，国际秩序和格局正在发生非常剧烈的变化，中国周边和周边国家也都在发生着非常明显的变化，中国本身也正在发生非常深刻的变化。在三个变化里面，如何适应上述变化是智库、理论界同仁们不可推卸的责任。从某种程度上讲，智库专家和理论界人士生逢其时，这是因为时代在呼唤理论创新，在呼唤理论发展。旧的理论、旧的想法，传统思路很难回答今天我们正在面临的一些非常严峻的挑战。

习近平主席在多个不同重大场合提到"命运共同体"概念，并对"要倡导人类命运共同体意识"进行了详细的阐述。2014年 5 月，习近平主席在亚洲相互协作与信任措施会议第四次峰会上强调指出，"今天的亚洲，拥有全世界 67% 的人口和三分之一的经济总量"，"亚洲和平发展同人类前途命运息息相关，亚洲稳定是世界和平之幸，亚洲振兴是世界发展之福"，亚洲国家要

"努力走出一条共建、共享、共赢的亚洲安全之路"。2015 年 3 月，习近平主席在博鳌亚洲论坛开幕式上发表了题为《亚洲新未来：迈向命运共同体》的演讲。在这个演讲中，习近平主席指出了命运共同体是"亚洲的新未来"，表达了中国与亚洲各国同舟共济，走合作共荣之路的愿望。

应该说，命运共同体建设不仅仅是追求共同利益，是利益共同体，更需要强调共同责任的一面，是责任共同体。从这个意义上说，中国倡导的亚洲命运共同体，不是要在形式上建成某种超越民族国家的制度安排，而是要在互利合作的基础上树立亚洲各国利益和责任的认同，在更深入的互动中实现共赢、多赢。当前中国政府正在强力倡导以包容、互动和一体化为主旋律，以共商、共建、共享、共荣为目标的亚洲命运共同体建设进程。

亚洲是多元文明共存、相互包容的地域。中国与周边国家都有千年的交往历史，千年交往历史中沉淀了对彼此的信任与包容，在重大挑战和危机面前，可以让我们更多从相互理解、相互信任的角度化解危机、战胜挑战。这些历史积淀为我们今天开展"命运共同体"联合研究既奠定了历史基础，也奠定了观念基础。今天我们倡导命运共同体建设，是因为我们在探索一条新路径，探索多极世界格局之下各国如何相处的新路径，特别是亚洲国家间命运共同体建设的实践和理论总结有可能为解决世界范围内的争端提供一种全新范式，更有可能为促进亚洲乃至世界整体经济社会发展提供一种全新范式，并成为全球的一种思想公共产品代表。

前不久笔者在同国外其他智库学者进行交流的时候，有一位学者讲到了两个数字，让我感到非常震惊。第一个数字是现在在全世界范围之内，特别是在发达经济体范围之内，对中国印象的 80%—85% 来源于英文材料和渠道，第二个数字是中国对周边国家印象的 85%—90% 也是来源于英文材料和渠道。作为智库，作为提供思想产品的机构，我们在提供思想产品时，渠道来源的单一化，是否有助于我们对他国的认知；是否有助于我们更好地服务于本国的对外政策；是否有助于在对外交往中取得更多的共识和增进更多的共同利益？应该说，文明多元化的基础是思想多元化，因为我们的大脑也需要知识、事实的来源多元化，为此，笔者特别倡导七点建议，为我们今后的研究视野多元化提供一点帮助。

第一，国家全球战略智库愿意和周边国家智库共同策划研究选题，这不仅基于中国的理论需要，也基于周边国家发展的需要。通过策划一些共性的研究题目，建立联合研究项目库，为双方学者开展共同研究、共同研讨提供捷径。

第二，国家全球战略智库愿意和周边国家智库开展联合研究。每一个国家的智库都有自己的专长和研究领域，开展联合研究有助于提高研究质量，也会对"一带一路"建设、"命运共同体"建设，特别是周边"命运共同体"和其他一些理论有所裨益。

第三，国家全球战略智库愿意和周边国家智库建立多元化的共享机制，包括学术信息共享、成果共享等。如果能够实现多元共享，将对我们改善政府决策和增进民众福祉有所帮助。

第四，国家全球战略智库愿意和周边国家智库共同培养人才。培养年轻人才就是培养未来，我们愿意和周边国家智库共同制订人才联合培养计划。

第五，国家全球战略智库愿意和周边国家智库共同举办会议。通过共同办会，打造出共同的会议品牌。

第六，国家全球战略智库愿意和周边国家智库联合发布报告。对一些双方共同关心的重大理论问题，可采取共同研究、共同发布的形式，以扩大我们思想的影响力。

第七，国家全球战略智库愿意和周边国家智库建立固定的联系人机制，确保智库之间的合作一步步走向深化。

在这个多元世界里，我们面临的问题越来越多元、我们面临的挑战也越来越多元，但是我们解决问题和迎接挑战的路径也必将是多元的，因此，今天我们出版部分联合研究的成果，希望为解决问题和迎接挑战提供不同以往的路径。

（本文系王灵桂、赵江林主编《中外联合研究报告（No. 2）："周边命运共同体建设：挑战与未来"（中文版）》前言，社会科学文献出版社 2017 年 5 月版）

国际减贫合作：构建人类命运共同体

贫困是严重困扰人类社会进步的重大挑战和全世界面对的共同难题。新中国成立以来的减贫治理成效，不仅是中华民族几千年发展史上的辉煌篇章，也是世界发展史和减贫史上新的伟大奇迹，更是中国对世界的最重要贡献之一。科学总结中国特色扶贫开发道路的宝贵经验，对于在新的历史起点上推动我国经济社会高质量发展，为全球实现联合国2030年可持续发展议程确定的减贫目标贡献中国智慧具有重要现实意义。因此，2018年11月1—2日，为总结中国的扶贫成就、经验及世界意义，中国政府和世界银行联合在京召开了"改革开放与中国扶贫国际论坛"。

在论坛上，与会嘉宾均对中国扶贫经验及世界意义给予高度评价。联合国副秘书长、联合国开发计划署署长阿奇姆·施泰纳认为，中国采取了发展与减贫并重的战略，"中国不但增加人民平均收入，实现脱贫，还提高基础设施建设、公共服务的水平，为人民提供更好的社会保障，防止返贫。中国领导人说，全面小康路上一个不能少，脱贫致富一个不能落下。这是非常重要的承诺，这样才能实现可持续发展"。新开发银行行长卡马特表示，中国推出"最后一公里"连接计划，使得道路等基础设施能连通最偏远山区。这些经验正在世界范围内推广。中国的移动支付平台为更多老百姓，尤其是农村百姓提供了发展机遇，让他们有机会实现自主脱贫。"中国非常重视教育，注重对人力资源的培养。中国不仅有减贫的决心，更重要的是有将之落实的行动与举措。"乌兹别克斯坦战略发展中心主任阿克马尔·布尔汉诺夫认为，"乌兹别克斯坦应该向中国学习，例如为低收入家庭提供保障性住房。中国几亿人脱离了贫困、过上了好日子，这个成就了不起！"来自喀麦隆的恩克洛·佛伊了解了兰考县的扶贫工作后认为，"中国的扶贫因地制宜，精准施策，取得了令世界赞叹的成就"。

同时，与会中外学者围绕中国的扶贫成就和经验及其世界意义，从中国扶贫成就与全球治理和发展、国际减贫事业的未来、落实联合国 2030 年行动计划等角度，抽丝剥茧、条分缕析，集思广益、系统总结，纵览 70 载、展望新未来，形成了一道道值得重视和借鉴的靓丽思想彩虹。

中国形成了系统的、可持续的有效扶贫理论体系。新中国成立以来，中国政府始终高度重视扶贫减贫事业的发展。毛泽东、邓小平、江泽民、胡锦涛、习近平等领导人都对加强贫困治理、改善人民生活、实现共同富裕作过深邃思考和系统阐述，并创造性地将马克思主义的反贫困理论与中国革命、建设、改革的具体实际相结合，逐步探索出一条适合中国国情和社会主义制度的扶贫开发道路，形成了中国化的马克思主义扶贫减贫理论和经验。

中国的扶贫事业取得了史无前例的成就。新中国 70 年，中国取得的最伟大的成就之一就是贫困人口的急剧减少。1978 年，以当时中国政府确定的贫困标准，即每人每年 100 元来计算，不足温饱的农村贫困人口为 2.5 亿人，占农村总人口的 30.7%。1984 年，扶贫标准提高到每人每年 200 元，贫困人口下降到 1.28 亿，贫困发生率降低到 15.1%。2010 年扶贫标准上升为 1274 元，农村贫困人口仍从 2000 年的 9422 万人减少到 2010 年的 2688 万人，相应地，贫困发生率从 10.2% 下降到 2.8%。2011 年中国再次将扶贫标准提高到以 2010 年不变价为基准的 2300 元，相当于人均每天 1.8 美元，超过了世界银行 2008 年规定的每天 1.25 美元的国际贫困标准。在新的扶贫标准下，农村贫困人口继续大幅度减少。2015 年 11 月，中国政府发布《关于打赢脱贫攻坚战的决定》，明确脱贫攻坚总体目标。从 2015 年年底至 2018 年年底，农村贫困人口从 5575 万人减少至 1660 万人，贫困发生率从 5.7% 下降到 1.7%，贫困地区农村居民人均可支配收入从 7653 元增长到 10371 元。

中国扶贫成就打破了贫困问题不可能消灭的"魔咒"。1981—2013 年间，按照世界银行标准界定的全世界绝对贫困人口，即每天收入不足 1.9 国际美元（2011 年不变价）的人口，从 18.93 亿减少为 7.66 亿，同期中国从 8.78 亿减少为 2517 万，中国对全球扶贫的贡献率为 75.7%。党的十八大以来，中国政府更是以坚定的信心，加大加快减贫力度，通过精准扶贫方式，力争到 2020 年彻底消除绝对贫困。中国社会科学院副院长蔡昉指出，在更高的贫困标准下，农村贫困人口从 2011 年的 1.22 亿减少到 2016 年的 4335 万，平均每年减少 1581 万，打破了该领域存在的边际扶贫效果递减"规律"。联合国秘书长古特雷斯向本次论坛发来贺信并指出："我对中国在促进可持续发展诸多方面取得的进展表示欢迎，中国的经验是宝贵的财富。我看到中国正坚定地致力于同其他发展中国家开展合作，我支持中国继续发挥领导作用。"

精准扶贫思想是中国对世界减贫事业的又一理论贡献。党的十八大以来，以习近平同志为核心的党中央历史性地提出到 2020 年消除绝对贫困的奋斗目标，并将扶贫减贫事业放到治国理政的重要位置，明确把扶贫开发纳入"五位一体"总体布局和"四个全面"战略布局进行决策部署。2013 年 11 月，习近平总书记到湖南省湘西州考察扶贫开发工作时第一次提出精准扶贫概念，他指出："扶贫要实事求是，因地制宜。要精准扶贫，切忌喊口号，也不要定好高骛远的目标。"① 自此之后，习近平总书记每到基层调研时，都把扶贫减贫作为重要内容，不断丰富发展精准扶贫的内涵要义，先后提出"精细化管理、精确化配置、精确化扶持""扶贫对象精准、项目安排精准、资金使用精准、措施到户精准、因村派人精准、脱贫成效精准"和"通过扶持生产和就业发展一批、通过异地搬迁安置一批、通过生态保护脱贫一批、通过教育扶贫脱贫一批、通过低保政策兜底一批"等重要思想。在党的十九大报告中，习近平总书记郑重指出："要动员全党全国全社会力量，坚持精准扶贫、精准脱贫，坚持中央统筹省负总责市县抓落实的工作机制，强化党政一把手负总责的责任制，坚持大扶贫格局，注重扶贫同扶志、扶智相结合，深入实施东西部扶贫协作，重点攻克深度贫困地区脱贫任务，确保到2020年我国现行标准下农村贫困人口实现脱贫，贫困县全部摘帽，解决区域性整体贫困，做到脱真贫、真脱贫。"以上论述充分表明，习近平关于精准扶贫的重要论述不仅明确了新时代脱贫攻坚的基本方略、工作机制、重点任务和总体目标，而且为打赢脱贫攻坚战提供了行动指南和根本遵循。党的十八大以来，中国扶贫治理体系不断创新完善，精准扶贫理论不断丰富发展，贫困治理能力逐步提高，实现了从"大水漫灌式"的全面扶贫到"滴灌式"的精准扶贫转变。党中央国务院做出打赢脱贫攻坚战的决定并出台配套文件，中央和国家机关各部门出台100多个政策文件或实施方案，内容涉及产业扶贫、易地扶贫搬迁、劳务输出扶贫、教育扶贫、健康扶贫、金融扶贫等。2013—2018年，6年间我国年均减贫1300多万人，累计减少贫困人口8200多万，连续6年贫困人口的收入增长高于全国农民人均收入增幅，贫困发生率从10.2%下降到1.7%，东部9省市中有8个省市全面消除了国家标准下的贫困人口。

---

① 何毅亭：《以习近平同志为核心的党中央治国理政新理念新思想新战略》，人民出版社2017年版，第103页。

中国已为世界减贫事业做出了重大贡献。作为世界上最大的发展中国家，70 年来始终是世界减贫事业的积极倡导者和有力推动者，是全球最早实现千年发展目标中减贫目标的发展中国家。包括世界银行、联合国开发计划署等在内国际贫困治理组织和广大发展中国家，都对中国取得的减贫成就给予高度肯定，一些受贫困问题困扰的发展中国家更是迫切希望学习中国贫困治理的有效经验。联合国秘书长安东尼奥·古特雷斯曾表示，在消除贫困领域，中国无疑向世界交出了一份令人满意的答卷，中国在消除贫困过程中最重要的贡献是"中国自身取得的成就"。《纽约时报》指出，极端贫困人口的大幅减少主要应归功于中国取得的经济进步。《赫芬顿邮报》则刊文说，世界减贫成绩"最大的功劳来自中国。中国之所以能够取得如此显著的成绩，归功于经济发展，离不开政府在改革方面做出的努力"。以上评论表明，中国作为减贫成效最显著、探索扶贫经验突出的负责任大国，越来越受到国际社会的高度评价和充分肯定。习近平总书记指出："消除贫困是人类的共同使命。改革开放 30 多年来，中国走出了一条有特色的减贫道路。中国在致力于自身消除贫困的同时，积极展开南南合作，同舟共济，攻坚克难，支持和帮助广大发展中国家特别是最不发达国家消除贫困，为各国人民带来更多福祉。" 70 年来，我国在致力于解决自身贫困问题的同时，通过无偿援助、项目援建、低息贷款、培养人才等多种方式，始终支持和帮助广大发展中国家特别是最不发达国家消除贫困。中国先后向超过 160 个国家和国际组织提供了 4000 多亿元人民币援助，向世界各地派遣 60 多万援助人员，先后 7 次宣布无条件免除与中国有外交关系的最不发达国家、重债穷国、内陆发展中国家、小岛屿发展中国家等对华到期政府无息贷款债务，为 120 多个发展中国家落实千年发展目标提供过帮助。此外，我国自 1963 年参与国际医疗援助以来，共派出援外医生 23000 多名，医疗队的足迹遍布亚洲、非洲、拉丁美洲和大洋洲的发展中国家；中国扶贫基金会自 2005 年以来，在 20 多个国家和地区开展了人道主义紧急救援和长期发展援助项目，累计投入资金超过 1.6 亿元，惠及约 45 万人次。

　　中国正在点燃世界贫困人口脱贫的希望火炬。进入新时代，中国以构建人类命运共同体的责任担当积极为世界减贫事业贡献中国方案，并先后提出"设立南南合作援助基金和南南合作与发展学院""建立以合作共赢为核心的新型国际减贫交流合作关系""着力实现多元自主可持续发展"等一系列国际减贫合作新机制，这些减贫合作机制有别于西方国家设立的传统援助机制，不附加任何政治条件，而且用参与式的方式充分考虑受援国人民的现实需求，广泛得到联合国及发展中国家的积极响应和高度赞扬。此外，我国提出的"一带一路"倡议、筹建亚洲基础设施投资银行、设立丝路基金，其目的也是支持发展中国家开展基础设施互联互通建设，帮助他们增强自身发展能力，更好融入全球经济链、产业链、价值链，为国际减贫事业注入新活力、增添新动力、燃起新希望。

　　中国将继续配合联合国 2030 年可持续发展议程，做好世界范围内的减贫工作。习近平主席在给此次论坛发来的贺信中指出，"中国愿同各方一道，为推进世界减贫事业发展、实现联合国 2030 年可持续发展议程确定的减贫目标做出努力"。2015 年 9 月 25 日"联合国可持续发展峰会"通过了一份由 193 个会员国共同达成的成果文件，即《2030 年可持续发展议程》。该议程包括 17 项可持续发展目标和 169 项具体目标的纲领性文件，以消除极端贫穷、战胜不平等和不公正以及遏制气候变化为目标。《2030 年可持续发展议程》把"在全世界消除一切形式的贫困"列为 17 项可持续发展目标之首，可见，贫困问题已成为世界发展最为棘手的难题。为配合联合国 2030 年议程的实施，2016 年 4 月中国退出了《落实 2030 年可持续发展议程中方立场文件》。该文件对中国参与联合国 2030 年可持续发展议程的原则、立场、实施手段等做了规定。总体原则是和平发展、合作共赢、全面协调、包容开放、自主自愿、"共同但有区别的责任"六大原则。落实途径主要有：增强各国发展能力、改善国际发展环境、优化发展伙伴关系、健全发展协调机制、完善后续评估体系。同时，中国设立南南合作援助基金等多个基金，同联合国签署了"中国—联合国和平与发展基金"协议。2019 年 9 月外交部再次发布了《中国落实 2030 年可持续发展议程进展报告（2019）》，表示要加快推进 2030 年议程国内落实，在多个可持续发展目标上实现"早期收获"。截至 2019 年 7 月底，中国政府共与 136 个国家和 30 个国际组织签署 195 份合作文件，为有关国家落实 2030 年议程做出重要贡献。积极推进南南合作，利用中国—联合国和平与发展基金、南南合作援助基金等平台并通过双边渠道，为其他发展中国家实现可持续发展目标提供力所能及的帮助。全面落实"中非减贫惠民合作计划"，实施 200 个"幸福生活工程"。2018 年，为发展中国家举办 39 期扶贫能力建设培训，受训人数达 1440 人。正如黄坤明同志在论坛讲话中指出，"中国愿与各方一道，秉持人类命运共同体理念，加快推进全球减贫进程，携手共建没有贫困共同繁荣的美好世界"。

没有中国共产党，就不可能有中国减贫事业的辉煌成就，世界减贫事业也将暗淡无光。新中国成立以来，中国政府曾面对过不少质疑。新中国成立伊始，国际上有些人曾以怀疑的眼光看中国："共产党军事上 100 分，政治上 80 分，经济上 0 分。"中国改革开放之初，国际上有些人自负地评论说："能让一个人口众多的民族在极短时间内来个 180 度大转弯，就如同让航空母舰在硬币上转圈。"但是，70 年过去了，中国共产党交出了一份份无愧于历史和人民的答卷。中国共产党领导国家从落后走向进步，从连铁钉和火柴都要进口的农业社会，到世界第二大经济体、全球最大制造国和第一货物贸易大国，从用不到世界十分之一的耕地养活全球近五分之一人口，到让 8 亿多人摆脱贫困……中国共产党开拓进取，引领人民从贫穷走向富裕。时任世界银行行长金墉认为：中国之所以能够成功，两方面原因非常重要：一是通过改革开放大规模提高了经济增长率，二是在改革开放过程中，中国政府持之以恒的减贫努力。他说："这种成就史上罕见。我们回顾这一进程非常必要，这可以帮助中国更好地进行改革，帮助其他国家借鉴中国成功经验。"

正是在上述这个恢宏的时代背景下，由中央宣传部、财政部、国务院扶贫办、世界银行主办，中国国际扶贫中心、国家开发银行和中国社会科学院国家全球战略智库于 2018 年 11 月 1 日联合承办的"改革开放与中国扶贫国际论坛"上，来自联合国、世界银行、国际货币基金组织、亚洲基础设施投资银行、金砖国家新开发银行等 11 个国际组织和 51 个国家的智库学者、政界人士、企业领袖，以及其他各方代表 400 余人参加论坛。中共中央政治局委员、中宣部部长黄坤明出席开幕大会，宣读习近平主席贺信并发表主旨演讲。联合国秘书长古特雷斯向论坛发来贺信。世界银行行长、联合国开发计划署署长、国际农发基金总裁等分别在开幕式上致辞。论坛举办前，与会外宾受邀赴广东深圳，贵州贵阳、毕节，宁夏永宁，河南兰考等地考察，以亲身感受中国改革开放和脱贫攻坚的巨大成就。

为展示和记载这次盛会，作为"改革开放与中国扶贫国际论坛"的具体承办方之一和智库分论坛的主办方，国家全球战略智库将会议论文以中外联合研究报告形式结集出版。该研究报告集是近时期国际上关注中国减贫的最新成果之一，是对我们落实习近平总书记在大会开幕式上贺信精神的展示，更是对致力于与世界各国分享中国减贫经验的一次有益尝试。同时，也为新中国 70 周年华诞献上我们智库的一份真诚贺礼，祝愿我们伟大的祖国更加繁荣昌盛，祝愿我们的人民从此摆脱贫困走进小康，祝愿向往美好生活的世界各国人民日子越来越美好。

（本文系王灵桂为《国际减贫合作：构建人类命运共同体中外联合研究报告（No.5）》撰写的前言，社会科学文献出版社 2019 年 11 月版）

70 年中国发展与人类命运共同体建设

2019 年 11 月 5—6 日，由中国国务院新闻办主办、中国社会科学院承办的第二届虹桥国际经济论坛"70 年中国发展与人类命运共同体"分论坛在上海举行。来自 100 多个国家和地区的智库界、媒体界 400 余人齐聚一堂，共同研讨 70 年中国发展理念和经验，共话智库媒体在推动构建人类命运共同体中的责任和作为。

与会人士一致认为，举办第二届进口博览会充分展现了中国支持多边贸易体制、推动自由贸易的一贯立场。习近平主席在开幕式上发表的主旨演讲，提出共建世界经济 3 点倡议，宣布推进对外开放新举措，展现了中国继续深入参与推动经济全球化的信心与决心，彰显了中国愿同国际社会一道构建人类命运共同体的责任和担当。70 年来，中国立足国情，取得了全方位的发展成就，表明了广大发展中国家可以依据自身历史文化和现实国情探索多样化的现代化道路。中国积极参与经济全球化，为各国经济增长和联动发展带来机遇，在维护世界和平发展、推动全球治理体系变革等方面发挥日益重要的作用。人类命运共同体理念揭示了各国相互依存和人类命运与共的规律，找到了共建美好世界的最大公约数。智库和媒体应该发挥纽带作用，倡导和平发展，促进合作共赢，为推动构建人类命运共同体贡献智慧和力量。

经过两天会议，论坛达成了《70 年中国发展与人类命运共同体上海共识》。强调，面对单边主义、保护主义、霸权主义等诸多挑战，开放包容、合作共赢才是应对挑战的唯一途径；中国提出共建人类命运共同体理念，对于凝聚各方携手应对全球性挑战、谋划人类可持续发展作出了重要贡献。共识指出，70 年来，中国人民用汗水和智慧创造了美好的生活，将一个曾经封闭落后的国家建设成为全球第二大经济体，取得了全方位的发展进步，中国的发展实践和经验也为广大发展中国家探索多样化现代化道路提供了新的模式选择；中国提出共建"一带一路"倡议，促进参与各国投资贸易发展和基础设施互联互通，推动不同文化不同制度的国家和民族互利合作，为增强各国联动发展提供了新平台，中国与世界的良性互动为世界各国发展提供了更多机遇；中国提出共建人类命运共同体理念，对凝聚各方携手应对全球性挑战、谋划人类可持续发展作出了重要贡献。共识强调，各国需要树立风雨同舟、命运与共的理念，加强对话协商，增强团结互信，维护开放型世界经济，推进开放、包容、普惠、平衡、共赢的新型经济全球化，夯实人类共同繁荣发展的基石。共识呼吁，各国智库和媒体应以本次论坛为契机，拓展交流平台，构建合作机制，围绕关乎人类命运的发展和治理议题，开展更广泛、更深入的对话研讨，推动治国理政经验交流，促进不同文明互学互鉴，为推动构建人类命运共同体贡献智慧和力量。

与会人士从不同的角度，分别发表了国别观点、对世界秩序的看法、对推动构建人类命运共同体的理解和诠释、对合作共建"一带一路"倡议的美好祝愿和建议、对文明交流互鉴的赞赏与期许，对中国模式的惊羡与期望、对中国与世界互动的展望、对多双边关系未来发展的描绘、对可持续发展的深忧关注。各位与会人士的发言，既有宏大叙事、又有微观看法和建议，既有对全球经济社会未来发展的深深思考、又有对中国之于世界未来贡献的诸多期待。来自不同的肤色、不同的语言和迥异文明背景的深邃思考，在上海这片中国的热土上，汇集成了中国好世界好、世界好中国好的信心主旋律，汇集成了积极顺应经济全球化历史潮流的强有力声音，正如长江、尼罗河、亚马孙河、多瑙河昼夜不息、奔腾向前，虽然会出现一些回头浪，虽然会遇到很多险滩暗礁，但大江大河奔腾向前的势头是谁也阻挡不了的。大家一致高度评价习近平主席在第二届进博会开幕式主旨演讲中指出的观点："世界经济发展面临的难题，没有哪一个国家能独自解决。各国应该坚持人类优先的理念，而不应把一己之利凌驾于人类利益之上。我们要以更加开放的心态和举措，共同把全球市场的蛋糕做大、把全球共享的机制做实、把全球合作的方式做活，共同把经济全球化动力搞得越大越好、阻力搞得越小越好。"综合"70 年中国发展与人类命运共同体"分论坛上来自各方的发言，大家普遍认为：

一是各国经济融合是大势所趋，共建开放合作世界经济是解决全球共同挑战的唯一正确道路。当今世界，全球价值链、供应链深入发展，你中有我、我中有你，各国经济融合是大势所趋。距离近了，交往多了，难免会有磕磕碰碰。面对矛盾和摩擦，协商合作才是正道。只要平等相待、互谅互让，就没有破解不了的难题。应该坚持以开放求发展，深化交流合作，坚持"拉手"而不是"松手"，坚持"拆墙"而不是"筑墙"，坚决反对保护主义、单边主义，不断削减贸易壁垒，推动全球价值链、供应链更加完善，共同培育市场需求。

二是新一轮科技革命和产业变革正处在实现重大突破的历史关口，创新发展是引领世界经济持续发展的必然选择。各国应该加强创新合作，推动科技同经济深度融合，加强创新成果共享，努力打破制约知识、技术、人才等创新要素流动的壁垒，支持企业自主开展技术交流合作，让创新源泉充分涌流。为了更好运用知识的创造以造福人类，应该共同加强知识产权保护，而不是搞知识封锁，制造甚至扩大科技鸿沟。

三是应该构建开放共享的世界经济，谋求包容互惠的发展前景，共同维护以《联合国宪章》宗旨和原则为基础的国际秩序，坚持多边贸易体制的核心价值和基本原则，促进贸易和投资自由化便利化，推动经济全球化朝着更加开放、包容、普惠、平衡、共赢的方向发展。要落实联合国 2030 年可持续发展议程，加大对最不发达国家支持力度，让发展成果惠及更多国家和民众。

四是深信中国开放的大门只会越开越大，中国正在成为世界的机遇。中国共产党十九届四中全会制定了关于坚持和完善中国特色社会主义制度、推进国家治理体系和治理能力现代化若干重大问题的决定，其中包括很多深化改革、扩大开放的重要举措。这表明中国将继续坚持对外开放的基本国策，坚持以开放促改革、促发展、促创新，持续推进更高水平的全方位、全领域对外开放。中国有近 14 亿人口，中等收入群体规模全球最大，市场规模巨大、潜力巨大，前景不可限量。2019 年 10 月 24 日，世界银行发表《2020 营商环境报告》，中国营商环境排名由 46 位上升到 31 位，提升 15 位，这表明中国通过不断完善市场化、法治化、国际化的营商环境，放宽外资市场准入，继续缩减负面清单，完善投资促进和保护、信息报告等制度，继续坚持不懈地营造尊重知识价值的环境、完善知识产权保护法律体系、大力强化相关执法、增强知识产权民事和刑事司法保护力度。截至 2019 年 10 月底，中国已同 137 个国家和 30 个国际组织签署 197 份共建"一带一路"合作文件，这表明中国将继续秉持共商共建共享原则，坚持开放、绿色、廉洁理念，以实现高标准、惠民生、可持续目标，不断推动共建"一带一路"高质量发展，继续造福各个合作共建合作方。塞尔维亚前总统托米斯拉夫·尼科利奇表示，所有见证和参与了当代中国发展的人士，都应该为中国所取得的巨大成就感到自豪。习近平主席提出的共建"一带一路"倡议，充分尊重各地区和各种文明的多样性，真正体现了互利共赢的理念。中国正在以自身的努力，按照新发展理念的要求，实施创新驱动发展战略、培育和壮大新动能、推动转方式调结构增动力，不但实现新的高质量发展，并将为世界经济增长带来新的更多机遇。

五是中国发展是属于全人类进步的伟大事业。中国社会科学院院长谢伏瞻在论坛上指出，中国共产党领导中国人民成功开辟了适合中国国情、充满生机活力的中国特色社会主义道路，使中国大踏步赶上了时代，也为广大发展中国家走向现代化提供了成功经验，为解决人类问题贡献了中国智慧、提供了中国方案。泰国前副总理、泰中文化促进委员会主席披尼·扎禄颂巴认为，在短短 70 年里，中国人民的生活发生了翻天覆地的变化，中国不仅在经济上、脱贫上获得了重大成就，同时也非常关注科技与创新发展。中国的发展方向与时代的发展相一致，中国的发展既造福了中国人民，又为推动世界各国经济发展带来动力和机遇。俄罗斯科学院世界经济与国际关系研究所所长、院士沃托洛夫斯基·根里霍维奇认为，发展中国家快速增长为跨国贸易和投资带来新机遇，已经成为推动经济全球化的重要力量，这也将推动全球治理体系加速变革。捷克前总理帕鲁贝克表示，中国在经济、社会各方面都取得了令世人瞩目的发展成就，最近几年中国进一步放开对外商投资的限制，实施一系列扩大开放的举措，让全球共享中国市场的巨大潜力和增长机遇，中国提出的"一带一路"倡议致力于增进商贸往来，提升发展中国家的基础设施水平和国际合作，让相关国家的经济得到了增长，成为迄今为止全球范围内类似项目中规模最大、造福世界各国的典范，是中国对世界做出的巨大贡献。英国学者马丁·雅克表示，中国文明史表明，文明具有差异性和多样性，现代化具有多元性而非单一性，西方道路不是唯一选择。敦煌研究院名誉院长樊锦诗表示，不同文化之间唯有兼容并蓄，取长补短，才能使本国、本民族的文化不断创新发展，获得更为持久的生命力，这是古老的敦煌莫高窟贡献给人类命运共同体的中国智慧。

在中国社会科学院国家高端智库理事长谢伏瞻研究员、首席专家蔡昉研究员的悉心指导下，智库秘书处的全体同仁们经过辛勤工作，将与会人士的发言精心梳理汇编，形成了《70 年中国发展与人类命运共同体建设》（上下册）一书。

该书的形成和付梓，对有兴趣了解中国与世界互动的读者们提供了一个窗口，也有可能会让大家在阅读中产生更深的思考和创造更新的成果。我们也期望有更多的智库和媒体同我们一道，更好向世界讲好中国故事，阐述好人类命运共同体的时代意义和全球价值。若如此，则我们必将深感荣幸。

以上赘言，是为序。

（本文系王灵桂主编《70年中国发展与人类命运共同体建设（中外联合研究报告NO.8上下册)》前言，社会科学文献出版社2021年8月版）

"一带一路"篇

发展经济学视阈下的"一带一路"与可持续发展

一 引言

发展与和平是人类社会互为因果、互为手段的两大追求目标。但是，在众多利益主体处于各种错综复杂因素作用的情况下，实现两大目标道阻且长，发展之路曲折崎岖，和平之路坎坷漫长。人类什么时候才能步入发展与和平的正常轨道？全球发展倡议的提出，给人类实现两大目标带来了曙光与路径。2021年9月21日，习近平主席在出席第七十六届联合国大会一般性辩论时首次提出的全球发展倡议，向世界发出了坚持发展优先、坚持以人民为中心、坚持普惠包容、坚持创新驱动、坚持人与自然和谐共生、坚持行动导向的呼吁。[①] 这是中国政府在世界百年未有之大变局和新冠肺炎疫情冲击全球发展的背景下，聚焦发展、加强对接、深化合作、加强协调，呼吁国际社会加快落实《联合国2030年可持续发展议程》[②]，为支持广大发展中国家发展、促进全球疫后复苏、加强国际发展合作提出的中国方案。

发展是实现人民幸福的关键，是世界各国的权利。在人类追求幸福的道路上，一个国家、一个民族都不能少。中国不仅是全球发展倡议的倡导者，更是通过共建"一带一路"落实这一倡议的行动者、实践者和推动者。"一带一路"倡议作为中国同世界共享机遇、共谋

---

① 《习近平主席第七十六届联合国大会一般性辩论并发表重要讲话》，《人民日报》2021年9月22日。

② 在《联合国2030年可持续发展议程》中，17项可持续发展目标是该议程的重要内容，本文称其为"2030年联合国可持续发展目标"。

发展的阳光大道，为世界各国特别是广大发展中国家提供了新机遇、开辟了新天地。共建"一带一路"是习近平总书记着眼于时代大势，以大历史观对世界面临的世纪之问、时代之问作出的科学回答。2017年5月，习近平主席在第一届"一带一路"国际合作高峰论坛圆桌峰会上指出，"这项倡议源于我对世界形势的观察和思考""在各国彼此依存、全球性挑战此起彼伏的今天，仅凭单个国家的力量难以独善其身，也无法解决世界面临的问题""我们完全可以从古丝绸之路中汲取智慧和力量，本着和平合作、开放包容、互学互鉴、互利共赢的丝路精神推进合作，共同开辟更加光明的前景。"① 习近平总书记指出："中国将推动高质量共建'一带一路'，使更多国家和人民获得发展机遇和实惠。"②

　　"一带一路"倡议提出以来，中国始终秉持以和平合作、开放包容、互学互鉴、互利共赢为核心的丝路精神，在百年未有之大变局中寻找发展机遇、凝聚合作共识，走过了从夯基垒台、立柱架梁到落地生根、持久发展，从绘就一幅"大写意"到绘制精谨细腻的"工笔画"，走出了一条高质量建设的可持续发展的光明大道。在合作共建"一带一路"过程中，各合作方把基础设施"硬联通"作为重要方向，把规则标准"软联通"作为重要支撑，把同共建国家人民"心联通"作为重要基础，推动共建"一带一路"高质量发展，取得实打实、沉甸甸的成就。通过共建"一带一路"，中国提高了国内各区域开放水平，拓展了对外开放领域，推动了制度型开放，构建了广泛的朋友圈，探索了促进共同发展的新路子，实现了同共建国家的互利共赢。2021年11月11日，党的十九届六中全会通过的《中共中央关于党的百年奋斗重大成就和历史经验的决议》指出："我国坚持共商共建共享，推动共建'一带一路'高质量发展，推进一大批关系

　　① 《"一带一路"国际合作高峰论坛举行圆桌峰会》，《人民日报》2017年5月16日。
　　② 习近平：《让开放的春风温暖世界》，《人民日报》2021年11月5日。

沿线国家经济发展、民生改善的合作项目，建设和平之路、繁荣之路、开放之路、绿色之路、创新之路、文明之路，使共建'一带一路'成为当今世界深受欢迎的国际公共产品和国际合作平台。"[①]

在 2021 年 11 月 19 日召开的第三次"一带一路"建设座谈会上，习近平总书记站在统筹中华民族伟大复兴战略全局和世界百年未有之大变局的高度，全面总结共建"一带一路"取得的显著成就，科学分析共建"一带一路"面临的新形势，对继续推动共建"一带一路"高质量发展作出了重大部署、提出了明确要求，为新时代推进共建"一带一路"实现更高合作水平、更高投入效益、更高供给质量、更高发展韧性提供了根本遵循。在全球发展倡议的理念下，共建"一带一路"与 2030 联合国可持续发展目标相得益彰，已经并将继续共同致力于建设全球发展共同体。

二　"一带一路"倡议蕴含的发展宗旨与理念

自冷战结束后，国际社会风云突变，世界格局发生了重大变化。国际政治领域出现了不同于以往的新常态，主要表现为国际政治格局演进速度明显加快、国际社会不稳定性和不确定性增强、"战略意外"成为国际环境中的普遍现象。不时发生的全球公共卫生危机、金融危机等，使得许多国家重新思考其安全和战略选择，全球性经济、安全、卫生、环境等议题不断对国际社会行为体提出挑战。面对迷惘的未来和世界经济增长复苏乏力的困局，各国发展理念出现了一定程度上的分歧。在此大背景下，中国作为具有国际担当的大国，致力于维护和促进和平、发展、合作、共赢的新时代，提出了"一带一路"倡议。"一带一路"倡议体现的是中国文化内涵中的天下观、整体观、系统观和大历史观，本质上是一种公共服务体系，以提供服务型公共产品为特征，而西方霸权模式下构建的全球控制和服务体系

[①] 《中共中央关于党的百年奋斗重大成就和历史经验的决议》，人民出版社 2021 年版，第 49 页。

主要服务于本国利益，两者有着根本性的区别①。

学者们从不同的领域和角度使用古典现实主义、自由制度主义和社会建构主义等理论分析了"一带一路"倡议的背景、内涵及深远影响。他们要么从现实主义的角度展开分析，从权力政治逻辑出发将"一带一路"倡议中伙伴关系的构建或合作平台的形成污名化②，要么从自由制度主义或观念视角切入，分析"一带一路"倡议开展的背后原因或产生的影响③。权力政治逻辑的背后有其政治因素的影响，在一定程度上超出了学术研讨的范围，以经济合作论或观念建构论为主体的研究具有一定的合理性，但也只是在较为狭窄的经济、制度、文化、观念等某些领域的研究，未能切中"一带一路"倡议的全貌及其真实内涵。

随着人类命运共同体和全球化的推进，加之中国作为负责任大国角色的建构，从全球视角和综合分析的维度重新认知"一带一路"倡议当属应然之势。发展经济学由于其综合的视野，为研究"一带一路"倡议提供了最为合适的概念框架。发展经济学设法将传统经济学的相关理论和关键概念与第二次世界大战后新出现的区域或跨区域模型相结合，不断更新自身的理论和方法，为人们认识发展中的经济提供了科学视角。它重视价值的重要作用以及经济和非经济因素之间的互动关系，在伦理和规范的价值前提下考量经济发展。传统经济学范式强调的是人均收入和国内生产总值的增加，而发展经济学则为我们提供了关于"发展"的新界定，它的发展概念包含结构、观念和国家制度的变化、经济增长的加速、不平等程度的降低和贫困的消除等多维过程和全方位变迁，就此而言，发展既是一种物理现实也是

---

① 禹钟华、祁洞之：《共同体模式与霸权模式："一带一路计划"与"马歇尔计划"的本质区别——兼论基于中国文化理念的国际金融体系构建纲领与原则》，《国际金融》2016 年第 10 期。

② 游启明：《美国对"一带一路"倡议的评估解读：霸权认同理论的视角》，《国际观察》2019 年第 3 期。

③ Keohane, R, *After Hegenony: Cooperation and Discord in the World Political Economy*, Princeton: Princeton University Press, 2005.

一种精神状态[1]，但其实质上更是一种自由的扩展[2]。可以说，发展经济学为我们认识发展中国家的发展搭建了新的更为科学的分析平台，它更具全面性和多维性，更为重视发展的真正内涵和意义，更为关注生计、自尊和自由[3]。在这样一个具有全球视野体系视角的框架下观察中国的"一带一路"倡议，在一定程度上能有效提升对"一带一路"倡议的认知层次，也更能贴合中国提出此倡议为全人类谋福利的立意。

从其自身的理论建构可以看出，发展经济学是在传统经济学基础上实现的一次重大扩展和跨越，这为我们认识"一带一路"倡议提供了更广阔和深入的视角。可持续发展目标是全人类共同价值所在，是所有国家都应努力践行的发展理念和目标，而"一带一路"倡议就是可持续发展目标的中国方案和中国智慧，是为了经济的可持续发展以及构建人类命运共同体而作出的重大战略构想。此外，"一带一路"倡议绝不仅仅是为了实现可持续发展目标而提出的，它在可持续发展目标基础上以更高标准和更高要求为世界的可持续发展做出了表率。实践证明，"一带一路"倡议是根植于历史、面向未来打造的可持续发展模式，是成于中国、不断与世界分享中国发展成果的平台，是源于发展、为世界创造可持续发展机会的关键选择。"一带一路"倡议以其深厚历史渊源和人文基础，顺应时代要求和各国加快发展的愿望，为各国提供了一个包容性巨大的平台，以此把快速发展的中国经济同沿线国家的利益结合起来。这种秉持战略眼光和全球视野的宏大倡议，作为百年未有之大变局中引领航向的积极之举，以互联互通为主线，开创了超越民族、跨国界、跨时空、跨意识形态、跨不同发展阶段融通的进程。"一带一路"倡议积极适应新一轮科技革

① ［美］迈克尔·P. 托达罗、斯蒂芬·C. 史密斯：《发展经济学》，聂巧平、程晶蓉、汪小雯译，机械工业出版社 2014 年版。

② Sen，A，*Development as Freedom*，NewYork：Knopf，1999.

③ Goulet，D，*The Cruel Choice：Anew Concept in the Theory of Development*，NewYork：Atheneum，1971.

命和产业革命，开启了更高层次、更大范围、更宽领域的经济全球化新进程，为世界提供了更高境界的造福于人类的全球公共产品，也为各国实现可持续发展目标提供了高质量和高标准的样板。

因此，在"一带一路"倡议不断深化实施的今天，运用研究方法更科学、研究视角更开阔的发展经济学，结合国家政治相关理论对其进行剖析，既是对"一带一路"倡议的重新认知，也是对《联合国 2030 年可持续发展议程》的深入理解，更为其进一步落实提供了重要的参考。

三 发展经济学视阈下的"一带一路"倡议和联合国可持续发展目标

早在 2010 年，中国就与联合国开发计划署签署新协议以加强双方合作，这是中国首次在多边合作框架内签署这类协议，在此基础上，中国与联合国开发计划署共同设立并实施了多个创新合作项目，这是中国不断深入参与国际事务的重要表现，也彰显了中国作为负责任大国的国际担当。《联合国 2030 年可持续发展议程》呼吁所有国家团结起来采取行动，促进经济繁荣和保障人类可持续发展。虽然很多国家和地区都积极开展并取得了一定进步，但总体来说进展尚未达到目标水平，这为可持续发展目标未来的实现提出了更高挑战。在此背景下，以发展经济学的视角分析中国"一带一路"倡议所取得的成就，不仅进一步验证了"一带一路"倡议正是在联合国可持续发展框架下的新发展与新合作，而且为国际社会推进可持续发展目标提供了有益的参考和指引①。

发展经济学立足全球性视角，重点关注资源的有效配置和经济与社会的可持续发展。其中，消除贫困和不平等是发展问题中最重要的方面，也是制定发展战略和衡量发展绩效的主要参考；经济发展关乎

---

① 姜少敏：《"一带一路"倡议——发展经济学新发展观的伟大实践》，《教学与研究》2018 年第 2 期。

国计民生，是其他可持续发展目标达成的重要前提，也是改善人民生活水平的必要条件；健康和可持续的社会是一个囊括众多方面的工程，尤其关注资源配置背后的个人机制和公共机制，是建立良好社会和较完善社会体系的基础；气候与环境问题关系国民经济和人民生活，从人类健康到社会发展等一系列问题，直接关乎人类的生存和发展；获得投资与援助是实现经济增长和贸易发展的重要途径之一，构建团结的伙伴关系才能有助于可持续发展目标的实现和整个国际社会的良性运行。因此，本文试图按照发展经济学的视角从贫困与不平等、经济发展、健康与可持续的社会、气候与环境、投资与援助五个方面分析中国"一带一路"倡议与联合国可持续发展目标之间的关系。

1. 贫困与不平等

在《联合国2030年可持续发展议程》中，无贫困、零饥饿、性别平等和减少不平等是17项可持续发展目标中的第1、2、5、10项。即在全世界消除一切形式的贫困；消除饥饿，实现粮食安全，改善营养状况和促进可持续农业；实现性别平等，增强所有妇女和女童的权能；减少国家内部和国家之间的不平等。中国坚持协调发展和共享发展的理念，保障人民平等发展的权利，增强人民在共享发展中的参与感和幸福感。"一带一路"倡议是一条促进民生发展、实现共同繁荣的合作共赢之路，在实施过程中，"一带一路"倡议改变了以项目为中心的思维方式，坚持构建以人民为中心的发展理念，增进全球范围内各国的民生福祉，为沿线国家和人民摆脱贫困、消除饥饿、实现性别平等、促进国际平等做出了重要的贡献。

消除贫困和不平等是所有关于发展问题的重要方面，也是制定发展战略和衡量发展绩效的主要参考。我们同处人类命运共同体中，贫困和不平等不仅不利于经济发展，而且会对社会凝聚力、政治与社会局势等方面产生强大的破坏作用，同时也是动乱和冲突的源头之一。因此，在发展经济学的框架中关注贫困和不平等是研究经济发展和社会进步的重要内容，也是实现发展三大核心目标（生计、自尊和自由）的关键。中国努力实现可持续、惠民生、高标准的发展目标，大力促进全球共同发展，实现了第一个百年奋斗目标，全面建成了小康社会。2013年中国共产党提出"精准扶贫"理念，党的十八大以来，平均每年有1000多万人脱贫，脱贫地区经济社会发展也发生了历史性转变，按照世界银行的贫困标准，中国减贫人口占同期世界减贫人口的70%以上。在现行标准（1.9美元）下，中国9899万农村贫困人口实现了全部脱贫，832个贫困县全部摘帽，12.8万个贫困村全部出列，历史性地解决了绝对贫困问题。[①] 截至2020年年底，中国已基本完成脱贫攻坚任务，消除了绝对贫困。此外，在脱贫攻坚的同时，中国高度重视农业发展，着力解决人民的温饱问题，粮食生产能力逐渐提升，农业科技水平逐渐增强，粮食安全形势总体平稳。在保障国内人民温饱的同时，中国积极推动国际粮农治理，在"一带一路"倡议框架下参与国际合作，为众多发展中国家提供了有力的支持。

在性别平等方面，坚持男女平等始终是中国发展的基本理念。截至2021年，中国已经建立了全面保障妇女权益的法律体系，包括100余项法律法规。此外，中国在义务教育阶段基本实现了性别平等。按目前的速度，至少需要40年时间才能实现世界范围内的性别平等，在此背景下，中国为"实现性别平等，增强所有妇女和女童的权能"这一可持续发展目标所做的贡献更为突出。在国内平等方面，中国不断推动公共服务设施建设，健全社会保障体系，优化国民收入分配格局。截至2020年年底，农村贫困家庭子女义务教育辍学已基本实现"动态清零"。低收入人群收入不断提高，城乡可支配收入逐渐增加，为共同富裕奠定了坚实的基础。在国际平等方面，中国通过"一带一路"倡议框架为沿线国家和地区的经济增长注入了新的动力，并

---

① 习近平：《在全国脱贫攻坚总结表彰大会上的讲话》，人民出版社2021年版，第1、2页。

着力促进发展中国家的经济发展，缩小了不同国家之间的差距。这主要表现为对一些最不发达的国家实施特别优惠关税待遇，积极通过提供医疗物资和疫苗帮助发展中国家抗击疫情，积极参与全球金融体系改革和移民管理改革等，充分彰显了负责任的大国形象。

中国脱贫攻坚战大致与"一带一路"倡议同步展开，其所取得的一系列成就是在共建"一带一路"框架下巩固的，二者将产生有益的相互促进作用。中国历史性地消灭了绝对贫困，率先实现了联合国 2030 年可持续发展目标，中国在消除贫困的过程中所积累的宝贵经验和坚持以人民为中心的理念可以为世界其他国家提供借鉴意义。

2. 经济发展

《联合国 2030 年可持续发展议程》17 个可持续发展目标中的第 8、9、12 项意在促进持续与包容的经济增长，带动充分的生产性就业，建设更具抵御灾害能力的基础设施以及采取可持续的消费和生产模式。经济发展内嵌于发展经济学的每一个方面，我们可以在发展经济学的框架下将经济发展的内涵界定为经济增长、工业化、现代化和生产消费等方面。推动创新以实现具有包容性和可持续的工业化，通过可持续的消费和生产模式消除经济增长与环境恶化之间的联系，不仅可以积极有效地推动经济的增长，还可以促进经济方式朝着可持续、绿色的方向转变。经济发展能在一定程度上带动就业、社会、教育、卫生等方面的进步，是人类进行其他诸多活动的基础和前提。如果没有个人和社会层面上坚实且持续不断的经济发展，人类的各种潜能将无法实现，因此，《联合国 2030 年可持续发展议程》尤其强调经济发展的重要性。"一带一路"倡议旨在打破当前国际局势下的贸易保护主义、民粹主义和单边主义等逆全球化思想，不断推动国际合作，深化经济体制改革，推动世界经济高质量发展。一方面，"一带一路"倡议力求推动贸易和投资自由化，提高中国对外开放水平，维护海外企业的合法利益；另一方面，"一带一路"倡议坚持共商共建共享原则，秉持绿色、开放、廉洁理念，深化国际产能合作，促进共同发展。

新冠肺炎疫情发生以前，最不发达国家的国内生产总值也远未达到7%的可持续发展目标值，疫情又让世界陷入了严重的经济危机。在全球经济下行的情况下，中国在促进本国及周边、"一带一路"倡议沿线国家和地区的经济发展方面做出了突出贡献，为实现2030可持续发展目标提供了中国能量。在2021年12月4日的国际金融论坛（IFF）第18届全球年会上，IFF发布了首期《IFF全球金融与发展报告》，数据显示，中国以26.3%的贡献率成为全球经济增长的最大贡献国。2021年6月23日，中国外交部部长王毅在"一带一路"亚太区域国际合作高级别会议上做主旨发言时指出："中国与'一带一路'合作伙伴贸易额累计超过9.2万亿美元，中国企业在沿线国家直接投资累计超过1300亿美元。世界银行报告认为，'一带一路'倡议全面实施将使全球贸易额和全球收入分别增长6.2%和2.9%，并有力促进全球经济的增速。"[①]

共建"一带一路"显著推动了沿线国家的经济增长，并且随着时间的推移，对沿线国家经济增长的促进作用将会逐渐增强[②]。这主要表现在，中国在沿线国家基础设施方面的建设对沿线国家交通改善、经济发展起到了重要推动作用[③]；中国的对外直接投资以及对外承包的工程项目在促进沿线国家经济增长方面也发挥着关键作用[④]。"一带一路"倡议一方面提高了中国与世界联动发展的水平和能力，将国内国际市场的潜能和效能充分开发出来，另一方面也提升了中国的国际道义形象，为欠发达国家和地区乃至整个国际社会带来了宝贵的发展机遇。通过共建"一带一路"的国际合作，国际社会找到了

---

① 《坚定信心，加强团结，携手建设更加紧密的"一带一路"伙伴关系》，外交部官网，https://www.fmprc.gov.cn/web/ziliao_674904/zyjh_674906/202106/t20210624_9180807.shtml，2021年6月23日。

② 曹翔、李慎婷：《"一带一路"倡议对沿线国家经济中增长的影响及中国作用》，《世界经济研究》2021年第10期。

③ Hsu，L，"ASEAN and the Belt and Road Initiative：Trust-building in Trade and Investment，" *Unificazione & Certificazione*，Vol. 3，No. 1，2020，pp. 1–43.

④ 姬超：《"一带一路"建设的中国要素分解及其外部性检验》，《国际贸易问题》2019年第9期。

超越意识形态分歧、社会制度差异及地缘政治纷争和发展水平鸿沟的新方向。

中国坚持和践行真正的多边主义,构建紧密的互联互通伙伴关系,通过多边合作框架开展形式各异的合作模式。全球跨境投资虽受新冠肺炎疫情影响有所减少,但"一带一路"投资合作项目却稳中有进。2021年,中国对"一带一路"沿线国家投资合作依旧呈现持续增长之势,其中,1—9月中国对沿线国家非金融类直接投资148.7亿美元,同比增长14.2%;在沿线国家承包工程完成营业额618亿美元,同比增长16.3%;与此同时,一大批境外项目和园区建设在稳步开展和推进。[①] 截至2021年8月底,中欧班列累计开行1.003万列,发送集装箱96.4万标箱,中欧班列已铺画好了73条运输线路,实现了与欧洲23个国家的170多个城市的便捷相通,这进一步为"一带一路"沿线国家和地区的经济发展提供了有力支撑。[②] 在共建"一带一路"相关主题下,中国为沿线国家举办了4000多期官员研修项目,支持打通"六廊六路"建设和空中枢纽建设,提升贸易发展能力和搭建多边融资合作平台。

中国经济的高度发展以及对全球经济增长的贡献是当今世界发展的奇迹。中国在"一带一路"倡议下不仅自身实现了经济增长,还为沿线国家和地区的经济发展提供了平台,通过诸多共建"一带一路"文件的签署及多个合作框架的搭建,沿线国家的经济发展将会实现新的飞跃。可以说,中国已经成为世界经济发展的引擎,并为联合国2030年可持续发展目标的实现提供了切实的保障。

3. 健康与可持续的社会

发展经济学认为,社会是人类居住和生活的重要区域,也是人类

---

① 《我国对一带一路沿线国家投资合作持续增长》,中华人民共和国中央人民政府网,http://www.gov.cn/xinwen/2021−10/22/content_5644202.htm,2021年10月22日。

② 《八年来硕果累累,"一带一路"倡议为何受热捧》,"一带一路"网,http://ydyl.china.com.cn/2021−09/13/content_77749142.htm,2021年9月13日。

活动的基本单元，因此，建立包容与可持续的社会对于人类发展和进步具有不可忽视的作用。社会是一个内容广泛的复杂体系，包括教育、卫生、社区、生活方式等各个方面，在《联合国2030年可持续发展议程》中则体现为良好健康与福祉、优质教育、清洁饮水和卫生设施、可持续城市和社区。尤其是面临全球公共卫生危机时，人们的生活方式、健康状况乃至社区环境都发生了巨大变化，建设健康与可持续的社会显得尤为重要。"一带一路"倡议并不单纯追求经济的增长，而是将经济增长、社会进步和人类发展视为一个相互依存的体系，推动整体社会的健康和可持续发展，它不仅包含人类生存所需要的基本生活资料，还关注人之为人所需要的尊严和体面。

长期以来，中国大力推行和谐社会的构建，以实现区域协调、建立和谐劳动关系、维护教育公平、完善医疗卫生服务体系，在一定程度上激发了社会活力，增进了社会的团结与和睦。与此同时，中国也在积极推进国家之间社会各个领域的发展与合作。在教育领域，自2012年起，中国每年出资200万美元与联合国教科文组织合作设立信托基金，关注全民教育，尤其是弥合非洲教育差距与教师发展等问题；在联合国推动数字化教育的过程中，中国积极支持并以切实的行动协助促进灵活、混合、多样学习模式的开展。在卫生发展方面，中国始终践行生命至上和人民至上的理念，推进广大发展中国家的公共卫生体系建设。中国在非洲国家建设了50多个医疗卫生基础设施项目，帮助20多个国家培养了建立专业科室的能力。此外，2015—2019年，中国派出了202批次3588名援外医疗队员医治当地患者，同时带教培训当地医务人员，在25个国家实施了近万台手术，不仅增强了当地的医疗卫生服务质量，还有效提升了其医疗卫生基础能力。在基础设施方面，中国在诸多发展中国家实施了一批公益设施、能源设施等建设项目，例如，帮助菲律宾、塞尔维亚、布隆迪等实施了城区主干道建设，提升了城市的通行能力；帮助马尔代夫建设了中马友谊大桥，打通了相邻岛屿及经济发展的大动脉；帮助改善圣多美和普林西比、斯里兰卡等国的供水及污水处理系统，为改善居民生活品质提供了重要支持。

中国在用自己的实际行动践行联合国可持续发展目标，尤其是"一带一路"倡议为中国的国内及国际和谐社会的构建提供了重要的基础和平台，使得《联合国 2030 年可持续发展议程》中对社会发展的目标要求有了切实的响应，中国"一带一路"倡议是对联合国可持续发展目标的现实推进。

4. 气候与环境

发展经济学密切关注气候和环境以及发展的可持续。《联合国 2030 年可持续发展议程》强调，要加强全球应对气候威胁的能力，呼吁全球关注气候和环境问题，并为此作出积极行动。同时，将当前全球公共卫生危机转化为机遇，通过绿色过渡、绿色就业与可持续和包容性增长、绿色经济、投资可持续解决方案、应对所有的气候风险、合作六项行动，实现经济的可持续转型。中国"一带一路"倡议提出了绿色、健康发展的理念，全面落实《巴黎协定》，有效推进《生物多样性公约》，为推动应对气候变化的国际合作作出了不懈努力。

为应对气候变化，中国积极开展南南合作，不仅提升自身应对气候变化的能力，更是帮助发展中的小岛屿国、非洲国家等提升应对能力。例如，2013—2018 年举办了 200 多期气候变化与生态保护主题的研修项目，设置了环境管理与可持续发展等可获得学历学位的相关专业，先后举办了 36 期"中国沙漠治理技术与荒漠化防治国际培训班"。此外，中国还帮助广大发展中国家编制环境保护的发展规划，向缅甸等国赠送太阳能户外发电系统，向埃塞俄比亚赠送微小卫星以帮助其提升气候灾害预警的检测能力。在 2020 年 9 月第七十五届联合国大会一般性辩论上，习近平主席宣布中国将争取在 2030 年前实现碳达峰，努力争取 2060 年前实现碳中和。[①] 2021 年 10 月，中共中

① 《习近平主席第七十五届联合国大会一般性辩论上发表重要讲话》，《人民日报》2021 年 9 月 23 日。

央、国务院印发《关于完整准确全面贯彻新发展理念做好碳达峰碳中和工作的意见》和《2030 年前碳达峰行动方案》，将碳达峰碳中和纳入经济社会发展和生态文明建设的总体布局中。为全面落实《联合国 2030 年可持续发展议程》中气候行动的目标，中国加快推进了清洁低碳的能源转型发展，2020 年中国非化石能源消费比重已达世界平均水平，煤炭消费比重下降到 56.8%，并在"十四五"时期严控煤电项目，中国的水电、风电、光伏等多项指标保持在全球第一，累计关停落后煤电机组 1 亿多千瓦，建成了世界上最大的清洁煤电供应体系。不仅如此，中国高度重视生物多样性的保护，坚持用生态文明的理念指导发展，共建山水林田湖草生命共同体。在过去的十年间，中国森林资源增长面积超过 7000 万公顷，占世界首位。85% 的重点野生动物种群及 90% 的陆地生态系统类型得到了科学有效的保护。在 2021 年 10 月 11—15 日举行的联合国《生物多样性公约》缔约方大会第十五次会议中，习近平主席提出了以生态文明建设为引领、以绿色转型为驱动、以人民福祉为中心和以国际法为基础的四点主张，[①] 为全球气候和环境保护注入了新动能。

中国的"一带一路"倡议在应对气候变化、推进清洁能源转型发展、发展绿色低碳经济以及保护生物多样性等方面，为其他国家在应对气候变化和环境保护方面起到了榜样作用，不仅彰显了中国大国担当，还体现了全球情怀。

5. 投资与援助

《联合国 2030 年可持续发展议程》中实现可持续发展目标的最后一项是促进目标实现的伙伴关系，只有加强全球合作与构建伙伴关系，才能有效推进可持续发展目标的实现。相关数据显示，国际援助的水平在下降，很多援助国并没有兑现增加发展援助的承诺。尤其是

---

① 《习近平〈生物多样性公约〉第十五次缔约方大会领导人峰会并发表主旨讲话》，《人民日报》2021 年 10 月 13 日。

新冠肺炎疫情的暴发更加凸显全球团结不仅仅是一种道义上的责任，更加关乎每个人的利益。因此，联合国呼吁国家之间采取有效措施提升投资与援助水平，建设可持续发展的全球伙伴关系。

中国的"一带一路"倡议，其重要途径就是要建设开放、包容的合作平台，坚持共商共建共享的联动发展，建设新型的伙伴关系，通过开展务实合作，共同构建人类命运共同体。截至 2021 年，同中国签署共建"一带一路"合作文件的伙伴国达 141 个，合作的国际组织达 32 个。伙伴关系外交与"一带一路"倡议实现了完美对接，从 1993 年中国与巴西首次建立伙伴关系到 2018 年的 25 年间，近 50％的新型伙伴关系是在"一带一路"倡议提出后六年内建立的，2013—2018 年，中国与 49 个国家及地区组织建立了新的伙伴关系，占当时中国伙伴关系总数的 46％。"一带一路"倡议开局之年所建成的伙伴关系数量尤多，中国伙伴关系国和地区组织的分布范围已经几乎遍布世界各地区[①]。中国也开展了形式多样的伙伴关系构建，如 2021 年 6 月 22 日在"一带一路"亚太区域国际合作高级别会议期间，与 28 个国家发起了共建"一带一路"绿色发展伙伴关系倡议和共建"一带一路"疫苗合作伙伴关系倡议，前者聚焦于从经济、社会和环境三个维度，共促绿色、低碳和可持续发展[②]，努力实现 2030 联合国可持续发展目标，后者着力于疫苗的监管和疫情的防控。

在"一带一路"倡议的框架内，增加对发展中国家的投资与援助也是重要方面。中国对外援助资金的规模不断扩大，援助范围也不断拓展，2013—2018 年，中国对外援助额达 2702 亿元，其中包括无偿援助（占比 47.3％）、优惠贷款（48.52％）和无息贷款（4.18％）。在此期间，中国向亚非欧拉及加勒比和大洋洲等地的 122 个国家和 20 个多边组织提供了援助，在援助实施的方式上也更加多

①　王晨光：《中国的伙伴关系外交与"一带一路"建设》，《当代世界》2020 年第 1 期。
②　张红丽：《中国对"一带一路"沿线国家投资与碳排放关系的研究》，《中国矿业》2021 年第 10 期。

元。中国还支持帮助其他发展中国家增强自主发展能力，例如，同联合国设立统计能力开发信托基金，为 59 个发展中国家的近 900 名政府统计人员提供培训服务；2017 年，中国设立了南南合作援助基金（SSCAF），帮助加强世界欠发达国家的灾后重建与恢复工作，为孟加拉国、巴基斯坦、安提瓜、尼泊尔、巴布达的灾后重建作出了突出贡献；到 2021 年 10 月中旬，中国已向 100 多个国家和国际组织提供了超过 15 亿剂新冠疫苗，还向世界卫生组织主导的"新冠肺炎疫苗实施计划"捐赠 1 亿美元，这些都体现了中国以务实的行动践行着构建人类卫生健康共同体的理念。

中国在投资与援助方面切实践行着 2030 联合国可持续发展目标，加快落实各项发展倡议，积极参与全球治理，开展多边主义的合作模式，努力构建更平等均衡的全球发展伙伴关系，为全球在疫情之下可持续发展目标的实现提供了重要的保障和宝贵的借鉴。

综上所述，基于发展经济学的逻辑视角，本文细分出包含五个方面的分析框架，分别是贫困与不平等、经济发展、健康与可持续的社会、气候与环境、投资与援助。在这个框架中，中国"一带一路"倡议无论是在理念还是在行动中都在践行着 2030 联合国可持续发展目标，并不断提出更高的标准为可持续发展目标的最终实现作出表率。"一带一路"倡议大力推进了扶贫减贫目标的达成进程，提升了国家内和国际间的平等度；促进了沿线国家和地区的经济增长以及经济转型；使得社会体系更加完善也更具有包容性和可持续性；诸多应对气候变化和环境危机的举措也起到了重要作用；与广大发展中国家分享自身经济发展的红利，加大投资与援助规模，提升投资与援助的水平，真正为人类命运共同体的构建贡献着中国力量和中国智慧。

四　新时期的契机与挑战

中国"一带一路"倡议是致力于全人类实现可持续发展目标的中国方案和中国智慧，从"一带一路"倡议的提出到实践，中国在维护世界和平与安全、促进全球发展、推动国际法治建设、支持联合国在国际中的核心作用、促进和保护人权、推进社会领域的发展与合作、提升人类卫生健康水平等方面发挥着重要作用，这既符合新时期发展经济学的要义，也突出了中国的国际道义。当前世界正处于百年未有之大变局中，全球公共卫生危机的影响、大国地缘政治竞争态势的严峻、联合国的"行动十年"呼吁等都进一步考验着国际社会行为体的治理能力，如何将危机转化为契机，有效应对新形势的挑战将是摆在各国面前的重要议题。

1. 全球公共卫生危机

新冠肺炎疫情这一全球公共卫生危机使国际社会的常规制度和社会规范受到不同程度的破坏，并以前所未有的方式给人类社会敲响了警钟。全球经济的大幅度下滑、贫困人口的急剧增加、不平等现象的加剧、民众生活质量的下降以及援助国承诺力的弱化等，在一定程度上都肇始于疫情的影响。2020 年，全球大约有 1.2 亿人重新陷入了极端贫困，极端贫困率 20 年来首次上升，同时，发展中国家的债务困境加剧，外国直接投资和援助的承诺可信性下降。疫情的暴发使得全球数十年取得的进步停止或者逆转，国家内部及国家之间的不平等现象加剧，欠发达国家和地区受到的风险打击尤为巨大，经济遭受重大损失。在此背景下，各国需要重建有效的多边主义合作框架、投资数据和信息系统，在危机中激发复原力、适应力和创造力。

全球公共卫生危机之下，制造业受到的打击比 2008 年国际金融危机时期更为严重，2020 年全球制造业生产下降了 6.8%，在这种情势下增加研发方面的投资就变得至关重要。同时，在疫情之下，有助于塑造公平社会的财政和金融政策在欠发达国家的作用并没有那么大，公平与包容性的社会目标还远未达成，数亿人仍生活在脆弱和易受冲突影响的国家和地区。对于众多发展中国家而言，经济能力和资源使其难以应对新冠肺炎疫情，经济社会的恢复难度较大，在一定程度上甚至出现了新的发展危机。因此，各国需要团结合作，扩大国际支持，增强政治承诺的效力。由于以上现象的出现，联合国及时发布了《针对2019年新冠肺炎疫情的社会经济快速响应框架》，包括一体化的支持协作、确保基本的卫生服务、通过社会保护和服务帮助人们应对灾难、经济复苏计划、宏观经济政策的有效运行、提升社会粘合力和社区响应能力等，这六个方面涵盖了从经济到社会、从卫生到就业、从个体到群体、从宏观到微观全方位保障，尤其强调了对最弱国家群体的关注，以期不让任何一员掉队。联合国还开启了诸如《全球人道主义应对计划》、"联合国应急和恢复基金""团结应对基金"等多项举措。全球公共卫生危机之下，单靠任何国家的一己之力都难以有效应对和管控，只有加强全球团结，才能将整个国际社会的凝聚力整合起来，实现资源的有效调配。在这个问题上，中国以对疫情敏锐的研判力和协调各方的行动力实现了有效管控疫情的目标，同时中国向世界分享管控经验，向世界多国援助防护物资、传播防护技术，帮助其他国家渡过难关。

疫情的暴发扩大了世界的信任危机，以新冠疫苗为例，80%以上的疫苗流向了二十国集团国家，低收入国家或欠发达国家只获得了0.6%的疫苗，这不仅没有体现全球团结的进步，反而进一步加剧了不同发展程度国家之间的信任危机。这就需要各国在政府、私营部门和国际组织等参与者之间搭建桥梁，在保证包容性和透明度的基础上构建一种有序和共同的"净零"融资模式，通过让更广泛的行为体参与进来，获得更多可持续发展的资金。这次全球公共卫生危机虽然给人类带来了前所未有的挑战和灾难，但危机中存在机遇，这也成为世界各国弥合分歧和管控冲突的重要时期，不管是基于意识形态、国家利益、文明差异还是权力博弈的矛盾，各国都需要摒弃意识形态的竞争，将疫情防控和携手合作摆在更为重要的位置。同时，全球公共卫生危机也为各国重新思考人类命运共同体提供了契机，中国在国际社会中的积极担当和作为，以促进全人类的福祉为己任的情怀在一定程度上为其他国家提供了宝贵的现实经验。

2. 大国地缘政治竞争态势

美国全球战略中心东移以来，从奥巴马政府至拜登政府，先后提出了"亚太再平衡战略"和"印太战略"，究其背后的根本原因，很大一部分源于美国对自身国际地位的不安全感和"霸权焦虑"。这种现象充分说明，"国强必霸"传统地缘政治思维仍在当前欧美国家发挥着重要影响。因此，当中国综合实力和国际社会影响力都大幅度上升之时，西方国家以冷战思维将中国看成"竞争对手"。面对体系中的后起国或新兴大国，其他国家会为了维护自身的安全而做出多种反应。对于大国和强国来说，制衡是其能力范围内做出的常见选择；而对于小国和弱国而言，为了获得更多的安全保障，虽然可能会损失部分主权利益和国家能动性，但追随强者或者"搭便车"仍是一个惯常的战略考虑。这些都是基于传统的"零和博弈"和冷战思维所做出的战略抉择，这两种国家行为模式在冷战时期更为常见。中美竞争态势的升级、美国单边主义和贸易保护主义的猖獗，都使得国际社会的不确定性、不稳定性和国际局势的不明朗性更加突出。这对于以往在美国安全保护伞下的国家而言，美国的霸主地位能够维持多久，以及它所提供的公共产品能够持续多久都成了未知数。就此而言，中国只是西方构建的"假想敌"，因为从中国的文化基因到现实的外交行为都不断印证着中国所要构建的是"美美与共""合作共赢"的"人类命运共同体"。然而，中国的合作姿态并未减缓美国遏制中国的步伐。美国以"印太战略"为平台，在印太地区屡屡动作，搅局南海问题、充当中印边界矛盾的幕后黑手、在中国台湾问题上频频越界，从东北亚到东南亚再到南亚地区不断构建围堵中国的圈层，使得中国的周边环境进一步严峻。除此之外，世界其他地区的传统安全及非传统安全问题也在不断凸显，这也加剧了国际形势的紧张态势。

中美之间的严峻态势使得国际社会难以维持平静，尤其是在新冠肺炎疫情的背景下，这种紧张态势更为明显。中美关系并非简单的双边关系，在维护全球秩序和为全球提供公共产品方面，中美各自发挥着重要和不可替代的作用，两国在诸如应对气候变化、管控疫情、打击恐怖主义等多个领域建立了紧密的合作关系，任何一方的缺席对于国际社会而言都是难以想象的。在这种大国地缘政治态势的严峻背景下，其他国家也在不断调整自己的战略选择。中国"一带一路"倡议多个项目为诸多国家带来了发展红利，在经贸、社会、人文交流等领域与中国建立了紧密的联系，中国已然是国际社会不可或缺的重要力量；而另一方面，美国公共安全产品的输出也使得一些国家在安全上与美国的关系较为密切，因此，或追随，或制衡，或对冲，成为这些国家的重要选择。针对地缘政治态势的变化，中美之间应管控分歧，杜绝"假民主""小圈子"和意识形态的偏见，以真正的多边主义开启国际交往，在可持续发展问题领域展开密切合作，为 2030 可持续发展目标的实现贡献力量①。

2021 年 12 月 9—10 日，拜登政府组织 110 个国家召开了所谓的"民主峰会"，会议以对抗威权主义、打击贪腐和促进对人权的尊重为主题，其中包括建立一个"未来互联网联盟"，也就是在同一天，美国宣布对中国、朝鲜、缅甸等八个国家的几十个个人和机构实施制裁。美国打着民主的旗号其实是在肆意干涉别国内政，严重违反了国际法的基本准则，是对真正民主的侵犯和践踏。美国夸大意识形态和价值观的差异，对内只追求形式民主和程序民主，而忽略了实质民主和结果民主，美国的金钱政治和少数精英政治其实是美式民主制度的痼疾，在国际社会上，美国以冷战思维拉拢其他国家围堵中国，不仅破坏了国际社会的和平稳定，也扩大了国家之间的鸿沟。除了中美之间的竞争态势严峻之外，欧盟、日本、澳大利亚等国家和国际组织也加入到权力博弈之中，美国与欧盟 2021 年 12 月 3 日举行"美欧中国议题对话"并发表联合声明，将以负责任的方式管理与中国的竞争和系统性对抗（System Rivalry），日本部分领导人肆意对中国台湾问

---

① 张贵洪：《中国、联合国合作与"一带一路"的多边推进》，《复旦学报》（社会科学版）2020 年第 5 期。

题发表言论，称"台湾的紧急情况就是日本的紧急情况"。美国计划在 2022 年与亚洲国家共同推行经济框架协议，这是将科技和经贸问题的政治化。欧盟在 2021 年 12 月公布了"全球门户"的全球基建投资计划，到 2027 年之前，欧盟可能会投资 3000 亿欧元用于全球基础设施建设，但是其前提是以价值观为基础，被投资国需符合欧盟的民主价值观，虽然表面看来这是一项惠及全球发展的措施，但实质上隐含着干涉别国内政的行为。这被看成与中国"一带一路"倡议的竞争，但是中国的经贸项目和投资建设并不与政治挂钩，而是真正做到了互不干涉内政与合作共赢。

3. "行动十年"和"行动主义超级年"

距离 2030 可持续发展目标的期限还有近十年时间，为如期完成目标，使人类社会发展水平更上一个台阶，在 2019 年 9 月的可持续发展目标峰会上，世界各国领导人呼吁开展"行动十年"的规划，呼吁加速行动，在所有相关的经济、社会及其他领域采取协调一致的行动，努力实现不让任何一个人掉队、筹集充足的资金并加以明智使用、加强国家的执行能力、建设更有效负责透明的机构、加强地方行动、建设抗灾能力、加强全球伙伴关系、重视数字转型、加强国家统计能力以及强化高级别政治论坛。联合国秘书长呼吁世界在全球层面、地方层面和个人层面开展"行动十年"，在全球层面，应着力于全球行动，以更强的领导力和更明智的解决方案为可持续发展目标注入动能；在地方层面，各级政府和城市需要在制度和监管框架上做出必要的转型以符合可持续发展目标的要求；在个人层面，需要将每个人动员起来调动积极性和创造力，推行必要的新商业模式改革。虽然相对而言，人们的生活质量得到了一定提高，国家综合国力也在不断上升，但不平等与气候危机仍然时刻威胁着人们，因此"行动十年"的核心是采取行动，消除不平等、增强妇女和女童的权能，以及有效应对气候紧急状况。新冠肺炎疫情使国际社会遭受重创，一定程度上为 2030 联合国可持续发展目标的实现带来了巨大挑战，基于此，一些民间组织呼吁开展"行动主义超级年",以更紧密的合作和更大的力度加强行动和创新,重新塑造人与人的关系、重新平衡人与自然的关系,从加大资金投入等多个方面为可持续发展提供更多保障。

"行动十年"和"行动主义超级年"的倡议为世界各国的进一步发展提供了一定的指导作用,不管是"行动十年"还是"行动主义超级年"都呼吁加强对世界重大挑战进行有效应对,在贫困、不平等、气候变化以及资金缺口方面都有涉及,在传统挑战和新挑战的叠加之下,各方行为体都需要被动员起来,增强对可持续发展目标的认知,并调动其积极性促进可持续发展目标的实现。除此之外,还需要设定更高的发展目标,以及提出针对问题的有效解决方案。中国在此方面不仅以"一带一路"倡议切实给出了中国方案,还通过"一带一路"倡议下的多层次、多结构以及多领域的合作关系开展了具体行动,提出共建创新包容的开放型世界经济,深入探讨全球治理体系的新思路,构建多类型伙伴关系、搭建经贸合作平台、分享疫情防控经验和技术,强有力地推动了可持续发展目标实现的进程。中国以切实的行动和真实的数据显示了在践行 2030 联合国可持续发展目标中的贡献,在"行动十年"的倡议下,将以更显著的成效和积极的行动实现可持续发展。"行动十年"倡议与中国"一带一路"倡议相得益彰,中国也将以更强有力的赋能行动参与国际社会的治理,坚定维护多边贸易和治理体制,与各国携手应对全球性挑战。

五 结论

本文以发展经济学为理论分析视角,结合国际政治相关理论,通过对既有研究成果的评析和对发展经济学的逻辑机理的阐释,结合当前国际局势、中国"一带一路"倡议的理念与实践、2030 联合国可持续发展目标,验证得出中国的"一带一路"倡议与 2030 联合国可持续发展目标完全吻合。2030 联合国可持续发展目标呼吁各国采取有力举措,中国以"一带一路"倡议贡献了中国方案和中国智慧,并在减贫、减少不平等、经济发展、构建包容与可持续的社会、应对气候与环境问题、投资与援助等方面作出了突出贡献。"一带一路"倡议不仅有力促进了2030联合国可持续发展目标的实现，还进一步深化了目标的意义，更为其他国家的"行动十年"和"行动主义超级年"起到了典范作用。

1. 发展经济学视角下的理论总结

发展经济学兴起于第二次世界大战之后，它以更全球化的研究视角、更深刻的解释路径凸显了在解释发展中国家经济发展方面的优越性。就发展问题而言，发展经济学不仅关注资源的优化配置，更关注发展中国家的经济与社会机制。通过分析不同学者对发展经济学理论的评析可知，发展经济学大体经历了新古典主义、结构主义、新自由主义和激进主义的演变历程。新古典主义重视市场的作用，但是当市场失灵而导致一系列问题出现之时，结构主义提出了国家的重要性，认为国家的宏观调控不可或缺。在一些国家尤其是一部分发展中国家，权力寻租与政府腐败影响了制度的优化和经济发展，于是新自由主义提出应弱化政府作用，激进主义则以一种解构主义的视角重新认知了造成当今国家之间发展差异的原因，依附论由此而生[1]。发展经济学的视角不仅综合当前的发展动态，还以一种演变的过程追踪模式研究对象的演变历程，同时也兼顾了当前国际政治格局的变化和权力竞争的态势变动，这对于从历史和现实的角度考量"一带一路"倡议以及2030联合国可持续发展目标都有更为重要的作用。虽然新时期"一带一路"倡议与2030联合国可持续发展目标的达成面临着全球公共卫生危机、大国地缘政治严峻态势、"行动十年"与"行动主义超级年"的挑战，但是基于日臻成熟的制度和机制，不管是中国还是其他国家都可以在危机中探寻转机，为达成可持续发展目标提供更多保障。

---

[1] 孙来斌、颜鹏飞：《依附论的历史演变及当代意蕴》，《马克思主义研究》2005年第4期。

2. "一带一路"倡议与 2030 联合国可持续发展目标的完美契合

通过有效数据和案例，本文发现"一带一路"倡议与 2030 联合国可持续发展目标实现了完美契合。在贫困与不平等方面，中国提前 10 年完成了可持续发展目标中的"无贫困""零饥饿"，历史性地解决了绝对贫困问题；中国促进了社会各领域的平等，尤其在性别平等上取得了重大进步，中国以"一带一路"倡议为契机积极参与国际减贫与减少不平等的合作并取得了突出成效。在经济发展方面，中国秉持共商共建共享的原则，以政策沟通、设施联通、贸易畅通、资金融通、民心相通搭建了多重合作平台，促进了全球的合作共赢，进一步完善了国际治理体系。在健康与可持续的社会方面，倡导数字、绿色与健康的发展理念，为可持续的经济发展开拓了空间。在"一带一路"倡议的框架之下，中国不仅积极参与联合国的科教文卫等领域，还开展了形式多样和内容丰富的合作项目，促进了社会发展的健康与可持续。在气候与环境方面，中国为应对气候变化的全球合作做出了不懈努力，从碳达峰、碳中和目标出发设定了严格的发展目标，并加快推进清洁能源与低碳经济的发展，以生态文明建设为引领，重视生物多样性的保护，有力推动了全球气候行动的步伐[1]。在投资与援助方面，"一带一路"倡议不仅增加了对发展中国家的投资力度与规模，还积极响应"全球人道主义应对计划"，与世界多国和国际组织建立良好的伙伴关系，以切实行动践行人类命运共同体的理念；中国是融入全球贸易体系推动世界发展的典范，"一带一路"倡议的提出和实践促进了中国融入世界贸易体系的深度，为构建互利互惠的经贸关系和世界数百万人摆脱贫困作出了突出贡献[2]。

3. 对未来一段时期的展望

中国"一带一路"倡议是完全契合 2030 联合国可持续发展目标

① Falon, T, "The New Silk Road: Xi Jinping's Grand Strategy for Eurasia," *American Foreign Policy Interests*, Vol. 37, No. 3, 2015, pp. 140－147.

② 朱磊、陈迎:《"一带一路"倡议对接 2030 年可持续发展议程——内涵、目标与路径》,《世界经济与政治》2019 年第 4 期。

的中国方案和中国智慧。在未来一段时间内，新冠肺炎疫情还将会在一定程度上影响国际社会的发展，大国地缘政治态势也存在众多难以预测的因素，但在新发展格局之下，中国继续坚持开放合作，以多边主义和共商共建共享的原则推动高质量建设"一带一路"，并将其打造成合作之路、健康之路、复苏之路与绿色之路。中国将继续为世界和平与全球发展贡献方案和力量，坚定和平发展道路的同时，使"一带一路"倡议与《联合国 2030 年可持续发展议程》进行有效对接，探寻健康、绿色、数字、创新的丝绸之路模式，维护国际秩序的良好运行，提供全球公共产品，真正实现发展中国家对安全与健康的可及性与可负担性。例如，在"绿色一带一路"的倡导下，中国生态环境部（MEE）开发了"全过程评估框架"，覆盖项目的开发、评估和监督等过程以协助参与主体采纳和落实相关政策建议，这不仅有利于"绿色一带一路"的建设，也促进了能源的可持续性利用，对2030 联合国可持续发展目标的实现提供了重要指导。

中国构建人类命运共同体的目标不变，将始终坚守互利共赢的开放战略，打破"零和博弈"的桎梏，倡导多边主义合作框架，力求全面落实《联合国 2030 年可持续发展议程》，在相互尊重与平等互利的基础上，积极发展与世界各国的友好合作关系，推动新型国际关系的构建。联合国也在以 2030 可持续发展目标的实现敦促全球团结与合作，推动加强各国在传统安全与非传统安全领域的合作。基于此，推动"一带一路"倡议高质量发展将成为落实 2030 联合国可持续发展目标的典范，并将继续为国家和地区间合作创造更多可能性与机会。我们相信，"一带一路"倡议高质量发展将开辟人类和平与发展的新境界，助推 2030 联合国可持续发展目标的落实，进而开启全球发展的新格局新面貌，推动实现更加强劲、绿色、健康的全球发展，并以其丰富实践和丰硕成果进一步筑就实现全球发展倡议目标的阳光大道。

（王灵桂、杨美娇，载《中国工业经济》2022 年第 1 期）

"一带一路"：国际新秩序
生成的推进器

当今世界正处于百年未有之大变局，变局之下，也伴生着百年未有之机遇：发展中国家群体性崛起，国际格局进入转型调整期，多极化世界更趋均衡。在此情况下，中国提出的"一带一路"倡议在新的世界格局和国际秩序重构过程中，发挥着重要作用。

公平公正：发展中国家呼吁已久

第二次世界大战后，发展中国家面对自身在全球发展进程中的不平等地位，一直呼吁要构建国际新秩序。

1955 年万隆会议提出的和平共处五项原则代表了发展中国家要求政治平等的呼声。1973 年，第一次石油危机发生后，在第四届不结盟国家首脑会议上，发展中国家第一次提出"国际经济新秩序"的概念，核心是要建立公平公正的世界发展秩序。不过，这一愿望始终没有得到发达国家的积极回应。相反，西方发达国家在 20 世纪 80 年代推出了"华盛顿共识"，以此继续维持西方国家主导的国际旧秩序。

"华盛顿共识"以追求自由主义经济秩序为核心，将市场机制看作唯一可以激活经济发展的力量，提出"开放有益于发展"，要求发展中国家迅速开放贸易、投资，大幅调整政策。其宗旨是继续引导发展中国家走西方发展道路，采用放任自流的自由主义原则。这显然不能改变发展中国家在国际旧秩序中的劣势地位。

2013年，中国提出的"一带一路"倡议为发展中国家实现诉求提供了可能。随着国际力量对比的"东升西降"，"一带一路"建设正在以全新的理念、务实的精神稳步推进，让构建国际新秩序的梦想照进现实。

包容平等："一带一路"兼有新理念、新实践

"一带一路"是2008年国际金融危机之后首个由大国提出的全球性倡议。"一带一路"倡议提出，世界各国，无论大小，都有发展权，都应该获得公平、合理的发展，其包容式、平等式的发展观，为国际社会注入了新鲜理念。

"一带一路"倡议主张共商、共建、共享。共商意味着平等、包容，任何事情不能由一家说了算，那些将自己的发展视为"第一"或"优先"的想法已不合时宜；共建意味着共同投入，意味着行动，而不是口头说说；共享意味着公平分享人类发展的成果，为此，就需要变革不平等的分配机制、交易机制等。

西方一些国家担心"一带一路"倡议动摇传统西方社会建立的国际秩序，少数西方国家以各种手法抹黑或捧杀"一带一路"倡议。但"一带一路"倡议提出的理念光明正义，正因为如此，虽然从提出到现在只有短短6年时间，却引发了世界范围内的积极响应。

随着发展中国家在全球经济中的力量崛起，构建国际新秩序不再

是发展中国家的空想，而可以转化为具体的行动，"一带一路"倡议成为国际新秩序生成的推进器。

亚洲基础设施投资银行、金砖银行等问世，为发展中国家提供了发展所必需的基础设施资金。"一带一路"倡议首先从推进发展中国家基础设施入手，通过"五通"建设来解除发展中国家经济增长的瓶颈，从而实现发展中国家谋发展的愿望。

在现有基础上做增量调整

不可否认，西方发展道路历经数百年，在推进人类文明进步方面做出了不可磨灭的贡献。中国提出的"一带一路"倡议绝不是要改变有利于世界发展的理念或机制，而是要在现有基础上做增量式的调整，以推进国际新秩序的生成。

全球有待挖掘的经济增长潜力点还很多，"一带一路"倡议所要做的就是充分激发这些潜在增长力量。如，推进各国之间硬件互联互通，就要消除影响经济增长的物质瓶颈，激发生产要素的活力。再如，推进各国之间软件互联互通，就要消除阻碍经济增长的制度梗阻，提高经济运行效率。

"一带一路"建设是对发展中国家借助国际力量实现发展诉求的巨大支持，打破了零和游戏规则。从理念到实践，它都在为发展中国家谋求发展权益创造机遇。

（载《半月谈》2019 年 10 月 17 日第 19 期）

"一带一路":迈向光明之路

"一带一路"倡议自2013年9月提出以来，经历了夯基垒台、立柱架梁、落地生根、高质量发展的不同阶段，以其丰富的内涵和理念显示了"一带一路"的独特魅力。我们可以从多个维度，审视八年来"一带一路"的发展历程和成果。

新思路新方案

从中国与国际社会的关系来看，"一带一路"倡议提出八年来，树立了中国开放、开明、包容、合作的建设者形象，提升了中国的道义感召力和政策影响力。仅从发展的角度看，"一带一路"在超越意识形态分歧、社会制度差异、地缘利益纷争、发展水平鸿沟、共谋发展进步等方面都可圈可点。

美国麦肯锡公司对在8个非洲国家的上千家中国公司进行摸底调研之后发布的一份报告表明，这些公司员工中平均有89%是非洲本地人，也就是说，中国的一千多家公司为非洲创造了30万个就业岗位。美国约翰斯·霍普金斯大学的研究团队曾对尼日利亚20家中国公司进行调研后发现，当地中国制造业企业中的尼日利亚员工平均占比达85%。世界银行最近发表的一份评估报告认为，到2030年，共建"一带一路"有望帮助760万人摆脱极端贫困，帮助3200万人摆脱中度贫困。

"一带一路"倡议提出以来，中方始终坚持对话协商、共建共享、合作共赢、交流互鉴，同沿线国家谋求合作最大公约数。这使得中国与"一带一路"沿线国家的合作成绩斐然，硕果累累。

实践证明，共建"一带一路"之所以得到广泛支持，在于"一带一路"不仅仅是经济合作，而且是完善全球发展模式和全球治理、推进经济全球化健康发展的重要途径，也是顺应全球治理体系变革的内在要求，反映了各国特别是广大发展中国家对促和平、谋发展的愿望，彰显了同舟共济、权责共担的命运共同体意识，为全球治理体系变革提供新思路、新方案。

未来发展路径

2021年6月23日，习近平主席在"一带一路"亚太区域国际合作高级别会议书面致辞中指出，八年来140多个国家同中国政府签订了共建"一带一路"合作协议，构建全方位、复合型的互联互通伙伴关系，开创了共同发展的新前景。[①]

在这次会议上，与会的29位国家政要及其联合国的国际组织代表达成六点共识：各方期待构筑更紧密的伙伴关系，对接"一带一路"倡议与各方的发展战略和规划；疫情大流行是当前最紧迫的挑战，国际社会必须团结合作，共克时艰；进一步加强疫苗国际合作，推动疫苗作为全球公共产品在世界各国公平分配；"一带一路"国际合作应该把绿色发展放在突出位置，在绿色基建、绿色金融、绿色能源等领域打造出新的合作亮点；支持商品和人员跨境流动，支持各国

---

① 《习近平向"一带一路"亚太区域国际合作高级别会议发表书面致辞》，《人民日报》2021年6月24日。

继续推进贸易投资自由化、便利化；加快落实联合国 2030 年可持续发展目标，支持和践行联合国倡导的多边主义。这六点共识确立未来"一带一路"的发展路径。

一是打造和平的"一带一路"。2021 年 4 月，习近平主席在博鳌亚洲论坛开幕式致辞中强调，要平等协商，开创共赢共享的未来，国际上的事情应该由大家共同商量着办，世界前途命运应该由各国共同掌握。① 这些秉持古丝绸之路和平精神的倡议和宣誓，向世界展示中国决心打造和平"一带一路"的坚定信心。

二是打造繁荣的"一带一路"。在合作共建中，通过重新配制各自优势，释放各国发展潜力，实现经济融合、发展联动、成果共享，把"一带一路"建成繁荣之路。"一带一路"倡议提出以来，始终推动各国深入开展产业合作，通过经贸、产业合作园区，使彼此的产业规划相互兼容、相互促进，尤其是在加强国际产能和制造装备方面，抓住了新工业革命的发展机遇，不断为经济发展注入新的活力。

三是打造开放的"一带一路"。把"一带一路"打造成开放型合作平台，维护多边贸易，解决经济增长和平衡，是中国政府一直奋斗的目标。"一带一路"倡议提出以来，中国以开放为导向，同沿线国家一起创造有利于开放发展的环境，推动构建公正、合理、透明的国际经贸投资规则体系，推动自由贸易区建设，并进一步促进贸易和投资自由便利化，努力推动解决增长和发展不平衡、治理困境、数字鸿沟、分配差距等问题，推动发展中国家更好融入全球价值链、产业链、供应链。

四是打造创新的"一带一路"。中国在坚持创新驱动战略的同时，和沿线各国积极顺应新工业革命的发展趋势，共同把握数字化、网络化、智能化发展机遇，共同探索新技术、新业态、新模式，探寻新的增长动能和发展路径；加强在数字经济、人工智能、纳米技术的

_____

① 《习近平在博鳌亚洲论坛 2021 年年会开幕式上发表主旨演讲》，《人民日报》2021 年 4 月 21 日。

前沿领域合作，推动大数据、智慧城市建设，共同打造 21 世纪数字丝绸之路、绿色丝绸之路、创新丝绸之路。

五是打造文明的"一带一路"。八年来，中国推动建立多层次的人文合作交流、合作平台、合作渠道，特别是召开了首届亚洲文明对话大会，倡导不同文明互鉴交流，促进人类共同发展。持续实施和举办丝绸之路中国政府奖学金项目、汉语桥夏令营项目、"一带一路"青年创意与论坛等活动，推动共建"一带一路"国际智库合作委员会、新闻合作联盟等机构，为促进亚洲和世界文明对话发挥积极作用。迈向未来的路是光明的，但共建"一带一路"毕竟是前无古人的事业，没有经验可以借鉴，也没有先例可以遵循。当今世界面临百年未有之大变局、疫情大流行和中美大博弈，在国际关系、世界经济格局、地缘安全架构、文明共存态势等方面的变化的广泛性、深刻性、复杂性超过任何一个历史时期。未来，共建"一带一路"势必会在政治、经济、生态、环保、公共卫生、文明共存等各领域继续前行。

（载《丝路瞭望》2021 年第 10 期）

"'一带一路':普惠之路、文化之路、民生之路"

普惠共享,实践"一带一路"经济模式

资本主义自诞生以来,经过几百年的发展,成功造就了一批跻身"发达"行列的国家,但实际上只解决了全球七分之一人口的发展问题。其中,西方国家是主要受益者。而大部分发展中国家的贫困问题,并没有通过资本主义的路径得到有效解决。在长期以来形成的成熟运作模式中,西方国家建设的各类世界性、区域性金融机构为全球经济治理做出了一定贡献。但以 IMF 等为代表的国际金融组织,在向发展中国家提供贷款时,设置大量苛刻的附加条件作为"门槛",增加了发展中国家获取建设资金的难度。如何改革全球经济治理问题,成为广大发展中国家的共同呼吁。囿于性质局限,西方国家主导的全球性金融机构,虽屡经改革,依然难以摆脱资本主义的基本框架和内在逻辑。少数国家的少数人掌握了全球百分之九十以上的财富,在这样的发展模式中,没有平等互利可言。

2017 年达沃斯世界经济论坛上,习近平主席发出"共担时代责任,共促全球发展"的倡议,再次号召各国参与全球经济治理,实

现均衡普惠发展。① 其中的核心思想，就是经济发展要惠及世界人民，惠及全球所有国家，由人类共享发展成果。现在，在国内经济稳定的形势下，我们增加了对其他国家的发展援助，与各国携手共书发展新篇。

过去巴基斯坦因极度缺电，仅卡拉奇一个城市，每年就有 1000余人死于高温。议会大楼数十年饱受断电困扰，严重影响政府办公效率。中国是唯一帮助巴基斯坦大规模改善电力问题的国家，尤其是太阳能板实现规模化生产后，进一步加大了对巴基斯坦的电力基础设施支持，帮助解决其办公用电和生活用电问题。在中国支持下，牙买加建成了纵贯南北的大通道，境内人员、货物和商品流通极大便利化，其国内对中国援建的声音，也从初有质疑到拥护认同，完成了认知上的全方位转变。

类似的例子还有很多。各国共同见证了一点，那就是在改善贫困问题上，中国解决了西方国家长期以来没有解决的问题。中国有句老话："听其言，观其行"，对于国际关系也同样适用。这样的发展成就，是我们提出"一带一路"倡议的底气，也是让世界各国对我国发展理念信服的基础。"一带一路"倡议下的各类项目具有明显的示范作用，中国用共同发展的行动，为各国带来切实可见的利益，这种实实在在的获得感，必然进一步转化为各国对"一带一路"的持续性支持。共商、共建、共享的理念，在世界发展长河中，是史无前例的。在平等尊重的基础上，以互利共赢为目标，依托开放包容的发展心态，不设区域限制，不局限于沿线国家，而是囊括了所有愿意参与倡议的国家。这样的伙伴关系和兄弟感情，超越了简单的买卖关系，弥补了资本主义冰冷金钱体系里的"基因缺陷"。取而代之的是利益共同、责任共同的命运共同体。

---

① 《习近平出席世界经济论坛 2017 年年会开幕式并发表主旨演讲》，《人民日报》2017 年 1 月 18 日。

包容兼济，厚植“一带一路”文化优势

资本主义国家主导的早期全球化进程中，也高举“文明”的旗帜。不过，在文明与不文明之间，划定了泾渭分明的界限。凡是不符合欧洲规范的风俗、习惯和文化，都不属于文明范畴，而需要被“启蒙”和“开化”。在西方主导的文明语境下，包括中国、印度、埃及等在内的许多文明古国，虽为人类文明的发源地，却被贴上“不文明”的标签。狭隘的文明观，最终演变为殖民主义的粉饰。

“一花独放不是春，百花齐放春满园。”实际上，文明从不存在统一的标准和规范。与狭隘的文明观不同，中华文化正因其博大而多彩斑斓。唐初年，伊斯兰教以和平方式传入中国。在近 1400 年的本土化历史中，与中华文明及各类宗教形态和平共处。当世界掀起反犹浪潮时，中国却张开了接纳的怀抱，对犹太人和犹太文明表现出极大的善意和包容。中国人说，“隔教不隔理”。信仰不同，其道相通。在文明的路上，因拥有共同的价值内核，往往殊途同归。除了开放包容的文化心态，中华文明里还具有独特的“天下观”。“穷则独善其身，达则兼济天下”，这种放眼天下的情怀和担当，已经成为深入我们骨髓的文化基因。尤其是在今天，经过近四十年的改革发展，中国已经具备了兼济天下的能力，也愿意主动承担起这份大国责任。“一带一路”的提出，正是对这种文化基因的传承和发扬。

今天，“一带一路”俨然成为全球智库、媒体、NGO 组织，以及普通民众之中最热的词汇之一。不过，一种新思想、新理念的提出，需要一个被逐渐理解和接受的过程。尤其是我们传统文化中的“天下观”，与资本主义逐利至上的价值观存在很大差异，西方民众暂时的疑虑实属正常。

当历史照进现实，一个有趣的场景是，在浙江义乌，来自不同国家和民族的人在这里安家立业，甚至娶妻生子。在义乌的小饭馆里，常常可以见到不同国度、肤色、信仰和文化背景的人，围坐一桌，其乐融融。"一带一路"涉及地域广泛，文化生态多元，而文化相通是民心相通的重要组成部分。也许西方文明与伊斯兰文明、犹太文明等异质文明之间存在难以调和的冲突，但中国文化的包容性在世界文化史上独树一帜。无论是从历史还是现实来看，无数事实证明，异质文明是完全可以兼容的。这种文化特质是"一带一路"的先天优势和文化保障。

双向沟通，讲好"一带一路"民生故事

"国之交，在于民相亲。""五通"目标中，最关键的一点是民心相通。因此，在"一带一路"的宣传中，讲好参与国家的民生故事显得尤为重要。2017年5月以来，CCTV4推出五期"一带一路"特别节目《大道共赢》。记者深入"一带一路"参与国的煤矿、井下、车间等基层区域，走访外国工人家庭，与他们聊"一带一路"对生活带来的变化与影响。在采访中，被访者无一例外地表达了对"一带一路"在解决就业、改善民生、普惠发展等方面的积极评价。一位外国煤矿工人感叹，"'一带一路'让我过上了体面的生活"。正是这种实实在在的获得感，让他们看到，"一带一路"确实是一条民生之路、普惠之路、圆梦之路。

同时也要看到，现阶段"一带一路"的对外宣传中，面向某些国家的宣传力度还远远不够。目前，美、印两国对参与"一带一路"倡议尚未明确表态。这固然有出于不同立场的战略考虑，但也与"一带一路"理念在两国缺少有效传播有关。一些美国智库的专家学者曾表示，在美国国内很少接触到关于"一带一路"的宣传片，即便有，也以中文居多。而印度作为一个略带神秘色彩的文明古国，拥有自己对文化的独特理解。中印之间交流的缺乏是双向的。有人说，在我们眼中，印度还是五十年前的印度，而在印度民众眼中，我们还是五十年前的中国。一些中国企业在"走出去"的过程中，显示出对当地文化、习俗和法律了解程度的欠缺，同时也没有建立让对方了解我们的有效途径。因此在"一带一路"的对外宣传中，要以对方民众易于理解、接受的方式进行理念阐释。比如，从"一带一路"促进工人就业、提高民众收入、恢复基础设施建设等民生角度入手，并且就"一带一路"如何与各国原有的发展计划实现对接做出合理解释就会达到较好的宣传效果。

可以预见，开幕在即的"一带一路"国际合作高峰论坛，在普及发展理念、促进民心相通方面，必将辐射强大"正能量"。从参会者名单来看，除了29国元首政要，还包括国际社会的各类智库、企业、媒体、NGO组织，涵盖各国各行各业1000余人。这也是由中国政府自己提出的涉及全球发展理念的国际性会议，具有划时代意义。经过三年多的宣传、普及和推广，本次论坛将是"一带一路"三年来的一次全面总结，也意味着一个新的起点。论坛之后，"一带一路"必将进入"撸起袖子加油干"的加快实施阶段，在行动中深化理解、收获硕果。

（载《人民日报》2017年5月12日）

"一带一路"有助于解决人类
发展的三大问题

历史上，古丝绸之路是在东西方两个封闭的文化体系之间出现并且不断发展的，而且延续了2100多年，这本身就是革命性的。在这条路上，中国的造纸术、印刷术、指南针、火药传到了欧洲，对推动人类文明发展产生了不可估量的影响。从这个意义上讲，古丝绸之路经过2100多年的文化传承和积淀，形成了"一带一路"建设的文化内核。这其中很重要的一点就是包容，它增加了"一带一路"的感召力和吸引力。在"一带一路"推进过程中，一些外国智库开始有猜疑、有不解。但就是因为这个倡议具有很强的包容性，经过三年多的时间，现在国外的智库界、舆论界态度已经发生了非常积极的转变。

现在，全世界有一百多个国家和国际组织积极呼应"一带一路"，联合国也把"一带一路"写进了决议。之所以能够产生这样的效应，这和中国改革开放三十多年来取得的伟大成就分不开。一些国家尤其历史上的文明古国，比如埃及，过去经济发展条件比中国好，怎么现在差距如此大？所以很多国家会有疑惑，中国人为什么能做到这一点。在我看来，主要是三句话："要致富先修路""要快富修高速""要闪富通网路"。

中国加入世贸组织后发展迅速，现在中国要带动"一带一路"沿线的国家一起发展，在此过程中推行的是"五通"，引导全球资金投向实体经济。比如非洲资源丰富，为什么一直没有发展起来？就是基础设施的短板没有补，所以我们在非洲解决了"三网一化"——高速铁路网、高速公路网、区域航空网、工业化，帮助非洲解决发展短板的问题，这也体现了中国的诚意与智慧。

　　我们还尝试从根本上解决人类发展的三大问题。第一就是贫困，怎么能够脱贫致富？必须解决基础设施改造问题，"一带一路"抓住了这个发展软肋。第二是贫富差距。资金要投向实体经济，尤其是基础设施，重视民生、重视基础设施是解决贫富差距的重要一环，其中尤其重要的一环是实现陆海连通。比如说欧亚大陆中很多国家是内陆国家，而世界上很多贸易是通过海上进行的。"一带一路"可以帮助他们打通走向海洋的关键的经济走廊，进而降低内陆国家物流成本，缓解贫富差距。第三就是治理碎片化难题。现在逆全球化兴起，把各国整合对接起来是个大工程。在这个意义上，"一带一路"承载了全球治理和经济全球化的梦想，是对经济全球化的一种补充和完善，让它更加开放、均衡、包容和普惠，也承载着人类共同发展的希望。

（载光明网 2017 年 4 月 24 日）

"一带一路"继续走深走实

新冠肺炎疫情发生以来，全球人员和物资流动等受到较大影响。西方国家部分媒体借此继续鼓噪"一带一路"建设进展受挫、项目停止、资金断裂、落地国陷入债务困局等言论，让一些人对"一带一路"建设的行稳致远产生疑问。那么，疫情之下，"一带一路"建设情况究竟如何？

"一带一路"建设不停步

那些借疫情唱衰"一带一路"的国外媒体和智库，多是别有用心。事实上，国际舆论中，也有很多声音点赞"一带一路"，认为在疫情考验下，"一带一路"建设焕发出独特的人类文明之光和全球道德价值。

美国《芝加哥论坛报》评论说，习近平主席提出的"健康丝绸之路"，搭建了中国同世界各国共同抗疫、联合应对全球公共卫生安全危机的卓越平台，形成了向世界各国提供医疗物资和医疗援助的绿色通道。意大利AGI通讯社报道说，"一带一路"倡议秉持的和平合作、开放包容、互学互鉴、互利共赢的"丝路精神"，在中国对意大利的抗疫援助中得到了真实体现。尼日利亚《太阳报》发文评价，在人类命运共同体的愿景下，中国正在履行自己对全球公共卫生的责任。

这些好评并非虚夸，而是源于"一带一路"建设的实际：据海关总署统计，一季度我国对"一带一路"沿线国家外贸进出口总值达到2.07万亿美元，同比增长3.2%；商务部数据显示，我国企业一季度在"一带一路"沿线对52个国家非金融类直接投资达42亿美元，同比增长11.7%；据国家铁路集团有限公司统计，一季度，中欧班列共开行1941列，发送货物17.4万标箱，同比分别增长15%和18%。

在全球经济持续低迷、前景预期悲观的背景下，这些消息和数字，如同温暖的阳光舒缓着人们的神经，也表明，即使面临疫情冲击，"一带一路"建设走深走实的脚步不会停。

4月17日，中共中央政治局召开会议，提出要坚定扩大对外开放，保障国际物流畅通，严把防疫物资出口质量关，推动共建"一带一路"高质量发展。这向国际社会发出了明确信号：疫情防控国际合作是发挥我国负责任大国作用、推动构建人类命运共同体的重要体现，而推动共建"一带一路"高质量发展，依然是未来对外开放的重要抓手、构建人类命运共同体的必由之路。

国外媒体和智库也不得不承认这个现实。4月29日，国际著名智库布鲁金斯学会发表报告称，中国已成为东南亚最大的双边基础设施融资国，被认为提供了更快、风险程度更低和更及时的基础设施支持。美国智库和平研究所也于4月29日发表报告，认为在当前这场大流行病危机面前，中国注重提高"一带一路"项目透明度，表明中国是一个值得信赖的合作伙伴。

疫情冲击不能漠视

与此同时，我们也必须清醒看到疫情带来的冲击：由于部分共建

"一带一路"国家采取旅行限制等抗疫措施，我方人员无法及时返回项目落地国，相关项目按期完成的难度或将加大；受疫情影响，"一带一路"相关项目所需物资与设备难以及时到位；一些项目因疫情可能会出现延期、投资回报率降低。

疫情给共建国造成的经济和政治压力，尤其是债务压力等，确实不能漠视。值得警惕的是，美国等正在鼓噪并公开提出对重债发展中国家进行债务减免和延期，一些国家在疫情危机面前，很容易受到别有用心者的挑拨，在"一带一路"合作中提出不合理要求。这是需要认真应对、科学化解的现实矛盾。

日久见人心。在抗击疫情过程中，中国政府和人民的沉着应对和对世界各国的支援支持，彰显了我负责任大国的形象，也再次彰显了"一带一路"建设提供的协调协作平台及其开放合作精神的巨大价值和向心力。无论是应对疫情危机，还是恢复经济发展，各国相互依存、人类命运与共的现实，都让各国看到了高质量共建"一带一路"的必要性和未来广阔的发展空间。

在化挑战为机遇、化危机为契机的过程中，相向而行、协作共建，"一带一路"的未来，必定是光明灿烂的。

（载《半月谈》2020 年 5 月 26 日）

中国与世界相向而行的时代倡议

2017 年 5 月 14 日，在中华民族历史上，乃至世界史上都必将留下浓墨重彩的一笔。在这个万物并秀的孟夏之日里，中国国家主席习近平在"一带一路"国际合作高峰论坛开幕式上发表了主旨演讲。面对包括 29 位外国元首和政府首脑在内的来自世界上 130 多个国家、70 多个国际组织的 1500 余名代表，以及来自世界各地的 4000 多名记者，习近平主席郑重向全世界呼吁，在"一带一路"建设中，"无论相隔多远，只要我们勇敢迈出第一步，坚持相向而行，就能走出一条相遇相知、共同发展之路"。这条路将使当下纷乱的世界"走向幸福安宁和谐美好的远方"。这个第一步，是准备好了的中华民族迈出的；这个勇敢，支撑其的是五千年智慧的深厚底蕴和百余年探索的丰富经验。百年等一回的勇敢第一步，是中国之幸、世界之幸，也是时代选择、世界选择。

百年等一回的勇敢第一步，是因为中华民族五千年灿烂文化所蕴含的"达则兼济天下"的文化基因。发展了的中国，也从来不追求一隅之安。面对饱受国际金融危机之苦的世界经济，习近平主席在今年 1 月的达沃斯世界经济论坛上，呼吁世界各国牢固树立人类命运共同体意识，携手努力、共同担当，同舟共济、共渡难关，以让世界更美好、让人民更幸福。"积力之所举，则无不胜也；众智之所为，则无不成也。"① 面对摆在全人类面前的"和平赤字、发展赤字、治理

---

① 《习近平出席世界经济论坛 2017 年年会开幕式发表主旨演讲》，《人民日报》2017 年 1 月 18 日。

赤字"等严峻挑战，2013年秋天，习近平主席在哈萨克斯坦和印度尼西亚提出共建丝绸之路经济带和21世纪海上丝绸之路，即"一带一路"倡议。正是这种天然的优秀文化基因，"一带一路"以战略对接和优势互补进行政策沟通、以建设复合型的基础设施网络来进行互联互通、以推动贸易和投资便利化提升贸易畅通、以各有侧重和互为补充扩大资金融通、以智力和健康丝绸之路为抓手促进民心相通。顺应时代潮流，适应世界发展规律的"一带一路"，正从理念转化为行动、从愿景转变为现实，中华民族五千年兼济天下的优秀文化基因，正在新时期不断焕发华彩。专程前来参加"一带一路"国际合作高峰论坛的联合国秘书长古特雷斯也由衷地评价说，"加强'一带一路'倡议与实现联合国2030年可持续发展议程的联系至关重要"。

百年等一回的勇敢第一步，是因为中华民族有百年的强国济世之梦。为了这勇敢的一步，伟大的中华民族和光荣的中国人民，在近代以来的一百多年里，面对外族入侵，甘愿抛头颅、洒热血，前赴后继、不屈不挠地争取民族独立和人民解放；面对积弱积贫，从来不沉沦、不沮丧，自力更生、奋发图强、含辛茹苦、流血流汗地追寻富国强国之梦；面对风云变幻的复杂国际形势，从来不惧大、不欺小，坚持正义、秉持平等地与世界各国和平共处。百年的苦难辉煌，磨炼了中国堂堂正正的国格，造就了中国自立于世界民族之林固有的自信，也使发展起来的中国与世界有了更多的共鸣。也正因为如此，习近平主席在论坛主旨演讲中，推己及人地向全世界承诺："中国愿在和平共处五项原则基础上，发展同所有'一带一路'建设参与国的友好合作。中国愿同世界各国分享发展经验，但不会干涉他国内政，不会输出社会制度和发展模式，更不会强加于人。我们推进'一带一路'建设不会重复地缘博弈的老套路，而将开创合作共赢的新模式；不会形成破坏稳定的小集团，而将建设和谐共存的大家庭。"①

---

① 《习近平在"一带一路"国际合作高峰论坛开幕式上的演讲》，《人民日报》2017年5月15日。

百年等一回的勇敢第一步，是因为中国挖掘焕发了灿烂的古丝路精神。"2000 多年前，我们的先辈筚路蓝缕，穿越草原沙漠，开辟出联通亚欧非的陆上丝绸之路；我们的先辈扬帆远航，穿越惊涛骇浪，闯荡出连接东西方的海上丝绸之路。古丝绸之路打开了各国友好交往的新窗口，书写了人类发展进步的新篇章。"古丝绸之路绵亘万里，延续千年，积淀了以和平合作、开放包容、互学互鉴、互利共赢为核心的丝路精神，这是人类文明的宝贵遗产。通过一代代丝路人的"驼队和善意""宝船和友谊"，架起了东西方合作的纽带、和平的桥梁、知识交流之路，不同文明、宗教、种族求同存异、开放包容，并肩书写了相互尊重的壮丽诗篇，携手绘就了共同发展的美好画卷，共创了途经之地区的大发展大繁荣。"历史告诉我们：文明在开放中发展，民族在融合中共存。"也正是因为如此，习近平主席在主旨演讲中诚恳地吁请与会嘉宾们："今天，群贤毕至，少长咸集，我期待着大家集思广益、畅所欲言，为推动'一带一路'建设献计献策，让这一世纪工程造福各国人民。"①

百年等一回的勇敢第一步，是因为世界人民在今天选择了中国。当今的人类社会，一方面正处在大发展、大变革、大调整时代，世界多极化、经济全球化、社会信息化、文化多样化深入发展，和平发展的大势日益强劲，变革创新的步伐持续向前，"各国之间的联系从来没有像今天这样紧密，世界人民对美好生活的向往从来没有像今天这样强烈，人类战胜困难的手段从来没有像今天这样丰富"。另一方面，世界"正处在一个挑战频发的世界。世界经济增长需要新动力，发展需要更加普惠平衡，贫富差距鸿沟有待弥合。地区热点持续动荡，恐怖主义蔓延肆虐"。这是一个最好的时代，也是一个最坏的时代；这是一个迫切需要思想引领的世界，也是一个亟须伟大理论和伟大精神的世界。一直在深刻思考如何解决当今世界的"三大赤字"

---

① 《习近平在"一带一路"国际合作高峰论坛开幕式上的演讲》，《人民日报》2017 年 5 月 15 日。

问题的习近平主席，于 2013 年秋天，分别在哈萨克斯坦、印度尼西亚提出了共建丝绸之路经济带和 21 世纪海上丝绸之路的倡议，即"一带一路"倡议。"桃李不言，下自成蹊。四年来，全球 100 多个国家和国际组织积极支持和参与'一带一路'建设，联合国大会、联合国安理会等重要决议也纳入'一带一路'建设内容。"丰硕的成果表明，"一带一路"倡议顺应时代潮流，适应发展规律，符合各国人民利益，自然成为了当今世界的必然选择。

　　百年等一回的勇敢第一步，是因为"一带一路"四年的实践已证明中国有能力造福世界。"一带一路"建设植根于丝绸之路的历史土壤，重点面向亚欧非大陆，同时向所有朋友开放。不论来自亚洲、欧洲，还是非洲、美洲，都是"一带一路"建设国际合作的伙伴。在政策沟通不断深化、设施联通不断加强、贸易畅通不断提升、资金融通不断扩大、民心相通不断促进的四年实践中，"一带一路"与有关国家发展战略成功对接，中国同 40 多个国家和国际组织签署了合作协议，同 30 多个国家开展机制化产能合作，同 60 多个国家和国际组织共同发出推进"一带一路"贸易畅通合作倡议；以中巴、中蒙俄、新亚欧大陆桥等经济走廊为引领，以陆海空通道和信息高速路为骨架，以铁路、港口、管网等重大工程为依托，一个复合型的基础设施网络正在形成；2014—2016 年，中国对"一带一路"沿线国家投资累计超过 500 亿美元，中国企业已经在 20 多个国家建设 56 个经贸合作区，为有关国家创造近 11 亿美元税收和 18 万个就业岗位；亚洲基础设施投资银行、"丝路基金"等已为"一带一路"建设参与国提供 17 亿美元贷款、40 亿美元投资，并与世界银行等传统多边金融机构形成了层次清晰、初具规模的"一带一路"金融合作网络；在民心相通工作中，中国政府每年向相关国家提供 1 万个政府奖学金名额，地方政府也设立了丝绸之路专项奖学金，各类丝绸之路文化年、旅游年、艺术节、影视桥、研讨会、智库对话等人文合作项目百花纷呈，人们往来频繁，在交流中拉近了心与心的距离。"万事开头难"，

"一带一路"建设已经迈出的坚实步伐，进一步说明了发展的中国已经具备了迈出这勇敢第一步的能力和条件。

百年等一回的勇敢第一步，是因为中国愿意与世界分享发展经验并乐意为世界做出更大贡献。"一带一路"倡议来自中国，但成效惠及世界。"一带一路"建设将由大家共同商量，"一带一路"建设成果将由大家共同分享。习近平主席在主旨演讲中指出，"古丝绸之路沿线地区曾经是'流淌着牛奶与蜂蜜的地方'，如今很多地方却成了冲突动荡和危机挑战的代名词。这种状况不能再持续下去"；针对低迷不振的世界经济，习近平主席指出，"发展是解决一切问题的总钥匙。推进'一带一路'建设，要聚焦发展这个根本性问题，释放各国发展潜力，实现经济大融合、发展大联动、成果大共享"；"开放带来进步，封闭导致落后。对一个国家而言，开放如同破茧成蝶，虽会经历一时阵痛，但将换来新生。'一带一路'建设要以开放为导向，解决经济增长和平衡问题"；"创新是推动发展的重要力量。'一带一路'建设本身就是一个创举，搞好'一带一路'建设也要向创新要动力"；"'一带一路'建设要以文明交流超越文明隔阂、文明互鉴超越文明冲突、文明共存超越文明优越，推动各国相互理解、相互尊重、相互信任"。[①] 习近平主席在主旨发言中明确的"五路"，即和平之路、繁荣之路、开放之路、创新之路、文明之路，与党的十八大以来倡导的"创新、协调、绿色、开放、共享"五大发展理念同生共长，标志着中国政府愿意以自身经验为"一带一路"持续注入强大动力，并不断为世界发展带来新机遇。

百年等一回，是因为中国真抓实干、注重实效，愿意与世界人民共享"一带一路"成果。习近平主席在主旨演讲中明确指出，中国政府将以"早见成效"为目标积极推动与参与国合作协议、项目的落实，将加大对"一带一路"建设资金支持并同亚洲基础设施投资

---

① 《习近平在"一带一路"国际合作高峰论坛开幕式上的演讲》，《人民日报》2017 年 5 月 15 日。

银行、金砖国家新开发银行、世界银行及其他多边开发机构合作支持"一带一路"项目，将在促进同各相关国家贸易和投资便利化基础上建设"一带一路"自由贸易网络；将同各国加强创新合作，启动"一带一路"科技创新行动计划，开展科技人文交流、共建联合实验室、科技园区合作、技术转移4项行动；将在未来3年向参与"一带一路"建设的发展中国家和国际组织提供民生援助，将设立"一带一路"国际合作高峰论坛后续联络机制，并成立"一带一路"财经发展研究中心、"一带一路"建设促进中心，同多边开发银行共同设立多边开发融资合作中心，同国际货币基金组织合作建立能力建设中心等。[①] 这些政策宣示，是中国迈出勇敢第一步的信心和实力所在，更是中国政府推动"一带一路"再度升级的新台阶。

在主旨演讲中，习近平主席引用了"不积跬步，无以至千里"的中国古语、"金字塔是一块块石头垒成的"的阿拉伯谚语和欧洲人熟悉的"伟业非一日之功"等，指出"'一带一路'建设是伟大的事业，需要伟大的实践"。因此，从一定意义上说，5月14日"一带一路"国际合作高峰论坛的成功举办，标志着中国正式迈出了走进世界舞台中央的勇敢第一步。这一步的勇敢迈出，是中华民族实现伟大复兴"中国梦"的里程碑，也是世界各国齐心协力打造美好明天的关键所在。勇敢第一步的脚步声，将在追求美好生活的中国人民和世界人民心中激发巨大动力和期望，世界将因这一步而更加美好。

（载中国青年网 2017 年 6 月 1 日）

---

① 《习近平在"一带一路"国际合作高峰论坛开幕式上的演讲》，《人民日报》2017 年 5 月 15 日。

"一带一路":决定世界未来发展的新思想

2017 年 5 月 14 日至 15 日,"一带一路"国际合作高峰论坛在北京举行,中国国家主席习近平在会上的主旨演讲迅速引发了参会嘉宾和世界媒体的热捧。综合各方面的情况,可用一句话来概括:"一带一路"既是中国对世界经济发展的新贡献,更将是决定世界未来发展方向和发展理念的新思想。

一是中国唤起了世界各国人民关于丝绸之路的美好记忆,并赋予其强烈的时代意义。习近平主席在主旨演讲中指出,"2000 多年前,我们的先辈筚路蓝缕,穿越草原沙漠,开辟出联通亚欧非的陆上丝绸之路;我们的先辈扬帆远航,穿越惊涛骇浪,闯荡出连接东西方的海上丝绸之路。古丝绸之路打开了各国友好交往的新窗口,书写了人类发展进步的新篇章"。[①] 古代的丝绸之路延续两千余年积淀的和平合作、开放包容、互学互鉴、互利共赢等丝路精神,是人类历史和文明发展史上的宝贵遗产。"一带一路"倡导的时代要求,与古丝路精神一脉相承,非常容易唤起沿线参与国人民的美好历史记忆。从这个意义上说,"一带一路"使中国掌握了打开世界人民心扉、畅通民心交往的金钥匙。埃及《金字塔报》总编艾哈迈德·纳贾尔日前在一次国际研讨会上表示,"一带一路"倡议融合了中国思想,即在互惠和平的基础上,选择和平合作,构建国家与人类命运共同体,实现共同合作与发展。这一

---

① 《习近平在"一带一路"国际合作高峰论坛开幕式上的演讲》,《人民日报》2017 年 5 月 15 日。

倡议中的"一路"指具有伟大象征意义的古丝绸之路,它不是霸权主义,而是建立和平、合作、互利的国际经济关系的参考性框架;该倡议中的"一带"指古丝绸之路和"21 世纪海上丝绸之路"的周边国家以及全世界。虽然古丝绸之路的沿线国家在经济、政治和军事实力方面各不相同,但是与以往不同的是,这些地区并没有出现霸权主义、统治占领等情况,这使得古丝绸之路享有很高的象征意义,成为建立在公平、正义和自由选择国家间关系基础之上的和平合作的典范。

二是中国提出的"一带一路"倡议使参与国人民看得见、摸得着,走在"一带一路"上很有存在感和成就感。习近平主席在主旨演讲中谈到,"一带一路"倡议提出以来,"中国企业已经在 20 多个国家建设 56 个经贸合作区,为有关国家创造近 11 亿美元税收和 18 万个就业岗位"。[1] 这些实实在在的数字,折射出的是中国政府在"一带一路"倡议建设中的共商共建共赢共享原则,是对所有参与者,尤其是广大发展中国家的尊重与理解、支持与帮助。四年来,全球 100 多个国家和国际组织积极支持和参与"一带一路"建设,联合国大会、联合国安理会等重要决议也纳入"一带一路"建设内容;同俄罗斯的欧亚经济联盟、东盟的互联互通总体规划、哈萨克斯坦的"光明之路"、土耳其的"中间走廊"、蒙古的"发展之路"、越南"两廊一圈"、英国"英格兰北方经济中心"、波兰的"琥珀之路"发展战略有效对接,实现了"一加一大于二"的效果;雅万高铁、中老铁路、亚吉铁路、匈塞铁路和瓜达尔港、比雷埃夫斯港等项目协议的签署和实施,标志着以中巴、中蒙俄、新亚欧大陆桥等经济走廊为引领,以陆海空通道和信息高速路为骨架,以铁路、港口、管网等重大工程为依托,一个复合型的基础设施网络正在世界范围内形成;2014—2016 年,中国同"一带一路"沿线国家贸易总额超过 3 万亿美元,中国对"一带一路"沿线国家投资累计超过 500 亿美元,亚洲基础设施投资银行已经为"一带一路"建设参与国的 9 个项目提供 17

---

① 《习近平在"一带一路"国际合作高峰论坛开幕式上的演讲》,《人民日报》2017 年 5 月 15 日。

亿美元贷款，"丝路基金"投资达 40 亿美元，中国同中东欧国家"16 +
1"金融控股公司正式成立，形成了层次清晰、初具规模的"一带一路"
全球金融合作网络；中国政府每年向相关国家提供 1 万个政府奖学金
名额，地方政府也设立了丝绸之路专项奖学金，鼓励国际文教交流，各
类丝绸之路人文合作项目百花纷呈，人们往来频繁和交流中拉近了心
与心的距离。专程来京参加"一带一路"国际合作高峰论坛的西班牙
首相拉霍伊在接受采访时，对此次峰会给予了高度评价。他认为，"一
带一路"倡议能够让欧洲和亚洲更加接近，能够让数以亿计的各国民
众从中获益。中国和亚洲是世界经济的重要组成部分，提高区域间的
互联互通将令各方受益。他还表示，西班牙和中国之间曾由丝绸之路
相连，在将近 300 年的时间里，这一"丝绸之路"通过西班牙将中国与
美洲以及欧洲连接到了一起。这是让西班牙骄傲和自豪的历史事实。
而现在，马德里和中国义乌之间已经开通了"义新欧"班列，相信这一
货运专线能够在中西商贸往来中发挥更大的作用。

　　三是"一带一路"倡议顺应时代潮流，适应发展规律，符合各国人
民利益，具有广阔前景。习近平主席在主旨演讲中强调，要将"一带一
路"打造成和平之路、繁荣之路、开放之路、创新之路、文明之路。[①] 这
个倡议契合了当今世界，尤其是广大发展中国家对构建以合作共赢为
核心的新型国际关系的热切期望；契合了世界各国在经济社会发展中，
如何聚焦发展这个根本性问题、释放发展潜力、实现经济大融合、发展
大联动、成果大共享等关键问题；契合了在科技高速发展的新时期，如
何推动陆海天网四位一体的联通，如何聚焦关键通道、关键城市、关键
项目、关键技术，联结陆上公路、铁路道路、海上港口、虚拟网络等的迫
切需求；契合了如何以开放为导向，解决经济增长和平衡发展等重大战
略需求；契合了世界各国如何通过创新，理清发展思路、摸准发展脉搏、
落实发展举措、收获创新成效的迫切需要；顺应了各国人民和政府如何

―――――――――

　　① 《习近平在"一带一路"国际合作高峰论坛开幕式上的演讲》，《人民日报》2017 年 5 月 15 日。

以文明交流超越文明隔阂、文明互鉴超越文明冲突、文明共存超越文明优越等发展道路的选择需求。习近平主席在主旨演讲中专门强调指出:"中国愿在和平共处五项原则基础上,发展同所有'一带一路'建设参与国的友好合作。中国愿同世界各国分享发展经验,但不会干涉他国内政,不会输出社会制度和发展模式,更不会强加于人。我们推进'一带一路'建设不会重复地缘博弈的老套路,而将开创合作共赢的新模式;不会形成破坏稳定的小集团,而将建设和谐共存的大家庭。"①中国政府在世界发展问题上的立场和习近平主席在主旨演讲中这些要求,引发了世界各国人民的深思和共鸣。巴基斯坦记者亚希尔·哈比卜·汗专门就此评论说:简而言之,"一带一路"这艘巨轮正在平稳地航行,它要到达的终点是清晰明朗的,它的航行轨迹是不受干扰的。批评家们应该闭上他们的嘴巴了。参与"一带一路"建设、抓住中国崛起的历史机遇,才是最好的选择。

四是习近平主席代表中国政府的政策宣示,让世界经济吃了定心丸,让"一带一路"参与者倍受鼓舞。习近平主席在主旨演讲中专门指出,中国政府对同有关国家达成的合作协议中,既包括交通运输、基础设施、能源等硬件联通项目,也包括通信、海关、检验检疫等软件联通项目,还包括经贸、产业、电子商务、海洋和绿色经济等多领域的合作规划和具体项目,将按照"早日启动、早见成效"的原则狠抓务实落地。为了支持"一带一路"建设,中国将加大资金支持力度,包括向丝路基金新增资金 1000 亿元人民币,鼓励金融机构开展规模预计约 3000 亿元人民币的海外基金业务,中国国家开发银行、进出口银行将分别提供 2500 亿元和 1300 亿元等值人民币专项贷款用于支持"一带一路"基础设施建设、产能、金融合作,并将同亚洲基础设施投资银行、金砖国家新开发银行、世界银行及其他多边开发机构合作支持"一带一路"项目,同有关各方共同制定"一带一路"融资指导原则。中国将积极同"一带

---

① 《习近平在"一带一路"国际合作高峰论坛开幕式上的演讲》,《人民日报》2017 年 5 月 15 日。

一路"建设参与国发展互利共赢的经贸伙伴关系，促进同各相关国家贸易和投资便利化，建设"一带一路"自由贸易网络，助力地区和世界经济增长，并在"一带一路"国际合作高峰论坛上同30多个国家签署了经贸合作协议、协商了自由贸易协定。中国愿同各国加强创新合作，启动"一带一路"科技创新行动计划，开展科技人文交流、共建联合实验室、科技园区合作、技术转移4项行动，并将在未来5年内安排2500人次青年科学家来华从事短期科研工作，培训5000人次科学技术和管理人员，投入运行50家联合实验室，将设立生态环保大数据服务平台，倡议建立"一带一路"绿色发展国际联盟，并为相关国家应对气候变化提供援助。中国还承诺将在未来3年内，向参与"一带一路"建设的发展中国家和国际组织提供600亿元人民币援助，建设更多民生项目。①对中国政府的这些承诺，土耳其总统埃尔多安在"一带一路"国际合作高峰论坛开幕式致辞中专门强调，"一带一路"定会成为促进和平、稳定的共赢之路；土耳其非常高兴能与中国一起来共同实现这个具有历史意义的伟大计划，土方愿在此框架下加强与中国和沿线其他国家的务实合作。他还专门指出，"一带一路"倡议将为提高沿线国家基础设施和技术水平，开拓连接各大洲的陆路、海路和空中交通走廊做出重要贡献。

五是中国的"一带一路"倡议，将成为世界治理模式的典范，并将产生广泛的世界影响。不同发展水平、不同文化传统和不同治理模式的国家都能从"一带一路"倡议中发现促进自身发展的机遇。这正是"一带一路"倡议的魅力所在。"一带一路"建设植根于丝绸之路的历史土壤，重点面向亚欧非大陆，同时向所有朋友开放。不论来自亚洲、欧洲，还是非洲、美洲，都是"一带一路"建设国际合作的伙伴。"一带一路"建设将由大家共同商量，"一带一路"建设成果将由大家共同分享。它开启了"共赢主义时代"，开创了互利共赢、非零和博弈的发展新模式，其所体现的

思想光辉,照亮了 21 世纪人类发展的梦想和前景。也正因为如此,在今年的 3 月 17 日,联合国安理会通过第 2344 号决议,呼吁国际社会通过"一带一路"建设等加强区域经济合作,敦促各方为"一带一路"建设提供安全保障环境、加强发展政策战略对接、推进互联互通务实合作等;在 2016 年底,第 71 届联合国大会决议就写入了"欢迎'一带一路'等经济合作倡议建设"。此外,联合国亚太经社会、联合国开发计划署、联合国工业发展组织等机构也先后以多种形式认可并促进"一带一路"建设的开展与实施。"一带一路"倡议道路越走越宽,朋友圈越扩越大,绝非偶然。新时代更需新思维,新形势更需新智慧。"一带一路"作为中国政府的时代倡议,秉持的共商共建共享理念,开启了新世纪打造人类命运共同体的伟大实践。习近平主席 5 月 14 日的主旨演讲,再次向世界发出了中国愿意与世界各国人民安危与共、荣损相依的时代呼唤。作为时代宣言载体的"一带一路",则从实践层面彰显了中国的大国担当,展现了人类社会合作共赢的美好前景。

六是习近平主席关于"一带一路"的主旨演讲,已经开始影响世界范围内的"关键少数"。习近平主席在 5 月 14 日主旨演讲中对"一带一路"倡议的阐述和政策宣示,在各国政要中产生了积极反响。据马来西亚媒体报道称,出席"一带一路"国际合作论坛的马来西亚总理纳吉布表示:马来西亚加入中国"一带一路"倡议已经收获许多具体的果实,这是真实的双赢合作案例,将为马来西亚等参与国继续扩大在这一伟大倡议下的合作奠定强大的基础。我们所有人都应该欢迎这样的倡议,所有人都应该积极贡献、参与,并且希望它取得成功。联合国秘书长古特雷斯则指出,"由中国提出的'一带一路'倡议对联合国《2030 年可持续发展议程》的推进有重要作用。多边主义是解决国际问题的良方,而中国已经成为了多边主义的中坚力量。'一带一路'让我们看到中国担起核心重任,通过全球合作解决国际问题,为多边力量的团结一致作出了重要贡献"。捷克总统米洛什·泽曼则表示:"我最关注的话题就是'一带一路',这是全世界在基础设施建设方面最宏大的倡议。我很高兴连接中欧的'一带一路'倡议也把捷克共和国包括在内。"希腊总统普罗科比斯·帕夫洛普洛斯认为，"'一带一路'不仅植根于中国的古老哲学，还建立在秉持着和平和互惠合作精神的旧丝绸之路的基础之上。希腊作为一个欧洲国家，位于欧洲、亚洲和非洲的交界处。自古以来，希腊就很欢迎与不同国家、不同文明之间的交流互通。我们同中国有战略合作关系，因此也会衷心支持'一带一路'倡议。我们愿意在该倡议中一同创新合作"。白俄罗斯共和国总统亚历山大·卢卡申科高度评价说："中国的'一带一路'倡议为全球提供了一个新的经济增长点，白俄罗斯会继续加强和中国的联系。'一带一路'最重要的特征就是中国从未向参与国提出任何要求，因此彼此之间也就不会出现分歧。没有分歧，合作就会更加顺利。中国深知这一点，因此我必须说中国人是很有智慧的。"埃塞俄比亚总理特使贝尔哈内用非洲人民特有的热情就此评价"一带一路"说："该倡议会影响数百万人口，是 21 世纪最重要的议题之一。"

确实，"一带一路"让世界人民感受到了其实实在在的特征，也正在见证丝路文明的复兴。我们相信，随着"一带一路"国际合作高峰论坛的胜利闭幕，世界各国在新丝路精神的感召下，一定会将"一带一路"倡议作为各国求同存异、互利共赢的纽带和桥梁，人类命运共同体建设也将迈出关键一步。

（载中国青年网 2017 年 5 月 16 日）

"一带一路"是携手前进
的阳光大道

"一带一路"倡议提出以来，从"大写意"到"工笔画"，再到持续高质量共建"一带一路"，经历了夯基垒台、立柱架梁和落地生根、持久发展的不同境界，并以其丰富实践和理念，正在铸就一条在世界发展史上具有原创意义的大家携手前进的阳光大道。未来，推动共建"一带一路"高质量发展，就是在继续保持健康良性发展势头的基础上，以新发展理念为指引，践行共商共建共享原则，弘扬开放、绿色、廉洁理念，以更好构建"大家携手前进的阳光大道"为目标，推动合作共建不断走深走实走持久。

共建"一带一路"得到广泛支持

以习近平同志为核心的党中央立足新时代中国发展实际，锚定世界未来大趋势，从古代丝绸之路精神中汲取营养，把中国发展和世界共同发展有机结合，提出以共建"一带一路"为实践平台推动构建人类命运共同体。这是从我国改革开放和长远发展出发提出来的，符合中华民族历来秉持的天下大同理念，符合中国人怀柔远人、和谐万邦的天下观，将中国和众多合作共建方带向了和平、发展、合作、共赢之路。

"一带一路"倡议提出以来,我们始终坚持对话协商、共建共享、合作共赢、交流互鉴,同沿线国家谋求合作的最大公约数,推动各国加强政治互信、经济互融、人文互通,一步一个脚印推进实施,一点一滴抓出成果,在促进政策沟通、设施联通、贸易畅通、资金融通、民心相通方面成绩斐然、硕果累累。从 2013 年"一带一路"倡议正式提出到 2018 年 8 月,仅仅 5 年时间里,我们同"一带一路"相关国家的货物贸易额累计超过 5 万亿美元,对外直接投资超过 600 亿美元,为当地创造 20 多万个就业岗位,成为拉动全球对外直接投资增长的重要引擎,引起越来越多国家热烈响应。实践证明,共建"一带一路"之所以得到广泛支持,是因为共建"一带一路"不仅是经济合作,而且是完善全球发展模式和全球治理、推进经济全球化健康发展的重要途径,它顺应了全球治理体系变革的内在要求,反映了各国特别是广大发展中国家对促和平、谋发展的愿望,彰显了同舟共济、权责共担的命运共同体意识,为完善全球治理体系变革提供了新思路新方案。

2018 年 8 月,习近平总书记在推进"一带一路"建设工作 5 周年座谈会上强调,"过去几年共建'一带一路'完成了总体布局,绘就了一幅'大写意',今后要聚焦重点、精雕细琢,共同绘制好精谨细腻的'工笔画'"。[①] 按照共同绘制"一带一路""工笔画"的内在要求,共建"一带一路"各合作方通过建立工作机制、完善配套支持,全力推动项目取得积极进展;合作搭建起了更多贸易促进平台,跨境电子商务等贸易新业态、新模式蓬勃发展。同时,我们同合作方一道实施了一批让项目落地方百姓受益的民生工程,围绕共建"一带一路",同合作方开展了一系列卓有成效的民生援助,推动教育、科技、文化、体育、旅游、卫生、考古等领域交流蓬勃开展,民心相通工作取得重要进展,培育了一批共建"一带一路"形象大使。"一带一路""工笔画"的稳步推进,为世界共

---

① 《坚持对话协商共建共享合作共赢交流互鉴　推动共建"一带一路"走深走实造福人民》,《人民日报》2018年 8 月 28 日。

享中国发展机遇创建了新平台,为国际合作开辟了新途径、新空间,使"一带一路"倡议成为国际社会普遍赞赏的合作平台、促进全球共同发展繁荣的源动力、推动构建人类命运共同体的实践载体。

习近平总书记指出,"'一带一路'是大家携手前进的阳光大道,不是某一方的私家小路",面向未来,"我们将同各方继续高质量共建'一带一路',践行共商共建共享原则,弘扬开放、绿色、廉洁理念,努力实现高标准、惠民生、可持续目标"。① 这些重要论述,向世界发出了中国愿同各方高质量共建"一带一路"阳光大道的时代呼吁,成为新时期新阶段推动共建"一带一路"持续走深走实、不断造福沿线国家人民、更加坚定推动构建人类命运共同体的行动指南和路线图。

打造充满阳光的"一带一路"

推动共建"一带一路"高质量发展,走出一条大家携手前进的阳光大道,是我们的大国担当。面向未来,我们要打造充满更多和平阳光、繁荣阳光、开放阳光、创新阳光、文明之光的"一带一路"。

一是打造充满更多和平阳光的"一带一路"。汉代张骞肩负和平友好使命,向西域传播了中华文化,也引进了西域文化成果。明代著名航海家郑和7次远洋航海亚非30多个国家和地区,留下了中国同沿途人民友好合作的佳话。古丝绸之路绵亘万里、延续2000余年,积淀了以和平合作、开放包容、互学互鉴、互利共赢为核心的丝路精神,形成了人类历史上极其宝贵的精神遗产。"一带一路"倡议继承、秉持和发扬丝路精神,把我国发展同沿线国家的发展有机结合起来,把中国梦同沿线国家地区人民的梦想有机结合起来,赋予了丝路精神以全新的时代

---

① 《习近平在博鳌亚洲论坛2021年年会开幕式上发表主旨演讲》,《人民日报》2021年4月21日。

内涵。在合作共建“一带一路”过程中，我们始终尊重彼此主权、尊严、领土完整，尊重彼此发展道路和社会制度，尊重彼此核心利益和重大关切，营造共建共享的安全格局，并坚持公道正义、斡旋调解，得到了国际社会的普遍赞赏，成为当今世界解决和平赤字的典范。2016 年 11 月，联合国 193 个会员国协商一致通过决议，欢迎共建“一带一路”等经济合作倡议，呼吁国际社会为“一带一路”建设提供安全保障环境。推动共建“一带一路”，就是要建设各国共享的百花园。习近平总书记强调，“我们要平等协商，开创共赢共享的未来”“国际上的事应该由大家共同商量着办，世界前途命运应该由各国共同掌握，不能把一个或几个国家制定的规则强加于人，也不能由个别国家的单边主义给整个世界‘带节奏’”。① 这些倡议和宣示，向世界展现了中国决心打造和平“一带一路”的坚定信心。

二是打造充满更多繁荣阳光的“一带一路”。发展是解决一切问题的钥匙。合作共建“一带一路”，聚焦的正是沿线大多数国家是发展中国家的特点和迫切需要实现发展这个关键问题。在合作共建中，通过发挥各自资源优势、释放各国发展潜力，实现经济融合、发展联动、成果共享，把“一带一路”建成繁荣之路，让发展繁荣的阳光普照沿线各国人民。“一带一路”倡议提出以来，始终推动各国深入开展产业合作，通过经贸、产业合作园区使彼此的产业规划相互兼容、相互促进，尤其是在加强国际产能合作方面，抓住新工业革命的发展机遇，不断为经济发展注入新的活力。展望未来，打造充满更多繁荣阳光的“一带一路”，要把发展放在重要位置，既要抓住新一轮科技革命和产业变革的历史机遇，大力发展数字经济，在人工智能、生物医药、现代能源等领域加强合作，使科技创新成果更好造福各国人民，还要建设更紧密的互联互通伙伴关系，加强基础设施“硬联通”以及规则标准“软联通”，畅通贸易和投资合作渠道，积极发展丝路电商，实现融合发展。习近平总书

---

① 《同舟共济克时艰　命运与共创未来》，《人民日报》2021 年 4 月 21 日第 2 版。

记指出,我们将建设更紧密的开放包容伙伴关系,同愿意参与的各相关方共同努力,把"一带一路"建成"减贫之路""增长之路",为人类走向共同繁荣作出积极贡献。[①] 这些标志着我们同沿线国家打造共同繁荣的路径进入了"宽车道"和"宽频"时代,繁荣的阳光将会更加充沛、持久地照亮"一带一路"。

三是打造充满更多开放阳光的"一带一路"。开放带来进步,封闭导致落后,这是世界特别是广大发展中国家的普遍共识。将"一带一路"打造成开放型合作平台,维护多边贸易机制,解决经济增长和平衡问题,历来是我们秉持的共建"一带一路"重要原则。"一带一路"倡议提出以来,我们以开放为导向,同沿线国家一起创造有利于开放发展的环境,推动构建公正、合理、透明的国际经贸投资规则体系,推动自由贸易区建设并进一步促进贸易和投资自由化便利化,努力推动解决增长和发展不平衡、治理困境、数字鸿沟、分配差距等问题,推动发展中国家更好融入全球产业链、供应链、价值链。同时,我们支持各共建方结合自身实际积极发展开放型经济、参与地区和全球经济治理,共同打造更多公共产品,携手构建广泛的利益共同体。要看到,开放是发展进步的必由之路,也是促进疫后经济复苏的关键。习近平总书记指出,在经济全球化时代,开放融通是不可阻挡的历史趋势,人为"筑墙""脱钩"违背经济规律和市场规则,损人不利己。[②] 这个重大宣示,向共建"一带一路"合作方和国际社会发出了中国决不会关上开放大门的强烈信号,为把"一带一路"建成开放之路注入了强大信心和定力。

四是打造充满更多创新阳光的"一带一路"。创新是推动发展的重要动力。"一带一路"倡议本身就是一个历史性创举,推动其继续走深走实,也需要向创新要动力。我们在坚持创新驱动发展战略的同时,和沿线国家共同积极顺应新一轮科技革命和产业变革发展趋势,共同

---

① 《同舟共济克时艰　命运与共创未来》,《人民日报》2021 年 4 月 21 日第 2 版。
② 《同舟共济克时艰　命运与共创未来》,《人民日报》2021 年 4 月 21 日第 2 版。

把握数字化、网络化、智能化发展机遇,共同探索新技术、新业态、新模式,探寻新的增长动能和发展路径,加强在数字经济、人工智能、纳米技术等前沿领域的合作,推动大数据、智慧城市建设和发展,共同打造21世纪的数字丝绸之路、绿色丝绸之路、创新丝绸之路。已经实施并不断推进的科技人文交流、科技园区合作等举措,正在项目落地国产生巨大的创新动力。我们同沿线国家共同制定了《"一带一路"绿色投资原则》,共同践行绿色发展的新理念,倡导绿色、低碳、循环、可持续的生产生活方式,在加强生态环境保护、建设生态文明方面迈出了可喜的创新步伐。未来,我们将建设更紧密的绿色发展伙伴关系,加强绿色基建、绿色能源、绿色金融等领域合作,完善"一带一路"绿色发展国际联盟等多边合作平台,让绿色切实成为共建"一带一路"的底色。

五是打造充满更多文明之光的"一带一路"。国之交在于民相亲,民相亲在于心相通。结合"一带一路"沿线文明丰富多彩的特点,我们历来致力于同共建方加强文明交流互鉴,增进相互理解、相互尊重、相互信任,让"一带一路"合作更加包容。这些年来,我们推动建立了多层次的人文合作机制、合作平台、合作渠道,倡导不同文明交流互鉴,促进人类文明发展;持续实施"丝绸之路"中国政府奖学金项目,举办"一带一路"青年创意与遗产论坛、青年学生"汉语桥"夏令营等活动,推动共建"一带一路"国际智库合作委员会、新闻合作联盟等机制,携手打造智力丝绸之路。2021年4月,习近平主席在博鳌亚洲论坛2021年年会开幕式上以视频方式发表主旨演讲,郑重宣布:"中方将在疫情得到控制后即举办第二届亚洲文明对话大会,为促进亚洲和世界文明对话发挥积极作用。"①这将极大地拓展文明对话的层次、深度和广度,更好地以文明交流超越文明隔阂,以文明互鉴超越文明冲突,以文明共存超越文明优越,打造充满更多文明之光的"一带一路"。

进入新发展阶段、贯彻新发展理念、构建新发展格局,共建"一带

---

① 《同舟共济克时艰　命运与共创未来》,《人民日报》2021年4月21日第2版。

一路"将继续沿着高质量发展方向不断前进,这是顺应经济全球化的历史潮流、顺应全球治理体系变革的时代要求、顺应各国人民过上更好日子的强烈愿望的正确抉择。在以习近平同志为核心的党中央坚强领导下,在高质量发展阳光大道上阔步前行的道路上,和平繁荣开放创新文明的"一带一路",一定会成为古老中华民族和当代中国贡献给全世界的、并被世界各国珍视的国际公共产品和国际合作平台。

（载《经济日报》2021 年 6 月 4 日第 6 版）

携手在新起点上高质量
共建"一带一路"

　　"一带一路"建设作为中国同世界共享机遇、共谋发展的阳光大道,为世界各国特别是广大发展中国家提供了新机遇、开辟了新天地。2021 年 11 月 4 日,习近平主席在第四届中国国际进口博览会开幕式上指出,"中国将推动高质量共建'一带一路',使更多国家和人民获得发展机遇和实惠"。①2021 年 11 月 11 日,党的十九届六中全会通过的《中共中央关于党的百年奋斗重大成就和历史经验的决议》(以下简称《决议》)指出,"我国坚持共商共建共享,推动共建'一带一路'高质量发展,推进一大批关系沿线国家经济发展、民生改善的合作项目,建设和平之路、繁荣之路、开放之路、绿色之路、创新之路、文明之路,使共建'一带一路'成为当今世界深受欢迎的国际公共产品和国际合作平台"。在 2021 年 11 月 19 日召开的第三次"一带一路"建设座谈会上,习近平总书记站在统筹中华民族伟大复兴战略全局和世界百年未有之大变局的高度,全面总结共建"一带一路"取得的显著成就,科学分析共建"一带一路"面临的新形势,对继续推动共建"一带一路"高质量发展作出了重大部署、提出了明确要求,为新时代推进共建"一带一路"实现更高合作水平、更高投入效益、更高供给质量、更高发展韧性提供了根本遵循。回顾与展望"一带一路"倡议提出 8 年来的砥砺前行之

---

　　①　习近平:《让开放的春风温暖世界——在第四届中国国际进口博览会开幕式上的主旨演讲》,《人民日报》2021 年 11 月 5 日第 2 版。

路,对我们深刻理解和全面把握党的十九届六中全会精神、更加意气风发地迈向第二个百年奋斗目标具有重要战略意义。

一 "一带一路"建设为什么能取得实打实沉甸甸的成就

习近平主席在第三次"一带一路"建设座谈会上指出,作为新时期对外开放的新探索、新实践,8 年来共建"一带一路"取得了实打实、沉甸甸的成就。[①]

2013 年秋,习近平主席在哈萨克斯坦、印度尼西亚先后提出了建设"丝绸之路经济带"和"21 世纪海上丝绸之路"的重大倡议,旨在传承丝绸之路精神,携手打造开放合作平台,为各国合作发展提供新动力。8 年来,习近平主席为务实推动"一带一路"建设,先后于 2016 年、2018 年和 2021 年三次出席"一带一路"建设座谈会,推动共建"一带一路"向高质量发展转变,不断将"一带一路"倡议从"大写意"精心绘制成精谨细腻的"工笔画"。8 年来,在习近平主席亲自谋划、亲自部署、亲自推动下,与寻求互利合作、包容普惠、共同发展的时代呼声同频共振,与推动高质量发展、构建新发展格局统筹推进,取得了实打实、沉甸甸的成就。8 年来,共建"一带一路"坚持共商共建共享原则,把基础设施"硬联通"作为重要方向,把规则标准"软联通"作为重要支撑,把同共建国家人民"心联通"作为重要基础,努力推动共建"一带一路"高质量发展。

共建"一带一路"的成就和实践证明,"一带一路"倡议是根植于历史、面向未来打造的可持续发展模式,是成于中国、不断与世界分享中国发展成果的发展平台,是源于发展、为世界创造可持续发展机会的关键选择。"一带一路"倡议以其深厚历史渊源和人文基础,顺应时代要求和各国加快发展的愿望,向所有伙伴开放,为各国提供了一个包容性

[①] 《以高标准可持续惠民生为目标　继续推动共建"一带一路"高质量发展》,《人民日报》2021 年 11 月 20 日第 1 版。

巨大的发展平台,把快速发展的中国经济同"一带一路"沿线国家的利益结合起来。这种秉持战略眼光和全球视野的宏大倡议,作为百年未有之大变局中引领航向的积极之举,以互联互通为主线,开创了超越民族、跨国界、跨时空、跨意识形态、跨不同发展阶段融通的进程;积极适应新一轮科技革命和产业革命,开启了更高层次、更大范围、更宽领域的经济全球化新进程,为世界提供了更高境界的造福于人类的全球公共产品。

八载筚路蓝缕、以启山林的累累硕果和实践证明,以和平合作、开放包容、互学互鉴、互利共赢的丝绸之路精神,顺应经济全球化的历史潮流,顺应全球治理体系变革的时代要求,顺应各国人民过上更好日子的强烈愿望,从夯基垒台、立柱架梁到落地生根、持久发展,引起越来越多国家的热烈响应,成为中国参与全球开放合作、改善全球经济治理体系、促进全球共同发展繁荣、推动构建人类命运共同体的中国方案。截至 2021 年 11 月,中国与 141 个国家和包括联合国机构在内的 32 个国际组织共同签署了 206 份共建"一带一路"合作文件。与之形成鲜明对比的是,在 2013 年之前,世界上曾有包括美国在内的 28 个国家和国际组织先后提出类似于"一带一路"的倡议、计划或规划,但大多悄无声息、无疾而终,均未有"一带一路"倡议如此大的国际影响力、如此多的响应者、如此广泛的参与者、如此巨大的成就。

万物得其本者生,百事得其道者成。共建"一带一路"的成就源于始终毫不动摇地坚持高标准、可持续、惠民生目标。8 年来,共建"一带一路"坚持对接国际上普遍认可的规则、标准和最佳实践,推动项目建设、运营、采购、招投标等环节按照普遍接受的国际规则和标准进行,推动项目与各国法律法规相适应,在经济增长、社会发展、环境保护等方面让各参与方不断获得实实在在的收益。共建"一带一路"摒弃封闭和隔离,无论是活跃的东亚经济圈,还是发达的欧洲经济圈、饱含潜力的腹地国家等,都可以参与其中,共同把经济"蛋糕"做大,推动各参与方的可持续、包容性发展,并在风险防控政策体系方面共同优化,不断提升投资质量和效益,保证了参与方在商业和财政上的可持续性。民生优先是"一带一路"建设的关键理念,坚持以人民为中心的发展理念,聚焦消除贫困、增加就业、改善民生,切实增强各参与方民众的获得感、幸福感,致力于改善和提升参与方人民的民生福祉。8年来对高标准、可持续、惠民生目标的执着,结出了累累硕果,在各方共同努力下,"六廊六路多国多港"的互联互通架构基本形成,一大批合作项目落地生根,与沿线国家货物贸易额累计达到10.4万亿美元,对沿线国家非金融类直接投资超过1300亿美元,启动了大批务实合作、造福民众的项目,构建起全方位、复合型的互联互通伙伴关系,开创了共同发展的新前景,为全球抗疫合作和经济复苏作出了重要贡献。世界银行研究报告认为,"一带一路"倡议将使相关国家760万人摆脱极端贫困、3200万人摆脱中度贫困,将使参与国贸易增长2.8%—9.7%、全球贸易增长1.7%—6.2%、全球收入增加0.7%—2.9%。事实充分证明,"一带一路"倡议源于中国,机遇和成果属于世界。共建"一带一路"追求的是发展,崇尚的是共赢,传递的是希望。联合国可持续发展目标倡导者杰弗里·萨克斯(Jeffrey Sachs)认为:"一带一路"倡议极具前瞻性,不仅有效促进了区域合作、互利共赢,有助于消融地缘政治紧张态势,还为可持续发展目标的实现作出了实质性的重要贡献。

二 新发展理念将为共建"一带一路"注入更大动力

党的十九届六中全会《决议》强调,要"坚持对内对外开放相互促进、'引进来'和'走出去'更好结合""推动规则、规制、管理、标准等制度型开放,形成更大范围、更宽领域、更深层次对外开放格局,构建互利共赢、多元平衡、安全高效的开放型经济体系,不断增强我国国际经济合作和竞争新优势",并专门强调要"推动共建'一带一路'高质量发展"。习近平总书记在第三次"一带一路"建设座谈会上指出,要"完整、准确、全面贯彻新发展理念,以高标准、可持续、惠民生为目标,巩固互联互通合作基础,拓展国际合作新空间,扎牢风险防控网络,努力实现更高合作水平、更高投入效益、更高供给质量、更高发展韧性,推动共建'一带一路'高质量发展不断取得新成效"。①

　　当前,面对世界百年未有之大变局、世纪疫情大流行和中美战略大博弈交织叠加的动荡变革期,全球不稳定性不确定性显著上升。同时,世界多极化趋势没有根本改变,经济全球化展现出新的韧性,维护多边主义、加强沟通协作的呼声更加强烈。经历共同抗击疫情,各国人民更加清晰地认识到,各国命运紧密相连,人类是同舟共济的命运共同体。无论是应对疫情,还是恢复经济,都要走团结合作之路,都应坚持多边主义。促进互联互通、坚持开放包容,是应对全球性危机和实现长远发展的必由之路,共建"一带一路"可以发挥重要作用。面临重要机遇,面对日趋复杂的国际环境,怎样才能抓住机遇、应对挑战、趋利避害,推动共建"一带一路"沿着高质量发展方向不断前进? 习近平总书记从"夯实发展根基""稳步拓展合作新领域""更好服务构建新发展格局""全面强化风险防控""强化统筹协调"等方面,提出一系列必须抓好的重点工作,为继续推动共建"一带一路"高质量发展指明了方向和路径,彰显了中国坚定不移扩大高水平开放、坚定不移推动共建"一带一路"高质量发展的决心和信心,体现了中国通过共建"一带一路"推动疫后全球经济复苏和构建人类命运共同体的大国担当。

　　新发展理念将为共建"一带一路"提供更强动力、更大空间、更优路径。党的十九届六中全会《决议》强调,"必须实现创新成为第一动力、协调成为内生特点、绿色成为普遍形态、开放成为必由之路、共享成为根本目的的高质量发展,推动经济发展质量变革、效率变革、动力变革"。实现高质量发展是中国经济社会发展历史、实践和理论的统一,是开启全面建设社会主义现代化国家新征程、实现第二个百年奋斗目标的根本路径,也是推动"一带一路"高质量发展的必由之路。高质量

---

　　① 《以高标准可持续惠民生为目标　继续推动共建"一带一路"高质量发展》,《人民日报》2021年11月20日第1版。

发展是体现新发展理念的发展,是坚持创新、协调、绿色、开放、共享发展相统一的发展。推动"一带一路"高质量发展,必须坚持以人民为中心的发展理念,要将其新增长点、新动力蕴含在解决好参与方人民群众普遍关心的突出问题中,回归发展本源,实现最大多数人的社会效用最大化,通过同参与方的共同努力,让广大发展中国家人民一起迈入现代化。推动"一带一路"高质量发展,必须实现宏观经济稳定性增强的发展,要更加注重从供给侧发力,通过优化经济结构提升经济稳定性,要以底线思维防范化解各种重大风险,以高质量发展从根本上防范化解各类风险。推动"一带一路"高质量发展,必须实现创新驱动的发展,通过创新实现共建"一带一路"的全要素生产率、劳动生产率、科技贡献率、人力资本积累的提升。推动"一带一路"高质量发展,必须坚持市场化、法治化、国际化,要在高水平国际竞争中动态提升,推动规则、监管、标准等制度型开放,增强中国市场吸引力和中国企业国际竞争力。推动"一带一路"高质量发展,必须坚持生态优先绿色发展,要深度参与全球环境与气候治理,引导应对气候变化国际合作。

新发展理念将为共建"一带一路"提供更明确指针、更可行思路、更强大动力。要统筹考虑和谋划构建新发展格局和共建"一带一路",聚焦新发力点,塑造新结合点,加快完善各具特色、互为补充、畅通安全的陆上通道,优化海上布局,为畅通国内国际双循环提供有力支撑。要加强产业链供应链畅通衔接,推动来源多元化。要优质打造标志性工程,其中,民生工程是快速提升共建国家民众获得感的重要途径,要加强统筹谋划,形成更多接地气、聚人心的合作成果。贯彻新发展理念,推动高质量共建"一带一路",要筑牢根基、深化政治互信,把参与方的政治共识转化为具体行动、把理念认同转化为务实成果;要宏大布局、深化务实合作,完善互联互通,擘画陆、海、天、网"四位一体"互联互通布局,为促进全球互联互通做增量;深化贸易畅通,提高贸易和投资自由化便利化水平,促进贸易均衡共赢发展;深化资金融通,健全多元化投融资体系;深化人文交流,形成多元互动的人文交流大格局。要稳步拓展合作新领域,稳妥开展健康、绿色、数字、创新等新领域合作,加强抗疫国际合作,支持发展中国家能源绿色低碳发展、深化生态环境和气候治理合作,发展"丝路电商"、构建数字合作格局,实施好科技创新行动计划,打造开放、公平、公正、非歧视的科技发展环境。要全面强化风险防控,探索建立境外项目风险的全天候预警评估综合服务平台,加强海外利益保护、国际反恐、安全保障等机制的协同协作,统筹推进疫情防控和共建"一带一路"合作。

三 以"五个统筹"推进共建"一带一路"高质量发展

习近平总书记在第三次"一带一路"建设座谈会上强调,要以高标准可持续惠民生为目标,推动共建"一带一路"高质量发展不断取得新成效。经过 8 年的艰辛努力,通过共建"一带一路",中国提高了国内各区域开放水平,拓展了对外开放领域,推动了制度型开放,构建了广泛的朋友圈,探索了促进共同发展的新路子,实现了同共建国家的互利共赢。总体上看,未来和平与发展的时代主题没有改变,经济全球化大方向没有改变,国际格局发展战略态势有利,共建"一带一路"仍面临重要机遇。同时,世界百年未有之大变局正加速演变,新一轮科技革命和产业变革带来的激烈竞争前所未有,气候变化、疫情防控等全球性问题对人类社会带来的影响前所未有,共建"一带一路"国际环境日趋复杂。

面对高质量共建"一带一路"的发展机遇和挑战,习近平总书记在第三次"一带一路"建设座谈会上明确了"五个统筹"要求,强调要保持战略定力,抓住战略机遇,统筹发展和安全、统筹国内和国际、统筹合作和斗争、统筹存量和增量、统筹整体和重点,积极应对挑战,趋利避害,奋勇前进。[①] 在"两个一百年"奋斗目标历史交汇点的关键时期,习近

① 《以高标准可持续惠民生为目标　继续推动共建"一带一路"高质量发展》,《人民日报》2021 年 11 月 20 日第 1 版。

平总书记为高质量共建"一带一路"擘画出新图景。推动共建"一带一路"高质量发展,必须坚定不移推动"五个统筹",为疫情后世界经济复苏和实现共同繁荣注入新动力,在更高起点上建设"一带一路"的和平之路、繁荣之路、开放之路、绿色之路、创新之路、文明之路。习近平总书记关于坚定不移推动共建"一带一路"应当落实好"五个统筹"的要求,运用马克思主义辩证法和方法论,体现了总体国家安全观的思维,为新时代推进共建"一带一路"工作提供了根本遵循。

备豫不虞,为国常道。统筹发展和安全,增强忧患意识,做到居安思危,是中国共产党治国理政的一个重大原则,也是高质量共建"一带一路"的必然要求和内在逻辑。在更高起点上实现"一带一路"高质量发展,要求坚持底线思维、增强忧患意识,提高见微知著能力,用大概率思维应对小概率事件。既要高度警惕"黑天鹅"事件,也要防范"灰犀牛"事件;既要有防范风险的先手,也要有应对和化解风险挑战的高招;既要打好防范和抵御风险的有准备之战,也要打好化险为夷、转危为机的战略主动战。当前,共建"一带一路"面临的国际环境日趋复杂,面对参与方在疫情冲击下出现的政治、经济、社会、安全等问题,面对地区冲突不断、政权更迭频繁、恐怖主义滋生等安全问题,要加强对"一带一路"项目的安全、政治、经济、债务、生态等风险评估,落实风险防控制度,加强海外项目安保投入,全面提升企业抗风险和危机应对能力。只有统筹发展和安全,才能更好建设合作之路、复苏之路、增长之路,才能使共建"一带一路"步入良性发展轨道。

中华民族伟大复兴战略全局、世界百年未有之大变局,是谋划工作的基本出发点,要在统筹国内国际两个大局中推动"一带一路"实现高质量发展。要科学把握国内国际两个大局之间多方面、深层次的联动关系,深刻认识在新的起点上共建"一带一路"的新特征新要求。共建"一带一路"基础在国内,中国作为世界市场不断加大对全球开放,继续和世界分享中国市场机遇,作为世界工厂,继续为世界提供中国制造、中国创造。以国内大循环为主体,中国为"一带一路"沿线国家提供了更多市场机遇、投资机遇、增长机遇。因此,要利用好"一带一路"业已形成的开放网络优势和物流大通道格局,立足中国超大规模市场优势,提升吸引全球资源要素的能力,把强大的内需优势转化为竞争发展优势。共建"一带一路"重心在国际,"十四五"规划指出,要形成国内国际双循环相互促进的新发展格局。因此,要更好发挥"一带一路"内外联通优势,要通过"一带一路"优化市场资源配置,精准对接供给需求,使之成为全球资源配置的强大推动力,要以国际循环提升国内循环的效率和水平,提升中国生产要素质量和配置水平,推动产业转型升级。

从大局出发,统筹处理好共建"一带一路"过程中的合作与斗争的辩证统一关系,在坚持合作共赢的基础上,面对外部的打压,不畏斗争,以斗争求合作。面对美国等西方国家试图在国际上以"规则牌""民主牌""意识形态牌"等对冲"一带一路"倡议的态势,面对拜登政府牵头G7推出"重建更好世界(B3W)计划"拉拢、蛊惑发展中国家的做法,中国既要与西方国家加强沟通和合作,有效管控分歧,在抗疫合作、绿色发展、气候变化、多元化投融资体系、扩大三方或多方市场合作、开展国际产能合作等方面寻求共同点,同时又要对美国阻遏中国发展的战略意图和举措保持清醒的认识,对其恶意图谋要发挥敢于斗争、善于斗争的精神,坚决捍卫多边主义,坚定不移推动区域经济一体化进程,以惠民生工程提升共建国家民众获得感。

从世界经济和产业发展大势出发,正确处理好共建"一带一路"项目存量和增量关系,既要推进存量项目的落实落地,又要长远谋划增量项目的方向定位。在存量方面,"一带一路"倡议实施8年来,取得积极进展和系列重大成果,形成覆盖广泛的基础设施网络和基于产业链供应链的经贸格局。但受新冠肺炎疫情和全球气候变化政策等方面影响,全球产业链供应链面临重塑,一些能源项目启动面临调整。因此,既要克服疫情等因素影响,进一步深化落实传统基础设施项目合作,又要下决心淘汰一批安全风险高、生态成本高和不可持续的项目,减少高耗能的传统基建项目,推动项目转型升级。在增量方面,要增加新基建项目比重,打造战略支点国家的成功样板。要以公共卫生合作开拓新领域,推动国际社会共同应对新冠肺炎疫情等非传统安全威胁,加大共建"一带一路"在疫苗、卫生医疗、生物科技、生物医药等领域的合作。要以数字经济合作为新引擎,发挥中国在数字经济方面具有的技术、规模、产业优势,增加与参与方的数字基础设施合作力度。要以绿色经济合作引领新发展,增加风能、太阳能等清洁能源联合开发,开展自然和生物多样性保护、应对气候变化等研发创新,通过发行绿色金融债等手段支持绿色经济合作项目。

从全局角度处理好共建"一带一路"整体和重点的辩证关系。从整体上讲,要秉承人类命运共同体理念,将共建"一带一路"作为中国为全球提供的国际公共产品和国际合作平台,坚持开放原则,继续扩大合作朋友圈,促进共同发展,实现共建国家互利共赢。从重点上看,要突出重点标志性工程,以民生工程提升共建国家民众获得感,形成更多接地气、聚人心的合作成果;要突出重点区域,顺应区域经济一体化趋势,以《区域全面经济伙伴关系协定》(RCEP)启航为重要契机,加速推动亚太区域经济一体化进程,形成稳定的产业链和供应链体系,继续加快推进中日韩自由贸易区的建立,形成人口超过 15 亿的巨大区域市场;要突出重点领域,积极开展健康、绿色、数字、丝路电商等新领域合作,培育合作新增长点。

同舟共济扬帆起,乘风破浪万里航。习近平总书记指出,"共建'一带一路'正在成为我国参与全球开放合作、改善全球经济治理体系、促进全球共同发展繁荣、推动构建人类命运共同体的中国方案",[①]向世界传递了中国坚定扩大开放、携手世界合作共赢的时代强音,发出了继续将共建"一带一路"打造成更受世界欢迎的国际公共产品和国

---

① 《坚持对话协商共建共享合作共赢交流互鉴　推动共建"一带一路"走深走实造福人民》,《人民日报》2018年8月28日。

际合作平台的坚定信心。在新的伟大征程上,践行共商共建共享原则,弘扬开放、绿色、廉洁理念,强化统筹协调,抓好重点任务推进,落实落细各项举措,坚定不移推动共建"一带一路"高质量发展,让各国互联互通更加有效,经济增长更加强劲,国际合作更加密切,人民生活更加美好,以东方智慧为全球发展探寻解决之道,在走深走实、行稳致远、高质量发展中,为各国开辟出一条通向共同繁荣的机遇之路,将"一带一路"打造成推动构建人类命运共同体的重要实践平台。

(载《中国工业经济》2021 年第 12 期)

将"一带一路"工笔画绘出质感

第二届"一带一路"国际合作高峰论坛于 2019 年 4 月 25—27 日召开，各方齐聚北京共谋高质量合作发展的时间表和路线图，这意味着"一带一路"建设"工笔画"正在进入更高水平的精雕细琢阶段。

建设成果可观

"一带一路"建设进行 5 年多来，不断弘扬"和平合作、开放包容、互学互鉴、互利共赢"的丝绸之路精神，创造性地把中国梦与参与国人民追求美好生活的梦想紧密结合，赋予了古代丝绸之路以全新的时代内涵。实践表明，"一带一路"伟大构想和宏伟蓝图，以"计利当计天下利"的东方智慧、"大道至简，实干为要"的精诚合作，让朋友圈越来越大。其正在成为新时代中国推进高质量对外开放的靓丽名片，并为构建人类命运共同体和探索全球变革治理贡献了全新方案。

回顾 5 年多的合作进程，共建"一带一路"国家之间政治互信显著增强、务实合作成果丰硕、人文交流丰富多彩，参与国民众从中得到了实实在在的收获。

政策沟通使共建"一带一路"国家日益成为推动构建人类命运共同体的新型典范。2018 年，非洲、拉美和加勒比地区等 60 多个国家和地区相继签订"一带一路"合作文件，成为"一带一路"朋友圈中新面孔增加最多的一年。截至 2019 年 3 月底，我国已累计与 125 个国家和 29 个国际组织签署 173 份合作文件；此外，"一带一路"国际合作高峰论坛咨询委员会和联络办公室相继成立，这些都标志着共建"一带一路"国家之间的合作开启了务实推进、协同高效、互利共赢的崭新篇章。

设施联通为参与国家经济发展插上了新的翅膀。中老铁路建设顺利，中泰铁路一期工程合作推进，雅万高铁 20 多处重点工程已实现开工，匈塞铁路塞尔维亚境内贝旧段开工建设；中国与白俄罗斯、德国等七国铁路部门签署的《关于深化中欧班列合作协议》为中欧班列的稳定运行提供了机制保障，截至 2019 年 2 月底，中欧班列累计开行数量达到 1.4 万列，通达欧洲 15 个国家、50 个城市。

贸易畅通向世界展现了中国支持经济全球化、贸易自由化的决心和信心。5 年多来，我国与共建"一带一路"国家间的贸易总额达到了 5 万亿美元；中资企业累计在 24 个国家在建合作区超过 80 家，直接投资超过了 700 亿美元，中白工业园、中国—阿联酋产能合作园区、中埃苏伊士经贸合作区等稳步推进；2018 年我国还成功举办了世界上第一个以进口为主题的国家级展会，成为国际贸易发展史上的一大创举。

资金融通为共建"一带一路"国家改善民生提供了强劲动力。5 年多来，我国政府向丝路基金增资 1000 亿元人民币；亚洲基础设施投资银行为 13 个国家批准基础设施项目投资逾 75 亿美元；中资金融机构为"一带一路"相关国家累计发放贷款 2500 亿美元，重点支持了基础设施互联互通、产能合作、社会民生等项目的合作。

"一带一路"建设通过民心相通为共建"一带一路"国家交流交融注入了人文内涵。"艺术年""文化周""旅游展"等多层次人文合作机制陆续建立，科技交流、教育合作、绿色发展、对外援助等合作平台层层搭建，有力诠释了"以文明交流超越文明隔阂、文明互鉴超越文明冲突、文明共存超越文明优越"。

如何走深走实

未来，顺应时代要求，实现"一带一路"建设精耕细作，还需从以下方面重点发力。

首先，要进一步厘清"一带一路"建设的对内重点和对外重点。"一带一路"建设应聚焦于我国经济社会高质量转型发展的内生要求，未来"一带一路"建设要与京津冀协同发展、长江经济带发展、粤港澳大湾区建设等重大战略紧密协调起来，与沿海开放、东北振兴、中部崛起、沿边开发开放联动起来，在此框架内加强顶层设计和项目规划。另一方面，要更加考虑和照顾其他国家利益，遵循规划建设项目与共建"一带一路"国家发展战略相衔接的逻辑，积极与俄罗斯欧亚经济联盟建设、哈萨克斯坦"光明之路"经济战略、欧盟"容克计划"等进行协调对接，创造更多利益契合点和合作增长点，为高质量合作发展打下坚实基础。

其次，要进一步发挥建设中的政府主导和企业主体作用。习近平主席强调，推进"一带一路"建设既要发挥政府把握方向、统筹协调作用，又要发挥市场作用。因此，各级政府部门要在宏观布局、政策沟通、统筹协调等方面继续发挥引领作用，定期发布相关领域行动计划，有关驻外机构要积极与国外机构密切配合、协调行动，推动相关政策主张在东道国落地开花。与此同时，要强化以市场为基础、企业为主体的区域经济合作机制，帮助企业"走出去"，力争在实现优势产能转移和产业转型升级过程中为全世界供给高质量的中国制造。

最后，要进一步注重"一带一路"建设中的智库贡献和媒体功能。智库合作建设是实现"一带一路"建设互利共赢的重要路径，各国智库要善于通过学术研究、政策解读在民意通达方面发挥重要的桥梁和纽带作用，将研究成果转化为项目合作中的解决方案与智力支持。另外，发挥媒体在传递理念、增信释疑、增进友谊等方面的独特优势，特别是借助新媒体力量，形成多方面良性互动的"民心相通"平台，真正让"一带一路"话题走入各国人民的生活。

有理由相信，第二届"一带一路"国际合作高峰论坛将把"一带一路"倡议推进到务实"工笔画"新阶段。在这个阶段，共商共建共享理念将深入人心，给全球经济秩序带来公正合理的新变化；各参与方一定会增信释疑，努力化解"信任赤字"；同舟共济的理念将会给世界和平带来更多阳光。

千里之行，始于足下。合作共赢是大势所趋，开放融通是人心所向。"一带一路"所描绘的美好愿景、所展现的开放胸襟、所彰显的时代担当，随着第二届"一带一路"国际合作高峰论坛的召开越来越凸显，让共建"一带一路"国家沿着这条和平、繁荣、开放、创新、文明之路，行稳致远，迈向更加美好的明天。

（载《半月谈》2019 年 4 月 25 日）

法治"一带一路"的内涵
与构建路径

2013 年 9 月和 10 月，中国国家主席习近平分别提出建设新丝绸之路经济带和 21 世纪海上丝绸之路的合作倡议。2015 年 3 月 28 日，国家发展改革委、外交部、商务部联合发布了《推动共建丝绸之路经济带和 21 世纪海上丝绸之路的愿景与行动》。"一带一路"倡议旨在借用古代丝绸之路的历史符号，高举和平发展的旗帜，积极发展与沿线国家的经济合作伙伴关系，共同打造政治互信、经济融合、文化包容的利益共同体、命运共同体和责任共同体。与以往西方国家所主导的国际交往模式不同，"一带一路"倡议建立在共商共建、平等互信基础上。法律是规范和调整人际交往的行为规则，法治的重要功能在于通过确定的法律规则以保障交往的公平性、公开性、和平性和稳定性，是"一带一路"倡议的重要基础和保障。习近平主席高度重视法治在共建"一带一路"中的重要作用。在 2019 年 11 月 10 日向中国法治国际论坛致信中，习近平主席指出，推动共建"一带一路"，需要法治进行保障，中国愿同各国一道，营造良好法治环境，构建公正、合理、透明的国际经贸规则体系，推动共建"一带一路"高质量发展，更好造福各国人民。① 当前，共建"一带一路"面临新

---

① 习近平：《使法治在共建"一带一路"进程中更好发挥作用》，习近平《论坚持全面依法治国》，中央文献出版社 2020 年版，第 268 页。

的形势。① 在新发展阶段，统筹谋划推动高质量发展、构建新发展格局和共建"一带一路"，要求我们在建设开放"一带一路"、绿色"一带一路"、廉洁"一带一路"的基础上，着力建设法治"一带一路"，在法治轨道上推动共建"一带一路"高质量发展，充分发挥法治对于共建"一带一路"的引领、规范和保障作用。本文以习近平全球治理观与习近平法治思想为指导，围绕法治"一带一路"概念的基本内涵、重大意义等展开论述，并尝试提出法治"一带一路"的建设路径及其在具体领域的要求。

一　法治"一带一路"的基本内涵

筑基于法治理念和人类命运共同体思想之上的法治"一带一路"概念，是法治理念的一种具体类型，是习近平法治思想在涉外法治领域的重要体现。可以从三个层面对法治"一带一路"的基本内涵进行分析，按照从抽象到具体的顺序，依次是最抽象的理念，到中度抽象的倡议，再到具体的制度。

（一）作为一种理念的法治"一带一路"

法治是人类共同价值之一，是人类政治文明的重要成果。法治与"一带一路"倡议的结合，首先是法治作为理念与"一带一路"倡议的深度融合。习近平总书记特别重视法治理念的作用，多次强调法律之治、良法善治等法治要素和法治理念的重要作用。② "法律之治要求我们用法律的准绳去衡量、规范、引导社会生活。"③ 良法善治则是法治的实质内涵，"用良法来促进发展、保障善治"。④ 这些构成了习近平总书记对法治的精到理解。将法治理念与"一带一路"倡议相结合，便形成了作为一种理念的法治"一带一路"。

---

① 《以高标准可持续惠民生为目标　继续推动共建"一带一路"高质量发展》，《人民日报》2021 年 11 月 20 日第 1 版。

② 张文显：《习近平法治思想的理论体系》，《法制与社会发展》2021 年第 1 期。

③ 中共中央文献研究室编：《习近平关于全面依法治国论述摘编》，中央文献出版社 2015 年版，第 8—9 页。

④ 习近平：《论坚持全面依法治国》，中央文献出版社 2020 年版，第 165—166 页。

法治"一带一路"的核心要求就在于，在共建"一带一路"的全过程中，贯彻落实法治理念所蕴含的守规则、讲程序、公平公正、诚实信用、公开透明等原理原则，在法治框架内充分照顾共建"一带一路"各相关方的利益关切，并且坚守住法治的实质基础。作为理念的法治"一带一路"，代表着在国际社会建立和谐秩序的一种努力，更是人类政治文明迈向国际层面的一种体现。

（二）作为一种倡议的法治"一带一路"

"一带一路"倡议覆盖经贸、投资、金融、货币和争端解决等众多领域，是超越外交、国际关系、全球治理等单一领域和范畴的综合性倡导与行动计划。法治"一带一路"缘起于"一带一路"倡议，它必须与"一带一路"倡议同频共振，服务"一带一路"战略和计划。因此，作为倡议的法治"一带一路"，指向在各个合作领域内倡导规则先行、倡导秩序重构、倡导利益分配的公平公正、倡导纠纷解决的及时可行等价值。法治"一带一路"的建成，无疑是一项长期而艰巨的任务，一方面与大国传统利益范围发生交叠，另一方面也经受着宗教势力和文化社会冲突的考验与挑战。因此，法治"一带一路"必须要先经由倡议阶段。

目前的现实也是如此，法治"一带一路"尚不存在一个一般性的公约安排或者沿线国家间统一的行动意向。[①] 因此，作为倡议的法治"一带一路"既是处于从理念到行动中间的一种工作计划安排，更是服务于"一带一路"建设的临时性保障和前瞻性调适。此外，既然法治理念的追求与实现是一种永无止境的螺旋式上升过程，那么法治"一带一路"倡议也就具有了相应的颇为坚实的理论根基。倡议是一种理论与实践的恰切结合，它发轫于理论，但最终归宿是影响实践。因此，作为一种倡议的法治"一带一路"有其稳定的概念内

---

① 沈四宝等：《"一带一路"建设的障碍和法治规范》，《人民法治》2015 年第 11 期。

涵,主张各国共商共建、平等互利,① 在外延上亦具有一定程度的多样性,如遵从规则导向、可持续发展等原则。

(三) 作为一种制度的法治"一带一路"

法治的核心要义是"制度之治",法治"一带一路"只有在实践层面得到切实的推进和落实,才能真正为"一带一路"的建设发展贡献力量。因此,法治"一带一路"最终的归宿必定是要构建起服务于"一带一路"建设、确保沿线各国共享建设和发展成果的一套制度体系。这项制度体系涉及国际贸易争端解决机制、法律人才服务与涉外法律人才培养、境外投资风险管控和风险评估机制等诸多方面,并对各沿线国国内法治的完善与发展产生积极影响。

就行动部署和决策而言,中国应在法治"一带一路"理念设计和倡议计划的指导下,通过与沿线各国进行法律交流、法律移植、制度共建、纠纷共解等方式不断地加强学习和借鉴,推动法治互动,通过与"一带一路"沿线国家进行法律交流合作的形式,构建全局性的法律服务网络和体系,固定常态化的法治交流机制。通过将这些举措以制度的形式固定下来,法治"一带一路"才能逐渐在现实中实现,因此,作为制度的法治"一带一路"同时也是作为一种进程的法治"一带一路",而作为进程的法治"一带一路"致力于消除制度壁垒,从而将制度化的自身作为一种公共产品提供给沿线各国。这些问题都是"一带一路"进程推进之中所面临的棘手难题,尤其是我国尚缺乏相应的完备制度和充足的人才供给,因此,作为制度的法治"一带一路"也对中国涉外法治人才的培养提出了迫切的要求。

---

① 刘敬东:《"一带一路"法治化体系构建研究》,《政法论坛》2017 年第 5 期。

二 建设法治"一带一路"的重大意义

（一）建设法治"一带一路"是"一带一路"高质量发展的必然要求

法治化、机制化是"一带一路"高质量发展的必然要求。[①] "一带一路"作为我国发起、多方参与的国际合作机制，要求明确共建所遵循的基本原则，针对治理议题形成较稳定的法律框架和相对固定的治理平台，清晰界定各方权利义务及有效解决各类争端。这种种均离不开法治的保障和支撑，"一带一路"倡议行稳致远，必须运用法治思维和方法。法治"一带一路"的基本要义在于，将"一带一路"项下的合作维持在法律框架之内，以有效维护和促进国际社会的合作利益、共同利益及整体利益。目前，共建"一带一路"的高质量发展，面临着一些重大挑战和困境，例如重大基础设施合作项目缺乏透明度，参与国贸易投资法律滞后，贸易争端解决机制匮乏，[②] 以及因法治不健全而滋生的腐败与不合规等，这些都呼唤着各国参与到法治"一带一路"的建设之中。

法治是防止"一带一路"倡议无序发展的关键因素。举例而言，目前一些"一带一路"项目面临付款违约风险。即使中资企业尽力确保及时完工，仍可能面临业主方支付能力不足的风险，甚至有一些上下游企业在新冠肺炎疫情期间破产，这将导致中国境外承包工程企业无法按期收回款项。若双方未在合同中制定完备的担保、救济等条款，如何在东道国提起索赔成为中资企业迫切不得不面对的难题。同时，一些国家与贸易便利化相关的法律严重滞后。由于这些国家的法律规定不完善，进出口贸易通关程序冗长，这相应增加了贸易的成本，也对商品全球自由流动造成阻碍。据统计，由于通关效率低下，

---

① 李向阳：《"一带一路"的高质量发展与机制化建设》，《世界经济与政治》2020 年第 5 期。
② 参见刘敬东《"一带一路"法治化体系构建的再思考》，《环球法律评论》2021 年第 3 期。

中国向中亚国家的出口收益降低 1.8% 到 4.8% 。此外，贸易保护主义抬头，一些国家的关税及非关税壁垒非但未能减少，反而呈日益增长的趋势。作为重要的规制手段，法治原则要求市场主体履行公平交易的责任和义务。市场经济就是法治经济。"一带一路"建设必须坚持市场运作、遵循法治原则，强调遵循市场规律和国际通行规则，充分发挥市场在资源配置中的决定性作用和各类企业的主体作用，并利用法律规则防范"一带一路"建设中的各类风险。

法治是规范中资企业海外投资不当行为的重要手段。例如，中资企业在一些国家的投资出现土地等权属纠纷。一些国家不允许外国企业或个人持有或拥有本国的土地，但是个别中资企业试图通过所谓"名义上由东道国公民持有、实际上由中资企业所有"的方式占有和使用土地，在实践中遭遇诸多法律风险和权属纠纷。对企业而言，只有严格遵守当地法律法规，正常经营、合规经营，才能将潜在的执法风险降到最低限度，也才能体现中资企业、中国产品、中国服务的真实竞争力，实现"一带一路"建设的可持续发展。但实践中，一些企业和机构尚未充分认识到不同国家法律体系、法治理念和市场准入、行业监管、金融税收、环境保护、劳工保护等方面巨大差异带来的法律风险。即便在遇到问题时运用法律，也多属临时性、应急性措施，缺乏长远谋划和系统安排。中国在"一带一路"投资中，特别是基础设施投资遇到的国有化及间接征收、政府违约、安全审查、东道国汇兑、劳工标准、环境保护等各类风险及应对，面临新的挑战。有研究认为，"一带一路"倡议重点关注政策、基础设施、贸易、资金和民心领域，但对"一带一路"相关的法律机制建设和标准设定缺乏足够的重视。[①]

除了能够解决相应法律问题之外，法治"一带一路"还有助于

[①] Johanna Aleria P. Lorenzo, "A Path Toward Sustainable Development Along the Belt and Road", *Journal of International Economic Law*, Vol. 24, 2021, p. 592.

澄清国际社会对"一带一路"倡议的误解。目前,国际社会仍不乏对"一带一路"倡议的误解与曲解,部分国家将其视为中国崛起的政治和经济手段。它们认为中国向"一带一路"国家输出经济援助,以实现化解过剩产能、控制境外资源等目的。甚至将"一带一路"倡议视为"中国版马歇尔计划"。[1] 产生这些误解的一个原因是,我国在以往的国际争端中更多使用政治的方式去谈判、协调,从而忽视了规则化、规范化在国际交往中的可行性与必要性。在"一带一路"中倡导法治优先原则,可有效回击"中国威胁论"等一系列的反对声音。规则的制定者往往就是规则的受益者。作为"一带一路"倡议的发起国,我国可探索将经济优势转化为规范的制定权和话语权,以此抵御个别西方国家对中国在国际经贸机制与国际话语权的"规锁"。[2] 在重视倡议国际公共产品属性的基础上,我们可以通过更加有效地发挥法治在倡议建设中的主体地位和保障作用,为"一带一路"创造良好持久的外部发展环境,并在此过程中体现我国对法治理论和实践发展的贡献。[3]

(二)建设法治"一带一路"是习近平全球治理观和习近平法治思想的贯彻落实

当前,世界百年未有之大变局加速演进,新冠肺炎疫情持续反复,全球经贸领域的不稳定性不断上升。全球面临着治理问题、信任问题、发展问题以及和平问题等领域的挑战,建设一个更加美好世界的任务依然艰巨。近年来,全球经济治理体系处于加速变革的关键期,客观上为我国参与全球治理提供了历史机遇。在这新的历史起点上,习近平总书记准确把握国际国内两个大局,针对全球治理这个重大命题,提出了"共建'一带一路'""构建人类命运共同体""维

---

① 金玲:《"一带一路":中国的马歇尔计划?》,《国际问题研究》2015 年第 1 期。
② 张宇燕、冯维江:《从"接触"到"规锁":美国对华战略意图及中美博弈的四种前景》,《清华金融评论》2018 年第 7 期。
③ 石静霞:《"一带一路"倡议与国际法——基于国际公共产品供给视角的分析》,《中国社会科学》2021 年第 1 期。

护以国际法为基础的国际秩序""坚持真正的多边主义""推动全球治理体系与国际秩序朝着更加公正合理的方向发展""统筹国内法治与涉外法治"等重要论述。[①]

共建"一带一路"是习近平总书记着眼于时代大势，以大历史观对世界面临的世纪之问、时代之问作出的科学回答。[②]"一带一路"倡议是我国在新的发展时期向国际社会提供的公共产品，旨在促进区域和国际经济合作，并推动全球治理体系趋向包容均衡的重要举措。当前，"一带一路"建设正从"大写意"走向"工笔画"。在百年未有之大变局的背景下，"一带一路"倡议的价值和功能定位更加明确。"一带一路"成果的巩固和发展离不开以规则为导向、开放包容、民主透明的法治化机制的保障。从根本上，中国应以"成为世界和平与发展的领导者"为顶层设计目标，推进"一带一路"倡议向纵深发展。为达致这一目标，中国要进一步加强国际法的研究和运用，[③] 提高运用法治思维和法治方式的能力，确保"一带一路"倡议行稳致远。

法治"一带一路"是习近平全球治理观与习近平法治思想在共建"一带一路"倡议中的鲜明体现。目前，法治"一带一路"的建设初具成果。"一带一路"已进入国际话语体系，被联合国大会和安理会等决议纳入。2016 年 3 月 15 日，联合国安理会通过包括推进"一带一路"倡议内容的第 S/2274 号决议。2016 年 11 月 17 日，联合国大会第 A/RES/71/9 号决议首次写入"一带一路"倡议，呼吁国际社会为"一带一路"建设提供安全保障环境。截至 2021 年底，共有 140 个国家、32 个国际组织与我国签署了共建"一带一路"合作文件；与日本、意大利等 14 国签署第三方市场合作的文件；联合国、二十国集团、亚太经合组织、上海合作组织等成果文件也载入了相应

---

① 孔庆江：《习近平在法治思想中的全球治理观》，《政法论坛》2021 年第 1 期。

② 王灵桂、杨美姣：《发展经济学视阈下的"一带一路"与可持续发展》，《中国工业经济》2022 年第 1 期。

③ 柳华文：《论进一步加强国际法的研究和运用》，《国际法研究》2020 年第 1 期。

的国际合作理念。2020 年 10 月，我国和柬埔寨正式签署《中国和柬埔寨自由贸易协定》（People's Republic of China-Cambodia Free Trade Agreement），该协定是全球第一个将"一带一路"倡议合作独立设章的自贸协定，这为双边投资合作提供更先进的制度保障机制。[①] 上述种种法律机制安排有力地保障了"一带一路"倡议走深走实。

（三）建设法治"一带一路"是因应中国对外开放新阶段、新理念、新格局的重要举措

自"一带一路"倡议启动以来，中国坚定地支持和践行多边主义，不断携手与"一带一路"参与国推动自由贸易和投资进程。2020 年，中国货物进出口总额 321557 亿元人民币。其中，对"一带一路"沿线国家进出口总额达 93696 亿元人民币，比 2019 年增长 1.0%。[②] 在投资领域，2020 年，在"一带一路"倡议中，中资企业对 58 个国家的直接投资达到 177.9 亿美元，同比增长了 18.3%。[③] 2021 年 1—9 月，在"一带一路"国家中，中资企业对 56 个国家的直接投资达到 962.3 亿元人民币，同比增长了 5.7%。[④] 截至 2020 年，"一带一路"沿线国家共有超过 1.1 万家中资境外企业。2013—2020 年，中国对沿线国家累计直接投资 1398.5 亿美元。[⑤]

中国通过共建"一带一路"，提高了国内各区域开放水平，拓展了对外开放领域，推动了制度型开放，构建了广泛的朋友圈，探索了促进共同发展的新路子，实现了同共建国家互利共赢。2021 年 11 月 11 日，党的十九届六中全会通过的《中共中央关于党的百年奋斗重

---

① 《商务部国际司负责人就中国和柬埔寨签署自由贸易协定答记者问》，中国自由贸易区服务网，2020 年 10 月 12 日。http://fta. mofcom. gov. cn/article/zhengwugk/202010/43219_ 1. html。

② 《2020 年对"一带一路"沿线国家进出口总额 93696 亿元》，商务部网站，2021 年 3 月 2 日，http://www. mofcom. gov. cn/article/i/jyjl/e/202103/20210303041948. shtml。

③ 《2020 年我国企业对"一带一路"沿线非金融类直接投资 177.9 亿美元》，商务部网站，2021 年 2 月 19 日，http://fec. mofcom. gov. cn/article/fwydyl/zgzx/202102/20210203039372. shtml。

④ 《2021 年 1—9 月我对"一带一路"沿线国家投资合作情况》，商务部网站，2021 年 2 月 19 日，http://fdi. mofcom. gov. cn/go-datatongji-con. html？id=15293。

⑤ 《商务部、国家统计局和国家外汇管理局联合发布〈2020 年度中国对外直接投资统计公报〉》，商务部网站，2021 年 9 月 29 日，http://www. mofcom. gov. cn/article/ae/ai/202109/20210903203247. shtml。

大成就和历史经验的决议》指出，中国坚持共商共建共享，推动共建“一带一路”高质量发展，推进一大批关系沿线国家经济发展、民生改善的合作项目，建设和平之路、繁荣之路、开放之路、绿色之路、创新之路、文明之路，使共建“一带一路”成为当今世界深受欢迎的国际公共产品和国际合作平台。[①]

我国正迈入“十四五”时期的开局之年。“十四五”开局之年进入新发展阶段、贯彻新发展理念、构建新发展格局，是由我国经济社会发展的理论逻辑、历史逻辑、现实逻辑决定的。习近平总书记在2021年1月省部级主要领导干部学习贯彻党的十九届五中全会精神专题研讨班指出，要塑造我国参与国际合作和竞争新优势，重视以国际循环提升国内大循环效率和水平，改善我国生产要素质量和配置水平，推动我国产业转型升级。[②] 从目标来看，中国构建新发展格局旨在优化发展布局，推动区域协调发展，“一带一路”建设则是优化全球化布局，促进沿线国家和地区共同发展。两者相辅相成，构建新发展格局为高质量共建“一带一路”筑牢根基。从实践来看，无论是共建“一带一路”的“硬联通”“软联通”“心联通”，还是国内国际双循环中商品和要素资源的循环畅通，都需要通过法治机制的指引，真正做到了惠民生、得民心、利天下。

面对日趋复杂的国际环境，“一带一路”建设要在初期的设计理念基础上迭代升级，在新发展阶段，更加重视参与国与参与主体的权利义务关系的有效调整，通过规则体系的构建，更好地服务构建新发展格局。共建“一带一路”秉持弘扬开放、绿色、廉洁的理念。开放、绿色、廉洁的理念与法治的理念相互伴生。开放“一带一路”、绿色“一带一路”、廉洁“一带一路”分别从具体领域层面确保“一

[①] 《〈中共中央关于党的百年奋斗重大成就和历史经验的决议〉辅导读本》，人民出版社2021年版，第49页。

[②] 《深入学习坚决贯彻党的十九届五中全会精神　确保全面建设社会主义现代化国家开好局》，《人民日报》2021年1月12日第1版。

带一路"行稳致远，而法治"一带一路"从根本上保障了"一带一路"倡议的开放、绿色和廉洁。法治是手段，更是目标。法治"一带一路"为"一带一路"的开放化、廉洁化、绿色化提供制度保障，有力确保全球各国人民生活福利水平的提升。

三　法治"一带一路"的实现路径

（一）建设法治"一带一路"的指导性原则

2015 年 3 月，中国发布的《推动共建丝绸之路经济带和 21 世纪海上丝绸之路的愿景与行动》提出，"一带一路"建设要恪守联合国宪章的宗旨和原则，即尊重各国主权和领土完整、互不侵犯、互不干涉内政、和平共处、平等互利，要坚持共商共建共享原则"。可见，"一带一路"建设作为一项国际性的战略与倡议，除了坚持传统的"和平共处"五项基本原则这一宗旨之外，还强调了共商共建共享的基本原则。"一带一路"建设是沿线国家的共同事务，规则的制定和适用都不能由任一单方来决定。因此，共商共建共享原则是建设法治"一带一路"的指导性原则。

就这一原则本身的意涵而言，共商是法治"一带一路"的基础和原则，共建是建设的核心与手段，共享则是建设的目标和动力，三者是一个完整的原则体系，缺一不可。① 共商共建共享原则表明"一带一路"的推进与发展不仅关涉某一个国家自身的利益，还涉及沿线诸国的共同利益，法治"一带一路"体制机制的建设，只有广泛吸取传统西方主导的国际合作和多边组织机制的经验教训，统筹兼顾各方利益，加强各方共同协商沟通，才能将法治"一带一路"建设成国际社会中一道亮丽的风景线，才能发挥和体现出我国的大国担当。

在法治"一带一路"的体制机制建设与创新过程中，应当始终

① 杨临宏：《遵循共商共建共享原则建设法治化的"一带一路"》，《法学论坛》2019 年第 3 期。

遵循共商共建共享原则寻找各国利益平衡点，尽最大可能地挖掘"一带一路"沿线国家和地区的法律经验和法律智慧，最终构建合理的法律规则以兼顾各方利益。共商共建共享原则构成建设法治"一带一路"所必需的法律制度基础，而形成多方共同认可的法律制度，有助于赋予"一带一路"建设合法性和稳定性，有助于构建沿线国家共同遵循的准则，也有助于以法律手段解决争端，形成多方的互信与共识，最终推动人类命运共同体建设。[①] 尤其是要将共商共建共享原则贯彻到法治"一带一路"规则供给和规则解释适用的过程之中，作为弥补规则漏洞的指导性原则。

（二）加强涉外立法、执法、司法体系建设

法治"一带一路"需要重视涉外立法、执法和司法体系的建设。近年来，党和国家高度重视涉外法治体系建设。习近平总书记就加强涉外法治体系工作多次作出重要指示。习近平总书记在 2020 年 11 月召开的中央全面依法治国工作会议明确提出，要加快涉外法治工作战略布局，协调推进国内治理和国际治理，更好维护国家主权、安全、发展利益。[②] 在此背景下，法治"一带一路"与涉外法治建设应同频共振。

第一，重视立法规范"一带一路"倡议的作用。面对新发展阶段我国进一步推进"一带一路"建设的新要求，一些涉外立法传统上坚持过度严格的属地主义原则，缺乏对域外行为的有效规制，鲜少对全球公益事项的主动管辖。实际上，为惩治危害人类的国际罪行，推动国际法治建设，一国应对特定的域外事项进行有效规制。实践中，网络攻击、跨国恐怖主义、金融诈骗等行为不仅违反我国法律规定，更违背全人类尊崇的普遍价值观念。作为联合国常任理事国，我

---

① 严存生：《"全球化"时代与"一带一路"的法治建设》，《上海政法学院学报（法治论丛）》2019 年第 2 期。

② 《坚定不移走中国特色社会主义法治道路　为全面建设社会主义现代化国家提供有力法治保障》，《人民日报》2020 年 11 月 18 日第 1 版。

国有责任加大对全球共益事项的管辖。大国对全球普遍犯罪行为的规制，能够推动国家的发展，也有利于全球福利水平的提升。[1] 法治"一带一路"规则体系的建立需要国内外法治的互动，既要关注法治"一带一路"国际法内涵，又要注意法治"一带一路"参与国的法律体系建设。如，将国际经贸规则引入国内立法、修订《中华人民共和国外商投资法》、增设自贸区并辅之以充足完备的自贸区规则，力求最大限度地给予各国商事主体利益以平等的保护。法治"一带一路"的建设有丰富的比较法资源及国际法资源，这些都为中国相关法律的发展提供了新的空间。[2] 关注"一带一路"沿线国家和地区的立法和司法动态，应当成为推进法治"一带一路"规则体系建构的重点内容。

第二，加强涉外执法机制与能力的建设。执法是立法的生命力和权威性所在。为保障"一带一路"倡议的实施，中国执法机构逐步探索与其他国家开展共同执法活动。例如，自 2016 年起，中国和意大利开展中意警方联合执法巡逻活动。中国民警在意大利等开展治安巡逻，以帮助和保护在意大利的中国公民。但目前我国涉外执法活动较少形成机制化、规范化的制度安排。中国与"一带一路"参与国的执法合作呈现随机性、碎片化的特点。为此，在法治"一带一路"建设进程中，应进一步推进涉外执法机制与能力的建设。一方面，应增强对法律法规涉外执法行动的法律授权。涉外法律法规域外效力的立法供给不足，导致我国行政机关进行域外执法时常缺乏明确的法律依据。我国可在防止恐怖主义、反腐败等领域授予涉外执法的法律正当性。另一方面，应加强"一带一路"联合执法活动的机制建设。联合执法合作的诉求不能仅在联合声明、共同宣言等政治形式上，而应该加强制度化的建设。

---

① 孙南翔：《美国法律域外适用的历史源流与现代发展——兼论中国法域外适用法律体系建设》，《比较法研究》2021 年第 3 期。
② 鲁楠：《"一带一路"倡议中的法律移植》，《清华法学》2017 年第 1 期。

第三，推动国际投资及商事争端解决机制的发展。2018 年 1 月，中央全面深化改革领导小组会议审议通过了《关于建立"一带一路"国际商事争端解决机制和机构的意见》，为推进"一带一路"建设、实行高水平贸易和投资自由化便利化政策、推动建设开放型世界经济提供更加有力的司法服务和保障。2020 年 10 月，中国国际贸易促进委员会与"一带一路"参与国商协会共同推进的"国际商事争端预防与解决组织"正式成立，这为友好解决"一带一路"商事争端提供了有利条件。此外，为建立更加协调、高效、便捷的国际投资及商事争端解决机制，现阶段中国可从下面两个方面探索。一方面，中国应围绕《纽约公约》《新加坡调解公约》以及《海牙国际私法会议民商事判决承认与执行公约》，建立健全涉外商事争端机制。上述文件一起共同构成国际商事争端解决的基础性文件，为商事争端的顺利解决提供法律遵循。作为全球第二大经济体，中国应适时批准《选择法院协议公约》和《新加坡调解公约》，并考虑签署《承认与执行外国民商事判决公约》。下一步，中国应将国际商事争议解决机制建设作为"一带一路"法治合作的重点，共同打造统一、协调的商事争议解决平台。① 另一方面，应进一步推动中国国际商事法庭的建设。中国最高人民法院已经在西安和深圳设立了国际商事法庭，一些地方也成立了国际商事法庭，中国的国际商事司法审判能力显著增强。② 在未来，中国国际商事法庭应吸收更多的发展中国家专家进入国际商事专家委员会。同时，可鼓励中国商事法庭的国际化建设，并与迪拜国际金融中心法院、新加坡国际商事法庭等开展交流和合作。③

（三）推动与东道国相关标准的协调和协同

标准体系作为全球化的"通用语言"影响着世界各国之间的贸易与投资，在便利经贸往来、推动科技创新、消除技术壁垒、助力构

---

① 刘敬东：《"一带一路"法治化体系构建的再思考》，《环球法律评论》2021 年第 3 期。
② 张新庆：《中国国际商事法庭建设发展路径探析》，《法律适用》2021 年第 3 期。
③ 刘敬东：《"一带一路"法治化体系构建的再思考》，《环球法律评论》2021 年第 3 期。

建新型国际经贸关系等方面发挥着重要作用。随着"一带一路"建设的推进，沿线各国以此为契机不断加强与我国的深度合作，特别是在基础设施建设、能源、交通、信息联通、经贸投资、资金融通等方面合作项目数量不断扩大。在此过程中，中国需要推进对各类项目中所涉及的设计标准、基建标准、技术标准、质量标准、运输标准、食品安全标准、医药标准、环保标准、劳工标准、管理规范等规则标准与东道国的标准体系相对接。如果贸易商或投资者不了解东道国合作项目的相关标准，所采用的相关标准低于东道国要求时，就会带来由于标准和要求的差异可能产生的各种制度和技术的壁垒，导致项目合作的流产或者产品或服务不能合法输出东道国，甚至会引起纠纷与诉讼等。

中资企业在参与"一带一路"项目合作时，需要谨慎识别、防范、应对因东道国的政治、经济、社会、法律、技术、生态环境等所产生的各类风险，尤其应关注与项目合作相关的差异化标准可能带来的投资风险。据调查，中亚、南亚等国家对中国项目标准接受程度相对较高，而其他地区对中国的投资项目的标准体系认可度相对有限。究其原因：一是西方发达国家拥有比较完善的规则标准体系，其国际化程度较高，故长期在国际市场中占据主导地位，同时一些发展中国家由于历史原因也通常采用西方的规则标准；二是中国的规则标准体系不完善，同时缺少规范化的外文版本，导致中国的规则标准对外宣传力度不够，国际上对中国技术标准认知和了解不足，难免造成中国的规则标准国际化程度有限，在国际市场上的影响力较小。

标准体系是促进"一带一路"沿线各国互联互通的重要桥梁和纽带，其作为"软联通"是实现"硬联通"的重要支撑。为加强与"一带一路"合作项目与东道国标准体系的协同与对接，提升我国标准体系的国际化程度，需要从以下几个方面入手。第一，与东道国协商选择所要适用的标准体系。中资企业在与东道国进行合作时，需要与东道国进行充分沟通，了解东道国的相关法律法规及其所采用的规则标准，熟悉两国之间制度与标准的差异，从有利于项目实施和东道国利益的角度出发，双方共同协商选取符合东道国要求的规则标准，以保证项目的顺利实施、产品或服务顺利落地东道国市场，防止纠纷和诉讼的发生。第二，协助东道国完善其标准体系。中资企业与东道国进行项目合作时，双方在协商的基础上根据东道国的需求，将在合作项目中所使用的相关标准纳入到东道国的标准体系中，或以我国的相关标准为基础，协助东道国构建或完善其规则标准体系。第三，完善中国的规则标准体系并翻译整理。应组织相关单位梳理并整理中国的相关规则标准，通过与东道国相关的规则标准进行对照，以完善中国标准体系缺失与不足。同时，标准体系"走出去"是建设法治"一带一路"的重要内容，需要加强中国标准体系外文版的立项、翻译、审查和发布工作，提升中国标准体系的国际认知度，促进与国际标准体系的对接，这对于全面促进中国在国际贸易、经济、技术交流与合作，构建全方位、多层次、宽领域的全方位开放新格局具有深远意义。第四，加强与国际标准组织的合作。加强与相关国际标准组织的合作，积极参与国际性标准的编写工作，利用好国际标准组织的平台，将中国相关的规则标准纳入其中，这不仅有利于实现中国规则标准的国际化和提升话语权，而且可以通过与国际标准体系的对接和协同，推进中国标准体系的创新与发展。

（四）双边、诸边、多边经贸协议及对接

中国与"一带一路"参与国通过条约、协定、合作协议、备忘录等多种形式达成经贸合作安排。截至目前，"一带一路"沿线国家与我国签署了 7 个自由贸易协定、60 多个投资协定。在软法层面，截至 2021 年底，共有 140 个国家、32 个国际组织与我国签署了共建"一带一路"合作文件；与日本、意大利等 14 国签署第三方市场合作的文件；联合国、二十国集团、亚太经合组织、上海合作组织等成果文件也载入了相应的国际合作理念。中国不断推动区域经贸协定的缔结。由中国内地、韩国、日本、新西兰、澳大利亚和东盟十国签署的《区域全面经济伙伴关系协定》（以下简称：RCEP）于2022年1月1日起生效。从此层面上，全球人口数量最多的东亚自贸区已经启动。其中，2020年签署的《中国—柬埔寨自由贸易协定》"一带一路"倡议合作章节中，中柬双方同意进一步加强在基础设施、投资、经济走廊、经济合作区、农业、能力建设、产业园区和产业集群区、文化旅游、金融和环保等重点领域的合作。同时，双方承诺共同推动"一带一路"和"四角战略第四阶段"框架下的合作。虽然目前该章节不适用于自由贸易协定的争端解决机制。但该创新性的尝试预示着我国和"一带一路"参与国有意愿通过规则联通的方式打造法治化的合作机制。

除了创立新规则，与其他建设方案的对接和衔接成为"一带一路"倡议高质量发展的关键环节。"一带一路"已经成为各方积极对接的发展平台，例如，哈萨克斯坦"光明之路"计划、柬埔寨"四角战略"等国家发展规划纷纷与之对接。为此，"一带一路"倡议不断通过与其他国家的建设机制协调发展。2022年2月4日，《中华人民共和国和俄罗斯联邦关于新时代国际关系和全球可持续发展的联合声明》，双方将积极推进共建"一带一路"与欧亚经济联盟对接合作，深化中国同欧亚经济联盟各领域务实合作。提高亚太地区和欧亚地区互联互通水平。双方愿继续推动共建"一带一路"和"大欧亚伙伴关系"建设并行不悖、协调发展，推动区域组织发展及双多边经济一体化进程，造福欧亚大陆各国人民。

在法治"一带一路"构建中，中国应加强与"一带一路"参与国谈判自由贸易协定。实践中"一带一路"倡议下的自由贸易协定相对较少，尚未辐射到中亚和中东欧地区。在共建"一带一路"倡议中，应更加重视运用多边或双边法律工具，充分利用多边、双边经贸协定的规制功能，推动法治合作迈入"深水区"。"一带一路"国际合作的推进当然需要以达成政治共识为前提，但若仅仅停留在政治共识、停留在政党或者政府领导人的承诺或呼吁，而不能落实进相关国家的国内法律制度和规则，则合作机制的正当性和有效性都将存疑。为此，应加强法治思维，尽可能将合作成果落实进多边与双边的法律文件中，强化其正当性和有效性。

2017 年 5 月，习近平主席在"一带一路"国际合作高峰论坛上指出，要促进政策、规则、标准三位一体的联通，通过构建公正、合理、透明的国际经贸投资规则体系，参与全球治理和公共产品供给。[①] 习近平总书记的讲话为法治"一带一路"建设的规则供给做出了内容与形式上的要求，即在法治"一带一路"的规则供给上，需要坚持法律多元主义的立场，将政策、规则和标准等作为规则体系和法治体系的重要内容。事实上，从法律发展和演进的一般规律而言，法治"一带一路"规则体系的建立绝非旦夕之事，众多历史和现实问题都将成为法治"一带一路"规则体系建设所遭遇的复杂环境和现实语境，由此导致各种不同于严格条约形式的国际法文本层出不穷，如谅解、备忘录、宣言、倡议、纲要、标准、建议、行为守则或行动计划等。[②] 这些规范性文本以利益、观念和规范为导向，有助于提升参与国的合作意愿，从而补国际规则体系的形式限制。

此外，对于"一带一路"倡议需要协调和对接不同协议文本，避免规则间的相互冲突和潜在不兼容的现象。长久以来，关于自由贸易协定是全球自由贸易的"垫脚石"还是"绊脚石"的争论并无统一答案，区域贸易的倡导者认为自由贸易区的发展最终能够使全球一体化更为容易。但是，巴格沃蒂认为自由贸易协定能够汇总后形成多边贸易的"垫脚石"的观点是不切实际的，他尤其认为，不同的原产地规则和关税削减承诺水平及其他的自由贸易协定条款所形成的"意大利面条碗"（spaghetti bowl）现象将使自由贸易协定不能够吸引

---

① 习近平：《携手推进"一带一路"建设》，《人民日报》2017 年 5 月 15 日第 3 版。
② 参见《双边文件》，中国一带一路网，https://www.yidaiyilu.gov.cn/info/iList.jsp? cat_ id = 10008。

更多的国家加入。①"一带一路"倡议通过与其他经贸合作机制的对接和衔接，使得全球贸易和投资自由化和一体化成为可能，这实际上也是中国为世界经济共同发展提出的崭新智慧方案。

（五）加强国际法、国别法的研究和运用

党的十九届四中全会专门就中国国家制度和国家治理问题做出决定，其中明确提到"加强国际法研究和运用"。在新时代，中国提出并践行的"一带一路"倡议，源于中国，属于世界；构建新型国际关系、构建人类命运共同体的主张，是中国方案，又是世界视野。②当前，中国旗帜鲜明地维护以国际法为基础的国际秩序。个别国家提出维护所谓的"基于规则的国际秩序"，然而"基于规则的国际秩序"中的"规则"指向少数西方国家创设或认可的规则体系，甚至是以国内法代替国际法处理国际事务。"以国际法为基础的国际秩序"则从全人类共同价值出发，捍卫国际秩序中的公平正义与共同发展的理念，实现了形式法治与实质法治的有机统一。

在"一带一路"倡议深入发展中，加强对国际法的研究和运用具有重要意义。2022年2月4日，中国和俄罗斯发表《关于新时代国际关系和全球可持续发展的联合声明》，继续呼吁各国捍卫以联合国为核心的国际体系和以国际法为基础的国际秩序。世界只有一个体系，就是以联合国为核心的国际体系。只有一个秩序，就是以国际法为基础的国际秩序。只有一套规则，就是以联合国宪章宗旨和原则为基础的国际关系基本准则。③在"一带一路"倡议走深走实进程中，应以国际法与国际关系基本准则为指引，尊重各国人民自由选择发展道路的权利及各国主权安全发展利益，秉持共商共建共享原则，推进国际关系民主化，实现世界和平、稳定与可持续发展。

---

① 参见 Jagdish Bhagwati, *Termites in the Trading System: How Preferential Agreements Undermine Free Trade*, Oxford University Press, 2008, pp. 92 – 97。

② 柳华文:《论进一步加强国际法研究和运用》,《国际法研究》2020 年第 1 期。

③ 习近平:《坚定信心共克时艰共建更加美好的世界——在第七十六届联合国大会一般性辩论上的讲话》,人民出版社 2021 年版。

　　共建"一带一路"应加强对参与国法律制度的研究。"一带一路"参与国法律体系、法治文化、历史传统不尽相同，不同国家治理能力有所差异，国内政策环境稳定性不同，但我国尚无针对沿线特定国家的国别法治合作方案。以外汇、金融政策为例，一些企业对外汇、金融政策不了解，这导致了很多投资资金尚未落地就已在政府审批环节遭受重大损失。实践中，有些企业经营状况比较好的，短期内利润率比较高，但是受制于所在国外汇政策的限制，无法把已经获得的收益通过正常的国际外汇汇兑途径安全地汇到国内，只能让资金在境外循环，企业海外盈利状况只能体现在企业的会计账面上，而不能成为企业的实际收益。事实上，中资企业对投资目的国的法律法规认识仍不够精细化。缺乏对国别法的精细化研究，成为制约共建"一带一路"倡议的规范性障碍。

　　面对复杂的法律风险，中资国企业应自觉提升海外投资的法律意识与法律运用能力。具体而言，一方面，中资企业应注重自身的合规建设，并主动承担投资目的国的社会责任。中资企业"走出去"应结合东道国国情，尊重当地风俗与习惯，特别是在人权、劳工权益、反腐败、环境保护等高风险领域做好合规工作。另一方面，当面临不公正的待遇时，中资企业要积极运用法律手段维护自身利益。例如，若东道国法治完善，中资企业应该充分利用司法审查等当地法律机制，并应善于利用调解、仲裁及当地诉讼机制实现自身利益诉求。若东道国法治不完善，中资企业应积极探索利用国际性或投资母国的争端解决法律机制，并利用和解等手段及时有效化解纠纷。

四　建设法治"一带一路"的重点领域

（一）贸易自由与便利

　　共建"一带一路"的初衷是致力于维护全球自由贸易体系和开

放型世界经济，^① 贸易畅通是共建"一带一路"的重要内容。^② 简而言之，贸易畅通就是指商品或服务能够在不同国家或地区之间自由地流转和交易，以满足不同国家或地区对特定商品或服务的需求。不难看出，这是经济全球化背景下市场配置资源的必然结果，也是国家或地区充分发挥各自比较优势的自然体现，因而能够释放沿线国家和地区间的贸易潜力和发展活力。沿线国家和地区按照共商、共建、共享原则积极推进和参与"一带一路"建设，不仅能够促进相互之间贸易投资自由化便利化，而且可以降低彼此之间的贸易成本和营商成本，享受贸易畅通所带来的效益和实惠。然而，"贸易畅通"在实践中却经常遭遇到政策风险、贸易壁垒、营商环境等方面的挑战，限制了沿线国家和地区之间的贸易潜力和机会，增加了交易成本甚至社会运行成本，最终损害了相关国家或地区的社会福利和人民福祉。

　　究其原因，贸易通畅并非无源之水，无本之木，而是需要有相应的前提条件作为支撑和保障，方能释放贸易潜力、激活贸易活力。贸易通畅实际是市场机制打破各国或地区贸易壁垒、跨境发挥作用，最优化配置各自具有比较优势的产品或服务，因而客观上要求各国或地区能够建成市场准入畅通、市场开放有序、市场竞争充分、市场秩序规范的现代市场体系。在此基础上，沿线国家和地区之间方可能共同打造出企业自主经营公平竞争、消费者自由选择自主消费、商品和要素自由流动平等交换的竞争格局和市场环境。但因参与共建"一带一路"的国家或地区无论是经济发展水平、市场发育程度还是法治体系、文化传统等各方面因素都存在较大差异，因而需要按照求同存异的原则来探索和完善优化贸易畅通的治理之道。

　　法治"一带一路"正是应共建"一带一路"向纵深发展的需要

① 国家发展改革委、外交部、商务部：《推动共建丝绸之路经济带和21世纪海上丝绸之路的愿景与行动》，《人民日报》2015年3月29日第4版。
② 推进"一带一路"建设工作领导小组办公室：《共建"一带一路"倡议：进展、贡献与展望》，《人民日报》2019年4月23日第7版。

而生，以法治思维和法治方式来培育和维护沿线国家和地区之间贸易畅通所必需的竞争格局和市场环境，不仅能够有效地预防和制止市场中的经济性垄断行为，更要防范和化解政府滥用权力损害公平竞争的行为，从而消除影响市场竞争的各种因素。但这并非易事，不仅需要沿线国家和地区内部竞争治理能够规范化、法治化，更需要沿线国家和地区之间能够就竞争治理的国际化、制度化达成共识，因而需要在构建和完善"一带一路"竞争治理体系中贡献中国智慧和中国方案。总体来说，"一带一路"竞争治理体系的构建和完善，应"紧紧抓住发展这个最大公约数""致力于推动经济全球化朝着更加开放、包容、普惠、平衡、共赢的方向发展"[1]，创新"一带一路"建设中竞争治理的思维和思路，营造公平合理的贸易秩序和环境，使得沿线和世界各国能够分享共建"一带一路"产生的红利。具体治理方案的设计和推进"必须善于运用法治"，"坚持统筹推进国内法治和涉外法治"，有理有节地逐步推进。

具言之，一方面，应立足沿线国家和地区整体，筹划沿线竞争治理体系，以维护公平竞争推进区域内统一市场的形成，为贸易畅通提供事实基础。贸易畅通的关键在于消除投资和贸易壁垒，降低相互之间的交易成本，因而在共建"一带一路"倡议下构建开放的自由贸易协议并在其中确立沿线竞争治理体系。与此同时，中国作为共建"一带一路"的倡导国，应当在竞争治理中继续发挥主导者作用，积极推进沿线国家和地区之间采取双边、多边和区域等经贸合作、竞争协同执法等方式推动竞争治理体系建设，营造契合贸易畅通的市场竞争环境。与此同时，沿线国家和地区之间可以就彼此之间共同关注的产品、产业和相关市场或领域启动双边、多边或区域性谈判合作，以促成特定产品、产业等方面的竞争治理合作，从而通过竞争治理带动和维护贸易畅通。

---

[1] 中共中央宣传部：《习近平新时代中国特色社会主义思想三十讲》，学习出版社2018年版，第299页。

另一方面，应根据沿线国家和地区具体情况，积极倡导和推动各自国内竞争治理体系完善，为不同国家或地区之间的贸易畅通营造良好的市场秩序和制度环境。沿线国家和地区无论是经济发展水平，还是市场发育程度，以及与之相关的法治体系都存在很大差异，无形中影响着贸易畅通目标的实现和达成，因而应以"求最大公约数"的思维和方式来探索和推进沿线国家和地区各自竞争治理体系的完善。对市场运行中常见的垄断协议、滥用市场支配地位和经营者集中等经济垄断行为，在鼓励完善国内反垄断规则的同时倡导加强相应的监管执法，以执法实践来恢复和保护市场公平竞争。同时，对正处于市场体制机制转型的沿线国家来说，政府滥用权力损害市场竞争的行为，同样应当受到关注，将其纳入法治化规制的轨道之内，以防政府人为地破坏贸易畅通所必需的公平竞争环境。因此，沿线国家和地区内部竞争治理，面临着双重挑战，因而更需体系化地逐步推进。但中国在这方面有丰富的治理经验和制度规范，可以在法治"一带一路"框架中进行推进。

当然，贸易畅通所必需的竞争治理体系如同"一带一路"建设本身一样是项系统而复杂的工程，应以法治"一带一路"建设为契机，倡导和推进沿线国家和地区积极以法治思维和方式来恢复和维护市场公平竞争，以公平竞争来营造和保护贸易畅通所必需的竞争格局和市场环境，以贸易畅通来释放沿线和世界各国经济发展潜力，从而提高人类共同的社会福祉。

（二）环保与气候变化

"一带一路"的建设进一步促进了全球化的发展进程，给沿线各国之间合作带来了诸多机遇的同时，不得不面对近年来一些沿线国家以环境保护和气候变化为由对我国的商品和投资实施绿色壁垒的挑战。随着绿色新政在全球范围内的兴起，无论发达国家，或是发展中国家开始利用绿色壁垒措施来保护本国产业，限制公平交易和项目投资。从近年来"一带一路"合作项目实施所面临的诸多风险来看，绿色壁垒风险已成为越来越频发的重大合作隐患，绿色壁垒已经沦为一些国家以“环保”为由实施贸易和投资保护主义的工具。

绿色壁垒对以贸易和投资为导向“一带一路”经济合作影响巨大，也成为继关税壁垒之后制约“一带一路”深度发展的重大障碍。部分“一带一路”合作中的经济发达国家利用管理手段和技术水平上的优势，以应对气候变化为名，在环境保护和资源节约方面对我国产品设置了较高的绿色壁垒门槛，不仅提高了我国的贸易和投资成本，而且削弱我国出口产品和投资的价格优势，降低“一带一路”经济合作的国际竞争力，并诱发多种经贸和投资纠纷，对我国的出口贸易和工业发展产生诸多消极影响。

必须承认的是，“一带一路”沿线国家在应对气候变化和节能减排方面的确面临着碳达峰和碳中和的国际责任压力，但《巴黎协定》倡导的全球碳市场合作机制，目的是鼓励发达国家与发展中国家合作减排，发达国家在推动和实现低成本减排目标的同时，应积极促进发展中国家低碳转型和可持续发展。但由于全球低碳转型的紧迫形势和趋向，使得一些“一带一路”沿线国家通过提高产品的能效、环保标准以及征收边境调节税等绿色贸易壁垒措施，实行贸易保护主义，打压我国日益上升的贸易竞争力，不断侵蚀和肢解《联合国气候变化框架公约》所确立的公平公正原则，这一趋向值得重视。

绿色壁垒肇始于当前的全球性生态危机，但由于发达国家掌握着绿色标准的话语权，长期以来，很多发展中国家正当的发展权得不到满足。从长远看，消除“一带一路”合作中的绿色壁垒问题亟须沿线国家一致行动起来，共同推动和构建公平公正的“一带一路”经济合作法治秩序，才是应对生态安全威胁、深度推动“一带一路”沿线各国的绿色发展、维护和现实各国经济利益的根本出路。

从政府治理的层面，首先，要充分利用“一带一路”合作机制，科学应对不合理的贸易保护主义行为，推动沿线国家维护公平公正的经济秩序；其次，负责对外贸易和投资的相关部门要积极收集绿色壁垒信息和数据，科学研判，提前预警，帮助出口企业及时止损；再次，政府要主动把外部压力内部化，不断提高生态环境的治理水平，倒逼企业改善生产工艺，推动绿色技术创新，逐步破解"一带一路"经济合作的绿色壁垒；最后，要不断完善我国的生态环境保护法律制度，积极转变经济发展方式，积极参与全球绿色技术标准制定，全面提升我国在绿色贸易中的主动权和话语权。

从企业参与层面，首先，企业要加大研发投入，不断增强绿色技术创新能力，提升产品环境标准，主动适应"一带一路"沿线国家的绿色标准；其次，企业应提升绿色生产和营销能力，在生产环节使用绿色材料，在营销环节注重绿色宣传策略，树立企业在"一带一路"国家的绿色形象，推动绿色合作的品牌效应；最后，企业要不断调整绿色经营策略，积极拓展"一带一路"国家多元化的绿色市场建设，提升法治和绿色"一带一路"的外溢效应。

（三）人权保护

尊重和实现人权是各国人民共同的理想和追求。"一带一路"建设是中国以合作促发展、以发展促人权的国际主张的具体实践。"一带一路"建设的过程中，尊重和保障人权是不可或缺的重要内容和基本考量。法治"一带一路"包含丰富的人权内涵，旨在将"人类命运共同体"中的人权追求贯彻到"一带一路"的经济合作和法治共建中。

人权浓缩了人类对现代文明的要求和目标，在不同地域和社会发展条件下有不同的阐释，已在越来越大的范围内形成的共识是生存权和发展权。[1] 人权的内容是全面和丰富多彩的，我们以对广大发展中国家最为关注的生存权和发展权为例来作说明。

生存权是人"体面地生存的权利"，[2] 不仅是自然人的个体人权，

---

① 汪习根：《生存权发展权是首要的基本人权》，《人民日报》2021 年 2 月 19 日第 9 版。

② 徐显明：《生存权论》，《中国社会科学》1992 年第 5 期。

也包含国家和民族的集体人权，涵盖生命、健康、政治、社会和文化等多个领域，核心的内涵是"保持相当的生活水准"，《世界人权宣言》对此的规定是："人人有权享有为维持他本人和家属的健康和福利所需要的生活水准，包括食物、衣着、住房、医疗和必要的社会服务。"从人的生存状态来说，相当的生活水准"意味着超越社会贫困线的生活"。中国已实现了全社会脱贫，彻底消灭了存在千年的贫困问题，保障了全体人民的生存权，在伟大"脱贫攻坚"进程中形成极为丰富的实践经验和制度成果。法治"一带一路"在提升经济合作规范化水平的同时，将维护和促进沿线国家人民生存权作为共同繁荣的基本要素。法治交流的作用既是规范经济活动不得损害人民生存权，更是要基于企业社会责任的制度安排，引导和推动经济成果惠及人民，提升人民的生存权保障水平。

发展权兼具个人和集体人权的属性，联合国《发展权利宣言》第一条规定，"发展权利是一项不可剥夺的人权，由于这种权利，每个人和所有各国人民均有权参与、促进并享受经济、社会、文化和政治发展，在这种发展中，所有人权和基本自由都能获得充分实现"。在全球化时代，个人的发展依赖国家的发展，国家的发展需要国际合作。法治"一带一路"旨在探索新型国际合作和全球治理模式，逐步形成"责、权、利相结合的发展权"。[1] 发展权的法治化应凸显关于发展的两个保障，一个是参与发展的机会保障，在"一带一路"经济合作创造的发展机会面前，沿线国家人民以及各国之间均享有平等的机会，以自身的能力和禀赋实现共同发展；另一个是分享发展的成果的保障，这不仅是经济活动物质成果的正当分配，还应当使参与"一带一路"的沿线国家人民分享人文交流与文明互鉴的精神成果，实现人的全面发展。

在"生存权—发展权"的框架下，劳动权是一项特殊人权。劳

---

① 黎尔平：《"一带一路"建设对世界发展权的贡献》，《人权》2016 年第 5 期。

动既是人实现生存权的基本途径，也是人享有发展权的主要方式。法治"一带一路"在劳动领域的重要内容是将经济合作转化为公平的劳动机会、体面的劳动环境、和谐的劳动关系、共享的劳动成果。劳动权的实现需要一系列制度安排，既有消极方面的禁止童工、反就业歧视、反职场性骚扰等禁止性内容，也有积极方面的合理薪酬、休息休假、职业培训、民主参与等促进性内容。相关制度将随着"一带一路"的延伸，成为经济合作和文化交流的内在要求。劳动权的法治化将成为促进生存权和发展权的重要推力，也将加强沿线国家人民对"一带一路"的认同和支持，实现稳定、健康、可持续的互联互通格局。

（四）公共卫生

公共卫生以提高人群寿命、促进人群健康为价值追求。公共卫生作为个体健康的集合，又具有超越个体健康总和的制度意义和治理价值，是全球民生治理的典型领域，更是人类命运共同体理念中的重要内容和实践场域。[1] 而在全球化已成为常态的今天，尤其是在科技和交通的推动下，人群聚焦地之间的联系和沟通在全球范围内几乎不再存在盲区和死角。全球化在客观上既加剧了包括传染病在内的公共卫生事件爆发的频率和危害程度，同时也使得其他常规性的公共卫生内容（如疫苗接种、吸烟、公共交通安全、健康教育、健康保健）得到全球化的趋同和普及，最终促进人类平均寿命和公共健康水平的提高。因此，公共卫生具有极强的全球性和区域性，是全球治理或者国际治理最早的也是目前最成功的领域之一。[2] 也是因为如此，近年来，"全球卫生外交"及其相关词汇已经获得普遍共识，成为一个炙手可热的国际政治与国际法学的概念和理论。[3]

---

① 李广德：《我国公共卫生法治的理论坐标与制度构建》，《中国法学》2020年第5期。

② 例如，早在1830—1847年的欧洲霍乱大流行期间，传染病跨越地缘政治边界的特点就促进了传染病的国际治理合作，这是全球范围内最早出现的国际性政治和治理合作机制。Obijiofor Aginam, "International Law and Communicable Diseases", *Bulletin of the World Health Organization*, Vol. 80, No. 12, 2002, p. 946.

③ 罗艳华：《试论"全球卫生外交"对中国的影响与挑战》，《国际政治研究》2011年第2期。

"一带一路"与公共卫生之间存在天然的内在关联。首先，"一带一路"倡议的实质是要建立一个人类命运共同体，同时也是一个责任共同体。一方面，人类命运共同体的核心或者其应有之意在于维护和提升各成员国人民群众的生活水平和幸福水准，其中必然包含对生命健康和安全价值的追求，而公共卫生直接以人群的健康利益为价值取向。不管是"一带一路"主观的价值目标设定还是其客观的发展效果，都必然需要为公共卫生和公共安全的维护提供助力。因此，在人类命运共同体层面，二者在价值层面具有天然的亲和性。有学者指出："通过打造卫生领域的'一带一路'，改善数以万计人民的生活的同时，也可与沿线国家建立长久有效的伙伴关系。从公共产品提供的角度来看，'一带一路'沿线地区很可能会形成新的区域性公共产品供应格局，中国在包括全球卫生在内的公共产品供应上所处的优势日益明显，并且可以弥补美国削减全球公共卫生援助预算而导致的全球卫生公共产品供应不足。"① 另一方面，现代公共卫生尤其强调国家对人群健康维护的义务，并同时负有在公共卫生实践中维护公民隐私、财产等权利的责任。现代公共卫生法既是权力的规制法，也是权利的保障法。② 因此，政府责任构成现在公共卫生实践的核心意涵。作为责任共同体的"一带一路"倡议，与公共卫生在实践层面具有天然的互契性。其次，"一带一路"倡议的建设重点或者说首要的领域是诸如铁路、港口、公路、水利工程等基础设施的修建，这些地点或场域都是人群集散的基点，也是公共卫生防控的重点。从历史上看，人类最早的防疫站就建立在意大利的港口，公共卫生法的最初规制对象也是港口等特定区域。③ 总之，"一带一路"本身与全球公共卫生的有效治理存在天然的价值关联的亲和性、实践过程中的互契性

---

① 敖双红、孙婵：《"一带一路"背景下中国参与全球卫生治理机制研究》，《法学论坛》2019 年第 3 期。
② 李广德：《我国公共卫生法治的理论坐标与制度构建》，《中国法学》2020 年第 5 期。
③ ［美］詹姆斯·郝圣格：《当代美国公共卫生》，赵莉、石超明译，社会科学文献出版社 2015 年版，第 2 页。

以及提升公共卫生治理效率的正当性。

　　法律是公共卫生和全球公共卫生治理的重要方式，国际公共卫生法治构成国际法治的重要内容，"运用国际法律解决全球公共卫生问题是全球卫生治理的必由之路"。[①] 因此，法治"一带一路"在公共卫生领域的贯彻落实和执行，是"一带一路"倡议和战略建设的题中之意，也是落实人类命运共同体理念的必然要求。公共卫生法治作为法治"一带一路"倡议中的重点领域，旨在通过塑造公共卫生治理的现代法治范式，为各国提供运用法治思维和法治方式解决公共卫生问题的范例。这既需要中国加强公共卫生领域的法治建设，也需要中国以实际行动来推动全球公共卫生领域的合作与行动。而在这两方面，中国目前所做的努力都可圈可点，足以支撑法治"一带一路"在公共卫生领域的成立。

　　就公共卫生治理的范例建设而言，中国已经初步建成了一个分别以《基本医疗卫生与健康促进法》和《传染病防治法》为核心的常规公共卫生法治体系和应急公共卫生法治体系，积累了初步的公共卫生法治资源。尤其是 2019 年新冠肺炎疫情暴发以来，在习近平总书记的亲自指挥亲自部署下，中国始终强调在法治轨道上推进疫情防控，强调运用法治思维和法治方式，在立法、执法、司法、守法等各个环节发力，积累了丰富的法治经验。而在全球卫生合作领域，早在 2017 年 1 月，中国就与世界卫生组织在瑞士日内瓦签署了《关于"一带一路"卫生领域合作的谅解备忘录》。同年 5 月 13 日，国家卫生计生委主任李斌与世界卫生组织总干事陈冯富珍在京联合签署《中华人民共和国政府与世界卫生组织关于"一带一路"卫生领域合作的执行计划》。这两个文件旨在加强中国与世界卫生组织的合作，以全面提升中国同"一带一路"沿线国家人民的健康水平。中国所倡导的"一带一路"在卫生领域的合作与联系，以多双边合作机制

[①] 敖双红、孙婵：《"一带一路"背景下中国参与全球卫生治理机制研究》，《法学论坛》2019 年第 3 期。

为基础，积极创新合作模式，促进与"一带一路"沿线国家等重点合作伙伴在国家、区域及全球层面开展务实合作，促进我国及沿线国家卫生事业发展，携手打造"健康丝绸之路"。① 这两个文件也为法治"一带一路"中的公共卫生法治合作奠定了重要的制度基础，发挥着制度建设和法治合作的示范作用。

五　结语

法治"一带一路"的核心要义在于通过法治理念和制度建设规范、引领和保障"一带一路"高质量发展。法治"一带一路"的微观目标为促使企业在"一带一路"倡议的实施过程中自觉守法合规；中观目标应促进法治成为"一带一路"参与国共同认可、自觉认同的理念和价值，推动参与国法治水平和法治能力的提高；宏观目标应促进法治在国际事务治理中的作用，使得法治在国际关系中发挥出更大的作用。

历史经验表明，中国为"一带一路"参与国源源不断地提供了更多的市场机遇、投资机遇、增长机遇。在新的发展阶段，共建"一带一路"要秉持合作共赢、共同发展的理念，充分利用法治方法和思维维护自身和各方利益。法治"一带一路"将成为中国对全球治理提供的崭新智慧方案。我们相信，在构建人类命运共同体与捍卫全人类共同价值的时代背景下，法治引领"一带一路"高质量发展的道路一定会越走越宽广。

（载《国际法研究》2022 年第 2 期）

---

① 刘长君：《"一带一路"倡议中的卫生合作：引导卫生治理模式的转变》，《中国卫生法制》2021 年第 5 期。

民心相通助力"一带一路"

即将在北京举行的"一带一路"国际合作高峰论坛，将是共襄团结互信、平等互利、包容互鉴、合作共赢之举。

"一带一路"倡议是中国以共商共建共享为宗旨，顺应全球合作潮流、适应沿线国家发展需要而提出的宏伟发展模式和合作模式。其主要内容，是实现沿线国家的政策沟通、设施联通、资金融通、贸易畅通、民心相通。其中，民心相通是"一带一路"倡议能够落地的基础性、关键性工作，是其他"四通"能够顺利深入持久发展的根本保证。

"国之交在于民相亲。"民心相通就是要让沿线国家和地区的民众理解和认识"一带一路"的合作理念、发展目标和共享前景，并积极投入到"一带一路"建设之中。

"一带一路"倡议涉及的地域广、国家多、人口众。实现民心相通，让沿线国民众更好地理解"一带一路"倡议所蕴含的诚意，关键要让三个理念深入人心。

——互利共赢理念。"一带一路"倡议没有任何附加条款，其主旨在于共商共建共享，追求的是打造政治互信、经济融合、文化包容的利益共同体、责任共同体和命运共同体。

——成果惠及民众。"一带一路"倡议立足于不同国家的实际情况，共商、共推合作内容，注重提升合作方的科技水平、生产能力、经济增长质量和人员素质等，尤其是通过推动参与方的经济繁荣和可持续发展，让其民众共享发展成果。

——尊重文化多样性。中国有着"和而不同"的文化基因，有着"海纳百川"的宽广胸怀，"一带一路"倡议欢迎任何有参与意愿的国家和地区。倡导文明包容，尊重各国发展道路，尊重不同国家对发展模式的选择，不搞文明冲突，这是"一带一路"建设在"民相亲"过程中尊重文化多样性的具体体现。

民心相通是一项润物无声的长期工作。"一带一路"倡议之所以得到各方的普遍响应与支持，关键在于抓住了世界各国人民的共同利益诉求，抓住了当今和平发展的时代潮流。下一步，要进一步加强文化、教育、科技、体育、智库等领域的交流合作，以易于理解和喜闻乐见的表达形式，使各国民众都能了解、理解"一带一路"倡议的主旨，让"一带一路"建设成果看得见、摸得着，增强"一带一路"倡议在民众心中的亲近感和认同感。

（载《解放军报》2017年5月5日第4版）

短短 5 年，"一带一路"成绩单
为何如此亮眼？

"一带一路"倡议提出 5 年来，因其开放合作共赢的理念，不断获得国际社会的高度认同；因其共商共建共享的原则，不断开创合作领域的崭新局面；也因其包容务实的特质，不断增加落地国人民的幸福感获得感。

习近平总书记在推进"一带一路"建设工作 5 周年座谈会上发表重要讲话强调，共建"一带一路"顺应了全球治理体系变革的内在要求，彰显了同舟共济、权责共担的命运共同体意识，为完善全球治理体系变革提供了新思路新方案。[①]

参与度可观，成绩单亮眼

5 年来，"一带一路"倡议的国际认同度不断提高，不少专家和机构对"一带一路"建设纷纷表达支持。

法国国际关系研究所中国问题研究主任范文丽认为，"一带一路"的概念已在国际上被广泛知晓和探讨，这是中国公共外交在推

---

① 《坚持对话协商共建共享合作共赢交流互鉴 推动共建"一带一路"走深走实造福人民》，《人民日报》2018 年 8 月 28 日。

进中国理念及准则国际化上的一大成就。德国科学与政治基金会的报告认为，"一带一路"已成为全球热点议题，被世界多国寄予厚望，被不少国家视为最重大机遇。美国亚洲协会政策研究院主席陆克文认为，"一带一路"是中国进一步扩大对外开放、促进不同国家与文明相互融合的积极举措，可以成为东西方交融合作的新桥梁。俄罗斯战略研究所所长米哈伊尔·弗拉德科夫认为，中国向国际社会发出的信号是清晰务实的，不要求独占，不谋求世界领导地位。卡内基国际和平基金会的多份报告认为，"一带一路"倡议和亚洲基础设施投资银行是促进亚洲与欧洲互联互通和一体化复兴的巨大机会，"一带一路"可被视为推动全球化和开放贸易的力量。

5 年来，"一带一路"倡议进入了全面务实合作新阶段，仅从 2017 年一年的成果便可感受全面务实合作行进的速度。

2017 年 3 月，联合国安理会一致通过关于阿富汗问题第 2344 号决议，呼吁国际社会凝聚援助阿富汗共识，通过"一带一路"建设等加强区域经济合作，敦促各方为"一带一路"建设提供安全保障环境、加强发展政策战略对接、推进互联互通务实合作等。

4 月，辽宁、浙江、河南、湖北、四川、陕西、重庆 7 地自贸区挂牌成立，这是我国成立的第三批自贸区，基本形成了以"1 + 3 + 7"自贸区为骨架、东中西协调、陆海统筹的全方位和高水平区域开放新格局，为加快实施"一带一路"提供了重要支撑。

5 月，"一带一路"国际合作高峰论坛举行，来自 140 多个国家和 80 多个国际组织的 1600 多名代表出席，盛况空前。

7 月，区域性国际非政府、非营利性的社会组织亚洲金融合作协会成立，搭建了致力于亚洲金融机构交流合作的又一新平台。

10 月，党的十九大报告指出，要以"一带一路"建设为重点，坚持引进来和走出去并重，遵循共商共建共享原则，加强创新能力开放合作，形成陆海内外联动、东西双向互济的开放格局。

12 月，亚洲基础设施投资银行宣布批准库克群岛、瓦努阿图、白俄罗斯和厄瓜多尔四个经济体的加入申请，实现了自 2016 年开业以来的第四次扩容，成员增加到 84 个，从亚洲拓展至全球。

截至 2017 年年底，丝路基金已经签约 17 个项目，承诺投资约 70 亿美元，支持的项目所涉及的总投资额达 800 多亿美元；中国已累计与 86 个国家和国际组织签署了 100 份"一带一路"合作文件；中欧班列累计开行近 7000 列，市场化运营水平不断提升；哈萨克斯坦南线天然气管、马尔代夫惠民住房、中俄原油管道二线工程等 7 个大型项目竣工，中缅原油管道、蒙内铁路、巴基斯坦、萨菲尔风电项目等 19 个大型项目投产，中孟友谊八桥、阿穆尔天然气加工厂、巴西特高压输电项目等 17 个大型项目开工。

优良基因让"一带一路"行稳致远

2018 年是"一带一路"倡议提出的第五年，这将是一个行稳致远、继续出发的新起点。在短短的 5 年时间里，"一带一路"倡议如此抢眼，得益于该倡议具有和平、繁荣、开放、创新、包容的天然基因。

"一带一路"是和平之路。"一带一路"建设离不开和平安宁的环境，习近平主席指出，要构建以合作共赢为核心的新型国际关系，打造对话不对抗、结伴不结盟的伙伴关系。各国应该尊重彼此主权、尊严、领土完整，尊重彼此发展道路和社会制度，尊重彼此核心利益和重大关切。

"一带一路"是繁荣之路。习近平主席指出，发展是解决一切问题的总钥匙。推进"一带一路"建设，要聚焦发展这个根本性问题，释放各国发展潜力，实现经济大融合、发展大联动、成果大共享。①

---

① 《发展是解决一切问题的总钥匙》，《人民日报》2017 年 5 月 15 日第 3 版。

仔细对照中国官方文件，我们能清晰地发现，推动落地国家的共同发展已经成为中国对外战略的主旨之一。

"一带一路"是开放之路。"一带一路"是一个开放平台，尽管是中国提出的倡议，但它属于世界，需要各国的参与，共同致力于维护和发展开放型世界经济，共同创造有利于开放发展的环境。中国的发展是开放的发展，国际产业合作是"一带一路"的重要内容。"一带一路"倡议将贸易看作是经济增长的重要引擎，着力维护多边贸易体制，推动自由贸易区建设，促进贸易和投资自由化便利化。

"一带一路"也是创新之路。"一带一路"建设既是百年工程，也是一项创新工程。它从新的时代特点出发重构政府与市场的关系，充分利用既有的技术条件，发挥发展中国家人力资源密集的优势。进入 20 世纪 90 年代后，随着一大批国家参与全球经济，发达国家几百年来形成的思维惯性正逐步被挑战。由此，发展中国家必须立足于新现实，创新理论和发展思路。

"一带一路"更是包容之路。古代丝绸之路穿越不同时空、跨越不同文明，创造了文明互鉴与文明交融之路，积淀了以和平合作、开放包容、互学互鉴、互利共赢为核心的丝路精神，为"一带一路"留下了宝贵的精神财富。文明包容之路既是"一带一路"建设的社会基础，也是"一带一路"的终极目标。只有更好地建设文明包容之路，"一带一路"才会少走弯路，中华民族伟大复兴的中国梦才能早日实现，人类命运共同体的最高目标才能越来越近。"一带一路"建设促进文明交流、文明互鉴、文明共存的"多元包容"观，注定了其"美好而长远"的未来发展前景。

（载《半月谈》2018 年 9 月 10 日）

韩国"新北方政策"对接"一带一路"倡议:机遇与挑战

第二次世界大战后,全球建立起若干个追求和平发展的共同合作、共同协商和共同治理的政治框架,如联合国和世界贸易组织等。与此同时,区域之间的合作也被提上议程,成立了若干个区域之间的合作组织,如欧洲联盟、东南亚国家联盟和亚洲太平洋经济合作组织等。这些治理框架和政治组织在战后经济恢复期间发挥了积极作用。21世纪以来,各国经济已经基本恢复,民族主义悄然抬头,区域发展框架亟待重建。[①] 以归纳演绎法论述了中国—东盟自由贸易区成立后,中国西南边境跨国区域的开发合作情况,着眼于中国西南边境地区的独特区位、自然资源和社会资源等因素,探索开展区域分工与协同合作的机遇。此外,国内也有不少学者开展过区域合作开发的研究,主要涉及共同打击犯罪[②]、地方政府交流[③]、旅游开发[④]和金融合作[⑤]等问题。

就区域合作发展而言,东亚地区一直欠缺一个共同的发展框架。2002年,中日韩三国领导人在峰会上提出要建立中日韩自贸

---

① 黎鹏:《CAFTA背景下中国西南边境跨国区域的合作开发研究》,东北师范大学出版社2006年版。

② 向群:《打击跨国拐卖妇女儿童犯罪国际合作机制的完善——以大湄公河次区域云南边境一线为例》,《武汉公安干部学院学报》2015年第3期。

③ 胡佳、王开茹:《地方政府跨国合作的动力机制与约束条件——"一带一路"背景下中国—东盟的案例研究》,《地方治理研究》2019年第2期。

④ 曹爽:《图们江区域跨国旅游合作研究》,延边大学出版社2010年版。

⑤ 李洁:《跨国合作园区:内陆城市经济突围新引擎》,《决策》2016年第10期。

区，但至今尚未实现。然而，除了经济实力较弱的朝鲜和蒙古，中国、日本和韩国都分别有自己面向全球的发展政策，如"一带一路"倡议、全面与进步跨太平洋伙伴关系协定（CPTPP）和"新北方政策"等。其中，中国的"一带一路"倡议和韩国的"新北方政策"都涉及东北亚地区的区域合作建设。薛力[①]认为，韩国"新北方政策"的首要合作国家是俄罗斯，其次是中国。而中国作为主要倡导者和重要参与者，在 2017 年提出将与俄罗斯共同打造"冰上丝绸之路"[②]。虽然"新北方政策"和"一带一路"倡议的出发点不同，但由于两国都在东北亚地区，并具有明确而有共同性的发展意愿，因而具有良好的合作前景[③]。可见，"新北方政策"和"一带一路"倡议存在一定的相似之处，具有有机对接的潜力。

那么，是否有可能通过对这些发展政策的有机对接，实现东亚地区的互动与合作，促进东北亚地区的新发展？这些问题尚待探讨。有鉴于此，本文拟采用归纳演绎法以韩国的"新北方政策"与中国的"一带一路"倡议的有机对接为例，思考中韩两国对外发展的战略融合，并分析其挑战和机遇，以期对中国与东北亚国家开展"一带一路"建设合作的路径探索具有一定意义。

一　"新北方政策"与"一带一路"倡议

（一）"新北方政策"的主要内容

2017 年 9 月 7 日，韩国时任总统文在寅访问了俄罗斯，并在海参崴举办的"第三届东方经济论坛"上发表了主旨演讲，首次提出

---

① 薛力：《韩国"新北方政策""新南方政策"与"一带一路"对接分析》，《东北亚论坛》2018 年第 5 期。

② 王志民、陈远航：《中俄打造"冰上丝绸之路"的机遇与挑战》，《东北亚论坛》2018 年第 2 期。

③ 李昌林：《韩半岛新经济地图、"新北方政策"与"一带一路"对接方案研究》，《东北亚经济研究》2018 年第 2 期。

"新北方政策"①。"新北方政策" 是韩国朝鲜半岛新经济构想中的重要一环, 其目标有三点: 第一, 出于朝鲜半岛的安全考虑, 以经济合作为契机, 争取实现朝鲜半岛、东北亚乃至欧亚大陆的和平与繁荣; 第二, 实现韩国与欧亚国家的互联互通, 通过交通运输、能源、资源、技术的相互连接, 构建全方位贯通的物流网络体系; 第三, 通过扩大和深化与欧亚各国的经贸范围以振兴韩国经济, 激活韩国经济增长活力并创造就业, 也为韩国产品开拓更大的市场。

为了与欧亚国家有更紧密的对接, "新北方政策" 提出了针对3 个经济圈的合作方针。第一, 对于以俄罗斯远东、中国为主的东部经济圈, 挖掘俄罗斯远东地区发展战略的合作潜力以及中国 "一带一路" 倡议的对接可行性, 落实中蒙俄经济走廊的项目对接等。第二, 对于以中亚、蒙古为主的中部经济圈, 充分考虑内陆发展中国家的发展瓶颈和发展需求, 加强石油化工业、制造业等劳动力密集型工业转移合作, 并发挥韩国的技术和管理优势, 对接中部国家基础设施建设和医疗保健、教育等公共服务设施建设等。第三, 对于以俄罗斯西部、乌克兰、白俄罗斯为主的西部经济圈则通过加强信息通信技术、航天航空技术等高附加值的技术合作, 寻找新的合作增长点。

(二) "新北方政策" 对接 "一带一路" 倡议的可能性

2013 年9 月7 日, 习近平主席在访问哈萨克斯坦时, 首次提出要共同建设丝绸之路经济带的倡议; 同年10 月3 日在访问印度尼西亚时, 提出要共同建设21 世纪海上丝绸之路的倡议。由此, "一带一路" 倡议的格局基本形成。"一带一路" 作为国际合作倡议, 是人类命运共同体的重要实践, 合作内容为政策沟通、设施联通、贸易畅

① 박완규. 2017. 문재인정부 신북방정책. (2017 – 09 – 04). http://www.sportsworldi.com/content/html/2017/09/04/20170904003272. html. [Pu Guanyu. 2017. President Moon Jae-in Said; "The Government's New Northern Policy. (2017 – 09 – 04). http:// www. sportsworldi. com/content/html/2017/09/04/20170904003272. html.]

通、资金融通和民心相通。

在东北亚地区，《推动共建丝绸之路经济带和 21 世纪海上丝绸之路的愿景与行动》明确指出："发挥内蒙古联通俄蒙的区位优势，完善黑龙江对俄铁路通道和区域铁路网，以及黑龙江、吉林、辽宁与俄远东地区陆海联运合作。"中国在东北亚地区已与俄罗斯、蒙古和韩国三个国家签订共建"一带一路"合作文件。2015 年 10 月 31 日，中国与韩国签订《关于在丝绸之路经济带和 21 世纪海上丝绸之路建设以及欧亚倡议方面开展合作的谅解备忘录》，明确指出推动"一带一路"倡议和韩国"欧亚倡议"有机对接。韩国"欧亚合作倡议"是时任总统朴槿惠于 2013 年 10 月提出的国际合作倡议和国家发展战略，而"新北方政策"是文在寅总统延续该倡议而提出的。因而，"新北方政策"与"一带一路"倡议有着深厚的渊源。

"一带一路"倡议与"新北方政策"有以下相同点（见表 1）：第一，覆盖范围上，韩国的"新北方政策"和"一带一路"倡议的中线和北线沿线国家有较多重叠；第二，两者都提及要扩大与欧亚国家之间的经济合作，通过发挥自身技术、资金等优势实现本国与欧亚国家的互联互通；第三，合作领域上，除了农业以外，两者推进的合作领域都属于基础设施、公共设施建设类，同质性很强；第四，两者都注重民间参与，通过文化、旅游、教育培训等多个领域多种形式的民间交流促进本国与其他国家的战略互信，以推动经济合作的顺利开展。

综上所述，由于韩国的"新北方政策"是继承"欧亚倡议"，与中国的"一带一路"倡议有着非常深厚的合作历史背景。此外，由于该区域政策的目标是促进不同国家之间的友好合作与共同发展，摒弃"零和游戏"的竞争思维，因而存在着对接的可能性。

表1 "新北方政策"与"一带一路"倡议的异同

异同点	韩国"新北方政策"	中国"一带一路"倡议
差异点	区域性的合作政策、服务于"朝鲜半岛新经济地图",追求韩国自身的发展	全球性的合作倡议,谋求全球性的共商、共建和共享,是现阶段中国外交政策的重点
相同点	注重基础设施的联通,注重产业间的协同发展;涉及的沿线国家有重叠:蒙古、韩国、俄罗斯;不仅仅是上层之间的合作,也注重推动民间多种形式的交流互动	

二 "新北方政策"对接"一带一路"倡议的机遇与挑战

(一)"新北方政策"对接"一带一路"倡议的机遇

"新北方政策"和"一带一路"倡议的对接现处于起步阶段。中韩建交以来,随着经济交流合作的不断扩大和民间交流的深化,中韩两国战略互信度不断提高。特别是中韩两国在朝鲜半岛有着共同的安全利益和合作意愿,因而合作发展潜力较大。

1. 政策沟通的机遇

部署"萨德事件"发生后,中韩关系恶化。然而,部署萨德已成为既定事实,如再将韩国彻底推向美国一边,并不符合中国利益。"新北方政策"对接"一带一路"倡议不仅是中韩两国实现政策沟通与经贸合作的机遇,也是朝鲜半岛实现安全与繁荣的机遇。

在政府层面,两国对接正在向具体合作迈进。2017 年 12 月,韩国总统文在寅访华时提出了旨在推进韩国"新北方""新南方"政策与中国"一带一路"倡议对接的四大合作方案,具体包括:加强韩国与中国以及区域内国家之间的互联互通,实现亚欧大陆的陆海空交通与运输畅通;加强能源领域合作,推动资讯科技(IT)技术发展;推动韩中两国企业携手开拓第三国市场;加强区域内贸易投资合作①。2018 年 4 月,韩国北方经济合作委员会首任委员长宋永吉访问北京,就推动"新北方政策"与"一带一路"倡议对接同中国展开协商,

---

① 文在寅:《借四大合作方案让韩政策与"一带一路"对接》,http://www.zaobao.com/realtime/china/story20171216-819417,2017 年 12 月 16 日

强调了韩国方面与"一带一路"倡议建立合作关系，共建东北亚经济共同体的愿望，并描绘了朝韩关系改善后共建海陆交通网、超级电网和天然气管道的蓝图。具体举措包括：与中国东北三省合作，对接中蒙俄经济走廊，重启此前停滞不前的罗津—哈桑—珲春物流项目，推进大图们江开发计划等[①]。

2. 设施联通的机遇

六大经济走廊建设是"一带一路"倡议的重要内容，但经济走廊建设还在探索如何有效连接到欧亚大陆的最东端朝鲜半岛。"新北方政策"对接"一带一路"倡议，不仅能补充经济走廊的缺口，也是将经济走廊自然延伸到朝鲜半岛的契机。

目前，欧亚地区不同国家的物流环境存在较大差距，交通不够便利；同时，韩国的3条主要铁路线——京义线、京畿线和东海线都被军事分界线阻断，在一定程度上制约了韩国外向型和多元化经济的发展。所以，韩国希望能振兴朝鲜半岛的南北铁路系统，把"欧亚友谊快车"的起点延伸到韩国釜山，建设横贯朝鲜半岛、中国、俄罗斯、中亚直达欧洲的发达物流网络。为此，韩国正推进65个具体的铁路、电信、能源等欧亚新物流航线，覆盖包括俄罗斯、蒙古、哈萨克斯坦、吉尔吉斯斯坦、乌兹别克斯坦等13个国家。当前的韩国"新北方政策"继续积极推进连接朝鲜半岛铁路（TKR）与中国铁路（TCR）、西伯利亚铁路（TSR）、蒙古铁路（TMGR），以及丝绸之路快车（SilkRoad Express）等铁路建设，希望建设横贯韩国—中国—西伯利亚—欧洲的铁路网络[②]。这若能与"一带一路"倡议中的中蒙俄经济走廊相对接或作延伸，欧亚大陆的铁路、航空、海运三位一体的物流运输网络将更加完善。

---

① 李理：《宋永吉阐释韩"新北方政策"对接"一带一路"》，http：//news. takungpao. com/world/exclu-sive/2018－04/3563276_ wap. html？from＝singlemessage&isappinstalled＝0，2018年4月23日。

② Naver Dictionary. 2018. The Silk Road.（2018－05－05）. http：//terms. naver. com/entry. nhn？docId＝2119305&cid＝43667&categoryId＝43667.［NaverDictionary.2018.TheSilk Road.（2018－05－05）. http：//terms. naver. com/entry. nhn？docId＝21193 05&cid＝43667& categoryId＝43667.］

　　此外，"新北方政策"与"一带一路"倡议在基础设施建设上的对接机遇不仅包括海陆空一体的物流网络建设对接，还包括超级电网、能源运输管道建设以及北极航道建设等。目前，韩国电力需求量大，电力结构较为不合理，主要以火电为主。为了实现文在寅的环保能源政策，韩国逐步减少核电，并且为了缓解韩国环境恶化，逐步压缩火力发电。所以，韩国亟须和欧亚国家合作，期望整合能源市场，建设东北亚超级电网。2017 年 12 月，中韩首脑会谈期间，两国签署了《中韩电力系统连接项目开发合作备忘录》。若超级电网建设能与"一带一路"倡议实现对接，不仅能促进沿线国家经济发展，实现跨国能源网络合作，还可能以此为契机，建设数字丝绸之路，甚至推进第四次工业革命的跨国合作。另外，韩国迫切希望就北极航道建设加强与"一带一路"倡议的对接。韩国北方经济合作委员会委员长宋永吉访问北京时，强调了北极航道是连接欧亚的最短航道，利用价值日益提升，下一步韩国希望结合北极资源开发，研究运输参与模型，积累国家船运公司的运输经验，为建造特殊船货船（耐冰船）提供支持；同时展开中、韩、日、俄、挪等政府间合作，研究北极航道监控及物流系统构建方案等①。实际上，韩国已经着手破冰船的设计和制造，2017 年在中俄合作的天然气项目中，韩国完成了 15 艘破冰型液化天然气船（LNG 的制造，可承受最大 2.2 米的冰块，并承受最低在 - 52℃的低温中航行，韩国正努力打造世界领先的破冰造船技术）。但北极航道涉及的国家和利益攸关方较多，建设所需资金巨大，且因吞吐量不足而受限，韩俄两国合作潜力相对较小。所以中韩两国在这方面的战略对接可在物流运输、能源网络建设方面挖掘更多的合作机遇。

　　3. 贸易投资合作的机遇

　　韩国"新北方政策"的目标之一是减少区域贸易壁垒，盘活贸

---

　　① 李理：《宋永吉阐释韩"新北方政策"对接"一带一路"》，大公资讯，http：//news. takungpao. com/world/exclusive/2018 - 04/3563276_ wap. html？from = singlemessage&isappinstalled = 0，2018 年 4 月 23 日。

易投资，创新经济增长方式，建设欧亚地区经济共同体，这与"一带一路"倡议的贸易畅通相契合。对于韩国而言，在经历中韩"萨德"矛盾导致韩国国内经济萧条后，韩国担心过度依赖中国市场会再度出现国内经济脆弱问题，因而着眼于欧亚地区，希望通过贸易和投资寻求解决韩国经济所面临问题的出路。宋永吉强调，中国、俄罗斯都在积极开展进军欧亚的策略，计划大规模投资相对未开发的地区。如果与这些国家建立互利合作关系共同开发，韩国"新北方政策"将产生巨大的协同效应[①]。借"一带一路"倡议对接的机遇，中韩两国可结合中韩企业的相对优势，共同推进在第三国的合作。开拓中韩企业在第三国市场包括基础设施、工业产能、产业园区的合作项目和海洋经济、生态环保、电子商务等新兴领域的合作项目，这不仅能促进两国经贸的共同发展，也可进一步发挥其"外溢"功能，增强两国在安全合作方面的共同利益。

中国可以在第三方国家的医疗业、通信业、金融业和物流业等的基础设施建设中，或者是发电设备、炼铁工艺、尖端化炼油设备、造船技术和新能源等技术领域中，与韩国携手同行，在合作中互相借鉴对方的先进经验，共同协助第三方国家的发展。在这些韩国具有技术和管理优势的行业中，加大中国企业和资本的投资合作力度，有利于进一步完善中国在"一带一路"沿线国家的投资结构，为中国海外事业的全方位发展创造良好的环境。

4. 资金融通的机遇

资金问题是韩国"新北方政策"推进的难点，也是"新北方政策"和"一带一路"倡议对接的重点和机遇。2017 年 12 月 14 日，中韩首脑会谈期间，中国出口信用保险公司与韩国贸易保险公社共同签署了《合作协议》，根据协议，双方将共同促进中韩经贸合作，支

---

① 李理：《宋永吉阐释韩"新北方政策"对接"一带一路"》，大公资讯，http：//news. takungpao. com/world/exclusive/2018 - 04/3563276_ wap. html？from = singlemessage&isappinstalled = 0，2018 年 4 月 23 日。

持两国在第三国的项目，进一步加强信息交流，并努力实现出口信用和投资保险、担保业务的协调，促进"一带一路"倡议国际合作[①]。当天，中国进出口银行和韩国输出入银行签署了《互惠风险参与协议补充谅解备忘录》[②]，根据备忘录，两国将共同致力于促进中韩两国企业在"一带一路"倡议第三方市场的合作。同时约定，双方将互相推介项目，并就潜在合作项目在符合各自法规和保密规定的前提下共享信息。此外，中韩投资合作委员会也是中韩对接的重要磋商渠道，为合作提供了金融支持和信息交流的机遇。"新北方政策"中，发展基础设施建设投资项目所需资金巨大，韩国没有足够的财力去支撑，因而对接"一带一路"倡议是韩国"新北方政策"顺利推进的重点。同时，通过两国金融机构间的合作，共同推进基础设施项目建设不仅能减轻中国的金融压力，也能消除周边国家对中国版"马歇尔计划"的疑虑，并有助于中国运用资金优势扩大其在朝鲜半岛与欧亚地区连接中的影响力，进一步巩固中韩两国在国际舞台上的关系，扩展"一带一路"倡议的合作伙伴。

（二）"新北方政策"对接"一带一路"倡议的挑战

薛力[③]认为，"新北方政策"与"一带一路"倡议并不是中韩之间直接的合作框架，因而这种有机对接将会受到第三国因素的冲击，使两国在第三国之中的合作受到影响。此外，薛力还认为"中韩合作冲击最大的是朝核问题，其次是美国的半岛政策，再次是韩国的对朝政策"。在中韩之间特殊的地缘政治和经济背景下，两个合作框架的对接，存在一定的挑战。

1. 制度性风险

"新北方政策"和"一带一路"倡议都致力于深化与欧亚国家的

---

① 《中国信保与韩国贸易保险公社签署合作协议》，中国贸易新闻网，2017 年 12 月 19 日，http://www.chinatradenews.com.cn/daiyan/ 201712/19/ c8187.html。

② 《进出口银行与韩国输出入银行签署〈互惠风险参与协议补充谅解备忘录〉》，2017 年 12 月 18 日，招标网，https://news.zhaobiao.cn/trade_v_12589.html。

③ 薛力：《文在寅政府"新北方政策"评析》，《世界知识》2018 年第 9 期。

宽领域合作，都是促进共同发展的区域合作倡议，但两者推进模式不同。"一带一路"倡议的推进模式是大国联动小国，是最大的发展中国家带动沿线国家共同发展，并欢迎欧洲发达国家加入。"一带一路"倡议所强调的互联互通，促进沿线国家共商、共建、共享，其主要内容是设施联通、政策沟通、贸易畅通、资金融通、民心相通的"五通"，最终目标是实现人类命运共同体。这强调了两个重要含义：一是经济合作是核心，二是管控合作中潜藏的冲突①。韩国"新北方政策"的推进模式是小国撬大国，即在充分考虑自身的突出优势和需求以及欧亚各个国家的战略需要后，以韩国所关注的九大领域为合作重心，分别在各经济圈进行差异化对接。这是小国主动寻求与大国合作，以高战略定位积极发展本国与其他国家的合作，各取所需，共同发展的小国平衡合作模式。由于两个政策之间的出发点和最终的愿景不一致，容易在制度制定的层面上出现一定的摩擦。此外，由于两个政策之间的有机对接并不仅仅是中韩两国的双边关系，还涉及第三方国家的政治制度等问题，这一定程度上也增加了制度性风险。

2. 地缘风险

朝鲜半岛的安全结构复杂，围绕着朝鲜半岛已形成了一个国际关系的体系和结构，具有牵一发而动全身的联动性特征②。目前，朝鲜半岛局势趋缓，朝韩关系正朝着和平与和解的方向发展。2018 年 4 月 27 日，朝鲜国务委员会委员长金正恩和韩国总统文在寅在板门店举行会晤并签署《板门店宣言》，该宣言指出，朝韩将缓和半岛军事紧张，消除战争风险，争取在年内把朝鲜战争停战协定转换为和平协定，构建永久巩固的和平机制，积极推动朝韩美三方会谈或朝韩美中四方会谈③。但是，美国随后做出的一系列刺激朝鲜的行为并没有取

---

① 王灵桂：《"一带一路"：理论构建与实现路径》，中国社会科学出版社 2017 年版。

② 韩献栋：《朝鲜半岛的安全结构》，中国社会科学出版社 2009 年版。

③ 《朝韩领导人会晤并签署〈板门店宣言〉》，人民网，2018 年 4 月 28 日，http://world. people. com. cn/n1/2018/0428/c1002 – 29955 551. html。

得实质效果，反而更像是美国和朝鲜的"双簧戏"，最终使美朝两方都受益，结果朝鲜真正地成为了拥有核武器国家，朝鲜政权得以巩固，在朝鲜半岛问题上的话语权正在扩大，而美国在韩部署萨德也已完成，真正重返亚太，在亚太地区话语权不断扩大。由此可见，美国在这一地缘政治格局中具有相当重要的地位，需充分考虑美国因素。中国"一带一路"倡议在与韩国"新北方政策"对接时，要规避因美国在朝鲜半岛从中作梗而导致失败的风险。此外，在这两个政策的有机对接中，最有可能合作的第三方国家是俄罗斯。如何兼顾俄罗斯在东北亚的利益，也是值得考虑的一个重要问题。

3. 投资合作风险

在对接基础设施建设方面，"新北方政策"和"一带一路"倡议在铁路、超级电网等基础设施建设的对接上投入资金巨大，但回报期长，中韩两国需要较长的时间才能收回成本及利润。同时，在对接合作项目方面，在是否能盈利、谁盈利的问题上中国都面临着较大风险。因而，中国需充分开展项目评估，考虑自身的需求和投资收益，推进符合双方利益的合作项目。在共同推进中韩企业在第三国的合作项目方面，由于第三方国家经济发展水平较弱，市场机制不够完善，如何应对与第三方国家的合作风险，如何挖掘合作增长点和贸易新增长点，如何深化产业创新合作等都是值得考虑的问题。换言之，第三方国家的经济、政治和文化等具体情况，都会影响中韩在其中的合作伙伴关系。

此外，"新北方政策"在推进工作上的金融支持需求不断增大，而北方经济圈国家的政治、经济存在不确定性和高风险性，因而韩国在与"新北方政策"相关国家合作时存在一定困难。在与韩国对接的同时，中国也需要加强与相关国家政府间的合作，通过亚投行、韩国年基金、全球基础设施基金、丝路基金等多样化金融支持降低中国的投融资风险。只有中韩双方在第三方国家中投资的风险均有所下降，才有利于中韩两国的伙伴关系的持久化。

三　"新北方政策"对接"一带一路"倡议的发展前景

韩国推进与俄罗斯、中国及欧亚国家相连接的"新北方政策"旨在推动韩国与欧亚国家在交通、能源、物流等多领域的对接，以实现韩国经济的持续增长和朝鲜半岛乃至欧亚大陆的稳定与繁荣。而"一带一路"倡议是中国提出的促进有关国家加强合作发展的倡议，旨在与沿线国家共同打造政治互信、经济融合、文化包容的利益共同体、命运共同体和责任共同体[①]。韩国"新北方政策"与"一带一路"倡议并不是竞争关系，两者相契合并具有较强的互补性。加之中韩两国合作对接意愿强，两者对接的合作可行性也非常高。随着朝韩会谈和《板门店宣言》的签署以及朝鲜所表现出的与以往截然不同的态度，朝鲜半岛实现和平稳定的可能性在增加，若朝鲜加入东北亚经济圈，则东北亚的交通、物流和市场有望发生翻天覆地的变化，并可能为韩国、朝鲜、中国东北三省、俄罗斯远东、蒙古等国家和地区的经济带来巨大的发展机遇和发展前景。未来，"一带一路"倡议中的中蒙俄经济走廊建设有望扩大至中国东北三省、朝鲜和韩国，更好地实现与"新北方政策"的对接。有鉴于此，可以从以下三方面开展合作。

第一，继续加强产业领域合作。中韩两国的对接基于东北亚，但并不局限于该地区。在中亚地区，中韩可以共同建设工业园或工业区，吸引中韩企业入驻，利用当地丰富的石油和天然气资源开展石油化工领域的合作。在东南亚地区，中韩可以整合两国在当地以电子产品、服装等产业为主的生产资料，共同建设产业工业园区。中韩还可以共同利用"一带一路"倡议已建成的交通基础设施和其他相关设施，形成一套完整的共同供应链和共同物流基地，从中韩或相关国家引进零配件原材料，供应至欧亚各个地区。

---

① 乌东峰：《人民日报专题深思："一带一路"的三个共同体建设》，《人民日报》2015 年 9 月 22 日第 7 版。

第二，加强金融领域合作。在 2018 年两会上，政协委员贺强提出，将移动支付作为推进数字普惠金融国策的核心战略，继续为移动支付创新提供赋能的政策环境，并将移动支付作为"一带一路"倡议的一部分，鼓励中国企业与当地机构合作[①]。韩国在通信技术领域有一定优势，如能把以智能手机为基础的国际支付发展成"一带一路"倡议和"新北方政策"对接的合作项目，发挥两国手机金融合作优势，将支付宝、微信支付推广至所有"一带一路"沿线国家，将有望为"一带一路"倡议金融共同体的实现创造条件。

第三，加强物流领域合作。随着中韩两国与欧亚地区各个国家间物流需求的加大，中韩两国在对接上，一是重启之前因朝核问题采取制裁措施而中断的珲春国际物流园区项目，盘活北方港口，连接海陆运输；二是加强大图们江开发计划与罗津—哈桑物流项目对接，共同参与俄罗斯哈桑西伯利亚铁路和朝鲜罗津港的物流基础设施建设，加大区域经济合作和贸易投资力度，推进东北亚地区物流合作；三是加强中韩物流港和物流口岸建设，在中国境内要塞和中亚地区要塞建设物流基地等。

四　结论与讨论

本文着重分析了两个政策对接中的机遇和挑战，并提出一定的有益建议。结果显示，两个全球/区域的共同发展框架中，确实存在着有机对接的可能，并能通过在第三方国家的共同投资、共同建设、共同发展中实现这一目标。一方面，对制度性风险未雨绸缪，完善制度性合作机制，尽可能规避地缘因素可能导致的潜在风险。在投资合作方面，加强合作机制化建设，完善投资合作。另一方面，把第三方市场合作纳入中韩"一带一路"对接合作中，扩大合作范围和合作领

---

① 黄鑫雨：《应鼓励移动支付提升国际竞争力》，中国新闻网，http：//www.chinanews.com/gn/2018/03－09/846 3336. shtml，2018 年 3 月 9 日。

域，推进包括东北亚、东南亚和中亚地区的中韩产业、金融和物流等领域的全方位合作。未来，中韩两国在政策对接与第三方市场合作上具有较大发展前景。

然而，必须注意的是，东北亚地区一直存在着朝鲜的核威胁、韩国的萨德导弹系统、美国的军事基地等地缘军事问题，还有因为中日韩三国的历史包袱所引起的地缘经济纠纷，以及中国和韩国之间的政治体制所带来的地缘政治问题。在复杂的地缘环境中，两个政策的出发点又不完全一致，如何能够真正做到求同存异，是中韩双方均需要考虑的问题。在第三方市场合作上，中韩双方的合作机制也需要理清，即双方如何明确及划分职责，共同在第三方国家开展富有成效的建设与合作。

（庞加欣、王灵桂，载《热带地理》2019 年第 6 期）

"16＋1"打造中东欧纵贯线

通过"一带一路"倡议与"16＋1"合作机制，中国正在打通通往中亚与中东欧直至西欧的大通道，实现互联互通；而中东欧国家在融入欧盟的同时也在积极探索向东发展。

"16＋1"合作五周年纪念活动11月27日在匈牙利首都布达佩斯举行。中国国务院总理李克强在会议致辞中表示，五年来，"16＋1"合作取得一系列成果，焕发出更加强大的生命力。

"16＋1"合作作为中国同中东欧16国为深化友谊、加强互利合作而共同创建的合作新平台，不仅是新形势下中国推进"一带一路"倡议的重要战略机制，更被中东欧国家视为面向整个21世纪的历史性机遇。需求互补、定位明确、保障有力、重点突出，是"16＋1"框架下产能领域合作不断迅猛推进的根本动力。

务实合作经典案例

"16＋1"合作，务实是关键。其中，以产能合作为抓手是重要的切入点。五年来，双方经贸合作进入快车道，在国际产能合作方面已经取得一系列成果。

中国企业承建的塞尔维亚贝尔格莱德跨多瑙河大桥、波兰弗罗茨瓦夫城市防洪工程项目、波黑斯坦纳里火电站已完工；塞尔维亚科斯托拉茨电站和 E763 高速公路、马其顿两条高速公路、黑山南北高速公路总体进展顺利；中欧陆海快线建设取得积极进展，匈塞铁路塞尔维亚段即将于月底开工；涉及爱沙尼亚、拉脱维亚、立陶宛、罗马尼亚、保加利亚、斯洛文尼亚、克罗地亚、阿尔巴尼亚等国的"三海港区合作"正在积极推进。

亚欧之间运输通道建设步伐不断加快，中欧班列已累计开行超过 6000 列，中国与波兰、匈牙利、捷克、塞尔维亚先后开通直航，中东欧国家在亚欧大陆桥中的枢纽作用不断提升。

这些项目或使用中国装备，或动用中国资本，或运用中国技术，或采用中国方案，或吸纳中国服务，或设定中国标准，成为带动当地就业和经济发展、提高中东欧国家人民福祉、推动"16＋1"合作稳步健康发展的经典案例。

需求互补是合作基础

需求互补是"16＋1"框架下产能领域合作发展的基础。中东欧 16 国位于"一带一路"沿线，地理位置优越，资源丰富，近年来成功应对欧债危机冲击，实现了 3% 以上的增长，是欧洲最具活力和潜力的区域，经济发展空间广阔。

2015 年中东欧国家农业增加值、工业增加值和服务业增加值的占比分别为 4%、33% 和 63%。经济格局的基本特点是：农业比较小型化和分散化、工业有基础、服务业较发达；本土民族产业在全球产业链尤其是欧盟产业链动态重塑过程中往往居于中低端，当地企业核心竞争力和跨区域规模化整合有待提升。此外，中东欧国家部分交通、能源基础设施和工业设备面临升级改造，受制于资金短缺等因素，市场需求尚未满足。这些状况，与经济实力雄厚、制造优势和配套能力领先世界、储蓄水平全球最高、与外界联系愈加紧密的中国，形成互补。

中东欧国家地处"一带一路"倡议同欧洲投资计划的对接区，是欧亚交流与合作的纽带。通过"一带一路"倡议与"16＋1"合作机制，中国正在打通通往中亚与中东欧直至西欧的大通道，实现互联互通；而中东欧国家在融入欧盟的同时也在积极探索向东发展。双方战略上的契合与对接是"16＋1"产能合作的坚实基础。同时，"16＋1"产能合作不是要另起炉灶、分裂欧洲，而是将中东欧作为"一带一路"倡议融入欧洲的承接带，成为中国与欧洲关系整体发展的重要组成部分，服务于共建和平、增长、改革、文明四大伙伴关系，为中欧关系注入新活力。

多方共赢是目标

客观上，"16＋1"产能合作有助于促进中东欧国家的经济发展，缩小欧洲国家间发展的差距，帮助中东欧国家更好融入欧洲，加强欧盟内部的团结与合作。

世界银行 2017 年 11 月 30 日发布的《西巴尔干恢复发展和繁荣报告》认为，如果波黑、马其顿、黑山、塞尔维亚、阿尔巴尼亚等西巴尔干国家经济以 1995—2015 年间的平均增速发展，需要 60 年的时间才能赶上欧盟水平，但通过改革和保持宏观经济稳定，使西巴尔干国家经济增速提高至 5% 的平均水平，上述国家可以在 20 年内赶上欧盟水平。

长期以来，中东欧国家经济发展高度依赖欧盟资金。2007—2015年，欧盟对中东欧 11 个成员国合计提供 1759 亿欧元资金，波兰（38.2%）、捷克（15.0%）、匈牙利（14.2%）、罗马尼亚（10.8%）

等国的份额较多，成为欧盟资金援助的主要受益国。

目前，中国对中东欧国家的直接投资不断增长，累计存量超过80亿美元，是对欧盟资金的重要补充。

"16＋1"合作透明、开放、包容，同中欧合作大局同步并举，致力于实现中国、中东欧国家和欧盟三方共赢，走出了一条跨越不同地域、不同制度的国家间务实合作新模式。欧盟作为观察员已参与"16＋1"合作框架下的各项机制性活动；欧洲复兴开发银行作为长期参与东欧国家开发融资的多边金融机构，积极参与"16＋1"会晤，与丝路基金签署合作备忘录，与亚洲基础设施投资银行开展融资项目合作。开放包容的"16＋1"合作有可能吸引更多欧洲国家和银行作为观察员加入，共同投身于"一带一路"倡议规划的新愿景的建设中。

制度保障是基础

一系列成果的背后，是稳固、务实、灵活的制度保障。

5年来，"16＋1"合作制定了《中国—中东欧国家合作中期规划》《中国—中东欧国家合作苏州纲要》和《中国—中东欧国家合作布达佩斯纲要》，搭建起20多个机制化交流平台，规划出匈塞铁路、"中欧陆海快线"、"三海港区合作"等重大项目，推出200多项具体举措，在贸易、投资、基础设施、金融、教育、旅游、人文等领域合作均呈现快速增长。

"16＋1"合作还就"一带一路"与欧洲发展规划、国际产能合作与欧洲投资计划、"16＋1"合作与中欧合作"三个对接"达成重要共识，为中国与中东欧国家中长期合作奠定了坚实基础。

多层次合作机制是中国与中东欧国家合作的一大亮点。在"16＋1"

合作机制下，中国和中东欧领导人高层互访不断，定期召开"16＋1"高层论坛。与此同时，建立经贸、部长级会谈机制，设立了相对固定的机构，如合作秘书处、投资秘书处、国家协调员会议、经贸促进部长级会议等，在"16＋1"合作大的框架下形成了政府间不同层级的交流合作机制。

"16＋1"平台还充分挖掘地方和具体领域交流"短平快"优势，形成中国—中东欧国家省州长联合会、发展智库研讨会等合作平台，多维度的互动机制已经成型。同时，还构建了中国—中东欧国家联合商会等民间合作机制。

中国积极发挥政策银行、发展基金和市场机构的作用，对接中东欧金融体系。多家中资银行在中东欧国家设立分行，从事存、贷款以及人民币清算等业务；中匈两国实现本币互换；匈牙利和波兰两国均加入了亚洲基础设施投资银行；国家开发银行将贷款20亿欧元设立中国—中东欧银行联合体；中国—中东欧基金二期也筹措了10亿美元资金；《中国—中东欧国家合作布达佩斯纲要》还提出扩大银行准入、欢迎金融监管合作的设想，为中东欧项目融资提供更多工具及制度保障。这些成果使得中国与中东欧在资金层面获得保障，产能合作更有基础。

（载《环球》2017年12月13日第25期）

国际视野里的"一带一路"倡议

2013 年 9 月 7 日，习近平主席在哈萨克斯坦纳扎尔巴耶夫大学，以博古通今的睿智向大学生们娓娓讲述了古老丝绸之路的精彩故事和年轻丝绸之路的美好愿景，首次向世界发出了让古老丝路精神再焕青春和光彩的时代倡议。同年 10 月 3 日，习近平主席在印度尼西亚国会发表了题为"共同建设二十一世纪'海上丝绸之路'"的演讲，其与 9 月 7 日的讲话异曲同工、遥相呼应、互为映衬，这形成了完整的"丝绸之路经济带"和"21 世纪海上丝绸之路"倡议，也就是现在人们耳熟能详的"一带一路"倡议。

自此，起源于古老丝绸之路的"一带一路"倡议，迅速成为世界各国知名智库和学界精英们关注的"热词"。三年多来，各国智库和学者们对和平合作、开放包容、互鉴互学、互利共赢新丝路精神的研究，迅速成了国际学术舞台上的"显学"；各国专家学者们对共商、共建、共享合作理念的解读和诠释，正在不断转化为相关国家对接《推动共建丝绸之路经济带和 21 世纪海上丝绸之路的愿景与行动》的新动能；在无数智库和专家们研究工作的推动下，"一带一路"倡导的政策沟通、设施联通、贸易畅通、资金融通、民心相通正在以基础设施、经贸合作、产业投资、能源资源、金融支撑、人文交流、生态环保、海洋合作等为载体和依托，在全球掀起投资兴业、互联互通、技术创新、产能合作的新浪潮。

对"一带一路"倡议的高度关注和不断诠释，使其在短短的三年多时间里，迅速走上了国际舞台，其正在产生巨大的国际影响力。2016年10月，联合国工发组织在维也纳举办了首届"'一带一路'包容及可持续城市展览与对话"，来自亚非欧25个国家的近50个城市逾450名代表出席，并决定于2017年9月举办第二届"'一带一路'包容及可持续城市展览与对话"。2016年11月18日，第七十一届联合国大会以193个会员国一致赞同，通过了第A/71/9号决议，欢迎"一带一路"倡议，敦促各国通过参与"一带一路"倡议等促进阿富汗及地区经济发展，呼吁国际社会为"一带一路"建设提供安全保障环境。2017年3月17日，联合国安理会以15票赞成，一致通过第2344号决议，呼吁国际社会凝聚援助阿富汗共识，通过"一带一路"建设等促进区域经济合作，敦促各方为"一带一路"建设提供安全保障环境、加强发展政策战略对接、推进互联互通务实合作，这"彰显了中国理念和中国方案对全球治理的重要贡献"，"是对以往联合国及安理会决议关于'一带一路'表述的继承和发展，强化了国际社会的共识"。3月1日，联合国人权理事会第34次会议通过的关于"经济、社会、文化权利"和"粮食权"两个决议，明确表示要通过"一带一路"倡议构建人类命运共同体。

"一带一路"倡议是21世纪的中国向世界发出的时代倡议，中国必将通过不懈的努力书写一部厚重的传世巨著。"一带一路"倡议正在也必将给广大发展中国家，乃至发达国家诸多重要启示。这也是它越来越被世界知名智库和专家看好的原因。世界各国智库和专家们眼观六路、顺时而谋、深思熟虑、笔耕不辍，着眼于国际战略和安全、经济和社会等的新发展，致力于写出关于世界与中国、世界与"一带一路"倡议的好文章。一些国际战略智库和学界、政界专家认为："一带一路"倡议乃中国发展后回馈国际社会的善举，乃中国"亲、诚、惠、容"周边外交理念的延伸，是中国解决国际减贫等诸多世界性难题的新思路和新尝试，是打开横跨欧亚大陆、从陆海方向通往欧洲的经济合作大门的战略举措，是与"一带一路"倡议沿线国家发展规划或战略有机对接的共赢之举。正如厄瓜多尔前总统拉斐尔·科雷亚·德尔加多指出的那样，当下中国的"一带一路"倡议，代表了"一种文化和历史，令了解它的人油然而生敬仰之情"；美国库恩基金会主席罗伯特·劳伦斯·库恩指出，"习近平主席正在把中国从一个跟随时代的奔跑者，转变为具有创新力的引领者"；国际货币基金组织总裁克里斯蒂娜·拉加德在高度赞扬"一带一路"倡议的时候，使用的是"这对中国有利，也对世界有利，两者的命运因此结合在一起"。这些朴素而又含义深刻的话语，令人印象极其深刻。总体来看，目前世界各国智库和学者们对以下几个问题最感兴趣。

"一带一路"倡议是什么？美国外交政策研究所认为，中国试图通过建立一个横跨欧亚大陆的基础设施项目网络来促进贸易发展。中国的贷款将启动基础设施项目建设。项目落地国将作为中转站并从新产业的发展中获益，新产业的发展可以使其接通国际供应链，似乎所有参与其中的国家都能受益。詹姆斯敦基金会指出，巴基斯坦是"一带一路"倡议不可或缺的一部分。中国已经承诺建设价值 460 亿美元的中巴经济走廊（CPEC），这一金额相当于巴基斯坦全年近 20% 的国内生产总值。该倡议的核心是计划发展位于阿拉伯海的巴基斯坦的瓜达尔港，而瓜达尔港的建设将有助于亚洲中部地区的开放。伍德罗·威尔逊国际学者中心评论说，中国正在南亚地区忙于其"一带一路"倡议。事实上，这些基础设施项目都有利于美国，因为它们的目标与美国在南亚的期望相一致：更多的基础设施和发展，增强区域连接，以及最重要的稳定。美国布鲁金斯学会就中国与以色列的金融协议评论说，"金融协议促进了通信、医疗、污水处理、清洁能源、农业技术和教育等关键行业技术的提升"，"'一带一路'倡议的主要原则是强调市场作用，在共赢的基础上推进项目，消除贸易壁垒","虽然金融协议不在'一带一路'倡议范围之内,但它为'一带一路'项目建设树立了良好榜样"。

"一带一路"倡议对中美关系的意义何在?美国布鲁金斯学会认为,"'一带一路'倡议是中国经济和外交政策的中心,这一点是明确的,但'一带一路'倡议如何能够融入中美关系当中,尚不得而知"。"许多美国观察人士怀疑'一带一路'倡议是中国获得狭隘、短期利益的工具,而不是一个真正有远大愿景的双赢发展合作计划。对于'一带一路'倡议的许多担忧是可以理解的,因为他们缺乏对中国未来发展方向以及中国对全球经济制度的影响的清晰了解。事实上,不管当前美国战略思想家对'一带一路'倡议持有怎样的看法,'一带一路'倡议都应成为促进中美两国合作的重要手段。""'一带一路'倡议承诺通过加强互联互通提供全球公共产品,从而改善发展中国家人民的生活水平,并向发达国家提供更多的经济机会。同时,'一带一路'倡议带来的潜在好处还包括提升国际社会安全水平,增强国家的经济能力。""当前,美国还看不到'一带一路'倡议的积极影响。部分原因是美国将'一带一路'倡议看作两国战略竞争元素,另外也是因为中国对'一带一路'倡议的解释、宣传不到位。'一带一路'倡议的官方和民间倡导者必须明白,'一带一路'倡议以及它的共赢原则并没有被很好地传递到美国。目前,在美国几乎找不到关于'一带一路'倡议的全面、权威的英文宣传材料。这可能会使美国人更加相信,'一带一路'倡议刻意将美国排除在外。""美国私营部门对'一带一路'倡议怀有极大兴趣,并可在'一带一路'倡议中发挥重要作用。当前中美两国摩擦越来越多,美国企业参与到'一带一路'倡议当中,将能够重振中美两国经贸关系。因此,美国应将'一带一路'倡议看作一个契机,秉持开放的思想,有选择地与中国进行合作。""为了解决政策上的分歧和理解上的差距,美中两国应该共同成立一个专门的对话论坛。美国官方可以制定一套'一带一路'倡议资助备选项目，中国官方可以基于中国利益选择一些项目进行投资。""虽然'一带一路'倡议可能会加剧中美双方竞争，但它也可以用来促进两国的合作。要想让'一带一路'倡议促进两国合作，两国就必须自觉参与其中并不断对这一倡议进行完善。因此，美国应该清楚地了解'一带一路'倡议的潜在影响，同时应该保持参与其中的可能性，而不是绝对的不屑一顾或怀疑。"伍德罗·威尔逊国际学者中心也建议，"特朗普总统可以通过对习近平所发起倡议（'一带一路'倡议）的有条件支持，或宣称他相信中国能够在欧亚大陆的基础设施一体化中发挥重要和建设性的作用，来营造建设性氛围，以有利于他年内访华"。

"一带一路"倡议会造福地区国家和人民吗？荷兰国际关系研究所认为，"如果'一带一路'倡议是一个涉及且惠及每个国家的交响乐，那么中巴经济走廊建设就是交响乐第一章中的甜蜜旋律"，"中巴经济走廊将在 2030 年之前创造大约 70 万个就业岗位，并使巴基斯坦的经济增长率提高 2—2.5 个百分点"。詹姆斯敦基金会认为，"一带一路"倡议将为中东欧国家带来机遇，"中国总理李克强于 2016 年 11 月 4 日对拉脱维亚里加的历史性访问，标志着中东欧国家（CEE）和中华人民共和国（PRC）关系的新篇章。在三天的访问期间，李克强会见了 16 个中东欧国家的政府首脑。这次峰会最终达成一系列影响深远的经济协议。值得注意的是，此次签署了关于共同推进'丝绸之路经济带'和'21 世纪海上丝绸之路'的谅解备忘录（MoU）。备忘录还涉及有关中国与中东欧智库之间的合作、促进旅游业的合作以及中小企业之间的合作。中国总理访问拉脱维亚是一个里程碑式的事件，它为欧洲人吸引新技术和投资提供了机会。中东欧地区正在成为中国'一带一路'倡议上的一个独特环节，它将更直接地连接东亚和欧洲"。美国外交政策委员会认为，"'一带一路'倡议在世界各地蓄势待发，并稳步吸引了世界各地的关注。其互惠互利、包容和可持续发展的原则，将有助于增强亚太地区的连通性"。"专家估计，在十年内，'一带一路'沿线国家的出口总额将占全世界的三分之一。该倡议也赢得了外国学者的赞誉，他们表达了对该倡议未来乐观的展望：中国的'一带一路'倡议将取得成功，因为仅在亚洲和非洲的许多地方，就存在大量对基础设施建设的需求。中国在非洲具有建设世界一流基础设施的良好记录。而在这个领域，国际货币基金组织、世界银行和西方金融机构几乎没有成功的。"美国战略与国际问题研究中心也认为，"亚洲正在进行大规模的基础设施建设。该地区的基础设施市场将在未来十年以每年8%的速度增长，占比上升至全球的近60%。中国的'一带一路'倡议是以推进大规模基础设施建设为中心的，它将涵盖65个国家、涉及全世界总人口的70%。到2020年，该地区的经济活动预计将增长20倍，支持的工作岗位将涉及相关国家40%的人口"。

"一带一路"倡议会成为世界经济发展的新机会吗？英国查塔姆研究所在《自由主义在撤退》报告中指出，"欧洲政府和企业应该加入中国发起的跨越整个欧亚大陆、连接东北亚与欧洲的计划。这一系列计划是'一带一路'倡议的组成部分。随着中国等新兴市场生产更多的产品，世界正在经历一场结构性贸易增长率的下滑。在这种背景下，加强亚洲繁荣的沿海地区及欠发达内陆地区连接，再延伸到对欧洲的基础设施投资，将为新的经济增长创造新机遇"。美国布鲁金斯学会在《德国希望欧洲帮助塑造中国的"一带一路"倡议》报告中指出，"中国提出'一带一路'倡议，在德国引发了混合反应。德国的许多贸易中心希望通过'一带一路'倡议海路和陆路延伸范围的扩大来获得更大商机。例如，德国最大的海港汉堡港和最大内陆港杜伊斯堡港都表示，很有兴趣成为'一带一路'倡议枢纽，以吸引更多的东亚和全球海运贸易。德国总理安格拉·默克尔也对这一倡议表示欢迎，通过欧盟（EU）、欧安组织（OSCE）以及G20，积极协调欧洲对'一带一路'倡议的反应,并使德国参与到'一带一路'倡议建设当中。作为欧洲最大的经济体,德国有能力发挥这一作用:德国支持欧洲投资银行为亚洲基础设施投资银行(AIIB)提供技术支持,并共同资助与'一带一路'倡议有关的亚洲基础设施投资银行项目;德国决定加入由中国倡导创立的亚洲基础设施投资银行,在'一带一路'倡议欧亚项目上发挥积极作用;德国还寻求增加与中国进行对话和合作的机会,成功地将未来几年的欧安组织议程锁定为欧洲与中国在互联互通上的合作"。地缘政治监控中心援引欧洲风险基金会(EURISC)主席利维乌·穆列尚(Liviu Muresan)的观点认为:"罗马尼亚需要明智的多边外交政策。在保持与美国战略合作伙伴关系的同时,必须与东方建立强有力的联系。中国在基础设施建设方面的专业知识和优势,是其他国家和组织难以具备的,而'一带一路'倡议正在给罗马尼亚提供机遇。"

"一带一路"倡议的中国意义何在?印度智库观察家研究基金会认为,"在习近平主席提出'一带一路'倡议的三年后,欧洲逐渐接纳了中国的'一带一路'倡议,这是历史上最重要的里程碑。'一带一路'倡议不仅是一个连通性项目,而且旨在最大化中国的出口,并帮助中国融入全球价值链"。"许多欧洲观察家认为,支持'一带一路'倡议与支持自由贸易协定'相互兼容',欧盟可能正试图吸引中国在特定部门的投资,并将推动中国在'一带一路'沿线建设基础设施。几个西欧国家是亚洲基础设施投资银行(AIIB)的创始成员,该行为'一带一路'倡议融资,欧洲对'一带一路'倡议的支持,将标志着该倡议的国际化。"

以上是过去一段时间里各国战略智库对"一带一路"倡议的一些基本看法。在本书中,笔者将与大家分享更多的看法和意见。总体来看,世界上持严肃治学态度和公正立场的知名智库和学界专家们,对"一带一路"倡议的态度和看法基本上是正面的,一些过去对此不理解的智库和专家的态度，也正在向有利于中国的方向转变。他们普遍认为，虽然"一带一路"倡议可能意味着未来全球秩序的改变，但是这种改变已经被认为是一种良性变革，"一带一路"沿线国家不仅接受这样的共识，而且也积极参与"一带一路"项目的建设；过去"一带一路"沿线国家更多从地缘政治角度看待"一带一路"项目的建设，静观其变者有之，怀疑者有之，持负面看法者也有之，但是经过三年多的观望，现在绝大多数"一带一路"沿线国家更多从地缘经济角度来解读"一带一路"倡议，期待"一带一路"项目的建设能够取得实质性进展，希望尽早看到"一带一路"项目产生积极的正面效应；地区大国之间的相互制衡加剧使"一带一路"沿线中小型国家谋求经济发展的独立性，它们开始对接"一带一路"倡议，以促进自身的经济发展，这正在成为越来越多的沿线国家的首选。"一带一路"沿线国家各界对"一带一路"合作项目普遍有热情的态度，希望"一带一路"合作项目能够尽快落地，尽快产生实际效益，能够给落地国经济发展带来看得见摸得着的变化。但是，不可否认的是，目前，某些智库和学者对"一带一路"倡议仍持不同看法。见博则不迷，听聪则不惑，浏览世界智库的研究课题与文章著述，分享其学思结合、思研结合的成果，乃至一些反面的意见和看法，也是我们智库研究"一带一路"倡议的途径之一。对其中羡慕并希望分享秘诀者，我们自当会心一笑；对警觉嫉妒者，我们可多做沟通交流，在心灵相通上以春风之力化之；对故意抹黑污蔑者，我们也自当不必客气抨击之。总之，"一带一路"倡议博大精深，面对错综复杂的国际形势，中国社会科学院国家全球战略智库愿同各国智库和有识之士一道，共同促进"一带一路"合作不断走深走实，共建伙伴关系，共创美好未来。"有意烧香，何须远游西方；真心学佛，东土便是名山。""一带一路"倡议的深化，既是中国的历史性机遇，也是世界的历史性机遇，更将是有"庙算"之称的各国战略智库和学界学者们以其所学贡献世界的难得治学机遇。借鉴"他山之石"的科学研究方法之一，有利于我们从不同角度去关注相关问题及其发展前景，从而做到避害趋利。这也是中国社会科学院国家全球战略智库近年来坚韧不拔地推进"全球战略智库观察项目"的原因之所在。本书作为该项目 2017 年度的第四部作品，十分希望得到读者和专家们的拨冗点评和指正。

随笔至此，是为序。

（本文系王灵桂主编《中国：将对世界做出更大贡献——国外战略智库纵论中国的前进步伐（之四）》前言，社会科学文献出版社 2017 年 8 月版）

给世界带来包容性全球化的
"一带一路"

2016 年 10 月 10—11 日，中国社会科学院国家全球战略智库在北京举办了"全球视角下的'一带一路'国际研讨会"。会上，与会的 30 多位外国专家一致认为，"'一带一路'是中国扩大和深化对外开放、构建开放新格局、打造全球化 2.0 版本、践行合作共赢理念的大战略"，"为沿线国家和地区注入了新的增长动力，并开辟出共同发展的巨大空间"，它"顺应国际经济发展的内在规律，积极适应全球经济合作新趋势，获得了广泛国际共识，在振兴全球经济过程中倍受世界瞩目，被称为解决当今国际金融病的'中国药方'和解决当下难题的'中国方案'"。与会的埃及艾因·夏姆斯大学商学院院长阿穆尔·艾拉查比教授（Amr A. Elatraby），更是在会后精心修改了论文。他在提交的参会论文中也谈道，"'一带一路'倡议是旨在增强亚洲、欧洲和非洲大陆之间联系的概念。这种不断增强的联系，将使这些国家加强贸易流动，促进区域经济增长和长远发展，并最终惠及所有涉及其中的国家"。

为什么一个提出不到四年的倡议在很短时间内就引起了世界热议？为什么众多国外学者把自己国家未来的希望寄托给了这个中国倡议？其中的原因之一，可能在于"一带一路"倡议"会给世界带来包容性全球化，告别西方主导的全球化让东方从属于西方、让农村从属于城市、让内陆从属于海洋的发展模式，打造包容、均衡、普惠的合作框架"。正如习近平主席所总结的那样，"一带一路"倡议包含的丝路精神，其核心要旨是"促进文明互鉴""尊重道路选择""坚持合作共赢""倡导和平对话"，其目标是"为发展增动力，为合作添活力"，其实现路径是"坚持共商、共建、共享原则""既要登高望远、也要脚踏实地""依托并增进中阿传统友谊"。

也正因为如此，英国牛津大学教授彼得·弗兰科潘在其《丝绸之路：一部全新的世界史》中写道，"当习近平主席于2013年宣布'一带一路'的创想之时，他是在重新唤起人们对于那段很久以前就已经熟悉的繁荣回忆。他的有关促进贸易发展、投资海陆通道并与各国建立合作交流关系的想法，都是基于一种常识，即今日纵横交错于亚洲，将中国与欧洲、里海、高加索山脉、波斯湾和东南亚各个角落连接在一起的新交通干线，追随的正是当年带着货物和信仰四处奔波的旅行者和圣贤者的足迹"。

正是"一带一路"的这种深厚历史积淀、宏大世界眼光、深切人文关怀，激发了世界各国政治家们对其的浓厚兴趣。在2016年5月举行的第五届中欧政党高层论坛上，希腊左联党政治局委员、国际书记扬尼斯·布尔诺斯表示"一带一路"将"促进整个欧亚大陆的发展"。葡萄牙社会党副总书记安娜·卡塔里娜·门德斯认为"该倡议除了加强国家之间的务实合作、推动经济增长以外，也将增进不同文化的交流互鉴，推动各国共同协作发展"。拉脱维亚拉中友好协会主席波塔普金感慨："历史上从来未见过如此宏大的合作倡议，超过我们欧洲人的想象力，欧洲人千万不要浪费中国的美好意愿啊！"捷克副众议长菲利普感叹："'一带一路'可成为人类最伟大的倡议之一。"

中国人民大学重阳金融研究院发布的报告认为，"'一带一路'到目前为止是区域经济乃至世界经济增长的最重要引擎"，"根据国际货币基金组织（IMF）预测：1. 按照当前美元汇率计算，未来五年'一带一路'地区GDP增量将是北美的近2倍、欧洲的逾4倍；2. 按照购买力平价（PPP）计算，未来五年'一带一路'地区 GDP 增量将是北美的近 5 倍、欧洲的逾 5 倍。概括地说，'一带一路'地区GDP 增速将令北美和欧洲相形见绌"。这个判断虽然看起来过于冒失和武断，但是能引发我们的思考和正确判断。

　　"一带一路"倡议自提出以来，通过务实推进，已经结出了累累硕果，这也许是其能赢得世人尊敬的关键所在。"4 年来，全球 100多个国家和国际组织积极支持和参与'一带一路'建设，联合国大会、联合国安理会等重要决议也纳入'一带一路'建设内容。'一带一路'建设逐渐从理念转化为行动，从愿景转变为现实，建设成果丰硕。""我们同有关国家协调政策，包括俄罗斯提出的欧亚经济联盟、东盟提出的互联互通总体规划、哈萨克斯坦提出的'光明之路'、土耳其提出的'中间走廊'、蒙古提出的'发展之路'、越南提出的'两廊一圈'、英国提出的'英格兰北方经济中心'、波兰提出的'琥珀之路'等。中国同老挝、柬埔寨、缅甸、匈牙利等国的规划对接工作也全面展开。中国同 40 多个国家和国际组织签署了合作协议，同 30 多个国家开展机制化产能合作。本次论坛期间，我们还将签署一批对接合作协议和行动计划，同 60 多个国家和国际组织共同发出推进'一带一路'贸易畅通合作倡议。各方通过政策对接，实现了'一加一大于二'的效果。""我们和相关国家一道共同加速推进雅万高铁、中老铁路、亚吉铁路、匈塞铁路等项目，建设瓜达尔港、比雷埃夫斯港等港口，规划实施一大批互联互通项目。目前，以中巴、中蒙俄、新亚欧大陆桥等经济走廊为引领，以陆海空通道和信息高速路为骨架，以铁路、港口、管网等重大工程为依托，一个复合型的基础设施网络正在形成。""2014 年至 2016 年，中国同'一带一路'沿线国家贸易总额超过 3 万亿美元。中国对'一带一路'沿线国家投资累计超过 500 亿美元。中国企业已经在 20 多个国家建设 56个经贸合作区，为有关国家创造近 11 亿美元税收和 18 万个就业岗位。""中国同'一带一路'建设参与国和组织开展了多种形式的金融合作。亚洲基础设施投资银行已经为'一带一路'建设参与国的9个项目提供17亿美元贷款,'丝路基金'投资达40亿美元,中国同中东欧'16+1'金融控股公司正式成立。这些新型金融机制同世界银行等传统多边金融机构各有侧重、互为补充,形成层次清晰、初具规模的'一带一路'金融合作网络。""'一带一路'建设参与国弘扬丝绸之路精神,开展智力丝绸之路、健康丝绸之路等建设,在科学、教育、文化、卫生、民间交往等各领域广泛开展合作,为'一带一路'建设夯实民意基础,筑牢社会根基。中国政府每年向相关国家提供1万个政府奖学金名额,地方政府也设立了丝绸之路专项奖学金,鼓励国际文教交流。各类丝绸之路文化年、旅游年、艺术节、影视桥、研讨会、智库对话等人文合作项目百花纷呈,人们往来频繁,在交流中拉近了心与心的距离。""丰硕的成果表明,'一带一路'倡议顺应时代潮流,适应发展规律,符合各国人民利益,具有广阔前景"。

也正是在这个大背景下,"'一带一路'国际合作高峰论坛"胜利在中国北京举行。2017年5月14日这一天,在中华民族历史上,乃至世界史上都必将留下浓墨重彩的一笔。在这个万物并秀的孟夏之日里,中国国家主席习近平在"一带一路"国际合作高峰论坛开幕式上发表了主旨演讲。面对包括29位外国元首和政府首脑在内的来自世界上130多个国家、70多个国际组织的1500余名代表,以及来自世界各地的4000多名记者,习近平主席郑重向全世界呼吁,在"一带一路"建设中,"无论相隔多远,只要我们勇敢迈出第一步,坚持相向而行,就能走出一条相遇相知、共同发展之路"。这条路将使当下纷乱的世界"走向幸福安宁和谐美好的远方"。这个第一步,是准备好了的中华民族迈出的第一步;这个勇敢,支撑其的是五千年智慧的深厚底蕴和百余年探索的丰富经验。百年等一回的勇敢第一步,是中国之幸、世界之幸,也是时代选择、世界选择。

百年等一回的勇敢第一步,是因为中华民族五千年灿烂文化所蕴含的"达则兼济天下"文化基因。发展了的中国，也从来不追求一隅之安。面对饱受国际金融危机之苦的世界经济，习近平主席在2017年1月的达沃斯世界经济论坛上，呼吁世界各国牢固树立人类命运共同体意识，携手努力、共同担当，同舟共济、共渡难关，以让世界更美好、让人民更幸福。"积力之所举，则无不胜也；众智之所为，则无不成也。"面对摆在全人类面前的"和平赤字、发展赤字、治理赤字"等严峻挑战，"2013年秋天，我在哈萨克斯坦和印度尼西亚提出共建丝绸之路经济带和21世纪海上丝绸之路，即'一带一路'倡议"。正是因为有这种天然的优秀文化基因，"一带一路"以战略对接和优势互补进行政策沟通，以建设复合型的基础设施网络来进行设施联通，以推动贸易和投资便利化提升贸易畅通，以各有侧重和互为补充扩大资金融通，以智力和健康丝绸之路为抓手促进民心相通。顺应时代潮流，适应世界发展规律的"一带一路"，正从理念转化为行动，从愿景转变为现实，中华民族五千年兼济天下的优秀文化基因，正在新时期不断焕发华彩。专程前来参加"一带一路"国际合作高峰论坛的联合国秘书长古特雷斯也表示，"习近平主席提出的'一带一路'倡议和联合国2030年可持续发展议程方向一致，有助于推动经济全球化更加平衡、包容、和谐发展，对于通过国际合作解决当今世界面临的诸多挑战具有重大意义"。

百年等一回的勇敢第一步，是因为中华民族有百年的强国济世之梦。为了这勇敢的一步，伟大的中华民族和光荣的中国人民，在近代以来的一百多年里，面对外族入侵，甘愿抛头颅、洒热血，前赴后继、不屈不挠地争取民族独立和人民解放；面对积弱积贫，从来不沉沦、不沮丧，自力更生、奋发图强、含辛茹苦、流血流汗地追寻富国强国之梦；面对风云变幻的复杂国际形势，从来不惧大、不欺小，坚持正义、平等地与世界各国和平共处。百年的苦难辉煌，磨炼了中国堂堂正正的国格，造就了中国自立于世界民族之林固有的自信，也使发展起来的中国与世界有了更多的共鸣。也正因为如此，习近平主席在论坛主旨演讲中，推己及人地向全世界承诺："中国愿在和平共处五项原则基础上，发展同所有'一带一路'建设参与国的友好合作。中国愿同世界各国分享发展经验，但不会干涉他国内政，不会输出社会制度和发展模式，更不会强加于人。我们推进'一带一路'建设不会重复地缘博弈的老套路，而将开创合作共赢的新模式；不会形成破坏稳定的小集团，而将建设和谐共存的大家庭。"

百年等一回的勇敢第一步，是因为中国挖掘发扬了灿烂的古丝路精神。"2000多年前，我们的先辈筚路蓝缕，穿越草原沙漠，开辟出联通亚欧非的陆上丝绸之路；我们的先辈扬帆远航，穿越惊涛骇浪，闯荡出连接东西方的海上丝绸之路。古丝绸之路打开了各国友好交往的新窗口，书写了人类发展进步的新篇章。"古丝绸之路绵亘万里，延续千年，积淀了以和平合作、开放包容、互学互鉴、互利共赢为核心的丝路精神，这是人类文明的宝贵遗产。通过一代代丝路人的"驼队和善意""宝船和友谊"，架起了东西方合作的纽带、和平的桥梁、知识交流之路，不同文明、宗教、种族求同存异、开放包容，并肩书写了相互尊重的壮丽诗篇，携手绘就了共同发展的美好画卷，共创了途经之地的大发展大繁荣。"历史告诉我们：文明在开放中发展，民族在融合中共存。"也正因为如此，习近平主席在主旨演讲中诚恳地吁请与会嘉宾："今天，群贤毕至，少长咸集，我期待着大家集思广益、畅所欲言，为推动'一带一路'建设献计献策，让这一世纪工程造福各国人民。"

百年等一回的勇敢第一步，是因为世界人民在今天选择了中国。在当今的人类社会，一方面，我们正处在大发展、大变革、大调整时代，世界多极化、经济全球化、社会信息化、文化多样化深入发展，和平发展的大势日益强劲，变革创新的步伐持续向前，"各国之间的联系从来没有像今天这样紧密，世界人民对美好生活的向往从来没有像今天这样强烈，人类战胜困难的手段从来没有像今天这样丰富"。另一方面，我们"正处在一个挑战频发的世界。世界经济增长需要新动力，发展需要更加普惠平衡，贫富差距鸿沟有待弥合。地区热点持续动荡，恐怖主义蔓延肆虐"。这是一个最好的时代，也是一个最坏的时代；这是一个迫切需要思想引领的世界，也是一个亟须伟大理论和伟大精神的世界。一直在深刻思考如何解决当今世界的"三大赤字"问题的习近平主席，于 2013 年分别在哈萨克斯坦、印度尼西亚提出了共建丝绸之路经济带和 21 世纪海上丝绸之路的倡议，即"一带一路"倡议。"'桃李不言，下自成蹊。'四年来，全球 100 多个国家和国际组织积极支持和参与'一带一路'建设，联合国大会、联合国安理会等重要决议也纳入'一带一路'建设内容。"丰硕的成果表明，"一带一路"倡议顺应时代潮流，适应发展规律，符合各国人民利益，自然成为当今世界的必然选择。

百年等一回的勇敢第一步，是因为"一带一路"四年的实践已证明中国有能力造福世界。"一带一路"建设植根于丝绸之路的历史土壤，重点面向亚欧非大陆，同时向所有朋友开放。无论来自亚洲、欧洲，还是非洲、美洲，它们都是"一带一路"建设国际合作的伙伴。在政策沟通不断深化、设施联通不断加强、贸易畅通不断提升、资金融通不断扩大、民心相通不断促进的四年实践中，"一带一路"与有关国家发展战略成功对接，中国同 40 多个国家和国际组织签署了合作协议，同 30 多个国家开展机制化产能合作，同 60 多个国家和国际组织共同发出推进"一带一路"贸易畅通合作倡议；以中巴、中蒙俄、新亚欧大陆桥等经济走廊为引领，以陆海空通道和信息高速路为骨架，以铁路、港口、管网等重大工程为依托，一个复合型的基础设施网络正在形成；2014—2016 年，中国对"一带一路"沿线国家投资累计超过 500 亿美元，中国企业已经在 20 多个国家建设了 56 个经贸合作区，为有关国家创造了近 11 亿美元税收和 18 万个就业岗位；亚洲基础设施投资银行、"丝路基金"等分别已为"一带一路"建设参与国提供 17 亿美元贷款、40 亿美元投资，并与世界银行等传统多边金融机构形成了层次清晰、初具规模的"一带一路"金融合作网络；在民心相通工作中，中国政府每年向相关国家提供 1 万个政府奖学金名额，地方政府也设立了丝绸之路专项奖学金，各类丝绸之路文化年、旅游年、艺术节、影视桥、研讨会、智库对话等人文合作项目百花纷呈，人们往来频繁，在交流中拉近了心与心的距离。"万事开头难"，"一带一路"建设迈出的坚实步伐，进一步说明了发展的中国已经具备了迈出这勇敢第一步的能力和条件。

百年等一回的勇敢第一步，是因为中国愿意与世界分享发展经验并乐意为世界做出更大贡献。"一带一路"倡议来自中国，但成效惠及世界。"一带一路"建设将由大家共同商量，"一带一路"建设成果将由大家共同分享。习近平主席在主旨演讲中指出，"古丝绸之路沿线地区曾经是'流淌着牛奶与蜂蜜的地方'，如今很多地方却成了冲突动荡和危机挑战的代名词。这种状况不能再持续下去"。针对低迷不振的世界经济，习近平主席指出，"发展是解决一切问题的总钥匙。推进'一带一路'建设，要聚焦发展这个根本性问题，释放各国发展潜力，实现经济大融合、发展大联动、成果大共享"。"开放带来进步，封闭导致落后。对一个国家而言，开放如同破茧成蝶，虽会经历一时阵痛，但将换来新生。'一带一路'建设要以开放为导向，解决经济增长和平衡问题。""创新是推动发展的重要力量。'一带一路'建设本身就是一个创举，搞好'一带一路'建设也要向创新要动力。""'一带一路'建设要以文明交流超越文明隔阂、文明互鉴超越文明冲突、文明共存超越文明优越，推动各国相互理解、相互尊重、相互信任。"习近平主席在主旨发言中明确的"五路"，即和平之路、繁荣之路、开放之路、创新之路、文明之路，与中共十八大以来倡导的"创新、协调、绿色、开放、共享"五大发展理念同生共长，这标志着中国政府愿意以自身经验为"一带一路"持续注入强大动力，并不断为世界发展带来新机遇。

百年等一回，是因为中国真抓实干、注重实效，愿意与世界人民共享"一带一路"成果。习近平主席在主旨演讲中明确指出，中国政府将以"早见成效"为目标积极推动与参与国合作协议、项目的落实，将加大对"一带一路"建设资金支持并同亚洲基础设施投资银行、金砖国家新开发银行、世界银行及其他多边开发机构合作支持"一带一路"项目，将在促进同各相关国家贸易和投资便利化基础上建设"一带一路"自由贸易网络；将同各国加强创新合作，启动"一带一路"科技创新行动计划，开展科技人文交流、共建联合实验室、科技园区合作、技术转移4项行动；将在未来3年向参与"一带一路"建设的发展中国家和国际组织提供600亿元人民币援助；将设立"一带一路"国际合作高峰论坛后续联络机制，并成立"一带一路"财经发展研究中心、"一带一路"建设促进中心，同多边开发银行共同设立多边开发融资合作中心，同国际货币基金组织合作建立能力建设中心，等等。这些政策宣示，是中国迈出勇敢第一步的信心和实力所在，更是中国政府推动"一带一路"再度升级的新台阶。

在主旨演讲中，习近平主席引用了"不积跬步，无以至千里"的中国古语、"金字塔是一块块石头垒成的"的阿拉伯谚语和欧洲人熟悉的"伟业非一日之功"等，指出"'一带一路'建设是伟大的事业，需要伟大的实践"。因此，从一定意义上说，5月14日"一带一路"国际合作高峰论坛的成功举办，标志着中国正式迈出了走进世界舞台中央的勇敢第一步。这一步的勇敢迈出，是中华民族实现伟大复兴"中国梦"的里程碑，也是世界各国齐心协力打造美好明天的关键所在。勇敢的第一步，将在追求美好生活的中国人民和世界人民心中激发巨大动力和期望，世界将因这一步而更加美好。

2017年1月的达沃斯世界经济论坛上，习近平主席曾向世界宣示：要让经济全球化进程更有活力、更加包容、更可持续；我们要主动作为，适度管理，让经济全球化的正面效应更多释放出来，实现经济全球化进程再平衡；我们要顺应大势、结合国情，正确选择融入经济全球化的路径和节奏；我们要讲求效率、注重公平，让不同国家、不同阶层、不同人群共享经济全球化的好处。习近平主席的讲话阐明了新型全球化的方向和实现路径。"一带一路"倡议的提出和"'一带一路'国际合作高峰论坛"的胜利召开，更让我们坚信，"一带一路"必将给世界带来一个包容性的全球化，惠及的将是全世界每一个追求美好生活的人。

"国际战略智库观察项目"是中国社会科学院国家全球战略智库的重点课题之一。长期以来，我们本着"立足国内、以外鉴内"的原则，密切跟踪和关注境外战略智库对中国发展的各种评述，对客观者我们认真研究吸纳，对故意抹黑和造谣者我们一笑了之。这不失为一种接地气的研究路径和方式，汇总其科学成果并适时发布也不失为我们服务国内同仁研究工作的一种探索和尝试。这也是我们系列专题报告的初衷和目标，敬请各位前辈和同仁批评指正。

信笔至此，是为序。

（本文系王灵桂主编《中国："一带一路"将带来包容性全球化——国外战略智库纵论中国的前进步伐（之六）》前言，社会科学文献出版社 2017 年 11 月版）

"一带一路"是顺应经济全球化潮流的最广泛国际合作平台

　　"一带一路"倡议是习近平主席植根中华民族优秀文化底蕴、深刻洞察国际发展潮流和趋势，高瞻远瞩提出的具有全球意义的"东方呼唤"。习近平主席首倡"一带一路"倡议5年来，中国已经同80多个国家和国际组织签署了合作协议，"一带一路"倡议被多次写入联合国重要文件，被多个国家写入国家发展战略或规划。其倡导的共商共建共享理念，已经成为当今国际社会，特别是广大发展中国家和亚洲国家普遍认同和肯定的、建立新型国家关系和经贸关系的基本遵循和原则。4月10日，习近平主席在博鳌亚洲论坛主旨演讲中，面向到会的2000多位各国元首、政府首脑、国际组织负责人和与会嘉宾，再次向全世界呼吁，"把'一带一路'打造成为顺应经济全球化潮流的最广泛国际合作平台，让共建'一带一路'更好造福各国人民"。

　　"一带一路"是中国的，更是世界的。在博鳌亚洲论坛的主旨演讲中，习近平主席真诚地向世界宣布，"共建'一带一路'倡议源于中国，但机会和成果属于世界"。这个"东方呼唤"中包含的世界情怀和全球理念再次淋漓尽致地展现了共商共建共享理念的普适意义，为构建和发展新时代的新型国家关系指明了前进方向和发展路径。联合国秘书长古特雷斯说，我相信中国对全球化的承诺、中国对自由贸易的承诺、中国对国际合作的承诺。尤其是就发展中国家而言，"一带一路"倡议是上述承诺的最好体现，这可以使我们实现 2030 年可持续发展议程，做到不让任何一个人掉队，进而改变全球不公正的发展状况；"一带一路"倡议作为开展南南合作的良好典范，解决了目前许多封闭经济体难以解决的发展难题。新加坡国立大学校长陈永财认为，全球化进程把亚洲各国命运紧密联系到一起，任何一个国家要谋求发展，必须有和平稳定的国际环境，和其他国家发展互惠的合作关系，这应该是"一带一路"倡议、亚洲命运共同体和人类命运共同体的重要内涵。

"一带一路"倡议是极富政治远见的阳光倡议。中国发展离不开亚洲和世界，亚洲和世界繁荣稳定也需要中国。面对一些国家对"一带一路"倡议的不理解、误解，习近平主席代表中国政府和中国人民郑重表示，在"一带一路"倡议建设中，"中国不打地缘博弈小算盘，不搞封闭排他小圈子，不做凌驾于人的强买强卖"。早在 2014 年 10 月 29 日，习近平主席在北京人民大会堂会见博鳌亚洲论坛理事会工作会议代表时就指出：我提出建设丝绸之路经济带和 21 世纪海上丝绸之路的倡议，目的是共同打造沿线区域经济一体化新格局。这次主旨演讲中进一步明确了"三不"原则，进一步体现出中国向世界展示的开放胸襟和宏大愿景。正如法国前总理拉法兰所说，"一带一路"倡议是中国卓越领导能力的明证。共商共建共享是推进"一带一路"的黄金法则，决定了"一带一路"合作具有鲜明的平等性、开放性和普惠性。巴基斯坦总理阿巴西认为，中国领导人提出的"一带一路"倡议极富远见，在全球范围内赢得日益广泛的支持。通过博鳌亚洲论坛这一具有地区和全球影响的平台，世界将更好地了解中国和"一带一路"倡议。荷兰首相马克·吕特表示，荷兰对本届博鳌亚洲论坛关注的"全球化与'一带一路'""创新""改革再出发"等议题很重视，"一带一路"为荷兰企业提供了许多机会，有助于发挥"荷兰企业在海上物流、港口发展、铁路公路建设、可持续性等领域拥有的专长"。

"一带一路"倡议需要在不断推进中解决分歧、增加共识，扩大合作、形成合力。"一带一路"倡议自 2013 年被提出以来，已经得到了世界上 100 多个国家和国际组织的支持，被写入多份联合国重要文件。自联合国安理会 2016 年 3 月通过包括推进"一带一路"倡议内容的第 S/2274 号决议后，第 71 届联合国大会第 A/71/9 号决议首次写入"一带一路"倡议，敦促各方通过"一带一路"倡议等加强阿富汗及地区经济发展，呼吁国际社会为"一带一路"倡议建设提供安全保障环境。决议得到 193 个会员国的一致赞同，体现了国际社会对推进"一带一路"倡议的普遍支持。但是，面对世界各国不同的利益诉求、迥异的国情、多样的文化构成，"一带一路"倡议的推进自然会有很多挑战和困难。因此，习近平主席在主旨演讲中，毫不讳言地指出推进"一带一路"倡议中遇到的挑战和困难，"'一带一路'建设是全新的事物，在合作中有些不同意见是完全正常的，只要各方秉持和遵循共商共建共享的原则，就一定能增进合作、化解分歧"。在推进中扩大共识，在合作中实现共赢，"一带一路"倡议是建立在寻求共同利益基础上的人类命运共同体建设，是有机的、现实的，而不是虚幻的、臆想的。也正因为如此，才需要各方以共赢为目标，以共商共建共享为理念，在解决分歧中不断寻找利益交会点，进而使"一带一路"倡议成为联系世界人民的现实纽带，把"一带一路"打造成为顺应经济全球化潮流的最广泛的国际合作平台，让共建"一带一路"更好造福各国人民。欧洲议会欧中友好小组秘书长盖琳认为，人类的未来，必将是世界各民族超越种族和文化差异、因共同命运而聚集到一起并建立一个相互合作的世界。肯尼亚内罗毕大学国际经济学讲师盖里雄·伊基亚拉说，亚洲经济发展进入关键转型期，也迎来重要机遇期，亚洲各国只有增强互信、秉持人类命运共同体理念，才能推动构建亚洲命运共同体，更好地给世界带来可持续的经济繁荣。本届博鳌亚洲论坛专门设立和举行"一带一路：成功案例与经验分享"圆桌会，瓜达尔港、中欧班列等"一带一路"重大工程项目的相关政府和企业代表，在圆桌会上介绍"一带一路"的具体实践、分享心得体会的做法，对化解分歧、扩大合作、增加共识起到极大的正面典型引领作用。

　　本书是"国际战略智库观察项目"2018 年度的第二份报告。"国际战略智库观察项目"是中国社会科学院国家全球战略智库的重点课题之一。长期以来，我们本着"立足国内、以外鉴内"的原则，密切跟踪和关注境外战略智库对中国发展的各种评述，对客观者我们认真研究吸纳，对故意抹黑和造谣者我们一笑了之。这不失为一种接地气的研究路径和方式，汇总其科学成果适时发布，也不失为我们服务国内研究工作的一种探索和尝试。这也正是我们编写系列专题报告的初衷和目标，敬请各位前辈和方家批评指正。

　　是为序。

　　（本文系王灵桂主编《"一带一路"：顺应经济全球化潮流的最广泛国际合作平台——国外智库论中国与世界（之二）》前言，社会科学文献出版社 2018 年 9 月版）

"一带一路"：五年历程的
回顾与分析

近日，国外媒体报道了两则很有意思的消息。一个是 2018 年 10 月 26 日的新闻。当日，在肯尼亚直飞纽约航线的开通仪式上，美国有线电视新闻网（CNN）记者采访肯尼亚总统肯雅塔时，不谈航线问题，反而要求总统谈谈"中国债务陷阱"问题。总统说，我们的确找中国借钱，可同时也向美国、日本、法国都借了钱，"你们为什么只盯着中国?"另一个是 11 月 2 日的新闻。当日，德国前联邦议院议长诺贝特·拉默特访问纳米比亚时，向总统根哥布表达了对中国在纳投资和债务的担忧。根哥布当时表示，纳米比亚十分欢迎中国的投资，并提醒说"德国不要低估我们纳米比亚人民的智慧"。

从这两则不太起眼的新闻中，可以发现一个很有趣的现象：非洲国家对"一带一路"倡议充满了热情和期望，而西方国家则不断拿所谓的"债务陷阱"等问题，四处煽风点火、挑拨离间。综合近期境外智库、媒体的总体舆情看，亚非拉等地区国家基本上对"一带一路"倡议持赞赏和欢迎态度；德国、英国等国的媒体和智库，有不少赞赏的声音，也有一些非议的声音，但总体上趋于客观理性；美国、印度、澳大利亚等国的一些媒体和智库，依然不遗余力地攻击"一带一路"倡议，意识形态色彩比较浓厚。现将有关情况综述如下。

一 对"一带一路"倡议的看法开始逐步趋向客观正向

近期，许多国外智库和媒体对"一带一路"看法开始趋于客观正向，并提出了不少建设性意见和建议，特别是美欧一些知名智库、主流媒体不再执着于一味地进行负面报道，而是多了一些思考，发表了一些平衡式报道，赞赏和肯定"一带一路"倡议的积极意义及其为世界带来的积极变化。

一是认为"一带一路"倡议是世界级的积极经济因素。日本《朝日新闻》发表社论称："中国主导的'一带一路'倡议，蕴含着有益于亚洲和世界经济的潜力。"法国国际关系和战略研究所认为，"从新颖视角看，'一带一路'倡议的成功最终可能是人类积极生存意志的证明"。西班牙皇家国际和战略问题研究所认为，"'一带一路'倡议无疑是过去几十年来最雄心勃勃、最激动人心的外交倡议和地缘政治项目"。阿拉伯卫星电视台认为："一带一路"倡议弥合亚非国家的基础设施差距，为欠发达国家打开机遇之门。印度是对"一带一路"倡议有着对抗心理的国家，不过近年来印度部分智库对"一带一路"倡议的理性看法在增加。印度观察家研究基金会的《没有零和游戏》报告指出，"美国以印太战略对抗'一带一路'倡议。但是，这种做法不会被很多人接受"，"其他小国则不愿意参与大国竞争，例如新加坡就不愿在敌对集团之间做出选择，大多数印太国家无疑都持此观点"。孟加拉国政策对话中心在《新兴市场和基础设施：天然的伙伴关系》报告中认为，"市场力量和政府举措是推动世界经济秩序变化的两大因素，前者是指新兴中产阶级，后者是指'一带一路'倡议。该倡议将改变亚洲，推动亚洲的经济增长和基础设施发展"。哈萨克斯坦、巴基斯坦、泰国、印度尼西亚、菲律宾等国的媒体均认为："一带一路"促进了互联互通，为当地带来了机遇。

二是驳斥对"一带一路"倡议的抹黑和偏见。半岛电视台发表的题为《中国真该为赞比亚的债务问题负责吗》的文章说,"具有讽刺意味的是,中国现在只是在做 IMF 几十年来一直在做的事情,却被西方指责。西方的指责,其实是担心失去对赞比亚等非洲国家的控制。没有证据表明 IMF 的贷款项目比中国的要好"。肯尼亚制造商协会会长古德卡针对"债务陷阱"问题,专门撰文指出:"一带一路"倡议在非投资诱发债务陷阱的概率非常低,因为贸易投资带来的好处将风险降至最低,况且加大基础设施投资对发展经济大有裨益。巴基斯坦《黎明报》发表文章,批驳所谓的"债务陷阱",并表示巴将继续选择中国投资。近日,美国彭博社发布四集专题片,通过对有关国际组织和南亚、东南亚、中亚、非洲和欧洲国家相关人员的采访,比较全面、立体、客观地报道了"一带一路"倡议为参与国带来的发展机遇,以及欧洲对该倡议的"开放态度"。近日,美国亚洲基金的《中国的"一带一路"倡议充满风险和转移注意力的东西》报告认为,"美国对'一带一路'倡议的普遍批评,倾向于建立在不完整和扭曲的刻板印象之上","批评者忽略了东道国精英在'一带一路'项目实施和设计中的智慧。人们批评中国贷款可能会给东道国带来风险。实际上,中国贷款比西方援助更灵活,更方便","批评者忽略了发展中国家对基础设施资本的迫切需求"。美国《华盛顿邮报》刊登的《"一带一路"项目将中国投资带向全球各个角落,这些投资对当地影响如何呢》专栏文章的作者称"在研究了亚洲、非洲、拉丁美洲及中东地区共 138 个国家的 3485 个项目后发现,中国的发展项目,尤其是基础设施项目,促进了经济活动在不同等级辖区之间更为平等的分配,缩小了所在国不同地区之间的经济差距","西方的权威人士和政治家经常声称中国鲁莽、自私自利、用心险恶,但通过使经济活动更加平等,中国的投资解决了导致世界不稳定的根本问题之一,并因此使西方强国可以更容易地应对其他全球威胁和危机"。英国《金融时报》发表的题为《中国为非洲带来福音的同时也伴随着警告》的文章,虽然也老套地提到了"债务陷阱",但也客观地指出，"中国进入非洲是福音，为当地提供了港口、道路和机场。没有这些基础设施，就无法启动任何发展计划"。美国《华尔街日报》发表的题为《巴基斯坦需要中国的电力援建》的读者来信认为，"诚然巴基斯坦的经济形势非常严峻，但要将其原因归咎于中国的贷款，是不对的。即使是现在，中巴经济走廊贷款也仅占巴债务总额的 10% 左右。在巴基斯坦，'一带一路'倡议非但不会影响经济发展，反而成为解决经济困境方案的一部分"。

三是认为美国政府难以阻拦"一带一路"倡议的发展。欧洲多家主流媒体均认为："一带一路"倡议将给欧洲大多数国家和企业带来发展机遇，也打开了中国企业赴欧发展的通道。美国虽然不断提醒欧盟对中国在东欧的投资表示警惕，但欧盟国家领导人正在尝试对该倡议带来的潜在机遇持欢迎开放的态度。美国布鲁金斯学会的《美国公司和在非"一带一路"项目》报告认为，"一些美国跨国公司凭借技术优势，成为中国'一带一路'倡议的受益者"，"美中政府层面的合作仍然很少。然而，这一趋势与中美两国公司在非洲大陆基础设施项目上日益加强的合作形成鲜明对比。美国跨国工业巨头似乎通过在非洲与主要中国国有企业合作而获益。美国公司和个人创造性地、积极地、广泛地参与中国在非洲的'一带一路'项目。美国公司似乎都不太关心'一带一路'倡议作为中国政治计划的一面"。英国《金融时报》发表的题为《西方银行分食"一带一路"倡议的好处》的文章，指出"一带一路"倡议的"好处明显可见"，并且其"被视为国际资本的重大机遇。西方金融机构计划在这个已由中资银行主导的项目中扮演一个角色"。

四是认为中国的产能合作可助力落后国家改善民生水平。美国《华盛顿邮报》发文称，"中国越来越多的参与，对于非洲的经济、政府和工人而言，是极其有利的"，"中国投资的基础设施项目，会增加这些国家的经济活动，减少不平等"。美国全球发展中心的《离回家不远了：区域合作伙伴在为孟加拉国罗兴亚难民和东道主提供中期解决方案方面的作用》报告认为，"在孟加拉国的'一带一路'投资可能产生一种双赢结果，将为难民和收容国创造新的经济机遇，直到难民安全、自愿和有尊严地返回缅甸"。

五是建议与"一带一路"倡议保持距离。英国欧洲对外关系委员会的《美国对"一带一路"的恐惧和厌恶：中国在阿富汗和其他地区的安全》报告认为，"欧盟应与中国的新发展机构建立联系，探索中国在农业等领域提供的发展援助方案。在中国的影响力从亚洲扩张至欧洲时，欧盟可能与其是'亦敌亦友'的关系。欧盟应根据中国'一带一路'倡议的实施情况，有选择性地采取参与政策"。美国《华盛顿邮报》发文称，"中国自身的发展历程表明，良好的治理与经济增长的关系不能被简化为先有鸡还是先有蛋的争论。加拿大政府与其纠结于'鸡与蛋'的讨论中，还不如抓紧付诸行动"。日本《每日新闻》的报道说：美国和欧洲正在担心中国制造"债务陷阱"，但安倍晋三将让日本与"一带一路"倡议合作，同时敦促中国遵守公平规则，寻求扮演中国与欧洲国家的"中间人"角色。《日本时报》报道说：中日两国已经达成在第三国联合建设基础设施项目的具体计划。日本的参与，说明这些项目正在变得越来越好。

六是提出了一些建设性意见。英国查塔姆研究所的《管理风险以更好地建设"一带一路"》报告善意提醒说，"一带一路"倡议的规模宏大的、需要融资的、长期的基础设施项目往往在那些治理薄弱、法规不明确或执法不善和腐败的国家发展，中国面临的投资风险较大，因此，"中国应加强与政府间组织、非政府间组织、跨国公司的合作，实现风险共担；借鉴来自银行和保险公司以及相关国家特有的风险管理经验，可以降低风险"，"中国政府可作为终极后盾，扮演风险管理者的角色"。德国柏林全球公共政策研究所的《与印度的新协议》报告认为，"欧洲和印度都认为'一带一路'倡议的投资应透明、可持续、遵循国际规范和标准。中国在这方面要做出进一步努力"。美国企业公共政策研究所的《中国的全球投资：既不是美国，也不是"一带一路"倡议》报告建议，"绿地投资有助于提高东道国的接受程度。'一带一路'倡议应增加更多绿地投资"。

二　相关国家对"一带一路"倡议的态度

针对"一带一路"倡议，美国政府制定并实施"龙的触手"（Dragon's Reach）舆论围剿项目，并在该项目的牵头主导下，联合印澳等国的智库和媒体，继续以浓厚敌意持续升级对"一带一路"倡议的攻击。

"一带一路"倡议提出后，美印澳等国的智库和媒体最初表现出了无视或漠视的态度。2013年10月至2015年底，美印澳智库发表的涉及"一带一路"倡议的报告数量少、篇幅短，媒体报道也多为泛泛而论。2016年至2017年6月，智库和媒体开始从"理论"上攻击"一带一路"倡议，诸如"新马歇尔计划""地缘政治控制""经济侵略"等概念开始出现。2017年下半年至今，尤其是今年以来，智库和媒体对"一带一路"倡议的攻击进入了密集阶段，陆续抛出"新帝国主义""新殖民主义""一带一路军事化""债务陷阱"等更具攻击力和杀伤力的词语。

从其轨迹上看，美国智库和媒体集体抹黑攻击"一带一路"倡议是在美国政府的主导和组织之下进行的国际项目。2018年初，美国广播理事会（Broadcasting Board of Governors）启动"龙的触手"项目，专门跟踪搜集"一带一路"沿线国家的各种资讯，"整合资源、增进合作，审视'一带一路'倡议正如何改变人们的生活、重塑地貌并改变地缘政治均势"。关于"一带一路"倡议，国际舆论中已流行的"环境破坏论""经济掠夺论""地缘扩张论""规则破坏论"，以及"债务陷阱论"等，都是美国智库策划的结果。

为了更好地整合媒体资源，美国广播理事会于2018年8月更名为美国国际媒体署（U. S. Agency for Global Media），其首席执行官由美国总统任命、参议院确认产生，任期为3年。现任首席执行官是约翰·兰辛，此人长期在私人部门工作，进入美国广播理事会之前是斯科利普斯网络集团（Scripps Networks）的总裁。从人事安排可以看出，这个机构的地位之高和受重视的程度。可以说，它是美国全球智库和媒体谋略的"大脑"，是美国政府战略的执行机关。这个"指挥部"盯上"一带一路"倡议，就可以看出美国官方、智库、媒体与国外反"一带一路"倡议力量协同互动的力度了。

三　我们面临的形势与挑战

总体上看，"一带一路"倡议在亚非拉国家越来越受到欢迎和赞赏，并正在成为这些国家改变贫穷落后面貌的唯一正确选择。在这些国家，上至总统，下至平民百姓，大多衷心希望"一带一路"倡议越走越好。但是，我们面临的突出难题是："一带一路"倡议在这些国家取得的成绩和受欢迎的情况，被霸占话语权的美国完全屏蔽了，在西方国家的智库报告和媒体舆论中，几乎看不到"一带一路"倡议造福当地人民的评论和消息。

实事求是地分析，欧洲对"一带一路"倡议的态度正在发生积极变化，特别是德国、英国的部分智库和媒体，开始采用客观、正面的眼光研究和评论"一带一路"倡议。这种积极的变化正在形成，但是尚没有成为主流，或者说是主导型舆论。同时，"一带一路"倡议正在"分裂"欧洲的言论，相关言论在欧盟范围内还有较大影响，因此，我们在欧洲面临的难题是：如何巧妙地做好友华亲华智库和媒体的工作，放大对我有利的声音，压制对我不利的噪声和杂音。在这方面，我们虽然有了许多尝试和探索，但尚存在渠道不足、手段不多、效果不彰的问题。

从美印澳抹黑"一带一路"倡议的套路看，基本上是智库先行、纸媒和网络媒体跟进；设定议题，多角度抹黑、多手段非议、全媒体上阵，且持续轮番炒作。美国伙同其伙伴极力诋毁"一带一路"倡议的局面，目前尚难破除。在美国国际媒体署的旗帜下，汇集了不少智库和媒体，并联合澳大利亚、印度的智库和媒体，合力对抗"一带一路"倡议，并形成了一定的声势，给我国造成了不小的压力。从一定意义上说，美国国内也有不少赞同或客观看待"一带一路"倡议的智库和媒体，但或大多处于被边缘化位置，或影响力、传播力不够强，或单兵作战、不成气候。相反，在美国政府主导下的智库和媒体中，对抗"一带一路"倡议的声音却甚嚣尘上，几乎到了一手遮天的地步，因此，我们面临的课题是：如何继续集国家之力、汇精英之智，善于设置议题、积极引导舆论、放大我们的声音、扭转被动局面。

针对上述形势和挑战，建议如下。一是加强"一带一路"倡议外宣工作的顶层设计。可借鉴美国的做法，统一指挥、统一部署、统一行动。其中，关键是在议题设置上，在周密策划的基础上，明确各个部门的分工，分头分步分阶段实施；要持之以恒、久久为功；既围绕一个议题密集发声，也要轮番发声。二是加强对国外智库的分类，有针对性地做好沟通工作，特别是要与对欧美国家"一带一路"倡议的立场、态度和认知发生较大改变的智库和媒体加强合作。这类智库往往能够产生更大的话语力量。彭博社的态度转变就是较好的例子，其过去经常攻击"一带一路"倡议，但最近发布的四集专题片《"一带一路"：中国的贸易超级高速路》，客观真实，影响大，效果好。三是加大对亚非拉国家亲华友华智库和媒体的支持力度。这是在国际舞台上发出中国声音可以依靠的重要力量，也是讲好中国和"一带一路"故事的必然要求。四是重视回应国外智库的建设性意见。对具有操作性的合理化建议，应进行认真研究，特别是能尽快付诸实施的，则尽快实施，给国外智库以积极的正向回应，使它们感到自己的想法被认真对待，且有实际成效，其也就更加愿意积极配合"一带一路"倡议的实施。对于不能立即付诸实施的，特别是需要开展前期研究的工作，则加强国内智库与国外智库的合作，也使它们能够感到自己的想法有价值。五是为2019年第二届"一带一路"国际合作高峰论坛之智库论坛、媒体论坛精心挑选与会学者、媒体从业人士。这是一个非常恰当和有利的时机。同时，可及时举办国际研讨会，邀请对"一带一路"有研究的国外智库、媒体人士与会，共商"一带一路"推进思路；联合国外智库和媒体开展多边研究，就共同议题进行集中研讨。六是加强对国外青年人才的联系工作。在对"一带一路"研究中，青年学者、记者更日益摆脱旧的理论和认知的束缚，对"一带一路"的偏见较少，思想也更为活跃。可考虑成立"一带一路"青年学者基金，以鼓励更多的青年学者参与到"一带一路"的研究工作中来。

本书是"国际战略智库观察项目"2018 年度的第五份报告。"国际战略智库观察项目"是中国社会科学院国家全球战略智库的重点课题之一。长期以来，我们本着"立足国内、以外鉴内"的原则，密切跟踪和关注境外战略智库对中国发展的各种评述，对客观者我们认真研究吸纳，对故意抹黑和造谣者我们一笑了之，这不失为一种接地气的研究路径和方式。汇总其科学成果适时发布，也不失为我们服务国内研究工作的一种探索和尝试，这也正是我们编写系列专题报告的初衷和目标，敬请各位前辈和方家批评指正。

是为序。

（本文系王灵桂主编《"一带一路"：五年历程的回顾与分析——国外智库论中国与世界（之五）》前言，社会科学文献出版社 2019 年 2 月版）

"一带一路"：从大写意到工笔画

自 2017 年年底至今，围绕"一带一路"发生了四件大事：党的十九大报告 5 次提到"一带一路"；"一带一路"写入新党章；"一带一路"写入新宪法；8 月 27 日习近平总书记在"一带一路"建设工作五周年座谈会上发表了重要讲话，并指出：过去几年共建"一带一路"完成了总体布局，绘就了一幅"大写意"，今后要聚焦重点、精雕细琢，共同绘制好精谨细腻的"工笔画"，推动这项工作不断走深走实。

"一带一路"建设工作五周年座谈会上，习近平总书记高屋建瓴地指出建设"一带一路"的定位，共建"一带一路"正在成为中国参与全球开放合作，改善全球经济治理体系，促进全球共同发展繁荣，推动构建人类命运共同体的中国方案。习近平总书记还明确指出建设"一带一路"的实践和文化来源，以共建"一带一路"为实践平台推动构建人类命运共同体，这是从我国改革开放和长远发展出发提出来的，符合中华民族历来秉持的天下大同的理念，也符合中国人怀柔远人、和谐万邦的天下观，占据了国际道义制高点。此外，在座谈会上，习近平总书记明确指出建设"一带一路"的原则立场，共建"一带一路"是进行经济合作，不搞地缘政治联盟或军事同盟；共建"一带一路"是开放包容的进程，不是关起门来搞小圈子或者"中国俱乐部"；不以意识形态划界，不搞零和游戏。只要各国有意愿，中国都欢迎。

习近平总书记的讲话引起了国外智库的浓厚兴趣。许多西方国家智库认为，中国是非洲一体化的坚定支持者、经济发展的实际促进者。2018年9月27日，意大利国际政治研究所发表的《中非一体化议程：中非合作论坛的作用》报告指出，中国对非洲和平与安全的兴趣，"不仅是中国对非洲善意的标志，也是两大实体之间在商业上相互依存的标志"；中国对促进非洲一体化的兴趣，"不仅是非洲政治协调领导经济一体化进程的需要，也在降低非洲大陆内部的贸易成本。在2018年的中非合作论坛上，中国正式支持非洲联盟（简称非盟）《2063年议程》，并宣布非洲为'一带一路'倡议合作伙伴"，"非洲获得了一个独特的机会，可以利用中国对其议程的支持，建设'我们想要的非洲'"。

一 中非合作论坛北京峰会：共建"一带一路"的实践平台

北京峰会是践行习近平总书记重要讲话的重要平台和舞台，淋漓尽致地体现了习近平总书记以共建"一带一路"为实践平台推动构建人类命运共同体的宏伟构想。

中非合作论坛成立18年。2018年北京峰会是继2015年约翰内斯堡峰会后中非领导人的再次集体会晤，也是时隔12年后再次在中国主办的峰会。

从8月31日到9月6日的峰会期间，习近平总书记提到"一带一路"的次数多达46次，并明确"我们要通过这个国际合作新平台，增添共同发展新动力，把'一带一路'建设成为和平之路、繁荣之路、开放之路、绿色之路、创新之路、文明之路"。在峰会开幕式上，习近平总书记的讲话引发热烈反响，会场响起29次热烈掌声。非洲国家领导人认为论坛"必将极大改变非洲面貌"；非洲国家领导人指出，某些西方国家只说不做，而中国拿出了实实在在的行动，那些认为中非合作加重非洲债务负担的说法完全是错误的，"西方挑拨离间非中关系没有市场"！

（一）会议成果

会议成果包括一个提法、两个文件、三年规划、四个坚持、五不原则、六位一体、齐步入群、八大行动、久久为功。

一个提法。中非合作论坛是中国同非洲共建"一带一路"的主要平台。

两个文件。峰会通过了《关于构建更加紧密的中非命运共同体的北京宣言》（简称《北京宣言》）和《中非合作论坛——北京行动计划（2019—2021年)》（简称《北京行动计划》）。《北京宣言》宣示中非双方在战略性、全球性问题上的重要共识；《北京行动计划》则重点对有关原则和政策进行细化，是共同构成未来发展中非关系的纲领和指南。

三年规划。《北京行动计划》对未来三年中非合作进行了具体规划。

四个坚持。习近平总书记的"四个坚持"，描绘了中非合作共赢之路：坚持真诚友好、平等相待；坚持义利相兼、以义为先；坚持发展为民、务实高效；坚持开放包容、兼收并蓄。"四个坚持"是中非团结合作的本质特征。

五不原则。习近平总书记指出，中国在对非合作中坚持做到：不干预非洲国家探索符合国情的发展道路，不干涉非洲国家内政，不把自己的意志强加于人，不在对非援助中附加任何政治条件，不在对非投资融资中谋取政治私利。这是中非关系不惧风雨、历久弥坚的根本原因，也是中非合作欣欣向荣、长盛不衰的"独家秘籍"。

六位一体。中非关系发展的前进方向在何方？习近平总书记做出解答：中非双方应携手打造责任共担、合作共赢、幸福共享、文化共兴、安全共筑、和谐共生的命运共同体，明确了构建更加紧密的中非命运共同体的时代内涵、发展方向和前进路径。

齐步入群。论坛期间，中国签署29份谅解备忘录（28个国家、非盟）。截至2018年9月6日，我国与非洲37国以及非洲联盟签署共建"一带一路"政府间谅解备忘录,签署国数量占非洲国家总数的70%。

八大行动。作为中非"十大合作计划"的升级版,它强调下一步中方将致力于加强中非在产业产能、基础设施、贸易等领域的合作,同时拓展双方在绿色发展、能力建设、健康卫生、人文交流、和平安全等领域的合作潜能。

久久为功。目前,河北、江西、湖北等23个省已经与国家发展和改革委员会(简称国家发改委)签署了合作协议,它们将立足产业实际,探索与非洲国家开展对口合作。北京峰会期间,四川与塞内加尔、江苏与埃塞俄比亚举办了产能与投资合作对接会,江西与赞比亚举行了投资促进会。

(二)峰会特点

本次论坛层次高、规模大、活动密集、成果丰富、热烈友好、举世关注。

层次高。习近平总书记同54个中非合作论坛的非洲成员代表与会(少一个斯威士兰),包括40位总统、10位总理、1位副总统以及非盟委员会主席等;一同来华与会的非洲各国正部长级高级官员多达249位;联合国秘书长以及26个国际和非洲地区组织代表应邀出席。

规模大。中外参会人员达3200人,出席峰会的非洲国家领导人和代表团数量均创下历次中非峰会的纪录,也成为迄今中国举办的规模最大、规格最高的主场外交活动。

活动密集。中非领导人共举行了峰会开幕式、领导人圆桌会议、企业家大会、双边会谈会见等100多场活动,持续时间超过一周,堪称"中非友好黄金周"。不辞辛劳,一共主持近70场双边和多边活动,包括近10场多边活动、8场国事活动,并分别会见了所有来华的非方领导人,创造了中国领导人主场外交会见外方领导人的纪录。

成果丰富。中方同28个国家和非盟委员会签署共建"一带一路"合作文件;签署了近150份合作协议;推出了上百项全面深化中非合作的新举措；通过了《北京宣言》和《北京行动计划》两个重要成果文件。

热烈友好。中非峰会洋溢着平等、和谐、团结的气氛。非方领导人在开幕式和圆桌会议上纷纷盛赞中非历经国际风云变幻考验的友好传统，高度评价习近平总书记真诚致力于中非团结互助的国际视野和大国担当，由衷感谢中国迄今为止为帮助非洲摆脱贫困、实现可持续发展做出的巨大贡献，公开批驳各种责难中非合作的不实之词，一致认为中国才是非洲大陆发展振兴最可信赖的伙伴。一位非方领导人说，"中国是用实际行动帮助非洲的朋友，是当你摔倒在地扶你起来的朋友"。

举世关注。中非双方各类媒体对峰会进行了全方位报道；非洲各国领导人、联合国秘书长以及国际和地区组织负责人接受专访，列举大量中非合作的务实成果和生动事例；国际主流媒体也大量播发专题报道，论坛峰会成为全球舆论关注的焦点和亮点。中非合作论坛共同主席国南非总统拉马福萨说，"非中关系已进入黄金时代"。

（三）影响深远

北京峰会为中非关系树立了新的宏伟目标，为中非全面战略合作伙伴关系的发展指明了方向。

开辟新的上升通道。此次峰会围绕以人民为中心的合作理念，提出了中非共同实施"八大行动"，推动中非合作换挡提速。非洲领导人普遍认为，"一带一路"倡议把亚非大陆更紧密联系起来，为非中合作注入了新的生机和活力。峰会通过的《北京宣言》《北京行动计划》，构成未来一段时间发展中非关系的纲领和指南；"八大行动"注重非洲各国的发展需求和非洲人民的普遍愿望，是峰会务实成果的最大亮点。中非合作前景一片光明。在"一带一路"框架下，中国和非洲国家重点加强在产业发展、基础设施、贸易投资、能源资源开发、农业、环境保护等领域的合作，以更加重视提高非洲的自主发展能力，更加注重改善非洲的民生和就业，以更好地实现中非合作共赢、共同发展。中非双方一致承诺，将进一步加强人力资源开发、科技文化、医疗卫生、媒体、旅游等交流合作，特别是加强中非青年的交往和能力建设，不断筑牢中非友好的社会和民意基础。非方对中方大幅增加对非洲国家政府奖学金名额，创新性地推出鲁班工坊、中非创新创业中心、头雁计划等举措给予高度评价。

提供强有力的安全保障。中方决定设立中非和平安全合作基金，这是中国首次在非洲做出和平与安全领域的基金安排，将为双方合作打造更加有效的平台；中方将继续向非盟提供无偿军事援助，支持萨赫勒、亚丁湾、几内亚湾等地区和国家进一步提升自主维和、维稳能力。

拓展深化南南合作的新空间。此次峰会凝聚了中非55国、26亿人民的意愿和共识，在重大国际和地区问题上发出了自己声音，在探索发展与合作道路上规划了中非自己的路径，对促进南南合作具有重要引领和示范效应。

做出维护国际体系的新贡献。此次峰会的召开正值国际格局深度调整之际。中国和非洲国家反对单边主义和保护主义，坚定维护多边主义和自由贸易体制，主张秉持共商、共建、共享原则，积极推进全球治理体系改革，推动经济全球化朝着更加开放、包容、普惠、平衡、共赢的方向发展，为充满不确定和不稳定因素的国际形势注入了正能量。

（四）北京峰会是中国面向发展中国家重要行动的标志

习近平总书记在峰会系列讲话中多次提及发展中国家团结合作，指出，"中国是最大的发展中国家，非洲是发展中国家最集中的大陆。中非将矢志不渝地加强团结合作，在合作共赢、共同发展的道路上结伴前行"。加强同广大发展中国家的团结合作，始终是中国外交长期、坚定的战略选择。这是由中国的国家定位、制度属性和价值取向所决定的，不会因为中国自身的发展发生改变，也不会因为国际风云的变幻出现动摇。

2018 年是中非关系的"大年"，也可以说是中国外交的"南南合作年"。中国—拉共体论坛（简称中拉论坛）、中国—阿拉伯国家合作论坛（简称中阿合作论坛）、中非合作论坛在年内相继举办会议，实现了中国对发展中国家集体对话机制重大活动的全覆盖。中方主办的博鳌亚洲论坛年会、上海合作组织青岛峰会等重大主场外交活动，也是发展中国家担纲"唱主角"。这些充分体现了当前发展中国家团结合作的强劲势头，也展现了中国矢志不渝推进南南合作的坚定意志。习近平总书记指出，"中国要深化同发展中国家团结合作，推动形成携手共进、共同发展的新局面"。中国将与广大发展中国家共享机遇、共迎挑战、共担使命。

共享机遇，继续推动共建"一带一路"。"一带一路"为破解全球发展难题、实现各国共同发展开辟了新路径。这次非洲国家也热烈响应，积极参与，进一步壮大了共建"一带一路"的力量和声势。中国将始终坚持共商、共建、共享原则，奉行开放、透明、包容，倡导绿色环保和可持续发展，同发展中国家不断加强战略对接，深挖合作潜力，推动经济融合、发展联动、成果共享，实现更高水平的优势互补和共同发展。国家发改委工作人员在接受新华社采访时说，"下一步将与有关非洲国家密切沟通，推动与更多国家签订'一带一路'合作文件，争取在非洲大陆实现全覆盖"。

共迎挑战，继续加强战略沟通与协作。当今世界面临百年未遇之大变局，发展中国家的发展振兴迎来历史性机遇，同时也面临和平赤字、发展赤字、治理赤字等时代挑战。中国将牢记作为最大的发展中国家的特殊责任和重要使命，坚持在国际舞台上为发展中国家主持公道，同发展中国家密切沟通，加强战略合作，共同推动全球治理体系朝着更加公正、合理和平衡的方向发展和完善。

共担使命，继续大力推动"两个构建"。推动构建新型国际关系、构建人类命运共同体，是习近平总书记着眼人类发展和世界前途提出的中国方案，受到国际社会特别是发展中国家的高度评价。2018

年中非合作论坛北京峰会、上海合作组织青岛峰会、中阿合作论坛第八届部长级会议都将构建人类命运共同体写入成果文件。中国将坚定不移地加强同其他发展中国家的伙伴关系，汇聚广大发展中国家和新兴市场国家的磅礴力量，继续为推动构建人类命运共同体做出不懈努力，切实承担起促进世界和平繁荣和人类文明进步的伟大历史使命。

二 "一带一路"：成绩、贡献和经验

2018年是"一带一路"倡议提出五周年。2013年9月7日，习近平总书记出访哈萨克斯坦，在纳扎尔巴耶夫大学提出共同建设"丝绸之路经济带"倡议；同年10月，习近平总书记在印度尼西亚提出共同建设"21世纪海上丝绸之路"倡议。自此，"一带一路"倡议走进国际视野，逐步引发全球共鸣。

（一）五年实实在在的成绩

"一带一路"倡议提出五年来，得到了世界各国的积极响应和参与，取得了丰硕的先期成果。

从理念、愿景转化为现实行动。截至2018年6月，中国与沿线国家贸易额累计超过5万亿美元；对外直接投资超过700亿美元；在沿线国家建设的境外经贸合作区总投资289亿美元；为当地创造24.4万个就业岗位和20.1亿美元税收；目前，中国企业已经与发达国家的企业，包括一些大型跨国公司，探索开展了"一带一路"建设领域第三方市场合作。

核心理念写入联合国等重要国际机制成果文件。已有105个国家和29个国际组织同中国签署"一带一路"合作协议或备忘录；2017年首届"一带一路"国际合作高峰论坛在北京成功举办，29个国家的元首和政府首脑出席，140多个国家和80多个国际组织的1600多名代表参会，论坛的279项成果中，到目前为止已有265项完成或转为常态工作，落实率达95%。

一批合作项目取得实质性进展。中巴经济走廊建设进展顺利，中

老铁路、中泰铁路、匈塞铁路建设稳步推进，雅万高铁部分路段已经开工建设，瓜达尔港已具备全作业能力。截至 2018 年 8 月 26 日，中欧班列累计开行数量突破 1 万列，到达欧洲 15 个国家 43 个城市，已达到"去三回二"，重箱率达 85%。中国与 17 个国家核准《"一带一路"融资指导原则》，加快推进金融机构的海外布局，已有 11 家中资银行设立 71 家一级机构；与非洲开发银行、泛美开发银行、欧洲复兴开发银行等多边开发银行开展联合融资合作；加强法律风险防控，启动建立"一带一路"国际商事争端解决机制和机构。

（二）五年来"一带一路"倡议对世界的贡献

综合看，"一带一路"倡议主要有三方面贡献。

第一，促进了区域经济发展和世界经济复苏。十年前，国际金融危机爆发；五年前，国际金融危机的深层次影响还在继续。在这种情况下，习近平总书记提出共建"一带一路"的倡议，与有关国家一起合作项目，对促进经济增长、改善民生福祉，起到了积极有效的作用。比如，在"一带一路"倡议的相互对接下，哈萨克斯坦等国积极响应"一带一路"，与中国对接发展战略，把中方的"一带一路"倡议与哈萨克斯坦的"光明之路"倡议结合在一起。这几年，哈萨克斯坦经济回升，中国企业也在哈萨克斯坦得到了发展，两国人民都从中受益。这仅是一例。中国和东南亚国家也是这样，在世界金融危机的影响下，这几年由于中国和东盟自由贸易区的深化发展，在共建"一带一路"倡议框架下，双方合作取得新进展，如 2013—2018 年东盟大多数国家经济增长率都为 5%—7%，成为世界上最有增长活力的地区。

第二，促进了双向贸易和双向投资。我国和沿线国家的相互贸易额为 5 万多亿美元，增长率快于与其他地区相互贸易额的增长率。中国到沿线国家投资和沿线国家到中国的投资，加起来近千亿美元，发展比较快。投资贸易以及它带来的人员往来等遇到了难得的发展机遇。

第三，强化了优势互补和互利共赢。"一带一路"沿线国家，或者更大范围的合作伙伴，多数是发展中国家，但是也有发达国家、新兴经济体、高收入石油国家，各国都有自己的发展优势，有的是资金、技术、管理上的优势，有的是劳动、资源、市场上的优势。共建"一带一路"可以把各国的优势结合起来，形成互补、共同分享发展的机遇，这是最为重要的。作为中方来说，我们存在传统的生产要素的比较优势，新的优势也在形成，比如在资金、管理上的新优势。广大的发展中国家市场资源的优势十分明显，发达国家在资金、技术上的优势更加明显，我们通过双方合作、三方合作、多方合作，把"一带一路"上各种优势结合起来，促进沿线国家经济发展、民生改善。

（三）应坚持的经验

五年来的实践表明，共建"一带一路"顺应时代潮流和发展方向，国际认同日益增强，合作伙伴越来越多，影响力持续扩大。这些成绩的取得，是以习近平同志为核心的党中央统揽全局、坚强领导的结果。五年丰富实践形成的经验包括：必须坚持共商、共建、共享的原则；必须坚持市场经济规律和国际通行规则；必须以合作共赢为目标，高质量、高标准地推进"一带一路"建设项目。

要加强对外协调。密切政策对接，不断扩大朋友圈、发展好伙伴，将"一带一路"建成和平之路。

要加强发展共赢。深化互利合作，提升互联互通和产业发展水平，将"一带一路"打造成繁荣之路。

要加强开放引领。扩大经贸往来，提升贸易投资便利化水平，将"一带一路"打造成开放之路。

要加强机制建设。推进改革探索，拓展高技术合作领域，将"一带一路"打造成创新之路。

要加强人文交流。增进友好往来，提高文化软实力，将"一带一路"打造成文明之路。

要加强第三方合作问题。一些发达国家和大型跨国公司对于通过第三方市场合作的形式参与"一带一路"建设表现出了较大兴趣。

第三方市场合作是开放包容、务实有效的国际合作模式，它也体现了共商、共建、共享的原则，有利于中国企业和各国企业，尤其是与发达国家企业和跨国企业优势互补，共同为第三国经济发展注入新动能，实现"1＋1＋1＞3"的共赢效果。

中国与有关国家在推进第三方市场合作方面已经取得积极成效。近年来，中方遵循共商、共建、共享的原则，坚持企业主体、市场导向、开放包容、合作共赢，积极与有关国家开展第三方市场合作，目前中国已经与法国、加拿大、日本、新加坡，还有其他一些国家和国际组织，正式签署了第三方市场合作的文件，与有关国家推动设立了第三方市场合作的基金，比如中国的"丝路基金"与欧洲投资银行建立了第三方合作的市场基金，中国投资有限责任公司也与法国的有关金融机构建立了类似基金，这些基金都是在双方政府的支持和引导下建立的。而且，中法第三方市场合作的具体项目已经有了早期收获，近期还要拓展新的项目。中国和欧盟的第三方市场合作也敲定了具体的项目。同时，中国的大公司，像中国中车股份有限公司与德国西门子公司已经在世界一些重点项目上达成了三方合作的协议。李克强总理在出访日本期间，中国国家发改委、商务部和日本外务省、经产省达成了中日第三方市场合作的备忘录。为了贯彻两国领导人的共识和部门的备忘录，2018年5月31日在泰国举办了中日泰三方合作的研讨会，定下了具体合作项目。泰国东部经济走廊由泰国的正大集团、中国的中信集团牵头，日本等企业合作参与竞标项目。英国等发达国家，还有一些新兴经济体，都很想与中国在共建"一带一路"上开展第三方市场合作，这不仅有利于中国和开展三方合作的发达国家和新兴经济体的发展，也有利于第三方、项目所在国的发展。未来，中方将与有关国家及其企业一道，扩大第三方市场的合作范围，坚持共商、共建、共享原则，开拓投资生产经营市场，积极创新合作模式。支持企业通过多种方式，包括联合投标、共同投资等，开拓新市场，实现优势互补，多方共赢。

（四）驳所谓"债务陷阱"

一些国外智库和媒体炒作"一带一路"倡议给有关国家制造债务陷阱，指责中国不顾项目所在国的负债情况和偿债能力，为一些项目提供贷款，加重了这些国家的债务负担，从而获得其控制权。这完全是无稽之谈、造谣生事、故意抹黑。

一方面，共建"一带一路"的项目给相关国家带来的是有效投资、有价值的资产，当然也促进了其经济增长和民生改善，而不是制造所谓的债务陷阱。共建"一带一路"的项目，无论是互联互通的项目，还是产能合作的项目，都要经过企业科学的可行性研究和严格的贷款审核。中国是亲历者，中国知道，银行的审核是多么严格。这些审核和研究对项目都是有资本金比例要求的，也都是有资产负债率约束和资金回报要求的，否则项目是通不过的，所以项目不会带来超过资产形成的债务。即使再增加或者增加的资产更多，资产也是有效的。当然有一些基础设施的投资回报周期比较长，是长期见效的，但是资产是实实在在的，将来还会升值。从实际掌握的情况看，有的外媒报道的一些国家的债务问题，与"一带一路"建设及其项目没有必然联系，其中有的国家债务水平过去就很高，有的国家债务负担确实偏重，但主要与其他国家和国际金融组织长期大量借贷有关。中国是后来者，中国企业才走出去几年？中国并不是最大的债权方。

另一方面，中方对于共建的项目和相关国家的投资合作，始终重视加强债务管理。在"一带一路"建设项目的投融资问题上，中国始终坚持以经济效益为导向，根据项目国的实际情况提供贷款，支持项目建设，避免给项目国造成新的债务风险和财政负担，中资银行在为项目提供融资前，都会对借款人的负债情况、偿债能力做严格测算，贷款后也会持续跟踪并监测相关国别风险和主权风险，比如国家开发银行就建立了国家主权信用评级以及国家风险限额管理制度，中国工商银行、中信保等机构，都建立了相关的评估监控管理体系。

发展经济和改善民生是发展中国家最紧迫的任务，对一些经济建设确有迫切资金需要的发展中国家，中资银行也会通过合理设计融资结构等多种方式，帮助其实现债务可持续，例如，柬埔寨的光缆和数字电视项目、俄罗斯亚马尔液化天然气项目，其中俄罗斯不是发展中国家，而是新兴经济体，对于这些项目，中方都是通过股权投资加银团贷款模式予以支持，这些项目均取得了良好的实效。所以，也不能一般地"听风"，说"一带一路"倡议给有关国家制造债务陷阱。

三　北京新起点：共同绘制工笔画

2018年8月27日，习近平总书记出席推进"一带一路"建设工作五周年座谈会并发表重要讲话；9月3—4日，中非合作论坛北京峰会正式举行。在这两个重要会议上，习近平总书记围绕"一带一路"提到了几个关键词，包括中国方案、务实合作之路等，引起了国内外智库和媒体的广泛关注。

（一）中国方案

9月3日，习近平总书记在中非合作论坛北京峰会开幕式上的主旨讲话上强调以下内容。和平与发展是当今时代的主题，也是时代的命题。面对时代命题，中国把为人类做出新的更大贡献作为自己的使命；中国愿同国际合作伙伴共建"一带一路"；中国将积极参与全球治理，秉持共商、共建、共享全球治理观；中国坚定不移坚持对外开放。

在8月27日的座谈会上，习近平总书记明确提出：共建"一带一路"不仅是经济合作，而且是完善全球发展模式和全球治理、推进经济全球化健康发展的重要途径。他说，共建"一带一路"顺应了全球治理体系变革的内在要求，彰显了同舟共济、权责共担的命运共同体意识，为完善全球治理体系变革提供了新思路新方案。共建"一带一路"正在成为我国参与全球开放合作、改善全球经济治理体系、促进全球共同发展繁荣、推动构建人类命运共同体的中国方案。"一带一路"倡议不仅是各方交流合作的平台，还是中国面对时代命题、改善全球治理、推进对外开放提出的中国方案。

"一带一路"倡议为何如此受欢迎？一方面，习近平总书记指出，当今世界正经历百年未有之大变局，以"一带一路"为实践平台推动构建人类命运共同体，这是从我国改革开放和长远发展出发提出来的，也符合中华民族历来秉持的天下大同理念，符合中国人怀柔远人、和谐万邦的天下观，占据了国际道义制高点；另一方面，广大发展中国家加快工业化城镇化，进而实现经济独立和民族振兴的趋势正方兴未艾。

本次中非合作论坛北京峰会通过的《关于构建更加紧密的中非命运共同体的北京宣言》指出，"一带一路"建设顺应时代潮流，造福各国人民；"一带一路"倡议遵循共商、共建、共享原则，以及市场规律和国际通行规则；坚持公开透明，谋求互利共赢，打造包容可及、价格合理、广泛受益、符合国情和当地法律法规的基础设施；致力于实现高质量、可持续的共同发展。这样一份中国方案必然受到各方欢迎。

（二）务实合作之路

"一带一路"倡议既不是对外援助计划，也不是地缘政治工具，而是互利共赢的合作平台。五年来，共建"一带一路"推动了中国对外开放，也让沿线国家受益。就我国而言，习近平总书记在 8 月 27 日的座谈会上明确提到，五年来，共建"一带一路"大幅提升了中国贸易投资自由化、便利化水平，推动中国开放空间从沿海、沿江向内陆、沿边延伸，形成陆海内外联动、东西双向互济的开放新格局。未来，各地区要加强共建"一带一路"同京津冀协同发展、长江经济带发展、粤港澳大湾区建设等国家战略对接，促进西部地区、东北地区在更大范围、更高层次上开放，助推内陆沿边地区成为开放前沿。上文列举了五年来"一带一路"取得的成绩，在此不再赘述。事实胜于雄辩，实践充分证明：共建"一带一路"让参与国获得了实实在在的成果；共建"一带一路"是言必行行必果的务实合作之路。

（三）未来如何推进共建"一带一路"？

对于未来如何推进共建"一带一路"，习近平总书记在 8 月 27 日的座谈会上指出：过去几年共建"一带一路"完成了总体布局，绘就了一幅"大写意"，今后要聚焦重点、精雕细琢，共同绘制好精谨细腻的"工笔画"，推动这项工作不断走深走实。推动"一带一路"建设走深走实，习近平总书记要求注意以下问题。

民生问题。习近平总书记要求，在项目建设上注意实施雪中送炭、急对方之所急、能够让当地老百姓受益的民生工程。要推动教育、科技、文化、体育、旅游、卫生、考古等领域交流蓬勃开展，围绕共建"一带一路"开展卓有成效的民生援助。民生工程能够让老百姓直接受益，推进民生工程建设有利于沿线国家民众有更多获得感，促进民心相通。

平衡问题。习近平总书记特别提到，在开拓市场上下功夫，搭建更多贸易促进平台，引导有实力的企业到沿线国家开展投资合作，发展跨境电子商务等贸易新业态、新模式，注重贸易平衡。"一带一路"建设注重的是互利双赢，中国从不追求贸易顺差，注重贸易平衡体现出中国的责任和担当，能够让相关国家受益更多。

责任与风险防范问题。习近平总书记在讲话中要求企业合法合规经营，注意保护环境，履行社会责任，成为共建"一带一路"的形象大使，同时也要高度重视境外风险防范，完善安全风险防范体系，全面提高境外安全保障和应对风险能力。"一带一路"建设追求的是高质量发展，"一带一路"倡议本身也是开放透明的。就企业而言，"走出去"同样要践行高质量发展理念，强化风险防范意识。合法合规经营，注意保护环境，这既是企业的责任，也是最好的风险防范措施。

非洲的新角色和新作为。推动"一带一路"建设走深走实，非洲将扮演什么角色？9月3日，习近平总书记在出席中非领导人与工商界代表高层对话会暨第六届中非企业家大会开幕式并发表主旨演讲时明确指出，中方支持非洲参与共建"一带一路"，共享发展成果，实现共同富裕。

中非共建"一带一路"，是造福中非人民的共同繁荣之路；中非共建"一带一路"，是敞开胸怀拥抱世界的开放包容之路；中非共建"一带一路"，是推动贸易和投资便利化的自由通畅之路。与会非洲国家领导人表示，非洲期待通过中非合作论坛北京峰会，深度参与"一带一路"建设。

本次峰会通过的《关于构建更加紧密的中非命运共同体的北京宣言》明确指出，非洲是"一带一路"历史和自然延伸，是重要参与方。非洲国家支持中国于2019年举办第二届"一带一路"国际合作高峰论坛；同意将中非合作论坛作为中非共建"一带一路"的主要平台；中方推动"一带一路"建设走深走实，非洲愿意深度参与。中非在"一带一路"建设中深度合作的成果值得期待，有利于推进"一带一路"走深走实。

本书是《"一带一路"：五年历程的回顾与分析》的姊妹篇，是反映国外重要智库对"一带一路"倡议评价和看法的最新集成之作。本书的出版，相信会对有志于研究"一带一路"的各界人士有一定的启发和借鉴意义。此为我们的心愿。

本书是"国际战略智库观察项目"2018年度的第六份报告。"国际战略智库观察项目"是中国社会科学院国家全球战略智库的重点课题之一。长期以来，我们本着"立足国内、以外鉴内"的原则，密切跟踪和关注境外战略智库对中国发展的各种评述，对客观者我们认真研究吸纳，对故意抹黑和造谣者我们一笑了之，这不失为一种接地气的研究路径和方式。汇总其科学成果适时发布，也不失为我们服务国内研究工作的一种探索和尝试，这也正是我们编写系列专题报告的初衷和目标，敬请各位前辈和专家批评指正。

是为序。

（本文系王灵桂主编《"一带一路"：从大写意到工笔画——国外智库论中国与世界（之六）》前言，社会科学文献出版社 2019 年 1 月版）

工笔画阶段的"一带一路"

　　在这里，笔者想与大家分享中国上海浦东开发这个案例。1990年，是中国开启改革开放的第12年。当时，中国政府提出了开发上海浦东的方案。时至今日，上海浦东的发展成就有目共睹，各路商家无不以在浦东占据一席之地而自豪，陆家嘴甚至成为金融中心的代名词。

　　开发方案一公布，就立即引起国际社会的激烈争论。当时国际舆论对此多持怀疑态度，主流说法是"这只是一个口号，不是实际行动"。美国经济学家、诺贝尔经济学奖获得者米尔顿·弗里德曼先生对当时落后荒凉的浦东断言：浦东开发可能是要造一个"波将金村"（俄国波将金元帅为欺骗女皇叶卡捷琳娜二世而修建了一个假村庄，"波将金村"由此成为弄虚作假的代名词）。弗里德曼先生是世界一流的经济学家，其看法代表了当时的主流观点。但事实证明这个看法是错误的。弗里德曼先生的传记作者兰尼·艾本斯坦先生就此评论说："弗里德曼当时的看法可能是错的。如果他还健在，他会重新考虑自己的观点。"

　　在一片怀疑声中也有一些人对浦东开发有信心。美国前国务卿、国际问题专家基辛格博士在对浦东进行实地考察后，很认真地表示："我看浦东开发是行动，不是口号。"当时，发出这种声音的人很少，但浦东开发的成功证明基辛格等少数人的观点是对的。

　　除了怀疑论以外，还有其他稀奇古怪的说法。笔者举两个例子。一个例子是1993年，几位英国议员公开质疑：浦东开发是不是意在压制香港的发展？时至今日，上海浦东已经成为面向国际的经济、金融、贸易、海运和空运中心，与香港相得益彰，对东北亚、东南亚国家和中国香港、澳门、台湾等地区的经济起到了明显的带动作用。事实证明，通过浦东开发促使上海振兴，提升了上海对全国的服务能力，从而更好地促进世界经济发展。现在新建成的上海洋山深水港和浦东机场都已经具备了世界一流的承载能力，自然也有力地促进了中国和世界的联通。所以浦东开发方案并不是一个不利于香港发展的规划。当时几位英国议员的质疑也就不攻自破了。

另一个例子是1996年，美国《波士顿环球报》发文认为，浦东开发方案是一个"野心勃勃"的规划，中国将因此成为政治、军事、经济大国。文章还配了一幅漫画，画中一双筷子夹着几面美国星条旗。由此提出的所谓"中国威胁论"，一直延续到今天。实际上，当时中国的GDP只有美国的1/10。直到今天，中国的GDP也仅达到美国的2/3，且中国的人口数量是美国的近5倍。中国怎么可能直接威胁美国的国家安全？炒作"中国威胁论"，不是故意装傻，就是别有用心，或者故意抹黑。

笔者与大家分享浦东开发这个案例，是因为笔者在研究"一带一路"倡议的过程中发现，国际上一些人对"一带一路"倡议的质疑，与当年一些人质疑浦东开发方案是一样的。浦东开发这个案例可能从一个角度说明，目前对"一带一路"倡议的质疑同样会是一个错误。弗里德曼先生作为世界一流的经济学家，虽然懂经济，懂货币，但他对中国的改革开放一时没看明白，当然这有可能是因为当时向他介绍浦东情况的人没有说明白。因此，我们今天召开的会议，对介绍好、说清楚"一带一路"倡议，是十分有利且必要的。现在的问题是，我们能不能把"一带一路"倡议说明白。

2013年下半年，中国国家主席习近平提出了共建"一带一路"这一重大国际合作倡议，其旨在聚焦各国互联互通，深化务实合作，携手应对人类面临的各种挑战，实现互利共赢、共同发展。几年来的实践证明，共建"一带一路"倡议虽源于中国，但机会和成果属于世界，"一带一路"倡议已经成为最受欢迎的国际公共产品和最大规模的国际合作平台。

"一带一路"倡议为国际贸易和投资搭建了新平台，为世界经济增长开辟了新空间。截至2019年4月19日，中国同"一带一路"倡议沿线国家贸易总额超过6万亿美元，对"一带一路"倡议沿线国家直接投资超过900亿美元，"六廊六路多国多港"的互联互通架构基本形成，一大批合作项目落地生根。

"一带一路"秉承和平合作、开放包容、互学互鉴、互利共赢的精神，倡导共商共建共享的全球治理观，以实际行动迈出建设开放型世界经济体系的坚定步伐，为构建更加公正合理的全球治理体系勾画了新愿景。联合国秘书长古特雷斯指出，"一带一路"倡议使全球化更加健康。

共建"一带一路"的成果改善了各国民众衣食住行的条件，也为推动联合国2030年可持续发展议程做出了贡献。世界银行认为，"一带一路"建设使全球减贫"提速"。截至2019年4月19日，中国同"一带一路"沿线国家共建82个境外合作园区，向东道国上缴税费20多亿美元，带动当地近30万人就业，为各国民众带来了更便利的生活条件、更良好的营商环境、更多样的发展机遇。得益于共建"一带一路"，有的国家建了第一条高速公路、第一条现代化铁路，有的国家开始发展自己的汽车制造业，有的国家解决了困扰多年的电力紧缺问题。

2019年4月25—27日，第二届"一带一路"国际合作高峰论坛在北京召开，40位国家元首、政府首脑和国际组织负责人齐聚一堂，150个国家、92个国际组织的6000余名嘉宾共襄盛举。这届高峰论坛以"共建'一带一路'、开创美好未来"为主题，各方围绕"推进互联互通，挖掘增长新动力""加强政策对接，打造更紧密伙伴关系""推动绿色和可持续发展，落实联合国2030年议程"等议题展开深入讨论，取得了一系列具有标志性意义的成果，开启了高质量共建"一带一路"的新阶段。

将高质量共建"一带一路"确立为未来合作的主线，使共建"一带一路"思路更加清晰、方向更加明确。高质量共建"一带一路"是习近平主席面向世界提出的重要理念，符合"一带一路"合作伙伴的普遍期待，各国朝着这个方向共同努力。

共商共建共享是实现"一带一路"高质量发展的必然选择。其实质是践行多边主义，强调大家的事大家商量着办，各施所长、各尽所能，聚沙成塔、积水成渊。其中最根本的一点是让合作契合各方共同利益，满足各方共同需要，让合作成色更足、吸引力更大、持续性更强，这是高质量发展的应有之义。

将合作成果更好惠及各国民众。高质量共建"一带一路"，要坚持开放、绿色、廉洁理念，实现高标准、惠民生、可持续发展的目标。与会各方认同以人民为中心的发展思想，同意积极对接被普遍接受的国际规则和标准，以实现使各国互联互通更加有效、经济增长势头更加强劲、国际合作更加密切、人民生活更加美好的目标。

将务实合作求实效作为检验标准。本届高峰论坛领导人圆桌峰会发表了经各方协商一致通过的联合公报，其会集了各方共建"一带一路"的政治共识，成为第二届高峰论坛最重要的成果。中方作为主席国还发布了涵盖283项务实合作成果的清单，全景式勾画了共建"一带一路"的合作前景。

将共结伙伴深化互联互通作为各方共识。习近平主席在第二届高峰论坛期间，明确提出构建全球互联互通伙伴关系这一重大倡议，呼吁各方通过"一带一路"国际合作，以互联互通为主线，构建紧密伙伴关系。全球互联互通伙伴关系，是丝路精神在新时代的继承和弘扬。这一伙伴关系不是地缘工具，而是合作倡议，致力于群策群力实现共同发展。这一伙伴关系也不是另起炉灶，而是对现有各种合作机制的整合补充，有利于形成优势互补的合力。这一伙伴关系不限于封闭的小圈子，而提供开放合作的大平台，欢迎更多感兴趣的国家和国际组织参与进来。全球互联互通伙伴关系倡议一经提出，立即引起与会各方和国际社会的热烈反响，纷纷期待以互联互通为主线，加强同中国以及其他国家发展规划和倡议的对接，实现共同发展和共同繁荣。

将共创机制作为合作的支撑和保障。第二届高峰论坛是"一带一路"框架下最高规格的合作平台。与会各方在第二届高峰论坛上共同丰富合作理念，共同规划合作重点，共同打造合作成果，明确了共促"一带一路"高质量发展的目标和蓝图。第三方市场成为共建"一带一路"的新的重要平台，旨在发挥优势，形成合力，取得"1 + 1 + 1 > 3"的效果。第二届高峰论坛期间，中国同奥地利、瑞士、新加坡、联合国开发计划署等签署多份第三方市场合作文件，丝路基金同欧洲投资基金等宣布设立多种形式的第三方市场合作基金，进一步丰富了"一带一路"国际合作的内涵。第二届高峰论坛还完善和构建了诸多专业领域的多边对话合作平台，发起多个多边合作倡议，其覆盖交通运输、开发融资、税收征管、绿色环保、知识产权、廉政建设等诸多领域，为加强相关合作提供了有力支持。

将中国的高质量对外开放作为重点，彰显中国对世界的责任与担当。第二届高峰论坛期间，习近平主席郑重宣布中国将采取一系列新的重大改革开放举措，包括更广领域扩大外资市场准入、更大力度加强知识产权保护国际合作、更大规模增加商品和服务进口、更加有效进行国际宏观经济政策协调、更加重视对外开放政策贯彻落实。呼吁世界各国创造良好的投资环境，平等对待中国企业、留学生和学者。这些改革开放举措，是根据中国改革开放的需要做出的自主选择，同时也将为共建"一带一路"和促进各国共同繁荣提供更多、更好的机遇，向世界集中释放中国致力于推动全方位扩大开放的重要信息，展示中国为人类社会发展做出更大贡献的诚意。

如果说过去几年，"一带一路"倡议具有大写意的特点，那么第二届高峰论坛后，其就会转入工笔画阶段。笔者认为，在工笔画阶段，要做到以下几点。

注重可持续发展。特别是在基础设施互联互通方面，各方要共同努力，加快建设高质量、可持续、抗风险、价格合理、包容可及的基础设施，重视"一带一路"建设在经济、社会、财政、金融和环境方面的可持续性，打造经得起时间检验的合作项目。

注重开放共赢。如果人为阻断河水的流入，那么再大的海迟早都有干涸的一天。在当前世界经济面临严峻挑战的背景下，我们更要坚持开放合作，旗帜鲜明地反对保护主义，大力促进贸易投资自由化、便利化，推动商品、资金、技术、人员的流通，为世界经济增长注入强劲动力和提供广阔空间。

注重创新驱动。创新是保证发展的基础和根本，要不断创新交流合作机制，推动数字化、网络化、智能化发展，共同探索新技术、新业态、新模式，探寻新的增长动能和发展路径，推动"一带一路"科技创新行动发展，加强"一带一路"创新人才交流，建设创新丝绸之路。一些新政策（如《"一带一路"融资指导原则》）揭示了"一带一路"规制性的新方向，这是近期中国对"一带一路"倡议的最大创新。

注重平衡发展。发展不平衡是当今世界最大的不平衡。要坚持以人民为中心的发展理念，确保共建"一带一路"的成果惠及民众，满足各国人民对美好生活的向往。要将绿色发展和可持续发展理念融入共建"一带一路"项目选择、实施和管理之中，共建"一带一路"可持续城市联盟、"一带一路"绿色发展国际联盟，落实好《"一带一路"绿色投资原则》等，为发展中国家提供更多发展机遇和空间。

注重交流互鉴。习近平主席指出，要积极架设不同文明互学互鉴的桥梁，形成多元互动的人文交流格局。我们要深入进行教育、科学、文化、体育等领域的合作，促进议会、政党、民间组织之间的往来，加强妇女、青年、残疾人等群体之间的交流，形成多元互动的人文交流格局，谱写更多精彩的"丝路故事"。

总之，"一带一路"框架下的互利合作具有鲜明的国际性和时代性。随着实践经验的累积，根据时代的需要，"一带一路"的内容必将不断丰富、完善，这需要中国和其他参与国不懈坚持和共同努力。

（本文系王灵桂、蒋岩桦、景峰主编《共绘"一带一路"工笔画：国外智库论中国与世界（之七）》前言，社会科学文献出版社 2020 年 5 月版）

"一带一路"引领国际新秩序构建

第二次世界大战结束之后，发展中国家面对自身在全球发展进程中的不平等地位，呼吁构建国际新秩序。1955 年万隆会议提出的和平共处五项原则代表了发展中国家要求政治平等的呼声。1973 年，在第一次石油危机发生之后，第四届不结盟国家首脑会议正式将"建立国际经济新秩序"作为不结盟运动的行动纲领，核心是建立公平公正的世界发展秩序，使发展中国家能够从世界发展进程中获得大体对等的收益，尽快成为经济上发达的国家。不过，发展中国家的呼吁始终没有得到发达国家的积极回应，相反，西方发达国家却针对发展中国家这种希望发展的呼吁，在 20 世纪 80 年代推出了"华盛顿共识"，以"指导"发展中国家发展经济，继续维持西方国家主导的国际旧秩序。"华盛顿共识"以追求自由主义经济秩序为核心，将市场机制看作唯一可以促进经济发展的力量，由此以"开放有益于发展"为由，要求发展中国家迅速开放贸易、投资市场，大力调整政策。"华盛顿共识"的宗旨是继续引导发展中国家走西方发展道路，继续千篇一律地遵守放任自流的自由主义原则。发展中国家在国际旧秩序面前明显处于劣势地位，而且没有足够的资金投入，仅靠虚无的共识是不可能实现经济发展的。在"华盛顿共识"以失败告终之前，不少发展中国家仍然迷信"华盛顿共识"，进而在发展道路上越走越偏，最后成了债台高筑的国家。世界该怎么发展？发展中国家能否有如发达国家一样的历史机遇，成为工业文明的享有者？这些问题成了发达国家和发展中国家之间争论不休的话题。

　　"一带一路"倡议的提出无疑为打破上述争论，实现发展中国家的长期诉求提供了可能。与以往不同的是，"一带一路"倡议以全新的理念、务实的精神推动构建国际新秩序，使国际新秩序从空想变为现实。

　　首先，"一带一路"倡议是引领全球发展的包含新理念的新型倡议。"一带一路"倡议是 2008 年国际金融危机之后首个由大国提出的全球性倡议。自提出以来，"一带一路"倡议所主张的包容发展、平等发展，为国际社会注入了新鲜的血液，世界各国，无论大小，都有发展权，都应该获得公平、合理的发展机遇。"一带一路"倡议主张共商、共建、共享，共商意味着平等、包容，任何事情不能由一家说了算，那些将自己的发展视为"第一"或"优先"的想法早已过时。共建意味着共同投入，意味着行动，而不是口头说说，同时通过互联互通，可以打造一个联通的世界，挖掘增长潜力，加快推动各国共同发展。共享意味着公平分享人类发展的成果，为此，就需要变革不平等的分配机制、交易机制。几年来，"一带一路"倡议引发世界范围的热议，西方国家担心"一带一路"倡议会动摇传统西方社会建立的国际秩序，影响西方国家维持自身体系所依赖的工具和手段，害怕人们不再信奉其推崇的"自由主义"观念，因此，针对"一带一路"倡议，一些西方国家以一些手法抹黑或捧杀。

　　其次，"一带一路"倡议正在以实践的方式推动构建国际新秩序。随着发展中国家经济发展水平提高，特别是在中国经过改革开放成为世界第二大经济体之后，构建国际新秩序不再是发展中国家的空想，而可以转化为具体的行动，"一带一路"倡议成为构建国际新秩序的推进器。亚洲基础设施投资银行、金砖国家新开发银行等问世，可以为发展中国家提供发展基础设施所需的资金，而这正是发达国家不愿意从事的事情。"要想富，先修路"，中国的发展实践表明，没有大规模的基础设施投入，就不可能带来经济上的快速发展、高质量发展。广大发展中国家不缺发展的想法和思路，缺的是为促进经济发展而必不可少的基础设施，或者资金。根据多个国际组织的估计，亚洲发展中国家未来每年对基础设施建设的资金需求在一万亿美元左右，世界其他地方也是如此。因此，"一带一路"倡议从推进发展中国家基础设施建设入手，通过"五通"来消除促进发展中国家经济增长的约束条件或瓶颈，从而实现发展中国家谋发展的愿望。

最后，"一带一路"倡议不否认传统的发展道路，以增量的方式推动国际新秩序形成。西方发展道路已经历400多年的考验，其在推进人类文明进步方面做出了不可磨灭的贡献，就此而言，"一带一路"倡议绝不是要改变有利于发展的理念或机制，而是要在现有的存量基础上做增量式的调整。全球有待挖掘的经济增长潜力点有很多，"一带一路"倡议所要做的就是充分激发这些潜在的经济增长力量，例如，为推进各国之间硬件的互联互通，就必须消除影响经济增长的物质上的瓶颈，激发生产要素的活力；再如，为推进各国之间软件的互联互通，就要消除阻碍经济增长的制度梗阻，提高经济运行效率，从而确保经济高质量发展。

"一带一路"倡议无论从理念上讲，还是从投入上讲，都在为发展中国家谋求发展权益，"一带一路"倡议以对发展中国家借助国际力量实现发展诉求的允许，对特色发展模式的认可，对非零和游戏规则的承认，通过"政策沟通、设施联通、贸易畅通、资金融通、民心相通"，实现各国共同发展。

（本文系王灵桂、蒋岩桦、景峰主编《"一带一路"引领国际新秩序构建——国外智库论中国与世界（之八）》前言，社会科学文献出版社2020年5月版）

展望"一带一路"新贡献

"中国应当对于人类有较大的贡献",是毛泽东、邓小平等老一辈领导人的美好愿望。在以习近平同志为核心的党中央领导下,新时代中国坚持以维护世界和平、促进共同发展为宗旨推动构建人类命运共同体,坚持以共商共建共享为原则推动"一带一路"建设,正在为人类发展做出新贡献。

一 "一带一路"遵循"变与不变"的人类社会发展规律,为人类创造更美好的未来

当今世界正处于百年未有之大变局,经济全球化、政治多极化、文化多样化、社会信息化更加深入发展,国际形势和世界格局正在发生深刻变化。这是人类历史上前所未有的从民族历史走向世界历史的大时代,中国与世界的关系正在发生前所未有的深刻变革。

世界的"变与不变"。放眼全球,从变化的积极方面看,人工智能、大数据、量子信息、生物技术等新一轮科技革命和产业变革正在积聚力量,催生大量新产业、新业态、新模式,全球供应链、产业链、价值链深度融合,"我中有你、你中有我"已成为各国发展的必然选项和常态模式,人类生产生活发生了翻天覆地的变化。从变化的消极方面看,世界面临的不稳定性、不确定性突出,全球经济增长动能不足,贫富分化日益严重,逆全球化、反全球化、保护主义、孤立主义倾向抬头,地区热点问题此起彼伏,恐怖主义、网络安全、重大传染性疾病、气候变化等非传统安全威胁持续蔓延。综合两方面看,

世界正在发生急剧变化，全球治理体系和国际秩序正在加速推进变革，不同制度模式、发展道路之间正在进行深层竞争和博弈。把握世界潮流，必须清醒地认识到，和平与发展的时代主题没有变，经济全球化的时代潮流没有变，在合作共赢的基础上进行全球治理体系变革的时代要求没有变。

中国的"变与不变"。回望历史，西方发达国家走在现代化的前列，人们一度把现代化等同于西方化甚至美国化。中国改革开放40多年来，经济实力、科技实力、国防实力、综合国力进入世界前列，国际地位实现前所未有的提升。中国道路首次打破了对西方道路的"路径依赖"，中国以深邃的历史眼光、宽广的国际视野，总结了西方现代化的利弊得失，给世界上那些既希望加快发展又希望保持自身独立性的国家和民族提供了全新选择。立足新时代中国，我们也要清醒地认识到，中国仍处于并将长期处于社会主义初级阶段的基本国情没有变，中国是世界上最大的发展中国家的国际地位没有变。

共建"一带一路"是习近平主席在世界历史大时代和中国发展新时代交汇交融的背景下，在深刻洞察国际国内形势"变与不变"的历史辩证发展的基础上，为回答"世界怎么了""人类怎么办"等问题贡献的中国智慧，提供的中国方案。从国际视角看，"一带一路"倡议契合和平与发展的时代主题、顺应经济全球化的历史潮流、符合全球治理体系变革的时代要求；从国内视角看，倡议牢牢立足社会主义初级阶段这个最大国情和最大实际，是中国作为最大的发展中国家提出的负责任大国方案。

从泼洒"大写意"到精绘"工笔画"，共建"一带一路"迅速从理念变为行动、从愿景转为现实、从中国走向世界。国际合作实践和成就已经证明，"一带一路"为构建人类命运共同体提供了重大创新实践平台，是应潮流、得民心、惠民生、利天下的倡议；更大的成就将持续证明，"一带一路"是一个让世界全面了解中国、让中国深入认识世界的全新窗口，也是一条让中国走向世界、拥抱世界的全新路径。在这条共同繁荣的人间正道上，中国与共建"一带一路"国家携手向前、齐头并进，对构建人类命运共同体、深化人类社会发展规律进行的每一次探索和积累，都是人类迈向更美好未来的共同宝贵经验和精神财富。

二　"一带一路"顺应人民过上更好日子的强烈愿望，为实现中国梦创造了机遇

今天的中国正处于实现"两个一百年"奋斗目标的历史交汇期，中华民族迎来从站起来、富起来到强起来的伟大飞跃。这是中国近代以来最接近世界舞台中央、能够为人类发展做出更大贡献的新时代。

新时代的中国，发展不平衡不充分是满足人民日益增长的美好生活需要的主要制约因素，这既是中国发展面临的突出问题，也是世界发展共同面临的问题。在"一带一路"发展框架下，实现中国梦就要解决中国发展不平衡不充分问题，为中国人民谋幸福。

"一带一路"是联通中国梦与世界梦的桥梁和纽带。实现中华民族伟大复兴的中国梦是新时代中国发展的鲜明主题。中国梦是中华儿女的家国梦，内涵是实现国家富强、民族振兴、人民幸福。"一带一路"聚焦互联互通，把中国发展同共建"一带一路"国家乃至世界其他国家的发展结合起来，把中国梦同共建"一带一路"国家乃至世界其他国家人民的梦想结合起来。筑、追、圆中国梦的指导方针和基本方略不仅为新时代中国的发展绘制了蓝图，而且根植于人类社会的共同价值追求，体现了世界各国人民对美好生活向往的最大公约数，如新时代中国基本方略着眼于解决人民日益增长的美好生活需要和不平衡不充分的发展之间的社会主要矛盾，坚持以人民为中心的发展思想，把人民对美好生活的向往作为奋斗目标；坚持全面深化改革，推进国家治理体系和治理能力现代化；坚持创新、协调、绿色、开放、共享的新发展理念，积极探索高质量发展之路；坚持在发展中保障和改善民生，保证全体人民在共建共享发展中有更多获得感；坚

持人与自然和谐共生,坚定走生产发展、生活富裕、生态良好的文明发展道路等。这些新理念新方略,说到底就是要更好地满足人民在经济、政治、文化、社会、生态等方面日益增长的需要,更好地推动人的全面发展、社会的全面进步,不仅会造福中国人民,而且正伴随"一带一路"建设传播到世界各地,使发展成果造福于世界人民。

"一带一路"的机遇和成果属于世界。经济全球化是历史发展大势,这是人类社会发展的基本规律,是不以个别国家意志为转移的自然历史进程。改革开放的伟大成就已经证明,无论是发展状态还是发展趋势,抑或是发展愿景,中国都始终与全球化潮流同向同势、相互交织、相互激荡。2013 年下半年习近平主席提出共建"一带一路"倡议时,世界经济还在经受金融危机余波影响,国际社会"逆全球化"已经暗流汹涌。作为世界上最大的社会主义国家、最大的发展中国家,中国坚信"世界离不开中国,中国离不开世界",坚信"世界是一家、发展靠大家"。中国提出共建"一带一路",就是要为世界经济发展创造机遇,为人类社会进步注入强劲动力。从投入资金到项目落地,我们不因个别国家的质疑抹黑而动摇,一以贯之地践行自由贸易理念,坚定捍卫全球化和多边主义,奋力躬行地把实现世界人民的美好生活愿景与建设人类命运共同体紧密结合起来。事实胜于雄辩,通过加强同各参与方的政策沟通、设施联通、贸易畅通、资金融通、民心相通,共商共建共享原则已转化为一系列多赢共赢合作成果。"一带一路"走过不平凡的发展历程,已成为当今世界重要的合作平台和受欢迎的公共产品,绘就出中国繁荣与世界发展同频共振的画卷。

三 "一带一路"推进构建全球互联互通伙伴关系,为世界开放发展开辟新天地

共建"一带一路"的目的是聚焦互联互通,深化务实合作,携手应对人类面临的各种风险和挑战,实现互利共赢、共同发展。互联互通符合世界经济发展的客观要求，解决发展不平衡问题这一世界最大的不平衡问题的前提是实现互联互通，共同构建全球互联互通伙伴关系。同时，互联互通符合高质量发展、高水平开放的内在要求，中国推进更高水平对外开放，首先就要在更大范围、更多领域、更深程度上参与推进全球互联互通。

"一带一路"促进各国有效提升互联互通水平。截至2020年5月，中国已经同138个国家、30个国际组织签署200份共建"一带一路"合作文件，并推动"一带一路"同联合国、东盟、非盟、欧盟、欧亚经济联盟等国际和地区组织的发展和合作规划对接，同相关国家的发展战略对接，基本形成了"六廊六路多国多港"的互联互通架构。针对发展中国家面临的基础设施建设不足、质量不高的发展瓶颈，中国提出把基础设施建设作为互联互通的基石，通过推进陆上、海上、空中、网上互联互通，建设高质量、可持续、抗风险、价格合理的基础设施，为各国充分发挥资源禀赋，更好融入全球供应链、产业链、价值链创造新的发展空间。在第二届"一带一路"国际合作高峰论坛上，习近平主席发出构建全球互联互通伙伴关系的号召，其间，在记者会上，习近平主席指出，我们的共同目标是携手努力让各国互联互通更加有效，经济增长更加强劲，国际合作更加密切，人民生活更加美好。中国承诺将同各方继续努力，构建以新亚欧大陆桥等经济走廊为引领，以中欧班列、陆海新通道等大通道和信息高速路为骨架，以铁路、港口、管网等为依托的互联互通网络；将继续发挥共建"一带一路"专项贷款、丝路基金、各类专项投资基金的作用，发展丝路主题债券，支持多边开发融资合作中心有效运作，同时欢迎多边和各国金融机构参与共建"一带一路"投融资，鼓励开展第三方市场合作，通过多方参与实现共同受益的目标。

"一带一路"为世界开放发展开辟了新天地。中国既是"世界工厂"，也是"世界市场"，有世界上规模最大、成长最快的中等收入群体，消费增长潜力巨大。共建"一带一路"，是以构建全面开放新格局为努力方向，把中国发展置于更广阔的国际空间谋划的主动开放之举，是中国扩大对外开放的重大举措和经济外交的顶层设计。中国把"一带一路"作为推进新一轮对外开放的重要抓手，助推内陆、沿边地区成为开放前沿，实现开放空间从沿海、沿江向内陆、沿边延伸。我们相信，一个更加开放的中国，将同世界形成更加良性的互动。

习近平主席向世界庄严宣告，中国将采取一系列重大改革开放举措，促进更高水平对外开放。中国承诺在更广领域扩大外资市场准入，继续大幅度缩减负面清单，推动现代服务业、制造业、农业全方位对外开放，并在更多领域允许外资控股或独资经营；新布局一批自由贸易试验区，加快探索建设自由贸易港；加快制定配套法规，确保严格实施《中华人民共和国外商投资法》；以公平竞争、开放合作推动国内供给侧结构性改革，有效淘汰落后和过剩产能，提高供给体系质量和效率。我们愿意同世界其他国家加强知识产权保护合作，共同营造尊重知识价值的营商环境，创造良好的创新生态环境，在市场化法治化原则基础上，推动开展技术交流合作。我们决心更大规模地增加商品和服务进口，进一步降低关税水平，消除各种非关税壁垒，不断打开中国市场大门，欢迎来自世界其他国家的高质量产品，愿意进口更多在国外有竞争力的优质农产品、制成品和服务，促进贸易平衡发展。我们相信规则和信用是国际经贸关系发展的前提，积极支持和参与世贸组织改革，共同构建更高水平的国际经贸规则，加强同世界各主要经济体宏观政策的协调，努力创造正面外溢效应；不断完善人民币汇率形成机制，保持人民币汇率在合理均衡水平上的基本稳定。我们重视履行同各国达成的多边和双边经贸协议，进一步建立有约束力的国际协议履行执行机制，打造市场化、法治化、便利化的营商环境。

"一带一路"已经从夯基垒台、立柱架梁的"大写意"阶段，进入精心设计、精雕细琢的"工笔画"新阶段。新阶段面临新机遇新挑战，与基础设施等硬件互联互通建设相比，规则、制度、标准等软件互联互通建设明显不足，已成为制约"一带一路"建设持续发展、走深走实的重要因素。此外，由于资源禀赋、参与积极性不同，不同地区之间、同一地区不同国家之间参与共建的水平和成效差异较大，国际协调应对的难度明显提高。绘制共建"一带一路"工笔画，就要在精谨细腻、深耕细作上下功夫，做细做好共建"一带一路"国家和地区分析、项目评估、风险研判。他山之石，可以攻玉，本书选取了美国、英国、俄罗斯等 13 个国家 28 家智库 57 篇研究报告，是了解外国智库如何看世界、看中国、看"一带一路"的较为系统的资料，可为进行高质量共建"一带一路"相关研究提供参考。

（本文系王灵桂主编《展望"一带一路"新贡献——国外智库论中国与世界（之九）》前言，社会科学文献出版社 2021 年 3 月版）

全球视角下的"一带一路"

2016 年 10 月 10—11 日,中国社会科学院国家全球战略智库与北京外国语大学在京联合举办了"全球视角下的'一带一路'国际研讨会"。会后,与会学者对会议的主题做了进一步的深化研究,本书是在深化研究的基础上形成的,是国家全球战略智库加强与国外重要智库开展联合研究的阶段性成果代表。

2013 年 9 月 7 日,中共中央总书记、国家主席习近平在哈萨克斯坦发表题为《弘扬人民友谊共创美好未来》的演讲时,提出"共同建设丝绸之路经济带"倡议。同年 10 月 3 日,习近平主席在印度尼西亚国会发表题为《携手建设中国—东盟命运共同体》的重要演讲中,提出了"共同建设 21 世纪海上丝绸之路"倡议。自"一带一路"倡议提出之后,中国学者和外国学者都从本国的角度出发,研究如何看待"一带一路"对这个世界的影响。而我们这本书则从另一个角度,即以联合研究方式为"一带一路"倡议提供智力支持。

当前世界经济形势普遍低迷,各主要经济体正挣扎在复苏与继续下滑的痛苦时期;经济全球化阻力加大,可持续发展动力不足;地区冲突不断、地区热点持续、恐怖主义盛行、对抗与结盟正在剧烈地侵蚀着世界和平稳定和可持续发展的根基;全球发展不平等、不平衡问题越来越突出。解决这些挑战正是"一带一路"所肩负的历史使命,也为全球问题的解决提供出路。在国际格局和世界秩序进入深度调整和转型时期,如何推动可持续发展,如何进一步加强和改善全球治理,如何继续维护世界和平与稳定,这些都需要加强沟通、携手合作。

　　参与联合研究的专家普遍认为，"一带一路"是中国扩大和深化对外开放、构建开放发展新格局、打造全球化2.0版本、践行合作共赢理念的大战略。"一带一路"从顶层设计、政策沟通，到设施联通、贸易畅通、资金融通、民心相通等各方面都取得了显著成果，已形成了各国共商、共建、共享的合作局面，为沿线国家和地区注入了新的增长动力，并开辟出共同发展的巨大空间。"一带一路"顺应国际经济发展的内在规律，积极适应全球经济合作新趋势，获得了广泛国际共识，在振兴全球经济过程中备受世界瞩目，被称为解决当今国际经济金融病的"中国药方"和解决当下难题的"中国方案"。

　　当然，参与联合研究的专家不仅对"一带一路"本身达成了共识，同时也感到无论是互联互通，还是共商、共建、共享，最关键、最重要、最基础的是思想相通。其中，智库扮演着至关重要的角色。"智库者，国之重器。"古今中外执政者，莫不高度重视智库的作用，并将其作为政策决策的重要来源之一。党的十八大以来，以习近平同志为核心的党中央高度重视智库建设，并相继出台了诸多重大战略性举措，以此提升智库在国家治理和对外交往中的地位和作用。2013年11月12日，党的十八届三中全会通过的《中共中央关于全面深化改革若干重大问题的决定》提出，要"加强中国特色新型智库建设，建立健全决策咨询制度"。2015年1月20日，中国政府发布了《关于加强中国特色新型智库建设的意见》。2015年11月9日，习近平总书记主持中央深化改革领导小组第18次会议，审议通过了《国家高端智库建设试点工作方案》，确定了25家国家高端智库试点单位。国家全球战略智库，即为其中试点单位之一，也是25家高端智库试点单位中两家研究国际战略问题的专业智库之一。国家对高端智库试点单位的总体要求是："坚持高端定位、突出专业特色，增强理论和政策创新能力；强化问题和应用导向，开展前瞻性、针对性、储备性政策研究，当前要围绕党的十八届五中全会做出的重大战略部署，来确定研究的方向和重点。"

中国社会科学院国家全球战略智库由中国社会科学院副院长、学部委员蔡昉教授担任理事长，十二届全国人大外事委员会主任委员、资深外交家傅莹大使担任首席专家；智库秘书处设在亚太与全球战略研究院。自成立以来，国家全球战略智库把"一带一路"、全球战略、周边安全作为三大重点研究方向，致力于同国内外智库开展学术交流和沟通，合力为"一带一路"的实施和推进提供理论支持和决策参考。

今天的中国已经站在同世界深度互动、向世界深度开放的新起点上。"一带一路"建设是中国政府顺应历史潮流提出的"十三五"时期和更长时期的发展战略。推进"一带一路"建设既是中国深度融入世界的客观需要，也是世界各国，特别是亚、非、欧国家联动发展的内在需要。因此，开展联合研究是对"开门办智库、开放办智库，完善国际合作交流机制"的又一重要尝试和探索。共同探讨"一带一路"建设面临的问题，有助于我们打开思路，共同协商提供"一带一路"前进道路上各种难题的解决方案。我们希望中外智库能够在"一带一路"建设的进程中进一步增进了解，对彼此给予更多的支持，为推动共同的发展做好铺路工作。

最后我想感谢的是国内外同仁对本次研究项目的完成提供的鼎力支持，感谢我的工作团队，包括翻译、校对稿件的同事的全力协助，感谢社会科学文献出版社各位编辑的加班加点工作。没有他们，这本书不可能在这么短时间内问世。

（本文系王灵桂、赵江林主编《中外联合研究报告（No.1）："全球视角下的'一带一路'"（中文版）》前言，社会科学文献出版社2017年5月版）

绘就新冠肺炎疫情下"一带一路"高质量发展工笔画

新冠肺炎疫情发生以来，全球的人员和物资流动等均受到了极大影响。因此，从"大写意"进入"工笔画"阶段的"一带一路"倡议，自然也成为疫情背景下国际舆论关注的焦点话题之一。一个时期以来，美国等西方国家的部分媒体连篇累牍地鼓噪"一带一路"倡议进展受挫、项目停止、资金链断裂、落地国陷入债务困局等谣言。一时之间，"一带一路"倡议似乎已是风雨飘摇、难以为继，让一些人产生困惑，发出"一带一路"倡议能否继续行稳致远的疑问。

最近，笔者在浏览国外媒体和智库发表的报道和报告过程中却发现，在唱衰"一带一路"倡议的声音之外，还有更多声音正在热烈点赞"一带一路"。同时，笔者也发现，借助疫情唱衰"一带一路"的国外媒体和智库，实际上就是疫情之前抹黑"一带一路"的那些媒体和智库。从这个意义上看，疫情只不过是那些别有用心者的新借口而已，并不值得一驳。相反，从一些国外媒体和智库发表的报道和报告看，以共商共建共享为原则，以构建人类命运共同体为目标的"一带一路"倡议，在疫情的考验中，却焕发出独特的人类之光和全球道德价值。美国《芝加哥论坛报》在 2020 年 3 月 26 日的文章中评论说：习近平主席提出的"健康丝绸之路"，搭建了中国同世界其他国家共同抗疫、联合应对全球公共卫生安全危机的卓越平台，形成了向世界其他国家提供医疗物资和医疗援助的绿色通道。意大利通讯社

（AGI）报道说："一带一路"倡议秉持的和平合作、开放包容、互学互鉴、互利共赢的"丝路精神"，在中国对意大利的抗疫援助中得到了真实体现。尼日利亚《太阳报》在 2020 年 3 月 3 日发表的文章中评价说：非洲抓住了"一带一路"倡议提供的机遇，快速提升了基础设施建设的水平，发挥了非洲各国经济的比较优势，"在人类命运共同体的愿景下，中国正在履行自己对全球公共卫生的责任"。

这些赞美并非空穴来风，而是源于"一带一路"倡议"工笔画"折射出的光芒。中老铁路老挝段于 2020 年 3 月 27 日开始进入铺轨阶段，老挝《万象时报》、马来西亚《星报》等东南亚国家主流媒体对此均进行了密集报道。2020 年 3 月 18 日，"一带一路"倡议旗舰项目"中巴经济走廊"框架下的 86 个项目已经完成，既定的默蒂亚里—拉合尔直流输电线路按时全面开工。2020 年 3 月 16 日，马来西亚总理穆希丁·亚辛宣布，作为中马"一带一路"合作重点项目的马来西亚东海岸铁路等将重新启动。2020 年 5 月 7 日，中华人民共和国海关总署公布了 2020 年 1—4 月的数据，前 4 个月的进出口额下滑 6.6%，但 4 月的出口额同比增长 3.5%，以人民币计价增长 8.2%。泰国《民族报》、马来西亚《星报》等也报道称，2020 年 1 月和 2 月，中国与东盟国家以及"一带一路"倡议相关经济体的双边贸易额分别增长 2%、1.8%。

受新冠肺炎疫情冲击，在全球经济持续低迷、预期悲观的背景下，这些消息和数字，像温暖的阳光一样，正在纾解饱受疫情折磨的人们的心情，也预示即使面临疫情冲击，"一带一路"倡议继续走深走实的脚步不会停止。2020 年 4 月 17 日，中共中央政治局召开会议，分析国内外新冠肺炎疫情防控形势，发出坚定扩大对外开放、推动共建"一带一路"高质量发展的部署和要求。这是疫情暴发后，中共中央政治局会议首次研究并提及"一带一路"倡议，向国际社会发出明确的积极信号：疫情防控国际合作是发挥中国负责任大国作用、推动构建人类命运共同体的重要体现，推动共建"一带一路"高质量发展，将依然是对外开放的重要抓手，构建人类命运共同体的必经之路、必由之途。

对此，国外媒体和智库也不得不承认这个现实。2020年4月29日，国际著名智库美国布鲁金斯学会发表报告称"尽管受到地缘政治的推动，但我们必须认识到，从经济角度来看，加强国际政策努力，以将更多资本引入东南亚基础设施建设领域是合情合理的；基础设施投资持续严重不足对该地区发展前景构成重大挑战；新冠肺炎疫情引发的经济衰退，只会提高可持续基础设施议程的重要性，因为这是支持危机后经济复苏的一种手段"。报告还指出，东南亚是部分"一带一路"倡议旗舰项目所在地，这些项目包括中国—中南半岛经济走廊、孟中印缅经济走廊、马来西亚东海岸铁路项目、印度尼西亚雅加达—万隆高速铁路项目等。报告还指出，"中国已超过日本，成为东南亚最大的双边基础设施融资国"，"现有数据表明，'一带一路'倡议总体推进趋势仍保持不变"，"新冠肺炎疫情造成的不确定经济影响给发展前景蒙上沉重阴影。但是，'一带一路'倡议面临的任何挫折都可能是暂时的，中国继续被认为提供了更快、风险程度更低和更及时的基础设施支持，它可能会继续在东南亚找到大量愿意接受其投资的国家"。

无独有偶的是，美国智库和平研究所也在2020年4月29日发表的《中国的"一带一路"倡议：在"开放、绿色、廉洁"方面取得进展》中认为：在当前这场大流行病危机面前，中国注重提高"一带一路"项目透明度，"表明中国是一个值得信赖的合作伙伴"。报告认为，中国政府为推动"一带一路"倡议并应对大流行病，继续出台综合性政策，如在3月，中国国家开发银行和中国商务部联合发布通知，对受疫情影响的高质量共建"一带一路"项目和企业给予开发性金融支持；启动了"健康丝绸之路"，推动中国政府和商业实体向共建"一带一路"有关国家提供医疗援助。报告认为，"在世界各国努力从新冠肺炎疫情带来的经济影响中复苏之际，'一带一路'

倡议有潜力为世界带来急需的基础设施项目资金，实现经济增长预期目标"。

在看到共建"一带一路"倡议高质量发展光明前景的同时，我们也必须清醒地看到新冠肺炎疫情带来的冲击：由于部分共建"一带一路"合作国家采取旅行限制等抗疫措施，中方人员无法及时返回项目落地国，相关项目按期完成的难度或将提高；物资流动受到疫情影响，"一带一路"相关项目所需物资与设备难以及时到位；一些"一带一路"项目因疫情可能会出现延期、投资回报率低的情况；疫情给共建"一带一路"国家带来经济和政治压力，尤其是债务压力等，确实不能漠然视之。疫情是中国和共建"一带一路"合作国家在合作中遇到的"黑天鹅"挑战，也是对"一带一路"参与各方的现实考验。尤其值得注意和警惕的是，美国等正在鼓噪并公开提出对重债发展中国家进行债务减免和让其延期偿还相关债务，一些国家在应对疫情危机的无力感面前，很容易受到别有用心者的挑拨，对中国产生负面情绪，对共建"一带一路"倡议提出非分乃至过分要求。这是在疫情背景下中国政府在维护"一带一路"合作大局中需要认真应对、积极引导、科学化解的现实矛盾。

办法总比困难多，日久自会见人心。在疫情来临和抗击疫情的过程中，中国政府和中国人民的沉着应对和对世界其他国家抗疫的援助支持，进一步彰显了中国负责任大国的形象，也再次彰显了"一带一路"倡议提供的协调平台及开放合作精神的巨大价值和向心力。无论是应对这场全球疫情危机，还是缓解疫情冲击、恢复经济，相互依存、人类命运与共的现实都让各国看到了高质量共建"一带一路"的必要性及其具有的广阔发展空间。在化挑战为机遇、化危机为契机的过程中，相向而行、协作前行、合作共建"一带一路"的前景必定是光明灿烂的。

美好的目标、光明的前景、幸福的未来，并不是必然或自然到来的，需要共建各方不懈努力。从长远看，我们需要在"一带一路"

框架下，加强同共建国家进行公共卫生安全方面的合作，以实际行动体现大国责任担当，增强政治互信和实现民心相通；立足未来，在疫后重建过程中，"一带一路"项目要更多聚焦纾解贫困、增加就业、改善民生、注重环保等软领域，在确保项目可持续发展的前提下，尽最大可能为共建国家经济社会发展做出应有的贡献。

面对目前国外正在蔓延的新冠肺炎疫情，在"一带一路"项目高质量发展过程中，当务之急是确保全球供应链和国际物流的基本稳定和总体畅通，中国应与共建国家加大政策沟通力度和进行政策协调；鉴于疫情会持续较长时间，中国应通过加大"数字丝绸之路"建设力度，积极培育国际贸易新业态新模式，努力消除目前广大发展中国家和多数共建国家普遍存在的数字鸿沟；应注重共建国家的关切，切实加强融资等保障，与国际金融机构合作，构建国际金融安全网，以防止相关国家陷入重大金融和债务危机；充分利用中国现有的远程医疗等技术，与共建国家构建公共卫生信息分享和应急管理网络机制，不断增强"一带一路"带给共建国家人民的获得感、存在感和幸福感，建设民心相通之路。

（本文系王灵桂总主编《国外智库论"一带一路"（2021年第1辑）》序言，社会科学文献出版社2021年9月版）

窗含西岭千秋雪　门泊东吴万里船

看一个人的作为，首先要了解他的思想。因为，思想是决定人行为的基础。

了解一个国家，把脉其主流智库是重要途径之一。因为从一定意义上讲，智库汇集的各国精英之才，是国家的"大脑"。用中国的古语讲就是"居庙堂之上者"，忧思的自然是天下大事。

"一带一路"倡议，是大手笔、大视野、大战略、大举措。落实好，首先需要共建"一带一路"合作国家思想相通，知其虑、知其需、知其忧，方能实现合作。这是前提之一。

因此，在"一带一路"倡议的实施中，我们应该注重了解和掌握国外智库在研究什么、思考什么、出了什么样的对策建议。当然，了解这些，并不是为了照搬照抄，而是兼听则明。多听一听，多看一些，对我们的研究和决策能起到"他山之石"之效果，也许能使我们尽量少走一些弯路。

中国智库在研究"一带一路"倡议的实施中，应该有些世界眼光和视野。同时，还应兼具一些哲学思考和历史积淀，这样才能得出正确的、符合实际的结论。

盛唐诗人杜甫脍炙人口的绝句"两个黄鹂鸣翠柳，一行白鹭上青天。窗含西岭千秋雪，门泊东吴万里船"，用一动一静、一远一近的传神之笔，将动景、静景、近景、远景交错映现，既构成了一幅绚丽多彩、幽美平和的画卷，令人心旷神怡、百吟不厌，又揭示了成就伟大事业需动静结合、周全远近的哲学意境，令人抚案叫绝、落座深思。笔者引用此绝句，也算是为研究、为本书增加些人文哲学色彩。

关于历史思考。笔者于 2015 年 6 月在社会科学文献出版社出版的《海丝列国志》序言中，对陆上丝绸之路、海上丝绸之路的历史进行过比较详尽的叙述。在此不多赘言，只是简单点点题。在古代的中西交通史上，"两条丝绸之路（海上丝绸之路、陆上丝绸之路），在长达 2200 多年的历史中，曾经深刻地影响和改变过世界，对世界文明和经贸的发展做出过重要贡献"。陆上丝绸之路和海上丝绸之路的开辟，形成了古代东西交通的两大主动脉。唐朝德宗贞元年间（公元 785—805 年）担任宰相的地理学家贾耽曾记载过大唐通大食、波斯的两条通道，分别是"安西入西域道""广州通海夷道"，也就是陆上和海上的"丝绸之路"。今天，我们还可以借用杜甫的诗歌，把陆上丝绸之路比喻为"西岭千秋雪"，把海上丝绸之路比喻为"东吴万里船"。

张星烺先生在考证中西交通史时，明确"秦始皇以前，秦国与西域交通必繁，可无疑义"。从中国向西行，万里雪山连绵。博格达雪山与伯尔尼高地少女峰的皑皑白雪遥遥相对，西岭的千年雪峰，见证了陆上古丝绸之路的繁华胜景。成书于公元 500 年前后的《宋书》中，也提到中国与大秦（指属于拜占庭帝国的叙利亚、埃及）、天竺（印度）之间"舟舶继路，商使交属"。从中国出大海，辽阔大洋浩瀚。扬州、明州（今宁波）、广州、泉州出海亚非欧的船只，"把中国丝绸及其他商品，转运至安条克"，来来往往的海船，塑造了海上丝绸之路的美丽神话。

在 21 世纪的今天，两条曾创造辉煌历史的丝绸之路，再次引起了世人的关注。其原因就是 2015 年 3 月 28 日中国国家发展和改革委员会、外交部、商务部，在海南博鳌论坛年会期间联合发布《推动共建丝绸之路经济带与 21 世纪海上丝绸之路的愿景与行动》。

"一带一路"倡议，是由习近平主席在 2013 年访问哈萨克斯坦、印度尼西亚时分别提出的。在博鳌论坛年会开幕式上发表主旨演讲时，习近平主席指出，目前已经有60多个共建"一带一路"合作国家和国际组织对参与"一带一路"建设表达了积极态度。习近平主席强调，"一带一路"建设秉持的是共商、共建、共享原则，不是封闭的，而是开放包容的；不是中国一家的独奏，而是沿线国家的合唱。有专家指出，"'一带一路'倡议实际上是在一个连接国内国际两个大局的思路框架下形成的"。这个倡议秉持开放合作、和谐包容、市场运作、互利共赢原则，突出政策沟通、设施联通、贸易畅通、资金融通、民心互通五大合作重点，以及为愿景和行动而确定的多边双边合作机制等制度保证。

贯彻落实"一带一路"倡议，笔者认为完全可以从杜甫的绝句中寻找智慧灵感，那就是如何做到动静相宜、远近周全。有两个方面的情况可以说明这个问题的紧迫性和严肃性。第一个方面的情况是巨大的需求。据麦肯锡公司估测，2015—2035年，全球电力、公路、港口和供水等基础设施建设所需的投资达57万亿美元。亚洲开发银行统计，亚洲各国基础设施投资需要8万亿美元；亚洲国家中，除中日韩外，未来10年基础设施每年需投资8200亿美元。与此形成鲜明对比的，世界银行的实收资本为2200亿美元，亚洲开发银行未偿贷款仅有530亿美元；世界银行和亚洲开发银行总投资金额分别为2800亿美元、1600亿美元，相关国家自身仅能提供约4000亿美元。这组数字说明，仅仅是基础设施建设一项，资金缺口已经是天文数字了。中国充裕的外汇储备和投资能力无疑是需求者的渴盼，随着"一带一路"倡议走向深入，围绕相关国家和地区的贸易和投资将会有大幅增加。这些数字是否准确，笔者目前确实难以准确核实，但是可套用汇丰亚洲项目和出口融资主管詹姆斯·卡梅隆的话："每个人给出的数字都不同，只有一件事是肯定的，这些数字可能完全是错误的，但是它们确实都是非常巨大的。"

第二个方面的情况是中国巨大的能量。在"一带一路"倡议进入实施阶段的时代背景下，中国对外投资和贸易的步伐大大加速。截至 2014 年 9 月，中国累计非金融类对亚洲直接投资达 6184 亿美元，且多元化区域投资特征明显，2014 年，中国对亚洲投资增长 48.9%（对东盟增长 27.6%、对香港增长 50.8%），对非洲增长近 22%，对俄罗斯增长 35%。据统计，过去 10 年，中国与共建"一带一路"合作国家的货物贸易年均增长 19%，高出同期对外贸易平均增速 4 个百分点；仅我国企业对丝绸之路经济带沿线国家的直接投资，就已从 10 年前的 1.8 亿美元，增加到了 86 亿美元，年均增长 54%，且还有非常巨大的共同投资潜力、合作潜力。中国国家开发银行估计，"一带一路"第一批项目库，涉及的投资金额将超过 8900 亿美元。

应该说，指向胜景的目标已经非常清楚。落实"一带一路"倡议，独缺的是解决问题的船与桥：怎样实现共建国家的大合唱，怎样把中国的合作愿景与有关国家对接，怎样把共商共建共享原则落到实处，怎样做到开放合作、和谐包容，怎样做到市场运作、互利共赢，怎样实现政策沟通、设施联通、贸易畅通、资金融通、民心互通，怎样为愿景和行动确定多边、双边合作机制，以及怎样的合作机制……

套用杜甫的诗句，既要让黄鹂鸣翠柳，让白鹭上青天，让"一带一路"倡议构成绚丽多彩、幽美平和、造福沿线人民的画卷，又要含西岭千秋之雪，泊东吴万里之船，使"一带一路"合作倡议动静结合、周全远近、成千秋之伟业。

这对每个关心和致力于"一带一路"倡议的人来说，是一个不得不回答和解决的时代课题，是一个在实施过程中不得不经常面对和思考的实际问题。而回答这个时代课题、解决现实问题过程中，各个国家涉及"一带一路"问题的言论与决策，应该值得中国决策层重视，含西岭千秋之雪、泊东吴万里船，方能营造出鹂鸣翠柳、鹭上青天的和平和谐之景。

值得感谢的是我工作团队的同事们，他们每天 16 小时的工作节奏，让我感到了"一带一路"热忱者们的青春与奉献活力。是他们的活力与奉献，为关心支持"一带一路"的人们打开了一扇智慧之门。通过这扇窄窄的门，我们可以看到共建"一带一路"合作相关国家、人民的态度，或喜，或怨，或无关己事，或综合有之。而问题的关键在于，所有的态度，反映的是他们所在群体的总体感受和体验，而这种感受与体验，直接关系到"一带一路"倡议的实施。对此，我们应该重视，以"含"的境界和眼界，把脉他们的想法，呼应他们的需求，回答他们的合理困惑；以"泊"的准备和行动，解决他们的难题，顺应他们的需求，共谱"一带一路"的世纪交响之曲。

从目前的统计看，无论是从关注的领域、议题，还是从角度、力度，美国智库对"一带一路"合作倡议最为关心。总体看，一个时期以来，美国的110多家智库对"一带一路"的初步反映中，负面思考多于正面思考、非理性思维多于理性思维、挑拨离间的成分多于建设性因素。

非常有意思的是，在能查阅到的美国智库关于"一带一路"倡议的文章中，基本上看不到美国自身如何在"一带一路"倡议实施过程中，应该干些什么，应该发挥什么作用的意见和建议。相反，美国的智库更热衷于研究共建"一带一路"合作国家和中国历史上的边境纠纷、历史矛盾、现实争端等。

例如，美国外交政策研究所承认，在中国国家主席习近平对印度成功访问后，许多人希望重启曾经广受赞誉的"亚洲世纪"。但是，在他们的报告中，更多的是谈论中印之间的领土争端、印越如何联手对抗中国，并将巴基斯坦的瓜达尔港项目、斯里兰卡的汉班托特项目、缅甸皎漂项目、马尔代夫项目等，列为中国通过"一带一路"合作倡议挑战印度地位的举措。

美国卡内基国际和平基金会南亚项目研究员、《亚洲力量的重新组合：中国、印度和美国》的作者拉吉莫汉，则津津乐道于所谓"中国在印度洋越来越频繁的军事行为"，别有用心地暗示"中国计划通过与印度洋地区发展军事及经济关系来包围印度"，并建议印度莫迪政府，"莫迪可以更加自信地告诉中国领导人，中国在与巴基斯坦联盟中将不再受益"，同时"新德里应该有能力通过自身的政策削弱中巴联盟"。

美国国际与战略研究中心中国研究中心副主任斯科特·肯尼迪、中国商业和政治经济中心项目主任戴维·埃·帕克联合发表的《兴建中国的"一带一路"》认为，中国政府颁布的《推动共建丝绸之路经济带与21世纪海上丝绸之路的愿景与行动》，"涉及了国与国之间毫无约束力的协议。它的核心是中国利用其经济资源和外交技巧，来促进基础设施投资和经济发展，将中国和亚洲其他地区，以及欧洲更加紧密地联系起来"，"如果导致了更多可持续和包容性增长，这将有助于加强该地区的政治机构建设，并减少恐怖分子的恐怖活动"。但是，他们随后话锋一转，"实施'一带一路'将会给中国及其周边国家带来巨大的风险和挑战"，认为"一带一路"合作倡议"大幅度增加了破坏政治的风险"，带来"地缘政治影响"，并"将可能增加中国的海军力量"。最后，两位作者得出结论说："中国的'建设就会成功'的发展战略在国内很难实施。如果同样的事情发生在国外，它可能不仅会产生反中国的政治思潮，而且借款人也无法偿还贷款，或企业无法收回自身的投资，最终对中国经济造成压力，而不是帮助其稍微缓解经济下滑。"这番描述，把"一带一路"的前景描述得一团漆黑。

美国智库史汀生中心的中国与东南亚经济关系专家布兰埃勒，承认"一带一路"倡议"把三个大洲联系起来"，这"将对亚非各国产生深远的影响"，但认为"对环境有潜在的负面影响"，并指出"尽管这一计划声势浩大，但'一带一路'并不容易让人买账"，而且"'一带一路'面临的最大挑战是中国公共关系策略。太多人已经误解了中国的意图，并且曲解该战略将会产生的收益"。

从以上言论观点可以感受到美国内心深处对"一带一路"倡议的疑虑与惧怕。其中，疑虑部分更多的是美国智库对"一带一路"

的认识和了解还处于浅层次，或者换言之，是我们的政策解释工作还存在差距，这需要我们有关部门继续加油努力。而惧怕部分，则涉及美国更深层次的不健康心理，是其与生俱来的对新崛起国家敌对情绪的反映。这种排他性的心理，是没有办法医治的"心病"，我们认识到就可以了，除非美国人自己想明白了，自己把自己的"心病"治愈。中国并不是美国权威的挑战者，也不是国际政治经济秩序的改造者。对这些见解，美国人早一天接受，将早一天受益。否则，可能将永远处于难以自拔的纠结之中。

相比之下，俄罗斯智库对"一带一路"及其共建国家的观察和态度，则要平和务实得多，没有美国智库那种焦灼的感觉。俄罗斯战略和科技分析中心接连就"一带一路"合作倡议公布了一组报告。如《中国"向西看"政策：与巴基斯坦的新连接》的作者萨希德本人，曾在1993年亲自拜访过中国当时的国务院总理朱镕基，且对中国的情况比较熟悉。在这篇文章中，他扼要回顾了中国30多年改革开放的历史，认为西方国家快速的人口老化，将导致需求模式和需求规模的改变，"这意味着向旧的工业化国家出口，将不再是亚洲经济发展的主要驱动因素"，而中巴经济走廊顺理成章地成为中国"向西看"政策的中心和试验田。文中有三个观点值得思考。一是萨希德认为中巴经济走廊不但对巴基斯坦是机会，还"能够为该地区其他国家带来机会。海湾国家以及非洲的部分地区都会受益，而亚洲也会从中获得巨大的经济效益"。二是对中巴经济走廊的发展前景充满信心，认为中巴经济走廊将改变以油轮与集装箱为主的贸易方式，并将极大提升中国同西亚、非洲地区的贸易量。三是报告援引美国五角大楼研究成果数据，指出美国已经在阿富汗发现了价值近万亿美元的未开发矿藏。但是，作者虽然认为中国对阿富汗巨大的矿产资源表现出极大兴趣，而结论却是，这"足以从根本上改变阿富汗的经济，使得阿富汗最终可能变成最重要的矿业开采中心"。在报告的结尾，作者善意地指出，在中巴经济走廊建成后，"如果印度同意成为这些交通线中的一部分，我们看到的将是亚洲经济的重大转型。印度可以与伊朗—巴基斯坦天然气管道和中巴经济走廊联系起来"，为其"提供比目前正在使用的、更为便捷的交通方式"。

再如，俄罗斯战略和科技分析中心的专家伊玛·霍佩尔也围绕中巴经济走廊建设、习近平主席 2015 年 4 月 20—21 日访问巴基斯坦期间，两国政府达成 460 亿美元的能源基础设施投资计划等，发表了自己的看法和意见。霍佩尔认为，中国的投资"既不是援助，也不是优惠资金，而是商业协定和项目融资，包括商业投资回报率"。要实现投资的落地，巴基斯坦应改善俾路支省的安全环境，还要在项目的分配上充分考虑巴基斯坦欠发达地区的实际利益。霍佩尔在结论中指出，与美国的做法相比，"北京方面在南亚和中亚的更广泛投资，不仅仅是为了重振中国经济，也是为了促进（世界上）整合性最低的地区之一的发展，使之具有更好的连通性和商业性"。

在俄罗斯智库公布的研究成果中，有一些现实问题和切身关切值得我们重视，并采取适当方式予以回应、答疑解惑。一是如果北京至莫斯科的欧亚高速运输走廊建成，在便利俄罗斯人民的同时，也会使越来越多的中国公民前往俄罗斯。在俄罗斯人口老化严重和出生率不断降低的背景下，俄民众普遍担心居俄华人将成为最大的少数民族。二是现在中国已经成为中亚国家最大的经济伙伴，俄罗斯忧虑中俄在中亚地区可能在某些利益问题上形成正面冲突。三是俄罗斯民族的特点是想成为创造者，而非参与者。中国的"一带一路"合作倡议与俄罗斯的欧亚联盟构想有一些重叠之处。在遭受欧美国家制裁、经济陷入困境的背景下，俄担心如果深度参与"一带一路"实施，可能会拖延其重新构建"欧亚帝国"的计划。但是，如果减少对"一带一路"的参与，则又可能错失发展机遇，累及俄罗斯疲软的经济。这令俄罗斯普通民众乃至决策层感到左右为难。

对存在的以上问题，俄罗斯智库也给出了一些较有操作性的意见和建议。主要有：一是中国企业和民众到俄罗斯时，要以实际行动证明，中国公民前来投资经商和居住，都是在商言商、合法经营、依法办事，并没有政治目的；二是中国在中亚地区寻求自身利益的同时，要同时兼顾俄罗斯的利益，把握好处理两国利益的原则底线；三是要搁置分歧、求同存异，尽量避免刺激俄罗斯的神经，中国政府可考虑主动提出使欧亚经济联盟建设和"一带一路"建设相对接的方案，以实现两国和两个战略的共赢；四是建议中国妥善处理、协调好两国的利益，使俄罗斯与中国共同推进"一带一路"建设，形成助力，努力将中俄合作打造成"一带一路"沿线国家合作的范例。

欧洲各国智库面对"一带一路"倡议，其研究和思考的角度虽略有差异，但总体上看，其积极参与"一带一路"的动力较足，传播的正能量也较为集中。从人文上看，欧洲各国智库认为"一带一路"正在弥补中欧在认知上的差异：在中国人眼中欧洲不再是古老僵化的城堡，在欧洲人的眼里中国已不再是刻板古老的长城。从发展趋势上看，许多智库认为世界中心也许会逐渐从以"美国—大西洋—欧洲"为核心的基督教文明圈，开始转到以"中国—欧亚腹地—西欧"为核心的多元文明圈，并在全球形成"美国—大西洋—欧洲""中国—欧亚腹地—西欧"两个中心。而欧洲恰恰处在两个中心连接之处，因此就"一带一路"合作倡议的落地而言，欧洲深感期待。

同时，欧洲的许多智库也不讳言欧洲人在"一带一路"建设中暂时的茫然和不知所措。他们认为，亚洲基础设施投资银行的成立使欧洲国家成为"一带一路"最重要的朋友圈之一。欧洲国家参与亚投行，说明了它们高度重视中国市场，以及"一带一路"倡议带来的战略机遇。但是，问题在于欧洲国家目前并不知道如何对接"一带一路"，中国的企业也不知道如何深度开拓欧洲市场。这既是认知差异，也是需求的差异。具体来说，欧洲各国政府和企业家首先要闹明白：欧洲应向中国买卖什么，中国政府和企业家也应同时考虑同样的问题。欧洲智库也指出，欧洲并不是一个整体，各国有各国的竞争优势和利益需求。"一带一路"要在欧洲落地，中国应遵循古老的

"知己知彼"古训，才能做到游刃有余、持久良性、合作共赢。

一些欧洲智库也在对"一带一路"倡议进行冷观察和冷思考，其结论可能会有些偏颇，但可以让我们的智库头脑清醒一下。这些结论主要有以下四点。一是避免过度解释中欧关系的亲密。直到目前，欧盟尚没有承认中国的市场地位，也依然禁止向中国出口武器。欧洲国家在经济上走向中国，并不意味着其在战略和安全问题上背弃美国；中欧在经济上深度合作，并不意味着欧洲在人权、民主和价值观上改变对中国的苛求与刁难。在人权和民族宗教问题、达赖和西藏问题等方面，欧洲的对华干预可能随时会干扰目前的良好关系。二是避免将"一带一路"倡议过度政治化或归于宿命论。"一带一路"是否会成为国际关系史上的"烂尾楼"，或是否会成为新版的"中华帝国朝贡制度"，关键在于能否设定好战略和战术目标，核心是"一带一路"倡议能否在清晰的战略指导下逐步落地，并通过一个个战术目标的完成，最终实现惠及共建国家民生的目标。三是避免盲目发展、遍地开花。中国政府应尽早系统整理共建"一带一路"合作国家和地区的各类信息，动态性地提供给中国"一带一路"的参与机构和企业、人员。要把中国国内致力于参与"一带一路"的城市和企业、机构的竞争优势、现实需求等，提供给国外相关国家和企业、机构。要通过这些细致的工作，让彼此知道双方合作的接触点和发力点之所在。四是注重高层次人员交流与沟通。欧洲一些智库坦言，当前欧洲最缺乏的是社会的活力与创新，中国最缺乏的是国际化的人才和经验。这种高异质性，决定了高互补性。因此，应加强政府、企业、智库、学者等之间的人文交流。五是要尽早建立"一带一路"倡议实施的样板，以发挥可复制、可推广的带动作用和示范效应。

法国的一些智库认为，法国领土面积占欧盟的五分之一，是西欧面积最大的国家。特别突出的是，法国在民用核能利用、高铁、航空航天等领域具有产业优势，这些领域也是法国经济的依赖和支柱。目前，中国的核电和高铁已经成为中国企业"走出去"的优势产能，这可能造成中法之间的同质化竞争关系。另外一些法国智库则认为，法国高铁在欧洲运用最早，其多项标准曾是欧洲高铁技术的基础。但是，在竞争日益激烈的全球高铁市场中，法国高铁的话语权已经一去不返，传统的竞争对手德国、日本和后起的竞争对手韩国、西班牙、意大利已经将法国高铁逼入困境。同时，2008 年国际金融危机之后，在法国国内，价格已经取代速度，成为吸引消费者的关键因素，法国高铁的乘客数量日渐减少，就是明证。因此，一些法国智库把中国高铁看成是激发其活力的"鲇鱼效应"，认为中国的许多高铁技术来自法国，法国更加了解欧洲市场且具有成熟的人才、经验，中法高铁市场如果能相互开放，两者可以联手开拓欧洲的高铁、码头、港口、机场乃至核电等基础设施。

在文化创意与时尚产品方面，法国智库信心满满。他们认为，文化产业是法国的另外一大优势，既是法国经济最强大、可持续发展的动力之源，也是中国的硬需求。他们认为，中国非常重视文化产业发展，但目前的发展起点依然很低，许多文化项目依然停留在"门票经济"阶段。他们建议，在"一带一路"建设中，中法应在文化创意产业、旅游服务业等方面开展深层次合作。同时，在"一带一路"重要节点城市建立"中法文化产业园区"，以孵化与文化产业相关的各类企业，提升中国整体及各城市的文化品位和艺术气质，同时增加沿线国家民众对"一带一路"的认知兴趣和参与热情。

英国智库认为，英国兼具重商主义、人文主义之气质。略显被动的地缘条件和匮乏的资源，迫使英国必须务实灵活地寻找经济上的合作伙伴，故重商主义盛行；重视传统、推崇渐进的民族性格，又使其不轻易改变什么，因此人文主义在其灵魂深处的烙印很深。重商主义、人文主义两种思想，遂成为英国智库解释英国对"一带一路"合作倡议的理论依据。

首先，英国是西方国家中呼应"一带一路"倡议最早的国家之一，是加入亚投行最早的意愿国和创始成员国。对此，英国智库的研究结论是，英国的行为，并不是对美国的背弃，而是重商主义使然。因为英国需要中国的投资来更新老旧的工厂和基础设施，以升级英国制造业水平，从而将更好的产品出口到中国；英国加入亚投行，也有巩固其国际金融优势的战略考量。在"一带一路"倡议的五通之中，以货币流通为核心的金融支持是重点。同时，作为老牌的金融大国，英国智库自认为全球四大金融中心中，有三个与英国有关（伦敦、新加坡、中国香港），中国境外人民币支付有62%在伦敦进行。

其次，中国政府和英国政府于2014年签署了一系列新协议，其中包括在未来三年加强中英教育合作的框架协议。英国智库对这些问题的解释是，英国教育的宗旨是培育社会精英意识，包括批判性思维、独立性思考、跨学科知识、国际化视野、高度的社会责任等，此乃人文主义使然。他们认为，这些人文素质让英国在文学领域有莎士比亚、在科学领域有牛顿、在经济学领域有亚当·斯密、在自然科学领域有达尔文……当然，目前在英国大学的本科教育中，来自欧盟的学生显著减少，中国学生的出国需求正在填补这些空缺。从一定意义上讲，作为局外人，笔者感到在英国的人文主义之中，还是脱不开重商主义的色彩。

最后，在"一带一路"倡议实施过程中，英国智库把重商主义和人文主义糅合在一起，建议中国和英国可以加强"一带一路"的媒体合作。他们认为，英国的传媒业高度发达，是有传媒话语权的国家。而中国，有正在崛起的传媒市场，有"一带一路"倡议实施过程中的舆论引导和动员需求。一些智库建议，中英可联合开展问卷调查，了解共建"一带一路"合作国家的关注倾向和参与程度；联合拍摄纪录片和专题片，向世界展现"一带一路"的全景和未来愿景；加强现代传媒理念培训，联合培养现代传媒人才；加强两国传媒产业沟通，全面加强纸质媒体、广播电视、音像制品等传媒领域的双边合作。他们认为，传媒影响力属于文化软实力范畴，理应成为中英在"一带一路"倡议实施中合作的重点领域和项目。

德国和意大利智库津津乐道的是，在"一带一路"倡议实施过程之中，德国制造、意大利制造是中国离不开的两块制造业金字招牌。德国智库指出，作为当今欧洲第一、世界第四的经济体，德国在全球金融风波和欧债危机的双重压力下表现抢眼，其原因在于德国制造代表着品质与卓越。德国的机械设备制造业是典型的出口导向型产业，其75%的机械设备产品出口国外，在机械设备业36个产品领域中，德国产品在16个领域为世界出口第一。汽车、机械制造、化工医药、电子电气是德国四大传统产业。正是因为这些自信，德国智库认为中国企业虽然重视产品研发，渐进性创新不少，但突破性创新不足。他们认为，德国制造对中国的启示是："一带一路"要有产品可卖，就要在突破性创新上有起色，拿出真正有品质、有品牌的产品。

意大利智库认为，意大利是"中小企业王国"，致力于发展中小企业的中国丝路城市应该主动对接意大利，尤其是在食品、服装、家具（也就是意大利人引以为豪的"3F产业"）领域。他们认为，中小企业是检验一个国家经济是否健康的最重要指标，也理应成为"一带一路"经济是否活跃的晴雨表。

本书收录了印度7个智库关于"一带一路"倡议的43篇研究报告的观点。从时间顺序看，印度在对待"一带一路"倡议方面，大体经历了抵触、犹疑、初步张开怀抱欢迎等几个阶段。从这些报告中，大体可以梳理出以下一些基本的脉络：莫迪总理执政初期，绕开中国访问美日，对外公开宣称将开辟"印度世纪"。之后不久，莫迪总理积极开通微博热线、调整行程访华、拒绝见达赖，并在2015年5月15日与习近平主席会谈时，畅谈对"一带一路"合作倡议的呼应。印度智库研究成果的转变，大体与莫迪总理态度的转变同步。

印度全球关系委员会发表的《印度需要中国的"绿色丝绸之路"》中，建议"中国政府需要制定和完善对外战略、绿色技术细节以及投资和发展思路，为丝绸之路经济带新的贸易伙伴提供'绿色丝绸之路'升级版的工具箱"，认为"丝绸之路复活计划不应该以推出类似于疯狂的发展项目的方式进行，而是作为一种绿色和自反性现代化的努力而存在"，并具体希望"中国和印度一起保护和保存喜马拉雅山脊的聚宝盆（动物、植物和文化多样性）"。

随着中国在尼泊尔影响力的上升，一些印度智库认为中国将打破印度对尼泊尔经济的垄断。印度全球关系委员会的研究主管马瑟·阿克沙伊认为，"中国将尼泊尔视作通往南亚的门户，这是扩大其势力范围的更广泛战略中的一部分"，表现出了强烈的犹疑和担忧情绪。阿德雷德大学亚洲研究中心教授杰恩教授也表示，"中国在尼泊尔的这些发展进程令印度不安"，但他随之又表示，"尼泊尔政府意识到中国和印度互相竞争，因此不想丢开任何一方，这是一个极其智慧的平衡法则"。

印度全球关系委员会的另外一份报告题目为《新丝绸之路是为了建立一个公正的世界秩序吗？》。这份报告尖锐地提出了两个问题：一是"如何使丝绸之路更符合 21 世纪的现状，并且促进中国和印度的发明创新和商业发展"；二是"'丝绸之路'倡议是选择在经济增长、生态环境和社会公平上都取得发展，还是以生态换取国家发展？"但其建议和结论则为，印度为确保两大目标的实现，"莫迪可以挖掘丝绸之路经济带项目的这些潜力，并联合本国专家和学者共同设计出相关方案"。在该智库的另外一份报告《提供给南亚区域合作联盟国家的一个印度民主样板？》中，作者也提出了两个尖锐的问题，他认为"南亚国家的政治轨迹一方面取决如何平衡印度的民主模式对南亚国家人民的吸引力，另一方面取决于中国能否为加强其基础设施而向南亚国家政府做出慷慨的经济赠予"，但作者又认为，"尽管印度是南亚地区最大的经济体，但是印度却不能指望超过中国在该地区的经济吸引力。印度必须在扩大教育与文化交流方面变得更有创意"，并在报告的结尾指出："在中国对南亚国家的经济参与将会继续扩大之时，印度日渐成熟的民主制度仍将是南亚国家人民所关注的焦点。"

　　《"一带一路"和印度的安全担忧》是一篇很严肃的报告。这篇发表于 2015 年 5 月 15 日的报告，恰是莫迪总理同习近平主席会谈的同一天。报告细数了印度的安全担忧：中印悬而未决的边界问题、1962 年中印之战对印度造成的心理包袱、中国与巴基斯坦的亲密关系、印度和中国之间假想的权力之争、中巴经济走廊与克什米尔问题，并认为中国与尼泊尔、斯里兰卡、孟加拉国、马尔代夫的合作，"将成为一个针对印度的'包围圈'，中国的'一带一路'项目以及在印度周围发起的基建项目使印度更加担忧中国的真实意图"。文章说，"印度一再提请中国关注这些问题，但中国对印度的担忧看似无动于衷。也许是因为中国看待问题的角度与印度不同"，最后作者建议"印度必须与中国共同设计'一带一路'项目，只有这样才能与中国进行真正的合作并充分从中受益"。

　　印度观察研究基金会的《印度还是中国大放光芒？投资计划说明了一切》，则比较客观地谈到了印度自身的差距。报告称，"2012 年中国用于研发的费用高达 2968 亿美元，而我们 2011 年的研发费用只有 361 亿美元；中国有 50 万所职业技术学校，而我们只有 1.1 万所"。"改善基础设施的决心是我们在本世纪向前发展的依托和基础，我们建立了只使既得利益者受益的印象，而不是给我们数量众多的人口创造机会，或者利用我们的人口红利优势。我们又担心中国计划通过巴基斯坦和其他国家在附近包围我们。我们不妨在巴基斯坦或者是瓜达尔港参与建设与中国类似的管道。当斯里兰卡寻求我们的援助时，我们没有表现出兴趣，但当斯里兰卡选择了中国的援助时，我们又感到震惊。五十年来，我们带着对中国人超越我们的担忧一直故步自封"，而"当机会来到我们身边，目光短浅和缺乏自信使我们后退，我们剩下的时间不多了。我们需要建立我们的秩序，增强我们的领导力，调整我们机构的状态，并改进我们的治理能力"。

　　此外，本书还收录了加拿大、新加坡、澳大利亚、土耳其、荷兰、瑞典、以色列、哈萨克斯坦、比利时等国智库的一些研究报告摘要，其观点对研究"一带一路"倡议均具有较强的参阅价值。但限于篇幅，笔者无法再逐一进行辑录整理，敬请读者见谅。

本书是我们加强全球涉华智库研究的一个初步成果，试图兼容并蓄而"含西岭千秋雪"，为"泊"好"一带一路"的万里船做些贡献。但是，由于缺乏经验和积累，在智库和智库成果的选择上，我们未必都做到了权威，希望读者对我们的工作提出意见和建议，以使我们在随后的工作中逐步完善和提高。

敲字为文，信笔为序，以此为记。

（本文系王灵桂主编《国外智库看"一带一路"(Ⅰ)》序言，社会科学文献出版社 2015 年 10 月版）

蝴蝶的翅膀

当下，对"一带一路"倡议的研究与落实，已经成为一门显学、要事。每天上下班的路上，连收音机调频 90.0 赫兹里播放的外国音乐，都冠以"丝路音乐"或"丝路之声"之名；一夜之间，国内诞生了上千家研究"一带一路"的各类研究机构，中国知网上可查阅到的相关文章多达数万篇，且正以几何级的速度递增；各类媒体上，每天都能看到或听到关于"一带一路"的会议、论坛、研讨会、座谈会等已经召开，或正在召开，或即将筹备召开。在所有这些现象的背后，大大小小的企业家们、实业家们，正在琢磨着如何把剩余的产能转移出去，如何在"一带一路"沿线国家再复制若干中国版的"铁公鸡"。

这些，本无可厚非。但"一带一路"倡议体现的是一种立体的综合发展观，绝非简单草率、一厢情愿、轻而易举之事。诸葛亮曾深有感触地说，"夫败军丧师，未有不因轻敌而致祸者"。2015 年 3 月，习近平主席在博鳌亚洲论坛年会开幕式上发表主旨演讲时指出："'一带一路'建设秉持的是共商、共建、共享原则，不是封闭的，而是开放包容的；不是中国一家的独奏，而是沿线国家的合唱。"①这个大战略秉持的开放合作、和谐包容、市场运作、互利共赢原则，突出的政策沟通、设施联通、贸易畅通、资金融通、民心互通等五大合作重点，以及为愿景和行动确定的多边双边合作机制等制度保证，

---

① 中共中央文献研究室：《习近平关于社会主义经济建设论述摘编》，中央文献出版社 2017 年版，第 261 页。

注定"是各国共同参与的'交响乐',其基本定位和目标既要反映中国和平发展的利益诉求,又要符合共建'一带一路'合作国家乃至全球发展的需要。"有专家指出,"'一带一路'倡议实际上是在一个连接国内国际两个大局的思路框架下形成的"。因此,对落实"一带一路"倡议,我们理应慎重研究、积极推进。而智库在其中的智力保障和引导作用,怎么形容,看起来也不会过于夸张。

因此,面对"交响乐"般的国家宏观战略和"国之大事",如果我们国家战略智库的思考和思想,也仅停留在技术和实务层面上,不察"死生之地、存亡之道",则有负"庙算"之称号;不能做到"总贵确实而戒虚捏",而"阿附随声",则会辱没"庙算"之精神。因为,"夫未战而庙算胜者,得算多也;未战而庙算不胜者,得算少也。多算胜,少算不胜,而况于无算乎"?对此,战略家孙子的结论是"吾以此观之,胜负见矣"。

庙算者,即谏者。用老话讲,其职责应当是"为国谋""为君谋"。孙子曾就此解释道,"不知军之不可以进而谓之进,不知军之不可以退而谓之退,是谓縻军","知可以战与不可以战者胜"。这也就是知彼知己、知进知退,方可百战不殆的内在道理。

用现在的话讲,智库应当是"眼光紧盯战略博弈,脚步紧跟时事演进""开阔眼光看穿世界,号准世界脉搏""脚跟站稳持定力,步步小心层层着眼""仰观云飞、静听风过,看得出云移山欲动,水漾石疑浮"。也就是陆忠伟研究员在本书系总序中所精练的智库四重境界:战略性、前瞻性、对策性、动向性。这也正如古人所云,"兵事决于临机,而地势审于平日,非寻常张皇幽渺可比"。

要当好庙算者,达到四重境界是主要标准。其中,具备敏锐性,是必备之条件。楚国的美男、文学家宋玉,在其《风赋》中写道:"夫风生于地,起于青萍之末,侵淫溪谷,盛怒于土囊之口,缘太山之阿,舞于松柏之下,飘忽溯漭,激飓熛怒。"后人续写宋玉之"风起于青萍之末"一说,仿写了"浪成于微澜之间"的对偶句,形成了我们现在看到的"风起于青萍之末，浪成于微澜之间"的句子，其特指人的敏锐性。宋代大文豪，位居唐宋八大家之列的苏洵，在其《辨奸论》中也写道："事有必至，理有固然。惟天下之静者，乃能见微而知著。月晕而风，础润而雨，人人知之。"苏洵的见微知著、月晕而风、础润而雨等说法，也成了敏锐性的代名词。可见，讲究敏锐性，从我们的老祖宗那里就已经有了理论依据和理论根基。

在对敏锐性的表述上，今人也毫不落后。远的不说，前几年国内有首流行歌曲叫作《两只蝴蝶》。歌词写道："亲爱的，你慢慢飞，小心前面带刺的玫瑰。"其表明即使在浪漫温馨的爱情生活中，也要对可能的危险保持足够高的警惕和敏锐性。

国外也拿蝴蝶说事。美国麻省理工学院有位气象学家，叫作洛伦兹，他在 1960 年提出一个看似很无聊的说法，认为南美亚马逊热带森林中的蝴蝶，同北美的飓风之间，有着某种神秘的关系。难得的是，这位老兄还在反复论证之后，写了一篇论文，题目就叫作《一只蝴蝶拍一下翅膀会不会在得克萨斯州引起龙卷风?》。他在文中提出，亚马逊河流域的一只蝴蝶扇动翅膀，会掀起密西西比河流域的一场风暴，并将这一现象称为"蝴蝶效应"，意思是一件非常微小的事情，也可能带来巨变。这个理论开始并不流行，但到 2004 年 1 月 23 日，也就是洛伦兹教授发表论文 44 年后，美国导演埃里克·布雷斯的科幻惊悚电影《蝴蝶效应》在美国正式上映，并于当年获得全美"青少年选择奖"之"最佳惊悚电影奖"提名，2005 年获得美"土星奖"之"最佳科幻电影奖"提名。一时间，"蝴蝶效应"这个气象术语名声大噪，成为敏锐性的时髦代名词。笔者也赶一把潮流，用《蝴蝶的翅膀》作为《国外智库看"一带一路"（Ⅱ）》一书序言的题目。

孙子曰：激水之疾，至于漂石者，势也；鸷鸟之疾，至于毁折者，节也。意思是说，激荡的水流可以冲走石头，是由于它奔腾的水势；飞速的大鸟可以捕捉猎物，是因其合适的节奏。"当今中国越来越接近世界政治舞台中心、经济竞争前沿、文化交锋前哨、军事博弈一线；国家安全之舟驶入国际战略主航道及安全深水区，惊涛骇浪扑面：地缘战略条件、科技革命冲击、战略同盟关系重组，国际战略形势变化范围之广、速度之快、烈度之大，致中国身处'大争之世'。"在这个时代大背景下，中国这艘巨大的航船乘风破浪，如何把握"势"、如何控制"节"，是时代赋予智库的难以回避的艰难课题。其中，从蝴蝶翅膀的振动就开始留意事态的起源与发端，应该是我智库学者的治学路径之一。

陆忠伟先生在为笔者《对综合安全的现实思考》所作的"序言"中，一针见血地指出："大国在政治、外交、军事、经济、贸易、金融、能源、气变、文化、环境诸多领域，面临残酷的'复合力''大竞争'。中国先天地缘战略环境恶劣，与部分周边国家围绕领土、领海的冲突未决；与部分国家围绕网空、天域、极地的'大博弈'形势严峻，各种可以预见和难以预见的风险因素明显增多。不仅'美国蝴蝶'的振翅——华盛顿、华尔街的风吹草动会影响中国，就连卡拉奇的示威、内比都的游行、朱巴的内战，均会影响北京的战略设计或外交日程。"陆先生进一步阐述说，"中国国力发展的雷霆万钧之势引发了国际战略上'龙出大海'与'困龙浅滩'两股力量的大博弈。一位长期旅德的美国著名经济学家、地缘政治学家威廉·恩道尔 2013 年出版新著《目标中国：华盛顿的'屠龙'战略》，认为当前美国统治阶层的对华战略，即是'慢火煮蛙'与'屠龙'战略。正是从 2005 年开始，华盛顿用'慢火煮蛙'的策略来对付中国，并且逐渐把火调大，妄图重创直至扼杀中国发展。该书揭露的由华盛顿精心策划的'屠龙'战略触目惊心：货币战争、石油战争、农业战争、健康战争、军事战争、经济战争、环境战争、媒体战争、中欧大陆桥等诸多安全领域。目标中国，一场蓄谋已久、触目惊心、无硝烟的邪恶战争已经打响：招招险境的'套中套'，步步为营的'链中链'脚本，已在国际政治现实中上演"，"也正因为如此，人们相信，怒海行舟，一路安否，并不单单取决于大海的波涛汹涌，所谓熟水性，好撑船——更多是靠掌舵人的智慧、勇气及战略定力。当今天下，作为世界级大国的入场券、速通卡，各国都在储备、调配、挖掘、运用战略思维资源，以在这场全方位、多层次的'大竞争'中保持不败、在世界民族之林保住'球籍'。为此，战略思维、世界眼光等安全文化成了大国决策高层的必修课"。从这个意义上讲，具有中国特色的新型智库的职责和作用，已经上升到保护中国"球籍"命运的高度。所以，关心蝴蝶的翅膀如何振动，也自然成为国家智库的安身立命之本。

"一带一路"倡议，是大手笔、大视野、大举措，是与共建国家共商、共建、共享之和平友善之举。但是，对此各个国家从不同的角度，有不少的解读，赞同拥护者有之，心存疑虑者有之，故意挑拨捣乱者亦有之。而所有的这些表现，根源之一就是各个国家的智库在其中发挥作用。这些蝴蝶的翅膀，可能仅仅是自娱自乐地扇动翅膀而已，也可能是为了创造条件形成知时节的好雨，也有可能是为了制造危害巨大的飓风暴雨而为之。但是，总体来说，关注蝴蝶的翅膀很重要，对我们落实"一带一路"合作倡议至关重要。因此，我们在《国外智库看"一带一路"》（第一卷）的基础上，在最短时间内，又推出本卷，并准备一直努力做下去，形成若干卷，为大家看清楚蝴蝶如何振动翅膀提供必要的参考。这也是我们工作团队的初衷和目标。

在关注并研究"一带一路"合作倡议的外国智库中，美国的智库数量最多，发表的报告也最多。值得注意的是，在美国智库发表的报告中，鲜有为美国政府出谋划策参与"一带一路"的建议，他们的注意力主要集中在如何使"一带一路"搞不下去，如何在"一带一路"上铺蒺藜，如何让共建"一带一路"合作国家对"一带一路"倡议产生疑问和猜忌。看得出，"老大"对"老二"的工作不怎么支持，猜忌疑虑、挑拨离间的成分有，使绊子、下套子的成分有，直接棒杀、试图使之胎死腹中的成分也有。本卷对美国14家智库的31份报告的观点加以摘录，也进一步验证了这个看法。不过，一个无法改变的事实是，不管美国的众多重量级蝴蝶们怎么拼命扇动翅膀，目前在60多个共建"一带一路"合作国家的上空，尚没有出现吹熄"一带一路"和平火炬的飓风暴雨，估计也难以形成。

国家与国家、国家与国家集团之间开个会，研究点儿什么事，建立些友好的交往关系，造福彼此，这在当今国际政治现实中，是司空见惯的事情。不是个事儿，也不应该算个事儿。但是因为是中国，因为出现了"一带一路"倡议，这些不是事儿的事便成了事。不信？你看看，美国布鲁金斯学会作为世界有名的大牌战略智库，看见中国和欧盟开个峰会便显得忧心忡忡；中国和巴基斯坦两个"铁哥们儿"来往密切些，便被贴上"轴心"的标签；中国和俄罗斯开展一些务实性的合作，召开双峰会（金砖国家峰会和上海合作组织峰会），便被描述为两国缺乏浪漫情怀；中国和欧洲的关系不断加强，布鲁金斯学会便发出中国为什么要走向欧洲的疑问。

2015年6月29日，中国—欧盟峰会在比利时首都布鲁塞尔顺利召开。此前，第七届中美战略与经济对话刚刚结束。在该峰会召开前3天，即2015年6月26日，布鲁金斯学会发表了《欧盟—中国峰会：美国不注意时会发生什么》的报告，认为"中国与美国和欧盟的关系似乎正朝着不同的方向发展""这两次会议将会有很大的不同。与刚刚在华盛顿闭幕的第七轮中美经济战略对话不同的是，欧洲和中国探讨网络问题和南海安全问题的可能性不大。在欧洲国家当前领导人的带领下，似乎没有哪个国家想让中国不舒服。美国副总统拜登表示，在互联网领域，中国可能不是'一个负责任的竞争者'。我们很难想象欧洲理事会主席唐纳德·塔斯克（Donald Tusk）和欧盟委员会主席让-克洛德·容克（Jean-Claude Juncker）在会见中国国务院总理李克强时会触及此类敏感话题"，报告同时提及欧洲人的容克计划和"一带一路"倡议，发出了"长达11000公里的'新丝绸之路'"能否延伸到欧洲的疑问。

作为全球智库"大咖"，布鲁金斯学会不会不懂得国际关系的一般原则，不会不明白俄欧关系交恶的真实原因。但是，面对不断深化的中俄关系，其在《俄中欠缺浪漫关系》的报告中，明知故问地发出"放眼全球格局，我们不禁会感到迷惑。就在昨天，俄罗斯还在约会欧洲；而今天，克里姆林宫却试图说服世界各国（以及自己？）它已经爱上了北京"的疑问，并指出："我认为关于俄罗斯转向亚洲以及其与中国交往的所有推论存在故意误导的性质。人们难免会产生这是一种叫作'假装'的新游戏的印象，在这场游戏里，俄罗斯和中国十分清楚它们参与的是什么。然而，新'便利轴心'（便利谁？）的成员清楚它们之间的交往将把它们带至何方吗？"同时，报告把近期中俄领导人签署的各项条约、习近平主席和普京总统在莫斯科纪念反法西斯胜利七十周年庆典和在北京出席"9·3"阅兵式上的友好交往、中俄联合军演、欧亚联盟与"新丝绸之路经济带"的对接、中俄天然气协议等互惠中俄两国长远利益的举措，统称为"一系列'狂热的'活动"，并故意悲天悯人地恶意宣称，"应该警告莫斯科不要卷入这一不自然的伙伴关系中。对于俄罗斯来说，与中国保持这种伙伴关系的弊远远大于利"。

中欧之间尚有一些问题需要解决，但种种迹象表明，中欧关系已经进入历史上最好的时期。对此，布鲁金斯学会发表了《为什么中国要走向欧洲》的报告，专门提醒欧盟国家"中国与欧盟之间每天的贸易额都超过10亿欧元，但是，所有欧盟成员国都面临的问题是：如何确保与中国的关系完全符合欧盟本身一贯倡导的原则与规范"，"中国将自己宏伟的基础设施建设计划——'一带一路'工程——看作未来将中亚、南亚和东南亚连接起来从而进一步发展中国与欧洲贸易往来的纽带。但是欧盟对北京提出的'16+1'合作机制感到吃惊，因为该倡议增强了中国与中欧和东欧的经济合作，这样一来就限制了欧盟与中国发展更强的战略关系"，并建议"欧盟各成员国之间必须加强内部的互相合作来保证不被分化"，欧盟"各国单独对付强大的中国会削弱欧盟的力量"，"就如何应对中国日益强大的经济影响力这个问题，欧盟成员国必须加强内部讨论……鼓励中国积极按照区域准则和国际惯例来行事"。

《作为区域和全球大国，中国的崛起进入新阶段》是美国智库为数不多的、较正面的关于"一带一路"倡议的报告。报告羞羞答答地承认了美国政府努力劝阻盟友不要加入亚投行的徒劳做法，认为"这对美国来说可能只是一个暂时的外交挫折"。报告承认"一带一路"倡议与跨太平洋伙伴关系协定"是互补的"。但是，其仍固执地认为"一带一路"倡议融资建设的基础设施是贸易和投资的"硬件"，虽然对加深一体化十分必要，"但不足以完成一体化"。而美国的《跨太平洋伙伴关系协定》，才是一体化的"软件"。这种对事物认识上的错位，使得报告虽然承认"中国与美国之间的竞争更有可能加深亚太地区的一体化"，但是也强调"中国与美国之间具有竞争性的倡议可能导致区域集团的产生以及贸易体系的瓦解"。

与布鲁金斯学会相比，卡内基国际和平基金会发表的报告显得更为务实一些，也更巧妙一些。比如，在对华政策问题上，该会的报告一方面认为美国政府"必须安抚日本这个传统盟友，而同时又必须有效地应对中国""因为美国是日本的盟友，所以在日本与中国的纠纷问题上，美国愿意倾向于日本"。同时，又宣称"美国试图'牵制中国'的说法完全不具有真实性"。钓鱼岛问题与"一带一路"倡议本来风马牛不相及，但该智库还是"智慧"地将两者联系在一起。其声称，"习近平的'新丝绸之路'倡议就为中国与西部周边国家建立外交关系提供了机会。确实，中国应该寻找新的可能性，并采取发展其周边外交政策的新措施，而不应该把注意力放在当前无法解决的问题上"。

在《国外智库看"一带一路"》（第一卷）的序言中，笔者曾比较详细地分析了美国智库对中国和斯里兰卡等南亚国家的合作关系以及印度因素产生的影响进行的研究。近一个多月以来，卡内基国际和平基金会、当前危险委员会、史汀生中心、伍德罗·威尔逊国际学者中心等美国智库陆续又推出不少报告。总体浏览下来，感觉新的报告与之前的其实有些大同小异。其总的出发点，看起来是不断地提醒印度，"正在崛起的中国变成印度邻国的最重要的区域外合作伙伴"，"印度已经不能单纯地希望削弱中国在南亚地区的影响力"，"限制中国在南亚地区的影响力的唯一方法是扩大其自身与所有邻国的合作，包括国防领域"。

　　伊朗核问题谈判、阿富汗问题等中东事务，历来是美国智库关注的话题。在卡内基国际和平基金会、大西洋委员会、美国全球安全分析研究所、中东论坛的报告中，都能见到它们的各种评论，与过去相比，近来唯一的变化和区别在于它们把上述问题放在"一带一路"倡议的背景下去考察。卡内基国际和平基金会发表的题为《中国与伊朗核问题谈判》的报告说，"稳定的伊朗以及和平的中东给中国带来的利益远不止石油供应"，"但是该计划最终是否能够成功，在很大程度上取决于中东地区尤其是伊朗的局势是否稳定。中东地区处于'一带一路'的西部交叉点，它将成为实施该计划的重要地区，而且可能会成为最早获得成效的地区之一"，"然而，仅仅关注经济层面是不够的。一些区域国家已经批评中国的中东政策太过利益化"。大西洋委员会的报告则露骨地表示"与 ISIS（伊斯兰国）旷日持久的冲突，将挑战我们应对冲突的能力，而且对经济也是一种挑战。我们和盟友需要明确自己的立场，清楚地认识到我们是谁，我们的敌人是谁。21 世纪我们需要调整全球外交政策以及安全政策，并且使其像 100 年以前的'美国世纪'一样繁荣稳定"。美国全球安全分析研究所的报告《伊斯兰哈里发国遇上中国的"丝绸之路经济带"》妄猜中国的现行政策，明显有将 ISIS（伊斯兰国）与"一带一路"合作倡议拉郎配的意图，宣称"比起西太平洋的军事冲突，北京把恐怖主义和不稳定局势视为更大的安全威胁。中国担心无法保障能源供给路线的安全，因为这种危机将不利于经济持续增长，而保持经济增长是巩固共产党政权合法性的根基""与中国一样，ISIS（伊斯兰国）对于宝贵的伊拉克石油也十分感兴趣。通过控制伊拉克和叙利亚的大量油田并通过黑市卖石油，已经成为其筹集活动经费的一种手段""事实上，中国已经采取了一系列措施。2014 年 12 月，伊拉克外交部部长易卜拉欣透露，通过为伊拉克军队提供空中支援，中国已经加入对抗 ISIS（伊斯兰国）的行列。此外，中国和伊朗将可能就打击在伊拉克的恐怖组织展开合作"。这些评论明显有祸水东引的味道，使人不得不保持必要的警觉。

美国智库中东论坛接连发表了两篇报告——《中国的足迹在中东日益扩大：以色列的机遇》《奥巴马政府失策助伊朗成为区域霸主》。第一篇报告认为，"中国的'新丝绸之路'可能成为历史上有关基础设施建设投资最宏大的计划……以色列在该计划中的作用与土耳其的作用相同，甚至可能超过土耳其的作用"，但是，"以色列将依然是美国的盟友，而且这种联盟严格地界定了以色列与中国合作的范围，即使是在这些界限范围内，以色列依然拥有很大的活动空间，也拥有影响中国在该地区实施某种战略的机会"。第二篇报告故意混淆现实，宣称"中国对始于新疆、横跨中亚地区的项目进行巨大的投资，这是北京对未来能源安全和经济发展的重要展望。而逊尼派伊斯兰激进分子称，他们要成为中国此项目的战略噩梦和意识形态噩梦。逊尼派伊斯兰激进分子可能阻碍北京实施其'丝绸之路经济带'计划"。在中土关系持续改善的情况下，该论坛却说"虽然中国将土耳其设想为'一带一路'倡议的终点站，但是它对土耳其秘密支持中国'东突'分裂势力的行为耿耿于怀"，并援引皮尤研究中心 2014 年 7 月的一项民意调查结果，故意强调"在受调查的中东国家中，对中国最没有好感的国家是土耳其。69% 的土耳其人对中国持有消极的看法，57% 的土耳其人认为中国经济实力的日益壮大对土耳其没有好处"。

中俄围绕"一带一路"倡议的务实合作，始终是美国智库高度关注的话题。卡内基国际和平基金会、美国战略与国际研究中心、美国全球安全分析研究所、美国外交关系学会、詹姆斯敦基金会、美国布鲁金斯学会等智库，接连发表了系列报告。卡内基国际和平基金会的《欧亚丝路联盟：俄罗斯—中国达成共识?》报告对此则是轻描淡写，"吞并克里米亚事件发生一年多之后，西方国家与俄罗斯的关系出现巨大的裂痕。所以，莫斯科努力与亚洲建立新的伙伴关系的举动不足为奇"，但是"俄中之间依然存在很大分歧，而且双方的内部分歧将阻碍两国之间形成有意义的伙伴关系"。该智库在乌法峰会之后发表《长城内的另一个金砖国家组织》报告中还写道，"克里姆林宫除了希望获得国际声望外，预计也会通过两项地缘政治项目从此次峰会中获得实际的经济回报""上合组织将会提供一个平台，将俄罗斯与中国在欧亚地区的重大地缘政治项目连接起来，也就是普京与习近平在5月8日签署的联合声明中所展望的欧亚经济联盟（EEU）与'一带一路'倡议""中国可能通过承认莫斯科在多极化世界中的地位而为俄罗斯提供精神支持，中国参与乌法峰会是出于实用目的，而不是感情用事。虽然莫斯科与北京的关系在乌克兰危机之后变得越来越紧密，但是中国不一定会为俄罗斯在上合组织和金砖国家机构中的野心作出让步。北京把金砖国家组织当作提升中国金融超级大国地位的众多工具之一""鉴于中国已经拥有'一带一路'倡议，那么它就可以静观早已失去重要性的上合组织慢慢瓦解的过程"。

而美国外交关系学会的观点与卡内基国际和平基金会的观点似乎有些对不上调。其在《上合组织扩展带来的风险与回报》报告中指出，"莫斯科已经提议将俄罗斯主导的欧亚经济联盟（EEU）——由亚美尼亚、白俄罗斯、哈萨克斯坦和俄罗斯构成的贸易集团——与中国的'丝绸之路经济带'（一系列跨越欧亚和南亚地区的投资计划）连接起来""俄罗斯希望通过上合组织的扩展来获得全球政治合法性及大国地位""然而，印巴加入上合组织可能降低该组织的凝聚力。

印度的民主治理以及与美国紧密的关系使得其与该组织的其他成员国存在巨大差异。印度可能提倡上合组织在反恐以及情报交流行动中提高监督标准和加强对人权的保障。一个民主国家的加入可能迫使上合组织改变自身的反'颜色革命'姿态"。

詹姆斯敦基金会在众多智库中剑走偏锋,专门就中国和俄罗斯的农业合作说三道四。2015年6月10日,《中国日报》报道,在深圳证券交易所上市的浙江公司中捷资源投资股份有限公司与俄罗斯贝加尔湖地区管理部门签署了一份49年的土地租赁合同,租赁至少5万公顷的牧场和另外6.5万公顷的荒地用于种植蔬菜、小麦和其他农作物。这一协议的总价值预计达2840万美元。如果这一项目的初始阶段能够取得成功,那么到2018年中国农民将有权租赁另外20万公顷土地。目前,贝加尔湖地区有超过80万公顷的土地处于空闲状态,重新耕作这些土地将能够创造至少1000个工作岗位,其中的75%为俄罗斯公民。对此,詹姆斯敦基金会在《"出租土地"案例显示俄罗斯—中国关系的脆弱性》报告中,不谈该项目为当地人民和政府带来的发展利益,却借这份协议谈论另外一件事,"尽管2010年官方的人口普查显示中国在此地区的人数不到贝加尔湖地区总人数的0.1%……20年内贝加尔湖地区的中国人将会比俄罗斯人还多',这无异于使得该地区'被中国兼并'"。报告在结论中意味深长地谈道,"这一例子清楚地表明俄罗斯—中国战略伙伴关系的局限性,也反映了俄罗斯吞并克里米亚的更为广泛的影响,这使俄罗斯陷入一种极其不利的境地"。

美国全球安全分析研究所对"一带一路"倡议背景下欧亚天然气的开发持乐观态度,但也有自己的小九九:"中国维持其经济发展和优势的努力包括建立'新丝绸之路'——这一庞大的基础设施项目体系将从太平洋扩展到大西洋。如果建成,其将成为迄今为止最大的基础设施建设项目,天然气在这一项目中占有很重要的地位""'一带一路'尤其突出天然气项目……是这一倡议的'骨干'",但是"如果要真正实施，中国应允许西方国家的公司，包括北美和全球其他地区的公司参与到这一历史性的事业中，从而加强中国自身的安全以及与整个世界的合作"。在应对"一带一路"倡议一事上，美国智库看起来比美国政府还要着急。卡内基国际和平基金会发表的《为什么美国国会必须通过TPP?》报告指出，"奥巴马政府花了一年的时间来应对中国的亚洲基础设施投资银行（AIIB）倡议，最后得到的却是令人丢脸的外交失败。中国已经推出并承诺为连接东南亚、南亚和中亚地区的新倡议——统称为'一带一路'——投资，旨在加深中国与其邻国的相互依赖""美国的11个友好国家把自己的未来押在其跨太平洋伙伴关系协定上，因为美国能够通过这一协定继续与这些国家保持相关的联系，这是美国制衡正在崛起的中国的关键因素""我们今天所看到的中国提出的倡议，旨在通过基础设施的互联互通以及直接投资和贸易来加强邻国与本国的经济联系。我认为，中国这么做是为了更加吸引长期对其小心翼翼的邻国，并削弱美国对这些邻国的吸引力。这是中国对美国'亚洲再平衡'战略的抗衡，而且中国看起来十分严肃。现在该是美国严肃的时候了，成功通过跨太平洋伙伴关系协定的立法计划将是这一行动的开始"。

"一带一路"倡议提出后，美国对日本政府对此的态度和动向也比较关注。总体来看，美国智库对安倍晋三政府能始终在"政治上"与美国保持高度一致，给予了较高的评价。伍德罗·威尔逊国际学者中心发表的《日本会有超越TPP的经济大战略吗?》报告认为，"作为跨太平洋伙伴关系协定（TPP）的第二大创始成员国，东京方面在设置世界经济最强劲地区的未来规则方面具有明显优势……日本首相安倍晋三也强调，跨太平洋伙伴关系协定（TPP）需要把日本视作全球舞台上的主要经济参与者，制定亚太地区的新规则……不仅有利于实现日本的国家利益，也一定会给世界带来繁荣。'新经济秩序'将由两个主要经济大国共同制定，即日本和美国""与此同时，中国已经提出一系列雄心勃勃的经济发展计划，以支持其'一带一路'倡议",日本应该努力,"使它有机会去取代中国的举措"。报告在最后恨铁不成钢地写道,"当年日本的亚洲货币基金组织(AMF)提议被美国断然拒绝,就像现在亚投行面临来自华盛顿的强烈反对一样。但与中国的亚投行不同,日本的亚洲货币基金组织提议无疾而终"。

在"一带一路"倡议推进中,印度的关注点始终有两个:一是愿意参与,但要有规则制定发言权;二是对其邻国在"一带一路"倡议实施中的密切合作抱着一种十分复杂的心态。在11个印度智库的数十篇报告中,普遍能看出这种关注的明显痕迹和复杂心态。

印度智库对"一带一路"倡议的态度,与莫迪总理的态度变化节奏基本上保持一致。莫迪执政后,公开表示要将其在古吉拉特邦执政的经验推广到全印度。此前,莫迪总理在执掌古吉拉特邦时,成功地将其打造成了印度的"广州",造就了振奋全国的经济奇迹。在"一带一路"倡议提出后,莫迪政府信心满满地提出,要在印度洋地区推广"海丝之路"和"海茶之路",并在访美期间高调宣布,21世纪将是"印度时代"。愿景设计得很好,但是他遇到了资金问题。没钱,图画只能挂在墙上。为此,莫迪上台伊始,即出访美国和日本,但效果并不佳。在日本,他虽然得到安倍政府未来5年向印投资350亿美元的承诺,但在民用核电和高铁这两个印度期望值最高的领域,却无果而返,且350亿美元的口头承诺对亟须基础设施投资的印度来说,只是杯水车薪。在美国,奥巴马比安倍政府还抠门,虽然走了红地毯,见了不少政要,发表了演讲,两国关系看起来得到提升,但在出钱这个问题上,美国人更是金口难开,要钱之行几乎可以说是颗粒无收,特别过分的是,奥巴马不但不给钱,反而借机敲诈莫迪,以高价同印度签订了军购协议。后来,好不容易把奥巴马请到了印度,好吃好喝好招待,希望美国大叔能多掏些银子,结果手头拮据的奥巴马只能拿出40亿美元的投资承诺,还附加了一大堆条件。

莫迪发现,属于"民主系统"的国家,真的是既吝啬,又"为富不仁"。"民主兄弟们"在一起扯扯闲篇、侃侃大山,说说理想、谈谈理论，给"非民主系统"国家找些碴、捣捣乱，弄些"颜色革命"之类的把戏，只要不动用自己口袋里的钱，怎么着都行，但是真要让"民主兄弟"掏出些真金白银，帮穷哥们儿解决点儿实际困难，日本人靠不住，美国人更靠不住，何况美国"老大哥"现在也是罗锅上山——钱紧。无奈之下，莫迪开始找自己人出钱。在美国有不少大财阀、大地主、大企业家是印裔，他们口袋中有钱，又是自己人，看起来应该问题不大。因此，莫迪在访美期间，频繁接触在美印裔财主们，动员他们慷慨解囊、为振兴印度经济出力。但是，结果令莫迪大失所望。这些财主们不但不准备继续在印度加大投资，而且纷纷表示要撤出目前在印度的企业和投资。他们的理由是，印度政府含混不清的经济政策、难以预测的红头文件、效率低下的官僚体系，以及令人头痛的腐败现象，让印裔美国人吃尽了苦头。难怪莫迪在日本、美国转了一圈之后，不得不重新开始想别的辙弄钱。

这还不算完，一门心思攀富亲戚、爱较劲的莫迪突然发现了一个更大的问题。在他执政的最初一年多时间里，印度对华出口下滑了近20%，而进口则增长了18%，对华贸易逆差扩大了近30%，达到历史性的480亿美元，接近印度贸易总逆差的三分之一。这还了得，进项没有，开销却越来越大，怎么再在印度复制若干"广州"？

正是在这个背景下，精明的莫迪开始反思对华政策：中印崛起真是零和博弈吗？两国发展路径和利益的重合真会导致冲突与对抗吗？"一带一路"真的会压缩印度的发展空间吗？中国真的想取代印度在印度洋的主导权吗？印度的人口红利和战略价值能换来西方国家的慷慨解囊吗？面对这些问题，估计莫迪总理应该是伤透了脑筋。

印度外交政策分析家拉贾·莫汉（Raja Mohan）评论说，"莫迪正在抛弃针对中国的过时战略，他已经认识到，如果赋予安全部门对经济政策的一票否决权，印度就不可能与世界第二大经济体中国建立严肃的经贸关系"。当然，莫迪抛弃过时的对华战略，依然需要一个过程，目前还在继续向前发展。习近平主席在对印度进行国事访问时曾指出，印度有潜力成为"丝绸之路"上服务业的中心，从而带动该地区的经济发展。印度媒体也多次报道说，中国正在向印度学习有关服务行业发展的成功经验。对这种现象，印度智库研究员有所察觉，但他们对印度与其他国家的合作则津津乐道。澳大利亚印度研究所发布的《澳部长寻求与印度签订自由贸易协定》报告，对2015年4月澳大利亚贸易与投资部部长安德鲁·罗布再次访问印度以确保自由贸易协定的顺利签订津津乐道，甚至不顾印度的实际国情说，"澳大利亚的奶牛产量是印度奶牛产量的五倍，通过两国之间的投资和技术转让，这种差距将会缩小，从而更好地造福于印度人民"。

在南亚区域安全和发展问题上，德里政策集团、地面战争研究中心、公共政策研究中心、观察研究基金会、和平与冲突研究所、南亚分析集团、维韦卡南达国际基金会等智库均发表了自己的报告。德里政策集团的《南亚的努力：在中国反常的影响中寻求一体化》报告承认"南亚是世界上一体化程度最低的地区……因为南亚各国间存在信任赤字，南亚地区的区域安全机制无法发挥其效力"，认为"中国最终可能会成为南盟的正式成员国，并且将会获得对南盟事务的否决权""中国与南亚各国在和平与安全方面的合作是非常可取的……中国也需要有强大的政治意愿，并真诚地面对南亚各国"。印度地面战争研究中心发布的《中巴经济走廊的影响》就印度国防部部长访华为切入点，对中巴经济走廊的发展前景进行了评估，最后强调"经济走廊更适合被称为战略走廊，因为它将使中国在波斯湾地区发挥重要作用"，"印度将会根据该经济走廊带给中巴两国的红利来制定相关政策"。

公共政策研究中心对中国战略崛起是寻求区域霸权还是和平崛起进行了实质性分析，认为"中国发起的'海上丝绸之路'倡议使中国成为地区及全球的贸易主角……'海上丝绸之路'计划将推动国家之间的文化交流，同时也可以作为促进民间交流的通道，这标志着中国正在努力发展其软实力""中国对美国在该地区的跨太平洋伙伴关系协定（TPP）战略的怀疑也不无道理。美国将中国排除在 TPP 之外的确令人怀疑"，报告建议"美国如果想要维持亚太地区的和平与稳定，那么就有必要采取建设性战略与中国交往，而不是遏制中国"。该中心罕见地以三个惊叹号作为报告的标题——《连接中国!!!》，其强调了印度对中国的重要性以及"一带一路"对印度的意义，指出"中国大使馆对本智库的帮助暗示了加强两国间的战略信任是十分关键的"。

观察研究基金会则在观察印度面对"丝绸之路"倡议时的两难处境，指出"印度认为，'海上丝绸之路'计划的战略目的远远超过经济意义……虽然新德里最初的反应是积极的，但其官员提出最终无论是接受或拒绝北京的邀请，在此之前印度都要了解该倡议的具体细节"，"印度必须权衡支持与不支持该倡议的战略后果，而最后印度必须打破这种困境，拿出一个具体方案来应对北京的'21 世纪海上丝绸之路'计划"。该智库在《为什么印度应该加入中国的"海上丝绸之路"计划》报告中认为，"中国也诚挚地邀请印度参与到'海上丝绸之路'计划中来，但是到目前为止，印度对此的态度仍旧很冷淡。印度的这种冷淡反应的原因在于不确定该计划的具体内容是什么，如何实施，怎样实施，以及是否符合地缘经济的基本原理，是否充分考虑到安全因素"。综合分析后，报告指出，"印度不能错过这样一个机会，而应该积极地参与到'海上丝绸之路'项目中来……积极参与其中可以获得很多好处。最重要的是，印度如果不参与进来就可能被南亚国家孤立""印度最好的选择就是接受中国的邀请，同时也可以加入美国主导的跨太平洋伙伴关系协定"。

印度和平与冲突研究所在区域问题上的眼光显得比较开阔，其发布的《印度洋：多边主义站稳脚跟》报告认为印度洋历来是大国争夺的对象，印度一家从来没有获得过真正意义上的霸权，印度洋"海上安全形势清楚地表明其需要基于共同的文化、问题和挑战建立起多边机构并共同协作"，当前可行的旨在消除"中国威胁论"的举措主要是北京提出建设"海上丝绸之路""通过联合开发海上项目为经济增长提供动力，进而强调中国与其他印度洋国家的'共同命运'"，报告认为，"未来印度洋将会继续吸引外来大国势力和多边机构如印度洋沿岸协会的关注，这些多边机构有可能在'管理竞争'和解决'不安全感'问题方面扮演重要的角色"。

南亚分析集团认为，印度应该为中国的发展提供战略空间。题为《印度为中国进入其东部地区腾出战略空间》的报告这样写道："印度似乎也决定加入中国提出的孟加拉国—中国—印度—缅甸（BCIM）经济走廊项目，该项目旨在在南亚和中国西南部地区之间开通陆上通道"，"将中国西南部内陆地区与印度的东北部连接起来……孟中印缅经济走廊项目有望促进该地区的经济发展，加快提高该地区人民的生活质量，也可能有助于维护该地区的和平，反过来，整个地区的繁荣也有助于孟中印缅项目的实施。也许这就是莫迪总理决定与中国共同完成孟中印缅经济走廊项目，从而搁置悬而未决的领土争端这一历史问题"，"印度必须承认某些事实，即印度将为中国通过孟中印缅经济走廊项目进入其东部地区分享战略空间，这与习近平主席的'一带一路'倡议是一致的。这为中国的经济、战略和政治影响力在相关地区的扩展铺平了道路，而且这可能会以牺牲印度的利益为代价。印度数百年来一直是该地区的霸主，地区偏见以及昔日的民族冲突，使得印度失去其优势，这导致冲突、管理不善和缺乏发展的恶性循环""印度参与孟中印缅经济走廊建设会巩固其'东进'政策，同时扩大其与邻国互联互通的总体战略，通过实现整个地区人民的共同利益这一战略目标从而增强本国的软实力"，但是"印度必须密切监视孟中印缅经济走廊项目的进展和运作，以免其与中国之间的主权问题影响其东北部地区的长远发展"。

维韦卡南达国际基金会对中巴关系和中巴经济走廊十分感兴趣，但态度表现得介于友好与不友好之间。在《中巴经济走廊：前景与问题》报告中，其认为"互联互通是一种原则，它对一些项目有地缘政治的影响，比如引起印度战略和安全机构关注的中巴经济走廊项目……促进互联互通会导致巴基斯坦的恐怖分子通过通信线路和信息情报渗透到印度，这当然会对印度—巴基斯坦以及印度—中国的双边关系产生不利影响，也不利于该地区的和平与稳定"，报告还认为"在战略层面，这条走廊被认为是中国长期战略目标的实现途径，即通过建设从新疆到瓜达尔港的战略陆地桥或大陆桥进入印度洋""从长远来看，包括瓜达尔港在内的中巴经济走廊有可能使中国的军事影响力不断增强"。报告认为，"尽管中巴经济走廊的部分目标可能会实现，但是这一项目将不可能以原来构想的形式实现……印度也需要加强其在印度洋地区的海上存在，并采取适当的反击措施来抵制中国在瓜达尔港的地缘政治影响力"。在《中国在巴基斯坦的布局：夸大、危害与经济影响》报告中，该智库认为，"460 亿美元（中国宣布对巴基斯坦基础设施建设项目的投资金额）这个数字不仅成了新闻头条，而且其背后的细节也被无限夸大了"，"巴基斯坦、印度和包括美国在内的世界其他国家的关注点就是这个数字，其他关注点是：中国将如何成为一个'游戏规则改变者'，如何改变巴基斯坦的命运，并将如何改变该地区的战略平衡等。但是，夸大中国在巴基斯坦的宏伟计划似乎有点过头，而印度必须对中国和巴基斯坦的关系保持密切关注，当然印度也不应该对每一次中巴合作都反应过度"。报告建议，"就印度而言，它最反感的就是中巴经济走廊将穿过巴控克什米尔地区。中国在这一地区的参与力度逐步增强，这将对印度在这一地区的地位产生重大影响。除此之外，印度没有理由过分担心，中巴经济走廊并不是要'包围印度'——这似乎并不是这一项目的重点"。

在"一带一路"倡议方面，观察研究基金会发表的《为什么印度应该加入中国的"海上丝绸之路"计划》报告认为，印度被称为是确保"海上丝绸之路"计划能够成功的关键国家，"考虑到印度巨大的发展需求及其庞大的市场，中国应该利用双边合作（海事方面）

的巨大潜力与南亚国家改善关系","总体来说,正如印度决定加入亚洲基础设施投资银行（AIIB）一样,它也应该参与到'一带一路'计划中来,中国人似乎认识到,印度将对该项目的成功起到关键作用。印度确实需要大量的基础设施投资,而目前中国在钢铁、机械和电力等基础设施行业既有多余的资本,也有过剩产能。印度总理纳伦德拉·莫迪似乎已经表达了自己与中国扩大经济和商业联系的意愿"。该基金会在《中国的"一带一路"外交政策》报告中,借用南亚智库代表团之口,认为"南亚智库代表团成员普遍表示'一带一路'倡议是一个非常值得赞赏的概念,尽管他们也提出一些担忧。其中也有一些吹毛求疵的挑剔和指责,比如有人提出中国对该倡议是'只管兜售概念,却不解释具体细节',中国需要进一步详细说明'一带一路'倡议的具体细节,每个相关国家都需要了解""'一带一路'倡议对中国的重要意义在于通过整合其国内经济与南亚地区的整体经济来促进自身的发展"。

塔克西拉研究会的《印度和"一带一路"模式》,比较详细地介绍了"一带一路"的内容,以及中国雄厚的经济实力和建设大型基础设施的能力,认为"'一带一路'项目不仅会使欧洲发达国家连接在一起,也会使东亚国家连接在一起。印度需要十分谨慎地对待中国在这方面的进展",指出"古丝绸之路为沿线国家带来的经济繁荣很可能正在以一种更为有效的方式重演。印度政府希望其可以参与到这些项目中来,例如建设数字化印度以及实现印度与'信息丝绸之路'（通过光纤、主干线和海底电缆促进各国电讯的互联互通）的完美连接。印度可以从参与全球挑战性项目（如'一带一路'）中获得巨大利益"。

南亚智库根据莫迪的竞选演讲和访华谈话,就中印关系如何发展进行了阐述。其在《印中关系将如何发展》报告中,认为"莫迪访问中国期间,最令他印象深刻的是中国的基础设施和铁路系统,尤其是'动车',中国的动车运行时速可达每小时300—350公里""莫迪在其竞选演讲中表示，将搁置中印边界问题，但同时警告北京停止'扩张'""印度和中国是亚洲最大的两个国家，总人口超过 25 亿，它们共同拥有 4000 公里长的陆地边界……中国正准备尽快取代美国而成为世界上最大的经济强国，而印度也打破自身发展的桎梏，正在发展成一个经济和政治强国。因此，两国应该相互合作，互惠互利"，但是"印度不仅要与中国建立良好的贸易和投资关系，而且要严格执行'信任，但要核查'（这是 1987 年美苏中程核武器协议谈判时，里根旁敲侧击地对戈尔巴乔夫说的一句他最喜欢的俄国谚语，意思是他相信苏联领导人的承诺，但还必须有个有效的验证机制。现在这句话已经成为英语世界的一句不朽格言）的政策"。

欧洲国家是"一带一路"倡议实施和推行的重要区域，也是两条丝绸之路的重点。着眼于布局欧洲，拓展中国在国际上的战略转圜空间，应该是"一带一路"倡议的战略目标之一。具体来说，"丝绸之路经济带"从中国出发，经过中亚、西亚，最终到达欧洲的德国、荷兰、意大利；"21 世纪海上丝绸之路"从中国出发，通过东南亚、南亚，再到欧洲的希腊、意大利。两条丝绸之路是对古代丝绸之路的继承和拓展，将对沿线国家起到极大的经济推动作用。对欧洲来说，无论是地处希腊的比雷埃夫斯港口、德国的汉堡港口，还是位置相对偏远的英国、法国等，其都将是"一带一路"倡议推行的重要合作支点。

2015 年 6 月 29 日，中国国务院总理李克强访问欧盟总部。这是继 2014 年中国国家主席习近平之后，欧盟总部迎来的又一位中国贵宾。两次访问唯一的区别是，欧盟领导人已经换成了新任欧洲理事会主席图斯克和欧盟委员会主席容克，不再是我们过去熟悉的范龙佩和巴罗佐了。与巴罗佐相比，容克在振兴欧洲经济方面的急迫性更强，对"一带一路"倡议的热情显得更高。他上任不久就推出以刺激欧洲经济发展为目标的、总额超过 3500 亿欧元的"容克计划"。根据该计划，3500 亿欧元的庞大资金只有部分来自欧盟本身，其余的需要依靠外部的支持，作为世界第二大经济体的中国，无疑是"容克计划"获取外部资金支持的重要来源。而"一带一路"合作倡议的提出与实施，无疑又为"容克计划"的融资提供了关键渠道和重要平台。

问题的关键在于，"一带一路"倡议能与"容克计划"对接吗？这是欧洲的智库和各国政府、媒体普遍关注的核心问题。就此，其翅膀在拼命扇动，力图形成"好雨知时节"的融洽气氛，努力寻找和论证两个战略对接的利好理论。目前看来，将"一带一路"倡议和"容克计划"对接的氛围已经基本具备。首先，中国和欧盟领导人一致认为，一个团结的欧盟和一个发展的中国，是彼此的共同期待。对欧盟来说，希腊债务违约问题、英国试图脱离欧盟问题，其核心都是经济问题。经济问题解决不了，欧元区和欧盟将面临解体的风险。这是欧盟领导人最头痛也最害怕的局面。对中国来说，改革开放30多年以来形成的巨大产能如何释放、经济如何转型，"中国制造"如何升级、全球化，是当今中国发展道路上面临的关键"瓶颈"。解决好了，中国的发展将上一个新台阶、迈入新阶段、打开新天地。中欧双方面临的不解难题在"一带一路"倡议提出后，迎刃而解。通过"一带一路"倡议对欧盟国家进行投资和建设，这将是解决中欧发展战略难题的"灵丹妙药"。尤其让欧盟领导人感动的是，在希腊因债务违约可能会成为史上第一个退出欧元区的国家的情况下，中国总理李克强访问欧盟总部时，提到"希望希腊留在欧盟"，回应了容克和欧盟的期待。

其次，"容克计划"有着广阔的前景和极大的内部需求，但是缺乏足够的资金实施。目前，欧盟主要依靠由欧洲央行主导的针对欧元区的量化宽松政策，也就是开动印钞机，加速印刷欧元纸币。这种靠打"强心剂"的方法，短期可行，但长期为之，后遗症将十分严重。"容克计划"要真正实施，欧洲经济要实现振兴，欧盟必须走出目前的量化宽松路子。对中国来说，"一带一路"倡议、亚投行、"丝路基金"等，已经准备好了足够资金和相关配套措施，正在积极找锅下米。目前的局面是，欧洲有锅，中国有米和柴火，彼此理所当然一拍即合。

最后，2015年是中国和欧盟建交40周年。在40年的交往历史中，双方虽然经历了制裁和反制裁、光伏纠纷、政治较量等一系列困难局面，但是双方关系大体上保持稳定。2004年，中欧建立了全面战略合作伙伴关系；党的十八大以来，中欧关系得到迅速提升，升格为同中美、中俄平行的级别，2014年习近平主席访问欧盟总部，将中欧关系提升到历史最高点。目前，欧盟已经成为中国最重要的战略合作伙伴，也是欧盟最重要的经贸伙伴。欧盟领导人认识到，在中国积极参与制定国际规则和建立国际机构的进程中，同中国保持良好的关系，将更加有利于欧盟在地区和全球范围内发挥更大的作用。大量欧盟成员国加入中国主导的亚投行就是典型例证，也反映了中欧的战略互信。欧盟支持"一带一路"倡议，既在情理之中，也在意料之中，毫不令人奇怪。

当然，以上分析的大都是经济领域内的共识和互信。这只是开端，在政治上建立互信并达成共识，中欧还需要共同努力，尤其需要欧盟领导人和欧盟国家付出更大的努力。从目前来看，事实上存在着欧盟在经济上依靠中国、在政治上依靠美国的格局。也正是因为这种格局，欧盟到目前为止还没有承认中国的市场经济地位，依然维持对华武器出口禁令，这是制约中欧关系深入发展的两大"命门"；在经济困难的情况下，欧盟对于人权、民主、宗教、民族、法治的干预热情，依然按照其巨大历史惯性，自命不凡地继续运行、自说自话，并且成了"固定范式"。表现在对华关系上，就是欧盟已经习惯于对中国的这些领域指指点点、说三道四，时不时地说一些、干一些令中方莫名其妙的话和事，如每年的中欧人权对话，就与目前中欧红火的经贸关系格格不入，更有违中欧政治关系发展的必然趋势。因此，对接"一带一路"倡议与"容克计划"，需要双方，尤其是欧盟国家和相关领导人，以平等互利和共商共建共享的"丝路精神"，控制住自己的冲动、管好自己的舌头，这对中欧关系发展有利，更事关欧盟本身的振兴和国际地位的提升。

总体来看，欧洲的智库对"一带一路"倡议的态度和研究，大体上体现了以上分析的脉络。英国的智库老谋深算，体现了老牌殖民地宗主国的行事风格和做派。在其亨利·杰克逊协会、英国查塔姆研究所、英国国际战略研究所等知名智库近期的研究领域和研究报告中，我们可以发现一个很有意思的现象：王顾左右而言他。这些智库注重思考欧洲的危机和未来，关注印度和巴基斯坦加入上海组织带来的风险，对亚太地区的冲突进行评估，热衷于研究"一带一路"倡议给海湾国家带来的机遇，唯独缺少的是对欧洲和其本身怎样对接和回应"一带一路"倡议的研究报告。而实际情况是，英国上下均对"一带一路"倡议和与中国的经贸合作充满热情，并且已经采取许多措施来具体落实之。英国智库研究的冷与热，反映了英国在对华合作上的矛盾心理，这是所谓的英国"重商主义"与"人文主义"并重的双重性格的具体反映。

瑞典是最早承认中华人民共和国的欧洲国家，2015年是中瑞建交65周年。1950年1月14日，瑞典承认了新中国，同年5月9日两国建立外交关系，耿飚担任中国首任驻瑞典大使。建交以来，两国关系发展平稳，合作领域不断拓宽，合作深度不断加深。"一带一路"倡议提出后，瑞典智库将其当作深化中瑞关系的契机，并研究在未来65年内怎样借助"一带一路"合作倡议深化中瑞关系。瑞典安全和发展政策研究所发布的《"一带一路"倡议：中国—瑞典未来65年双边关系发展的机会》报告认为，"一带一路"倡议"有望促进中亚经济的发展，开放新的市场，提供新的发展机会，并且使中国以及包括瑞典在内的欧洲国家受益"，报告援引时任瑞典商务部部长国务秘书（Oscar Stenström）的话，指出"与中国在'丝绸之路'项目上合作是瑞典长期以来参与国际经济文化的一部分，并且是其面临新的经济挑战时采取灵活性和适应性较强的发展模式的具体表现"，"欧盟作为统一的外交政策行使者只拥有有限的能力，这阻碍其宏大战略的实施。而与中国的合作将会减少各自战略之间'竞争'带来的潜在的破坏，从而建立互信和制度化的合作"。报告也坦承，"一带一路"倡议"这一宏伟倡议的实际执行方案以及是否能达到预定目标仍是不确定的。许多经济、安全和地缘政治的挑战依然存在，并且需要在未来几十年中进行协商，直到丝绸之路再次成为世界贸易和发展的中央大道"。

与瑞典基本相似的是，法国智库对"一带一路"倡议也充满期待。法国智库欧盟安全研究所发布的《中国之路："新丝绸之路"》报告，用很大的篇幅阐述了"一带一路"合作倡议之于欧洲的战略意义。报告在结论部分指出，"'新丝绸之路'计划背后的原因在某种程度上反映了中国和俄罗斯对待彼此的谨慎态度。但是认为北京推进'新丝绸之路'项目只是为了制衡俄罗斯在中亚的影响力，那就大错特错了。'新丝绸之路'不仅可以绕行俄罗斯，避免中国在能源和贸易领域对俄罗斯的过度依赖，还可以推动国内（发展中国内陆地区如新疆）、区域（升级沿线基础设施，促进跨境贸易）、全球（创建全球供应链）的经济发展。通过创建通往欧洲大陆的便捷内陆运输通道，中国可以与处在俄罗斯'影响区'下的国家直接接触，并加强与欧洲各国的联系"。

北欧国家挪威受其地理、人口和环境因素制约，在"一带一路"倡议中看起来好像不重要。但是，该国智库对"一带一路"倡议的认识和理解，却是具有大国风范和水平的。挪威国际事务协会发布的《中国走上世界舞台》报告认为，"中国正在国际舞台上展示其实力与自信……自从习近平主席担任领导人以来，中国在亚太地区乃至世界各地的影响力与日俱增""中国坚持和平发展的决心不会动摇""基于中国在全球范围内日益增长的经济实力，许多欧洲国家，特别是法国、德国和英国，正在考虑如何更好地与中国进行合作，甚至开始制定自己的'重返亚洲'政策""一些评论家甚至把'一带一路'倡议与美国曾发起的'马歇尔计划'联系起来。几十年来中国都在参与西方成立的组织并接受其规范,然而现在中国开始提出并成立一些新组织来替代西方国家已经成立的组织"。报告在结论中指出,"中国正在进入一个新的阶段,中国信心在不断增强,其影响力也在不断扩大"。

喜欢挑战和刺激的西班牙,在对"一带一路"倡议的回应中,表现出"斗牛士"般的特质。西班牙皇家国际和战略问题研究所对"一带一路"倡议和亚投行的发展前景十分感兴趣,同时还对"一带一路"倡议途经伊朗表达了自己的关注。在《中国主导的"丝绸之路"和亚投行的前景如何?》报告中,该智库评价说,"北京希望利用这一计划来加强与相关国家的经济、政治和文化联系,该倡议也将加强中国与多个国家的双边关系,并推动中国国际地位的提升。虽然该项目目前仍处于早期阶段,并遇到许多深层次的困难,但是该项目对于欧亚大陆的发展具有深远影响,该项目仍值得我们去认真分析""如果'一带一路'项目成为现实,它将有助于提高欧亚大陆内部及欧亚大陆与非洲经济的一体化水平。在金融领域,它将促进人民币的国际化,而国际社会对于亚投行的兴趣也让美国国会否决改革国际货币基金组织(IMF)的决定显得尴尬""'新丝绸之路'和亚投行旨在引导国际舞台上的其他参与者,尤其是中国的邻国和传统大国,使其停止将中国的崛起解读为零和博弈,而是将中国视为能让所有人获益的友善国家","'新丝绸之路'项目基于一种包容性的想法:提高相互依存度,促进共同发展,以此加强参与国之间的关系。这是一个推动贸易和投资的项目,也是学术界、科学界和文化界交流的桥梁"。报告专门指出,"'新丝绸之路'项目符合欧盟的一条创始原则:将区域一体化视为繁荣稳定的源泉。'新丝绸之路'是一个具有杰出潜力的项目,它表明中国已准备好在国际舞台上大展身手。欧洲各国政府应该参与'新丝绸之路'项目,并以批判性和建设性的态度去协助这一项目"。该智库发表的《"新丝绸之路"途经伊朗》报告认为"伊朗获益并不一定意味着其他国家的利益就会受到损害""'新丝绸之路'计划的陆上部分途经伊朗西部,这为美国与中国的合作提供可能"。

作为东欧国家,波兰在"一带一路"倡议发布后,其表现出异乎寻常的兴趣和热情。波兰智库普遍认为,"一带一路"合作倡议将是进一步改善和加强中欧关系尤其是中国和中东欧关系的重要工具,彰显了中国政府新的外交战略和新思维,并对中国—中东欧合作给予很高期许。波兰国际事务研究所发表的一篇报告指出,"'丝绸之路'计划也包括欧洲中部和东部地区,这可能会使整个地区尤其使波兰受益……此外,波兰作为亚洲基础设施投资银行的创始成员国,它对参与亚洲的基础设施项目建设十分感兴趣"。波兰的东方研究中心,则从另外一个角度解读"一带一路"倡议,在《"新丝绸之路":中国政策的多功能工具》报告中,其认为"'一带一路'将会提供一个连接中国与欧盟的交通网络""'新丝绸之路'正在成为中国发展公共外交及提升软实力的关键因素。该倡议包括举行文化活动、专家会议以及开辟旅游路线……有助于中国及其合作伙伴的关系的发展""与欧洲一体化以及俄罗斯在独联体中提出的倡议不同的是,'新丝绸之路'是一个没有明确国界的开放型政治工程,因此,这将有利于扩大中国的政治影响力,促进多边合作"。报告建议"我们应当从中国与中东欧国家的关系来审视'新丝绸之路'对于该地区的意义""波兰将会是'新丝绸之路'西端的主要枢纽,但主要是中国货物的运输通道"。同时,报告也指出,在"一带一路"倡议实施过程中,应关注风险,如"欧洲缺乏出口到中国的货物也是另一个大挑战,其导致列车返回中国时没有装载任何货物,这将会增加货物运输成本。而且,冬季的低温要求暂停货物运输"。该智库认为,中国深化与中东欧国家的合作与落实"一带一路"倡议是密不可分的,"北京意识到中东欧地区在欧盟中日益凸显的重要性""北京也承认该地区的国

家对欧盟决策的影响""中东欧国家是中国对欧洲投资的'后门'和
'试验场'……希望推动中国企业向海外发展",中国—中东欧合作
框架也旨在帮助中国树立一个正面的形象……中国可以成为一个负责
任和友好的国家。该合作框架也可以帮助北京与中东欧各国进一步发
展双边关系,"将中国—中东欧合作"框架的概念纳入'新丝绸之
路'项目('一带一路')是非常明智的做法。中东欧地区注定是
'新丝绸之路'上的'枢纽',而该地区的各国城市已经意识到与
'丝绸之路'连接是帮助其发展经济的好机会"。报告认为,"经过进
一步发展,中国—中东欧合作框架也可以推动'新丝绸之路'的建
设和发展""这将是北京对中东欧国家在合作参与程度方面的一次测
试"。

　　比利时智库把"一带一路"倡议在欧洲的推行,当作构建中欧
"命运共同体"的战略规划来对待,并就如何构建中国和欧盟在"丝
绸之路经济带"上的安全合作、强化中欧经贸和投资力度、通过实
施"一带一路"倡议促进欧洲国家之间的联系和沟通等进行了深入
探讨和研究。比利时智库欧洲之友发表的《共同的命运:中国与欧
洲之间的"新丝绸之路"》报告称,"'一带一路'……旨在连接中
国(或者亚洲)与欧洲,并通过建立'新丝绸之路'为沿线国家带
来稳定。重要的是,不能将'一带一路'单单理解为贸易往来的通
道,它同时将会促进社会的发展。总之,欧洲国家应当参与在中国举
办的国际会议,因为这些会议将会讨论到'一带一路'倡议的具体
概念以及合作项目"。该智库的《深化中国—欧盟沿"丝绸之路经济
带"的安全合作》报告则指出,"大多数关于北京'丝绸之路经济
带'倡议的双边讨论的重点是增加中国和欧洲之间经济往来的可能
性。然而,这一倡议也可为双方在区域安全方面的合作提供机会"。
《"丝绸之路"是促进欧中和欧洲国家内部联系的工具》报告指出,
"似乎大多数的欧洲国家,尤其是东欧国家,在'丝绸之路'问题上
有这样的共识:总体而言,潜在利益比威胁要多。虽然欧洲/欧盟国

家在争取中国的政策优惠上可能会相互竞争，但仍有'双赢'的合作空间。如果共同而明智地利用好'丝绸之路'，欧洲与中国的关系会取得重大进展。欧洲方面应注重与中国开展互惠的密切合作"。《欧盟—中国互联互通：大设想，小开局》报告则指出，"欧洲国家曾经并不看好中国提出的'一带一路'倡议，但是将于 2015 年 6 月 29 日举行的有关构建'互联互通合作平台'的欧盟—中国峰会却引起了欧洲人对这一倡议的兴趣。中国与欧盟的合作可能会得到非常可观的回报，欧洲国家希望中国能够在欧洲战略投资基金中投入大笔资金，用于发展其基础设施并推动产业创新，这同时也促使欧洲国家积极参与到中国'一带一路'的项目建设中"，当然，报告没有忘记叮嘱，"欧洲国家参与'一带一路'的建设项目并不仅仅是为了发展经济、进行基础设施建设，它们的另一目的是满足其可持续发展中严格的治理、环境和技术标准等要求"，这要求"中国需要再次展现其宽广的胸怀……共同迎接 21 世纪的全球性挑战"。里斯本经济竞争力与社会革新委员会的《北京呼吁在中国欧洲之间建立新"丝绸之路"》报告指出，"欧盟委员会多年来一直在审查中国向市场经济转变的经济改革进程，以此来决定中国是否可以在贸易保护调查中被视作市场经济国家。世界贸易组织中不存在授予市场经济地位的行为，所以每个成员或集团在合适的时候负责其自身的决策程序""中国的市场经济地位的获取问题以及是否会有自动授予程序需要欧盟委员会认真考虑。贸易分析家预测，欧盟委员会将在夏季之前发布一个决策路线图，然而这是一种在紧张的政治背景下作出的决策，因为欧洲国家渴望获得中国的投资（特别是在数字经济方面），而这也是欧洲与美国产生摩擦的原因"。

瑞士智库在关注"一带一路"倡议的过程中，好像对自己的事情漠不关心，反而十分关注中国和印度的友好关系能发展到什么程度，对中美为什么应该合作十分感兴趣，同时还将中国的贸易情况以及企业的创新能力纳入自己的研究范畴。瑞士智库世界经济论坛发表的《中国和印度能相处得多好?》报告,对中印关系的发展、中国的外交战略、印度的未来发展目标、印度与日本和美国关系的加强、中国对印度的承诺、中国与印度的合作、阿富汗对中印两国的重要性、阻碍中印关系发展的因素、中印关系的前景等进行了深入考察,认为"21 世纪海上丝绸之路"的成功很大程度上取决于其他大国特别是印度的支持,但是该智库不能确定的是,"全球抱负日益增长的两大亚洲巨头,是否能够消除阻碍它们关系发展的隔阂"。在该智库的《为什么中美应该合作共事?》报告中,作者不客气地指出,"当中国在经济和地缘政治上迅速崛起时,美国似乎正在做一切可能的事情来浪费其自身的经济、科技和地缘政治的优势。美国政治体系一直处于美国富裕阶层贪念的控制之下……使得中国进一步获取了新的全球领导力",认为"如果美国与中国一起领导世界,那么世界会有更好的发展。最近由美国总统奥巴马和中国国家主席习近平宣布的关于气候变化和清洁能源的双边协议便是这一趋势最好的阶段性成果"。在《中国公司努力走创新之路以实现全球化》报告中,该智库认为,"创新战略对于中国企业的成功至关重要""中国继续积极推进新的国际合作框架,如'丝绸之路经济带'和'21 世纪海上丝绸之路',旨在促进中国与其他国家和地区的经济合作,为中国企业走向全球提供有利的国际环境,这些战略规划以及其他的宏观政策和经济刺激措施将会继续推动中国的全球化进程"。

北欧人似乎对别人的事情十分关心,这好像是他们的一种传统。芬兰人在看"一带一路"倡议时,似乎戴了一副望远镜,一下子就把遥远的阿富汗纳入自己的视野。芬兰国际事务研究所在《亚洲心脏的安全动态:2014 年后的阿富汗》报告中专门谈道,"阿富汗的未来发展将受到区域和全球权力格局变化的影响""中国版本的'新丝绸之路'是地缘政治思维的具体体现,这种地缘政治思维是水平的""中国对阿富汗事务的参与日益加深,中国可能会因此提供必要的金融支持,中国对区域平衡的影响力与日俱增"。

丹麦人和芬兰人似乎具有相同的秉性，丹麦智库军事研究中心的《"一带一路"：中国的大跃进》报告好像没有什么恶意，但也体现了一些忧虑。报告认为，"中国提出'一带一路'倡议，这一倡议的覆盖面很广，可能涉及55%的世界国民生产总值、70%的全球人口以及75%的已知能源储备"，报告指出"中国面临着跃进的风险，跃进的过程本身就具有很大的不确定性。中国或许还存在失去金钱或者挑起对立冲突的可能性"，报告援引新加坡著名学者郑永年的话，指出"西方经济体（主要是美国）占主导使全球经济和政治失衡，从而导致全球出现金融危机。中国应该通过'一带一路'来'再平衡'这些失衡状况……拯救西方将是中国'最大的战略错误'，中国要清醒地意识到其不能依靠西方而崛起成为大国，中国的首要任务应该是与发展中国家合作……中国应该利用这个'千载难逢的历史机遇'，并承担其作为最大的发展中国家的责任，推动全球治理和国际合作方式的改革，这项改革并不是要削弱美国，而只是在赋予发展中国家权力"。

巴基斯坦作为中国的"铁哥们儿"，对"一带一路"倡议深化中巴关系和对巴基斯坦经济的振兴充满希望和期待，同时也对合作过程中可能出现的问题和挑战进行了认真的研究。伊斯兰堡政策研究中心作为巴基斯坦最重要的智库之一，研究的态度端正、对问题的把握准确客观。该智库发布的《巴基斯坦与中国"共同的命运"》报告认为，中巴"两国社会经济的发展是构建中国—巴基斯坦命运共同体的共同目标""巴基斯坦和中国之间的友谊已经转变为强大的战略合作伙伴关系。强劲的经济合作和日益增多的民间交流就是明证。这种关系是建立在信任、理解、和平与进步的共同愿望之上。巴中友谊会一直延续下去""打造中巴命运共同体是当前中国和巴基斯坦领导人的共同愿景。这一愿景的主要目的是推动巴基斯坦和中国繁荣发展。中巴经济走廊将成为经济增长和发展的主要动力"，习近平主席的访问将中巴关系从好兄弟升级为铁兄弟，两国的友好关系达到新的高度,"双方启动了价值 460 亿美元的中巴经济走廊建设项目。中巴经济走廊项目将建设包括高速公路和铁路在内的复杂的交通网络,连接瓜达尔港与中国西部的新疆。巴基斯坦专门成立了一个特别的安全部门以确保在巴基斯坦工作的中国工程师的安全。这个特别的安全部门将包括军队人员、警察和民间武装力量。安全部队的规模达到 1 万人,将由陆军少将率领"。

在《中巴经济走廊和俾路支省因素》报告中,作者承认中巴经济走廊的必经之地俾路支省动荡不安,同时也指出,"俾路支省是一个动荡且争端频发的省份,反联邦政府的言论盛行……现在巴基斯坦政府是时候通过审慎明智的政策来解决俾路支省存在的问题了……联邦政府解决这个问题的最好方法是将所有中巴经济走廊的相关信息都通过印刷媒体、电子媒体和网站向公众公布,让公众掌握第一手的相关信息。同时,俾路支省的领导应该明白由于多种路线的可行性,他们对整个中巴经济走廊项目并没有否决权。制造争议只会推迟中巴经济走廊西部路线的建设"。

《巴基斯坦对互联互通项目的风险投资》报告认为,"中巴经济走廊将在巴基斯坦建设并升级基础设施,这有助于改善巴基斯坦的连通性和流动性。中巴经济走廊将为巴基斯坦提供提升其战略和经济地位的绝佳机会。交通连接项目和经济发展风投项目预计将提供数以百万计的直接和间接的就业机会""瓜达尔港到喀什的公路/铁路是中国'一带一路'项目的重要组成部分,将连接亚洲、非洲和欧洲大陆,以及太平洋和大西洋。瓜达尔港到喀什的走廊有至关重要的作用,因为它能够连接'21 世纪海上丝绸之路'的海上路线和陆上路线""中巴经济走廊的成功建设可能将把巴基斯坦变成一个区域性的贸易和投资中心……中巴经济走廊将使巴基斯坦所有省份和地区都能获益,尤其是不发达地区。中巴经济走廊的建设将有助于形成一条便捷、运输成本低的贸易投资路线,这条贸易投资路线将连接南亚、中亚、西亚、中东和非洲地区""基于巴基斯坦国内的政治共识,中巴经济走廊的建设可能会提早成功。这将为中国提供使用温水深海港口进行运输的最短路径，也将缓和南海区域的紧张局势并降低发生区域冲突的可能性"。报告在结论中指出，"尽管许多区域大国和世界强国都采取了遏制中国影响力的政策，但中国在全球范围内的影响力仍在持续增强。在亚洲，中国正在通过其经济实力和软实力扩大影响力，而实现有关区域连通和加强贸易往来的愿景最终会帮助中国成为另一个'欧洲和美国'。巴基斯坦已经准备好实施区域交通连接项目，为此它应该继续巩固相关的政治共识，并在国内各地区增强人民法治观念，维持良好秩序"。

作为中东地区的重要大国，土耳其近年来采取的"东向政策"，恰恰与"一带一路"倡议不谋而合。因此，土耳其政府对"一带一路"倡议抱有强烈兴趣，同时中国对土耳其可能在"一带一路"倡议中发挥的作用也给予很高期望。土耳其智库国际战略研究机构发表的《丝绸之路（陆上互通）在亚洲的复兴》报告认为，"中国政府已经采取一系列举措来恢复北方丝绸之路，这些举措已经取得令人鼓舞的成果"，同时，为促进海上丝绸之路的拓展，该智库建议"可以考虑通过南亚四大经济走廊来提高区域连通性，分别是：（1）加尔各答—加德满都—拉萨—昆明—东盟；（2）加尔各答—加德满都—拉萨—巴基斯坦—阿富汗—中亚；（3）德里—加德满都—拉萨—昆明—东盟；（4）德里—加德满都—拉萨—巴基斯坦—阿富汗—中亚"，并认为"这些走廊将带来双赢的局面"。另外一家智库安卡拉智库国际战略研究组织发表的《丝绸之路计划与改善中土关系的机遇》报告认为，"土耳其的'现代丝绸之路'计划与中国的'一带一路'或者'丝绸之路经济带'计划能为土耳其和中国带来巨大的机遇""从土耳其、中国以及该区域其他国家的角度来看，'丝绸之路经济带'不仅仅是一个有所回报的项目，也是一个必不可少的项目。'丝绸之路经济带'为丝路沿线国家提供大量的机遇，因为该计划能够使这些国家团结起来，并利用各自的优势以规避严重的风险。就这一层面而言，在该计划的框架之下，中亚地区的所有国家聚焦于合作领域，并以一种建设性的方式立即把它们的共同愿景付诸实践是十分重要的"。

作为全球四大金融中心之一，位于亚洲的新加坡对"一带一路"倡议的关注比其他国家多了一个视角。新加坡国际事务研究院在《中国的区域愿景聚集发展动力》报告中认为，"习近平在参加亚太经合组织峰会时提出一个更加宏伟的计划，那就是建立更大更具有包容性的'亚太自由贸易区'（FTAAP），并将在中国的'亚太梦想'这一大背景下来完成该计划""亚太自由贸易协定为深化区域经济一体化提供一个具有发展前景的设想，也与其他经济和贸易协定之间形成互补关系……习近平主席将其提出就表明一个事实：中国正在逐渐成为亚太地区的经济中心""所有这些倡议的推进不仅需要花费时间成本，而且需要政治智慧和勇气……建立'海上丝绸之路'和'陆上丝绸之路'来将亚太地区连接起来，并且建立亚洲基础设施投资银行来加快基础设施的建设。无论有没有'亚太自由贸易区'，中国都计划且有实力完成这些举措。二十国集团针对的是全球经济的增长，而亚洲正在寻求新的引擎来保持自身的经济增长势头。有些国家愿意让中国成为亚太地区的老大，而许多国家虽不愿意，但也不得不承认中国正日渐成为经济中心"。

拉惹勒南国际研究院认为，"一带一路"倡议是中国新一轮的改革开放，它是"当代中国对外关系史上前所未有的提议""这一举措不仅仅是对美国战略调整或战略改变的回应。可以说，这一举措是中国外交政策界的共识，北京现在需要从'低姿态'国际战略转为积极争取更多成就的战略。中国外交政策精英们已经开始寻找一种更宏大的战略，以进一步提高中国的地位"，报告认为，"北京在认真地推进'一带一路'项目建设。但可能是因为中国没有提供足够的信息，邻国对'一带一路'的反应很矛盾……无论如何，它们应该敦促中国公开'一带一路'项目实施的相关细节"。该智库发表的《中国雄心勃勃的"丝绸之路"计划面临阻力》报告，承认"对于许多沿线国家而言，中国的雄心可以给它们带来可喜的经济增长"，但是"这个价值 1400 多亿美元的计划在沿线国家面临诸多挑战，包括战争、领土争端和国内动乱"。

新加坡东南亚研究所援引新加坡前外长杨荣文的话，指出，"中国提议建设通过南海的'海上丝绸之路'，这能够带来区域繁荣，我们应该正确看待南海海域的领土争端""在东南亚研究院举办的论坛上，杨荣文先生表示，该地区需要考虑的问题是我们的经济会因对小岛、珊瑚礁和海底矿藏权益的争论而得到发展还是会因该地区贸易往来的加强而得到发展？""杨荣文先生敦促东盟成员国去认识这些计划可能带来的空前繁荣的潜力，而不是只将注意力放在南海争端问题上……如果认识到该海域的这个重要作用，那么我们就能够以正确的态度看待一切相关事务。这时，如果我们再回顾过去，就会发现有关南海问题的那些争论是多么的愚蠢"。

在中俄关系持续发展并深化的时代背景下，两国共同推进"一带一路"倡议与欧亚经济联盟的对接，有可能打造出中国与其他沿线国家合作的样板，成为推动"一带一路"顺利实施的关键因素。俄罗斯国际事务理事会对"一带一路"倡议进行了深入研究，并发表了数十份高质量的研究报告。在《丝绸之路项目与俄罗斯和中国的战略利益》报告中认为，"'丝绸之路经济带'……主要是一个经济项目，目的是促进中国西部地区的经济发展……它是一个有助于区域国家之间发展密切的全面关系（经济、政治和人道主义关系）的项目，而不仅仅获得一些具体的经济或政治利益""现在，'丝绸之路经济带'更像一个概念，而非有着具体目标和路线图的行动计划。总体而言，中国的做法并没有发生根本性的变化，但是融入更多的能源合作、创新和灵活操作的意识，以及有一个更广阔的视野和更开放的态度。如果说有什么变化，那就是新项目已不再局限于中亚，并试图扩大到南亚、东亚和欧亚大陆""'丝绸之路'项目可能会促进中国和俄罗斯的合作，也可能会加剧它们之间的竞争。结果取决于中国和俄罗斯将如何相处。作为一个战略伙伴，中国正努力与俄罗斯保持合作关系……中国此项目背后的主要驱动力是经济合作的自然欲望，而不是把俄罗斯挤出中亚。对于中国来说，与俄罗斯在该地区的理想关系是与俄罗斯共同努力，或在合作的氛围中各自开展工作""中亚各国将积极响应'丝绸之路经济带'倡议，因为它们没有理由拒绝合作"。

该智库的《俄转向东方：结果和目标》报告指出，"经过多年的辩论和与官僚主义的斗争，俄罗斯于 2014 年年底决定构建一个制度框架，以实现其在远东地区的新发展模式，建议创建快速发展区，并将旨在增加对亚太地区出口的投资项目放在优先位置"，"西伯利亚和远东地区必须成为经济自由区以及俄罗斯其他地区参考的典范，俄政府必须解除对任何投资项目（除了对国防起关键作用的项目）正式或非正式的限制，腐败行为必须根除""俄政府在远东地区和整个西伯利亚要有一个清晰的发展观，并密切配合由欧亚经济联盟、哈萨克斯坦、中亚国家制订的经济发展计划以及中国的'丝绸之路经济带'。俄罗斯必须充分利用已有的机会和其在亚洲的经济增长优势。经济发展的新中心将出现在欧亚大陆中部、中国西部、哈萨克斯坦和伊朗等地"。

俄罗斯国际事务理事会发表的《"瓦尔代"国际辩论俱乐部分析"丝绸之路经济带"的前景》报告认为，"'丝绸之路经济带'不仅仅是一个过境运输计划，它还是一个有关多数国家经济发展的综合计划。它包括基础设施建设、产业、贸易与服务的发展。该计划能够为整个欧亚中心建立稳定的环境，也能激发该地区的所有潜能"。报告指出，"丝绸之路经济带"计划可能开启一个欧亚大陆中部联合发展区域，而此联合发展区域的一体化水平接近欧盟的一体化水平，"'丝绸之路经济带'计划能够为俄罗斯和哈萨克斯坦在欧亚经济联盟框架下的一体化发展进程提供新的推动力""该计划将会为'丝绸之路经济带'沿线地区重大基础设施项目的实施带来新的机遇，同时也会为西伯利亚大铁路带来更多的货物流通机会……俄罗斯和哈萨克斯坦应该联合起来努力吸引来自中国西部的货物"。《俄罗斯与中国：迈向光明未来？》报告认为，"俄中关系在世界政治中成了一个十分关键的因素""中国发起了'丝绸之路'计划，连接了两大区域——伟大的中国与欧盟——之间的经济发展纽带。这是中国为其进一步发展设定的目标，至少是在该区域的目标……该计划提供了新的机遇、贷款以及更多的劳动力。换句话说，该计划能为该地区提供强大的经济发展动力。未来，这一联合区必定能够大大改善欧亚不发达地区的经济态势，并缓解该地区的社会紧张局势，这有助于解决国际恐怖主义问题。对于俄罗斯而言，该计划一方面为其提供更大的发展空间，但是同时也为其带来挑战""我们看到新的计划，而且这些新计划的发展势头十分强劲。由于我们'浓厚'的官僚作风，实施这些计划理论上会存在失败的风险。但是，我认为中国不会允许我们这样做"。

俄罗斯战略和科技分析中心发表的《中国提议的丝绸之路：中亚的问题和优先事项》指出，"'丝绸之路经济带'涉及40多个亚洲以及欧洲国家，而且中亚是此经济带的中心地带……只有更好地了解中亚地区的政治以及经济状况，'丝绸之路经济带'才可能取得成功""近年来，随着中国与中亚贸易和投资的规模显著增长，中国的影响力与日俱增。然而，现在称中亚是中国的后院，俄罗斯已经失去统治地位，还为时过早。事实上，俄罗斯仍占主导地位，中国还没有能力主导整个中亚的发展方向。在中亚，俄罗斯在社会和文化方面都享有无可比拟的优势"，报告建议"中国应采用双边合作的方式来与各国合作。最好先把小项目建设成功，并在以后寻找机会把'点'连接起来，而不是把重点放在那些需要多国参与的大项目上。俄罗斯的利益需要得到满足……俄罗斯一定会关注中国扩大在中亚的存在的行为。不要过多期望俄罗斯会在中亚支持中国的'丝绸之路经济带'

项目，但是，满足并符合俄罗斯的利益需求是至关重要的，特别是在政治和安全领域。在加强经济关系方面，应该努力调整中亚国家和中国西部地区的经济结构，以建立一个区域供应链，从而避免直接竞争。此外，能源领域的合作仍将是此项目的重点，促进中国与中亚国家之间农业的联系也应优先考虑。不像能源投资，其主要受益的往往是中亚精英，而农业合作有可能给老百姓带来更大的经济利益，帮助解决国家之间水纠纷问题，并且解决持续加重的粮食安全问题"。

此外，本书还收录了澳大利亚、加拿大、以色列、马来西亚、南非、阿富汗、日本、文莱、菲律宾等国智库的一些研究报告摘要，其观点对研究"一带一路"倡议均具正反参阅价值。但限于篇幅，笔者不再逐一进行辑录点评，敬请读者见谅。

撰序至此，本应收笔。偶翻闲书，又看到诸葛孔明在《机势》中指出，要取得胜利，"其道有三：一曰事，二曰势，三曰情。事机作而不能应，非智也；势机动而不能制，非贤也；情机发而不能行，非勇也"。大体意思是，获胜有三条规律可循：一是在事务的变化中寻找有利于自己的战机，二是在形势的变化中寻找有利于自己的战机，三是在士气的变化中寻找有利于自己的战机。如果不能把握事物变化中转瞬即逝的战机，是不睿智的；如果不能抓住形势变化中稍纵即逝的战机，是不明智的；如果不能发现士气变化中带来的战机，是不称职的。看到孔明先生的这段话，笔者又有一些感慨，认为它对研究"一带一路"倡议者，对关注蝴蝶翅膀扇动者来说，很具启发和借鉴意义。

"一带一路"倡议涉及 60 多个形势、国情、民意迥异的国家，要落实好每个项目，势必是一场场硬仗，需要智库关注"事、势、情"，发现并建议抓好每个战机。"一带一路"倡议坚持的共商共建共享原则，将会给沿线国家和地区带来和平与发展，但是在错综复杂的国际形势下，善良的举措也可能"动了别人的奶酪"，这同样需要智库密切关注当事者之"事、势、情"，并以中国人特有的智慧，在因势利导、随机应变方面，在化挑战为机遇、化干戈为玉帛方面，在化繁为简、化敌为友方面等，为稳步推进"一带一路"合作倡议贡献智库应有的"脑值"。

曾国藩曾说，"军事有先一著而胜者，如险要之地，先发一军据之，此必胜之道也。有最后一著而胜者，待敌有变，乃起而应之，此必胜之道也"。智库的"脑值"，当既在"先一著"的战术方面有作为，更在"最后一著"的战略决策方面下功夫。因此，关注"事、势、情"，当从大处着眼，于细微处着手。"形微而不见，声细而不闻，故明君视微之几，听细之大，以内和外，以外和内。故为政之道，务于多闻。是以听察采纳众下之言，谋及庶士，则万物当其目，众音佐其耳。故经云：圣人无常心，以百姓为心。"孔明关于细微的论述，与"蝴蝶效应"的道理完全一致，但又比"蝴蝶效应"高了两重境界：一是只要善于捕捉细微，则能达到"万物当其目，众音佐其耳"之功效，从而随心所欲而立于不败之地；二是要审时度势、与时俱进，做到"圣人无常心，以百姓为心"，走出拘泥僵化之老路，形成"观日月之形，不足以为明；闻雷霆之生，不足以为听"的战略定力。

对于这几重境界，笔者愿与同行们共勉共践之，并努力实现之。老实说，虽殚精竭虑，但本卷书只勉强有了第一重境界的味道，故名为《蝴蝶的翅膀》。我们将继续努力追求第二重境界，并在今后的各卷中尽量体现。同时，需要说明的是，即使在第一重境界中，本书也仅仅是我们加强全球涉华智库研究的又一次尝试和探索。由于缺乏经验和积累，对"蝴蝶"种类的选择和"蝴蝶"振翅频谐的确定上，我们未必都做到了权威和正确，希望读者和有关部门对我们的工作多提宝贵意见和建议，以使《全球智库论中国书系》不断完善。

本卷定稿之时，正值天安门广场纪念中国人民抗日战争暨世界反法西斯战争胜利70周年阅兵式完美礼成。坐在观礼台上，亲耳听到习近平主席喊出的"人民必胜！"宣言，感到这句话仿佛电流一样触动每个细胞，激起了沉睡心底多年的那份情愫。这句充满激情的深刻而朴实的话，能让世界动容，让天地开颜，让人民感动，也令笔者不忍搁笔。借片纸之隅，笔者吁有关国家能真正明白"9·3"阅兵式体现之强烈和平信号，并愿国际社会永秉以史为鉴、珍爱和平之理念，永持人类命运共同体之愿景，让世界永沐和平之阳光。

笔随思行、敲字为文，闲墨为序、姑表梦心。以此向为缔造世界和平、为中华民族伟大复兴付出生命的先烈们致敬！向致力于践行"一带一路"合作倡议的先行者们致礼！

（本文系王灵桂主编《国外智库看"一带一路"（Ⅱ）》序言，社会科学文献出版社 2015 年 11 月版）

连接已经成为一项基本人权

三年来，"一带一路"倡议从概念变成了行动，变成了成效，由点及面地形成了各国共商共建共享的合作局面，从无到有地建成了一批具有标志性的重要项目。目前，中国政府已经同 30 多个沿线沿途国家签署了共建"一带一路"合作协议，已经有 100 多个国家和国际组织参与其中。以"互联、连接"为基本特征并作为优先领域推进的"一带一路"倡议，顺应了国际经济发展的内在规律，代表了全球经济合作的新趋势，获得了广泛国际共识，并为沿线沿途国家和地区注入了新的增长动力，开辟出了共同发展的巨大空间。

"'一带一路'和互联互通相融相近、相辅相成。如果将'一带一路'比喻为两只翅膀，那么互联互通就是两只翅膀的血脉经络"，"'一带一路'顺应了时代要求和各国加快发展的愿望，提供了一个包容性巨大的发展平台，具有深厚历史渊源和人文基础，能够把快速发展的中国经济同沿线国家的利益结合起来""加快'一带一路'建设，有助于加强不同文明交流互鉴，促进世界和平发展"。① 难怪有硅谷投资教父之称的马克·安德森在对《超级版图：全球供应链、超级城市与新商业文明的崛起》一书的评论中说，"连接已经成为一项基本人权，它给予地球上的每个人自立自足，贡献未来的平等机

---

① 中共中央宣传部：《习近平总书记系列重要讲话读本（2016 年版）》，学习出版社、人民出版社 2016 年版，第 267 页。

会"①。而中国社会科学院世界经济与政治研究所所长张宇燕教授也指出，"'一带一路'可以通过双边与多边合作，继承、改造、整合、创新现有国际规则体系，既让交易成本大为降低，更让国际制度趋于中性，甚至更有针对性地维护发展中国家的利益，实现全人类的共同繁荣与发展"②。

什么是连接？帕拉格·康纳认为，传统的国界线表示国与国的隔离，强调本国的国土主权，限制人员、资本、资源、技术的流动，而在互联时代，国家必须选择与其他国家、其他区域连接，连接的力量远远大于政治和军事的力量。③ 如何实现连接？帕拉格·康纳指出，通过修建基础设施，打造供应链，实现资源、生产、服务、消费的连接。21世纪，本质上是一场争夺供应链的角力，新竞赛的内容是连接全球各大市场。在这场角逐中，中国领先：中国围绕"一带一路"，已经启动一大波连接欧亚大陆的基础设施投资。④

在《超级版图：全球供应链、超级城市与新商业文明的崛起》一书中，作者这样评价"一带一路"的时代价值："在冷战时期和冷战结束之初，全球安全被普遍认为是最重要的'公共品'，其主要提供者是美国。但在21世纪，最为重要的公共品却是：基础设施。而中国是基础设施的主要贡献者。中国的国内基础设施建设规模引领全球，现在中国又创设了亚洲基础设施投资银行，由此中国将成为全世界基础设施项目的最大投资者。"⑤

帕拉格·康纳的上述评论并不是信口开河，也不是阿谀奉承。

① ［美］帕拉格·康纳：《超级版图：全球供应链、超级城市与新商业文明的崛起》，崔传刚、周大昕译，中信出版集团2016年版，封底推荐语。

② 薛力：《"一带一路"与"欧亚世纪"的到来》，中国社会科学出版社2016年版，系列序一。

③ ［美］帕拉格·康纳：《超级版图：全球供应链、超级城市与新商业文明的崛起》，崔传刚、周大昕译，中信出版集团2016年版，第1页。

④ ［美］帕拉格·康纳：《超级版图：全球供应链、超级城市与新商业文明的崛起》，崔传刚、周大昕译，中信出版集团2016年版，第1页。

⑤ ［美］帕拉格·康纳：《超级版图：全球供应链、超级城市与新商业文明的崛起》，崔传刚、周大昕译，中信出版集团2016年版，中文版序。

"一带一路"倡议自提出以来的三年建设过程中，在陆上依托国际大通道，以沿线中心城市为支撑，以重点经贸产业园区为合作平台，共同打造新亚欧大陆桥、中蒙俄、中国—中亚—西亚、中巴、孟中印缅、中国—中南半岛等国际经济合作走廊；海上以重点港口为节点，共同建设通畅安全高效的运输大通道，努力推进陆上路径和海上路径的紧密关联和合作，"围绕'一带一路'倡议，中国积极强化多边合作机制，取得重要进展。上海合作组织（SCO）、中国—中东欧合作机制、中国—东盟'10 + 1'、亚太经合组织（APEC）、博鳌亚洲论坛（BFA）、亚欧会议（ASEM）、亚洲合作对话（ACD）、亚信会议（CICA）、中非合作论坛（FOCAC）、中阿合作论坛（CASCF）、大湄公河次区域经济合作（GMS）、中亚区域经济合作（CAREC）、澜沧江—湄公河合作机制（LMCM）、中国—海合会战略对话等多边合作机制不断取得进展，带动了更多国家和地区参与'一带一路'建设"①。

中国与沿线国家和地区在基础设施技术标准体系对接、基础设施网络联通、能源基础设施联通和畅通信息丝绸之路等领域合作不断加强，共同建设连接亚洲各次区域以及亚欧非之间的基础设施网络。在标准对接方面，"一带一路"各大标准对接协商会议和论坛在各地陆续举办，初步形成了与沿线国家标准对接路径。2015 年 10 月 22 日，《标准联通"一带一路"行动计划（2015—2017）》正式发布，明确了 10 个发展方向，旨在探索形成"一带一路"沿线国家认可的标准互认程序与工作机制，加快推进标准互认工作；顶层规划协议和标准体系对接方案，涉及基础设施建设投资、贸易、能源、金融、产业、物流运输、标准及认证、环境保护、农业、人文、信息、智库合作和地方合作等 13 个重点领域。在交通联通方面，截至 2016 年 6 月 30

---

① 中国人民大学"一带一路"建设进展课题组：《坚持规划引领，有序务实推进："一带一路"建设三周年进展报告》，2016 年 9 月 26 日发布，第 4 页。

日，中国已开通中欧班列共计 39 条，已逐步形成连接亚洲各次区域以及亚非欧之间的交通基础设施网络；由中国中铁股份有限公司、中国交通建设集团等国有大型企业承建的具有示范性作用的大型交通基础设施项目就达 38 项，涉及"一带一路"沿线 26 个国家，重点建设关键通道和节点、推动港口合作建设，帮助发展中国家完善交通基础设施建设。在能源联通方面，自 2013 年 10 月至 2016 年 6 月 30 日，由中国国有企业在海外签署和建设的电站、输电和输油输气等重大能源项目多达 40 项，共涉及 19 个"一带一路"沿线国家。在信息畅通方面，中国通过国际海缆可达北美、东北亚、东南亚、南亚、澳洲、中东、北非和欧洲地区；通过多条国际陆缆可直接连接俄罗斯、蒙古、哈萨克斯坦、吉尔吉斯斯坦、塔吉克斯坦、越南、老挝、缅甸、尼泊尔、印度等国家，进而延伸覆盖至中亚、北欧、东南亚各地区；由中国主导的 TD - LTE 技术国际化已取得初步成效，在中国发起并主导的 TD - LTE 全球倡议组织（GTI）中，GTI 已拥有 116 家运营商及 97 家设备商，包括中国、美国、日本、印度、沙特阿拉伯、俄罗斯、澳大利亚等在内的 30 个国家已开通共计 52 个 TD - LTE 商用网络，另有 55 个国家的 83 个 TD - LTE 商用网计划正在部署中[1]。

也正是因为"一带一路"的顺利推进及其成效，在短短三年时间里"一带一路"倡议迅速成为全球智库关注的"显学"，各国有识之士纷纷加入了"一带一路"研究的行列。马克·安德森、帕拉格·康纳只是其中的代表。在本书中，我们梳理整理了全球知名战略智库对"一带一路"研究的最新成果和观点，呈现给读者。当然，由于各智库受限于所在国家利益的束缚，他们在"一带一路"研究过程中，其观点自然不可避免地带着某些不全面，乃至误解、曲解等方面的问题。但是，作为一个有着高度自信和定力的国家，我们能从

---

① 中国人民大学"一带一路"建设进展课题组：《坚持规划引领，有序务实推进："一带一路"建设三周年进展报告》，2016 年 9 月 26 日发布，第 7—9 页。

其中的不和谐声音中，寻找到我们更好推进"一带一路"倡议的"他山之石"。这也是我们"全球战略观察项目"设立的本意和初衷。正如中国现代国际关系研究院原院长陆忠伟先生所说，面对全球战略智库们的评点，"不论其目的、动机如何，各大智库的政治敏锐、战略视野、国际思维值得肯定。正所谓一心精进，总得悟明究竟；万里深思，方知定有因缘"①。

　　本卷定稿之时，正值中华人民共和国成立 67 周年的大庆日子。此书也算是给祖国母亲的诞辰的一份菲薄礼物，祝愿我们的国家在"一带一路"倡议推进中，通过加强基础设施建设的互联互通和政策沟通与政策支持的软联通，与沿线沿途国家合作应对挑战，合作实现共赢，加强各国经济全方位互联互通和良性紧密互动，形成 21 世纪国际经济联动发展的新格局，构建出政治互信、经济融合、文化包容的人类命运共同体，"给予地球上的每个人自立自足，贡献未来的平等机会"。

　　凌晨码字、落笔为愿，是为序。

　　（本文系作者为《全球战略观察报告：国外智库看"一带一路"（Ⅲ）》撰写的前言，中国社会科学出版社 2017 年 3 月版）

---

① 陆忠伟：《中国在国际战略地平线喷薄欲出》，载王灵桂主编《国外智库看"亚投行"》之总序，全球智库论中国书系（之二），社会科学文献出版社 2015 年版，第 3 页。

弘扬古丝路精神　再创精彩明天

　　《海丝列国志》共涉及亚洲、非洲、欧洲、大洋洲的 38 个国家。其中，既有世界上最发达、最富裕的国家，又有最欠发达、最贫困的国家；既有信奉伊斯兰教的国家，又有信奉基督教、天主教和佛教的国家；既有中国周边邻国，又有与中国相距万里之遥的国家……

　　是什么把这些看起来毫不相干的国家串在一起，汇集到一本书中？

　　答案就是 2015 年 3 月 28 日中国国家发展和改革委员会、外交部、商务部，在海南博鳌论坛年会期间联合发布的《推动共建丝绸之路经济带和 21 世纪海上丝绸之路的愿景与行动》（以下简称"一带一路"合作倡议）。

　　"一带一路"合作倡议，是由习近平主席在 2013 年访问哈萨克斯坦、印度尼西亚时分别提出的。在博鳌论坛年会开幕式上发表主旨演讲时，习近平主席指出：目前已经有 60 多个沿线国家和国际组织对参与"一带一路"建设表达了积极态度，并强调指出："一带一路"建设秉持的是共商、共建、共享原则，不是封闭的，而是开放包容的；不是中国一家的独奏，而是沿线国家的合唱。

　　"一带一路"倡议秉持的开放合作、和谐包容、市场运作、互利共赢原则，突出的政策沟通、设施联通、贸易畅通、资金融通、民心互通五大合作重点，以及为愿景和行动确定的多边双边合作机制等制度保证，注定"是各国共同参与的'交响乐'，其基本定位和目标既要反映中国和平崛起的利益诉求，又要符合沿途国家乃至全球发展的需要"。

因此，如果说本书涉及的 38 个国家，是散落在地球上四大洲的 38 颗珍珠的话，"一带一路"合作倡议，就是将它们串成珠链的纽带。境况迥异的 38 个国家，因这条纽带而精彩起来，才汇成了合唱发展交响乐的思想和行动准备。也是因为这条纽带，将这 38 个国家总计 13 亿人口、2008 万平方公里的陆地面积、20 万亿美元的 GDP，与全球第二大经济体紧密地联系起来，形成了包括 26 亿人口、2976 万平方公里陆地面积、30 万亿美元 GDP 的，在国际政治经济舞台上和区域合作中具有举足轻重地位的"飞龙模式"。

正因为因此，本书才具有了超越一般学术研究的现实和战略意义。"围绕'一带一路'合作倡议，把国内经济增长可持续性与中国对世界经济稳定与增长，特别是与发展中国家脱贫挂起钩来，智库研究才能站在应有的高度上。"因此，本书作为智库研究的一个非常基本的成果，应该是开了一个好头，我的同仁们也一定会在这方面不断推出更有力道、更深层次的优秀研究成果。

"一带一路"的命名，起源于中国向世界开放的古老历史，既是向世界传播中华文明、自身吸纳和借鉴其他文明优秀成果的过程，更是世界经济交通、文明交融史上的典范。这个概念和倡议的提出，是中华文明和智慧的结晶，或者说是中国政府植根于中华民族复兴的伟大"中国梦"，在 21 世纪向世界敞开的怀抱。

"一带一路"宛如中国向全世界伸出的热情臂膀，向世界发出了共商共建共享的倡议，也得到了国际社会和沿线国家的积极响应。在"一带一路"合作倡议颁布当天，新加坡学者就表示，在"一带一路"建设中，"中国并不是要把自己的意志强加给别的国家，而是考虑这些国家需要什么东西，这也是一个协商的过程"，中美清洁能源论坛首席执行官博锐思也同时指出，"'一带一路'是开放包容的，在增加经贸的同时，将同时促进文化理解"。

因此，要准确理解"一带一路"，就很有必要简要回顾一下古代的陆上和海上丝绸之路是怎么来的，它给世界、给沿线国家、给中国带来了什么，两条古老的丝绸之路的精神是什么。这将十分有助于大家对"一带一路"合作倡议意义的认识，从较大程度上增强我们拥抱世界的思想自信和战略定力。巧合的是，"一带一路"的汇集点在阿拉伯半岛，而古代两条丝绸之路的交汇处，也是阿拉伯半岛。此外，本书涉及的 38 个国家中，亚洲有 24 个（越南、新加坡、泰国、以色列、斯里兰卡、尼泊尔、老挝、柬埔寨、东帝汶、印尼、伊拉克、沙特、也门、文莱、黎巴嫩、卡塔尔、巴林、阿曼、科威特、阿联酋、马尔代夫、马来西亚、菲律宾、蒙古国），欧洲有 8 个（英国、德国、比利时、西班牙、意大利、荷兰、法国、瑞士），非洲有 4 个（埃塞俄比亚、埃及、毛里求斯、马达加斯加），大洋洲有 2 个（新西兰、澳大利亚）。其中阿拉伯国家有 10 个，无论是丝绸之路经济带，还是 21 世纪海上丝绸之路，都绕不开这些国家。因此，我就按照窥豹的思路，以中国和阿拉伯人民的交往交流为例，来试图回答这些问题。

一 两条丝绸之路起源于中阿人民深厚的交流交往

古代的两条丝绸之路（海上丝绸之路、陆上丝绸之路），在长达 2200 多年的历史中，曾经深刻地影响和改变过世界，对世界文明和经贸的发展做出过重要贡献。"中国和阿拉伯之间，自古就有了来往。中国人民和阿拉伯人民的友谊源远流长。"中阿人民的友好交往史，可分陆路和海路两部分，也就是享誉世界的陆上丝绸之路、海上丝绸之路。对此，中国著名的阿拉伯历史学家纳忠先生曾总结说，"阿拉伯人是中国文化西传的桥梁。中国的四大发明——造纸术、印刷术、指南针和火药，在中世纪先后通过阿拉伯人传入欧洲，对推动人类文明的发展产生了不可估量的影响。正如英国哲学家弗兰西斯·培根所说的：它改变了整个世界许多事物的面貌和状态，并由此产生无数变化，以致似乎没有任何帝国、任何派别、任何星球，能比这些技术发明对人类事务产生更大的动力和影响。马克思更把火药、罗盘和印刷术喻为"预兆资产阶级社会到来的三项伟大发明"。

　　国内外学术界对中阿人民之间的联系，一般从西汉张骞时起算。但在张骞之前，中阿人民已有了零星交往。中国古籍中曾记载"帝尧陶唐氏二十九年春，僬侥氏来朝，贡没羽"。僬侥氏的具体位置虽已难考证，但《括地志》认为其在大秦南。而没羽，则为没药之别称，是独产于阿拉伯半岛的药材。由此，可大略推测僬侥氏可能位于阿拉伯半岛，或其周边，或与之有某种联系。如此说成立，中阿人民之间的直接或间接来往则可以追溯到中国五帝时代的尧。张星烺先生曾就此指出，"汉武帝以前，中西非无交通事迹，而顾二千年以来，几于无人不信西域通始自汉之孝武者"。其主要原因有四。一为"受司马迁颠倒错乱之故。迁以腐刑之余，对于汉武帝之措施，无处不表示愤慨。因愤慨而讥讽。因讥讽而颠倒黑白。西域之通，始自黄帝，而迁偏言张骞凿空"。二为"司马迁以前，无伟大史学著作如《史记》者，范围一切，便于稽考"。三为"自来著作家皆仅注意正史（即二十四史等官书），而偏视私家著述"。四为"秦始皇以前，秦国与西域交通必繁，可无疑义。惜汉初执政者，皆丰沛子弟，悉非秦人。秦国之掌故鲜能道者，以致秦国与西域之交通事迹史无详文也。犹之元亡明兴，蒙古人与欧洲交通事迹，汉人完全不知。《明史》谓意大里亚从古不通中国，圣清圣祖康熙初年之《平定罗刹方略》亦谓俄罗斯从古不通中国也"。

　　姑且抛开这段说不清的历史，有史料记载的历史可以为证。据现有的历史资料，中国与阿拉伯之间的陆路联系，最早可追溯到公元前139年（西汉建元二年）。当时张骞奉命出使西域，亲历当时中国西部的大月氏、大夏、大宛、康居等诸国。在游历过程中，张骞得知了西亚阿拉伯半岛的一些情况。当时，西汉人把阿拉伯称为条枝。《史记》123卷之《大宛列传》中，简要记载了条枝的情况，但注明

"安息长老传闻条枝有弱水，西王母，而未尝见"。到《后汉书》，对条枝的情况就清楚多了，在 88 卷《西域传》中说："条枝国城在山上，周回四十余里，临西海，海水曲环南及东北，三面路绝，唯西北隅通陆道。土地暑湿。"这个描述，对阿拉伯半岛的描述已经比较准确了。公元 97 年（东汉永元九年），甘英奉西域都护班超之命出使大秦（包括今埃及、叙利亚等地），曾亲抵条枝，为西海（波斯湾）所阻，望洋兴叹而东返。《通典》在 192 卷中专设《条枝》一章，对此有专门记载，说"条枝，汉时通焉，去阳关二万二千一百里，在葱岭之西""绝远，汉使希至""后和帝永元中，班超遣掾甘英使大秦，抵条枝。临大海欲渡，而安息西界船人谓英曰：海水广大，往来者逢善风，三月乃得渡。若遇恶风雨，亦有三岁者。英闻而止"。张骞、甘英到阿拉伯所走的交通线，也就是至今仍为人们津津乐道的著名的陆上"丝绸之路"。总之，无论是"张骞凿空"，还是"英闻而止"，他们的西域之行极大地丰富了汉代国人对中亚、西亚和阿拉伯的舆地知识，为开辟这条道路做出了巨大贡献，促进了中阿早期经济文化交流。

随着航海技术的不断进步，中阿之间通过海上交往已经成为可能。从中国今天的广州、泉州、宁波、扬州等港口出航，向南航行，穿马六甲海峡，过斯里兰卡和印度半岛南端，最终到达西海（波斯湾）或红海。这就是历史上有名的"香料之路"，又称为海上"丝绸之路"。关于进入波斯湾的海上"丝绸之路"分支，阿拉伯著名历史学家马斯欧迪在他的名著《黄金草原和珠玑宝藏》里曾记载道：6 世纪，中国的商船经常访问波斯湾，并从波斯湾进入幼发拉底河，在距离古巴比伦废墟约 3 公里的希拉城附近停泊，与当地的阿拉伯人进行交易。其实，据阿拉伯史料记载，早在公元 360 年，在幼发拉底河附近的巴塔尼亚的定期集市上，就有中国商品，这些商品，有些可能就是中国船只运来的。成书于公元 500 年前后的《宋书》中，也提到中国与大秦（指属于拜占庭帝国的叙利亚、埃及）、天竺（印度）之间"舟舶继路，商使交属"。进入红海的海上"丝绸之路"分支，主要到达今天也门的亚丁、摩哈两个港口。货物随后沿着阿拉伯半岛西部海岸北上，经过麦加转运到巴勒斯坦、叙利亚、埃及等地。这条道路也就是著名的汉志商道，从公元6世纪开始，被麦加的古莱什部落长期控制。这也就是作为古莱什部落成员的先知穆罕默德，知道和了解中国和中国文化的主要原因之一。同时，赫德森在《欧洲和中国的关系》一书中，也谈到公元1世纪后，阿拉伯人的船只也许已经航行到了中国。海上丝绸之路的高度发达，推动了造船与航海业的发达。日本学者桑原骘藏在其著作《蒲寿庚考》中描述道："自八世纪初至十五世纪末欧人来东洋之前，凡八百年间，执世界通商之牛耳者，厥为阿拉伯人。其最盛之时，则在八世纪后半期阿拔斯王朝奠都缚达以后。阿拉伯人由海上与中国通商，彼时盖经营不遗余力之秋也。"这些情况说明，海上"丝绸之路"是双向的。如果此说成立，那么，其对中阿人民的影响也必定是双向的。

陆上"丝绸之路"和海上"丝绸之路"的开辟，形成了古代中国和阿拉伯往来的重要通道，也造就了古代东西交通的两大主动脉。唐朝德宗贞元年间（公元785—805年）曾担任宰相的地理学家贾耽曾记载过大唐通大食、波斯的两条通道："安西入西域道""广州通海夷道"，就是陆上和海上的"丝绸之路"。这两条通道，均成为日后伊斯兰教进入中国的主干道。当时，通过两大交通主动脉，阿拉伯人还在中国和西方国家的经贸活动中，发挥了活跃的中介作用，他们"把中国丝绸及其他商品，转运至安条克，在安息和罗马之间，起着中间商的作用"，他们"在组织中国丝绸的运输、保护商队的安全、为商队提供服务方面，做得非常出色，以致使罗马和印度的贸易，一度从红海和埃及转移到了波斯湾和叙利亚"。从这个意义上讲，古阿拉伯人是中国和欧洲早期经贸活动的推动者和中介者。

二　在两条丝绸之路上，中阿人民为世界文明发展做出了重要贡献

在长期的交往中，中阿人民相互学习，使各自的文化都得到了充实和发展。阿拉伯的天文历法和医药学等对中国产生过很大影响。中国的绘画艺术、医药学和制瓷技术，也对阿拉伯产生过影响。在中阿人民的交往中，中国的两件事对阿拉伯人产生了重大影响，一是指南针传入阿拉伯，极大地促进了阿拉伯人的航海事业。二是阿拉伯人从中国学会了造纸技术，改变了过去使用笨重的纸草纸和羊皮纸的状况，极大地促进了文化的发展和流传，尤其对"百年翻译运动"产生了积极推进作用，使大规模的书籍印刷和传播成为现实。而这个交往的成果，更是对形成今日欧洲的文化局面的文艺复兴运动，起到了直接的决定作用。

纳忠教授曾经对此进行过精辟的概括和总结。他指出："'阿拉伯—伊斯兰文化'乃由三种文化汇合而成：一是阿拉伯人固有的文化；二是伊斯兰教文化；三是波斯、印度、希腊、罗马……外族的文化。"当阿拉伯文化离开本土向四方传播，又与各地区、各民族的社会经济文化相适应，从而形成具有各地区、各民族特点的伊斯兰文化。向西方传播后，便照亮了欧洲黑暗的天空，对西方科学文化事业的复苏和繁荣起了先导和促进的作用，欧洲人从伊斯兰文化中重新接触和认识了古希腊文化，从而重建了西方基督教文明。美国哈佛大学教授、北京大学高等人文研究院院长杜维明在 2009 年 11 月 6—8 日举行的第六届北京论坛上，曾专门强调："从世界历史的角度看，如果没有人把阿拉伯文化的精髓介绍到西方，文艺复兴怎么能兴起？更不用说启蒙运动和现今的西方社会了。总的来说，中世纪的西方社会大大得益于伊斯兰文明。"

应该说，在中国历史上，是阿拉伯人第一次比较全面、系统地把西方文化介绍到了中国。同时，阿拉伯人将从中国学会的造纸术、指南针、火药等重大发明传入了欧洲，丰富了欧洲人民的生活，加速了

欧洲经济文化的发展，"他们是值得永远纪念的东西方经济文化交流的伟大使者"。美国乔治·华盛顿大学教授、传统研究基金会主席赛义德·侯赛因·纳赛尔（Seyyed Hossein Nasr）在 2009 年 11 月 6—8 日举行的第六届北京论坛上，专门就儒家文明和伊斯兰文明之间的对话阐述了很精彩的论断。他说："伊斯兰和儒家文明一同影响了这个世界近一半的人口，伊斯兰和儒家文明的对话不仅要探讨伊斯兰世界和儒家世界之间的关系，还要探讨伊斯兰和儒家文明是如何相互影响的。基于多种原因，有必要完整记述伊斯兰同中国从科技到天文再到哲学等很多层面的历史交流，其中一个不容小觑的原因是双方的交流是世界文明史上最精彩的一页。而且，双方交往的长久历史对今天两种文明间建立和谐关系发挥了基础性作用，而建立和谐的基础不仅是现实考虑。"许嘉璐先生在其《深研元典振兴道家》中专门强调："中国三大宗教的相融共生，是人类历史上的奇迹，也是中华民族文化包容大度的表现。正是因为三教自古相融共存，更增加了中华民族对异质文化包括外来宗教的包容能力，所以此后陆续进入中国的基督教、伊斯兰教、天主教，也都能在不同程度上中国化，在中国生根、开花。"

首先，深刻影响东西方文明的"百年翻译运动"。在延续 2200 多年历史的古老丝绸之路上，对东西方文化产生过重要影响的莫过于始自倭马亚王朝的"百年翻译运动"。通过这场旷日持久的运动，将希腊的哲学和科学著作都翻译成了阿拉伯语。"欧洲人几乎完全不知道希腊思想和科学之际，这些著作的翻译工作，已经（由阿拉伯人）完成了。当赖世德和麦蒙在钻研希腊和波斯的哲学的时候，与他们同时代的西方的查理大帝和他部下的伯爵们，还在那里边写边涂地练习拼写他们自己的姓名呢""那时欧洲最有学问的僧侣教士，还俯伏在古老的教堂里誊写宗教经卷，王公贵族及其子弟，对古希腊哲学还闻所未闻。"

倭马亚王朝的第二任哈里法叶齐德一世（公元 680—683 年在位）

的儿子哈里德，是伊斯兰教历史上，第一个把希腊语和科普特语的炼金术、占星术和医学书籍翻译成阿拉伯语的。阿拔斯王朝的哈里法赖世德在进攻拜占庭帝国时，专门下令搜集希腊文的书籍，带回来供学者研究和翻译。阿拔斯王朝的哈里法麦蒙时期，曾经专门派智慧馆馆长到君士坦丁堡，向拜占庭皇帝索取希腊语著作，其中包括欧几里得的《几何学原理》，并鼓励学者们把这些著作翻译成阿拉伯语。为倡导翻译运动，哈里法麦蒙曾用与译稿同等重量的黄金，作为翻译家侯奈因（公元809—873年）的翻译酬金，可见当时统治者对翻译和学术活动的重视与鼓励。经过200年的翻译活动，阿拉伯人将几乎所有的希腊、印度、波斯等文明的经典著作翻译成了阿拉伯语，其中最有名的，有托勒密的《四部书》《天文大集》，亚里士多德的《范畴学》《政治学》《逻辑学》《物理学》《伦理学》，欧几里得的《几何学原理》，柏拉图的《理想国》，格林的《解剖学》，阿基米德的全部著作，等等。美国学者希提曾就倭马亚王朝和阿拔斯王朝早期的翻译运动评论说，阿拉伯人"掌握了亚里士多德的主要哲学著作，新柏拉图派主要的注释，格林医学著作的绝大部分，还有波斯、印度的科学著作。希腊花了好几百年才发展起来的东西，阿拉伯学者，在几十年时间内，就把它完全消化了"。

恩格斯在《自然辩证法》中说："在罗曼语诸民族那里，一种是从阿拉伯人那里吸收过来，并重新发现的希腊哲学那里得到营养的明快的自由思想，愈来愈根深蒂固，为十八世纪的唯物主义作了准备。"在同一本书中，他说："古代流传下来欧几里得几何学和托勒密太阳系；阿拉伯流传下十进位制、代数学的发端、现代数字和炼金术；基督教的中世纪什么也没留下。"总之，在"八世纪中叶到十三世纪初这个时期，讲阿拉伯语的人民，是全世界文化和文明的火炬的主要举起者。古代科学和哲学的重新发现，修补增订，承前启后，这些工作，都要归功于他们，有了他们的努力，西欧的文艺复兴才有可能""讲阿拉伯话的各国人民，是第三种一神教的创立者，是另外两种一神教的受益者，是与西方分享希腊—罗马文化传统的人民，是在整个中世纪时期高举文明火炬的人物，是对欧洲文艺复兴做出慷慨贡献的人们，他们在现代世界觉醒的、前进的各独立民族中间已经有了自己的位置"。

其次，古代丝绸之路上的哲学之光依然闪亮。在哲学领域，由于受到希腊哲学思想的影响，阿拉伯人试图将哲学与宗教结合起来，形成了阿拉伯哲学史上著名的阿拉伯亚里士多德派，为促进中世纪哲学和科学的发展，做出了重要贡献。

阿拉伯哲学的代表人物主要有肯迪（公元801—873年）、法拉比（公元870—950年）、伊本·西那（公元980—1037年）、伊本·鲁士德（公元1126—1198年）。肯迪是伊斯兰哲学的先驱，其主要著作有《论理智》《灵魂的话》等。他的著作后来被翻译成拉丁文，对欧洲的培根等人影响甚大。

法拉比对亚里士多德有精深的研究，并受其影响撰写了《市民政治》一书，第一次提出了关于模范城市的概念。法拉比一生著述颇丰，代表作有《形而上学要旨》《范畴论》《逻辑学入门》《哲学的本质》《文明策》《论政治》《本质论》等。法拉比的哲学著作，被翻译成欧洲各种语言，对欧洲文艺复兴和文化启蒙产生过强烈的影响。

伊本·西那自幼学习亚里士多德、欧几里得、托勒密、法拉比等人的哲学。他一生的著作有279种之多，涉及哲学、心理学、物理学、几何学、天文学、逻辑学、语言学、伦理学和艺术等，其代表作有《治疗论》《逻辑学节要》《论灵魂》《公正论》《论命运》《忧愁的本质》《死亡的哲学》等，"他不仅在中世纪对欧洲有很大影响，还通过唯名论对欧洲文艺复兴产生过积极影响。欧洲文艺复兴时期出现的人道主义、泛神论以及经验论、感觉论及其他方面的自由思想，都或多或少地与伊本·西那的名字联系在一起"。

伊本·鲁士德发展了亚里士多德的唯物主义思想，形成了自己的哲学体系。他的主要代表作有《亚里士多德形而上学注释》《驳哲学家的矛盾》《论柏拉图共和国》《古代科学问题》《哲学问题》《逻辑导言》《灵魂问答》等。他的著作大约在公元 13 世纪用拉丁文出版，在西欧广泛流传，形成阿威罗伊主义，统治西欧思想长达数百年。法国巴黎大学和意大利巴杜亚大学将他的著作定为哲学教材，著名诗人但丁在《神曲》第四篇中，赞扬伊本·鲁士德是亚里士多德哲学最伟大的注释家。勒南在《西方的阿拉伯文明》中写道："把大多数希腊哲学家介绍给我们的是阿拉伯人，这是他们对我们的功绩。他们对基督教的哲学复兴也有恩德。而伊本·鲁士德是亚里士多德思想观点中最伟大的翻译家和注释者。因此，不管在基督教徒中，还是在穆斯林中，他都占有极其重要的地位。基督教哲学家托马斯·阿奎通过他的注释，读到了亚里士多德的著作，我们不能忘记，是他创造了自由思想的观念。"总之，黑暗时代的欧洲人，从伊斯兰哲学中知道了亚里士多德，才开始研究哲学。伊斯兰哲学对于中世纪欧洲经院哲学有过重大影响，在西方哲学史上有重要的地位。"阿拉伯哲学家们的先进哲学思想，犹如一把火炬，照亮了西欧昏暗的中世纪哲学发展的坎坷道路。"

此外，人文社会科学也得到了极大发展。随着阿拉伯帝国的建立，阿拉伯语成为帝国内各个民族共同使用的语言和国际性的语言，促进了文化的繁荣。阿拉伯文学中脍炙人口的名著《一千零一夜》，以其独有的文学魅力被世界各国人民所喜爱。中世纪杰出的历史学家麦斯欧迪（公元 9 世纪末至 957 年）游历亚非各国，对各个地方的历史、地理、政治、宗教、风俗、文物、典章等都做了深入调查和翔实的记述，他把搜集到的资料汇编成 30 卷本的伟大著作，叫作《黄金草原与珠玑宝藏》，是一部百科全书式的史地著作，其中第一卷为包括中国在内的东西各国的历史概要。在阿拉伯帝国的建立过程中，地理学研究得到了迅速发展，其成果目前依然是研究远东、中亚、西亚、非洲和俄罗斯草原的重要史料。

最后，自然科学领域成绩斐然。在罗马帝国基督教化的过程中，科学曾被诬以恶名，科学家迭遭迫害。当时，新柏拉图派必须离开雅典，数学、医学、炼金术和哲学等研究中心也转移到了阿拉伯帝国，并使科学技术获得了新生，开始了科技史上的一个新时代。由此，阿拉伯人开始全面、系统地学习希腊数学、天文学、医学、物理学、力学、地理学等学科的知识，并创造了一些新学科、新理论。

著名学者有拉齐（公元 860—925 年）、伊本·西那（公元 980—1037 年）、花拉子密（公元 780—850 年）和白塔尼（公元 858—928 年）。拉齐是阿拉伯医学的泰斗，他 20 卷本的《医学集成》包括外科、解剖、药物、饮食疗法及卫生学等学科。他的《天花与麻疹》是这方面最早的著作。拉齐的著作对西方的影响长达数百年之久。据李约瑟博士引用有关阿拉伯古籍中的记载：拉齐在巴格达遇到过一位中国学者，此人在巴格达住过一年左右，两人成了朋友。该人回中国前，特意请拉齐将有关医学知识传授给他。"中国医学在北宋初期对天花和麻疹一类疾病的认识有了重要转折，其中很可能就部分受到阿拉伯医学的启迪。"

伊本·西那既是一位哲学家，又是最负盛名的穆斯林医生。他的名著《医典》是公元 12—17 世纪欧洲各大学的医学教科书。

花拉子密是中世纪最伟大的天文学家和数学家，他制订的《花拉子密天文表》，代替了希腊和印度的各种天文表，成为东西方各种天文表的蓝本。他的数学代表作《积分和方程计算》，论及一次、二次方程的算术解法和初等几何，为阿拉伯和西方代数学奠定了基础。

白塔尼修正了托勒密天文著作中的许多错误，修正了月球和某些行星轨道的计算法，证明了太阳环食的可能性，更准确地确定了黄道、黄道斜角以及回归年和四季之长，第一次提出了决定新月可见度的独创理论。

三　中阿人民通过丝绸之路获益良多

任何文化的传播从来都是双向、多渠道的。中国的文化经阿拉伯人传播到了西方，同时阿拉伯—伊斯兰文化也在交流过程中不知不觉地来到了中国，并以融合中国文化为特色，兼取吸收各民族固有的本土文化和社会习俗，在中国的土地上扎根发芽。"中国伊斯兰文化的产生和发展，不仅丰富了中国各族穆斯林的信仰生活和文化生活，而且也扩大了中国思想界认识的深度和广度。毫无疑义，它是中华民族多元文化中一支独特的文化元，在中国文化中占有重要地位。"

中阿人民在丝绸之路上的交往，在唐朝时期达到了顶峰。在民族大融合背景下建立起来的唐王朝，在政治上奉行"中国既安，四夷自服"的方针，在文化思想上实行的是"兼容并包"的政策，在外交关系上采用的是开放政策。因此，各种文化思想得以广泛交流，促进了唐代文化的发展。当时，阿拉伯人来华主要有两种形式：一是帝国哈里发遣使来华朝贡。仅从唐永徽二年（公元651年）到唐贞元十四年这148年中，就通使多达30多次。二是穆斯林商人来华。唐朝时期，经济繁荣、文化发达、开放程度举世闻名。阿拉伯商人陆路经由丝绸之路上的驼队络绎不绝地来到中国，水路经由广州、泉州等港口登岸。

《旧唐书》卷198记载，"开元初（公元713年），遣使来朝，进马及宝钿等方物"；《册府元龟》卷971记载，"开元四年（公元716年）七月，大食国黑蜜牟尼苏利漫遣使上表，献金线织袍、宝装玉、洒池瓶各一"。其实，这些使节大多是商人托名，向唐朝贡献货物换取丰厚的回赐，并从事贸易活动。一些贡使或商人作为住唐商贾，获准侨居中国，史称"住唐"。他们在长安、广州、泉州、扬州等商业和政治中心，有的一住就是十年甚至数十年。唐朝时，称这些人为"蕃客"。这些蕃客有的带来了自己的妻子儿女，有的则在中国娶汉女为妻，他们在华生的子女被称为"土生蕃客"。长安是当时唐朝的首都，也是大食和波斯蕃客居住最为集中的城市，据说街头巷尾到处都可以见到他们的身影。特别是随其来华的大食、波斯妇女，戴着珍贵的耳环，穿着鲜亮的衣服，被中国人称为波斯妇或菩萨蛮，据说中国古诗词的词牌名菩萨蛮就与此有关。在长安城内的西市、东市，蕃客们开设的胡店或胡邸林立，他们不仅把从西亚非洲带来的象牙、犀角、香料、珠宝在此出售，而且也把大食、波斯的生活习惯带进了长安。当时，长安"胡风"流行，胡食、胡服、胡帽，以及相应的胡妆、胡乐、胡舞等，随处可见。唐朝著名僧人慧超在他的《往五天竺国传》中说，唐玄宗时，大食、波斯的商贾除了贩运本国的商品外，还向狮子国（今斯里兰卡）收购宝物，向昆仑国（今马来西亚）收购黄金，转运到广州换取绫绢丝锦等货物。在华的"蕃客"因仰慕中华文明而悉心学习，在融入中国当时主流社会的同时，也把异域文化带进了中国。如唐朝时来华的一位大食贡使，因向往大唐盛世而定居中国，并且取汉名为李彦升。他认真学习中国儒道文化，深受宣武军节度使卢钧的喜爱。唐大中初年（公元847年），卢钧把李彦升推荐给宣宗皇帝，公元848年李彦升考取了进士，成为有史料记载的第一位"蕃客"进士。此外，一些蕃客和后裔还成为中国的文学家、药物学家等，有的甚至当了朝廷高级命官。

阿拉伯人对中国文化的影响和贡献，是带来了他们的先进科学技术。主要体现在以下九个领域。

（一）促进了中国天文学的发展

元代是中国天文学历史上的鼎盛时期，中国天文学家郭守敬与其代表作《授时历》代表了当时世界天文学的最高水准。而这一切，都与阿拉伯天文学有着密不可分的关系。

"元代天文学家能取得如此重大的成就，一个重要原因，就是当时已拥有了以前任何一个朝代所不及的先进仪器。而这些先进的天文仪器，在很大程度上是直接由阿拉伯人传入和受了阿拉伯影响的。"在郭守敬之前，波斯人扎马鲁丁对元朝的天文工作做出了突出贡献。

1267 年，扎马鲁丁将其制造的浑天仪、方位仪、斜纬仪、平纬仪、天球仪、地球仪、星盘 7 件天文仪器及其撰写的历法著作《万年历》呈献元朝政府，忽必烈深感其"阴阳星历"精妙，便委任扎马鲁丁任职回回司天台提点（台长），并担任执掌收藏皇家历法图籍和阴阳禁书的秘书监官，同时将《万年历》颁行全国。《万年历》一直沿用到明朝初年，在中国历法史上影响久远。1276 年，郭守敬制造的 13 种天文仪器中，在天文观测中起主要作用的圭表、简仪、仰仪等，就是起源于扎马鲁丁进献的 7 件天文仪器。

明朝开国之初，明太祖就在南京设立了回回司天监，将原来在元上都司天台工作的阿拉伯天文学家黑德儿阿都剌、监丞迭里月失、郑阿里等 20 多人召到司天监工作。洪武二年（1369 年），鲁穆人马德鲁丁、马沙亦黑、马哈麻、马哈沙父子 4 人来华，前 3 人以所学专长被推荐到回回司天监工作。洪武三年（1870 年），改回回司天监为回回钦天监，下设四科：天文、漏刻、大统历、回回历。马德鲁丁父子分别被授予钦天监博士、钦天监监正、钦天监监副等职位。马德鲁丁父子在钦天监工作期间，开始了大规模的天文测量，校订和改进了一系列天文数据。洪武十五年（1382 年），明太祖命令马沙亦黑、马哈麻翻译阿拉伯天文书籍。洪武十六年（1383 年），马哈麻翻译出了《天文书》。洪武十八年，马沙亦黑翻译出了《回回历法》。《回回历法》是有史以来阿拉伯天文学著作第一次被系统地介绍到中国来，对明代乃至清代的天文学发展都有重要影响，"在明代学习回回历法并成一家之言者竟有六七家之多，可见回回历法的影响多么深远"。《回回历法》所使用的许多天文数据在当时世界上都是最先进的，它所作的交食预报也很精密，"参用二百七十余年"。

（二）促进了中国医学的发展

阿拉伯帝国的哈里发们不仅希望富有，更希望健康，统治者的这种愿望促进了帝国医疗水平的提高。赖世德哈里发时期，在帝国首都巴格达建立了第一座医院，后来整个帝国也都纷纷仿效成立了医院或诊所，并建立了门诊制度。对医疗水平和质量的需求，促进了药物学和医学理论的发展。糖浆、酒精等药品被广泛地运用，阿拉伯人的医学著作在随后的许多世纪里一直是欧洲高等学府的基础教材。

唐朝时期，阿拉伯人在开展对华贸易的同时，也把医药方面的知识带到了中国。据史料记载，唐代时，阿拉伯药物如乳香、没药、安息香、芦荟、金钱矾、绿盐、石硫黄、琥珀、炉甘石、巴旦杏、胡黄连、河黎勒等就已经通过贸易渠道流传到了中国。唐代的药物学家段成式凭借宰相之子的特殊身份，获得了十分丰富的药物知识，在其所撰写的《酉阳杂俎》中，就比较详细地记录了数十种来自阿拉伯、波斯的动植物药物的名称、性能。该书是唐代及其以后中国人认识伊斯兰药物的重要参考书。五代时期的波斯人后裔李珣所著的六卷本《海药本草》，记录了上百种阿拉伯、波斯药物的名称、产地、用途与功效等，丰富了传统中医药的内容。

宋朝时期，随着贸易量和范围的扩大，乳香等可入药的物品开始大量进入中国，据资料显示，一次输入的阿拉伯乳香竟多达数十万斤，种类也扩大到了数十种。以至于《太平圣惠方》《圣济总录》《证类本草》等宋代医药书籍都记载了不少以胡药为主的阿拉伯医药方剂。在这些医书中，还借鉴阿拉伯医学，大量地增加了丸、散、膏、酊的处方，一改中医以汤药为主的传统。在医术方面，阿拉伯的麻醉药开始在宋代的医疗中使用，其中剧毒的麻醉药曼陀罗花的根都是从阿拉伯进口的；阿拉伯的药物蒸馏法也开始传入中国，并为民间所掌握、使用。

"明代是伊斯兰医学在理论上的归纳、总结时代，也是传统中医大量吸收伊斯兰医学的先进技术和知识的时代。"著名阿拉伯医学家伊本·西那的代表作《医典》（中文又翻译为《忒毕十三经》），是集伊斯兰医理与方法之大成的巨著。自元朝开始流入中国后，到明朝时已经有了完整的译本，被称为《回回药方》。该中文译本的出现，是伊斯兰医学输入中国的里程碑。《回回药方》原书 36 卷，现存残本 4 卷计 485 页，约 20 万字。该书体系完备、门类齐全，包括内科、外科、妇科、儿科、骨伤科、皮肤科、神经科及制药学，有相当高明的医疗方法和诊断技巧。该书不但极大地丰富了中医的本草学，而且以一种全新的、与中医风格完全不相同的医术，给中国带来了当时世界上最先进的医学成就。

（三）对中国建筑学的贡献

阿拉伯人大量来华，对中国的建筑学产生了重大影响。其中，元朝时期的著名建筑学家也黑迭儿丁贡献最大。

也黑迭儿丁祖孙四代供职于元朝的工部，其本人兼任工部尚书并执掌工部土木工程局，可以说是出身于工程世家。也黑迭儿丁本人，作为元大都（今北京前身）宫殿群和宫城的设计者、施工组织者而闻名。"北平城系由回教名工程师仿照巴格达、哈里法的皇宫所建成的。又说：天坛也出自伊斯兰工匠之手。"白寿彝先生也指出："也黑迭儿丁在建筑工程上的贡献，是近代史学家陈垣第一次发现，他对此有详细的考证和评论，可以补史书之缺。"陈垣在《元西域人华化考》中说"也黑迭儿丁，《元史》无传。《世祖纪》记修筑宫城事，只称至元三年十二月丁亥，诏安肃公张柔行工部尚书，段天佑等同行工部事，修筑宫城。而不及也黑迭儿丁。故自昔无人知有也黑迭儿丁也。辽金故城，在今城西南。至元迁拓东北，分十一门。东西南三面，皆三门。北二门，至明乃大杀其北面，而稍拓其南面。东西各留二门。故至今九门，其面积已不若元时之大矣。然今人游北京者，见城郭宫阙之美，犹辄惊其巨丽，而孰知筚路蓝缕以启之者，乃出于大食国人也""《辍耕录》二十一有《宫阙制度》一篇，垂四千五百言，《知不足斋丛书》有《故宫遗录》一篇，垂二千六百余言，述元时宫阙规模宏伟极矣。吾人读欧阳玄文，既知为也黑迭儿丁所为，今日不能不以此光荣还诸劳力劳心之原主"。陈垣同时指出，也黑迭儿丁这位中国工程建筑史上的工程师，其事迹鲜有人知，在《元史》中竟没有记传，"非有所讳言，即从来轻视工程学者之故也""《新元史》一三一卷为之补传，宜矣，惟尚嫌未能发挥也黑迭儿丁建筑之精神。窃以为应置诸方技传之首也"。

（四）对中国农业水利的贡献

随着中阿交往，阿拉伯人的农业水利技术也进入了中国，并在他们的聚居地推广使用。

在中国水利史上，元朝的赛典赤·赡思丁、赡思，以及明代的海瑞等，作为穆斯林水利学家，为祖国的水利事业做出过重要贡献。赛典赤·赡思丁在主政云南期间，针对滇池地区现有的水利设施因年久失修而导致连年水患不绝的状况，把治理滇池水利当作其推行屯田制度的前提。元至元十三年（1276 年），赛典赤·赡思丁在全面踏察滇池周围的水系和水利设施后，提出了疏六河、扩海口、建堤坝、缺则放之、治则蓄之的治理思路和方案。

在他主持下，经过 3 年的艰苦努力，疏浚了盘龙江，建造了松江坝水闸，开凿了金汁河，以及宝象、马料等 6 条人工河，不但基本上解决了滇池水系的水患问题，而且较好地解决了困扰已久的滇池水位调节问题，灌田万顷，为滇池地区的农业发展奠定了坚实基础。"在赡思丁主持下，各种调节水利的设施相当详备，遗制保留下来的，时至今日，还是粲然可观."

自此，滇池地区屯田大兴，军民屯田迅猛发展，成为云南地区推行屯田制度的榜样和示范。整修滇池水系是云南历史上第一批大规模的水利兴修工程，之后历代王朝和主政者治理滇池，基本沿用了赛典赤·赡思丁的治理思路和办法。

与此同时，随着元朝政府对云南的开发，保山、大理等地的穆斯林也主导或参与了当地水利工程的整修。"元代回回人进入云南以来……与当地各族人民共同兴建了系列水利工程设施，促进了农业生产的恢复和屯田区域的扩大""云南行省所辖军民屯田达到 12 处之多，屯田面积达七万余双（约合 40 余万亩），民屯约一万五千余户，军屯二千八百余户及五千七百余人。军屯中回回人占相当大比例。"

元朝时期的另一位穆斯林学者赡思，以博学多才闻名于世。他的著作涉及儒家经学、周易象学、史学、地理学和水利学等多个领域，其所著的《镇阳风土记》《续东阳志》《西国图经》等地理著作，以及其他重要著作均已失传，唯有关于水利学的重要著作《河防通议》依然存世。该书系赡思精心钻研郭守敬等人的治河著述，并实地勘察后，历经数年编纂而成的。该书刊行于元至治元年（1321年），分为河议、制度、功程、输运、算法等6门，是中国治河史上的一部十分重要的文献，被誉为当时的划时代之作，并以其实用而得以传世至今。清代《四库全书》对该书给予高度评价，认为它"门有各目，凡物料、功程、丁夫输运，以及安桩、下络、叠埽、修堤之法，条列品式，灿然咸备，足补列代史志之阙。昔欧阳元尝谓司马迁、班固记河渠、沟洫，仅载治水之道，不言其方，使后世任斯事者无所考。是编所载，虽皆前代令格，其间地形改易，人事迁移，未必一一可行于后世，而准古酌今，规簇终存，固亦讲河务者所宜参考而通矣。"

海瑞是明朝初年的著名政治家，素以清官闻名于世。他在明隆庆三年（1569年）六月调升右佥都御史、巡抚应天十府其间疏浚吴淞，在水利功程方面颇有建树。应天十府包括今天江苏、安徽两省大部地区，多为富饶之乡。但是，该地区之富庶多借太湖水之利，而太湖水量大时又靠吴淞江疏泄入海。由于吴淞江年久失浚，淤积严重，在洪涝灾害来临时，太湖水入海不畅，泛滥成灾，太湖的水利反而变成了祸害本地农业的"凶手"。海瑞到任后，恰遇大雨，致使饿殍遍地。因此，海瑞上疏要求疏浚吴淞江，指出："吴淞江一水，国计所需，民生所赖，修之举之，不可一日缓也"，同时他对疏浚所需提出了自己明确的方案，"吴淞借饥民之力而故道可通，民借银米之需而荒歉有济，一举两利"。海瑞这种"以工代赈"治理吴淞江的做法，得到了灾民的极大欢迎，劳力甚众，踊跃出工。到次年二月，完成了疏浚吴淞江的水利功程。隆庆四年、五年，又有大雨，没有造成水害，海瑞为本地人民做了一件大好事。随后，海瑞又主持疏浚了白茆河，为江南苏、松、常、杭、嘉、湖六府的农田水利发展，奠定了坚实基础。此后，"数十年间虽有小灾，不为大害"。《明史·海瑞传》也专门记载说："瑞锐意兴革，请疏吴淞、白茆，通疏入海，民赖其利。"

此外，中国的穆斯林们不但在理论上丰富了我国的水利学理论，如清代的蒋湘南曾著有《九河既道解》一书，详细陈述了治理黄河的见解，他的《中州河渠书》《江西水道考》等著作，也是水利学方面的重要文献。同时，遍布全国的穆斯林们，从中原到边疆，或屯戍，或驻防，或垦殖，兴水利，勤耕耘，为当地的农业开发做出了重要贡献。20 世纪 30 年代的著名记者范长江在其《中国的西北角》中曾描述过："金积为回民最密之区，他们处处表现不一样的精神。金积境内的道路和水渠没有不是井然有序的。农地阡陌整齐，荒废之地绝难发现。对于农事之耕耘除草，也能工夫实到。"

（五）对中国航海业的贡献

阿拉伯人精于造船，早在公元 1 世纪时，他们已经能造出用棕榈纤维捆扎而成的马达拉塔船（Madarata）。中世纪早期，安曼和阿拉伯南部沿海的船工们，使用产于马尔代夫的椰索制造缝合木船，也就是后来闻名于世的马卡布（Markab）、赛发纳（Sefineh）单桅船。晋嵇含《南方草木状》曾提到："桄榔树实似栟榈，其皮可作绠，得水则柔韧，胡人以此联木为舟。"屈大均在《广东新语》卷十八《舟语·藤埠船》中也写道："琼船之小者，不油灰，不钉镴，概以藤扎板缝，周身如之。海水自罅漏而入，渍渍有声，以大斗日夜戽之，斯无沉溺之患。其船头尖尾大，状如鸭母，遇飓风随浪浮沉，以船有巨木为脊，底圆而坚，故能出入波涛也。苏轼云：'番人舟不用铁钉，止以桄榔须缚之，以橄榄糖泥之，泥干甚坚，入水如漆。'盖自古而然矣。"这种船与阿拉伯单桅船相似，显然与唐宋时期居住于广东沿海及海南岛的阿拉伯移民们的造船术有密切关联。经过宋、元数百年的发展，到明朝时期，中国的造船业已经高度发展，技术也日益完善。造船业的高度发达，造就了郑和下西洋的历史壮举。

郑和作为明朝政府使团的正使，既在造船术方面建立了殊勋，又在航海方面建树卓著。在接受使命后，郑和的首要任务是督造能远涉重洋的海船。他选择南京下关三叉河的龙江船厂作为造船主基地，同时在清江、太仓、福州等地设立造船的辅基地。在明政府的支持下，郑和依靠当时雄厚的国力和精湛的造船技术，建造了当时世界上规模最大、最为先进、种类齐全的海船队，为成功下西洋奠定了雄厚的物质基础。

据《明成祖实录》统计，仅永乐年间，建造和改造的船只数量就达 2000 余艘，当时的造船技术和规模可见一斑。明永乐三年（1409 年），郑和按照明成祖朱棣的命令，率领包括水手、官兵、医生、翻译等 27800 人浩浩荡荡出发。郑和依托庞大、先进的远洋船队，先后七次到访过 35 个亚非国家，在中外文化交流史、中外关系史、世界航海史上，写下了极为辉煌的一页。

郑和远航的船队数量每次都在百艘以上，最多时竟至 200 艘左右，这与后率 3 艘船进入印度洋的达·伽马、后率 1 艘船进入印度洋的麦哲伦形成了鲜明对比。郑和航海记录的最终完成，比哥伦布于 1492 年发现美洲、达·伽马于 1498 年到达好望角要早半个多世纪。

郑和绘制的《郑和航海图》，是中国乃至世界上最早的远洋航海图，该图标记的航向、方位、航程、停泊地、暗礁浅滩、港口等，对后人远航西洋提供了重要科学依据；郑和七下西洋，行程 10 万余里，与亚非 30 多个国家进行了广泛而长期的官方贸易和民间贸易，打通了海上丝绸之路，达到了明政府"昭示恩威""示中国富强""怀柔远人"的战略目的；郑和随行人员的著述，如马欢的《瀛涯胜览》和《克尔白图》、费信的《星槎胜览》、巩珍的《西洋番国志》等，记载了所到国家的风土人情、风俗礼仪、山川地理、物产气候、宗教信仰、语言文字等，成为世人了解亚非各国的重要史料，开辟了中西文化交流的先河。"郑和及其随行马欢、哈三等在近 30 年的出访活动中从伊斯兰国家带回不少伊斯兰教典籍经书，为后人胡登州、王岱舆、马注、刘智等人汉文译经活动提供了蓝本。"此外，印尼、马来西亚、新加坡等国的学者，也都曾经撰文著书阐述了郑和在南洋诸国传播汉文化和伊斯兰文化，并在这些国家形成了华人伊斯兰文化社区的史实。

（六）对中国数学的贡献

阿拉伯数学的发达，得益于印度数学、欧洲古典数学，并在此基础上有所发扬光大。"元王士点、商企翁在《秘书监志》中记载了上都回回司天台中所藏的回回数学典籍有《呵些必牙诸般算法》八部（卷，下同），《撒非那诸般法度纂要》十二部，《撒韦那·罕达西牙诸般算法段目仪式》十七部，《兀忽烈的四劈算法段数》十五部。另外，还有数学用具'拍儿可儿谭定方圆尽（圆规）'。""元朝郭守敬在编制《授时历》时，采用了从伊斯兰世界传入的数学知识，特别是球面三角法。中国人在数学上使用阿拉伯数码也始于元代。"

公元 13 世纪，是中国数学取得辉煌成就的时期，在被誉为 13 世纪的世界五大数学家中，中国数学家秦九韶、李治榜上有名。而这个时期，正是阿拉伯数学传入中国，并对中国的传统数学产生了重大影响的时期。这些影响主要表现在以下方面。

首先是阿拉伯数字的应用。现在我们通用的 0—9 这十个数码的后 9 个，是古印度闻名的成果，后来经阿拉伯人传入欧洲，并增加了至关重要的"0"数而得名"阿拉伯数字"。从 13 世纪 40 年代起，中国数学家秦九韶（1202—1261 年）在其著作《数学九章》、李治（1192—1297 年）在其著作《测圆海镜》和《益古演段》中，都不约而同地使用"0"数字，并开始使用代表"0"的数码。"0"以外的其他阿拉伯数字，由于回回司天台的使用，也在中国得以流传。据考古发现，1956 年在西安市郊元代安西王遗址、1980 年在上海浦东陆家嘴分别出土了 5 块铁板和一些玉质佩挂件，上面就以阿拉伯数字刻划了六行纵横图（幻方），这也从一个侧面验证了阿拉伯数字传入中国的事实。

　　其次是土盘算法。这也是古印度的一种算法。它是把沙土撒在地上或盘中，以尖角器书写，所以被称作土盘算法。这种方法传入阿拉伯地区后，被他们广泛使用。回回历法传到中国后，土盘算法也一并输入，并在元朝时期成为蒙古贵族和色目人的算法。明朝建国后，土盘算法深入中原地区。洪武年间"历官元统去土盘译为汉算"，从此汉人将其称为"汉算法"。但是，在钦天监任职的回回官员们，却"类以土盘布算，仍用本国之书"，保持了阿拉伯地区的演算方式和特色。由此，一些汉人，如隆庆时代的钦天监监正周相，得以学习、掌握这种古老的算法，唐顺之曾称赞周相"沙书暗译西番历"。

　　最后是六十进位制。六十进位制是随回回历法一并传入中国的。纳忠先生也曾经专门指出："明朝永乐年间（1403—1424 年），阿拉伯的进位制传入中国。"在现今存在的各种回历版本中，都可以看到 1 度 60 分，1 分 60 秒，1 秒 60 微，1 微 60 纤等六十进位制换算法。

　　此外，传入中国的阿拉伯数学，还有弧矢割圆术（球面三角法）、写算铺地锦等。弧矢割圆术是指将圆弧线段化为弦、矢等直线段来计算的一种方式。写算铺地锦最早见载于明程大位《算学统宗》（1592 年刊行）卷十三中，"写算铺地锦为奇，不用算盘数可知"。这是一种筹算法，据传在公元 13、14 世纪流行于阿拉伯地区，并传播到欧洲。因此，数学历史学家李俨认为，明代程大位记载的写算铺地锦，也是阿拉伯人传入中国的。

（七）对汉语言的贡献

　　法国著作家勒南（1823—1892 年）说过："人类史中，最令人惊诧难解者，莫如阿拉伯语的传布。阿拉伯语在当初不过是一种鲜为人知的语言，后来竟变为最丰富、最完美而容易学习的一种语言。阿拉伯语的完美，使之历代并未经过多少改革""在各种语言中，我没有见过比阿拉伯语的传布更迅速者。阿拉伯语已普及于世界各方，是一种伟大的语言，又是一种宗教和政治的语言。"勒南的话虽然有些激情化，但也算讲清楚了一个事实。那就是随着阿拉伯帝国的发展和扩张，阿拉伯—伊斯兰文化吸纳了被征服各民族文化的优秀成果，又通过百年翻译运动，吸收了希腊罗马、波斯等文化的精华，很快发展成强势文化，并在亚、非、欧许多国家大范围渗透，阿拉伯语随之进入这些国家和地区，为这些国家和地区输入了大量的词语。据不完全统计，世界上有近 100 个国家或民族的语言不同程度地受到阿拉伯语的影响，其中 37 种语言曾采用或仍在使用阿拉伯字母；波斯语日常用语中从阿拉伯语借入的词汇约占 25.5%，马来语从阿拉伯语借入的词汇约占 16%，斯瓦希里语中源自阿拉伯语的词汇约占 30%，西班牙语中源于阿拉伯语的词汇有 4000 多个，"英语中源于阿拉伯语的词有 1000 个，并由此派生出数千个词汇，其中最常用的为 260 个左右"。此外，法语、意大利语、德语中的阿拉伯语词汇并不比英语中的少。

汉语直接或间接从阿拉伯语中吸收了不少词汇。如中药名称没药（Murr）、葫芦巴（Halba）、押不芦（Yabrnh）、咱夫兰（Zaferan），植物名称蒜（Thaum），飞禽名称八哥（Babagha）等，都是直接从阿拉伯语中拿来的。此外，西方语言中使用的有关医药、天文学、数学、化学等专业的术语中，有很多都源于阿拉伯语，现在我们依然在使用，如医药术语中的芳香药水、糖浆、番红花、樟脑、酸角、大麻烟、麝香、檀香；天文学术语中的天蝎宫、河鼓二、天鹰座一、织水一、天琴座一等；数学术语中的零、不尽根、正弦等；化学术语中的酒精、苏打、蒸馏器、碱、锑、雄黄等。在中西文化交流中，这些产生于阿拉伯语的词汇，也间接地丰富和完善了汉语的语言表达能力和范围。

（八）对陶瓷业的贡献

周杰伦一曲《青花瓷》，名满天下，也使青花瓷成为中国古代文化的象征。2008 年北京奥运会后，青花瓷风靡神州大地，2009 年 12 月，联想公司甚至推出了以青花瓷装饰的笔记本电脑、电脑机箱，有的手机公司也推出了青花瓷手机。青花瓷的出现，阿拉伯人在其中发挥了重要作用。

明人王世懋在其《窥天外乘》中就曾经专门写道："回青者，出外国。正德间，大珰镇云南，得之，以炼石为伪宝，其价初倍黄金。已知其可烧窑器，用之果佳。"这种进口原料是产于索马里的钴料，含铁量高，含锰较低，又被翻译为苏麻离青，正德年间已正式称为回青。回青又从云南输入。

德国学者保尔·卡莱也说："在正德皇帝时期，在江西省的景德镇建立一个御用烧瓷厂，专门制造皇室瓷器。这个地方从明代就是中国瓷器工业的中心。当时中国穆斯林人口的中心在云南省，这个省的一位高级官吏从外国地区获得了伊斯兰青色，可以用来仿制宝石。装饰皇室瓷器也非常合适。这种比黄金还加倍昂贵的青色颜料，就是这时才引进的。"

永乐、宣德时期还出现了如双耳扁瓶、双耳折方瓶、天球瓶等在元代没有的新瓷器款式。这些瓷器款式的出现，是郑和七下西洋时，受到伊斯兰国家的影响而形成的，有的还是为了外销而专门设计、制造的，瓷器上带有阿拉伯文或阿拉伯风格的图饰。这种风格的瓷器在永乐、宣德时期的青花瓷中已经出现，到正德年间已经变得非常流行。

在阿里·阿克巴尔的《中国纪行》中，还有一个带阿拉伯字母装饰的中国正德年间制造的瓷盘插图。保尔·卡莱在《土耳其地理学家按伊朗资料描绘的中国》一文中，也说在慕尼黑收藏的一个16世纪初带有阿拉伯铭文的中国瓷缸。明朝时期瓷器大量出口，尤其是青花瓷享有盛名，有些瓷器也饰有阿拉伯文图案。近年来，在收藏界名声大噪的马未都先生，在其关于陶瓷收藏的书籍中，也收录了十余幅带有阿拉伯文图案的青花瓷器皿图片。

（九）丰富了中国的餐饮文化

阿拉伯人把西亚地区的饮料品种传入中国。这些饮料因其独特、珍贵、味道好而成为贡品，随后流入民间，如舍尔别就是代表之一。

舍儿别是波斯人喜欢的饮料之一，是波斯语饮料一词（Sherbet）的音译。据元朝史料记载，1220 年由撒马尔罕医生撒必进献给成吉思汗，遂成为蒙元时期的宫廷饮料。后来，元朝在都城设有专门制造舍儿别的机构，其负责人称为"舍尔别赤"。舍尔别的制造方法有两类。一类是将柠檬、杨梅、木瓜、葡萄等水果去皮、核，捣碎除渣，小火熬煎后加蜜、糖、香料等饮用。一类是药物香料宫桂、丁香、白斗蔻仁、五味子等，加蜜糖煎熬，有医疗效果。由于需求量大，后来元朝廷还命广州、泉州、云南、镇江等地设立作坊，生产各种舍儿别供应朝廷。《至顺镇江志》卷六《赋税·土贡》就曾专门记载："舍利别。四十瓶。前本路副达鲁花赤马薛里吉思备葡萄、木瓜、香橙等物煎造，官给船马入贡。"《至顺镇江志》卷九《僧寺·大兴国寺》也记载："舍里八，煎诸香果，泉调蜜和而成；舍里八赤，职名也。公（薛里吉思）世精其法而有验，降金牌以专职。至元九年间赛赤典平章往云南，十二年往闽浙，皆为舍里八。"

　　2008 年秋天的一个周末，我偶与著名的日本问题专家餐叙，他讲道，日本人声称其清酒是全世界度数最高的白酒。对此说法，笔者当时并不认同，因为我老家的螂锵台白酒度数就高达 70 度。后查资料，才知中国的白酒属于二次蒸馏后勾兑的，而日本人的清酒是没有经过蒸馏的，从这个意义上讲，日本人的说法是站得住脚的。我们的白酒蒸馏技术，是元朝时期从波斯传入的。元末明初的叶子奇曾说，"葡萄酒、答剌吉酒自元朝始"。关于答剌吉酒，《草木子》卷三下《杂制篇》说："法酒，用器烧酒之精液取之，名曰哈剌吉（即答剌吉）。酒极浓烈，其清如水，盖酒露也。"《明太祖实录》卷七十九记载，洪武六年"海贾回回以番香阿剌吉为献"，并记载其特性说："阿剌吉者，华言蔷薇露也。言此香可以疗人心疾及调粉为妇人容饰。"从各种史料分析，答剌吉实际上是一种通过蒸馏而取得的高纯度白酒。元人朱德润说："轧赖机，盖译语谓重酿酒也"，并记录了其制作方法"观其酿器㡳钥之机，酒候温凉之殊，甑一器而两圈，铛外环而中洼。中实以酒，仍械合之无余。少焉火炽既盛，鼎沸为汤。包混沌于郁蒸，鼓元气于中央。熏陶渐渍，凝结为炀。滃渤若云蒸而雨滴，霏微如雾融而露瀼。中涵既竭于连漉，顶溜咸濡于四旁，乃泻之于金盘，盛之以瑶樽，开醴筵而命友，醉山颓之玉人"。从以上可以初步判断，元朝时期阿拉伯或波斯人把蒸馏术带入了中国，也就造成了我们目前见到的度数不同的各种勾兑白酒。

此外，葡萄酒是阿拉伯半岛的特产，由阿拉伯人带入到了中国。耶律楚材在《西游录》中，就曾记载过在中西亚的见闻说"酿以蒲桃，味如中山九酿"。元朝时期，葡萄已经开始在华北地区广泛种植，每年都在冀宁路（今山西太原）酿造葡萄酒上贡朝廷。叶子奇曾记载："每岁于冀宁等路造葡萄酒，八月至太行山中，辨其真伪。真者不冰，倾之则流往。伪者杂水即冰凌而腹坚矣。"从这些记载中，我们对山西能出产优质葡萄毫不奇怪，对太原出产的怡园葡萄酒能风靡全国，也就丝毫不感到匪夷所思了。

在阅读我同仁们所著列国志过程中，我拉拉杂杂写下了以上这些文字，算是从历史角度与大家分享自己对古陆上、海上丝绸之路的一点研究心得。也是想说，古代的陆上、海上丝绸之路并不是凭空而来的，是在沿线、沿岸人民共同努力下一点一点建成的。直白地说，对世界产生过重要影响的两条丝绸之路，是中外人民一桨一桨划出来的，是赶驼的商人们一步一步走出来的。在时间的冲刷下，桨声已不再，驼印湮于黄沙之下，但丝路精神却顽强地流传下来。这种精神简言之，就是"建设人类命运共同体"的愿景和追求。具体来说，就是相互尊重、平等相待，合作共赢、共同发展，命运与共、唇齿相依，兼容并蓄、交流互鉴。

古丝绸之路的形成，得益于东海西海、心同理同，学而即教、教而即学，两者互资、携手共行的共商共建共享理念，这是中国文化精髓"和"的体现和载体。"观当今宗教、文化、社会领域之现状，一方、一国、一域的长治久安，其根本之策在于含和、履中，即一方气候中和、国家气候中和、世界气候中和。由此，才能实现一方无灾、国家安乐、世界太平。"　"一带一路"的哲学基础，从一定意义上说，是"和"字的时代体现和要求，是中国智慧化解当今世界戾气的药方。

2015 年 3 月 28 日，习近平主席在博鳌亚洲论坛 2015 年年会上的主旨演讲中指出，"当前，国际形势继续发生深刻复杂变化，世界多极化、经济全球化深入发展，文化多样性、社会信息化持续推进，国际格局和国际秩序加速调整演变。世界各国正抓紧调整各自发展战略，推动变革创新，转变经济发展方式，调整经济结构，开拓新的发展空间"　"推进人类和平与发展的崇高事业依然任重而道远"。也正是在这个时代大背景下，习近平主席基于睦邻、安邻、富邻的道理，秉持亲诚惠容的理念，审时度势、高瞻远瞩地提出的"一带一路"倡议，"契合中国、沿线国家和本地区发展需要，符合有关各方公共利益，顺应了地区和全球合作潮流"。我们有信心，也有理由相信，"一带一路"合作倡议，不但会汲取古丝绸之路精神的丰富内涵，而且一定会顺应时代潮流发扬光大这种精神，在推进中不断造福沿线国家和地区，造福全世界。

在这个伟大进程中，中国社会科学院亚太与全球战略研究院作为新型智库，理应倾其所能为"一带一路"建设提供智力支持，并将这项工作作为自己义不容辞的分内之事。本书的付梓，说明了我的同仁们已经有了这样的思想和行动准备。在此，我非常期待大家能拿出更多、更好的研究成果。

信笔至此，敲字为记。此不为序，只含敬意，与读者共勉，向同仁致谢。

（本文为王灵桂主编《海丝列国志》前言，社会科学文献出版社 2015 年 6 月版，《中国网》2015 年 9 月 7 日转载该文部分内容）

"一带一路"提出八年来的回顾

共建"一带一路"，通天下，顺大势。随着经济全球化的深入发展，区域经济一体化的加快推进，全球增长和贸易、投资格局正处于深刻调整的关键阶段，需要思路创新以激发发展活力与合作潜力。进入新时代的中国，迫切需要打造高质量对外开放的新范式，以更宽领域、更深层次开放适应经济社会更好发展的新需要。党的十八大以来，以习近平同志为核心的党中央把中国发展和世界共同发展有机结合，从古代丝绸之路汲取营养，创造性提出共建"一带一路"倡议，对中国开放发展和世界经济未来作出了具有重大历史性变革的开放设计和部署，为世界共享中国发展机遇创建了新平台，为国际合作开辟了新途径。"一带一路"倡议提出近 8 年来，就像一对腾飞的翅膀，将中国和众多合作共建方带向了和平、发展、合作、共赢的远方，成为国际社会广泛关注的参与全球开放合作、改善全球经济治理体系、促进全球共同发展繁荣、推动构建人类命运共同体的中国方案。

2013 年 9 月 7 日，习近平总书记在哈萨克斯坦纳扎尔巴耶夫大学发表演讲，首次提出共同建设"丝绸之路经济带"的合作倡议。这个充满东方智慧的为实现共同繁荣发展的倡议强调，"为了使我们欧亚各国经济联系更加紧密、相互合作更加深入、发展空间更加广阔，我们可以用创新的合作模式，共同建设'丝绸之路经济带'"。2013 年 10 月 3 日，习近平总书记在印度尼西亚国会发表演讲时，提出共同建设"21 世纪海上丝绸之路"、倡议筹建亚洲基础设施投资银行，向国际社会进一步传递出中国实实在在推进新开放的明确信号。

2013年11月12日，党的十八届三中全会审议通过了《中共中央关于全面深化改革若干重大问题的决定》，将“推进丝绸之路经济带、海上丝绸之路建设，形成全方位开放新格局”，作为全面深化改革的重大决策部署。2013年12月，习近平总书记在中央经济工作会议上指出，建设“丝绸之路经济带”和“21世纪海上丝绸之路”，“是党中央统揽政治、外交、经济社会发展全局作出的重大战略决策，是实施新一轮扩大开放的重要举措，也是营造有利周边环境的重要举措”。

2014年6月，在北京召开的中国—阿拉伯国家合作论坛第六届部长级会议上，习近平总书记首次正式使用了“一带一路”的提法，并首次对丝绸之路精神和“一带一路”建设应该坚持的原则作出了系统阐述，赋予了古代丝路精神以全新的时代内涵。以和平合作、开放包容、互学互鉴、互利共赢为特征的丝绸之路精神，唤起了沿线国家对古老丝绸之路的回忆，契合他们的共同需求，为共同实现优势互补、开放发展开启了新的机遇之窗。

合作共建“一带一路”跨越不同地域、不同发展阶段、不同文明国家和地区，要付诸实施，须获得各方认同，达成广泛共识。倡议提出后，习近平总书记利用各种场合和机会，同有关各方坦诚深入地对话沟通、增进战略互信、广泛凝聚共识。“一带一路”在探索中前进、在发展中完善、在合作中成长。2014年11月，习近平总书记在中央财经领导小组第八次会议上强调，要集中力量办好这件大事，做好“一带一路”总体布局，尽早确定时间表、路线图。同年，中共中央、国务院印发《丝绸之路经济带和21世纪海上丝绸之路建设战略规划》，对推进“一带一路”建设工作作出全面部署。同年，在“加强互联互通伙伴关系”东道主伙伴对话会上，习近平总书记提出以亚洲国家为重点方向、以经济走廊为依托、以交通基础设施为突破、以建设融资平台为抓手、以人文交流为纽带的合作建议，指明了“一带一路”建设的方向和路径，推动“一带一路”建设进入务实合作新阶段。

在 2016 年召开的推进"一带一路"建设工作座谈会上,习近平总书记对推进思想统一、规划落实、统筹协调、关键项目落地、金融创新、民心相通、舆论宣传、安全保障等推进"一带一路"建设的重要问题和重点工作作出具体部署。在 2018 年召开的推进"一带一路"建设工作 5 周年座谈会上,习近平总书记在重要讲话中用"夯基垒台、立柱架梁"对"一带一路"建设 5 年来的成就作出了精辟总结,强调促进政策沟通、设施联通、贸易畅通、资金融通、民心相通是推动"一带一路"建设的重要内容,实现互利共赢是"一带一路"倡议的初衷。座谈会上,习近平总书记提出了"推动共建'一带一路'向高质量发展转变"的基本要求,明确了"基础设施等重大项目建设和产能合作"这一重点,以及"重大项目、金融支撑、投资环境、风险管控、安全保障"等关键问题。他以共绘"工笔画"为喻,从项目建设、开拓市场、金融保障等方面对推进"一带一路"建设提出系列更高要求,强调"一步一个脚印推进实施,一点一滴抓出成果",推动共建"一带一路"走深走实,造福沿线国家人民,推动构建人类命运共同体。

2017 年 5 月 14—15 日,首届"一带一路"国际合作高峰论坛在北京召开,29 位外国元首和政府首脑,140 多个国家、80 多个国际组织的 1600 多名代表与会,达成共 5 大类、76 大项、270 多项成果。首届"一带一路"国际合作高峰论坛进一步明确、规划、确定了未来"一带一路"合作方向、具体路线图、重点项目。习近平总书记在开幕式的主旨演讲中强调,要将"一带一路"建成和平之路、繁荣之路、开放之路、创新之路、文明之路。2019 年 4 月 25—27 日,第二届"一带一路"国际合作高峰论坛在北京成功举行。论坛期间举行高峰论坛开幕式、领导人圆桌峰会、高级别会议、12 场分论坛和 1 场企业家大会。包括中国在内,38 个国家的元首和政府首脑等领导人以及联合国秘书长和国际货币基金组织总裁共 40 位领导人出席圆桌峰会。来自 150 个国家、92 个国际组织的 6000 余名外宾参加了论坛。习近平总书记在高峰论坛开幕式上的主旨演讲中指出，面向未来，要聚焦重点、深耕细作，共同绘制精谨细腻的"工笔画"，推动共建"一带一路"沿着高质量发展方向不断前进。推动共建"一带一路"实现高质量发展是中国面向世界提出的重要理念，反映了参与共建"一带一路"国家的普遍愿望，树立起大家共同努力的目标。中方牵头汇总了论坛期间各方达成的具体成果，共六大类 283 项。

2015 年，习近平总书记在博鳌亚洲论坛、在访问美国和英国期间的演讲中，反复阐述"一带一路"的开放包容性，加深了国际社会对"一带一路"建设的理解。2015 年 3 月，国务院授权发布《推动共建丝绸之路经济带和 21 世纪海上丝绸之路的愿景与行动》。共建"一带一路"倡议及其核心理念写入联合国、二十国集团、亚太经合组织以及其他区域组织等有关文件中。2015 年 7 月，上海合作组织发表《上海合作组织成员国元首乌法宣言》，支持关于建设"丝绸之路经济带"的倡议。2016 年 11 月，联合国 193 个会员国协商一致通过决议，欢迎共建"一带一路"等经济合作倡议，呼吁国际社会为"一带一路"建设提供安全保障。2017 年 3 月，联合国安理会一致通过第 2344 号决议，呼吁国际社会通过"一带一路"建设加强区域经济合作。2018 年，中拉论坛第二届部长级会议、中国—阿拉伯国家合作论坛第八届部长级会议、中非合作论坛北京峰会先后召开，分别形成中拉《关于"一带一路"倡议的特别声明》《中国和阿拉伯国家合作共建"一带一路"行动宣言》《关于构建更加紧密的中非命运共同体的北京宣言》等重要成果文件。

在习近平总书记倡议下，为推动亚洲地区互联互通，深化区域合作，实现共同发展，亚洲基础设施投资银行（以下简称亚投行）于 2015 年 12 月 25 日成立。亚投行按照多边开发银行模式和原则运作，坚持国际性、规范性、高标准，实现良好开局，"朋友圈"越来大、好伙伴越来越多、合作质量越来越高，得到国际社会广泛认可，成员数量从开业时的 57 个扩至 2020 年 11 月底的 103 个。截至 2020 年 7 月 29 日，亚投行共批准 87 个项目，覆盖 24 个经济体，投资总额超过 196 亿美元；亚投行成立以来，与世界银行、亚洲开发银行等多边开发银行保持良好合作，约 53% 的项目为联合融资。新冠肺炎疫情暴发以后，亚投行迅速设立 50 亿美元的危机恢复基金，为成员紧急公共卫生需求提供资金支持。后根据需要，该基金又追加至 130 亿美元。

为更好推动共建"一带一路"，中国政府倡议设立了丝路基金。该基金是按照《公司法》设立的中长期开发投资基金，其定位为通过股权、债权、贷款、基金等多元化投融资方式为"一带一路"多边、双边互联互通提供投融资支持。2014 年 11 月 4 日，习近平总书记主持召开中央财经领导小组第八次会议，批准设立丝路基金。11 月 8 日，习近平总书记在"加强互联互通伙伴关系"东道主伙伴对话会上宣布，中国将出资 400 亿美元成立丝路基金。11 月 9 日，他在亚太经合组织工商领导人峰会上明确，丝路基金是开放的，可以根据地区、行业或者项目类型设立子基金，并欢迎亚洲域内外的投资者积极参与。12 月 29 日，丝路基金有限责任公司正式成立并开始运行。截至 2019 年 11 月，丝路基金通过股权、债权等方式实现多元化融资，签约 34 个项目，承诺投资金额约 123 亿美元，投资领域覆盖东南亚、南亚、中亚、西亚、北非、欧洲、北美以及南美等区域。

"一带一路"倡议提出以来，成绩斐然、硕果累累，成为当今世界广泛参与的国际合作平台和普受欢迎的国际公共产品。共建"一带一路"倡议的实施，在促进政策沟通、设施联通、贸易畅通、资金融通、民心相通方面取得显著进展。2020 年 12 月，中国政府同非洲联盟委员会签署《关于共同推进"一带一路"建设的合作规划》。至此，中国政府与 138 个国家、31 个国际和区域组织签署了 203 份共建"一带一路"合作文件。

　　服务"一带一路"倡议和"一带一路"倡议各共建方，是智库义不容辞的使命和义务。2018 年，为给有志于"一带一路"倡议的中外研究者、实践者和观察者提供一个指南性的读本，中国社会科学院国家高端智库组织研究人员编写了《"一带一路"手册》第一版，力图从"一带一路"理论和实践初步成果的角度，对其初衷与原则、历史与现状、基本知识及相关研究成果进行集中展示。其后，我们又与英国罗德里奇出版社在剑桥大学联合举办了《"一带一路"手册》英文版的首发式。该书发布后，得到了国际国内学界和政界的赞赏。许多读者希望我们能不断续写该手册，为他们提供最新的资讯和研究帮助。对此，我们既感到高兴，也感到很有压力。

　　蔡窻教授在《"一带一路"手册》第一版的序言中指出，"一带一路"倡议是一个给每个国家以充分选择空间的开放型发展框架。他认为，"一带一路"倡议的基本理念和主体思路已经为中国改革开放时期的发展和分享的经验所验证，其共商共建共享的原则蕴含着打破以传统霸主国家为中心的全球公共产品供给的内容与范式，抓住了基础设施建设这一各国普遍面临的关键性制约因素，为各国根据国情探索适合自身的发展模式提供了充分的空间，是一种同各国自身需要和努力并行不悖的有益知识和共建共享倡议。彼得·诺兰教授在序言中也强调，"一带一路"不仅能加强与这些地区的国际贸易，还能在文化上长期向呵护深入共存、双向交流，促使世界各国在这副千丝万缕的历史织锦中融汇交织。

　　直至今天，蔡窻教授和彼得·诺兰教授的研究和判断仍具相当的前瞻性和预见性，体现了两位学者的深刻洞察力。但是，由于《"一带一路"手册》第一版的材料使用是截至 2017 年年底的，之后"一带一路"倡议的理论研究和实践探索又有了许多新的进展。同时，中国政府提出的进入新发展阶段、贯彻新发展理念、构建新发展格局的发展战略，又与"一带一路"倡议相融相长、水涨船高。"一带一路"的不断成长和发展，广大读者的新要求，使我们下决心尽快推出《"一带一路"手册》(2020 版)。

《"一带一路"手册》(2020 版),并不是第一版的补充,而是续写的"故事"。反映的是 2017 年年底以来"一带一路"倡议理论发展和实践探索、经验总结的最新成果。今后我们还将按照这种思路,继续续写新的版本。

当然,由于水平和能力所限,我们历来和从来不能奢想本书以及今后的版本,能成为一部指导性的文献。如果本书能让各位读者有所裨益,则我们也就感到无上荣耀了。同时,我们今天和今后的工作,也取决于广大读者的意见和建议。在此,我们诚挚希望读者能不断地给我们提出意见建议和工作努力方向。

(本文为蔡昉、王灵桂、马丁·雅克主编《"一带一路"手册 (2020)》撰写的序言,中国社会科学出版社 2021 年 7 月版)

"一带一路"：理论构建与
实现路径

　　《"一带一路"：理论构建与实现路径》由王灵桂研究员主持，是中宣部 2015 年度马克思主义理论研究和建设工程重大委托课题（批准号为 2015MZDW001）——"'一带一路'战略中需要深入研究的理论问题"的阶段性研究成果之一。在当今"一带一路"建设的大背景之下，本项目以中国与世界共同发展为视角，是对"一带一路"面临的理论和现实问题进行的一次积极探索。

　　"一带一路"（"丝绸之路经济带"和"21 世纪海上丝绸之路"）倡议是顺应当今世界经济发展的客观要求的结果，也是稳定周边、繁荣沿线、放眼世界的战略性安排。作为世界上最大的发展中国家，中国以共同发展、公平发展、和平发展、开放发展和可持续发展为理念，以共商、共建、共享为原则引领新一轮世界经济社会发展的浪潮。自 2013 年下半年习近平总书记提出"一带一路"倡议至今已历经 3 年，其间无论是作为理论探索还是付诸实践，"一带一路"倡议都面临一些空白需要理论工作者和实践工作者去填补。目前，中国还有许多经济问题、社会矛盾尚未解决，为什么要提出"一带一路"这样一个大倡议去惠及他国；"一带一路"与传统西方社会看待世界、解决世界面临的重大挑战有什么不同；"一带一路"究竟要突破哪些现实困境，才能与他国共同完成中国设计的长远目标；"一带一路"将给中国带来哪些好处；中国是否因此能成为世界第一大经济体、能在国际话语体系中占有重要的位置；这些疑问正是本项研究的出发点和落脚点。

立项之后，项目组经过讨论一致认为，尽管国内外，特别是国内有关"一带一路"的文章、报告、书籍甚多，但是"一带一路"建设涉及的诸多重要理论和现实问题在现今的研究中仍没有确切的答案，因此，在充分理解和把握国家对"一带一路"建设的思路和做法前提下，本项研究应以探求"一带一路"建设的理论研究和重大的现实利益关切为切入点，对上述问题予以回答。

需要指出的是，"一带一路"将成为"两个一百年"奋斗目标的新动能，至少从近期来看，"一带一路"，无论是实践还是理论探讨都将处于"在路上"的状态，需要随时依据客观实际需要和出现的新问题展开研究。因此，目前的研究也将代表过去一个阶段项目组成员所做出的智力努力，该项成果真正体现的是一种"阶段性"成果，形式上是马克思主义理论研究和建设工程项目的阶段性成果，内容上则是"一带一路"建设过程中的"阶段性"成果。2016 年 8 月 17 日习近平总书记在推进"一带一路"建设工作座谈会上发表重要讲话《总结经验坚定信心扎实推进让"一带一路"建设造福沿线各国人民》，再次强调了"一带一路"所承载的历史使命、国际价值与推进路径。

当前，"一带一路"的顺利推进及其成效使得"一带一路"倡议在短短三年多时间里迅速成为全球智库关注的"显学"，各国有识之士纷纷加入了"一带一路"研究的行列。中国政府真诚地向世界宣布："中国欢迎沿线国家积极参与，也张开臂膀欢迎五大洲朋友共襄盛举。'一带一路'是共赢的，将给沿线各国人民带来实实在在的利益，将为中国和沿线国家共同发展带来巨大机遇。'一带一路'追求的是百花齐放的大利，不是一枝独秀的小利。这条路不是某一方的私家小路，而是大家携手前进的阳光大道。中国推动共建'一带一路'、设立丝路基金、倡议成立亚洲基础设施投资银行、推进金砖国家新开发银行建设等，目的是支持各国共同发展，而不是要谋求政治势力范围。"项目组成员将会继续沿着目前的研究路径对"一带一路"展开持续性的研究。目前中宣部马克思主义理论研究和建设工程办公室已经将该项目升格为"马克思主义理论研究和建设工程重大现实课题"，其意在于"一带一路"建设没有"休止符"，同样，"一带一路"研究也没有"休止符"，我们所做的只是在未来如何将我们的研究更好地匹配于实践，使"一带一路"实践更好地服务中国的全方位发展、世界的全方位发展。

（本文系作者为《"一带一路"：理论构建与实现路径》撰写的前言，中国社会科学出版社 2017 年 5 月版）

附录

王灵桂同志独著、合著、主编或参与
主编的著作清单

序号	编/著者	类型	书名	出版社	出版日期
			2021 年		
1	王灵桂、宋独	主编	《面向命运共同体的中柬全面战略合作伙伴关系（中外联合研究报告No.9）中文版》	社会科学文献出版社	2021 年 12 月
2	王灵桂、宋独	主编	《面向命运共同体的中柬全面战略合作伙伴关系（中外联合研究报告No.9）英文版》	社会科学文献出版社	2021 年 12 月
3	王灵桂	主编	《大变局下的博弈与合作》	中国社会科学出版社	2021 年 10 月
4	王灵桂	总主编	《国外智库论"一带一路"》（2021 年第 1 辑）	社会科学文献出版社	2021 年 9 月
5	蔡昉、王灵桂	主编	《健全国家公共卫生应急管理体系研究》	中国社会科学出版社	2021 年 9 月
6	谢伏瞻、蔡昉、王灵桂		《改革开放简史》	人民出版社、中国社会科学出版社	2021 年 9 月
7	王灵桂	主编	China's 70-Year Development and the Construction of the Community with a Shared Future for Mankind	社会科学文献出版社	2021 年 7 月
8	王灵桂	主编	《70 年中国发展与人类命运共同体建设》（中外联合研究报告 NO.8 上下册）	社会科学文献出版社	2021 年 8 月
9	王灵桂	合著	《中国特色大国外交：内涵与路径》（China's Major Country Diplomacy——Chinese Characteristics, Connonations, and Paths 英文版）	世界科技出版公司	2021 年 7 月

序号	编/著者	类型	书名	出版社	出版日期
10	蔡昉、王灵桂 马丁·雅克	主编	《"一带一路"手册》（2020）	中国社会科学出版社	2021年7月
11	王灵桂	主编	《2018年的中国与世界》（China and the World in 2018）	社会科学文献出版社	2021年5月
12	王灵桂	主编	《2017年的中国与世界》（China and the World in 2017）	社会科学文献出版社	2021年4月
13	王灵桂、侯波	著	《中国特色新型智库：使命与路径》	中国社会科学出版社	2021年3月
14	王灵桂	主编	《展望"一带一路"新贡献——国外智库论中国与世界（之九）》	社会科学文献出版社	2021年3月
15	王灵桂	主编	《"一带一路"列国人物传系：瑞士名人传》	当代世界出版社	2021年1月
2020年					
16	王灵桂、赵江林	主编	《亚洲文明与亚洲发展——中外联合研究报告（No.7）》（英文版）	社会科学文献出版社	2020年10月
17	王灵桂等	合著	《美国对华若干认知误区清源》（西文版）	中国社会科学出版社、西班牙大众出版公司	2020年12月
18	王灵桂、赵江林	主编	《亚洲文明与亚洲发展——中外联合研究报告（No.7）》（中文版）	社会科学文献出版社	2020年10月
19	王灵桂、魏斯莹	著	《国外高科技人才政策及启示》	社会科学文献出版社	2020年10月
20	王灵桂等	合著	《纳瓦罗治学批判》	中国社会科学出版社	2020年6月

序号	编/著者	类型	书名	出版社	出版日期
21	王灵桂、蒋岩桦 景峰	主编	《共绘"一带一路"工笔画：国外智库论中国与世界（之七)》	社会科学文献出版社	2020 年 5 月
22	王灵桂、蒋岩桦 景峰	主编	《"一带一路"引领国际新秩序构建——国外智库论中国与世界（之八)》	社会科学文献出版社	2020 年 5 月
23	王灵桂等	合著	《美国对华若干认知误区清源》（英文版)	中国社会科学出版社、英国帕斯国际出版公司	2020 年 1 月
24	王灵桂、赵江林	主编	《金砖国家发展战略对接：迈向共同繁荣的路径》（英文版)	世界科技出版公司	2020 年 1 月
2019 年					
25	王灵桂、赵江林	主编	《人类命运共同体构建之路——中外联合研究报告（No. 6)》（英文版)	社会科学文献出版社	2019 年 12 月
26	王灵桂、赵江林	主编	《周边命运共同体建设：挑战与未来——中外联合研究报告（No. 2)》（英文版)	世界科技出版公司	2019 年 12 月
27	王灵桂、赵江林	主编	《全球视角下的"一带一路"——中外联合研究报告（No. 1)》（英文版)	世界科技出版公司	2019 年 12 月
28	王灵桂、赵江林	主编	《人类命运共同体构建之路——中外联合研究报告（No. 6)》（中文版)	社会科学文献出版社	2019 年 12 月
29	王灵桂、徐超	合著	《全球治理变革与中国选择》	中国社会科学出版社	2019 年 10 月
30	王灵桂、侯波	合著	《中国共产党贫困治理的探索实践与世界意义》（中文版)	中国社会科学出版社	2019 年 9 月

续表

序号	编/著者	类型	书名	出版社	出版日期
31	王灵桂、侯波	合著	《中国共产党贫困治理的探索实践与世界意义》（英文版）	中国社会科学出版社	2019 年 10 月
32	蔡昉、诺兰 王灵桂、赵江林	主编 执行主编	《"一带一路"手册》（英文版）	罗德里奇出版社、中国社会科学出版社	2019 年 5 月
33	王灵桂、王金波 谢来辉	合著	"一带一路"简明读本（英文版）	五洲传播出版社	2019 年 4 月
34	中国观察智库	撰写一章	Common Prosperity：Global Views on the Belt and Road Initiative（共创繁荣：全球知名人士谈"一带一路"）	五洲传播出版社	2019 年 4 月
35	王灵桂	主编	《"一带一路"：五年历程的回顾与分析——国外智库论中国与世界（之五）》	社会科学文献出版社	2019 年 2 月
36	王灵桂	主编	《APEC：中国推进全球化的再次努力——国外智库论中国与世界（之四）》	社会科学文献出版社	2019 年 2 月
37	王灵桂	主编	《"一带一路"：从大写意到工笔画——国外智库论中国与世界（之六）》	社会科学文献出版社	2019 年 1 月
38	王灵桂、赵江林	主编	《亚太地区发展与合作——中外联合研究报告（No.4）》（英文版）	社会科学文献出版社	2019 年 1 月

续表

序号	编/著者	类型	书名	出版社	出版日期
2018 年					
39	王灵桂、赵江林	主编	《亚太地区发展与合作——中外联合研究报告（No. 4）》（中文版）	社会科学文献出版社	2018 年 12 月
40	王灵桂、李永强	合著	《“一带一路”：多边推进与务实建设》	社会科学文献出版社	2018 年 10 月
41	王灵桂、张中元	合著	《盐池的精准扶贫之路》	中国社会科学出版社	2018 年 11 月
42	王灵桂、张中元	合著	《盐池的精准扶贫之路》（英文版）	中国社会科学出版社	2018 年 11 月
43	王灵桂	主编	《“一带一路”：顺应经济全球化潮流的最广泛国际合作平台——国外智库论中国与世界（之二）》	社会科学文献出版社	2018 年 9 月
44	王灵桂	主编	《金砖国家：为推动全球化而努力——国外智库论中国与世界（之三）》	社会科学文献出版社	2018 年 8 月
45	蔡昉、诺兰 王灵桂、赵江林	主编 执行主编	《“一带一路”手册（2018）》	中国社会科学出版社	2018 年 8 月
46	王灵桂、刘娜	合著	《“一带一路”列国人物传系：意大利 9 人传》	华文出版社	2018 年 7 月
47	王灵桂、段珩	合著	《“一带一路”列国人物传系：西班牙 7 人传》	华文出版社	2018 年 7 月
48	王灵桂	主编	《上海合作组织：新型国家关系的典范——国外智库论中国与世界（之一）》	社会科学文献出版社	2018 年 7 月
49	王灵桂	合著	《中国特色大国外交：内涵与路径》	中国社会科学出版社	2018 年 5 月

续表

序号	编/著者	类型	书名	出版社	出版日期
50	王灵桂、侯波	合著	《精准扶贫：理论、路径与和田思考》	中国社会科学出版社	2018 年 3 月
51	王灵桂、侯波	合著	《精准扶贫：理论、路径与和田思考》（英文版）	中国社会科学出版社	2018 年 10 月
52	王灵桂	主编	《中国：实现社会主义现代化和中华民族伟大复兴——国外战略智库纵论中国的前进步伐（之十）》	社会科学文献出版社	2018 年 1 月
53	王灵桂	主编	《中国：拓展发展中国家的现代化路径——国外战略智库纵论中国的前进步伐（之九）》	社会科学文献出版社	2018 年 1 月
2017 年					
54	王灵桂	主编	《中国：让国际社会的共同合作成果惠及各国民众——国外战略智库纵论中国的前进步伐（之八）》	社会科学文献出版社	2017 年 12 月
55	王灵桂、张中元	合著	《跨越七大"陷阱"：关于中国发展的观点和我们的思考》	中国社会科学出版社	2017 年 11 月
56	王灵桂	主编	《中国：在新一轮全球化中的使命与担当——国外战略智库纵论中国的前进步伐（之七）》	社会科学文献出版社	2017 年 10 月
57	王灵桂、赵江林	主编	《金砖国家发展战略对接：迈向共同繁荣的路径——中外联合研究报告（No. 3）》（英文版）	社会科学文献出版社	2017 年 8 月
58	王灵桂、赵江林	主编	《金砖国家发展战略对接：迈向共同繁荣的路径——中外联合研究报告（No. 3）》（中文版）	社会科学文献出版社	2017 年 8 月
59	王灵桂	主编	《中国："一带一路"将带来包容性全球化——国外战略智库纵论中国的前进步伐（之六）》	社会科学文献出版社	2017 年 11 月
60	王灵桂	主编	《中国：推动金砖国家合作第二个黄金十年——国外战略智库纵论中国的前进步伐（之五）》	社会科学文献出版社	2017 年 8 月

序号	编/著者	类型	书名	出版社	出版日期
61	王灵桂	主编	《中国：将对世界做出更大贡献——国外战略智库纵论中国的前进步伐（之四）》	社会科学文献出版社	2017 年 8 月
62	王灵桂	主编	《中国：自信坚定地走近世界舞台中央——国外战略智库纵论中国的前进步伐（之三）》	社会科学文献出版社	2017 年 8 月
63	王灵桂	主编	《中国：引领包容性世界经济增长潮流——国外战略智库纵论中国的前进步伐（之二）》	社会科学文献出版社	2017 年 7 月
64	王灵桂	主编	《中国：喷薄欲出的世界性领导力量——国外战略智库纵论中国的前进步伐（之一）》	社会科学文献出版社	2017 年 5 月
65	王灵桂等	副主编	《"一带一路"——新型全球化的新长征》	中国社会科学出版社	2017 年 5 月
66	王灵桂等	副主编	《"一带一路"——新型全球化的新长征》（英文版）	中国社会科学出版社	2017 年 5 月
67	王灵桂、赵江林	主编	《中外联合研究报告（No.2）："周边命运共同体建设：挑战与未来"》（英文版）	社会科学文献出版社	2017 年 5 月
68	王灵桂、赵江林	主编	《中外联合研究报告（No.2）："周边命运共同体建设：挑战与未来"》（中文版）	社会科学文献出版社	2017 年 5 月
69	王灵桂、赵江林	主编	《中外联合研究报告（No.1）："全球视角下的'一带一路'"》（英文版）	社会科学文献出版社	2017 年 5 月
70	王灵桂、赵江林	主编	《中外联合研究报告（No.1）："全球视角下的'一带一路'"》（中文版）	社会科学文献出版社	2017 年 5 月
71	王灵桂	主编	《一带一路：理论构建与实现路径》	中国社会科学出版社	2017 年 5 月

续表

序号	编/著者	类型	书名	出版社	出版日期
72	王灵桂	主编	《全球战略观察报告：国外智库看"亚投行"（Ⅲ）》	中国社会科学出版社	2017 年 3 月
73	王灵桂	主编	《全球战略观察报告：国外智库看"亚投行"（Ⅱ）》	中国社会科学出版社	2017 年 3 月
74	王灵桂	主编	《全球战略观察报告：国外智库看"一带一路"（Ⅲ）》	中国社会科学出版社	2017 年 3 月
75	王灵桂	主编	《全球战略观察报告：国外智库看 TPP（Ⅱ）》	中国社会科学出版社	2017 年 3 月
76	王伟光、赵白鸽蔡昉、王镭王灵桂、智宇琛	主编	A Companion for Chinese Companies to the Belt and Road Initiative: RDI Annual Report. （1、2）	中国社会科学出版社	2017 年 2 月
77	王伟光、赵白鸽蔡昉、王镭王灵桂、智宇琛	主编	《助力中国企业走向"一带一路"：蓝迪国际智库报告 . 2016 中文》（上、下）	中国社会科学出版社	2017 年 2 月
78	王灵桂	独著	《TPP 为什么陨落？全球智库论 TPP，"一带一路"和亚投行》	社会科学文献出版社	2017 年 1 月
79	王灵桂、张中元	合著	《腐败的逆红利问题研究》	中国社会科学出版社	2017 年 1 月
80	王灵桂	独著	《中国的伊斯兰教》（阿拉伯文版）	埃及大西洋出版社、智慧宫出版社、五洲传播集团	2017 年 1 月
			2016 年		
81	王灵桂	主编	《全球战略观察报告：国外智库看"一带一路"（Ⅱ）》	中国社会科学出版社	2016 年 6 月

序号	编/著者	类型	书名	出版社	出版日期
82	王灵桂	主编	《全球战略观察报告：国外智库看"一带一路"（Ⅰ）》	中国社会科学出版社	2016 年 6 月
83	王灵桂	主编	《全球战略观察报告：国外智库看TPP》	中国社会科学出版社	2016 年 6 月
84	王灵桂	主编	《全球战略观察报告：国外智库看"亚投行"》	中国社会科学出版社	2016 年 4 月
85	王灵桂	主编	《国外智库看TPP（Ⅲ）》	社会科学文献出版社	2016 年 1 月
2015 年					
86	王灵桂	专著	《伊斯兰教在中国》（阿拉伯语）	埃及智慧宫出版社、埃及大西洋出版社	2015 年 12 月
87	王灵桂	主编	《国外智库看TPP（Ⅱ）》	社会科学文献出版社	2015 年 12 月
88	王灵桂	主编	《国外智库看TPP（Ⅰ）》	社会科学文献出版社	2015 年 12 月
89	王灵桂	主编	《国外智库看"一带一路"（Ⅱ）》	社会科学文献出版社	2015 年 11 月
90	王灵桂	主编	《国外智库看"一带一路"（Ⅰ）》	社会科学文献出版社	2015 年 10 月
91	王灵桂	主编	《国外智库看"亚投行"》	社会科学文献出版社	2015 年 10 月
92	王灵桂	主编	《去极端化宣教读本》	社会科学文献出版社	2015 年 8 月

续表

序号	编/著者	类型	书名	出版社	出版日期
93	王灵桂	主编	《去极端化理论读本》	社会科学文献出版社	2015 年 8 月
94	王灵桂	主编	《去极端化普及读本》	社会科学文献出版社	2015 年 8 月
95	王灵桂	主编	《新疆简史》	社会科学文献出版社	2015 年 8 月
96	王灵桂	主编	《新疆民族发展简史》	社会科学文献出版社	2015 年 8 月
97	王灵桂	主编	《伊斯兰教禁忌百问》	社会科学文献出版社	2015 年 8 月
98	王灵桂	主编	《伊斯兰教禁忌百问探源》	社会科学文献出版社	2015 年 8 月
99	王灵桂	主编	《海丝列国志》	社会科学文献出版社	2015 年 6 月
100	王灵桂	独著	《对综合安全观的现实思考》	中国友谊出版公司	2015 年 1 月
2015 年之前					
101	王灵桂	专著	《中国伊斯兰教史》	中国友谊出版公司	2010 年 7 月
102	王灵桂、张双双	合著	《"一带一路"列国人物传系：泰国 9 人传》	华文出版社	2010 年 1 月
103	王灵桂、刘强伦 刘铨超	合著	《"一带一路"列国人物传系：英国 8 人传》	华文出版社	2010 年 1 月

序号	编/著者	类型	书名	出版社	出版日期
104	王灵桂等	合著	《一脉相传犹太人》	中国友谊出版公司	2006 年 1 月
105	王灵桂	独著	《天使与魔鬼共舞：一个中国记者的黑非洲采访札记》	时事出版社	2001 年 2 月
106	王灵桂、李绍先	合著	《中东怪杰》	时事出版社	1999 年 1 月
107	李绍先、王灵桂	合著	《一脉相传阿拉伯人》	时事出版社	1997 年 7 月